建築生産ハンドブック

古阪秀三
総編集

安藤正雄
平野吉信
山﨑雄介
齋藤隆司
関谷哲也
大武通伯
大松　敦
永易　修
編集

朝倉書店

序

　建築生産というのは，読者が日常見ている「建物をつくること」を意味しており，設計の話や工事現場の話などすべてを包含した概念である．やや厳密にいうと，建築生産という言葉は一般に2つの意味で用いられている．1つは「設計プロセス」と「施工プロセス」を総称する意味で，さらに場合によっては「企画」，「維持保全」をも含む概念として用いられる．これを広義の「建築生産」という．もう1つは，「施工プロセス」に絞って用いる場合を狭義の「建築生産」，あるいは単に「施工」とか「生産」という．このハンドブックは前者に当たる広義の建築生産を扱っている．

　この「建築生産」という言葉はさほど新しいものではないが，そこに含まれる内容に関しては，百人百様の解釈がなされ，ある場合は広義の建築生産の意味で，またある場合には狭義の建築生産に近い意味で使われている．

　また，日本では「以心伝心」，「阿吽の呼吸」，「黙約の社会」という言葉で代表されるように，言葉や書面で正確に意思や情報を伝えることなく，相互に理解したり，約束が守られたりすることが美徳であるかのような習慣がある．

　これらは，設計や施工の技術がそれほど高度・広範でない時代，専門分化がさほど進んでいない時代，建築プロジェクトに関与する主体が限定的な時代には，きわめて効率的，効果的な情報伝達手段であり，プロジェクトを「うまくやる」方法であった．

　しかし，建築プロジェクトが高度化・複雑化し，それに伴って設計，施工ともに専門分化が進み，建物を発注する発注者チーム，設計をする設計者チーム，工事を請け負う施工者チームなど多くの専門家が参画し，互いの知恵と技術を出し合って，品質の安定した建築物を造り上げることが主流のやり方になってきた．建築プロジェクトを「うまくやる」には，分化した技術・専門性と多様なプロジェクト参加者を統合する概念，調整する概念，協調する概念が必要であり，そのような役割を旨とするような専門家が現実に建築生産の世界に登場するようになった．そして，プロジェクトを「うまくやる」には，マネジメントに代表される様々な新しい言葉が重要なキーワードとなりつつあるのである．

　一方，大学や工業高等専門学校の工学系教育では，JABEE認定制度（日本技術者教育認定機構：Japan Accreditation Board for Engineering Education）を取り入れるところが増えている．建築系の大学・高専においても，日本建築学会が中心となって，この制度を取り入れ，「建築設計・計画」，「建築環境・設備」，「建築構造」，「建築生産」の4つの分野に分けて認定を実施している．しかし，実際の教育現場における「建築生産」教育は，非常勤として雇われた技術者や，他の分野が専門の常勤の教員が講義を行っている大学・高専が大半で，「建築生産」でどのような講義をしたらよいのかわからないとか，適切な教科書がないという話をよく耳にする．まさに建築生産の世界を網羅した啓蒙書が求められているのである．

　本ハンドブックの前身は『改訂新版 建築施工ハンドブック』（棚橋諒編，朝倉書店，

1971)である.そこには,建築施工に関わる「総説」,「準備および仮設工事」,「施工各論」,「施工特論」,「建築設備」,「施工機械」が詳細に記述されており,技術・実務書として価値の高いものであった.しかし,マネジメント時代の進展とともに,それらの技術・実務書としての役割以外に,建築プロジェクトをうまくやっていくための「設計」や「マネジメント」の内容が強く求められるようになっているのである.そこで本ハンドブックでは,『改訂新版 建築施工ハンドブック』の内容を継承する部分と,より広い視点から建築生産の世界を記述する部分に分け,とりわけマネジメントに重点を置いて内容を全面的に刷新した.本ハンドブックでは,「総説」,「生産システム」,「プロジェクトのマネジメント」,「設計」,「施工」の5部構成にし,各部では極力その道の専門家に執筆をお願いし,内容的には専門以外の方にも理解していただけるものとした.建築プロジェクトの発注者,設計者,施工者はもちろんのこと,建築生産の勉強に意欲を燃やす人,教育・研究に従事する人,それぞれにとって使い勝手のいい構成と内容にすることを心がけた.

　本ハンドブックが,多くの方にとって,利用価値の高いものとなることを願ってやまない.

　最後に,本ハンドブックをとりまとめるに際し,ご尽力いただいた執筆者の方々,編集・校正に長期にわたりご協力いただいた朝倉書店の皆様に感謝の意を表したい.

　2007年6月

総編集　古阪秀三

● 総編集

古阪 秀三（ふるさか・しゅうぞう）　京都大学大学院工学研究科

● 編集委員 ［カッコ内は担当部］

安藤 正雄（あんどう・まさお）　千葉大学工学部［第Ⅰ部］
平野 吉信（ひらの・よしのぶ）　広島大学大学院工学研究科［第Ⅰ部］
山﨑 雄介（やまざき・ゆうすけ）　清水建設（株）技術研究所［第Ⅱ部］
齋藤 隆司（さいとう・たかし）　日本郵政（株）プロジェクトマネジメントチーム［第Ⅲ部］
関谷 哲也（せきや・てつや）　（株）竹中工務店 東京本店［第Ⅲ部］
大武 通伯（おおたけ・ゆきみち）　（有）エルシー企画［第Ⅳ部］
大松 敦（おおまつ・あつし）　（株）日建設計 プロジェクトマネジメント室［第Ⅳ部］
永易 修（ながやす・おさむ）　（株）フジタ 建築本部建築技術統括部［第Ⅴ部］

● 執筆者 ［執筆順］

岩松 準	（財）建築コスト管理システム研究所	小黒 利昭	（財）住宅総合研究財団
多治見 左近	大阪市立大学	小畑 晴治	（財）日本開発構想研究所
遠藤 和義	工学院大学	川原 秀仁	（株）山下ピー・エム・コンサルタンツ
菊岡 倶也	建設産業史家	金森 茂	（株）サッポロ都市開発研究所
平野 吉信	広島大学	山口 信逸	清水建設（株）
瀬口 哲夫	名古屋市立大学	大松 敦	（株）日建設計
二宮 照興	丸市綜合法律事務所	秋山 哲一	東洋大学
伊藤 圭子	印西市役所	河谷 史郎	ものつくり大学
和田 惠	（株）日刊建設通信新聞社	坂野 弘一	鹿島建設（株）
山﨑 雄介	清水建設（株）	石堂 修次	大成建設（株）
関谷 哲也	（株）竹中工務店	江口 昭彦	清水建設（株）
齋藤 隆司	日本郵政（株）	深尾 康三	（株）竹中工務店
大武 通伯	（有）エルシー企画	奥野 智久	（株）竹中工務店
椎野 潤	早稲田大学	古阪 秀三	京都大学
永易 修	（株）フジタ	小笹 徹	（株）竹中工務店
野城 智也	東京大学	芳本 竜一	国土交通省
嘉納 成男	早稲田大学	坂本 圭司	（株）竹中工務店
松村 秀一	東京大学	岡 正信	ボヴィス・レンドリース・ジャパン（株）
清家 剛	東京大学	中分 毅	日建設計マネジメントソリューソンズ（株）
吉田 敏明	（株）三菱地所設計	犬飼 或男	（株）山下ピー・エム・コンサルタンツ
田邊 繁彦	国際建設技術情報研究所（NPO）	古川 裕之	（株）エヌ・ティ・ティ ファシリティーズ
俵 新	（株）大林組	飯島 中夫	三井不動産（株）

執 筆 者

木本 健二	芝浦工業大学	永冨 英夫	(株)フジタ
溝上 裕二	(株)竹中工務店	丸 隆宏	(株)フジタ
湊 隆幸	東京大学	村岡 益一郎	(株)大林組
藤澤 克樹	東京電機大学	横須賀 誠一	(株)フジタ
小松 幸夫	早稲田大学	澤口 正彦	(株)フジタ
金多 隆	京都大学	新原 浩二	(株)フジタ
平 智之	(有)アドミックス	犬伏 昭	清水建設(株)
佐々木 良和	(株)竹中工務店	河村 光昭	清水建設(株)
佐藤 隆良	(株)サトウファシリティーズコンサルタンツ	小野 正	清水建設(株)
蟹澤 宏剛	芝浦工業大学	名知 博司	清水建設(株)
大森 文彦	大森法律事務所	中川 輝雄	(株)氣工社
加藤 達夫	前(株)レック・サービス	菅原 忠弘	(株)フジタ
楠 浩一	(株)竹中工務店	土田 恭義	(株)フジタ
大沢 幸雄	大成建設(株)	田中 愛輔	(株)鴻池組
吉田 二郎	カリフォルニア大学バークレー校	清水 進市	技術士
天野 禎藏	(株)日建設計	伊佐 真	佐藤工業(株)
東條 隆郎	(株)三菱地所設計	平田 幸光	佐藤工業(株)
大崎 純	京都大学	瀬口 健夫	前 大成建設(株)
栗山 知広	(株)日建設計	中山 光男	(株)鴻池組
杉山 隆	(株)日建設計	清水 健司	(株)竹中工務店
小菅 哲	(株)高輪建築事務所	磯村 渉	(株)フジタ
高本 孝頼	(株)図研	蓑輪 達男	大成建設(株)
浦江 真人	東洋大学	三浦 延恭	国士舘大学
佐治 郁夫	(株)西日本住宅評価センター	汐川 孝	(株)大林組
桜井 潔	(株)日建設計	三山 剛史	(株)フジタ
小栗 新	Arup Japan	藤本 悦生	(株)大林組
八坂 文子	鹿島建設(株)	田丸 紘夫	(株)大林組
岩下 智	(株)鴻池組	柿崎 治郎	(株)竹中工務店
家田 高好	大成建設(株)	植野 修一	東急建設(株)
井関 裕二	(財)建材試験センター		
人見 亨	(株)竹中工務店	〈コラム執筆者〉	
阿保 昭	(株)TAKシステムズ	三根 直人	北九州市立大学
喜多 喜久夫	(株)フジタ	野中 光彦	(株)FBS
古野 秀二郎	(株)竹中工務店	角山 雅計	(株)テクノマテリアル
中村 裕幸	(株)DCMC	森田 真弘	(株)竹中工務店
栗原 信弘	VSL JAPAN(株)	前田 純一郎	清水建設(株)
柳田 隆一	(株)エスシー・マシーナリ	松本 信二	シー・エス・ピー・ジャパン(株)

目　次

第I部　総　　説

1. 建築市場・建築産業・生産組織

1.1 建設投資・市場と建設活動…………… 2
　1.1.1 世　界 ……………… [岩松　準]… 2
　1.1.2 日　本 …………………………… 3
　1.1.3 住宅投資・市場 ……… [多治見左近]… 7
　1.1.4 建築生産のフローとストック …… 10
1.2 建設産業と生産組織 ………………… 12
　1.2.1 ビルディングチームの典型的な構造
　　　　　　　　　　　　 …… [遠藤和義]… 12
　1.2.2 主な主体の業域・職域とその関係 …… 13
　1.2.3 建設産業史 ………… [菊岡倶也]… 16

2. 建築生産を取り巻く社会のしくみ

2.1 関係法制度 …………… [平野吉信]… 21
　2.1.1 技術基準などを扱う法令 ……… 21
　2.1.2 業務・資格などを扱う法令 …… 24
　2.1.3 契約関係などを扱う法令 ……… 25
2.2 関係標準類 …………… [平野吉信]… 26
　2.2.1 標準契約約款類 ………………… 26
　2.2.2 技術標準類 …………………… 27
2.3 専門家の業務とその支援システム …… 28
　2.3.1 資格・教育・訓練 …… [瀬口哲夫]… 28
　2.3.2 専門家の倫理・規範 …… [二宮照興]… 33
　2.3.3 業界団体・学術団体 …… [伊藤圭子]… 35
　2.3.4 保証・保険・ボンド類 …… [平野吉信]… 37
2.4 政策・施策 …………… [和田　惠]… 39
　2.4.1 入札と契約の適正化 …………… 39
　2.4.2 CM方式への取組み …………… 40
　2.4.3 設計委託方式と品確法 ………… 41
　2.4.4 資格の国際化 ………………… 42

3. 建築生産システムとプロセス

3.1 建築生産システムの成り立ち … [山﨑雄介]… 44

　3.1.1 わが国における建築生産システムの変遷 …………………………………… 44
　3.1.2 建築生産システムの構成 ……… 44
　3.1.3 建築生産システムのレベル …… 45
　3.1.4 建築生産システムの形態 ……… 45
　3.1.5 建築生産システム革新の方向 … 46
3.2 建築プロジェクト …………………… 48
　3.2.1 プロジェクトのマネジメント
　　　　　　　　　　　　 …… [関谷哲也]… 48
　3.2.2 事業化の手法 ……… [齋藤隆司]… 50
3.3 設　　計 ……………… [大武通伯]… 54
　3.3.1 設計・監理業務発生の歴史 …… 54
　3.3.2 設計業務の変遷 ………………… 55
　3.3.3 現在の建築生産における設計 …… 56
3.4 発注・調達 …………… [齋藤隆司]… 59
　3.4.1 工事発注区分 ………………… 59
　3.4.2 入札方式 ……………………… 60
　3.4.3 契約方式 ……………………… 61
　3.4.4 施工者選定フロー ……………… 62
3.5 生産・製造・製作 …… [椎野　潤]… 62
　3.5.1 工業生産における工場での製造ないし製作 …………………………………… 62
　3.5.2 工業生産における自動生産 …… 62
　3.5.3 自動機に対する情報の提供 …… 64
　3.5.4 木材のプレカット自動加工 …… 65
3.6 現場施工 ……………… [永易　修]… 66
　3.6.1 現場施工とは …………………… 66
　3.6.2 現場施工の特徴 ………………… 66
　3.6.3 施工の流れ …………………… 69
3.7 維持・保全 …………… [野城智也]… 70
　3.7.1 維持・保全とは ………………… 70
　3.7.2 建築物の日常管理 ……………… 71
　3.7.3 建築物および構成材の物理的劣化対策 … 71
　3.7.4 建築物の性能検証 ……………… 73
　3.7.5 建築の要求条件へのすり合せ …… 74
　3.7.6 マネジメント行為としての維持保全 …… 74

- 3.8 廃棄・リユース・リサイクル‥[野城智也]‥75
  - 3.8.1 資源利用における建築生産のシェア‥‥75
  - 3.8.2 大量の廃棄物発生がもたらす問題‥‥‥75
  - 3.8.3 資源生産性の概念‥‥‥‥‥‥‥‥‥‥76
  - 3.8.4 建築の解体・資源利用に関する制度‥‥77
  - 3.8.5 ゼロエミッション‥‥‥‥‥‥‥‥‥‥79
  - 3.8.6 地域における静脈サプライチェーンのマネジメント‥‥‥‥‥‥‥‥‥‥‥‥‥79

4. 建築と生産技術

- 4.1 建築物の種類‥‥‥‥‥‥‥‥[嘉納成男]‥83
  - 4.1.1 建築の用途分類‥‥‥‥‥‥‥‥‥‥‥83
  - 4.1.2 形態による建築物の種類‥‥‥‥‥‥‥84
- 4.2 建築物の資材区分と工事区分‥[嘉納成男]‥85
  - 4.2.1 建築物の構造‥‥‥‥‥‥‥‥‥‥‥‥85
  - 4.2.2 建築資機材‥‥‥‥‥‥‥‥‥‥‥‥‥85
  - 4.2.3 建築工事の区分‥‥‥‥‥‥‥‥‥‥‥86
- 4.3 工業化構法と在来構法‥‥‥‥[松村秀一]‥89
  - 4.3.1 20世紀の建築的課題と工業化構法‥‥‥89
  - 4.3.2 対比においてのみ定義される「在来構法」‥‥‥‥‥‥‥‥‥‥‥‥‥‥‥‥‥92
  - 4.3.3 在来構法の特徴‥‥‥‥‥‥‥‥‥‥‥93
  - 4.3.4 工業化された在来構法の時代‥‥‥‥‥94
- 4.4 ビルディングシステム‥‥‥‥[清家 剛]‥94
  - 4.4.1 ビルディングシステムの定義‥‥‥‥‥94
  - 4.4.2 様々なサブシステムの変化‥‥‥‥‥‥95
  - 4.4.3 オープンシステムとクローズドシステム‥‥‥‥‥‥‥‥‥‥‥‥‥‥‥‥‥‥95
  - 4.4.4 システムズビルディング‥‥‥‥‥‥‥96
  - 4.4.5 ものとしてのサブシステムの特徴‥‥‥96
  - 4.4.6 現代のトータルシステム‥‥‥‥‥‥‥97
  - 4.4.7 変化するビルディングシステム‥‥‥‥97
- 4.5 構法・工法・構工法‥‥‥‥‥[山﨑雄介]‥98
  - 4.5.1 構法・工法・構工法の関係‥‥‥‥‥‥98
  - 4.5.2 構法・工法・構工法の体系‥‥‥‥‥‥99
  - 4.5.3 構法計画と工法計画‥‥‥‥‥‥‥‥‥99
  - 4.5.4 構工法計画のプロセス‥‥‥‥‥‥‥‥99

第Ⅱ部 生産システム

1. 概　要

- 1.1 調達方式の概要と特徴‥‥‥‥[齋藤隆司]‥102
  - 1.1.1 設計施工分離発注方式‥‥‥‥‥‥‥‥102
  - 1.1.2 設計施工一括発注方式‥‥‥‥‥‥‥‥102
  - 1.1.3 マネジメント方式‥‥‥‥‥‥‥‥‥‥102
  - 1.1.4 PFI方式‥‥‥‥‥‥‥‥‥‥‥‥‥‥103
  - 1.1.5 調達方式とリスクの関係‥‥‥‥‥‥‥103
  - 1.1.6 多様化する調達方式‥‥‥‥‥‥‥‥‥104
- 1.2 発注方式の概要と特徴‥‥‥‥[山﨑雄介]‥104
  - 1.2.1 発注方式・発注形態の多様化‥‥‥‥‥104
  - 1.2.2 発注方式の種類‥‥‥‥‥‥‥‥‥‥‥105
- 1.3 工事契約方法‥‥‥‥‥‥‥‥[吉田敏明]‥106
  - 1.3.1 工事契約の特徴‥‥‥‥‥‥‥‥‥‥‥106
  - 1.3.2 工事契約方式の決定要因‥‥‥‥‥‥‥107
  - 1.3.3 工事発注範囲による分類‥‥‥‥‥‥‥107
  - 1.3.4 工事費決定方法による分類‥‥‥‥‥‥109
  - 1.3.5 工事発注体制による分類‥‥‥‥‥‥‥111
- 1.4 施工者選定方法による分類‥‥[吉田敏明]‥113
  - 1.4.1 競争入札方式‥‥‥‥‥‥‥‥‥‥‥‥113
  - 1.4.2 随意契約方式‥‥‥‥‥‥‥‥‥‥‥‥113
- 1.5 海外における調達方式の実施状況‥‥‥‥‥‥‥‥‥‥‥‥‥‥‥‥‥‥[田邊繁彦]‥114
  - 1.5.1 アメリカ‥‥‥‥‥‥‥‥‥‥‥‥‥‥114
  - 1.5.2 イギリス‥‥‥‥‥‥‥‥‥‥‥‥‥‥115
  - 1.5.3 フランス‥‥‥‥‥‥‥‥‥‥‥‥‥‥116
  - 1.5.4 シンガポール‥‥‥‥‥‥‥‥‥‥‥‥118
  - 1.5.5 マレーシア‥‥‥‥‥‥‥‥‥‥‥‥‥118

2. 調達方式の流れと参画者の仕事

- 2.1 設計施工分離方式‥‥‥‥‥‥‥[俵　新]‥121
  - 2.1.1 基本フロー‥‥‥‥‥‥‥‥‥‥‥‥‥121
  - 2.1.2 事業計画段階‥‥‥‥‥‥‥‥‥‥‥‥121
  - 2.1.3 設計段階‥‥‥‥‥‥‥‥‥‥‥‥‥‥122
  - 2.1.4 発注段階‥‥‥‥‥‥‥‥‥‥‥‥‥‥125
  - 2.1.5 施工段階‥‥‥‥‥‥‥‥‥‥‥‥‥‥126
  - 2.1.6 施設運用段階‥‥‥‥‥‥‥‥‥‥‥‥127
- 2.2 設計施工一括方式‥‥‥‥‥‥[小黒利昭]‥127
  - 2.2.1 基本フロー‥‥‥‥‥‥‥‥‥‥‥‥‥128
  - 2.2.2 事業計画段階‥‥‥‥‥‥‥‥‥‥‥‥129
  - 2.2.3 発注段階‥‥‥‥‥‥‥‥‥‥‥‥‥‥130
  - 2.2.4 設計段階‥‥‥‥‥‥‥‥‥‥‥‥‥‥131
  - 2.2.5 施工段階‥‥‥‥‥‥‥‥‥‥‥‥‥‥132

2.2.6 施設運用段階 …………………… 133
2.3 性能発注方式 ……………[小畑晴治]…133
　　はじめに：公団における性能発注方式の経緯
　　　　　　　　　　　　　　　　　……… 133
　2.3.1 基本フロー …………………………… 136
　2.3.2 事業計画段階 ………………………… 136
　2.3.3 設計段階 ……………………………… 136
　2.3.4 発注段階 ……………………………… 136
　2.3.5 施工段階 ……………………………… 137
　2.3.6 施設運用段階 ………………………… 137
2.4 分離・分割発注方式 ……[川原秀仁]…138
　2.4.1 基本フロー …………………………… 138
　2.4.2 事業計画段階 ………………………… 145
　2.4.3 設計段階 ……………………………… 145
　2.4.4 発注段階 ……………………………… 147
　2.4.5 施工段階 ……………………………… 149
　2.4.6 施設運用段階 ………………………… 151

3. 開発プロジェクトの生産システム

3.1 市街地再開発プロジェクト …[金森 茂]…152
　3.1.1 基本プロジェクトフロー …………… 152
　3.1.2 プロジェクト組織 …………………… 152
　3.1.3 事業計画段階 ………………………… 153
　3.1.4 設計段階 ……………………………… 155
　3.1.5 発注段階 ……………………………… 156
　3.1.6 施工段階 ……………………………… 156
　3.1.7 施設運用段階 ………………………… 157
3.2 広域地域開発プロジェクト …[山口信逸]…157
　3.2.1 基本プロジェクトフロー …………… 157
　3.2.2 プロジェクト組織 …………………… 158
　3.2.3 事業計画段階 ………………………… 161
　3.2.4 設計段階 ……………………………… 161
　3.2.5 発注段階 ……………………………… 161
　3.2.6 施工段階 ……………………………… 161
　3.2.7 施設運用段階 ………………………… 162
3.3 複合都市開発プロジェクト …[大松 敦]…162
　3.3.1 プロジェクトの特性 ………………… 162
　3.3.2 プロジェクトの基本的フロー ……… 163
　3.3.3 プロジェクトの仕掛け ……………… 164

4. 施設別生産システム

4.1 戸建住宅生産システム ………[秋山哲一]…166
　4.1.1 住宅市場の転換 ……………………… 166

4.1.2 多様な生産システムとのすみ分け …… 168
4.1.3 大工・工務店システムと大手住宅メー
　　　カーシステム ………………………… 169
4.1.4 地域住宅生産システム変革の試み …… 171
4.1.5 住宅市場をめぐる環境条件の変化 …… 171
4.2 集合住宅生産システム ………[河谷史郎]…172
　4.2.1 集合住宅生産システムを規定する制約
　　　　条件 …………………………………… 172
　4.2.2 集合住宅施工の特徴 ………………… 175
　4.2.3 集合住宅生産システム変革の方向 …… 177
4.3 オフィスビル生産システム …[坂野弘一]…178
　4.3.1 生産システムを規定する制約条件 …… 178
　4.3.2 生産システムの分類と特徴 ………… 179
　4.3.3 基本フローと組織構成 ……………… 180
　4.3.4 参画者の役割と計画・管理技術 …… 181
　4.3.5 生産システム改革の方向 …………… 183
4.4 生産施設生産システム ………[石堂修次]…183
　4.4.1 生産システムを規定する制約条件 …… 183
　4.4.2 生産システムの分類と特徴 ………… 184
　4.4.3 基本フローと組織構成 ……………… 186
　4.4.4 参画者の役割と計画・管理技術 …… 188
　4.4.5 生産システム変革の方向 …………… 189
4.5 医療施設生産システム ………[江口昭彦]…189
　4.5.1 生産システムを規定する制約条件 …… 189
　4.5.2 生産システムの分類と特徴 ………… 189
　4.5.3 基本フローと組織構成 ……………… 190
　4.5.4 参画者の役割と計画・管理技術 …… 190
　4.5.5 生産システム変革の方向 …………… 194
4.6 教育施設生産システム ………[山﨑雄介]…194
　4.6.1 教育施設に関連する制度・規定 …… 194
　4.6.2 教育施設を取り巻く環境と発注者ニー
　　　　ズ ……………………………………… 196
　4.6.3 プロジェクトフローと実施業務 …… 197
　4.6.4 プロジェクトの調達方式 …………… 198
　4.6.5 プロジェクト推進組織 ……………… 198
　4.6.6 教育施設プロジェクトの今後の方向 … 198
4.7 スポーツ施設生産システム
　　　　　　　　……[深尾康三・奥野智久]…199
　4.7.1 スポーツ施設の現状 ………………… 199
　4.7.2 アマチュアスポーツ組織 …………… 199
　4.7.3 スポーツ施設に求められる事項 …… 199
　4.7.4 スポーツレギュレーション ………… 201
　4.7.5 屋外プレーエリア …………………… 203
　4.7.6 屋内プレーエリア …………………… 206
　4.7.7 水泳場 ………………………………… 207

第Ⅲ部 プロジェクトのマネジメント

1. マネジメント概論

1.1 マネジメントとは何か………[古阪秀三]…212
1.2 建築プロジェクトにおけるマネジメント
　　　　………………………………[古阪秀三]…213
　1.2.1 建築プロジェクトの特徴……………213
　1.2.2 建築プロジェクトにおけるマネジメント……………………………………214
　1.2.3 発注者の責務………………………216
　1.2.4 発注者を支援する専門家……………217
1.3 コンストラクションマネジメント・プロジェクトマネジメントとは…[古阪秀三]…218
1.4 PM/CM サービス……………[関谷哲也]…220
　1.4.1 PM/CM サービスの定義……………220
　1.4.2 PM/CM サービスの多様化……………221
1.5 PM 標準………………………[関谷哲也]…223
　1.5.1 アメリカにおける PM 標準の発達……223
　1.5.2 ヨーロッパにおける PM 標準の発達…224
　1.5.3 オーストラリアにおける PM 標準の発達……………………………………224
　1.5.4 近年の PM 標準の傾向………………224
　1.5.5 日本における PM 標準の発達………225
1.6 PM/CM の職能………………[関谷哲也]…225
　1.6.1 PM/CM の職能としての認識…………225
　1.6.2 PM/CM 資格制度……………………226
　1.6.3 PM/CM 職能の責務…………………226
　1.6.4 PM/CM 職能の今後…………………227
1.7 PM/CM 契約の作成…………[齋藤隆司]…227
　1.7.1 CM 契約約款（案）……………………227
　1.7.2 PM/CM 契約の留意事項……………228
1.8 日本における PM/CM 活動………………229
　1.8.1 関連団体における取組み…[小笹　徹]…229
　1.8.2 公共発注者における取組み
　　　　………………………………[芳本竜一]…233
　1.8.3 民間発注者における取組み
　　　　………………………………[坂本圭司]…236
　1.8.4 マネジメント業務提供者における取組み
　　　　………………………………[岡　正信]…239

2. マネジメント業務

2.1 総　　論………………………[齋藤隆司]…243
　2.1.1 プロジェクトマネジメントの業務……243
　2.1.2 プロジェクトプロセスと WBS………244
2.2 企画段階……………………[岡　正信]…245
　2.2.1 発想から具体化へ向けての準備段階…245
　2.2.2 企画の実施……………………………246
　2.2.3 企画段階の重要性……………………249
2.3 設計段階——デザインマネジメント
　　　　…………………………………[中分　毅]…249
　2.3.1 概要およびマネジメントの実際………249
　2.3.2 デザインマネジメントの課題…………254
2.4 調達段階——プロキュアメントマネジメント
　　　　………………………………[犬飼或男]…256
　2.4.1 調達マネジメントの概要………………256
　2.4.2 総合マネジメント……………………256
　2.4.3 スコープマネジメント…………………256
　2.4.4 タイムマネジメント……………………258
　2.4.5 コストマネジメント……………………259
　2.4.6 品質マネジメント……………………261
　2.4.7 リスクマネジメント……………………262
2.5 施工段階……………………[古川裕之]…264
　2.5.1 施工段階の概要………………………264
　2.5.2 総合マネジメント……………………264
　2.5.3 スケジュールマネジメント……………264
　2.5.4 コストマネジメント……………………267
　2.5.5 品質マネジメント……………………268
　2.5.6 安全衛生マネジメント…………………268
　2.5.7 情報マネジメント……………………268
2.6 運用段階……………………[飯島中夫]…270
　2.6.1 運用（維持・保全）の準備と実施………270
　2.6.2 運用の準備に関するマネジメント……272

3. マネジメント技術

3.1 生産設計・ビルダビリティ・コンストラクタビリティ………………[木本健二]…279
　3.1.1 生産設計………………………………279

3.1.2	ビルダビリティ……………… 279		要素………………………………… 300
3.1.3	コンストラクタビリティ ……… 280	3.9.4	業務の時間的前後関係…………… 300
3.2	バリューマネジメント ………[齋藤隆司]…281	3.10	サプライチェーンマネジメント
3.2.1	バリューエンジニアリングの定義…… 281		………………………………[椎野 潤]…301
3.2.2	従来型の設計段階 VE の問題点 …… 281	3.10.1	サプライチェーンマネジメント……… 301
3.2.3	バリューマネジメントの特徴……… 282	3.10.2	建設サプライチェーンマネジメント
3.2.4	VE 構成メンバー……………………… 282		の実例 ………………………………… 301
3.2.5	VM1〜VM3 における実施方法……… 284	3.11	情報技術によるマネジメントの展開
3.2.6	VM4〜VM6 における実施方法……… 284		………………………………[平 智之]…303
3.2.7	さらなる VM の展開に向けて……… 284	3.11.1	設計と施工の情報統合へ…………… 303
3.3	ブリーフィング・プログラミング	3.11.2	標準化という技術課題……………… 303
	………………………………[溝上裕二]…285	3.11.3	マネジメント業務の表現…………… 303
3.3.1	ブリーフィング・プログラミングとは 285	3.11.4	ブロードバンドの可能性…………… 303
3.3.2	なぜプログラミングか……………… 285	3.12	R&D——技術研究所の役割
3.3.3	誰が行うか…………………………… 285		……………………………[佐々木良和]…304
3.3.4	どのように行うか…………………… 286	3.12.1	ゼネコンの技術研究所の発足……… 304
3.4	リスクマネジメント ………[湊 隆幸]…287	3.12.2	技術研究所の仕事の現状分類……… 304
3.4.1	リスクマネジメントとは…………… 287	3.12.3	今後のあり方の検討に向けて……… 304
3.4.2	リスクマネジメントの流れ………… 287	3.13	コストマネジメント ………[佐藤隆良]…305
3.5	スケジューリング …………[藤澤克樹]…290	3.13.1	コスト管理業務の現状……………… 305
3.5.1	スケジューリングとは……………… 290	3.13.2	コスト管理の目的…………………… 306
3.5.2	SCM システムにおけるスケジューリン	3.13.3	設計・計画段階におけるコスト管理の
	グ ……………………………………… 290		方法……………………………………… 306
3.5.3	スケジューリングの手法…………… 290	3.13.4	設計 VE による設計方法の見直し… 308
3.6	トータルクオリティマネジメント	3.13.5	品質確保と長期的な視点でのコスト管
	………………………………[坂本圭司]…292		理指針の整備 ………………………… 309
3.6.1	トータルクオリティマネジメントとは 292	3.14	技能のマネジメント ………[蟹澤宏剛]…309
3.6.2	全体工程管理………………………… 292	3.14.1	在来工法型生産システムとマネジメン
3.7	ライフサイクルマネジメント[小松幸夫]…293		ト ……………………………………… 309
3.7.1	企画段階からの LCM ……………… 294	3.14.2	技能依存型生産システムとマネジメン
3.7.2	運用段階における LCM …………… 294		ト ……………………………………… 310
3.8	ナレッジマネジメント ………[山﨑雄介]…296	3.14.3	下請型生産システムとマネジメント・ 310
3.8.1	ナレッジマネジメントとは………… 296	3.14.4	技術の多様化と技能の対応………… 311
3.8.2	ナレッジマネジメントのフレームワー	3.14.5	建設関連産業・職種の多様化……… 312
	ク ……………………………………… 296	3.14.6	建設産業における下請の位置づけ… 312
3.8.3	建築生産におけるナレッジマネジメン	3.14.7	技能のマネジメント ………………… 315
	トの必要性 …………………………… 297		
3.8.4	ナレッジマネジメントにおける情報技		**4. 法的マネジメント**[大森文彦]
	術の利用 ……………………………… 297	4.1	法的マネジメントの二面性………………… 316
3.9	コンカレントエンジニアリング	4.2	契約法一般……………………………………… 316
	………………………………[金多 隆]…299	4.2.1	契約の成立…………………………… 316
3.9.1	コンカレントエンジニアリングとは… 299	4.2.2	契約自由の原則……………………… 317
3.9.2	コンカレントエンジニアリングの基本	4.2.3	契約違反……………………………… 317
	的理念 ………………………………… 299	4.3	設 計 契 約……………………………………… 317
3.9.3	コンカレントエンジニアリングの構成		

- 4.3.1 設計契約の法的性質……………… 317
- 4.3.2 設計者の法的義務………………… 317
- 4.3.3 建築主の義務……………………… 318
- 4.3.4 建築基準法と建築士法…………… 318
- 4.3.5 設計住宅性能評価書……………… 318
- 4.3.6 約　款……………………………… 318
- 4.4 工事監理契約…………………………… 318
  - 4.4.1 工事監理の定義…………………… 318
  - 4.4.2 工事監理契約の法的性質………… 319
  - 4.4.3 工事監理者の法的義務…………… 319
  - 4.4.4 建築主の義務……………………… 319
  - 4.4.5 約　款……………………………… 319
- 4.5 工事契約………………………………… 319
  - 4.5.1 工事契約の法的性質……………… 319
  - 4.5.2 施工者の義務……………………… 319
  - 4.5.3 建築主の義務……………………… 320
  - 4.5.4 設計住宅性能評価書と建設住宅性能評価書…………………………… 321
  - 4.5.5 建設リサイクル法………………… 321
  - 4.5.6 約　款……………………………… 321
- 4.6 コンストラクションマネジメント契約… 322
  - 4.6.1 コンストラクションマネジメント契約の法的性質……………………… 322
  - 4.6.2 CMrの義務と建築主の義務……… 322
  - 4.6.3 約　款……………………………… 322
- 4.7 契約と関係なく権利・義務が発生するケース…………………………………… 322
  - 4.7.1 不法行為の成立要件……………… 322
  - 4.7.2 PL法……………………………… 323
- 4.8 著作権の理解…………………………… 324
  - 4.8.1 著作物とは………………………… 324
  - 4.8.2 著作権（狭義）の内容…………… 324
  - 4.8.3 著作者人格権の内容……………… 324
- 4.9 紛争解決の手段………………………… 324
  - 4.9.1 当事者同士の話し合い…………… 324
  - 4.9.2 裁判所以外の公的機関による紛争解決 324
  - 4.9.3 裁判所における紛争解決………… 325
- 4.10 倒産対応……………………………… 325

5. 多様なマネジメント

- 5.1 ファシリティマネジメント…［加藤達夫］…326
  - 5.1.1 ファシリティマネジメントとは……… 326
  - 5.1.2 ファシリティマネジメントのねらいと効果……………………………………… 327
  - 5.1.3 ファシリティマネジメントの担い手… 328
  - 5.1.4 ファシリティマネジメントの標準業務 328
  - 5.1.5 これからの課題…………………… 329
- 5.2 デューディリジェンス………［楠　浩一］…329
  - 5.2.1 デューディリジェンスとは……… 329
  - 5.2.2 デューディリジェンスの業務区分…… 330
  - 5.2.3 エンジニアリングレポートの診断・調査レベル……………………………… 330
  - 5.2.4 デューディリジェンス業務の手順と流れ……………………………………… 331
  - 5.2.5 調査診断の内容・項目…………… 332
  - 5.2.6 エンジニアリングレポートのガイド… 334
- 5.3 プロパティマネジメント……［大沢幸雄］…335
  - 5.3.1 不動産管理の新たな担い手……… 335
  - 5.3.2 所有と経営の分離………………… 335
  - 5.3.3 プロパティマネジメントの組織と業務 338
- 5.4 プロジェクトファイナンス…［吉田二郎］…341
  - 5.4.1 プロジェクトファイナンスとは… 341
  - 5.4.2 どのような場合にプロジェクトファイナンスを使うか……………………… 341
  - 5.4.3 なぜ今日本で注目されているのか… 342
  - 5.4.4 プロジェクトファイナンスの特性…… 342
  - 5.4.5 プロジェクトのリスク管理……… 343

第Ⅳ部　設　計

1. 設計の位置

- 1.1 建築プロジェクトにおける設計の位置
  ………………………………［大武通伯］…348
  - 1.1.1 建築生産のプロセスと建築の品質情報の流れ………………………………… 348
  - 1.1.2 建築の品質情報伝達と設計……… 348
- 1.2 プロジェクト組織における設計者の位置
  ………………………………［大武通伯］…349
  - 1.2.1 建築主と設計者の関係…………… 349
  - 1.2.2 設計者という言葉………………… 349
  - 1.2.3 建築家の呼称と資格……………… 350
  - 1.2.4 設計者の法的責任………………… 350
  - 1.2.5 設計組織の形態…………………… 351

1.2.6　設計組織の規模と業務内容……………351
1.3　設計契約と報酬………………[大武通伯]…352
　1.3.1　設計・監理契約……………………………352
　1.3.2　設計・監理業務と報酬……………………352
　1.3.3　報酬の算出基準……………………………352
1.4　設計における職能団体………[大武通伯]…352
　1.4.1　建築の設計者と技術者の団体……………352
　1.4.2　設計の職能団体……………………………353
1.5　設計ならびに建築士をしばる法制度
　　　……………………………[天野禎藏]…353
　1.5.1　設計を取り巻く法的規制…………………353
　1.5.2　建築士を取り巻く法的規制………………355
1.6　設計者選定……………………[天野禎藏]…356
　1.6.1　設計者選定のあり方………………………356
　1.6.2　設計者選定に求められる要件……………358

2.　設計のプロセス［大松　敦］

2.1　設計プロセスのアウトライン…………………359
　2.1.1　時系列的段階………………………………359
　2.1.2　設計プロセスの実務サイクル……………359
　2.1.3　設計プロセスの仕事量……………………360
　2.1.4　部分と全体のフィードバック……………360
2.2　企画段階…………………………………………361
　2.2.1　企画段階の関係者…………………………361
　2.2.2　企画段階のポイント………………………361
　2.2.3　企画段階の設計プロセス…………………361
2.3　基本設計段階……………………………………361
　2.3.1　基本設計段階の関係者……………………361
　2.3.2　基本設計段階のポイント…………………361
　2.3.3　基本設計段階の設計プロセス……………361
2.4　実施設計段階……………………………………362
　2.4.1　実施設計段階の関係者……………………362
　2.4.2　実施設計段階のポイント…………………362
　2.4.3　実施設計段階の設計プロセス……………362
2.5　工事発注段階……………………………………363
　2.5.1　工事発注段階の関係者……………………363
　2.5.2　工事発注段階のポイント…………………363
　2.5.3　工事発注段階の設計プロセス……………363
2.6　工事段階…………………………………………363
　2.6.1　工事段階の関係者…………………………363
　2.6.2　工事段階のポイント………………………363
　2.6.3　工事段階の設計プロセス…………………363
2.7　維持管理段階……………………………………364
　2.7.1　維持管理段階の関係者……………………364
　2.7.2　維持管理段階のポイント…………………364
　2.7.3　維持管理段階の設計プロセス……………364
2.8　設計プロセスに関連する新たな潮流…………364
　2.8.1　複数のプロフェッショナルサービス……365
　2.8.2　ブリーフィングまたはプログラミング…365
　2.8.3　プロジェクトマネジメントとコンスト
　　　　ラクションマネジメント……………………366

3.　設計図書［東條隆郎］

3.1　建築生産における設計図書の役割……………367
3.2　設計図書によって情報伝達を行う相手と目
　　　的………………………………………………367
　3.2.1　建築主への情報伝達………………………367
　3.2.2　施工管理者・専門工事業者への情報伝
　　　　達………………………………………………367
　3.2.3　関係諸官庁への情報伝達…………………368
　3.2.4　その他の関係者への情報伝達……………368
3.3　設計図書…………………………………………368
　3.3.1　設計図書表記の約束事……………………368
　3.3.2　設計図書の構成……………………………368
3.4　竣工図書…………………………………………372
　3.4.1　竣工図書の構成……………………………372
　3.4.2　新しく提案されている図書………………372

4.　設計におけるエンジニアリング

4.1　構造設計…………………………[大崎　純]…374
　4.1.1　構造設計とは………………………………374
　4.1.2　解析(analysis)から総合(synthesis)へ…374
　4.1.3　コストと情報公開…………………………375
　4.1.4　優秀な構造設計者になるために…………375
4.2　設備設計………………[栗山知広・杉山　隆]…375
　4.2.1　設備とは……………………………………375
　4.2.2　設備設計の課題……………………………375
　4.2.3　設備設計の進め方…………………………376
4.3　生産設計・ビルダビリティ・コンストラク
　　　タビリティ…………………………[木本健二]…378
　4.3.1　生産設計……………………………………379
　4.3.2　ビルダビリティ……………………………379
　4.3.3　コンストラクタビリティ…………………380
4.4　コンカレントエンジニアリング
　　　……………………………………[金多　隆]…381
　4.4.1　協調型設計…………………………………381
　4.4.2　設計チームと施工チームの協調…………381

- 4.4.3 建築設計・構造設計・設備設計の協調 381
- 4.4.4 複数の建築設計者の協調 382
- 4.4.5 協調型設計の課題 382
- 4.5 デザインレビュー [金多 隆] 383
  - 4.5.1 デザインレビューの意義 383
  - 4.5.2 デザインレビューの定義 383
  - 4.5.3 建築生産とデザインレビュー 383
  - 4.5.4 設計図書の品質確保 384
  - 4.5.5 これからのデザインレビュー 384
- 4.6 コストエンジニアリング [小菅 哲] 385
  - 4.6.1 コストの概念 385
  - 4.6.2 コスト分類別概要 385
- 4.7 スケジューリング [木本健二] 386
  - 4.7.1 設計チームとコラボレーション 386
  - 4.7.2 スケジューリングとIT環境 386
  - 4.7.3 スケジュール計画 387
  - 4.7.4 スケジュール管理 387
  - 4.7.5 スケジューリングの展開 387
- 4.8 バリューエンジニアリング・バリューマネジメント 388
  - 4.8.1 建築における「V＝F/C」という概念 [平 智之] 388
  - 4.8.2 バリューマネジメントという概念 388
  - 4.8.3 多段階 VM 388
  - 4.8.4 民間建築におけるVE事情 [佐藤隆良] 389
  - 4.8.5 公共建築におけるVE事情 390
- 4.9 情報技術 [高本孝頼] 391
  - 4.9.1 建築生産におけるIT活用の現状 391
  - 4.9.2 建築生産のITツール・環境 391
  - 4.9.3 建築生産でのコンカレント作業環境 391
  - 4.9.4 建築生産でのIT活用による情報共有化 393
  - 4.9.5 3次元建物モデルによるIT活用 393
  - 4.9.6 建築生産におけるIT化促進の課題 394
  - 4.9.7 今後の建築生産でのIT活用 394
- 4.10 品質情報伝達 [浦江真人] 395
  - 4.10.1 監理方針説明書 395
  - 4.10.2 設計図書総合検討会 395
  - 4.10.3 総合図 396

5. 設 計 事 例

- 5.1 プレハブ住宅 [佐治郁夫] 397
  - 5.1.1 プレハブ住宅の黎明期 397
  - 5.1.2 敷地への対応力 397
  - 5.1.3 工業化の原点回帰への葛藤 398
  - 5.1.4 商品化住宅への展開 398
  - 5.1.5 設計コンサルティング 398
  - 5.1.6 空間価値・街並み環境・資源循環型社会への適応 398
- 5.2 協働プロセス [桜井 潔] 399
  - 5.2.1 設計者決定まで 399
  - 5.2.2 基本設計フェーズ 400
  - 5.2.3 実施設計フェーズ 401
  - 5.2.4 工事監理フェーズ 403
  - 5.2.5 竣工後 403
- 5.3 一品生産化 [小栗 新] 404
  - 5.3.1 建築物は一品生産 404
  - 5.3.2 一品生産品へ工場生産の発想を導入 404
  - 5.3.3 大量生産品へ一品生産の感覚を導入 406
- 5.4 情報システムの活用事例 [八坂文子] 406
  - 5.4.1 建設プロセスの変化と生産設計の概念形成 406
  - 5.4.2 建築生産情報統合システム 406
  - 5.4.3 システムの構成 407
  - 5.4.4 設計間の情報の連携 407
  - 5.4.5 施工での情報の展開 407
  - 5.4.6 課題 409

第 V 部 施 工

1. 施 工 と は [永易 修]

- 1.1 施工の特徴 412
  - 1.1.1 産業としての側面 412
  - 1.1.2 現場施工の労働環境 412
  - 1.1.3 施工組織のパターン 413
  - 1.1.4 施工の歴史的な側面 413
- 1.2 施工の流れ 414
  - 1.2.1 施工計画 414
  - 1.2.2 施工管理 414

2. 施 工 計 画 [岩下 智]

- 2.1 施工方針の立案 …416
  - 2.1.1 要求事項の把握 … 416
  - 2.1.2 施工方針の作成 … 416
- 2.2 基 本 計 画 …416
  - 2.2.1 条件の把握 … 417
  - 2.2.2 基本施工法の検討 … 417
  - 2.2.3 基本（総合）工程表の作成 … 418
  - 2.2.4 申請・届出 … 418
  - 2.2.5 調達計画 … 419

3. 施 工 管 理

- 3.1 施工管理体制 …………[家田高好]…420
  - 3.1.1 建築生産における施工 … 420
  - 3.1.2 現場構成員の種別と業務分担 … 420
- 3.2 作業所運営 ……………[家田高好]…422
  - 3.2.1 着工準備 … 422
  - 3.2.2 施工（中間期）… 422
  - 3.2.3 竣工・引渡し … 423
- 3.3 各 種 図 書 ……………[浦江真人]…425
  - 3.3.1 設計図書 … 425
  - 3.3.2 総合図 … 427
  - 3.3.3 施工図 … 429
  - 3.3.4 施工計画図 … 430
  - 3.3.5 工程表 … 431
  - 3.3.6 製作図 … 433
  - 3.3.7 施工計画書・施工要領書 … 433
- 3.4 品 質 管 理 ……………[井関裕二]…436
  - 3.4.1 管理の目的 … 436
  - 3.4.2 管理体制 … 437
  - 3.4.3 管理方法 … 437
  - 3.4.4 管理手法 … 438
- 3.5 予 算 管 理 ………[人見 亨・阿保 昭]…442
  - 3.5.1 予算管理とは … 442
  - 3.5.2 施工中の管理 … 445
- 3.6 工 程 管 理 ……………[嘉納成男]…448
  - 3.6.1 管理の目的 … 448
  - 3.6.2 管理項目 … 448
  - 3.6.3 管理方法・体制 … 450
  - 3.6.4 管理手法・ツール … 451
- 3.7 安全衛生管理 ……………[喜多喜久夫]…454
  - 3.7.1 管理の目的・フロー … 454
  - 3.7.2 管理項目 … 454
  - 3.7.3 管理方法・体制 … 456
  - 3.7.4 管理手法・ツール … 457
- 3.8 環 境 管 理 ……………[古野秀二郎]…459
  - 3.8.1 管理の目的・フロー … 459
  - 3.8.2 管理項目 … 462
  - 3.8.3 管理方法・体制 … 462
  - 3.8.4 管理手法・ツール … 463
- 3.9 調 達 管 理 ……………[中村裕幸]…468
  - 3.9.1 管理の目的・フロー … 468
  - 3.9.2 管理項目 … 468
  - 3.9.3 管理方法・体制 … 469
  - 3.9.4 管理手法・ツール … 470
- 3.10 生産情報管理 ……………[永易 修]…471
  - 3.10.1 管理の目的・フロー … 471
  - 3.10.2 情報技術を活用した生産情報管理の事例 … 472
- 3.11 近隣・諸官庁対応 ……………[家田高好]…482
  - 3.11.1 近隣対応 … 482
  - 3.11.2 諸官庁対応 … 489

4. 各 種 工 事

- 4.1 準 備 工 事 ……………[栗原信弘]…490
  - 4.1.1 現場の調査および確認 … 490
  - 4.1.2 縄張り，遣方，墨出し … 490
  - 4.1.3 隣接物の防護，移設 … 491
- 4.2 仮 設 工 事 …492
  - 4.2.1 仮囲い，仮建物，仮設道路，乗入れ構台 ……………[栗原信弘]…492
  - 4.2.2 仮設電気，給排水 … 494
  - 4.2.3 揚重機械 ……………[柳田隆一]…495
  - 4.2.4 足場，架設通路，荷取りステージ ……………[栗原信弘]…506
  - 4.2.5 安全，換気，防火設備 … 509
  - 4.2.6 全天候仮設屋根 … 510
  - 4.2.7 整理，清掃，養生 … 510
  - 4.2.8 機械工具 … 510
  - 4.2.9 その他 … 513
- 4.3 地 業 工 事 ………[永冨英夫・丸 隆宏]…514
  - 4.3.1 概 説 … 514
  - 4.3.2 既製杭工事 … 515
  - 4.3.3 場所打ちコンクリート杭工事 … 517
  - 4.3.4 その他の場所打ち杭工事 … 519
  - 4.3.5 地盤改良工事 … 520
  - 4.3.6 砂・砂利・地肌地業工事および捨てコ

ンクリート地業工事 ………………… 521	4.9.5 既存再利用 ……………………… 632
4.3.7 基礎スラブ・地中梁および土間コンクリート工事 ……………………… 521	

5. 特殊構工法

4.4 地下工事 ……………………[村岡益一郎]…522	5.1 超高層建築工事 …………[瀬口健夫]…633
4.4.1 山留め工事 ……………………… 522	5.1.1 構法概要 ……………………… 633
4.4.2 水替・排水 ……………………… 531	5.1.2 工法 ……………………………… 633
4.4.3 掘削計画 ……………………… 534	5.2 ドーム建築 ………………[深尾康三]…636
4.4.4 計測管理 ……………………… 535	5.2.1 ドームの構造 ………………… 636
4.5 躯体工事 ………………………………… 535	5.2.2 ドームの施工 ………………… 636
4.5.1 コンクリート工事 ……[横須賀誠一]…535	5.3 鋼管コンクリート構造 …[中山光男]…640
4.5.2 型枠工事 ……………[澤口正彦]…539	5.3.1 概要 ……………………………… 640
4.5.3 鉄筋工事 ……………[新原浩二]…542	5.3.2 構造性能 ……………………… 640
4.5.4 鉄骨工事 ……………[犬伏 昭]…546	5.3.3 施工 ……………………………… 641
4.5.5 プレキャストコンクリート工事 ……………………………[河村光昭]…553	5.4 プレストレストコンクリート構造 ……………………………[清水健司]…642
4.6 仕上工事 ……………………………… 562	5.4.1 プレストレストコンクリート … 642
4.6.1 PCカーテンウォール工事 ……………………………[小野 正]…562	5.4.2 プレストレスの導入方法 …… 642
4.6.2 金属カーテンウォール工事 ……… 569	5.4.3 プレストレストコンクリートの材料 … 643
4.6.3 建具工事 ……………[名知博司]…572	5.4.4 施工時の留意点 ……………… 643
4.6.4 ガラス工事 ……………………… 577	5.4.5 プレキャストプレストレストコンクリート構法 ……………………………… 644
4.6.5 シーリング防水 ………[中川輝雄]…583	5.5 スライディングフォーム工法[磯村 渉]…644
4.6.6 石工事 ………………[菅原忠弘]…586	5.6 リフトアップ工法 …………[蓑輪達男]…646
4.6.7 タイル工事 ……………………… 590	5.6.1 工法概要 ……………………… 646
4.6.8 防水工事 ……………[土田恭義]…595	5.6.2 工法の選定 …………………… 646
4.6.9 木工事 ………………[田中愛輔]…597	5.6.3 吊上げ方法 …………………… 646
4.6.10 ALC・ブロック工事 …………… 599	5.6.4 吊上げ装置 …………………… 646
4.6.11 左官工事 ……………………… 601	5.6.5 計画時の検討事項 …………… 647
4.6.12 塗装工事 ……………………… 603	5.6.6 施工時の留意点 ……………… 648
4.6.13 内装工事 ……………………… 605	5.6.7 リフトアップ工法のコスト …… 648
4.7 設備工事 ………………………[清水進市]…607	5.6.8 安全管理 ……………………… 648
4.7.1 施工計画手順 ………………… 607	5.7 建築用ロボット …………[三浦延恭]…648
4.7.2 電気設備工事 ………………… 607	5.7.1 研究開発の経緯 ……………… 648
4.7.3 給排水衛生設備工事 ………… 611	5.7.2 開発の目的 …………………… 649
4.7.4 空気調和設備工事 …………… 612	5.7.3 開発事例と建築用ロボットの特徴 …… 649
4.8 維持保全・改修工事 ………[伊佐 真]…614	5.7.4 普及状況と今後の課題 ……… 650
4.8.1 維持保全 ……………………… 614	5.8 自動化工法 ………………[汐川 孝]…651
4.8.2 改修工事 ……………………… 617	5.8.1 ビル自動化施工システムの開発と経緯 651
4.8.3 改修工事の事例 ……………… 619	5.8.2 システム構成と要素技術 …… 652
4.8.4 耐震改修工事 ………………… 622	5.8.3 ビル自動化施工システムの効果と課題 653
4.9 解体工事 ………………………[平田幸光]…625	5.9 耐震・免震・制振 ………[三山剛史]…655
4.9.1 解体工法 ……………………… 625	5.9.1 耐震・免震・制振の分類 …… 655
4.9.2 解体計画 ……………………… 627	5.9.2 免震 ……………………………… 656
4.9.3 解体工事の施工 ……………… 628	5.9.3 制振 ……………………………… 656
4.9.4 環境と解体工事 ……………… 629	

5.10 免震レトロフィット ………［藤本悦生］…657	6.1.3 施工管理……………………………… 668
5.10.1 概　要………………………… 657	6.1.4 引渡し・アフターサービス……… 669
5.10.2 免震レトロフィットの種類と特徴…… 657	6.2 オフィスビルの例……………［植野修一］…670
5.10.3 施工計画……………………… 657	6.2.1 工事概要……………………… 670
5.11 復元・修復………………［田丸紘夫］…659	6.2.2 基本施工計画………………… 671
5.11.1 建物および工事概要………… 659	6.2.3 着工準備……………………… 671
5.11.2 復元・修復工事の基本方針……… 659	6.2.4 仮設計画……………………… 672
5.11.3 工事工程……………………… 660	6.2.5 施工計画・施工管理………… 673
5.12 クリーンルーム ……………［柿崎治郎］…661	6.2.6 引渡し・アフターサービス……… 676
5.12.1 クリーンルームの特徴……… 661	6.3 特 殊 事 例 ……………………［蟹澤宏剛］…677
5.12.2 クリーンルームの工法……… 662	6.3.1 工事概要……………………… 677
	6.3.2 基本施工計画………………… 679
6. 施 工 事 例	6.3.3 着工準備……………………… 682
	6.3.4 工事管理の留意点…………… 683
6.1 集合住宅の例………………［岩下　智］…665	6.3.5 施設開設準備・引渡し……… 685
6.1.1 工事概要……………………… 665	6.3.6 20世紀終盤の日本的生産システム…… 686
6.1.2 施工計画……………………… 666	

索　引………………………………………………………………………………………… 689

―― ＜コラム＞ ――
1. 日本と外国の建築生産システムはどう違うか……………………………………［三根直人］…119
2. 作業員のチーム編成……………………………………………………………［佐々木良和］…424
3. JV作業所におけるネットワーク利用……………………………………………［野中光彦］…481
4. タワークレーンはどうやって降ろすか……………………………………………［角山雅計］…500
5. 連結超高層の立体都市――ホメオスタシス建築……………………………………［森田真弘］…635
6. 全天候全自動でビルを建てる……………………………………………………［前田純一郎］…654
7. 宇宙建築……………………………………………………………………………［松本信二］…687

第I部

総 説

1

建築市場・建築産業・生産組織

1.1 建設投資・市場と建設活動

1.1.1 世界

a. 世界の建設市場およびグローバルな建設活動の規模

アメリカの建設専門誌 ENR の推定（各国政府機関や IMF などの国際機関の情報をもとに集計したもので，一部の社会主義国や建設投資が微少と見込まれる国は含まれない）では，2000 年の世界建設市場は 370 兆円（3.41 trillion US ドル）であった（図 1.1.1）．なお，1998 年の推定額は 3.22 trillion US ドルで，この 2 年間に 5.8％成長したことになる．

そのうち，国際プロジェクト（主要な建設関連の国際的企業 225 社による海外での受注プロジェクト）の総額は 12.5 兆円（115 billion US ドル）であり，全体の約 3.4％を占める．アジア，北米，欧州が大きな市場となっている（図 1.1.2）．表 1.1.1 は，この 225 社がどのエリアで工事をしているのかを国単位で詳細にみたものである．国際プロジェクトではアメリカ，ドイツ，フランス，イギリス，日本などの巨大企業が世界で活躍している．エリア別でみると，国際プロジェクトの割合が大きいのはアフリカ，中東地域で，全建設量の 10％程度を越える．全体的に欧州コントラクターの活躍が目立ち，またアメリカは世界各地で 2 割程度以上のシェアをとっている．アジア市場では日・米・欧のコントラクターが満遍なく入っているのに対して，他の市場エリアでは参入する外国企業の色分けがはっきりしている．目立つところをあげると，中南米ではアメリカ（42.6％のシェア），アメリカではドイツ（38.5％），欧州ではフランス（25.5％），アフリカではフランス（25.4％）のコントラクターがそれぞれ国際プロジェクトにおいて高いシェアをとっている．

表 1.1.2 は米国雑誌 ENR から 2000 年および 2005 年のグローバル建設企業の売上高ランキング 50 位までを抜き出したものである．このランキングでは，バブル期に日本企業がトップの位置に着い

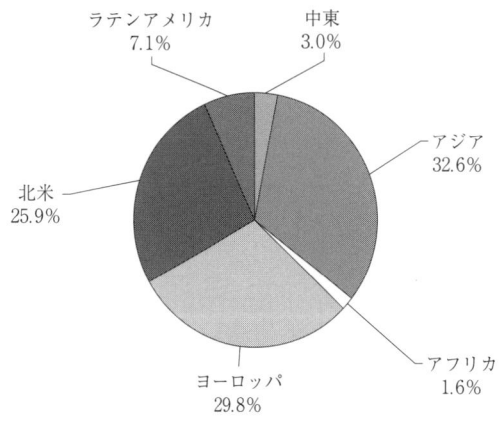

総額＝3,413,299 百万US ドル＝369,796,814 百万円
（資料：ENR/December 4, 2000, pp. 30-31 より作成．1US ドル＝108.34 円）

図 1.1.1 世界の建設市場のエリア別割合（2000 年）

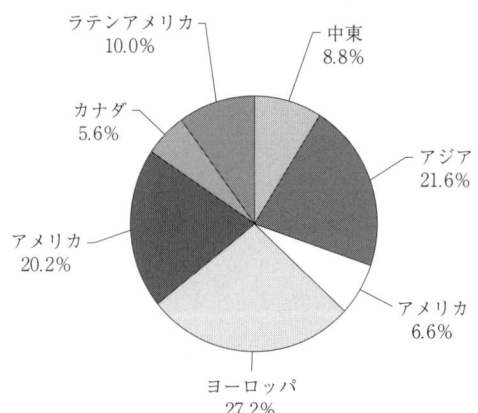

総額＝115,907.5 百万US ドル＝12,557,418 百万円
（資料：ENR/August 20, 2001, p. 70 より作成．1 US ドル＝108.34 円）

図 1.1.2 国際建設市場のエリア別割合（2000 年）

表 1.1.1 国際建設プロジェクトの市場規模・市場分布（2000年）

（金額単位：百万USドル）

会社の国籍	会社数	国際市場売上高計	1社当り平均	エリア別						
				中東	アジア	アフリカ	欧州	米国	カナダ	中南米
アメリカ合衆国	73	24,963	342	2,238	5,410	1,364	5,893	na	5,103	4,955
カナダ	5	195	39	33	48	5	0	87	na	22
ヨーロッパ諸国	56	68,421	1,222	4,903	7,251	3,953	24,818	21,563	1,323	4,608
イギリス	7	9,183	1,312	791	1,580	129	1,675	4,981	1	25
ドイツ	11	18,163	1,651	311	2,648	750	4,557	9,014	436	447
フランス	7	15,992	2,285	1,075	1,965	1,942	8,056	1,811	432	710
イタリア	10	3,437	344	1,143	350	391	454	164	32	904
オランダ	2	4,522	2,261	159	271	130	3,299	517	14	132
その他	19	17,124	901	1,423	437	612	6,777	5,076	408	2,390
日本	21	8,802	419	665	5,286	443	299	1,520	6	583
中国	35	5,384	154	490	3,979	540	100	86	20	169
韓国	7	3,612	516	950	1,733	152	19	11	0	747
その他	28	4,532	162	914	1,327	1,203	431	122	0	536
225社合計	225	115,908	515	10,194	25,033	7,661	31,560	23,388	6,451	11,619
エリア別建設市場	−	3,413,299	−	101,198	1,113,461	56,096	1,016,567		884,535	241,442
国際比率（％）	−	3.4	−	10.1	2.2	13.7	3.1		3.4	4.8

（注） *ENR*/August 20, 2001, *ENR*/December 4, 2000 より作成．

たこともあった．現在でも依然として，日本の大手5社が20位以内に入り，全体でも10社程度が安定的に含まれている．ただし，売上高のうち海外工事（自国外での工事）についてみると，同規模の海外企業に比べて相当少ない．表1.1.1と併せて考えると，日本のコントラクターはわずかにアジアで活躍するのみで，欧米の企業に比べるとグローバルな展開には相当の遅れがあるといえる．

b. 日本市場の国際化

1996年のWTO（World Trade Organization：世界貿易機関）政府調達協定発効により，わが国の公共プロジェクトの外国企業への開放が進みつつある．2006年3月現在の外国企業の建設業許可取得数は94社で，近年横ばいの状況である．内訳をみると，米国，ドイツ，オランダ，韓国，スイス，イギリス，スウェーデンなどからの参入がある．表1.1.3に示す基準により，一定額以上の公共プロジェクト（建設工事およびコンサルタント業務）では国際入札が義務づけられるが，外国企業が落札したケースは，これまでのところそれほど多くはない．日本市場の商慣習を含めて，様々な参入障壁の存在や市場の特殊性が指摘されている．なお，表1.1.1において，アジアにおける国際プロジェクトの比率が2.2％と低いのは，建設投資が多い日本において，外国企業が行う工事が少ないことが原因といえよう．

c. 主要国の建設市場比較

表1.1.4に主要国の建設に関連する指標を並べた．2004年時点の建設投資額は米国111.2兆円に次ぐ52.5兆円であった．これは欧州主要国の数値を合計した値よりも大きい．縮小傾向にはあるものの，日本の建設市場は依然として大きい．対GDP比率をみると，欧米先進国は建設投資額で4.5〜8.8％，周辺分野も含めた建設市場額で9.0〜10.0％である．また，全就業者数に占める割合も6.7〜7.7％となっている．日本の数値はそれぞれやや大きい．

［岩松 準］

文 献

1) *Engineering News-Record* (*ENR*), The McGraw-Hill (http://www.enr.com)
2) （社）日本建設業団体連合会：建設業ハンドブック (http://www.nikkenren.com)

1.1.2 日 本

a. 建設市場規模の把握

日本の建設市場に関するデータは，国土交通省が「建設投資見通し（建設投資推計）」を公表しているが，年度単位のデータであり，また，最新の数値は見通し値になっていること，地域区分がないことなどから，「建設総合統計」でみることもある．建設総合統計は，「建設工事受注動態統計調査（平成12

表 1.1.2 グローバル建設企業売上高ランキング上位 50 社（2000 年と 2005 年）

(金額単位：百万 US ドル)

2000 年				2005 年			
順位	企業名・本社所在地・国籍	売上高	うち海外	順位	企業名・本社所在地・国籍	売上高	うち海外
1	Vinci, Rueil-Malmaison, France	16,126	6,324	1	Vinci, Rueil-Malmaison, France	26,810	10,268
2	大成建設, Tokyo, Japan	13,432	354	2	Bouygues, Paris, France	19,760	7,794
3	Bouygues, Guyancourt, France	12,656	5,664	3	Hochtief AG, Essen, Germany	17,015	14,733
4	Bechtel Group Inc., San Francisco, Calif., U.S.A.	12,390	6,811	4	China Railway Engineering Corp., Beijing, China	15,360	478
5	Hochtief, Essen, Germany	12,033	9,107	5	Skanska AB, Solna, Sweden	14,984	11,904
6	鹿島建設, Tokyo, Japan	11,791	1,373	6	Bechtel, San Francisco, Calif., U.S.A.	14,606	7,662
7	清水建設, Tokyo, Japan	11,407	713	7	China Railway Construction Corp., Beijing, China	14,432	397
8	大林組, Tokyo, Japan	10,933	885	8	Grupo ACS, Madrid, Spain	14,291	2,487
9	Skanska AB, Stockholm, Sweden	10,808	8,640	9	鹿島建設, Tokyo, Japan	13,344	1,882
10	竹中工務店, Osaka, Japan	10,729	600	10	大成建設, Tokyo, Japan	13,138	1,360
11	Fluor Corp., Aliso Viejo, Calif., U.S.A.	7,824	3,280	11	CENTEX, Dallas, Texas, U.S.A.	12,982	391
12	Philipp Holzmann AG, Frankfurt/Main, Germany	5,950	3,578	12	China State Construct. Engineering Corp., Beijing, China	12,525	2,076
13	EIFFAGE, Issy les Moulineaux Cedex, France	5,804	761	13	大林組, Tokyo, Japan	12,152	1,551
14	Bovis Lend Lease, London, U.K.	5,782	4,432	14	清水建設, Tokyo, Japan	11,509	1,047
15	Kellogg Brown & Root, Houston, Texas, U.S.A.	5,283	3,955	15	Strabag SE, Vienna, Austria	10,989	8,719
16	戸田建設, Tokyo, Japan	5,130	89	16	Ferrovial, Madrid, Spain	10,787	4,668
17	AMEC PLC, London, U.K.	4,829	2,427	17	Fluor Corp., Irving, Texas, U.S.A.	10,785	7,125
18	China State Const. Engineering Corp., Beijing, China	4,704	1,279	18	竹中工務店, Osaka, Japan	10,012	1,212
19	Peter Kiewit Sons' Inc., Omaha, Neb., U.S.A.	4,630	259	19	EIFFAGE, Asnieres-su-Seine, France	9,973	1,690
20	Hollandsche Beton Group, Ryswyk, The Netherlands	4,614	3,568	20	China Communi. Construct. Grp., Beijing, China	9,338	840
21	Hyundai Engineering & Const. Co., Seoul, Korea	4,452	2,014	21	Royal Bam Group NV, Bunnik, The Netherlands	9,249	4,995
22	Grupo Dragados, Madrid, Spain	4,346	1,150	22	Balfour Beatty PLC, London, U.K.	8,988	2,202
23	関電工, Tokyo, Japan	4,213	15	23	KBR, Houston, Texas, U.S.A.	8,832	7,723
24	FCC S.A., Madrid, Spain	4,154	640	24	FCC, Madrid, Spain	8,799	872
25	西松建設, Tokyo, Japan	4,146	377	25	Bilfinger Berger AG, Mannheim, Germany	8,790	5,815
26	Washington Group International Inc., Boise, Idaho, U.S.A.	4,092	839	26	China Metallurgical Group Corp., Beijing, China	8,241	284
27	Walter Bau AG, Augsburg, Germany	4,040	860	27	TECHNIP, Paris La Defense, France	6,680	6,375
28	Bilfinger Berger Bau AG, Mannheim, Germany	3,999	2,392	28	Bovis Lend Lease, Harrow, Middlesex, U.K.	6,648	4,387
29	きんでん, Tokyo, Japan	3,953	126	29	Leighton Holdings Ltd., St. Leonards, NSW, Australia	5,776	805
30	NCC, Stockholm, Sweden	3,907	1,681	30	Acciona SA, Alcobendas, Madrid, Spain	5,748	885
31	China Railway Construction Corp., Beijing, China	3,837	38	31	GS Engineering & Construction, Seoul, Korea	5,559	891
32	China Railway Engineering Corp., Beijing, China	3,716	166	32	AMEC PLC, London, U.K.	5,495	3,483
33	Grupo Ferrovial, Madrid, Spain	3,627	1,160	33	Sacyr Vallehermoso, Madrid, Spain	5,316	1,271
34	五洋建設, Tokyo, Japan	3,622	620	34	Samsung Corp., Sungnam-si, Korea	5,221	391
35	前田建設工業, Tokyo, Japan	3,614	227	35	Shanghai Construction General Co., Shanghai, China	4,525	502
36	Balfour Beatty PLC, London, U.K.	3,578	937	36	Hyundai Engineering & Constr. Co., Seoul, Korea	4,159	636
37	Samsung Corp., Seoul, Korea	3,554	509	37	戸田建設, Tokyo, Japan	4,054	64
38	間組, Tokyo, Japan	3,477	266	38	三井住友建設, Tokyo, Japan	4,022	172
39	三井建設, Tokyo, Japan	3,180	80	39	Sinohydro Corp., Beijing, China	3,867	460
40	Actividades de Construction y Serv., Madrid, Spain	3,122	466	40	きんでん, Osaka, Japan	3,725	272
41	Strabag AG, Cologne, Germany	2,875	1,129	41	CEGELEC, Nanterre, France	3,687	1,862
42	TECHNIP, Paris, France	2,784	2,700	42	KIEWIT Corp., Omaha, Neb., U.S.A.	3,600	543
43	Foster Wheeler Corp., Clinton, N.J., U.S.A.	2,758	1,983	43	西松建設, Tokyo, Japan	3,600	562
44	住友建設, Tokyo, Japan	2,283	143	44	日揮, Yokohama, Japan	3,541	2,961
45	東亜建設工業, Tokyo, Japan	2,233	198	45	JACOBS, Pasadena, Calif., U.S.A.	3,126	1,468
46	Shanghai Construction General Co., Shanghai, China	2,224	201	46	PCL Construction Enterprises, Denver, Colo., U.S.A.	3,120	2,010
47	Leighton Holdings Ltd., St. Leonards, NSW, Australia	2,138	450	47	Whiting-Turner Contracting Co., Baltimore, Md., U.S.A.	3,066	0
48	Structure Tone Inc., New York, N.Y., U.S.A.	2,111	351	48	Obrascon Huarte Lain SA, Madrid, Spain	3,019	1,220
49	NECSO Entrecanales Cubiertas S.A., Madrid, Spain	2,044	446	49	Clark Group, Bethesda, Md., U.S.A.	2,936	0
50	Impregilo SpA, Milan, Italy	2,002	1,011	50	Lotte Engineering & Construction Co., Seoul, Korea	2,897	68

（注）"The Top 225 International Contractors", *ENR*/August 20, 2001 および August 21-28, 2006 より作成。http://www.enr.com 参照。

1.1 建設投資・市場と建設活動

表1.1.3 WTO政府調達協定適用基準額

	建設工事	コンサル
中央政府	450万SDR(7.2億円)	45万SDR(0.72億円)
政府関係機関	1500万SDR(24.1億円)	45万SDR(0.72億円)
都道府県・政令市	1500万SDR(24.1億円)	150万SDR(2.4億円)

(注) 邦貨換算額は2006年4月より2年間の適用.

表1.1.4 主要国の建設市場と建設業 (2004年)

	日本	米国	イギリス	フランス	ドイツ	韓国
名目GDP (兆円)	496.2	1,269.4	230.3	221.5	296.6	74.0
建設市場額 (兆円)	63.2	-	24.1	22.2	26.7	-
同対GDP比 (%)	12.7	-	10.4	10.0	9.0	-
建設投資額 (兆円)	52.5	111.2	12.0	11.5	13.4	11.1
04/99年平均増加率 (%)	-5.2	6.0	2.3	3.1	-7.8	3.9
同対GDP比 (%)	10.6	8.8	5.2	5.2	4.5	15.0
建設業者数 (千社)	559	710 ('02)	176	306	77	51
就業者数 (千人)	63,290	139,252	28,008	24,720	35,659	22,557
うち建設業 (千人)	5,840	10,768	2,167	1,654	2,435	1,820
全就業者に占める割合 (%)	9.2	7.7	7.7	6.7	6.8	8.1

(注) 為替レートは, 1ドル=108.18円, 1ユーロ=134.40円, 1ポンド=197.78円, 1ウォン=0.095円. また, 建設市場額=建設投資額+維持・修繕額.
(出典) 建設業ハンドブック2006, p. 37

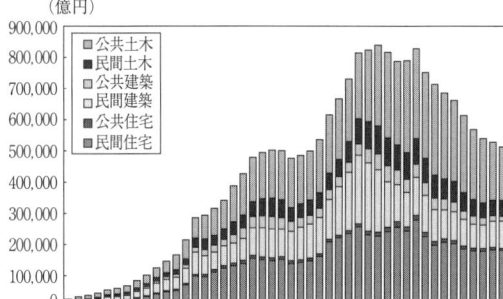

(注) 国土交通省「平成17年度建設投資見通し(平成17年6月7日公表)」より作成. 2003年度以降は見込み・見通し数値である.

図1.1.3 建設投資名目値の推移

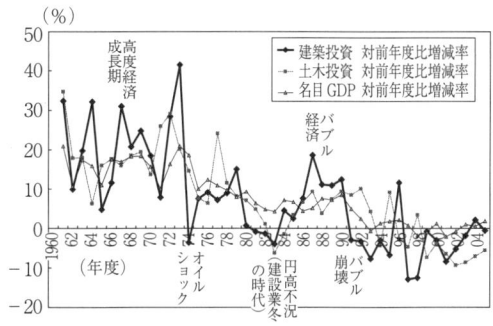

(注) 建築投資, 土木投資は国土交通省資料による. 名目GDPは内閣府の国民経済計算により作成.

図1.1.4 名目投資額の対前年比増減率

年4月より従来の公共工事着工統計調査および民間土木工事着工調査等を再編・統合したもの)によって把握される政府の建築・土木工事および民間の建築・土木工事, 建築着工統計調査によって把握される政府と民間の建築工事の相互の重複を除き, 一定の方式によって加工を施し, わが国全体の建設活動量(建設投資概念)を出来高ベースと着工ベースの2系列について毎月作成している」ものである. 公表までは3カ月程度のタイムラグがあったり, 加工統計のため数値の調整が行われていたりするが, 地域別・投資区分別の基礎資料として有用である.

図1.1.3は「建設投資見通し」から, 投資区分別に建設投資名目値の推移をひろったものである. 2005年度の見通し数値は51兆円となっている. 図1.1.4は同じ資料を建築・土木の区分ごとなどの増減率で示したものである. 全体として建設投資のトレンドは減少傾向を示している. 直近の投資は, 建築がやや好調であるが, 土木はマイナス基調が続く. 新規市場の推移に限れば, 明るい未来を描くのは難しい. また建築投資額の増減(振れ幅)は, 国内総生産(GDP)よりも, さらには土木投資のそれよりも大きい. すなわち, 建築投資は経済全体の景気変動をより増幅させたアウトプットを得る構造となっている.

また, 図1.1.5は建設投資構造を平面上に模式的に示した図である. この図によれば, A~Fの領域割合の変化(投資構造の変化)は, 3本の線分の描き方により説明可能となる.

b. 建設投資の予測

建設投資額の将来予測については, (財)建設経済研究所・(財)経済調査会経済調査研究所が共同で公表している数値がある(http://www.rice.or.jp に掲載). 2年程度先までの数値が四半期単位で示されるが, 「建設経済モデル」というマクロ計量経済モデルに基づくものである. これは, 日本経済新聞社が作成・公表している日経マクロモデルをベー

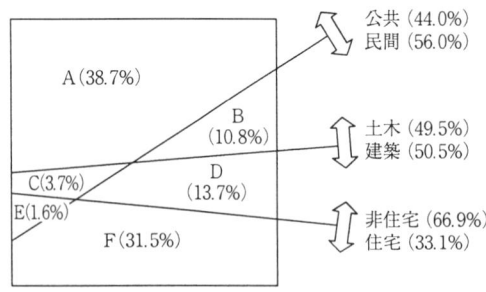

A 公共土木　D 民間建築（非住宅）
B 民間土木　E 公共住宅
C 公共建築（非住宅）　F 民間住宅

図 1.1.5 建設投資の構造（平成 14 年度，名目値）
（出典）平野吉信：建設産業政策と建築業．建築雑誌，vol. 117, No. 1482, pp. 34-35（2002）を参考に作成．

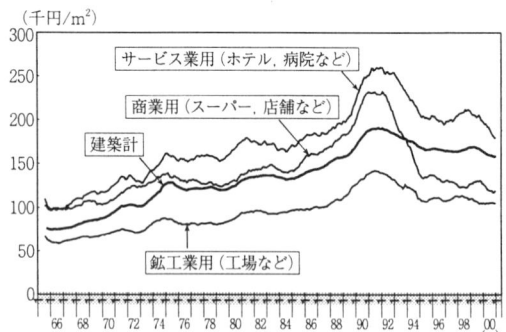

（注）具体的には季節調整済みの月次系列を用いて，カテゴリーごとに各月の着工予定金額を着工床面積で割ることにより工事費単価を算出した．価格は非住宅建築の工事費デフレーターを用いて 1995 年＝100 に換算している．見やすくするためグラフは 12 か月移動平均値を表示．

図 1.1.7 建築の平均単価の推移
（出典）建築着工統計（建設省，国土交通省）

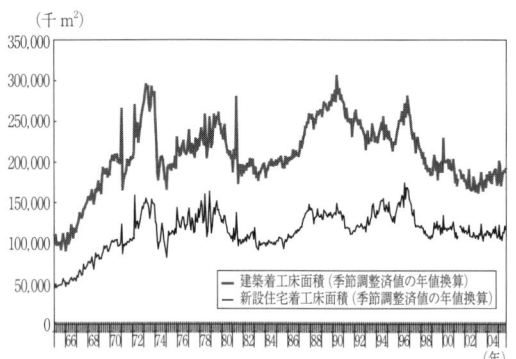

図 1.1.6 着工床面積の水準（建築および新設住宅）
（出典）建築着工統計（建設省，国土交通省）

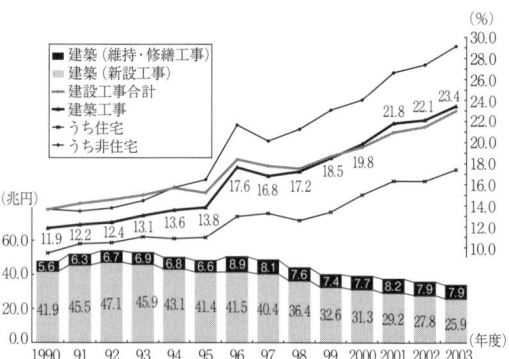

図 1.1.8 建築の元請完成工事高における維持・修繕工事の推移
（出典）建設工事施工統計調査報告（国土交通省）

スに，住宅投資，設備投資，公共投資といった建設関連部門を拡充したものである．

また，長期予測としては，（財）建設経済研究所『建設市場の中長期予測：2010 年度および 2020 年度の見通し』（2005 年 7 月発行）などがある．

c. 着工床面積および平均単価の推移

上述した金額で表現した投資量とは別に，物理的な指標で建築市場をみていきたい．図 1.1.6 では，着工床面積の推移を建築と新設住宅で示した（建築には新設住宅を含む）．数値は月次のものをもとに，季節変動を考慮し，年間水準に換算してある．1972～73 年，1978～79 年，1987～91 年，1996 年ごろに着工床面積が大きくなる．

また，図 1.1.7 で示した建築単価は，着工統計の面積を価格で割ったマクロな平均単価である．この調査における価格は着工前の工事費予定額で，実際より低めに出るといわれる．用途別にみると，単価の大小関係は，サービス業用＞商業用＞鉱工業用の関係にある．商業用はバブル崩壊後に急激な単価の下落が生じている．

図 1.1.6 に示した建築全体で年間 3 億 m² の水準にせまる 4 回のピーク時に，図 1.1.7 では工事費単価の上昇が認められる．つまり，着工床面積の上昇期に平均単価も上昇する傾向があるといえる．

d. 建築のリニューアル市場

近年，リニューアル（維持・修繕）市場が注目されつつある．新設需要が縮小する一方，維持・修繕工事は横ばいないし若干伸びている．建築工事全体の中に占める割合をみると，1990 年度に 11.9％であったものが，2003 年度には 23.4％に高まっている（図 1.1.8）．もともと維持・修繕の割合が比較的高かった土木や機械等に比べると，建築の伸びは大きいといえ，建設工事全体での割合に近づいている．また，建築の分野別では，非住宅建築工事における維持・修繕の割合が高く推移している．なお，以上の数値は建設工事施工統計調査（国土交通省）によ

るものであり，建設業法で捕捉できない軽微なリフォーム工事を手がける業者が除外されているなどのため，現時点では建築のリニューアル市場を直接にとらえた1次建設統計が存在しないことには留意すべきである．　　　　　　　　　　　　［岩松　準］

文　献

1) 国土交通省情報管理部建設調査統計課：平成17年度建設投資見通し（2006）
2) （財）建設経済研究所：建設経済モデルによる建設投資の見通し，p.15（2002）
3) （財）建設経済研究所：建設市場の中長期予測：2010年及び2020年度の見通し（2005）
4) 遠藤和義ほか編：特集・建築業界に未来はあるか，建築雑誌，**117**, 1482, pp.13-53（2002）
5) 岩松　準・遠藤和義：資料 建築業界の現在・近未来を読むデータ集（拡大版），建築市場と建築産業の現状と将来像：未来をどこにみいだすべきか，2002年度日本建築学会大会（北陸），建築市場・建築産業の現状と将来展望特別調査委員会研究協議会資料，pp.39-48（2002）

1.1.3 住宅投資・市場
a. 住宅市場の形成

住宅投資は個人の住要求に基礎をおくもので，住要求の度合いと住居費負担能力との関係のなかで形成される．住要求の要素としては，規模水準に対する要求や，設備水準，住宅形式，デザイン，間取り，近隣環境，利便性，地縁性，血縁性などに関する要求や条件があり，住居費負担能力は，所得や支出構造を背景とする．これらは世帯構成や個人的意識，地域条件などに大きく左右される．また，歴史的にみると，住宅事情とそれを取り巻く社会背景は，第2次世界大戦以前と戦後，高度経済成長期，安定経済成長期とで大きく様相を変えてきており，将来的にも変貌していくと予想される．住宅投資や住宅市場は，社会経済の歴史的推移を反映した大きな流れと，そのなかでのミクロな動きとして理解できる．

住宅市場が認識されたのは，都市化が進み，住宅，借家が商品としての性質を帯びてきた近代以降のことである．わが国の住宅市場も，都市に工場労働者が増加し，住宅の需要と供給の不均衡が顕在化した大正期に，住宅問題として社会的に認識された．戦後になっても，都市住宅は被災により不足し，高度経済成長期が終わったとされる1973（昭和48）年になってようやく，全都道府県で住宅戸数が世帯数を上回っていることが統計上確認された．

b. 住宅投資，着工の推移

図1.1.9は戦後，1951（昭和26）年以降の居住専用工事予定額などの推移である．国内総生産の成長率に比べて，1970年代前半までの住宅・建築投資が活発であったことがわかる．1970年代半ばから1980年代半ばまで安定期で，1990年前後に盛りかえしたものの，その後は低調である．国内総生産との関係では，1975年代半ばまでは，住宅・建築は国内総生産成長率を上回っていた．ところがそれ以降は，1990年前後を除けば，同等か下回る程度の活動となってきている．

居住専用工事は，1950年代は1千億円から2千億円程度で，建築物工事のなかでの割合は1/3程度に過ぎない．しかし1970年代半ばに半分前後か，年によってはそれ以上を占めるようになり，1990年代半ばからは2/3ぐらいにまで比率が高まってきている．建築投資は戦後，わが国の経済成長に大き

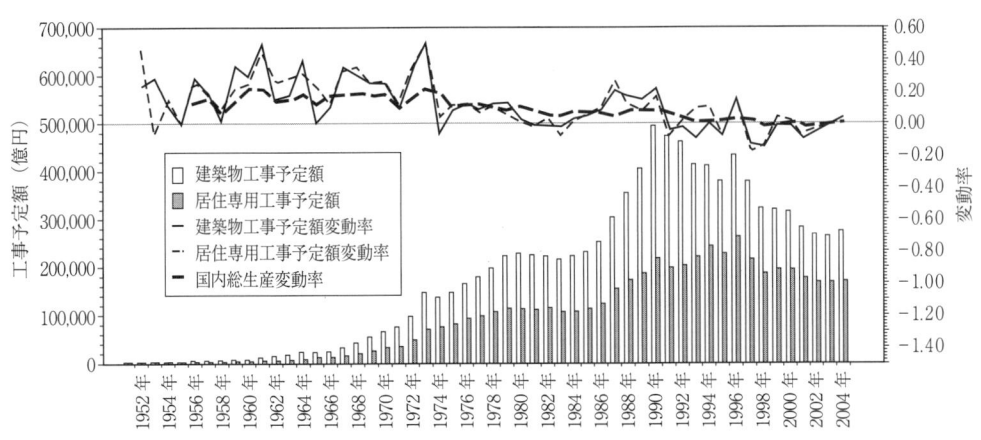

図1.1.9 工事予定額と変動率の推移
（出典）建設統計年報

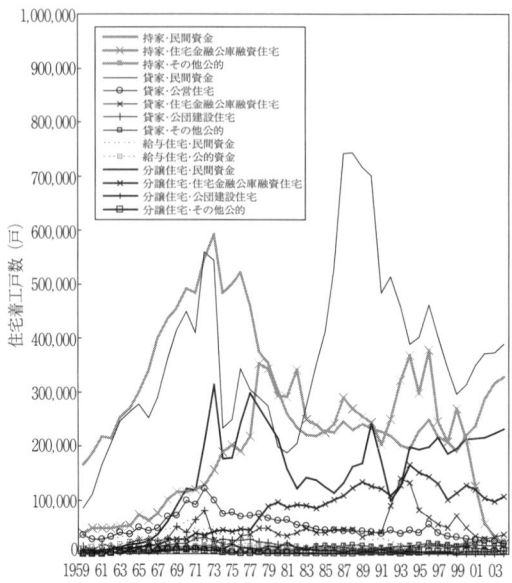

(注) 分類項目は，戸数の少ない項目をまとめるなどして整理した．

図 1.1.10 住宅資金・利用関係別の着工戸数
(出典) 建設統計年報

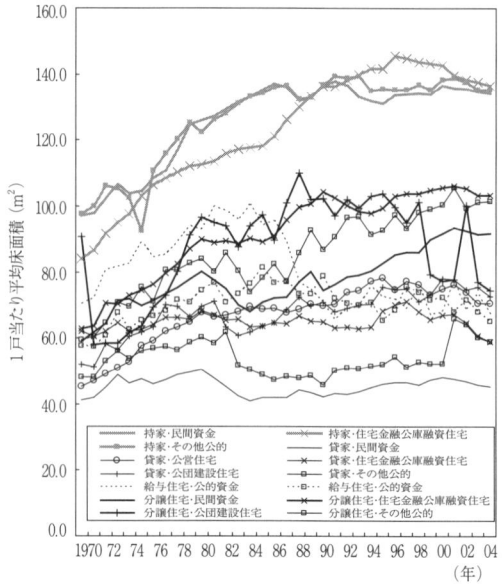

(注) 分類項目は，戸数の少ない項目をまとめるなどして整理した．

図 1.1.11 1戸当たり平均床面積の推移
(出典) 建設統計年報

な役割を果たした．しかし，その役割は徐々に縮小してきた．とともに，住宅投資が，建築活動のなかで次第に重みを増してきている．

住宅投資は，利用目的があり資金の裏付けがあって行われる．図1.1.10は建築着工統計の資金別，利用関係別の着工戸数推移である．1970年代までは「持家・民間資金」と「貸家・民間資金」がピーク時50万戸ほどである．1973（昭和48）年の総着工戸数は190.5万戸であるが，両者を合わせてその半分以上であった．「貸家・民間資金」はその後1980年代後半にもより多数が建設されているが，「持家・民間資金」の方は20万戸台前半に落ち着き，「持家・住宅金融公庫融資住宅」が20〜30万戸前後で推移するようになった（注：建築着工統計では「持家」は注文住宅である）．

分譲住宅の場合も持家に類似し，1970年代には「分譲住宅・民間資金」が主流であったが，1980年代から「分譲住宅・住宅金融公庫融資住宅」が拮抗するようになった．

ところで，図1.1.11に，同じ統計で床面積合計を戸数で除して1戸当たりの平均床面積の推移を示している．持家を筆頭に全体として平均床面積は向上しているが，1990年代からは停滞気味である．持家の水準が最も高く，次いで分譲住宅，貸家の順

になるが，同じ利用関係でも資金別に幅がある．貸家と分譲住宅にあっては，公団建設住宅・住宅金融公庫融資住宅など公的資金によるものの方が，民間資金による住宅よりも床面積が大きい．持家の場合には時期によって異なるが，直近に限ると住宅金融公庫融資住宅の方がやや大きい水準である．

c. 住宅投資とストック形成

住宅投資は住宅ストックを増加させるが，一方で除却されるストックもあるために，ストック量は建設量をそのまま積み上げた数にはならない．図1.1.12に，住宅・土地統計調査（旧：住宅統計調査）の戸数，平均床面積を調査年ごとに示した．ストック戸数が増加し，規模水準が拡大してきていることがわかるが，それぞれの伸び率も縮小している．

着工戸数も長期的には縮小してきており，ストック戸数の伸び率鈍化は追加的住宅需要も縮小していることをうかがわせる．しかしながら，着工戸数がストック戸数の増加に反映する割合はさほど高くなく，しかも時期により変動する可能性がある．仮に住宅ストックが量的に充足したとしても住宅着工はそれなりの水準で推移するものと思われる．

借家の住宅規模が拡大しないことについては，もともと借家規模が小さかったため子供のいる世帯にふさわしくなく，高度経済成長期の持家政策ともあいまって借家規模が抑制されたという見方が有力で

あるという違いは，とりわけ一戸建て持家では変わらない．

持家と借家，あるいは住宅形式の違いは，世帯の住宅選好に影響を与え，ひいては住宅市場の構成にも影響を及ぼす．

d. 住宅市場・投資の予測

住宅市場といっても，地域や圏域，住宅の種類によって性質は多様である．性質が比較的近いもののまとまりを住宅小市場（サブマーケット）と呼ぶことがある．例えば，首都圏の住宅市場とか，借家市場，関西の分譲マンション市場，中古市場などは住宅小市場である．住宅市場の実態はそのような小市場によって把握される．

住宅需要は，世帯の住要求が現住宅の水準を上回ることが自覚され，かつ住宅水準向上のための経済的裏付けがある場合に顕在化する．住宅・土地統計調査からは，世帯主年齢が高くなり，世帯収入が高くなるにつれて持家率が高くなる傾向が認められる．世帯主年齢は家族の成長を反映しており，50歳代ぐらいまでは子供の増加，成長が進み，住要求も拡大する．同時に収入も上がり，結果として住宅水準の高い持家に居住する比率が高くなる．敷地 $100 m^2$ 前後の一戸建て持家居住者に対するアンケート調査でも，若くて収入がより高い，経済的能力のより高い場合で，敷地規模が小さいほど住みかえたいという意識が強いことが示されている．

住宅投資を正確に予測するには，住要求や建物の老朽化の側面に加えて，顕在化条件としての需要者の経済的条件を把握することも必要である．

[多治見左近]

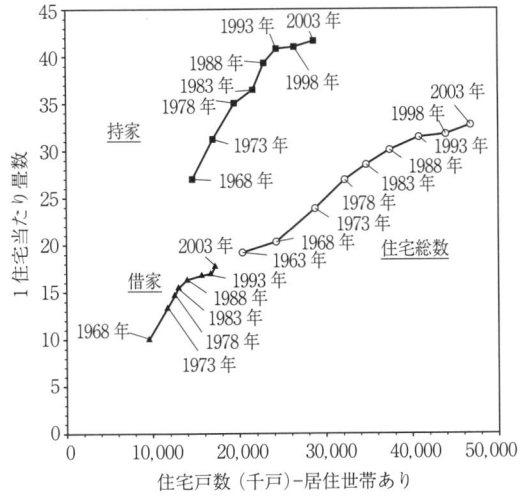

(a) 住宅戸数と畳数
(出典) 住宅土地統計調査

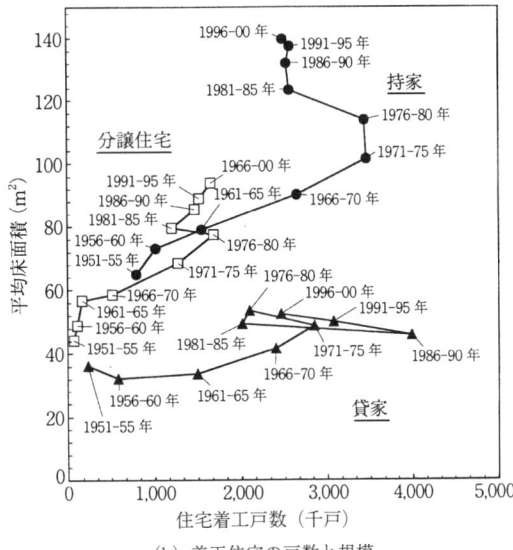

(b) 着工住宅の戸数と規模
(出典) 建設統計年報

図1.1.12 住宅戸数と住戸規模

ある．地価上昇が続く時代には，借家で家賃支払いを続けるよりも，持家を取得してキャピタルゲインを得たり，資産形成をする方が明らかに有利であった．

地価上昇によるキャピタルゲインが見込めなくなり，人々のライフスタイルがかつてのような家族中心から個人中心になると，持家指向も住居費支出の位置づけも変わってくる可能性はある．しかしそれでも，借家の家賃支払いが居住サービスへの対価であるのに対して，持家の場合の支払いは資産形成で

文　献

1) 住田昌二ほか：新建築学大系14．ハウジング，p.366，彰国社（1985）
2) 住宅政策研究会：新時代の住宅政策，p.311，ぎょうせい（1996）
3) 大阪市都市住宅史編集委員会：まちに住まう―大阪都市住宅史，p.454，平凡社（1989）
4) 多治見左近・延藤安弘：敷地規模の定住・住みかえ意識に対する影響に関する研究．都市計画論文集17号，pp.253-258（1982）
5) 多治見左近：居住残留率の推定に関する試論的研究―居住残留率のモデルと近畿都市圏における検証．日本建築学会計画系論文集522号，pp.171-277（1999）

1.1.4 建築生産のフローとストック
a. ストックの蓄積

建築生産において，フローは新設工事を指すが，ストックには2つの見方ができる．1つは資産としての建築・構築物であり，もうひとつはストックに対する工事である．フローとストックの関係には，フローがストックを形成するという因果関係と，工事の選択肢がフローとしてか，ストックに対するものかという対立関係がある．

図1.1.13は建築物工事予定額や固定資産額，およびそれらの比率の推移である．「住宅」と「住宅以外」の建築物の固定資産額は建築ストックの価値とみることができる．固定資産額は国内総生産とほぼパラレルに増大してきている．建築物の工事予定額は1990（平成2）年の約50兆円まで増加し続けその後は縮小しているが，固定資産額との比率をみると，1970（昭和45）年ごろには0.15程度であったものの，最近では0.05近くにまで低下している．固定資産額が増大するに伴ってほぼ一貫して低下傾向にあることがうかがわれる．

ストックは蓄積するがフローは蓄積することがないためにそれは当然ともいえるが，建築空間需要にフローとストックとで対応すると考えるならば，フローのシェアが縮小している．あるいは，ストックが増大して空間需要が充足するに伴って，フローの需要が縮小しているとみることができる．

フローはストックを形成し，結果としてフローの縮小が生じるが，供給されたフローがすべて蓄積してストックになるわけではない．ストックの物理的寿命や陳腐化によってフローが発生する．前項の図1.1.12（a）と同図（b）は，住宅のストックとフローの戸数，水準を経時的に表したものであるが，両者の関係からストックの一定量が除却されていることがうかがえる．ただ，フローに見合ってストックが増大するとも限らない．フローとストックとの間に単純な関係を認めることは難しい．

b. 建築工事におけるフローとストック

ストックに対する工事は，典型的には維持修繕，改修などであるが，ほかに改造，改装，増築などや，コンバージョン（用途変更）も含まれる．「建設工事施工統計」は建設業法の許可を受けている建設業者の調査であり，小規模業者は抽出調査である．新設工事以外の工事を「維持・修繕工事」と定義している．図1.1.14によると維持・修繕工事額は1990年以降，「住宅」で毎年2〜3兆円，「非住宅」では毎年4〜6兆円で変動しながら推移しているが，新設工事が縮小しているために，工事額全体のなかでの比率は，「住宅」で10％から15％程度へ，「非住宅」で15％から30％程度へと次第に上昇する傾向が鮮明である．

これを業種別，職種別にみると新設工事と維持・修繕工事とのバランスにかなりの相違がある．図1.1.15（a），（b）は，横軸を新設工事額，縦軸を維持・修繕工事額として，いずれも対数尺度にしたグラフである．新設工事，維持・修繕工事が同額の直線から上の領域にあるものが維持・修繕工事の比率が高い業種・職種である．

住宅，非住宅のいずれも，総合工事業の新設工事比率が圧倒的に高く，一方，職別工事業はほぼ同率か，維持修繕寄りである．総合工事業のなかでは「一般土木建築業」が新設工事に偏る傾向が最も強く，「建築工事業」「木造建築工事業」もそれに近い．職別工事業のなかでは，「石工」，「鉄骨」などの工事業は新設工事に偏り，「塗装」「防水」工事業は維持・

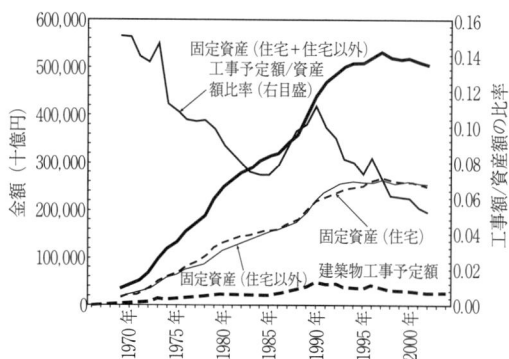

図1.1.13 建設物工事予定額と固定資産額の推移
（出典）建設統計年報/国民経済計算

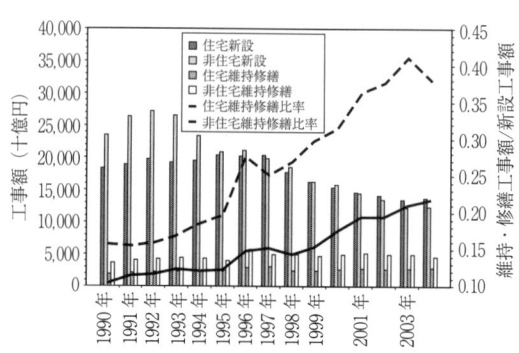

図1.1.14 新設・維持・修繕工事費の推移
（出典）建設工事施工統計

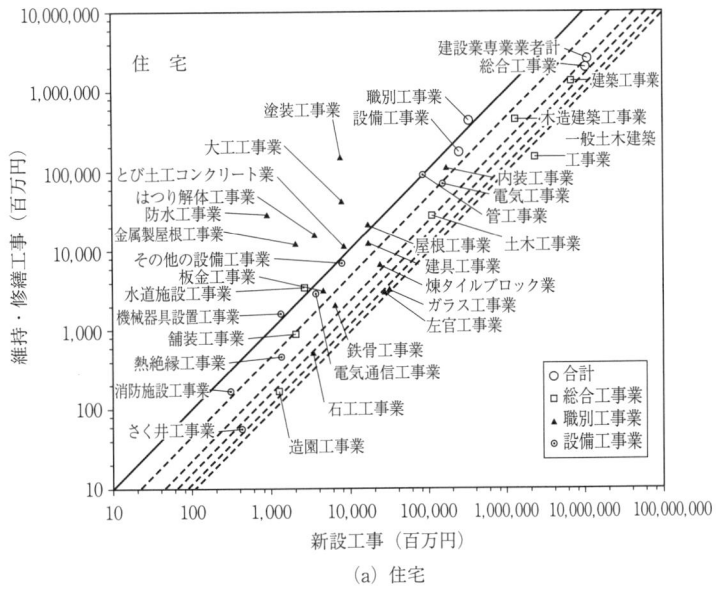

(a) 住宅

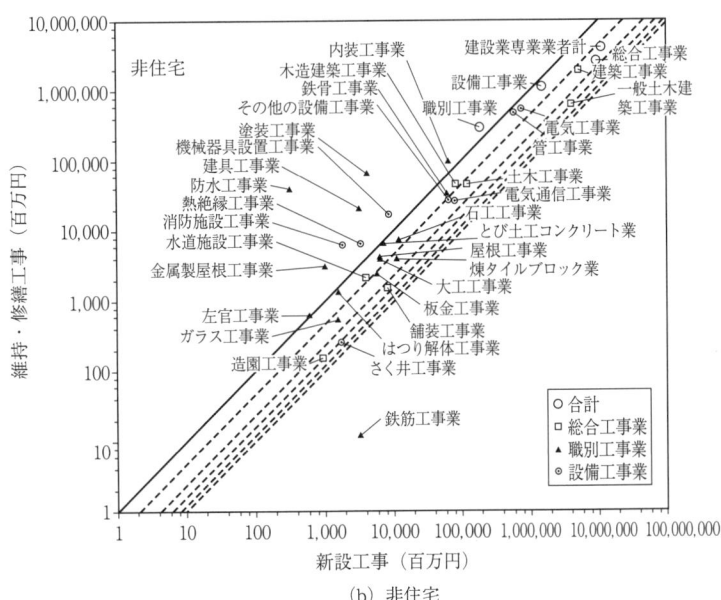

(b) 非住宅

図 1.1.15 業種・職種別,新設工事と維持・修繕工事額
(出典)建設工事施工統計調査報告(2004年度)

修繕工事額の方が圧倒的に大きい.「屋根工事業」はほぼ同じぐらいである.「左官工事業」は住宅では新設に偏るが,非住宅では同等になる.ただ,このような関係は推移しているとともに,維持修繕の方にシフトする傾向にある.

建設工事施工統計の工事高は総合工事業の工事高が大半である.そのために新設工事が主体となっている.一方,修理修繕は個別工事になる場合が多く,そのために職別工事業によって工事が行われていることがうかがわれる.より小規模な修理修繕工事も含めるならば,ストック関連工事はさらに増えるものと予想される.

フローの工事は建設方法がほぼ一定で規模も大きいのに対して,ストックの工事は小規模であることが多く,工事方法もケースバイケースで個別性が強い.特定分野の工事に偏ることも特徴である.ストッ

クの工事は，工事の効率性や採算性，リスクという点でフロー工事に比べて不利であることが多い．

c. フロー工事とストック工事

ある建築物が，求められる質や規模の水準を下回る場合，建て替え（更新/フロー），修理修繕や改善，現状放置，廃棄・除却などの対応方法がある．いずれの方法が採用されるか，いつの時期になるかは諸条件によって左右され，明確な基準はない．小松幸夫教授によれば，建築物の寿命と耐用年数は異なる概念であり，「寿命は建物として実際に使用された期間」，「耐用年数は建物としての機能を果たすと期待される時間の長さ」である．耐用年数は所有者・管理者の意図に決定的に左右される．適正な工事時期，内容が示されたとしても，時期を遅らすことでコスト抑制ができるため，所有者・管理者が意図的に工事を先送りしたり，逆に何かの目的で前倒しすることもよくあることである．建て替え，修理修繕などは，実態としての実施時期や実施内容を把握することはできるが，予測したり，普遍的実施基準を明確にすることは必ずしも容易でない．

しかし実態としては，個々の所有者・管理者は自らの基準に従って建て替え，修理修繕などの工事を実施している．その結果としての一定の傾向性を認めることができることは確かである．一般論としては，固定資産の蓄積が乏しく，建築の水準が全体として低い段階にあっては，ストックに手を加えても満足できる水準に到達しにくく，建て替え，フローが中心となる．建築水準が向上してくると，ストックへの工事が主体になってくると考えられる．わが国の高度経済成長期までは前者の段階であり，その後は後者の段階にさしかかっていると推定される．

[多治見左近]

文　献

1) 日本建築学会耐用年数小委員会：社会的資産としての建物のあり方を考える．日本建築学会建築経済部門研究協議会資料，p. 147（1992）
2) 田村　恭ほか：新建築学大系 49. 維持管理，p. 271，彰国社（1985）
3) 多治見左近：公的賃貸住宅の修繕費実態に関する研究―大阪府住宅供給公社賃貸住宅の事例研究．日本建築学会計画系論文集 505 号，pp. 167-173（1998）

1.2　建設産業と生産組織

1.2.1　ビルディングチームの典型的な構造

建設産業における組織の成り立ちは，一般的に次の2つのレベルに分けて考える．1つは，個々の建物を建設するために臨時に組織化されるビルディングチームのレベル，2つは，そうした個別のプロジェクトに投入される様々な資源の生産，流通などにかかわる個々の企業やその群である産業組織のレベルである．ここでは，まず，前者のビルディングチームの概要について述べる．

建築プロジェクトには専門化，分業化された各主体がかかわり，原則として個々のプロジェクトのためにそれらが臨時に組織化されることによって実行される．その組織化には様々なバリエーションが存在するが，それらを扱う項目は別にあるので，ここでは現代のわが国における民間建築主の発注による典型的なプロジェクト組織の記述に限定する．

図 1.2.1 は，個別の建築プロジェクトに関与する建築主，設計者，施工者などからなるビルディングチームの構成を表したもので，図の左半分を設計チーム，右半分を施工チームと大きく区分できる．

まず，建築プロジェクトでは，建物を必要とする企画や目論見，プロジェクトの費用，敷地等を用意する建築主の存在が必須である．建築主は，さらにプロジェクトを遂行するために設計者や施工者の選定・契約等のプロセスからなる調達方式を選択する必要がある．ただし，建築主はそれらの要件をすべて自前で行う必要はなく，外部からの支援を受けて進める場合もある．

建築主は設計の与条件を確定し，設計を設計者に

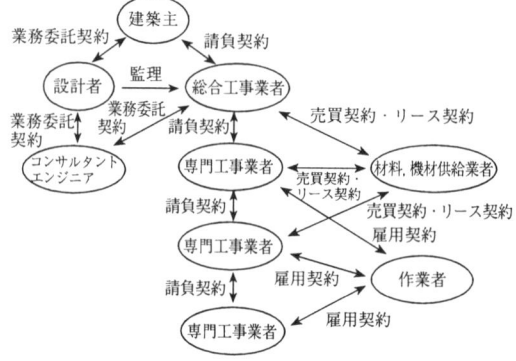

図 1.2.1　わが国の民間建築プロジェクトにおけるビルディングチームの典型

まず依頼する．設計者は建物の機能，意匠などを中心に設計し，構造，設備，積算などは専門のコンサルタントやエンジニアの協力を得て設計図書を作成する．

次に，建築主は，一式，総価，定額の請負契約を総合工事業者と結ぶ．この契約の相手方をわが国では元請，ゼネコンなどとも呼ぶ．

請負契約とは，民法第632条に，「当事者の一方がある仕事を完成することを約し，相手方がその仕事の結果に対してこれに報酬を与えることを約することによりその効力を生ず」とある．請負の特徴は，工事目的物の完成を約する点にあり，請け負う側は工事を完成させる義務は有するが，直接的な労務などの供給自体を契約の内容としない．請負の範囲内では受注者が施工法，使用する機械や下請などを原則自由に決め得る．ただし，工事の過程，結果などについては原則すべて受注者の責任となる．

総合工事業者は，工事を受注すると業者の内部で当該工事の責任者（現場所長，工事長，主任など）を決め，条件に応じてその下に現場係員を配置して現場組織を編成する．彼らは場合によって，総合工事業者本体や外部のコンサルタントやエンジニアからの支援を受けながら工事の実行予算，施工計画などを検討し，工事全体をいくつかのまとまりに分割し，総合工事業者自らが施工する部分を除いて，各工事を担当可能な業者に発注する．多くの場合，これも請負契約が結ばれる．

以上のように，建築主と請負契約を締結した総合工事業者が他の建築業者に工事の一部を発注することを下請負と呼ぶ．下請負は土工事，仮設工事，鉄筋工事，大工工事など数十種に及ぶ．下請負の相手方を総合工事業者に対して，専門工事業者，下請，サブコンなどと呼ぶ．現在，実際の施工のかなりの部分はこの専門工事業者が行っている．作業者のほとんどは専門工事業者が雇用し，総合工事業者が直接雇用することは少ない．下請負された部分はさらに再下請（孫請），再々下請に出される場合も多く，一般的な建築プロジェクトでは3～4次下請程度までの重層化が認められる．

プロジェクトに投入される材料，部品，資機材などは，建築主，総合工事業者，専門工事業者間で事前に調達の分担を決めて，その相手方である材料・機材供給業者などと売買契約やリース契約を結ぶ．

このように施工チームは多数の主体の分業によっている．この社会的分業が成立しているのは，建築生産の特性とのかかわりが深い．例えば，建築業は多種多様，専門的かつ高度の技術・技能を要する組立産業であり，また工程により必要な業種が異なるので，多くの業種にわたって技能労働者を抱えて施工しようとすると手待ちの状態が生じやすく，経営的に非効率となる．これらのことから，技術・技能面での補完を軸とした分業関係が総合工事業者－専門工事業者間，専門工事業者間で形成されている．また，工事の繁閑や量的な施工能力に応じた分業関係がある．建築プロジェクトは，現地，屋外，単品の受注生産であり，地域的，季節的にも需要の変動が大きい．これに柔軟に対応するには，常時技能労働力を保有せず，受注のつど，その地域で労働力を確保して生産活動を行うのが効率的である．この2つの分業関係が複雑に絡み合って総合工事業者，専門工事業者群による水平的，垂直的な分業体制が成立している．

また，この高度に分業化された各主体のプロジェクトにおける組織化やマネジメントは，総合工事業者を中心とした主体間の信頼関係や長期的な取引関係を前提としている．欧米のプロジェクトに比較すると主体間の紛争の発生はごく少なく，欧米で近年導入されている紛争予防手法である「パートナーリング」は，この日本的マネジメントにヒントを得たものといわれている．

［遠藤和義］

1.2.2 主な主体の業域・職域とその関係

前項では，典型的なビルディングチームの構造について概説したが，ここでは，主要な主体の業務や職域を主体間の関係に留意してやや詳しく述べる．

a. 建 築 主

自動車や家電製品などの生産では，マーケティングによって製品の買い手である需要者を想定して生産活動に入る．その生産のプロセスに，最終的な需要者が直接関与することは一般的でない．

建築プロジェクトにおける建築主も同様に建物の買い手である需要者に違いないが，既に述べたように，建築主はそのプロジェクトに必須の企画や目論見，プロジェクトの費用，敷地などを用意する存在である．さらに，後の調達方式の選択，設計者，施工者と契約関係を持つなど，プロジェクトの遂行上欠かすことのできない重要な役割を果たしている．つまり，建築主は自動車や家電製品の需要者と，その責任と権限において相当に異なる．

近年，特に建築プロジェクトを取り巻く諸関係の

高度化，複雑化が進むなか，建築プロジェクト全体の最適性を高めるため，その初期の検討の重要性が指摘されている．例えば，官民を問わず建物の採算性，つまり投下される費用とそれから得られる利益，利便などの詳細な検討がファイナンスや納税者の理解を得る上で必須となっている．こうしたプロジェクトの川上の意思決定は建築主の役割であり，今後，その役割の重要性はさらに増すと考えられる．

その一方で，現実には個々の建築主の知識，経験，能力，体制などには相当のばらつきがある．さらに，建築主が国や市町村など公的な立場にあるのか，民間なのかによって，その行動を規定する法的根拠も異なる．また，同じ用途，規模の建物の場合でも，初めて建築主となる個人の発注者から，同様の建物を相当数繰り返し発注する組織の建築主まで様々で，ビルディングチーム全体における位置づけはかなり異なる．前者の場合で，すべて建築主が自前で行うことが現実的でなければ，外部の様々なコンサルタントや設計者，施工者などの支援を受けることもできる．後者の場合では，発注の継続性によって建築主の内部にノウハウを蓄積したり，ビルディングチームを固定化するなど，より広範な生産システムに影響力を持つ場合もある．

このように，建築主に求められる役割もまた個々のプロジェクトによって，他の主体との関係の調整に基づいて可変的である．こうした建築主の背景をまず自らが自覚し，それに基づいて自らの役割の決定，全体の調達方式の選択，ビルディングチームの組織化などに取り組む必要がある．

近年，こうした発注者内部での建築プロジェクトの発注に関する意思決定を明確，標準化し，ビルディングチームにおける位置づけを確定する試みとして，現在，わが国でもブリーフ（設計与条件調書）の導入に向けた検討が進められている．

b. 設 計 者

わが国では建築物の設計者の資格を建築士法で定めている．建築士法は，その第1条に，「この法律は，建築物の設計，工事監理等を行う技術者の資格を定めて，その業務の適正をはかり，もって建築物の質の向上に寄与させることを目的とする」とあり，資格法，業務法の性格を持つ．

建築士法は，建築士の資格を一級，二級，木造に区分し，その業務範囲を表1.2.1のように定めている．2006（平成18）年3月末現在で，一級建築士322,248人，二級建築士692,968人，木造建築士14,950人が登録されている．

建築士の業務内容は前述の条文にあるとおり，設計と工事監理に大別される．前者の設計は，「その者の責任において設計図書を作成することをいう（同2条5項）」であり，設計図書とは「建築工事実施のために必要な図面（現寸図その他これに類するものを除く）及び仕様書（同2条5項）」と定義されるので，設計の具体的な業務内容とは，建築工事実施に必要な設計図書の作成と解され，そのアウトプットは後の施工段階の実現性を意識したものとする必要がある．工事監理は「その者の責任において

表1.2.1 建築士の業務範囲

構造	木造その他右欄以外の構造				鉄筋コンクリート造，鉄骨造，石造，れんが造，コンクリートブロック造，無筋コンクリート造		
高さ・階数	高さ13mかつ軒高9m			高さ13mまたは軒高9mを超えるもの	高さ13mかつ軒高9m以下		高さ13mまたは軒高9mを超えるもの
	階数1	階数2	階数3		階数2以下	階数3以上	
延べ面積 [m²]							
30	△	△	◎	●	△	◎	●
	△	△	◎	●	◎	◎	●
100	○	○	◎	●	◎	◎	●
300	◎	◎	◎	●	●	●	●
500	◎※	◎※	◎※	●	●	●	●
1,000	◎※	●	●	●	●	●	●

（凡例）●：一級建築士　◎：一級建築士または二級建築士　○：一級建築士，二級建築士，木造に限り木造建築士　△：だれでもよい

延べ面積：増改築等についてはその部分の面積とする．条例により制限がきつくなることがある．

※ 用途により，学校，病院，劇場，映画館，観覧場，集会場（オーディトリアムを有しないものを除く）または百貨店は，一級建築士でなければ設計，工事監理を行うことができない．

工事を設計図書と照合し，それが設計図書のとおりに実施されているかいないかを確認することをいう（同2条6項）」と定義されている．設計者はこれら業務を建築主と建築設計・監理業務委託契約を締結することによって行う．

以上の典型に加えて，そのバリエーションの主要な例を加えておく．まず，プロジェクトによって，設計と工事監理を分離し，別の主体が行う場合がある．また，設計と施工を一貫して1つの主体が担う設計施工一貫方式がある．大工棟梁の伝統を持つわが国において，設計と施工を組織的に統合したこの方式は民間工事で比較的多くみられ，総合工事業者が内部に設計部門を持つことで対応している．

c. コンサルタントとエンジニア

プロジェクトを取り巻く社会関係の複雑化，建築物への要求の高度化に伴い，建築主の意思決定への支援の必要や，設計業務の分節，専門化によって，コンサルタントやエンジニアがこれに関与するのが一般的となっている．

設備設計，構造設計，積算などは比較的早い時期に専門化が確立していたが，近年，アセットマネジメント，プロジェクトファイナンス，プロジェクトマネジメント（PM），コンストラクションマネジメント（CM），不動産・建物管理，建築企画，ファシリティマネジメント，ランドスケープ，造園，ファサード，インテリア，照明，色彩，音響，防災，安全，福祉などの分野で専門化が進んでいる．また，商業ビル，病院，ホテルなどビルディングタイプごとにそれらのサービスを提供するものもある．これらについては，業務の根拠となる国家資格，公的資格や職能団体による民間資格の整備が進んでいる分野も多い．

プロジェクトにかかわるタイミングも設計段階だけでなく，設計前段階の建築主の支援，施工着手後の総合工事業者支援の場合もある．

d. 総合工事業者

企業としての建設業は，1950（昭和25）年制定の建設業法第2条「建設業とは，元請・下請その他いかなる名義をもってするかを問わず，建設工事の完成を請け負う営業をいう」という定義にその根拠を持ち，これによって規制されている．建設業法で定める建設業許可の28業種区分とその2005（平成17）年3月末現在の業者数を表1.2.2に示す．業者の総数は562,661社で，複数の業種の許可を持つ業者が存在するため，各業種の許可の合計は一致しない．このうち，建築の総合工事業者に相当するのは，「建築」の約20.8万業者となる．

職能の成立からいえば，総合工事業よりも専門工事業の方がはるかに早い．大工職，左官職などは古代に職業的分業が成立している．総合工事業者には，土工事，石工事，大工工事などの専門工事業者から成長したものが多くみられる．この総合工事業という業態の成立には，明治中期といわれる一式請負契約の普及が深くかかわっている．

請負契約は，当事者の一方がある仕事の完成を約し，相手方がその仕事の結果に対して報酬を与えることを約することによって，その効力を生ずる．請負契約の内容については，建設業法，第19条「建設工事の請負契約の内容」が，契約時に交換する書面に記載すべき内容13事項を定めている．1つは「工事内容」で，設計の忠実な実現を意味する．2つは「請負代金の額」で，通常は総額一式の確定金額で示される．3つは「工事着手の時期および工事完成の時期」で，工事・作業の予定された全過程が一応終了する時期である．

請負は仕事の完成を目的とするが，直接的な労務の提供を契約の内容としていない．請負範囲内における施工法，使用する機械や専門工事業者などの決定は，建築主から独立した総合工事業者の権限である．専門工事業者が元請，総合工事業者へと展開する過程で付加した役割は，下請である専門工事業者を使い，それらをうまく管理しながら建築主に対して工期，価格，品質，安全衛生，環境などに全体的な責任をとれる経営的，技術的な能力である．

それに加え，高度経済成長期，バブル経済期を経

表 1.2.2 業種別建設業許可業者数
(2005 年 3 月末現在)

業種	業者数	業種	業者数
土木	167,896	板金	15,739
建築	208,833	ガラス	11,249
大工	65,555	塗装	44,334
左官	17,888	防水	19,655
とび・土工	169,586	内装仕上げ	61,192
石	56,347	機械器具設置	18,762
屋根	31,839	熱絶縁	9,141
電気	53,849	電気通信	12,359
管	93,527	造園	35,966
タイル・れんが・ブロック	31,164	さく井	3,284
		建具	22,314
鋼構造物	66,398	水道施設	90,326
鉄筋	11,900	消防施設	15,827
舗装	97,199	清掃施設	739
しゅんせつ	42,226	合計	1,475,094

て，大手の総合工事業者を中心にデベロッピングやエンジニアリングなど経営の多角化，多機能化が進んでいる．特に請負に先行する調査・企画・開発，設計などの川上領域，研究開発，ファイナンス，レジャー，サービス部門など多角化している実態がある．これら周辺機能の多くは本業である請負の機会獲得を目論む場合が多いが，結果的に総合建設業の業務領域を拡大させている．

e. 専門工事業者

総合工事業者と対比すれば，専門工事業者の役割は工事の直接的な施工である．建築産業の下請制は，総合工事業者が労務を内部保有しないため，そのほとんどを専門工事業者が行うこと，それが工場生産などによる部材などの納入ではなく，現場での直接的な労務提供となる点に特徴がある．

下請制は，技術，作業の専門化による生産性，品質の向上や需要変動に対するリスク分散など生産システムの維持に欠かせない機構であるが，一方でその特定総合工事業者への専属的関係，重層性，片務性による下請体質の脆弱化，労働条件低下の一因ともなっている．また，元請－下請間の契約関係については依然改善の余地があり，下請価格の決定方法，下請代金の支払い方法などについては問題がしばしば指摘される．

専門工事業者はその内容から大きく2つに分けられる．1つは，とび・土工，鉄筋工，圧接工などの労務供給中心の専門工事業者で，2つは，杭，型枠大工，鉄骨，内装，設備など材工共で受注するものである．歴史的には，多くの業種が労務供給中心の業態に始まり，徐々に材工共へと移行した経緯がある．型枠大工が材工共に移行したのはごく最近である．鉄筋など労務供給中心の専門工事業者が使用するする材料は，総合工事業者が材料供給業者から調達する．この材料供給業者も下請の範疇に入る．こうした労務のみから材工共への移行に見られるような専門工事業者の分担範囲の変化は総合工事業者の業務内容にも影響する．専門工事業者が直接的な施工を担当する以上，それは建築物の品質，原価などに対して実質的な影響力をもつ．

さらに，主体間の役割分担にも変化が起こっている．建設業全体の完成工事高を元請完成工事高と下請完成工事高に分けると，元請完成工事高に占める下請完成工事高の比率が上昇し，施工に占める下請の重要性が増している．これは総合工事業者が管理・監督色をさらに強め，専門工事業者が実質的に分担する範囲の拡大を意味する．その理由として，専門工事業者の施工能力向上が第一にあげられる．行政も機械込みの施工や材工共で受注できる専門工事業者への変革を求め，総合工事業者も自主的な技術，管理で施工する能力のある専門工事業者を活用する方向にある．これに対応して専門工事業者も責任施工を行うために必要な施工図の作成，自主管理，自主検査などを行い得る体制に整備を進めつつある．さらに，近年は専門工事業者の中に躯体，設備，仕上げなど，これまでの通常の分担範囲を複合化した部分一式の分担範囲を可能とするものが出現している．業種によっては，高い自主管理能力によって総合工事業者を介さず工事の一部を建築主と直接契約するものも出現した．これは，分離発注やコンストラクションマネジメント方式など，生産システム全体の構成のバリエーションを増加させる傾向を持っている．

［遠藤和義］

文　献

1) 岩下秀男ほか：新建築学大系 22．建築企画，彰国社（1982）
2) 古川　修ほか：新訂建築学大系 3．建築経済，彰国社（1977）

1.2.3 建 設 産 業 史

a. 「直営」から「請負」へ

広義の「建設産業」には建設事業にかかわるすべての産業（企画・設計・施工・資材・設備・不動産・コンサルタントおよび行政など）が含まれるが，狭義には土木建築を含む建設工事の施工（設計も含む）を請け負う「建設業」を指して建設産業ということもある．ここでは狭義の意味の「建設業」，それも土木ははずして建築業を中心とした史的変遷をたどることにしよう．

近世初めまでの建築事業は，発注者が設計・施工組織をかかえ，資材・労働力を調達して進める「直営」という方式により進められていた．その直営のなかに「請負」の原型が現れ，やがて工事施工のすべてを請け負う「一式請負人」とその傘下の専門職種が江戸時代の初めに現れた．初期の一式請負人は資金を有し，各職種を動員して指揮できる能力を備える商人であった．一式請負は部分請負と併せて少しずつ普及していったが，今日の請負契約書にあたる史料[2]をみると発注者に極めて有利な内容で，その改正は戦後に至るまで建設業界の課題となった．

b. 近代に入って土木建築請負業が成立

現在の建設業は戦前までは土木建築請負業（あるいは請負業・請負人）と呼ばれていた．これは建設工事を「請負」により完成させることからきている．その請負が民法のなかに規定されたのは 1896（明治 29）年のことで「請負ハ当事者ノ一方カ或仕事ヲ完成スルコトヲ約シ相手方カ其仕事ノ結果ニ対シテ之ニ報酬ヲ与フルコトヲ約スルニ因リテソノ効力ヲ生ス」と定められた．この条文は現在も変わらない．

明治時代に入って土木建築請負業が成立したのは，① 企業活動・職業選択などに関する封建時代の制約が解かれたこと，② 建設需要が恒常的に存在する時代が到来したこと，③ 社会のなかに契約慣習などの法秩序が整備されたこと，④ 大工棟梁・人入れ稼業や名主・商人・農民の一部が企業家として成長したこと，⑤ 職人層が賃労働者化したこと，⑥ 農村に豊富な労働力が存在したこと，などがあげられる．

初期の「建築請負業」の興隆は，日本の資本主義の発展過程における建築市場に対応し，明治中期ごろまでは官・民・軍の洋風木造・れんが造建築が主であった．特に産業の興隆とともに民間の建築工事が盛んになった．明治 20 年代以降，会計法（明治 22 年）と前述の民法（明治 29 年）が公布されて入札・請負契約制度が整えられた．官と民とでは請負人の決定の方法は多少違っていて，官庁工事では入札請負と定式請負が併用され，民間工事ではお出入り大工の流れから特命による請負が多かった．

建築請負は個人の住宅を請け負う「町場」と称する今日の大工・工務店に該当する業種と，住宅以外の諸産業の建築や官庁施設を請け負う「野丁場」と称する今日のゼネコンに対応する業種および専門工事の各業種に分化して発展した．

明治の初期から中期にかけて個人および会社組織の業者が，建築市場に新しいビジネスチャンスを求めて次々に創業をしている．現在の大手業者は個人の規模で明治期に創業したものが多いが，1887（明治 20）年前後に突然変異ともいうべき現象が起きた．折から「企業ブーム」が押し寄せ，法人組織の土木建築請負業者が全国各地に続々と誕生したのである．なかでも有限責任日本土木会社（公称資本金 200 万円，明治 20 年創業）は最大規模の企業で，豊富な資金をもとに最高学府を卒業した技術者を引き抜き，組織を整備し，土木建築の大型工事の受注を次々に果たした．

しかし，政府工事がそれまでの特命随意契約から会計法の施行により一般競争入札に移行すると工事の入手が困難となったので解散し，大倉喜八郎の個人所有企業（現在の大成建設の源流）となった．他の会社組織企業も相前後して姿を消した．その陰で，力を蓄え，生き残ったのは職人層から身を起こした個人営業の清水組，鹿島組，大林組らであった．ここに建設業経営の一筋縄ではいかない難しさがある．大きければ良いというものではないのである[3]．

建築生産の世界では高等建築教育を受けた人々により建築設計を専業とする設計事務所が開設され，また輸入に依存していた建設資材の国産化が進み，明治後期には現在の建築工法の主流である鉄骨造・鉄筋コンクリート造が外国より導入され，建築市場も国内から旧植民地へと延びた（明治 30 年代に建設業者は台湾・満州・朝鮮半島へ進出）．

明治後期には関東・関西の有力業者を集めた建築業有志協会（建築業協会の源流）が創立され，建築学会案に対して業者の立場に立つ請負工事契約書案を作成する動きをみせた．建築業者の行動には発注者に有利な請負工事契約を対等なものにしたいという願いがあった．発注者の代理人である監督技師（建築設計者）との関係も不平等で，この改正を求める動きが戦前の建築業者団体運動の根底をなした．

以上は，いわゆる元請業者の発展について述べたものだが，この期の専門工事業の動静については盛衰が激しいためと記録類が乏しいため，わからないことが多い．

c. 大正の建築業界

大正に入ると，建設業界は関東・関西の業者が歩を一にして「業界の三大問題」（① 保証金制度の改善，② 営業税の改正，③ 議員被選挙権の獲得）といわれた課題に立ち向かい解決に導いた．一方，第 1 次世界大戦の勃発（大正 3 年）は日本経済に起死回生の発展をもたらし，企業の新設と拡張が相次ぎ，軍需産業と綿糸紡績・製糸・織物や製紙・製糖・鉄鋼・造船・工作機械の諸産業が伸び，これらを発注者とする建築市場が起こった．以後，景気と不景気の波があったものの建築市場は拡大した．

1923（大正 12）年 9 月，関東大震災が襲うが，政府・日銀による救済策の結果，大正 13 年には復興景気が起こった．首都圏の復興需要は地方の業者を呼び寄せ，機械化施工と耐震構造設計が促進された．このころ，アメリカの建設業者によって施工された東京駅前の丸ビル工事は，工期の短縮・米人労働者の

合理的な労働形態・請負工事契約の合理性などで話題を呼び，大手建築業者はこれに影響を受け，これらは次の時代のアメリカ式オフィスビル建設の時代に適用された．

d. 昭和戦前の建設業界

昭和不況により日本経済は沈んだが，財閥系企業と紡績・製粉・炭鉱などの分野では吸収・合併により成立した大企業が独占的な地位を占め，これらの大企業は都心部にオフィスビルを，郊外には工場を建て，また政府・地方自治体は景気浮揚策として官庁の建物を新設したので，大手建築業者は不況の影響を最小限にくい止めた．不況は地方業者や下請に位置する業者に深刻な影響を与えた．

失業者を救済するための事業として建設事業が取り上げられ，地方公共工事が起こったが，そこでは機械化と「請負」は否定された．多数の中小企業からなる建設業界は「直営によらず請負を採用されたい」と陳情活動を展開したが好転はしなかった．

満州事変，日中戦争，太平洋戦争と進むにつれ，資金・モノ・企業・人などすべての資源が戦争に勝つために投入されることになる．第１次世界大戦は総力戦という考えを産んだ．これは武力戦と異なり，政治，経済，思想，文化，軍事など，国家が持てるすべてを投入して戦時態勢に入るという国家思想である．日本では日中戦争以後，総力戦体制に入る．戦略上の重要産業には税の減免，奨励金，助成金交付，金融上の恩典などが与えられた．

戦時経済の進行とともに，それまでは産業政策の枠外に置かれていた建設業界にもようやく統制整備の手が伸び，統制を担当したのは商工省（昭和18年11月軍需省）である．他方，統制路線とは別に，軍需財拡大を求める陸海軍や鉄道・電力の三大発注者による大手建設業者の確保（協力会の創設）も始まった．

1943（昭和18）年，商工省より「土木建築業の統制機構整備に関する件」が通達されるが，ここに至るまでに大手・中小の各団体および個人有志から統制会案や建設事業に関する統一官庁設置の要望が寄せられ，その内容は，当時の業界の置かれた位置・規模・状況を示すものとなっている．統制機構整備により昭和15～17年の年平均元請施工高1,000万円以上，一定資格を持つ技術者と機器を持つ大手の総合工事業者が全国統制組合の単独組合員として参加したことに特色があった（当初32社が後に48社）．地方統制組合の単独組合員資格は昭和15～17年の年平均元請施工高50万円以上とされ，企業統合によるものを除き全国で600～700社程度が該当した．50万円以下の業者は，廃業するか他の業者と合併して実績を保持することとなった．住宅など小工事を行う職別の大工工事や土工工事業に対しては総合請負業的な機能を認め，職別工事業者団体の組合員として残る道が残された．戦時期の業界再編は激しいものであった．

敗戦直前，建設業者に対する統制はさらに頂点に達し，軍・鉄道・電力の「協力会」も含め，すべての建設業者団体は解散を命じられ，勅令により誕生した「戦時建設団」に一本化されるが，創立から5か月余りで敗戦を迎えたため活動はしていない．

戦時下に構想が生まれ，戦後の建設業界に引き継がれたものとして，中央に建設担当省庁と建設業法，都道府県単位の建設業協会，総合工事業と職別工事業の区分，受注実績や施工実績の公表などがある．戦後に誕生したものと思われているものでも，このように戦時期にすでに用意されていたことに注目したい．

e. 昭和戦後から現在へ

すべての生産が停止したなかで，早くも復興に向けての建築業者の活動が始まった．膨大な終戦処理費の大半は進駐軍施設の設営費に当てられ，空爆された都市では商店・住宅などのバラック建築が始まった．前者は大手業者や首都圏においては神奈川・埼玉などの進駐軍施設がある土地の地元業者が参加し，後者は「にわか業者」も含め多少とも建築に関係した人々が参入し，早くも「土建ブーム」が起こった．この時期，復興金融公庫から資金を借り受けた企業は，それを工場復旧の費用に回したので改修工事が起こった．しかし，土建ブームは長くは続かなかった．戦後に生まれた業者の多くは解散を余儀なくされ，大手業者は運転資金の獲得に奔走した．

GHQは封建制の打破を目指す諸改革と戦争責任追及の姿勢を明らかにするが，戦中の国家システムは温存され，高度経済成長への原動力となった．

1950（昭和25）年5月，建設業者は建設業法という単独の産業法を有するようになり，発注者と業者が対等の立場にたつ標準請負契約約款を定める建設業審議会が発足した．それ以前の昭和23年7月，国土再建のための省庁として建設業行政も所管する建設省（戦災復興院→建設院→建設省）が発足した．しかし発足当時，建設事業は農林省の砂防・林野・開拓・開墾，運輸省の港湾・運河，商工省のダ

ム, 厚生省の国立公園・水道, 文部省と各省庁の営繕と散在し, 建設省と共管のものもあってその統合が望まれている, と当時の図書に書かれている (建設大臣官房弘報課, 1949).

建設業法公布の翌年, 建築士法, 建築基準法が制定され, 建築資材の割当制度も廃止された. 経済復興と産業復活それに関係法律の整備もあって, それまで抑制されていた耐震耐火建築が計画され, 戦後最初のビルブームが訪れた.

政府のデフレ政策への転換後, 朝鮮戦争が勃発し (昭和25年6月), 日本経済は特需景気で沸いた. 特需と関係のない中小企業は苦境に立たされたが, 大手業者は復活をした. これと前後して沖縄の米軍施設工事に日本の業者が参加できるようになり, 大手と沖縄の業者が外国業者と国際入札を展開することとなった.

同じころ, 戦中期に空白があった鉄骨, 鉄筋コンクリート造技術の再学習が始まり, 昭和26年ごろから日本の産業界は外国から新材料, 新工法 (建築では地下・躯体関連が主) を積極的に導入し, 技術開発が受注に不可欠とみた大手業者は昭和30年代半ばに技術研究所を設立して対応した. 建設業者の研究所保有は世界にもあまり例がない.

1955 (昭和30) 年から65年までの10年間に, 建設投資は名目1兆円から6兆円になり, 大手5社の平均年間工事高は約150億円から約1,200億円へと増加し, 資本金高も35億円から100億円前後へと伸びた. 自己資本の充実を通じて建設業の経営体質を改善するため昭和40年までに大手・中堅の80社が株式を公開した. 経営体質の改善は工事の大型化に伴う機械化整備, 施工技術の開発を促した.

昭和30年は, 神武景気の開始年で「55年体制」のスタート期,「もはや戦後ではない」と唱えられた年として記憶される.「55年体制」はこの年に保守革新の二大政党制が出現したことを指すが, 現実には1993 (平成5) 年に非自民連立内閣の成立まで自民党の一党支配が続き, 後に公共事業と政治・官僚・業界にからむ事件や問題が噴出することになる. 戦後の住宅生産の工業化に大きな役割を果たした日本住宅公団もこの年に設立している.

昭和35年に始まる高度経済成長時代に経済活動は活性化し, 産業構造の変化に伴い第3次産業人口が増加し大都市への人口集中が著しくなった. しかし, 都市における土地問題は出口を見いだせず地価は高騰していた. 一方, 事業規模を拡大した都心の

大企業は管理機構を集積し高度化する必要に迫られていた. 大正8年の市街地建築物法の高さ制限は建築基準法でも踏襲されていたが時代の流れにそぐわないものになってきており, 高さ制限撤廃の動きが活発となった. 1963 (昭和38) 年, 31 m の高さ制限撤廃と容積地区制の新設が建築基準法の改正で果たされ, それ以前の昭和36年には特定街区制度が新設され, 昭和39年, 霞が関ビルがその第1号として指定された. 地震国日本における超高層ビルの出現には, 超高層向け建設資材の生産・製造技術, 建設機械の開発, 耐震理論, 平面計画, 設備計画, 防災計画の確立と大手業者の技術力・施工力などが総合的に発揮されて可能となったものである.

民間の大型設備投資は建設業を高度経済成長の波にのせた. 建築部門のなかで特に伸びたのは工業化住宅部門で建築業者の新しい市場となった. また, 高度経済成長は公共事業をめぐる建設業界・官僚・政界における密接な関係を生む土壌をつくった.

反面, 急速な高度成長は技能工を中心に労働力不足をもたらし, 他方では労働災害が多発し, 建設工事に伴う騒音・地盤沈下・地下水・振動などや乱開発, 欠陥建築が社会問題化した. 1960年代初頭からプレハブ住宅が登場し, それまでは大工・工務店がほぼ独占していた個人住宅の市場に「住宅産業」が参入し, 独自の発展を示した.

わが国の経済全体が過熱状態にあったところに冷水を浴びせたのが昭和49年秋の "第1次オイルショック" で, 年が明けて建設業界は深刻な資材の値上がりと品不足に見舞われた. この傾向は昭和50年代後半まで続き, 建設投資 (実質) はマイナス成長を示すこととなり,「建設業冬の時代」という声も聞こえた.

1981 (昭和56) 年9月, 公正取引委員会名古屋地方事務所が公共土木工事に関して常習的に談合をしている疑いがあるとして, 静岡県内の4つの建設業団体の立入り調査を行った. 以後, 建設業界は約1年半にわたって談合問題でマスコミに糾弾されることになった. 一般には土木工事も建築工事も同じようにみられ, また土木・建築兼業の業者が多いことから常に両者は「建設業界」と括られて, 建築業, 土木業の区分が困難になってきた. 昭和62年ごろ日本建設業団体連合会は労働生産性向上に向けて重層下請の改善に取り組み, 時代の変化に対応した新しい元請‒下請関係のあり方を追求した. それにもかかわらず元請の下請依存は急速に高まっていっ

た.

1985（昭和60）年のプラザ合意に伴う円高と，62年の世界的な株価暴落となったブラックマンデー（暗黒の月曜日）の景気への影響を避けるため日本は低金利政策を続けた．これにより1980年代後半に株価や地価が急上昇し，バブル経済となった．

政府の金融緩和策による銀行の積極的な貸出しもあって国内に多額の資金があふれ，個人も企業も株式投資や土地購入に狂奔した．日本にあふれる多額の資金を求めて外国の金融機関が東京に進出し，オフィス需要が起こった．建設用地は不足し，地価が高騰した．バブル経済のなかで建設会社は受注を有利に進めるために土地を取得してオフィスビルの建設促進あるいは債務保証を行い，開発業者となってリゾート開発・不動産開発に乗り出した．しかし，1991（平成3）年，バブル経済が崩壊し，土地価格は大幅に下落した．その結果，バブルに踊らされた企業は，土地売却の不可，保証債務の弁済，負債を抱えてのリゾート開発からの撤退，有利子負債の固定化傾向，工事代金の未収などのマイナスと不良資産を抱えることとなった．

バブル崩壊直前の1991年度（平成3年度）の世界建設業者の受注総額によるランキング（アメリカENR誌調査）では7位までに日本の超大手5社が入り，50位までに19業者が入った．日本業者の受注総額の90％以上は国内の市場であった．このため日本は「世界一の建設市場」として各国建設業者の垂涎の的となり，外国業者の日本市場への参入という事態が起こった．

先の談合批判に続いて，1993（平成5）年に入ると，地方公共団体の首長と建設業界の一部で噴出した一連の不祥事により，従来の公共工事をめぐる諸制度と諸慣行に厳しい批判が向けられ，それまで慣行的に続けられてきた指名競争入札から，一定の資格を満たした建設業者ならば自由に参加できる一般競争入札制度に移行することになった（平成6年）．この前後は公共事業の入札・契約制度に関する改革が相次いだ．

公共事業の計画・執行についての批判が高まるなかで，一部の業界・官僚・政界のトライアングル構造が明らかにされ，マスコミはこれらの解明とゼネコンといわれる総合工事業者の談合体質・完工高至上主義・政官癒着体質・下請依存体質・競争下にありながら横並びなどの「業界体質」について報道をした．「土建国家」という言葉も生まれた．

その後，建設業界は建設投資の大幅な減少，公共事業の総見直し，業界再編の動きに見舞われた．そのなかで発注方式・事業執行方式の多様化，品質確保，環境対応，コスト競争，労働力の高齢化等々に迫られ，活路を見いだせない状況にある．

これらのなかには建設投資の大幅な減少など業界が体験した事柄もあるが，上記のすべてが一度に業界を直撃したことはかつてなかった．しかもほんの十数年前までは好景気の最中にあった業界なのである．その時代を生きた経営者・社員にとって新しいビジネスモデル探しは容易なことではない．

一方，信頼のおけるゼネコンに工事を依頼すればリスクも含めてすべてをソツなく適切にやってくれ，しかも良質の完成品が提供されるという民間建築市場の良き伝統と信頼は薄れてきている．建設業界のコストの不透明さも指摘されるなど，明治以来，連綿と継がれてきた「請負による生産システム」が再考され，模索されている現状である．一方，戦時下の競争を否定することを原理的特徴とする国家システムも破綻しようとしている（野口，1995）．建設業界はどこへ向かうのか，現在はそれに対する適切な答を見いだせない状況にある．

しかし，新築・改築・改修も含めて建設事業が日本およびそれ以外の国からなくなるということはない．近代建設業の源流が誕生してから130余年が経過し，この産業は，誕生，発展，停滞，復活，成長，繁栄，そして現在の停滞混迷と激しく上下し，この間に業界の行動・思考様式もでき上がった．産業の歴史から学ぶものも含めて，いまこそ将来に向けての行動を開始しなくてはならないだろう．

[菊岡倶也]

文　献

1) 建設大臣官房弘報課編：建設省要覧，建設大臣官房弘報課（1949）
2) 南宮神社編：国幣大社南宮神社史　第3巻，南宮神社（1947）
3) 菊岡倶也：建設業を興した人々―いま創業の時代に学ぶ，彰国社（1993）
4) 野口悠紀雄：1940年体制さらば戦時体制，東洋経済新報社（1995）

2
建築生産を取り巻く社会のしくみ

2.1 関係法制度

　法制度とは，人や組織の社会あるいは他の人・組織に対する権利・義務を定めたり，争いを含む相互の関係の調整の方法を定めることによって人間の社会的活動の秩序を維持することを目的とする，強制力を伴う規範体系である．国が制定する法律ならびに法律の内容や具体的な実施方法などを詳細に定めるため，法律の規定に基づいて内閣が定める政令，さらに担当大臣が定める省令あるいは告示などの文書群で構成される．都道府県や市区町村などが制定する条例に関しても類似の体系がある．以下，これらを全体として「法令」と呼ぶこととする．法令には許可・認可その他の各種手続き，罰則などが定められる場合もある．

　建築生産は，建築物が目的に応じて使われるようにすることを目指して実行されるプロセスであり，そのプロセスに含まれる設計，工事などの要素的プロセスや成果物としての建築物がもたらす社会的影響は大きい．また，このプロセスは多くの専門家や企業が相互に関係しあって進められるものであり，権利・義務や相互の関係も複雑になる．これらの諸活動を規律することが建築生産に関係する法令の主たる目的である．以下のようなタイプがある．

　第1のタイプは，建築生産の成果物としての建築物のあり方や関係する建築設計・工事・維持管理などの要素的プロセスの遂行における技術的条件，すなわち「技術基準」を定め，安全性などに劣る建築物の建設や使用を防止したり，社会的貢献が期待される建築物の建設を誘導・促進したりすることを目的とするものである．

　第2のタイプは，建築生産にかかわる専門家・企業等の「業務や資格」について，資格付与の条件，業務の制限・許可などの仕組みを定め，適切な資質の確保や業務の提供を保証しようとするものである．

　第3のタイプは，建築生産にかかわる専門家・企業の業務の提供あるいは完成建築物の提供が，建築主とこれらの専門家などとの契約に基づきなされることを踏まえ，これらの「契約関係の規律」を行うことを目的とするものである．

2.1.1 技術基準などを扱う法令

　建築物は，居住者や利用者の安全，エネルギーの保全などの「社会的目的」を実現できるように作られ維持される必要があることから，これらの建築物のあり方や設計・工事・維持管理などの技術的方法などについて「技術基準」を定め，これに適合することを求める，第1のタイプの法令である．強制力をもって基準に適合する建築物を実現しようとする規制的性格を持った法制度と，融資・優遇税制その他の何らかの社会的メリットを与え，基準に適合する建築物の普及を促すような誘導的性格の法制度とがある．

a. 建築基準法などの規制的法令と技術基準

　技術基準を扱う規制的法令の最も代表的なものが，1950年制定の建築基準法および同法に基づく政令・省令・告示による技術基準の体系である．建築基準法はその目的として「建築物の敷地，構造，設備及び用途に関する最低の基準を定めて，国民の生命，健康及び財産の保護を図り，もって公共の福祉の増進に資すること」を掲げており，地震，火災その他の災害時および日常時における使用者などの安全や健康に対する危害，財産への危害を，社会が許容しうる最低限のものにとどめるために必要である技術的な「最低基準」を定めている．法律は大まかにいって「総則・手続規定」，「単体規定」，「集団規定」の3部門で構成されている（図2.1.1）．

　「総則・手続規定」は，建築物の建築，大規模の修繕などを行う場合に建築主が行わなければならな

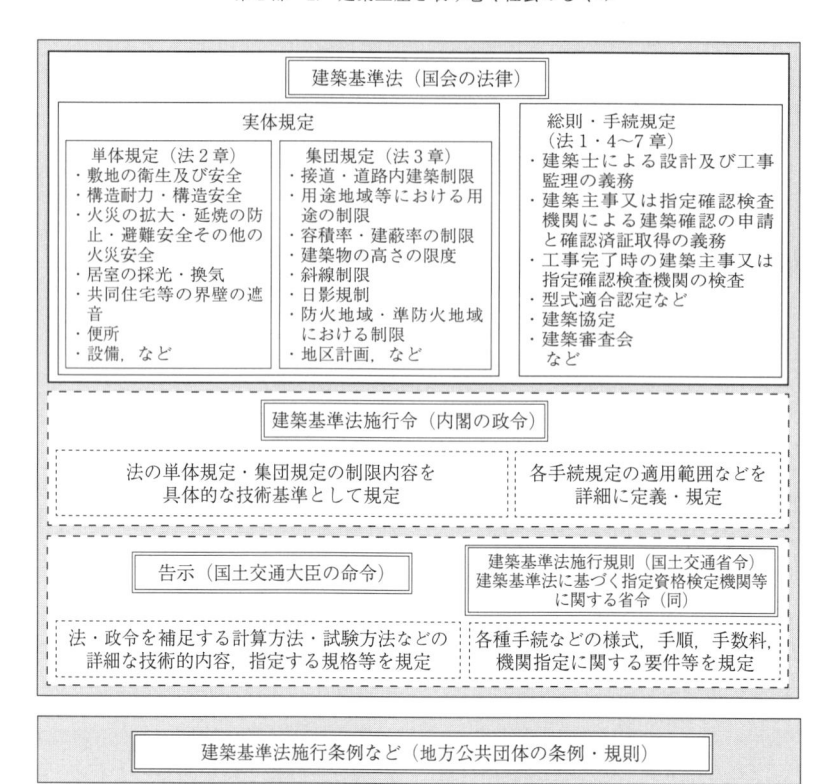

```
┌─────────────────────────────────────────────────────────────────────────┐
│                       建築基準法（国会の法律）                              │
│  ┌───────────────────────────────────────┬──────────────────────────┐  │
│  │              実体規定                    │     総則・手続規定           │  │
│  │ ┌─────────────────┬─────────────────┐ │     (法1・4～7章)          │  │
│  │ │  単体規定（法2章） │  集団規定（法3章）│ │ ・建築士による設計及び工事    │  │
│  │ │・敷地の衛生及び安全│・接道・道路内建築制限│ │  監理の義務                │  │
│  │ │・構造耐力・構造安全│・用途地域等における用│ │ ・建築主事又は指定確認検査   │  │
│  │ │・火災の拡大・延焼の防│ 途の制限         │ │  機関による建築確認の申請    │  │
│  │ │ 止・避難安全その他の│・容積率・建蔽率の制限│ │  と確認済証取得の義務       │  │
│  │ │ 火災安全         │・建築物の高さの限度 │ │ ・工事完了時の建築主事又は   │  │
│  │ │・居室の採光・換気  │・斜線制限        │ │  指定確認検査機関の検査     │  │
│  │ │・共同住宅等の界壁の遮│・日影規制        │ │ ・型式適合認定など          │  │
│  │ │ 音               │・防火地域・準防火地域│ │ ・建築協定                │  │
│  │ │・便所            │ における制限     │ │ ・建築審査会              │  │
│  │ │・設備，など       │・地区計画，など   │ │  など                    │  │
│  │ └─────────────────┴─────────────────┘ │                           │  │
│  └───────────────────────────────────────┴──────────────────────────┘  │
│                                                                         │
│  ┌───────────────────────────────────────────────────────────────────┐ │
│  │            建築基準法施行令（内閣の政令）                             │ │
│  │ ┌───────────────────────────┬─────────────────────────────────┐ │ │
│  │ │法の単体規定・集団規定の制限内容を │各手続規定の適用範囲などを            │ │ │
│  │ │具体的な技術基準として規定       │詳細に定義・規定                   │ │ │
│  │ └───────────────────────────┴─────────────────────────────────┘ │ │
│  └───────────────────────────────────────────────────────────────────┘ │
│                                                                         │
│  ┌─────────────────────────────┬───────────────────────────────────┐ │
│  │     告示（国土交通大臣の命令）    │建築基準法施行規則（国土交通省令）        │ │
│  │                             │建築基準法に基づく指定資格検定機関等       │ │
│  │                             │に関する省令（同）                      │ │
│  │ ┌─────────────────────────┬─┴───────────────────────────────┐ │ │
│  │ │法・政令を補足する計算方法・試験方法などの│各種手続などの様式，手順，手数料，│ │ │
│  │ │詳細な技術的内容，指定する規格等を規定  │機関指定に関する要件等を規定      │ │ │
│  │ └─────────────────────────┴─────────────────────────────────┘ │ │
│  └─────────────────────────────────────────────────────────────────┘ │
└─────────────────────────────────────────────────────────────────────────┘
┌─────────────────────────────────────────────────────────────────────────┐
│          建築基準法施行条例など（地方公共団体の条例・規則）                    │
└─────────────────────────────────────────────────────────────────────────┘
```

図 2.1.1 建築基準法令体系の構造

い諸手続きやその他の総則関係規定を定めている．主な規定には，建築士による設計および工事監理の義務（小規模なものを除く），建築物の建築などの計画が建築基準法令や関係法令の規定に適合していることに関して工事に着手する前に建築主事または指定確認検査機関に申請し建築確認を受けることの義務，工事の完了時の建築主事または指定確認検査機関による検査，型式適合認定など，建築協定，建築審査会などがある．「法」では手続きの原則などが規定され，法律の規定に基づき内閣が制定する政令（建築基準法施行令）または国土交通大臣が制定する省令（建築基準法施行規則など）で，より具体的な手続規定や様式などが定められている．

なお，2005年に発生した構造計算書偽装事件に鑑み建築基準法の改正が2006年に行われ，一定以上の建築物の建築確認においては，その確認申請に係る構造計算について，従来の建築主事等の審査に加えて，構造計算適合性判定による専門家のチェックを併せて行うなどの手続きの整備が図られた．

「単体規定」は，建築物の安全や衛生などに関し，建築物あるいは建築物の部分が持たなければならない物的特性についての技術基準を定めているもので，「第2章 建築物の敷地，構造及び建築設備」としてまとめられている．「法」では原則的な事項が規定され，より具体的な技術基準は，政令（建築基準法施行令）や国土交通大臣の告示によって規定される場合が多い．主要な規定としては，敷地の衛生および安全，構造耐力・構造安全，火災の拡大・延焼の防止・避難安全その他の火災時の安全，居室の採光・換気，共同住宅等の界壁の遮音，便所，設備などがある．なお，これらの技術基準の多くは，経験的に法律の要求を満たす安全性等が確保されるとみなされる各部構造の寸法や構成，使用材料の指定などの詳細な規定（いわゆる「仕様書規定」）が主であったが，1998（平成10）年の改正で，建築物の安全その他の目標特性を明示し，それらに対する性能検証法等を規定することによってより自由度の高い設計を可能とすることを目指す，いわゆる「性能規定」化が図られ始めた（図2.1.2）．

「集団規定」は，「第3章 都市計画区域等における建築物の敷地，構造，建築設備及び用途」にまとめられており，その内容は，都市計画法に基づく都市計画区域および準都市計画区域内に限り適用されることが特徴である．主たる規定には，敷地の道路

2.1 関係法制度

```
《目的》
国民の生命，健康
及び財産の保護
          │
《要件：法27条》
一定の用途・階数等の建築物は
「耐火建築物」としなければならない
```

〔仕様書規定〕 / 〔性能規定〕

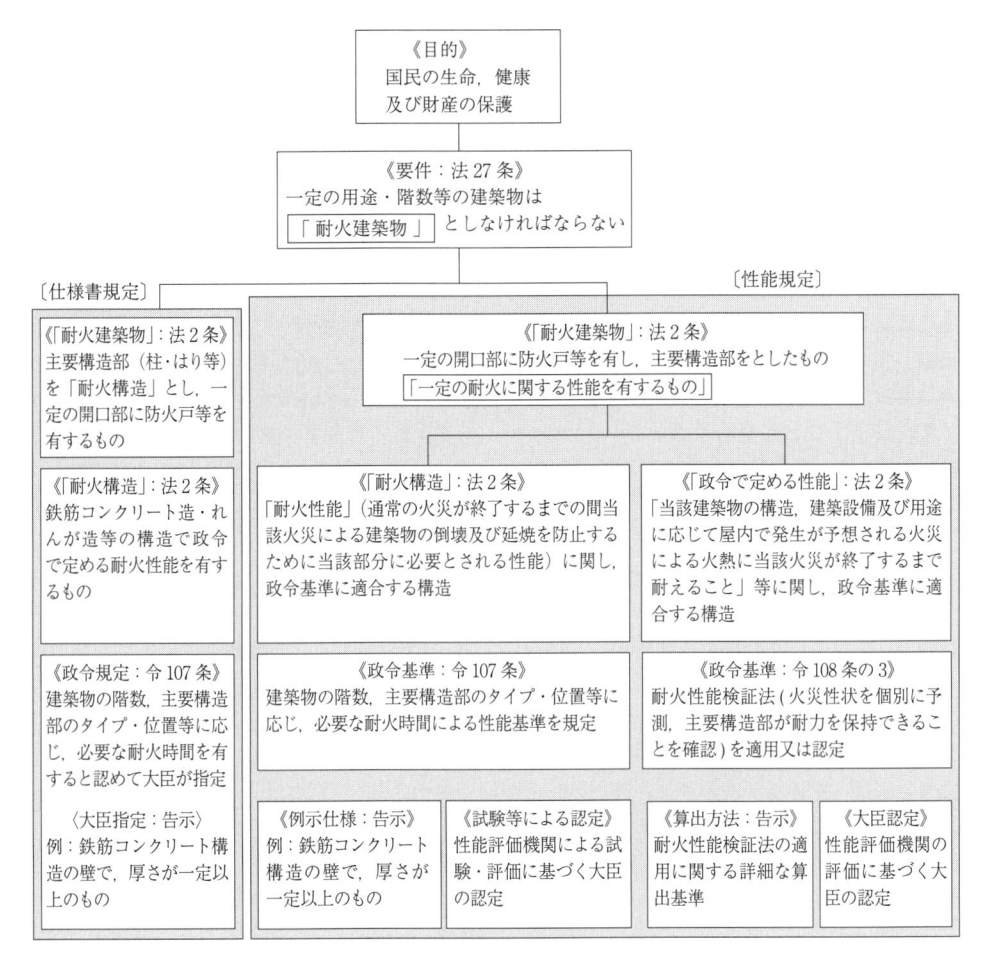

《「耐火建築物」：法2条》
主要構造部（柱・はり等）を「耐火構造」とし，一定の開口部に防火戸等を有するもの

《「耐火建築物」：法2条》
一定の開口部に防火戸等を有し，主要構造部をとしたもの「一定の耐火に関する性能を有するもの」

《「耐火構造」：法2条》
鉄筋コンクリート造・れんが造等の構造で政令で定める耐火性能を有するもの

《「耐火構造」：法2条》
「耐火性能」（通常の火災が終了するまでの間当該火災による建築物の倒壊及び延焼を防止するために当該部分に必要とされる性能）に関し，政令基準に適合する構造

《「政令で定める性能」：法2条》
「当該建築物の構造，建築設備及び用途に応じて屋内で発生が予想される火災による火熱に当該火災が終了するまで耐えること」等に関し，政令基準に適合する構造

《政令規定：令107条》
建築物の階数，主要構造部のタイプ・位置等に応じ，必要な耐火時間を有すると認めて大臣が指定

《政令基準：令107条》
建築物の階数，主要構造部のタイプ・位置等に応じ，必要な耐火時間による性能基準を規定

《政令基準：令108条の3》
耐火性能検証法（火災性状を個別に予測，主要構造部が耐力を保持できることを確認）を適用又は認定

〈大臣指定：告示〉
例：鉄筋コンクリート構造の壁で，厚さが一定以上のもの

〈例示仕様：告示〉
例：鉄筋コンクリート構造の壁で，厚さが一定以上のもの

〈試験等による認定〉
性能評価機関による試験・評価に基づく大臣の認定

〈算出方法：告示〉
耐火性能検証法の適用に関する詳細な算出基準

〈大臣認定〉
性能評価機関の評価に基づく大臣の認定

図 2.1.2 仕様書規定と性能規定

に対する接道の義務，道路内の建築制限，用途地域等における建築物の用途の制限，建築物の延べ面積の敷地面積に対する割合（「容積率」）の制限，建築物の建築面積の敷地面積に対する割合（「建ぺい率」）の制限，第一種低層住居専用地域または第二種低層住居専用地域内における建築物の高さの限度，建築物の各部分の高さ制限（いわゆる「斜線制限」），日影による中高層の建築物の高さの制限（いわゆる「日影規制」），防火地域・準防火地域における建築物の制限，地区計画などがある．

なお，これらに関係の深いものとして，建築物の立地や建築基準法令を通じて用途や形態の制限に影響する「都市計画法」，敷地の構造や形態などに関係する「宅地造成等規制法」などの土地利用や開発に関係する法令がある．

建築基準法令で定められる各種技術基準以外に，他の法令で建築物の構造や設備などが満足すべき技術基準が与えられる場合がある．「消防法」は，建築物を含む防火対象物について，建築許可等についての消防長または消防署長の同意，防火管理者の選定・消防計画の策定などを規定するとともに，消防用設備等の設置および維持を求め，そのための消火設備，警報設備，避難設備，消火活動上必要な施設などに関する詳細な技術的基準を規定している．また，それぞれ特定用途の建築設備の技術基準を規定した「ガス事業法」，「水道法」，「浄化槽法」や，特別の建築用途に応じて施設基準などを規定している「学校教育法（学校，幼稚園等関係）」，「医療法（病院等関係）」，「児童福祉法（児童福祉施設等関係）」，「老人福祉法（老人福祉施設等関係）」，「旅館業法（ホテル，旅館等関係）」などがある．さらには建築物の衛生面からの維持保全関係の技術基準を規定している法制度として「建築物における衛生的環境の確保に関する法律」（ビル管理法）などがある．

さらに，時代が進むにつれ建築物に対する社会や国民の多様なニーズ・期待が広まり，新しい法令として制定・施行されるようになったものもある．例えば，石油危機などを背景に建築物の省エネルギー化を誘導する目的の「エネルギーの使用の合理化に関する法律（「省エネ法」）」などである．これらに加えて，近年の環境保全意識の高まり，資源循環型社会への志向などを反映し，建設廃棄物や解体資材などの処理に関する技術基準を与える「廃棄物の処理及び清掃に関する法律」や 2000 年制定の「建設工事における資材の再資源化等に関する法律（「建設リサイクル法」）」などが登場してきている．

b. ハートビル法，耐震改修法他の誘導的法制度

建築基準法令などの規制的法令が，それに違反した場合，罰則が適用になる義務的な要求を柱にしているのに対し，建築物において特定の使用目的に応じた利便や安全性が得られるようになることを促進する目的で，誘導のための技術基準を定める法令がある．例えば，1995（平成 7）年の「建築物の耐震改修の促進に関する法律（「耐震改修法」）」では，耐震改修を行うものとして所管行政庁の認定を受けた計画については，建築物が建設された時点以降に建築基準法令規定の改正が行われた結果，改正後の技術基準に適合しないこととなった建築物（「既存不適格建築物」）であっても，改築等の時点で当該不適格部分についても現基準がさかのぼって適用される原則（「遡及適用」）にかかわらず，遡及適用をしないことを規定し，耐震改修の促進による既存建築物の地震安全性の強化を図ろうとしている．

また 1994 年制定の「高齢者，身体障害者等が円滑に利用できる特定建築物の建築の促進に関する法律（「ハートビル法」）」では，劇場，百貨店などの特定建築物の建築主が，この法の目的に適合した建築物の円滑な利用が図られるようバリアフリー対応のための努力義務を負うことを定めている．さらに建築主がこのための措置を行うにあたっての判断の基準となるべき事項（一種の技術基準）を国土交通大臣が定めこれを公表すること，都道府県知事等が指導・助言・指示などを行うことができること，計画の認定を行うことなどを規定するとともに，高齢者等の円滑な利用を確保するため通常の床面積よりも著しく大きい床面積を必要とする建築物における容積率の制限の緩和等誘導措置を規定している．なお，2002 年には，劇場，百貨店などに加え老人ホーム等の用途に供する建築物で規模の大きいもの（2000 m² 以上）については，バリアフリー対応の義務化が規定されるなどについての改正が行われた．さらに 2006 年には，「高齢者，障害者等の移動等の円滑化の促進に関する法律」により，旅客施設やその徒歩圏内のバリアフリーを扱う交通バリアフリー法との一体化が図られた．

2.1.2 業務・資格などを扱う法令

建築生産に関係する法制度の第 2 のタイプとして，代表的なものに「建築士法」と「建設業法」がある．これらの法制度の目的は，作られる建築物の安全性や発注者の意図の反映などに大きく影響する，専門家・企業の専門的業務能力・資質等が的確に維持されるような枠組みを提供したり，契約関係の適正化を図って発注者を保護したりすることによって，公共の福祉を増進することにある．また，建築生産に関係の深い土地・建物等不動産の取引に関係するものとして，「宅地建物取引業法」などがある．

a. 建 築 士 法

1950 年（昭和 25 年）制定の建築士法は，建築物の設計・工事監理などを行う技術者の資格を定める（「資格法」）とともに，建築士の行う業務の適正化のための仕組みを規定（「業務法」）している．

まず「業務独占」と「資格」が規定されている．建築物の「設計（その者の責任において設計図書を作成すること）」と「工事監理（その者の責任において工事を設計図書と照合し，それが設計図書のとおりに実施されているか否かを確認すること）」は，小規模なものを除き，建築士でなければ行ってはならないこととされている（2.3.1 項参照）．この建築士の資格には，一級建築士（国土交通大臣の免許），二級建築士および木造建築士（都道府県知事免許）の区分があり，その区分に応じて業務を行うことができる建築物の規模・構造タイプの制限がある．なお建築基準法では，各々の規模・構造タイプの建築物の工事は，それぞれ適格な建築士の設計によらなければ行うことができないとされ，さらに建築主は，これらの工事を行う場合に建築士である工事監理者を定めなければならないとしている．このような規定は，設計などを建築主からの依頼で実施する建築士に，建築主の依頼事項だけではなく，建築基準法という技術的な最低基準に工事を適合させる業務の遂行を一部任せていることを意味しており，建築士の社会的責任の大きさを象徴している．

次に，建築士が設計・工事監理などの業務を行う

場合の条件が規定されている．まず，建築士が設計を行う場合に法令または条例の建築物に関する基準に適合するべき義務を規定している．また，工事監理を行う場合に，工事が設計図書どおりに実施されていないと認める場合には施工者に注意を与え，施工者がこれに従わない場合はその旨を建築主に報告する義務も規定されている．さらに，建築士が他人の求めに応じて報酬を得て，すなわち業務として設計・工事監理などを行おうとする場合，「建築士事務所」を設置し，所在地の都道府県知事に対して登録を行う義務を課している．この登録によって都道府県知事は，業務の遂行に問題があった場合などの監督を確実に行うことができるようになる．

なお，構造計算書偽装事件に対応した建築基準法の改正に加え，2006（平成 18）年に建築士法の改正が行われ，一定規模以上の建築物の構造設計や建築設備の設計は，それぞれ特定の専門性を認められた構造設計一級建築士，設備設計一級建築士によってなされるか，これらによる法適合証明がなされたものとしなければならないなど，より高度な専門性や責任に関する仕組みの導入が図られた．

b. 建　設　業　法

1949（昭和 24）年制定の建設業法は，建設業の許可，建設工事の請負契約，施工技術の確保などについて定め，建設工事の適切な施工の確保，発注者の保護などを図ることを目的としている．

まず，建設業を営もうとする者について，建築一式工事，電気工事などの区分に従い建設業の許可を受ける義務を規定している．許可は営業の区域に応じて国土交通大臣許可と都道府県知事許可に分けられる．また，一定額以上の下請負契約を締結して施工することの有無によって，特定建設業の許可と一般建設業の許可に分かれる．許可の要件は，経営能力，施工管理技術能力，契約履行の誠実性，契約履行信用力のそれぞれについて決められている．請負契約については，契約の内容の要件，不当に低い請負代金の禁止，一括下請負の禁止などが定められている．これらは「業務法」の側面といえる．

また適切な施工技術の確保の観点から，営業所ごとに置かねばならない専任の施工管理技術能力を有する者や，現場における建築工事の施工の技術上の管理をつかさどる主任技術者・監理技術者の設置などの義務を規定し，さらにこれらの技術者の資格要件，技術検定の実施などについて定めている．これらは建設業法の持つ「資格法」的な側面ともいえる．

2.1.3 契約関係などを扱う法令
a. 民法における契約関係諸規定

建築物の設計・工事は，建築主が，建築士や建設業者に対して専門的な業務を発注し，その契約に基づいて提供される業務や成果物によって進められていく場合が多い．このため建築主は，「発注者」と呼ばれることもある．このような契約関係の規律は，一般に「人間の社会生活関係を規律する」民法の規定によって行われる．

民法では，典型的な契約関係として，請負，委任，売買などの種類が規定されており，それぞれ契約の当事者相互の義務・責任のあり方が異なっている．一般に建築工事の建設業者に対する発注は，工事請負契約として行われる．この場合，発注者は報酬を支払うことを約し，受注者（請負業者）は工事の完成を約す．工事が完成しないと報酬を請求できないという原則が請負契約の特色である．慣行的には請負者による資金準備の問題なども踏まえ，契約締結時に前渡金が支払われる場合もある．一方，建築士に対する設計や工事監理業務の発注は設計・工事監理委託契約という形で行われるのが一般的であるが，この契約が民法上の委任契約か請負契約かについては，専門家・法律家の間で複数の見方がある．また，分譲住宅・中古住宅などは，一般に売買契約を通じて，売主から買主に所有権が移転される．

これらの契約の遂行においては契約上の責任が生ずるとともに，故意または過失により損害を与えた場合には不法行為責任として損害賠償などの責任が生じてくる．契約上の責任としては，例えば請負または売買において，その対象となる工事または売買の目的となる住宅などが契約の目的を達しないようなものである場合，すなわち瑕疵がある場合の損害賠償責任などがある．請負などにおける請負人の瑕疵担保責任は，民法では 5 年間または 10 年間とされているが，当事者間の合意により短縮可能であるとされているため，建築工事の請負契約では，部位に応じて通常 1 から 2 年間の瑕疵担保を請負業者が約すことが一般的となっている．

b. 住宅の品質確保の促進などに関する法律

住宅は一般国民にとって大きな財産である一方，使用上いろいろな不具合が生ずることがあり，請負契約や売買上の紛争などが多く生じている．こうした問題に対応するため，住宅の品質確保の促進，住宅購入者の利益の保護，紛争の迅速・適正な解決を図ることを目的に，通称「住宅品確法」が 2000（平

成12）年に制定された．この法律は，住宅・建築分野としては極めてユニークな法制度であり，次のような性格を持っている．

第1に，新築住宅の請負または売買における瑕疵担保責任について，慣行的には民法における原則である10年間の責任期間を，契約（特約）において2年間程度に短縮することが通例であったが，この法律により，構造耐力上の主要な部分に限ってではあるが，当事者間の合意によっても責任期間（10年間）を短縮できないと義務づけた．また，契約に基づき10年である民法上の責任期間の上限を20年まで延ばすことができることとされた．

第2に，住宅性能表示制度を創設した．これは，国土交通大臣が定める「日本住宅性能表示基準」と「評価方法基準」に基づき，指定住宅性能評価機関が住宅の設計内容を評価し「設計住宅性能評価書」を，さらに工事段階での検査などを経て「建設住宅性能評価書」を交付可能とするものである．これらの「性能評価」を用いることを建築主または買主と請負者または売主とが契約で合意したとき，すなわち「設計住宅性能評価書」を請負契約書または売買契約書に添付したり，工事完了後に「建設住宅性能評価書」を売買契約書に添付したりした場合，請負者または売主は，評価書に表示された性能の住宅の工事または引渡しを約したものとみなされるとしている．この制度は，住宅を取得しようとする国民に，いろいろな選択肢間の比較検討の機会を提供し，満足のいく住宅取得を支援するとともに，市場における良質な住宅の競争力を高めようとする「誘導的法制度・技術基準」の側面も併せ持っている．

第3に，建設住宅性能評価書の交付された住宅に係る紛争に原則として限られるが，裁判の手続きによらず，あっせん・調停・仲裁などによる迅速・簡便に紛争処理を行う機関として指定紛争処理機関を設けている．その調停などの運営は，指定住宅性能評価機関の負担金などが充てられる． ［平野吉信］

2.2　関係標準類

前節で述べた「法制度」は，法令や条例などとして国，地方公共団体が制定し，国民はこれらの規定に従う義務を有する，強制的な性格を持った規範である．これに対し，法令などに引用された場合を除き強制的に適用はされないが，実質的に建築生産の技術的側面や契約のあり方などを規律する任意のルール・規範が存在する．これを一般に「標準（Standards）」と呼ぶ．「標準」は，日本工業規格（JIS）のような「規格」の形態をとったり，専門家団体など各々の分野で権威を持った機関・組織が策定する「業務規準」などの形であったりする．大別して，契約関係を規律する契約約款の標準と，設計や施工などの技術的あり方を規律する技術標準類がある．

2.2.1　標準契約約款類

建築主と設計・工事監理者や施工者は，契約関係を締結し，それに基づいて専門家・企業から設計・工事などに関する専門的業務が提供されるとともに，発注者からは報酬の支払いなどが約される．分譲住宅などの売買についても同様である．これらの契約関係の締結は，一般に契約図書に双方が署名・捺印することによって行われる．契約図書は，契約書および契約の対象となる建築物の内容を詳細に規定した仕様書などで構成される．契約書のうち，契約に関する約束事項・条件などを詳細に規定した文書が契約約款である．

本来これらの契約図書は，契約の内容・性格に応じ個別に策定されるべきものではあるが，詳細な契約約款については，一種の慣行として，専門家団体などが「標準約款」を策定しておき，個々の契約ではそれを契約図書の一部として添付し，ごく最小限だけの部分修正を行うことで契約内容を規定することが一般的に行われている．建築生産に関係の深いものとしては，設計や工事監理業務の契約に関するものと，建築工事の請負契約に関するものがある．

a.　設計・工事監理業務の契約関係

設計や工事監理業務に関する標準契約約款の主たるものとして，公共建築にかかわる「公共建築設計業務委託契約書」と，民間建築版の「四会連合協定建築設計・監理業務委託契約書式」とがある．前者は旧建設省と建築関係4団体（日本建築士会連合会，日本建築士事務所協会連合会，日本建築家協会，建築業協会）との官民合同により，後者は同じ建築関係4団体の手により策定された．

「四会連合協定」の契約書式は，「建築設計」業務のみ，「建築監理」業務のみ，「建築設計・監理」業務用の3つのタイプが用意されている．これらの契約書式は，それぞれ「業務委託契約書」，「業務委託契約約款」および「業務委託書」で構成されている．建築士が受託する設計や工事監理業務が，発注

者やプロジェクトの性格などによって変化が大きいため，契約に含まれる具体的な業務内容を「業務委託書」に明記し，契約内容の明確化を図ることにしていることが注目される．

なお，海外諸国においても類似の設計業務に関する標準契約書式が制定され，活用されている．例えば，米国建築家協会（AIA）が，発注者と施工者との契約も含め，多数のパターンに応じた標準契約書式を制定している．

b. 工事請負関係

工事請負に関する契約については早くから標準約款の策定と活用が進められてきた．まず，建設業法の規定に基づき中央建設業審議会が設置され，その役割として建設工事の「標準請負契約約款」を策定・実施勧告を行うことが規定されており，これに基づいて「公共建設工事標準請負契約約款」と「民間建設工事標準請負契約約款（甲・乙）」が制定されている．また，日本建築学会，日本建築協会，日本建築家協会および全国建設業協会の関係社団法人（通称「四会」）の手により策定された標準約款もある．これは後年，建築業協会，日本建築士会連合会，日本建築士事務所協会連合会が加盟した「七会」の手による「民間（旧四会）連合協定工事請負契約約款」となり広く活用されている．

海外諸国でも類似の標準的工事契約書式が制定されている．ただし，工事の規模，施工者による設計のあり方などによる多数のパターンに対応して，多くのタイプの標準書式が提供されている．英国のJCT標準書式や米国の前述したAIA標準書式，米国建設業協会（AGC）の書式などが有名である．

2.2.2 技術標準類

設計や施工などの技術的あり方を規律する技術標準類としては，設計や構造その他の計算・検証法の標準的手法を規定した「設計規準類」や，工事・作業の標準的プロセスも含む「作業標準類」，材料や部材の試験方法や製品としての組成・仕様などを規定した「工業標準類」などがある．また，請負契約で実行されるべき工事の内容を詳細に規定した「工事仕様書」についても，いくつかのタイプの標準的な技術文書が刊行され，広く活用されている．

a. 設計規準類・作業標準類

一般によく知られているものに，日本建築学会の各種の構造計算規準，荷重指針などの技術規準類がある．これらは実務にもよく活用されるが，設計のプロセスそのものの標準を規定しているというよりは，学術的背景を含め，設計実務を進める上で考慮しなければならない事項などを解説している部分を含め，より総合的なガイドを提供しているものである．一方，ALCを用いた壁工法やシステム天井など，製品化・商品化された材料やシステムを用いる構工法などについて，より具体的な設計プロセスと，場合によっては施工プロセスの詳細な手順を規定した作業標準類もある．

海外諸国では，定型化され広く普及した設計プロセスや施工プロセス等を実務規準 Code of Practiceとして標準化することが一般化しており，例えば英国規格に含まれるBSCP，フランスの規格AF体系に含まれるDTU（統一技術文書）などが広範に普及しており，それに従えば法令や一般的な発注者の要求を満足する設計や工事をしたとみなされる（deemed-to-satisfy）ような仕組みがある．これに対し，高度な知識を有している専門エンジニアが個別性の高い設計や工事のエンジニアリング手法を適用し，標準によらないで設計などを行う途も確立されている．

b. 工業標準類

わが国の代表的な工業標準は，日本工業規格（JIS）であり，建築生産に関係する多くの製品規格や，製品・部材の性能に関する試験規格などが制定されている．また，製材などの等級付け（格付け）基準を中心として日本農林規格（JAS）が定められている．これらのうち，多くの規格が，建築基準法の技術基準，各種設計規準や作業標準類において規格番号を参照（reference）することにより，製品指定，試験方法の指定，製材の格付け指定などのためそれらの基準の一部として強制的に適用される基準やガイドの役割を果たす．こうした仕組みは諸外国でも同様であり，むしろ上述の実務基準を含めた多様な規格類を用いて標準的に使いうる技術的方法を規準化し，建築規則などの強制的な基準や各種ガイドではこれを参照することにより技術的内容を確立する方法（Reference to Standards）が一般化しつつある．

さらに，こうした要素的な設計法，試験法，製品仕様などを「国際標準」として定めておき，各国の建築基準などは，それらを各々の国の規制の目的に合うように組み合わせて参照し，技術的内容を規定することとすれば，製品や試験データあるいは設計サービスの国際的な流通が格段に円滑化される．こうした考え方に立っているのがWTO/TBT（世界

貿易機関/技術的障壁に関する協定）における国際的な技術障壁の除去の方法論であり，そのツールとしての国際標準の策定を推進しようとしているのが，国際標準化機構（ISO）などにおける国際標準化活動である．

c. 工事仕様書の標準類

各々の建築プロジェクトでは，各種基準や規準類に照らしながら設計が行われ，工事図書が策定される．工事図書には通常，施工者に対する工事のりようを指示するための詳細な技術文書，すなわち工事仕様書が含まれる．この工事仕様書も，契約約款と同様本来はプロジェクトの個別性などに応じて固有の内容が記述されるべきものではあるが，その内容の共通性の多さに着目し，標準的な内容を「工事標準仕様書」としてあらかじめ策定しておき，個々のプロジェクトでは必要部分のみを修正して用いるという仕組みが普及している．

反復して工事発注を行うデベロッパー，大手の設計事務所などでは，自社が作成した標準仕様書を策定しておき個々のプロジェクトに活用している場合もある．より一般に普及しているものとしては，日本建築学会の「建築工事標準仕様書」（JASS）や国土交通省大臣官房官庁営繕部監修の「建築工事共通仕様書」（2003年度から関係省庁横断の「公共建築工事標準仕様書」へ移行）がある．これらの建築工事標準仕様書は，各工種ごとに詳細な作業手順やできばえ基準を具体的に基準化して示しており，これらはわが国の「工事の総合的な作業標準」としての役割も果たしているともいえる．また，目標グレードなどに応じて，1つの項目にいくつかの選択肢を示している部分があり，プロジェクトごとの特記仕様書で特定の選択肢を指定するような仕組みとなっている．すなわち，本として出版されている「標準仕様書」に「特記仕様書」を組み合わせることにより，プロジェクト固有の工事仕様書とする，ユニークな仕組みを提供している．

海外諸国では，民間などの団体が，例えば英国のNBSなどの標準仕様書や，米国のMasterSpecなど標準書式に載せて電子的に削除や追加などを行うことができる仕様書システムを提供する仕組みが普及している．これらの仕様書の各々の事項，例えば各工種の作業手順やできばえ基準などは，一般に，それぞれの専門家団体や国家規格として定められている各々の「作業標準」を参照して組み込む形をとっている．

[平野吉信]

2.3 専門家の業務とその支援システム

2.3.1 資格・教育・訓練
a. 専門主体の資格制度，教育・訓練システム
1) 建築士資格

日本における建築士資格制度は，1950（昭和25）年5月に，第7回国会で建築基準法と同時に建築士法が成立し，同年7月に同法が施行されることにより始まった．元々，建築士資格法制定の運動は，1914（大正3）年に組織された全国建築士会（翌年に日本建築士会と改称）によって始められ，1925年3月には建築士法案を第50回帝国議会に提出している．それ以来1940年まで，建築士法案は12回も国会に提案されたが，結局，実現しなかった．戦後になって，建築基準法と同時に建築士法が制定され，日本において建築士の資格制度ができたのである．同法により，建築士資格者しか"建築士"を名乗ることができなくなった（表2.3.1）．

1951年に，一級建築士および二級建築士でなければ設計できない建築物の範囲（表2.3.2）が定められ，一定規模以上の建物の設計と設計監理に関しての業務独占が建築士に与えられることになった．

1955年に，建築士法が改正され，これまでの建築士事務所の届出制度が登録制に変更された．

1983年の建築士法改正により，小規模の木造建築物の設計ができる木造建築士が追加された．また，建築士試験も，これまでの建設大臣，都道府県知事に代わって，指定試験機関が事務を行えることになった．これを受けて，一級建築士（1984年以降）と二級建築士および木造建築士（1986年より）の試験事務を指定試験機関の指定を受けた（財）建築技術教育普及センター（1982年設立）が，毎年実施している．試験としては，学科試験（建築計画，建築法規，建築構造，建築施工）と設計製図の試験がある．ここ10年間についてみると，一級建築士の合格率は10%前後，二級建築士の合格率は25%前後である．実務経験については，試験はなく，書類提出のみとなっていた．

1950（昭和25）年制定の建築士法によって，建築士になるための受験資格が定められたが，大学の建築もしくは土木の課程（国土交通大臣から認定される必要がある）を卒業し，2年以上の建築の実務経験を有すれば，一級建築士試験の受験資格ができるのが原則で，現在では，表2.3.1のようになって

表 2.3.1　建築士の受験資格

一級建築士試験			二級建築士・木造建築士試験		
学歴又は資格		建築の実務経験年数	学 歴 等		建築の実務経験年数
最終卒業学校・資格	課　程		最終卒業学校等	課程	
大学（新制・旧制）	建築・土木	2年以上	大学（旧制大学・短大を含む）又は高等専門学校（旧制専門学校を含む）	建築	なくてもよい
3年制短期大学（夜間は除く）	建築・土木	3年以上		土木	1年以上
2年制短期大学	建築・土木	4年以上	高等学校（（旧制中学校を含む）	建築	3年以上
高等専門学校（旧制専門学校を含む）	建築・土木	4年以上		土木	
二級建築士	－	4年以上	学歴を問わず		7年以上
その他国土交通大臣が特に認める者（1981年建設省告示第900号ほか）			その他都道府県知事が特に認める者［「知事が定める建築士法第15条第3号に該当する者の基準」に適合する者］		

（出典）建築技術教育普及センター資料

表 2.3.2　建築士の種類と業務範囲

延べ面積 S (m²)	木　造 高さ≦13 m かつ 軒高≦9 m			木造以外 高さ≦13 m かつ 軒高≦9 m		全ての構造 高さ>13 m または 軒高>9 m
	平屋建	2階建	3階建以上	2階建以下	3階建以上	
$S≦30$		Ⓐ		Ⓐ		
$30<S≦100$						
$100<S≦300$		Ⓑ				
$300<S≦500$						
$500<S≦1,000$ 一般						
特定						
$1,000<S$ 一般	Ⓒ					
特定						

Ⓒ：一級建築士または二級建築士でなければできない．
Ⓓ：一級建築士でなければできない．

Ⓐ：だれでもよい．
Ⓑ：一級建築士，二級建築士，木造建築士でなければできない．
Ⓒ：一級建築士または二級建築士でなければできない．
Ⓓ：一級建築士でなければできない．
（注）特定とは，学校，病院，劇場，映画館，観覧場，公会堂，オーディトリアムを有する集合場，百貨店をいう．
（出典）建築技術教育普及センター資料

いる．こうしたことからわかるように，日本の建築士制度は，建築家と技術者の両方の性格を有するところに特徴がある．イタリアなどは，アーキテクトと建築技術者に対し，それぞれ設計業務の独占を認め，建築設計者と技術者を区別している．また，日本の建築士法は資格法で，職能法ではないとされるが，フランスでは，職場によってアーキテクトの資格を失う職能法である．ドイツなどのアーキテクト法は資格法となっている．ヨーロッパでも資格制度は様々である．

2006（平成18）年3月31日現在の建築士登録者数は一級で322,248人，二級で692,968人，木造建築士で，14,950人，合計1,030,166人となっている．この数は，建築士制度が始まってからの登録者数（重複を含む）である．欧米では更新制が普通だが，日本は終身制である．また，1985年の建築士実態調査では，一級建築士の推定生存実数は17万人で，35％が設計事務所勤務，40％が建設業勤務，11％が官公庁・公団勤務となっている．

報酬を得て，設計業務などを行う場合は，建築士事務所を開設し，事務所の所在地の都道府県知事に登録をしなければならない．また，建築士事務所の開設者は，建築士以外でもよいが，専任の管理建築士を置かなければならない．管理建築士を置くこと

で，建築設計事務所における建築士の位置づけを定めている．しかし，開設者を建築士に限定していないことに対して，設計者の第三者性が損なわれるという意見がある．設計業務は営利目的ではないとする立場から，1960年代半ばには，建築設計監理法人の法制化の運動が行われた．

2） 建築教育と建築士受験資格

日本の建築教育は，工部大学校造家学科（現在の東京大学建築学科）に始まり，1879（明治12）年に辰野金吾など4名が卒業した．1881年には東京職工学校（現在の東京工業大学），1888年には工手学校（現在の工学院大学）などに建築の学科が創設され，各学校で建築教育が実施された．

1938（昭和13）年時点で，大学での建築関連学科は5校（161名），専門学校では11校（284名）で，合計16校（445名）になった．戦前の大学教育は3年間であったが，戦後は4年間になり，前半が教養課程，後半が専門課程となったところが多い．さらに，戦後の高度成長期に，各地の大学で数多くの建築学科が創設された．その結果，1958年時点で，大学での関連学科数は39校（1,650名）と倍増，さらに1967年には68学科（4,488名）となっている．

2001年現在，卒業後2年以上の実務経験で一級建築士の受験資格を与えられる学科（コースと夜間を含む）は，建築学科で105，土木工学科で86，建築・土木の重複する学科2，建築，土木以外の学科167，合計360学科（コース）となっている．数の上で，建築学科は29%しかなく，半数弱が建築学科でも土木工学科でもない類似学科になっている．360学科のうち，工学部ではない芸術・造形系，生活環境系の学科は58で，15%近くになっている．

欧米の建築家資格と大きく異なるのは，建築学科の卒業生だけでなく，土木の課程や類似課程の卒業生に受験資格が与えられていること，建築学科の多くが工学部に属していること，受験資格が与えられる学科の数が多いこと，大学院修士課程の卒業生には実務経験が免除されていることである．また，大学での建築教育期間として，欧米諸国では5年間というのが基本になっているなかで，日本の4年間の建築教育期間は短いといわれている．これについては，学部の3年と大学院の2年を加え，5年間としている英国のように，大学院での教育期間を算入したらどうかということが検討されており，その方向にある．また，専門教育だけでなく教養教育が行われていること，専門教育でも，建築設計教育だけで

なく，構造や設備の教育が混在しており，欧米の建築教育と異なっている．これらについては，日本建築学会では，日本の建築教育を総合的な建築教育と位置づけている．さらに，近年では，類似学科が急増しており，従来よりも建築教育がさらに多様化し，新しい課題がでている．

3） 日本技術者教育認定機構

1989（昭和64）年に，技術者教育の質的同等性を相互に認証する協定（ワシントンアコード）が締結され，これに英米など8か国の技術者教育認定団体が参加した．こうしたことを受けて，日本技術者教育認定機構（JABEE）が，同年11月に設立された．JABEEは，大学などの高等教育機関が実施している技術者教育プログラムを評価する日本技術者教育認定制度を発足させ，日本技術者教育認定基準（2002年4月）を定め，建築学および建築学関連分野として分野別要件を定めている．

建築分野においても，JABEEに委任された建築学会による認定審査試行が2001年度に実施された．本実施により2006年までに13校が認定されている．2007年度より，大学院修士課程の建築設計・計画分野を対象とした認定プログラムが開始される．

4） 実務訓練，継続職能教育

建築士の資格取得後の講習制度としては，建築士法第22条第2項，および同施行規則第17条の20により，1986年度より，建築士に必要な知識や技能の維持向上を図るために，国土交通大臣または都道府県知事が指定する指定講習が実施されている．指定講習実施者として，（社）日本建築士連合会，（財）日本建築センター，（財）建築技術教育普及センターなどが参加しており，受講者の累計は60万人弱になっている．指定区分として定期と特別があるが，前者は「建築士のための指定講習会」などで，後者は，2001年度では「応急危険度判定講習会」などを実施している．日本建築家協会や日本建築士会連合会は継続職能教育（CPD）を2002年より実施している．

5） その他の資格と関連団体資格

建築士関連資格としては，1983年5月の建築士法改正時に創設された建築設備士制度がある．これは，建築設備の設計・工事監理に関する資格で，資格取得には，大学などで建築，機械，電気に関する課程を修めた者などで，かつ，建築設備に関しての一定年限の実務経験を有し，建築設備士試験を合格した者となっている．2006年10月末現在の登録者

数は，35,678人である．建築設備士には，5年ごとに，国土交通大臣が指定する講習を受講することが義務づけられており，この更新講習を修了せずに5年を経過した場合は，資格を失うことになる．建築主に交付すべき書面に記載する事項になっていることや建設コンサルタント業務競争参加資格審査においても，設備士記入の欄がある．

1987（昭和62）年度に，建設大臣（当時）が認定する審査・証明事業として，インテリアプランナー資格制度が創設されたが，建設省告示が廃止されたことに伴い，この大臣認定のインテリアプランナーは，2001年度から（財）建築技術教育普及センターの資格制度として継続している．2005年10月現在の登録者数は12,311人である．

建築積算資格者制度は，従来建設省告示に基づく国土交通大臣の認定制度であったが，2001年3月までで廃止され，現在は（社）日本建築積算協会独自の制度に基づく称号である．建築に関する数量計測計算や工事費の見積書の作成業務を行う資格で，大学の建築に関する課程を卒業し，卒業後，2年間の実務を経験した者で，学科と実技の試験を課す．

建築の構造設計および構造の工事監理業務の資格として，建築構造士がある．これは，（社）日本建築構造技術者協会の認定するもので，一級建築士登録後，構造の実務経験が4年以上の者で，建築構造士資格認定試験に合格した者となっている．2006年10月現在の正会員数は3,681人である．日本建築構造技術者協会は，1981年4月設立の構造家懇談会を前身とする．

6） 2006年の建築士法改正案

姉歯秀次一級建築士による構造計算書偽装事件（2005年）をきっかけに，建築士制度の議論が活発になり，2006年8月末に社会資本整備審議会建築分科会制度部会の報告書がまとめられ，答申が行われた．それをもとにした建築士法改正案では，一級建築士の中から「構造設計一級建築士」などを認定し，一定の建物については有資格者による法適合チェックの義務づけ，さらに建築士に対しての定期講習の義務化，建築士の受験資格の見直しなどが盛り込まれた．

b．海外の資格制度
1） アーキテクト資格

北欧諸国を除き，欧州諸国にはアーキテクトの資格制度がある．資格を得るための建築教育期間は原則として5年間である．ドイツなどの高等専門学校などは4年間のものもある．EC指令（1985年）では，建築教育期間は4年間となっていた．大学を卒業すれば，ほとんどの国で，実務経験なしでアーキテクト資格が取得できる．例外的に，イタリアなどが実施している．実務経験については，ドイツやベルギーなどでは資格取得には必須とされるが，フランス，スペインなどでは規定がなく，こちらの方が多い．EC指令でも，相互認証のために要求していなかった．アメリカでは，5年間の教育期間，一定年限の実務経験（カリフォルニア州やニューヨーク州では8年）の上に，資格試験が実施されている．

欧米のアーキテクト資格制度で，職域によりアーキテクト資格を失う職能法をもつのはフランスなど少数である．名称と業務独占のあるドイツでは，職域で資格を失わない資格法になっている．アメリカのコロラド州の倫理規定では，アーキテクトは利害の対立するような雇用を承諾してはならないとされている．イギリスやオランダでは，アーキテクトの名称のみが保護されている（表2.3.3）．

欧州での建築事務所はパートナーシップが多い．アメリカのハワイ州などでは，アーキテクトは建築業務法人を開設できるとし，経営責任者はアーキテクトでなければならないとしている．

2） その他の資格

イギリスでは，実施図面を作成するためにテクニシアンがいて，アーキテクトを支えている．建築技術分野では，構造エンジニア，機械エンジニアがいる．サーベイヤーは，家屋調査をしたり，小規模の建物の設計，建築の積算を行うが，同時にプロジェクトマネジメントも行っている．サーベイヤーの団体は勅許（ロイヤルチャーター）を得て，RIBAと同じような資格認定を行っている．

イタリアやドイツのいくつかの州では，アーキテクトだけでなく，エンジニアにも建築設計業務を行う権利が与えられている．この点，建築設計者と技術者が含まれている日本の建築士制度とは異なる．

フランスでは，170 m^2 以下の建物はアーキテクトでなくても設計ができるが，大規模建物の公共発注にはBEC（Bureau de contrôle）の雇用が義務づけられており，意匠中心のアーキテクトの補完を行っている．また，BET（Bureau détudes）が詳細図や構造図の作成や積算業務を行っている．

c．資格の相互認証
1） 外国の大学の卒業生や外国人建築家の認定

外国の大学で建築関連課程を卒業した者は，国土

表 2.3.3 日米欧諸国でのアーキテクトの資格制度（筆者作成）

アーキテクトの資格範囲			適用範囲 全国
アーキテクト資格制度がある	Ⅰ アーキテクトのみに建築設計業務の独占を与えている	(a) 建築学科の卒業生のみがアーキテクトになれる	アメリカ フランス
		(b) 土木学科など建築以外の学科の卒業生もアーキテクトになれる	日本
	Ⅱ アーキテクトだけでなく，エンジニアにも建築設計業務の独占を与えている		イタリア スペイン ポルトガル
	Ⅲ 構造設計について，エンジニアに業務の独占を与えている		ポルトガル*1
	Ⅳ 混合型	(a) アーキテクトの業務独占が基本であるが，州によりエンジニアにもアーキテクトと同じ業務独占を与えている	ドイツ
		(b) アーキテクトに業務独占を与えていないが，州によりアーキテクト，サーベイヤーなどに業務独占を与えている	―
	Ⅴ アーキテクトの資格制度はあるが建築設計業務の独占を与えていない		イギリス，オランダ
制度がない	Ⅵ アーキテクトの資格制度そのものがない*2		デンマーク，ギリシャ，アイルランド，多くの旧共産主義国および共産主義国

（注）*1 ポルトガルは 1988 年に法律が定められたが実施されていない．
*2 EU への参加などで，アーキテクトの資格制度が定められる可能性がある．

交通省で日本の大学卒業者と同等であると認められ，それが認定されれば建築士試験を受験でき，合格後は一級建築士として登録される．

外国の建築士免許を受けた者については，日本の建築士と同等以上の資格を有するかどうかを個別に審査し，日本の法制度や建築に関する諸条件の理解を考査し，国土交通大臣が判定するなどの一定の手続きを経て一級建築士と同等以上の資格を有すると認定された場合，一級建築士として登録できる．

現在，相互認証のために枠組み作りが進められている．基本的にはWTOの2国間協議によるとしながらも，UIA アコード（建築実務に関する国際推奨基準協定）が参考にされている．

2) APEC エンジニア / アーキテクト

1995 年に発足した世界貿易機関（WTO）はサービス業務を含む貿易の自由化を推進している．欧州連合（EU）は，1985 年の EC 指令でアーキテクト資格の相互承認の動きを開始した．

アジアにおいては，1995 年のアジア太平洋経済協力会議（APEC）の首脳会議で「技術者の APEC 域内流動化促進」決議に基づいて，2000 年度より APEC エンジニアプロジェクトが始まっている．日本では土木と構造分野で始まり，建築構造分野では，一級建築士で建築構造実務を行う者が対象で，2005 年 6 月末現在，APEC エンジニアの登録者は 665 名となっている．

APEC アーキテクトプロジェクトは 2001 年度より検討が始まり，2005 年度より登録が開始され，2006 年度までに 440 人弱が登録している．

3) UNESCO-UIA 教育認定と UIA アコード

1996 年 6 月，国際建築家連合（UIA）のバルセロナ大会で，建築教育に関する UNESCO-UIA 憲章が採択された．これは建築家教育の枠組みを定め，教育機関からの要請に基づいて教育プログラムを認定するものである．11 の教育要件や学生が獲得すべき能力と教育期間（最少限 5 年間）と実務経験（最少限 2 年間）の指標が示されている．日本の建築教育は学部 4 年間と大学院 2 年間の 6 年で，これに対

応する方向が示唆されている．

1999年6月に，UIAの北京大会でUIAアコードが採択され，建築家資格の相互認証の基準と目されるようになった．フランスのような職能法と，イギリスやドイツのような資格法があり，混在している状況にあるため，UIAの倫理規定では利害対立について告知を義づけている．しかし，兼業を禁止しておらず，最低基準を示したものである．

JABEEでは，国際的に通用する建築設計プログラムの認定を受ける場合は，大学院も含めて，UIA基準に合致する必要があると指摘している．

d． 国際化と専門分化への対応

現在の建築士制度の課題としては，建築設計資格の国際化対応と専門分化がある．まず，専門分化であるが，現在の建築士制度は，建築技術者の資格制度になっており，建築設計者だけでなく，建築設備設計者や建築構造技術者も含まれているために，これを細分化しようという動きがある．具体的には，全国建築士会は，現行の一級建築士を基礎的資格とし，団体認定により，自己の専門領域を明示する専攻建築士制度（まちづくり，設計，構造，環境設備など）を2004年から実施している．継続能力開発制度も発足させるとしているが，今回の建築士法改正の議論の中でも解決されなかった．

日本建築家協会は，UIA基準に適合し，国際的な相互認証に対応しうる建築設計資格制度を提案している．いずれも，従来問題になった職域や兼業問題に，はっきりふれず，設計者資格制度のみに限定したものとなっているが，建築設計資格を設けるという点ははっきりしている．

JABEEによる建築教育認定により，建築教育の見直しがなされるであろうが，この機会をとらえて，APECアーキテクトやUIA基準に対応するための教育制度や建築士資格の改善がなされることが期待されている． ［瀬口哲夫］

文　献

1) 日本建築学会：近代日本建築学発達史，pp. 1983-1988，丸善（1972）
2) 矢吹茂郎，加藤健三：建築法規，pp. 192-195，共立出版（2001）
3) 高橋林之丈：苦悩する建築設計界，p. 184，相模書房（1981）
4) 建築技術教育普及センター：建築技術教育普及センター，p. 2，建築技術教育普及センター（2002）
5) 藤井正一郎，鶴巻昭二：日本の建築家職能の軌跡，p. 449，日刊建設通信新聞社（1997）
6) 日本建築学会：近代日本建築学発達史，p. 1929，丸善（1972）
7) 建築技術教育普及センター：実務経験年数別学校コード表，pp. 4-9，建築技術教育普及センター（2002）
8) 日本建築学会建築教育連絡協議会：JABEE認定審査の審査基準について，2002年度建築学会大会建築教育連絡協議会資料，pp. 7-25（2002）
9) 建築技術教育普及センター：建築技術教育普及センター，pp. 3-5，建築技術教育普及センター（2002）
10) 瀬口哲夫：EC加盟国におけるアーキテクト資格制度の動向，日本建築学会建築教育委員会研究懇談会資料，p. 68（1994）
11) 瀬口哲夫：建築関連社会システムの海外事例，日本建築学会良い建築と環境をつくるための社会システム検討特別委員会報告書，pp. 21-26（2002）
12) 建築技術教育普及センター：英国の建築関係技術者制度/公認調査士，建築技術教育普及センター（1995）
13) 建築技術教育普及センター：アメリカ合衆国建築家制度，建築技術教育普及センター（1987）
14) 佐藤　章：専攻建築士認定・表示制度と継続能力開発制度について，愛知の建築，501号，p. 20（2002）
15) 日本建築学会建築教育連絡協議会：JABEE認定審査の審査基準について，2002年度建築学会大会建築教育連絡協議会資料，pp. 26-43（2002）
16) 瀬口哲夫：建築ジャーナル，726〜1017号（1986〜2002）

2.3.2　専門家の倫理・規範
a． 専門家とは
1） 専門家の特色

日本で専門家という用語はいろいろな意味に使われるが，おおむねイギリスにおけるprofessional（professionを有する者）を想定していればよいと考えられるので，その特色について簡単にみてみる．

イギリスでは建築関係専門家は医療関係者や法律専門家と並びprofessionalの典型と考えられている．それには，次のような特色があるといわれている．

① 業務の性質が技術的，専門的で，その実質的部分は精神的なものであり，養成に学理と実務の面において一定の訓練期間が要求される．
② 一般的な誠実義務を超える一定の倫理に拘束されるか，拘束されることを期待されている．
③ 通常，その専門家の団体に所属する．そして，その団体は団体への帰属を規制し，専門職の基準の維持を企図し，試験を課したり，行動や倫理に関する専門家要綱を定める．
④ 資格試験などによって社会の承認を得るため社会的な地位が高い．

専門家が上のようなものであるとすると，日本の建築関係では一定の試験によって資格を付与される建築士や技術者などがこれに該当するといえるが，その代表は一級建築士である．

2) 専門家の特色の相互関連

上に述べた専門家の各特色は相互に関連し合っていると考えられる．つまり，技術的，専門的な仕事は，単に「誠実に行う」という一般的な義務を超える強い倫理感の下になされなければうまくいかないし，それを担保するために一定の訓練期間が要求されて試験などによる社会の承認を得ることになっており，反面，社会的に高い地位も付与されることになる．そして，その倫理の拘束を実効性あるものにするために専門家の団体が存在する．

b. 専門家と倫理
1) 倫理は専門家の本質

このようにみてくると，専門家というのは仕事の内容が専門性を持つということのほかに強い倫理を持つということが本質的に要求されていることがわかる．そこで，建築関係の専門家は，技術の向上を図ることとは別に，自らがそのような高い倫理を要求される存在であることを自覚する必要がある．

2) 専門家の倫理の内容

倫理とは一般には道徳と同様の意味にとらえられており，外から強制されるのではなく自分の内面から自発的にこれを守るべきルールを意味する．したがって，努力目標と錯覚されるおそれがあるが，専門家の倫理は後に述べるように，その違反に対しては所属団体の懲戒などが用意されており，一般的な倫理よりも拘束力の強いものといえる．したがって，その倫理はあくまで「その専門家としての倫理」であって，社会人一般の倫理とは同視できないことに注意すべきである．

専門家の倫理の内容は，抽象的には職業そのものの本質からも導くことができようが，一般的にはその専門家の団体が具体的に定めていることが多い．また，そのように倫理を明確に提示することに専門家団体のひとつの意味があるといえる．したがって，建築関係専門家は自分の所属する専門家団体の定める倫理をよく承知して，それを守るようにしなければならない．

日本の建築関係専門家の倫理規定としては，(社)日本建築家協会の『倫理規定』(1988, 2004 改訂)と『行動規範（ガイドライン）』(2004)が著名である．また，日本コンストラクション・マネジメント協会が定めた『倫理規程』(2002, 2004 改訂)は，法律専門家の団体である日本弁護士連合会が定めた『弁護士倫理』(1995 改正．なお，2005 年 4 月から新たに『弁護士職務基本規程』となった)を参考にしており，職種が異なっても専門家としての倫理に共通する点が随所にみられ，興味深い．今後，社会環境の変化によりさらに様々な専門家団体が倫理規定を発表したり，従前のものを改正したりすることが予想される．そして，これまでは常識を定める程度であったものが，より詳細な倫理規範を定めるようになることもあると思われるので，建築関係専門家は自分の所属する団体の倫理規程はもちろん，関連する団体の動きなどにも目を配り，時代に即した倫理感を身につけていく必要がある．

c. 倫理違反と懲戒

普通は倫理に違反しても，人々の非難を浴びたり，いわゆる道義的責任を問われたりはするが，はっきりした制裁が用意されているわけではない．しかし，専門家の場合，その倫理違反は所属団体によって制裁の対象となり得る．

(社)日本建築家協会には『懲戒規定』(1992)があり，その第 1 条には「定款，建築家職能原則 5 項（①自己の信念の確立，②多彩な専門家能力の研鑽，③自由で公正中立な立場の保持，④適正な報酬と社会に対する責任，⑤職能団体であることの宣言）に照らして，その理念にもとり，かつ倫理規定・行動規範その他本会の定める規定に反する行為があったときは懲戒を受ける」と規定している．また，日本コンストラクション・マネジメント協会の『倫理規程』第 26 条は，「会員が本規程に違反した場合の処置は，別に定める倫理委員会規定及び懲罰委員会規定によらなければならない」としており，倫理違反が懲罰の対象となり得ることを明示している．

倫理違反が常に懲戒の対象となるとは限らないが，建築関係専門家は所属団体の倫理が単なる道徳的要請ではないということをよく承知しておかなければならない．

d. 倫理と規範

規範という用語にはいろいろなとらえ方があるが，ここではきまりやルール一般を意味する言葉で倫理のほかに法律や条例なども含まれるものとしておく．建築関係専門家は法律やその下位規範の通達などを含め，日常業務に関する法規についてはそれを知らなければ仕事にならないからこれをよく守っていると思われる．ただ，ここで指摘しておきたいことは，倫理というものが法律などの法規よりも規範としては高い次元にあるということである．つまり，倫理が要求する水準は法律などよりも厳しく，法律を守っているだけでは倫理を尽くしたことには

ならない．倫理と法律が重なり，倫理上の義務が法律上の義務となる場合もある．法律は道徳の最低限を定めたものであるといわれることはこの辺をよく表している．

もっとも，法律に違反した場合は「違法」として国家の制裁を受けるが，倫理違反の場合は上記のように所属団体の懲戒を受ける程度であるからペナルティとしては軽いといえなくもない．しかし，これは元来，倫理というものが自主的に守られるべきものであって制裁をもって強制すべきものではないということであり，建築関係専門家はこういう点をよく自覚すべきだと思われる．

e. 契約上の倫理

特定の当事者間で契約が締結されると契約によって定められた義務は法的拘束力を持つため，法律によって課された義務と同じと考えてよい．しかし，明確に契約上の義務になっていなくても契約関係にある者には信義誠実義務というものが生じる．民法第1条第2項は，義務の履行は信義に従って誠実に行うよう求めており，この義務違反は損害賠償責任を生じる場合もある．信義誠実は元来は倫理の問題と思われるが，契約が介在することによって契約当事者間においては倫理が法律上の義務となることにも注意しておく必要がある．

専門家は上記のような契約上の義務を含む法律上の義務に違反して顧客などに損害を与えればそれを賠償しなければならない．これまで建築関係専門家は医師などに比べて裁判で損害賠償責任を追及されることが少なかった．それは医師などに比べて建築士などの人数が多いからであるとの指摘もある．しかし，人数が多いからといって専門家として劣るとは思えないし，むしろ建築関係専門家は人数が多いにもかかわらず専門家としての誇りをよく保っているといわれるよう努力していくことが大切だと考える．これからの法化社会では理科系出身者の多い建築関係専門家も倫理や規範に注意を払い，期待される社会的地位にふさわしい存在となることが求められている．
　　　　　　　　　　　　　　　　　［二宮照興］

文　　献

1) 飯塚和之：イギリス法における「専門家責任」．川井健編著「専門家の責任」，p.75，日本評論社（1993）
2) 高橋寿一：建築士の責任，川井健編著「専門家の責任」，p.401，日本評論社（1993）

2.3.3 業界団体・学術団体

a. 概　　況

建築，住宅関連事業に従事する人や事業体は多く，経済規模も大きく，また研究者も多い．したがって，集まって情報交換したり，協力して事業の進ちょくを図ろうとして作る団体の数も増える．日本建築学会会員名簿（2005年版）には，関係団体として，学術団体38団体（（社）日本建築学会含まず），諸団体451団体の名称が記載されているが，これらはそれらの団体の中でも一部（主要な一部ではあるが）にすぎない，と考えるべきである．これらの団体の区分については様々な方法があろうが，今回は表2.3.4のような視点で分類して理解することとした．

b. 団体の種類と，もとになる法律

社団法人および財団法人は，営利ではなく公益を目的に，民法34条に基づき設立される法人で，設立にあたっては主務官庁の許可を得ることが必要である（他に民法35条に基づく営利社団：商事会社もある）．社団法人は定款に定められた資格のある会員によって定款に基づき運営が行われ，財団法人は寄付行為がなされることによって設立され，運営される．これらの団体の運営にはいろいろ制約が課されるが，税制上の優遇を受けることができる．

NPO法人は，特定非営利活動促進法上の法人であり，建築・住宅関連分野では「まちづくり」や「環境」の範疇で最近増えている．NPOの法人格を得ることによって特に活動上の差異が生じることがなくても，責任の所在が明らかになり，信用が得やすく，活動に付随する契約の締結や金銭の貸借が容易になったといわれている．社団法人や財団法人の中にも，NPO法人としての資格を併せて取得しているところがある．

他方，任意団体には，社団や財団法人またはNPOになる途上の団体や，主務官庁の介入や法人設立の煩わしさを嫌ってそれらの団体になることを望んでいない団体，または公益目的ではない団体などがある．

c. 団体設立の目的と近年の状況

建設業界や建築技術者を会員とする社団法人には，会員に共通する業務環境の改善や，業界・技術者の地位向上を目指すところが多い．社団法人は，制度上営利を目的とする活動はできないが，時には予算・税制上の優遇措置や関連法令の改正を求めて政府に働きかけるなど，間接的に経済的利益に結びつく活動を行うことがある．むしろ業界を取り巻く

表 2.3.4　業界・学術団体の分類

団体の種類は何か	社団法人/財団法人/NPO/任意団体（ここでは商法上の法人いわゆる会社と，特殊法人，学校法人および独立行政法人を除く）
団体設立の主要な目的は何か	（かなり直接的な）経済的利益/技能・技術の向上/研究開発/信用付与/情報交流/地域活性化/消費者保護
誰が加入するのか	個人で/団体で，同業の者が/異業種の者が/業種は無関係で
公共団体などとの関係はどうか	無関係（設立手続きは除く）/活動の相手先として関係あり/公共団体などの主導で設立/公共団体なども会員
活動エリアはどこか	日本を含む複数国/日本全国/国内特定の地域/バーチャル

経済環境が悪化している昨今は，研究活動にしろ，情報交流活動にしろ，会費を払う以上は何らかの形でもとは取りたいと考える会員が多いことはもっともなことである．

財団法人の元来の趣旨は，基本財産の利子によって，寄付行為が求めている公益活動を行うものであるが，近年のように金利が低いと，相当基本財産があっても利子のみで相応の活動を行うことはできない．バブル経済華やかなころは，企業の創始者が財団を作り当該企業がその運営の面倒をみるという図式もみられたが，現下の経済環境ではそれも難しい．さらに，公益法人問題も取りざたされており，国や地方公共団体に密着し，その支援を受けるということも困難である．

そこで，最近は，財団法人，社団法人あるいはNPOなどでは，消費者保護のため性能・品質に関する透明性を求める潮流に対応し，その非営利性または公益性を前面に出し，技術やプロジェクトの審査・証明，認定を行ったり，自主資格を創設し，試験や講習を行うというような動きがある．これは様々な分野で共通の傾向と考えられるが，特に建築・住宅関連分野では，近年の建築基準法改正による性能規定化や確認検査事務の民間開放，住宅の品質確保の促進などに関する法律，および高齢者の居住の安定確保に関する法律の制定，継続職能開発を含む建築士資格の見直しの論議などがこの動きを加速させている．

d.　会の特徴と構成員

社団法人など会員で構成される団体は，定款にある設立目的では区別がつけにくくても，構成している会員に着目すると，その団体を知る上で重要な手がかりが得られる．

1)　住宅生産にかかわる団体

1992（平成4）年設立の（社）住宅生産団体連合会は，その名が示すように住宅の生産に関係する団体の集まりで，大変大きな団体である．構成員は6つの社団法人と1つの財団法人（2002年現在）であり，その社団法人には（社）プレハブ建築協会，（社）日本ツーバイフォー建築協会，（社）日本木造住宅産業協会など住宅の構造別に組織された住宅供給者の団体と，（社）全国中小建築工事業団体連合会のように工務店の団体の連合会，および（社）リビングアメニティ協会という住宅部品産業の団体などがあるが，構成員の各々が，それぞれの業界を代表している相当の規模を持った団体である．

この社団法人が設立されたことによって，住宅生産に関する課題を縦横に検討する場ができると同時に，政治・経済に住宅生産の分野から大きな発言力を持つ団体も生まれたのである．

2)　建築関連技術者の団体

技術者の団体の代表的なものに（社）日本建築士会連合会があるが，これは各都道府県に存在する建築士の集まりである（社）建築士会（単位建築士会）が構成員である．単位建築士会，建築士会連合会とも，建築士法において，目的と民法34条法人として設立可能であることが定められている．このほか建築系技術者（あるいは建築家）を会員とする社団法人には，（社）全日本建築士会，（社）日本建築家協会，（社）日本建築構造技術者協会，（社）建築設備技術者協会，（社）日本インテリアデザイナー協会などがあり，それぞれの建築系技術者は自分の仕事内容や好みなどで，1つの団体に属したり，複数に属したり，どこにも属さなかったりしている．

事務所の集まりには（社）日本建築士事務所協会連合会（士会と同様，都道府県に単位会がある），（社）日本設備設計事務所協会などがある．事務所の集まりは，技術者の集まりとは異なり，事務所の経営上の問題に大きな関心を持っている．

3)　建築関連の学術団体

代表的なものに（社）日本建築学会があるが，こ

れは会員数36,430人（2004年現在）の極めて大きな団体である．このほか（社）都市計画学会（会員数6,000人弱），（社）都市住宅学会など関係の深い学会や，（社）土木学会，（社）日本不動産学会など近しい学会，（社）日本機械学会など一部が重なっている学会などがある．さらに，社団法人格は取得していないが，日本インテリア学会や日本民俗建築学会といった建築住宅関連分野のなかでも特別な部分を取り上げ，研究している人々の集まりがある．

4） 建設業関連の団体

全国には，土木専業業者も含め60万社の建設業者（2000年現在）が存在するので，関連団体の数も大変多い．（社）日本建設業団体連合会は，（社）日本土木工業協会，（社）建築業協会など10の総合建設業社の団体と，64の相当規模の総合建設業者を会員（2002年現在）とする団体で，各界に大きな発言力を持っている．また，（社）全国建設業協会は，全都道府県にある単位協会から構成されているが，その47協会に属する建設業者の総数は約3万社（2002年現在）という膨大な数である．これらのほか，中小建設業者の全国組織である（社）全国中小建設業協会などがある．なお，住宅建設現場で働く人々を中心とする建設労働者・職人は，全国で54の労働組合を組織しており，これらは集まって全国建設労働総連合組合（2002年現在組織人員74万人）を結成している．

建築業に着目したものとしては，建築系の総合建設業者の団体である（社）建築業協会，工務店の団体である（社）全国中小建築工事業団体連合会などがある（いずれも前述）．

5） その他

以上のほかに，金属やコンクリート，ガラス，木質パネルなど建築材料を製作・販売している者の団体，不動産業者や宅地建物取引業者の団体，都市開発や住宅問題についてのコンサルタントの団体等々，建築・住宅関連業の広がりと同じだけの広さにわたって団体が存在する．

[伊藤圭子]

文　献

1) 国土交通省（旧建設省）：関係公益法人便覧（平成14年）
2) 日本建築学会会員名簿2005年版

2.3.4 保証・保険・ボンド類

専門家・企業の業務は，通常，発注者との私的契約に基づいて行われる．この業務のプロセスまたは業務の結果（成果）が実行されなかったり，または契約で約したはずである発注者の意図と異なって実行されたり，さらには実行された結果が，契約で約した目的を実現できないもの，すなわち瑕疵のあるものであったりした場合には，発注者は経済的にもそして時間的にも大きな損害を被ることになる．

こうした問題に関し，専門業務を提供する専門家・企業側が発注者に対して，契約内容を的確に履行することを請け合い，万一その履行が適切になされずに発注者に損害などを与えた場合に，その損害を回復したり賠償を行ったりすることを約す「保証」が必要とされる場合がある．この損害の回復・賠償などの方法には，契約の目的物の性質に応じていろいろなタイプがある．工事請負者が倒産などにより工事の履行をできなくなった場合に他者（保証人）が残された工事を履行すること，工事の結果物が目的にかなうものでなかった場合に工事の手直しを行うこと，生じた損害に応じて金銭的な賠償を行うことなどがある．

工事の代替履行や，工事の手直し・損害賠償などを行うとする場合には，そのために要する費用が支弁される信頼性が必要である．わが国の契約慣行上，「連帯保証人」という仕組みが広く用いられていたが，保証の信頼性や契約の透明性の確保などの観点から，こうした信頼を第三者的に提供する仕組みとして保険や保証証券（ボンド）が発達・普及し始めている．

a. 専門家責任保険

一般に専門家として発注者との契約に基づき業務を提供する場合，その専門家責任を果たしきれずに発注者に損害を与えた場合には，その損害を賠償する責任が生ずる．例えば，設計の瑕疵により建築物に滅失・毀損が生じ，他人の身体等に損害を与えた場合，設計した建築設備が所定の技術水準に満たないために本来の機能が発揮できなかった場合などがある．こうした賠償責任に備えるものが，専門家責任保険（professional liability insurance）と呼ばれるものである．特に欧米では，設計契約を締結しようとする場合，設計専門家がこうした保険を付保していることを契約の必須条件としている場合が多い．わが国でもそうした仕組みが普及し始めており，その流れに対応して，専門家団体が保険会社と提携

して加盟会員に付保しやすい条件で責任保険を提供しているような事例がみられる．

b. 性能保証・瑕疵担保保証

一般的な賠償請求に備える保証・保険よりもさらに積極的に，設計や工事，売買の契約において，一定以上の性能を有するものなどの条件を明確化してその実現・引渡しなどを約するような取引きが行われる場合が増加してきた．特に，住宅品確法により，性能評価書を添付した契約がなされたり，瑕疵担保期間が明確化されたことなどにより，専門家・企業が住宅などの性能を保証し，不具合があった場合にはその修補を行う責任を負うことが必要となってきている．こうした性能保証・瑕疵担保保証は，専門家個人や一企業だけではその責を負いきれないので，保険会社と連携した保証組織が，対応する保証を専門家・企業に提供する仕組みが発達している．専門家・企業はそうした保証あるいは保証書を発注者や買主に提示・提供することにより，大きな信頼を確保できるようになる．この場合，保証や保険を提供する側にとっては，賠償に至るリスクの増大を避ける必要があることから，一定の基準に従った設計評価や工事現場の検査などを条件にするか，自ら代理人に設計審査や現場検査を行わせるようにすることが一般的である．

c. 履行保証など

特に工事の請負契約に関し，請負者側の事故などで契約が履行されない場合など，発注者側に経済的な損害ばかりか時間的な損害が生ずることが容易に予想される．そうした発注者側のリスクをできる限り低減するため，契約の履行をより確実にし，万一事故などがあった場合には，それに代わる代替手段を手に入れることができるようにする仕組みが必要となる．例えば，戸建住宅の建設工事を発注した者にとって，工事途上で請負者が倒産してしまい工事の継続ができなくなったような場合，代わりの工事業者をみつけてきて残工事を行わせるといった措置は，個人の発注者にとっては技術的にも経済的にも困難が伴う．そこで保証機関や保険会社などが，当初の請負契約の履行に何らかの問題が生じた場合，経費と専門的能力を提供して，代わりの工事業者をあてて工事を完成させるという「住宅の完成（完工）保証」の仕組みが登場してきた．

また，特に公共工事においてはその性格上，発注者側の請負契約に関するリスクを極力回避する必要性から，請負者あるいは入札参加者に対し，いろいろな形での保証を求める仕組みが発達してきている．最も典型的なものが「履行保証」であり，工事の請負契約を締結したものの，倒産その他の事故により工事の完成が困難になることを回避するため，請負者に対して何らかの保証の提供を求めることとなる．発注者側は請負者の契約不履行による損害を金銭的に補填する金銭的保証または代替履行などにより工事の完成事態を保証する役務的保証を求める．これに対し請負者側は，金銭的保証に対しては契約保証金を納付することが原則となるが，それに代えて有価証券などの提供，銀行などの保証，保証会社の保証，履行保証保険，履行ボンドなどを提供することになる．一方，役務的保証に関しては，代替履行などに必要とされる経費が大きくなるため，カバー割合の高い履行ボンドを提供することが必要とされている．こうしたボンド（保証証券）は，わが国では損害保険会社が引き受けているが，米国などでは多数のボンド会社が，請負企業の与信審査を行いながら，その枠内で保証証券を引き受ける仕組みが発達している．この与信審査は，請負会社の経営基盤・契約履行能力などを審査することにほかならず，信頼性・能力に劣る企業を淘汰する仕組みとしても機能している．

わが国特有の制度として，公共工事の請負契約における工事代金の一部を工事着手時に前払いする場合があるが，この保全を確実にするため，法律に基づき保証事業を実施する登録保証会社が前払金保証を行う仕組みも普及している．

このほか，落札したにもかかわらず契約に至らない場合の発注者のリスクへの対応，元請企業の破たんなどの場合に下請代金の支払いへの対応等に関するボンド制度の拡大，ボンド引受を行う損害保険会社の海外の再保険の困難さへの対応やボンド引受機関の拡大などについての検討が進められている．

［平野吉信］

2.4 政策・施策

建設生産システムの改善を促している最大の要因は，バブル経済崩壊後の長引く経済低迷などに基づく発注機関の財政難，それに起因する建設投資の縮小傾向，さらに国際化対応などである．

例えば，公共工事の場合，国や地方自治体の厳しい財政事情などから一層の効率化や合理化が求められており，エンドユーザーである国民に対して「良いものをより安く」提供する取組みが欠かせない．行政のアカウンタビリティの向上に対する要請も高まり，事業実施プロセスでの評価やその効果などについての幅広い情報の開示が求められている．

建設省（現・国土交通省）が1999年7月に策定した「建設産業再生プログラム」でも生産効率の向上などに裏打ちされたコスト競争を行う必要性を指摘，建設業にとり生産効率の改善が大きな課題であることは，すでに建設産業界全体の共通認識である．さらに，21世紀の建設生産システムのあり方を見据え，国際競争力の観点に立った「施工などのハード技術は国際的に高く評価されているが，国際社会に対応したマネジメントなどの技術力は必ずしも蓄積してこなかった」（建設省の「建設産業技術戦略」，2000年3月）という現状もある．わが国の建設産業は，製造業にみられるような理論に基づく生産システムや生産マネジメント手法を十分に評価し，産業理論としての体系化が十分とはいえないとの指摘も根強い．しかし，マネジメント技術の高度化は時代のすう勢であり，対応は喫緊の課題である．

建設産業政策や施策もこれらを前提に，建設市場構造の変革が不可避として各種講じられている．

2.4.1 入札と契約の適正化

わが国の建設産業構造は「指名競争入札」を中心に構築されてきたといってよい．指名競争入札は，近代日本の礎を形成した明治期より，100年余にわたって公共工事の入札・契約方式の主流であった．しかし，政界や業界を巻き込んだ公共事業に絡む不祥事に端を発し，1992（平成4）年に90年ぶりの大改革が行われ，公共工事の契約のベースが指名競争入札から一般競争入札に変わった．そして，残存する指名競争入札も，発注者が入札参加企業を決める（指名する）方法から，企業側の参加意思を確認して指名する公募型指名競争入札や工事希望型指名競争入札に移行した．この間に入札・契約方式の多様化の必要性が各方面から指摘され，多くの方式が試行あるいは施行されてきている．

建設関連の制度を主管する国土交通省は入札・契約の競争性，透明性，公平性の確保と促進，さらには不良不適格業者の排除などを目的に，海外の制度を含めて多種多様な入札・契約方式を採用し，試行を踏まえ本格実施している．また，地方自治体には独自の方式を考案して実施している機関もある．

いうまでもなく，入札・契約方式の多様化は建設産業構造を変化させる大きな要因の1つである．換言するならば，この間の動きには，不可避の産業構造変革を入札・契約方式の改善で推進する意図さえもうかがえる．わが国の建設生産システムの特色の1つである重層下請構造に風穴を開けるとみられる「CM（Construction Management）方式」の導入などは，その代表的な存在といえる．

ちなみに，実施されている設計および工事関係の入札・契約方式（試行を含む）には以下のようなものがある．

① 技術者評価型プロポーザル方式
② 入学試験・面接方式
③ アドバイザー方式
④ 設計VEプロポーザル（設計VE＋詳細設計）方式
⑤ ワークショップ型設計VE方式
⑥ 一連業務の一括発注
⑦ 随意契約の活用
⑧ 公募型指名競争入札の拡大
⑨ 低入札価格重点調査
⑩ 新業務実績評価システムに基づく企業選定
⑪ 詳細設計の照査（詳細設計の第三者評価，施工業者照査立ち会い，その他）
⑫ 工事施工段階での設計コンサルタントの活用
⑬ PMツールの活用
⑭ 総合評価方式
⑮ 設計施工一括発注方式
⑯ 入札時VE方式の提案範囲拡大
⑰ 性能規定発注方式
⑱ マネジメント技術活用方式（CM方式）
⑲ 直営マネジメント方式
⑳ 主工事先行発注方式
㉑ 施工方法提案型方式
㉒ 入札契約方式選定ガイドラインの適用

IT化の波は公共工事調達分野にも猛スピードで

押し寄せている．国関係と47都道府県すべてでの電子入札の導入も近いとみられる．

また，品質を確保するためのISOの活用も着実に進んでいる．公共工事の発注者は，競争参加資格審査の申請者について，過去の施工実績，技術者の雇用状況，経営状況などを踏まえて格付けしている（格付けは，経営事項審査による総合評点で客観点数と，発注者自らが工事の出来具合などを勘案して評価する主観点数によって行われる）が，経営事項審査の主観点数に，ISOの認証を取得した企業を加点する方式を導入する発注者が増えている．認証取得した企業に例えば10点を加える方法と，主観点数総数に何％かの率を乗じる方法がある．沖縄県などが前者，東京都は後者を採用している．

公共建築の設計業務委託でもISOの認証取得を評価する動きがある．これまで設計事務所にとってISO取得は公共受注のインセンティブにはならなかったが，こうした動きが拡大すれば設計界の取得熱はさらに加速するとみられる．

「公共工事の入札及び契約の適正化の促進に関する法律」（入札契約適正化法，2001年4月1日施行）の眼目は，透明性の確保，公正な競争の促進，適正な施工の確保，不正行為の発生の防止を図ることである．そのために，発注者に様々な義務づけがなされている．そのなかの大きな柱が施工体制の適正化である．

例えば，施工体制の適正化を図るため，配置技術者，下請企業の状況把握などを含めて施工体制台帳を作成し，受注者からその写しの提出を受ける．さらに，建設業法では発注者が認めれば問われることはなかった一括下請負が全面禁止となった．入札契約適正化法は発注者を対象にした法律であるが，一括下請負の全面禁止など建設業界にとっては厳しい対応を迫られる．生産コストを含む生産システム全体のあり方の再考を促す規定といえる．

逆に，一括下請負の全面禁止は発注者に対し，自らが契約した工事が適正な体制で行われているかを常に把握しておくことを求めている．つまり，施工体制調査が頻繁に行われることを意味している．

具体的には，施工者側は一括下請負ではないと考えていても，施工にかかわっていなければ一括下請負とみなされて営業停止処分が科される．専任の監理技術者を配置しているだけでは適正な施工管理をしているとはみなされないし，施工管理をしっかりしていないと適正な施工体制とは判断されないのである．また，処分対象は元請だけでなく下請（1次，2次，3次など各層）に及ぶので，結果的にマネジメント領域の生産システムの改善をも加速させると考えられる．

国際的にみた，わが国の建設契約の特異性に，受・発注者間の「阿吽の呼吸」や「契約の不明確」といったことがある．建設契約約款は「甲乙協議」条項が多く，契約書によっては契約の範囲が不明確なものがあるなど，国際的な契約主義・文書主義とは一線を画したものとなっている．そうした"日本流"の象徴的な例が，請負者が契約書で明確に規定しないまま設計・施工に関連する様々なサービスを無償提供していることである．建設調達のグローバル化を反映して，適正なフィー（対価）を求める声も高まってきている．CM方式や設計施工一括発注方式の普及に備えて，CM約款などの整備の動きがあるのも，いわゆる"国際標準"への対応といえる．

また，建設生産システムの変革を促す要因はいろいろあるが，入札契約の請負側の当事者や，わが国独特の産業構造となっている「重層下請構造」の各階層ごとにその要因を探すことができる．バブル後の不況を主因とする雇用の流動化もその1つである．

例えば，建設事業の最上流領域となる建設コンサルタントや建築設計のなかには，実施設計や仮設計画など工事施工の実務に精通しておらず，専門工事業者の選定や工事コストの実勢についての知見も不十分といった指摘が根強い．そうした企業に施工現場での経験が豊富な技術者が雇用されることで企業の能力が向上し，建設企業のノウハウの無償提供という不透明な取引きも減じることになる．

もちろん，経験豊かな技術者を中小建設企業が抱えれば技術力がアップするだろうし，「専門工事業者も元請からの"指し値"などの不条理な主従慣行を論理的に排する力となる」可能性が出てくるはずである．デベロッパーなど恒常的に発注工事を抱える民間発注者も経験者を雇い入れることでCM的な取組みが行えるようになり，発注体制の強化やコスト削減を図ることができるとみられる．

2.4.2　CM方式への取組み

建築生産システムに関し，総合建設企業，いわゆるゼネコンの特性を一言で言い表すと，総合生産管理能力に秀でていることであろう．元請としてのゼネコンは，単に施工手段を専門工事会社から調達

するだけでなく，専門工事会社に対する技術面や経営面の支援・指導を行い，各専門工種にわたる高い信頼性や生産性を有するパートナーとしての生産組織（施工協力会など）を構築している．しかし，建築生産システムの変革の波が，そうした構造を一部で見直す機運を呼び起こしている．代表的な事例がコンストラクションマネジメント（Construction Management：CM）方式の導入の流れである．

CM方式は第III部の1章で詳述しているが，簡単に記すと「建設プロジェクトの計画，設計，工事の各段階において，スケジュール，コスト，品質をコントロールしてプロジェクトを円滑に推進する業務」であり，具体的には「設計図を見直すことでより合理的なものづくりを追求し，バリューエンジニアリング（Value Engineering：VE）活動を行うことや，ノウハウにより各専門工事の価額をより細密に評価・査定すること，各下請への発注や支払いを行うことで，金額の流れをスムーズかつ適正な管理をする」ということである．

国土交通省はCM方式研究会を組織し，CM方式活用ガイドラインを策定．それを引き継ぐ形で建設業振興基金が民間組織の日本コンストラクション・マネジメント協会に委託してCM実践マニュアルをまとめるなど動きは活発化している．さらに国土交通省は，これらの取組みに続く施策として2003年度に責任施工体制を検討している．専門工事業者が自ら元請として工事を受注するCM方式は，発注者ニーズの多様化に対応した新たな建設生産・管理システムとして注目されているが，最終的な施工に関するリスクを発注者が負う側面があり，そうした課題に対応するため国土交通省は「瑕疵保証制度」と「施工体制」を中心に検討している．

CM方式について国土交通省は，土木分野ではマネジメント技術活用方式として道路やダム建設を対象に具体的なプロジェクトで試行導入しているが，公共建築では岩手県宮古市が「宮古型CM」を構築し，宮古港出埼地区に建設する「広域総合交流促進施設およびタラソテラピー施設」に導入．CM方式は地方自治体へも普及する兆しがある．

一方，官側の動きに呼応して，業界団体でも研究対応が始まっている．専門工事業団体の建設産業専門団体連合会（建専連）も国土交通省との2002年度の意見交換会で，CM方式の導入促進を要望．国土交通省は地方公共団体向けCMマニュアルの策定などの取組みを紹介するにとどまったが，専門工事業界の関心も高まっている．

2.4.3 設計委託方式と品確法

1991（平成3）年3月の建築審議会で「官公庁施設の設計業務委託方式の在り方に関する答申」が示された．そこには「設計料の多寡によって設計者を選定するのではなく，設計者の創造性，技術力，経験などを適正に審査し，その設計業務の内容に最も適した設計者を選定することが極めて重要」との方向性が盛り込まれた．そして，1996年にプロポーザル方式を導入した国土交通省は2000年12月から発注する全直轄工事の建築設計者選定にプロポーザルを採用することを決めた．同省の取組みを参考にするかのように全国各地で設計入札以外の方法で設計者を選ぶ動きが加速している．

周知のように，一般的にコンペ方式は設計案をもとに，プロポーザル方式は設計者の考え方をもとに選定する．当然，選考対象が設計案，設計者によって方式が区別されるが，全国各地で「プロポーザルコンペ」という両方式をミックスした選定方法が増えてきた．日刊建設通信新聞社の調査によると，函館市，青森県，秋田県大館市，埼玉県越谷市，神奈川県相模原市，岐阜県，石川県小松市，福井県金津町，滋賀県浅井町などが採用している．

提案競技と設計競技を一体化したプロポーザルコンペ方式は「設計者である人を選ぶ方式であるが，選定に際して設計案をもとに評価する仕組み」（岐阜県）という．正否は別にして，なかにはプロポーザルコンペ方式を簡易な設計図面で競技するエスキス方式だと説明する自治体もある．

一方，神奈川県横須賀市は美術館の設計者選定に公共建築で初めて米国で普及している資質評価（QBS）方式を採用した．通常，プロポーザル方式は類似建物の設計実績を審査対象に設定する．横須賀QBSが従来のプロポーザルと大きく異なるのは類似施設以外の実績を参加者に求めた点である．「設計者の資質を評価する上で，類似実績だと参加者が絞られるため，代表作から判断して，設計者の持つ資質を見定めたかった」（横須賀市）．これまで類似実績主義が慣例化していたプロポーザル方式に風穴を開けたといえる．

ところで，「公共工事の品質確保の促進に関する法律」（以下，品確法）が2005年4月1日付で施行された．これにより従来の"価格競争"による公共調達手法を大きく転換する"価格と品質で総合的に

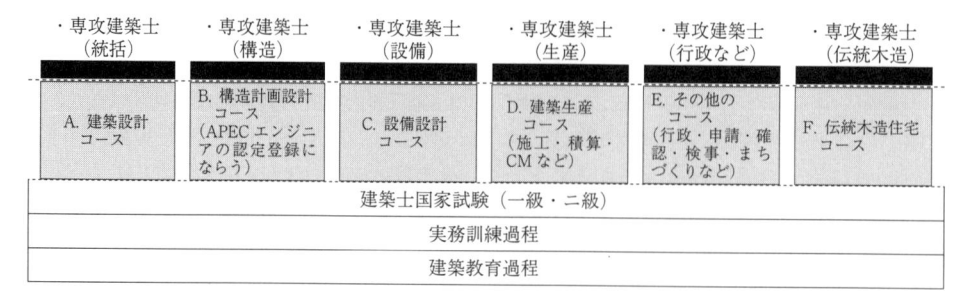

図2.4.1 専攻建築士の基本フレーム

優れた調達"の幕が開いたことになる．

　品確法は，公共工事の品質を確保することが豊かな国民生活と安全で安心な環境を守り，同時に良質な社会資本を整備することが将来にわたって国民の利益になるとの目的に沿って，国や地方自治体など公共発注者の果たすべき役割を明記している．工事のほか，コンサルタント，建築設計業務を対象としており，公共工事の設計から施工に関係するすべての業域が包含されるのが大きな特徴である．

　具体的には，品質確保のために，従来の価格だけの競争から価格以外の要素も加味した企業の技術力審査をすべての公共工事に義務付けているのをはじめ，価格と技術力などの評価を加えた「総合評価方式」の導入を求めている．その総合評価については，高度な技術が必要な場合には技術提案を受けた後で予定価格を算出できることも明記している．これは，いわば予定価格の上限拘束性の事実上の撤廃につながることを意味しており，公共調達の歴史的な転換といってよい．

2.4.4 資格の国際化

　他方，資格の国際化の波も急速に押し寄せている．国際建築家連合（UIA：Union Internationale de Architectes）の北京大会（1999年），続くベルリン大会（2002年），イスタンブール大会（2005年）はそれを確認する格好の舞台となった．

　ベルリン大会で日本建築学会は「日本の大学教育は4+2で解決したい」と訴えた．「4+2」は，大学教育の4年間と大学院教育の2年間を意味する．UIAが建築家資格制度の奨励基準を採択したのは北京大会だが，実はこのときに資格制度の骨格を決めたのと同時に，UIAとUNESCOによる建築教育憲章も採択された．この教育憲章に基づいて，ベルリン大会後のUIA総会で策定された建築教育認定システムには，5年間の学習プログラムを必要とし，そのうち製図などの設計教育学習が全カリキュラムの半分以上を占める数値目標が設定された．5年間の学習プログラムに日本の大学教育が対応するには，大学と大学院を合わせた6年の枠組みで解決するしかないという思いが背景にある．また，UIA教育認定システムを日本の大学教育にあてはめた場合，どうすれば5年間の学習プログラムに対応できるか，さらに設計教育の充実も喫緊の課題である．

　わが国の建築界で建築資格制度の議論が本格化したのは10年ほど前からである．紆余曲折を経ながら，2001年秋に日本建築士会連合会が新たな建築資格の枠組みである「専攻建築士制度」を提案したのを契機に，国際化の議論は急展開した（図2.4.1）．

　専攻建築士は，建築設計をはじめ設備や構造など総合的な業務を包括する一級建築士制度を専門領域に区分けする資格制度である．全国の建築士会が会員資格に自主認定で導入する形で議論が進められているが，一級建築士資格の国際化対応という意識も根底にある．

　その要因となったのがアジア太平洋経済協力会議（APEC）で建築設計分野の資格者を対象としたAPECアーキテクトの動きである．一級建築士を建築設計に限定した他国の資格制度と同等性を図る場合，総合的な業務を包括した資格制度では比較対照が難しい．そこで専攻制を取り入れ，建築設計に限定した専門資格を作り，これをベースに国際化に対応すべきというのが日本建築士会連合会の考え方である．第三者認定を前提に国際的に通用する建築家資格制度を創設している日本建築家協会も，経過措置としながらも「現行の一級建築士を国際的に対応させるために専攻建築士制度に賛同する」方向性を打ち出している．

　資格者を国際的に相互認証するには，いくつかの条件設定が必要になる．教育制度の同等性を認めるのも要件の1つだが，最も重要になるのが資格者の

位置づけであろう.というのも,UIA が提唱する資格者とは「建築家」である.総合的な業務を包括する日本の建築士制度のなかで「いかに建築設計分野に限定した"建築家"を定義できるか」が国際的な焦点である.

UIA のイスタンブール大会では,教育について,活動の規範『建築教育憲章』を9年ぶりに見直したほか,建築教育認定システムの国際相互承認で新たな「ラウンドテーブル」に参画することを確認した.職能実務についても,建築実務の国際基準「UIA 協定」のガイドラインに日本建築家協会(JIA)の提案が採用された.また,同協定内容の検証や各国の設計契約書の比較などを新たな活動として承認した.

教育については有資格者の継続職能教育(CPD)も建設産業界の課題の1つである.そうしたなか,土木学会が提唱し,関連学協会に参加を呼びかけていた「建設系継続教育連絡協議会設立準備会」が2002年10月に発足した.技術者能力の継続的な発展に向けて,いち早く土木学会が継続教育制度を立ち上げたのは2001年4月で,これに引き続いて各団体が CPD 実現に向けて取組みを開始した.継続教育は大きな流れとなって定着している.

[和田　惠]

文　献

1) 建設通信新聞, 2002年1月1日-8月30日, 2005年5月1日-8月12日, 日刊建設通信新聞社
2) 建設産業経営データ集, pp.62-65, pp.67-68, p.131; 建設業振興基金(2002)
3) 日本経済と公共投資, No.35, p.29, p.56, 建設経済研究所(2002)

3
建築生産システムとプロセス

3.1 建築生産システムの成り立ち

3.1.1 わが国における建築生産システムの変遷

昔,建物づくりはそこに住まう人自ら,あるいは共同体の仲間が力を合わせてつくり,修繕し,維持までをも行ってきた.時代を経て一個人が大工として仕事をする形態から,棟梁として多数の職人を集め,店を構える請負へと変化してきた.棟梁は建物の建設を請負い,組立て方を十分に考え,また素材が時間や環境とともに変化することまで考えて,図面を描き,材料を選び,加工して工事を進めていた.さらに,工事終了後もその建物を定期的に見回り,維持・保全を行っていた.棟梁による請負方式では,設計・調達・一括施工・保全という建物のライフサイクルすべてにかかわる生産機能が統合されていた.江戸末期の幕府の弱体化に伴い幕府直轄の直営工事が減少するにつれ,この棟梁による請負方式が確立していった.

江戸末期から明治初期になると,外国人建築家の影響により築地ホテル館,第一国立銀行などの和洋折衷による擬洋風建築が誕生するとともに,本格的な洋式建築技術が導入された.また,英国人建築家ジョサイヤ・コンドルが招へいされ設立された工学校(現 東大工学部)で日本人建築家が育成され,外国人建築家の教育を受けた辰野金吾,横山民輔らの日本人建築家が活躍するようになった.棟梁から建築家の時代へと移っていたが,このような建築家も建物のすべてにこだわりながら,材料選びから建物のディテールの決定に至るまで現場技術者・管理者や職人達と一緒に工夫しながら建物づくりに取り組んでいた.この時期になると,欧米で主流であった建築家が設計・調達・監督を行う分業請負方式が新たに採用されたが,旧来の自前の設計集団を保持し棟梁という職能を活用する一式請負方式も継続され,現在に至るまで両方の建築生産方式が存在することとなった.

これに対して現代は,建物が多様化・高度化し,工事が複雑化・大規模化するに従い業務の分業化・専門化が進み,事業計画,企画,設計,調達,施工,運営・維持管理,改修,再生と建物のライフサイクルにかかわる業務が,対象分野・プロセスにおいて細分化し,各々の業務内容に対応した専門家集団が効率化の追求という点から成立し,各々の業務範囲を全うしながら業務を受け渡していくことにより建設が進められている.すなわち,プロセス(垂直)と分野(水平)に生産情報・ノウハウが分散しており,さらに技術にかかわるエンジニアリング情報と管理にかかわるマネジメント情報も分散して建設が進められるようになっている.このような分業化・専門化が高度に進んだバトンタッチ方式を前提とした仕事の仕組みやプロセスは,ともすれば部分最適になりがちであり,技術やノウハウを統一・融合しなければならない建築生産システムにとっては必ずしも最適な方法とはならない.1998(平成10)年4月に建築業協会(BCS)がまとめた「建築コスト低減と環境整備」の提言で「品質のつくり込み,コストダウン効果は源流にあり」と指摘されたように,上流段階から生産にかかわる機能・組織・技術・プロセスの水平・垂直の統合を進めることのできる仕組みが模索されている.

このように建築生産システムは,歴史的な経緯の中で継続的に形成されてきたものであり,社会環境や技術などの変化を受けて,多様な構成要素と構成要素間の関係を持つに至っている.

3.1.2 建築生産システムの構成

建築生産システムは,完成物としての建築の目的や内容を決定する「何をつくるのか」(What to build)と同時に,その建築を実現する手段や方

法を決定する「どのようにつくるのか」(How to build) の双方にかかわる生産行為を，それらが合理性をもって遂行できるようにその構成要素である建築構成要素，プロセス，技術，組織を関連づけた包括的な機能の体系として成立している．

建築構成要素については，建築を構成するコンクリート・鉄筋・ガラスなどの材料や鉄骨・サッシ・外装 PC カーテンウォール・ユニットバスなどの部材・製品などの下位の要素，それにより構造・環境などの機能を満足するために構成される柱・梁・床・天井・壁などの部位，部屋などの空間などの中位の要素，躯体架構・設備システム・空間構成などの上位の要素まで階層的に確定すべき対象が存在している．

生産プロセスについては，建築のライフサイクルをもとに事業計画，企画，設計，調達，施工，運営・維持管理，改修，再生というプロセスが暗黙的に存在している．生産技術については，建築の目的・内容・構成を実現する設計技術，建築の手段や方法を確定し，その形態や品質を確保する施工技術などとともに，完成した建築の性能や品質を維持するための維持管理技術や建築を使用して行われる事業の目的・方法を確定する事業計画技術などが含まれる．

生産組織については，設計者，施工者，製造者など直接生産にかかわる主体とともに発注者・開発計画・企画者，建築の運営管理者・維持管理者が含まれる．

このように建築生産システムが包含する構成要素は複雑であり，これらを合理的に確定していくため規範・制度が必要であり，社会的・技術的・手続的な規範が存在する．

社会的規範としては，建築士法・建設業法・民法などの法体系がある．また，最近では企業の社会的責任 (CSR) なども暗黙的な規範となっている．

技術的規範としては，都市計画法・建築基準法・関連施行令・規制・告示などの法体系がある．また，国際規格 (ISO)・日本工業規格 (JIS)・日本農林規格 (JAS) などの国際・国家規格，学会・協会・専門業者団体・発注者などが定める団体規格，個別企業における社内技術標準・規準などの規格・規準も技術的規範である．これらの技術的規範は，建築の内容・構成やそれを実現する手段や方法を確定していくための制約となる．

手続的規範には，完成保証・品質保証・性能保証・事業保証などにかかわる委任契約や請負があり，こ

れらは各主体間の役割と責任を決定するための規範である．これらの規範・制度は，建築の施工用途あるいは発注形態によって特質があるため，それぞれに応じた建築生産システムが形成されている．

3.1.3 建築生産システムのレベル

産業レベルでは，建築生産システムは建築生産の社会的役割を果たすための産業的活動の仕組みである．建築の企画・計画・設計・調達・積算・施工・維持保全という一連のプロセスが暗黙的な形態的規範として存在し，建築を実現するための発注者・設計者・製造者・施工者などの主体により行われる生産行為について，民法・建設業法・建築士法および関連諸制度などの社会的規範，建築基準法・工業規格・公的標準仕様書などの技術的規範，および委任契約・請負契約などの手続的規範により明示的に規定された，建築生産システムが存在する．

企業レベルでは，建築生産システムは設計事務所・ゼネコン・サブコンなどの企業が行う生産活動の仕組みとして認められる．生産機能のどの範囲を企業内に内在させるか，それらの関係をどう規定するかによりその成立形態が異なるが，建築生産システムは主に建築プロジェクトを実行するための仕組みであり，社会システムや産業システムとしての規範を前提とし，企画・設計・積算・調達・施工・維持保全などの建築生産プロセスに対応した組織体制などの形態的規範とともに，品質・環境マネジメントシステム，安全管理規定などの適用規格，保有する設計技術・施工技術などの技術体系，技術標準などの技術規範，蓄積された知識・ノウハウを活用するための生産情報システムなどの詳細化された構成要素が存在する．

プロジェクトレベルでは，個々の建築やその集合体を完成させていくための生産行為の総体である．建築プロジェクトは，産業・企業の枠を越えた多数の諸主体による臨時的編成によって遂行されるため，提供される生産行為に対してプロジェクトにおける契約・規約・憲章などをもとに調整し，生産プロセス・生産組織の確定をもって構成される，より具体的な建築生産システムが存在する．

3.1.4 建築生産システムの形態

建築生産システムの形態は，オープンシステムとクローズドシステムに大別される．

オープンシステムにおいては，建築を構成する部

材・部品・材料，それらを建築として実現するための設計技術・製造技術・施工技術などの生産技術や生産行為を担う資機材・労務などの手段を市場で調達することにより形成することを前提としている．これらの構成要素間の関係を規定するルールは社会規範や生産制度などにより緩やかに設定されており，多様な生産主体の持つサブシステム・技術・プロセスなどを許容できるものとしている．ゼネコンの生産形態はこのオープンシステムと見なされる．

クローズドシステムでは，保有する生産手段・方法をもとに建築を構成する要素とその関係が規定され，企業および連携企業内でその生産行為を完結させるように建築生産システムが形成されている．構成要素間を規定するルールは，社内規格・保有技術・生産設備などにより細部まで厳密に決定されていることが多く，独自のサブシステム・技術・プロセスを有する場合が多い．工業化住宅メーカーの生産システムはクローズドシステムと見なされる．

3.1.5 建築生産システム革新の方向

建築生産システムを革新していく上で，その構成機能を明確にしていく概念を構築し，体系的なアプローチを適用して革新を進めていくことは重要である．例えば，情報技術を活用した統合的な建築生産システムの開発においても，情報技術を的確に活用する観点から生産計画・生産設計システム，工場生産システム，現場生産システムおよび統合プロジェクト管理システムの4つの機能で構成する概念モデルを構築し，それぞれの機能を有機的に結合するものを提案し，3次元CADによる生産計画シミュレーションシステムや自動化施工システムの開発につなげている．ここでは今後の建築生産システム革新の方向を技術マネジメント，プロセスマネジメント，ナレッジマネジメント，組織マネジメントの4つの視点から検討する．

a. 新たな機能構成の建築生産システムによる技術マネジメント

技術マネジメントの観点から建築生産システムの機能を見直す場合，生産システムの構成要素を再定義する必要に迫られる．生産システムを再定義することの難易度は，それを有する企業における生産システムを構成するサブシステムの確立度合いに関係している．例えば工業化住宅メーカーにおいては，クローズドな工場生産システムをもとに個別対応を前提とした設計，部品製造，施工に至る生産機能の垂直統合および生産に直結する水平統合の両方を確立している．しかしながら，ゼネコンにおいては，企画・設計・調達・施工という生産プロセス間の垂直統合と自社・メーカー・専門工事業者などの異なる組織間の水平統合の両方の機能をプロジェクトごとに定義していかなければならない．

このように，生産システムの基本形が異なれば，技術者に求められる知識・技術も大きく異なってくる．ゼネコンが生産性向上を目指して開発してきた生産技術の多くは特定の問題を解決する要素技術レベルのものが多く，それらを適用するプロジェクトの特質に応じて在来構工法を基本とする生産システムの部分を置換しながら，最適技術の組合せをそのつど検討し決定している．これは，生産システムを構成するサブシステムに関する明確な機能の定義ができていないことを意味しており，プロジェクトの実施を通じて得られた生産システムの活用や改善にかかわる知識や技術は，多くの場合，個々の技術者やプロジェクトにのみ蓄積されることになり，その再利用および展開を難しくしている．したがって，現在の建築生産システムを構成している生産計画システム，生産設計システム，調達システム，現場生産システムなどのサブシステムについてその機能を分析し，エンジニアリング機能とマネジメント機能を分化することにより明確な体系化および再組織化を行うことが必要である．

現在，生産システムの効率化を目指して情報技術の適用が進められているが，これまで述べてきたような分析や検討を行った上で適用すべきである．技術者には，プロジェクトレベルの建築生産システムの概念構築からサブシステムの設計を行い，その上で適用する生産技術を選択していく設計的・計画的な知識と計画管理技術が求められており，これが建築生産における技術マネジメントを行う上でのよりどころになる．

b. 協調・協同型生産プロセスによるプロセスマネジメント

建物が多様化・高度化し工事が複雑化・大規模化するに従い建築生産業務の分業化・専門化が進み，事業計画，企画，設計，製作，施工，運営・維持管理，改修・再生と建物のライフサイクルにかかわる業務が，対象分野・プロセスにおいて細分化して行われるようになっている．これらに対応して建物の企画・計画から維持・保全までのライフサイクルにおいて各々の業務内容に対応した専門家集団が効率化

の追求という点から成立しており，各々の業務範囲を全うしながら業務を受け渡していくやり方（バトンタッチ方式）により建設が進められている．すなわち，プロセス（垂直）と分野（水平）に情報やノウハウが分散しており，さらに技術にかかわるエンジニアリング情報と管理にかかわるマネジメント情報も分散して建設が進められている．その結果，各プロセス，各分野に情報やノウハウが分散し，それらが結集しにくい仕組みとなり，情報の受け渡しにも多大な手間を要している．このような分業化・専門化が高度に進むと仕事の仕組みやプロセスは部分最適になりがちで，技術やノウハウを統一・融合しなければならない建築生産にとって必ずしも最適な方法とはならない．建築生産は相互依存性の高い様々な生産機能が全体として最適化されてはじめて機能するので，部分最適の集合は必ずしも全体最適とはならない．

この全体最適を目指すためには建築生産における生産情報の迅速な確定を重視した2つのシステムを構築する必要がある．1つは，生産プロセスの全段階を通じて設計・施工関係者が互いに技術やノウハウを出し合って同時並行で作業を進めることのできる縦の統合生産システムとしてのコンカレントワークシステムである．もう1つは，生産プロセスの各段階で，メーカー，専門工事業者などを含め広く関係者が一体となって協働作業を進める横の統合生産システムとしてのコラボレーションワークシステムである．大規模プロジェクトにおいては，多くの時間が設計図および施工図・製作図に対するバリューマネジメントや施工性の検討および調整に費やされている．この解決には，施設機能・価値向上や生産性向上に関する設計および施工の知識と情報をプロジェクトの初期段階から投入することが極めて重要である．現在，生産設計と生産計画はこのようなプロジェクトレベルでの建築生産システムを効率化する上で重要な機能でありプロセスである．

技術者は，生産プロセスのマネジメントにおいて，この協調・協同型生産プロセスを活用するために，様々な設計・施工などのシミュレーションを可能とする建物情報モデルや生産情報モデルを備えた3次元CADシステムを使用することを前提に生産情報の確定にかかわるマネジメントを計画し，実施しなければならない．また，3次元CADを適用する際には，データの再利用性，データ入力の手間を考慮してその利用範囲と利用方法を確定することが重要

である．このためには，単に情報技術に関する知識や技術を習得するのでは不十分であり，建築生産における意思決定プロセスおよび建築生産情報の管理に関する十分な理解が必要である．

c. 知識と情報の共有システムによるナレッジマネジメント

今までの建築生産にかかわる知識や情報のやりとりは，個と個の人間やプロジェクトを直線的に結んだものであり，複数の人間やプロジェクトの間で知識や情報の受発信を行い，共有することは難しかった．しかし，現在では情報技術の進展によりネットワークやデータベースを利用することで「個から群へ」，「群から個」へ同時にリアルタイムで受発信でき，共有できるようになった．この技術を個と群で活用する方向は，プロジェクトの規模や施設の特質によって異なる．

大きな現場においては，建築所長を中心にその豊富な経験に基づく創造力と全社の専門技術スタッフのノウハウを結集させながら，顧客やプロジェクトのニーズに対応するために最先端の情報技術を駆使して，専門化・分業化した要素技術やノウハウを結集しながら，最適な建築生産システムを構築していく必要がある．このような大規模プロジェクトにおいては，建築生産システムを開発・設計・計画し，それをマネジメントしていくことが，プロジェクトの初期段階における技術者の役割となる．

一方，中小規模プロジェクトでは，本支店スタッフや拠点プロジェクトの支援のもとで個々の現場を群管理方式により支援することにより，群のなかで情報と知恵を交換することで中小プロジェクトの技術者でも全体を見通した最適品質のつくり込みや創意工夫に時間をさけるような環境が実現しつつある．例えば，集合住宅や医療施設などの同種施設ごとに全国の現場をネットワークにより群とし，最新の施設にかかわる設計や施工の知識と情報を各現場で交換し共有しながら個々の現場の技術者を支援するシステムはその代表的なものである．

このように，ナレッジマネジメントの視点からは，情報ネットワークを活用することで情報と知恵を個と群で共有することにより，技術者がより迅速で正確な情報と知恵の活用を推進することができる．知識と情報の共有システムを整備することが重要である．

d. 性能保証対応の組織マネジメント

ここでいう組織マネジメントとは，建築生産にお

いて部分最適の集合体ではなく全体最適を目指すために，品質保証・性能保証による施設価値保証やコスト低減・納期短縮による事業価値保証を通じて顧客満足を実現するプロジェクトや企業などの組織を設計・計画し，運営していくことである．

高度化する施設に求められる品質保証・性能保証を実現するためには，品質および性能の企画・設計・製造・施工・検証・維持管理という一連の活動において，いつ・誰が・どの項目を・どのような状態で・どのような方法で・どのような基準に基づき実施し確認するかを明確にしなければならない．この保証活動の体系をつくり，その役割と責任を明確にしていくことが性能保証に対応するための組織マネジメントの基本である．この品質・性能と同時に，設計期間と施工期間を含めた全工程の最適化，イニシャルコストとライフサイクルコストの双方の低減，作業安全性の確保，生産活動における環境負荷の低減を合わせて実現する組織設計を行わなければならない．

性能保証を実施するためには，多くの品質・性能に関するデータが必要であり，今後建設される施設について品質・性能に関する検証項目を絞り込んでモニタリング装置などによりデータを収集していく必要がある．一方で，既存建物については機能向上・価値向上のための改修工事が今後ますます増加することが予測されており，既存ストックに対応した性能保証の仕組みについても検討が必要である[6]．

[山﨑雄介]

文　献

1) 三戸靖之：現代の棟梁の復活．建築の技術施工，No. 411，彰国社（2000）
2) 古川　修，永井規男，江口　禎：新建築学体系44．建築生産システム，彰国社（1982）
3) 山﨑雄介，岩下　智：ゼネコンの研究・技術開発のゆくえ．第14回建築生産パネルディスカッション，日本建築学会（2003）
4) 野中郁次郎：知識創造の経営，日本経済新聞社（1989）
5) 山﨑雄介，米田雅子：建築生産における組織的な知識創造に関する考察．第10回建築生産と管理技術シンポジウム，日本建築学会（1994）
6) 山﨑雄介：技術戦略からみた工事管理技術者育成の将来．第2回建築生産ワークショップ，日本建築学会（2004）

3.2　建築プロジェクト

3.2.1　プロジェクトのマネジメント

プロジェクトをマネジメントすることは，我々の生活するいかなる場面にも存在する．まずマネジメントに際し重要なことは，マネジメントニーズを的確にとらえることである．そのうえで，ニーズに合致したマネジメント組織を作り，最適なマネジメントツールを用いてマネジメントを実施することである．

建築工事においては，建築工事を企画から完成まで導くこと自体がマネジメントそのものである．また，個々のプロジェクトにおける実施された行為そのものが，プロジェクト参加者個々のマネジメント能力に負っていることは，いうまでもない．

本書の第Ⅲ部では，「プロジェクトのマネジメント」と題して，詳細にマネジメントについて論じている．

本節では，プロジェクトマネジメント（Project Management：PM）が求められてきた背景を以下のように大きく5つの点から論じる．

① PMのニーズ
② 選択と集中による経営の効率化（多様化）
③ 多様なファイナンススキームの導入
④ フィービジネスの確立
⑤ PMに対する認識の向上

a. プロジェクトマネジメントのニーズ（規模，構造，参加者，専門性の拡大）

現代のプロジェクトは，単純に構造規模が大きくなっただけではなく，機能も複雑化し，1つのプロジェクトに関与する人数も極端に多くなってきている．それゆえ，多様な意見をきちんと吸い上げ，明確なプロジェクトストラテジーを立案するためには，それを取りまとめるマネジャーが必要不可欠である．建物の規模や機能の複雑化は，それぞれの部位やパーツを作るにあたり，より専門性の高い職域が必要となってきている．

それゆえ，それら専門性の高い個々の領域を結びつける機能，つまり，プロジェクトをマネジメントする機能がプロジェクト成功のために必要不可欠となってきている．

また，PMのニーズは単に民間工事にとどまらない．公共工事においても地方公共団体を中心に，プロジェクトをサポートする外部支援者のニーズが高

い.（財）建設経済研究所が町村を除く全都道府県，政令指定都市，市を対象にアンケート調査した「地方公共団体における公共工事発注業務における外部支援活用状況，コンストラクションマネジメント（Construction Management：CM）方式の検討状況に関する実態調査（2001年2月）」（有効回答数673（47都道府県，12政令指定都市，614市））によれば，工事発注業務において，何らかの外部支援を受ける必要性については，「必要だと思う」，「ある程度必要だと思う」とする回答が71.2％を占め，多くの地方公共団体で外部支援の必要性を感じているという結果が出ている．

その理由についても，小都市を除き，「技術系職員が十分でないため」および「業務の効率性を高めることが期待できるため」という理由が半数を超えている．

b. 選択と集中による経営の効率化（多様化）
　⇒発注者組織のアウトソーシング

現在のビジネスにおいては，BPR（Business Process Re-engineering）に代表されるように経営資源の選択と集中が喫緊の課題となってきている．大手企業においても，従来施設管理を実施してきた総務部門を丸ごとアウトソーシングしたり，担当の人数を削減するなどし，施設管理機能が徐々に弱体化しつつある．一方で，社内的に，施設に対する要求は多様化したうえに，日々高まってきており，きちんとした施設マネジメントが求められている．このようなことを背景に社内ニーズの取りまとめも含めて，プロジェクト全体を統括するプロジェクトマネジャーに対する経営サイドからの期待は大きいものがある．

c. 多様なファイナンススキームの導入

プロジェクトを推進するにあたり，自己資金がある場合は別であるが，どのようなファイナンススキームを採用するかは，プロジェクトの収益を左右するための重要なファクターとなっている．これまでは企業単位に融資するコーポレートファイナンス（corporate finance）が中心であったが，バブル崩壊や不良債権処理に伴い，今後は不動産（建物）収益やプロジェクトに特化したノンリコースローン（non Recourse loan）が，その中心となるとみられており，これまで以上に，プロジェクトごとの収益を明確にし，予想される利得を明らかにすることが求められている．

また，Project Finance Initiative（PFI）や信託事業にみられるように，公共プロジェクトをSpecial Purpose Company（SPC）が請け負い，SPCに対してファイナンスを行うような形態が日本でも広まりつつある．これらファイナンスにあたっては，事業採算性や管理計画の立案など，プロジェクトについて，きちんと説明することが必要不可欠となっている．その役割を担うことがプロジェクトマネジャーに求められている．

d. フィービジネスの確立

これまではサービス，特に建設サービスについて，設計や一部のコンサルタントを除けば，工事費に含めて支払われ，明確にサービスに対するフィーを支払うことが，あまりみられなかった．

しかし，これまでの主要なサプライヤーであった総合建設業者から不動産活用やファシリティマネジメント，デューデリジェンスなど，いわゆるフィービジネスがサービスされるようになった．一方，発注者側にも「より良い建物を，より安く，より早く」の観点から，設計者とは異なる第三者のコンサルタントにバリューマネジメントを依頼したり，また，海外においてコンサルタントを活用したり，発注者や大手発注者から分離独立したファシリティマネジメント会社とするなど，発注者サイドからもフィービジネスに対する期待が高まってきている．

e. プロジェクトマネジメントに対する認識の向上

2002年のみずほ銀行におけるシステムトラブルは，プロジェクトをマネジメントすることの重要性を改めて認識させた．これを契機にIT業界を中心に，PMの確立を目指し，社員教育が積極的に実施され始めた．

またエンジニアリング部門では，古くから海外調達を積極的に実施し，自社はマネジメント機能に特化するなど，プロジェクトのマネジメントに取り組んできている．さらに，建築業界においても海外プロジェクトの経験などを通じてPMの知識が向上してきており，国際的にも通じる人材が輩出されつつある．

このように，各業界においてプロジェクトをマネジメントすることが経営戦略の中で重要な位置を占めており，当然，プロジェクトをマネジメントできる人材やコンサルタントの充実に期待するニーズも高い．

プロジェクトマネジメントにおいては，米国CM協会（Construction Management Association of

America：CMAA）やプロジェクトマネジメント協会（Project Management Institute：PMI）など，それぞれの団体がマネジメント業務の内容・サービス・標準などを規定している．

PMに限定した形では，必ずしも建設プロセスとは無関係に実施される場合が多いので，結果として，マネジメント要素に分類して定義される例が多い．それに対し，CMでは，建設プロセスに即してマネジメント要素がプロセスの影響を受けながら変化する例が多い．

一方，これらマネジメントをサポートするのが，マネジメントツールである．

1) 必要なマネジメントツール

PMを実施するためには資質も必要であるが，マネジメントを確認，実施するためには，マネジメントノウハウを十分に習得する必要がある．

主なマネジメントツール（技術）は次のとおりである．これらの詳細については，別項で説明されるが，これら以外にもそれぞれのマネジメント分野において多様なツールが存在する．

① 生産設計（ビルダビリティ，コンストラクタビリティ）
② ブリーフィング／プログラミング
③ リスクマネジメント
④ スケジューリング
⑤ TQM／ISO
⑥ LCC／LCM
⑦ ナレッジマネジメント
⑧ コンカレントエンジニアリング（CE）
⑨ サプライチェーンマネジメント（SCM）
⑩ ITマネジメント
⑪ コストマネジメント
⑫ 技能マネジメント

2) 多様なマネジメント

さらに，マネジメントはPMやCMだけにとどまらない．以下のような多様なマネジメントを多様な発注者，多様なプロジェクトに適用することで，最適なマネジメントを実現している．

① ファシリティマネジメント
② デューデリジェンス
③ プロパティマネジメント
④ プロジェクトファイナンス

建設プロジェクトをマネジメントして欲しいというニーズは着実に高まってきている．その意味で，マネジメントの基本となるマネジメントツールを習得し，それらをもとに，PMをベースとして，多様なマネジメントへの展開が図られることに期待したい．

プロジェクトマネジメントについては，プロジェクトの各レベルにおいて，これらのマネジメントツールや多様なマネジメントが展開されることで，全体の業務が規定され，マネジメントが展開されていくこととなる．これらの詳細については，第III部「プロジェクトのマネジメント」を参照されたい．

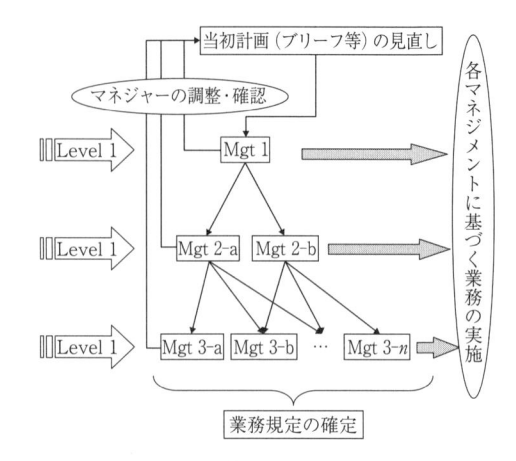

[関谷哲也]

図3.2.1 マネジメントの階層構造

3.2.2 事業化の手法

プロジェクトを成功させるためには，プロジェクトそのものをきちんとマネジメントする必要があるが，それにもまして，プロジェクトの初期段階において，どのような事業化手法を選択するかに，プロジェクトの成否が大きくかかわっている．

特に，事業の特性を踏まえた事業化手法の選択が，プロジェクト成功の重要な要素となっている．

発注方式に限った範囲でも，すべてのプロジェクトにCM方式を活用することがよいわけではなく，同じように，すべてのプロジェクトについて，従来方式の設計施工分離発注（設計は設計者，施工は設計図に基づき施工者（建設業者）が実施する一般的な方式）がよいとも限らない．要はプロジェクトの特性によって，事業化の手法は大きく変わるものである．

PFI（Private Finance Initiative）は民間の資金を利用して公共施設の整備・運営などを行うものであるが，所有権の移転時期によりBOT方式もあればBTO方式もある（p.52参照）．サービスを地方

自治体が買い取る方式もあれば，利用料で施設費用を賄う方式もあり，PFIという狭い範囲に限定しても，多種多様な事業化手法が存在する．

プロジェクトの特性については，千差万別であるものの，いくつかの類型化の事例がみられる．ここでは，日本における発注方式の多様化の現状，海外（英国）における発注方式の選択の事例，そして，日本におけるPFIにおける事業化手法の選択について述べる．

a. 日本における発注方式の多様化

古阪ら（1998）[1]は，発注方式の多様化が図られる社会的背景について，以下に示す6点を指摘している．

① 建設市場の国際化に伴い，海外における調達方式の導入が促進されたこと．

② 伝統的な「設計施工分離発注方式」と「設計施工一括発注方式」では満足しない発注者が増加していること（古阪らが実施した「建築主の建築設計事務所に対する顧客満足度調査」[1]によれば，伝統的発注方式において，コストマネジメント業務に大きな不満があることが見いだされている）．

③ 建設プロジェクト参加者（設計者，施工者など）の説明責任が果たされていないこと．

④ ニーズとシーズのミスマッチが生じていること（発注者要求のコスト縮減，透明化要求について，既存の発注方式が応えられないこと）．

⑤ 発注者機能の補完として，第三者の専門家ニーズが高まっていること（発注者要求のとりまとめ，施工段階における第三者監理の導入など）．

⑥ 建築プロジェクトにおける専門分化の進展により，プロジェクト全体のマネジメントの重要性が増していること．

これらを踏まえて，図3.2.2に示すような形で，建築生産プロセス（委託範囲など），担当主体，競争の内容などのプロジェクト特性により，プロジェクト発注方式が多様化していると指摘している．

日本におけるプロジェクトの発注方式は，図3.2.2に示すように，従来の直営方式，設計施工分離発注方式やゼネコンなどによる設計施工一括発注方式に加えて，様々な方式が採用されつつあり，プロジェクト特性に応じた選択の幅が拡大しており，どの発注方式を選択するかが，発注者にとって重要な課題となっている．特に，従来，発注者組織が確立されてきた公共工事の分野においても，公務員削減等の時代の流れを受け，現在，地方公共団体の過半（（社）全国建設業協会2000年調査で55.9％）では，建築系技術職員が1人も在籍していないなど，外部支援が必要不可欠であり，事業方式，発注方式の選択は喫緊の課題となっている．

b. 海外における発注方式の選択

英国では，National Economic Development Office（NEDO）（1985）のThinking about buildingの中で，Multi-Attribute Rating Techniqueを用いた各発注方式のStrengthとWeaknessが提案されている．表3.2.2は，Bennett（1990）によって提案された選択方式の1つの例である．これによれば，Design & Build（設計施工一括発注方式）は，プロジェクトのスピードが早く，価格も確定され，1つの組織が工事を行うため責任分担が明快な調達方式であり，主に倉庫などの簡易な建築に向いているこ

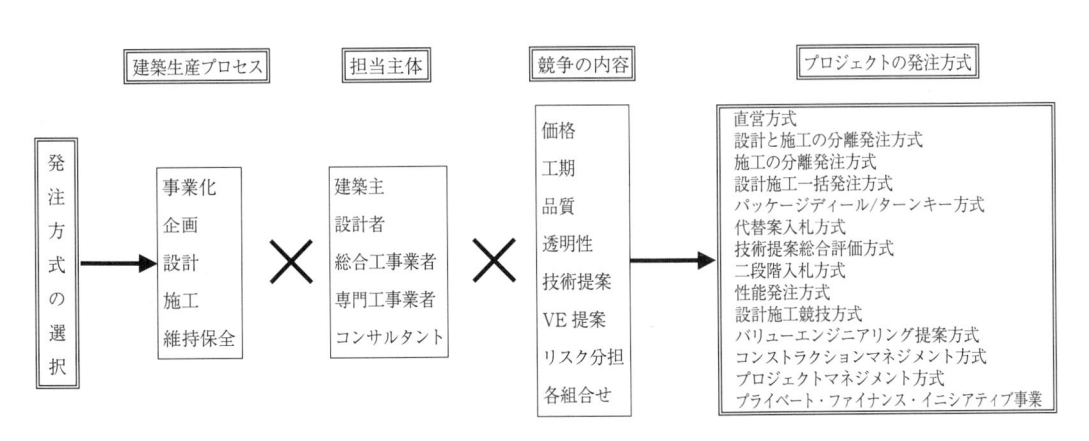

図3.2.2 プロジェクト発注方式の多様化
（出典）古阪秀三：建築プロジェクト探訪（traverse），京都大学traverse編集委員会（2006）

とを指摘している．Traditional（設計施工分離発注方式）は，英国においても一般的な発注方式であり，着工後の変更が容易である反面，故障が起こった場合，設計上のミスか施工上のミスか，責任が曖昧であることを指摘している．

表3.2.2で示されたように，発注者は，それぞれの建設プロジェクトの置かれている状況や発注者の建設プロジェクトに対する習熟度などにより，どの項目を重要視するか判断を行い，その時点における最適な調達方式およびそれに関する契約方式の選択が可能となっている．例えば，工期が重要であれば，マネジメントコントラクト（MC）方式やCM方式が選択できる．

なお，表3.2.2の点数は相対的な関係を100点満点で示したものであり，発注者要求をそれぞれ点数化（0～10点）し，合計点で発注方式の選択を行うような仕組みとなっている．

いずれにしても，発注者ニーズに合致した最適な発注方式の選択を行うようなことが，既に英国では提案されており，発注者の選択をサポートしている．日本においても，多様化している現状を踏まえて，早期の整備が必要な分野である．

c. 日本におけるPFI事業化手法の選択

PFI（Private Finance Initiative）とは，民間の資金，経営能力および技術的能力を活用して，公共施設などの建設，維持管理および運営（企画等を含む）を行う手法をいう．公共施設などには，庁舎，公民館などの建物に加え，道路や上下水道などの土木工作物，廃棄物処理施設などのプラントも含む．1992年の英国において，当時の景気停滞を受け，財政措置が厳しいことを反映して始まったものである．

日本におけるPFIは，「民間資金等の活用による公共施設等の整備等の促進に関する法律」（PFI法）が1999年7月に制定され，2000年3月にPFIの理念とその実現のための方法を示す「基本方針」が，民間資金等活用事業推進委員会（PFI推進委員会）の議を経て，内閣総理大臣によって策定され，PFI事業の枠組みが設けられた．

PFIの事業化手法の選択では，まず事業方式と事業類型の選択が必要となっている．

事業方式というのは，大きく分けて以下の4種類である．

① BTO（Build（建設して）-Transfer（所有権移転して）-Operate（管理・運営する））方式：民間事業者が建設を行い，竣工後速やかに公共発注者に所有権を移転し，その後，引き続き民間事業者が管理・運営する方式をいう．日本で最も一般的なPFIの事業方式である．

② BOT（Build（建設して）-Operate（管理・運営して）-Transfer（所有権移転する））方式：

表3.2.2 英国における発注方式の特徴
(Bennett J. & Grice T., 1990)

発注者の要求	Tr	DB	MC	CM	DM
Time	10	90	100	100	80
Cost	90	100	20	10	20
Flexibility	100	30	80	90	70
Complexity	40	10	100	100	80
Quality	100	40	100	100	60
On Time	50	90	90	90	90
Within Budget	30	100	60	60	90
Single Responsibility	30	100	10	10	90
Professional Responsibility	100	10	100	100	30
Risk Transfer	30	100	10	10	80

Tr：Traditional（Sequential） 設計施工分離発注方式
DB：Design & Build（Develop & Construct） 設計施工一括発注方式
MC：Management Contract マネジメントコントラクト方式（施工部分のリスクを含めて，分離発注する方式）
CM：Construction Management コンストラクションマネジメント方式
DM：Design & Manage（Contractor） デザインマネージ方式（設計者が施工者の選定を行う方式）

表3.2.3 SPC（Special Purpose Initiative）の税負担

税制	PFI		従来型（地方公共団体）
	BOT	BTO	
登録免許税（国税）不動産登記	課税	非課税	非課税
不動産取得税（都道府県税）	課税/特例措置あり	非課税	非課税
固定資産税（市町村税）	課税/特例措置あり	非課税	非課税
都市計画税（市町村税）	課税/特例措置あり	非課税	非課税
事業所税（市町村税）	課税	課税	非課税

（出典）内閣府PFIホームページ（http://www8.cao.go.jp/pfi）

民間事業者が建設を行い，引き続き民間事業者が管理・運営し，契約期間終了後に所有権を移転する方式をいう．海外の有料道路建設などでみられる事業方式である．
③ BOO（Build（建設して）-Own（所有して）-Operate（管理・運営する））方式：民間事業者が建設を行い，竣工後も所有しながら，管理・運営する方式をいう．
④ RO（Rehabilitate（改修して）-Operate（管理・運営する））方式：事業者が施設を改修し，管理・運営する方式をいう．所有権の移転はなく，地方公共団体が所有者となる方式である．

これらの事業方式については，PFIプロジェクトの適否を判断するPFI導入可能性調査の中で，法令や制度上の制約や事業の特性などから総合的に判断し，決定される．

ただし，日本では，民間事業者の税負担の観点から，BTO方式が採用されることが多い．

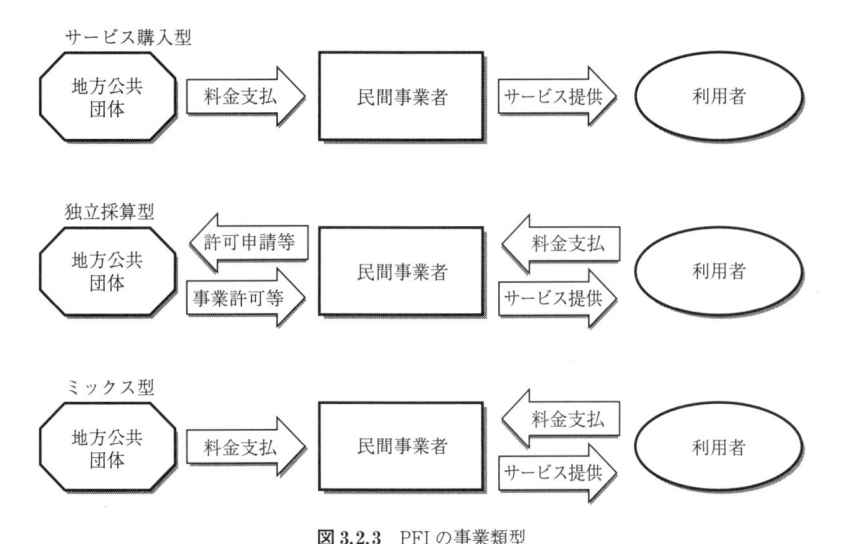

図3.2.3 PFIの事業類型
（出典）内閣府PFIホームページ（http://www8.cao.go.jp/pfi）

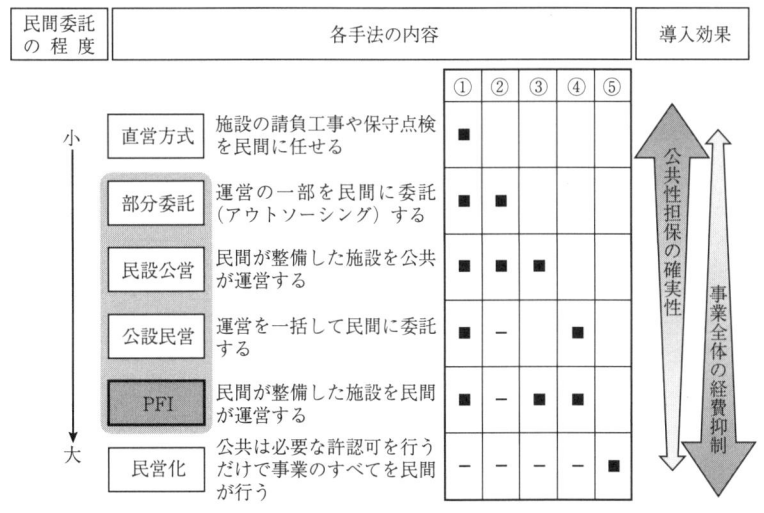

図3.2.4 公共サービスの民間委託
（出典）内閣府PFIホームページ（http://www8.cao.go.jp/pfi/）

次に，PFIの事業類型は次のとおりである（図3.2.3）．

① サービス購入型：民間事業者は，自ら調達した資金により施設を設計・建設し，維持管理および運営を行う．地方公共団体は，そのサービスの提供に対して対価を支払う事業類型をいう．最も一般的なPFIの事業類型である．

② 独立採算型：民間事業者が，自ら調達した資金により施設を設計・建設し，維持管理および運営を行い，施設利用者からの料金収入のみで資金を回収する事業類型をいう．例えば，PFIによるプール施設の整備や駐車場整備などがこれにあたる．

③ ミックス型：サービス購入型と独立採算型をミックスしたもので，一部で利用料収入を得ながらも，全体では地方公共団体からの対価によって事業を成立させる類型をいう．県民住宅の建設，維持管理，運営と住宅に併設したコンビニの経営などの事例がこれにあたる．

図3.2.4は内閣府のホームページで示された事業方式の選択についての模式図であるが，これを見てもわかるように，直営方式から完全な民営化まで，公共サービスの民間委託度合いに応じて，いくつかの選択肢がある．そもそもPFIにおける事業方式の前に，どこまで民間委託になじむのかの選択が公共発注者に求められているといえよう．

以上，いくつかの事業方式の選択について検討してきたが，最初に述べたように，プロジェクトが多様であるように，事業方式の選択の幅も発注者ニーズの変化などを踏まえ幅広くなっている．したがって，これら多様な事業方式から，いかに最適な事業方式を選択できるかが，建設プロジェクトの成否に大きく影響を与えるものであり，事業化段階からの発注者へのサポート体制の構築が求められている．

[齋藤隆司]

文　献

1) 古阪，秋山，竹山，三囲所：建築プロジェクトにおける顧客満足に関する研究－建築主を対象とした顧客満足度分析．日本建築学会計画系論文集，No.508, pp.161-168, 日本建築学会（1998）

3.3　設　　　計

3.3.1　設計・監理業務発生の歴史

a.　設計という業務の発生

人間は，自然の中で自分を守る手段としてシェルター（避難所）を造った．このシェルターは，風雨や寒さから人間の生命を守る小型のものから，外敵としての野獣や敵対する部族からの襲撃をかわす堅牢なものまでいろいろあった．シェルターは，人間が自ら考え，創造し，生活から得た最小限の必要にして十分な条件を満たし，自らの手で土を掘り，柱を立て，屋根を乗せ，壁を取り付けたものである．すなわち，この行為が建設であり，自らの生活の中から条件を整え，自ら思考する部分が設計という業務の発生と考えられる．当然，この時期では，わが家の建設は，設計も施工も自ら行う業務であり，自然発生の行為であった．

b.　設計業務の分化

人間の生活が発展向上し，子孫が増えてくると人間生活が複雑なものになってくる．その要素は家族関係から始まり，人間の集団として社会が形成されてくると経済，政治といった行為に変化発展し，複雑化し専門化してくる．

建設という行為においても同様の専門化が進み，頭脳労働が中心の設計を得意とする人間と肉体労働を好む集団としての施工者が生まれ，それぞれの専門業務に分化してくる．ただし，大工の棟梁に代表される施工の専門家であっても，長い歴史の積み重ねの中で設計という専門領域の技術を習得し，自ら設計・施工を実施する専門家が存在する．わが国の歴史の記録の中では，古代の律令機構の中で「木工寮」とか，中世・近世の「座」と「仲間」の制度の中で，今でいう設計行為を主導した僧侶や棟梁が活躍した事実もある．近代以降になって，各分野での科学・技術の専門化に伴い，設計業務という職能が施工とは立場を異にして分化するという歴史的必要性が生まれてきた．

欧米社会ではその分化の度合いは，施工業務とは完全に分離した形での「自由」，「独立（利害相反）」の職能という形が19世紀初めから確立したが，わが国の場合はその分化の度合いは少なかった．

もちろん，欧米のような形での「自由」，「独立」の職能としての設計業務も存在しているが，わが国独自の形として，発注者の官公庁や民間企業での「営

繕部（設計・監理の専門集団）」とか，施工者の中の「設計部」というものが明治以降，今日まで存在し続けている．

c. 設計の専門家の必要性

個人住宅などで建築主が「この家は自分が設計しました」という人がいる．もちろん設計図を描いたわけではないが，自分の生活条件をきちんと整理し，その意図を正確に設計者・施工者に伝え，自分が思い描く建物が手に入ったことの実感である．

実際は，果たして自分が考えた平面計画がそのまま完成したのか，設計者と相談しているうちに自分が考えたものと思うようになったのかはあいまいである．そのほかにも外観，色彩，材料の選択や構造，設備の技術的問題とか，多かれ少なかれ専門家としての設計者の力によっていることは間違いない．

住宅以外の建物においては，建物の機能は複雑になり多様化し，多くの専門家による設計が絶対的に必要となる．すなわち，完成後，建築の運用や維持管理を理解した機能的な面での設計専門家が必要になる．また，建物には，人間が活動する上で生活を豊かにするための美しい空間や快適で雰囲気がかもし出せる空間が要求されるが，これには，建築家といわれる優れた才能を持った設計専門家の存在が必要である．

d. 監理業務の発生

一般の人が建物を建てる場合，工事中に自分の考えていたものがきちんとできるのか，設計図どおりに工事が行われているのか，自分ではわからないから専門家に見てほしいと思うのは当然である．この専門家はかならずしも設計者と同一人格の必要はないが，設計上の問題点を事前に発見し，建築主（発注者）や設計者と相談しながら，施工者と工事内容を調整する能力を持つ専門性が要求される．

そのほかにも建築工事では，発注者の要求が途中で変わったり，設計図どおりでは工事ができなかったり，設計図の中では決められなかった実際の色彩や，細部の納まり（手すりの微妙な感覚，図面上にない天井裏の配管の納まりなど）について現場で対処するのが一般的である．このためには，設計者と設計内容の調整をして変更工事の提示を施工者に出し，工事費の調整をして発注者の了解をとることが必要になる．これらの業務を監理業務という．

もちろん監理者の重要な業務は，設計図どおりに工事が行われていることの確認であり，その工事の進捗状況を発注者に報告することである．現状では設計者が監理者を兼ねることが一般的であり，その結果，業務進行がスムーズに行われる利点はあるが，この場合でも第三者性の視点で監理を行うことが重要である．

3.3.2 設計業務の変遷

a. 建築生産の変化と設計

明治以降，欧米方式の設計スタイルがわが国に導入され，官公庁や大企業の営繕部において設計・監理業務として定着した．また，一般の社会でも建築家といわれる人々は専門家として，建築の設計から施工技術の指導監督，現場の運営管理まで行っていた．しかし，戦後の建築生産は，大量の建築を早期に作ることを要求され，建築生産の技術は多様化，高度化し，建築生産を担う技術者も分化され，専門化されるようになった．昔のようなオールマイティで設計から現場の運営管理まで建設生産のすべてをマネジメントする建築家は，小規模な住宅ぐらいのものになってしまった．

近年は，建築の多様化，高度化，複雑化に伴って建築の施工技術と管理技術は大きく変化し，請負者の中に高度のマネジメント能力を持った施工の専門技術者が存在するようになった．また，工事の内容も大きく変化し，熟練した職人による現場施工の範囲は狭まり，工場生産の部品による現場組立の施工が多くなっている．この建築生産の変化に対して多くの設計者は，新しい施工技術や製品情報を十分に取り込んだ設計図書の作成が困難な状況になっているのが現状である．その上に，設計に対する発注者や社会の要求はますます多様化し，設計前後の検討事項や折衝，資料作成などの業務が大幅に増加し，設計業務そのものの内容も大きく変化している．

これらの要因から，設計者の作成する設計の内容が，設計意図（ありよう）を中心に表示した設計図書の範囲にとどまるようになり，工事中に施工方法（やりよう）を示す施工図，工作図，製作図などはその技術を持った施工者やメーカーが作成するようになり，現在のような設計分野の役割分担がわが国に定着するようになった．欧米の場合は，これらの施工図，工作図，製作図などの作成は，建築家でもなく，施工者でもない専門のエンジニアリング組織が担当して建築家を技術的にサポートするシステムになっている．

b. 生産設計の発生

生産設計という用語は，工業製品の企画・設計・

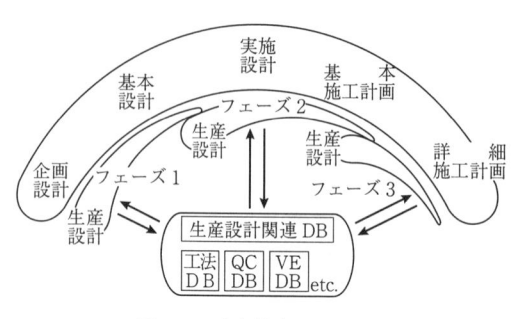

図3.3.1 生産設計のイメージ

製造のプロセスの中で発生した言葉であるが，建築生産にこの用語が使われるよるになった背景には，建築生産に製造業と共通するプロセスを導入する必要が生じたためと考えられる．山村誠一による製造業における生産設計は，次のように定義されている．「機能設計を，つくりやすさ，経済性，品質の安定性からアレンジし直し，製造の実現性を図ること．そのなかには生産に有利な工作法の選定，寸法・公差の設定，最適材料の選択，構造の単純化・規格化・標準化を進め，市販品の採用や規格品・標準品の採用等進めるために，個々の構成品分野の各々について細部にわたって検討し，設計することが含まれる．」この定義をそのまま建築生産に導入することは困難であろうが，建築生産の新しい動向として，建築における生産設計の考え方を京都大学の古阪のグループがイメージ図として提案している（図3.3.1）．この図が示すものは，建築生産の各フェーズにおいて生産を考慮した設計，すなわち設計の充実を目指して生産のフィードバックを強調した意味や，工事段階に行う生産のすべての情報を網羅した詳細設計と施工計画まで取り込んだ設計のことを示す提案である．

また，最近ではCADの技術が進化したこともあって，実施設計の詳細設計にあたる図面の制作において，施工技術情報を3次元CADで取り込んで一体化し，設計図と施工図を同時に作り，建築生産の合理化を図る例も出てきている．

c. 設計の成果に求められる「良い建築」の条件

建築の設計は，建物を作るために行われる各種の検討プロセスと最終成果となる設計図書を作成することである．このプロセスと設計図書によって完成した建物には，社会から「良い建築」として評価されることが要求される．「良い建築」とは建築の品質が高いことを指し，次のような評価軸によって判断され，設計のプロセスではこの評価に耐えるように多様なアプローチが行われる．

① 社会性：地域社会への貢献，都市環境や自然環境への配慮，建築が持つ文化性
② 芸術性：建築の美しさ，機能に応じた空間の倫理性，建築から感じられる精神性
③ 機能性：信頼性を含む機能，安全性，使いやすさ，快適性
④ 経済性：使用目的に合った企画性，市場性を持った採算性，維持管理の経済性
⑤ 生産性：施工のしやすさへの配慮，建築再生への配慮

3.3.3 現在の建築生産における設計

a. 設計とは

設計は，時代とともにその意味や内容は少しずつ変化しているが，ここで説明する設計は（社）日本建築家協会（JIA）が2002年に改定した「建築家の業務・報酬」の中で解説されている設計に関する記述から引用した．現在の建築生産のプロセスでは，JIAが建築の設計専門家集団として設計業務の基準を提示していると考えられるからである．

そこでは，設計について，以下のように述べている．

「設計は設計与条件を受けて建物の骨格をまとめる基本設計と，それを発注，工事に移行するための詳細な検討と実施設計図面を作成する実施設計に区分することができます．

基本設計では，建築主から示された与条件のほかに，ユニバーサルデザインやサスティナブルデザインなどの今日的，社会的課題を視野に入れて建物の平面と空間の構成，各部の寸法や面積，建築的・設備的に備えるべき機能，主な使用材料や使用機器の種別と品質，予算とのバランスなどを検討し，それらを総合して内外のデザインを立案します．この作業の成果は基本設計の形にまとめられ，建築主の承認を得た上で，次の実施設計に移ることになります．

実施設計では，基本設計で決定した建築計画に基づき，デザインと技術の両面にわたり細部の検討を行い，実施設計図書を作成します．この図書は，工事費を適正に積算することができるよう，また施工者が設計内容を正確に読み取り，設計意図に合致したものを的確に作ることができるように設計の詳細を表現するもので，工事請負契約図書の一部となります．」

これはJIAによる設計の解説であるが，実際の

建築の設計では基本設計に入る前にプロジェクトの構想をまとめる略設計を行うことが多い．略設計では，建築主から示された設計与条件を詳細に検討するが，多くの場合，提示される与条件は不十分である．このため設計与条件を満足なものにするため，建築主と多くの時間をかけて意見を交わすプロセスが必要となる．この段階で建築主が求める建築の概要を理解した上で，設計者としての構想を略設計としてアイデアスケッチ（手描きでも CAD でも）の図面と各種データにまとめるが，ここで作成された成果品を建築主に提示することは少ない．ただ構想された建築の実現性を確認するために，協働する構造や設備のエンジニア，あるいは社内の協力者や上司と協議をすることはある．

b. 建築設計（意匠設計）
1) 基本設計

確認された設計与条件を勘案しながら，略設計でまとめられた素案について繰り返しケーススタディを行い，建築計画をどういう考え方（コンセプト）でまとめるか，次のような項目で総合的に検討する．

① 周辺環境や街並みとの関係，地球環境対応など
② 建物の基本的な構成システム（平面，立面，断面）
③ 各部の形や空間のあり方，デザインの方針など
④ 法規制への対応
⑤ 構造・設備その他，技術的要素との関係
⑥ 建築と設備のグレード（仕様とシステム）
⑦ 運営・維持・保全のあり方，使われ方など
⑧ 工事にかかわる制約条件，新技術採用など
⑨ 工事予算とのバランス（コストプランニング）

建築の基本的な考え方（コンセプト）についてさらに詳細な検討を行い，建築主と細部にわたって協議しながら基本設計を進め，設計の密度を高める．基本設計は建築主の建築意図を最終的に確認する重要な段階で，また次の実施設計に進む上で建築主の示した設計与条件を設計者が成果品（図面・仕様書）を作るための設計条件として確定するプロセスである．

基本設計の成果品としては，配置図，平面図，断面図，立面図などの設計図と，設計趣旨，計画概要，仕上げ概要などの基本設計説明書があり，このほかに模型やパース，概算見積（構造設計を含む）などが提示される．

2) 実施設計

実施設計の作業に入る前に，基本設計で十分に煮詰まっていなかった項目や今後検討が必要な項目に加え，建築主の新たな要求などを洗い出し，実施設計方針書として実施設計に臨む総合的な方針を策定する．実施設計では，構造，設備の実施設計との整合を図り，機能性，デザイン，耐久性，安全性，経済性，人や環境への配慮，施工性，維持保全性などの視点で詳細な検討を加え，仕様と工法，仕上材料，各部の寸法などを決定する．

成果品は，実施設計図書として実施設計図と仕様書の形にまとめられ，建築主の承認を受ける．この実施設計図書に基づき積算が行われ，工事予算が決められるが，コストプランニングが設計中にきちんと行われていない場合は，設計の手直しが必要になる．実施設計図書は，工事発注において契約用図書として用いられ，その後施工者が造るべき建物の情報がすべて網羅されており，工事段階で作成される施工図や現場運営のベースとなる．

c. 構造設計
1) 基本設計

構造設計の基本設計は，建築の基本設計で計画された建物を支える構造システムはどうあるべきか，また各部の柱，梁（はり）などの構造要素の構成や大きさはどうあるべきかを，次のような観点から検討する．

① 敷地の地盤性状
② 建築計画に最適な構造システム
③ 地震，風，雪などの外力
④ 想定される床荷重
⑤ 設計意図に合致した強さのグレード
⑥ 力学的合理性，経済性，施工性，長寿命性
⑦ 工事予算との整合性
⑧ 建築，設備の基本設計との整合性

構造計画の概要を説明した設計説明書は，構造概要，基礎構造の概要と選定理由，主要構造の概要と選定理由，主要構造部の代表的な個所の構成図などであり，これが構造の基本設計図書となる．

2) 実施設計

構造の実施設計は，建築設計との整合性を満足させた上で，地業・基礎躯体から上部躯体に至る全体的な構造システムを決定し，荷重条件を設定して構造体の応力解析を行い，各部の構造部材の断面設計へと進むことになる．

成果品は，実施設計図書として構造実施設計図，

仕様書および構造計算書の形にまとめ，建築主の承認を受ける．この実施設計図書は建築の実施設計図書と同じように，積算，工事契約に用いられ，施工者の工事計画や実行のベースとなる．

d. 設備設計

設備設計には電気設備設計と機械設備設計があり，それぞれの専門技術者によって設計が行われる．
○**電気設備**は，次のような装置や機械を中心に構成される．
- 受変電設備，非常電源設備
- 動力設備，電灯コンセント設備
- 電話設備，通信設備，放送設備，防犯設備
- 自動火災報知設備，非常放送設備
- 昇降機設備（建築または機械設備の場合もある）

○**機械設備**には空気調和設備と給排水衛生設備があり，設計図書の構成もそれぞれに作成されるのが一般的である．

（空気調和設備）
- 熱源設備
- 空調設備
- 換気設備
- 排煙設備
- 自動制御設備

（給排水衛生設備）
- 給排水設備
- 衛生設備
- 給湯設備
- ガス設備
- 消火設備

1) 基本設計

設備設計の場合は，電気設備，機械設備とも基本設計段階では，次のような観点でそれぞれのシステムと仕様が検討される．

① 建築の基本設計で提案された建築計画の特性を踏まえたシステムの構築
② 設計条件で示された建物・設備の機能とグレードの具体化
③ 省エネルギー化と運転経費の削減
④ 防災上必要な設備の種別と能力・容量の設定
⑤ 将来のグレードアップや増強への対応性
⑥ 建物の運営，管理体制および維持保全計画との整合性
⑦ 工事予算との整合性
⑧ 建築，構造，他の設備基本設計との整合性

設備の基本設計における成果品は，設備概要，システムの概要と選定理由，諸設備の構成・規模の概要などの説明書と系統図，主要設備の平面計画図などであるが，概算見積りも必要である．

2) 実施設計

設備の実施設計では，建築設計の進捗状況に合わせて情報交換の打合せを頻繁に行い，他の設備設計も含めた整合性を図りながら設備設計の密度を上げる．基幹設備から末端に至る全体的な設備システムを決定し，負荷条件を設定して設備計算を行い，機器類の容量・能力の決定，各部の配管・配線・器具類の決定へと進む作業を行う．

成果品は，実施設計図書として，それぞれの設備の設備実施設計図，仕様書および設備計算書の形にまとめ，建築主の承認を受ける．工事発注では，発注の方法が一括か分離発注かの別により図面構成が変わるが，積算，契約などについては建築の実施設計と同様である．

e. 建築の設計図書以外の設計資料

建築の設計プロセスでは，建築主である発注者から設計の各分野の専門家，近隣の住民，許認可にかかわる官庁の職員，工事では請負業者，専門工事業者，メーカーなど多くの関係者が存在する．これらの関係者に対して設計内容を正確に伝える必要があり，建築の設計図書のほかにも多様な資料や図面が要求される．

① 各種申請書：確認申請，構造評定，防災に関する評価・評定，地方の条例への申請など
② 設計説明書：建築が企画された背景，設計コンセプト，施工から維持管理までの留意点
③ 特別な資料：租税や登記・区分所有にかかわる面積資料，近隣など第三者に対する説明資料，維持管理の体制や費用に関する資料，融資や営業申請にかかわる資料など
④ 特殊分野の設計：サイン，舞台装置・設備（照明・音響），展示設計，IT化設計など
⑤ 建築内外の設計：敷地造成や構内道路などの土木設計，店舗内装などのインテリアデザイン，ランドスケープデザイン，造園・ビオトープなどの緑化計画など

設計内容が多様化するなかで建築の設計者は，これらのすべてを自ら行うことはなく，多くの専門家と協働しながら，プロジェクトの中心にいて統括的な業務を行い，設計の品質を上げることを役割としている．

［大武通伯］

3.4 発注・調達

工事発注方式を決定する要素として、大きくは、①工事区分、②入札方式、③契約方式が重要な要素となっている。当然ながら、これらに加えて、建築プロジェクトそのものを、設計施工一括発注方式とするのか、設計施工分離発注方式とするのか、あるいはCM方式とするのかなど、どのような調達方式（発注方式）とするかも、発注・調達においては重要なことである。

ここでは、あらかじめ一定の調達（発注）方式が確定しているものとして、先にあげた3要素を中心に、以下に説明する。

3.4.1 工事発注区分

工事発注区分については、そのプロジェクトの大きさや地域性など、様々な要因により千差万別である。大きくは、工事種別ごとに分割する「工事分割」と、プロジェクトの規模などにより、例えば棟別に分けて発注したり、道路であれば長さに応じて分割するような「工区分割」の2種類がある。

公共建築工事においては、工事の種別ごと、大きくは建築工事と設備工事に分割され、さらに、設備工事を電気工事、空調衛生工事、エレベーター工事など、分割して発注する事例が多い。これは、効率性の観点もさることながら、業者育成などの産業育成の観点から実施されているといえよう。また、全体の技術レベルを向上させるため、受注機会の拡大をねらったものもある。

a. 工事分割

「工事分割」とは、建設プロジェクトが多くの工程（建築、電気、衛生など）から成り立つため、それらの工事を各専門工事業者に発注することで高い品質を確保しようとするものである（図3.4.1）。

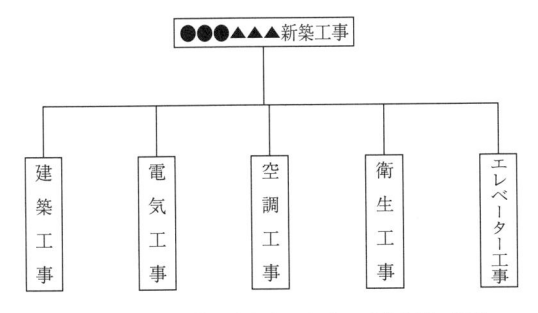

図3.4.1 公共建築工事などにおける工事分割の事例

民間においては、発注者から指定された工事業者が、本体工事とは別途発注される場合などに適用される事例が多い。また最近では、コンストラクションマネジャーを雇用するなどして、工事分割を積極的に実施し、個々の専門工事業者の能力を最大限に発揮させるような動きも見られる。

これまで述べたように、工事分割のメリットは、個々の専門工事業者が、発注者とじかに契約を行い工事を実施できるため、発注者のプロジェクトニーズをとらえた上で個々の業者が実力を発揮できる環境にあるという点で、優れた手法といえる。

一方で、1つの工事を分割発注するため、全体を統括してマネジメントする体制が必要不可欠である。

現段階の工事分割について、公共建築工事でも明確に、この全体マネジメント体制を構築しているとは言いがたく、発注者の意向で安易に工事分割を行っている例もあり、課題となっている。

一部自治体などでは、あらかじめメイン（金額的な意味）となる施工業者に全体統括を指示（契約書上）している事例もあるが、あいまい領域となっているのも事実である。

最近では、プロジェクトマネジャーやコンストラクションマネジャーを発注者の代理人として、全体統括マネジメントを委託する事例も出ており、今後の成り行きに注目が集まっている。

b. 工区分割

「工区分割」とは、プロジェクト規模が単独企業で実施するには大きく、適正な品質の確保が困難と考えられる場合、適正規模に工事を分割して発注するやり方をいう。工区分割により、1社ですべて請け負う場合に比べ、事業リスクをヘッジできるなどのメリットを持つ。建築工事において、1団地の建物を施工するにあたり、棟別に分割し、一定工期内の完成を目指すことなどに用いられる例が多い。土木工事では距離のある高速道路などをいくつかの工区に分割し、発注する事例がこれにあたる。ただし、一般道を短い区間で工区分割するなど、安易に工区分割を実施する場合は、事業シェアの分配的な要素を持ち、現場事務所が複数必要となるなど、事業分配を助長するような工区分割に対する批判も大きい。そのため、工区分割については、発注者自ら、良識を持った対応が求められるところである。工区分割と工事分割を併せ持つような巨大プロジェクトであるダム工事、複合的な再開発などもあり、多様

な工区分割が，広く市場で受け入れられている．

3.4.2 入札方式

公共工事では公平性，透明性，公共性の観点から，入札手続きが厳密に決められている．最も一般的な方式は，だれもが参加できる一般競争入札である．民間工事でも，1社随意契約方式よりも，いくつかの施工業者から選択するような方式が採用されることが一般的である．また官民を問わず，国民や株主への説明責任を果たす観点から，より透明性の高い入札プロセスが採用されることが望まれている．

a. 一般競争入札方式

最も一般的な入札方式である．一定の要件を満たせば，だれもが参加できる点で透明性が高く，最適な選択の可能性が高く，価格競争なども進む結果，最も安価な参加者が落札できる入札方式である．国際的にも世界貿易機関（World Trade Organization：WTO）政府調達ルールによって，内外無差別に選択することが求められており，一般競争入札方式が採用されている．一般競争入札方式の手続きは，過去の同種または類似工事実績，配置予定技術者（建築工事では，監理技術者または主任技術者）などの参加資格要件の設定を発注者が行い，一定の資格をクリアすれば参加できる方式である（図3.4.2）．WTOでは，地域要件などを課してはならず，内外無差別の原則が適用される．

b. 公募型指名競争入札方式

指名業者の選定にあたり，施工業者の入札参加意欲を反映するとともに，当該工事の施工にかかわる技術的適性を把握するための技術資料の提出を施工業者から幅広く求めるために，まず広く施工業者を公募し，提出された技術資料（施工実績，配置予定技術者，施工計画など）をもとに，入札・契約手続運営委員会などの発注者委員会の議を経て，10社程度指名し，その中から，価格競争によって落札業者を決定する方式である．

c. 工事希望型指名競争入札

公募型指名競争入札の類似した方式で，あらかじめ当該工事の規模，当該施工業者の認定時の評価，地域的特性などを勘案して，技術資料の提出を求める業者を10数社から20社程度選択し，工事受注を希望する施工業者が技術資料（施工実績，配置予定

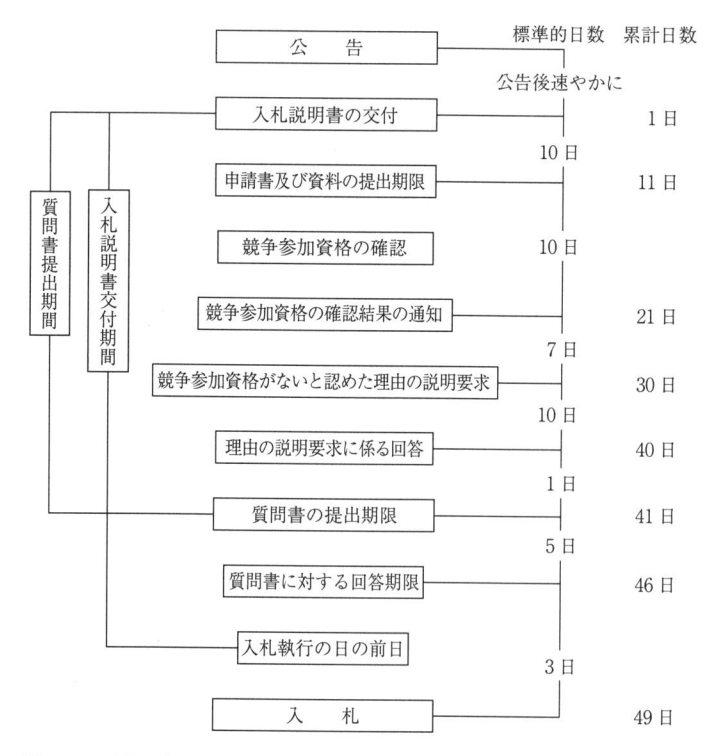

図3.4.2 公共工事における一般競争入札方式のフロー（標準型）（※このほかに施工計画を提案させる場合があり，その際は，入札書の交付から資料の提出期限が10日⇒30日と延長される）

技術者，施工計画など）を提出し，それに基づき入札・契約手続運営委員会などの発注者委員会の議を経て，10社程度指名し，その中から，価格競争によって落札業者を決定する方式である．

d. 指名競争入札方式

登録された指名業者リストから，ランクや地域特性などをもとに，10社程度を選択し指名する．その中から，最低価格を提示した施工業者を落札者とする方式である．

e. 特命随意契約方式

1社を特定し，随意契約する方式である．公共工事においては，災害対策等緊急対応が必要な工事，または1社しか所有しない特殊な工法などを採用する場合に，この方式が採用される．

3.4.3 契約方式

契約方式は，発注者，受注者それぞれのリスクをどうとるかによって，大きく異なる．日本の一般的な契約方式は，次に述べる総価請負方式である．

a. 総価請負方式

工事契約において，最初に請負代金を確定し工事を実施する方式をいう．官民を問わず，最も一般的な契約方式である．最初に工事金額を決めるので，当初の条件が変更にならない限り，金額変更とならない．そのため，発注者のリスクが比較的少ない契約方式であるともいわれる．一方，施工業者にとっては，条件変更や天候などによる工期延伸などがない限り，設計変更とならないなど，一定の金額の中でリスクをとることが求められるため，請負代金の設定などに注意が必要である．

b. 実費精算方式

工事に要した費用に基づき請負代金を確定する方式をいう．公共工事では災害復旧などの緊急工事において採用することがある．発注者にとっては，工事費用が最後まで確定しないため，一定のリスクが生じることとなる．

c. 単価契約方式

契約時に一作業単位の単価を決め，契約する．数量については，実際に工事に要した数量に基づき，精算する方式をいう．あらかじめ単価契約をし，小規模な維持管理工事ごとに契約をする手間を省き，迅速な工事対応を行うような場合などに用いられる．発注者は数量がどれくらいになるか契約前に確定できないなど，一定のリスクが生じることとなる．

d. コストオン方式

発注者，元請の施工業者，専門工事業者の3者において，工事発注前に，発注者が専門工事業者を選定し，その価格（下請価格）を決定した上で，元請の管理経費を加え，全体工事費にその金額を反映する方式をいう．設備工事などで，発注者があらかじめ下請を指定（ノミネート）し，契約するような事例が多い（図3.4.3）．

e. 入札時VE・契約後VE方式

このほかに，公共工事ではバリューマネジメント（Value Management：VE）を契約段階で展開するような契約方式がある．民間の優れた技術力を活用することで，調達額の縮減を図ろうという趣旨から，1999年より① 入札時VE方式（入札する際にVE提案），② 契約後VE方式（施工段階においてVE

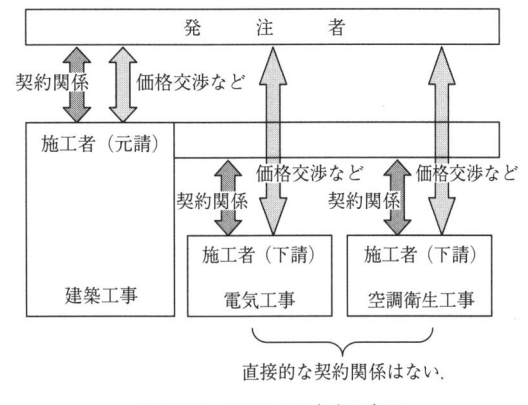

図 3.4.3 コストオン方式の事例

表 3.4.1 入札契約方式：実施件数の推移

年　度	9	10	11	12	13	14	15	16
総合評価落札方式	-	-	2	5	34	427	617	426
入札時VE（対象工事件数）	35	17	18 (2)	19 (5)	74 (34)	491 (472)	689 (617)	500 (426)
契約後VE（対象工事件数）	161	134	282	320	1,638	2,081	2,272	1,954
設計・施工一括発注方式	2	1	1	4	14	15	19	11
マネジメント技術活用方式	-	-	-	1	5	6	3	2

（注） 1. （ ）内の数字は，総合評価落札方式の条件．
　　　2. 平成12年度以前は，旧建設省の数値を記載．

提案）が採用されている（表 3.4.1）．

それぞれの特徴は次のとおりである．

1) 入札時 VE 方式

民間において施工方法などに関して固有の技術を有する工事などで，コスト縮減が可能となる技術提案が期待できるものを対象として，工事の入札段階で，設計図書による施工方法などの限定を少なくし，限定していない部分の施工方法などについて技術提案を受け付け審査した上で，競争参加者を決定し，各競争参加者が提案に基づいて入札し，価格競争により落札者を決定する方式（参照：国土交通省ホームページ）．

2) 契約後 VE 方式

主として施工段階における現場に即したコスト縮減が可能となる技術提案が期待できる工事を対象として，契約後，受注者が施工方法などについて技術提案を行い，採用された場合，当該提案に従って設計図書を変更するとともに，提案のインセンティブを与えるため，契約額の縮減額の一部に相当する金額を受注者に支払うことを前提に契約額の減額変更を行う方式（国土交通省ホームページ参照）．

3.4.4 施工者選定フロー

主な施工者選定フロー（民間工事の場合）は，図 3.4.4 に示したように，① 募集，② 事前審査，③（入札）参加者の特定，④ 提案書・見積書の評価（入札），⑤ 交渉，⑥ 契約である．

施工者を選定する場合に重要なことは，単に価格だけで選定するのではなく，過去の工事実績や技術力などをトータルに評価した上で，選定すべきである．公共工事では，技術力と価格を総合的に評価する「総合評価方式」が採用されるような方針を確立するよう，「公共工事の品質確保の促進に関する法律（2005 年 4 月施行）」によって定められている．

［齋藤隆司］

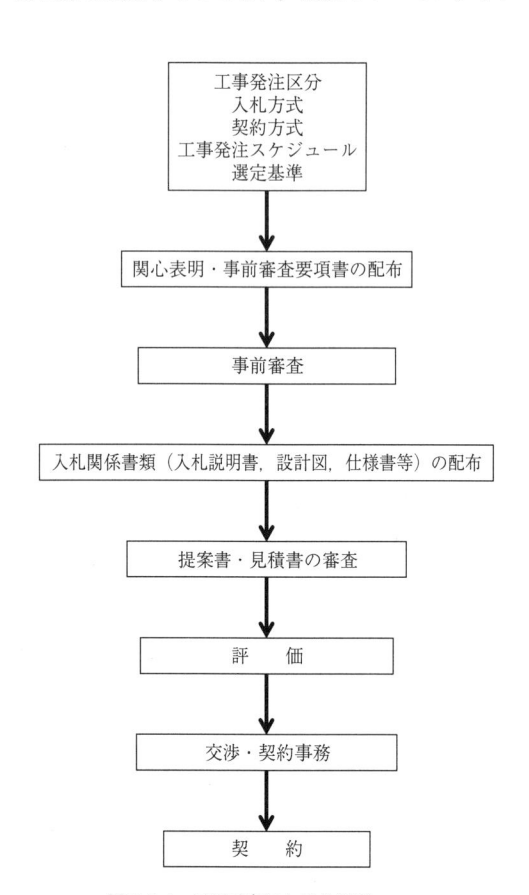

図 3.4.4 民間工事における選定フロー
（出典）国土交通省：入札・契約手続（国土交通省ホームページ http://www.mlit.go.jp）

フロー項目：
- 工事発注区分／入札方式／契約方式／工事発注スケジュール／選定基準
- 関心表明・事前審査要項書の配布
- 事前審査
- 入札関係書類（入札説明書，設計図，仕様書等）の配布
- 提案書・見積書の審査
- 評　価
- 交渉・契約事務
- 契　約

3.5 生産・製造・製作

3.5.1 工業生産における工場での製造ないし製作

生産とは何かを造ることである．産出されるものは，それが有形の場合「製品」，無形の場合「サービス」である．次に，「建築物」を造ることを本書では「建築生産」という．すなわち，建築生産は生産対象物が建築物である限定された生産である．

また，建築物を実際に造る仕事を「建築工事」という．建築工事を現地で実施することは「施工」といわれ，その施工を行う場所を「工事現場（ないし，単に現場）」という．

本節では以下，工場における物的生産を製造（ないし，製作），工事現場における物的生産を施工という．ここでは，このうち，工業生産における工場での製造について述べる．

3.5.2 工業生産における自動生産[4]

a. 工業生産における 2 つの生産形態

製造業においては，代表的な 2 つの生産形態(type of production)[4]による生産が行われている．その第 1 は，個別の設計に基づく「受注生産」であり，この生産形態では，顧客の注文により設計が着手され，設計の完了後に生産に着手される．ここでは，顧客は自分の希望に沿った設計を行わせることができるが，その設計および生産を行う間，長時間にわ

たり商品を手にすることはできない．また，この間，多くの人手がかかり，一般に高価となる．

次に，第2の生産形態は，市場の要求を推測してあらかじめ設計を行い，これに基づいて生産する「見込み生産」であり，この生産形態では，需要を見込んで生産と販売が行われる．これは大量生産が可能であり，生産の自動化も行いやすい．高機能の商品を安価に供給する方法として，工業生産は，この生産形態を中心に発展してきた．ただし，ここでは顧客は，自分の好みに従って個別の設計を行わせることはできない．建築生産は，典型的な受注生産（第1の生産形態）である．建築生産で用いられる部材・資材等の工場の製造における生産形態には，両方のタイプがある．

b. 個別設計の自動生産

見込み生産の生産形態は，これまで製造業を中心とする工業生産を支えてきたが，市場が成熟し顧客の要求が高度化してきたことから，企業間競争力の強化のため，さらに顧客満足を増大させる対策を実施することが急務となってきた．また，見込み生産による生産形態では，在庫を持たなければならず，これがしばしば不良在庫化し，これは値引き販売される．この在庫費，流通費，値引き損などが利益を侵食する．このようななかで，見込み生産の生産形態をとってきた業種の中でも受注生産を行い，著しい合理化を達成する企業が出てきた．米国の大手繊維製造企業のME社，大手電機製造企業のMO社，世界最大の米国コンピュータメーカーのDE社，わが国の木造戸建住宅用木材のプレカット工場であるMN社，MI社，KU社などが良い例である（表3.5.1参照）．

このうちME社では，小売店において絨毯（カーペット）が売れると，倉庫に在庫していたものを届けるのではなく，直ちに生産して翌日に宅配している．一方，MO社は，ポケットベルの生産に関して，営業部門からの注文が入信してから20分以内に生産を開始する体制を整え，受注生産で生産している．これらは「後工程引取方式の生産」であり，「必要な量，必要な時期に生産する」JIT生産方式の応用である．これにより無駄な在庫のほとんどを削除している．DE社は，パソコンの受注をインターネットで行い，受注済の製品を生産する受注生産でコンピュータを製造し，業績を伸ばしてきた会社であり，これにより大幅に製品在庫を減らし資本の回転率を上げ，業績を急速に進展させ，世界のトップに躍り出た．経営学の世界では，「デルモデル」と呼ばれ有名であり，世界の工業生産において発想の大転換をもたらす引き金となった．

一方，建築生産においては，古くから受注生産の自動生産が行われている．木造戸建住宅の柱，梁などを自動加工しているプレカット生産がこれであり，わが国の木造住宅の加工の70％が，この自動加工になっている．建築生産は，工業化技術について，これまで多くのものを製造業から学んできたが，この個別設計の受注生産における自動生産の分野だけは，建築生産がこのプレカット自動生産により先行してきた．これは産業横断的にみても，世界に誇れる自動化技術である．表3.5.1中に，筆者が見学したMN社，MI社，KU社を記載した．これらは「個別設計の自動生産」であるが，これは多様なカーペット，多品種のポケットベルやコンピュータ，一住戸ごとに使用される住宅の柱・梁を，一品ずつ，ほとんど段取り替え時間を要さずに自動的に生産できる「CAD/CAMを基盤にした自動化技術」が確立したために具体化したものである．

なお，ここで取り上げたもののうち，米国のME社，MO社の例では，購入する顧客は在庫品を届けられたと思っている．すなわち，受注生産であることに気がついていない．それは受注してから納品までの速度が極めて早いからである．筆者は，これらを特に区分して，「個別設計即時自動生産」と呼んでいる[3]．製造業では，今後，この生産様式が主力

表3.5.1 個別設計の自動生産を行う企業

企業名	業　種	個別設計自動生産
ME社	絨毯（カーペット）製造	即日製造，翌日宅配
MO社	ポケットベル製造	注文情報受信20分以内に製造開始
DE社	コンピュータ製造	インターネットの受注，受注後生産
MN社 MI社 KU社	木造住宅生産	木造軸組み木材自動加工設計CAD連動 CAD/CAMシステム，自動製造ライン連結

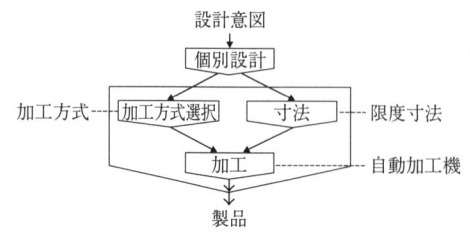

```
                設計意図
                  ↓
                個別設計
    加工方式 ---- 加工方式選択  寸法 ---- 限度寸法
                   ↓
                  加工 -------- 自動加工機
                   ↓
                  製品
```

注(1) 従来，標準化にとって寸法の整理は，その最重要課題であった．標準寸法・モジュールなどが定められてきた．
 (2) CAD/CAM 技術の発展により，寸法が個々に異なるものの生産も，標準品とほとんど同じコスト，時間で実施することができるようになった．
 (3) このような自動生産では，寸法は自由に決めてよい．木材のCAD/CAM自動加工の例では，切断寸法，加工位置などは自在に決められる．
 (4) ただし，加工できる最大・最小寸法，加工方式などが，機械装置の性能から制約がある．
 (5) ここでは，寸法は自由のオープン部材が出現する．

図 3.5.1 個別設計即時自動生産の概要

になっていくものと思われる．MI 社などの木材プレカットでも，注文を受けて翌日納品することは，技術的には可能であると思われるが，ビジネスモデルとして，その必要がないので実施されないのであろう．表 3.5.1 に，個別設計の自動生産システムの実施企業を示した．また，図 3.5.1 に個別設計即時自動生産システムの概要を示す．

この個別設計即時自動生産は，IT を高度に利用した最先端の自動生産であるが，これを実施する場合には，自動機に対する情報の提供を合理化することが重要である．

3.5.3 自動機に対する情報の提供
a. 機械の特性

人間は自分で考えることができ，ごく少ない情報を与えただけで，自分で考えて行動することができるが，機械は自分では考えることができない．そこで，すべての動き，活動について網羅した明細情報を与えなければならない．このため自動化システムでは，機械に提供する情報を作ることが重要な仕事となる．そのため，この自動機械に提供する情報を作り出すプログラミング言語が古くから開発されてきた．自動機が数値制御（Numerical Control：NC）加工機の場合には，NC プログラミング言語でこのデータが作成される．しかし，プログラムがあっても，NC プログラムに製品の形状，寸法，加工位置，加工種別などの情報を与えなければならない．これとて大仕事である．このため自動生産では，段取り替えなしに同一のものを多量に連続して作る大量生産が目標とされてきた．

なお，同じ個別受注生産でも標準設計品の個別受注生産の場合には，製品ごとの寸法，形状データをコンピュータ内に保存しておいて，加工依頼がきたときに，その都度これを取り出してくれば加工できる．しかし，その製品が注文ごとに新たに設計される場合には，注文ごとに製品の加工データを作成し，入力しなければならない．

このような個別設計自動生産では，設計の CAD の中に蓄積されている製品データを，NC 加工プログラムの入力データとして利用するのが最も合理的である．ここでは CAD と CAM を連携させた CAD/CAM システムが必要となる．木材のプレカット加工は個別設計自動生産の典型的な事例である．わが国では，この木材プレカットの CAD/CAM システムは，技術的には既に確立されてはいるものの，日常業務の本流で，このシステムを運用している実例は，まだ少ない．しかし，筆者が産学共同研究している鹿児島建築市場は，これを実務で全面的に運用している．

なお，鹿児島建築市場は，150 社ほどの木造住宅を建設する企業が，インターネットとイントラネットで結ばれて活動している集団であり，建設業におけるサプライチェーンマネジメントの実践者として注目されている[1]．この事例は，第Ⅲ部 3.10「サプライチェーンマネジメント」の節で詳述しているので参照されたい．以下は，この事例を中心に述べることにする．

b. CAD/CAM システム[2]

コンピュータ支援設計（Computer Aided Design：CAD）は，コンピュータ，プリンタなどの情報処理機器を利用して，設計，製図を対話的に，または自動的に実施することである．CAD の操作によりコンピュータ内にデータが生成され，これが記憶装置に貯蔵される．このデータは，設計ならびに製図作業に用いられるが，後に多くの作業に活用される．また，コンピュータ支援製造（Computer Aided Manufacturing：CAM）は，コンピュータ，その他からなるワークステーションを用いて，工場で具体的な物を作る工程データおよび機械作動の信号を生成するデータを作成し，これを自動機械等に提供することである．この CAM において基本となるデータは，加工する製品のデータ（ここでの例では，柱，梁などの形状，寸法データ，住宅設計の詳細設計として形状・寸法が決定される）であ

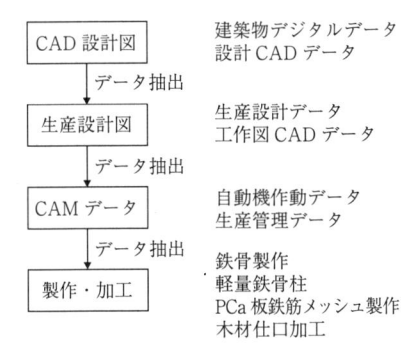

図 3.5.2 CAD/CAM システム（狭義）

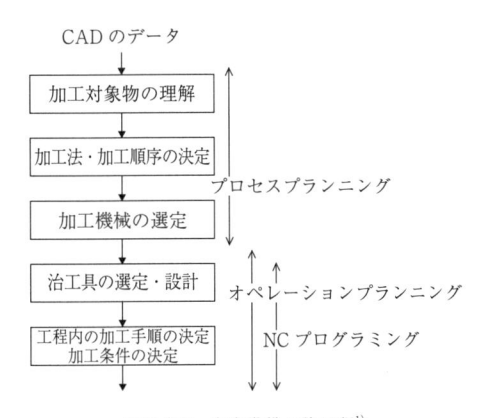

図 3.5.3 生産準備の諸工程[1]

り，製品を設計した CAD のデータをそのまま利用して，これを CAM において使用する CAM データ（Computer Aided Manufacturing Data：コンピュータ支援製造データ）に変換するのが合理的である．ここでは，設計の CAD データを工場における製造の CAM データに変換する仕組みを CAD/CAM システムと呼ぶ（図 3.5.2）．

3.5.4 木材のプレカット自動加工
a. 電子墨つけ大工

もともと木造戸建住宅の設計図は，大工の頭の中にあり，その設計図の内容を具体化するのは，墨つけと刻み作業であった．これらがきちんとできていれば，後は容易に組み立てられる．すなわち，墨つけは，大工の頭の中にある概念空間のデータを実体の物理空間へ転写する行為であり，大工の技能の技術化そのものであった．これが今日の姿になるまでは，多くの人達による様々な苦労があったものと想像される．

現在のプレカット用の伏せ図から変換される加工データは，大工のノウハウの具象化であり，このコンピュータと人間の共同作業であるマン・マシン・システムは，かつての棟梁に代わる電子墨つけ大工である．ここでは大工の技能を技術化し，これをプログラム化したコンピュータソフトウェアと，その操作において様々なノウハウを獲得しているオペレーターの連携によるものである．

しかし，このような電子墨つけ大工も，そこに入ってくる情報によって，極めて円滑に効率良く作業できる場合と，大変な苦労を強いられる場合と，対照的な姿となる．筆者が見学したプレカット工場も，鹿児島建築市場の TO 社や，KU 社の大手住宅メーカーからの受注分は，情報が上流で決定され整理されているため円滑に仕事が進んでいたが，一般の工務店から無統制な注文が入ってきているプレカット工場のオペレーションルームは大変だった．決めるべきことがいつまでも決まらないため，これを決めてもらうのに多大な時間と労力を費やしていた．

b. 生産準備処理

CAD で定義された製品に関するデータは，CAM システムに渡されると，具体的な「物」として加工されるため，加工工程のデータとして展開され，製造工程を制御するデータとなる．一般の自動化工場では，製造に先立ち，生産準備としてプロセスプランニングとオペレーションプランニング，さらに NC プログラミングが行われる（図 3.5.3）．

このうち，プロセスプランニングでは，まず①加工対象物の理解，②加工法・加工順序の決定，③加工機械の選定が行われる．しかし，住宅木材のプレカット工場では，住宅の柱，梁など，製造ラインごとに加工する対象物を決めている場合が多く，それらの専用の製造ラインの上に，必要な加工装置が配置されている．したがって，ここでは新たなプロセスプランニングはほとんど行われない．

続いてオペレーションプランニングとして，①治工具の選定，②工程内の加工順序の決定が行われる．住宅木材のプレカット工場では，各加工機ごとに，どの位置にどの工具を使ってどのような加工をするのかを示す CAM データによって加工指示が機械に伝達される．

また，機械がどのように動くかは，動作のモジュールとして各装置のコントローラに登録されており，この加工では，このうちのどの動きを，どの位置でするのかということを，CAM データによっ

て指示している．

c. 混流連続生産

工場における生産形態の生産量による区分として，個別生産，ロット生産，連続生産がある．個別生産は，1個ずつ作るものであり，ロット生産は，ある一定量をロットとしてこれを連続的に作るものである．連続生産は，一定期間内に製品を連続して作るもので，一般には自動機械をコンベアーで結んだ形をとっている．これが生産効率は最大であるが，これまでは段取り変えが大変だった．

住宅木材のプレカット工場では，柱，梁，羽柄材ごとに製造ラインを設け，加工工具の交換などの段取り変えも自動化し，一品ごと形状，寸法の異なる製品を連続生産することを可能にしている．このような製造ラインを混流連続生産と呼んでいるが，これは自動生産として最も高度なものであり，これにより事実上，無在庫生産を可能にしている．住宅木材のプレカット工場では，工事現場へ運搬する車両への積込みを考慮して，邸別ロットでの混流連続生産を実施しているところが多い．

d. 自動機に動きを指示

NC加工機の動作は1および0のパルス信号によって制御されている．普通は10,000パルスで10 mmないし50 mm移動する．CADの座標データまたは数値データから機械の移動距離を算出し，これをパルス信号に変換して機械に与えている．CADデータから変換されたCAMデータは，フロッピーディスクにより機械の制御装置に与えられ，加工のオペレーターは，制御盤に出てくる情報を見て機械への指示を出している．ここでの人間の役割は，加工する機械そのものを操作することではなく，自動機械に動く指示情報を与える仕事である．木材プレカット自動加工機の例を図3.5.4に示す．

［椎野　潤］

図3.5.4　木材プレカット自動加工機

文　　献

1) 椎野　潤：建設ロジスティクスの新展開—IT時代の建設産業変革への鍵，彰国社（2002）
2) 松島克守：やさしいCAD/CAM（4版），工業調査会（1995）
3) 椎野　潤：バーチャルエンタープライズをめざした個別設計即時自動生産システム．施工，No. 400（1999）
4) 人見勝人：生産システム工学，第2版，共立出版（1990）

3.6　現　場　施　工

3.6.1　現場施工とは

施工とは，建物の企画－設計－施工－維持管理のライフサイクルの中で，企画設計された建物を物理的に実現していく過程である．そして本項の現場施工とは，図3.6.1のように，建設敷地外での資材や部品の製造・製作（前項）と連携しながら，建築敷地の中で建物を形作っていく過程，すなわち製造・製作された部品や資材のアッセンブル過程といえる．施工のことを狭義には，この現場施工のことを指すことが多い．以下，ここでは原則的に「現場施工」を略して「施工」と呼ぶ．

3.6.2　現場施工の特徴

建築生産の特徴は，一部のプレハブ住宅やシステム建築などを除いて，プロジェクトごとに，① 一品生産であること，② 生産場所が屋外でその場所が変わること，③ そのつど施工組織が編成されること，といわれる．当然のことながら，施工の特徴もこれらの影響を強く受けており，これらの特徴に適合した生産組織や生産体制が成立している．しかし，これらの特徴こそが作業員の臨時雇用や重層下請構造を生み，建築生産の生産性向上を阻害しているともいえる．近年，施工場所が変わることによる変動要因を最小限に抑えるために，工場での部品製造やプレアッセンブルが増えている．しかし，現場施工そのものを完全になくすことはできない．この

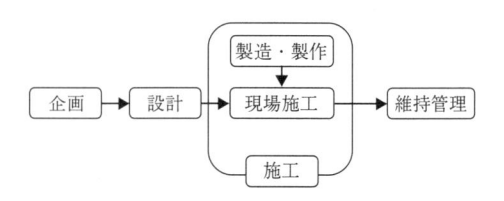

図3.6.1　現場施工の位置づけ

図 3.6.2 建設許可業者数の推移
(出典：国土交通省)

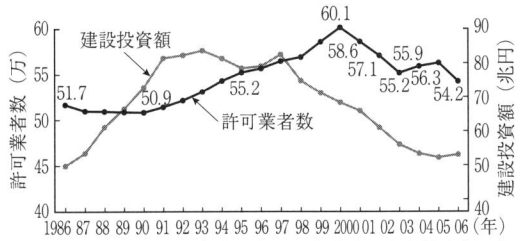

(注) 1. 許可業者数は各年とも3月末時点．建設投資額は各年3月を年度末とする年度値
2. 94年の建設業者許可期間の2年延長（3年から5年に）の影響で04，05年は失効業者数が減少．結果的に04年，05年の許可業者数は増加したが，06年は再び減少しており，実質的には業者数の減少傾向は続いているとみられる．

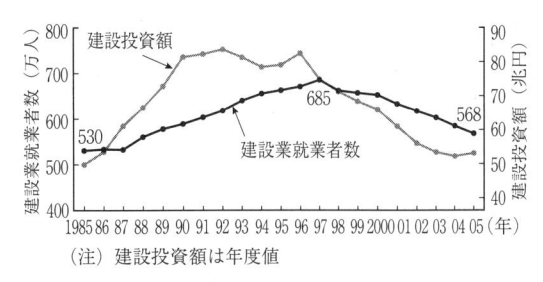

図 3.6.3 建設業就業者数の推移
(出典：総務省，国土交通省)

建築生産の特徴を負のものとだけとらえるのではなく，その現実を見つめたなかから，施工のシステムを組み立てていく必要がある．

a. 産業としての側面

建設投資は，1992年度のピーク時には84兆円（GDPの約17％）に達したが，その後は減少に転じた．2005年度には53.5兆円（GDPの約10.6％）であり，今後も減少していくことが見込まれている．一方，1980年代に約50万社であった建設業者数は，1990年代の建設需要の減少にもかかわらず，他産業からの参入を受け，2000年度に60万社に達したが，以後，減少に転じ，2006年3月で54.2万社である（図3.6.2）．建設業者の多くは中小・零細業者であり，「一人親方」である個人業者は一貫して減少している．また，バブル崩壊後の厳しい経済状況の中で，1997年以降5,000件を超える倒産件数で推移してきたが，設備投資の回復もあり，2004年に5,000件を切り，ようやく減少傾向にある．

500万人台で推移してきた建設業就業者は，建設業者同様にバブル期に増加し，1991年には600万人を超えた．さらにバブル崩壊後の不況下にあっても，他産業からの転職者を受け入れる形で1997年まで増加を続け，685万人に達した．しかし，その後は，建設投資の激減を反映して減少し，2005年には568万人にまで減少している（図3.6.3）．

従来，全産業就業人口の10％を占めていたものが8.9％まで落ちている．このうち技術・専門職，管理職で59万人（10.4％），技能工・建設作業者が388万人（68.3％）となっている．

b. 現場施工の労働環境

近年，建設現場の労働環境は改善されつつあるが，施工場所が移動していくという現場施工の特徴から，まだまだ整備されていないのが実情である．事業所規模30人以上のデータで見ると，建設業従業者の給与総額は，建設ブームの1989年以降全産業平均を上回っているが，厚生労働省の「賃金構造基本統計調査」から男性生産労働者の年間賃金を試算すると全産業の男性労働者平均と比較して約8割程度となっている．また，1998年以降2003年まで，他産業同様減少に転じている．一方，労働時間は，2005年で171時間/月であり，1989年以降減少傾向であるが，全産業平均（152時間/月）に比較すると1割程度多く，その差はむしろ拡大している．

建設労働問題の長年の課題である建設労働者の高齢化の問題に目を向けると，建設業労働者の平均年齢は1992年まで上昇を続け，41.8歳（建設業男性生産労働者45.1歳）に達したあと，歯止めがかかった．特に男性生産労働者は，バブル崩壊後の景気後退の中で他産業から労働者を受け入れ42歳代まで下がり，製造業などに比べて依然として高いものの，その差は縮小傾向にある．2005年には43.0歳（建設業男性生産労働者43.5歳）と，景気の回復と若年層の建設業離れにより再度上昇に向かっている．

建設業技能労働者の需給関係は，建設投資が減少する中で1990年には4.2％の不足であったが，急速に改善され，1998年以降は統計上の数字では過剰気味（不足率0％以下）であった．しかし，民間建設投資の回復もあり，2005年には1.1％と8年ぶりに不足に転じている（図3.6.4）．

建設労働のもう1つの大きな問題は，屋外作業・高所作業による墜落災害に代表される労働災害の多さである．建設業死傷者数は，1980年代から半減したとはいえ，建設業就業者は総労働人口の約1割であるのに対し，死傷者数は約3割を占めている．施工現場でのさらなる安全性確保が求められている（図3.6.5）．

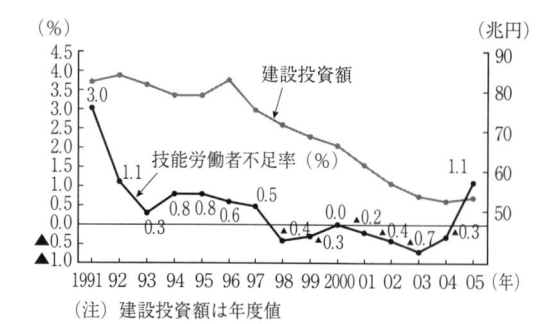

図 3.6.4 建設需要と技能工需給の推移
（出典：国土交通省）

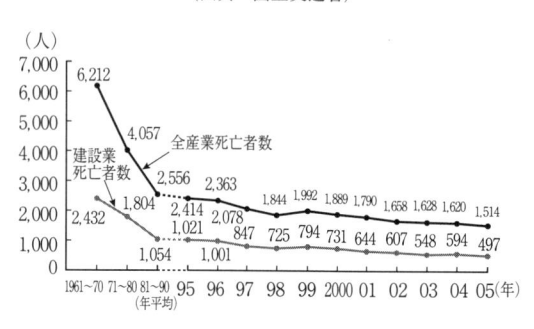

図 3.6.5 労働災害発生状況の推移
（出典：厚生労働省）

```
              ┌ 設計・施工分離型：タイプ a
ゼネコン元請型 ┼ 設計・施工一貫型：タイプ b
              └ 監理独立型      ：タイプ e
              ┌ 直轄分離発注型  ：タイプ c
分離発注型    ┴ CM分離発注型    ：タイプ d
```

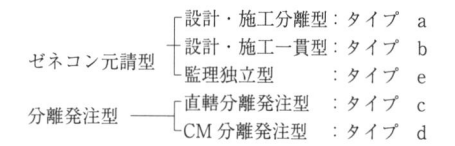

図 3.6.6 施工契約の分類

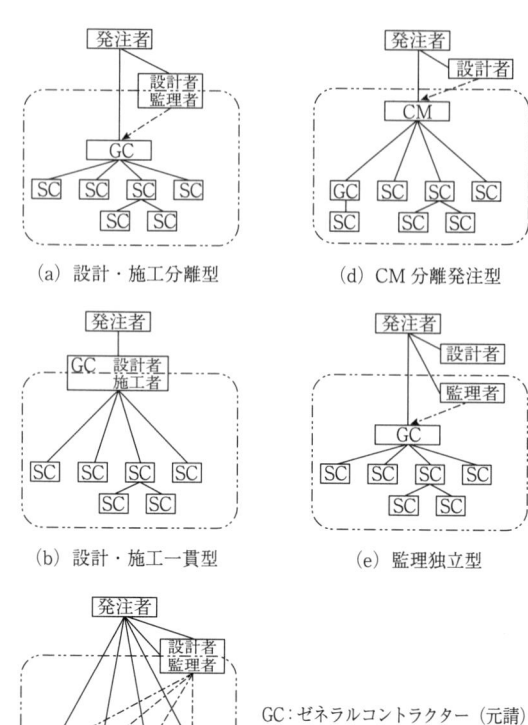

図 3.6.7 施工契約のパターン

(a) 設計・施工分離型
(b) 設計・施工一貫型
(c) 直轄分離発注型
(d) CM分離発注型
(e) 監理独立型

GC：ゼネラルコントラクター（元請）
SC：サブコントラクター（下請）
CM：コンストラクションマネジャー

c. 施工組織のパターン

建設プロジェクトに関係するメンバーは，発注者・設計者・監理者・施工者から構成される．施工者は，さらにゼネラルコントラクター（ゼネコン：元請施工者）・サブコントラクター（サブコン：下請施工者）・資材メーカー・部品メーカーなどに分類される．

これらのメンバー相互の関係のパターンによって，施工組織構成もいろいろなパターンが生まれることになる．発注者と施工者との契約関係を考えると，その要素は① 施工が一式か分離か，② 設計と施工が分離か一式か，③ 請負か実費精算（Fee）か，④ 契約が特命か競争入札か，などである．主として施工のあり方に大きな影響を与える①と②を中心に分類すると，図3.6.6のようになる．図3.6.7は，この分類を典型的なパターンに図式化したものであり，少し説明を加える．

日本における典型的な工事は，発注者と一括請負契約したゼネコンが複数のサブコンの協力のもとに施工を実施する「ゼネコン元請型」が中心である．設計者の位置づけによって，(a) 設計施工分離型と(b) 設計施工一貫型に分かれる．公共工事においては，工事契約を入札で行うことで，基本的に(a)のパターンである．民間工事においては，ゼネコンがプロジェクトの企画段階からそのノウハウを生かして予算や工期を発注者の希望に添う形で設計にフィードバックする(b)のタイプも多い．この(a)，(b)のタイプでは，施工の品質・工程に関してゼネコンが責任をすべて担う形で施工を行うことになる．一方，(c)，(d)は，工事の分離発注のタイプである．発注者が設計事務所やコンストラクションマネジャー（CMr）のアドバイスのもとで複数の工事ごとに契約を結ぶ．ゼネコンは，基本的に躯体工事業者的な位置づけとなり，施工全体の取りまとめ責任を負わない．(c)では，発注者が責任を負い，(d)では，CMrが発注者から委任を受けて工事をコントロールすることになる．また，"工事を設計図書と照合し，それが設計図書のとおりに実施され

ているか否かを確認する"役割である設計監理者は，基本的には設計者が行うが，最近では，(e) のように，設計者とゼネコンの関係を第三者的に公正に調整することを目的として，別の組織が委任される事例もある．

d. 施工の歴史的な側面

西洋建築が導入された明治初頭においては，施工者の技術が十分ではなく，設計者が設計だけでなく監理技術者として施工技術も担っていた．公共建築の工事は，当初は直営であり，監理技術者のもとで分離発注的な形で施工が行われていた．その後，ゼネコンが技術力，資金力を持ち，一括して工事を請け負う形が一般的となった．象徴的な例では，1911（明治 44）年の「建築請負契約書並びに工事請負規定」（建築学会）で "現場に於ける就業時間は監督技師の定むる所に拠るべき事" と規定してあり，請負人と契約関係にある職人の労働時間にまで設計者が関与していたという[3]．こうした規定は，大正期に "協議して之を定む" となり，2000（平成 12）年の「民間連合協定工事契約約款」では，"現場代理人は，工事現場いっさいの事項を処理し，その責を負う．ただし，工事現場の取締・安全衛生・災害防止または就業時間など工事現場の運営に関する重要な事項については丙（監理者）に通知する" となっている．施工に関しては，請負者・現場代理人が全責任を負う体制が明確になっている．また，現在の主要なゼネコンの多くが明治期に創業し，大正から昭和初期に株式会社化されていることにも，ゼネコン成長の流れが示されている．昨今は，各工事の施工技術がサブコンに蓄積されるようになり，ゼネコン一式の不明瞭さに対する不明瞭感もあり，分離発注方式が新たな形で注目を浴びている．その一方では，費用や工期を全面的にリスク保証するゼネコンの一括請負も発注者にとっては現在でも依然として魅力的なものである．建設需要が縮小するなかで，各企業は従来の枠組みを超えた業務への進出を模索し，いろいろな契約形式，施工形式が競合する時代を迎えている．

3.6.3 施工の流れ

施工を施工管理の視点で整理すると，① 準備作業，② 施工計画，③ 日常管理，④ 竣工引渡しの 4 つのステップで構成される．施工期間中の管理業務だけでなく事前の準備・計画も重要である．また，新規建築需要縮小のなかで，今後は，竣工引渡し後のアフターサービスやリニューアルを見据えた施工の重要性が高まっている．

a. 準備作業

施工前の準備作業として，まず，対象となる建物を理解することから始まる．そのためには，設計図と仕様書で構成される設計図書の把握が第一である．この際，単純に設計図書を鵜呑みにするのではなく，設計図書の真の意図を理解するとともに，その設計図書に基づいて施工した場合に問題が起きないかという視点を持ってチェックすることが大切である．施工において，問題が発生する恐れがある場合には，施工者の責任で発注者や設計者に設計変更を提案することも必要となる．民法上では，設計図書に欠陥があって瑕疵が発生したとしても，施工者がその誤りを知っていて指摘しなかった場合には，請負者にもその責任が発生する．その意味からも設計図書のチェックは重要である．

準備作業のもう 1 つのポイントは，施工条件の把握と整備である．個々の施工場所によって，法的な条件，近隣環境，地盤条件など施工条件は様々である．この条件をきちんと把握し，早め早めの手を打っておくことで，後の施工計画と施工実施を順調に進めることができる．

b. 施 工 計 画

施工条件把握の後，施工にあたっての施工方針を立案する．いわゆる QCDSE の「品質管理方針（Quality）」，「利益目標（Cost）」，「工期目標（Delivery）」，「安全衛生目標（Safety）」，「環境管理方針（Environment）」を立てる．会社の工事運営方針をベースにして，当該工事の条件に合わせて工事の責任者である作業所長が決定する．次に，この基本方針に沿って各種工事ごとに分割し，各々の工事課目について施工方針を立てる．施工条件や問題点を明らかにし，重点管理項目とその目標値を明確にする．

次に，この施工方針をもとに，次のような施工計画を行う．

① 工事事務所，揚重機，足場計画などの総合仮設計画
② 全体工程表，サイクル工程表の作成
③ 現場事務所開設や重機設置，着工前の法的諸手続き
④ 協力会社の選定と施工要領書の作成
⑤ 鉄骨等の製作物の計画・発注
⑥ 施工図の作成

各計画項目は，独立した項目ではなく相互に深く関連している．多くの項目の調整を図り，整合性の取れた計画を立案することが施工管理者の技である．

c. 日常管理

施工計画に沿って施工管理を実施する．管理は，QCDSEの要素別の管理を縦軸とし，工事科目別の管理を横軸にして行う．施工の進行は，天候や近隣環境，労働需給関係などで計画どおりに進行しないことも多々あり，計画を軌道修正しながら施工管理を行わなければならない．そのためにも，

① 過去の経験などから，事前に予測して，リスク回避の方策を準備する
② 施工品質管理表や作業標準を活用してプロセス管理し，不具合の発生を防ぐ
③ 要所要所で検査を実施し，早期に手直しを行う

といった点が大切である．

d. 竣工引渡し，アフターサービス

工事完成後，検査の後，建物を発注者に引き渡す．手順としては，

① 施工者による竣工自主検査
② 設計監理者による竣工検査
③ 諸官庁検査
④ 発注者検査
⑤ 引渡し

である．引渡しにおいては，鍵，許認可申請許可書，竣工図，取扱説明書などを発注者に渡す．

施工の責任は竣工引渡しで終わるのではなく，瑕疵担保責任を負っている．「民間連合協定工事契約約款」では，木造などで1年，石造・金属造・コンクリート造で2年とされている．ただし，瑕疵が請負者の故意または重大な過失による場合は，1年を5年，2年を10年としている．通常，1年目，2年目に検査を行い，問題があれば手直しを行う．

[永易　修]

文　　献

1) （社）日本建設業団体連合会：建設業ハンドブック（2002）
2) 古川　修，永井規男，江口　禎：新建築学体系44．建築生産システム，p. 218，彰国社（1982）

3.7　維持・保全

3.7.1　維持・保全とは

建築の維持・保全は，日常的な維持管理業務と，それ以外の保全業務に大別できる．日常的な維持管理は，建築物の点検保守，建築設備の運転監視・点検保守，清掃，廃棄物処理など，建築の使用・運用と並行して連続的・日常的に行う業務を指す．

一方，建築の保全とは，"機能および性能を使用目的に適合するように維持または改良する諸行為"で，通常は建築のライフサイクルの時間軸上に断続的・離散的に現れる行為であり，これには次のようないくつかの行為を含んでいる[1]．

1) 建築物および構成材の物理的劣化対策

建築物およびその構成材・部品，建築設備は経年とともに物理的に劣化する．その物理的劣化のスピードを抑制させたり，劣化部分の性能を回復させる物理的劣化対策は，建築保全の中核を成す．

2) 建築物が意図した性能を発揮しているかを検証し調整する行為

建築物は設計時点で意図したとおりの性能を発揮しない場合がある．建築設備の運転状況も含め，建築物が発揮している性能を検証し，意図したとおりの性能が発揮されるように調整する行為はコミッショニングと呼ばれ，近年，重要視されるようになってきた．

3) 建築の要求条件へのすり合せ行為

建築物の要求条件（使用目的）は時間軸上で一定ではなく，建築物を取り巻く物理的・技術的・経済的・社会的環境の変化に伴って変化する．それらの環境変化の度合・スピードは増しつつあることから，建築物への要求条件の変化の度合い・スピードも増

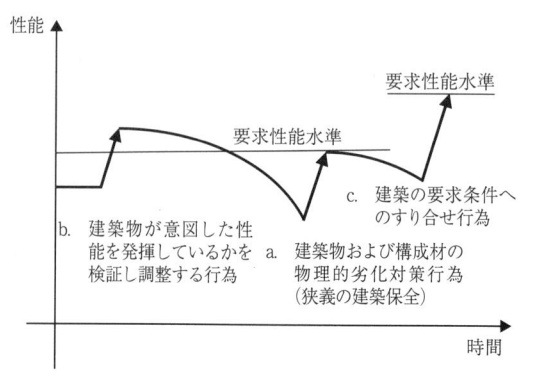

図 3.7.1　建築保全概念図

しつつある．そのため，劣化がさほど進行していなくとも，建物の要求条件への適合度が低下してしまうことがあり得る．間取りを変更したり，新たな設備機器を導入したり，動線を変更するなどの行為により，その乖離を縮小させていく建築の要求条件へのすり合せ行為は，建築保全において重要な分野を占めるようになってきた．

図3.7.1はこれら3種類の建築保全行為の位置づけを概念的に表現したものである．ここでは，前者1)の行為のみを指す場合を狭義の維持・保全，後者2)と3)の行為も含まれる場合を広義の維持・保全と呼ぶこととする．以下，日常的な維持管理，およびこれら3種類の建築保全の具体的な行為内容について述べる．

3.7.2 建築物の日常管理

建築物の日常管理には次のような業務が含まれる．

1) **機能管理**
   ① 建築物および建築設備：建築主要構造部・非構造部，設備，装置類の点検
   ② 建築設備の保守：電気設備（受電設備，屋内配線設備，照明設備，非常用発電設備，電話設備，蓄電設備），給排水設備，空気調和設備（ボイラー，空気調和機器，冷凍機，冷却塔，送風機，排風機），搬送設備（エレベーター，エスカレーター），防災設備（警報設備，消火設備，避難設備）の調整・清掃
   ③ 建築設備運転監視：電気設備，空気調和設備，搬送設備，防災設備，電気・機械設備，防災設備の運転・記録

2) **衛生・環境管理**
   ① 清掃：建物に付着した塵埃（じんあい），汚れの除去，清潔な居住環境の維持
   ② 廃棄物処理：廃棄物の搬出・運搬
   ③ 環境管理：室内空気質や水質など建築物の環境の管理

3) **保安管理**
   ① 保安：地震・風水害・火災等から人命，建物被害を防止する業務

建築基準法は，「建築物の所有者，管理者又は占有者は，その建築物の敷地，構造及び建築設備を常時適法な状態に維持するように努めなければならない（第8条）」と規定して同8条，12条で，特殊建築物や一定規模以上の事務所ビルで特定行政庁が指定するものについては，その所有者などに対して，必要に応じ，当該建築物の維持保全に関する準則または計画を作成することを求めるとともに，建築物の所有者などに対して，定期に当該建築物の敷地，構造および建築設備について専門技術を有する資格者などに調査させ，その結果を特定行政庁に報告する定期報告義務を課している．この報告間隔は，特定行政庁が定めており，おおむね6カ月から3年の間隔である．なお，ここで特殊建築物として通常指定される建物用途には，劇場，映画館，公会堂，集会場，病院，診療所，旅館，ホテル，学校，体育館，博物館，美術館，百貨店，マーケット，地下街や，大規模な共同住宅，事務所が含まれる．2002年時点で，全国で約28万5千棟が定期報告の対象として指定されていて，これらのうち約10万棟に2002年度に報告義務があったが，報告の実績は5万6千棟にとどまっていた．しかしながら，雑居ビルにおける火災において大量の死者を出すなど，定期報告を行っていない建築物の安全性の欠如が社会問題となったことから，同制度の実施強化決定が図られようとしている．

3.7.3 建築物および構成材の物理的劣化対策

建築の構成材および建築設備は，経年とともに劣化していく．この劣化状況を継続的にモニターしたうえでこれらの性能を回復させていかなければならない．建物は，立地条件などにより機能や性能は一様ではなく，適切な時期に，適切な仕様で修繕を行うことが必要になる．

建築性能・機能の回復行為は，予防保全と事後保全に大別できる．予防保全は，計画的に点検，再調整，修繕などを行い，使用中の故障を未然に防止することを指す．事後保全は，故障などにより機能が低下，停止した後に修繕などを行い，元の状態に戻すことを指す．

予防保全行為は，時間軸上頻度高く現れるが，事後保全に比べて，

① 構成材・建築設備の長寿化が期待できること
② 保全のために建築機能の一部が停止している期間が短くかつ予定できること
③ 計画的に実行できることから作業上の無理無駄が少ないこと（逆にいえば，例えばトイレ・給排水など建物機能を維持するうえで，待ったなしの緊急工事は割高になる）

などの理由によって，費用・便益上有利であるとさ

れており，予防保全を計画的に実施することが望ましい．

また，修繕による建物性能の回復を効率的・効果的に行うには，修繕履歴や技術的仕様にかかわる情報の継続的管理と，診断精度の向上がポイントになる．

a. 情報の継続的管理

修繕工事など機能回復工事では，作業を進行させたものの，それを再びやり直す，いわゆる「手戻り」の工程や，現場での情報検索・打合せや変更が頻発する．これは修繕・機能回復の効果という点においても，また，その効率という点においても，好ましからざる低下を生む．その原因は，修繕・機能回復対象部位にかかわる技術的仕様（使用材料の種類・形状・型番やその納まり）や，過去の修繕・機能回復履歴にかかわる情報が散逸・散在して不十分にしか得られないままに工事に入ってしまうことによると考えられる．そこでIT技術を活用しつつ，修繕管理台帳や現況図面を継続的に管理していくことが，こういった無理無駄を省くための喫緊の技術的課題となっている．

b. 診断精度の改善

人の手術の前に十分な検査・診断が行われることは言を要しないが，建物の手術（修繕・機能回復工事）に関しては，極論すれば，まず手術ありきで，十分な調査・診断が行われないまま対症療法的な「修繕」が行われることが頻発する．修繕・機能回復の効果を向上させるためにも精度の高い診断を行い，限られた予算のなかで最大限の効果を埋めるような修繕・機能回復方法について比較考量しながら，その方法を決めていく必要がある．それは，修繕対象構成材・建築設備をそもそも延命するのか，更新するのかという判断も含まれる．このような診断行為は，第三者性と専門知識を持った技術者によって行われるべきであるという認識が近年急速に高まってきた．そこで（社）建築・設備維持保全推進協会では，建築仕上診断技術者（ビルディングドクター）の資格制度を作り，その普及に努めている．

修繕・機能回復工事は，小規模であるが，次のような点において新築工事よりもはるかに制約条件が多く，独自の管理手法を開発していく必要があることを認識しなければならない．

① 不確定性を減少させる手法として，新築では標準化，プレハブ方式を用いた計画的な手段を追求し，予測と計画の信頼性の改善を図る．しかし，修繕・機能回復工事では，こうした予測が難しく，コントロールをしづらい．

② 現存する特有の建物をアップグレードする行為であるため，標準化・定型化が難しい．

③ アップグレードされる建物そのものの詳細な情報に頼るため，決定が現場レベルでとられる必要がある．

④ マネジャーは，作業目的の範囲を確認・理解し，実際的な制約に対して精通し，不確定性とリスクを査定する技術的能力，および敏感な管理能力と現場での決定力を必要とする．

⑤ 不確定性を減じるためには，情報収集が必要．ただし，そのための予算を確保しておく必要もある．

なお，建築構成材，設備の性能・機能が経年とともにどのように変化（エイジング・低下・劣化）していくのかについて，いくつかのデータベースはある．しかしながら，設計時点において正確に予測することは，今日の建築学の水準では困難であり，これは一応の目安に実務上はとどめざるを得ない．これは次のような理由による．

① 次々と新しい材料・構法が開発されている．

② 開発された新しい材料・構法の経年変化要因を劣化促進試験などで再現することには限界があり，これらの材料・構法を実際に用いて得た経験的知識をフィードバックさせないと，設計で参照し得る経年変化モデルが構成できない場合が多い．その結果，経年変化モデルが得られるには5年単位の時間を要する．

③ しかも，信頼できる経年変化モデルが得られた時点では，その材料・構法が広く用いられておらず，新種の材料・構法が用いられているこ

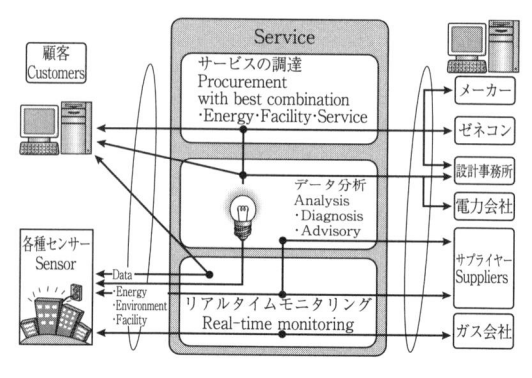

図 3.7.2 ITを用いたエネルギーデータモニタリングの例
（出典：東京大学生産技術研究所野城研究室）

とは珍しくない．

したがって，経年変化への対応を事前に確定的計画として作るのは困難であり，むしろ状況をモニターしながら，その時点の建物への要求条件と照らし合わせて，対策を講じていくという方法をとらざるを得ないことにも留意する必要がある．

3.7.4 建築物の性能検証

建築物が意図した性能を発揮しているかを検証し調整する行為は，コミッショニングと呼ばれる．これは，それぞれのシステムに対して，システムが設計趣旨に合致した性能を発揮するように，設計，施工ならびに機能試験が行われ，運転保守が可能な状態であることを検証する過程を指す．

このコミッショニングという行為が新築建物の引渡し前後で行われる場合，当該建物の生産者とは異なる第三者が行う必要性がある．近年，性能検証責任者（Commissioning Authority：CA）は新しい職能として定義され，性能検証過程を実行するために発注者から直接に雇用・委託され始めているのは，そうした理由による．

なお，コミッショニングを行うには，建物の性能を一定期間モニタリングして，継続的にデータをとって診断し，かつまた処方した結果を継続的に検証していかなければならない．このようなモニタリングに人件費がかかると，そのデータ精度が低下してしまう恐れがある．そこで近年では，図3.7.2に例示するように，IT技術を用いて効率的にモニタリングを行う技術が開発されつつある．

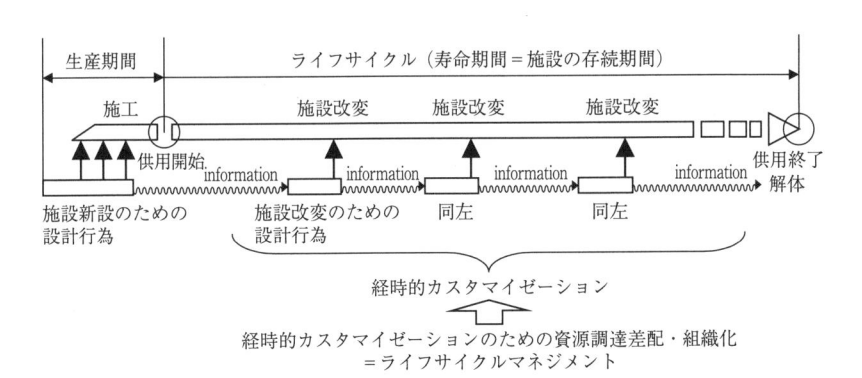

図 3.7.3 建設施設における設計行為と経時的カスタマイゼーションおよびライフサイクルマネジメントの関連概念図

表 3.7.1 建設施設への要求条件の変化例

施　設	要　求　条　件
病院建築	日進月歩する医療技術や医療関連テクノロジー，その時代の疾病特性（どのような疾病の患者が増減するのか）によって，新たな設備・機器を導入するための改変がほぼ恒常的に求められている（過去50年間の改修履歴を分析して，その病院内に工事用の足場がなかった期間の合計がわずか5年に過ぎないという事例すらある）．
オフィスビル	1970年中葉以降に作られたオフィスビルは，当時の省エネルギーの考え方を反映し，窓などの開口面積を小さくする傾向があった．しかし現在は，逆に，自然光を多く取り入れ，照明のためのエネルギー使用を抑制した方が，総合的にみて省エネルギー効果が高いという考え方に基づいて，断熱性の高いペアガラスなどを活用しつつ，より大きな開口部を持つオフィスビルが建設されている．
公共住宅	国が作成する住宅建設5か年計画をもとに作成される居住水準を若干上回る規模設定して供給されてきたが，過去30年余り，政策設定される居住水準が引き上げられ続けてきたので，近い過去に建設された公共住宅は，その時点での居住水準を下回ってしまうことが続いてきた．また，1990年代初頭まで，財政当局の強い意向もあり，5階建以下の公共住宅には原則としてエレベーターを設置しない政策がとられてきたので，現在，高齢化した4階建・5階建住宅の居住者のアクセシビリティの改善が求められている．
電話局舎	かつての電信電話公社時代に建設された電話局舎は，管轄地域の人口動態の予測をもとに人口増加地域では，将来電話交換機を増設する余剰スペースを残して建設されてきた．しかしながら，交換機が小型化したため，そうした余剰スペースを用いる必要がなくなる一方，単位空間当たりの発熱量が増したため，交換機設置スペースの空調負荷が増加し，対策をとる必要が生じた．
高速道路・自動車専用道	1960年代から70年代に建設された高速道路・自動車専用道路には，設計時の予想をはるかに上回る交通量があるため，路盤を厚くするなど，荷重に耐えるための対策をとることが求められている．

3.7.5 建築の要求条件へのすり合せ

建物に対する要求条件は刻々と変化している．要求条件の変化に対して「すり合せ」をしていくことは必要である．従前と異なり現在では，オープンビルディングなど建設後の「改変への対応性 (adaptability)」を高めることを意図して計画・設計された施設の事例が増えつつある．しかし，刻々変化する要求条件に対して施設の様態を適合させるためには，施設新設時点での「改変への対応性」を向上させることは，必要条件であって十分条件ではない．言い換えれば，建設施設を要求条件に対して経時的に適合させていくためには，「施設を新設する時点での設計行為」をコントロールするだけではなく，「ライフサイクルにわたって継続的 (continual) に行われる設計行為」をコントロールしていくことも重要となる．このような継続的な要求条件へのすり合せ行為は「経時的カスタマイゼーション」と呼ぶことができる（図3.7.2）．

建築のライフサイクルにおいて起きうる要求条件の変化は，表3.7.1に例示するように様々であるが，その多くの変化は設計時点で正確に予見することが難しい．

以上のように，建物施設に対する要求条件が将来どのように変化していくのか，あるいは建物やその構成要素の経年変化がどうなるのか，新設のための設計時点で確定することが困難であるということは，「計画＝プランニングという擬似集合的な意志の事前確定性」という近代の論理に依拠した設計理論が，建設施設（特に建物）に関しては，もはや適用し得ないことを意味している．したがって，むしろ「要求条件のすり合せ」はマネジメントであるととらえるべきで，その文脈上に，用途転換工事（コンバージョン）を含む大規模改修工事を位置づけていく必要がある．

3.7.6 マネジメント行為としての維持保全

建物の維持保全は，建物のライフサイクルマネジメント行為の一貫としてとらえるべきで，それは，長期維持保全計画を策定して計画的に進めるべき側面と，刻々変わる条件に応じて対応すべきマネジメント的側面の両面を持つ．長期維持保全計画は，長期の費用対効果を最適化するために策定するもので，予防保全手法や，工事を行う際にはできるだけまとめて行い，道連れ工事を最小化することから成り立ち，そのために前述のように，建物の保全にかかわる図面，仕様，修繕履歴，保守点検基準，長期修繕計画，消耗品，取引先台帳，法定届出，テナント・契約，売上，請求，エネルギー使用量にかかわる情報を継続的に管理していく必要がある．

なお，維持保全は，プロパティマネジメント（管轄する不動産から得られる純営業収入（ネット・オブ・リターン）を増加させ，その物件の価値を高めることを目的とした建物の運営管理）や，アセットマネジメント（不動産のポートフォリオの管理を業務とし，物件の利回りを最善化させること）とも密接に関連する．

日本では，長い間，既存の建築産業の主要活動が新築であったため，建築の維持・保全とは「建物の新築の後段階」である，という発想からとらえられてきた．しかしながら，現実には，建築の維持・保全は「建物の新築の後段階」という性格よりもむしろ，「建築ストックに付帯して発生してくる諸行為」という性格を強めつつある．言い換えれば，近年は2億 m^2 の水準を大きく下回っている新築量（フロー）の後段階として需要が発生しているというよりは，現在日本に存在する約80億 m^2 の建築ストック総体から維持保全の需要が発生していると認識すべき状況となっている．

新築が主流の時代には，建築市場とは建築産業の活動域であるという「供給者側の範囲」という視点からとらえられてきた傾向がある．しかし，建築ストックそのものから維持保全の需要が発生しているという現実は，維持保全も含めるのであれば，建築市場は「需用者側の範囲」からとらえるべきことを示している．同様に，建築生産も「建築産業による生産活動行為」ではなく，むしろ「建築にかかわる諸ニーズを満たすための活動」であると考えるべきであり，既存の建築産業セクターとは異なる業態を持った主体が提供している様々なサービスも建築生産の一部をなすととらえるべきである．

そのような意味で建築維持保全は，後工程ではなく，今後の建築生産の中心工程となるべきものである．

[野城智也]

文　献

1) 日本建築学会：建築物の耐久計画に関する考え方，日本建築学会 (1988)
2) 巽 和夫，柏原士郎，古阪秀三：進化する建築保全－LCCからFMまで，学芸出版社 (2002)
3) 飯塚 裕：建築維持保全，丸善 (1990)

3.8 廃棄・リユース・リサイクル

3.8.1 資源利用における建築生産のシェア

表3.8.1は，やや古い統計であるが，資源利用量および廃棄物量において建設産業が占める割合を表したもので，建設産業は全産業における資源利用の約半分を占めていることがわかる．

また，他の資料でも，北米・西欧・日本などの工業国において1年間に使用される資源総量の約半分を占めている[1]．加えて，人工物として国内・域内にストックされる資源総量のうち，約半分は建築物としてストックされる[2]．建設セクターにおける資源生産性（＝資源利用効率）は一国の資源生産性を左右するといってよい．しかしながら，図3.8.1に示すように，不法投棄物のうち件数別では，66%は建設系廃棄物で，木くずは24%を占める．木くずの主たる排出源は一戸建の木造住宅であることから，戸建木造住宅の解体が不法投棄の主要発生源とみなされてきた．

不法投棄された木くずの発生源は図3.8.2のように，機械力により一気に解体し，解体材料を仕分けずに混合廃棄物として排出する，いわゆるミンチ解体によっていると想像される．

ミンチ解体は図3.8.3に示すように，解体材料を人手などによって仕分けて搬出する，いわゆる手ごわしの解体方法に比べて，2割程度の人手（人工）しか要さない．ミンチ解体が横行する一因は，戸建住宅の解体の価格競争が激烈であり，しかも重層構造による請負形態をとっていることによる．

3.8.2 大量の廃棄物発生がもたらす問題

技術倫理において「普遍化テスト」という判断基準がある．これは，「もし，自らが行おうとしていることを他者も行うとすれば，社会全体がどうなってしまうか」ということを想起することで，行おうとしていることの可否を問おうとしているテストである．これにあてはめて「もし解体によって発生した解体材を再利用することなく廃棄することを続けていけばどのようなことになるのか」を考えてみると，以下のような深刻な問題を発生させることは容易に推察される．

a. 最終処分場の逼迫

廃棄物の野焼きや不法投棄は，各地で生態系や生産緑地の破壊，景観破壊，異臭の発生といった環境

表3.8.1 資源利用量および廃棄物量において建設産業が占める割合

	全産業	建設産業	割合
資源利用量	24億t	11億t	46%
廃棄物量			
排出量	4億t	0.82億t	21%
リサイクル量	3.1億t	0.45億t	15%
最終処分量	0.84億t	0.37億t	44%
不法投棄量	39万t	34万t	87%

（1993年度，不法投棄量は1993～1995年度の年平均値）
（出典：建設省，環境庁，厚生省調査）

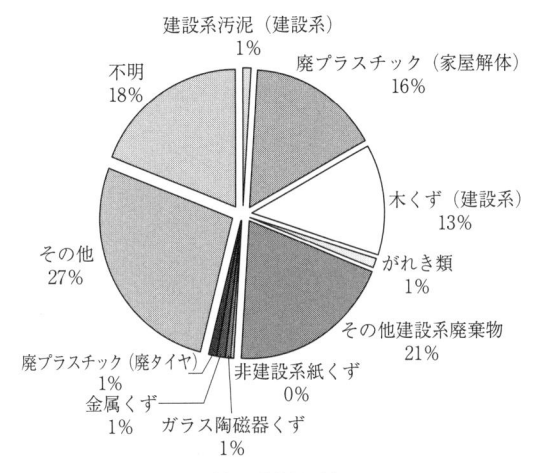

(a) 残存量（t）

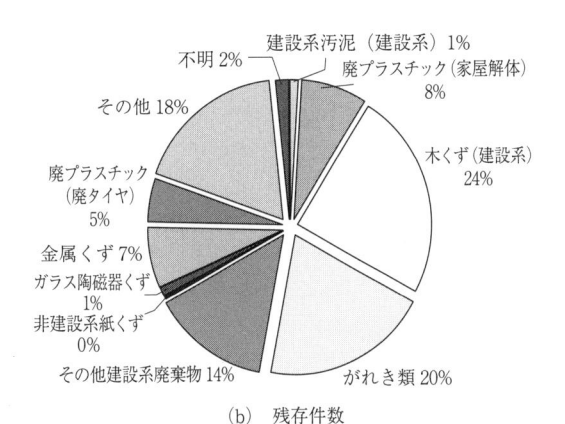

(b) 残存件数

図3.8.1 不法投棄された廃棄物の組成割合
（備考）環境省調査より，環境省から都道府県および保健所設置市に対し調査票を送付し，平成15年11月時点で不法投棄等事案として把握しているものを示す．
（出典：平成15年度不法投棄等産業廃棄物の残存量調査の結果）

図3.8.2 ミンチ解体の状況

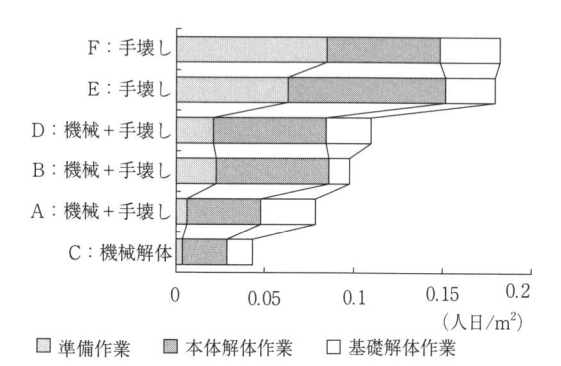

図3.8.3 解体方法の相違による解体工事所要人工数の相違[3]

問題を顕在化させているだけでなく、地下水・水質汚染や有害物質の発生などの原因となっていることが懸念されている。しかも、仮に法的な意味で適切に処理されるにせよ、最終処分場の残余容量は逼迫している。例えば、首都圏では以前から最終処分場の新設が激減しているにもかかわらず、産業廃棄物の残余耐用年数が1年を切っていると報道され続けている奇妙な状況が続いている（例えば、産業廃棄物行政組織等調査，平成10年4月1日現在）。一方、建物の寿命実態が現状[4]と変わらず40年程度である状況が続けば、今後鉄筋コンクリート建物など非木造建築物から発生するコンクリート塊の発生量が急増することが予想され、従来それらの受け皿として機能していた道路路盤や外構による需要を上回ってしまうことが懸念されている[5]~[8]。

b. 再生可能資源の持続的利用の破綻

建築分野における資源の大量使用・大量廃棄は、本来再生可能な資源の持続的利用すら脅かしつつある。例えば、木材は本来は再生可能な材料であるが、日本の林業生産を担う中間山地が荒廃する一方で、持続可能な森林管理のなされていない林から切り出された木材の輸入は続いている。この現状は、日本国内での木材資源の持続可能な利用の基盤を崩壊させるとともに、熱帯雨林をはじめとする海外の森林破壊を助長させてしまっているおそれがある。

c. 化学系材料廃棄にかかわる有害可能性の顕在化

前世紀以降、石油化学製品が新建材として大量に使われてきた。これらの新建材は優れた性能を持つ反面、伝統材料のような再利用・廃棄方法や副次的作用にかかわる経験的裏づけがないまま使用されてきたがために、前世紀末になって様々な問題や懸念が顕在化することになった。例えば、塩化ビニル製建材が大量に使われ続けてきた。このため塩化ビニル管ではリサイクルシステムが整備されつつある。しかし、塩ビ建材の相当割合は小断面材で、しかもそれらが他種材料と組み合わされて用いられている。そのため技術的理由・社会的経済的理由から、野焼きなど低温で他種材料と混焼されるリスクを抱えており、これらがダイオキシン類物質の増加の一因であるという疑いを排除できない。また、オゾン層を破壊するフロン類のCFC，HCFCを冷媒とする空調機の交換管理も依然として不徹底である。発泡剤にCFC，HCFCガスを用いた断熱材中にもこれらのガスが相当量残留しており、これらの断熱材を用いた建物の解体もしくは改修にあたっては、これらのフロン発泡断熱材を回収・無害化処理する必要性が生じ始めている。

3.8.3 資源生産性の概念

解体材をできるだけ再利用するような仕組みを建築生産の仕組みに新たに構築していくことは喫緊の社会的・技術的課題である。資源利用の観点からみた建築生産のパフォーマンスは、資源生産性（resource productivity）という指標で測定される[9]。これは資源利用効率（resource efficiency）とも呼ばれており、以下のように概念的に表される。

$$資源生産性 = \frac{産出された便益・サービス量（アウトプット）}{インプットされた資源総量}$$

ファクター・フォー（Factor four）とは、資源生産性を4倍増にすることであり、産業・経済活動が向かうべき目標として、ワイツゼッカーらが著書で1990年代中葉に提唱した[10],[11]。これは、循環利用により資源使用量（インプット）を増やすことと（例えば1/2）、得られる便益・サービス量を増やすこと（例えば2倍）によって実現される。また、シュ

ミットブリークらは，MIPS（Material Intensity Per Service）という概念とともにFactor tenの必要性を説いている[12]．

いわゆる3R，すなわち，Reduce（排出抑制），Reuse（再利用），Recycle（再生利用とエネルギー回収）は，資源生産性を高めるための重要な手段である．ただし，3Rは手段であって，それ自体が目標なのではなく，実現すべき目標は下記のような事柄であって，包括的には資源生産性の概念であることに留意する必要がある．

① 非再生資源（ストック性資源）の採取量の抑制
② 埋立廃棄処分量・廃棄に伴う地形改変の最小化
③ 建物など人工物にストックされている資源の持つ顕在的・潜在的な環境リスクの管理

3.8.4 建築の解体・資源利用に関する制度

解体に伴って発生する材料が再利用される可能性は，解体現場からどの程度仕分けられて材料が搬出されるかどうかに大きく影響されるといわれている．材料種別ごとに仕分けられていれば再資源化される可能性が高くなり，一方，他種材料と混合された状態で搬出されれば可能性は低くなる．

図3.8.4は，実態調査[3]に基づいて，現場から搬出される解体材料の様態を決定づける要因を整理したものである．

図3.8.4に現れた特定のファクターだけを政策上コントロールしたとしても，解体材が仕分けされて現場から搬出されることを実現するための十分条件はそろわない可能性がある．例えば，「解体材処理費用」を課徴金・課税によって政策的に高額化することは解体材の再資源化を促す側面もあるが，もし，その施策のみが厳格に適用され，他のファクターの政策的コントロールを怠ると，かえって不法投棄などを誘発してしまうおそれもある．解体材を仕分けるという政策目的実現のためには，図3.8.4の諸ファクターを包括的にコントロールできる施策プログラムが用意されなければならない．例えば，それは表3.8.2に示すような施策群である．

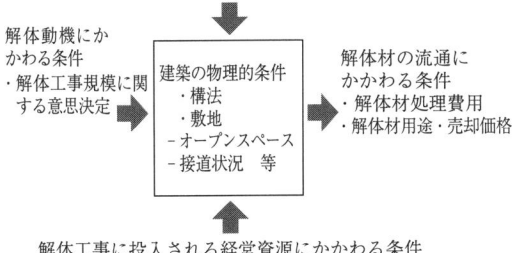

建築解体現場における仕分けを推進し，その再利用と適正処理を推進するために，循環型社会形成推進基本法（平成12年法律第110号，平成12年6月公布）を基盤に，「建設工事に係る資材の再資源化等に関する法律」（平成12年法律第104号，平成12年5月公布）が制定された．これは，通常「建設リサイクル法」と略称されている．その骨子は以下のようなものである．

(1) 建築物等にかかわる分別解体および再資源化等の義務づけ
① 一定規模以上の建築物（表3.8.3）にかかわる解体工事および新築工事等において，当該建築物に使用されている特定の建設資材を分別解体等により現場で分別することを義務づけ
② 分別解体等に伴って生じた特定建設資材廃棄物について，再資源化を義務づけ
③ 法施行当初は特定建設資材として，コンクリート（コンクリートおよび鉄から成る建設資材），木材，アスファルトの3品目の予定

(2) 発注者による工事の事前届出や元請業者から発注者への事後報告，現場における標識の掲示等により，適正な分別解体および再資源化等の実施を確保

(3) 解体工事業者の登録制度を創設し，解体工事現場への技術管理者の配置等により，適正な解体工事の実施を確保

建設リサイクル法に加え，建築解体材の処理過程においては，廃棄物処理法（廃棄物の処理及び清掃に関する法律），大気汚染防止法，ダイオキシン類対策特別措置法，特定製品に係るフロン類の回収及び破壊の実施の確保等に関する法律，労働安全衛生法などの関係法令を遵守し，有害物質などの発生の抑制および周辺環境への影響の防止に努めなければならない．

廃棄物処理法では，不法投棄を防止する観点から，

図3.8.4 解体現場から搬出される材料の仕分けの度合いを決定づける要因群[3]

表 3.8.2　解体工事現場から排出される廃棄物の仕分けを推進させる施策例[3]

政策手段 影響要因	法令による許可・規制	市場育成・介入	技術開発, 啓蒙・教育
1　解体動機			
1.1　解体工事規模に関する意志決定	解体工事許可 短寿命住宅に対する課金	中古住宅市場の拡大化支援 建替よりも改修に対する融資等の政策助成を優遇	住宅長寿化技術の開発・普及
2　解体工事に投入される経営資源			
2.1　予算	住宅所有者の費用負担責任明確化	適切な解体工事への政策助成等優遇	解体工事予算積算基準の策定・普及
2.2　解体工事者の技術的能力		解体工事者の技術能力の評価情報の流通	解体工事技術の開発 技術基準の策定・普及
3　解体工事を制約する条件			
3.1　工事内容・解体材搬出先の第三者への報告行為	解体工事の届出または許可・認証 搬出先の受取証明の開示義務	解体材デポジット制	
3.2　工事契約内容	解体工事契約および廃棄物処理契約の明確化義務		標準約款作成・普及
3.3　工事に関する発注者の要求条件（工期，近隣対応など）	公益に反する要求条件の排除		
3.4　住宅構成材に関する情報（図面等）の精度		図面等の情報の有無・内容による解体工事費用の差別化	住宅の現況情報の保持更新に関する指針の策定および普及
4　解体材の流通にかかわる条件			
4.1　解体材処理費用		解体材処理価格の種別細分化	
4.2　解体材用途・売却価格	構成材製造者による引取り義務	解体材を原料とする資材の価格競争力向上のための優遇・助成 構成材のリース・下取り等による循環利用促進	解体材を原料とする資材の技術・品質基準の策定および普及
5　住宅の物理的条件			
5.1　住宅の構法		構法別解体容易性情報の流通	「分解できる構法」の開発
5.2　敷地条件	解体期間の道路占有条件緩和 接道条件劣悪敷地の新築規制		

表 3.8.3　建設リサイクル法において分別・再資源化が義務づけられる対象工事の最小規模

工事の種類	規模の基準	
建築物の解体工事	床面積の合計	80 m²
建築物の新築・増築工事	床面積の合計	500 m²
建築物の修繕・模様替え	請負代金の額	1 億円
その他の工作物に関する工事（土木工事等）	請負代金の額	500 万円

産業廃棄物管理票（マニフェスト）制度を規定している．これは，排出事業者は，最終処分までの処理が適正に行われるよう必要な措置を講ずるよう努めるとともに，最終処分の確認が可能となるような義務を課したものである．下記のような産業廃棄物管理票の取り扱いをすることにより偽造・虚偽の報告が起きないような制度上の工夫がなされている．

① 最終処分者は，管理票交付者（排出事業者，中間処理業者）に送付している現行制度の管理票の写しに，最終処分の終了した旨を記載すること．
② 中間処理業者は，最終処分の終了した旨を記載した管理票の写しを管理票交付者へ送付すること．
③ 管理票交付者は，最終処分の終了した旨を記載した管理票の写しの送付がないときに，状況把握および適切な措置を講ずること．

産業廃棄物管理票の運用の厳格化は，一方では作成・管理が業務負担となっている．そこで，電子化

システムの導入などが急がれている．

3.8.5 ゼロエミッション

ゼロエミッションは，産業界における生産活動の結果排出される廃棄物をゼロにするため，全産業の製造過程を再編成し，循環型産業システムを作るという構想である．A産業にとっては廃棄物であっても，B産業にとっては資源となる可能性がある点に着目して，A産業→B産業→C産業→…という産業連関の輪を作り上げ，廃棄物を出さない環境保全的な産業構造（産業クラスター）を創造するという考え方が構想の中核を成す．

注意すべきことは，厳密な意味では，ゼロエミッションということはあり得ないことである．エミッション（emission）とは，排出する行為・プロセス，または，熱・光・臭気・音など排出されるモノそのものを指す．ゼロエミッションを字義どおりにとらえるならば，排出する行為・プロセスがゼロであること，または排出されるモノがゼロであるという意味になる．しかし，排出する行為・プロセスがゼロである生産過程というものは考えがたい．また，例えば熱収支などについて考えればわかるように，ある用途に合うようにエネルギーや資源を変換する行為において，CO_2ガスなどを含め外部系への排出が厳密にゼロになるということはあり得ない．したがって，技術用語としてのゼロエミッションは，「排出を最小化する行為」あるいは「最終処分場に埋め立てられる固形廃棄物をゼロにする」という意味であるととらえるべきである．

ゼロエミッション化への取組みの範囲は，以下に示すように様々な事項が考えられる．

① 生産拠点単位でのゼロエミッション化（例：エコファクトリー）
② 生産拠点クラスターでのゼロエミッション化（例：ゼロエミッション工業団地）
③ 地域単位でのゼロエミッション化（例：地域的ゼロエミッション，エコタウン事業など）
④ 産業セクター単位でのゼロエミッション化

生産拠点単位でのゼロエミッション化は，製造業では既に積極的に取り組んでいる企業も少なからずあり，工場においてゼロエミッションを達成したと発表する事例も現れ始めた．これは工場において「廃棄物を100％再資源化した」ということを指している．具体的には，工場で発生するすべての廃棄物を仕分けして，それらを専門業者に引き取ってもらったうえで，これら引き取られた廃棄物が，他の商品の原料もしくは燃料として利用されたことを確認できた場合，工場の「ゼロエミッション達成」が宣言されているようである．

同様に考えれば，建築生産においても，ある生産現場から排出される廃棄物が100％再資源化されたことが確認されれば，その生産現場はゼロエミッションを達成したことになる．しかしながら，建設生産活動全体でのゼロエミッション化が実効性を持つためには，このような生産現場ごとの努力の足し算だけでは不十分である．むしろ，建築生産におけるゼロエミッションの本質は，マテリアルフローを媒介とした企業・産業同士の連携の集合体を地域において構築することにある．

3.8.6 地域における静脈サプライチェーンのマネジメント

a. 地域の静脈SCMとは何か

地域における静脈サプライチェーンのマネジメント（Supply Chain Management：SCM）とは，地域内において資源の再利用を通じた経済主体間の需要・供給のネットワーク関係を構想し，稼働させることであり，物流を指すのみならず，商流，情報流をも含んだより包括的な概念といえる．地域という単位で俯瞰視するのは以下のような理由による．

① 地域により，発生する廃棄物起源の資源の種類，量，発生密度・分布が著しく異なる．
② 鋼材などの金属資源を除くと，一般に廃棄物を起源とする資源は，重量当たり，もしくは体積当たりの付加価値が小さいものが多く，発生源から長距離陸上輸送されるには制約条件が多い．そのため，発生源からある距離範囲内にある経済主体と取引き関係を結ぶ傾向が強い．
③ したがって，廃棄物の発生者・輸送事業者と物流施設・再資源化施設の取引き関係（「静脈サプライチェーン」の一部）は，地域のなかにある物流施設および再資源化施設の機能，容量，地理的分布によって影響される．
④ 再資源化施設からのアウトプットである固形物製品も重量当たり，もしくは体積当たりの付加価値が小さいものが多い．また，アウトプットがガス，エネルギーである場合は，その貯蔵・輸送手段について技術的・経済的制約条件が多々ある．
⑤ したがって，再資源化施設とそのアウトプッ

表 3.8.4 山口県における発生木くずの需給バランスシナリオ[2]

再利用様態	潜在需要量（トン）	見積り根拠・見通しなど
マテリアルリサイクル		
a) ボード用	16,000	購入ルートを山口県内に振り返ることで12,000トン増加
b) マルチング用	15,000	都市公園50haに5〜15cmの厚さに敷設すると2.5〜7.5万m³（0.75万トン〜2.25万トン）
c) 堆肥化・敷料化	0	金属等の異物・CCA混入可能性が難点
サーマルリサイクル		
a) チップ化燃料		
電力会社での利用	230,000	山口県内石炭火力発電所での313万トン（平成9年度実績）の石炭燃料のうち，欧米と同様に5〜10%が木材廃棄物で代替されるとすれば15〜31万トン需要が発生
セメント会社での利用	150,000	燃料の焼却灰をセメント原料として利用する場合，CCA混合可能性が難点になるため現状は7000トン．もし，この難点が解消されれば左記のような需要が期待できる
木材乾燥化施設	－	乾燥木材需要の高まりと化石燃料代替を期待．ただし，量的見積り根拠なし
b) 炭化したものを燃料利用	－	県内発生木くずをすべて炭化させた場合，そのカロリー総量は火力発電所使用石炭の1.6〜3.3%に相当する

（備考）　山口県内の2000〜2010年の木くず発生量は16〜25万トンと見積られている．

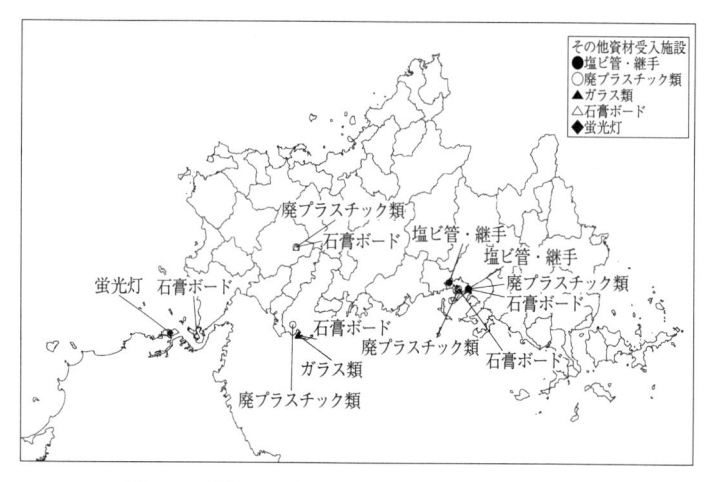

図 3.8.5　「隠れた再資源化施設」の山口県における分布
（出典：山口県住宅リサイクルプログラム報告書）

トの需用者との取引き関係（「静脈サプライチェーン」の一部）は，地域におけるアウトプットに対する需要の規模・地理的密度および分布や，貯蔵・輸送手段に影響される．

以上の理由から，地域で稼働しうる「静脈サプライチェーン」を構想するには，

① 発生する廃棄物起源の資源の種類，量，発生密度・分布
② 物流施設および再資源化施設の機能，容量，地理的分布
③ アウトプットに対する需要の規模・地理的密度および分布や，貯蔵・輸送手段

という地域固有の条件を勘案することは必須であることがわかる．換言すれば，全国規模での一般解をテンプレートにして地域の解を考えるというアプローチではなく，各地域の解から帰納法的に全国規模での解を導いていくアプローチの方が現実的であるように思われる．

b. 地域における「静脈SCM」構想の例
　　——山口県住宅リサイクルプログラム

2000年度に策定された「山口県住宅リサイクルプログラム」は，地域の状況に応じた包括的な政策

3.8 廃棄・リユース・リサイクル

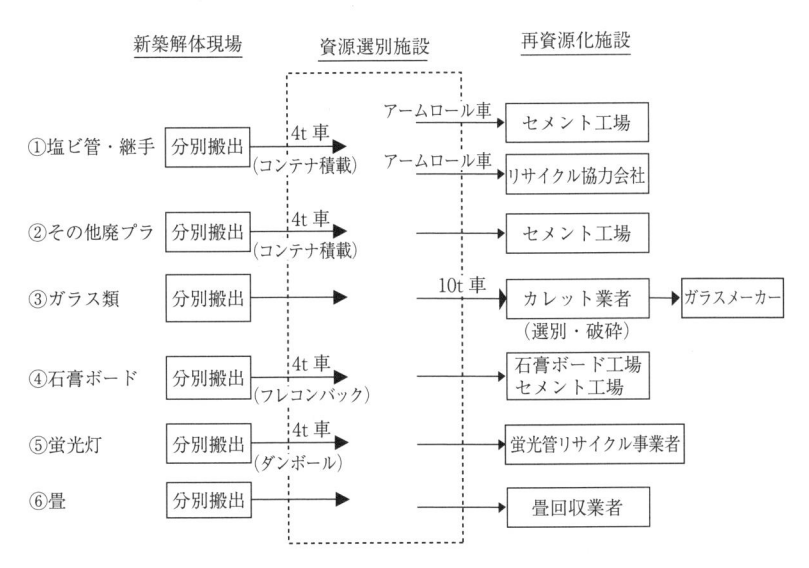

```
新築解体現場        資源選別施設        再資源化施設

①塩ビ管・継手  分別搬出  4t車       アームロール車  セメント工場
                      (コンテナ積載) アームロール車  リサイクル協力会社

②その他廃プラ  分別搬出  4t車                      セメント工場
                      (コンテナ積載)

③ガラス類     分別搬出         10t車  カレット業者  → ガラスメーカー
                                   (選別・破砕)

④石膏ボード    分別搬出  4t車                      石膏ボード工場
                      (フレコンパック)              セメント工場

⑤蛍光灯      分別搬出  4t車                      蛍光管リサイクル事業者
                      (ダンボール)

⑥畳         分別搬出                             畳回収業者
```

図 3.8.6 資源選別化施設構想（山口県住宅リサイクルプログラム報告書）

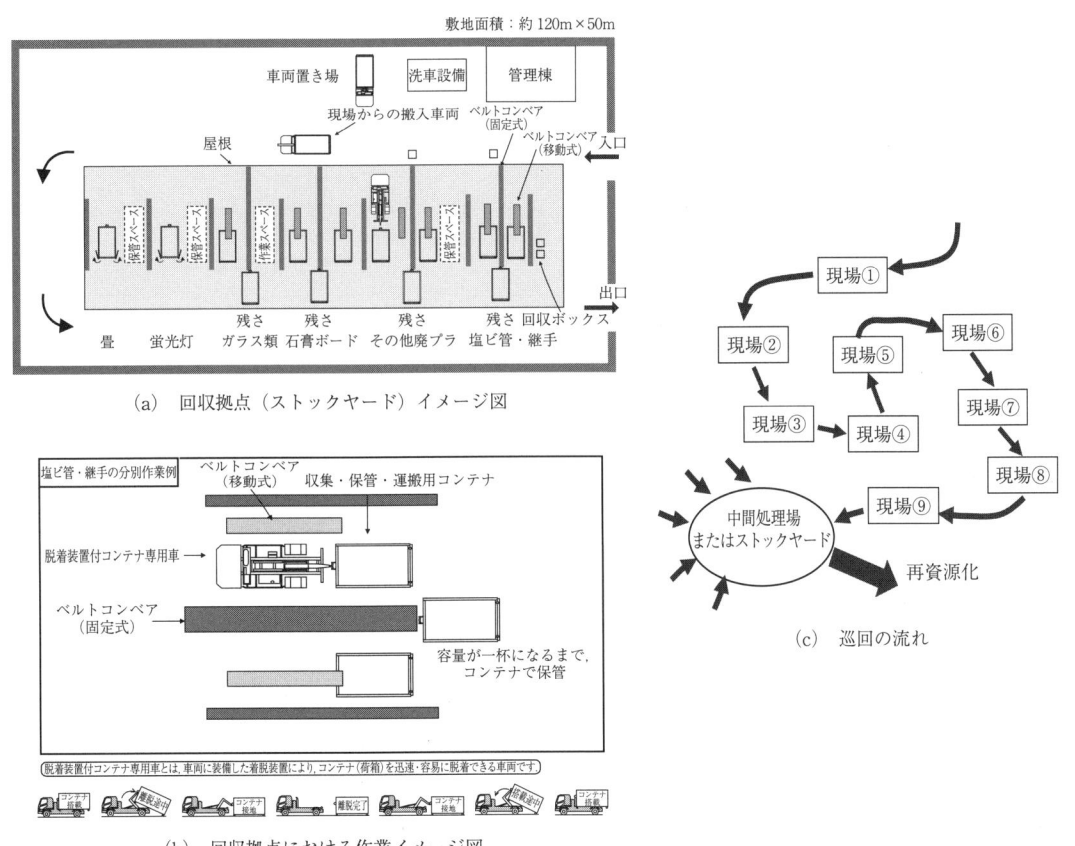

(a) 回収拠点（ストックヤード）イメージ図

敷地面積：約 120m×50m

畳　蛍光灯　ガラス類　石膏ボード　その他廃プラ　塩ビ管・継手

(b) 回収拠点における作業イメージ図

脱着装置付コンテナ専用車とは，車両に装備した着脱装置により，コンテナ(荷箱)を迅速・容易に脱着できる車両です

(c) 巡回の流れ

図 3.8.7 巡回集会システム

枠組みを策定する必要性を具体的に示したものである．策定にあたっては地域における需給バランスが検討された．

そのうえで，県内の焼却施設および再資源化施設の立地，潜在的処理能力を調査した．これを踏まえて表3.8.4に例示するような需給バランスシナリオを策定した．

山口県の特徴は，セメント工場や石炭火力発電所など重化学工業施設が数多く所在することであり，人口規模および木造住宅のストック量と比較考量すれば，発生木くずを上回るだけの木くず需要がこれらの重化学工業施設にあることである．

同様の発想に立つならば，図3.8.5に示すように，山口県内には様々な重工業施設が所在しており，建築分野において発生する廃棄物を資源として利用できる潜在的な可能性を持っていると考えられる．そこでこれらは，「隠れた再資源化施設」と呼ぶことができる．

「隠れた再資源化施設」は，再生骨材施設や再生ボード工場など，建築分野に関連した再資源化施設として明示的な看板を掲げていないが，地域の資源循環において重要な顕在的・潜在的役割を担っている．「隠れた再資源化施設」は，資源の循環利用における地域の産業基盤の重要要素である．

加えて，地域の静脈サプライチェーンを構築するうえでは，地域における廃棄物起源資源の地理的発生密度を勘案して，廃棄物の発生現場と再資源化施設を結ぶ物流システムの構築が不可欠である．山口県地域における発生密度や道路インフラの状況を勘案すると，図3.8.6に示すような資源選別化施設や，図3.8.7に示すような小規模巡回回収システムが必要であると構想される．　　　　　　[野城智也]

文　献

1) Organisation for Economic Co-operation and Development : Sustainable Construction, Policy Design and Evaluation for Sustainable Buildings (2000)
2) 下田吉之：住まいのまわりの物質循環．すまいろん，1999夏号，pp. 32-35，住宅研究総合財団 (1999)
3) 野城智也：戸建住宅の解体実態からみた解体材再利用阻害要因．廃棄物学会誌，11, 2, pp. 15-23 (2000)
4) 野城智也，加藤裕久，吉田倬郎，小松幸夫：東京都中央区における事務所建築の寿命実態——非木造建築物の寿命実態に関する調査研究．日本建築学会計画系論文報告集，No. 413, pp.139-149 (1990)
5) 野城智也：耐用年数と資源消費量の関連性評価に関する基礎的研究．日本建築学会第6回建築生産と管理技術シンポジウム論文集，pp. 271-276, 日本建築学会 (1990)
6) 山口県住宅リサイクルプログラム調査報告書 http://www.pref.yamaguchi.jp/gyosei/jutaku/pdf/yamaguchi-recycle.pdf (2001)
7) 建設省：建築解体廃棄物対策研究会報告, p.6, p.12 (1998)
8) 内閣府：「循環型経済社会に関する専門調査会」中間とりまとめ (2001)
9) 野城智也，楊　詩弘，翁　佳梁：建築生産における資源再利用パフォーマンスの計測方法に関する研究．サステナブル・コンストラクションの評価インジケーターに関する考察．第2報，日本建築学会第16回建築生産シンポジウム論文集，pp.39-44 (2000)
10) Ernst von Weizsäcker, Amory B. Lovins, L. Hunter Lovins : Factor Four——Doubling wealth, halving resource use, Earthscan (1998)
11) エルンスト・ウルリッヒ・フォン・ワイツゼッカーほか（佐々木建訳）：ファクター4——豊かさを2倍に，資源消費を半分に，省エネルギーセンター (1998)
12) フリードリヒ・シュミット＝ブレーク（佐々木建訳）：ファクター10——エコ効率革命を実現する，シュプリンガー・フェアラーク (1997)
13) 野城智也，福田展淳，本多直巳，田中正人，水井啓介，鈴木進一，小林　均：地域における住宅解体材の再利用シナリオ　山口県住宅リサイクルプログラムについて．日本建築学会第17回建築生産シンポジウム論文集，pp.1-6 (2001)
14) T. E. Graedel, B. R. Allenby : Industrial Ecology, Prentice Hall (1995)
15) *Journal of Industrial Ecology*, MIT Press
16) 野城智也：サービス・プロバイダーとしての建築産業へ．建築の施工 (2000)
17) Organisation for Economic Co-operation and Development : Environment Policy Committee Eco-Efficiency Enviroment Ministerial Steering Group, ENV/EPOC/MIN (98) 7/REV1 (1998)
18) 日本建築学会サステナブルビルディング小委員会報告書，サステナブルビルディング普及のための提言 (1999)
19) P. Hawken, *et al.* : Natural Capitalism——Creating the next industrial revolution, Little Brown and Company (2000)
20) L. D. DeSimone : Eco-Efficiency——The business link to sustainable development, MIT Press (1997)
21) 安藤尚一：サステナブル建築に関するOECD諸国の政策総合調査と結果の考察．日本建築学会計画系論文集，No. 530, p. 95 (2000)

4

建築と生産技術

4.1 建築物の種類

4.1.1 建築の用途分類

建築物は，人々が生活するところ，仕事をする場所，さらには娯楽・飲食など，すべてにかかわる．最も割合の多い用途が住宅である．これを用途分類では居住専用住宅という．他の居住の形式では，寮や住居と仕事場を併用する建築物などがある．産業で使用する建築物としては，倉庫，作業所，工場，事務所，さらにはダムや発電所における機械棟や管理棟なども建築物となる．また，学校校舎，病院，県庁舎・区役所などの公共的な建築物がある．さらに，商業施設として店舗，劇場・映画館，宿泊施設などがある．

建築物における用途については，以下に示す18の分類がある[1]．

① 居住専用住宅：家計を1つにする者が独立して居住する用に供される建築物
② 居住専用準住宅：1人で独立して家計を維持する者の集まりが居住する用に供される建築物で，個々の炊事施設等を有しない建築物
③ 居住産業併用建築物：産業の用に供される部分と居住の用に供される部分とが結合した建築物で，居住の用に供される部分の床面積が延べ面積の20％以上である建築物
④ 農林水産業用建築物：日本標準産業分類の大分類「A．農業」，「B．林業」または「C．漁業」の用に供される建築物
⑤ 鉱業，建設業用建築物：日本標準産業分類の大分類「D．鉱業」または「E．建設業」の用に供される建築物
⑥ 製造業用建築物：日本標準産業分類の大分類「F．製造業」の用に供される建築物
⑦ 電気・ガス・熱供給・水道業用建築物：日本標準産業分類の大分類「G．電気・ガス・熱供給・水道業」の用に供される建築物
⑧ 情報通信業用建築物：日本標準産業分類の大分類「H．情報通信業（小分類「371．信書送達業」を除く）」の用に供される建築物
⑨ 運輸業用建築物：日本標準産業分類の大分類「I．運輸業」の用に供される建築物
⑩ 卸売・小売業用建築物：日本標準産業分類の大分類「J．卸売・小売業」の用に供される建築物
⑪ 金融・保険業用建築物：日本標準産業分類の大分類「K．金融・保険業」の用に供される建築物
⑫ 不動産業用建築物：日本標準産業分類の大分類「L．不動産業」の用に供される建築物
⑬ 飲食店，宿泊業用建築物：日本標準産業分類の大分類「M．飲食店，宿泊業」の用に供される建築物
⑭ 医療，福祉用建築物：日本標準産業分類の大分類「N．医療，福祉」の用に供される建築物
⑮ 教育，学習支援業用建築物：日本標準産業分類の大分類「O．教育，学習支援業」の用に供される建築物
⑯ その他のサービス業用建築物：日本標準産業分類の大分類「P．複合サービス事業」または「Q．サービス業（他に分類されないもの）」の用に供される建築物
⑰ 公務用建築物：日本標準産業分類の大分類「R．公務（他に分類されないもの）」の用に供される建築物
⑱ 他に分類されない建築物

a. 居住用途の建築物

建築物は使用する用途に従って，居住用と非居住用の用途に大きく分類される．居住と非居住は着工床面積でみると，それぞれ半分程度となる．居住用

途の建築物は，その約60％が戸建住宅であり，主として地元の工務店またはプレハブ住宅メーカーが工事を進めている．残り40％の居住用途の建築物は主として集合住宅となっており，その多くが鉄筋コンクリート造，鉄骨造，鉄骨鉄筋コンクリート造で造られている．これらの工事は，その規模も大きくなるため，総合工事業といわれる企業が工事を実施することが多い．

最近では，都市部を中心に戸建住宅の減少と集合住宅の増加によって，住宅部門についても総合工事業による工事の比率が高くなっている．

b. 非居住用途の建築物

非居住用途の建築工事を分類すると，事務所，店舗，工場および作業所，倉庫，学校，病院診療所，宿泊施設などの建築物に分かれる．

非居住において最も多い建築物は商業用に供する建築物であり，非居住用建築物の着工床面積の約30％を占める．宿泊・娯楽・医療などのサービス業用建築物，工場や作業所などの鉱工業用建築物がその半分程度の着工床面積があり，これに続く．これら3つを合計すると，非居住用建築物の着工床面積の約60％を占めていることになる．また，公務・文教にかかわる建築物の着工床面積も多く，15％程度となっている．

最近では，再開事業等においては，広い敷地に大型店舗，宿泊施設，集合住宅，病院などの複合施設として建設する場合も多く，大規模な建築物では建築物の用途をいずれかに分類することが難しくなっている．

c. 規模別・構造別の着工床面積

鉄筋コンクリート造，鉄骨鉄筋コンクリート造，鉄骨造の3種類の建築物について，その着工床面積比率を調べると，表4.1.1のようになる．構造別にみると，着工面積は，鉄骨造の建築物が3つの構造種別の約60％を占めている．鉄骨造の次に鉄筋コンクリート造の建築物が多く約30％，鉄骨鉄筋コンクリート造の建築物は約10％である．

こられの非木造の建築物を規模別でみると，$700 m^2$以下の建築物と$5,000 m^2$以上の建築物がそれぞれ約30％を占めている．そして，$700 m^2$から$5,000 m^2$の規模の建築物が約30％である．

4.1.2 形態による建築物の種類

a. 低層・中層建築

建築物は，倉庫，工場や戸建住宅では1～3階の建物が多い．しかし，それ以外の建築物では，土地の有効利用を考え，5階から8階程度の建築物になることが多い．これらの建物では，通常，鉄筋コンクリート造，鉄骨鉄筋コンクリート造ならびに鉄骨造の構造形式となる．中規模事務所ビル，教育施設，商業施設など建築物の大半はこれらの規模の建築物となる．また，集合住宅も経済性・法規や近隣への日陰を考慮すると敷地が広い場合を除いて，あまり高層にすることはできない．

低層でかつ大規模の建築物の代表的なものとして，流通倉庫，スーパーマーケットなどの大規模店舗がある．これらの建築物は2階・3階の建物が多い．また，重量物を扱う工場や作業所では，生産ラインの条件から天井高のある1階建の建築物となることが多い．

これらの建築物と比較して特徴がある建築物としては，超高層建築，大規模複合建築，大スパン建築がある．

b. 高層・超高層建築

最近では，高さ31mを超える建築物が非常に多くなっている．このような建築物の建設を計画する場合には，工事の着工以前にその建築企画とともに数多くの審査，事前検討などが必要とされる．また，日照障害，電波障害，ビル風など近隣への影響も大きいため，近隣への説明や折衝に時間を掛ける必要がある．

電波障害については，電波吸収機能を持った外壁の使用や外壁壁面の形を湾曲にするなど，電波が一定方向に反射しない仕組みを採用する．また，電波の陰になる地域についてはCATVなどの有線設備を提供し，住民への電波障害をなくす必要がある．

超高層建築は事務所建築物に採用される場合が多く，その構造形式は多くの場合，鉄骨造となる．しかし，最近では集合住宅の高層化が急速に進んでお

表4.1.1 規模別・構造種別による建築着工床面積比率

(単位：％)

	鉄筋コンクリート造	鉄骨鉄筋コンクリート造	鉄骨造	計
$700 m^2$ 未満	4.4	0.2	27.6	32.2
$700～1,999 m^2$	6.5	0.7	8.7	15.9
$2,000～2,999 m^2$	3.6	0.8	3.3	7.7
$3,000～4,999 m^2$	5.3	1.8	3.7	10.8
$5,000 m^2$ 以上	10.6	8.8	13.9	33.4
計	30.4	12.4	57.2	100.0

(注) 国土交通省総合政策局情報管理部建設調査統計課「建築着工統計調査」2000年度より算出．

り，それらは高強度コンクリートを採用した鉄筋コンクリート造となっている．また，柱や梁部材をプレキャストコンクリート部材とした工業化工法も採用されている．

超高層建築では上に積み重ねていくため，その工期は建築物の階数に大きく影響される．また，高層部の重量を支えるために杭・基礎・地下部分の工事に多くの工期が必要になるのも特徴である．

c. 大規模複合建築

建築の多くは単独の建築物として建設される．しかし，大規模な敷地である場合には，その中に多種多様な用途の建築物を建てることができる．特に都市再開発の場合は，種々の機能を含めた1つの街区を形成する建築プロジェクトも多い．集合住宅，事務所，店舗，娯楽施設，映画館・劇場，病院，イベント施設など，多様な用途を1つの建物群として構成することが求められる．

建物は外気や日照を室内に取り込む必要があるため，建物の大きさは長くとも幅50m程度となる．このため，敷地が広い場合には，地上部において複数棟の建築物とし，地下部は1つの地下構造体としていることが多い．

大規模で複数棟の建築物を建設する場合は，それぞれの棟について設計者が異なる場合もある．また，施工者もジョイントベンチャーを組んだり，複数の施工者が各棟をそれぞれ担当して工事を進めることが多い．さらに，このような大規模な建築プロジェクトでは，それに投資する機関も複数となり，発注組織もより複雑になる．このため，非常に多くの関係者の意見や業務を調整しながら工事を進めていくことが必要である．

d. 大スパン建築

建築物は通常，使用する用途や経済性の見地から，柱スパンが長くとも10mから15m程度になる．しかし，空港ターミナル，スポーツ競技場，アトリウム，劇場などは大空間となるため，空間内の柱をなくした構造体が必要になる．この場合，シェル構造またはスペースフレーム構造となる．シェル構造は，主として屋根部分をシェル構造として構成し，屋根全体で空間を覆う構造形式である．スペースフレーム構造では，巨大なフレームで空間を構成することになり，空間的にも特徴あるものとすることができる．また，集成木材をスペースフレーム部材として用いる場合もあり，意匠的な表現面で効果が大きい．最近では，スペースフレームを用いた大スパン建築が多くなっている．

このような建築物の場合，大空間を構成する各種部材を高所で組んでいくことが必要になるため，高度な建込み技術が必要になる．建込みの後に仮設支保工を取り除くと，各部材に掛かる荷重やモーメントで構造体には若干ではあるが沈下や変形が発生することになり，沈下や変形を考慮して部材の寸法や取付け方法を決める必要がある．

スペースフレームの建込みは高所作業となるため，地上近くで組み上げてそれをジャッキアップや建て起こしによって，高所作業をできるだけ少なくする工法も採用されている．また，構造部材とともに屋根材や内部仕上材も同時に建て込むことによって，高所作業を減らし，生産性をさらに向上させることもできる．

[嘉納成男]

文　献

1) 国土交通省総合政策局情報管理部：建設調査統計課資料（2004）

4.2　建築の資材区分と工事区分

4.2.1　建築物の構造

建築物は，その構造体をどのような材料で構築するかによって区分すると，木造と非木造とに分けられる．

木造は耐火性や耐久性の問題とともに構造的耐力の問題から，一般には3階以下の低層建築物に使用され，戸建住宅に多く使用される．しかし，最近では，数は少ないが展示や体育施設などの大空間の用途として，集成材を用いた木造建築物として建設される場合もある．

低層以外の建築物においては，耐火性や耐久性の問題から，一般には鉄筋コンクリート，鉄骨，鉄骨・鉄筋コンクリートが構造体として使用される．また，工業化工法として，プレキャストコンクリートの部材を構造体として使用する場合もある．

4.2.2　建築資機材

建築に使用する資機材には，建築物を構成するコンクリート，鉄筋，外装カーテンウォール，各種仕上材料などの建築材料と，エレベーター，空調機器，照明機器などの設備機器や部品がある．そして，建築物としては残らないが，建設過程において必要な

仮設資材，工事用機械に分けられる．

a. 建築材料

建築材料には多種多様なものがある．構造体として使用される材料としては，コンクリート，鉄筋，鉄骨，さらにはプレキャストコンクリート部材がある．外装を構成する材料としては，現場打ちコンクリート壁にタイル・石などの仕上材や吹付け仕上材などを施す場合と，プレキャストコンクリートや金属でできたカーテンウォールを使用する場合がある．屋上における防水材は，従来からアスファルト防水が使用されてきたが，最近ではウレタンゴム系，アクリルゴム系などの塗膜防水や加硫ゴム系，非加硫ゴム系，塩化ビニル樹脂系などのシート防水が用いられるようになっている．建築内部においては，間仕切り材として，ALC版，木軸軸組材，軽量鉄骨間仕切り部材，石膏ボード，合板などが使用される．さらに，表面仕上材としてクロス，各種塗装材が用いられる．また，天井材，床材などがある．

b. 設備機器

設備機器は，エレベーターなどの昇降設備，自動扉，エスカレーター，空調装置として熱源プラント，温冷媒配管，空調機器，ダクト，吹出し口などがある．照明関係として，照明機器，電気配管類，スイッチボックスなどがある．また，給排水衛生設備としては，給排水配管類，厨房設備，便所設備などがある．また，これらの設備を動かす電力の受変電設備が必要になる．情報通信機器として電話回線，LAN回線，インターホン，各種防災用のセンサーや機器などが含まれる．

c. 仮設資材

仮設資材では，各種の足場が大量に建築工事では使用される．代表的な足場は枠組み足場であり，外壁に沿って建て込まれる．外部に面した躯体工事や外壁工事において用いられる．また，建物内部では，天井工事や高所における内装作業において，台車やステージ足場が使用される．作業足場となるとともに高所からの転落防止の役割が大きい．さらに，鉄骨工事においては，溶接用足場や安全ネットが使用される．鉄筋コンクリート工事では，コンクリートを流し込む型枠が必要になるため，それを支える支保工が必要になる．地下掘削時においては，山留め壁や切梁，作業構台の仮設資材が使用される．また，工事を進める上で必要になる現場事務所，ゲート設備，守衛小屋，仮囲い，養生ネット類がある．

d. 工事用機械

工事用機械では，重機械としては地下工事に使用される機械と揚重に使用される機械がある．まず，基礎，山留め壁を施工する杭打ち機，アースドリル機などである．掘削工事に関連する機械としては，クラムショベル，バックホー，ダンプトラックなどがある．揚重機械としては，定置式クレーン，移動式クレーン，揚重用エレベーターなどがある．コンクリート工事では，生コンクリートミキサー車，ポンプ車などが活躍する．また，高所における外装や内装作業を行う高所作業車も最近は多用されるようになっている．これら以外に，地下水揚水ポンプ，ミキサー（モルタル，左官材），コンクリート締固め機械，吹付け機（ペンキ，耐火被覆）などがある．

4.2.3 建築工事の区分

建築工事は，当然のことながら建築物がどのような構造体でできているかによって大きくその内容が異なる．特に，木造建築物の場合は，戸建住宅などの小規模な工事が多く，鉄筋コンクリート造や鉄骨造の建築工事とは内容が大きく異なってくる．このため，ここでは非木造の建築工事について示す．

1つの建築物を造り上げるために必要となる工事の内容を事務所建築工事を事例に示すと，図4.2.1のようになる．すなわち，敷地の整備から始まり，杭工事，掘削工事・山留め工事，躯体工事，外装工事，内装工事，外構工事などに分かれる．

a. 準備工事

建築物を造るには，まず敷地の整備が必要となる．敷地と隣地および周辺道路との境界線を測量によって確認することから始める．次に，既存の建物や構築物が存在する場合には，これを解体して建設廃棄物として処理する必要がある．現在では，ほとんどの敷地に建物が既に建設されているため，解体工事は新築工事着工前に常に必要となる．また，工場跡地では，地盤汚染の有無についてその可能性を十分に調査しなければならない．問題がある場合は速やかに対応措置をとる必要がある．また，地下に古井戸や木杭，使用されていない下水道などの埋設物がある場合もこれを除去することが必要になる．また必要に応じて近接建物周りの地盤改良などを施し，地下掘削時の近隣への影響を阻止する必要もある．

敷地が更地になったならば，仮囲い，資材搬入のためのゲート設置などの工事が必要になる．工事中の道路使用申請，また施工上問題となる道路上の街

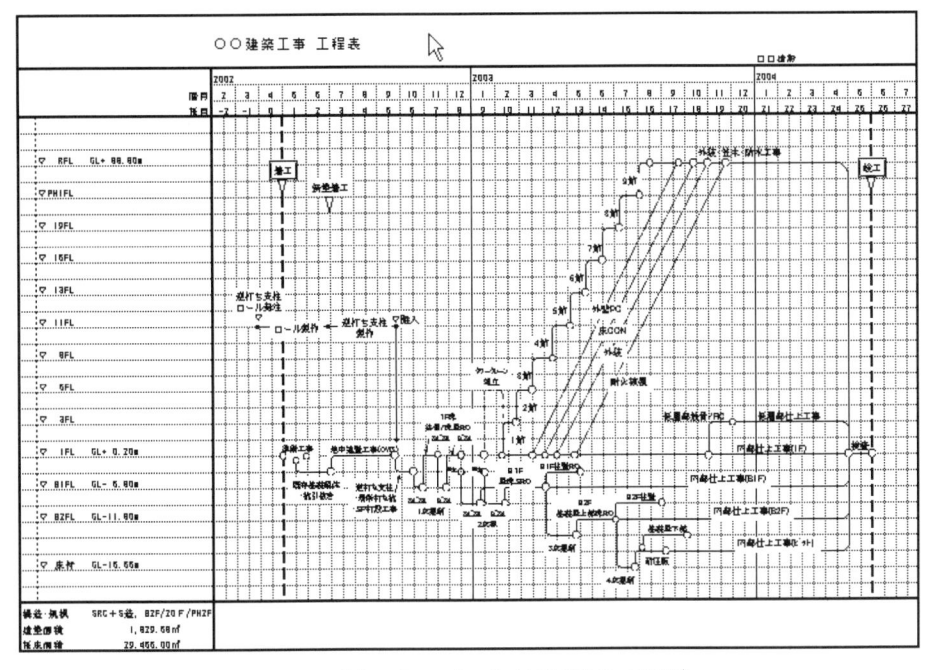

図 4.2.1 建築工事の工事工程（事務所建築の事例）[1]

灯，道路標識，公衆電話，横断歩道などについては，移設などの可能性を関係者と協議する．

b. 杭 工 事

建築物の重量を地盤に伝えるためには，硬い地盤層で建物を支持する必要があるため，地表面近くに硬い地盤層がない場合は，杭工事が必要になる．杭には，既成杭と場所打ち杭とがあるが，既成杭の施工には，ディーゼルハンマーやバイブロハンマーによる打込みが必要になるため，市街地の工事では騒音上の問題があり，使用は難しい．このため，場所打ち杭を使用することが多い．場所打ち杭には，リバースサーキュレーション，アースドリル，ベノトなどがある．ベントナイトなど地盤安定液を使用する工法では，沈殿槽などを設け，汚泥の処理を行う必要がある（図 4.2.2）．

c. 山留め工事・掘削工事

杭工事が終われば，地下階部分の掘削工事を行い，所定の位置まで地盤面を掘り下げていく．地下の土砂を取り除くためには，掘削部分が崩壊しないように山留め壁工事が必要になる．山留め壁工事には，親杭横矢板工法，シートパイル工法，SMW 工法がある．山留め壁を利用した工法は，一般に順打ち工法といわれ，地上から順に基礎部分まで掘削していくため，山留め壁に掛かる土圧を保持するために，井型切梁工法，集中切梁工法やアンカー工法などの山留め支保工の工事が併用される．また，掘削地盤ではバックホーなど掘削重機が活躍する．掘削土砂を地上に揚重するためには，地上でクラムシャベルなどの揚重重機が必要になる．また，これら重機を配置する仮設構台などの施工も必要になる．

地盤が軟弱地盤や近隣に地下鉄などが通っている場合などは，地上躯体を造りながら地下部分を掘削する工法である逆打ち工法を用いることが多い．順打ち工法では，山留め壁の変形によって周辺地盤の沈下などを引き起こす可能性がある．逆打ち工法は，これらの問題を極力抑えられる効果的な工法といえる．また，逆打ち工法は地上の鉄骨工事を地下部分の掘削工事と並行して実施することができるために，工期の短縮にも効果がある（図 4.2.3）．

d. 躯 体 工 事

地下部分の躯体はほとんどが鉄筋コンクリート造となっている．このため，型枠工事，鉄筋工事およびコンクリート工事からなる．また，山留め工法として用いられている切梁や構台の支保工が基礎部分を上下に貫通するため，基礎・地下階床に残る駄目穴処理を行うことも必要になる．

地上部分の躯体には，鉄筋コンクリート，鉄骨，鉄骨・鉄筋コンクリートなどの種類がある．また，一部には，プレキャストコンクリートの部材を用いる場合もある．

図 4.2.2 杭工事

図 4.2.4 鉄骨工事

図 4.2.3 根切り工事・山留め工事

図 4.2.5 型枠工事

　鉄骨建方工事においては揚重機が必要になるため，定置式揚重機を使用するか移動式揚重機を使用するかを選定する．また，鉄骨を建て込む部材単位となる鉄骨の節割を揚重能力やその生産性を考えて決める．鉄骨の建方には，建入れ精度を高めるため建方後に建入れ直しなどの作業が必要になる．また，鉄骨部材には耐火被覆を施すことが必要になる．床にはデッキプレートを敷き込み，その上に配筋をしてコンクリートを打設する．また，床鉄筋はメッシュ筋を使用して床配筋作業の生産性を上げる工夫をしていることが多い．鉄骨工事での梁ウェブ接合には高力ボルトが使用されることが多いが，梁フランジやボックス柱では溶接が使用されることが多い．高力ボルトでは締付トルクの管理，溶接では雨・風からの保護，溶接作業の品質検査が不可欠となる（図 4.2.4）．

　鉄筋コンクリート工事には，型枠工事，鉄筋工事，コンクリート工事がある．型枠工事においては，その精度管理が躯体の精度を決めることになる．鉄筋工事では被り厚さ，配筋，圧着継手の品質管理が重要である．さらに，コンクリート工事では，生コンクリートのスランプ，水セメント比や強度管理とともに，コールドジョイントが発生しないように生コン車の配送管理を適切に行うことが必要となる．

　型枠工事では，コンクリート打設後，型枠のせき板を取り外すことになる．この取外し時期は梁・柱の側板，床版・梁下などで存置期間が異なり，また気温やコンクリートの種類によって異なるため注意が必要である（図 4.2.5）．

e. 外 装 工 事

　外装は，コンクリート壁にタイルなどの外装仕上げを施した工法やカーテンウォール工法がある．カーテンウォールには，プレキャストコンクリートカーテンウォール，金属カーテンウォールなどがある．高層建築工事においては，外部足場を仮設しないで外装工事のできるカーテンウォールを使用することが多い．カーテンウォールを使用する場合は，工場でその部材製造が必要になるため，製造に要する期間を工程上考慮しなければならない．パネルの割付け，各種性能実験，色合せなど，発注者・設計者・施工者で協議する事項は多い．

図 4.2.6 設備工事

図 4.2.7 内装工事

f. 設備工事（電気，空調，給排水設備，エレベーター）

設備工事は大別して，空調，給水，排水，照明，エレベーター工事に分けられる．設備機器は，躯体と内装仕上げの間に設置されることが多いため，躯体が完成後，内装工事と並行して進められることになる．空調機器やダクトは，通常，天井裏に設置されるため，上部コンクリート床からの吊りボルトによって固定されることが多い．上部床コンクリートを打設する前に吊りボルトの位置を正確に求め，床型枠に吊り金物を設置後，コンクリートを打設しなければならない．

天井には，照明器具や空調設備，スプリンクラー，点検口など多くの部品が並ぶことになる．それらを設置する業者は個別に詳細図を作成するため，それぞれの取付け位置を他業者の取付け位置と整合性を図ることが必要になる．業者間の調整を図るためには，総合図を作成して取付け位置を業者間で調整することが必要である（図 4.2.6）．

g. 内 装 工 事

内装工事は，間仕切り壁，床，天井，および各種建具工事がある．内装工事は，内装材料の種類が多く，またその材料ごとに専門工事業も異なってくる．このため，多くの業者が入れ替わり立ち替わり作業をすることになり，業者間の工程上の調整が非常に重要になる．超高層建築工事では，タクト工法を採用して各職種の作業者が日々定常的に作業を実施し得るように工程を編成することが多い．

内装仕上げは，雨水によって大きな影響を受けるために，仕上げが行われる階には雨水が入り込まないようにする必要がある．工事中の建築物では最上部は雨水が直接当たる状況にあるため，エレベーターシャフト，階段室，縦配管シャフトや各種の床開口部から雨水が下階に流れ落ちる．これを阻止するためには，止水階を設けて下階への雨水の影響をなくした上で，下階の仕上工事を行う．これによって，躯体工事と内装工事を並行して実施することができるようになり，超高層建築工事の場合は工期の短縮効果が大きい（図 4.2.7）．

h. 外 構 工 事

建物の外回りにかかわる工事であり，近隣や敷地境界との処理，路盤工事などがある．最近では，敷地に植栽を施すことも多く，花壇や樹木の植付けなどを行う．外構工事の作業場所は工事の最終段階で行うため，テナント工事や1階部分の内装工事における資材の運搬経路などと重なることが多く，作業安全に注意することが必要である．また，建物が公道に近接している場合は，資材の搬入や取付け作業が歩行者などにも影響を与えることになるため，安全上の注意が必要である．　　　　　［嘉納成男］

文　献

1) 日本建築学会：建築工事における工程の計画と管理指針・同解説, p.33, 日本建築学会（2004）

4.3　工業化構法と在来構法

4.3.1　20世紀の建築的課題と工業化構法

20世紀は未曾有の新規建設の時代だった．世界各地で工業化が進み，人口が急激に増加すると同時に都市への過度な人口集中を経験した．それが大

表 4.3.1 「建築生産の工業化」の様々な定義

a	近代的経済概念と作業に対する細密,かつ方法的な準備に裏打ちされた技術進歩に適合する建築工事の最適施工条件を求めること. （条件）・全工程を通じて,発達した機械力を用いること. ・現場の科学的組織化,必要な機能すべての合理的な組織化. （原則）・技能労働者を大量に消費する非生産的支出（足場,型枠）を切り詰めること. ・材料の製造ならびに取付け時におけるこれらの技能労働者の使用を節約すること. ・必要なものとして残る労働者の全体的生産性の向上を図ること,これは労働者の専門化を招く結果を生む. ・材料の追加消費の原因となる重量化を制限すること（カミュ・ボノム）.
b	建築生産の工業化の内容は,大量生産を可能とする量産化と,機能品質をいっそう向上させるための良質化との二大分野があり,その量産化については,量産技術,量産労務組織,量産建築産業構造の3項目を,良質化についてはデザイン品質の選択と生産品質の保証の2項目を考察すべきである（J. ファン・エッティンガー）.
c	1. 生産の連続性（Continuity） 2. 生産物の標準化（Standardization） 3. 生産プロセスの諸段階の統合（Integration） 4. 工事の高度の組織化（Organization） 5. 手労働の可能な限りの機械への代置（Mechanization） 6. 生産活動と一体となった組織的な研究と実験（Research & Development）（ECE＝国連ヨーロッパ経済委員会）
d	建築生産において,工業的に進んだ技術の開発と適用を促進するとともに,技術の合理性が有効に発揮されるよう,建築関係者社会の仕組みを変革,整備すること.目指すところは,次の3つの側面で示しうるような1つの動的な状態である（江口禎）.第1に,発注者やユーザーにとって,建築がこれまでよりも入手しやすくなる状態.これは工事価格の低減や工期短縮のほかに,現物を事前に把握しやすいこと,品質が保証されていることなど,ユーザーの不安感の除去を含む.第2に,建築生産者の側にとって,不安定な労働環境や前近代的組織構造を脱し,高度な生産性が企業利潤の改善と結び付いた形で実現する状態.第3に,もっと広い社会的観点から見て,建築生産が適正または主導的な波及効果を生みつつ,国土,資源,都市,国民生活とバランスし,良質な国富（建設ストック）を蓄積しつつある状態である.

量の土木構築物や建築物の新規建設を促した原因の1つである.また,社会の近代化に伴い,学校,病院,事務所,工場,美術館,図書館等々,近代的な諸制度に対応する新たな建築空間が大量に必要とされた.これも20世紀を未曾有の新規建設時代たらしめた.そして,人類は,自らが思うように環境制御できる空間領域を地球上に拡大し続けてきた.工業化構法は,そうした未曾有の新規建設を支えるものとして注目されてきた建築構法である.

工業化構法,あるいはその利用を前提とした建築生産の工業化は,自動車産業などがその生産方式の革新によって高品質の製品を安価に供給できるようになった20世紀前半から,多くの建築関係者が目標として掲げるようになった概念である.その目標としての「建築生産の工業化」がどのような状態を指すかに関しては,表4.3.1に示したように様々に定義されてきたが,「工業化構法」に関していえば,"従来一般に利用されてきた構法（在来構法）に比べて工業的に進んだ生産方式を取り入れた構法"という程度に理解しておけばよいだろう.

比較対象である在来構法も時代とともに変化し,かつて工業化構法と呼ばれていたものが在来構法の地位を占めるようになることもあり得るから,時代や地域を特定することなしにどのような構法が工業化構法であるかを説明することはできない.しかし,これまでのところ工業化構法と呼ばれてきたものは,プレファブリケーション,マスプロダクションのいずれかの手法を取り入れた構法であったということができる.

この両者を混同して理解する向きもあるが,プレファブリケーションの方は,従来建設現場で作っていた物をより作業環境の整った別の場所であらかじめ作ることであり,必ずしも作る物の量を問題にはしないし,マスプロダクションの方も,大量の現場を一時に組織化して生産効率を上げるような方法の場合は必ずしもプレファブリケーションを前提としない.ただ,これまでに工業化構法と呼ばれた構法のほとんどはプレファブリケーションを採用した構法であり,その一部がマスプロダクションをも適用した構法であった.

そうした工業化構法の典型例は,まさに20世紀的なビルディングタイプの建設分野において数多く見ることができる.大衆のための住宅,大量に必要とされた学校のような公共施設,新たな産業形態に対応して登場した高層オフィスビルなどである.住宅分野では,日本の戸建プレハブ住宅（図4.3.1）や世界各国で見られたプレキャストコンクリートによる集合住宅建設（図4.3.2）に代表されるように,壁,床,屋根などの部位を工場でパネルあるいは立体形状のユニットとして製作し,それを現場で組み

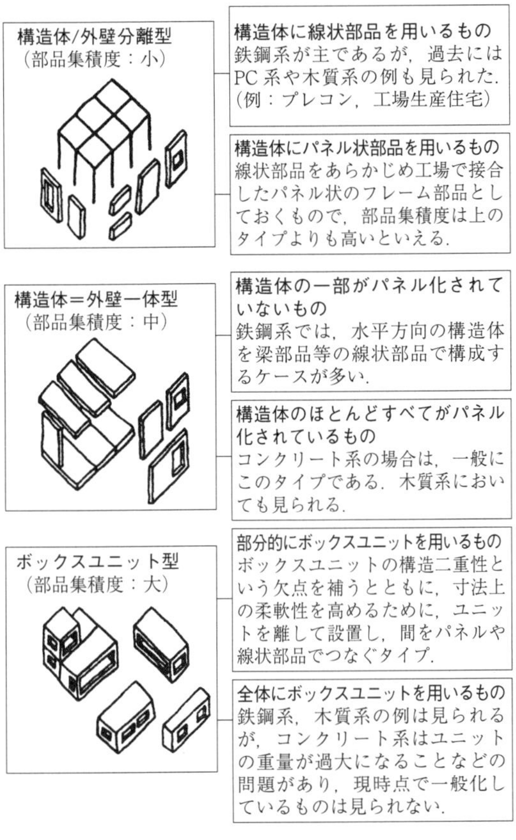

4.3 工業化構法と在来構法

構造体/外壁分離型 (部品集積度:小)	構造体に線状部品を用いるもの 鉄鋼系が主であるが,過去にはPC系や木質系の例も見られた. (例:プレコン,工場生産住宅)
	構造体にパネル状部品を用いるもの 線状部品をあらかじめ工場で接合したパネル状のフレーム部品としておくもので,部品集積度は上のタイプよりも高いといえる.
構造体=外壁一体型 (部品集積度:中)	構造体の一部がパネル化されていないもの 鉄鋼系では,水平方向の構造体を梁部品等の線状部品で構成するケースが多い.
	構造体のほとんどすべてがパネル化されているもの コンクリート系の場合は,一般にこのタイプである.木質系においても見られる.
ボックスユニット型 (部品集積度:大)	部分的にボックスユニットを用いるもの ボックスユニットの構造二重性という欠点を補うとともに,寸法上の柔軟性を高めるために,ユニットを離して設置し,間をパネルや線状部品でつなぐタイプ.
	全体にボックスユニットを用いるもの 鉄鋼系,木質系の例は見られるが,コンクリート系はユニットの重量が過大になることなどの問題があり,現時点で一般化しているものは見られない.

図 4.3.1 部品集積度による日本の戸建プレハブ住宅の構法分類
(出典) 松村秀一:工業化住宅・考,学芸出版社

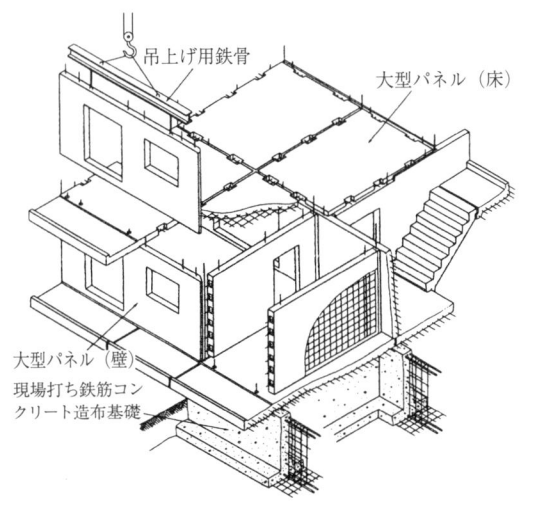

図 4.3.2 日本のプレキャストコンクリートによる集合住宅
(出典) 日本建築学会:構造用教材,丸善

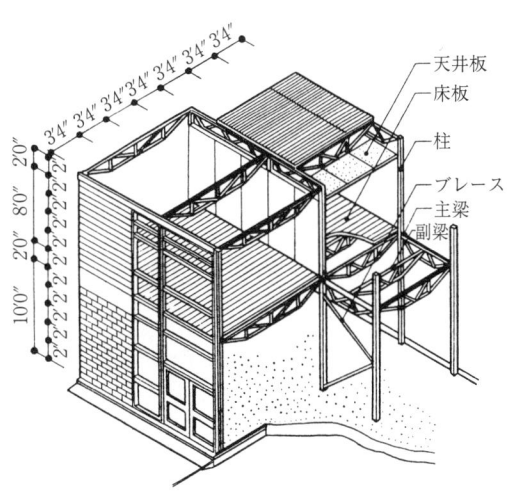

(a) 構造概略図

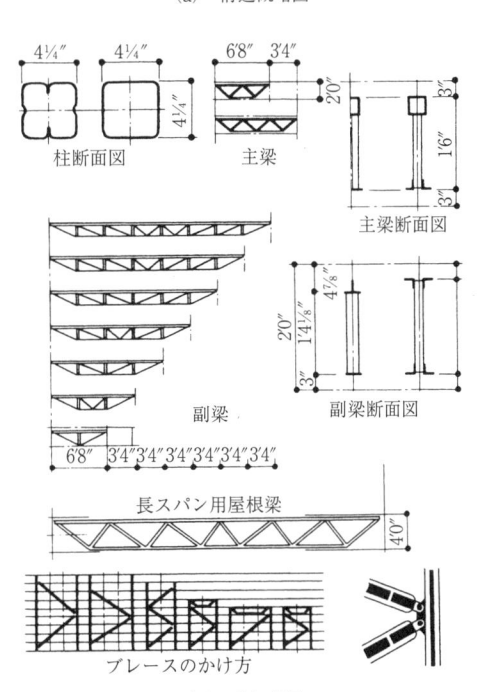

(b) 骨組部品

図 4.3.3 CLASP の全体構法と部品
(出典) 内田祥哉:建築生産のオープンシステム,彰国社

立てる類の構法が工業化構法と呼ばれてきたし,学校の分野でもイギリスの CLASP(図 4.3.3)やアメリカの SCSD(図 4.3.4)に代表されるように(p.96参照),ボルト接合が容易な軸組部品やパネル状の部品から建築を構成する工業化構法が世界各地で開発された.また 19 世紀末のアメリカに端を発する高層オフィスビル分野では,外壁をパネル化したカーテンウォール(図 4.3.5),床の型枠を大型化したデッキプレート,設備のユニット化等の適用が見られ,他の建築物の構法に大きな影響を及ぼした.

図4.3.4 SCSDの躯体構法. 屋根と梁が一体になった形状の部品が使われた.

4.3.2 対比においてのみ定義される「在来構法」

一方,「在来構法」という語は,上述のように次々と登場した工業化構法との対比において,ある時代,ある地域で一般的であった建築構法を指し示すために使われるようになった語である.現代日本の住宅を例にとると,戸建住宅分野では,パネル構法やユニット構法等によるプレハブ住宅の出現以来,従来から一般的に用いられてきた木造軸組構法を「在来構法」と呼ぶようになっているし,集合住宅分野では,プレキャストコンクリートによるパネル構法等の実用化以来,現場打ちコンクリートを用いる構法を「在来構法」と呼ぶことが多くなった.

ただし,「在来構法」という語が用いられている場合,該当する構法が一般化したものであるかどうかが問題であって,「在来構法」と呼ばれているものの方が古くから用いられてきた構法だとは限らないし,生産性などの面で劣った構法であるとも限らない.このことには十分に留意する必要がある.

例えば,プレキャストコンクリートを用いた工業

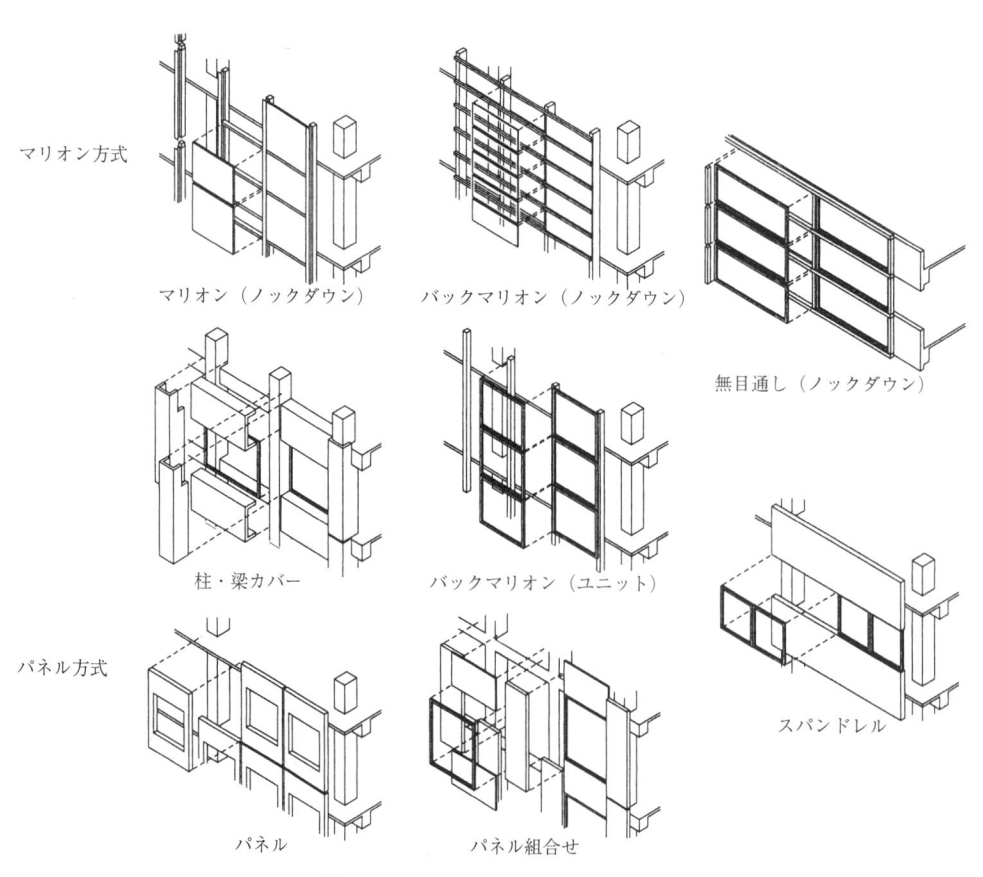

マリオン方式
マリオン（ノックダウン）　バックマリオン（ノックダウン）　無目通し（ノックダウン）
柱・梁カバー　バックマリオン（ユニット）　スパンドレル

パネル方式
パネル　パネル組合せ

図4.3.5 カーテンウォール構法の種類
（出典）日本カーテンウォール工業会：カーテンウォールって何だろう

図 4.3.6 エジソンが考案した再利用できる鋼製型枠部品

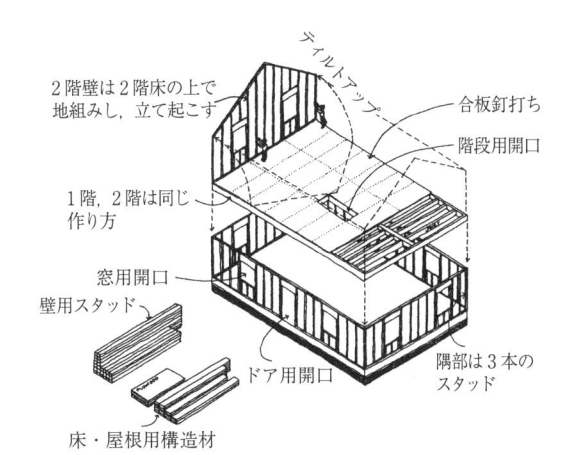

図 4.3.7 プラットフォームの建方 (Lester Walker : American Shelter, The Overlook Press)
今日のツーバイフォー構法を特徴づけるプラットフォーム工法では，各階とも床上で壁を地組みすることが可能であり，作業性に優れる．

化構法と現場打ちコンクリートを用いる在来構法で，技術的にどちらが古いかといえば，プレキャストコンクリートを用いた構法の方に分がある．鉄筋コンクリートが建築に用いられるようになったのは19世紀末からであり，20世紀初頭の黎明期に見られた先駆的な建築のほとんどはプレキャストコンクリートを用いた構法によって実現されている．当時，鉄筋コンクリートが石に代わる素材としてとらえられていたことからすれば，鉄筋コンクリートで石と同じような形のある部材を作りそれを現場に持ち込み，組み立てる構法に行き着くのはごく自然なことである．むしろ，現在「在来構法」と呼ばれているもののように，現場で建築物そのものの型枠を組み，そこに硬化する前のコンクリートを流し込んで，いわば大きな鋳物のように建築物を作る構法の方が，よほど奇抜なものであったに違いない．そのことは，あの発明王トーマス・エジソンが1910年代にこの種の構法の特許を取得している事実からも推測できる（図4.3.6）．つまり，100年ほど前には，今日「工業化構法」と呼ばれているものの方が比較的平凡な構法であり，「在来構法」と呼ばれているものの方が先鋭的な構法であったと考えられるのである．

4.3.3 在来構法の特徴

さて，工業化が社会全体の目標であった時代には，在来構法は工業化構法に比べて時代遅れの陳腐な構法というようにとらえられがちであったが，それは必ずしも正当なとらえ方とはいえない．在来構法は，社会に広く普及しているということに関連する特徴を有している．

第1に，その構法には「陳腐な」と思えるほど広く普及するに足る合理性が備わっていたはずであるし，第2に，「時代遅れ」と思えるほど長く一般的に用いられてきたため，それに則した生産体制が社会的な広がりを伴って出来上がっており，そのことがその合理性をさらに強化している場合が多い．

前者に関連して，アメリカの在来構法である枠組壁構法（日本ではツーバイフォー構法とも呼ばれる）の例を引いておこう．1832年に，それまで用いられていた木造軸組構法とは全く異なる構法としてシカゴで発明されたといわれる「バルーン・フレーム構法」が，20世紀に入ると各階ごとに床の上で壁を組み立ち上げる「プラットフォーム構法」に姿を変え（図4.3.7），さらに1950年代に生産性の高い分業体制の下に作られるようになったのが，今日のアメリカの枠組壁構法である．1920年代から1950年代にかけてアメリカでは様々な工業化構法が考案され，それによる住宅建設を事業化する企業も少なからず現れたが，すべて普及せずに終わった．その一因に，在来構法としての枠組壁構法の高い合理性

があったことは明らかである.

次に，後者の例として日本の木造軸組構法をみておこう．広く知られているように，日本の木造軸組構法には関東間や京間など，長年用いられてきた寸法体系が地域地域に根付いており，それに基づく平面計画が立てられてきた．そのため，各部屋の畳数を手掛かりにして住み手自身が描いた簡単なスケッチ以外に図面らしい図面がなくても，関連する各職が作業を進めることができる．これは一例であるが，在来構法においては，関連する生産関係者同士の間で正確な情報を共有することが容易であるし，それを実行する際の分業についてもプロジェクトごとの打合せを要しないという特徴が現れやすい．

4.3.4 工業化された在来構法の時代

さて，21世紀に入った今日の日本では，「工業化構法」と「在来構法」という語を対比的に用いることは少なくなってきている．それは，社会全体が建築に要請する事柄の変化とも関連があるが，何より一般的に用いられている構法が，かつて「工業化構法」と呼ばれたものと区別し難いほど変化してきていることによる．

例えば，日本の木造軸組構法の分野では，1970年代後半に入り，大工に代わって柱材や横架材の継手仕口の加工を行うプレカット機械が普及し始め，現在では工場での機械加工による「プレカット構法」（図4.3.8）が全体の8割以上に達しているともいわれている．また，1990年代には下地材や羽柄材のプレカット化も進み，壁や床をパネル化する例も見られるようになった．また，最近では従来の製材に代わり集成材を利用する例や，従来の継手仕口に代わり金物による構造材同士の接合を行う例も増えてきている．もちろん内外装には，プレハブ住宅と同様，工業製品としての部品が多用されている．

一方，鉄筋コンクリート造の集合住宅においても，在来構法の中で，バルコニー，柱，梁，床，階段など，部分的なプレキャストコンクリートの利用は一般的になってきており，超高層の場合には，すべての部分を現場打ちで施工する例はほとんど見られない．

このように，現代はいわば「工業化された在来構法の時代」ととらえるのが適切であり，もはや在来構法と工業化構法とを対比的にとらえ，区別することには大きな意味がないといえそうである．

[松村秀一]

図4.3.8 プレカット機械によって加工された継手仕口
（資料提供：宮川工機）

4.4 ビルディングシステム

4.4.1 ビルディングシステムの定義

ビルディングシステムとは，原材料から材料や部品が生産され，建物として作られる一連の流れのことを意味する．そこには設計から施工までと，それらにかかわる部品や材料の製造も含めた，すべての流れの組織が含まれている．しかし，1つの組織だけで建築をつくるすべての行為を実行するということはほとんど不可能であり，何らかの分業を行うことが必要となる．したがって，ビルディングシステムは，こうした分業を行ういくつかのサブシステムが集まったトータルシステムとして構成されることになる．

かつては構造方式がトータルなビルディングシステムを表していたといわれている．1920～30年代の日本の建築の大部分は，れんが造，木造，鉄骨造，鉄筋コンクリート造，鉄骨鉄筋コンクリート造という構造方式によって分類することができ，構造が異なればそれぞれの各部分の作り方も異なっていた．例えば，木造というのは，柱・梁などの主要部材が木造であるということだけでなく，それに伴う床・壁・天井・屋根の作り方までを含めた1つのビルディングシステムとなっていた．

しかし，戦後になって新しい材料や部品が建築に

導入され始めると，作り方が変化して，これまでになかった部品や組織がかかわるようになった．また，高度経済成長期を経て，現場労務費が上昇したため，これを削減するためにも様々な部品のプレハブ化が進められる．このような状況の中でサブシステムが再編されることとなり，1つの作り方ではない様々な選択肢が登場した．つまり，構造方式で作り方が決まるような単純なものではなくなってきたのである．

4.4.2 様々なサブシステムの変化

このようなサブシステムの変化をもたらした新しい技術の導入には，民間で企画されたものと，公共住宅のような安定した需要を足がかりとして育てられたものがあった．特に1950年代後半から1970年代にかけては，現在のビルディングシステムを支える様々な建材や技術が開発された．

例えば，1960年代から住宅に導入が進むアルミサッシは，民間で企画され普及したものの代表といえよう．鉄骨造の外壁として普及しているALCパネルも1960年代に民間がヨーロッパから日本に導入したものである．

一方で，戦後の住宅不足を解消するために行われた住宅の工業化に伴う技術開発では，公共が主導となってプレキャストコンクリートの大型パネル工法などが開発された．また，ステンレスの台所用流しは，住宅公団が採用を決めたことで普及した．これらは公的な需要を背景にした例である．

4.4.3 オープンシステムとクローズドシステム

こうしたサブシステムの中には，様々な建築で採用されることを前提としている，いわゆるオープンシステムと，ある限られた範囲内や特定の建築を作るためのクローズドシステムがある．

先のアルミサッシなどは，大工工務店など全国どの生産主体でも採用可能なように，カタログから選択して発注できるというオープンな部品の代表である．

一方，1960～70年代に開発された住宅生産のプレハブ化技術は，大型プレキャストコンクリートパネルによる集合住宅など，特定のシステムを前提としたクローズドシステムである．また，同時期に発展したいわゆるプレハブ戸建住宅メーカーが提供しているものも，クローズドシステムの代表である．ここでは，自社販売のプレハブ戸建住宅を建設するために，躯体以外の壁・窓・内装など様々部品を自

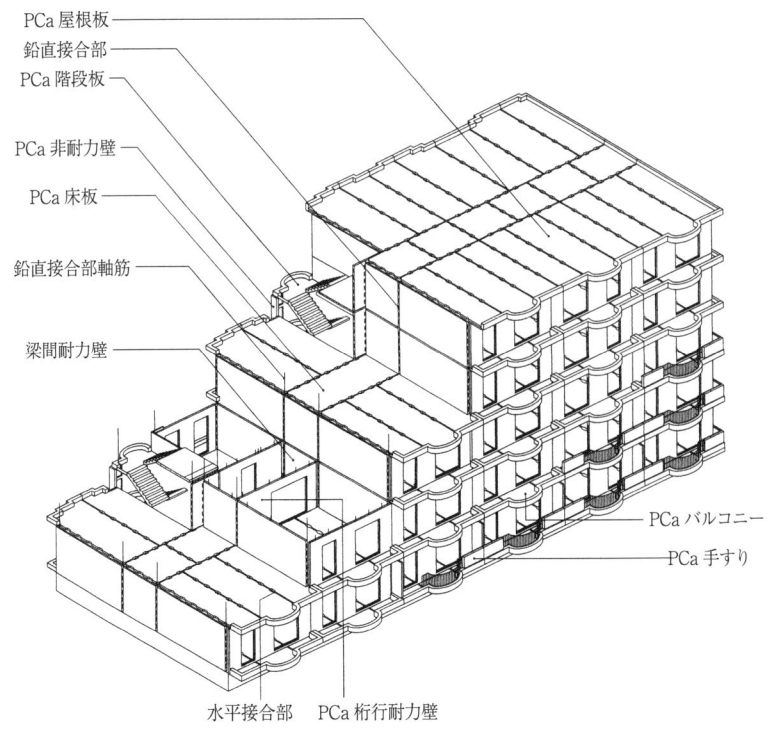

図 4.4.1 現在の大型プレキャストコンクリート版による集合住宅

(a) 1970年10月GLショー

(b) セキスイハイム

図4.4.2 多種多様なプレハブ住宅

社用に開発して提供した．このような取組みは，当時少ない品種で大量に生産することでコストダウンを目指していたが，1980年代以降は消費者のニーズの多様化により，個別性の高い要求にも対応するシステムに変化していく（図4.4.1，4.4.2）．

4.4.4 システムズビルディング

このようなビルディングシステムを一連の整ったトータルシステムとして取りまとめたものに，システムズビルディングがある．具体的には，学校やオフィスビルを，部品まで含めた1つのシステムで提供し，それぞれの限られた範囲での設計に合わせて建設できるようにしたものである．

歴史的にはイギリスで1950年代後半に地域の学校建築システムを統一して量産，コストダウンを図るためにつくられたCLASP（Construction of Local Authoritie's Special Programme），アメリカで開発された公立学校のためのSCSD（The School Construction System Development）といったものがある．

日本においても1970年代に同様の試みが見られる．学校建築のためのGSK（学校施設建築）や，国土交通省官庁営繕部が扱う中小規模の庁舎を対象としたGOD（Government Office Development）などがある．

このようなシステムズビルディングは，質のいい建物を量産するために，建設へのシステムズアプローチを適用したものであった．しかし，これらはクローズドシステムとしてある品質を確保するのには寄与したが，その後は発展・普及しなかった．しかし，こうしたトータルシステムとして，ビルディングシステムを整えるという考え方は，建築の基本的な考え方として浸透したといえる．

4.4.5 ものとしてのサブシステムの特徴

こうした材料や部品を提供するサブシステムには，ものの作られ方や提供のされ方によって特徴がある．

ものの作り方としては，工場生産時にオーダーメイドかレディメイドかという違いがある．そもそも工場の生産段階で部品としてその建物のために作られることをオーダーメイドという．また，あらかじめ既製品として作られているレディメイドは，カタログなどから製品を選ぶ．オーダーメイドの代表は，高層ビルの外壁を作るカーテンウォールであり，建物ごとに詳細な設計を行ってから工場で生産する．一方，石こうボードなど規格品としての決まった大きさや性能の部品を提供するものがレディメイドの典型といえる．カタログから選ぶ範囲で大きさや強度などが建物に合わせて作られるALCパネルなどは，その中間的なものである．

こうしたオーダーメイド品は当然のことながら受注生産で，注文を受けてから製造する一方で，レディメイドは，同じ規格品の大量生産を想定しているので，あらかじめ製造する計画生産が行われることが多かった．しかし，1980年代以降はできるだけ在庫を持たないで，注文に応じて製造する受注生産型に移行するものが多くなってきている．さらに，生産設備などの発達により，レディメイドといわれる規格品が多種多様となり，十分広い選択肢を持つようになっているものもある．

さらに多くの工業化した部品が開発され，工場で様々な生産が行われるようになっているが，これらをどの程度工場などで作り，現場ではどの程度の仕事が必要になるのかという違いもある．レディメイドの規格品でも，現場での加工が必要となるものや，別途現場以外で事前に加工を行うこともありうるのである．

サブシステムのあり方として，取付けに着目すると，材料や部品だけを供給するいわゆる材工別なのか，取付けまで提供する材料共なのかによっても分かれる．アルミサッシは前者の1つで，カタログから性能と大きさを選び，それを注文すると加工されて現場で取り付けられる．さらにALCパネルの場合は，製品の発注に伴い取付けを担うだけでなく，販売工事店がALCにとって適切な割付けの作業を一部サポートすることになる．これは，取付けという工事を材料とともに提供するだけでなく，一部設計のサポートも行っていると見なすことができる．このように，取付けにとどまらず，材料・部品を提供する以上の行為が含まれるサブシステムもある．

こうした取付けまで，あるいは設計の一部をサポートするというサブシステムは，建築の部位の性能の確保という視点で見ると，非常に優れたシステムとして機能している．このように，サブシステムとしてのかかわり方が多種多様になってくることによって，現代のビルディングシステムは多様な組合せが可能になってきているのである．

4.4.6 現代のトータルシステム

現代のビルディングシステムには，様々なタイプのサブシステムが存在するため，多種多様な選択肢がある．これらによってトータルのビルディングシステムがどのようになっているかの例を見てみる．

例えば，鉄骨造3階建でALC外壁の建築を作る場合，こうしたサブシステムが比較的充実している（図4.4.3）．トータルシステムを統括する工務店の立場から考えてみると，まず基礎については，自社でコンクリート関係の発注を行い施工するが，工事の難しい柱脚部分には合理化された既製品を使うことで性能確保が可能となる．鉄骨構造については，鋼材メーカーの標準的な構造を選択すれば，加工から建方まで行ってもらえる．床についてはデッキプレートを発注し，コンクリートを打設する．外壁のALCパネルについては販売工事店に発注すれば，外壁の割付けから施工まで行われる．それに合わせてALC用のアルミサッシを発注すれば，これも施工まで行われる．あとは外部の吹付け塗装と内装を自社で発注する．つまり，構造と外壁という性能確保に重要な部分で，しっかりとしたサブシステムによって，確実な施工がなされるという状況なのである．

もちろん，同様の材料や部品を選択して，創意工夫により自社負担を増やすことも考えられるが，このようにサブシステムが充実すれば，各材料や部品を現場でアッセンブルするだけで建物が完成するということになってくるのである．したがって，工務店などの請負業の役割も大きく変わり，全体を管理するという仕事が重要になってきている．

こうしてみると，かつてシステムズビルディングで模索した各サブシステムの整備によって建築全体の性能を確保するという状況が，オープンなサブシステムがそれぞれに性能を確保できて，かつ管理しやすくなることで，実現できるようになったともとらえることができる．

4.4.7 変化するビルディングシステム

1980年代以降も，ハイテックデザインと呼ばれる金属を中心としたデザインの流行やCFRCなどの新しい材料の開発などとともに，新しい技術導入は続いている．そのようななか，1970年代までのプレハブ化，工業化中心の技術開発から1980年代以降は多種多様な要求に合わせられるようにサブシステムが変化していく．部品や材料の生産方式も，計画生産から受注生産に代わっていく．また，生産設計の図面のCAD化が一般的となり，さらに部品

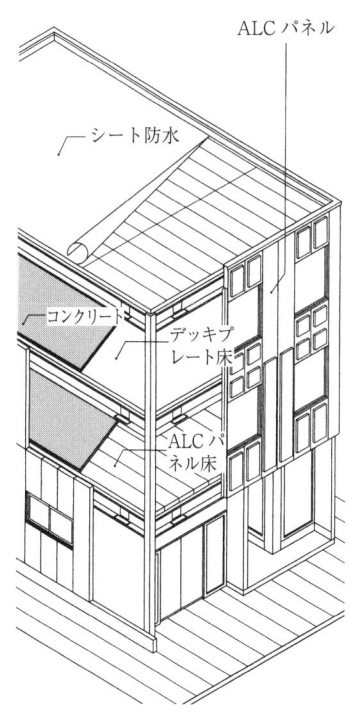

図 4.4.3 鉄骨造 ALC パネル

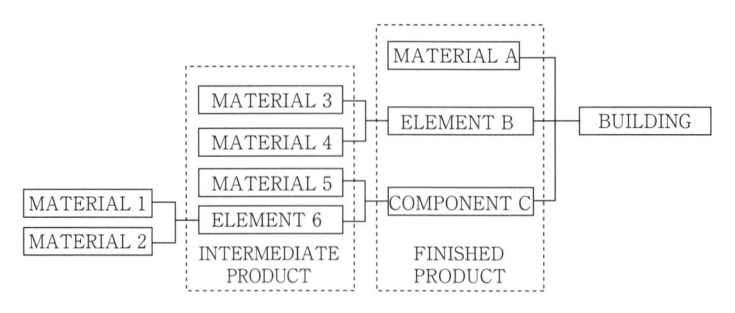

図 4.4.4 ISO で検討されている環境性能を示すサブシステムのまとまりのイメージ

の製造過程においても NC 加工機などの複雑な加工が可能な機械が発達してきて，多品種少量生産が可能になってきている．

国際化という変化も起きている．海外で安い材料を調達したり，またある程度加工したりと，部品や部材の発注そのものが変わってきている．例えば，大規模なプロジェクトでは，カーテンウォールなどの製品をガラスまで含めた材料として海外で購入し，別の人件費の安い国で加工してユニット化し，日本で取り付けるといったことが起きている．こうした場合，製品のコストは安くなるが，製品の性能の確保のための管理を様々な国で行うこと，また国内生産の場合，カーテンウォールメーカーが取り付けていたものを別途取付けまで手配しなければならなくなるなど，これまでの作り方，発注や品質の管理の方法が変わってしまうことに対応しなければならない．

さらに，IT を活用した流通の変化などもあり，こうした建築生産の変化がサブシステムを，またトータルなビルディングシステムのあり方をも変化させていくことになる．

今後起こり得る新しい動きとしては，環境に関連することがあるだろう．ISO では，建築に取り付けられる部材の環境性能を表示する，という規格が作られつつある．つまり，それぞれのサブシステムが，各材料や部材の製造から取付けまでかかる環境負荷を明示することで，建物全体の環境影響を表示しようという考え方である．これがどのようなレベルで実現するかどうかは別にして，環境に関連する情報を正しく表示できるサブシステムだけが将来は生き残るといったことになるのかもしれない（図 4.4.4）．

以上のように，構造方式で決まっていたかつてのビルディングシステムは，様々な材料・部品や技術の登場により，多種多様なサブシステムによって構成されるものとなってきた．したがって，現在の形で一定ということはなく，また典型的なビルディングシステムというのも把握しにくい．こうした流れをその時代によって把握しながら，ビルディングシステムをとらえていくというスタンスが重要なのである．

[清家　剛]

文　献

1) 内田祥哉：建築生産のオープンシステム，彰国社（1977）
2) 内田祥哉ほか：建築構法計画，鹿島出版会（1983）
3) 内田祥哉ほか：建築構法，市ヶ谷出版社（2001）
4) 内田祥哉監修：建築技術増刊　現代建築技術のディテール，日本建築学会（1992）

4.5　構法・工法・構工法

4.5.1　構法・工法・構工法の関係

構法は建築の「ありよう」を表す言葉であるのに対し，工法はその「やりよう」を表す言葉である．構法はより設計に，工法は施工に近い概念として理解される．しかし，近年の建築生産工業化手法の導入により設計と施工をトータルにとらえた建築生産システムとして考える必要が高まり，特に構法と工法については構工法あるいは構工法システムとして設計・計画されることが多い（表 4.5.1）．

表 4.5.1 構法と工法の関係

	構　法	工　法
目的	要求性能の実現	構法の実現
制約条件	生産条件	生産条件
要素	建築材料・部品	作業（人間・機械）
要素に付随する属性	性能・コスト	コスト・工数・生産設備
要素間の相互関係	接合法・構成	作業の前後関係

（出典）　松本信二：構法計画と工法計画．建築雑誌，1978 年 4 月号

4.5.2 構法・工法・構工法の体系

1) 構　　法

建築の構成要素による分類：外壁構法，天井構法など部位ごとに主体構造および下地材・仕上材などの構成方法によって規定されるもの．

構造形式による分類：木造軸組構法，鉄筋コンクリートラーメン構法，壁式プレキャストコンクリート構法，フラットスラブ構法など，主体構造の構造形式によって規定されるもの．

2) 工　　法

工事別分類による分類：型枠工法，解体工法など工事別の施工方法の体系に基づいて規定されるもの．

工事と作業の組合せによる分類：鉄筋組立工法，コンクリート打設工法，鉄骨建方工法などのように，工事分類に作業方法を特定して規定されるもの．

施工方針による分類：積層工法，プレハブ化工法，ユニット化工法，1階床先行工法など，施工全体の進め方にかかわる方針をもとに規定されるもの．

3) 構　工　法

構法と工法の組合せ方針による分類：工業化構工法，複合化構工法など，構法と工法を組み合わせる基本的な考え方・方針に基づいて規定されるもの．

4.5.3 構法計画と工法計画

構法計画と工法計画の基本的な機能は以下のように考えられる．

設計においては，設計目的を充足する空間機能をどのような構成要素で実現するかと同時に，それぞれの構成要素に要求される機能を仕様として具体化することが命題となるが，この両者を満たすことが構法計画の課題である．構法計画は設計行為に包含され，設計者の責任において行われるべきものと考えられているが，実際には，設計計画と施工計画のインターフェースとなる問題領域であり，厳密に責任分担，機能分担上の区分はしがたい．

工法計画の課題は，構法計画に基づいて設定された構成要素を，それに要求される仕様を満たすように生産プロセスおよびその実現手段を具体化すると同時に生産の観点から構法計画を評価し，必要な修正を提案することにある．したがって，工法計画によって構法計画が評価され，最適化されることにより，設計案を具体的な施工の対象に変換していくことになる．

構法計画と工法計画は，対象とする構法および工法の特質により，その設計計画・施工計画における位置づけや計画間の関連に若干の差異が見いだせる．構成部材・部品の工場生産化が進んだシステムビルディング，工業化構法については，一般に構法計画が工法計画を包含する．すなわち構法がその実現手段としての工法を規定しており，使用する資源・生産設備の種類までが構法により設定されている．この場合，構法計画そのものが設計と施工の調整インターフェースとなっており，工法計画は構法計画中の計画機能の1つ考えられる．

例えば，複合化構工法においては，空間性能，構造性能を実現するための構法計画と工法計画は，関連する工程計画，仮設計画を含めて，計画全体を評価しながら協調的に進められる．したがって，工法計画に基づいて構法計画を見直すなど，構法計画および工法計画がそれぞれの機能を合理的に分担しており，部位レベルまで展開して行われる構法計画および工法計画が実質的な設計と施工の調整インターフェースとなることが多い．

4.5.4 構工法計画のプロセス

要素技術を組み合わせて構工法計画を行うために必要な情報を確定していくプロセスを図4.5.1に示す．

a. 構工法計画案の作成

プロジェクトに要求される事項，つまり構工法計画を行う上での制約条件を整理する．これらの条件を勘案し，柱，梁（はり），床，壁などの建物の構成部材ごとに適用する要素技術をデータベースから選択する．これらの要素技術は，新しい技術の開発により多様化していく，また，コストなどの属性も時間とともに変更されていくため，常に最新情報を計画者が把握できる状態にしておくことが必要である．

要素技術の選択時には，要素技術の選択の根拠となる評価基準を設定し，要素技術の属性により評価基準に適合するものを選ぶ．この評価基準の各項目の重要度はプロジェクトごとの制約条件により異なる．また，要素技術の選択に際して，建物の構成部材の関係（位置関係，接合方法，作業の前後関係など）を考慮して整合性を確認する．例えば，RC造梁鉄筋の柱への定着方法や，2方向の梁下端筋の相互干渉などである．

このようにして選択された要素技術の組合せを構成部材ごと，工種ごとに整理し，構工法案を作成する．ただし，この構工法案は，最適な要素技術が選

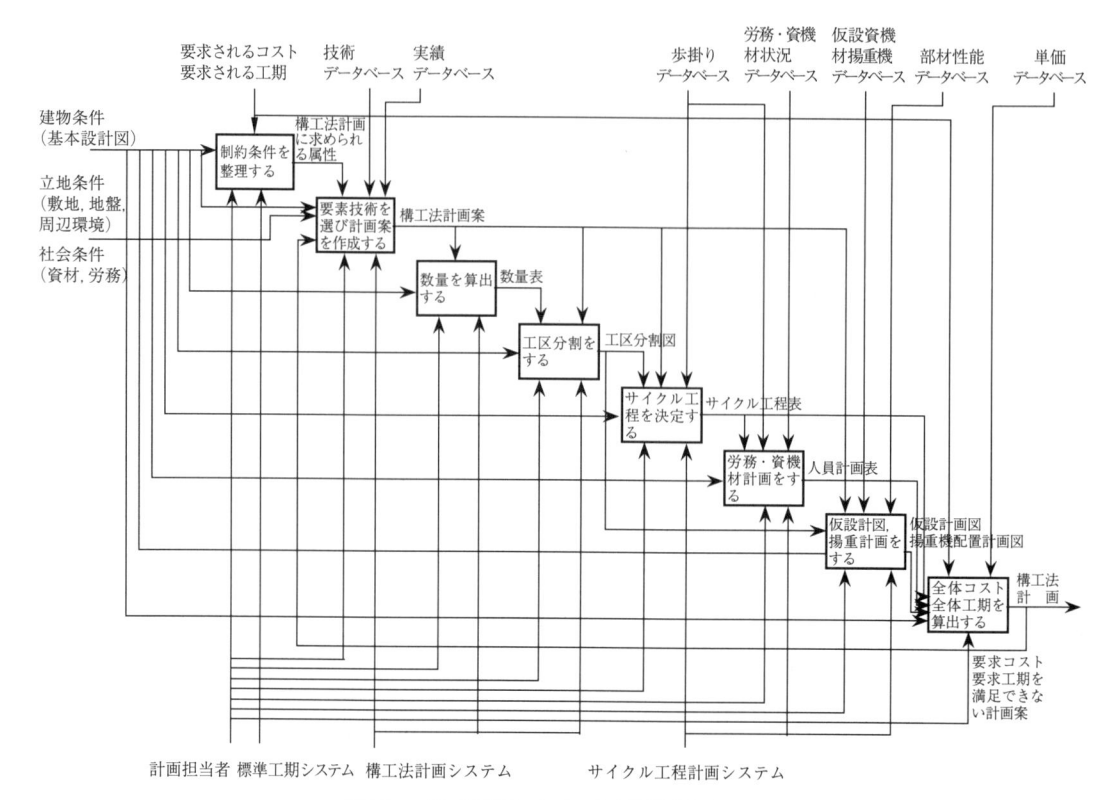

図 4.5.1 構工法計画における生産情報確定プロセス

択され，その組合せによる最適な全体構工法となっているとは限らない．また，要素技術を選択する際の評価基準は絶対的なものではないため，建物構成部材の関係での整合性を保つ必要から，当初設定した評価基準では必ずしも最適ではない要素技術が選択される場合もある．そのため，この段階ではただ一つの最適な全体構工法を見いだすことはできず，建築プロジェクトの要求性能を満足する度合いの高い複数の構工法案を作成する必要がある．

b. 構工法計画案の評価

構工法計画の評価指標として，工期，コストおよび環境負荷に重点をおいて構工法の決定を行う．最初に，構工法案について基準階の数量を積算し，選択された要素技術に応じて，プレキャスト部材や鉄骨などの重量や分割ピース数の算出など施工計画立案のための準備を行う．次に，算出された材料，部品，部材の数量を考慮しながら工区分割計画を行い，各工区の1フロアのサイクル工程を決定する．さらに，工区分割とサイクル工程に応じて，揚重機械などの仮設設備，作業人員の配置計画を行い，各工区のサイクル工程を積み上げ，躯体工事の工期を算出する．また，積算数量，全体工期から求めた材料費，労務費・人件費，仮設費，その他を総計して全体のコストを算出する．

この検討を構工法案ごとに行い，それぞれの工期，コスト，環境負荷評価を求める．これに基づき，要求条件を満足する構工法案を総合的に評価し，構工法計画を決定する．最後に，これらの構工法を適用する際に設計に反映すべき，型枠転用効率向上やPC部材生産効率向上のための部材寸法の標準化，仮設機械・機材の転用や施工手順を反映した部材分割位置の設定など，施工合理化のための改善提案を抽出し設計にフィードバックする．　　　［山﨑雄介］

第II部

生産システム

1

概　　要

1.1　調達方式の概要と特徴

　調達とは，一般的に個人および企業における購買活動を意味するが，建築プロジェクトにおいては，建物を得るための購買の手法として定義される．したがって，設計委託をすることで設計図書（仕様書等を含む）を得ることも一種の調達ではあるものの，建築生産プロセスの最終目標としての建築物が，調達の対象として認識されている．

　建築生産プロセスは，企画⇒計画⇒基本設計⇒実施設計⇒入札・契約⇒施工計画⇒施工・施工管理⇒竣工・引渡し（⇒維持保全）と続く．建築プロジェクトにおける調達とは，このプロセスのどの段階で，どこまでの業務をパッケージにして，だれに依頼するのかを選択するものである．伝統的に，設計は設計者に，工事は施工者に依頼することで，設計図書に基づく建築物を完成させることができる．また，日本ではゼネコンに設計も一括して発注するような設計施工一括発注方式を採用することも多い．

　それぞれのプロジェクトの特徴や発注者要求などの違いにより，それぞれの調達方式を選択することとなる．

　主な調達方式は，次のとおりである．
① 設計施工分離発注方式
② 設計施工一括発注方式
③ マネジメント方式
④ PFI方式

1.1.1　設計施工分離発注方式

　建設プロジェクトを調達するための手法は各種存在するが，最も典型的な調達方式が設計施工分離発注方式である．設計者が設計を行い，施工者が工事を行うものである．工事は，施工を一括してゼネコンに発注する方法と，公共建築工事に見られるように，工事を建築一式と設備工事に分け，さらに大規模プロジェクトのように設備工事自身も空調設備，衛生設備，電気設備などに工事を分離発注するような施工分離発注方式も採用される．いずれにしても，設計と施工を分離して発注し，設計者の責任と施工者の責任を明確化し，それぞれが持つ専門性を発揮させる調達方式となっており，最も一般的な調達方式である．

1.1.2　設計施工一括発注方式

　設計施工一括発注方式とは，設計段階から設計と施工をゼネコンに一括して発注する調達方式をいう．欧米ではデザインビルド方式と呼ばれる．発注者にとっては，お任せ発注が可能となるなど，ほかの調達方式に対して手間がかからないといったメリットを持つ．

　機能不全や不具合などが生じた場合，設計施工分離発注方式では，設計者責任と施工者責任の明確化に時間がかかるなどの問題が生じやすい調達方式であるのに対し，設計施工一括発注方式では，設計者と施工者の責任が一元化されているため，発注者にとっては責任の明確化が可能といったメリットを持つ．ただし，設計施工分離発注方式を推奨する設計関連団体からは，設計の創造性を確保するといった面で，一括発注方式では施工性を優先するきらいがあるなどの指摘を受けることもある．

　欧米におけるデザインビルド方式では，資格を持った設計者と施工者がジョイントベンチャーやコンソーシアムを組んでプロジェクトを受注するなど，それぞれの専門性を担保した上で発注される方式として一般的な方法となっている．

1.1.3　マネジメント方式

　一般にマネジメント方式とは，発注者や設計者，

| 企画 | 計画 | 基本設計 | 実施設計 | 入札・契約 | 施工計画 | 施工施工管理 | 竣工引渡し | 維持保全 |

← コンストラクションマネジメント業務の範囲 →
← プロジェクトマネジメント業務の範囲 →

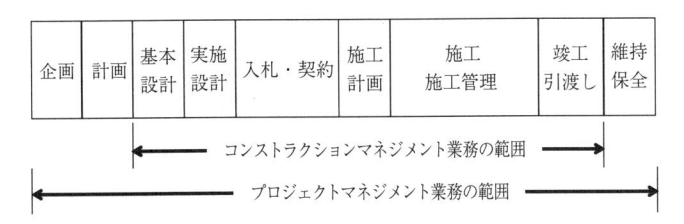

図1.1.1 マネジメントの業務範囲

施工者でない第三者を発注者の代理人としてコンストラクションマネジャーやプロジェクトマネジャーとして雇用し，建築プロジェクトに習熟していない発注者の代理人として，建築プロジェクトを進めるものである．単に，プロジェクトをコントロールするだけでなく，マネジメント能力を生かして工事を分割し，直接，専門工事業者に発注するような事例も多い．これを施工分離発注方式ともいう．コンストラクションマネジメント方式を直接，施工分離発注方式として定義する事例もあるが，必ずしもイコールではない．

プロジェクトマネジメント（PM）方式とコンストラクションマネジメント（CM）方式の差異についても明確な定義があるわけではない．発注者側を代表するインハウスのスタッフをプロジェクトマネジャーと呼び，設計者，施工者を束ねる外部スタッフをコンストラクションマネジャーという組織もある．

一般的には，プロジェクトマネジャーは，発注者が本来行うべき業務も含めて広範囲にサービスするのに対し，コンストラクションマネジャーは，職能として，設計と施工のプロセスに発注者の立場にたって，より深く関与するものとして認識されている（図1.1.1）．

1.1.4 PFI方式

Private Finance Initiative（PFI）とは，民間の資金，経営能力および技術的能力を活用して，公共施設等の建設，維持管理および運営（企画等を含む）を行う方式をいう．日本では，1999（平成11）年に「民間資金等の活用による公共施設等の整備等の促進に関する法律」（いわゆる，PFI法）が施行されたことから，地方自治体を中心に盛んに行われている．もともと，1992年に英国で政府の財政状況が厳しく必要な公共施設の整備ができないことを契機に始まったものである．日本では，2006（平成18）年4月時点で，国，地方を含めて229件のプロジェクトにおいて実施方針が公表され，調達手続きに入っている．

PFI方式は，公共発注者を対象としたもので，あらかじめ発注者要求を明確にした上で，必要とする建物の性能を文書としてまとめ，それをもとに，民間事業会社が受注し，設計，施工，そして一定期間の維持管理を行う方式である．PFIを受領する民間事業会社は，通常，コーポレートリスクを分離する形での特定事業目的会社（SPC）を設定し，その会社がノン・リコース・ローンを銀行から借り入れるなどして建設費などの初期の事業費用を賄う．一方で，民間事業会社は公共発注者からの施設利用料などから収入を得ることで，事業としての利益を生み出すこととなる．

公共発注者にとって，PFI方式は投資的経費を形状的経費に変更することで費用化でき，財政状況が厳しい中での施設整備が可能となること，そして維持管理を考慮した設計や施工を民間事業者が実施することで，公共発注者が事業を実施するよりも費用負担を軽減することができるなどのメリットを持つ．しかし一方で，事業の早期に発注者要求をとりまとめるなど，発注者側のプロジェクトマネジメント機能がきちんと確立している必要があったり，初期のあいまいなままでの発注となるため，発注にかかわる手続きに時間がかかるなどのデメリットがある．

1.1.5 調達方式とリスクの関係

調達方式の選択は，基本的にプロジェクト特性や発注者要求など，様々な観点からの検討が必要となるが，特にリスク分担の考え方によるところが大きい．図1.1.2は，各調達方式と発注者，受注者のリスク分担を示した図であるが，設計施工一括発注方式では受注者のリスク負担が大きく，マネジメント方式では発注者のリスク負担が大きいことを示している．これらのリスクを考慮した上で，各種調達方式の選択を行うことが望まれる．

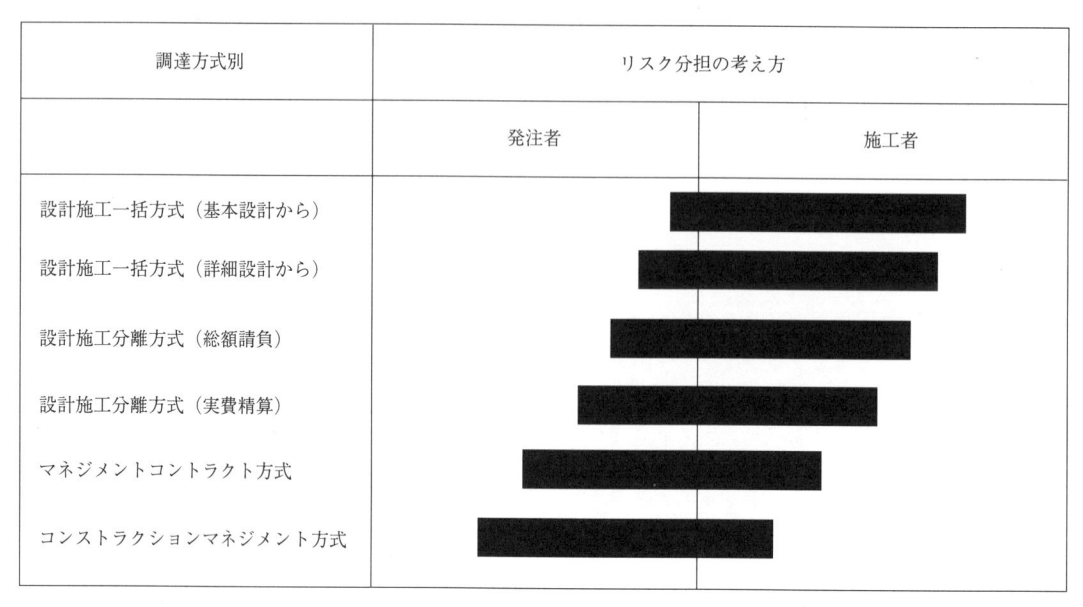

調達方式別	リスク分担の考え方	
	発注者	施工者
設計施工一括方式（基本設計から）		
設計施工一括方式（詳細設計から）		
設計施工分離方式（総額請負）		
設計施工分離方式（実費精算）		
マネジメントコントラクト方式		
コンストラクションマネジメント方式		

図 1.1.2　調達方式ごとのリスクの考え方

1.1.6　多様化する調達方式

これまで大きく4つの調達方式について述べてきたが，公共建築工事の調達方式でも，バリューエンジニアリング（VE）提案方式や設計施工一括発注方式など，様々な調達方式を試行することで，プロジェクトの最大価値を生み出すような努力をしている．同様に民間発注者においても，「建築生産プロセス」「担当主体」「競争の内容」などの観点から，プロジェクトの調達方式を選択することが行われている．つまり，多様な調達方式の中からプロジェクト特性に合致した調達方式を選択することが求められている．

逆に言えば，発注者として，最適な調達方式を選択できる目を持つことが必要であり，その責任もこれまで以上に重くなることを自覚しなければならない．

より良き建築プロジェクトにするためにも，それぞれの調達方式の特徴を踏まえた選択が望まれるところである．　　　　　　　　　　　　　　　［齋藤隆司］

文　　献

1) 日本建築学会編：発注方式の多様化とまちづくり，丸善（2004）

1.2　発注方式の概要と特徴

1.2.1　発注方式・発注形態の多様化

昨今の建設を取り巻く環境の変化をみると，経済社会そのものの変化，その中にある建設市場の変化，業態としての発注方式・受注形態の変化があげられる．発注方式や発注形態が多様化する背景には，建設プロジェクトの多様化・複雑化，発注者組織内における品質・性能・工期・コストなどの透明性増大の要求，発注者による海外における建設機会の増加，国内建設市場の国際化等により増大する発注者リスクを適切にマネジメントするために，様々な資金調達方式，発注方式・発注形態を含む建設プロジェクトの調達方式が模索されてきた．

その結果，発注方式や発注形態においては，ゼネコン一括発注から分離発注・コストオン発注などへの変化がみられ，特定企業に対する特命発注方式が減少するのと対照的に事業提案型・技術提案型・設計提案型・VE提案型などの技術提案重視とコスト重視の競争発注方式の採用が増加している．

また，PFI方式・割賦方式など多様な事業手法の活用も進んでおり，マネジメント面においても，発注者直営工事方式・PM/CM方式を導入するプロジェクトがみられるなど，手法の多様化も急速に進んでいる．

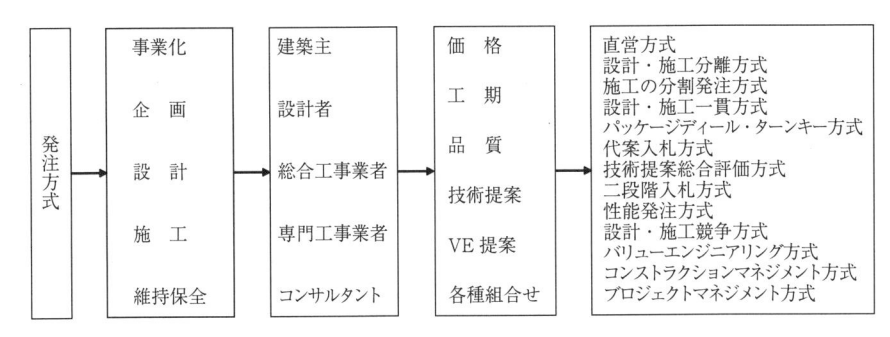

図1.2.1 多様な発注方式

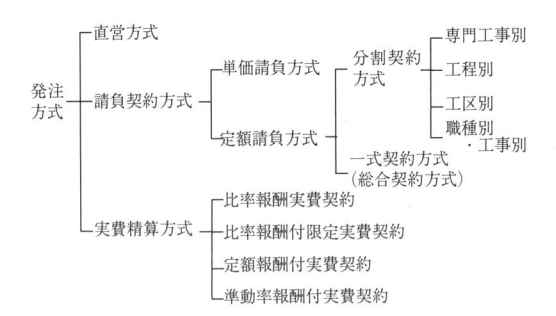

図1.2.2 工事施工方式・契約方式からみた分類

1.2.2 発注方式の種類

発注者は，建設プロジェクトの特質・規模，発注範囲，価格重視・技術提案重視などのマネジメント上のスコープに基づき，いくつかの採用可能な発注方式の中から候補を選定し，それらの適性を比較評価して決定する（図1.2.1）．

a. 工事施工方式による分類（図1.2.2）

1) 直営方式

建築主自らが計画を立て，労働者を雇用し，資機材を購入して自ら工事を遂行する方式である．個人住宅などの小規模な工事に適用される．

2) 請負契約方式

発注者が施工業者と請負契約を締結して請け負わせる方式で，請負業者が工事に必要な労務，資機材を調達し，一定工事期間内に一定の請負金額で設計図書どおりに完成させる方式である．広く一般的に建築工事に適用されている．

3) 実費精算方式

建築主が工事の実施を施工業者に委任し，工事実費とあらかじめ協定した率の報酬を加算して施工業者に支払う方式である．

b. 工事請負契約の種類による分類

1) 一括発注方式（一式請負，総合請負）

工事のすべてを一括して請負業者に請け負わせる方式で，工事の統括責任体制がとれるため工事全体の調整・管理がやりやすい．現在の請負方式の中では最も一般的に採用されている．

2) 分割発注方式（分割請負）

工事を分離して別々の業者と請負契約を締結する方式で，以下の4種類がある．

① 専門工事分割請負
② 工程別分割請負
③ 工区別分割請負
④ 職種別・工事別請負

3) 定額請負方式

工事費の総額を確定して請負金額とし，契約する方式である．建築工事では最も一般的に用いられる．

4) 単価請負方式

工事完成後，実施数量の確定を待って工事金額を精算する方式である．工事金額を構成する数量把握が難しい土木工事などの発注で使用される．

c. 請負業者の選定による分類（図1.2.3）

1) 随意契約方式（指名協議方式）

① 特命：建築主が過去の実績・関係などから適当と思われる業者を選定して，その業者と請負契約を締結する．
② 見積り合せ：建築主が複数の施工業者から見積りをとり，業者の技術力，資金力，信用度，施工能力を工事の目的・内容に照らして検討し，最も適切な業者を選定して請負契約を締結する．

2) 競争入札方式

① 一般競争入札：広く一般から応札させる入札方式である．
② 指名競争入札：工事経歴，信用度，資金力，技術力などを調査した上で，数社を指名して入札させる方式である．

```
請負業者の選定方法による分類 ─┬─ 指名協議方式(随意契約)
                              └─ 競争入札方式 ─┬─ 一般競争入札 ─┬─ 資格審査をする場合
                                              │                └─ 資格審査をしない場合
                                              └─ 指名競争入札
```

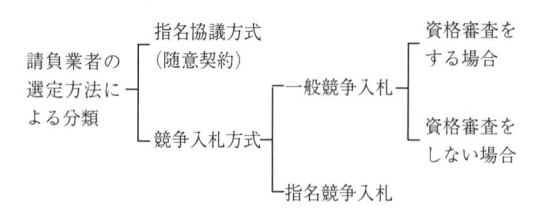

図 1.2.3 施工業者の選定による発注方式

```
工事費と請負業者の利潤の決定方法による分類 ─┬─ 利潤を工事費に一括してしまう場合 ─┬─ 単価契約方式
                                            │                                    └─ 総額契約方式
                                            └─ 利潤を工事費と別に計上する場合 ─┬─ 実費プラス定率報酬契約
                                                                              ├─ 実費プラス定額報酬契約
                                                                              ├─ 実費プラス変動額報酬契約
                                                                              ├─ 工事費上限保証契約
                                                                              └─ 目標見積り契約
```

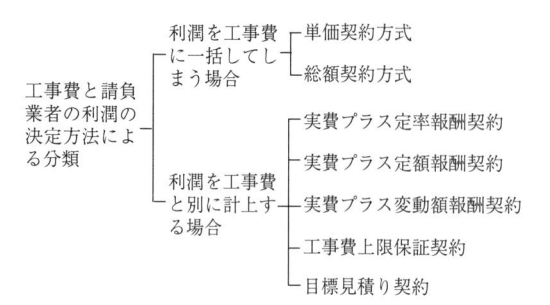

図 1.2.4 工事費と請負業者の利潤の決定方法による分類

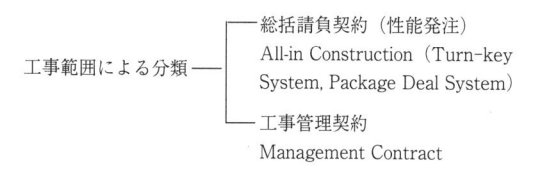

```
工事範囲による分類 ─┬─ 総括請負契約（性能発注）
                    │   All-in Construction（Turn-key
                    │   System, Package Deal System）
                    └─ 工事管理契約
                        Management Contract
```

図 1.2.5 工事請負範囲による分類

d. 工事費と請負業者の利潤の決定方法による分類

工事費と請負業者の利潤の決定方法からみた発注方式は、利潤を工事費に一括して工事費を契約時に決定してしまう場合と、利潤を工事費と別に計上する場合に分類される（図 1.2.4）。

e. 工事請負範囲による分類

最近では、躯体の瑕疵保証などに加えて施設のエネルギー効率などの性能保証を求められる場合が増加しており、パッケージディール・ターンキー方式などによる総括請負契約が使用される。また、海外工事などで工事管理のみを契約する場合は、工事管理契約が使用される（図 1.2.5）。　　　　　［山﨑雄介］

1.3　工事契約方法

建設プロジェクトは経済、社会、文化、技術などの多方面からの影響を受けているが、工事契約はその中で最もビジネス的な側面であるといえる。一般のビジネスが多様な契約行為により成立しているのと同様に、建設プロジェクトにおいても様々な契約行為が関係者の責任関係と権利関係を取り決めている。発注者と請負者の間で締結される工事契約では、両者の関係以外に設計監理者、専門工事業者、各種コンサルタント等との関係や工事用資機材、労務、工事費、工期、工事にかかわる各種賠償、保険、検査、引渡し、瑕疵担保などの詳細な契約条件を規定している。

日本の建設プロジェクトにおける工事契約のほとんどは総額請負契約方式であるが、欧米ではプロジェクトごとの様々な要因により多様な工事契約方式が採用されており、日本の建設業界においても 1990 年代以降の経済・社会状況の変化に伴い、欧米で実績のある工事契約方式が検討・導入され始めている。

この背景を踏まえて本節では、今後の工事契約方式の多様化と国際化を前提とした建設プロジェクトにおける工事契約方式について述べる。まず工事契約方式の特徴と決定要因について説明し、その決定要因ごとに工事契約方式を分類して詳細に解説する。

1.3.1　工事契約の特徴

工事契約の目的を総額請負契約方式の場合を例に説明すると、「発注者が請負代金を支払うことにより、請負者が設計図書（設計図、仕様書など）と契約書に基づく工事を完成させ目的物を発注者に引き渡すこと」ととらえられる。目的物の調達という点では家電製品、自動車などの既製工業製品の購買と類似しているが、建設プロジェクトにおける工事契約には、目的物の一品生産性という原則により次の点に特徴がある。

① 建設プロジェクトにおける発注者は、工事完成段階以前の契約段階において設計図書により工事契約を行うため、既製工業製品のように自らの要求を踏まえて目的物の検査・確認の後に購買の意思決定をすることができない。

② 既製工業製品は単一責任を有する単独の売り

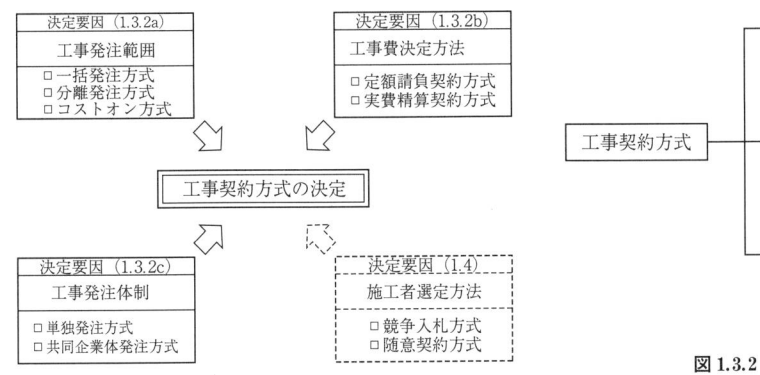

図 1.3.1 工事契約方式の決定要因

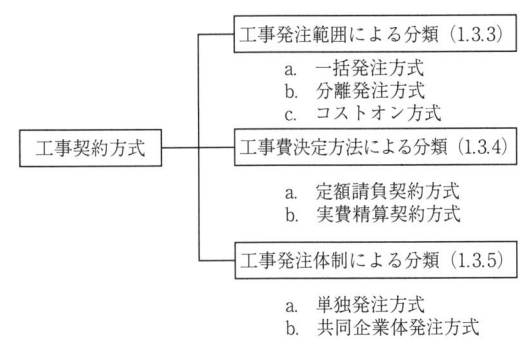

図 1.3.2 工事契約方式の分類

手から購買をするのが通常であるが，建設プロジェクトにおいては，発注者とプロジェクト関係者間の契約が複数になる場合（工事分離発注，設計監理契約，各種コンサルタント契約など）があり，責任関係は一様でない．

建設プロジェクトにおける工事契約方式は多様であり，プロジェクトごとの様々な要因により決定される．

1.3.2 工事契約方式の決定要因

建設プロジェクトにおいて工事契約方式の決定に影響を及ぼす主な要因として，工事発注範囲，工事費決定方式，工事発注体制があげられる．図1.3.1に工事契約方式の決定要因に関する概念図を示す．

a. 工事発注範囲

対象工事を一括して単独の請負者に発注するか（一括発注方式），分離して複数の請負者に発注するか（分離発注方式）により決定される要因で，公共工事では分離発注方式が原則として用いられているが，民間工事では一括発注方式，分離発注方式，コストオン方式などの多様な工事契約方式が採用されている．

b. 工事費決定方法

発注者と請負者が合意した対象工事の総額または単価で工事費を決定するか（定額請負契約方式），工事契約時に請負者の報酬（金額または算出方法）のみを取り決め，精算対象となる工事実費に加算して工事費を決定するか（実費精算契約方式）により決定される要因である．日本の建設プロジェクトにおける工事契約方式の大半は，工事費の総額により工事費を決定する方式が採用されてきた．

c. 工事発注体制

対象工事を単独の請負者に発注するか（単独発注方式），複数の構成員による共同企業体に発注するか（共同企業体発注方式）により決定される要因で，公共工事と民間工事のいずれの場合にも採用されており，プロジェクトごとの様々な要因により決定されている．

本節における工事契約方式の分類について，まず3つの決定要因により大別し，さらにそれぞれの決定要因ごとに具体的な工事契約方式を詳細に分類している．この分類の概念を図1.3.2に示し，それぞれの具体的な工事契約方式については，次項以降で解説する．

1.3.3 工事発注範囲による分類

対象工事を一括して単独の請負者に発注する一括発注方式と分類して複数の請負者に発注する分離発注方式がある．また，コストオン方式は最終的な工事発注範囲として一括発注方式に分類されるが，分離発注方式の特徴も有するために，ここでは独立した契約方式として分類する．

a. 一括発注方式

対象工事を一括して単独の請負者に発注する工事契約方式であり，共同企業体の場合も単独の請負者に含まれる．

この工事契約方式は単一責任性の原則に基づき，次のような特徴を持つ．

① 施工責任・瑕疵担保責任が請負者に一元化される．

② 発注者からの工事瑕疵および維持管理段階の連絡窓口も一元化される．

③ 契約事務，支払い請求，各種プロジェクト書類などの事務手続きも一元化される．

④ 請負者（元請）に専門工事（主に設備工事）を含む一括経費が必要となる．

⑤ 発注者と専門工事業者との関係は間接的になる．

b. 分離発注方式

対象工事を複数の専門工事に分離して，発注者がそれぞれを専門工事業者に直接発注する工事契約方式である．工区や工期を分離する方式も分離発注方式に含むことがあるが，建設プロジェクトにおいては工種による分離発注方式が一般的である．

分離する専門工事の数はプロジェクトごとの様々な原因により決定されるが，一般的には建築工事，電気設備工事，機械設備工事，昇降機設備工事程度に分離される場合が多い．最近の民間工事においてCM方式の導入などにより，さらに細分化された分離発注方式が採用される場合もある．分離発注方式を採用した場合には，発注者の立場で専門業者間の業務調整や全体の工程管理などを行う業務が必要となる．この業務の主体は分離する専門工事の数やプロジェクトごとの様々な要因により異なるが，通常は発注者（インハウス技術者など），設計監理者，コンストラクションマネジャーなどが行う．

c. コストオン方式

発注者が分離発注方式と同様の手続きにより各専門工事の請負者および工事費を決定し，主たる専門工事請負者（元請）とあらかじめ合意したコストオン経費を加算して一括発注方式に基づく工事契約を締結する方式であり，一般的な工事契約業務の流れは次のとおりとなる．

① 発注者がコストオン方式にかかわる契約条件を決定する．

② 分離発注方式と同様の手続きにより，発注者は各専門工事の請負者より工事発注手続きを行う．この際，コストオン方式にかかわる契約条件を提示する．

③ 発注者は，各専門工事請負者と個別に決定した工事費に主たる専門工事請負者（元請）と合意したコストオン経費を加算して，一括発注方式に基づく工事契約を締結する．

④ 工事契約の締結に際して，発注者と主たる専門工事請負者（元請）を含む各専門工事請負者間でコストオン協定書による合意を行うのが原則であり，設計監理者が立会者となる場合もある．

コストオン方式の工事発注範囲は一括発注方式となるが，発注手続きが分離発注方式と同様になる点に特徴があり，具体的な特徴として次の点があげられる．

① 工事費（一括経費とコストオン経費の差引き）の低減が図られる可能性がある．

② コストオン対象専門工事費が透明化できる．

③ 発注者がコストオン対象専門工事請負者の選定に直接的に関与できる．

コストオン方式の採用に際し，コストオン対象専門工事における請負者責任の所在，共通仮設の費用負担，主たる専門工事請負者（元請）による総括管理業務の内容などについて発注者と主たる専門工事請負者（元請）を含む各専門工事請負者間で合意を得る必要がある．合意内容により，一般的な建設プロジェクトにおけるコストオン方式は，主たる専門工事請負者（元請）とコストオン対象専門工事業者が連帯して責任を負う場合（一括発注方式に近いコストオン）と，コストオン対象専門工事業者が単独で責任を負う場合（分離発注方式に近いコストオン）に大別される．ただし，いずれの場合においても主たる専門工事請負者（元請）には，一定の請負者責任，共通仮設の費用負担，統括管理業務が生じる．

コストオン経費は対象工事ごとの契約条件により決定されることが原則であるが，一般的にはコストオン対象専門工事に一括発注方式を適用したと仮定した場合の一括経費を超えない範囲で決定されている．コストオン方式の採用に際してプロジェクト関係者間で契約条件として合意が必要な事項は次のとおりであり，これに基づきコストオン経費が決定される．

① コストオン対象専門工事にかかわる請負者責任の所在
・施工責任，瑕疵担保責任，アフター業務対応など
・各種保険（工事保険，労災保険，賠償責任保険など）の扱い

② 共通仮設の費用負担
・コストオン対象専門工事業者の現場事務所など
・共用可能な仮設（資機材揚重機械，足場など）
・工事用の光熱，通信設備および維持管理
・現場内の保安警備および清掃片付けなど

③ 主たる専門工事請負者（元請）による統括管理業務の内容
・現場事務（工事契約事務，支払請求事務など）
・コストオン対象専門工事業者間の調整
・全体工程管理
・コストオン対象専門工事の作業管理（仮設計画，

資機材揚中計画など）
・施工図の調整および管理
・安全管理

1.3.4 工事費決定方法による分類

工事費決定方法による分類を大別すると，発注者と請負者が合意した対象工事の総額または単価で工事費を決定する定額請負契約方式と，工事契約時に請負者の報酬（金額または算出方法）のみを取り決め，精算対象となる工事実費に加算して工事費を決定する実費精算契約方式に分類される．定額請負契約方式は，実費精算契約方式と比較した場合に請負代金，工期，引渡しの時期，施工上の瑕疵などにおける請負者の契約上のリスク負担割合が大きく，発注者のリスク負担割合が低減される傾向にある．

日本の建設プロジェクトにおいては定額請負契約方式により工事費が決定される場合が大半であるが，欧米では多様な工事契約方式が採用されている．工事費の決定方式はプロジェクトごとの様々な要因により異なるが，一般的に発注者と請負者との契約上のリスク負担割合はトレードオフの関係にある．定額請負契約方式と実費精算契約方式について，それぞれに分類される詳細の工事契約方法について解説する．

a. 定額請負契約方式（fixed price contracts）

定額請負契約方式は，総額請負契約方式と単価請負契約方式に分類される．一般的に欧米で定額請負契約方式が用いられる場合には，競争入札による施工者選定方式が採用される場合が多いために競争入札方式（competitive bid contracts）と同義に分類される場合があるために注意を要する．

1) 総額請負契約方式（lump-sum contract, stipulated-sum contract）

設計図書（設計図・仕様書など）に定められた対象工事を完成して目的物を引き渡すのに必要な工事原価（共通仮設費，直接工事費，現場管理費を含む）と，一般管理費などを含む工事価格に諸税を加算した工事費の総額を請負代金として定める方式である．請負者は対象工事の設計図書に基づき総額（a single quoted price）による工事費の見積りを行う．請負代金については，競争入札方式の場合には原則として最低入札金額により，随意契約方式の場合には交渉で合意された金額により，それぞれ決定される．

工事契約の締結により，請負者には工事費の総額で設計図書に定められた対象工事の完成と目的物の引渡しを行う履行責任が生じる．発注者としては，工事費の大部分を契約段階で確定することができるため，工事予算の超過に対する発注者リスクの負担割合を低減することができる．ただし，工事段階で工事・工期などの変更が生じた場合には設計変更処理・変更契約手続きなどが必要となるため，施工コンティンジェンシー（施工予備費）の確保などの適切な発注者のリスク管理は必要である．

この工事契約方式では，契約段階以前に設計図書を完成させる必要があり，工事段階での工事・工期などの変更は限定的であることが前提である．このため，この工事契約方式は一般的な建築プロジェクトで幅広く適用されているが，設計段階での不確定要因を多く含む建設プロジェクト（土木プロジェクトで地盤状況の事前把握が困難な場合，改修プロジェクトで既存建物情報や施工条件が不確定な場合など）では他の工事契約方式の適用が検討される場合もある．

2) 単価請負契約方式（unit-price contract）

発注者が対象工事における詳細な見積り項目と数量を提示し，請負者は設計図書に基づく工事費の総額ではなく見積り項目に対する単価見積りを行う方式で，発注者の提示数量に請負者の見積り単価を乗じて請負代金を決定する．

通常は発注者が単価を記入しない内訳明細書を作成して見積り項目と数量を請負者に提示する．見積り項目には数量と単位が明確に表現できることが望ましいが，場合により「一式」と表現される見積り項目もある．また，単価には直接工事費と共通費（共通仮設費，現場管理費，一般管理費など）のほかに，施工規模や施工条件などによる単価変動要因を含むことが一般的である．ただし，共通費の扱いについてはプロジェクトごとに異なる場合があるため，見積り条件として明確にされることが重要である．

総額請負契約方式における請負代金は工事・工期等の変更がない限り定額であるが，単価請負契約方式では単価に基づく工事契約を締結するために，契約段階での数量は参考数量として扱われる．参考数量は工事段階で数量が確定すれば精算対象となるため，工事費の総額はこの段階で変動する可能性がある．この工事契約方式において，請負者には工事費の総額で設計図書に定められた対象工事の完成と目的物の引渡しを行う履行責任が生じないため，総額請負契約方式と比較して発注者の数量変動に対する

リスク負担割合が増大する．このため，発注者は工事完成段階の工事費の総額を予測しながら，実際の出来高工事費との差異を分析して適切なコスト管理を行う必要がある．

この工事契約方式における請負代金の支払い方法は出来高払いが原則となるため，発注者には工事段階における出来高の算定および検査済み資機材の確認等の業務が必要となり，また請負代金支払い手続きには相応の事務処理が必要となるため，請負者の支出と収入に時間差が生じる場合がある．

長期に及ぶ建設プロジェクトで契約階段の単価と工事段階の単価に物価変動などによる著しい増減が生じた場合や，参考数量と実際の数量に著しい増減が生じた場合には，発注者と請負者の協議による工事契約の見直し交渉が行われる場合もある．

この工事契約方式は，工事段階で数量が確定するために，工事・工期などの変更への対応という点で柔軟性を有する．このため，総額請負契約方式では課題となる設計段階で不確定要因を多く含む建設プロジェクトにも適用可能となり，欧米の土木プロジェクトなどで実績がある．

b. 実費精算契約方式（cost-reimbursable contracts, cost plus fee contracts）

工事契約時に請負者の報酬（金額または算出方法）のみを取り決め，精算対象となる工事実費に加算して工事費を決定する方式である．工事実費と報酬の詳細は工事契約において規定されるが，一般的な工事実費には工事原価としての共通仮設費，直接工事費，現場管理費が含まれ，一般管理費などは報酬として扱われる．報酬の総額または算出基準は，発注者と請負者により工事契約締結時に合意される．

実費精算契約方式を用いた場合には，請負者には工事費の総額または単価で設計図書に定められた対象工事の完成と目的物の引渡しを行う履行責任が生じないため，定額請負契約方式と比較すると請負代金，工期，引渡しの時期，施工上の瑕疵などに対するリスク負担割合が低減され，発注者のリスク負担割合が増大する．欧米では特に長期化・複雑化する建設プロジェクトにおいて，請負者が定額請負契約方式による過大なリスク負担を避ける場合に，この契約方式が採用されることがある．

この契約方式の法的な位置づけとして，民法上の請負契約ではなく委任契約と解釈されるのが一般的である．しかし，日本の建設プロジェクトではほとんど採用されていないため，昨今の日本の建設業界におけるアットリスク型CM方式の課題などと併せてさらなる検討が必要である．

欧米の建設プロジェクトにおいて，この工事契約方式には随意契約による施工者選定方式が採用される場合があり，随意契約方式（negotiated bid contracts）と同義に分類される場合があるために注意を要する．工事費と併せてその他の諸要因（請負者の資質，実績，工期など）を発注者が総合的に評価することが可能で，必要により請負者との交渉も可能となる．また，必ずしも契約段階で設計図書を完成させる必要がないため，プロジェクト全体のスケジュールが短縮できる可能性があると同時に，契約段階で正確な見積りが困難な建設プロジェクトに適用できる．ただし，施工者選定時における評価基準の客観性に課題が残されている．

報酬の算出方法に基づく実費精算契約方式の詳細を以下に解説する．

1) 実費精算比率報酬加算契約方式（cost plus percent of cost, cost plus percentage fee）

欧米の建設プロジェクトで伝統的に用いられている工事契約方式で，あらかじめ発注者と請負者が取り決めた工事実費に対する比率により請負者の報酬を決定する方式である．

工事実費と報酬が工事完成段階まで確定しないための工事費の流動性がある工事契約方式で，発注者と請負者による技術面・運営面などでの協調的な関係がより重要となる．工事実費の増加に比例して請負者の報酬も増加する傾向があり，請負者の工事費低減に対する動機づけが困難となるため，発注者の適切なコスト管理が不可欠となる．

2) 実費精算定額報酬加算契約方式（cost plus fixed fee）

対象工事を完成させるために必要な請負者の報酬は一定であるという原則に基づき，発注者と請負者が一定額の報酬を決定する方式である．

この工事契約方式は，実費精算比率報酬加算契約方式における請負者の工事費低減に対する動機づけの欠如を補うが，一方で工事実費の増減と無関係に請負者の報酬は一定となるため，請負者の生産性向上に対する動機づけに課題が残される．

この工事契約方式が長期に及ぶ建設プロジェクトに用いられて請負者が工期短縮を実現した場合には，発注者と請負者の双方の利益につながる．しかし，工期短縮を優先し過ぎて，請負者が高価な工法の採用や非合理的な労働力の投入などを行った場合

には，精算対象となる工事実費の増加につながる可能性があるため，この場合においても発注者の適切なコスト管理は重要となる．

3) インセンティブ付き実費精算契約方式（target estimate, cost plus incentive fee）

前述の実費精算定額報酬加算契約方式または実費精算比率報酬加算契約方式にインセンティブに関する条項を付加した工事契約方式であり，インセンティブの対象は，工事費と工期の2種類に分類される．

一般的には長期に及ぶ建設プロジェクトに用いられる場合が多く，発注者は請負者に工事費低減と工期短縮に対する取組みを期待することができる．この工事契約方式においては，インセンティブの基準となる目標工事費や目標工期を発注者が適切に設定することが重要となる．

工事費に対するインセンティブでは，最終工事費の確定後に発注者が目標工事費との差額を評価し，工事費の低減が認められた場合にはインセンティブが請負者に支払われる．一般的なインセンティブの算出基準は，最終工事費と目標工事費の差額にあらかじめ定められた割合を乗じる方法となる．この工事費に対するインセンティブ付き実費精算契約方式を利益配分条項付き実費精算契約方式（cost plus fixed fee with profit-sharing clause）と称する場合がある．また，最終工事費が目標工事費を超過した場合の賠償条項を追加した場合には，実費精算変動報酬加算契約方式（cost plus sliding fee）と称されるが，この場合には請負者の報酬に関する下限を設定し，一定の報酬を保証するのが一般的である．

工期に対するインセンティブも工事費に対するインセンティブと同様である．最終工期と目標工期を比較して工期短縮が認められた場合にインセンティブが請負者に支払われる．一般的なインセンティブの算出基準は，1日当たりのインセンティブ単価に工期短縮の日数を乗じる方法となる．この工期に対するインセンティブ付き実費精算契約方式を報償条項付き実費精算契約方式（cost plus fixed fee with bonus clause）と称する場合がある．

4) GMP付き実費精算契約方式（guaranteed maximum price）

発注者と請負者が契約段階での合意により上限保証工事費（GMP）を設定し，工事段階では実費精算定額報酬加算契約方式または実費精算比率報酬加算契約方式に準じる．工事完成段階で最終工事費が上限保証工事費を下回った場合には，工事実費は全額が精算の対象となり，さらに最終工事費と上限保証工事費の差額はあらかじめ定められた比率により発注者と請負者に分配される．逆に，最終工事費が上限保証工事費を上回った場合には，その差額は請負者の負担となるため，請負者は，上限保証工事費を超過した場合のリスク負担を想定して上限保証工事費の設定に合意する必要がある．

前述の実費精算契約方式においては，工事完成段階まで最終工事費が確定しないために，定額請負契約方式と比較して発注者の工事予算超過に対するリスク負担割合が大きいという問題点があげられる．これに対して，インセンティブ付き実費精算契約方式における目標工事費を上限保証工事費へと発展させたのがGMP付き実費精算契約方式である．

1.3.5 工事発注体制による分類

対象工事を発注する際の請負者の受注体制についての分類であり，単独の請負者に発注する単独発注方式と，複数の構成員による共同企業体に発注する共同企業体発注方式に分類される．

a. 単独発注方式

単独発注方式については特筆すべき点がないため，ここでは共同企業体発注方式についてのみ解説することとする．

b. 共同企業体発注方式

共同企業体発注方式，いわゆるジョイントベンチャー（Joint Venture：JV）は，複数の請負者が共同で資金，技術，労務などを出資して単独工事の施工を行う契約方式であり，建設プロジェクトにおける歴史は，1930年代に米国のフーバーダムの建設工事における共同企業体が世界初とされる．日本においては，1950年代に米国より導入されている．共同企業体を単独受注方式の請負者と比較した場合の特徴として，その目的が対象工事の施工に限定され，存続期間が対象工事の完成までに限定される一時的な組織体が多い点があげられる．

共同企業体発注方式の特徴として，主に大規模な建設プロジェクトにおいて，共同企業体の構成員相互間における経営的リスクの分散による利益確保，技術力の補完による効率的な施工，技術力向上などがあげられる．これに伴い，発注者の契約面，品質面などでのリスク低減も期待できる．

共同企業体は原則的に構成員の合意により任意に設立・運営が可能となるため，構成員の資質，共同

企業体の運営形態，対象工事の施工範囲などにより
その合意内容は多様である．しかし，旧建設省は昭
和37年に標準的な共同企業体協定書を作成してお
り，多くの民間工事における共同企業体もこれに準
じて運用されている．

以下では，共同企業体発注方式の詳細について，
組織形態・施工範囲・成立時期による分類を行い解
説する．

1) 組織形態による分類

① 会社組織による共同企業体：共同企業体構成
員が共同で会社を設立して経営する方式で，共同企
業体協定書によりその経営方針，持ち株比率などを
詳細に規定する．海外の建設プロジェクトにおいて
現地の請負者との合弁会社として用いられる場合が
ある．

② 会社組織によらない共同企業体：共同企業体
構成員が会社組織によらない法的な団体を設立して
運営する方式で，運営の方法は議決権を等分して構
成員全体の合議制により運営する場合と，出資比率
等による幹事構成員を選出して運営にあたる場合が
ある．日本の建設プロジェクトにおける共同企業体
発注方式の大半は，会社組織によらない共同企業体
で構成員の出資比率により運営されており，幹事構
成員は対象工事の施工に関する統括的責任と権限を
有している．

2) 施工範囲による分類

① 共同施工方式（甲型共同企業体）：共同企業
体の構成員が一体で対象工事全体の施工を行う方式
で，対象工事の損益計算も全体で共同して行う．各
構成員の技術力や経験などが効果的に補完された場
合には共同企業体の利点が有効に発揮されるが，構
成員間の技術力や実績などの格差や管理体制の相
違が共同企業体の運営における障害となる場合もあ
る．

② 分担施工方式（乙型共同企業体）：対象工事
を工区・工種などにより分離し，構成員が担当工事
について個別に施工を行う方式である．各構成員は
共通経費を拠出するが，担当工事に関する損益計算
は独立で行い，施工上の責任も原則として個別に負
担する．しかし，施工計画・施工管理などの調整業
務や資機材の共有などには共同企業体の調整が必要
であり，さらに，第三者賠償責任・契約履行責任・
瑕疵担保責任などは共同企業体の連帯責任となる場
合が多い．

3) 成立時期の違いによる分類

① 建設共同企業体（通年型共同企業体）：公共
工事の受注を目的に年度当初に成立し，単独の請負
者と同様に共同企業体として競争入札参加願を提出
して請負者登録を行う方式である．中小規模の請負
者により結成され，構成員相互の技術力の補完によ
り受注機会の拡大を目的とする場合が多い．

② 建設工事共同企業体（特定型共同企業体）：
特定工事の施工を目的に成立し，対象工事の完成後
に解散する方式であり，一般的な建設プロジェクト
で多く採用されている．複数大手の構成員による
共同企業体には契約面・品質面などでの発注者リス
クの低減が発注者の目的となる場合が一般的である
が，大手と中小規模の構成員による共同企業体には，
経済状況の変化を受けやすい中小規模の請負者や地
方の地元請負者への受注機会の拡大と技術力の向上
が発注者の政策的な目的となる場合がある．

今後の日本の建設プロジェクトにおいて工事契約
方式の多様化が進めば，共同企業体発注方式にかか
わる紛争が増大することも予想され，その際には共
同企業体の法的な位置づけがこれまで以上に重要と
なる．

[吉田敏明]

1.4 施工者選定方法による分類

施工者選定方法は，一般的に競争入札方式と随意契約方式に大別されている（図1.3.1参照）．公共工事においては，会計法や地方自治法などの関連法令による制限を受けるため，公正性の観点から主に競争入札方式が採用されている．一方で民間工事においては，契約自由の原則に基づき，施工者選定および契約方式の決定は多様化しているが，一般的には随意契約方式が採用されている．ここでは競争入札方式を指名競争入札方式と一般競争入札方式に，随意契約方式を特命方式と見積合せ方式に分類して解説する．

1.4.1 競争入札方式（competitive bid contracts）

入札参加者による競争入札を行い，発注者に最も有利な条件を提示した入札参加者を施工者として選定する方法であり，一般的に入札される工事価格が選定基準となる．入札参加者の選定方法は，発注者の公告による場合と指名による場合があり，前者が一般競争入札方式，後者が指名競争入札方式である．公共工事においては関連法令により，指名競争入札に付する場合と一般競争入札に付する場合が規定されている．

競争入札方式の特徴として次の点があげられる．
① 競争原理が適正に導入された場合は工事費の低減が期待できる．
② 施工者は原則的に最低工事価格により選定されるため，選定基準の客観性が確保される．
③ 施工者選定の過程において入札参加者に対する公平性が確保しやすい．
④ 同一条件による公正な競争が原則であるため，設計図書の精度や見積条件の明確さが重要となる．
⑤ 設計段階から工事段階へ移行する際に相応の入札・契約期間を必要とするため，プロジェクトスケジュール短縮の可能性が限定される．
⑥ 工事価格の総額により競争入札が行われて施工者が選定されるために，設計図書と見積内容の整合性の確認が施工者選定時には困難である．

a. 指名競争入札方式

複数の入札参加者を発注者が指名して競争入札を行い施工者を選定する方法で，発注者が対象工事に相応しいと判断する入札参加者を指名することができる．

競争入札方式において施工者は原則的に最低工事価格により選定される場合が一般的であるため，発注者は入札参加者の資質を事前審査して入札参加者の指名を行う必要がある．事前審査の一般的な項目は次のとおりであり，この事前審査を適切に実施することにより発注者は請負者に対する契約上のリスク負担を低減することができる．発注者が指名を行う入札参加者の数は関連法令により一定数以上と定められている．

① 対象工事を遂行するための技術力・類似工事の実績
② 企業の財務状況
③ 債務保証能力
④ 入札時点の工事受注量
⑤ 過去の紛争履歴
⑥ 対象工事の発注者との過去の実績・評価

b. 一般競争入札方式

対象工事の入札および契約に関する条件を公告し，入札参加申込みを行った入札参加者により競争入札を行い，施工者を選定する方法である．

会計法では一般競争入札が原則とされているが，入札参加業者の資質・発注者の事務手続きなどの課題から指名競争入札方式が採用される場合が多い．

1.4.2 随意契約方式（negotiated contracts）

競争入札方式によらずに任意の方法により発注者が対象工事に最適と判断する施工者を選定する方法で，特命方式による施工者選定と見積合せ方式による施工者選定に分類される．随意契約方式においては，施工者選定または工事費決定の段階で一定の交渉が行われるため，欧米ではこの方式をnegotiated contractsと称する場合がある．

随意契約方式の特徴は，発注者が請負者と工事契約を締結するまでに，工事費を含めた様々な要因について交渉ができる点である．工事費以外の様々な要因として，工期，品質管理体制，VE提案などがあげられ，必要により候補者面接を併用することも可能である．ただし，施工者選定基準が客観的に明示されない場合には，選定基準の透明性に問題が残る．

競争入札方式は入札参加者の同一条件による公正な競争が前提となるため，施工者選定は必然的に設計段階終了後が原則となり，工事着手は施工者選定

後となる．しかし，随意契約方式において発注者が工事費以外の要因（プロジェクトスケジュールの短縮，受注者の早期選定など）を重要視した場合には，より早期に施工者を選定してプロジェクトスケジュールの短縮を図ることも可能である．ただし，この場合において設計図書が完成していない場合には工事契約締結後の工事費変動などが生じる可能性があるため，発注者と請負者双方がリスク負担について検討し，工事契約上の適切な処置を講じる必要がある．

a. 特命方式

発注者が施工者の資質，実績等を総合的に判断し，対象工事に最も相応しい施工者を選定する方式である．民間工事では，発注者と施工者の営業上の取引き関係などを含む様々な要因により選定される場合が多いが，公共工事においては「工事請負契約における随意契約のガイドライン（建設省：昭和59年7月）」において，随意契約によることができる場合は次のとおりとしている．

① 契約の性質または目的が競争を許さない場合
② 緊急の必要により競争に付することができない場合
③ 競争に付することが不利と認められる場合（現に契約履行中の工事に直接関連する契約を現に契約履行中の契約者以外の者に履行させることが不利である場合）
④ 競争に付することが不利と認められる場合（随意契約によるときは，時価に比べて著しく有利な価格をもって契約することができる見込みがある場合）

b. 見積合せ方式

複数の見積合せ参加者を指名し，見積書を含む提案書の内容を総合的に評価して最適な施工者を選定する方法で，随意契約方式に分類されているが，競争の原理を導入する点で，競争入札方式の特徴も有するといえる．

見積合せ方式を用いた場合には，競争入札方式における工事価格の総額による評価だけでなく，設計図書に基づく見積書の内容として，直接工事費における数量と単価の内訳明細や共通費（共通仮設，現場管理費，一般管理費など）についての分析・評価を行うことができる．また，工事費以外の要因（請負者の資質，工期，品質管理体制，VE 提案など）についても評価・交渉の対象となるため，競争の原理の導入との柔軟性を持つ施工者選定が可能となる．

なお，ここで見積合せ方式として解説した施工者選定方法は，主に民間工事において幅広く用いられているが，必ずしも見積合せ方式と称されない場合がある．また，見積合せが工事費交渉などの本節での解説として異なる業務として用いられる場合もあるので注意を要する．

［吉田敏明］

1.5 海外における調達方式の実施状況

建設産業は非常に土着性の強い産業であり，各国には，その歴史的，地理的および社会・経済的な背景に基づく独特の建設産業構造が存在する．各国の調達方式も当然この背景や産業構造を基盤として成立し，それを改善，補完する形で独自の発達を遂げてきた．しかし，最近の急速かつ広範な国際化に伴い，発注者の主導で調達方式を国際移転する動き，あるいは各国政府で海外の調達方式を研究しその長所を取り入れようとする動きがある．ここでは，わが国の調達方式の現状のより客観的な把握の一助として，主要国の調達方式を概観する．

1.5.1 アメリカ

アメリカは契約中心の社会であり，契約関係者の役割が明確になっている．したがって，いろいろなケースに対応するためには，種々の契約／施工方式を編み出す必要性があり，調達方式の種類は多い．

仕事の範囲からみると，設計施工分離方式，CM (Construction Management) 方式，Design & Manage 方式，Design & Build 方式，BOT (Build Operate Transfer)，BTS (Build to Suit) などがある．設計と施工が相互にチェックし合うことが基本であり，設計と施工の分離方式が一般的である（図1.5.1）．設計機能を自社内に抱えた建設業者は極めて少ない．設計，エンジニアリングの専門性が問われる案件では，まず Architects & Engineers (AE) 会社を選ぶことから始める必要がある．

CM 方式は，元来，ストライキの頻発や建設物価の高騰などのリスクを回避しつつ工事を行うために考え出されたものであるが，その利点を生かして多くの場面で使われるようになった（図1.5.2）．施工経験の豊富な専門家が初期段階で参加することにより施工性の改善をねらう場合，大型工事や複雑な工事で発注者が専門家の支援を必要とする場合，設計

1.5 海外における調達方式の実施状況

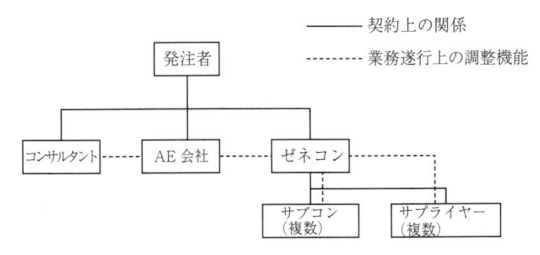

図 1.5.1 設計施工分離方式－アメリカ

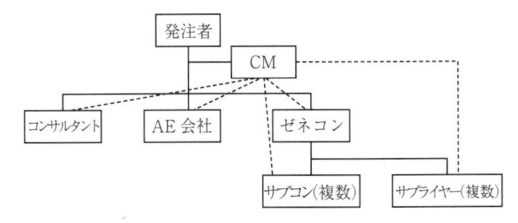

図 1.5.2 CM 方式－アメリカ

がまとまらないうちに早めに部分着工する場合などに適用されることがある．しかし，CM方式による工期延長やコストのオーバーランなどの弊害も現れたので，設計がある程度まとまった段階でGMP (Guaranteed Maximum Price) 付きの契約に移行する方式が編み出された．

Design & Manage方式は，AE会社が設計をし，CMを行う方式である．契約金額の決め方からみると，所定の内容の工事を所定の期日までに総額で，かつ一定の価格で完成させるランプサム契約が主流である．また，工事金額は実費精算とし，その実費をベースに，あらかじめ決められたフィーをCM会社に払う方式で，CM契約などに使われるコストプラスフィー契約も多い．

契約約款としては，民間ではAIA (American Institute of Architects) 約款が一般的であり，設計施工分離方式，CM方式などがある．政府工事では，AGC (Association of General Contractors) 約款も使用される．アメリカでは，契約当事者の双務性が高い．例えば，種々のBondや先取り特権 (Mechanics Lien) などにより，サブコンへの支払いが確保されるとともに，発注者の権利も守られている．支払いは，月次出来高払いが基本で，留保金は実質完成後，原則として30日以内に支払われる．

AE会社の地位が高く，一般的に実力もある．図面は細部まで作成する．ゼネコンは，原則として直備（直用）を持たず，サブコンのまとめ役である．共通仮設もほとんど持たない．工程およびコストの管理が主である．品質管理はAE会社が行う．建設業許可は州単位で与えられる．全国ネットワークのゼネコンは少ないが，企業買収や提携によりネットワークが形成されつつある．大手の建設会社やエンジニアリング会社は，一般建設業者とすみ分けされており，海外への積極的な進出が目立つ．サブコンは実力があり，直接仮設は自前で準備する．専門業者はゼネコンと対等な立場にある．

最近の動きとしては，設計施工分離の場合の責任の所在が明確でないためのトラブルを避け，調整の手間を軽減するために責任を一元化することを目的として，AE会社と施工会社が組む形のDesign & Build方式が増加している．また，この方式は工期短縮の面からも評価されている．発注者の組織のスリム化，税金を使う工事は予算管理が厳しいという事情を反映して，公共工事にDesign & Buildかつランプサム方式が使われ始めた．Build to Suitは客先の要求に応じて施設を建設し，賃貸する方式である．事務所や倉庫などに多くみられる調達方式であるが，工場などには転用がきかないので，この方法は難しい．BOTは従来，道路や発電所のプロジェクトなどでみられたが，一時期，減少した．最近は，発電所などの案件で見直される傾向にある．

1.5.2 イギリス

イギリスの建設業には長い伝統がある．欧州の建設業と比較しても最も早く19世紀前半にはゼネコンが出現した．また，アーキテクトが専門家として確立するのもこの項である．このような専門家制度は高品質の施設を作り出すなど良い面もあったが，1960年代には，コスト高や専門家が自身の利益を守るようになったことなど弊害も顕著になった．

契約は基本的に双務契約であり，実施形態としては設計施工分離方式（図1.5.3）が基本であるが，1960, 1970年代に設計施工，CMあるいはMC (Management Contract) 方式（図1.5.4）が徐々に広まり，選択肢が増えた．CMとMCの最大の違いは，金の流れである．CMでは，支払いは発注者から各専門業者に直接行われるのに対して，MCではいったん発注者からマネジメントコントラクターに支払われ，そこから各専門業者へ支払われる．

MCでマネジメントコントラクターの業務範囲に設計を加えた方式がDesign & Manage方式である．土木分野においては，当初は私的な推進者によって有料道路，運河，鉄道などのインフラが建設され

た．しかし，19世紀後半の経済崩壊以後は公共の組織が行うようになった．土木は競争入札制度が一般的になり，コンサルタントが実務上で重要な役割を担った．その後，土木分野では特に改革はなされず，伝統的な方式にとどまった．

BOTは，発展途上国で社会資本を整備するために活用してきた方式であるが，イギリスではチャネル・トンネルの例がある．1990年代になって，PFI（Private Finance Initiative）が本格的に導入され，病院や刑務所などに適用されている．工事金額の決め方の面からは，BQ（Bill of Quantities）によるランプサム方式が主流である．このほか，MCやCM方式では工事の実費に加えフィーが支払われるコストプラスフィー契約もみられる．

標準契約約款に関しては，建築分野の民間工事および地方政府の公共工事では，JCT（Joint Contract Tribunal）約款を使用する．中央政府ではGC（Government Contract）契約を使用する．土木については，ICE（Institute of Civil Engineers）契約，およびNEC（New Engineering Contract）契約を使用する．支払いは，月次の出来高払いが基本である．留保金は，通常，工事終了後に1/2，通常1年間の瑕疵担保期間の終了時に残りの1/2が支払われる．

アーキテクトは，責任範囲や権限も大きく，社会的な地位も高いが，現場をまとめる力は比較的弱い．コンサルタントの機能分化が著しく，種々のコンサルタントが存在する．コストのモニタリングや契約の実務を主として行うQS（Quantity Surveyor）が存在する．最近はQSがその実務経験をベースに，プロジェクトマネジャー業務を中心とする広範なサービスを提供するなど，生き残りをかけて業務範囲を拡大してきている．また，全国規模のゼネコンや設計機能を持つゼネコンも，厳しい建設市場の競争を反映して大幅に減少している．サブコンは比較的強く，マネジメント能力も高い．

最近の新しい調達方式の動きとして，以下の3つの方式がみられる．まず，ツーステージテンダー方式は，Design & Manage に近いが，調達を明確に2段階に分けたところが異なる．最初に設計チームを選定し，基本計画を作成する．これに基づき第1段階の入札を行い，建設会社を選ぶ．この建設会社は通常，設計会社とチームを組んでいる．ここで，ある程度の準備工事を行うとともに，設計の詳細を詰めていく．この時点で，第2段階の入札を行い，通常GMPで建設会社を確定する．この方式の特徴は，設計が先行するので比較的複雑な工事に対応できること，早期に建設会社が準備工事にかかれること，施工側からの設計へのインプットが可能なこと，などがあげられる．第2に，パートナーリング方式は，大手の発注者や多店舗展開をする企業などが，ある一定期間，まとまった額の発注を継続的に行う場合，建設会社側のコミットにより，発注者にとっては，厳しい予算管理で一定以上の品質を確保することを可能にする．建設会社側にとっては，ある期間の発注量を保証される代わりに，コストに見合う品質と価値を提供する義務を生じる．第3の方式として，Novation（更改）を伴う設計施工方式では，まず，発注者が設計チームを雇用して計画を立案し，検討する．その後，価格や工期を決める時点で建設会社を入れる．条件が合えば，その建設会社に設計チームを雇用させて，契約条件を引き継がせ，設計と施工の責任を一元化して持たせる方式である．

1.5.3 フランス

フランス国内でよく使われる契約形態には，大別して工事分離契約，工事一括契約（ゼネコン方式），施主代理契約の3つの契約方式がある．伝統的には，発注者（MO：Maitre d'Ouvrage）がサブコンと個別に契約する工事分離方式が主流であったが，最近は発注者も工事一括方式を好むようになり，民間工事ではこの方式が増えている．公共工事では，工事分離方式が原則であるが，これも減る傾向にあ

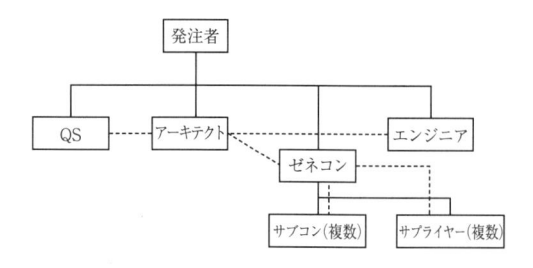

図1.5.3 設計施工分離（在来）方式－イギリス

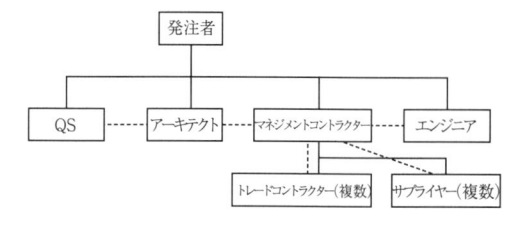

図1.5.4 MC方式－イギリス

る．どちらの方式でも，施主代理（MOD：Maitre d'Oeuvre Delegue）が介在している場合が多い．工事一括契約は，工事部分のみ一括契約のゼネコン方式であるが，ゼネコンが直傭で施工する部分が多いことが特徴である（図1.5.5）．

この場合のゼネコンは，建設工事を行うのみで全体の管理は行わない．全体管理は設計監理者（MOE：Maitre d'Oeuvre）が行う．施主代理契約は，施主代理が施主の代行をするもので，すべてのオペレーションは発注者の名前で行われる（図1.5.6）．この場合，施主代理は，業者への支払額を発注者に報告する義務があるが，リスクはとらないので，フィーベースの契約となる．そのほか，プロモーター（通常は不動産開発業者）が主導する設計および施工を含む一括方式，また，PFIと同様に上下水道や発電所をはじめ，最近は駐車場や刑務所などに関して，民間に資金調達，施設の運営までを委託するConcession方式などがみられる．契約金額面でみた場合，一括契約方式ではランプサム契約が使われ，施主代理契約方式では実費精算プラスフィー方式が使われることが多い．

標準の契約約款としては，一般規定として事務関連のCCAG（Cahier de Clauses Administratives Generales），技術関連のCCTG（Cahier de Clauses Techniques Generales）がある．さらに，その案件特有の事務および技術関連事項を規定しているCCAP，CCTPがある．建築契約上および民法上で，建設にかかわったものの責任が厳しく規定されており，保険制度がこれをカバーするが，保険費用は高い．ここに保険を掛けるための独立の検査機関として，技術検査会社（Bureau de Controle）が存在する．

フランスではアーキテクト（Architecte）は芸術家であり，独立性が高く，かつ権限も大きい．したがって，フランスでは，いわゆる設計施工は法律上存在しない．民間建築では，建築許可の申請を行う上でアーキテクトの署名が必要であり，必ずアーキテクトがプロジェクトに参加することになる．また，設計業務の中で技術的な部分を担うBET（Bureau d'Etude Techniques：構造/設備設計事務所）も重要である．このBETが施工監理者の立場で発注者と施工業者の間に入り，プロジェクトをまとめていく役割を担うことが多い．

BETとは，構造，電気，設備，積算などの事務所を指すが，彼らは技術的なサービスを提供するだけでなく，発注者の直接の管理の下で，資金上，契約上の管理を行う．また，日常の現場管理を行うピロット（Pilote）が存在する．

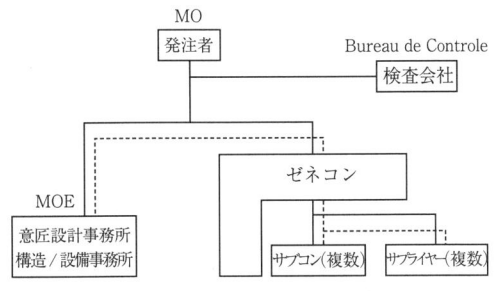

図1.5.5 工事一括契約方式（ゼネコン型）-フランス

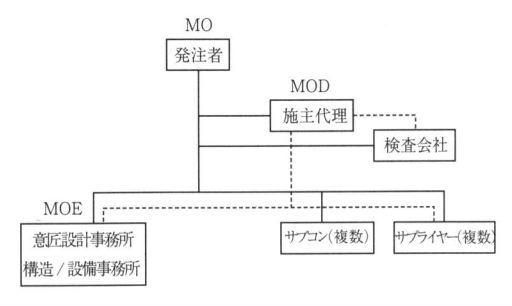

図1.5.6 施主代理・工事分離契約方式-フランス

このほか，施主代理コンサルタントとしては，建築事務所，技術事務所などの設計監理者が行う場合と，専門会社としての施主代理が担当する場合がある．いわゆるゼネコンは少なく，躯体業者が全体を取りまとめる形態である．ただし，契約は発注者と各業者の間で結ばれるのが一般的であり，支払いも直接行われる．なお，大規模工事では，契約上，監理上とも元請はプロモーター，ゼネコンがなることが多い．

また，フランスでは，大手のゼネコンでも，直傭労働者を持っていること，重機類を抱えていることが欧米や日本と大きく異なる．したがって，元請業者の組織は大きく，自己施工比率は統計によると80％に上る．中規模の建設会社が少ないが，これは，フランスが中央集権国家でパリに大規模な会社が集中していること，発注者も中央に集中しており大規模な会社へ発注すること，大企業が地方の業者を吸収合併したことによる．

専門工事業者にはSpecialty型業者とCapacity型業者の2種類がある．Specialty型業者は，機能提供型であり，ゼネコンが自前で保有していない工種について，サブコンとして雇用される．公共工事において用いられることが多い．これに対し

Capacity型業者は，資源提供型であり，ゼネコンが機能的には自前で施工できる工種であっても，人員や機材が仕事量に間に合わない場合に，これを補填する形で用いられる．

1.5.4 シンガポール

シンガポールの制度は，イギリスの影響を色濃く受けているが，同時にマレーシアから独立した中国人による国家という特色も持っている．基本的には設計施工分離方式が一般的である（図1.5.7）．この方式では，発注者が建築コンサルタントを雇い，入札用のすべての設計図書を準備する．建設業者は，これに基づき応札する．この場合，ファーストトラック方式として，発注者が杭工事のみを専門業者に先行発注するという方式が多くみられる．施工期間は基本設計で決められ，変更の余地はほとんどない．設備や外装などの専門工事業者が，指定業者NSC/NSP（Nominated Subcontractor/Supplier）となることが多く，その比率は直接工事費全体の40〜60%を占める．契約はゼネコンとなされる．NSCに関してはゼネコンが工事管理を行い，補償期間にも責任がある．設計施工方式は比較的新しい方式であるが，最近増加しつつある（図1.5.8）．

シンガポールの場合は，最初に発注者が意匠設計者を雇用し，概念設計レベルの図面や仕様書を準備する．これに基づき，入札する建設業者がその図面を地元の建築規準に合致するように展開し，構造や設備の設計も行った後，応札する．落札した業者は，その責任のもとに施工することになる．最近の大型の公共工事ではこの方式が増えている．契約金額の決め方からみるとBQ（Bill of Quantities）によるランプサム方式が一般的である．CM方式が少ないので，コストプラスフィー方式はあまりみられない．

標準約款としては，民間工事では一般的にSIA（Singapore Institute of Architecture）約款が使われている．他のアジアの国の約款と比較して，当事者の権利や義務が詳細に規定されている．支払いについては，月次出来高払いが一般的である．留保金は，通常最大5%で，工事竣工時および瑕疵担保期間終了時に各1/2ずつ支払われる．また，公共工事では，PSSCOC（Public Sector Standard Conditions of Contract for Construction Works）が建築および土木に使われている．

設計事務所は，基本的にSIAに所属している．海外の大手アーキテクト事務所やコンサルタントも

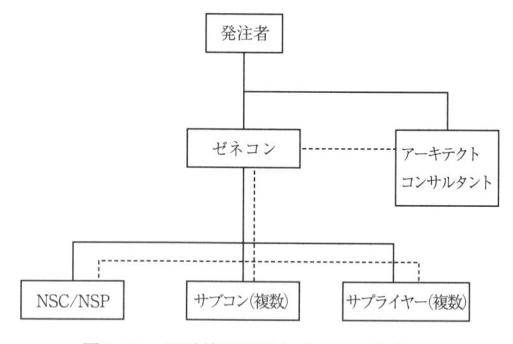

図1.5.7 設計施工分離方式－シンガポール

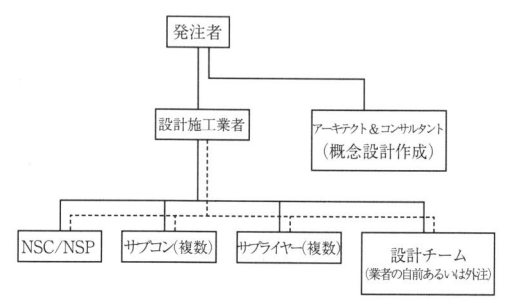

図1.5.8 設計施工方式－シンガポール

多いが，地元のコンサルタントも育っている．小さな国土に多くの外国業者がひしめいており，地元業者も成長してきているので競争が激しい．専門工事業者は，大小の業者が混在している．建築関連のサブコンは通常規模が小さく，直備の労働者に限りがあるため，一定以上の規模の工事では，再下請を行うことが一般的である．外国人労働者への依存度が高く，違法労働者の取締り，訓練制度などがあることも，この国の特徴である．

1.5.5 マレーシア

調達方式は民間工事，官庁工事ともに設計施工分離方式が一般的である．いわゆるデザインビルドは一般的でない．現在のように，建設市場が縮小している状況では，工期短縮，早期完成の動機は少ない．このことが，デザインビルドが広がらない要因の1つと考えられる．例外もあるが，一般的にはCMは行われていない．その一因として，建設投資が少なく，また地域的にも分散しているので，欧米系の業者が入りにくい事情があることもあげられる．契約金額面でみると，BQ精算方式あるいはランプサム契約が一般的であり，大規模工事ではBQ精算方式が使われることが多い．

この国はイギリスの植民地であったため，イギリ

■コラム1　日本と外国の建築生産システムはどう違うか

「日本と外国の…」というと，すぐに「プロジェクトのマネジメントの違い」を思い浮かべ，施主・設計者・施工者の関係といった話題にいきがちであるが，ここでは，もっと現場に近いレベルの違いについて述べてみたい．そもそも外国といっても様々な地域がある．そこで筆者がよく現場を支援した中近東と東南アジアに限ることにする．「生産システムの違い」などと大上段に構えずに，筆者が技術社員として現地に赴いて気がついたいくつかの点を紹介しようと思う．違いといっても見方が2つある．1つは外から覗いた現地業者の施工する現場，もうひとつは現地で日本の業者が施工する現場である．

仮囲い：現地の業者が施工する現場と日本の現場を比べてまず感じることは，現場の整頓の仕方である．日本の場合はどの現場も仮囲いと呼ばれる塀で囲まれていて中に入れないようになっている．これは当然，安全からの配慮である．仮囲いの中は整理されていて，新規搬入材と廃材が区別されている．一方，中近東・東南アジアの現場の多くは仮囲いはなく，一般の通行人はどこからでも現場へは出入り自由である．しかも現場は資材が散乱していて歩くのすら大変である．結構，高層ビルの上の階の縁に手すりもない．一般通行人に対しても，中で働く作業者にとっても，とても安全な状態とはいえない．日本の現場は安全第一であり，安全に掛ける金と時間は少なくない．中近東，東南アジアではほとんど安全に金を掛けていないように思える．ただし，日本や欧米の建設業者がそれぞれの国の流儀で施工したものを見ながら，作業者や現地の技術者らも学習して一部の国では徐々に安全に対する考え方が変わりつつある．

足場の違い：香港では40〜50階建の超高層ビルにも外部に竹足場が今でも使われていると聞く．しかもこれを結構うまく使いこなしている．しかし，最近は中国から良い竹が入りにくくなったので，竹足場業者が困っていることをテレビで見た．日本ではとうの昔に鋼製の足場が使われている．東南アジアでも，シンガポールでは日本を手本に20年前から木や竹だった足場を鋼製に切り替えており，今ではすべて鋼製の足場である．適材適所な材料の使い方では各国各様である．

朝礼：日本では安全管理で重要なものに朝礼がある．毎朝，現場の一角に集合してラジオ体操をし，体をほぐした後に建設会社の係員から当日の作業について説明を受け，それに伴う安全上の注意が与えられる．筆者が関与した中近東や東南アジアの現場では，日本の方式にならって朝礼を行っていた．はじめの頃はラジオ体操をたどたどしく行う現地作業者の姿がとてもユーモラスに見えたものであるが，これも何度も繰り返すうちに身についてくるもので，現場が終了するころには内容ともに立派な朝礼ができるようになっている．これは「形」から入る技術移転の例だと思う．特に，シンガポール・マレーシアといった東南アジアでも先進的な国が技術移転に積極的であり，だれもが技術の獲得には熱心である．蛇足であるが，朝礼は欧米の現場にもない日本独特のものであると聞いている．

労働者の雇用形態：オイルマネーが国を潤した1980年代の中近東は将来に向けて国づくりに熱心であり，大型の工事が次から次へと発注された．これに欧米・日本・韓国などの建設業者が殺到し，ビル建設ラッシュがあった．このころ中近東には大型ビルを建設できる力を持った建設業者がなかったため，外国の建設業者が第三国（インド・パキスタン・中国・フィリピンなど）の労働者を使って建設を行った．ある日本の建設会社は6,000人を超す労働者を直接雇って大型工事を施工した．しかし，労働者といっても組織化された日本のサブコンとは違い，技能の低い労働者の集まりであった．これらの労働者を訓練して長期にわたって工事を進めるのは大変であった．労働者が寝泊りする宿舎を用意し，コックもそれぞれの国から連れてきて三度の食事を準備し，一切の生活の面倒をみた．契約の仕方が日本のサブコンの請負と違って，日雇い的であったため意欲が出ず，作業の能率を上げるのに苦労した．日本人スタッフの仕事はいかに労働者の意欲を上げるかに掛かっていた．まさに生産の原点であった．スタッフの努力で工事は戦争を挟んで無事完了した．そのころの日本はサブコンが発達していたので，工事ごとに組織化されたサブコンを使って施工ができた．コンクリートも電話一本で現場に到着した．

[三根直人]

ス式契約の影響が大きい．契約約款としては，一般の民間工事では JCT-81 をベースにしたマレーシア建築家協会（Pertubuhan Akitek Malaysia：PAM）の標準約款を使用している．設計施工の規準は BS を基本とする．体制はイギリス式の分業がとられる．

建築工事では，アーキテクト，構造エンジニア，設備エンジニア，QS（Quantity Surveyor）など各々のライセンスを有する専門家が別々に雇用され，工事の設計・施工監理を行うことが一般的である．この中でもアーキテクトの権限が強く，全体を取りまとめるコーディネーターの役割を務める．土木工事では，発注官庁または発注者に雇われたコンサルタントがその代理人として工事の設計・施工監理を行う方式が一般的である．この国でも設備工事などで NSC（Nominated Subcontractor）が多くみられる．NSC の占める割合は民間では中規模以上の建物で多く，直接工事費に占める割合は，商業ビルで40％程度，住宅では15％程度である．[田邊繁彦]

文　　献

〈全般〉
1) Engineering News Record, Nov. & Dec. (1998)

〈アメリカ〉
1) 石川哲也：米国の建設業．日建連会報，1998年10月～99年3月
2) Engineering News Record, Aug. & Nov. (1999), May & Jun. (2000)
3) Construction Marketing, 1998年秋
4) 1996～1997 U.S. Markets Construction Overview, FMI

〈イギリス〉
1) Management Contracting. CIRIA Report 100 (1983)
2) Faster Buildings for Commerce. NEDO, 1988年11月
3) Acient's guide to Management Contracts in Building. CIRIA, SP33 (1984)
4) Interdisciplinary Skills for Built Environment Professionals. The Ove Arup Foundation, 1999年5月
5) Construction Contract Arrangements. Northcroft, 1999年3月
6) Trade Contract, Bluewater, Kent. Lend Lease Projects (1996)
7) Tesco Stores Limited　Issue 8B and 8C Draft Documentation：Standard documentation for use on design and build projects, conditions of contract, framework agreement, draft letter of instruction, Berwin Leighton, June 2000
8) History of British Construction Industry, Vol. II & III
9) The UK Design & Build Market Development―August 1997, Market & Business Development Ltd
10) Digest of Data for the Construction Industry. DETR：Department of the Environment, Transport and the Regions, Jun 2000
11) Housing and Construction Statistics 1988～1998 Great Britain. DETR
12) United Kingdom National Accounts ― The Blue Book, National Statistics, 2000 edition
13) 海外建設工事の契約管理．FIDIC 4版，海外建設業協会（2000）

〈フランス〉
1) Ordre des Architectes. 建築士に関する法規（フランス）
2) 第16次欧州調査報告書，建設経済研究所（2000）
3) Construction Business Systems In the European Union. Building Research & Information, Graham Winch (Guest Editor), March-April (2000)

〈シンガポール，マレーシア〉
1) シンガポール，マレーシア調査報告書．ICPM 調査研究（2000）

2
調達方式の流れと参画者の仕事

2.1 設計施工分離方式

2.1.1 基本フロー

わが国においても建築物の多様な調達方式が適用され始めている．これらの調達方式の概要については既に述べられているが，設計施工分離方式は，設計施工一括方式が基本的に禁止されている公共工事ばかりでなく，民間工事でも幅広く採用されており，わが国での調達方式の中で最もオーソドックスな方式であるということができる．

設計施工分離方式の一般的な業務のフローを図2.1.1に示す．参画者の欄は，それぞれの参画者がどの段階から参画するかを示している．プロジェクトにより，コンサルタントや金融機関がいない場合や，逆にプロジェクトの最後まで関与する場合，また，設計事務所が事業計画段階から参画する場合など，バリエーションに富んでいる．

ただ，設計施工分離方式の特徴は，設計施工一括方式と違い，施工者が参画するのはプロジェクトの工事発注段階以降であるという点にある．

以下，表2.1.1に示す各段階について述べる．

2.1.2 事業計画段階

建築主が，建築を発意し，建物の発注を決定するまでに必要とされる様々な事前調査，分析・検討，コンセプト作りといった一連のプロセスを建築企画という．「何を建てるか」，「どこに建てるか」，「どんな建築にするか」といった事業計画の根本にかかわる内容であり，建築規模の大小にかかわらず，極めて重要なプロセスである．従来は，建築主が，それぞれの経験に基づいて行ってきたが，建物の大型化，複雑化，また社会環境の多様化，複雑化に伴い，建築主だけではその対応が困難になってきた．そこで，設計事務所やゼネコンがそれぞれの経験を生かして建築企画の分野に参画するようになり，さらに各種のコンサルタントや金融機関もそれぞれの得意分野を中心に建築企画に参入している．

a. 建築企画のプロセス

建築企画は，大きく2つの段階に分けることができる．第1段階は，建築主による建築の発意に始まり，立地条件，社会環境条件，経済環境などから様々

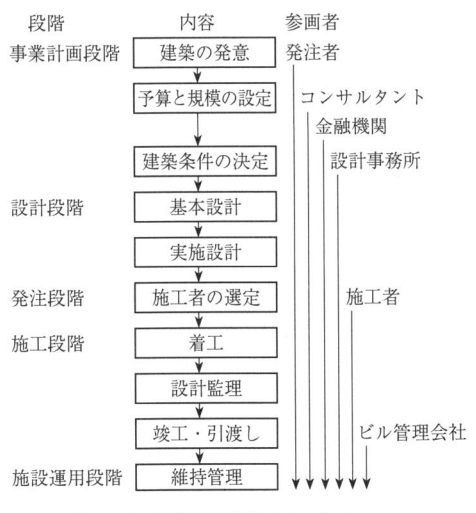

図2.1.1 設計施工分離方式の基本フロー

表2.1.1 設計施工分離方式の作業段階

段　階	内　容	参画者
事業計画段階	建築の発意 予算と規模の設定 建築条件の決定	発注者 コンサルタント 金融機関 設計事務所
設計段階	基本設計 実施設計	
発注段階 施工段階	施工者の選定 着　工 設計監理 竣工・引渡し	施工者 ビル管理会社
施設運用段階	維持管理	

な構想が練られ，それぞれのフィージビリティスタディを通じて建築目標を設定する段階である．建築はそのタイプによって差があるとはいえ，何らかの形で事業用に使われるものであり，建築企画は事業計画と密接に関連している．フィージビリティスタディの段階で建築の規模を想定し，おおざっぱな予算を策定する必要がある．

第2段階は，設定された建築目標を，建築物を具体的に建てるための建築条件に変換する段階である．建築主・事業主から建築を生産する主体である設計者・施工者などに建築意図を伝え，建築の設計・施工に着手するための前提条件を作り出す段階である．この段階で，企画内容のフィジカルな妥当性を検証するために，短期間で概略の設計（企画設計，営業設計と呼ばれる）をまとめ，さらに精度の高い概算工事費を把握することがよく行われている．一般的にはこの段階から設計事務所，建築会社などのいわゆる建築のプロといわれる人達が，正式契約の有無は別として参画してくる．また，プロジェクトが大規模で複雑な場合には，どのような技術を適用するかという「技術企画」や，建築主側として，外部の組織を含めて，どのような体制でプロジェクトに対応していくかという「組織企画」などの検討も必要になってくる．

建築企画は，このように大きく2つの段階に分かれるが，実務上は，様々な案の可能性をシミュレーションするなかで，第2段階から第1段階に戻って検討をやり直すということが頻繁に行われる．

以上のような建築企画のプロセスを図式化すると図2.1.2のようになる．建築プロジェクトは多種多様であり，すべてのプロジェクトが，それぞれの過程を踏むとは限らず，また，各要素の重要度もプロジェクトにより様々である．

以上のようなプロセスを踏んだ成果品として，建築条件には，以下のような内容が含まれている必要がある[2]．

① 構造および規模（構造種別，階数，延床面積，工事の種別など）
② 工事費予定額および関連事項（概算総工事費，融資の有無と融資機関・条件など）
③ 所要室データ（所要室リスト，床面積，収容人員，使用目的と内部機能・設備）
④ 外観と外装関連（外観のイメージ・要望，外装材指定の有無）
⑤ 内装材と主要寸法（内装材・天井高の指定の有無）
⑥ 電気設備（電灯・コンセントなどの強電設備，情報通信などの弱電設備，セキュリティ設備の工事範囲，要望事項，指定機器の有無）
⑦ 給排水衛生設備（給水・給湯設備の範囲と要望事項，使用機器の指定の有無）
⑧ 空調設備（空調システム，工事範囲，使用機器の指定の有無）
⑨ その他の設備機器についての要望事項と指定の有無
⑩ 外構計画（要望および指定の有無）
⑪ 家具インテリア計画（要望および指定の有無）
⑫ 増築予定などの将来計画

b. 事業計画段階の参画者

建築企画業務を行う業種としては，建築設計事務所，建築・都市コンサルタント，建設会社，不動産ディベロッパーなど従来から建築にかかわってきたものと，建築以外の分野から参入してきた信託銀行をはじめとする金融機関，生命保険会社，商品企画事務所，広告代理店，経営コンサルタントなどに分けられる．後者の参入は，建物の管理・運営に関する企画の重要性が認識されるようになってきた比較的近年になってからであり，それぞれの得意分野である土地信託事業，不動産投資，マーケティング，商品企画，広告代理での経験やノウハウを生かして建築企画に携わるようになってきている．

以上のように，建築企画というサービスを提供するものは多種多様であり，建築プロジェクトの規模・複雑さに応じて，複数の組織を適切な組合せとタイミングで採用することが必要になっている．

2.1.3 設 計 段 階

設計段階は，事業計画段階で策定した建物を建てるための建築条件をもとに，建築物のイメージを具体化し，図面化する段階である．通常，基本設計→実施設計→予算の作成→確認申請というプロセスをたどる．

a. 設計者の選定

事業計画段階の特に第2段階で，既にプロジェクトに参画している場合も多いが，営業設計を行うという形で，正式な契約を結んでいないケースも多い．しかし，この設計段階から本格的な設計活動が始まるわけであり，設計業務を委託する旨の契約を結ぶことが必要になる．また，設計者がまだ決まっていない場合には，遅くともこの段階で決定しなければ

2.1 設計施工分離方式

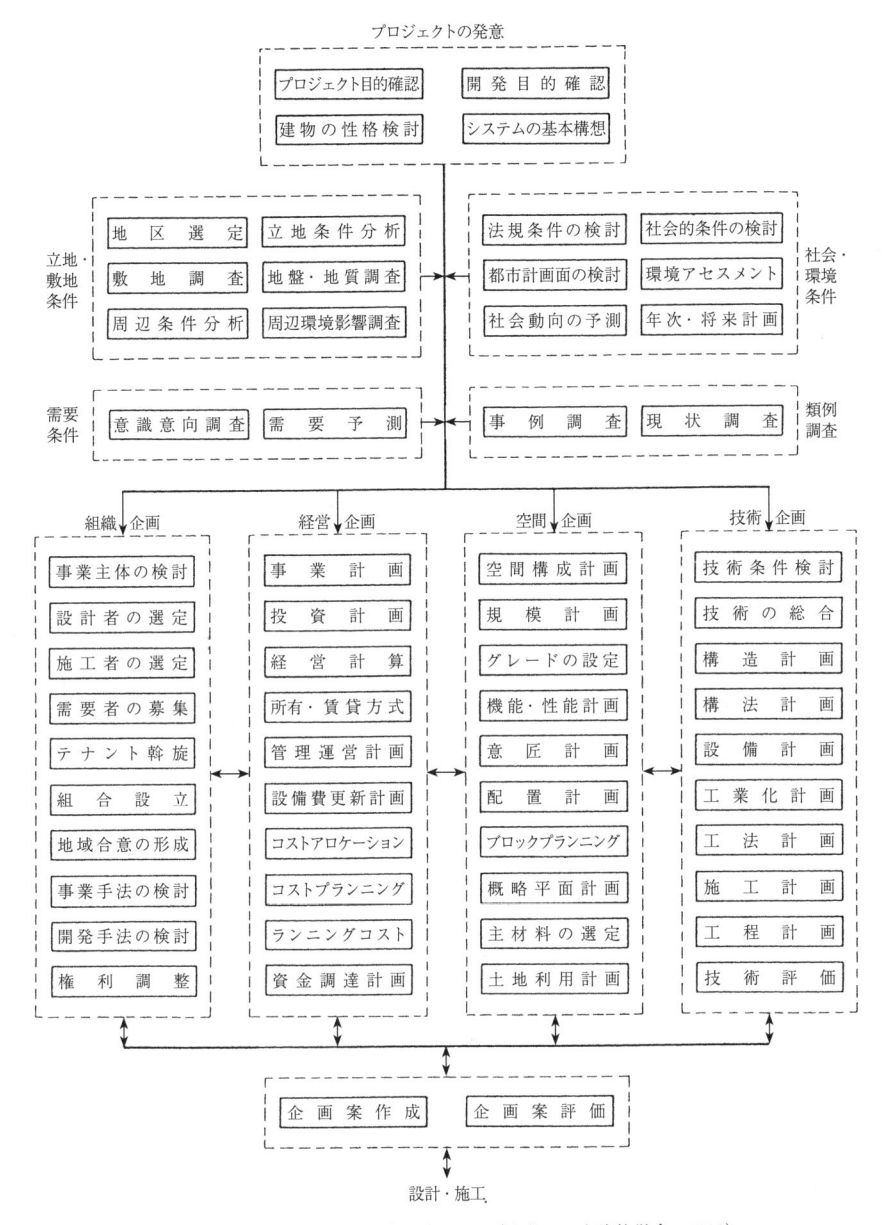

図 2.1.2 プロジェクト企画のプロセス（出典：日本建築学会，1992）

ならない．

設計者への業務の委託は，一定規模以上の建築物の設計は，一級または二級建築士という資格を持った者が行わなければならないという建築士法の規定から，必ず必要になる．

設計を設計事務所に依頼する場合が設計施工分離方式であり，ゼネコンに依頼する場合が設計施工一括方式ということになる．後者の場合，通常は工事についても同じゼネコンに特命で発注することになるのに対し，前者を選択した場合は，施工者の選定にあたって，特命，入札，見積合せなど選択の余地がある．

国や地方自治体が発注する各種の公共建築物は設計者と施工者を区別しており，設計施工を一括で発注することは禁じられている．民間工事の場合はどちらの方式を採用してもよく，発注者の事情，プロジェクトの性格，ゼネコンからの働きかけなどによって決まっている．両方式を比較すると，それぞれ次のような特徴・メリットがある．

1) 設計施工分離方式

① 独立した設計事務所は建築主の利益を守る立場にあり，利害が相反する関係になりがちな建築主と施工者の間に立ち，建築主が信頼すべきパートナーといえる．

② 一般的には，意匠面のデザイン力に優れ，ユニークな設計が期待できる．

③ 施工中の設計監理については，施工者から独立した組織が検査やチェックを行うわけであり，信頼性が高い．

④ 工事発注に際し，入札方式を採用することにより，価格競争を促すことができる．

2) 設計施工一括方式

① 計画段階から竣工・維持管理に至るまで，同じゼネコンに対応すればよく，発注者側の業務負担が軽い．

② 設計者，施工者の選定にかかわる手続き，時間の節約ができ，プロジェクト全体の工期が短縮できる．

③ プロジェクトの初期の段階からゼネコンの持つ様々なノウハウ（開発企画，技術研究所，施工技術）を取り入れることができる．

④ 設計に生産設計や施工技術面の意見を反映するという，いわゆるコンカレントエンジニアリングが可能で，設計・施工面での効率が良い．

以上のように，一方のメリットは他方のデメリットという関係にあり一長一短であるが，最近，それぞれのメリットを生かした調達方式が取り入れられている．例として，海外の有名建築家に基本設計を依頼し，構造，設備を含めた実施設計をゼネコンが担当し施工も行う方式，また，ゼネコンの設計施工ではあるが，監理を独立した設計事務所に担当させる方式などがある．

設計施工分離方式における設計者の選定であるが，大手の設計事務所から小さなアトリエ事務所まで多種多様で，その信用度や設計能力を客観的に調査するための資料は限られており，知人からの紹介や建築雑誌などの出版物で過去の作品をチェックするなど限られた情報をもとに選定せざるを得ない．

官公庁の場合は，内部の設計部門に依頼するケースと，外部の民間設計事務所に委託するケースに分けられる．後者のケースでは，従来，入札方式が採用されてきたが，設計という質が問われるものをその成果品もなしに価格だけで選定するわけであり，非常識なダンピング入札による質の低下など問題も多く，適切な方式とは言い難い．このため最近では，設計者選定委員会によるヒアリング方式など，入札に代わる方式が試みられている．

官公庁のプロジェクトばかりでなく，民間でも採用されている設計者の選定方式として設計競技（コンペ）がある．広く全国あるいは全世界から応募設計案を募る公開設計競技と，数名の建築家を指名して提案を求める指名設計競技がある．いずれも審査に基づいて当選案を決定し，その設計者に実施設計や工事監理を委託する方法である．

設計競技のメリットは，何といっても広い範囲から様々な提案を得て，そのプロジェクトに最もふさわしい案を選ぶことができるという点であり，審査過程あるいは結果が公表されることにより，最も公正な形で設計者を選定する方式といえる．

一方，設計競技のデメリットは，通常の設計委託と比べて，相当な資金，時間，労力がかかることである．応募要綱の決定，審査委員の委嘱，賞金の決定，質疑応答，応募案の受け取り，審査，発表など煩雑な手続きに少なくとも数カ月の期間は必要となる．このため，設計競技，特に公開コンペが採用されるのは大規模な公共建築の場合が多く，民間で採用される場合はほとんどが指名コンペによるものということになる．

b. 基 本 設 計

設計者が，事業計画段階から参画している場合は，そこで策定された建築条件をもとに基本設計が開始される．設計者がこの段階から参画する場合は，建築主は建築条件を設計者に提示しなければならない．提示を受けた設計者は，内容の把握とともに現地調査，関連法規のチェック，関係官庁との事前の打合せなどを通じて，建築条件をより現実的な内容に修正する場合が多い．

国土交通省監修の「建築士事務所の開設者がその業務に関して請求することができる報酬の基準と解説」によると，「基本設計とは，設計者が建築主と協議の上建築主の意思を十分に理解して，その要求を達成するために，蓄積した専門技術を駆使して基本構造をまとめ，その基本構想に基づいて主要な技術検討を行い，建築物の空間構成を具体化した設計図書及び工事費概算書を作成する業務である」と定義されている．その具体的な仕事の流れを図2.1.3に示す[2]．

以上のように，基本設計では，主として性能面から機能上の検討を行うとともに，建築物の空間構成

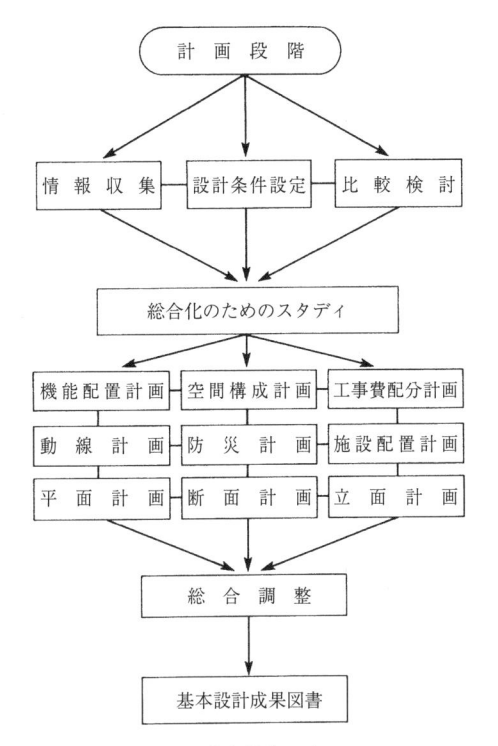

図 2.1.3 基本設計のプロセス
（出典：永森一夫，1995）[2)]

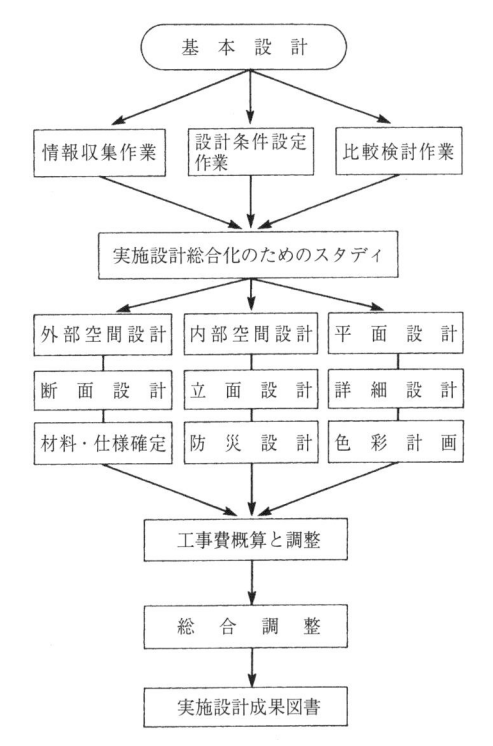

図 2.1.4 実施設計のプロセス
（出典：永森一夫，1995）[2)]

を計画するほか，構造方式，設備方式を含めた総合的な計画，評価を行う．また，基本案に基づく概算工事費の算定や，設計期間を含めたプロジェクト全体工程の把握も重要な業務である．基本設計段階での成果品としては以下のようなものがある．

仕様概要書，仕上表，面積表および求積図，敷地案内図，配置図，平面図，断面図，立面図，矩計図，矩計図計画説明書，工事費概算書

c. 実 施 設 計

実施設計段階では，基本設計に基づき建築主の要望，現地調査，行政との事前協議などの綿密な情報収集を行い，より具体的で詳細な設計条件の把握が必要になる．そして，各部分の要求性能，機能の検討，制約条件の把握により，空間の総合化を図るとともに，構造，設備との整合性を確保する必要がある．その具体的な仕事の流れを図 2.1.4 に示す[2)]．

要するに，意匠，構造，電気・空調・衛生などの設備を含めたすべての工事の実施に必要で，また施工者がそれぞれの工事費内訳書を作成するために必要で十分な設計図書を作成する業務ということができる．ここでの成果品としては以下のようなものがある．

仕様書，仕様概要表，仕上表，面積表および求積図，敷地案内図，配置図，各階平面図，断面図，立面図，矩計図，展開図，天井伏図，平面詳細図，部分詳細図，建具表，工事費概算書，確認申請図書

これらの実施設計図書が建築主の承認を得られ，概算工事費が予算の範囲内に収まっていれば確認申請を行うことになる．

2.1.4 発 注 段 階
a. 施工業者の選定

設計施工一括方式では，既に工事を発注するゼネコンが決まっているわけであり，いろいろな面で準備を開始している場合が多く，確認通知書を受領次第，工事着工となる．

一方，設計施工分離方式の場合は，この段階で施工業者から設計図書に基づいた見積書を提出してもらい，施工業者を決定する必要があり，通常，特命，見積合せ，入札の3つの方式がある．

特命方式は，特定の1社を選定して金額・条件を交渉し，これと契約を結ぶもので，施工者が建築主と長年にわたる商取引きにより信頼関係が確立している場合や土地を斡旋するなど，他社に比べ圧倒的に有利な立場にある場合が多い．基本的には競争原

理が働かないため，設計事務所の協力を得つつも，建築主として見積りを査定する能力が要求される．

見積合せ方式は，複数の業者を選定，指名した上で，各社から見積りを提出させ，金額，条件を交渉の上，1社を決定するもので，民間の建築工事で採用される場合が多い．

入札方式は，見積合せ方式と同様に，複数の業者を選定，指名し，各社から請負金額を入札してもらい，その中の最低額を入れた業者に工事を発注する方式で，公共工事では原則として，この方式によって業者を決定している．

この段階で工事金額が決まるわけであるが，往々にして建築主の予算に収まらないことがある．この場合には，仕上げのグレードを落とすなり，施工者からのバリューエンジニアリング（VE）の提案を受け入れるなどして設計の見直しをすることも，コストに責任を持つ設計者の役割である．また，この段階での工事監理者の役割として以下のようなものがある．

① 施工者の選定についての助言
② 見積り，契約条件に関する助言
③ 工事費見積りのための図渡し，説明，質疑への対応
④ 見積書の分析，査定
⑤ 請負契約についての助言
⑥ 工事監理者としての調印

b. 工事請負契約

工事請負契約は，工事着工後のトラブルを避けるためにも慎重に検討しなければならないが，一般的には以下のような標準契約約款を利用する場合が多い．

(1) 中央建設業審議会が定めたもの
・「公共工事標準請負契約約款」 各官公庁，公社，公団用
・「民間工事標準請負契約約款」（甲）比較的大規模工事，（乙）住宅等小規模工事用
(2) 民間団体が作成したもの
・民間（旧四会）連合協定工事請負契約約款：民間建築工事の代表的約款

2.1.5 施 工 段 階
a. 着 工 段 階

工事契約が締結されると，いよいよ着工ということになるが，その前にしておかなければならない項目として，以下のようなものがある．

(1) 建築主・設計者側
・確認申請手続きの決済と確認通知書の受領
・確認通知書に記載された主要な項目の現場への表示（いわゆるお知らせ看板）
・一定規模以上の建物で，行政庁が求めている場合は，建築計画の近隣住民への説明
・敷地境界，建物配置の立会い確認
(2) 施 工 者 側
・地鎮祭（安全祈願祭・起工式）の開催
・労働基準監督署への工事計画届の提出
・周辺道路の管理者への占用，沿道掘削などの申請

b. 工 事 段 階

工事は，建物の種類，地下の有無，構造種別などによって異なるが，山留め工事，杭工事，掘削工事，基礎工事，鉄骨工事，型枠・鉄筋・コンクリート工事，設備工事，仕上工事，外構工事という順に進められる．この詳細は全体工事工程表に示されている．これらの工事を円滑に進めるため，施工者としては事前に各種の生産設計図，施工要領書やサブコンの製作図，製作要領書を設計監理者に提出し，承認を得る必要がある．本来，意匠，構造，設備設計の間の整合性のチェックは設計者の仕事であるが，実際には総合図を書くことでチェックするのが有効で，生産設計の一環として施工者が行う場合が多い．

この段階での設計者の業務としては，以下の3つの面がある．

① 工事が設計図書，請負契約に合致するかの検査・確認
② 施工図の承認，建築材料，仕上見本，設備機器の承認
③ 設計変更指示とその見積り査定

工事段階では，上記の設計監理者による各種の検査のほか，躯体工事中に特定行政庁またはその代行者による中間検査を受けなければならない．また，建物の規模が大きい場合は，消防の中間検査を受け，仕上げで隠蔽される前の状況を確認してもらうことが一般に行われている．

近年，ISO 9000シリーズが導入され，資格を取得しているゼネコンが多く，品質保証に対する社内の体制が整っている場合が多い．とはいえ，各工事段階でのチェックを行い，建物全体の品質を確保し，保証するのは設計監理者の重要な役割であることに変わりはない．

c. 完成引渡し段階

この段階では，各種の検査が重要なポイントとなる．

① 社内(自主)検査：施工者が独自に行う検査で，検査担当の専門部署を持つゼネコンも多い．

② 消防検査：防火・防炎区画，避難誘導設備，消火設備，非常用エレベーター，防災センターなどの防災設備を消防法に基づいて検査するもので，通常，官庁検査に先立って行われる．

③ 官庁検査：工事の完成段階で，建築確認を決裁した特定行政庁の建築主事が，建築基準法などの関連法令に基づいて検査を行うもので，これに合格すると検査済証が建築主に交付される．この検査済証がないと建物が使用できない．

④ 竣工検査：建築主・設計監理者が工事完了時に行う検査で，契約図書と工事内容の照合，各所の仕上りの程度，部品，機器の員数，設備機能など建物全体が対象となる．

これらの検査での指摘事項に対する駄目直し，手直し工事が完了し，再検査が終了すると，建築主は施工者から建物の引渡しを受ける．この際，施工者は，建築主に建物の鍵一式，付属部品，機械類や防水の保証書，各種取扱説明書などを渡し，建築主は工事代金の精算による残金の支払いをして，引渡し業務が完了する．

2.1.6 施設運用段階

建築物は，その用途や規模にもよるが，不特定多数の人が利用するものが多く，その意味で公共性が求められ，日常の安全性，衛生環境上の安全性や防火避難上の安全性の確保が法律上義務づけられている．主なものは以下のとおりである．

① 電気設備（電気事業法）：電気主任技術者の選任および保安管理体制，点検を盛り込んだ保安規定の作成・届出

② 給排水衛生設備（建物における衛生的環境の確保に関する法律—ビル管理法）：貯水槽の定期的な清掃，飲料水の定期的検査，排水槽・排水ポンプの定期的清掃

③ 空調換気設備（建築基準法，ビル管理法）：冷凍機，ボイラーの管理技術者の選任および定期点検

④ 防災・消火設備（建築基準法，消防法）：防災設備，消防用設備の定期点検と報告

⑤ 輸送設備（建築基準法，労働安全基準法）：有資格者による定期点検

建物は完成したときから劣化が始まるものであり，建物の適切な機能を維持するためには，日常的に実施する清掃，運転監視，保安警備，点検に加え，定期的な清掃や点検が必要である．最近では，建物の完成から建て替えに至るまでのライフサイクルマネジメントの観点から，維持保全費用を最小化することを目指し，機能低下などの現象が生じてから対応する事後保全に代わって，現象が生じる前に計画的に対応する予防保全という考え方が取り入れられつつある．

[俵　　新]

文　献

1) (社)日本建築学会：建築企画論—建築のソフトテクノロジー，技報堂出版（1992）
2) 永森一夫：建築企画の実際—建築主が知っておきたい95のポイント，(財)経済調査会（1995）

2.2　設計施工一括方式

西欧では，ルネッサンス期にそれまで設計と施工を一手に引き受けていたマスタービルダーから，設計と施工が分離して発達し，設計施工分離方式が伝統的な方式と呼ばれてきた．1970年代に，伝統的な設計施工分離方式の持つ欠点がクローズアップし，コンストラクションマネジメント（CM）方式やデザインビルド（設計施工一括方式）マネジメント方式などが以降導入されるようになった．また，最近ではCM方式の発祥の地である米国で，CM方式の持つ欠陥も顕在化し，デザインビルドが論議され，行われるようになってきている．

そのため，西欧ではデザインビルドは古くて新しい方式として「デザインビルドへの回帰」などと紹介されている．一方，日本においては，棟梁（西欧におけるマスタービルダー）による建築生産方式が江戸期から継続して引き継がれ，明治期に入るといち早く西欧の近代建築を取り入れ[注1]今日まで特に民間建築において継承されてきた．設計施工分離方式は，明治時期に西欧の近代建築が官庁建築を中心に導入され，公共発注の建築は今日においてもこの原則で行われている．日本においては2つの方式が今日まで並行して存在することとなったが，生産組

(注1) 建設会社大手5社の設計部門は，「民間の設計事務所」が創設された時期とほぼ同時期，明治20年代から大正期にかけて創設されている．

織や体制および日本的な請負慣行などは西欧と異なる形で発達した．

2.2.1 基本フロー

設計施工分離方式を長年採用してきた西欧では，建築生産の途上で種々のトラブルが発生し，そのしわ寄せが結局は発注者に集中することになった．それらは大別すると3つあるといわれている．1つは，工程が予定どおり進まない．その原因は設計に手戻りが生じたり，詳細設計が間に合わないなどの原因がある．結果，竣工工期の遅れにつながることになる．そのことは，チェンジオーダーなどが発生し，コストが予算内に収まらない状況も生み出す．設計者も施工業者もプロであるから，巧みに自らの「リスクをヘッジ」し，なるべく責任を負わないように仕組んで逃げてしまう．クレーム合戦といわれるものである．これが西欧の契約による業務遂行の慣習であり，日本ではほとんど馴染みのないものである．最終的なツケは発注者のもとにいくことになる．

これらの設計と施工が分離されていることのリスクを回避する方式として，デザインビルドが採用されることになった．デザインビルドの定義は，設計者と施工者が発注者に対して一つの責任で統合されている方式をいう．これを，"Single point of responsibility"「単一の責任」と呼ぶ．

今日，多様な発注方式（生産方式）が様々に行われるようになってきたが，デザインビルドも様々な形態が工夫されており，基本形として4つの形式がある．

a. 設計者がデザインビルダーになる方式

発注者が，設計者を元請として，設計と施工を発注する方式である（図2.2.1）．設計事務所が設計の範囲ばかりでなく，建築生産に関する統合的な責任を発注者に対して負うことになる．この方式は現実にはあまり行われない．設計事務所は通常，施工会社に比較して規模が小さく，資金負担能力や施工管理能力においても強くないので，特別な場合を除きこの方式は採用されない．しかしながら，この方式の可能性として，設計の内容が施工に比べ重要な場合や，コンストラクションマネージメント力に優れた設計事務所が専門工事業者を使用して行う場合が考えられる．日本においては，一部の設計事務所が主として住宅やコーポラティブハウスなどにおいて行っているケースがある．

b. 施工業者がデザインビルダーになる方式

これは，しばしば行われるもので，リスク負担能力が大きい施工業者が元請となり，設計事務所を下請として設計と施工を引き受ける方式である（図2.2.2）．設計事務所は発注者に対してではなく，元請の施工業者に対して設計責任を負う．しかしながら，施工業者の下請とはいえ，設計者の社会的責任が軽減されるものではない．また，施工業者の責任は，設計と施工の両方に関して発注者に対して責任を負うことはいうまでもない．この方式にはバリエーションが多い．施工業者の能力や発注者の要求，市場の環境や経済状況，その他の理由により様々なバリエーションで行われている．例えば施工業者は，施工の建設業者というより，コンストラクションマネジャー（CMr）としての立場を選択する場合もあるし，発注者がコンサルタントとしてCMrを雇用し，施工の遂行を依頼する場合もある．設計事務所も1社のみとは限らず，複数の設計事務所やエンジニアリング事務所を使う場合が多い．

c. 設計者と施工者が共同でデザインビルダーになる方式

この方式は，米国では非常に多いとされているが，日本では厳密な形では行われていない（図2.2.3）．時に，公共発注で，「技術提案競技方式」として，設計者と施工者がチームを組んで提案する方式が行われ，設計施工コンペなどといわれるが，法的な制約や契約約款整備の遅れなどから，単一のチーム

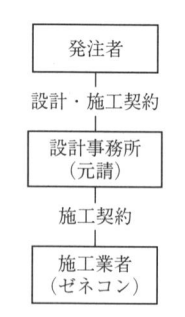

図2.2.1 設計事務所が元請となる方式

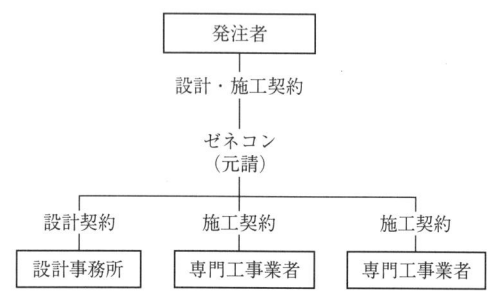

図2.2.2 施工業者が元請となる方式

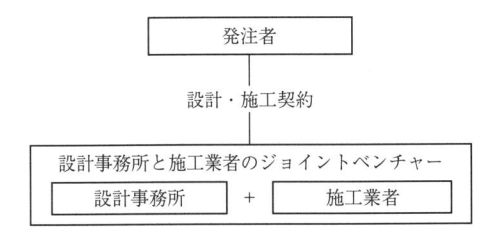

図 2.2.3 設計者と施工者が共同で元請となる方式

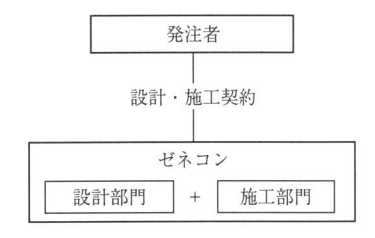

図 2.2.4 設計施工一貫方式

との契約ではなく，設計と施工の契約は別々に行われている．多くは，ドームプロジェクトなど規模が大きく複雑で，高度な施工技術が必要とされるプロジェクトに適用され，設計段階に施工の情報を盛り込むなどデザインビルドのメリットの活用を目的としている．今後，この方式は，特に公共工事では法整備とともに活用される方式と考えられる．この方式は，設計事務所と施工業者がジョイントベンチャーを組んで設計と施工を包括的に契約する方式で，人と資金あるいは機材などを保有し，一般の事業会社と同様に損益を出す．また，ジョイントベンチャーは，契約上の単なる架空の存在（ペーパーカンパニー）の場合もある．ジョイントベンチャーにデベロッパーなどが参加する場合など，その下に設計事務所と施工業者はそれぞれ下請契約を結ぶ場合もある．

d. 設計施工一貫方式

施工会社が社内の設計機能を活用して一貫して引き受ける方式で，日本のゼネコンが行っている設計施工一貫方式（図 2.2.4）．米国のオースチンや英国のAMECなど，古くから社内に設計組織を持ち，デザインビルド方式を売り物にしている建設会社もあるが，職業の専門分化が進んだ欧米ではこの方式は一般的でない．この方式は日本のゼネコンが建築生産体制を発展させる中で，発注者ニーズに応えるため，西欧の近代建築導入期に設計部門を社内に設けるなど，組織を近代化・洗練化した結果生まれた方式である．プラント建設におけるターンキー方式に近いサービスを提供する．社内に設計と施工機能を保有しているので，契約や協定などにより連帯責任などをしばる必要もなく，恒久的な形で設計と施工を一体で遂行するため，業務プロセスの標準化が進み，組織の効率化や連携力に優れているといえる．社内で不足する能力は社外から調達することもある．

2.2.2 事業計画段階

通常，この段階ではデザインビルダーは登場しない．発注者の役割は，他の発注方式と同様にプロジェクトの発意を検討するためのフィージビリティスタディを行う．社内スタッフで行う場合もあるが，コンサルタントを雇用する場合もある．それらに基づいて，発注者はプロジェクトの目標と必要条件を定め，デザインビルダーを選択するための資料を準備する．プロジェクトのための敷地を取得し，敷地の条件を調査し，プロジェクトの資金を手当てする責任は発注者にある．

日本においては，この段階で発注者は事業性の検討のためゼネコンに依頼する場合が多い．そのフィージビリティスタディの内容は，敷地の立地分析に始まり，建物のボリュームスタディ，建築の概算コスト，市場調査に基づく施設の事業性の検討，資金計画などが含まれ，時に都市計画などの開発手法の活用なども含まれる．企画提案と称して，ゼネコンサイドからの売込みも行われる．それらは，成功報酬としてその後のネゴシエーション（協議）で受注することを期待しての売込みであるが，最近では競合ゼネコンの提案合戦と価格競争で決まる場合が多い．これらの企画提案は，基本設計のかなりの程度まで検討することもあり，多くのエネルギーとノウハウを投入して行われるが，無償となる場合が多い．ゼネコンのこれらの営業活動に対して，「設計を無料で行っている」とか「ソフトに発注者がお金を払わない慣行を作っている」などの専業設計事務所側からの批判もある．

建築業協会（BCS）は，2002年4月に設計施工契約約款[注2]を作成し，初期段階の設計と施工ノウハウのサービスを提供する基本段階の設計施工契約を整備した．これらは，設計施工における従来の慣行を契約という形で相互の役割と責任を明快にしたものである．また，契約付属書類として「業務表」

（注2）「BCS設計施工契約約款」は，基本段階と実施設計・施工段階の2段階に分かれた契約方式を採用し，各々個別に活用できるように工夫されている．BCSのHP（http//www.alpha-wb.ne.jp/bcs/）で取得することができる．

を用意し，業務内容と成果物を明確に規定して，期待する成果と提供するサービスのギャップが生じないようにしている．さらに，ゼネコンから提出される工期や価格は責任のあるもので，発注者は早期にコストや工期を確定することができる．また，日本のゼネコンは，発注者に代わって土地の先行取得やテナントの斡旋などを行う場合もあり，これらの現象からデザインビルドの枠を越えた「日本ゼネコン方式」という場合もある．

近年，外資系の企業の発注において施工までは約束できないが，ゼネコンの建築生産のノウハウや企画提案力を活用したいとして，基本段階の業務依頼をする発注者も出てきている．

2.2.3 発注段階

発注者がデザインビルダーを選択する方法は，協議（ネゴシエーション）と競争の2つの方式がある．前者は，主に民間で行われる発注方式で，特に日本では発注者と建設会社との長い信頼関係により特命発注として行われる場合が多いが，バブル崩壊後の競争激化の業界ではその比率が低下している．

競争によるデザインビルダーの決定プロセスは民間と公共では大きく異なる．民間プロジェクトにおいては，発注者サイドで通常基本設計の5～30%の企画プランに基づき，数社に対して基本設計と価格の提案を求める場合が多く行われている．その決定プロセスは不透明な場合が多く，企画提案書の作成に多大な費用負担を強いる場合も多くなってきている．また，基本段階までは設計事務所に依頼し，実施設計以降，価格を含めてデザインビルドにするケースも多くなってきている．ゼネコンの高い価格調整能力や工程能力を期待して，建築コストの厳しい商業施設や設計変更の多い施設などではこの方式で行われる．基本設計図書を作成した設計事務所は，監修と称して発注者のコンサルタントとして機能する．

公共工事におけるデザインビルダーの指名は日本では行われていないが，米国・英国では盛んに行われている．

a．ブリッジング（Bridging）：米国

公共のプロジェクトにおけるデザインビルダーの選定は，最低価格の入札，設計コンペ，資格やこれらの組合せで行われる．公共発注の場合は，建物の概要が確定する前にデザインビルダーを選択することになり，競争性と公平性を担保するために作成す

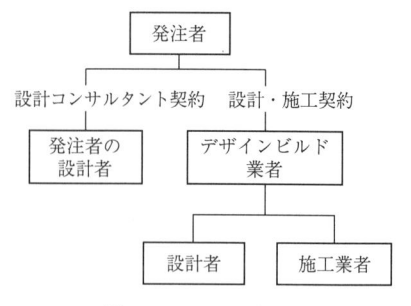

図2.2.5 ブリッジング

る発注仕様書（性能仕様書）の作成には多大の労力を要し，提案側も提案書の作成は実施設計図書に近いものまで検討するので，双方の負担が大きくなる欠点がある．

大規模なプロジェクトの場合，資格審査で数社を一次選定し，有償で提案書の作成を行わせる場合もあるが，米国の公共プロジェクトではこれらの欠点を改善した「ブリッジング」と呼ばれる方式で行われる場合が多くなっている（図2.2.5）．これは，この方式が設計・入札・施工方式の長所とデザインビルドの長所を結合しているからである．ブリッジングは，時に修正デザインビルド方式，二局面デザインビルド方式，または設計／デザインビルド方式と呼ばれる．ブリッジングでは，発注者は建築家を雇い，プロジェクトの仮設計と性能明細を明確にすることができる．

十分検討された提案が出来上がった後で，発注者は，その書類を用いてプロジェクトを施工するデザインビルドの入札を要請する．デザインビルド業者は，設計書類の分類整理を終え，公式の記録に残される建築家として行動する．発注者側の建築家は，その後コンサルタントとして発注者に雇用される．そして，最終価格の検討の後，建設が始まる．

米国では，デザインビルド方式に適用される州法と地方の条例は著しく異なっており，契約関係を持つ前に慎重な検討が必要となる．

通常のデザインビルド方式に比較して，ブリッジングは設計の意思決定を助け，デザインビルド企業体を選ぶための書類を作成するのに，発注者サイドの建築家の専門技術を利用できる利点がある．加えて，建築家がプロジェクトの初めから終わりまで一貫して発注者の代表として働くことも発注者の利益になる．伝統的な設計施工分離方式に比較して，発注者はプロジェクトに対する責任箇所が単一であり，設計と建設サービスの調整が効率的で，強制で

2.2 設計施工一括方式

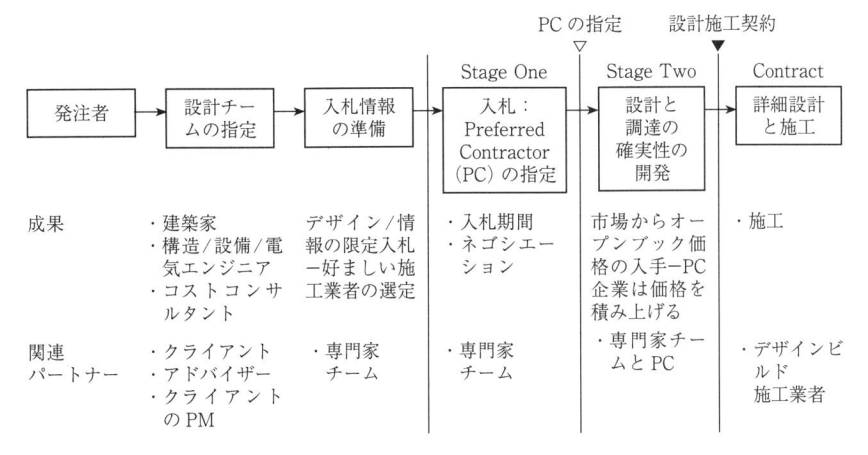

図 2.2.6 ツーステージのプロセス

きるコストの約束をデザインビルド業者から初期に取り付けるという利点を得る．ブリッジングは，別個の管理機能を必要とするものではないので，種々のCM方式とは異なる．

b. ツーステージ（Two Stage）：**イギリス**

イギリスにおいては "Two Stage"（図2.2.6参照）と呼ばれるデザインビルド方式が，民間・公共プロジェクトを問わず盛んに行われている．この方式も伝統的な設計・入札・施工方式とデザインビルド方式の長所を取り入れた方式で，設計者サイドからは伝統的方式の改良版であるとの言い方もされている．

発注者が設計者を雇用し基本設計を作成させ，基本設計の約30％位の資料で設計施工の入札を行う．この段階で選ばれた施工業者が "Preferred Contractor" と呼ばれる．この "Preferred Contractor" と設計事務所は共同して，残りの基本設計作業を施工情報を入れながら完成させる．この間の専門工事業者の下積り情報はオープンブックで発注者に公開される．基本設計がまとまるまでに建築価格と工期も確定することになる．その間の作業はフィーベースで支払われる．その条件で，"Preferred Contractor" が受け入れれば，その業者は初めてデザインビルダーとなり，デザインビルダー側の設計者が公式の設計者となる．この段階で，発注者側の設計者がデザインビルダーの下請となって，その後の実施設計をまとめる場合があり，これを "Novation（更改）" という．多くの場合，"Novation" は発注者の意図を初期段階から理解している設計者に実施設計をやってもらいたいとの要望から，発注者の要求事項として示される場合が多い．

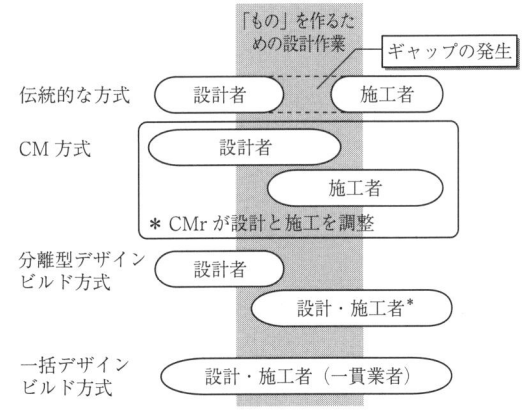

図 2.2.7 設計と施工のギャップを埋める方式

2.2.4 設 計 段 階

デザインビルドやCMが欧米で採用された契機は，伝統的な設計施工分離方式が，設計と施工の間に様々なギャップを生じてその問題を解決するためにあった．特に，「もの」を作るための設計図書の作成において，日本より詳細な設計図書を作成する欧米諸国においてさえも設計と施工の間のギャップが大きく，その間のコミュニケーションを確保する手段としてデザインビルドが選択された（図2.2.7）．

設計事務所がデザインビルド方式を選択するのにはいろいろな理由がある．デザインビルドの形にもよるが，一般に設計事務所はプロジェクトの品質に関して，またコスト対品質のレベルの向上により多く介入できる．もうひとつのメリットは，現場施工のノウハウに早めにタッチできることである．その上，設計事務所は設計作業の密度を下げられ，結果としてコストメリットがあり，プロジェクトの金銭

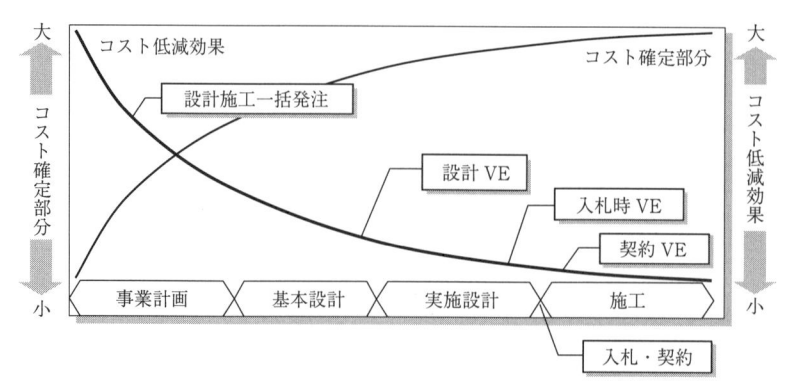

図 2.2.8 「コストは源流にあり」―初期段階ほどコスト低減効果は大きい

的な負担が減り，市場の変化に対応しやすく，マーケティング上の優位性もあり，信頼性も増し，発注者への食い込みも強くなる．施工者から設計者へのクレームは当然減る．

また，発注者の強い関心の1つに，予算がオーバーランしないことがある．「コストダウンは源流にあり」といわれるように，図2.2.8を見ればわかるように，大半のコストは上流段階で決まってしまい，施工や調達等のノウハウを取り入れ，品質や工期などとのバランスを考えたコストの作り込みを設計者と施工者が協力して行うことができる．このことがコストの低減効果を増したり，コストの確実性を増すことにつながる．

4つのタイプそれぞれの評価は以下のとおりである．

① タイプAは，設計者が元請であるからプロジェクト全体の管理ができ，使用する部材の選定の自由度がある．施主に対するサービスの範囲も広くなる．
② タイプBの場合は，建設業者が元請であるから設計事務所のメリットは少ない．並行してリスクが少ないといった程度のもので，管理の幅は当然小さい．
③ タイプCは，マネジメントを共有するのでマーケティングには有利である．
④ タイプDは，施工者と協同して活動するためにチームスピリットは増大する．

デザインビルド方式に参加する設計事務所は，伝統的な方式に比べ立場が低くなる傾向を認識しなければならない．ある種のデザインビルド方式（A，D型）を行う場合には，事前に，非常にコストがかかり，財務基盤の薄い設計事務所では困難がある．またデザインビルド方式では，設計事務所は設計施工分離方式の場合よりも，名声を得たり，また支配的な影響力を行使することはできない．設計事務所は，製造物責任に関して法的には不安定な立場に立たされることが多い．ある種のデザインビルド方式（A，C型）の場合には，設計事務所は設計の範囲だけでなく，施工の範囲の責任を負わされることになる．

デザインビルドでは，基本的には設計者はデザインビルダーのために設計図書を作成するので，伝統的な方式における発注者の代行業務を行う設計者は登場しない．そのためコンサルタントとして発注者が「設計技術者」を雇用する場合がある．

2.2.5　施　工　段　階

施工段階における発注者の役割は，施工の進捗状況の把握と出来高の確認であるが，他の方式に比べ発注者の管理業務は少なくなる．発注者は以下の項目を施工中のメリットで感じる．

① ファーストトラックばかりでなく，業務スコープを変えることでプロジェクトのトータル時間を短縮するメリットがある．
② また，責任の一元化は設計者と施工者の間に生じる紛争が少なくなり，プロジェクトの管理圧力（設計者と施工者との調整など）を低減する効果がある．

施工における施工業者の役割と責任は，他の方式と変わるものではないが，デザインビルドにおいては，設計情報と施工の間にギャップが少なく，また施工者側からの改善提案も事前に盛り込まれているので，建設上のリスクが少ないといえる．

施工業者がデザインビルドを選択する要素は種々あるが，本来，設計と施工を切り離すことはできないということである．施工者は設計に関与でき，確

実性を高めることでプロジェクトのリスクを低く押さえることができる．これらの設計と施工の間のロスを低減することで，利益を増やす可能性もある．また，設計変更などにおける，設計変更指示書の作成等の文書化のプロセスは合理化されるので，設計者によって行われていた施工管理サービスや管理手順などにより費やされた施工者の時間は，減らすか一部省略することができる．さらに，予期しない事態や設計変更などへの対応は，詳細な設計者との打合せや指示を行わなくても，適切なコースの決定で遂行することができる．これは施工を中断することなくスケジュールに乗せることが可能となる．

設計者にとっては，設計図書の分離発注ほど厳密に作成しなくとも，設計者と施工者が同じチームとして行動するのでクレームなしで施工が進むメリットがある．そのことは，設計者の施工段階での監理業務の軽減化が図られることを意味する．

デザインビルドでは，設計施工分離で行われていた設計者の監理業務と施工者の管理業務が重複して行われている場合が多くあったが，これらの業務は役割分担により合理化されることになる．特に，近年のISO 9000sなど業務プロセスの標準化が進んだ中で，「工事監理」の意味が見直される時期にきている．責任の一元化により，設計責任も施工責任もすべて結果責任として果たすので，従来のような監督的，指導的な位置づけの「工事監理」はデザインビルドでは不要と考える．BCSの設計施工契約においては，工事監理を「設計図書どおり施工がなされているかどうかを確認する業務」に限定し，「設計意図を施工者へ伝えたり，施工図の承認などの品質の作り込み，設計変更対応など」を「施工段階の設計者の業務」と位置づけて業務プロセスの合理化を図っている．

特に日本の建築現場では，設計施工分離の場合でも施工側が総合図などで設計上の整合を図ったり，時には施工図により設計変更を進めるなどの便宜を図ったりする場合がある．これらが，日本の設計者が西欧に比べ設計図書をきちっと作成しない悪しき慣行を生み出している．情報伝達のギャップを解消することと，他のパートナーに役割を押し付けることは別物である．

2.2.6 施設運用段階

一般に，建物が竣工し，引渡しが行われた後は，それ以降の業務は発注者がその建物の維持管理責任を負うこととなる．請負契約に基づく瑕疵担保責任期間内（通常1～2年）に起こった不具合は，設計・施工上に起因するものでもすべてデザインビルダーの責任となる．日本のゼネコンは，設計施工の枠を越えて，維持管理段階のサービスも一括して提供する方向に向かい，トータルライフサービスとかホームライフサービスなどを行うようになってきた．これらの維持管理情報は分析評価され設計や施工段階にフィードバックされ，LCCなど建物の維持管理コスト低減に利用されるようになってきている．

維持管理段階の業務は，最近のPFIやBOTなどの提案の重要な項目の1つになりつつある．

[小黒利昭]

2.3 性能発注方式

[はじめに：公団における性能発注方式の経緯]

近年，"性能発注"が話題に上ることが多くなっているが，当時の日本住宅公団が昭和45～46年度に行った調査研究は，当時の日本で先見的であっただけでなく，建築生産の分野としては世界的にみても画期的な取組みであった．

性能発注の実用化は昭和52年に中層壁式PC住宅から始まった．その後，高層PC住宅や超高層住宅，2×4住宅，戸建プレハブ住宅などに展開されたが，会計法の立場からはずっと競争入札方式に劣るものとして扱われてきた．その後も，かなりの成果（発注量の20～35％を占める）がありながら，主旨が必ずしも十分理解されないまま今日に至っている．

集合住宅部品の領域では，日本住宅公団が中心となって開発した『KJ部品』（公共住宅用規格部品，1960年以降）が，1974（昭和49）年ごろから逐次民間企業提案型の『BL部品』（優良住宅部品，1974年以降）に切り替えられた．この『BL部品』は住宅部品ジャンルにおける「性能発注」（それ以前が「指定仕様」，「指定規格」発注であったのに対して）への転換と位置づけることができる．『KJ部品』では，寸法／材質／デザインに至るまで公団で決め，どの業者にも可能な限り「同一」に近いものを作らせたのである．JRの車両などでは，今もなおその発注方式が使われているので理解できよう．

a. 研究段階での議論：次の時代に向けた目論見

なぜ，1970（昭和45）年当時，公団が性能発注方式の研究に着手することになったのか．その動機として，外的要因と内的要因があった．

外的要因として，経済の高度成長＝人口の急激な都市流入の過熱した社会状況に対処すべく，公団にも大量の住宅建設ノルマが急拡大的に課せられたことがあげられる．これを乗り切る方策を考えるため，古川修，金子勇次郎，水田喜一郎らの参画を得て議論を戦わせた．その結果，この業務を着実にこなすためには，欧米で同種の調達工事で効果を発揮している「民間の技術力・ノウハウの活用」を推進する以外に方法はないという結論に至った．当時は高層住宅の構工法計画・設計のわかる技術者が少なく，PC工法を手掛けるゼネコンにそれに対応できる技術者がいるだけであった．

内的要因としては，当時の公団で標準設計方式が通常の手法として採用されており，それと不可分の『標準設計詳細図集』（通称「ディテールシート」）も併せて使われていたが，アルミサッシやBF風呂釜・洗面化粧台等々の住宅部品の工場生産の改良・進化に伴って，各社ごとに断面詳細形状や細部取合いが微妙に異なるようになり，詳細設計図が「規格統一図」として扱いにくくなったことなど，標準設計の問題が顕在化していたことがあげられる．

「ディテールシート」の部品図集編が，ほんの少し異なる各社の詳細図面で膨大なページ数になる事態が生じたのである．そして，各社ごとに特色のある工場生産部材を任意の組合せが可能なものとして設計図にまとめることは非常に困難なことであるが，逆に最適組合せを前提に設計できれば図面作成も効率化するし実際の品質も向上させやすいことにも気づいた．

また，統一型や標準設計の考えでは，1つの部位もしくは部品の改良のための変更が，全体の設計システム（図書構成）との兼合いで，随時簡便にというわけにはいかなくなってしまった．オープンシステムとクローズドシステムの得失の問題が顕在化したのである．

そして公団の量産工法（PC工法とMF工法）の担当者が切実に感じていた別の問題点は，工場生産のための型枠や冶具など開発投資部分を原価積算要素に組み込んでいる場合，減価償却が終わらないまま中止にすることは費用損失につながるとされ，たとえ時代遅れで市場性が損なわれていようが，改良前の細部納まりが不具合を起こしていようが，使い続けないと会計検査上の「損失」とみなされることになるという問題である．このような不条理は，会計法の「どんな細部にも無駄のないこと」とか「常に理論的に最低価格であること」の原則論が，弾力的に，かつ実質的に解釈できないために生じる．

性能発注が模索されたのは，ちょうどこれらの構造的問題を乗り越える隘路を設計工事部門が切実に模索し始めた時期であった．

その後，〈オイルショックで工事費高騰〉→〈価格・家賃が急騰〉→〈画一タイプ住宅で大量空家発生〉で，1970（昭和50）年ごろ一挙に空家問題（「高遠狭」問題）が吹き出したとき，標準設計の廃止，公団型工業化工法住宅の開発中止（→個別手作り設計へ）へと一挙に大転換，「性能発注方式」の試行導入が始まることとなる．当時としては大決断を行い，方針の大転換を打ち出した．

その後数年のうちに，公団と類似の公共住宅供給機関であるイギリスのGLCが解散（1983年）に追い込まれたり，ドイツのノイエ・ハイマートが消滅（1989年）するに至った世界の動向を見ても，性能発注検討の先見的判断や，標準設計方式と工業化工法開発の放棄が，その後の最悪の事態を回避した的確な決断であった．すなわち，性能発注による個性化・多様化展開と人的資源の再配置が可能となり，需要不適合ストックの見直し対策が進み，新しい集合住宅の多様化の潮流への対応，国際的に始まっていたポストモダニズムシフト（勾配屋根付きなど）への対応が可能となったのである．

b. 民間企業の技術力とノウハウ

民間プレハブ業者が民間デベロッパー向けに供給する工業化工法建物工事の「民々取引き」は1970年ごろから始まっていたが，そこでは市場ニーズに合わせた工業化工法住宅がさほど無理もなく小ロットでも多種多様に供給されていた．

民間のプレハブ業者がそこで採った手法は，敷地対応等のためのPC型枠の自在な変更，在来工法とのハイブリッド化など躯体システムに掛かるものからタイル打込みやレリーフ型枠の採用など，仕上げやディテールの小さな改善や変更など付加価値アップの努力の積み重ねで，多様な顧客ニーズに対応していた．型枠やシステムの更新に際しても，計画上の原価償却重視でなく，部分変更して継続使用するケースとの採算性比較や新規設備の生産性比較などトータル効果で判断して決めていた．ある社は寸法

設定が自在なユニバーサル型枠を使い，ある社は普通型枠のまま少しずつ小さい方への切詰めで転用に準じた使い方を考えた．

民間デベロッパー向け工事では，打込みタイル仕上げや，レリーフ型枠による立体模様の採用など，各社ごとに特色を出していたが，そのような付加価値で在来工法に対する工事費の優位性が発揮されたようである．水回り部の生活漏水対策として，当該部床版を凹面にして緊急排水機能を持たせる工夫の共同開発などもみられた．

このような民間デベロッパー向けに創意工夫した成果を市場価格で活用することは公団としても望むところで，減価償却の呪縛もなくなるので必要な建設量だけ適宜発注することが可能となった．

c. 性能発注方式に向けられた疑義

性能発注が始まってからも，民間の各社各様の工法の住宅に対して，予定価格算定をどう考えるべきかが検討された．在来工法に置き換えて算定しようとしても，実際には壁の厚さや配筋が異なるのである．ようやく到達した結論は"コスト評価"から"バリュー評価"への転換を考えるべきであること，その上で，在来工法置換や類似実績トレンドを参考とする以外に道はなさそうだということであった．

次に，契約を管理する立場からの疑念として，「競争入札方式が最も透明性が高く，公共事業体に適した調達方式である．これに反していないか」という指摘が出た．別の言い方で表現すると，「適切な詳細仕様と価格算定条件を提示し，最も廉価な者を選ぶ調達方式」ではなくてよいのか，ということになる．この方式の問題点は，一般市民がよく知っているにもかかわらず，有識者の多くが他に余地がないとあきらめがちなことは残念である．

競争入札方式で品質や性能を一定レベルで保つためには，実務的にはあらかじめ業者を事前審査し，能力や信頼度を確認した上での入札，すなわち「指名競争入札方式」とする以外に道はない．さもなければ，悪貨が良貨を駆逐するように，不良品質のものが紛れ込んで信頼を損ねる恐れが多くなる．

金利の付いた事業資金を使って民間市場と同じ市場で競合してきた公団事業や，近年の大半の公共事業のように，「市場経済原理」の性格を持たせようとするなら，「競争入札方式」の限界は明白である．米国では，この問題が1980年代の軍事産業や1990年代のハイテク産業で問題が顕在化した反省から，必ずしも公平性や公開性を保たない調達方式を許容し，成果を収めた．マイクロソフトやインテルの躍進を見れば理解できる．

疑義に少しでも対処すべく，妥協したのは，性能発注応募者の評価・選定にあたって，「性能と価格を総合的に勘案する」という本来的趣旨の貫徹を諦め「性能条件に合致するものの中で最も廉価なものを選定する」としたことである．また，高層住宅などでは「競争入札（在来工法）より割安となる場合に限り性能発注とする」とせざるを得なかった．そして，在来工法にしか対応できない中小建設業者への受注機会を減じないため，性能発注する発注工事量を一定割合以下となるよう配慮もした．

もう1つ，建築家の職能団体から，性能方式拡大への懸念が表明されたことがある．「性能発注の場合，設計施工一貫となり，工事業者所属の設計者が設計を受け持つことが大半になる．そしてその設計がサービスとして無償で行われ，建築家の事業機会が損なわれる恐れがある」という疑念である．これについては，それまで業者所属の設計者の場合と外部設計者の場合の両方のケースがあったことを説明するとともに，欧米では「デザインビルド方式」が再評価されている折でもあったので，性能発注の場合の設計料の位置づけを明確にして理解を得た．

そのほか，「公開コンペの方がもっと公開性や透明性が高く，対外的にも明快なのではないのか」という質問がよく出される．これに対しては，2つの理由で懸念が説明できる．1つは，常用の発注を設計コンペとした場合に，応募者の業務量と落選リスクが極めて大きくなる点である．性能仕様書と計画条件書の内容を読み切って，デザイン審査と価格の裏付けに耐える図書を提出する労力とリスクがどんなにか過大になることが容易に想像できよう．

さらに，発注者側の時間損失と業務量の問題がある．公共施設の場合と異なり，金利の付いた資金で市場競争原理で住宅建設を行う場合には，条件を固めながら基本設計を行い，与条件の変化も受け入れながら実施設計を行わざるを得ない状況が往々にしてある．審査・選定時点での評価を踏まえ，発注者と一緒に設計を作り上げるという作業は，工法や構造システムが，業者独自の特徴を生かすことになる点を除いては，設計コンサルタントの設計担当者との作業と基本的に同一なのである．

d. 性能発注によって達成された成果

1977（昭和52）年に中層PC住宅の性能発注が試行されてから，昭和54年に2×4住宅，昭和56年

には大臣認定プレハブ住宅，昭和57年には超高層住宅が次々と性能発注で供給されることとなった．賃貸と分譲の多様で個性的な公団住宅の供給に性能発注方式が大きく貢献した．

超高層住宅においては，東京江戸川区の葛西クリーンタウンで第1弾が始まり，練馬区の光が丘パークタウンでは，複数グループのRC超高層住宅が性能発注で次々と展開されたことから，わが国におけるRC構造超高層住宅普及に貢献できたとして，日本建築学会の業績賞受賞となった．性能発注方式で採用されたRC超高層住宅は，躯体構成のシンプルさに加え，各社のノウハウや研究成果を取り入れて，それまでの超高層住宅に比べコストが安く，工期も大幅に短くなったのである．

また，千葉地域においては，性能発注方式に配置設計と建物設計の専属の建築家が生産者と別に加わって，受注業者や公団担当と全体計画と景観ファサードの調整を行う，いわゆる「リレーデザイン方式」（幕張ベイタウン，千葉NTアバンドーネ原で導入された）による街並み景観が効果的に作られている．

[性能発注の基本手順]

2.3.1 基本フロー

性能発注の基本フローは，図2.3.1に示すように，①発注者が計画条件書と性能仕様書を示し，②事業参加者から提案を受ける，そして③発注者が提案を評価して選定する，という流れになる．

2.3.2 事業計画段階

事業参加者が行う事業計画は，発注者の計画条件書と性能仕様書をよく理解して提案する必要がある．昨今の社会経済状況の中では，民間事業は当然のこととして，公共事業においても様々な事業リスクを内包しているので，事業計画要素の提案は，単なるアイデアではなく，リスクテイクもしくはリスク回避の方策を含むものでありたい．ISO 9000やISO 14000における経営者責任と同様のものに加えて，住宅供給事業などにおいては市場やニーズの変化への対応策，再開発事業などにあっては近隣対策・権利者対応に伴う工期スケジュール遅延回避策なども折り込まれる必要がある．

2.3.3 設 計 段 階

通常の性能発注では，この段階からが主な提案対象となる．発注者の計画条件書と性能仕様書を読み取り，設計企画と自社の技術やノウハウを入れた提案書を提出する．設計図書は建築生産のための製作図という本来的性格を超えて，工事契約図書としての性格，そして事業戦略や商品企画の一翼を担うようになってきており，重みを増している．

性能発注される場合には，設計施工一体の効果を期待される分だけ，在来方式より発注側の事業戦略への貢献が期待されることになるし，リスクの分担も増える．したがって，計画条件書の読み方や性能仕様書の解釈には大きな注意が必要となる．

また，社会経済情勢を見通して，計画条件が変わりうる可能性やその場合の変更の余地についても考慮しておく必要がある．将来のアフターメンテナンス対応については，性能発注で最適組合せ（クローズドシステム）が敵にならないよう配慮しておく必要がある．

2.3.4 発 注 段 階

性能発注では，競争入札の図渡しの場合のように発注者側の詳細規定はないが，工事請負契約締結（発注）時に参加者側で詳細な契約図書を作る必要があ

〈性能発注方式〉
呼びかけ → 登録受付 → 条件書提示・質疑 → 提案応募 → 性能評価・選定 → 設計図書作成 → 工事請負契約 → 工事変更契約 → 竣工・引渡し

〈競争入札方式〉
企画・設計 → 工事費積算 → 図渡し・質疑 → 入札・選定 → 工事請負契約 → 工事変更契約 → 竣工・引渡し

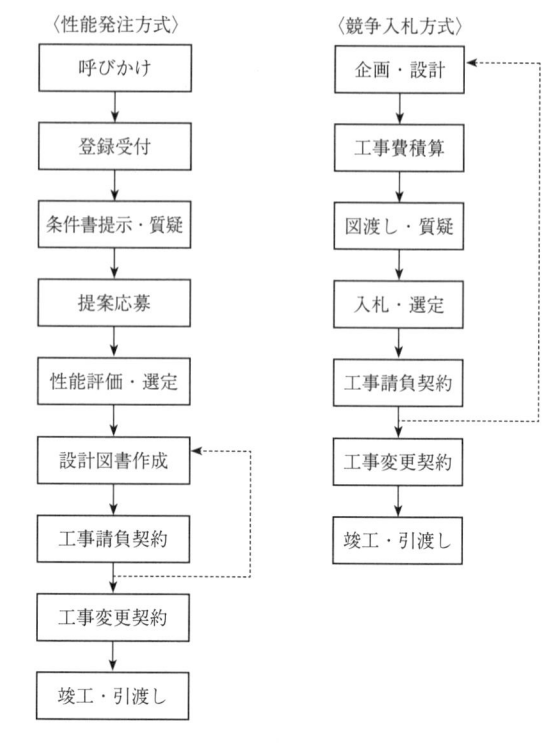

図2.3.1 建築生産の基本フロー図（設計～竣工，実線枠内は生産側関与）

る．これはフロー図でもわかるように，プロジェクトでは工事変更契約が必ずといっていいほど必要となるので，その際の前提条件の相互確認にも役立つ．

また，法定再開発事業や要綱事業など補助金事業の場合には，民間事業であっても補助金申請で必ず工事費内訳が必要となるので，詳細な工事費内訳書（とそれを照合できる図面）が不可欠となる．自社の仕様書や標準詳細図が含まれてよいが，それらの位置づけが，契約図書の一部となり将来の修繕計画の前提条件書にもなることから，生産者サイドの内部基準としての枠を超える点に留意しておく必要がある．

2.3.5 施工段階

この段階領域にこそ性能発注の最大の可能性がある．コスト低減や工期短縮，あるいは品質精度の向上など，各社ごとの技術やノウハウの力量の発揮もしくは差別化の効果発揮の好機ともなる．

品質管理や検査の基準について自社仕様に基づくケースが増え，工事監理も自主監理部分が増える．安全管理については，総合発注でかつ自社仕様となるため，緊張感喪失につながらないように配慮する必要がある．性能発注では，長期保証が在来方式より長く求められることがあるので，この点にも留意する必要がある．

2.3.6 施設運用段階

竣工（施設供用開始）時点では，在来方式に比べて，むしろ問題は少ない．しかし，独自仕様の設計部分や工事部分については，経年後のメンテナンス時に管理技術者が困惑しないような配慮をしておく必要がある．便利で効果的な工法や部材が，特殊で経年後に修理や交換時にうまくいかないケースが時折発生する．

工事現場チームや工場生産チームが解散した後も，当該担当に連絡できる体制を作っておくことが効果的である．

性能発注が的確に効果を発揮するために大切な基本要素が3つある．

その第1は，「イコールパートナーシップ」である．参加者からの質議や提案は，踏み込んだ内容になりがちである．またそうでなくては，効果的でないことになる．質疑応答でも多くの質議事項が出る．発注者が見通せていないことははっきり確認しておく

ことが必要である．

第2は，「リスクテイクの共有」である．工事契約や共同事業に際しては，常に工期・スケジュールの押さえと，変更・精算が生じた場合の原点となる工事契約図書を明確にしておくことが前提となる．その上で，様々な状況変化への対応を行うことになるが，この労力のかかるマネジメントはプロジェクトの成否や精度確保のカギとなる．また，時として事業の中止や大幅な遅れを来たすほどの危機に遭遇した際のリスクマネジメントともなる．今日のビジネスでは常識であろうが，このことは公共事業にもあてはまる．信頼関係が希薄では乗り越えられない．

第3は，「新技術の提案と評価」である．参加者の提案には，時に革新的な技術が含まれる．その技術を，アセスメント（減点要素評価）だけでなくエバリュエート（加点評価）することが必要である．ぎりぎりの決断で提案する内容を横並びチェックをするだけでは片手落ちである．優れた提案が地味に見えることもある．審査する発注側の力量が，逆に審査されることにもなる．埋もれた「価値（バリュー）」や見えない「効用（エフェクト）」を見つけだし，そこに潜む「危険（リスク）」を踏まえて評価をすることによって，はじめて「新技術の活用」という実りのある成果につながる．

以上のような性能発注の可能性の芽をもっと生かせるようになれば，わが国の建築生産の今後の展開も大いに期待できる．民間事業でも，撤退基調の公共事業にあっても，今後ますます厳しい市場競争の

表 2.3.1 性能発注の類似例調査（昭和45年調査研究より）

区 分		制度の呼称
生産者の事業計画・企画設計への参画	a) 新技術・新工法提案制度への参画	新技術・新工法提案制度（仏）1945〜 戸建認定制度住宅（仏）1953〜 KJ部品制度（日）1960〜 公団のPC工場認定（日）1966〜 プレハブ工法認定制度（日）1966〜
	b) 修正提案・代替入札制度	修正提案制度（HLM）（仏）1954〜 代替入札制度（パウエルレポート）（英）1957〜 PC板工法修正提案認定制度（日）
	c) 性能発注	設計施工計画競技 PLL（仏）1955〜 2段階入札（カンバーノルド）（英）1957〜
大量計画時に発注量を確保するための制度	イ) 契約延長制度（仏）1958〜	
	ロ) 工業化セクター制度（仏）1958〜	
	ハ) 連続契約（カンバーノルド）（英）1957〜	
工業化技術開発促進のための施策・技術開発	a) 量産公営（日）1969〜	
	b) パイロットハウス（日）1970〜	
	c) オペレーション・ブレークスルー（米）1969〜	

波にさらされる中で,「性能発注」を基軸としたベストプラクティスが期待される.

表2.3.1に性能発注の類似例を掲げておく.

[小畑晴治]

2.4 分離・分割発注方式

2.4.1 基本フロー

建築物は,極めて多くの業種がかかわって融合された総合体である.近年,建築生産を取り巻く社会環境の変化と建物を構築する生産技術の進展に伴って,事業全体を構成する要素も専門化・複雑化を深め,今後この傾向はますます進んでいくものと思われる.また一方では,建築物に対して,より事業性・収益性の高いものにしなければならないという要求も非常に強いものになっている.この状況に対応するために,建築プロジェクトにマネジメントを取り入れて,プロジェクトを通して一連の生産手法や情報を総合的に管理していくという考え方が重要視されようになり,PM/CM方式が国内でも浸透し始めてきている.このPMr/CMrという職能の登場で,多種・多様な調達方式が採用されるようになり,建築工事や設備工事の中をさらに細かく区分して,10を超えるような分離・分割発注方式も出現してきている.

現在,国内で適用されている分離・分割発注方式には,次のようなものがあげられる(図2.4.1).

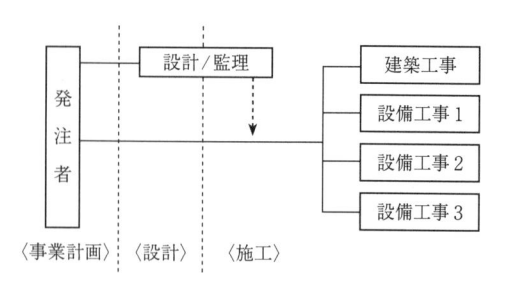

a. 伝統的分離・分割発注方式

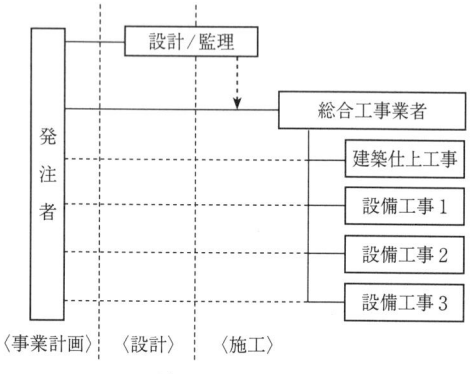

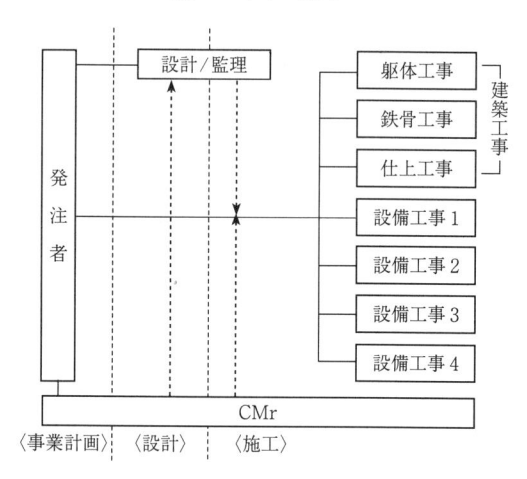

工事全体を建築工事といくつかの設備工事(空調設備工事・給排水衛生設備工事・電気設備工事など)に分割した合計3~4程度の分離発注方式で,公共工事を中心に以前から広く採用されていた方式である.

b. コストオン方式

分離・分割工事ごとに単独発注し,請負金額を決定した後,分離・分割工事に対する一定の管理費を契約条件のもとに取り決めた上で,総合工事業者(ゼネコン)が一括して請け負う方式である.したがって,あくまでも総合工事業者が一括して請け負う形態であり,厳密な分離・分割発注方式とはいいがたい面がある.

c. CM分離・分割発注方式

分離・分割工事ごとに各々の施工業者が直接発注者と請負契約を結び,CMr(コンストラクション

(a) 伝統的分離・分割発注方式

(b) コストオン方式

(c) CM分離・分割発注方式

—— 契約関係　……コントロール

図2.4.1 分離・分割発注方式

マネジャー)が発注者の代行となって多数の建設部門の取合いを調整し,各部間の円滑な進捗を図りつつ,工事全般のマネジメントを行って工事を完成に導く方式である.CM方式にも,ピュアCM,アットリスクCMなどその手法は様々である.

CM方式の登場は,調達方式の選択肢を広げたとともに,これまでの建築生産システムのあり方や,発注者をはじめ,設計者,工事監理者,総合工事業者,

2.4 分離・分割発注方式

表 2.4.1 プロジェクト参画者の役割分担（CM方式導入促進方策研究会資料より）

	業務フロー（マイルストン）	発注者（監督職を含む）	CMr（発注者が取捨選択）	設計者	工事監理者	施工者
基本構想段階		事業目的の設定 立地・敷地の選定 施設計画の概要設定 事業及び運営手法の検討 概算事業費の試算 概略事業スケジュールの設定				
基本計画段階	CM方式導入意思決定 CMrへの依頼事項の選定・確定 CM予算検討・措置 CMrの選定と契約	CM方式導入の検討・意思決定 CM委託業務範囲の検討・決定 CM予算措置 CMrの選定 CMrの契約締結・調印	□CM業務計画の作成 □CM業務契約締結・調印			
	事業計画の作成	事業計画の決定 設計予算・工事予算等を含む事業費（設計予算・工事予算他）の承認 マスタースケジュールの承認	□事業計画についての調査・検討 □設計予算・工事予算などを含む事業費の作成又は作成支援 □マスタースケジュールの作成・管理			
	基本計画案の策定	基本計画案の承認	□基本計画案の作成 □設計企画提案書の作成 □法令上の諸条件の調査 □官公庁などからの情報収集 □環境保全に対する配慮 □敷地調査・類似事例調査などの実施			
	設計与条件の設定	施設計画の決定 設計与条件の決定	□施設計画についての調査・検討 □要求条件の整理・把握及び設計与条件の決定支援			
	設計者選定・契約	設計候補者の選定 設計者の選定 設計者との契約締結・調印	□設計候補者の検討・選定に対する助言 □設計者の評価・選定に関する助言 □設計契約に関する助言	設計者選定への応募 設計業務契約締結・調印		
	その他	議会承認・予算措置 設計前段階における意思決定 情報伝達システムの確認 関係者への説明 CM報告書の受領 基本設計段階業務完了の承認	□議会承認・予算措置に対する技術支援 □設計前段階における意思決定支援及び施工性・コスト・スケジュール・品質・専門技術などに関わる助言 □情報伝達システムの構築・運営 □関係者への説明支援 □CM報告書の作成・提出 □基本設計段階CM業務終了報告書の作成・提出			

表 2.4.1 プロジェクト参画者の役割分担（つづき）

	業務フロー（マイルストン）	発注者（監督職を含む）	CMr（発注者が取捨選択）	設計者	工事監理者	施工者
基本設計段階	基本設計段階のスケジュール管理	マスタースケジュールの確認 基本設計スケジュールの承認 施工スケジュールの確認	□マスタースケジュールの管理 □基本設計スケジュールの審査・確認，マスタースケジュールとの調整 □施工スケジュールの検討・提案，マスタースケジュールとの調整	マスタースケジュールの管理協力 基本設計スケジュールの作成		
	基本設計方針と設計与条件の確定	基本設計方針の承認と設計与条件の確認	□基本設計方針の確認と設計与条件との調整	設計与条件の把握・整理（測量・地盤・インフラ・環境要因他の敷地詳細調査など）と基本設計方針の作成		
	許認可事項の検討		□許認可に関わる事前協議支援	許認可に関わる事前協議，法令上の諸条件に関わる調査，関係部署協議		
	工事発注スケジュールの検討	工事発注スケジュールの検討	□工事発注スケジュールの検討支援			
	（工事発注方法と工事発注区分の検討）	（工事発注方法と工事発注区分の検討）	□（工事発注方法と工事発注区分の検討支援）			
	基本設計内容の確定	基本設計段階における意思決定 基本設計図書の承認 基本設計図書・成果品の受領	□基本設計段階における意思決定支援及び施工性・コスト・スケジュール・品質・専門技術などに関わる助言 □基本設計図書の審査 □基本設計図書・成果品の確認	類似事例調査，各種技術検討書・資料の作成 基本設計図書の作成，関係者への説明 基本設計図書・成果品の提出		
	概算工事費の検討	工事概算書の承認・全体事業費との調整・確認	□工事費概算書の算出に関する助言と内容審査，全体事業費との調整	工事費概算書の作成		
	その他	代替案採否の決定 プロジェクト会議への出席 近隣折衝の実施 情報伝達システムの確認 関係者への説明 CM報告書の受領 基本設計段階業務完了の承認	□基本設計VEの実施，代替案採否の決定支援 □プロジェクト会議の開催 □近隣折衝の実施支援 □情報伝達システムの運営 □関係者への説明支援 □CM報告書の作成・提出 □基本設計段階CM業務終了報告書の作成・提出	代替案の技術検討 プロジェクト会議への出席，開催協力 近隣折衝の実施支援 情報伝達システムの運営協力 関係者への説明支援		
実施設計段階	実施設計段階のスケジュール管理	マスタースケジュールの確認 実施設計スケジュールの承認	□マスタースケジュールの管理 □実施設計スケジュールの審査・確認，マスタースケジュールとの調整	マスタースケジュールの管理協力 実施設計スケジュールの作成		

2.4 分離・分割発注方式

表 2.4.1 プロジェクト参画者の役割分担（つづき）

	業務フロー（マイルストン）	発注者（監督職を含む）	CMr（発注者が取捨選択）	設計者	工事監理者	施工者
実施設計段階		施工スケジュールの確認	□施工スケジュールの検討・提案，マスタースケジュールとの調整			
	（工事発注方法と工事発注区分に適応した工事施工会社の選定方法の検討）	（工事発注方法と工事発注区分に適応した工事施工会社の選定方法の検討）	□（工事発注方法と工事発注区分に適応した工事施工会社の選定方法の検討支援）			
	実施設計方針と設計与条件の確定	実施設計方針の承認と設計与条件の確認	□実施設計方針の承認と設計与条件との調整	設計与条件の把握・整理（測量・地盤・インフラ・環境要因他の敷地詳細調査など）と実施設計方針の作成		
	許認可事項の申請		□許認可に関わる申請支援	許認可に関わる申請事務		
	実施設計内容の確定	実施設計段階における意思決定	□実施設計段階における意思決定支援・施工性・コスト・スケジュール・品質・専門技術などに関わる助言	各種技術検討書・資料の作成，使用材料等についての文献・カタログなどの収集		
		実施設計図書の承認	□実施設計図書の審査	実施設計図書の作成，関係者への説明		
		実施設計図書・成果品の受領	□実施設計図書・成果品の確認	実施設計図書・成果品の提出		
	概算工事費の算出	工事概算書の承認，全体事業費との調整・確認	□工事費概算書の算出に関する助言と内容審査，全体事業費との調整	工事費概算書の作成		
	その他	代替案採否の決定	□実施設計VEの実施，代替案採否の決定支援	代替案の技術検討		
		プロジェクト会議への出席	□プロジェクト会議の開催	プロジェクト会議への出席・開催協力		
		近隣折衝の実施	□近隣折衝の実施支援	近隣折衝の実施支援		
		情報伝達システムの確認	□情報伝達システムの運営	情報伝達システムの運営協力		
		関係者への説明	□関係者への説明支援	関係者への説明支援		
		CM報告書の受領	□CM報告書の作成・提出			
		実施設計段階業務完了の承認	□実施設計段階CM業務終了報告書の作成・提出			
工事発注段階	発注段階のスケジュール管理	マスタースケジュールの確認	□マスタースケジュールの管理	マスタースケジュールの管理協力		
		発注スケジュールの承認	□発注スケジュールの作成，マスタースケジュールとの調整	発注スケジュールの作成協力		
		（工事スケジュールの承認）	□（工事スケジュールの作成，マスタースケジュールとの調整）	（工事スケジュールの作成協力）		
	（発注方法・発注区分の決定）	（工事発注方法の決定）	□（工事発注方法の提案・助言）			
		（工事発注区分の決定）	□（発注区分（工事種別）の提案・助言）			
		（工事発注区分に応じた工程の承認）	□（工事発注区分に応じた工程の検討・設定）			

表 2.4.1 プロジェクト参画者の役割分担（つづき）

	業務フロー（マイルストン）	発注者（監督職を含む）	CMr（発注者が取捨選択）	設計者	工事監理者	施工者
工事発注段階		（発注条件の決定）	□見積要項書・現場説明図書の作成	見積用設計図書の作成		
	入札予定価格の決定・予算措置	工事予算書の受領	□工事予算書の算出に関する助言と内容審査，全体事業費との調整	内訳明細付き工事予算書の積算		
		入札予定価格の決定	□入札予定価格の決定支援			
		工事予算措置	□工事予算措置に対する技術支援			
	（発注区分に応じた）施工者募集又は指名	（発注区分に応じた）施工者募集又は指名の決定	□（発注区分に応じた）施工者募集又は指名の検討・評価・資格審査・選定に関する支援・助言	（発注区分に応じた）施工者指名に関する協力		
	施工者への説明，施工者の決定	現場説明の開催（工事発注方法と工事施工体制の説明）	□現場説明の開催支援と質疑回答の取りまとめ	現場説明の開催協力と質疑書への回答		工事費見積り
		発注区分に応じた施工者の決定	□発注区分に応じた施工者の決定支援			入札参加
	工事請負契約の締結	請負代金内訳書の承認	□請負代金内訳書の確認	請負代金内訳書の確認協力		請負代金内訳書の作成
		工事請負契約書類の内容確認	□工事請負契約への技術的助言			工事請負契約書類の作成・準備
		工事請負契約締結・調印	□工事請負契約書類の作成支援			工事請負契約締結・調印
	その他	発注VE・技術提案の実施，採否の決定	□発注VE・技術提案の実施支援，代替案の技術判断の確認，採否の決定支援	発注VE・技術提案の検討，技術判断に対する協力		発注VEの提案
		情報伝達システムの確認	□情報伝達システムの運営	情報伝達システムの運営協力		情報伝達システムの運営協力
		関係者への説明	□関係者への説明支援	関係者への説明支援		関係者への説明支援
		CM報告書の受領	□CM報告書の作成・提出			
		発注段階業務完了の承認	□発注段階CM業務終了報告書の作成・提出			
工事段階	工事段階のスケジュール管理	マスタースケジュールの確認（総合工事工程計画の確認）	□マスタースケジュールの管理	マスタースケジュールの管理協力	マスタースケジュールの管理協力	マスタースケジュールの管理協力（専門工事工程計画の作成，専門工事工程の管理）
			□（専門工事工程計画の確認・調整，総合工事工程計画の作成，専門工事施工者の工程管理状況の確認，総合工事工程の管理）			
			□各検査スケジュールの確認		各検査スケジュールの調整	各検査スケジュールの作成
	工事の遂行	プロジェクト会議への出席	□プロジェクト会議の開催		プロジェクト会議への出席・開催協力	プロジェクト会議への出席，開催協力
		CM業務方針の承認	□CM業務方針の作成，関係者への伝達		CM業務方針の把握	CM業務方針の把握
		監理業務方針の承認	□監理業務方針の把握		監理業務方針の作成，関係者への伝達（方針の変更とも）	監理業務方針の把握
				設計意図の伝達（監理者・施工者との打合せ及び図面作成）	設計図書の検討，設計意図の伝達に関わる設計者・施工者との打合せ	設計意図の伝達に関わる設計者・監理者との打合せ

表 2.4.1 プロジェクト参画者の役割分担（つづき）

業務フロー （マイルストン）		発注者 （監督職を含む）	CMr （発注者が取捨選択）	設計者	工事監理者	施工者
工事段階			□（分離施工者間の調整・助言） □質疑書・提案書の検討結果の確認・助言 □施工図など（監理者承認済）の確認・助言 □（総合図の作成に関する調整） □（施工計画・施工実施体制の確認・調整） □施工品質管理の発注者の立場による確認	（総合図の作成・協力）	（分離施工者間の調整協力） 質疑書・提案書の検討 施工図などの検討・承認 （総合図の作成協力・確認） （施工計画・施工体制の検討・調整協力） 施工品質管理の確認，各種試験・検査結果の確認	工事の遂行 質疑書・提案書の作成 施工図などの作成 （総合図の作成・協力） 施工計画・施工体制の立案 施工品質の管理，各種試験・検査の実施
				使用資材・設備機器・仕上見本などの検討・承認に対する協力	使用資材・設備機器・仕上見本などの検討・承認	使用資材・設備機器・仕上見本などの提案
			□統括安全衛生管理責任者の確認			統括安全衛生管理責任者の選定（主たる施工業者で，工事進捗状況により変更の場合あり）
		関係者からのクレームなどに対する対応	□関係者からのクレームなどに対する技術的対応支援		関係者からのクレームなどに対する技術的対応支援協力	
		施工に関する文書管理の確認	□施工に関する文書管理		施工に関する文書管理協力	施工に関する文書管理協力
		官庁検査の結果確認，発注者への報告	□官庁検査の結果確認，発注者への報告		官庁検査などの立会い	官庁検査などの受検
		別途工事関連業務	□別途工事関連業務の支援・調整		別途工事関連業務の支援・調整協力	別途工事関連業務の支援・調整協力
	発注者検査	中間検査の確認 完了検査・発注者検査の確認	□中間検査の実施 □完了検査・発注者検査の実施，工事と設計図書・工事請負契約との合致の確認		中間検査の立会い 完了検査・発注者検査の立会い	中間検査の受検 完了検査・発注者検査の受検
	工事費の管理	中間時工事費支払 最終工事費支払 設計変更金額の決定	□中間時工事費支払請求の確認 □最終工事費支払請求の確認 □設計変更金額の審査 □工事段階のコスト管理と工事費分析		中間時工事費支払請求の審査 最終工事費支払請求の審査 設計変更金額の見積内容確認 工事段階のコスト管理協力	中間時工事費支払請求 最終工事費支払請求 設計変更金額の工事費見積り
	設計変更への対応	軽微な変更の承認 設計変更事項・設計変更図書の承認	□軽微な変更の承認支援・助言 □設計変更項目・設計変更図書の確認・審査	軽微な変更の内容確認に対する協力 設計変更項目の取りまとめに対する協力，設計変更図書の作成	軽微な変更の内容確認 設計変更項目の取りまとめ，設計変更図書の作成協力	軽微な変更の取りまとめ 設計変更項目の取りまとめに対する協力
	竣工・引渡し	竣工図書の受領 引渡し図書受領・引渡し 取扱い説明	□竣工図書の指導・助言・確認 □引渡し書類の確認・引渡しの立会い・支援・入居スケジュールの調整など □取扱い説明の立会い・試運転実施の確認	竣工図書の作成に対する協力 引渡しへの立会い 取扱い説明の立会い，試運転実施の確認	竣工図書の作成に対する協力 引渡し書類の確認，引渡しへの立会い 取扱い説明の立会い，試運転実施の確認	竣工図書の作成 引渡し書類の作成，引渡しの実施 取扱い説明・試運転の実施

表 2.4.1 プロジェクト参画者の役割分担（つづき）

業務フロー（マイルストン）		発注者（監督職を含む）	CMr（発注者が取捨選択）	設計者	工事監理者	施工者
工事段階	その他	代替案採否の決定	□施工VE・技術提案の実施，代替案採否の決定支援		施工VE・技術提案の技術検討	施工VE・技術提案の提出
		情報伝達システムの確認	□情報伝達システムの運営協力・助言	情報伝達システムの運営協力	情報伝達システムの運営	情報伝達システムの運営協力
		関係者への説明	□関係者への説明支援	関係者への説明支援		
		工事監理報告書・工事報告書の受領	□工事監理報告書・工事報告書の確認		工事監理報告書の作成・提出	工事報告書の作成・提出
		CM報告書の受領	□CM報告書の作成・提出			
		施工段階業務完了の承認	□施工段階CM業務終了報告書の作成・提出			
完成後		瑕疵に対する処置の要求・確認	□瑕疵に対する処置の調整・確認			瑕疵に対する処置

（注）括弧内に記載された業務の役割分担は，工事発注パターン③を基準としている．工事発注パターン①および②の場合には，変更が生じる場合があるので物件ごとに検討が必要となる．

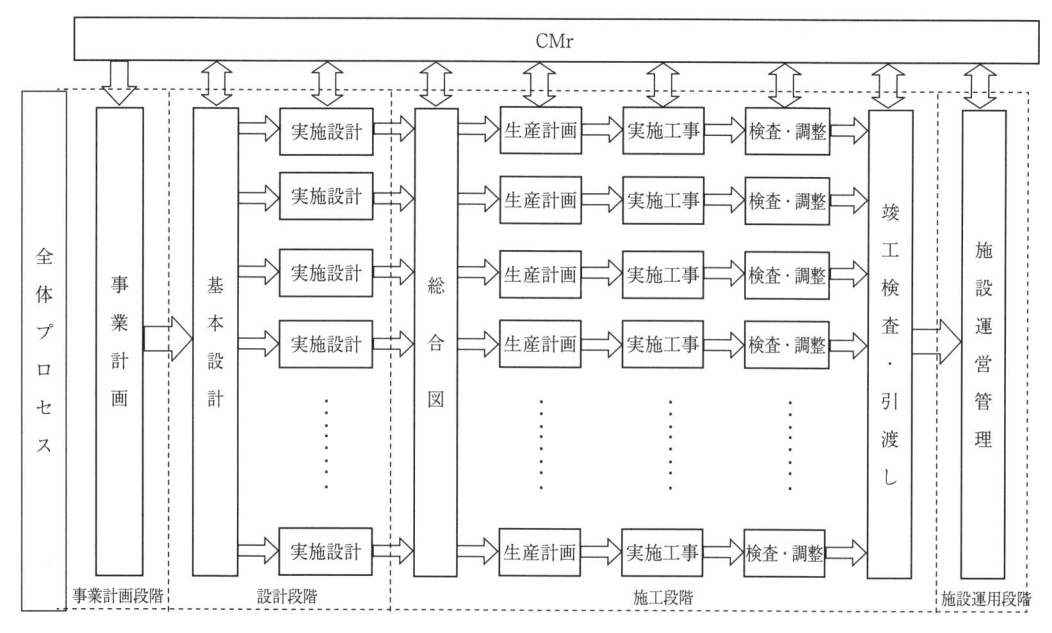

図 2.4.2 分離・分割発注方式の全体プロセス

専門工事業者の本来の役割と責任について一石を投じる形となっている．これまで国内で通常行われてきた分離・分割発注方式（伝統的分離・分割発注方式）は，プロジェクト参画者の役割や責任をあいまいにしたままで進められてきた．設計や施工で整備されてきた種々の仕様書や帳票類も，総合工事業者への一括発注を念頭に構築されたものばかりだったからである．CM方式による分離・分割発注方式を研究することによって，これまでの調達方式を問い直し，今後の建築生産システムのあり方や各参画者の役割と責任を再構築することは，非常に意義深いことである．それは，これまでわが国において主流をなしてきた総合工事業者（ゼネコン）への一括発注方式を再評価することにもつながってくる．

そこで本節では，CMrが参画する場合の分離・分割発注方式を中心に説明を行っていく．なお，表2.4.1にCM方式導入促進方策研究会で平成14年12月に策定された，プロジェクト参画者の役割分担の区分例を，図2.4.2に分離・分割発注を進めていく場合の全体プロセス示す．

2.4.2 事業計画段階

この事業計画段階は，建築生産の最上流に位置しており，設計作業に先行して，建築プロジェクトの与条件を設定しマスタープランを作成する業務である．1990年代前半までわが国を支配していた土地神話の崩壊により，建物を担保価値ではなく収益性で判断するという社会的変革が起った．これによって，発生したアセットマネジメントやプロパティマネジメントの浸透で，建物に対する要求条件は高く，その精度も非常に厳密なものになった．資金的な事業計画は，アセットマネジャーやプロパティマネジャー，またはこの考え方を身につけた発注者などから出され，その条件に適合した建物を企画していかなければならない．さらには，環境問題に否応なしに対応しなければならないこと，社会的資産形成の側面からの検討も迫られている．したがって，この段階での計画の出来不出来が建物の完成品質の良否を大きく左右するといっても過言ではない．

事業計画は，次のような業務で構成されるが，これは基本的には選定されたCMrが行うべき業務である．

① CMrの選定（発注者が行う）
② 事業計画の策定
・要求条件の整理・把握，設計与条件の整備
・コストプランニング
・マスタースケジュールの作成
・基本的な調査
③ 設計者の選定
④ 参画者の役割分担・責任区分の確認

また，この時点で表2.4.1に示したような，プロジェクト参画者の役割分担・責任範囲を明確にしておくことも重要な作業である．

2.4.3 設 計 段 階

設計段階は，事業計画で策定された情報をもとに建物の像を具現化し，基本設計，実施設計と順次ステップを踏んで，建物に関する内容がより詳細に構築されていく．分離・分割発注を行う場合，基本設計と実施設計の作業内容は一括発注方式の場合とは大きく異なってくる．現在では，建築生産の環境変化により工事の専門化や工業化が促進されたため，建物の完成品質を決定する過程を，設計や施工に単純に区分することが困難になりつつある．したがって，設計の早い段階から専門業種とより密接な連携を図りながら，施工計画や工業化工法を取り入れた作業の進め方が求められている．

a. 基 本 設 計

分離・分割発注を行う場合の基本設計では，事業計画の情報をもとに，建物の像を鮮明に形作り，仕様などを明確に設定し，総合的な整合性や建物性能を決定づける検討や計算を，ほぼ終えておくことが重要である．なぜなら，実施設計段階になれば分離・分割工事ごとに設計図書を整備していかなければならないため，基本設計時点での全体的な仕様統一がなければ多くの不整合が発生してしまうからである．また，分離・分割工事数の決定もこの時点で行わなければならない．

分離・分割発注方式において，分離・分割工事の施工を担当するのは，総合工事業者（ゼネコン）をはじめ，専門工事業者（サブコン），材料・機器製造業者（メーカー，ファブリケーター），施工代理店などである．このうち，材料・機器製造業者，例えば特殊鉄骨・金属カーテンウォール・PCカーテンウォール・中央監視設備・セキュリティ設備・AV設備・ELV設備・機械駐車設備・ゴンドラ設備などの工事は，特殊な専門技術を要するため，実施設計図書をまとめる上で彼らの設計協力が必要不可欠となる．このような特殊専門技術を必要とする図面は，2種類の考え方で取りまとめる方法をとる．

その1つは，基本設計段階でプロポーザルなどを行い，その技術評価によって選定した材料・機器製造業者と，正式な契約手続きを結んだ上で設計協力体制を組み，その技術に関連する部分の実施設計図書を整備していく手法である．もう1つは，その特定された工事について詳細な性能規定条件と概念図面のみを実施設計図書に表示し，発注の段階でその専門部分の図面と見積りを同時に徴収するという，限定的な性能発注方式を組み込んだ手法である．いずれにしても，この部分の設計図書を取りまとめていく上では，公正性・透明性を確保し，競争原理が十分に活用されるシステムを構成することが重要である．

b. 実 施 設 計

基本設計で最終目標とする具体的建築像が確認されると，設計図書を工事の発注・見積り・施工が可能になるまで精度を高めて整備していく作業が実施設計である．分離・分割発注を行う場合，その実施設計図書は，分離・分割工事ごとに用意する必要があるため，通常の一括発注方式で取りまとめる場合に必要な作成条件に加え，さらに次のような要求が

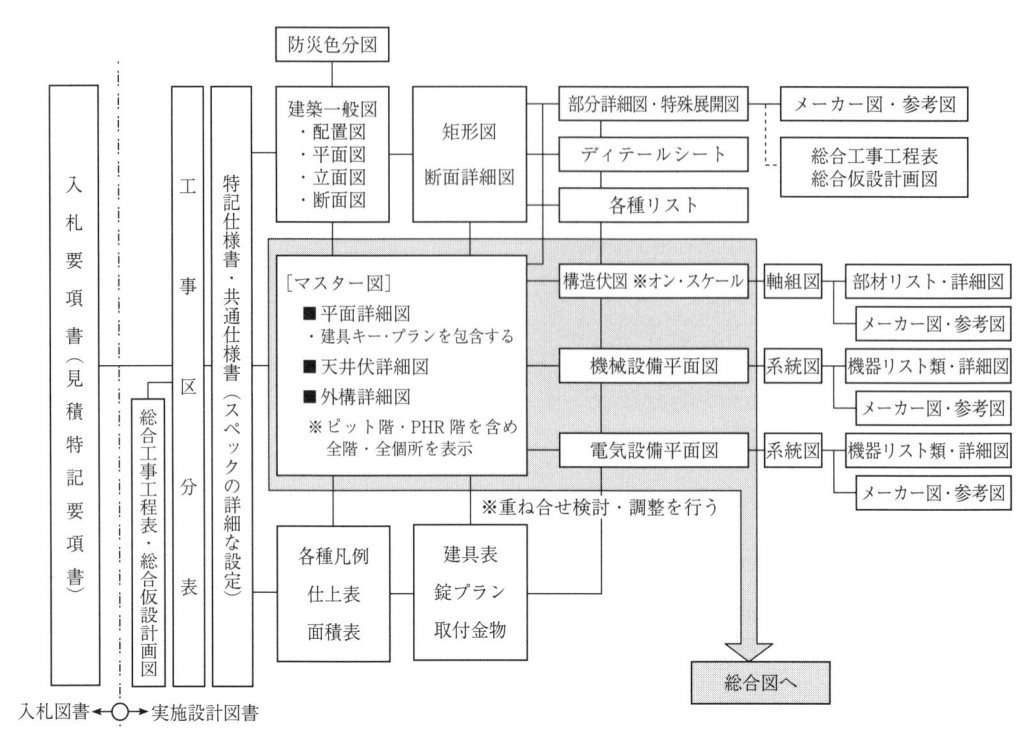

図 2.4.3 実施設計図書の取りまとめ改善基本フロー

課せられる．
　① 分離・分割工事間の役割分担・責任範囲を正確に区分する．
　② 実施設計図書の中の相互間の整合性を正確にとる．

　これらの情報に不足や不具合があると，施工段階で様々なリスクが発生する原因となる．実施設計図書の作成作業は，建築意匠・建築構造・機械設備・電気設備の各専門の設計担当者によって同時並行して進められていくため，多岐にわたる内容の整合性を確保することは非常に手間のかかる仕事となる．このため，作業が進められていくに従って，相互の内容に多くのズレが発生し，これを是正する時間的余裕もなくなってしまうため，これが図面上のリスクとなって内包されていく．現行制度において実施設計図書の完成度の低さがよく問題視されるが，前述したような内容が原因であり，またこれを守る保険制度も存在しなかったことも含め，これまで分離・分割発注方式が国内で幅広く浸透しなかった大きな理由である．
　ただし，この問題は現行制度の中でもかなりの部分で改善可能であり，現行の図書の取りまとめ慣習をまず改めていくことが必要である．図 2.4.3 にそ

の基本フローを示すが，これまでの建築一般図（平面図・立面図・断面図）を中心に細分化し多枚数化していく手法から，平面詳細図・天井伏詳細図を中心にすえて，建築意匠・建築構造・機械設備・電気設備の情報を同一縮尺によりすべての部分の重ね合せ検討を行い，集約化・共通化して取りまとめていく手法へ移行していくことである．この手法が，そのまま施工段階の総合図へとつながることになる．図面の CAD 化が深く浸透し，同時画面上でのコンカレントエンジニアリングの導入も進められている現在では，この手法が十分可能な状況となっている．
　また，分離・分割発注方式を行う場合の実施設計図書に最も欠かせないのが工事区分表である．これは，施工段階でのリスク発生を最小限にとどめるための実施設計図書の要であり，この区分表の精度いかんによって工事全体の成功が左右されるといっても過言ではない．区分表は，表 2.4.2 に示すように分離・分割工事の軸と工事項目内容の軸によるマトリックス表記によって構成される．区分すべき項目の内容は，各分離・分割工事間の図面表記上の部分だけでなく，図面には表現されない共通仮設・直接仮設・工事監理の内容・工事工法でのやりとり・工事での取り決め事項・時間軸に伴う各種工事間の取

表 2.4.2 工事区分表（入札図書）例——設計内容・仮設内容・工事内容・共益内容の詳細な役割分担・責任区分を分離・分割工事別にマトリックス表記

工事区分表 1		凡例： ：◎一責任範囲及び取りまとめ ○一責任範囲 「外構」一外構工事範囲を示す．													
項目	内容	①建築	②電気	③空調・衛生	④金属CW	⑤PCCW	⑥PCタイル	⑦FA床	⑧昇降機	⑨駐車設備	⑩ゴンドラ	⑪特殊サイン	外構	別途	備考
1. 共通事項	(1) 仮設・一般事項														
	①現場事務所の設置	◎*	○*	○*	○*	○*									◎部屋の確保と基本内装のみ *維持管理費用応分負担
	②会議室の設置	○													維持管理を含む
	③建築主詰所の設置	○													附帯設備・什器備品・コピー機・パソコン及びその清掃・維持管理を含む，事務用品を除く
	④工事監理・CMr管理事務所の設置	○													附帯設備・什器備品・コピー機・パソコン及びその清掃・維持管理を含む，事務用品を除く
	⑤作業員詰所・更衣室等の設置	○													休憩所・トイレ・資料倉庫及び維持管理を含む
	⑥工事用道路及び仮設運搬路	○													
	⑦警備員及び守衛所の設置	○													（車輌誘導・夜間警備）維持管理を含む
	⑧場内工事車輌駐車場の手配・設置	○													覆鋼板・砕石等の養生，車輌待機場を含む
	⑨場内工事車輌駐車場の使用	◎*	○	○	○	○	○	○	○	○	○				*日常の調整管理
	⑩仮設電力の手配・引込	○													
	⑪仮設電力の使用料金	○													仮設非常用照明を含む，各部分電盤渡しとする
	⑫仮設給排水・ガスの供給・引込	○													
	⑬仮設給排水・ガスの使用料金	○													
	⑭仮設通信設備の手配・引込・使用		○	○	○	○	○	○	○	○	○				各工事別に単独設置
	⑮本受電盤及び上下水道・ガス本引込の引込負担金・基本料金	○												◎*		*建築主は費用負担のみ，手続き等は①建築が行う．
	⑯本受電盤及び上下水道・ガス本引込後の使用料金	◎*	○	○	○	○	○	○	○	○	○				*作業場 全体照明を行う 費用応分負担
	⑰囲い・ゲート・洗車設備	○													
	⑱現場内ストックヤード・作業ヤードの確保	○													
	⑲搬入・搬出ルートの確保	○													覆鋼板・砕石等の養生を含む
	⑳乗り入れ構台	○													
	㉑荷受構台	○													
	㉒あさがお（落下防止棚）	○													
	㉓低層部の外部足場（共通足場）	○													
	㉔屋上部の外部足場（共通足場）	○													屋外機置場内のみ
	㉕内部共通足場	○													単独に使用する専門工事部分を除く
	㉖各専門工事の専用作業足場		○	○	○	○	○	○	○	○	○				関連工事別に単独設置，脚立・ローリングタワー・高所作業車等を含む
	㉗現場内共通換気	○													
	㉘各専門工事の現場内個別換気		○	○	○	○	○	○	○	○	○				各工事別に単独設置
	(2) 安全・近隣・保険														
	①統括安全衛生管理	○													統括安全衛生責任者・元方安全衛生管理者の設置管理
	②各専門工事の安全衛生管理		○	○	○	○	○	○	○	○	○				
	③共通安全設備費	○													
	④各専門工事の安全設備費		○	○	○	○	○	○	○	○	○				
	⑤近隣対策	○													通常必要なもの，特別に発生する費用を除く
	⑥工事中の電波障害対策													○*		費用は別途とする *建築主は費用負担のみ
	⑦工事保険	◎*	○	○	○	○	○	○	○	○	○				*各工事の条件を調整して，一括取りまとめ
	⑧労災保険	○	○	○	○	○	○	○	○	○	○				
	⑨賠償責任保険	○	○	○	○	○	○	○	○	○	○				

合いなど，非常に広範囲にわたる．

この工事区分表と図面の整合性を最終的に確認することによって，分離・分割発注方式に適合した実施設計図書が完成する．

c. 積　算

設計の各段階で，設計者は設計図書をもとに工事費の概算額を算定し，CMrが設定した予算に収まるかどうかを確認する．さらに，実施設計図書が完成した段階で最終の精算積算を行う．なお，CM方式では発注時点に施工業者に対し，精算数量表（BQ表：Bills of Quantities）を提示して，これに単価を入れて工事費の算出を要求する場合があるが，この場合は積算を別の専門家に依頼する場合が多い．

また現在の積算基準では，共通仮設費と現場管理費の算定を過去の経験比率を乗じることによって求めているが，この内容が現場単位の積上げ計上へと移行されれば，さらに積算への透明度も上がる．ただし，このためには現場ごとの施工計画に適合した総合工事工程表・総合工事（仮設）計画図の策定が必要であり，CMrに高い生産計画能力が要求される．

2.4.4　発　注　段　階

工事を発注するためには，施工業者から見積りを徴収し，いくつかの交渉を経て，発注者と施工業者の間で工事請負契約を結ぶことが必要であり，この過程を経た上で施工開始となる．現在，工事を発注する際に広く行われている手法は，指名競争入札方式である．一定の条件を満たす数社の施工業者を指名して，工事請負金額の入札を受け，その結果によって施工業者を決定する方式である．このほかにも，特命や見積合せ，一般競争入札方式や広く参加者を募った上で数社の施工業者に絞り込み指名競争入札を行う2段階選抜方式などがある．

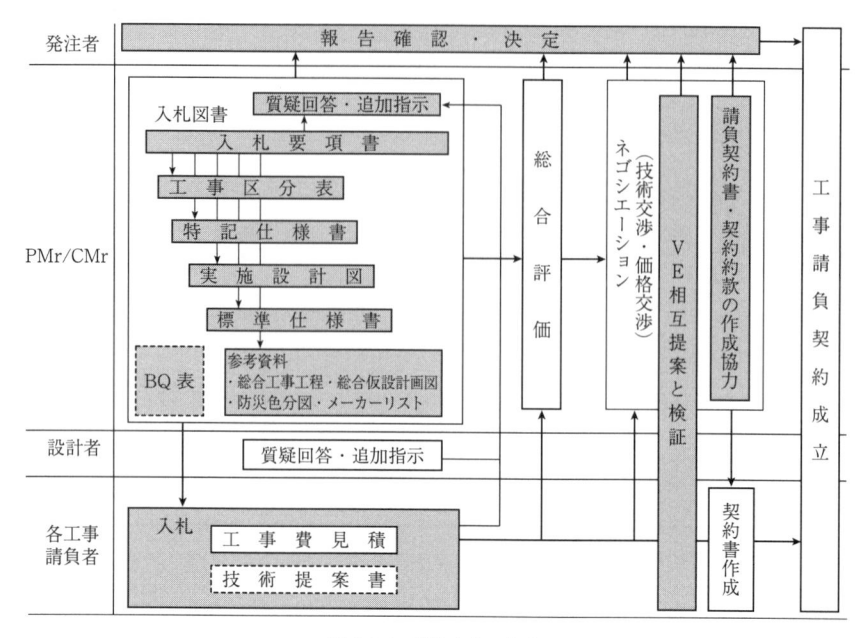

図 2.4.4 発注方式の体系

　分離・分割発注方式によって透明性・公平性を期することを目的とする場合は，一般競争入札方式や2段階選抜方式が適切な方法である．ただし，一般競争入札方式は，施工段階で多くの分離・分割発注工事が錯綜する場合に，工事の品質の確保に不安を伴うという欠点があり，上請などの誘発をまねく恐れもあり，注意が必要である．ここでは，2段階選抜方式を例にあげて一連の発注の流れを説明する．

　第1段階では，分離・分割発注工事ごとに広く参加者を募って，全参加者を与信・施工能力・参加意志などによって，一定の水準を満たしているか否かの評価を行い，各工事複数の施工業者を選抜する．この調査や評価の作業は，PMr/CMrを中心に行っていくことになる．

　第2段階で，各工事複数の施工業者による指名競争入札を行うが，図2.4.4にPMr/CMrが参画する場合の発注方式の体系を示す．入札を行う前に，まず設計図書を含めた入札図書（発注図書）を整備しておく必要がある．この整備は，実施設計図書作成と同時に進めるべき作業であり，どのような手法で発注行為を執り行っていくのか，事前にその体系を確立しておかなければならない．入札図書は，入札要項書（あるいは現場説明要項書・見積要項書）と呼ばれる発注行為の要となる図書を中心に，実施設計図書およびその他必要資料によって構成され，各分離・分割発注工事ごとに用意する．

　入札要項書に記載されるべき内容には，次のようなものがあげられる．

① 発注の概要と要項
② 入札図書の優先順位
③ 発注者・PMr/CMr・設計者・工事監理者の役割分担・責任区分
④ 各分離・分割工事業者の役割分担・責任区分
⑤ 現場統括・現場共益などに関する費用の取り決め事項と区分
⑥ 現場運用の取り決め事項と役割分担・責任区分（生産計画の役割分担など）

　分離・分割発注方式では，②〜⑥までの項目を詳細に取り決め，工事区分で表現できない細かいニュアンスを記述する．特に，⑤現場統括・現場共益などに関する費用，⑥現場運用の取り決め事項は重要な項目である．取り決め内容の一例を表2.4.3に示すが，現在種々の機関でこの内容の研究が進められており，今後これらの問題は飛躍的に解決されるものと思われる．なお，前述したようなBQ表を指示する場合も，それに関する取り決め事項を要項書に記述する．

　また入札の際に，工事費の見積りと同時に技術提案を受けて，金額だけでなく施工品質・施工能力などを含めた総合的な評価を行う技術提案型総合評価見積方式を採用する傾向が強まっている．これは，施工業者に工事への参画意欲や施工能力がどこまで

表 2.4.3 現場統括・現場共益に関する取り決め費用（例）
（現場共益費基準より：平成 10 年 12 月 3 日改定版）

■ 現場共益費に含まれる諸費用 ……現場統括する施工業者が負担すべき費用	■ 別途精算する諸費用 ……現場共益物を使用する施工業者が負担すべき費用
(1) 仮設足場損料	(1) 支給材料費
(2) 型枠損料	(2) 設備工事専用に設ける施設などの費用
(3) 配筋手直し費及び補強費	(3) 設備専門施設における光熱用水費等
(4) 現場内の作業用仮設電気及び水道使用料	(4) 仕上損傷復旧費
(5) 作業場の整理費	(5) 揚重機の運転経費
(6) 作業場内管理費	(6) 試験用電力及び用水費
(7) 工事用道路及び仮設運搬路の維持管理費	(7) 屋外設備工事によって生じた残土処分及び地均し工事費
(8) 現場常備の揚重機の損料	(8) 建築設計図書に明記されていない配管用スリーブ及び配管のための各種補強並びに設備用各種箱入に要する費用
(9) 共用施設の設置及び維持管理費	(9) 建設廃棄物の処理費用
(10) 連絡調整業務費	(10) 近隣対策費

あるかを確認するだけでなく，金額内容の信憑性(しんぴょうせい)も併せて確認することができ，談合などの防止にも役立つ手法である．この技術提案を入札と並行して行う場合は，技術提案内容の要項も入札要項書に記述する必要がある．

入札を行って，各施工業者の見積結果が予定していた価格に到達している場合は問題ないが，予定価格を上回っていた場合はその調整が必要になる．PMr/CMr が参画している場合には，PMr/CMr が各施工業者との価格交渉にあたることになる．技術提案が行われている場合は，その評価内容をもとに施工品質・施工能力と見積内容のバランスを勘案しながら交渉が行われ，金額などの調整が進められていく．それでも調整がつかない場合には，VE（Value Engineering）提案や設計内容の見直しを行って最終到達目標までの調整が図られる．最近では，この際に PMr/CMr・設計者・施工業者が相互に提案を持ち寄って問題解決にあたる場合が多くみられるようになってきた．

最終的に発注者と施工業者の双方の条件が一致すると合意がなされ，工事請負契約を結んで工事が開始される．

2.4.5 施 工 段 階

建築生産は，これを取り巻く産業構造，資機材の流通機構，労務の供給体制など多くの要素を含んでおり，分離・分割発注方式で工事を施工する場合は，さらに各組織の業務が複雑に交錯する．施工には，この建築生産を円滑に進め，工事全般をマネジメントすることによって，施工の 5 要素である Q（品質：Quality），C（コスト：Cost），D（納期：Delivery），S（安全：Safety），E（環境：Environment）を管理・コントロールする役割が必要不可欠である．これまで，この役割は総合工事業者の独壇場であったが，CMr の登場によりその選択肢は今後広がっていくものと思われる．

施工には大別して生産計画→実施工事→検査・調整の 3 つの段階があり，大小様々な工種がこのサイクルを形成して回転し，これが相互につながり合って有機体を形作っているのが施工の全体像である．分離・分割工事では，この相互につながり合った工種間を整然とマトリックス管理していくことが非常に重要である．

a. 生 産 計 画

実際の工事を行うために必要なすべての計画を生産計画と呼ぶ．総合工事工程・総合工事（仮設）計画の作成に始まり，施工計画書・施工要領書の作成，総合図・製作図・施工図の作成，材料・仕様・色などの決定がその内容である．

分離・分割工事の場合，まず総合図をまとめることが最重要課題である．総合図は，平面詳細図や天井伏詳細図に意匠・構造および各種設備の情報をすべて盛り込んだ，各分離・分割工事の製作図・施工図の共通扉となる図面である．元々この総合図は，前述したような実施設計図書の不整合を補完する目的で生まれた経緯もあり，その存在自体が現在でも不確定である．ただ，発注者が施工段階で多くの変更事項を要求するという国内特有の慣習もあり，どうしても施工段階で計画の最終確認の場が必要になる．また，実施設計段階での重ね合せ検討が十分に行われていれば，かなり作成の効率性も高まる．したがって，分離・分割工事には総合図が必要不可欠

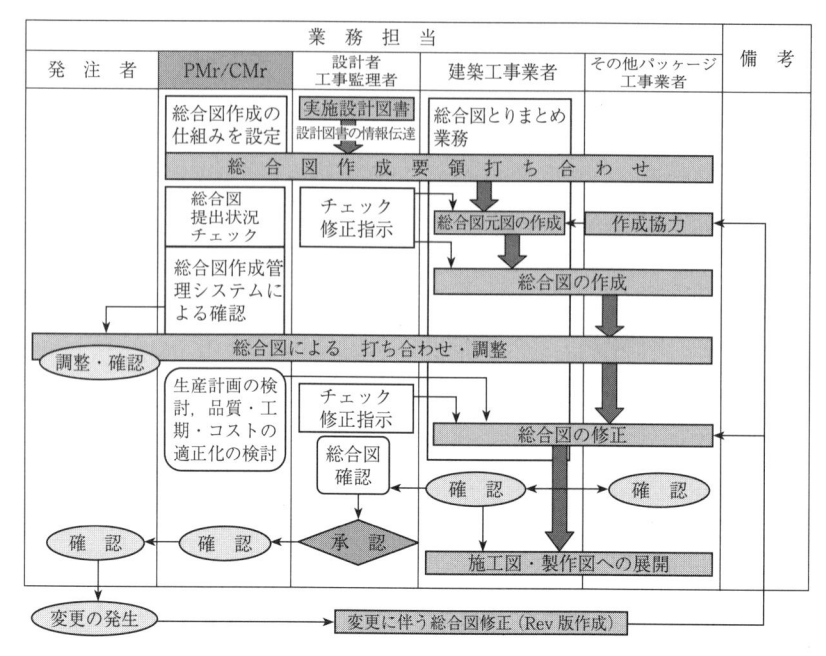

図 2.4.5 総合図の作成フロー（例）

な存在であり，今後その制度化・定義化を検討していく必要がある．総合図の作成については，工事参画者相互の協力が必要であり，その作成フローの一例を図 2.4.5 に示す．

総合図確認後，分離・分割工事業者はそれぞれ製作図・施工図の作成に入っていく．これらの生産計画を早い段階でスムーズに終えることが，分離・分割工事を成功に導く鍵となる．

b. 実 施 工 事

実施工事を行う際には，工程管理を十分に行う必要がある．工程管理は，総合工事工程表をもとに，各分離・分割工事の生産計画工程表，月間工事工程表，週間工事工程表，検査工程表などの調整によって行われ，相互間の関連やクリティカルパスへの影響などを確認していく．分離・分割工事では，同一場所における他工事とのラップ作業を極力行わないように管理していくことが重要である．これは，相互の影響によるリスク発生を防ぐためである．

c. 検 査・調 整

検査には，工事監理者が行う生産計画関連検査・各種試験・製品検査・現場立会検査・試運転調整・官公庁関連検査・完成検査・書類検査，施工業者が自ら行う自主検査，発注者や CMr が行う竣工検査などがあるが，原則として検査業務は工事監理者がその主体となる．事前に，施工業者の自主検査以外の検査を，検査プログラムとして時系列で整備しておく必要があり，今後こうした技術の発展が求められる．また分離・分割工事では，原則として各工種の工事が終了するごとに検査が必要である．これは，前工程で不具合があった場合，それを後工程の他の工事に影響を及ぼさないようにするための対策である．

種々の検査の合格を経て，建物が実施設計図書どおりに完成していることの確認を受けて建物の引渡しが行われる．この建物の引渡しにおいては，工事関係書類の引渡しを行うとともに，設備機器を含めた建物の使用方法や維持管理の方法についての運用管理に関する情報が，CMr，設計者，各施工業者から発注者に伝達される．

なお，工事段階の安全管理については，現行法規上，工事請負者以外は行うことができない．すなわち，ピュア CM 方式で工事を行う場合，現在のところ CMr は統括安全衛生責任者になることができない．さらに，建設業法をはじめとする種々の法律で，まだまだ CMr が工事全体のマネジメントを十分に行える制度になっているとは言いがたい面があり，これは法改正など，今後の改善が求められる．

また，CMr と工事監理者の業務は，現行制度において一部重複する部分がある．したがって，今後は CM 方式の場合の工事監理者の役割と責任を明

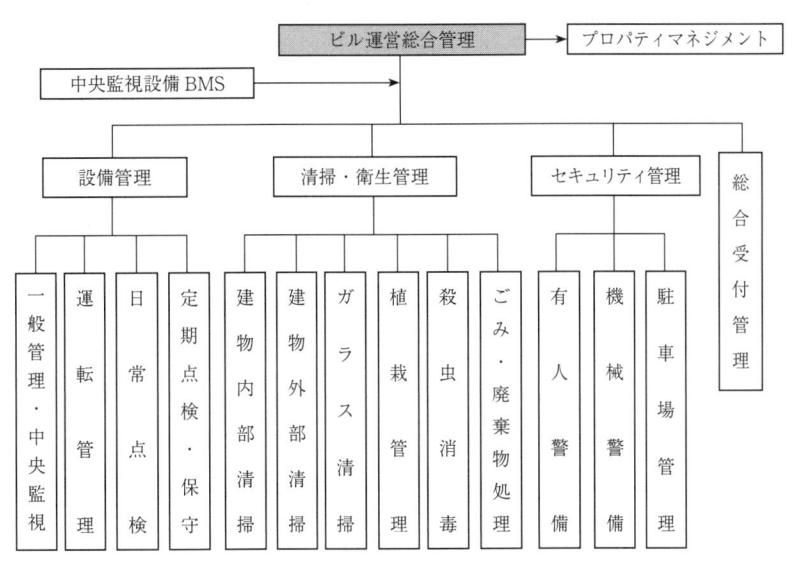

図 2.4.6 施設運営管理システムフロー（例）

2.4.6 施設運用段階

現在では施設の運営管理システムや運用手法も，計画の早い段階から構築し整備しておくべき事項である．事業計画段階でも示したように，最近のアセットマネジメントやプロパティマネジメントの社会的浸透に伴い，施設運営管理手法は事業計画と非常に密接な関係を持つようになり，ファシリティマネジメント（FM）として重要な位置づけを占めるようになった．

まず，設計段階で運営管理の項目を洗い出し，図2.4.6に示すようなフローを作成して，全体のシステムを把握しておく必要がある．近年の建築は，建物自体の頭脳化・情報化が高まり，自動制御やセキュリティをはじめ，各種情報通信関連設備を総合的・機能的に統括する技術が要求される．さらには，中央監視・自動制御設備→ビルマネジメントシステム→施設運営総合管理→プロパティマネジメントとつながるシステムをハード面・ソフト面を通して，設計図書の中にあらかじめ反映しておかなければならない．この部分は，分離・分割工事が複雑に交錯する部分でもあり，今後の区分整備が強く求められている部分でもある．将来的には，FM技術の発達に伴ってLife Cycle Cost（LCC）の精度が高まり，建物生涯コストの観点から判断したイニシャルコスト設定の考え方が主流をなすと思われる．このような施設運営や保全に関する業務にCMrが携わっていくことも今後十分に考えられる．

また，このほかにも施設運用段階では「瑕疵に対する処置」が必要になる．分離・分割発注方式での瑕疵対応は，原則として各分離・分割工事単位となるため，これを統括的に取りまとめる役割として，総合工事業者（ゼネコン）に代わるCMrがこれを担うことになる．瑕疵の処置についてCMrが行うべき業務は，瑕疵に相当する項目の分析，査定，交渉，調整，確認などがあげられる．これらの業務を効率的に行うために，CMrは共通フォーマットを整備し，瑕疵補修の一連の作業を適切に処理するマネジメントを推進していくことが求められる．

［川原秀仁］

3

開発プロジェクトの生産システム

3.1 市街地再開発プロジェクト

　市街地再開発プロジェクトの範囲は，本来は都市開発の一部，一要素であるが，既存中心市街地再開発，既存市街地の駅前再開発，一部の工場跡地再開発と既存住宅団地の再開発を扱うこととする．なお，郊外の大規模工場等跡地の再開発は次節以降の広域地域開発と複合都市開発で扱うこととする．

　近年，工場跡地開発プロジェクトで商業施設の郊外型の変形として首都圏駅前に立地するなど，新しい取組みも見られるようになってきた．また「街づくり三法」も法制化の準備が進んでおり，「中心市街地の活性化に関する法律」により GMS も中心市街地へ立地してくることになろう．

　1990 年代のバブルの崩壊に伴い不動産業界では，土地価格の暴落により，土地の値上り益より施設利用によるキャッシュフローに重きが置かれるようになり，このような状況下で不動産流動化ビジネスが 2000（平成 12）年の J-REIT の法制化とともに拡大した．開発プロジェクトを推進するには，今まで以上に事業採算が重要視され，新しい職能分野・体系が不動産取引きの必須条件となった．また不動産流動化実績の拡大に伴い，一般のプロジェクトへも，体系化された専門家集団の参加が見られるようになった．図 3.1.2（後掲）に示したプロジェクト組織図に流動化スキームの一部を記した．

　価値観が多様化し成熟した日本社会構造の中，今までは「造っては壊す」というフロー中心の建設行為から，安全・安心な社会の構築，地球環境，少子高齢化に対応した快適な居住空間を確保する「循環型社会構造の構築に向けた取組み」，いわばストック中心の社会構造への変換へと法律の制定および改正が 1990 年後半より現在までに行われてきている．図 3.1.3（後掲）に再開発に関係する法改正の概要を記した．

3.1.1 基本プロジェクトフロー

　基本プロジェクトフローを図 3.1.1 に示した．

3.1.2 プロジェクト組織

a. 企画構想段階の組織体制

　図 3.1.2 にプロジェクト組織の概要を示す．プロジェクト推進室の結成（仮称）事業計画チーム，開発総務チーム，設計チーム（建設にかかわる業務を兼ねる）を編成し，次の業務を行う．なお，メンバーは事業の形態にもよるが，自社内スタッフで賄えない場合は外部スタッフの活用，コンサルタントへ委託するか，設計事務所の採用を検討する．プロジェクトマネジャーは資金計画，組織統括，プロジェクト全体の承認業務を統括する．

① 事業計画チームの役割：各事業の企画，開発，採算計画，自社自営，テナント開発，事業運営等を担当する．

② 開発総務チームの役割：関連法規に伴う対官庁折衝を中心に近隣対策，用地買収，環境アセスメント等々，外部折衝を行う．また，経理業務資金計画を事業計画チームと共同で行う．

③ 設計チームの役割：用途・容積を事業計画チームと協働しボリュームをつかみ，事業計画チームへフィードバックする．この作業は数十回に及ぶ．また，工事費概算を出し，事業計画の採算計画へのフィードバックを行う．

④ 管理運営チームの役割：安全で来街者およびテナントにわかりやすい導線計画，サイン計画の確認を行う．設備更新の容易な設備設計・省エネルギー設備・機器の導入を設計チームへ要請．また清掃・警備・植栽管理・設備管理が行いやすい計画を心がける．バックヤードおよび倉庫は必ず不足するので，既存施設の視察も含め，情報収集に心がける．

3.1 市街地再開発プロジェクト

3.1.3 事業計画段階

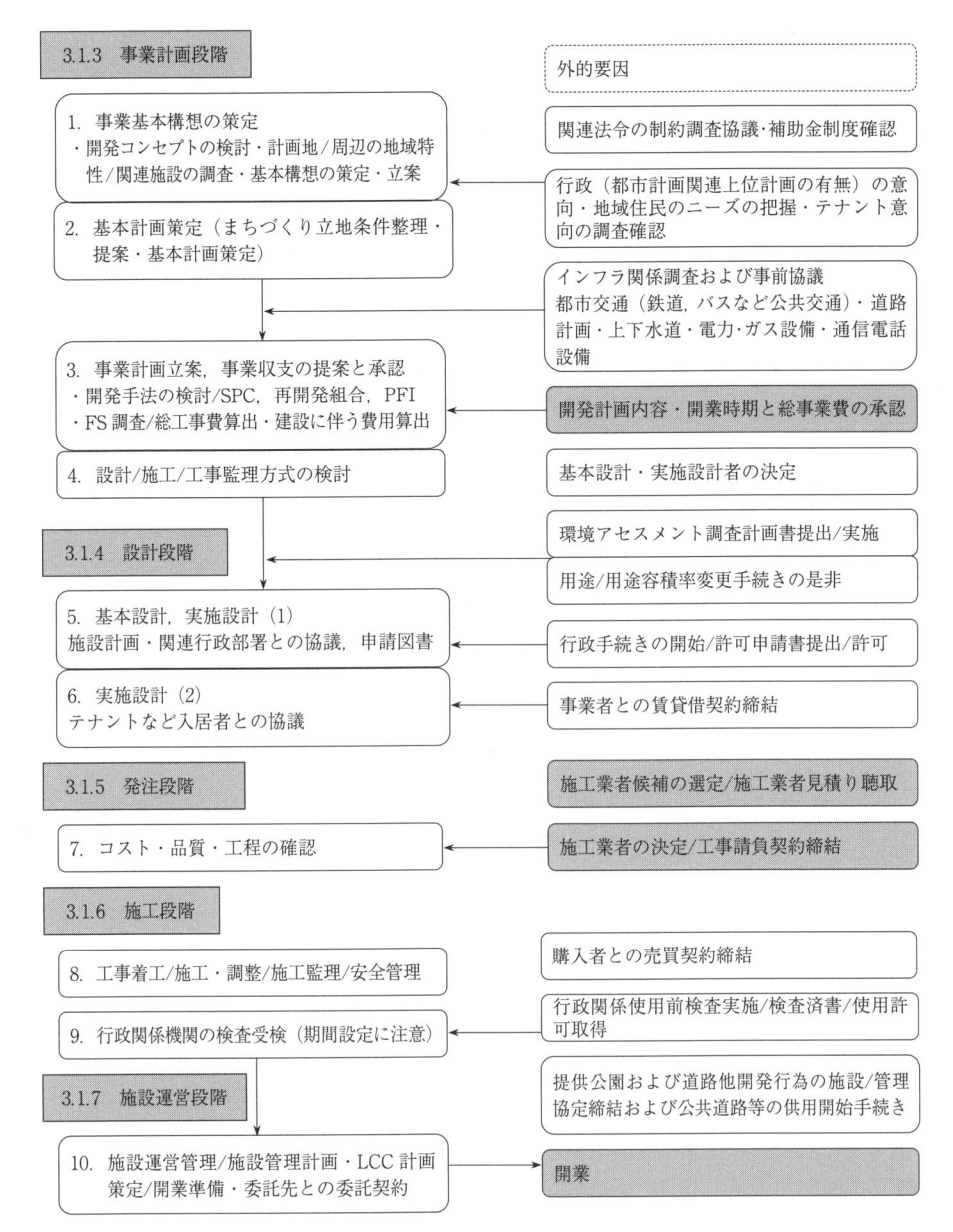

```
┌─────────────────┐                    外的要因
│ 3.1.3  事業計画段階 │
└─────────────────┘         ┌──────────────────────────────┐
  ┌───────────────────────┐ │関連法令の制約調査協議・補助金制度確認│
  │1. 事業基本構想の策定      │ └──────────────────────────────┘
  │ ・開発コンセプトの検討・計画地/│ ┌──────────────────────────────┐
  │  周辺の地域特性/関連施設の │←│行政（都市計画関連上位計画の有無）の意 │
  │  調査・基本構想の策定・立案 │ │向・地域住民のニーズの把握・テナント意│
  └───────────────────────┘ │向の調査確認                    │
  ┌───────────────────────┐ └──────────────────────────────┘
  │2. 基本計画策定（まちづくり立地条件整理・│ ┌──────────────────────────────┐
  │  提案・基本計画策定）      │ │インフラ関係調査および事前協議      │
  └───────────────────────┘ │都市交通（鉄道，バスなど公共交通）・道路│
                           ←│計画・上下水道・電力・ガス設備・通信電話│
                             │設備                            │
                             └──────────────────────────────┘
  ┌───────────────────────┐ ┌──────────────────────────────┐
  │3. 事業計画立案，事業収支の提案と承認│←│開発計画内容・開業時期と総事業費の承認│
  │ ・開発手法の検討/SPC，再開発組合，PFI│ └──────────────────────────────┘
  │ ・FS調査/総工事費算出・建設に伴う費用算出│
  └───────────────────────┘
  ┌───────────────────────┐ ┌──────────────────────────────┐
  │4. 設計/施工/工事監理方式の検討 │←│基本設計・実施設計者の決定         │
  └───────────────────────┘ └──────────────────────────────┘
┌─────────────────┐         ┌──────────────────────────────┐
│ 3.1.4  設計段階    │←────────│環境アセスメント調査計画書提出/実施   │
└─────────────────┘         └──────────────────────────────┘
                             ┌──────────────────────────────┐
                             │用途/用途容積率変更手続きの是非    │
                             └──────────────────────────────┘
  ┌───────────────────────┐ ┌──────────────────────────────┐
  │5. 基本設計，実施設計（1）   │←│行政手続きの開始/許可申請書提出/許可 │
  │ 施設計画・関連行政部署との協議，申請図書│ └──────────────────────────────┘
  └───────────────────────┘ ┌──────────────────────────────┐
  ┌───────────────────────┐ │事業者との賃貸借契約締結          │
  │6. 実施設計（2）         │←└──────────────────────────────┘
  │ テナントなど入居者との協議  │
  └───────────────────────┘
┌─────────────────┐         ┌──────────────────────────────┐
│ 3.1.5  発注段階    │         │施工業者候補の選定/施工業者見積り聴取│
└─────────────────┘         └──────────────────────────────┘
  ┌───────────────────────┐ ┌──────────────────────────────┐
  │7. コスト・品質・工程の確認  │←│施工業者の決定/工事請負契約締結    │
  └───────────────────────┘ └──────────────────────────────┘
┌─────────────────┐
│ 3.1.6  施工段階    │
└─────────────────┘         ┌──────────────────────────────┐
  ┌───────────────────────┐ │購入者との売買契約締結            │
  │8. 工事着工/施工・調整/施工監理/安全管理│←└──────────────────────────────┘
  └───────────────────────┘ ┌──────────────────────────────┐
  ┌───────────────────────┐ │行政関係使用前検査実施/検査済書/使用許│
  │9. 行政関係機関の検査受検（期間設定に注意）│←│可取得                         │
  └───────────────────────┘ └──────────────────────────────┘
┌─────────────────┐         ┌──────────────────────────────┐
│ 3.1.7  施設運営段階 │         │提供公園および道路他開発行為の施設/管理│
└─────────────────┘         │協定締結および公共道路等の供用開始手続き│
                             └──────────────────────────────┘
  ┌───────────────────────┐ ┌──────────────────────────────┐
  │10. 施設運営管理/施設管理計画・LCC計画│→│開業                          │
  │  策定/開業準備・委託先との委託契約│ └──────────────────────────────┘
  └───────────────────────┘
```

図 3.1.1 基本プロジェクトフロー

社内で再開発のスキルを持ち，プロジェクトの進行をだれが担えるかも検討課題となる．

3.1.3 事業計画段階

a. プロジェクトの決定因子

事業構想，コンセプト，アイデンティティの策定準備は以下の内容で行う．

① 計画地および周辺の地域特性および関連施設ならびに法律関連の基礎調査
・計画地の文化・歴史および今後の動向調査
・地域住民特性の調査把握と社会情勢上でのトレンドの把握

② 計画地および周辺の関連施設と競合施設の調査・分析
・計画地周辺の地域街区の住宅，商業施設，業務施設，利便施設，宿泊施設，官公庁などの立地状況および計画予定
・その他の計画予定：地元行政関連機関の構想，民間開発予定，競合施設との差別化
・求められる施設（機能集積型→地域・産業

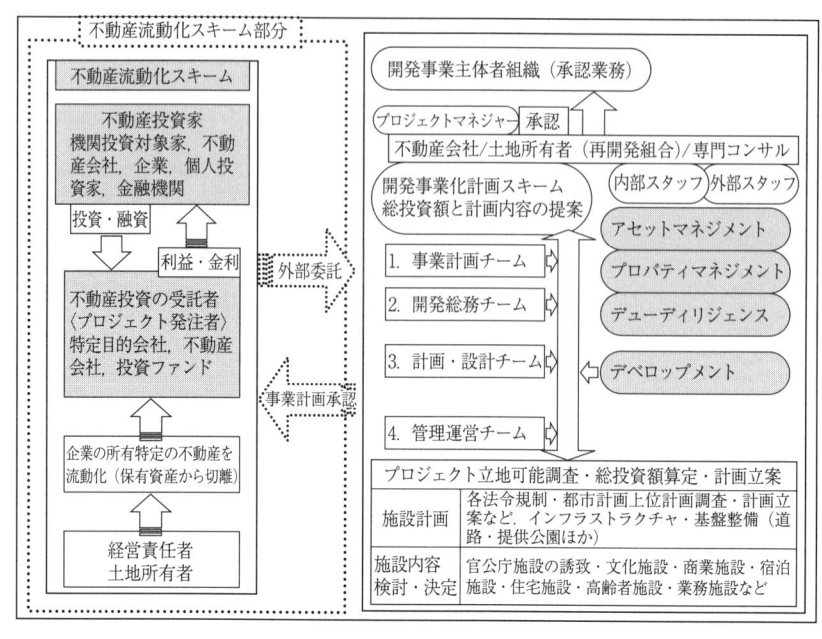

図 3.1.2 プロジェクト組織の概要
（不動産流動化部分は今回対象外とする）

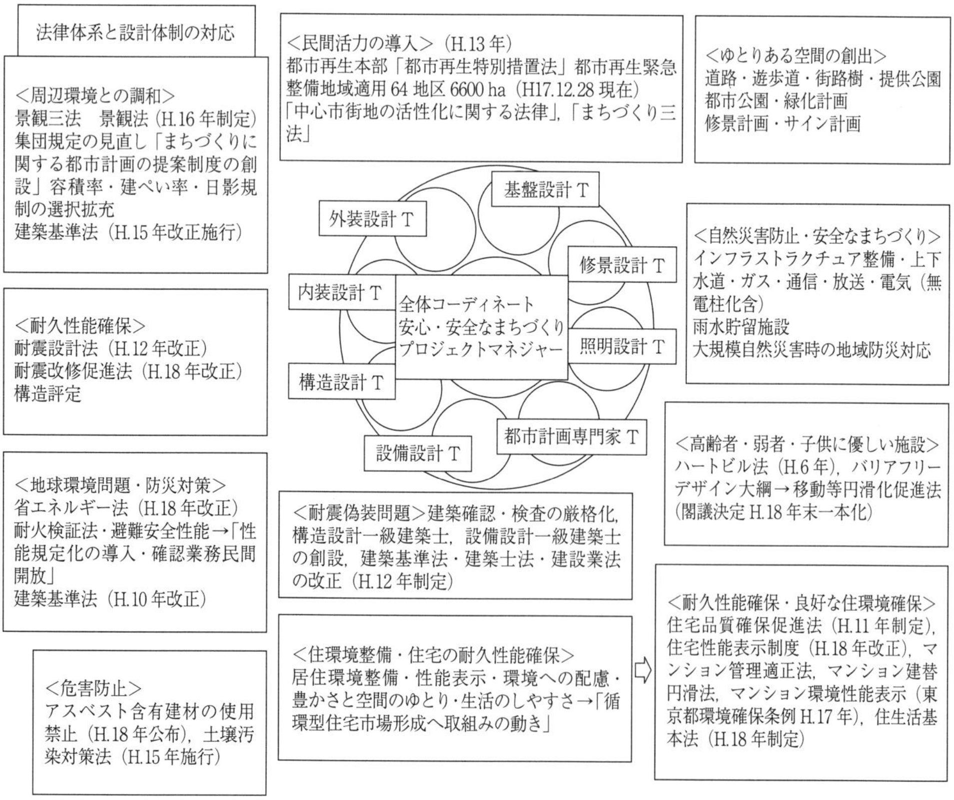

図 3.1.3 法律体系と設計体制の対応
（法律施行時期は確認のこと）

活性化→事務所などの業務施設）
・今後必要な施設：対象の把握（住民，事務所などの業務施設利用者，来訪者）→市街地活性化→住宅建設，商業施設（広域型・中域型・地域密着型・観光立地型），物販・飲食施設，利便施設（病院，劇場，公園，娯楽施設，シネマ），スポーツ施設．
・高齢者社会，循環型社会の到来→高齢者施設など福祉情勢
・各施設の需要予測
③ 計画地近接地権者との意向調査や協議も必要となろう．
④ 交通量調査：商業施設の場合，道路状態により，施設規模が決められてしまう．
⑤ 計画地および周辺の関係法規関連調査：法規制，上位計画（行政総合計画・基本構想），開発に関する協議要綱，大規模小売店舗立地法－土壌汚染関係条例，埋蔵文化財規制，航空障害物区域，電波伝送障害区域など
⑥ 計画地および周辺公共インフラの動向：都市交通，道路，公園など，関係機関の上位計画および予定
⑦ 計画地および周辺のインフラ関連動向：上下水道，電気，ガス，通信（電話含む），CATV，消火栓等の敷設状況および計画予定

b. 基本計画策定

事業計画の「コンセプト立案→承認」．事業計画案，事業収支案作成．
① 事業コンセプト策定（まちづくりの方向性を定める）
・基礎調査に基づき地域（住民）特性の分析
・計画地の価値分析評価と競合施設との差別化
② 市街地再開発にあるべき姿の模索と過去の事例研究
・今後求められている開発の研究・検討
・同規模・同様な開発事例研究とその問題点を把握し，新しい提案を行う．
・事業者（開発者の意向）と，現居住者・行政当局の意向に食違いがない進め方をする．
・当然新しい街に参画する新来訪者・新住民に喜ばれる施設建設・運営が求められる．
③ 事業者・開発者の「開発コンセプト」を承認のもと具体的な事業計画立案へ入る．
④ 学識経験者・専門家の意見聴取も有効な手段である．

c. 事業計画立案，事業収支の確認と承認

① 全体プラン，施設規模，用途確定，面積算定の承認
② 環境・アメニティの提案および承認
③ 建設費算定，事業収支の確認・承認
④ 事業スキームの検討と承認（共同事業者のヒヤリング）：デベロッパーとの共同，PC，再開発組合の設立，PFI，証券化，売却，事業用賃貸
⑤ 施設開業年度および時期の検討
⑥ 設計者，施工者の選定

3.1.4 設 計 段 階

基本構想および基本計画を引き継ぎ，建築基準法その他法令との整合性の確認（図3.1.3参照）を行いながら設計をまとめる．発注方法にもよるが，以下の内容で基本設計を行う．

a. 基本設計段階（フェーズ1）

事業採算および用途別テナント誘致関連図面計画図の作成．建築面積，延床面積，用途別面積表，区画図，階高，軒高，最高高さなどのボリュームを検討し，図面を作成する．

〈目的〉
① 事業採算性を確認するための図面作成：テナント誘致，建設コストの算出
② 対インフラ関係必要負荷数量の算出：インフラ導入概算費用算出
③ 行政関係申請図書類・図面作成準備のため図面の取りまとめ：対行政関係事前折衝図書資料のまとめ

〈設計者の責任〉

上記内容の基本計画をまとめるにあたり都市計画，建築，土木，設備（電気・空調・衛生），外構・緑化工事の専門の設計者がかかわるため，基本構想に忠実かつ効率の良いシステム計画を行うこと，また交渉先が多岐にわたるため，プロジェクトマネジャーは各部門の進捗管理には十分配慮が必要である．特に事業計画に多大な影響を与えるため，テナント誘致，建設コストを把握する重要な部分である．時間をかけて修正し，各関連部門（社内外）との調整を図ることが重要である．

〈建設関連法規の洗い出し〉

「性能発注方式」選定の際は，性能発注方式の発注図面となる．

〈実際に作成する図面の種類〉
① 開発エリアの区画図，ブロックプラン

② 各建物の基本図面：平面図，断面図，立面図，用途別面積表
③ 域内エネルギー導入計画図：導入位置を含め各サブステーション位置を含む．
④ インフラ関連図：取付け道路計画，上下水道引込み・排水処理設備・放流方法，電気供給方法（2回線），ガス設備導入計画，通信・電話設備導入および域内通信方式（光ケーブル・無線方式）の検討，CATV，消防関係設備（屋外消火栓）など．

特に③，④項は，関係先の状況が方式・方法・工程と工事費に多大な影響を与えるため，十分な打合せを行うこと．

b. 実施設計段階（フェーズ2）

建築基準法に伴う許可申請図書の事前準備として，先に述べたように建築基準法の大幅な改正があったために注意を要する．関連法規に準じ，図面作成（建築基準法，都市計画法，消防法，構造評定，防災評定，大店立地法，航空法，大気汚染防止法，水質汚染防止法，騒音規制法，廃掃法など）を行う．なお，関係者のニーズの確認を怠ってはならない．

3.1.5 発注段階

① 事業計画予算と工事予算の整合性の確認は必須事項
② 見積仕様書の確定作業
③ 見積徴収業者の選定作業
④ 提出見積書の妥当性の検証
⑤ 施工範囲の確認，テナント工事内容の確認，賃貸条件の確認と進め方
⑥ 施工業者と工事費の確定を行い，契約準備
⑦ 工事請負契約の承認と成立
⑧ テナント工事の進め方の確認と，賃貸条件の把握

具体的には

① 事業計画と設計の整合性の確認を行い，社会情勢と建設業界の動向の把握を行い，工事予算総額の確定を行う．
・プロジェクトの特殊専門工事は，設計者・施工業者などより見積り徴収
・見積積算書の作成および受領
② 見積仕様書の確定は，見積徴収業者選定に際し，設定されたプロジェクト工程の全工事量を把握し，施工工事業者の実績と施工能力を見極め，専門工事業者との施工分担を行う．
③ 工事予算の設定が適切か．各種工事費は，客観的にみて妥当か（工事予算の確定）
④ 事業者友好関係の工事業者および推薦の有無
⑤ 工区分けを行う必要があるか，また工区分け後の発注形態をどのようにするか
⑥ 一括発注方式（スーパーゼネコンへ建築工事と設備工事を一括発注）の検討
⑦ 設備別途工事（設備専門工事業者へ直接発注する．コストオン方式含む）の検討
⑧ CMrの採用（建築/設備工事を各専門業者へ発注し，その取りまとめをCMrへ委ねる）の検討
⑨ プロジェクト趣旨，設計趣旨を工事に的確に反映させ，かつ適切な工事費用で発注するよう努める．
⑩ テナント貸方基準の制定

3.1.6 施工段階

① 各種届出（法律・条例など）書類の作成・提出を受け，承認・押印（施工者→工事管理者→設計者→発注者）業務
② 安全対策および安全教育立案と安全大会の実施（工事管理者は参加）
③ 仮設計画立案と各種工事の調整と実施，その確認業務
④ 総合工程表の作成：各種工事検査日，資材発注工程および製品検査，搬入計画，取付け実施，竣工検査工程の提出を含め，前項①の手順での承認業務．
・工程調整および工程表作成と実行計画の確認業務
・各種専門工事間の調整と確認業務
・工区間（複数の場合）・別途工事業者（テナント工事）との工程調整確認
⑤ 搬入計画の調整業務
・調整業務
・各種専門工事，別途工事（テナント工事）
⑥ 各種工事の施工計画書・施工図・総合図の提出を受け，承認業務を行う．
⑦ 工事届出書（着工届含む）の提出を受け押印，監督官庁へ提出する．
⑧ 各種工事の検査スケジュールに則った工場検査の実施
⑨ テナント工事の調整と実施時期計画の進め方の調整実施および内装管理室の編成検討

⑩ 賃貸条件の確認とその費用の負担の調整
〈竣工検査時〉
⑪ 各種工事の官庁検査の受検：各種工事の監督官庁発行の検査済証の交付を受ける．これらは建物登記等々，維持管理に必要な書類となる大変重要な書類である．
⑫ 各種工事の完成検査の受検/自主検査
・施主・設計者・工事監理者の検査の受検および手直し
・特に空調設備は総合運転調整に時間が必要となる（夏と冬に微調整確認のこと）．
・施設運営側への運転引継ぎを兼ねる．
⑬ テナント工事の工事竣工検査の立会い，および施工内容整理

3.1.7 施設運用段階

施設計画に際し，施設管理オペレーションに配慮した計画となるよう，設計・建設グループの一員として設計段階からプロジェクトに参加することが望ましい．

① 消防計画（自衛消防隊編成含む）と各種訓練計画を立案し，所轄消防署へ提出．
② 施設計画管理：汎用品の採用，管理しやすい建物・設備，メンテナンススペースの確保
③ 設備計画管理：計画停電，LCC修繕計画，予備品監理，ローコストオペレーション警備計画管理，安全対策・セキュリティ管理（監視カメラの配置），合理的な有人警備と機械警備の融合，危機管理計画，植栽管理（なるべく人件費のかからない設備システムの採用を心掛ける．例えば集中灌水装置の採用等々）
④ 省エネ法に基づくエネルギー管理計画の作成
⑤ テナント入居時および入居後のテナント工事の貸し方基準の制定，現状回復基準の設定
⑥ 各種申請許可書および確認書の書類および竣工図の整理・電子データ化
⑦ 不動産取得時の費用算出および固定資産税など発生する費用の確認およびデータ化
⑧ 各種許認可書類の整理と更新時期の整理：食品衛生法，大店立地法，駐車場法，ビル管理法ならびに条例等々
⑨ 事業所税の算出および届出
⑩ 賃貸契約書類の整理，賃貸料の資料整理および共益費（全体および棟別）の算出および確認
⑪ その他

管理会社機能を維持するための項目は100項目を超えるため，洗い出し作業は時間を要する．

[金森 茂]

3.2 広域地域開発プロジェクト

3.2.1 基本プロジェクトフロー

本節で扱う広域地域開発プロジェクトとは，新都市開発，副都心開発，各種の大規模団地開発など，表3.2.1に示すようなものであり，概して次のような性質を有している．

① 一般に，建築プロジェクトは初めに敷地があるが，開発プロジェクトは敷地がない（または特定できない）ところから始まる．プロジェクトの初期段階では，複数の建築対象敷地を含む開発区域の合理的設定が重要な業務になる．
② 前項と関連して，宅地造成や公有水面埋立てなどの「土地開発」を伴い，交通や上下水道などのインフラストラクチャ（infrastructure．原義は「下部構造」．社会資本，都市基盤の意）の整備が必要とされる．
③ ステイクホルダー（利害関係者）が多く，環境や社会に対する影響も大きい．
④ 事業主体は，公的事業者と民間事業者が分業・連携するなど，複数，多岐にわたり，またプロジェクトの進行とともに増減する．
⑤ 以上の結果，プロジェクトの推進には各種の調整行為が必須となり，単一の建築プロジェクトに比して，自ずと長期化・経費増の傾向にある．
⑥ また，不測の事態も起こりがちであり，工程やコスト面のリスク管理が重要である．

このような性質は，本節の前後で述べている市街地再開発および複合都市開発プロジェクトでも同様に見受けられる．ただし，再開発や複合都市開発では，ある段階まで進めば通常は単体もしくは数棟の建築プロジェクトに移行し得るのに対し，広域地域開発プロジェクトでは，多数の土木・建築・社会開発プロジェクトが長期間にわたってシリーズ性を持ちながら実行される．すなわち，様々なサブプロジェクトがグランドプロジェクトを構成する図式である．経営資源・社会資源の有効活用のためには多様なサブプロジェクトを適切にプログラミングする必要がある．近年，複数のプロジェクトの集合体を

表 3.2.1 広域地域開発プロジェクト類例

区分		プロジェクト例				
		名称	所在地	開発区域面積(ha)	事業期間	計画～事業主体
新都市（ニュータウン）		筑波研究学園都市	茨城県	28,400	1963～1983	国，公団
		けいはんな学研都市	京都府,大阪府,奈良県	15,000	1978～	国，関係府県，公団，他
		泉パークタウン	大阪府	1,070	1969～	民間
		多摩ニュータウン	東京都	2,983	1965～	都，公団，都公社
		泉北ニュータウン	大阪府	1,557	1961～1982	府
副都心，都市主要部		新宿新都心	東京都	56	1960～	建設公社，都，他
		さいたま新都心	埼玉県	47	1988～	国，県，公団
		幕張新都心	千葉県	438	1967～	県
		横浜みなとみらい21	神奈川県	186	1965～	横浜市
		神戸ポートアイランド	兵庫県	436	1964～1981	神戸市
テーマ別大規模開発	住宅団地	高島平団地	東京都	332	1966～1972	公団
	工業団地	米沢八幡原中核工業団地	山形県	384	1978～	公団
	流通団地	会津アピオ（物流ネットワークシティ）	福島県	41	1989～1998	会津若松市，民間
	交通関連施設	中部国際空港	愛知県	700	1985～2005	関係自治体，新空港会社
	研究開発系開発	かずさアカデミアパーク	千葉県	1,000	1991～	区画整理組合
	リゾート・レジャー系開発	東京ディズニーリゾート	千葉県	132	1974～2001	第3セクター
		ハウステンボス	長崎県	152	1987～1996	第3セクター
市街地整序・地域振興		黒壁スクエア	滋賀県	―	1988～	第3セクター

(注1) 便宜的区分であり，一概に分類できないプロジェクトが多数ある．
(注2) 事業期間は各事業の概要案内資料等による，構想着手時期と概成時期を示す．
(注3) 計画～事業主体欄の公団とは，現在の都市再生機構を指す．

プログラムと呼び，その運営業務をプログラムマネジメント（program management）ということがあるが，広域地域開発プロジェクトの推進はこのプログラムマネジメントに相当する．

先人たちは，こうした性質を踏まえて開発プロジェクトの推進の仕組みを工夫してきた．土地開発の代表的手法とされる土地区画整理事業，開発行為などがその例である．各手法は法令によって開発の質の確保や関係者の合意形成基準などを公示しており，これらを採用すれば，確立された手順に沿って危なげなく進行する側面がある一方，根拠法令に基づく都市計画手続や事業認可申請などが必要とされ，制約を受ける側面も生じる．また，いかに優れた手法によろうとも，自然環境と，利害の異なる多くの人々がかかわる以上，予知不能な要因による計画の停滞や変更は起こり得るものと覚悟しておきたい．

民間事業者主体のプロジェクトを念頭に置いて基本的な流れを整理すると，事業者サイドとしては事業の発意に始まり，基礎的な調査を含む基本構想，基本計画，実施計画，建設・整備のステップを経て，開業・運営に至る（図3.2.1）．以下，特徴的な点をいくつか補足する．

① 広域地域開発は，民間事業であっても社会的影響が大きく，自治体の都市計画に位置づけられる場合が多いので，行政との連動が普通に行われる．
② 行政協議を経て事業手法を決定し，その手法に応じて第3セクターや特別目的会社などの事業形態が必要となる場合もあり，事業組織（後の建設発注者）が確定しないまま構想づくりが進められることがある．
③ 建築関係者の本格的な出番は基本計画以降である．
④ 多数のサブプロジェクトが並存するため，実施計画以降の各ステップはサブプロジェクトごとに繰り返される．さかのぼって基本計画や基本構想が修正されることもある．

図3.2.2は，宅地開発を伴う建物分譲事業を例にとって，工期ごとの段階反復のイメージを建設工事中心に示したものである．

3.2.2 プロジェクト組織

プロジェクトは，根源的には意思決定者と計画立案者で組織される．計画実行者は大部隊編成になるが意思決定者の方針がなければ動けない．この関係の中に土地開発事業の企画・推進上必要な機能を置

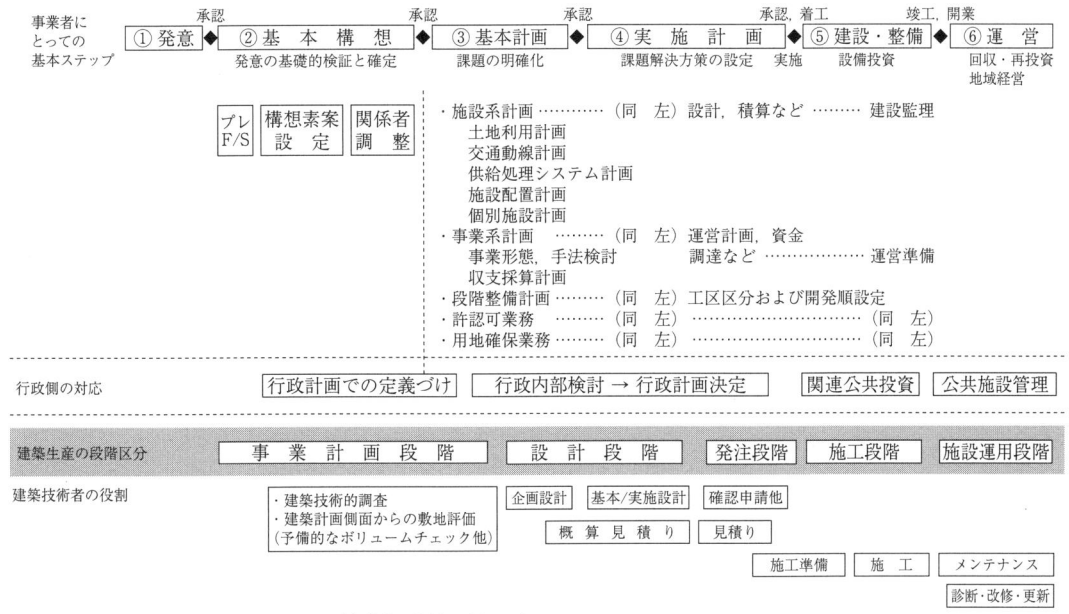

3.2 広域地域開発プロジェクト

図 3.2.1 広域地域開発プロジェクトの概略フロー

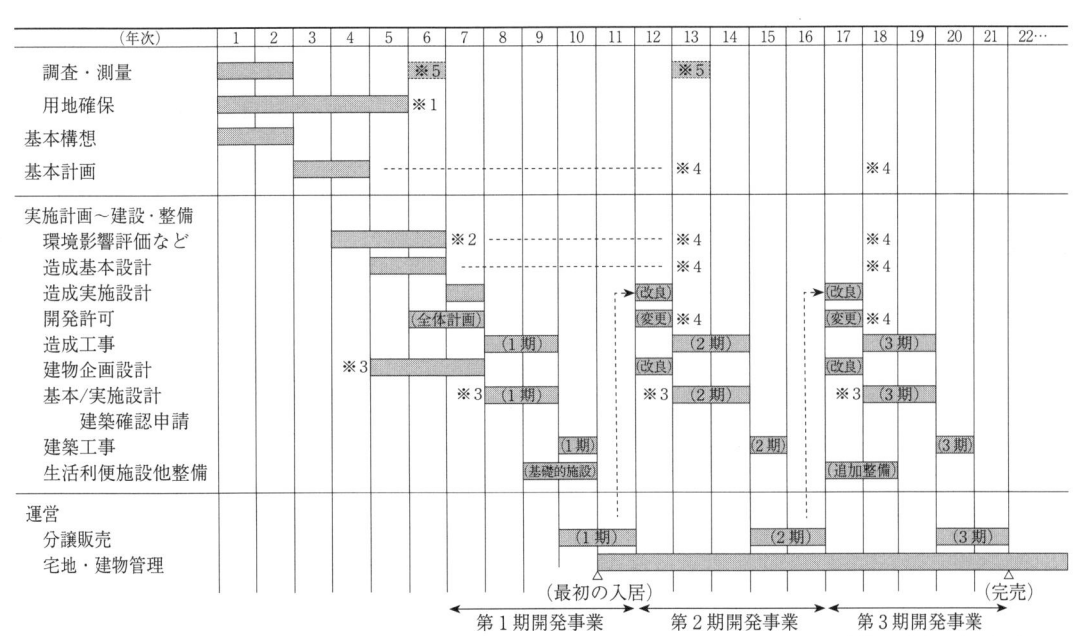

（注1）F/S はフィージビリティスタディ（事業化可能性調査）の略．
（注2）その他，各段階の業務に付随する調査などの業務は多数ある．

（注）
※1 開発許可の前提として一定割合の用地確保（買収，権利者の同意など）が必要とされるので，この時期にめど付けすべきだが，長期化するケースも多い．
※2 アセスメントの要否は自治体によって異なるが，必要な場合は基本計画の策定を受けて調査に着手するように指導されることが多い．
※3 建築設計行為に，この期間を要するという意味ではなく，開発許認可〜造成工事中に並行して対応すべき，という意味である（各期同様）．
※4 販売実績や購入者・入居者の反応を踏まえて計画を見直すが，変更の度合いによっては開発許可の取り直しが必要になる．また，基本計画の改訂にさかのぼるほどの大変更になると，アセスメントも再度必要とされる場合がある（第3期において同様）．
※5 調査・測量は，用地確保状況や計画・許認可変更状況に応じ適宜追加実施する．

図 3.2.2 複数のサブプロジェクトで構成されるグランドプロジェクトの工程イメージ
（3期にわたる宅地造成・施設建築・分譲事業を例として）

いていくと，広域地域開発プロジェクト組織の原型になる（図3.2.3）．組織構成はプロジェクトの内容により，また段階により変わり得る．

意思決定者は一般的には個人ではなく組織化された意思決定機関（事業会社の取締役会など）である．意思決定者が「オーナー」や「クライアント」と呼ばれることがあるが，広域地域開発プロジェクトでは，事業者（意思決定者）が文字どおりすべての土地建物のオーナーであることは少ない．

計画立案者の役割は意思決定者に判断材料を提供することである．多岐にわたる課題に対処するため，計画立案者も個人ではなく分野別専門家で構成するチームであることが多い．そのチームリーダー（計画責任者）をここではプロジェクトマネジャー（以下，PMrとも記す）と呼ぶことにする．PMrが意思決定機関の一員でもあるケースは多い．

事業者は必ずしも自らの組織内に開発関連スタッフを潤沢に確保していないので，必要に応じて外部のコンサルタントに協力を仰ぐ．もっとも分野ごとの専門性が高度化している現在，相当大規模な事業主体でもすべての専門領域を自組織内でカバーすることは，まずない．それどころかPMr的役割まで外部に依存するパターンもある．テーマパークなどの開発では，PMrのポジションにあるコンサルタントが「プロデューサー」と称され，意思決定者の包括的代行機能を委任されるケースがしばしば見受けられる．

環境問題や周辺地域との融和のような，事業者内部のみでは管理できない課題対策として，審議会・委員会などを設置し事業者組織外からチェックを受ける形態がよく採用される．審議会などの組織的位置づけとしては，その重要性に鑑み，意思決定機関に直結させる運営方式もある．

なお，近年の街づくり分野では，住民・地域主導の意思決定をより一層重視するコミュニティベースト・プランニング（community based planning）思想が浸透してきた．北米諸都市で市街地活性化などのために1990年代以降多数誕生したNPO方式のBID（business improvement district）は，その代表的手法としてわが国でもよく紹介されている．

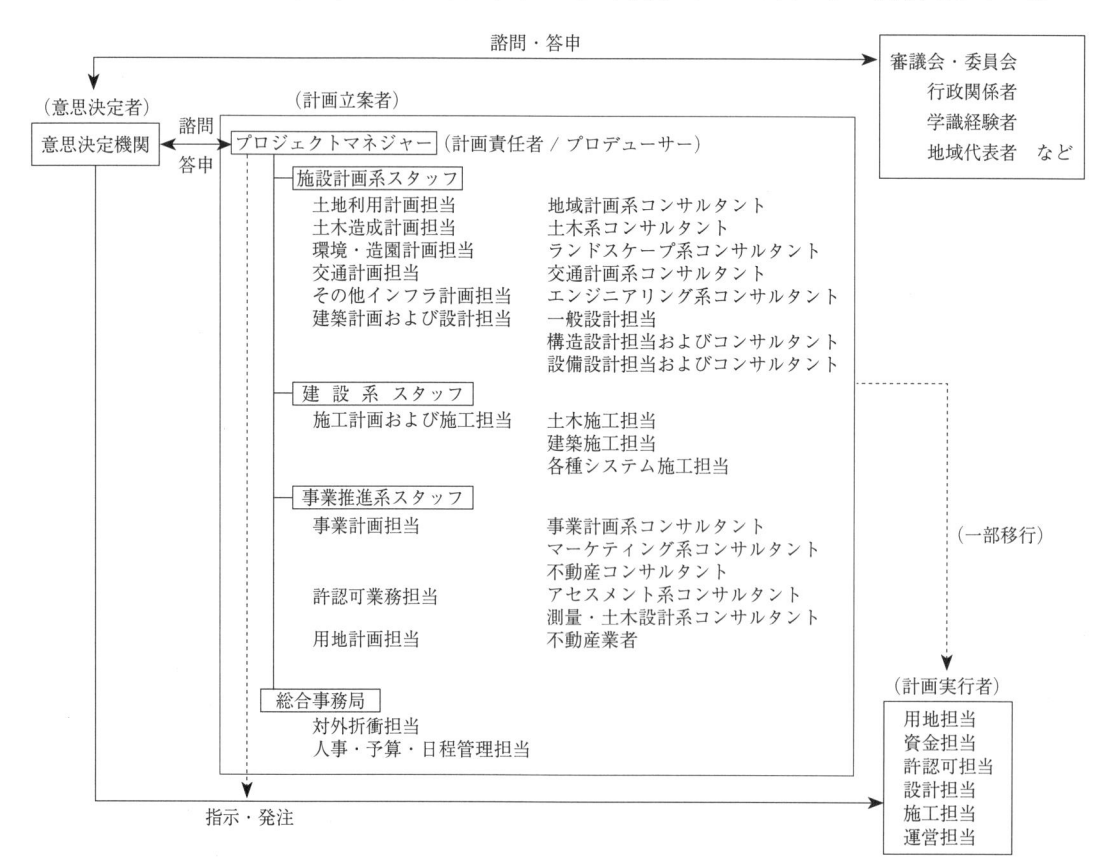

図3.2.3 開発プロジェクト組織構成

3.2.3 事業計画段階

大規模プロジェクトでは企画段階から多様な職能の人々が参画する．この段階の主要業務として，事業発意の時点でおおむね想定した事業内容や開発対象区域を，少し現実的な視点からチェック・再設定する作業がある．そのためには施設計画・設計関係スタッフだけでなく，不動産・事業，行政，環境などの関係者の参画が必要である．また，開発プロジェクトの工事は多くの場合，基盤整備・土地造成から取りかかるため，土木系技術者の参画は必至である．

これらの業務を担当する専門コンサルタントは各々の検討領域について責任を負うが，彼らに検討対象範囲，検討にかけ得る費用，期間，検討結果に求めるべき精度などの条件を示し，企画全体をまとめていくのはPMrの責任である．

この段階の検討で，事業性の見通しに疑義が生じたり，関係者の合意形成に大きな障害が予見され，プロジェクトが中止されることもある．プロジェクトの中止，一時休止，部分実行などの代替案を適切に示し，事業主体の的確な意思決定を支援・誘導することは，PMrの重要な仕事である．

事業計画段階の成果は，基本構想の策定・承認と，それをベースとする基本計画策定への現実的な基礎固め（例えば，長期にわたるプロジェクト遂行のための体制整備，段階的整備の大枠方針設定など）である．環境アセスメントの着手もこの段階の成果である．

3.2.4 設 計 段 階

図3.2.1に示したように，設計段階は基本計画後半の企画設計の着手をもって開始される．企画設計が承認されれば基本設計，そして実施設計へと移行するが，広域地域開発は長期間かかるため，通常は直近の事業予定部分のみを対象として基本・実施設計へと進む．

設計段階の参画者は事業計画段階と同様の構成であるが，許認可業務や用地確保業務の比重が増加する．建築施設設計に際しても開発許認可や用地状況を考慮した検討が必要である．例えば，起伏に富んだ林地で一定規模の床面積の施設を整備する場合，選択肢として①大幅な切盛り土工によって広く平坦な宅盤を造成し大型施設を配置，②小段に分けて造成し階段状に施設を配置，③造成は最小限として起伏の残る敷地に分棟配置などの方法がある．①〜③の順に土地造成量は減少するが計画の複雑さは増加する．①の方が総建築面積を抑えられるが，③の方が残置森林は確保しやすいかもしれない．

ここで建築設計担当者は，当該施設の建築としての必要条件満足度を考えるだけでなく，PMrの指揮下で土木設計・造園設計などの担当者と連携しながら，プロジェクト全体方針との整合，周辺環境との調和，許認可条件への適合，建設トータルコストの最適化などに総合的に対応する必要がある．さらにライフサイクルマネジメントの観点から，事業環境の変化に対応しやすいこと，後述のエリアマネジメントシステムを導入しやすいことなどにも留意する必要がある．

3.2.5 発 注 段 階

広域地域開発プロジェクトでは，個々の建築施工発注以前に，各種調査，設計，基盤整備工事などの業務が大量に存在する．それらは個別に発注される場合もあれば，適宜組み合わせて発注される場合もある．

また，プロジェクト初期時点の事業主体は基盤整備・造成工事の発注者ではあっても，概して，その後の上物（ウワモノ：建築物）の事業主とは異なることが多い．すなわち，初期時点の事業主が造成した敷地を，別の事業主が建物を建てるために買ったり，借りたりするのである．こうして事業主の異なる複数のサブプロジェクトが並走することになる．

このように広域地域開発プロジェクトの発注段階をみると，①発注主体が複数，②発注内容や発注形態が多様，③発注段階が反復という特徴がある．

各サブプロジェクトの発注者は発注業務範囲を明確にし，他の発注者と連携して空間的，時間的取り合いに支障を来さないようにする必要がある．また，受託者もプロジェクトの全貌を大略把握して当該発注業務の条件を適切に理解する必要がある．これらを遺漏なく進め，事業計画意図および設計意図を適切に反映させるために，メインプロジェクトのプロマネが発注業務の総合調整役を担うこともある．

3.2.6 施 工 段 階

施工段階においても発注段階と同様，発注者（事業者），受託者（施工者）の総合調整が必要である．

発注や管理の都合上，プロジェクトは自ずと複数の工区で構成される．各工区での適切な施工はもちろんのこと，工区間の調整や全体の統合業務も必要である．通常は施工者の代表幹事格の会社がその業

務を受託し,「総合管理センター」などの名称のもと,最も安全で効率的な工程管理,特殊な材料や仕上げの調達および仕様の検討,施工・現場に関する広報活動など,プロジェクト全体として円滑に施工を推進するために必要な業務を行う.

大規模な宅地造成のように多数の工区を長年にわたり断続的に施工する場合,2期目以降の施工では竣工済み部分の運用に支障を来たさないよう,特に防災,安全,環境面には十分注意する必要がある.また,施工を通じて得られた土地特性などの情報を次期以降の設計にフィードバックすることも重要である.

3.2.7 施設運用段階

広域地域開発は様々な機能の複合体であり,また全体完成まで長期間を要する場合は,施設運用段階に達した部分とそれ以前の部分が混在する.施設運用に際しては各施設の個別ニーズに適応するとともに,プロジェクト全体としての適切な群管理が望まれる.

プロジェクトのライフサイクル全体にかかわるデベロッパーが存在する場合は,完成部分の管理運営についても当該デベロッパーや関連企業が担当することが多い.しかし,土地分譲事業のように初期の土地開発の発注者が上物の運用には必ずしも関与しない場合もあり,施設運用段階の関係者はそれ以前の各段階とは大きく異なることもある.各施設の最終的な所有者・事業経営者が関係自治体とともに協議体を組織したり,共同出資で管理会社を設立し,地域共通の管理業務にあたることが多い.

いずれにせよ一団の地域をある水準で維持管理するためには,エリアマネジメントの思想とその実行組織が必要である.エリアマネジメントとは,従来は個々の施設単位で行われていた各種管理サービスを地域や街区などのエリア単位に拡張させ,都市インフラ管理も含めて当該エリア内の管理サービスを統合化する仕組みである.実際に電力などの自動検針,省エネ運用,防災・防犯管理,駐車場管理などを地域で一元化している例や,これらに加えて各種の共同購入や独自の大容量情報通信サービスの提供などで当該エリアの付加価値を高めようとしている例もある.こうしたサービスが可能となった背景にはIT(情報通信技術)の発展があり,エリアマネジメント業務をビジネスとする情報通信系企業も現れている.

[山口信逸]

3.3 複合都市開発プロジェクト

3.3.1 プロジェクトの特性

a. 都市と建築の協調

複合都市開発プロジェクトは建築プロジェクトと都市基盤整備プロジェクトを一体的に開発・整備するものであり,図3.3.1に示すとおり大規模なものでは各々が複数のプロジェクトで構成される場合も多い.そのため,「都市と建築の協調」が求められることが顕著な特性である.すなわち,企図された建築プロジェクトが建築主の事業目的や事業効率ばかりに専念され,都市的には点として終わってしまうのではなく,周辺の地域地区全体の活性化に貢献することが求められるということである.具体的には行政などより示される以下のような都市側の要望を建築プロジェクトにとっての制約と考えるのではなく,プロジェクトの価値を高める機会として前向きに昇華していくことが重要なポイントとなる.

都市側の要望は当然のことではあるがプロジェクトによって異なり,必ずしも施設整備に直接反映される,いわゆるハード的な要望だけではないが,本節ではハード的な協調に的を絞ってプロジェクトの実現プロセスにおけるポイントを整理する.

b. 都市側の要求

都市側からの要求の基本は「敷地内のオープンスペース等の公開」であり,多くの場合はその前提の上に「周辺の都市基盤施設との一体性」が求められる.例えば,敷地内に公共交通のための交通広場や道路を設けることや,周辺の歩行者ネットワークの一環としての人工地盤の整備,リバーサイドにあっ

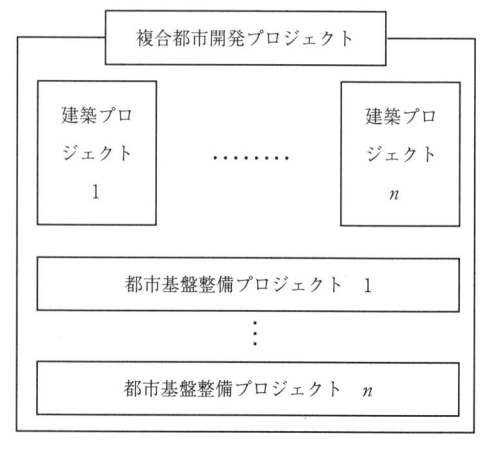

図3.3.1 複合都市開発プロジェクト

ては親水空間の一体整備，その他周辺の公共施設と連携した緑地・広場の整備などが具体的な内容である．また，「公的サービスの一体提供」のためにバリアフリーネットワークやまちのサインシステムの一体性を持たせることもこうした流れの一環である．先述したとおり，本節ではこれらについての都市と建築の協調に焦点をあてる．

このほかの都市側の要求としては，特定の施設機能設置がプロジェクトの中に誘導を図られることもある．多くの都市で課題となっている都心部の空洞化を改善することを目指して都心部に商業集積や居住機能整備を促進することなどがその一例である．さらに近年では，建物全体のデザインのあり方に対しても地域の景観形成との協調のために様々な調整が必要とされる機会が増加している．

c. プロジェクトの課題（都市と建築の相違）

都市と建築が協調するためには以下に示す各々の相違が根本的な課題となる．

1） 整備主体の相違

都市側の基盤施設の多くは行政などが自ら整備主体であるが，建築側は民間開発事業者であることが一般的である．また，大規模な複合都市開発プロジェクトでは複数の建築プロジェクトを内包していることも多く，この場合はそれぞれの建築プロジェクトごとに開発事業者も異なることが多い．開発事業者が異なると通常は設計者や施工者も異なることとなる．そのため複数の異なる設計者にどのように一体的な都市基盤施設計画を策定させるかということが大きな課題となる．特に，都市基盤施設は土木施設として整備されることが多く，この場合，そもそも安全性や構造に関する基準などが建築とはかなり異なる．都市と建築との協調は，お互いがこのような違いを正しく認識することが出発点となる．

2） 事業スケジュールの相違

整備主体が異なるということは事業スケジュールも異なるということである．都市基盤施設は建築と比べ，はるかに広い周辺地域との調整が必要になることや，公共施設整備事業として年度ごとの予算計画という制約のため，一般的には事業進捗速度が遅い．都市と建築の協調したプロジェクトをほぼ同時期に完成させようとすれば，都市側が十分な期間先行し建築が後から追いかけるという展開が必要となる．このことは都市基盤施設の基本的な設計内容が固められようとしている時点で，建築側については設計者はもちろん開発事業者さえも正式には決まっていないということが往々にして起こるということを意味する．そのため，都市基盤施設の計画・設計が進められる際に建築側の対応可能性を十分に見極めておくことが大変重要である．

3） 管理主体の相違

整備主体が異なることにより，一般的には完成後の施設の管理主体も異なることとなる．そのため仕上材料や夜間照明など，施設計画の詳細を決めていく段階では管理について十分な議論が必要となる．バリアフリーサービスやサインシステムのように，完成後の運営のされ方と一体となってはじめて都市と建築が協調したといえるようなものについては，特に重要な課題となる．

3.3.2 プロジェクトの基本的フロー

複合都市開発プロジェクトの基本的なフローは図3.3.2に示すとおりであり，行政など（都市側）と開発事業者など（建築側）が並行的にプロジェクトを進めていくこととなる．このフロー全体を通したポイントは以下のとおりである．

a. 都市と建築の基本合意を形成するための十分な議論（初動期～基本合意形成期）

先述したとおり，都市と建築とはプロジェクトの実現を通して社会に貢献していこうとする目標は同じであっても，実現へ向けてのシステムはかなり異なる．プロジェクトの初動期にこれを十分に認識し，この相違が元となって将来生じる可能性のある支障を予測し，これを解決するための手立てを見いだしていくことが大切である．初動期～基本合意形成期は，その後に比べればプロジェクト関係者が極めて限定的で，複雑な調整にも合意形成が図られやすい．先のことであるからとこの機を逃してしまうと，将来，プロジェクトの進展に伴って幾何級数的に増加するプロジェクト関係者の合意が得られず，本来あるべき都市と建築の協調が得られないばかりか，最悪の場合はプロジェクトが暗礁に乗り上げてしまいかねない．基本合意形成期に都市と建築がお互いの立場から徹底的に議論すること，そのために適切な議論のテーブルを設けることが，優れた協調をなし得るためには絶対に必要となる．

b. 基本合意内容を共有するマスタープラン（基本合意形成期～設計段階）

上記のような議論の過程を経た上で，プロジェクトで実現すべき都市と建築の協調について基本的な合意が形成されたことを受けて，この合意内容を1

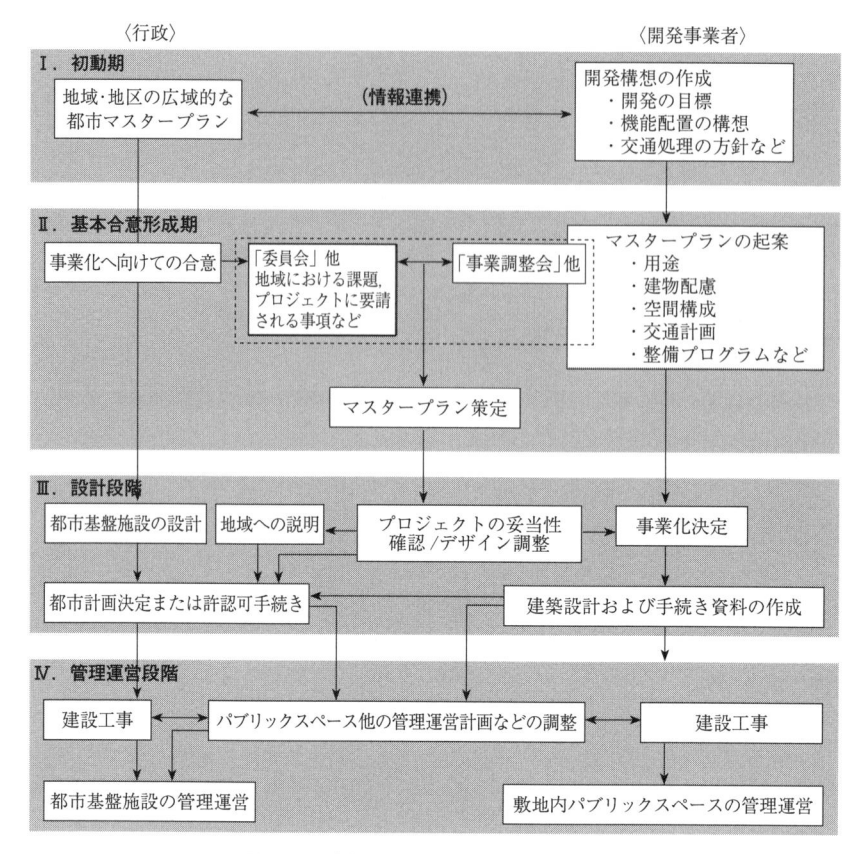

図3.3.2 複合都市開発プロジェクトのフロー

枚のマスタープランにまとめ上げることが次のポイントである．「1枚の」という意味は行政など（都市側）と開発事業者など（建築側）とで同じマスタープランを共有するということを意味する．このマスタープランはプロジェクトを推進する力強い夢を備えたものであることはもちろん，都市と建築との基本合意内容を明快に記すことが役割上求められる．そのため，マスタープランといってもその表現方法を図面的なものやパースに限ることはない．必要に応じてテキストも適切に活用すべきである．

c. マスタープランを実現するための仕掛け（設計段階〜管理運営段階）

マスタープランができたらその次にはそれをどのように実現していくかがポイントとなる．複合都市開発プロジェクトは先述したとおり，整備主体，事業スケジュール，管理主体などが異なる複数の建築および都市基盤整備プロジェクトの集積であり，これらを協調させていくためには，マスタープランは必要条件であるが十分条件ではない．様々な相違を有する複数のプロジェクトを共通の目標に導いていくためには，適切な手法の活用やふさわしい組織体制とするなどの仕掛けを施すことが重要である．これらの仕掛けが上手に活用されることによってプロジェクトの妥当性が確認されるとともに都市基盤施設と建築とのデザインや管理運営計画の調整が行われ，優れた「都市と建築の協調」が実現可能となる．

3.3.3 プロジェクトの仕掛け

プロジェクトの仕掛けとしては計画的手法，事業的手法と組織体制があげられる．

a. 計画的手法

計画的手法としては地区計画（再開発促進区を含む）や高度利用地区などの都市計画を伴う手法が多く用いられる．特に再開発促進区では，都市基盤施設の計画と建築計画の双方を一体的に定めることができるため，大規模な複合都市開発プロジェクトには頻繁に用いられる．そのほかには総合設計制度や連担建築物認定制度などの許認可を伴う手法により，建築プロジェクトを都市側の要求に適合させるよう誘導することで協調を図る例も多くみられる．

また大規模な複合都市開発プロジェクトに義務づけられている環境アセスメント制度は，プロジェクトの妥当性の確認とプロジェクトの概要を地域住民等に周知するための手法として活用されている．

b. 事業的手法

事業的手法としては，都市基盤整備と建築整備を共通の事業費によって一体的に行うことのできる市街地再開発事業が代表的なものである．そのほかに都市基盤施設整備と建築プロジェクト内の公共施設整備の双方に補助金を交付する事業制度が，国土交通省などによって各種設けられている．郊外の大規模宅地造成に以前から行われている土地区画整理事業は，基本的に都市基盤整備のための事業的手法であるが，最近では都心部の大規模な建築プロジェクトと協調するように活用されているケースも多い．

c. プロジェクトの組織体制

都市と建築の協調を実現するために，両者が共通のテーブルについて議論することが基本である．共通のテーブルは下記が代表的なものである．

1) 委員会

複合都市開発プロジェクトに造詣の深い学識経験者がまとめ役となり，行政（都市側）の関係各課と開発事業者（建築側）だけでなく，必要に応じて鉄道などの交通事業者も加わる委員会が設けられることが多い．これは基本合意へ向けての方針や，マスタープランの骨格など，大きな戦略を決める際には最も適している．

2) 事業調整会議

都市基盤整備事業の主体者も含めプロジェクトの関係事業者が一堂に会する会議体．まとめ役は行政の都市計画部門や企画部門が行うことが多く，上記委員会の基本方針などを受けて各事業間の詳細な調整や合意形成を図る場として活用される．共通のマスタープランなどを仕上げていく場としても最もふさわしい．設計段階においては，次に述べるデザイン調整会議と連携して費用負担などの事業的な枠組みを整理していくことが望まれる．

3) デザイン調整会議

都市側，建築側の各プロジェクトの設計者がお互いの設計内容を調整する会議体．議論の中心は都市側と建築側で一体的に設けられるパブリックスペースなどの位置（人工地盤などの高さを含む），規模，構造，仕上材料，色彩などのデザイン全般である．

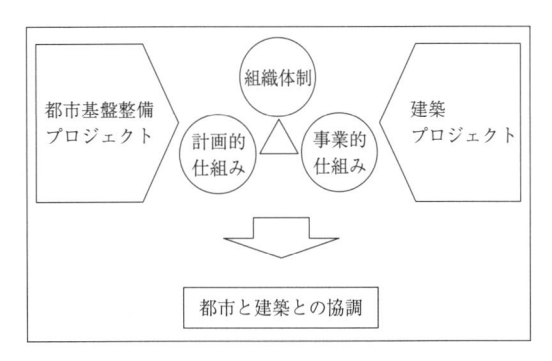

図 3.3.3 プロジェクト間の相互協調

大規模なプロジェクトにおいては全体の調整会議のほかに，夜間照明やバリアフリーなどテーマ別に分科会を設けることもある．参画メンバーは設計者，デザイナーに加えて各事業者が入ることもある．まとめ役としては，関係事業者から共通に信頼されるマスターデザイナーが行うことが理想的である．

4) まちづくり協議会

主として開発事業者など建築側の事業者の集まりであるが，これまで述べてきた組織体制とは異なり，プロジェクトの完成後も存続することが多い．プロジェクトの中で一体的に整備された都市と建築のパブリックスペースの管理のあり方，バリアフリーサービスなどの運営のされ方など，管理運営面の議論が継続的に行われることが一般的である．プロジェクトの完成後は都市側の行政等との共同の会議体は消滅することが多いため，都市と建築が協調し続ける上で必要な調整事項を行政などに提案していくための大変重要な組織体制となる．

複合都市開発プロジェクトの究極の目標は，関連する都市基盤整備プロジェクトと建築プロジェクトが相互の異なる状況を乗り越え，都市と建築が協調して優れた街を社会に提供することである．そのためには，図 3.3.3 に示すように適切な組織体制，計画的手法，事業的手法の活用によって，都市基盤整備プロジェクトと建築プロジェクトが十分な調整を図ることがポイントとなる．これらの調整は一般的な建築プロジェクトのスケジュールよりもかなり早期になされる必要がある．プロジェクト全体のフローはこうした認識に基づいて組み立てられなくてはならない．

［大松 敦］

4

施設別生産システム

4.1 戸建住宅生産システム

4.1.1 住宅市場の転換

　住宅市場の中で劇的な変化が指摘されているのは年間住宅建設戸数である．ここ数年，年間住宅建設戸数は110万戸から120万戸で推移している．しかし，近い将来，人口の減少，世帯数の減少，高齢化，家計にみられる経済的基盤の流動化などによって，例えば年間80万戸程度になるという予測もある．縮小する住宅市場の中で住宅生産システムはどのような形をとるのであろうか．戸建住宅市場にとっては，競争激化に対応した住宅生産システムの再編の姿として，例えば大手住宅メーカーは生活支援サービスと一体化して構造転換を図る．また小規模工務店を中心とした地域住宅産業においては，建材流通業からの統合化による住宅生産システムの再構築，フランチャイズ化，中規模工務店化といった効率性を視野に入れた業態への再編を余儀なくされるとの指摘がある．

a. 戸建住宅生産の変貌

　日本の住宅生産は多様な主体によって担われているのが大きな特徴である．毎年示される建築着工統計のデータをもとにした「住宅生産気象図」が住宅生産の全体像を把握する上で活用できる．図4.1.1は1963（昭和38）年，1973年，1985年，1996（平成8）年と約10年おきの日本の新築住宅の変化を，その新築住宅の総量と構造別（木造と非木造），住宅形式（戸建・長屋建と共同建），住宅工法（在来工法とプレハブ工法）とに区分し，それぞれに対応する生産主体のシェアを示している．住宅生産の変化を知る上で大変わかりやすい．

　1963年当時は年間住宅建設戸数が約70万戸と少なく，新築住宅の大半をいわゆる在来工法の戸建木造住宅が占め，その生産を地域の小規模な大工・工

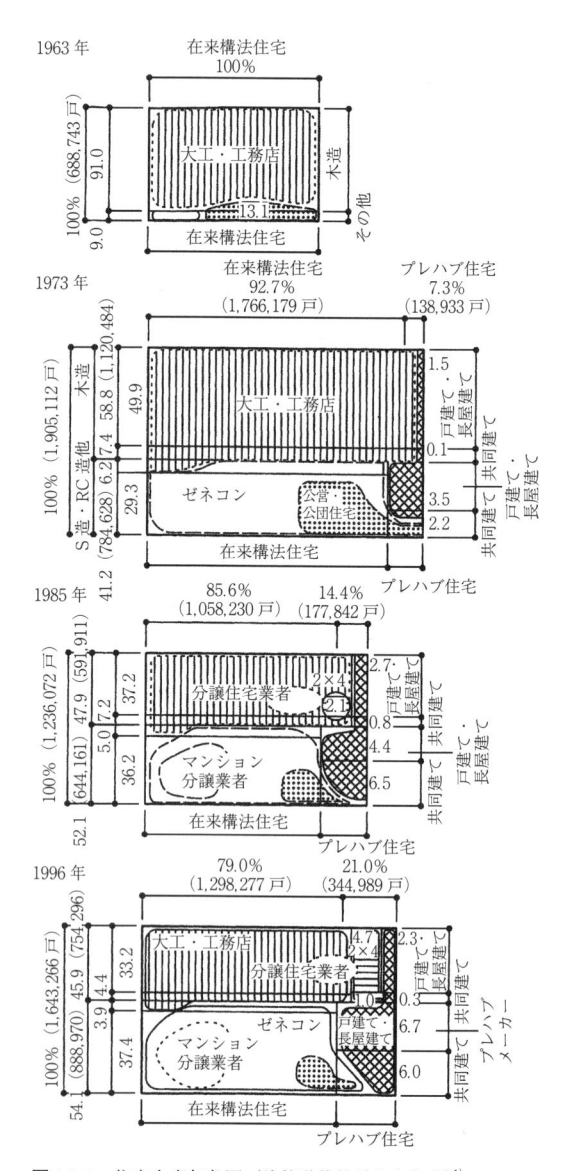

図4.1.1 住宅生産気象図（建築動態統計より作成）[1]
（出典）松村秀一：住宅ができる世界のしくみ，p. 11，彰国社（1998）

務店が担っていた．10年後の1973年には新築住宅戸数が大きく増加し170万戸と約2.5倍に増加している．いわゆるマンションなどの非木造住宅，とりわけ共同建が増加した．木造住宅に着目すると，新築住宅戸数が大量に増加してはいるが，その生産主体は依然として地域の大工・工務店である．さらに，その約10年後の1985年には大きな変化がみられる．住宅戸数は減少してはいるが120万戸を維持している．木造住宅の中にも木造プレハブ住宅やツーバイフォー住宅の定着，あるいは地域ビルダーや大手住宅メーカーによる住宅生産など，大工・工務店のみの体制に代わって，多様な住宅生産体制が併存している．1996年には消費税の3％から5％への引上げに伴う駆け込み需要があったために新築住宅需要は160万戸台と増加した．しかし，その後の住宅建設戸数は減少に転じ，2000年代は110万戸で推移している．

生産体制の変化の特徴としては，プレハブ工法住宅やツーバイフォー工法住宅が増加し，在来工法の木造住宅の役割は大きく後退している．木造在来工法を手がけてきた大工・工務店が非木造住宅に業域を転換していることも推察される．このように最近の30年間に着目すると戸建住宅生産の世界に大きな変化が起きていることがわかる．

b. 住宅生産者社会の構造

図4.1.1による日本の住宅生産の全体像の変化は，供給された住宅の分類をもとに表現されているため，それを支えている住宅生産者社会ともいうべき住宅産業界，とりわけ，施工組織，専門工事業や部品・建材メーカーの相互関係を示し得ていない．住宅生産の産業構造を俯瞰する上ではむしろ，専門工事業や部品・建材の流通・供給といった生産者社会を構造的に理解することが重要である．

少し資料は古くなるが図4.1.2（1995年度 建設省資料）は戸建住宅の工法別で，かつ，施工者の受注規模別の戸建住宅供給戸数の割合を示している．

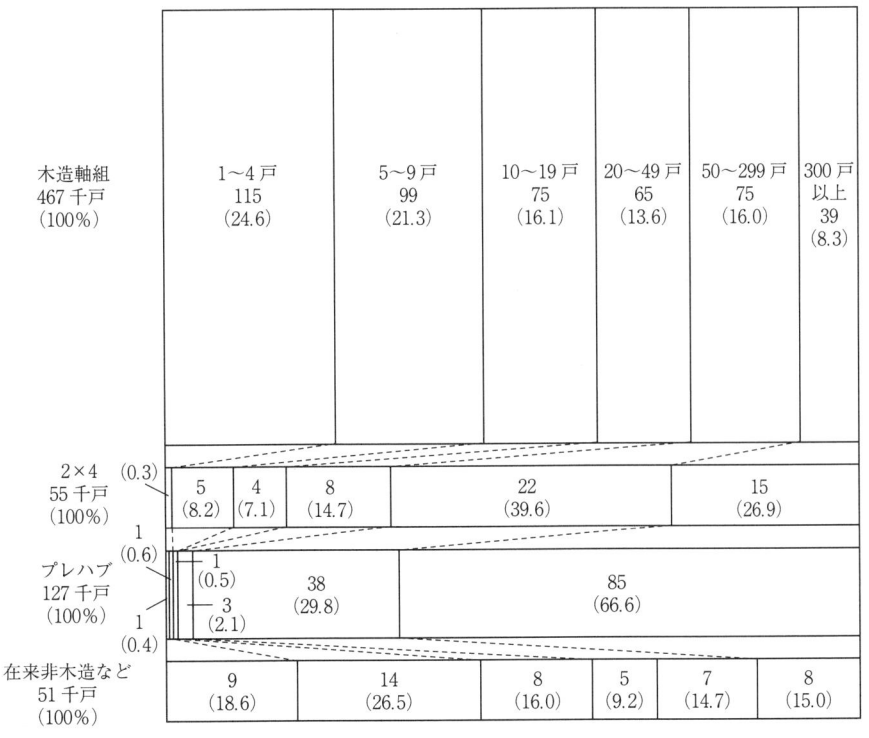

工法	1～4戸	5～9戸	10～19戸	20～49戸	50～299戸	300戸以上
木造軸組 467千戸 (100%)	115 (24.6)	99 (21.3)	75 (16.1)	65 (13.6)	75 (16.0)	39 (8.3)
2×4 55千戸 (100%)	5 (8.2) (0.3)	4 (7.1)	8 (14.7)	22 (39.6)	15 (26.9)	
プレハブ 127千戸 (100%)	1 (0.6) / 1 (0.5) / 3 (2.1)		38 (29.8)	85 (66.6)		
在来非木造など 51千戸 (100%)	9 (18.6) (0.4)	14 (26.5)	8 (16.0)	5 (9.2)	7 (14.7)	8 (15.0)

合計 700千戸

注1：各工法別の供給住戸の合計は住宅着工統計の平成7年度実績による．
注2：上段（ ）の年間受注数別のシェアは，平成6年度住宅金融公庫融資物件の戸建住宅の抽出調査に基づくものである．
注3：四捨五入の関係上，合計が合わない場合がある．

図4.1.2 施工者の年間受注規模別の戸建住宅供給戸数の割合（推計）（平成7年度）[2]
（出典）地域住宅産業研究会：木造住宅産業 その未来戦略，p.20, 彰国社（1997）

縦軸に構造・工法別，横軸に施工者の年間受注規模別の分類を表している．プレハブ工法およびツーバイフォー工法住宅が比較的規模の大きい生産者によって供給されていることがわかる．一方で，木造軸組工法や在来非木造の場合，年間の受注規模が1～4戸という零細事業者から年間300戸以上という大規模事業者まで幅広い生産供給者が対応していることが見てとれる．

最近の戸建木造住宅生産をめぐる状況としては，工場プレカット，パネル化など施工の効率化，ITを活用した設計・生産の合理化など，生産システムの変化が主に大手住宅メーカーを中心として進みつつある．さらに，地域の大工・工務店をめぐる状況としては，営業支援・販売促進ツールの提供，部品・建材の供給などを受けるためのフランチャイズによる住宅生産体制も普及している．一方，民家の再生，伝統工法による林業と連携した産直住宅など従来からの大工・工務店が維持・継承してきた仕組みに基礎をおいた新たな取組みが日本各地で始まっている．これらは地域の小規模な住宅生産組織を中心とした活動がベースである．このように戸建住宅生産システムは多様な展開をみせつつ，住宅市場の中での競争と共生を図っている．

4.1.2 多様な生産システムとのすみ分け

戸建住宅生産あるいはそれを代表する生産体制のあり方は実に多種類である．図4.1.3は，発注，販売，設計，生産，施工の5つの住宅生産にかかわる機能とその業務主体との分担関係を示している．具体的には，① 直営方式，② 棟梁大工方式，③ 工務店方式，④ 建売り主体ビルダー方式，⑤ 注文主体ビルダー方式，⑥ 自社施工プレハブ住宅メーカー方式，⑦ 他社施工プレハブ住宅メーカー方式，⑧ 設計施工分離方式のタイプに分類できる．

なぜ，このような多数の生産体制が存在しうるのか．例えば，地域の住宅市場に着目してみると，大工・工務店，地域ビルダー，大手住宅メーカーについては，対象としている住宅に大きな違いがあることがわかる．また，プロジェクトの起こり方の多様性，具体的には建築主が持っている地縁・血縁・社縁などの社会的関係が生産体制の決定や元請会社の選定に強く影響している．

一方で，生産体制自体の共通性の指摘[3]もあり，その共通性がますます強まりつつあるともいえる．すなわち，ほとんどの生産活動は建設現場で行われ，建設現場ではプロジェクトごとにそれぞれの条件が異なり，作業手順にも制約が大きく，生産体制ごとに異なる操作を施すことが困難である．元請業者の規模や業域の広がりなどの生産体制の多様性はみられても，実のところ生産方式自体には決定的な違いがないともいえる．

今後，予想される経済成長の鈍化，高齢化社会の到来，フロー依存型経済からストック指向型経済への移行といった社会変動に伴い，これまでのすみ分

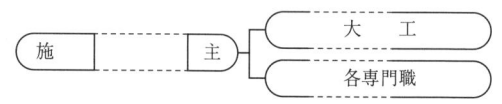

1. 直営方式（1戸/年）
2. 棟梁大工方式（2～3戸/年）
3. 工務店方式（3～10戸/年）
4. 建売り主体ビルダー方式（30～100戸/年）
5. 注文主体ビルダー方式（30～1,000戸/年）
6. 自社施工プレハブ住宅メーカー方式（1,000～6,000戸/年）
7. 他社施工プレハブ住宅メーカー方式（1,000～6,000戸/年）
8. 設計/施工分離方式（数戸/年）

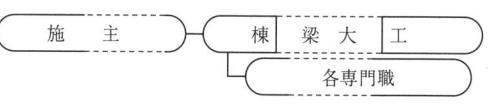

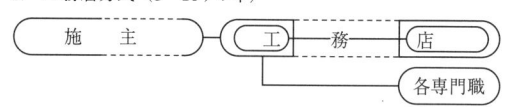

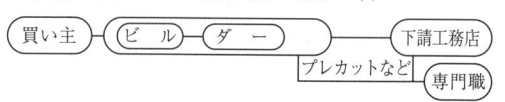

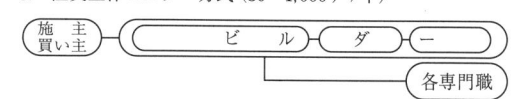

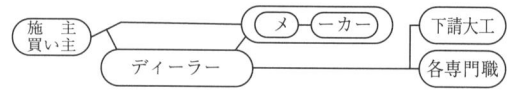

住み手　販売　設計　生産　施工

図4.1.3 住宅生産における多様な生産主体の併存[1]
（出典）松村秀一：住宅ができる世界のしくみ，p. 17，彰国社（1998）

けの前提条件であった異なるビルディングタイプ間のしきりが取り除かれて、異なる生産体制間の競合関係が出現する。自らの生産体制の特性の自覚とそれに基づいた戦略的対応が求められる。技能者の減少、建築生産過程で発生する産業廃棄物の抑制などの資源・環境問題といった生産をめぐる環境条件の変化の中で、大規模生産システムがその優位性を維持できるかどうかは不透明である。

4.1.3 大工・工務店システムと大手住宅メーカーシステム

日本の戸建住宅生産システムは、地域の小規模な大工・工務店システムと大手住宅メーカーによる住宅生産システムの2つに対極的に論じられてきた。

a. 地域住宅産業を構成する大工・工務店システム

事業所としての大工・工務店の数は、事業所統計調査に基づく「木造建築工事業者」と「大工工事業者」の合計として把握すると、1991（平成3）年の事業所統計調査では両者併せて約15万社存在する。木造建築工事業者の約6割は従業員数が1人から4人までの小規模経営主体である。10人未満としてとらえるとほぼ9割に達する。大工・工務店は多数の小規模経営主体によって担われていることがわかる。この大工・工務店の業態は多様であり、文献[2]によると従来の典型的な大工・工務店像が下記のように整理されている。

① 注文戸建木造住宅の施工を主業とする。多くの場合、住宅は地域に伝承された在来木造軸組工法であり、住宅の様式や構法は技能として定式化され、その限りにおいて効率的な生産を行っている。新しい技術・手法の導入に消極的で、現場生産性の向上、経営体制の充実、資材調達の合理化が進んでこなかった。

② 主な営業圏域は10キロから20キロ、あるいは現場到達時間が1時間以内と極めて狭い。狭域での生産活動が基本になるため、経営者の人格的信用を軸とした受注活動が展開される。

③ 設計施工一貫の元請工事業者としての住宅工事請負であり、工事の進め方については材料支給や設計変更に柔軟に応じるなど、建築主の直営的な色彩を帯びた融通性がある。

④ 住宅の設計には経営者自らがかかわることが多い。在来的な住宅である限りにおいて、建築主の要望に対する対応は素早い。

⑤ 生産面では長期間の継続的経営実績により専門工事業者や材木店・建材店との継続的取引き、信頼関係を持ち、取引き上の信用力を獲得している。発注や支払い関係が継続的な信頼関係に基づいており、文書化された契約関係として取り行われることが少なかった。この方式はある種の合理性を持ち得てきたが、リスクの管理など不透明な関係があった。

⑥ 多くの工務店は地縁・血縁をベースとした小規模経営であり、技術者や職人とは明確な雇用関係を締結せず、下請外注、出来高賃金制など近代的企業経営からみると前近代的な雇用関係を継続してきた。これらは需要の季節変動に対応するため、固定的人件費をできるだけ抑制し、住宅需要の質や量の変動に対応するための経営の工夫である。

2000（平成12）年の大工・工務店に対する調査結果[4],[5]から、大工・工務店像には多少変化が見受けられる。工務店の新たな展開方針について示したのが表4.1.1である。

① 施工の生産性向上やコスト低減の対応としては、施工性の高い工法の導入、資材調達の短縮化、工程の標準化、工事管理の効率化・定型化などの取組みが積極的になされている。

② 木造軸組プレカット工法が普及している。従来の大工個人の技能による生産体制からの大きな転換となっている。設計後の板図作成、墨付け、刻みといった生産プロセスがマニュアル化、自動化されている。木材の調達方法や取引き関係が大きく変わるなど生産システム自体の転換となっている。

③ 資材調達が部材メーカーや商社からの直接調達などによる短縮化が進行し、事業者としての与信力などが重視されている。

④ 住宅産業は企画・営業を軸とする大規模工務店と、現場施工を軸とする小規模工務店に階層分化してきている。また、施工の品質確保上の責任関係の明確化が求められてきた。建築主、元請、下請との工事請負契約、下請契約の明示が進んでいる。新しい技術的な条件変化に対応できる現場技能者の養成が重要な課題となっているほか、品質確保のためのマニュアル整備が求められている。

b. 大手住宅メーカーの生産システム

高度成長期の大量の住宅需要に対応するために成

表 4.1.1 工務店の経営の現状と事業展開の方向

(国土交通省「工務店経営実態調査」より)[2]

		1995 年度調査	2000 年度調査
経営状況の自己認識	うまくいっている	18.7%	16.1%
	普通	60.0%	53.4%
	悪い	21.3%	30.4%
具体的な展開	リフォーム工事の受注	64.5%	68.4%
	グループ（FC，組合など）への加盟	12.6%	25.9%
加盟動機	営業力の強化	50.1%	56.5%
	住宅商品を求めて	46.2%	49.4%
	施工の合理化	39.3%	36.0%
設計効率化などの取組み	CAD の導入	39.9%	62.1%
	設計事務所と連携	45.8%	47.5%
	自社住宅商品の標準プラン	23.8%	35.1%
商品メニューへの取組み	高耐震・高耐久住宅	41.8%	59.2%
	高齢者住宅仕様	28.9%	50.4%
	高気密・高断熱住宅	27.7%	50.3%
	健康住宅【新規項目】	−	38.9%
施工効率化の取組み	プレカット工法の採用	38.4%	59.2%
	工程管理の徹底【新規項目】	−	47.8%
	技能者の技術力向上	43.7%	45.5%
	下小屋での前加工他の比率を上げる	30.1%	20.2%
パソコンなどを利用した事業の合理化	見積り	−	77.4%
	設計（CAD）	−	63.0%
	電子メールを活用	−	31.7%

(出典) 地域住宅産業研究会：木造住宅産業 その未来戦略, p.134, 彰国社 (1997)

立をみたプレハブ住宅メーカーを中心とした大手住宅メーカーについては多くの文献[6]によって紹介されているので，ここではその詳細にはふれない．

一般の大工・工務店による住宅生産プロセスと大きく異なる点は，① 生産プロセス全般にわたる規模経済の活用，② 軽量形鋼，合板パネル，プラスチック建材の活用など工業材料の使用，③ 工場であらかじめ部品の形に加工されるプレハブ化，④ 展示場でのカタログ販売に代表される商品化，⑤ 組織編成上は個別プロジェクトの各業務を担当する各個人を組織的に支援する仕組みの整備，などである．例えば支援ツールとしては，① 初期打合せ，基本設計を支援するチェックリスト，プランニングルール，モデルプラン集，② 図面作成，積算，部品発注をサポートする CAD 支援システム，③ 工場生産や資材センターによる資材・部材支給システムといった現場施工の支援の仕組み，などがあげられる．その他の特徴・課題は，多様性の実現とコストや生産面の再検討，新しい工法の開発とその評価手段の開発などである．また，組織編成上の課題は，生産拠点や販売拠点の地域展開，社外組織との協力体制の確立，社内の分業体制の整備とそれに応じた教育システム，担当者間の情報伝達方法などである．

c. 部材展開システム

新築工事，あるいは既存ストックの改修工事にかかわらず，住宅生産の立場に立つと工場生産による各種部品の役割のますますの高まりをみせる．個々の住宅設計に先立って部品の設計が存在し，住宅部品の住宅設計への影響は大きく，かつ重要である．ストックとしての住宅の多様性がフローの住宅以上に多様な寸法，形状，仕様の部品を求めている．設計者や住み手が求める部品をどのように情報として集約し，生産していくか，すなわち，設計者や居住者をどのようにして生産プロセスへ参画させるか，その仕組みを構築していくことが重要である．

松村[1]によると，大手住宅メーカーが供給規模の大きさゆえに持ち得てきた独自の設計による部品の生産依頼能力は，情報のネットワーク化，物流のボー

ダレス化が進むことによって，部品生産や部品にまつわる情報のあり方が変わり，部品を自由に扱う能力について大手住宅メーカーの優位性は希薄化しつつある．むしろ小規模な設計者や施工者の方がその機動性により主導権を握る可能性があり得る．部品を選んだり，それに注文をつけたりする仕組みという点では発注規模の大小による違いは消滅する方向との指摘がある．

4.1.4　地域住宅生産システム変革の試み

戸建住宅生産システムのシステム変革の典型的な事例として，IT技術を導入し，サプライチェーンマネジメントの考え方を実践している「鹿児島建築市場」[7]がある（サプライチェーンマネジメントの詳細については第III部3.10節で詳述）．

鹿児島県下の地域の小規模住宅生産者，150社の企業集団であり，それぞれの企業がイントラネットで結ばれている．企業集団はシステム会社，工務店，建設現場，CAD積算管理センター，調達物流センター，専門工事業者，プレカット工場の7つの要素から構成されている．中心は従業員が4人程度の小規模工務店である．特徴は，参加者全体のCADの共通化である．同一のCADで住宅の設計図を作成している．このCADデータは，積算，生産などの後工程に連動する仕組みとなっており，CADセンターに情報を集約している．このデータの流れをサプライチェーンマネジメントの視点に基づいて整理・活用し，見積りデータへの自動転換，資材の電子共同発注などを実現している．

a.　営業業務支援

建築主に対して設計から施工，アフターサービスに至る包括的なサービス提供に対応する体制を小規模組織独自で実現することは非常に困難である．鹿児島建築市場ではインターネットによる集客を行っている．土地を確保している顧客に対してはインターネット上で建築実績のある約1,000件の住宅プランを公開している．また，会員工務店はCADデータベースに蓄積されている約2,000の標準プランから，顧客の要求条件に合った間取りの設計図，イメージパースを抽出・利用でき，顧客にプレゼンテーションできる．このようにして作成された設計図では，部品・資材の標準化が進んでいるためコスト低減が図れる．

b.　CADによる意匠設計から積算，生産設計

意匠設計のデータをもとに，構造設計，構造計算が行われる．さらに，生産CADによってプレカットの伏図が作成され，柱・梁などに部材展開される．この結果は意匠CAD，構造CADにフィードバックされる．さらに連続して，年間契約の資材単価と連動した自動積算に展開される．

c.　資材調達の転換と価格の透明性

この積算書の数量と単価は，非常に透明度が高いのが特徴である．内訳明細書は職種ごとに材工分離を行い，材料費については材料メーカーから購入する価格がそのまま値入れされている．積算の基礎となる資材や労務単価のほかに，実際に経費として発生する運賃，在庫管理費，工務店経費などが明示される．

d.　現場管理システム

工事が不良工事にならない担保として品確法の性能表示制度を活用している．設計段階の審査と施工段階に4回の第三者機関による検査を受けている．工事の工程が標準化されており，どの段階で材料の納入が行われるのかが明確である．この標準工程はやむを得ない事情で遅延することはあっても工程に余裕が発生しても前倒しはしないルールで運用されている．また，工事現場にWebカメラを設置し，工事関係者が必要な時点で工程の確認を行うことが可能になっている．

e.　エスクロー金融

鹿児島建築市場では，材料は顧客の支給という形をとり，実際にはCADセンターによる顧客購買代行の形になっている．決済もCADセンターが行っている．CADセンターがリスクを負わないために出来型確認に基づいた出来高管理を行っている．工務店の与信ではなく，出来型の確認により融資が行われているのが特徴である．工程の標準化，厳密な工程管理が金融システム構築に貢献している．

小規模工務店にとって営業力の拡充などの困難な点を外部組織と連携することにより解消している．会員企業である工務店は自社の強みに専念することが可能になり，大手住宅メーカーとの対抗力を持ち得た新しいビジネスモデルであるといえる．

4.1.5　住宅市場をめぐる環境条件の変化

a.　ストック市場対応

2004年7月の建設経済研究所の予測[8]によると，GDP成長率予測が2004〜2010年まで1.5％，2011〜2020年までは1.0〜2.5％の場合，民間住宅投資が2003年度18.4兆円が，2010年度17.4兆円，

2020年度14.3～14.8兆円となっている．いずれのケースについても今後の民間住宅投資は減少すると予測されている．一方で，維持補修投資は2003年度7.2兆円から2010年度7.9兆円，2020年度8.8兆円と予測されている．ストック型の住宅生産，すなわち改修型の住宅投資が増加すると，当然，既存住宅に居住する建築主のきめ細かい要求に合致した住宅設計・生産が重要となり，ユーザー主導型の住宅生産へとシフトしていくことが予想される．

b. 品質確保

最近，住宅生産において建築基準法の性能規定化や民間検査機関による確認・検査制度の導入，ISO 9000sやPL法など，住宅の設計・施工の品質管理責任に対するユーザー要求の高まりや社会的な品質管理システムの確立が急務とされている．1999年には「住宅の品質確保の促進等に関する法律（住宅品確法）」が施行され，組織的な品質管理システムの整備が比較的容易な大手住宅メーカーに対して，とりわけ小規模な地域の設計事務所や大工・工務店にとって，ユーザーに明確に示しうる品質管理能力を持ちうるか，説明責任義務を果たせるか，が重要な課題となっている．

c. 環境対応

一方で，近年，廃棄物の発生量が増大し，廃棄物の最終処分場が逼迫し，廃棄物の不適正処理など，廃棄物処理をめぐる問題が深刻化している．建設工事に伴う廃棄物は産業廃棄物全体の排出量の約2割および最終処分量の約4割を占め，また不法投棄量の約9割を占める．さらに，高度成長期の建築物の更新期を控え，今後建設廃棄物の排出量の増大が予測されている．この解決策として，資源の有効な利用を確保する観点から，これらの廃棄物について再資源化を行い，再利用していくため，2000年に建設リサイクル法が制定された．建設リサイクル法では，建築物などにかかわる解体工事などについて，その受注者などに対し，分別解体，再資源化を行うことを義務づけている．このような環境対策や資源循環型住宅生産システムへの転換は，組織規模の大小にかかわらない重要な課題となっている．

[秋山哲一]

文　献

1) 松村秀一：住宅ができる世界のしくみ，彰国社（1998）
2) 地域住宅産業研究会：木造住宅産業　その未来戦略，彰国社（1997）
3) 松村秀一：戸建住宅生産主体の分類可能性に関する考察．住宅総合研究財団研究年報，No.26（2000）
4) 住宅保証機構：平成12年度工務店実態調査報告書，工務店協同化等実態調査報告書（2001）
5) 性能保証住宅登録機構：地域住宅産業の新展開報告書（1999）
6) 松村秀一：工業化住宅・考，学芸出版社（1987）
7) 椎野潤：顧客起点サプライチェーンマネジメント，流通研究社（2003）
8) 建設経済研究所：建設投資等の将来予測と建設産業の新たな取り組み，大成出版社（2004）
9) 建築市場・建設産業の現状と将来展望特別調査委員会：建築市場・建設産業の現状と将来展望特別調査委員会最終報告書，日本建築学会（2004）

4.2　集合住宅生産システム

4.2.1　集合住宅生産システムを規定する制約条件

a. 事業計画を規定する制約条件

1) 都市計画法，建築基準法，行政の指導・誘導

本項では市街化区域内の「集合住宅」を対象建築物と想定しているため，都市計画法，建築基準法の規制を受けることについては述べるまでもないことである．これらの法律および地方公共団体が定める「要綱」などについては明文化されており，これを遵守することは，当該地域で経験を積んだ設計者にとっては難しいことではない．一方，同じ公共団体であっても内部規定や，いわゆる行政指導などは明文化されず，内部資料として開示されていないという扱いが多く，設計者泣かせとなっている．

分譲タイプの集合住宅の場合，土地のコストをいかに希薄化するか，容積をどこまで消化するかということが事業性能の基本となる．そのため，事業の入口の段階で内部規定や行政指導につき，行政側の責任ある担当者と十分な打合せをしておくことは非常に重要である．また，地方公共団体によっては多額の下水道，教育施設他の負担金や公園整備負担が必要となる．この場合，事業成立自体が難しくなることがあるので，十分な事前打合せが必要である．

2) 計画地周辺との融合，調和

1990年代後半以降，商業地域など都心部での集合住宅計画が急増したものの，郊外住宅地内や既存集合住宅に隣接した計画も数多く，事業者および計画者は近隣問題を無視して計画を進めるわけにはいかない．近隣折衝が長期にわたり，裁判に訴えられることは事業の遂行にとって非常に大きな障害となる．計画建物の採光，通風，眺望，デザインなどを

重視しすぎて隣接地や周辺と，あまりに隔絶した計画を立案してしまうと，近隣住民からの反発が強くなる場合が多い．こういった状況を避けるために法令上の規制だけにとらわれず，周辺との融合，調和にも十分配慮することが強く望まれる（副次的には竣工後の「街並み形成」という効果も期待できる）．近年，日影，敷地境界からの離隔距離や建物高さのほか，駐車場台数，自動車導線，ごみ集積場の位置・形状，雨水貯留槽など既存住民からの要望は多様化しており，対応の方策を間違えると事業の存立にまで影響を与えることとなってしまうため，事業者は行政などと十分協議を重ねながら折衝を進めることが重要である．

3) 接道，周辺の道路事情

上記2)項の近隣関係とも一部重複するが，接道状況や道路事情は計画段階での要注意事項の1つである．計画面では，接道が細い街路に限られる場合，対人交通安全対策問題が生じる．一方，幹線道路の場合は自動車同士の交通事故対策についても十分な配慮をすべきである．また，施工面でも道路状況の影響は大きい．廃土の搬出，生コンの搬入など大型車の出入りが集中する場合，車両を計画地から離れた路上に待機させ，無線や携帯電話で滞りなく配車することを近隣住民から要望されることが大半で，さらに道路幅員や一方通行などの条件が付加され，施工計画上の大きな制約条件となる場合も多くある．「経済的」施工スケジュールとの乖離や各所へのガードマンの設置などコスト面での影響も大きいため，接道条件のみならず周辺の道路事情は事業計画立案時から十分配慮すべき事項である．

4) 全体事業スケジュール

全体事業スケジュールは上記1)～3)のほか諸々の要素を加味して設定することとなる．住宅という商品の性格上，竣工引渡し時期にある程度の制約が生じる．すなわち，転勤，学校などのタイミングに合わせて入居するケースが多いため春・夏休み期間中を引渡し時期とすることが多い．また，分譲物件の場合は，事業主の決算の都合上，スケジュールが変動（一般的には短縮）することがある．制約条件の中でいかにスケジュールを組み立てていくか，設計・施工サイドで十分すり合せしておく必要がある．また，分譲物件の場合，竣工の1年程度（あるいはそれ以上）前から販売活動を開始することが一般的であるため，棟外モデルルームを早急に作成する必要が生じる．ユニットバス，キッチン，タイルなど既製品を使用しない場合は製作に時間を要するため，スケジュール上の制約となることがある．なお，部分竣工により棟内モデルルームを利用する場合も多いが，当該住戸のみの先行施工，来場者導線の確保，消防をはじめとする役所協議など，全体工事とのすり合せ事項が多く，着工時点から検討をすべきである．

b. 事業計画の基本的流れ

1) マーケット分析

賃貸，分譲を問わず，事業を組み立てる際にマーケット分析は非常に重要である．通常は近時の周辺類似物件の価格，顧客反応状況および立地評価の比較から当該物件の現時点の想定価格を類推し，さらに価格トレンドを反映して募集時における価格を推定するといった手法をとる．価格については募集直後に全戸契約となったとき適正価格とみなし，立地評価については項目として，駅からの距離，周辺環境，利便施設，学校区，接道条件，日照，嫌悪施設の有無などを使うこととなる．この際，注意すべき点は，住宅が「不動産」であり個別性が非常に強いため，評価項目の強弱のつけかたにより結果に（場合によっては著しい）偏りが出るということである．一般的に，賃貸の場合，駅からの距離や商業施設などの利便性を重視し，分譲の場合は日照，公園，学校区といった生活環境を重視することとなる（とはいうものの，南に公園などが隣接しているといった特殊な立地の場合はまったく異なった評価となることもあるため，注意を要する）．マーケット分析は，多くの情報を有するリサーチ会社や広告代理店などに依頼することとなり，一定水準の成果品を得ることができる．

2) 商品企画（面積，間取り，設備グレード）

上記により明らかになった当該地区における標準的，あるいは人気のある間取りや設備グレードなどの傾向をベースに商品企画（第1案）をたてることとなる．戸当たり面積は賃貸（分譲）価格に直接反映されるため，特段の配慮をすべき項目である．また，間取り，設備グレードについても常に一定ということはないため，マーケットのトレンドにつき配慮を忘れてはならない．ここで，建物のボリューム出しなどをする「粗設計」に入ることとなるが，前項の「事業を規定する条件」や敷地形状などにより本来の企画どおりの商品を組めないことが多い．この場合，設計者の選択肢は2つある．1つめは面積，間取り，日照その他の皺寄せを1住戸にまとめてし

まうことであり，2つめは全体に割り振ることである．前者では「皺寄せ住戸」の商品価値が著しく劣ることとなるかわりに他の住戸は完全な商品，後者では全体にやや不満のある商品といったこととなり，あとは賃貸（販売）リスク，全体の価格総額などの比較により方向性を決めることとなる．また，設備グレードについては通常，「分譲では高く，賃貸では低い」が，都心部などの高級賃貸物件では分譲並みのグレードが必要条件となることについても注意すべきである．

3）近隣対応

共同住宅の近隣問題については，上記 a. の 1) で一部触れたが，都市計画法，建築基準法の規定にかかわらず地方公共団体の「指導要綱」などに縛られ，事業者，設計者，施工者にとって必ずしも納得感の高くない解決を迫られることとなる．指導要綱の内容は地方公共団体により大きく異なる上に，実際の運用は担当責任者により幅があり，また，近隣住民の強行度合いによっても対応が違ってくることとなるが，事前の調査になじまない事項でもあるため，仕事を進めながら個別対応していかざるを得ない．本来であれば事業者が逐一対応すべきであろうが，不動産を本業としていない法人や個人事業者にあっては交渉の前面に出たがらない傾向が強く，この場合，設計者，施工者が対応せざるを得ず，責任ある回答をどこまでできるかといった問題を生じる．また，近年では近隣対応業務を業として行う設計事務所などが増加しているが，弁護士法に抵触する可能性があるため業務委託契約の内容についてしかるべき検討を行うようにしたい．

4）事業性能とスケジュールの確定

事業性能のチェック（事業収支のほか，キャッシュフロー，利益率などの水準確認）については，事業のあらゆる段階で行うべきである．その中にあって，事業開始時点，工事費交渉直前，募集開始直前が重要なチェックポイントであるが，近隣対応中のこの時期が事業実施の最終判断時期となるため，入念な検討を行うべきである．近隣住民の要望により，建物形状の変更を強いられる，容積消化が無理になる，駐車台数増加のため立体駐車設備が増加する，工事車両などの制限により施工コストが増加するなどのほか，スケジュールの大幅遅延など，この段階では収益を圧迫する変更事項が多く，当初の事業計画から大きく乖離し，着工延期または事業取りやめまで含む検討が必要となる．事業者の側からは「ここまでやったんだからとにかく着工しよう」，施工者の側からは「受注確実だから着工しなくては」といった意思が働きがちであるが，場合によっては事業を起こすことによる損が素地売却による損を大きく上回ることさえあるので，目先の損益にとらわれない判断をするよう務めなくてはならない．

5）品確法，性能保証制度，設計発注

分譲物件については，「住宅の品質確保の促進等に関する法律（住宅品確法）」の施行および性能保証制度の普及により構造，設備を中心とした設計基準が変革している．元来，大手分譲業者ではアフターサービス基準を持っており，現在の品確法に近い対応を行ってきたが，この法律により全事業者が同等以上の品質を確保せざるを得なくなったものである．性能保証については義務づけられているものではないが，将来の維持管理などを考えると，各項目の意味するところを理解した上で，事業者に積極的な導入を働きかけていくようにしたい．ただし，高い評点を得るためには相応のコストがかかることとなるため，費用対効果の考え方も必要となることはもちろんである．賃貸，分譲ともに国民生活金融公庫（またはそれに準ずる制度金融）を利用するとき，定められた設計標準の遵守が必須となることを忘れてはならない．以上の点に配慮し，工程は詳細設計，構造設計，建築確認申請のステップに進む．

6）工事費折衝，施工受注

事業者との工事費の合意の仕方に決まりはない．不動産を本業とする事業者では施工単価に関する独自の指標を持っており，それに基づく指し値が行われることが多い．しかし本業でない場合，設計事務所などの助言を受けつつ工事費を決定していくこととなるだろう．住宅事業に慣れていない事業者では，構造やグレード設定などの違いによる工事費の差につき熟知しているとは言い難いため，設計者・施工者は初期の商品企画の段階以降，常にコスト増減と併せた商品提案をするよう心がけたい．工事費予算が事業者予算を上回る場合，施工者側としてはスペックダウンにより，事業者側はバリューエンジニアリング（VE）によりすり合せることが望ましい．設備系のスペックダウンはモデルルームなどの見栄えにかかわらないため比較的安易に行われる傾向があるが，入居後の住み心地や維持管理に直結する部分でもあるので，事業者の理解を得て，アフターサービス，クレームが発生しにくい水準を確保するよう

にしたい．VEについても同様で，目先のコストダウンを重視するあまり，将来のリスクに目をつぶるようなことをしてはいけない．また，工事期間中の設計変更や突発的な発生コストに対応できるような予備費を事業者に持たせるようにしないと，作業所が苦労することとなる．

7）販　　　売

販売に関する設計・施工者の責務は大きく2つある．1つめはパンフレットなどの契約書類の作成，チェックである．購入者などとの直接の契約相手は事業者であるが，事業担当者は忙しさもあって，実質的な作成・チェックは設計者，施工者に委ねる場合が多い．分譲の場合，宅地建物取引業法に厳しく縛られており，単なるミスでは済まされない事態に発展することも多い．スイッチ，コンセントの数や位置，扉の開き方など作業所で変更することが多い事項については特に注意を要する．なお，売買契約書のほかパンフレット，チラシなどの広告物も契約書類に準ずるものとされることを覚えておきたい．また，大規模な計画では販売事務所，モデルルームを別途設置するが，小規模のもの，販売予算が少ないものでは棟内に設置せざるを得ず，a.の4）で述べたとおり多くの検討事項が発生するので事業者に十分説明し，取りこぼししないようにしたい．

8）竣　工　検　査

5）で述べたように住宅の品質に関する関心が高まっているなか，入居者から構造や設備についての質問，疑問がなされることが増加している．基礎の施工状態，鉄筋かぶり厚，断熱材の施工状況，給排水管の結節状況など竣工後のチェックが難しい事項については，施工者は事業者などから求められているか否かにかかわらず積極的に写真記録しておくべきである．また，既契約者などの安心感を高めるため作業所見学会を実施することも有効だろう．竣工検査は入居者への引渡し日から逆算し，事業者検査とダメ検査，社内検査とダメ検査，作業所検査とダメ検査の日程を組み（分譲のときはこのほかに購入者検査とダメ検査），この中に役所検査を調整する．特に分譲のものでは，購入者の要求レベルが高くなっているため，仕上材の施工状況についても細心の配慮が求められる．

9）引渡し，アフターサービス

賃貸，分譲にかかわらず，事業者への引渡しをもって請負契約上の引渡し完了であるが，分譲の場合は最終購入者への鍵引渡しが事実上の完成と考えなければならない．もちろん購入者に対し直接責務を負うわけではないが，スイッチや器具の使用方法説明などの際は協力を惜しんではならない．入居直後のクレームは器具等の不具合より使用方法の不備によるものが圧倒的に多いことを知ってもらいたい．また，入居から3カ月程度はビスの緩み，のりはがれ，扉の調整不良などの初期不具合が多いので，できれば設備系，仕上げ系各1名の選任アフターサービス要員を配置しておきたい．

4.2.2 集合住宅施工の特徴

a. 集合住宅施工の特徴

1）入居者募集

集合住宅は1つの建物であっても，実際には，その名が示すように，最終顧客が個々の住宅へ入居し，今までになかった新しい集落を構成する．そのため，入居者募集時から多くの時間と労力が費やされる．まず，「確認」が下りた段階で入居者募集が開始される．この時期は，一般に着工早期であり，施工図もまだまとまっていない段階である．すなわち，建物の躯体図も明確になっていない段階で，各住戸の詳細な内容が決められる．一度決められ，販売パンフレットに記載されたものは，その後，多少の不具合があっても，前記7）で述べたように建物の仕様等の変更はできなくなる．

2）瑕　疵　行　為

4.2.1, b. の5）で述べた，すべての新築住宅を対象とした「住宅の品質確保の促進等に関する法律」に，「供給者に瑕疵担保責任を課すことによって，劣悪な住宅が及ぼしかねない損失（災害などによる崩壊で危険にさらされる，市場において資産価値とならない他）から消費者を法的に守るという目的」がある．瑕疵責任はすべての新築住宅供給者へ義務づけられる．この法律により，住宅の性能を確認・維持するため，竣工1年と2年経過時に住宅およびその持ち主に対し，新築住宅供給者は瑕疵責任を履行しなければならない．実際には，各住戸を訪問し，住宅の不具合部分のうち，住宅供給者の責任部分を修正し，住宅性能を維持しなければならない．

b. 集合住宅施工システムの特徴

1）在来工法の独立性

よく町で見かける"在来工法による木造一戸建住宅"の傍らを通りすぎるとき，そこで働いている作業員をあまり見かけない．これは在来工法の各作業が独立し，作業順番さえ守れば，都合のよいときに

作業しても工期以外，建物の品質などには影響しないシステムになっているからである（以下，このことを「在来工法の独立性」という）．在来工法にはこの「在来工法の独立性」があるため，各サブコンは配下の作業員を，そのサブコンが請け負っている複数の作業所に効率良く流すことができる．この「在来工法の独立性」はサブコンにとっては良いシステムであるが，事業者にとっては厄介なシステムであり，現在の経済重視の社会情勢からは，既に受け入れ難いシステムとなりつつある．

「在来工法の独立性」と関連するが，サブコンにとって，もう1つの問題は，作業員の「時間外および作業所外労働」の問題がある．一般に作業は一式請負方式で進められる．そのため，作業時間，特に残業時間に対して作業員はあまり不服をいわない．すなわち，時間当たりの能率（賃金）の感覚が薄い．また，「在来工法の独立性」を守るため，各作業員は複数の作業所を渡り歩くことになり，その移動費および，その間の無作業時間賃金などにも，作業員はあまり頓着していない．したがって，これらの労働時間は労務費として換算されず，サブコンはゼネコンへその金額を請求しない場合が多い．

2) 繰返し型施工システム

本来，一度作業所に入った作業員は自分の作業が終わるまで，その作業所から引き上げる必要がないように計画するのが，サブコンにとっても，ゼネコンにとっても，さらに事業者にとっても理想である．

集合住宅は住戸の集合体なので，施工システムも各住戸を施工単位とした繰返し型施工が可能かつ有効である．すなわち，集合住宅施工においては，その形から繰返し型施工システムを計画することにより，「在来工法の独立性」，「作業所外および時間外労働」をも避けることができ，作業員も管理者も賃金を含んだ施工全般に有効となる．

こうしたことから，集合住宅を施工する各ゼネコンは，何らかの繰返し型施工システムを研究・実施している．繰返し型施工システムを計画する主な課題は，各部位の材料選択と作業員および仮設の作業工程である．

各部位の材料選択については，施工が手間取る部位に工場製品（躯体工事ではPCa板，仕上工事ではユニットバスなど）を使い，作業平準化を計画し，作業をスムーズにできるようにする．

作業員および仮設の作業工程については，多能工や組作業を随所に配置し，分単位の作業工程をシステム化している．

繰返し型施工システムは集合住宅の全住戸が同様な品質に仕上がることも，メリットの1つである．

3) 今後の施工システムの方向

昔，本社ビルを会社記念事業として建てたり，サラリーマンが定年の一代事業として，退職金で自宅を建てたりした．すなわち，建物はモニュメントであり，施工はお祭りであった．しかし現在，建物は商品として扱われ，その傾向は今後ますます大きくなってきている．特に都会の集合住宅は，投機の対象にすらなっている．

建物はまさに等身大で，一般の商品，例えば電卓のように機能・デザインのみで評価されず，建物の細部まで入居者の目にさらされ，その評価も厳しく，極端には疑いの眼で，いろいろな部位をいろいろな考えで評価される．そうした施工者にとって，残念な状況の根本には，一般の人の「建設談合問題」で代表される建築生産への不信があろう．特に，集合住宅への不信の多くは品質と価格である．購入者にとって，住宅は大変な高額購入物であるため，その価格・品質には厳しくならざるを得ない．今後，建築生産が大人扱いされるには，こうした不信に対処し，集合住宅の価格と品質がスマートでわかりやすいものにするべきである．

まず，価格について考察する．現在の施工価格は，そのほとんどが材料費を主体としたものになっている．すなわち，Σ材料量×複合単価（材料・労務一式）になっていて，その複合単価には作業の難易度があまり考慮されていない．この方式は材料費が高かった時代の考えを引き継いでいるのであり，現在のように労務費が高い時代には通用しなくなってきている．

一般の生産は機械化が進められて久しいのに，建築施工には，いまだに機械化があまり取り入れられていない．この原因は「在来工法の独立性」と「複合単価方式」によるのである．今後は施工難易度が施工価格の中に組み込まれ，材料を主体とせず，労務を主体とした上で，仮設，材料，経費をパッケージ化した単価構成にすれば，こうした問題も少なくなるであろう．

次に，品質について考察する．建築作業所を一般の人が見ると，次のように感じるだろう．

① 敷地が仮囲いで囲まれ，作業所内の様子不明
② 多くの"正体不明の労務者"がたむろしている

③ どろどろとして，見るからにヘドロのような"コンクリート"を湯水のごとく使う
④ "ホコリと騒音の中"の作業

まさに，疑問だらけである．こうした疑問を晴らすには，最近，大手の事業者が行っているように，入居予定者に施工中の作業所を見てもらうとともに，ITを使った品質管理，その資料のオープン化が必要となってくると考える．

最後に，集合住宅も商品である以上，現在のように生産（計画～入居）期間が長期にわたるようでは，今後，商品として成り立たなくなりつつある．特に，集合住宅に組み込まれるIT機器は，現在でも，計画開始時には斬新なものでも，入居時には既に古いものになっていることも多くある．

4.2.3 集合住宅生産システム変革の方向

1) 居住者参加

一戸建住宅を持とうとする場合，土地に自分好みの住宅を建てる場合と，建売り戸建住宅の購入の場合がある．集合住宅の場合，事業者が入居者の要求を極力先取りして集合住宅へ組み込み供給する既製品住宅を購入するのが一般的である．しかし最近，集合住宅にも居住者の要求がかなえられるシステムが多く見られるようになってきた．

既製品を購入するのではなく「自ら居住するための住宅を建設しようとするものが組合を結成し，共同して事業計画を定め，土地の取得，建物の設計，工事発注，その他の業務を行い，住宅を取得し管理していく方法（昭和53年3月建設省住宅局）」，いわゆるコーポラティブハウスは，集合住宅の中で最も居住者の意向が反映されるシステムである．初期には居住者が構造体の設計にも参加していたが，最近ではコーディネーター組織が構造体の計画まで先行立案し，参加者を募集し，居住者の希望を聞いて，住戸内の設計をする企画型コーポラティブ方式が主流になっている．居住者間の利害関係の調整が大変で一般化されていないが，＜自分たちで創る＞という価値観を共有するコミュニティが，人と街との豊かな未来を実現する可能性を秘めている．

2) セレクト，オプション，設計変更

分譲マンションにおいても，居住者の要求に極力対応しようとの試みがみられる．基本住戸プランのほかに基本プランを一部変更した数種類のプランバリエーションの中からの選択，数種類の建具・インテリア材の色調，材質の選択，キッチンカウンターの材質・高さの選択，洗面化粧台の高さの選択，和室天井材・洋室床材選択などの無料セレクトシステム，欲しい設備・仕様を有料で追加できるオプションシステム，住戸プランを自由に組み立てられる有料の設計変更システムが採用されている例がある．設計変更システムでは上下の住戸間の生活音によるトラブル防止のために，浴室・トイレなどの水場を固定したり，工事の進捗状況から設計変更可能項目を絞ったりするのが一般的であるが，中にはまったく自由な設計変更を可能とするフリープランシステムを採用している例もある．居住者の要求をより満足させるためには，顧客とのコミュニケーション・フリープラン対応設計，それを可能にする見積書作成，契約，施工図作成，工事，検査，引渡しの一連の流れを正確かつスピーディーに対処できるITシステムが必要になる．

3) スケルトン住宅

従来，住戸プランの陳腐化，設備の老朽化などが原因で建物の建替えとなり，結果として建物寿命が短いことが問題だった．共用部分と専用部分の空間分離を明確にし，専用部分の老朽化などにも，その部分のみの更新で対処できるようにする．そして，建物の所有や利用区分を整理しリフォームや維持管理をしやすいようにし，建物の長寿命化を図ることが重要である．

その1つの方法として，建物を100年以上長持ちさせるために，骨組（スケルトン）部分と，仕上（インフィル）部分とを分離する考えがある．すなわち，居住者の生活や社会の変化に対応して自由に変えられる可変性を重視するため，インフィル部分を分離でき，建物を長寿命化する仕組みを取り入れた集合住宅をいう．この方法を採用すれば，居住者は，耐震性，遮音性，断熱性などの基本性能はスケルトンが確保し明示するため，購入時に安心して住まい選びが可能となり，各自の生活に合った住戸プランが可能なため住まいへの愛着も深まり，将来の家族構成変化にも対応が容易で，長く住み続けることが可能となる．

しかしスケルトン住宅は，建設費のアップ，設計時点での建築関連法規への適合性判断難，建築工事区分の明確難，所有・財産区分の明確難，社会・支援制度の未整備，長期にわたる維持管理の仕組みの未整備など，まだ多くの問題解消が求められる．

4) 長 寿 命 化

集合住宅の長寿命化のためのスケルトンとして以

下の配慮が求められる.
① 長く親しまれる町並み形成
② 廊下,階段などの共用空間を豊かに
③ 柱,壁等,構造体に制約されない広い空間の確保
④ 高い階高,二重天井,二重床の確保
⑤ 将来,取外しを考慮した隣戸との壁
⑥ 構造体に埋め込まない住戸内の配管・配線
⑦ 設備配管を共用部から点検・修理・交換可能にするために住戸外へ配置
⑧ 地震などに対する耐久性の高い材料を適切に構成する構造体

5) 環境共生

わが国は世界有数の経済大国になったにもかかわらず,国民はいっこうに豊かさを実感していない.欧米諸国の住宅,街,生活環境とわが国の状況とを比べると彼我の違いの大きさを感じ,本当の豊かさとは何かと考えるようになってきた.豊かな住宅や生活環境を実現しようとの強い意思を持つと同時に,地球人としての現実を正しく認識し,従来の欧米諸国とも違った住宅を目指していく必要がある.すなわち,地球温暖化防止などの地球環境保全を促進する観点から,地域の特性に応じたエネルギー,資源,廃棄物の面で適切な配慮がなされるとともに,周辺の自然環境と調和し,健康で快適に生活できるよう工夫された「環境共生住宅」を目指す必要がある.

国土交通省の環境共生住宅市街地ガイドラインによると以下の技術要素を積極的に適用することを求めている.
① 省エネルギーについて
・高断熱構造化などによる冷暖房負荷の低減
・住宅設備などの省エネルギー化
・屋上緑化などによるヒートアイランド化防止
② 自然エネルギーなどの活用について
・太陽熱,太陽光などの自然エネルギーの活用
・都市廃熱など,未利用エネルギーの活用
③ 資源の有効利用および廃棄物の削減について
・リサイクル推進,耐久性向上などによる資源有効活用
・廃棄物(再利用されるものを除く)排出量の削減
・節水または雨水利用などによる上水使用量の削減
④ 自然環境など周辺環境との調和について
・雨水の地下浸透
・親水空間の整備
・自然地形,自然植生および生態系の保全などへの配慮
・住民参加による緑地など,共同施設の維持管理等
⑤ 居住環境の健康性,快適性について
・光,風など自然環境の享受できる設計・構工法
・室内の空気を汚染しない空調システム
・高齢者などに配慮した安全な室内空間

[河谷史郎]

4.3 オフィスビル生産システム

4.3.1 生産システムを規定する制約条件

a. 環境保全

オフィスビルはビジネスの拠点として,交通の便利な市街地に立地されることが多い.特に21世紀に入って首都圏を中心に大型ビルが多く建設され競争の時代になり,「近・新・大」(駅から近く,新しく,規模が大きい)が競争に勝つ条件といわれている.そして,さらに「環境保全への配慮」が重視されている.

1990年代からオゾン層の破壊,温暖化,砂漠化など地球規模の環境問題が関心を集め,天然資源の有限性も指摘され,省資源,省エネルギー,廃棄物処理,リサイクルなど,すべての活動にわたって環境保全が求められるようになっている.

設計においては,従来からも電波障害やビル風など周辺環境にマイナスの影響を与えないように建物配置,形状,外壁など様々な工夫が行われ,環境アセスメントを実施してきた.また省エネルギーのため,熱の侵入を少なくする窓開口,およびひさしやブラインドによる日射遮蔽,ダブルスキンの外壁,省エネルギー設備機器の採用,雨水の利用などが行われてきた.さらに自然環境の維持・保全を目指して,屋上や壁面の緑化,ビオトープ(野生動植物の生息空間を創出する技術),自然素材やリサイクル資材の利用,自然エネルギーを利用する自然換気や昼光利用など,積極的な環境共生が図られるようになっている.

施工においても,騒音・振動削減,粉塵飛散防止,工事排水処理ばかりではなく,リサイクルの観点か

らみた資材・工法の検討，廃棄物の削減が図られている．杭工事における安定液のリサイクル，高炉セメントの利用，型枠用熱帯材の使用削減，工事関連車両の低減，プレカットなどによる建設廃棄物の削減，分別によるリユース，リサイクルが行われている[1]．

b. ライフサイクルマネジメント

建設から運用，保全，評価までの一連のプロセスをトータルにとらえ，建物の生涯利用価値の向上が図られている．建設コストはライフサイクルコストの十数%に過ぎないといわれ，水・光熱費など運営コストの削減，効率的な施設管理（ファシリティマネジメント）の導入，資産価値を維持・向上させる長期修繕計画の作成などが行われている．また，建物の長寿命化として，社会・経済の変化に容易に対応するためスケルトン・インフィルの分離やオフィスから住居など用途変更への対応も検討されている．

c. バリアフリー・ユニバーサルデザイン

オフィスビルは多くの人が利用することから，障害の有無や年齢，性別にこだわらず誰もが使いやすいユニバーサルデザインが考慮されている．ハートビル法による幅の広い通路や段差の解消など，バリアフリー環境も求められている．

4.3.2 生産システムの分類と特徴

a. 構造的な特徴

オフィスビルは執務スペースのレイアウト変更が多く，制約の少ない大スパンのS梁を使った構造が多い．大規模なものはほとんどS造，CFT，SRC造であり，柱をSRC，RCとしても梁はSとする混合構造もある．また，RC造の場合は，梁やスラブにプレストレストを導入して大スパン化を図っている．

中小規模のオフィスビルは低層もあるが，市街地に立地する大規模なオフィスビルは高層または超高層が多い．これは土地による制約のほか，エレベーターによる建物内の移動が便利であること，大規模で有名なビルがビジネス的に好都合であるためと考えられる．

市街地の高層オフィスビルは，ほとんどが地下階を持つ．構造的な理由のほか駐車場や設備機械室を地下に設けるためである．

ここではオフィスビルの生産システムとして，その特徴を最もよく表している市街地に立地する地下階のあるS造超高層オフィスビルを中心に述べることとする．

b. 自社ビルと賃貸オフィスビル

運営方法により大きく自社ビルと賃貸オフィスビルに分けられる．従来は自社ビルの場合は，資産価値のある石張り外壁など高級グレードのものが多かった．しかし，最近はキャッシュフロー経営により不動産を所有しない企業も増えたので，機能性や経済性が重視されている．

自社ビルの場合は，あらかじめ各階別の用途が役員階，食堂などと想定された特殊階が多く，セキュリティにおける公開部と企業専用部などが明確になった設計となっている．

賃貸ビルの場合は，基準階となる一般的な事務スペースが中心となる．入居企業（テナント）により，様々な使い方が可能となる設計となっている．

事務スペースは間仕切り壁やデスクを自由にレイアウトできるように，モジュール設計されており，OAフロアやシステム天井が採用されている．設備的にはテナントにより電気・通信・空調などの必要容量に差があり，さらに24時間業務など業務時間帯に差がある場合もあるので，予備配管やきめの細かい運転制御が可能となっている．

c. 併設される施設

企業活動によっては，大会議室やホールが必要になり，また店舗や工場を併設する場合もある．さらに，都心部では夜間人口確保のため住居の付置が求められることもある．また，駐車施設や緑化が義務づけられている．

特に最近は，オフィスビルの利用価値を上げるために積極的に計画されており，アトリウムや飲食，ショッピング施設を設けたり，ビル周辺環境を整備してビジネスだけではない都市生活空間の拠点となっている．

d. オフィスビルの生産システムの特徴

1) 近隣対策・環境対策

市街地に立地された場合，近隣対策として多くの制約を受けることが多い．例えば，工事時間帯の制限，騒音振動対策，掘削工事における工事車両台数の制限，防護構台や養生メッシュによる飛散落下防止などである．

2) 工期短縮

地下階のある高層ビルでは，どうしても工期が長くなる．特に地下が深い場合は地下工事期間が長くなるので工期短縮が求められる．

3) 高度な鉄骨工事管理

大スパンの高層ビルの場合，高強度鋼材が使われる．工事管理においては梁のたわみを考慮した「むくり」や，荷重による柱の縮みを考慮した寸法設定，建物面の方角別の日射による温度差を考慮した建方精度管理，予熱管理を伴う溶接管理など様々な配慮が求められる．

4) カーテンウォール検討

オフィスビルでは外壁にカーテンウォールが採用される場合が多い．外壁は建物の顔として個性が求められるため，オリジナルな設計となることが多い．意匠的に新技術が使われる一方，外壁として水密，気密，遮音，断熱，耐風性能，軽量化が求められ，さらに耐久性，防汚・清掃性，ガラスなどの交換・施工性など検討すべきことが非常に多い．

5) 設備工事の効率化

オフィスビルにおいて設備工事は大きなウエートを占める．効率的な業務環境を作る空調，衛生，照明設備，安全を確保する防災設備，業務に使う通信設備などである．これらは数量が多いためプレハブ化，ユニット化が図られている．縦配管をユニット化したライジングユニット，トイレユニットなどが使われている．

4.3.3 基本フローと組織構成

a. 基本フロー

オフィスビル，特にS造超高層ビルの施工基本フローは，1968年に完成した霞ヶ関ビルによって確立された．計画・設計部門と製作・施工部門の相互に親密なフィードバックがなされ，建設体系，生産体系は急速に近代化された．土工事用機械，コンクリートポンプ，タワークレーンなどの建設機械，H型鋼，デッキプレート，カーテンウォールなどの建設資材の利用が一般的なものとなった．また，構造設計解析や施工工程管理におけるコンピュータ利用も実用化された[2]（図4.3.1）．

施工計画的には，連続繰り返しによるタクト工程，サイクル工程の考え方が普及し，これは現在も変わっていない．

鉄骨建方を中心とした地上階の建設プロセスとしては，鉄骨先行方式のほか，各階を1層ずつ積み上げていく床先行方式（積層工法），さらに仮設の屋根と天井走行クレーンを利用する自動化工法などが実施されている．

また，クレーンによる揚重がクリティカルになることから，大梁・小梁・デッキプレート・設備配管を地組みする工法や，設備の縦配管をまとめたライジングユニット工法，トイレのブース，機器，配管をプレハブ化したトイレユニット工法などが行われている．

b. 地上・地下同時施工「逆打ち工法」

経済状況の変化が早いことから，プロジェクト全体の時間短縮が必要になってきている．特に，市街地の地下階の多い高層オフィスビルは，地上と地下を同時に施工する「逆打ち工法」が一般的になっている（図4.3.2, 4.3.3）．

従来は杭工事，山留め工事に続き，地下掘削工事に時間が掛かったので着工後も時間的余裕があった．その間に設計の未確定や不整合な部分の検討調整が進められることが多かった．

しかし，逆打ちでは構真柱と呼ばれる地下躯体部分の鉄骨が，着工後すぐに行われる杭工事と同時に必要となり，1階から地下と地上の両方向に同時に工事が進められることから，着工時点では設計が完了している必要がある．

c. 総合図・生産設計・設計コラボレーション

鉄骨やCWなどは材料発注から製作までに長い

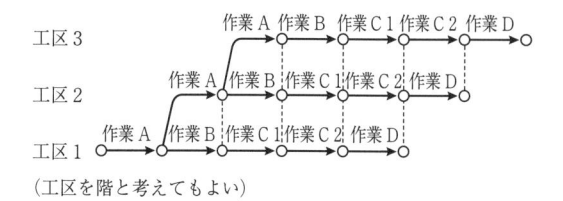

図4.3.1 作業工程のフロー

図4.3.2 逆打ち工法の配置

4.3 オフィスビル生産システム

図 4.3.3 在来工法と逆打ち工法の比較

時間がかかる．一方で，その設計には細かな検討調整が必要である．施工側から見た設計図書の問題は，未確定，意匠・構造・設備の不整合，納まりなど設計情報の不足がある．この整合性の確認と調整および，施工上の納まり検討や技術提案のために「総合図」が必要とされている．

また，専門工事業者による工事別施工図で検討，調整されるものもある．このような設計調整／施工調整における整合・調整作業を「生産設計」と呼び，設計者，施工者および専門工事業者の技術者の協業となる．これを CAD を使って効率良く行う「設計コラボレーション」が行われている．

時間短縮のために，同時並行（コンカレント）にならざるを得ない中で，フェーズ間での重複やフィードバックが起こるため，確定情報を時系列的に伝えて共有する必要がある．最近はネットワーク上で情報共有を行うために，アクセス制御，図面情報の更新履歴管理，その他打合せ記録や工程などの情報共有を行うグループウェアなどを提供するアプリケーション・サービス・プロバイダー（ASP）の利用が注目されている．

d. 主要資機材の発注計画

工事別施工図は，設計者の承認後，部品図に展開され，部品の調達，製作が行われる．この後工場で組立，検査され，現場に運搬されて取付け工事が行われる．鉄骨部材などは製鉄会社にロール発注する必要があり，アルミ部材の成形部品や PCa の型製作にも相当な期間が必要である．

このようにビルごとに設計，製作される主要資機材については，各製作会社から製作期間（施工図承認後，現場取付けまでに必要な期間で，通常リードタイムと呼ぶ）が示される．そこで，現場の取付け施工工程からリードタイムを考慮した「施工図承認工程表」が作成される．

実際の現場運営においては，設計の調整確定作業，コスト管理のための見積り比較・発注先選定作業，施工図の作成調整承認作業が工事ごとに錯綜して，非常に繁忙となる．

さらに，経済のグローバル化により，建築資材の海外調達や施工図の海外での作成も増えている．鉄骨，CW，設備機器など主要資機材の場合，工程への影響が大きく事前調査，契約，為替予約，製作工程確認，検査，海上保険，輸送，通関など綿密な計画が必要となっている．施工図承認後，納品まで数カ月を要し，商習慣の違いによるトラブルや港湾ストなど輸送リスクもあるので余裕を持った工程が必要である．

4.3.4 参画者の役割と計画・管理技術

a. 参 画 者

生産関係者としては図 4.3.4 のように，発注者，設計者，監理者，官公庁，近隣，ゼネコン，ゼネコン本支店，メーカー，加工業者，専門工事業者，検査機関などがある[3]．

これは建築生産一般に共通な参画者であるが，大規模なオフィスビル生産の特徴としては，地下工事，鉄骨，CW が難しく，多くの検討が必要になることがあげられる．

地下工事は逆打ち工法が採用される場合が多く，地下部分の鉄筋組立，コンクート打設などの施工の詳細検討や，地上階の進捗に伴う応力検討，沈下や

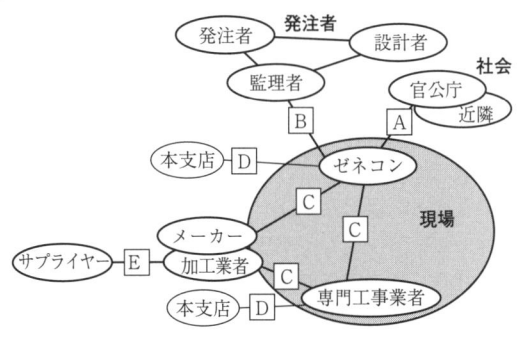

図 4.3.4 参加者間の相互関係

表 4.3.1 建築関係者の主な会議と機能

主な会議体	開催頻度	主な参画者 発注者	主な参画者 設計者・監理者	主な参画者 ゼネコン	主な参画者 ゼネコン本支店	主な参画者 専門工事業者	主な参画者 専門工事本支店	主な機能
環境近隣会議	随時	○	○	○	△	△		環境対策, 近隣対応
地下工事検討会	毎月		○	○	△	△		地下工事技術検討
鉄骨工事検討会	毎月		○	○	△	△	○	鉄骨工事技術検討
CW工事検討会	毎月	△	○	○	△	△	○	CW工事技術検討
施主定例打合せ	毎月	○	○	○				工事進捗報告, 詳細確認調整
設計定例打合せ	毎週		○	○	△	△		設計調整, 質疑, 施工確認
現場所内打合せ	随時			○	△	△		施工計画検討, 工程検討
安全衛生協議会	毎月			○		○		安全衛生検討調整
安全工程打合せ	毎日			○		○		安全指示, 作業間調整

変形への対応など, 設計者や本支店の専門技術者を交えた検討会議が不可欠である.

鉄骨も建方計画のほか, 精度管理, 現場溶接の予熱管理など高度な専門的な検討が必要となる.

CWは大規模なビルでは, オリジナルな設計となる場合が多いので技術的な検討が多い. さらに実大モックアップによるデザイン検討確認や水密性, 気密性, 施工性などを確認するための実大実験が行われることも多い. このため多くの専門技術者の参画が必要となる.

主な会議としては表4.3.1のようなものがある. これらの関係者間で設計情報, 施工図, 工程進捗状況, 品質管理データ, 安全指示など, 様々な情報を共有する必要がある. このため最近ではネットワークを利用した情報共有をするようになり, ASPを利用してインターネットにより情報の閲覧や記入をする場合もある.

b. 揚重管理・物流管理

超高層オフィスビルの場合, 資材は膨大な量になる. これらの資材の揚重をクレーンやエレベーターなど限られた揚重設備により行う必要がある. このための車両や揚重の計画, 管理は非常に重要である. 従来から各階の作業別資材量, 揚重回数などのデータが蓄積されている. これらのデータをもとに揚重山積み表が作成され, 総合仮設計画や揚重工程が作成される. 経済的な揚重設備とするために揚重資材量を平準化する工事工程の見直しや, 早朝や深夜を利用した揚重計画が行われることもある.

作業を効率化するため, このような場内運搬にはパレットや車輪付き台車などが使われ, また揚重運搬専門の業者が一括して行う場合もある.

最近は現場内だけでなく, 工場や問屋からの輸送まで含めた物流（ロジスティクス）の検討も行われている. 資材によっては適切な物流センターを設けたり, 専門の物流会社を利用した方が有利なものもある. また, 仮設雑材料など各工事に共通する資材について現場間, 業種間の共同配送の試行も始まっている.

c. 環境管理・建設廃棄物の削減

環境対策のため建設廃棄物の削減が不可欠である. 輸送のための梱包材は極力なくし, プレカットなど工場加工により現場加工を少なくして廃材を少なくする. さらに, 廃棄物の分別を徹底してリユース, リサイクルを図る必要がある.

現場によっては, 環境管理と揚重管理を一体的に実施している. 資材搬送チームが, 建設廃材の分別推進, 協力会社の指導, 現場内での廃棄物の収集処理管理を徹底することにより, 混合廃棄物の発生抑制, 現場排出後の再利用を促進している.

d. 人員管理・建設ICカード

大規模な現場では1日の作業人員が千人を超えることもあり, 安全管理のためにも入退場を確実に管理する必要がある. 従来からIDカードによる入退場管理システムが使われている. これらは現場ごとに発行されるバーコードや磁気カードを利用したものであり, 現場間を移動する作業者の場合は, 数枚所持している場合もある.

そこで最近は業界共通の「建設ICカード」の普

及が土木工事を中心に進められている．しかし，建築工事の場合，ICカードの製作コストが高く，1つの工事で延べ1万人を超える作業員の費用負担が多額になる，製作に数日を要しスポット業者に対応しにくい，連絡先や資格など入力データの確認・更新が難しいなどの理由で，あまり普及していない．

4.3.5 生産システム改革の方向
a. 工期短縮とコストダウン

キャッシュフローを重視する経営への変化により，自社ビルも資産ではなく生産施設としてコスト計算される．つまり，賃貸オフィスビルとしての経済性が求められている．この投資効率を高めるために工期短縮とコストダウンが非常に重視される．

そこで生産段階では，コンカレント設計による設計期間の短縮，逆打ち工法やプレハブ化・ユニット化による施工期間の短縮，電子商取引（EC）による調達コストの削減が図られている．

また，運用においてもファシリティマネジメントによる効率的運営，長期修繕計画に基づく適切な修繕・更新による長期使用が図られる．

このような動向に対応した1つの選択肢として，自動車業界と同様な「共通部品化」が提案されている．従来オフィスビルは，ビルごとのオリジナル設計による特注部材により建設されてきたが，共通部品を使って構築しようとするものである．これは1970年代からシステム建築として繰り返し提唱，試行されてきたが，モジュールや接合方法の標準化が難しく，建築資材が多種多様なため住宅部品など一部を除いて普及していない．しかし，情報化が普及した今後は，部品のデータベース化や部品対応CADの利用により，新しい展開が期待される．

b. CMや品質保証への対応

一括請負の場合，建設コストについては不明確との指摘もあり，コンストラクションマネジャーを置く事例もある．外資系企業においてはコストを透明化するCM（Construction Management）が利用され，国内企業や地方自治体の一部もPM（Product Management）やCMを試行している．

しかし，厳しい受注競争の中で建設コストは大幅に下がっており，性能保証やリスク負担が求められている．特に，地震など災害時における耐震安全性やオフィス機能を維持または早期に回復する生産システムが求められている．

このような状況の中で，日本のゼネコンのリスク負担機能，特にプロジェクト全体の工期やコストの管理能力が再認識されている．また，海外においても設計施工一貫，デザインビルドの採用が報じられている．

オフィスビルは絶えず進化しており，求められるものも多様化，複雑化している．この中で部品化，CM化など単純な図式だけではとらえきれない生産システムの改革が着実に進んでいると考える．

[坂野弘一]

文　献

1) 宮川　宏：施工，No. 409, p.19（1999）
2) 二階　盛：超高層建築 4. 施工編，鹿島出版会（1972）
3) 日本建築学会：建築生産にかかわる伝達・共有されるべきデータの体系化と実務指針（1999）

4.4　生産施設生産システム

4.4.1　生産システムを規定する制約条件

生産施設は化学プラントや製鉄所など大規模なものから，手工業規模のものまで種類が多く，その内容も多種多様である．生産施設の分類の一例を表4.4.1に示す．表4.4.1は日本標準産業分類による製造業の分類である．そのほかに生産施設としては，電気業の発電施設，ガス業のガス製造施設や熱供給施設などもある．

生産施設の建設に関しては，生産される製品，生産に使用される原料，材料，排水・排気・廃棄物の種類や施設・設備の内容により種々な法的規制が関係してくる．一般的に建築関係の法規では建築基準法，消防法などが関係し，大規模なものは工場立地法が適用されることがある．生産施設の設備・施設や製品製造などに関係する法令としては表4.4.2のようなものがある．

近年では，環境，省資源，省エネルギーなどに関する法律が制定，改定され，「循環型社会形成推進基本法」，「廃棄物の処理及び清掃に関する法律」（廃棄物処理法），「資源の有効な利用の促進に関する法律」，「建設工事に係る資材の再商品化等に関する法律」，「食品循環資源の再生利用に関する法律」，「国等による環境物品等の調達に関する法律」，「エネルギーの使用の合理化に関する法律」（省エネ法）などが生産施設の計画を含めて，その建設に関係する法的規制が増加している．

個別の生産施設の計画・建設にかかわる制約条件，制約要素には，以下に示す生産内容，建設地に関するものがある．

① 生産規模と将来予測，品種・量などの生産物の状況，生産・保管時の環境区分の必要性，原材料・製品の特性に関するもの
② 自動化などの生産方式，入荷から出荷までの生産フロー，原料・資材・部品などの物流に関するもの
③ 生産施設の種類，配置に関するもの
④ 敷地面積，形状・高低差などの敷地形状，道路・河川・鉄道・港湾などの敷地特性，隣接地の用途地域・状態などの近隣状況，気候など自然条件など敷地に関するもの
⑤ 建築基準法，消防法，工場立地法，公害立法，環境アセスメント，その他関連法規などの法的規制に関するもの
⑥ 道路，鉄道，港湾，空港などの輸送手段，上下水道，排水処理，産業廃棄物などインフラサービスに関するもの

4.4.2 生産システムの分類と特徴

生産施設の生産内容は多種多様であり，それに伴い生産施設の建設における特徴や重要項目，生産システムも異なってくる．また，新築で建設する場合と，増・改築，改修などにより建設する場合でも異なる．

医薬品製剤工場，食品工場，半導体製造工場などの生産施設の特徴を以下に示す．

医薬品製剤工場は，一般的な法規関係とは別に，薬事法および医薬品の製造及び品質管理に関する基準（Good Manufacturing Practice：GMP）に適合した工場計画が要求される．そのためにはクリーンゾーンとダーティゾーンなどの明確なゾーニング計画や動線計画の明確化が必要となり，クロスコンタミネーション（他の製品との交差汚染）や異物混入の防止，さらに，清潔度および空気清浄度の維持が重要となる．そのために最大の汚染源である人

表 4.4.1 日本標準産業分類（平成 14 年 3 月改訂）

F	製造業	
9	食料品製造業	各種食料品の製造
10	飲料・たばこ・飼料製造業	清涼飲料，酒類，たばこ，飼料などの製造
11	繊維工業	製糸，織物などの製造
12	衣服・その他の繊維製品製造業	衣服，寝具などの製造
13	木材・木製品製造業	製材，造作材，合板，木製容器などの製造
14	家具・装備品製造業	家具，装備品の製造
15	パルプ・紙・紙加工品製造業	パルプ，製紙，紙製品の製造
16	印刷・同関連業	印刷，製版，製本など
17	化学工業	化学製品，医薬品などの製造
18	石油製品・石炭製品製造業	石油，石炭製品の製造
19	プラスチック製品製造業	各種プラスチック製品類の製造
20	ゴム製品製造業	タイヤ，その他ゴム製品の製造
21	なめし革・同製品・毛皮製造業	なめし革，各種革製品の製造
22	窯業・土石製品製造業	ガラス，セメント，陶磁器，土石製品の製造
23	鉄鋼業	製鉄，製鋼，鋼材などの製造
24	非鉄金属製造業	鉄以外の精錬，電線他非鉄金属製品の製造
25	金属製品製造業	製缶，各種金物類，金属被覆加工など
26	一般機械器具製造業	ボイラー，農業・建設用機械，製造用機械の製造
27	電気機械器具製造業	電気関係機械・器具，電子応用装置などの製造
28	情報通信機械器具製造業	通信機械器具，電子計算機関係の製造
29	電子部品・デバイス製造業	半導体他電子部品などの製造
30	輸送用機械器具製造業	自動車，鉄道車両，航空機他輸送用機械の製造
31	精密機械器具製造業	計量器，医療用機械，光学機械，眼鏡，時計などの製造
32	その他の製造業	貴金属，楽器，事務用品，装飾品他の製造

の介在を極力減らすために，工場のFA（Factory Automation）化が進んできている．

食品工場に関する法律としては食品衛生法などがある．近年，食品の生産工程の安全・衛生管理の手法としてHACCP（Hazard Analysis Critical Control Point）システムを取り入れることが多くなってきている．HACCPシステムは危害分析重要管理点方式といわれており，食品の安全性を確保するための衛生管理システムであり，食品工場の清浄区域のゾーニング計画，動線計画，温・湿度の厳格な管理，防虫・防鼠計画，クリーンルームの清浄度など建築・設備の設計や施工などに関係する．食品工場のゾーニング計画の例を図4.4.1に示す．

近年，前述のように生産施設においてクリーンルームが必要とされる場合が多くなってきている．クリーンルームは大別して，半導体を中心とする電子工業や精密機械工業に設けられるインダストリアルクリーンルーム（Industrial Clean Room：ICR）と，薬品工場，食品工場などに設けられるバイオロジカルクリーンルーム（Biological Clean Room：BCR）がある．クリーンルームにおける浮遊微粒子に関する空気の清浄度は，一般的に清浄度クラスにより表される．清浄度の規格には，米国連邦規格，米国航空宇宙規格，日本工業規格などがある．これらは日本工業規格（JIS B 9920）とほぼ同じ規格となっている．ISO/TC 209のクリーンルームの清浄度クラスの例を表4.4.3に示す．クリーンルームの清浄度は重要な項目で，電子工業などのICRでは浮遊す

表4.4.2 設備・施設関係法令一覧

設備・施設関係法令	公害関係	大気汚染防止法
		水質汚濁防止法
		騒音規制法
		振動規制法
		悪臭防止法
		廃棄物の処理及び清掃に関する法律
		公害防止条例（各地方自治体）
	建築関係	建築基準法・都市計画法他
		工場立地法
		火災予防条例（各地方自治体）
		水道法・下水道法
	設備関係	高圧ガス保安法
		消防法
		労働安全衛生法（ボイラー及び圧力容器安全規則）
		電気事業法
		電気用品安全法
		エネルギーの使用の合理化に関する法律
	安全衛生関係	労働安全衛生法（労働安全規則，有機溶剤中毒予防規則他）
		毒物及び劇物取締法
		火薬類取締法

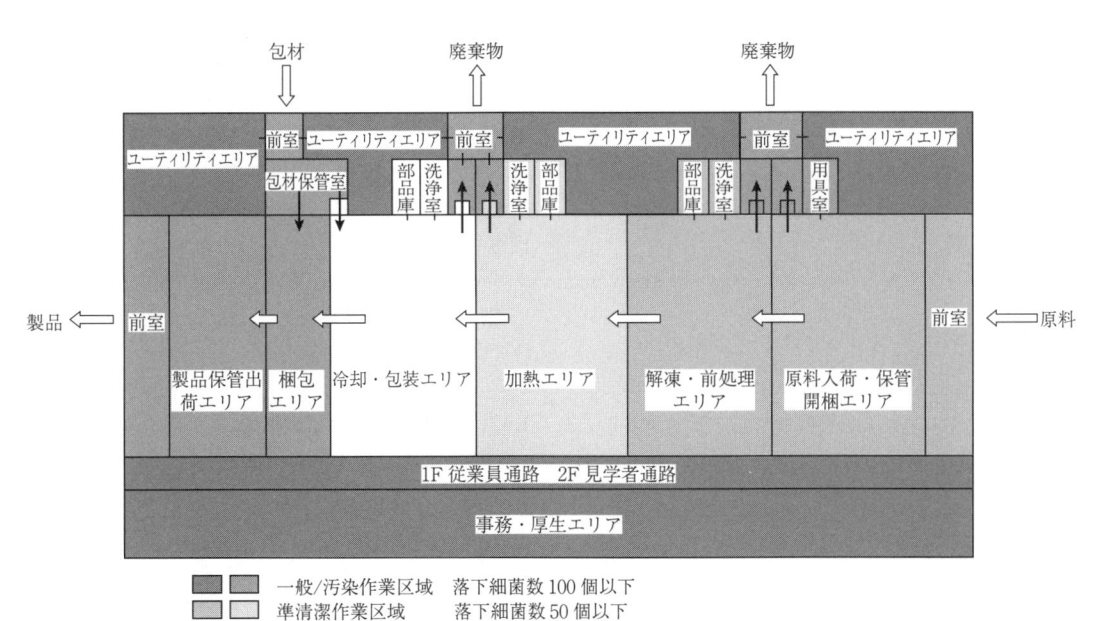

図4.4.1 食品工場のゾーニング計画例

表4.4.3 ISOによるクリーンルームの清浄度クラス (ISO/TC 209)

ISO清浄度クラス (N)	上限濃度 (個/m³) は，以下に示す対象粒径以上の粒度濃度を表している					
	0.1 μm	0.2 μm	0.3 μm	0.5 μm	1 μm	5 μm
ISOクラス1	10	2				
ISOクラス2	100	24	10	4		
ISOクラス3	1,000	237	102	35	8	
ISOクラス4	10,000	2,370	1,020	352	83	
ISOクラス5	100,000	23,700	10,200	3,520	832	29
ISOクラス6	1,000,000	237,000	102,000	35,200	8,320	293
ISOクラス7				352,000	83,200	2,930
ISOクラス8				3,520,000	832,000	29,300
ISOクラス9				35,200,000	8,320,000	293,000

表4.4.4 産業分野と要求清浄度

産業分類		清浄度クラス (ISO)
		1 2 3 4 5 6 7 8
ICR	ウェハ製造	
	半導体 前工程	
	半導体 後工程	
	液晶	
	ディスク	
	精密機械	
	フォトマスク	
	プリント基板	
BCR	医薬品 注射液充填	
	医薬品 製剤包装ライン	
	病院 無菌病室	
	病院 無菌手術室	
	食品 ロングライフ牛乳	
	食品 そうざい，弁当，製パン	
	動物実験 無菌動物	
	動物実験 SPF動物	

(出典) (社) 日本空気清浄協会編：クリーンルーム環境の計画と設計，オーム社 (2000)

る粒子の製品付着による製品不良防止が目的でクラスが設定される．製薬工場，食品工場などのBCRでは衛生面から清浄度が重要となる．産業分野別の要求清浄度を表4.4.4に示す．

インダストリアルクリーンルームは，一般的に床下ピット，室内，天井裏の3層構造となっている．その断面例を図4.4.2に示す．天井裏が循環空気の搬送経路となっており，ファンフィルターユニットやフィルターユニットが設置され，クリーンルーム内に清浄空気が供給される．床下は循環空気の搬送経路となっており，その他ユーティリティ，ダクトや配管スペースとなっている．

近年，半導体製造工場などでは，高性能半導体の製造，不良率の低減などから，さらに清浄度クラスが高いスーパークリーンルームの要求が出てきている．スーパークリーンルームでは，使用する建材などから発生するガス状のケミカル物質の制御なども必要となってくる．そのために建材のアウトガス分析，ガスの発生を押さえた材料の開発，高性能のフィルターの開発などが盛んに行われている．また，特に半導体製造工場では微振動対策や静電気対策が要求される場合もある．微振動対策では，振動計測システムや振動解析システムを利用して微振動を制御することが行われている．そのほか，振動対策としては，設備機械室の分離や，建屋屋根，設備機械室などユーティリティ関係の床の支持柱とクリーンルーム床支持柱を絶縁する構法など種々の工夫がなされている．床構造に関しても，計画段階で高精度な振動シミュレーションを実施し，格子梁や厚肉スラブ板の採用などの振動対策がなされてきている．

また，高度な清浄度が要求されるクリーンルームを作り込む手法としてクリーンアップ工程が重要である．その手順としては，躯体や仕上げが出来上がっていくに従って，出入口を限定し，クリーンルームとしての機能が完成した時点から本設のクリーン更衣室を完成させ，クリーン服の着用などを実施し，クリーン度を目標まで高めていく．クリーンアップ工程は全体工程も影響してくるので十分な検討が必要である．

4.4.3 基本フローと組織構成

生産施設建設の基本ステップフローは，一般的に図4.4.3に示す7つのステップにより構成される．

企画段階では，経営戦略を受けて，製品生産に関する現状分析や将来予測などを行い，建設場所，生産計画，工場規模，予算，概略スケジュールなど，プロジェクトの企画・コンセプトと基本構想が立案される．

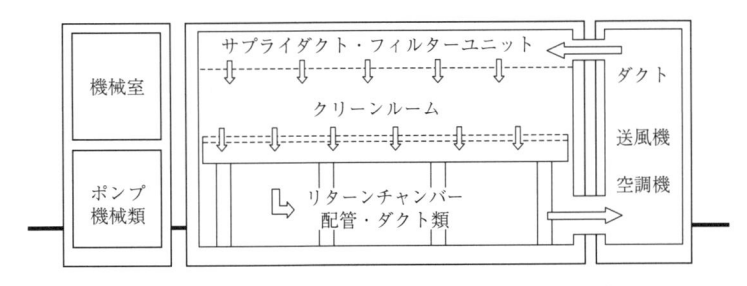

図 4.4.2 インダストリアルクリーンルームの建屋断面模式図

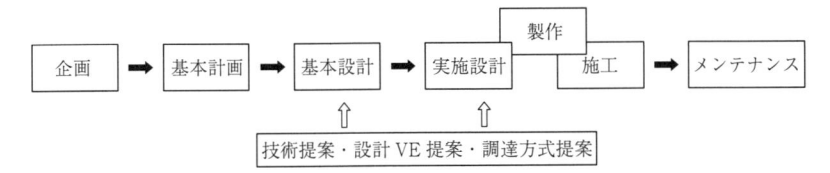

図 4.4.3 プロジェクトの基本フロー

　基本計画段階では，企画段階で設定された企画・コンセプトと基本構想を実現するために実施計画が立案される．ここでは生産システムの基本機能，生産基本スケジュール，製造ロットサイズや敷地内および建屋内のゾーニング計画などが行われる．

　基本設計段階では，基本計画案で立案された内容を具体化するために仕様の決定などがなされる．ここでは機器類の基本仕様の決定や，ゾーニング計画においてはその計画案を建築の平面図，立面図，断面図や機械配置レベルに落とし込むことが行われる．

　実施設計段階では，機器類の製造可能なレベル，建築・設備工事においては施工可能なレベルまでの設計が行われる．この段階で製作図や施工図の作成がなされ，作業スペースの配置，制御・操作パネルの位置，ユーティリティとの取合いなどが詳細機械配置設計とともに行われる．また，建築設計とユーティリティ設備，各機器との干渉チェックなども行われる．

　製作段階では，実施設計に基づいて材料・部品の調達，機器類の工場製作，完成した機器・装置類の検査などが行われる．

　施工段階では，建築工事や設備工事など建設工事が行われ，建設工事の工程に合わせて各機器類の搬入・据付け工事などが行われる．機器類の据付けが完了した段階から，機械単体の試運転・調整やサブシステム単位での試運転，最終的には総合試運転が実施される．これらの試運転は生産施設においては重要な事項であり，綿密な試運転計画と厳しい工程管理が要求される．また，そのほか関係諸官庁による官庁検査なども実施される．

　メンテナンス段階は建設後のステップであるが，生産の維持のために機器類の保守・点検は重要であり，メンテナンスの容易性など設計を含めて建設にも大いに関係する．

　以上が基本的なステップフローであるが，現実のプロジェクトでは実施設計段階と製作段階，施工段階が重なり合って進行し，建設を行いながら実施設計が進められるケースも多く，工事途中での調整や設計変更などが生じてくる場合もある．

　近年，発注者から設計事務所や請負業者に基本設計段階や実施設計段階において，技術提案，設計VE提案，調達方式の提案などが求められる場合も増えてきている．

　生産施設の建設では，製品の製造開始を少しでも早めるために，建設工事工程が短く設定され，工期が厳しい場合が多い．工程の短縮がしばしば要求され，プレハブ化工法の採用や24時間施工などが行われる場合がある．

　生産施設の建設の組織構成は，業種や規模などにより種々な形態がある．一般的なインハウスエンジニアで行う場合の組織例を図4.4.4に示す．発注者の中にプロジェクトを統合するプロジェクトマネジャーがおり，生産設備担当，工務担当，購買担当，建築担当，経理事務担当などが必要に応じて組織される．発注者と設計事務所，請負業者，専門工事業者，生産設備にかかわる機械設備メーカーなどが図4.4.4に示すような契約で組織され，建設を行う．

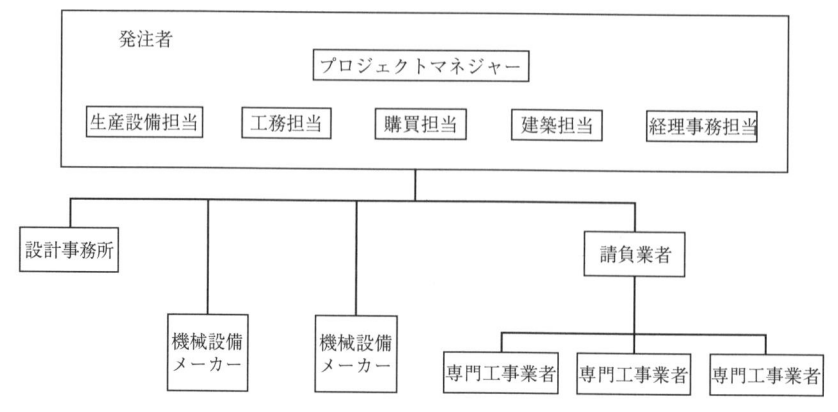

図4.4.4 組織図例（インハウスエンジニア）

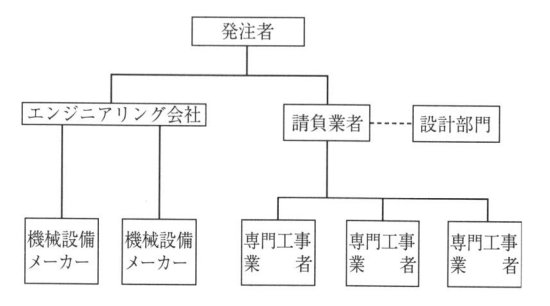

図4.4.5 組織図例（エンジニアリングのアウトソース）

図4.4.4の組織図はあくまでも一例であり，建築工事と設備工事が分割して発注される場合，請負業者が設計施工で請け負う場合や，生産設備の計画・設計をインハウスで行わずにエンジニアリング会社，設計事務所や請負業者のエンジニアリング部門が行う場合など，種々の発注形態とそれに伴う組織形態がある．建築関係を設計施工で，生産設備をエンジニアリング専門会社が行う場合の組織図例を図4.4.5に示す．

いずれにしても，機械設備メーカーと情報交換し，建築・設備工事にかかわる取合いを協議することが重要である．

4.4.4 参画者の役割と計画・管理技術

生産施設の建設における組織の一般的な事例を図4.4.4に示したが，この事例での発注組織の中で生産システムにかかわる者としては，プロジェクトマネジャー，生産設備担当，工務担当，購買担当，建築担当，経理事務担当などがある．各担当の役割を以下に示す．

プロジェクトマネジャーはプロジェクトを指揮，監視，管理，統制，統合する責任者である．プロジェクトマネジャーは社内の機能別関係者，コンサルタント/官庁，設計事務所，請負業者，機械設備メーカーなど多くの関係者とインターフェースを持って業務を遂行する．

生産設備担当（project engineer）は，生産設備全体の設計・仕様，調達，製造，検査，工事，試運転・調整など，その技術的な統括を行う．また，個々の専門分野をそれぞれの専門のエンジニアが担当する場合がある．

工務担当（cost/schedule controller）は，工程計画，各種見積り，進捗報告，工程管理，文書管理，コスト管理，資材管理などを行う．工務担当を専任で置くか否かはプロジェクトの規模などで決定することが多く，兼務で行う場合もある．

購買担当（project procurement manager）は，プロジェクトの購買に関しての業務を行う部門で発注，検査，納期交渉など購買契約手続きなどを行う．

建築担当（construction manager）は，建設工事に関して責任を負い，具体的な工事計画や設計および工事との調整などの実務を行う．

経理事務担当（project administrator）は，プロジェクト経理，資金管理，輸出入業務，保険業務，プロジェクトメンバーの安全衛生関係の業務を行う．

さらに，安全担当（safety staff）や現場担当（field staff）が必要になる場合がある．安全担当は，安全管理を行うスタッフで，現場担当は建設現場において直接建設工事に携わる専門工事業者との調整を行いながら安全に設計どおり工期内に建設できるように指揮，管理を行う．

プロジェクトの管理手法として，プラント建設や生産施設建設にはWBS（Work Breakdown Structure）の手法がある．WBSとは，プロジェクトの要素を

トップダウンの形で階層状に分割していき，効果的な計画と管理を行うのに必要な程度にまで細分化し，それらの相互関係を表したものである．プロジェクト全体を構成要素に基づいて階層組織化して定義されたものである．WBSの最下位レベルの管理単位をワークパッケージ（work package）と呼び，そのワークパッケージに作業内容，リソース，スケジュール，コスト，予算などを割り当てる．工事の進捗状況に従ってそのワークパッケージを管理することにより，コスト予測やスケジュール予測などを行うことができる．これらを含めてコンピュータやパソコンによりプロジェクト管理を行うことができるPMツールが使用されている．

また，最近ではインターネットなどのインフラが整備されたこと，パソコンが急激に普及したことにより，図面情報をはじめ，打合せ書類，変更指示書，工程情報などを発注者，設計者，施工者，専門工事業者が電子データにて共有して管理していく手法などもとられてきている．

4.4.5 生産システム変革の方向

近年，生産施設の建設に関して，開発技術の進歩に伴って製品開発から生産立ち上げまでの工期の短縮が要求され，将来を予測した配置計画などが行われてきている．設備，仕上工事などの実装を行わずに建設を行い，製品開発が済んだ時点で設備，仕上工事などの実装工事のみを行い，生産の立ち上げまでの時間を短縮するような方法もとられてきている．今後，短工期への要求はさらに高まってくることが予想される．

情報化の発展，環境問題や社会への貢献など注目を集める動きに伴い，従来の生産施設としての工場から，製品製造のみならず研究開発，広報や配送の機能を併設した複合化工場や公共的要素を持った生産施設などが出てきている．

また，半導体製造工場では，設備投資の巨大化や商品サイクルの短縮化に伴う投資リスク回避のために，従来のメガファブ（大規模工場）からミニファブ（小規模高効率工場）への転換が指向されている．

また，特に生産施設に関しては環境配慮型の建設や，ISO 14001の取得，食品製造関係のHACCP対応，医薬品製造工場のGMP基準対応，近年大きく問題になってきているCO_2排出規制対応，省エネルギー対策など，環境に配慮した生産施設の建設がさらに求められてくると考えられる．　　　　[石堂修次]

文　　献

1) 「これからの工場計画」編集委員会：これからの工場計画，産業技術サービスセンター（1992）
2) （社）日本空気清浄協会：クリーンルーム環境の計画と設計，オーム社（2000）
3) キース・ロキャー／ジェームス・ゴードン著（中村翰太郎監訳）：プロジェクトマネージメントとプロジェクトネットワーク技法，日本規格協会（1997）

4.5　医療施設生産システム

4.5.1　生産システムを規定する制約条件

少子・高齢化の本格化，国民医療費の増大，医療福祉ニーズの多様化，大幅な制度改革などの社会環境の変化を受けて，病院経営環境も大きく変化している．それに伴い医療福祉供給体制が大きく変化しており，医療福祉施設におけるニーズの多様化とともに，事業計画，施設計画，工事管理，施設運営に対する高度な専門性が要求されるようになった．

医療施設プロジェクトには，発注者側に多種多様な意思決定者が存在し，それに起因する施工段階での設計変更が多いため，その調整が重要である．

また，補助金の利用およびPFI（Private Finance Initiative）方式など新たな事業方式の導入に伴い，公共・民間を含め多くのプロジェクト関係者が存在するとともに，多岐にわたる法規制が存在する．

さらに，高価格な医療機器や特殊医療工事に関連して，建設工事については別途工事・直営工事の分離発注が多く，多数の建設関連業者が存在し，総合調整が必要となる．

このように，医療技術・機器の高度化に伴い法規制，運用上の変革が進むなかで，医療福祉施設の新築，改築，改修プロジェクトが増加している．

4.5.2　生産システムの分類と特徴

a.　工事方式による種別

1）　新　設　型

新たな敷地を用意してそこに新設する．新たなタイプの医療施設を新設する場合に多い．事業者側に経験が少ない場合は，事業計画から建設，運営に至るまで各種のノウハウと技術の提供が必要となる．

2）　リプレース型

既にある敷地の中で，古い建物を解体しながら新しい建物に順次置き換えていく．既存施設を稼働さ

せながら工事を行うため，工程計画や仮設計画に対する制約条件が多い．

3) 移転型

新しい敷地に順次新築しながら全体を移転する．その間に，旧来の医療機能の統合や新たな機能の増設を行う．

b. 事業資金調達方式による種別

1) 補助金などの公的助成制度の利用

医療施設建設については様々な補助金制度があり，これを利用した事業計画に基づきプロジェクトを推進する場合が多い．

2) 公的施設へのPFI方式の導入

最近の公立病院建設に導入が進められている．事業提案型競争入札方式により事業者を決定する．事業資金の一部をPFI方式で調達するもので，施工者が事業参画する場合が多い．

4.5.3 基本フローと組織構成

経営企画，事業計画などに基づく基本フローと組織構成を表4.5.1にまとめる．

4.5.4 参画者の役割と計画・管理技術

a. 施工準備段階

1) 発注者の事業情報の把握

発注者はかなりの期間，時間を要して，経営計画，事業計画の決定，諸官庁他との折衝を続けている．施工にあたっては施工前の種々の課題をもう一度よく整理し，正確な状況確認をすることが必要である．

① 諸官庁の指導事項
② 近隣協議折衝事項
③ 関連諸団体協議折衝事項
④ 補助金，助成金，金融機関の融資条件
⑤ 主要医療機器のリストおよび発注状況
⑥ 別途工事リストおよび発注状況
⑦ 工事区分の確認

2) 設計者の基本事項

施工にあたり発注者の代弁者である設計者は，施設のあるべき姿を施工者に伝える．また，工事の円滑さ・品質・コストなど検討・配慮された計画内容を伝えるので，以下の基本事項を十分確認する必要がある．

① 設計意図伝達書の確認（設計主旨，留意点・監理基準，ツール）
② 基本計画書の確認（基本コンセプト，要求品質，制約事項，基本機能）

3) プロジェクト運営組織

事業主に加え，開院後施設を運営する各診療科科長，看護師長，施設管理者，事務企画者の意向を組織的に収集することが重要である．承認・決定を促進するための運営組織を確立し，発注者が進める事業領域の見直しから運営方法，使い勝手の検討に対して，工期・コスト・品質との整合を十分に図る最終決定機関と位置づける．専門性の高い事項については，運営組織の下部に委員会やワーキングを設置して対応する．

① 計画の承認，決定を促進するための運営組織を確立
② 院内関係者への定期的説明会の計画開催の支援
③ 院内各種検討会議（専門委員会・WG）との組織的な連携

4) 関連法規の施設基準の確認

建築基準法，消防法以外に医療法にも留意する．法規については，逐次，変更があり，最新情報を必ず入手して対応する．

・医療法施設基準の確認（病室の床面積は内法の測定，廊下幅の測定など）

5) 総合図の作成・活用

設計段階で部屋別，用途別に要求品質が設計図書にまとめられているが，変更を伴う場合が多いので，躯体検討段階，仕上検討段階などで繰り返し要求品質を確認し続ける．これらの設計と施工の調整・確認には総合図を作成して活用する．

① 発注者，設計者による室別条件シート作成への立ち会い，確認
② 建築，設備，医療機器，別途工事などの関連情報の総合図への落とし込み
③ 総合図の作成分担の明確化および最新情報の共有化

6) 設計変更の対応

事業者側の各部門での内容が十分に検討されていないことによる設計変更が多いため，工期，コスト，品質に支障を生じないように次の事項に留意する．

① 変更対応ルールの明確化
② 質疑応答書，変更指示書にて変更内容の確認
③ 設計変更一覧表の変更項目，内容，コストを随時確認
④ 官庁申請図書による法的整合の確認（建築基準法，消防法，医療法，ハートビル法，地域条例など）

4.5 医療施設生産システム

表 4.5.1 基本フローと組織構成

		経営企画	事業計画	事業決定・業者選定	施工準備	施工	引渡し竣工	運営
発注者・コンサルタント		経営の理念・方針・目標設定 マーケティングリサーチ セグメンテーション・マーケティングリサーチ 組織・人事の見直し 各部門課題づくり (中期・長期経営計画書)	総事業費用の洗い出し 総合スケジュールの作成 事業収支方式の選定 事業収支計画の作成 金融機関との折衝 近隣との協議 (事業収支計画)	金融機関との融資実行 事業収支計画の微調整 プロジェクトチームによる現場の意見聴取 近隣・医師会・官庁との調整 業者選定要項の作成と応募者募集 (事業収支繰り、業者選定計画)	施工業者の選定・契約 直営・別途工事範囲の決定 工事校舎プロジェクト組織体制の決定	人材募集・教育研修 パンフレットなどによるPR 管理マニュアル作成・研修 諸官庁手続き 医療機器試運転	開院準備 什器備品搬入 引越し・移転 メンテナンス計画作成	開院
設計者		敷地調査、ボーリング 周辺環境調査 建設スケジュール作成 関連法規調査 建物概要計画 概算作成 (概要計画、概算書)	基本・実施設計 ・意匠、構造、設備、サイン計画 ・屋外設計 ・公庫など金融機関への申請書類作成 (設計図書・仕様書)	設計コンセプトの説明 設計仕様の説明	設計変更協議・指示 設計監理 現場施工監理 工事出来高チェック、支払い承認 諸官庁手続き支援 各種検査立会い (工事監理記録、設計変更指示書)	医療機材の竣工検査立会い 取扱い説明立会い (竣工図)	保全時の確認 ・中長期保全計画 ・諸官庁定期検査報告 安全性の確保 ・非常時の対策・対応 ・インフラ機能停止時の対策・対応
施工者					契約 施工方針 施工基本計画の立案 発注者事業計画の把握 設計図基本事項の把握 実施施工計画の作成 プロジェクト運営組織の設立 関連法規の施設基準の把握 総合図作成方針・役割分担 医療機器・別途工事への対応方針	要求品質実現のための検討 バリアフリーの安全性確保 動線の確保 区画の形成 サイン計画 アメニティ空間での安全性確保 設備工事との調整 特殊ガス工事との調整 医療機器工事との調整 日常工事管理・施工管理	竣工検査への対応 ・項目、スケジュール 試運転調整への対応 ・項目、手順、スケジュール 開院準備への対応 什器・備品の設置状況確認 施設関係者への取扱い説明 施設運営者への研修協力	
直営業者		機器洗い出し 概算	機器の選定	契約	機器納入 据付け 試運転調整	最終調整	機器メンテナンス
諸官庁		地域医師会への打診 都道府県医務課への打診 農地転用などの打診 開発許可申請 建築計画事前審査	病院開設許可申請 建築確認申請・認可 近隣協議・折衝 消防署・警察署折衝		施設使用許可申請 使用許可書 健診・基金などへの諸届出 支払基金・医療保険許可 病院開設届出 消防危険物許可 保健所・医務課開設許可 電気・ガス・水道局折衝・検査		病院巡視 各種基準許可の更新 建築物定期検査 消防署定期検査

7) 医療機器，別途工事の発注状況，搬入時期

建築工事を進める上で医療機器の搬入・据付け工事が工程，コストに重要な影響を与えるので下記のことに十分留意する．

① 製作図の受理と検討
② 建築・設備と整合，取合い確認
③ 契約図との整合，確認
④ 工事区分の確認
⑤ 搬入計画の確認（搬入時期・搬入ルート・使用重機など）
⑥ 変更見積りの作成
⑦ 工事依頼の見積り

8) プロモーションテーブルの作成

プロモーションテーブルとして施工前の図面承認，機器発注，製作，検査，搬入などのキーデートを定めた工程表を作成し，発注者，設計者，直営工事業者へも周知徹底を図る．

① 総合図，施工図，製作図の作成工程
② 医療機器発注，搬入工程との調整
③ 別途工事発注，搬入工程との調整
④ 設備工事との調整

b. 施工段階における管理ポイント

施工段階での設計変更も非常に多いため，施工準備段階で定めたルールに従って確実なフォローを必要とする．特に，診療部門，検査部門などを含むレイアウト変更は，躯体・仕上・設備工事工程に大きな影響を与えるため，関係スタッフの協力を得た迅速な対応が必要である．また，各工事の主要な部分が同じ場所に集中する傾向があるので，各工事業者間との調整がとれた施工計画，施工手順を設定する．特に，直営業者と建築工事とのかかわりが多いため，早期に連携協力体制を確立する．

1) バリアフリーの検討

医療施設では，非健常者の身になった機能，仕上げが要求される．特に車椅子やストレッチャーが通る場所は段差のない納まりであることを十分に確認する．特別浴室回りなどでの防水の納まりは，図面での十分な打合せを行った上で，再度現地にて確認する．患者さんにとって手すりは杖代わりとなることもあって，使いやすく，堅固な仕上げが望まれる．

① 病院のバリアフリーに対する考え方
② 車椅子の入るエリアの確認
③ 車椅子移動エリアでの移動に支障のある段差の排除
④ 車椅子の移動に支障がない特別浴室回りでの納まり
⑤ 特別浴室回りの防水の納まり
⑥ 手すりを設置するエリア
⑦ 手すりの使いやすさ
⑧ 手すりの取付け強度

2) 動線の確保

患者，医療従事者へのサービス動線では，車椅子やストレッチャー，物流が頻繁に移動することから，平面的なスペース確保とともに壁の保護が必要である．

① 車椅子の移動エリアの移動に支障がない廊下・扉の幅の寸法の確保
② ストレッチャーの移動エリアでの移動に支障がない廊下，扉の幅の寸法の確保
③ ストレッチャー本体に点滴装置を装着した状態での移動寸法の確保
④ ガードバンパーの取付け高さ
⑤ 車椅子，ストレッチャーが衝突しても損傷しない間仕切り壁の強度の確保

3) 区画の形成

医療施設では下記のような多くの区画が形成される．計画変更時に忘れがちとなる各区画の整合を図り，最新の区画に基づく現場確認が求められる．特に，諸官庁打合せには施工者は設計者と同行し，その記録を確認資料として保管する必要がある．

① 防火区画，排煙区画の確認申請図での確認（建基令112，114に抵触）
② 最新平面図での防火区画，排煙区画を再確認
③ 病室間の間仕切り壁の防火上主要な壁の確認
④ 清浄度の確認（手術室のクリーン度，クリーンルームと一般領域の区画の確認，クリーンルームの正圧空調，汚染管理区域・汚染領域の確認，汚染領域の負圧空調）
⑤ 放射線区画の確認（遮蔽する部屋の確認，遮蔽レベル，遮蔽仕様）
⑥ 遮音区画の確認（病室間の壁から音の漏れのない仕様，病室や診察室などと機械室や便所との室配置（隣り合わせにならないこと），エレベーターシャフト，設備系縦シャフトなどの騒音の出るシャフトと病室や診察室などとの室配置（隣り合わせにならないこと））
⑦ 電磁シールド区画の確認（高圧送電線や大型車両など，外部の電磁波の影響を受けにくい平面計画，外部電磁波の影響を受ける恐れがある場合の建物自体の電磁シールドなどの対策，建

物内の高圧電線や低圧幹線のルート（シールドルームの上を通っていないこと），電磁シールドが必要な部屋の確認，電磁シールド仕様))
  ⑧ 使用時間区画の確認（各区域・室の使用時間区分，使用時間に合った照明の点滅区分，使用時間に合った空調ゾーニング）
  ⑨ 管理区画の打合せ（管理区分，管理方式，マスターキー，サブマスターキーの使用範囲）

4） サイン計画

消防法による避難誘導灯や照明器具，スピーカーなどと棟，部屋，診療科案内，便所，エレベーター，売店案内などのサインは"見やすさ"，"わかりやすさ"を目的として設置されるので，同じ場所となる場合が多い．また，設備機器の名称，分電盤の回路名称などの製作機器名称と棟名称，部屋名称，科名称との不整合が生じやすい．施設運営上のサイン計画は，えてして後回しになりがちで，仕上げの最終段階まで決まらず，器具類の取付け位置の変更，中央監視設備の名称計画の全面変更，試運転調整の不備につながることがあるため，躯体工事完了前の調整，確認を済ませることが必要である．
  ① 消防法の設置器具との整合
  ② 設備機器名称と室名称との整合

5） アメニティ空間における安全性の確保

最近の医療施設は，アメニティを重視した計画となる．大きな空間や階段回りの大きなスペースが多用されるが，自殺者防止への配慮や幼児童への安全確保を検討し，手すりの高さ，手すり子の間隔を定める．
  ① 手すりの高さ，間隔
  ② 防護ネットの要否
  ③ 大きなガラス扉の衝突防止用シール

6） 設備工事との調整

医療施設の各部屋と設備（主に給排水・電気）は大変密接な関係にある．部屋の用途の変更は建築的に簡単であっても設備は大きな変更を伴うことが多い．工事中のプラン変更には，設備工事と十分に連携をとって対応する．
  ・各室ごとの設備器具の確認

7） 特殊医療ガス工事との調整

医療ガス工事の誤接続は，即，人命に影響を与える．天井内変更工事などでは確実な施工管理が望まれる．
  ① 施工要領書での確認
  ② 検査要領での確認

8） 医療機器工事との調整

高額な医療機器は，購入にあたって慎重な検討期間と理事会等の承認を必要とするため，現場の工程とよく調整し，大きな手戻り工事を発生させない計画，フォローが重要である．施工段階では，特に大型機器，重量機器の躯体補強の検討や，搬入時の動線の確保，躯体開口準備などが必要となるため，プロジェクトの早い時期から施工者は発注者の理解を求める活動が必要である．
  ① 製作図の確認
  ② 医療機器配置の確認
  ③ 工事区分の確認
  ④ 製作日数の確認
  ⑤ 搬入計画の確認
  ⑥ 変更見積りの作成

9） 取扱説明書の作成

医療施設の性格上，特殊な仕上げ，設備器具類が多く，取扱説明書は施工段階から作成準備することが必要である．
  ・取扱い内容に関する関連メーカーとの確認

c. 引渡し竣工，開院準備，保全段階における管理ポイント

開院後は，人命を預かる社会的責任の高い医療施設として24時間休むことのない運営を開始する．竣工までに本体工事のあらゆる機能の運転確認を確実に行うことはもちろんであるが，施設を運営，利用するスタッフが施設の状況を十分に把握し，間違いのない運用ができるよう，余裕を持った習熟期間を確保することが重要である．直営業者の高度な医療機器の試運転調整期間，習熟期間にも計画的な連携を図り，開院に向けて万全を期する．また，火災，地震などの非常事態には地域の防災拠点として機能することが求められる場合が多く，あらかじめ定められた機能展開に基づいて，発注者，設計者，直営業者立会いによる総合試運転確認が重要となる．

1） 竣工検査への対応

一般の建物においては，建物の機能を確保する建築基準法，消防法に基づく検査となるので，什器備品等の据付け前に竣工検査を実施する．しかし，病院においては運営状況を含めた検査が必要になるため，医療機器，什器備品等を完全に据え付けてからの検査を行う．また，検査者も厚生労働省，自治体の衛生局，保健所など多くの検査が必要となる．病院建設には国庫補助金，各種助成金の融資を受けている場合がほとんどであり，各関係の官庁検査もス

ケジュールに組み込んで計画する必要がある．
① 医療機器，別途工事の個別試運転，調整スケジュール
② 建築設備，医療機器，別途工事の連携試運転，調整スケジュール
③ 建築設備，医療機器，別途工事の総合試運転，調整スケジュール
④ 建築主事・消防検査以外に運営状況確認の官庁検査対応

2） 試運転調整への対応

本体工事の設備システムの健全性を確認するとともに，医療機器や各種別途工事の試運転調整を行う必要があるため，試運転調整の項目と確認手順および期間を的確に把握する．本受電前の仮設電源や試運転調整前の不安定な時期に高額な高度医療機器が据え付けられるため，機器の管理責任，電源中断などによる瑕疵責任を医療メーカーと明確に取り決めし，後日のトラブルを回避する．開院に向けて，あらゆる非常状態を想定した総合試運転を計画し，発注者・設計者・施工者・医療機器メーカー・別途業者の立会いのもとに実施する．
① 建築・設備の個別試運転・調整
② 医療機器・別途工事の個別試運転・調整
③ 本体工事・医療機器工事・別途工事の総合試運転・調整
④ 高度医療機器などの管理責任の明確化
⑤ 試運転・調整期間（2～3カ月）の確保

3） 開院準備への対応

竣工後のステップのため，意外と忘れがちで，開院準備の期間をないがしろにしてしまうことが多くみられる．多くの高度な医療機器の試運転・調整，院内スタッフの教育訓練など，綿密なスケジュール管理を必要とするステップであり，準備事項と日程をもとに発注者・施工者が綿密な調整を図る必要がある．
① 開院スケジュール計画
② 医療従事者，施設管理の習熟期間（最低3カ月）の確保
③ 医療機器，什器，備品の搬入，据付け日程
④ 工事関係者の待機体制
⑤ 取扱い説明の関係者への周知徹底

4） 保全時の確認

医療機器の更新，施設の24時間運営，安全性の確保など，医療施設特有の事項を加えた中長期の保全計画を発注者，関係者と協調作成の上，後々までメンテナンスする必要がある．
① 設備管理計画
② 清掃管理計画
③ 建物環境衛生管理計画
④ 保安警備計画
⑤ 中長期保全計画
⑥ 諸官庁定期検査報告対応

5） 非常時の安全性確保

社会的使命の高い医療施設は，平常時の安全性の確保はもちろん，非常時の安全性の確保が大きな課題となる．当該プロジェクトの安全性の確認を行い，課題については，発注者・設計者・施工者が十分に打ち合わせて解決を図る必要がある．
① 火災，震災，風害などへの安全性確保
② インフラ機能停止時の課題，対応（ガス，電気，上下水など）

4.5.5 生産システム変革の方向

21世紀の医療事業では，保健・医療・福祉の3分野はトータルに考えられ，フィットネスと医療の融合や医療と連携した老人福祉サービスなど，新しいヘルスケア事業が展開されている．施設の運営に関しても，企業型の運営ノウハウやマーケティングノウハウを取り入れるなど，新時代のコミュニティヘルスケア施設を目指した事業計画が検討されていることなどを認識し，プロジェクトの特徴を十分に把握して対応していくことが必要がある．

そのためには，事業計画から施設計画，施工，運営に至る生産プロセスでの医療施設特有のノウハウを集約し活用する仕組みが不可欠であり，そのもとで医療施設における高度な専門性に対応できる分野特化型のプロジェクトマネジャーおよび設計・施工の専門技術者を育成していくことが求められる．

[江口昭彦]

4.6 教育施設生産システム

4.6.1 教育施設に関連する制度・規定

a． 学校の種類

1） 学校の種類（学校教育法第1条）
・小学校・中学校・高等学校・中等教育学校・大学
・高等専門学校
・盲学校・聾学校

・養護学校・幼稚園
(注1) これらを，第1条に載っていることから，「一条校」と表現することがある．
(注2) 短期大学は，大学に含まれる．
(注3) 保育所は厚生労働省の管轄の福祉施設の1つであり，幼稚園とは異なる．ただし，「幼保一体型施設」など幼稚園と保育所を一元化する動きも始まっている．
(注4) 中等教育学校とは，中学・高校課程の6年間を一貫させた学校．

2) **学校教育法による第1条以外の教育施設**（学校教育法第82条の2，第83条）
・専修学校・各種学校

b. **学校の設置者**
・国立学校：国が設置する学校
・公立学校：地方公共団体が設置する学校
・私立学校：学校法人が設置する学校
・盲・聾・養護学校・幼稚園：これらの学校については歴史的な経緯から，民法法人，宗教法人あるいは個人で経営しているものがあるが，学校教育法第2条に「学校は国，地方公共団体，及び学校法人のみがこれを設置することができる」とあり，新規の設置については，この原則によると考えるのがよい．
・専修学校：国・地方公共団体・法人・個人
・各種学校：制限規定なし
(注) 構造改革特区については，一部，株式会社，NPO法人が設置する学校が認められている．

c. **私学への補助金・融資**
私学教育関係の補助金は，私学経営を支援する経常費補助が中心で，施設整備に関するものは多くはない．予算は年ごとに異なるが，補助金項目ごとの大体の文部科学省の予算規模からも，施設整備関係は少ない．

1) **私立大学に対する補助金**
経常的経費（人件費・物件費など）を日本私立学校振興・共済事業団を通じて補助しているが，経常的経費の増加傾向の中，補助割合は低下している．補助金の効率的運用重視から特別補助の充実が図られる．
① 一般補助と特別補助：一般補助は教職員数・学生数などをもとに，経常的経費に対して配分される．
② 特別補助：生涯学習・地域活性化，個性化推進，多様化推進など，社会的要請の強い教育研究に配分される．
③ 教育研究装置等整備費に対する特別補助金：大学院高度化，学術研究推進，大学教育高度化，高度情報化推進など，時代に応じたテーマにより設定される．

2) **私立高等学校などに対する補助金**
都道府県が行う助成費に対し，国が補助する形をとる．

3) **私 学 融 資**
日本私立学校振興・共済事業団が，私立学校の施設整備費用に対し利子助成を実施している．

d. **大学に対する補助金行政の新しい動き**
文部科学省では，大学の研究教育を重点支援する新たな動きを始めている．国，公，私立大学が対象で，応募・選定のプロセスを経て，競争的な配分を行い，活性化を目指している．

1) **21世紀COEプログラム**（卓越した研究拠点）
世界的な研究教育拠点の形成を重点的に支援する事業である．平成14年度からスタートし，平成14～16の3年間で延べ130大学，274件のテーマが選ばれ，合計約692億円の補助金が配分された．平成17年度も約380億円程度の予算が予定されている（COE：Center of Excellenceの略）．

2) **特色ある大学教育支援プログラム**（特色GP）
大学教育の改善に助けとなる様々な取組みのうち，特色ある優れたものを選定し，重点的に財政支援を行うとともに，高等教育の活性化を促進する事業．平成15年度からスタートし，平成15,16の2年間で延べ38件のテーマが選ばれ，約18億円の補助金が配分された（GP：Good Programの略）．

3) **現代的教育ニーズ取組み支援プログラム**（現代GP）
各種審議会からの提言など，社会的要請の強い政策課題（テーマ）に対応した取組みを推進し，大学教育改革を図ろうとする大学などに重点的に財政支援を行う事業である．平成16年度からスタートし，平成16年は84件が選ばれ，約20億円の補助金が分配された．

4) **平成17年度以降の新しい動き**
平成17年度から新たに下記の項目の新設が予定されており，各項目に，それぞれ数億円から20～30億円程度の予算割当てが予定されている．
・大学教育の国際化推進プログラム
・法科大学院等専門職大学院形成支援プログラム

・大学，大学院における教員養成推進プロジェクト
・魅力ある大学院教育イニシアチブ（大学院版特色GP）

e. 大学に関する諸規定

大学は文部科学省の所管であり，項目により，文部科学省の認可や届出が必要である．

1) 認可および届出

私立大学の場合，下記は認可事項である．
・大学の新設，廃止
・大学院大学の新設，廃止
・学部の設置・学科（課程）の設置
・通信教育の開設
・大学の収容定員の総数の増加
・設置者の変更

学部の廃止や分野の変更を伴わない学部設置などは届出でよく，対象事項が細かく決められている．

2) 大学設置基準

教員数や校地，校舎に関することなど，大学に関する規定の多くが大学設置基準に定められている．

3) 大学設置フロー

2000年5月以降，大学設置の認可手続きが1年で済むように緩和されたが，文科省への申請前に施設建設に着手しなければならないケースが多くなり，留意が必要である（表4.6.1参照）．

4.6.2 教育施設を取り巻く環境と発注者ニーズ

現在，少子化の進行，首都圏におけるキャンパスの都心回帰，国立大学の独立行政法人化などの制度改革，工場立地法の改正による設置地域の緩和などの社会環境や制度改革を受けて，教育施設の整備が進められている．特に私学においては，厳しい経営状況にあるが，生き残りをかけた学園づくりの一環として，建替え・リニューアルやキャンパス立地整備をはじめ，魅力ある施設づくりを目指す動きが盛んである．

a. 教育施設における最近の主な発注者ニーズ（大学）

1) 少子化・教育システム変革に対応した経営の安定化

・学生数を確保するための魅力ある学部・カリキュラムの見直し，社会人学生・留学生の受け入れ，産学共同研究への対応とそれに伴う既存施設の高度化，老朽化施設の建替え，最新施設の建設
・収益事業の展開，補助金他の導入による資金調達・資金不足の解消，記念事業による寄付獲得

2) 郊外から市街地中心部への回帰

・移転先の土地・施設確保，郊外跡地の処分
・仮校舎・仮設校舎の確保
・市街地中心部の保有土地・施設の有効活用

3) 施設建設・運営の効率化

・施設の耐震化・長寿命化の推進による施設安全性の向上，施設セキュリティの強化
・ライフサイクルマネジメント，ファシリティマネジメントの導入
・PFI（Private Finance Initiative）などの調達手法の活用（公立大学の場合）

表4.6.1 文部科学省への大学設置認可申請時期および内容（平成18年度）

申請の時期	申請内容	認可予定月
4月中旬から4月末まで	大学・短期大学の設置	11月末
	私立大学・短期大学の収容定員の増加	7月末
6月中旬から6月末まで	大学の学部等の設置	11月末
	私立大学の学部の学科の設置	
	短期大学の学科の設置	
	大学院等の設置（専門職大学院を含む）	
	大学院大学の設置	
	大学・短期大学における通信教育の開設	
	大学院における通信教育の開設	
7月中旬から7月末まで	私立大学・短期大学の収容定員の増加	9月末
9月中旬から9月末まで	大学の学部の設置	1月末
	私立大学の学部の学科の設置	
	短期大学の学科の設置	
	大学院等の設置（専門職大学院を除く）	
	大学・短期大学における通信教育の開設	
	大学院における通信教育の開設	
	私立大学・短期大学の収容定員の増加	11月末

b. **教育施設における最近の主な発注者ニーズ**
（小・中・高等学校）
1) **少子化・教育システム変革への対応**
・少子化に伴う廃校舎の有効活用
2) **施設建設・運営の効率化**
・施設の耐震化・長寿命化の推進による施設安全性の向上，施設セキュリティの強化
・ライフサイクルマネジメント，ファシリティマネジメントの導入
・PFIなどの調達手法の活用

4.6.3 プロジェクトフローと実施業務

教育施設建設のプロジェクトフローと実施業務を，事業構想段階，事業計画段階，施設計画・設計段階，施工段階，運用・維持管理段階のプロセスごとに示す．

a. **事業構想段階**
1) 教育ニーズの動向分析
2) 施設トレンドの分析
3) 利用可能な用地・施設情報の調査
4) 行政・法規・補助金などの動向把握

b. **事業計画段階**
1) 事業性評価・検討
・用地取得費，施設建設費，運営管理費などと想定学生数による事業収入・補助金などをもとにした事業性評価
・PFIなどの調達方式の利用可能性
2) 立地分析・評価
・周辺教育施設分布に基づく学生数把握
・立地上の魅力，周辺および同通学路線における競合校の分析
3) 事業設立手順の計画
・理事会承認，文部科学省への設置申請，補助金・融資導入手続き，近隣説明，建築確認申請，募集広告，入試，開校
4) 補助金，助成金，融資計画を含めた資金計画
5) 教育ソフト・教育方法の調査・評価
6) 施設整備費の予算配分計画

c. **施設計画・設計段階**
1) 施設計画・設計
・施設規模・配置計画
・施設グレードの設定
・幹線設備，災害時対応設備の計画
・動線計画，避難計画

2) ライフサイクル計画
・耐用年限，将来の機能向上への対応
・可変性の検討
3) 情報化計画
・教育カリキュラム・ソフトに対応した情報機器・情報ネットワークの導入・設置計画
4) 省エネルギー計画
・環境共生施設計画
・自然エネルギーの活用
・省エネルギー型設備の利用
5) 環境保全計画
・周辺環境・自然生態系の保全
・施設緑化計画，ビオトープ計画
・地域環境との調和，地域社会への環境教育プログラムの提供
6) コストプランニング
・耐用年数と長期保全計画に基づくライフサイクルコストの算定・評価
7) 技術提案
・免震技術・施設情報化技術・省エネルギー技術などの施設性能向上技術
・施設緑化技術・ビオトープ創出技術・自然生態系保全技術などの環境保全技術
・事業価値向上につながる工業化工法などの短工期施工技術，高品質施工技術
・学校特有の法的規制事項への対応技術（防火区画）
8) 施工計画
・学校行事に配慮した工程計画
・関係者および第三者の安全に配慮した仮設計画
・低騒音・低振動型の建設機械・工法の採用
・生産設計図・施工計画図などの図面情報の早期確定

d. **施 工 段 階**
1) 施　　工
・設計図書・施工図・施工計画図・施工要領書に基づく品質確保
・関係者および第三者の安全確保
・3R活動推進による建設廃棄物の削減
・工事関係者間の調整による工程遵守
2) 工 事 監 理
・関連法令の遵守確認
・品質・環境マネジメントシステムの実施状況把握
・施設管理に利用可能な図面情報の作成

3) 工事を利用した教育プログラム
・工事の各段階での体験学習
・工事中の施設見学会の開催

e. 運用・維持管理段階
1) メンテナンスの実施
・長期修繕計画のフォロー
・施設資産価値評価
・施設履歴情報のフォロー
2) キャンパス診断
・耐震診断
・省エネルギー診断
・維持管理費診断

4.6.4 プロジェクトの調達方式

図4.6.1に公共教育施設における代表的な調達フローを示す．公共教育施設では原則として設計施工分離方式が採用され，設計・施工ともに一般競争入札方式により業者を決定する．

私学教育施設では，設計施工分離方式とともに設計施工一括方式が利用されている．他校との差別化を図るため，免震構造の採用，高度な情報化設備の導入，長期耐用化のための高耐久化設計・施工技術などを必要とし，施設機能・性能について高い水準の設計技術および施工技術の提供とその性能保証を求める場合には，設計施工一括方式による調達が採用されている．

最近，平成11年7月にPFI法の成立を受けて，公共教育施設建設へのPFI方式の導入が進んでいる（第Ⅰ部3.2.2c参照）．対象施設は，大学から小学校まで様々である．事業方式はBTO方式が採用されることが多く，次いでBOT方式が採用されている．事業期間は一般的に15～20年とすることが多い．その際にPFI事業者には，施設の設計・建設・譲渡および清掃業務，建築物保守管理業務，設備保守管理業務，警備業務を含む維持管理のほかに，プール・体育館・運動場などの付帯施設の運営管理業務まで求められることがある．

4.6.5 プロジェクト推進組織

教育施設建設プロジェクト組織では，発注者側のプロジェクト関係者が極めて多岐にわたることが特徴の1つである．

事業計画においては，補助金・融資計画の関係で文部科学省，自治体の教育委員会，民間金融機関などが関係する．また，新たな教育プログラムや教育ソフトを導入する場合は，専門のコンサルタントがこの時点で参画することになる．

設計および発注段階においては，施設建設方針の決定，設計者選定・施工者のための応募要請書作成，調達方式の決定などの業務を遂行するため，理事会の承認のもとに建設委員会を設置して，ここに関係者が参画し実務的な推進組織とすることが多い．想定される発注方式によっては，この段階でコンストラクションマネジャーの採用についても検討し，採用が決定されれば建設委員会に参画させて施設機能とコストのバランス，建設工程の妥当性の検討，応募要請書の作成などの発注者側で実施するのが困難な業務を委託する．また，この段階から施設運営管理にあたる担当者が参画していることが，建設後の施設運営・維持管理を円滑に実施するためにも重要である．

工事段階においては，専任された工事監理者に監理業務を委託するとともに，プロジェクトの連絡調整を行う組織（会議体）を中心に工事の円滑な推進を図り，建設委員会から施設運営・維持管理組織に関連業務を逐次移管していく．

4.6.6 教育施設プロジェクトの今後の方向

まず，教育施設を巡る環境は急速に変化しており，施設建設に影響を及ぼす法律・制度などの改正も頻繁に行われており，プロジェクトを円滑に立ち上げ管理していくためには，このような行政・政策・法律などの動向に常に注意しておく必要がある．

また，急激に加速している少子化が最も影響する

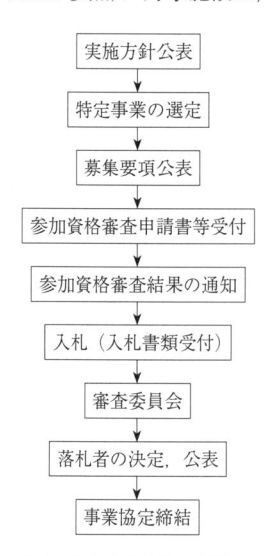

```
実施方針公表
   ↓
特定事業の選定
   ↓
募集要項公表
   ↓
参加資格審査申請書等受付
   ↓
参加資格審査結果の通知
   ↓
入札（入札書類受付）
   ↓
審査委員会
   ↓
落札者の決定，公表
   ↓
事業協定締結
```

図4.6.1 公共教育施設の調達フロー

分野の1つが教育施設分野である．今後，厳しい競争の中で，教育機関・法人が個性的で魅力的な施設およびキャンパスを数多く提供していくことになろうが，それらの高度化するニーズに応えていくために，教育ニーズ，施設トレンドなどの動向，およびそれを実現するための最新技術の動向を把握しておくことが重要である．一方，老朽化し，あるいは使われなくなった既存のストック活用を図ることが課題となる．既に，学校の老人保健施設へのコンバージョンなどの事例がみられるが，このようなストックマネジメント・プロパティマネジメントの視点は，今後の教育施設プロジェクトにおいて不可欠である．

さらに，PFI方式に代表される新たな調達方式が，公共教育施設において，ますます活用されてくるとみられる．今後のPFI方式による建設プロジェクトに関する重要な知見を生む場の1つが教育施設であり，わが国の教育施設の価値向上のためにも，PFI方式における事業の成立性とともに，そこで提供されるサービスの質についても注意深く検討していく必要がある．　　　　　　　　　　　　　［山﨑雄介］

4.7　スポーツ施設生産システム

4.7.1　スポーツ施設の現状

戦後のスポーツ施設は「健康増進」を主な目的として「公共」が主導的に整備を進めてきた．特に，国民体育大会（国体）は各都道府県のスポーツ施設の整備を促進し，全国的な施設レベルの向上に寄与した．生活にゆとりが持てるようになると，スポーツは「教育」や「記録」を求めるものとは別の動きとして「楽しむもの」へと分化し，市町村単位で野球場やテニス場，ゲートボール場などの整備が進められてきた．また，大都市圏においては，個人の健康を維持することを目的とする民間のスポーツ施設も増加し，ビジネスとしての要素も加わることとなる．

一方で「する」スポーツのみでなく「見る」スポーツへの関心も高まり，相撲，野球で始まったプロスポーツもテニス，サッカーなどそのすそ野を広げ，プロ選手のプレーを見るための大規模な観客席を有する施設が建設され，従来では難しいとされてきた屋内施設として実現されている．

4.7.2　アマチュアスポーツ組織

日本におけるアマチュアスポーツ団体はオリンピック管轄機関であるJOC（日本オリンピック委員会）と国民体育大会を主催する（財）日本体育協会が両輪となり，下部に中央競技団体，都道府県体育協会，関係スポーツ団体以下を統合した形となっている（図4.7.1）．プロスポーツ団体は中央競技団体を母体として独立した団体として設立されているが，活動においては両者協調して行われている部分も多い．

4.7.3　スポーツ施設に求められる事項

スポーツ施設の計画においては，大きく分けて実際に施設建設を行う「発注者」，完成した施設を運営・管理する「管理者」，その施設を利用する「利用者」の三者の価値観を踏まえながら内容を具現化していくこととなる．

発注者の価値観では，施設の建設目的（対応用途），各種スペック（各種スポーツレギュレーション），建物規模，建設費が想定と合致していることが重要である．特に，想定されるスポーツのレギュレーションについては，これを正確に実現しないと実施設計段階での大幅な手直しが生じて建設費の増加を招いたり，完成しても公式試合が開催できなくなる場合もあり注意が必要である．また，開催するスポーツのクラス（国際，国内，地域など）や対象年齢によってもルールは変化し，国民体育大会やFIFAワールドカップなどのように大会特有のレギュレーションを持つものもあるため，大会規則についての調査を入念に行う必要がある．このためには，対象スポーツに関するルールブックの内容把握，所管する協会・団体へのヒヤリング，類似施設の調査が不可欠である．発注者が民間の場合には，上記の価値観に加えて「収益性」が大きな部分を占める．民間においては発注者イコール管理者となるが，公共施設においては別な団体があたる場合が多々あるため別項目で示す．

管理者の価値観では利用者の安全性，施設管理の容易性，維持管理費の抑制などが重要視される．スポーツ施設は他の一般建物と違い人体の様々な状況が発現する場所である．スポーツを行っている状況では，転倒や衝突など即時的に影響が現れる事象だけでなく，ひざや腰を痛めるといった長期的な事象も想定しなければならない．スポーツ後の疲労した状態では，身体機能や注意力が低下していたり，反

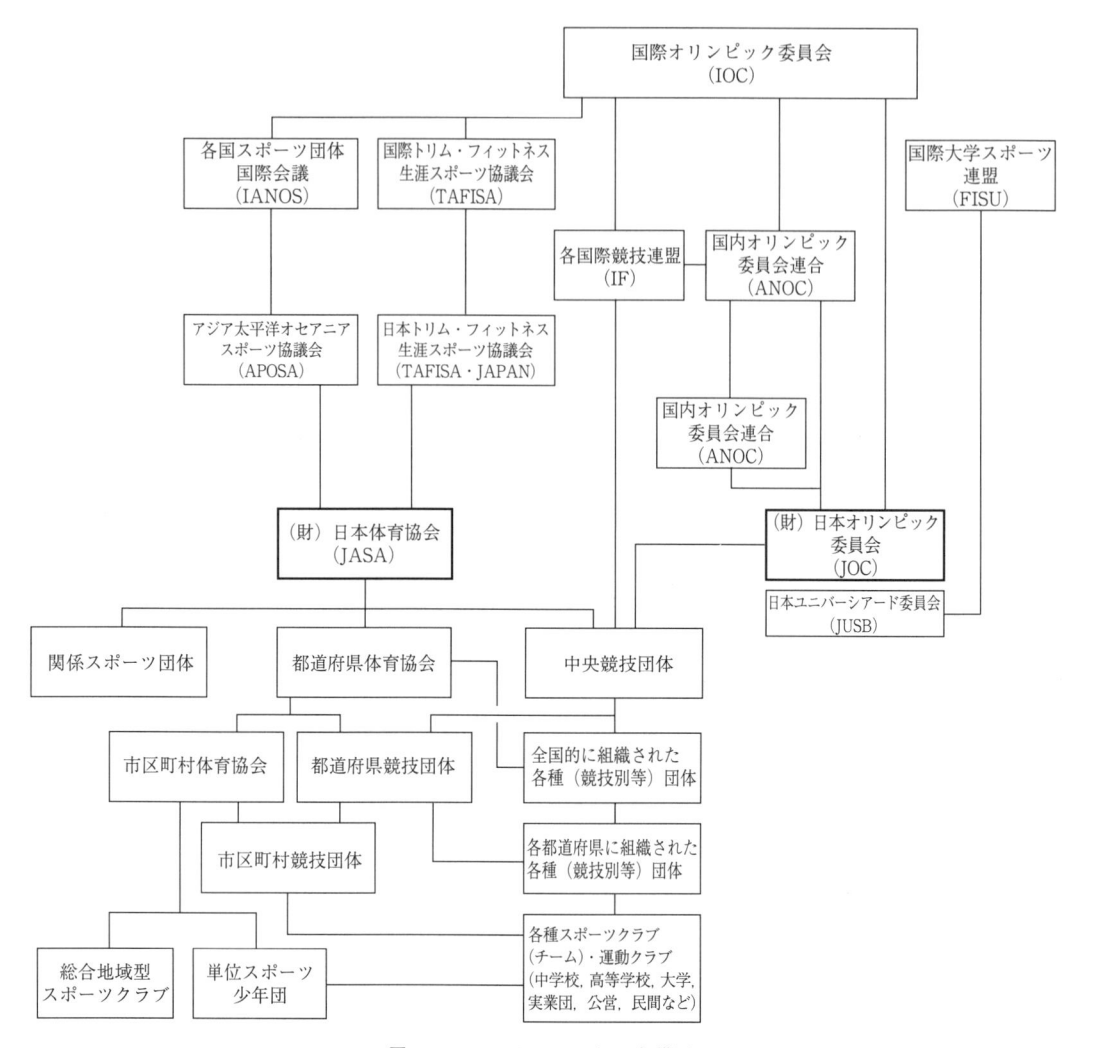

図4.7.1 アマチュアスポーツ組織図

対に興奮状態であったりするので，スポーツ施設では普通考慮しないような事故も想定の範囲に加えておく必要がある．大規模な観客席を有する施設では一度災害に見舞われれば大きな被害となる可能性が高く，観客の安全に対しての配慮も重要である．防災・避難計画は所轄の官庁を加えて慎重な協議を行い，万一の場合でも観客の安全を確保できる対策をとる必要がある．

管理の容易性では諸室の動線計画，ゾーン計画，セキュリティに対する考え方が重要となる．動線・ゾーン計画ではサービス動線と客動線の交錯の防止，利用者ゾーンとスタッフゾーンの分離，選手と観客の分離などが大前提となる．プロスポーツや大きな大会で使用する施設では，これにプレス関係が加わり動線が混乱することが多いので，注意が必要

である．また，催事利用も考慮した場合には搬出入や設営重機への対応も忘れてはならないポイントとなる．

維持管理費には人件費以外に建物・設備のメンテナンス費と更新費がある．スポーツ施設では一般の建物で想定される費用のほかに，アリーナやグラウンド床材，照明，放送設備，大型映像装置やスコアボードなどに対する費用が必要となる．天然芝を有する施設では専任の管理者を置いて通年管理することが必要であり，相当額の費用を見込んでおく．床仕様が人工芝の場合にはメンテナンスにさほど費用はかからないが，おおよそ5〜10年での更新を見込む．催事や有料イベントに対応しての警備費，清掃費に関してはイベント主催者の負担となるのが通例である．

利用者の価値観は選手（スポーツをする）側と観客（スポーツを見る）側との2つの面から考える．選手は運動性能と安全性，利便性を重視する．運動性能には床の弾力性や滑り特性などの運動に直接かかわるものと，音・光・温熱環境などの運動をする上で間接的にかかわってくるものがあり，どちらが欠けても使いにくい施設とされてしまう．特に床の性能はボールバウンドなどのプレー性能に関係するだけでなく，短期的にも長期的にもひざや腰のけがの原因となるため，慎重な選定が必要である．また，極端な騒音（残響音），直射光，高温・低温は運動機能や集中力に影響を与え，けがやプレーミスの原因となりやすく，できる限りの建築的対応を行うようにする．

観客は観戦のしやすさ，快適性を重視する．観戦環境を左右する要因は座席の仕様，可視線に関係する段床の勾配，音・光・温熱環境である．座席の仕様は着座時間の長さ，利用目的，利用頻度，設置位置，予算などの条件を総合的に勘案して設定することとなる．段床の勾配は主に可視線によって決定され，複数の種目を行う場合で可視範囲に対する要求が異なるときには最も厳しい条件を設定する．段床の奥行きは客席レイアウト（横並び数）や背もたれの有無，座面跳ね上げ機構の有無などにより設定が異なり，着座状態での座席前通路幅は快適性に，非着席時の通路幅は避難計画と関係するため，基本設計時より概略の目安をつけておく．客席が35度を超える急勾配となる場合には転落防止用の手すりや柵を設置し，観客の安全を確保する．

観客の快適性にはもう1つ，アメニティ施設の充実があげられる．便所については清潔感はもとより，特にサッカーなどのスポーツ観戦では試合前後とハーフタイムに利用が集中するため，配置と数についての検証は不可欠である．また，有料イベント時に観客が集中するエントランス（モギリ）やコンコース，売店設置スペースにも注意を払う．

4.7.4 スポーツレギュレーション

ほとんどのスポーツはレギュレーションのもとにプレーが行われ，施設はレギュレーションの定めるところを実現しなくてはならない．

レギュレーション（規則）はその競技を管轄する国内団体および国際団体によって規定されており，例えば陸上競技場ではIAAF（国際陸上競技連盟）による「国際陸上競技憲章」をもとに（財）日本陸上競技連盟が「陸上競技ルールブック」，「陸上競技審判ハンドブック」により施設仕様を定めている．これによると公認陸上競技場はトラック・フィールドの仕様，客席数，付属室の規模などから競技場を第1種から第5種までの5種類に分類し，それぞれに開催が可能な大会のランク付けを行っている（表4.7.1）．

野球場はプロ球団のフランチャイズを持つものから草野球用まで幅広い．また，ボール（硬式・軟式，ソフト），年齢（社会人，少年），リーグ（少年野球，リトルリーグ）などの違いにより様々なグラウンドサイズがある（表4.7.2）．これらは「公認野球規則」（「日本プロフェッショナル野球組織」，「日本野球連盟」，「日本学生野球協会」，「全日本大学野球連盟」，「日本高等学校野球連盟」，「全日本軟式野球連盟」編纂）によって規定されており，施設計画にあたっての大前提となる．大まかにいうと，硬式野球場では球場の公認制度はないが，公認野球規則にあるサイズを前提とし，プロの場合はこれより両翼が若干広くなる．軟式野球場には公認制度があり，第1種から第3種までに分類され，少年野球などを開催する場合には外野部分に仮設フェンスを立てるなどの対策を行って利用する場合が多い．ソフトボールでも，専用球場以外では同様な手法で開催が可能である．しかしながら，公認野球場でなくとも試合の主催団体が了解すれば公式試合を開催できる例もあるため，施設規模の設定にあたってはターゲットとなる試合の主催団体と綿密な打合せが不可欠である．

サッカー場では（財）日本サッカー協会が「スタジアム標準」，同「競技規則」により仕様を定めており，「スタジアム標準」においては施設内容をレベル1から4に分類し，開催が可能な競技レベルを明記している．一方でサッカー場の整備に関しては，建設省（現・国土交通省），文部省（現・文部科学省），（財）日本サッカー協会などが中心となって発足した「都市公園におけるサッカー競技場の整備及び管理運営に関する調査委員会」が研究報告書を発表しており，協会による分類とは若干異なる分類により全国での整備目標を示している（表4.7.3）．サッカー場では，そのほかにFIFA（国際サッカー連盟）が発行している「新設スタジアム建設技術指針及び要項」，「スタジアムの安全に関する考え方」などを参考にする．

ほかの競技についても同様に各競技団体から施設

表 4.7.1 公認競技場の種別

		第1種	第2種	第3種	第4種	第5種
1周の距離		400 m	400 m	300 m または 400 m	200 m, 250 m 300 m, 350 m または 400 m	200 m, 250 m 300 m, 350 m または 400 m
距離の公差		1/10,000	1/10,000	各40 mm 以内	各40 mm 以内	各40 mm 以内
走路	直線部	幅11 m 250 9レーンとする 長さ115 m 以上	幅10 m (8レーン) 以上 長さ115 m 以上	幅7 m 500 (6レーン) 以上 長さ114 m 以上	幅7 m 500 (6レーン) 以上 長さ114 m 以上	幅5 m (4レーン) 以上 長さ114 m 以上
走路	曲線部	幅11 m 250 9レーンとする	幅10 m (8レーン) 以上	幅7 m 500 (6レーン) 以上	幅5 m (4レーン) 以上	幅5 m (4レーン) 以上
3,000 m 障害物競走設備（レーンの外側）		必要	必要	無くても可	無くても可	無くても可
公認長距離競走路		至近距離に計画通り使用できるコースがあることが望ましい.	第1種と同様とする	無くても可	無くても可	無くても可
公認競歩路		あることが望ましい	無くても可	無くても可	無くても可	無くても可
補助競技場		全天候舗装で400 m トラック	あることが望ましい	無くても可	無くても可	無くても可
各種跳躍場および各種投てき場		仕様に示す数		1カ所以上で一部欠くことができる		
		ただし，円盤投げとハンマー投げサークルは兼用してもよい				
収容人数		30,000人以上	15,000人以上	相当数	相当数	相当数
更衣室		300人以上収容し得ること	100人以上収容し得ること	利用できる設備があることが望ましい	無くても可	無くても可
トレーニング場		第1種競技場では300 m^2 以上のトレーニング場と雨天時の競走路を必要とする.				
T＆Fの舗装材		第1種競技場では全天候舗装の施設を要する.				
電気機器等の配管		第1種競技場においては，全国的に大会および国際大会などを開催する場合，コンピュータ端末機でその他電源を要する機器について配線が埋設できるよう設備を要する.				
用器具庫		第1種〜第2種では2カ所以上で，合計400 m^2 以上必要. 第3種〜第5種ではそれぞれの種別に示す用器具を収納できるようにする.				
浴場またはシャワー		男女各2カ所以上	男女各1カ所以上	利用できる設備があることが望ましい	無くても可	無くても可
競技場の散排水設備		降雨直後の使用が可能なこと	降雨直後の使用が可能なこと	無くても可	無くても可	無くても可
		散水栓15カ所以上常設のこと	散水栓8カ所以上常設のこと			
競技場と場外との境界		競技場の荒廃毀損を防ぎ競技会の際の混雑を防止し得る程度の堅牢な境界を必要とする	競技場の荒廃毀損を防ぎ競技会の際の混雑を防止し得る程度の堅牢な境界を必要とする	無くても可	無くても可	無くても可
観覧席とトラックとの間の境界		観覧席からみだりに競技場内に出入りできないように設備すること	無くても可	無くても可	無くても可	無くても可
競技場にて開催し得る競技会の標準		日本陸上競技選手権大会，国民体育大会，日本学生陸上競技対校選手権大会，その他国際的な競技大会	加盟団体陸上競技選手権大会，地域学生陸上競技選手権大会，地方における国際競技会など	加盟団体等の対抗陸上競技会など	対抗陸上競技記録会など	学校内，クラブ対抗記録会など

表 4.7.2 野球場の大きさ

			P〜HB (m)	各塁間 (m)	HB〜バックネット (m)	HB〜レフト・ライト (m)	HB〜センター (m)	面積（グラウンド）(m²)
硬式野球	プロ野球場		18.44	27.43	18.29≧	99.06≧	121.92≧	約14,000 以上
	公認野球場		同上	同上	同上	97.53≧	同上	約13,500 以上
軟式野球	少年野球	社会人	同上	同上	同上	91.44≧	115.82≧	約10,500 以上
		1部・2部 (高校)(中学)	同上	同上	18.29≧	76.2≧ 97.54 (理想)	76.2≧121.92 121.92 (理想)	約7,500 以上
		学童部 4年以上	16	23	12≧	フェンスまで70 (ラインの場合71)	フェンスまで85 (ラインの場合86)	約6,000 以上
		3年以下	14	21				
リトルリーグ			14.02	18.29	6.10〜9.0	61	61	約4,000 以上
ソフトボール	男		14.02	18.29	7.62≧	68.58	68.58	約4,500 以上
	女		12.19					
	小学生		10.67	16.76		53.34	53.34	約3,600 以上

仕様を含めた規則が発行されており，これに加えて大規模な大会では主催団体が別途細目を定めている場合もある．

4.7.5 屋外プレーエリア

屋外スポーツのプレーエリアは開催するスポーツによって様々な種類に分かれる．以下では主な競技別にプレーフィールドの特性について述べる．当然ながら規則で定められたものについては規則を遵守するものとし，定められていないものについては関係競技団体などに確認を行う．

a. 陸上競技場

競技場の配置は，直線部分の方位を南北，メインスタンドを西側とすることを基本とするが，計画地の季節の風向などを勘案して詳細を決める．風速は記録の公認に影響するため，強風の吹き込まないような立地，スタンド形態とする（図4.7.2）．

競技面は競走が行われるトラック（走路）とそれ以外のフィールドに大きく分かれ，フィールドはさらにコーナー内側の半円形部分，中央の投てき物の落下域となる芝生面，ウォーミングアップや集合場所となるトラック外側のアウトフィールドに分けられる．トラックの線形は縁石が走路面と同面か5 cm高いかで変化するが，IAAF（国際陸上競技連盟）基準寸法を用いることが多い．主な表層舗装材としては，天然材料系ではクレイ，アンツーカー，緑色スクリーニングスが，合成材料系ではポリウレタン系，ゴム・ラテックス系，ゴムチップ・ウレタン系がある．第1種競技場では全天候型舗装（合成材料系）が指定されているが，それ以外の場合には目的，予算，メンテナンス手間などを勘案して使用

図 4.7.2 横浜国際競技場

材料を決定する．フィールドのコーナー部内側やアウトフィールドの跳躍や投てきの助走路となる部分は基本的にトラックと同一種類の舗装材料が使用される場合が多い．インフィールドは公認が必要な場合には天然芝とし，こだわらない場合にはメンテナンスの不要な人工芝とすることもできる．規則では芝生部分は最大長さが106 mまでで，インフィールドに走り幅跳びおよび三段跳びに用いる跳躍場をとることとなっているため，サッカーの公式試合を企画する場合には関係団体と調整が必要となる．近年の大会では記録測定や表示の大部分が電子化されているため，計測用のコンピュータなどに対応できる電源・配線設備を地中に埋設できるようにしておく．

b. 野球場

野球場の配置はホームベースからセンターを結ぶラインを南北方向とし，ホームベースを北側とするのが一般的である．これは昼間のゲームで外野手が打球を見失わないようにという理由で設定されたものであり，屋内型野球場（ドーム球場）ではこれを遵守する必要はない．球場規模が小さく打球が場外

表 4.7.3 サッカー場の整備目標

項目	サッカー協会：レベル	S	L.1 A1	L.2 A2	L.3 B1	L.4 B2	C
	国土交通省：種別						
基本的な考え方		・特に多数の観客を集める一定のレベルの国際試合などの開催が可能な競技場	・一定のレベルの国際試合などの開催が可能な競技場	・国内の一定のレベルの大会、地方大会他の開催が可能な競技場	・都道府県レベルの大会の開催が可能な競技場	・市町村レベルの大会などの開催が可能な競技場	・一般市民の多目的なスポーツ利用のための運動広場
収容人数の目安		60,000人以上	30,000〜60,000人	15,000〜30,000人	15,000人未満	5,000人未満	―
競技の水準など		国際試合		全国大会	地域レベルの大会	市町村レベルの大会	一般利用
施設イメージと主な施設設備		・特に多数の観客を集める一定のレベルの国際試合（W杯の国際試合（W杯第1、第2ステージ、国際親善試合、準決勝戦、決勝戦など）に対応可能なレベル）	・代表チームによる一定のレベルの国際試合（W杯の国際試合（W杯第1、第2ステージ、国際親善試合、準決勝戦などに対応可能なレベル）・国内の多数の試合を集める試合（天皇杯決勝戦など）	・一定のレベルの国際試合・国内の一定のレベルの試合（天皇杯、全国大会決勝戦、地方ブロック決勝戦など）	・全国大会、地方ブロック大会などの他の試合・都道府県レベルの大会	・市町村レベルの大会など	―
		・主として陸上競技との兼用（総合競技場）、球技専用競技場）、必要に応じ、スタンドの多目的有効活用（健康運動施設など）を図るとともに、イベント時の活用に配慮する。・国際試合や国内の一定のレベルの試合の開催に必要な施設設備を配置する。観客席は、全屋根付きとし、必要な施設設備の確保、保安関係、報道関係に必要な諸室は日常利用する運営関係、報道関係に必要な諸室は日常利用しつつ専用に設ける。		・主として他の球技との兼用（総合競技場）、主としてサッカー専用の球技場	・主として陸上競技との兼用（総合競技場）、主としてその他の球技との兼用（球技専用競技場）またはサッカー専用の競技場。地域レベルの大会に対応するなどの開催。運営関係、報道関係、日常利用の会議室などを兼用する形で施設の有効利用を図る。	・スポーツクラブなどが利用可能な施設を設置する。都市の状況により、運動場が数面取れる芝生広場を確保する。	
配置の考え方		・広域公園、または数市町村の利用が可能な総合公園、運動公園		・主として広域公園、または数市町村が可能な総合公園	・主として陸上競技場または主として他の球技などのロッカー大会に対応する都道府県の試合・主としてサッカー専用または球技専用の競技場	・主として総合公園、運動公園、または地区公園に設置	・主として地区公園または近隣公園に設置（総合公園、運動公園もあり得る）
		・全国に5ヵ所程度	・Sを含めて地方ブロックごとに1〜数ヵ所配置	・S、A1とほぼ同等で都道府県ごとにおおむね1ヵ所配置	・S、A1、A2を含めて地方生活圏ごとに1ヵ所程度の配置となるよう配置	・市に1ヵ所程度、町村は必要に応じて1ヵ所	・必要に応じて適宜配置（市町村ごとに数ヵ所）

に飛び出す可能性がある場合には，客席後方にフェンス，防球ネットまたは壁面などの遮蔽物を作る．目に見えない問題ではあるが風に対しての配慮は重要であり，特に風の強い海岸に立地するような場合には観客席およびその後方の壁面の形状に注意し，上空で風向や風速が不安定になる現象が生じないようにする．

グラウンドの舗装材には様々な種類の材料が想定される．クレイやロームなどの天然の土，これらを混合したもの，アンツーカーや緑色スクリーニングスなどの人工の土，芝生，それに人工芝である．一般的に土系の材料は廉価であるがメンテナンスや埃の発生などに問題があり，芝生も廉価ではあるものの耐久性が低く維持管理に手間がかかるのが問題である．人工芝は耐久性が高くほとんどメンテナンスフリーで使用できる点が評価されるが，高価であることと運動性能が若干落ちるものも存在している点が問題である．

野球用グラウンド面の運動性能を評価する尺度として，JISにより規定されている転倒衝突時の安全性（JIS A 6519）および滑り（JIS A 5705），表面固さ（クレッグハンマー，ASTM D5874），下地まで含めた固さ（キャスポル，国土交通省近畿技術事務所）などがあげられる．これ以外にもサッカーフィールド用に設定されているボール反発や転がり（BS7044 2.1）の準用や，東京工業大学小野研究室による各種試験などの評価が参考になる．最終的には，これらの測定結果と予算をもとに最終選定がなされる．舗装材のレイアウトについては特に規定はないが，天然芝を主として用いる場合にはダメージを受けやすい塁間走路部分やインフィールド全体を土系の舗装とする場合が多い．ただし，人工芝の場合でも滑り込みが想定されるバッターボックスや各塁近傍，踏ん張りが必要なピッチャーマウンド部分は必ず土系の材料が使用される．最近，米国のメジャーリーグ球場では天然芝への回帰が行われているが，一方で砂やゴムチップを充填した新世代の人工芝も使用され始めており，日本でも導入された例がある．

c. サッカー場

サッカー場の配置は両ゴールを結ぶ方向を南北にとり，メインスタンドを西側に配置することを原則とする．フィールドの寸法には幅があるが（90～120 m×45～90 m），Jリーグなどの公式試合では105 m×68 mとしている．さらに，ライン外側に芝生面が要求されるため，公認陸上競技場（投てき用芝生面の長さは最大106 m）では周囲に人工芝を敷いて対応しているのが現状である．

サッカー場の舗装には天然芝および人工芝が用いられる．基本的に少年サッカーなどの一部を除いて公式試合には天然芝フィールドが要求され，人工芝は練習場やサッカースクール用に用いられることが多い．

スポーツ用の天然芝では見映え，耐久性，適度な滑りと弾力性，排水性が求められる．見映えでは年間を通じて緑であることが望まれる．日本のような四季のある地域では暖地型芝草（ノシバ，バーミューダ，コウライなど）に寒地型芝草（ケンタッキー，フェスク，ペレニアルライなど）をオーバーシーディングする方法が一般的であるが，北海道などの寒冷地や九州南部などの温暖地ではどちらかの芝草のみで常緑化が可能である．また，最近ではヒーティングパイプを地中に配管することにより，暖地型芝草のみで常緑化を可能とする技術も開発されている．耐久性では繁殖力，踏圧やすり切れに対する耐性，耐陰性，低刈りに対する耐性などがあげられるが，オールマイティといえるような芝草は今のところ存在しないため，立地条件や使用条件に則して品種選定を行うこととなる．芝生上での運動性能は芝草以外にも下部の床土構造が関係してくる．固さ，弾力性では芝草自体，ソッド（根と茎の中間部），床土構造が関係し，滑り（食い込み）についてはほふく茎，ソッド，根の張り方が関係してくる．運動性能の評価では「野球」の項であげたほかに，せん断抵抗試験（テキサスA&M大学，ベアード博士）なども用いられる．雨天でも試合が行われるサッカーフィールドでは排水性も重要な項目である．表面に滞水が生じるような状態ではプレーに支障をきたす上に芝のはがれなど，ピッチに大きなダメージを与えることとなる．近年のサッカー用フィールドでは床土に砂を主として（または100％）用いることにより滞水を防止するとともに，床土下部に排水設備を設けることで排水量を確保している．主な方式として「国立競技場方式」，「USGA方式」，「PATシステム」，「CELLシステム」などがあるが，これらの方式を用いると芝草への散水や施肥の管理が難しくなるため維持管理のノウハウや経費負担をしっかり把握しておく必要がある．

人工芝は耐久性が高く雨天でも利用できる利便性はあるものの，運動性能には問題が多かった．特に

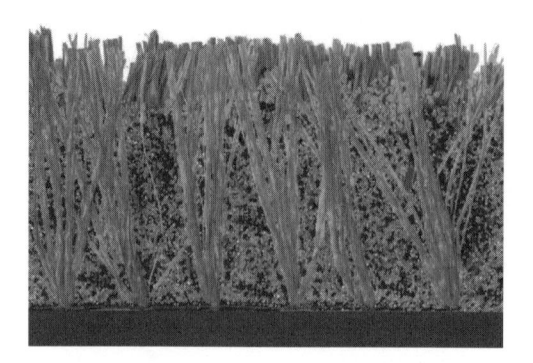

図4.7.3 砂・ゴムチップ入り人工芝(フィールドターフ)

図4.7.4 菱和会サッカー場(砂・ゴムチップ入り人工芝)

図4.7.5 有明コロシアム

滑り込んだときの擦過傷や火傷の問題は解決されなかったため,ハードな練習や試合には向かなかった.しかし,最近登場したゴムチップと砂を充填した人工芝では良好な性能を示しており,日本でもJリーグのチーム練習場,大学やスポーツスクールに多数採用され始めた.FIFAにおいてもサッカーの普及の一手段として公式な使用について検討を進める方向だという(図4.7.3,図4.7.4).

d. テニスコート(硬式)

テニスコートの配置は長軸方向を南北とすることを原則とするが,北側プレーヤーが真正面に直射光を受けないよう若干北西～南東方向に振るようにする(図4.7.5).振れ角はその地域の緯度により設定する.

テニスコートの舗装材は大きくクレイ系と全天候型,それに天然芝に分かれる.クレイ系は荒木田土,真砂土,アンツーカーなどの種類があり,全天候型ではアスファルト系,合成樹脂エマルジョン系,ポリウレタン系,ゴムチップウレタン系,合成ゴム系,ポリエチレン成型品系,人工芝,砂入り人工芝などの種類がある.全天候型はクレイ系と比較して雨の影響をほとんど受けない,埃がたたず維持管理が容易,厚みや固さが選択できるなどの利点を持つが,照り返しや足腰への負担を強いる,高価である,破損時の補修費が高いなど問題も多い.砂入り人工芝は長期間の使用で充填してある砂の固結が必ず生じる難点を持つ.したがって,舗装材の選定にあたっては使用頻度,保守体制,イニシャルコスト,ランニングコストなどを含めた総合的な検討が必要である.天然芝は,耐久性の低さや維持管理の難しさから日本国内ではほとんど使用されていない.

e. その他の競技場

ホッケー(グラウンドホッケー)の国内規程では舗装材について特に定めていないが,国際ルールでは人工芝が指定されている.ゲートボールでも特に規程はなく天然芝やクレイ系が一般的であるが,近年は平滑度を維持しやすい人工芝も普及している.

学校の運動場や公園の運動広場などでは様々なスポーツが行われるため,一般にクレイ系や混合土による舗装が多い.しかしながら近隣に住宅が立地する場合には砂埃の飛散が問題となる場合も多く,全天候型の舗装が用いられることも多くなってきた.

4.7.6 屋内プレーエリア

中規模・大規模ドームが次々と建設され,もともと屋外で行うスポーツのほとんどが屋内でプレーできるようになってきているが,ここでは基本となる体育館について述べる.体育館は様々なスポーツを行う場所であり,光・音・熱環境がコントロールできることが望ましい.種目によっては遮光カーテンにより人工光の下でのみ競技が可能なものや,風の影響をなくすため窓を閉め切り,空調も止めて行うような競技もある.しかしながら一般的な利用の場合には,十分で均一な採光と通風を確保して快適にスポーツができるようにすることが重要である.

体育館の床には平滑性，適度な弾力性，堅ろう性，非スリップ性能が求められる．旧来は木製の床組みに木製のフローリングの組合せがほとんどだったが，最近ではゴムなどの弾性材料を用いて弾力性を確保したり，合成樹脂系の表層材を用いるなど，選択肢は大きく広がっている．ただし，体育館ではスポーツ以外に集会やコンサートなどが開催される場合が多く，それらイベントに対応できる床の耐荷重性，傷つきにくさについても考慮する．同時にイベント時の搬出入や設営などにも配慮しておくと使いやすい体育館となる．

4.7.7 水 泳 場

プール（図4.7.6）には競泳用プール，競技以外の練習などに利用される一般プール，レクリエーションや子供用のプールなどがある．

（財）日本水泳連盟では「競技規程付則，プール公認規則」によって公認プールを規定している．公認プールはコース長50m×幅15〜25m（7コース以上）および25m×13〜20m（6コース以上）の2種類で，深さはそれぞれ1.2m(50m)，1.1m(25m)以上となっている．競泳以外に水球も行う場合の水深は1.8m以上確保するのが望ましい．飛板飛込を併設する場合には3.8〜4.0m，高飛込を併設する場合には4.5〜5mの水深が要求される．50mプールと25mプールを併設するような大規模な施設では25mプールに底面が昇降する設備を取り付けて飛込に対応する場合が多く，この設備は学童の大会などで水深を調整する場合にも有効である．一般のプールでも上記の規則を基本として考えると練習などがしやすいプールとなる．レクリエーション用プールは形状，水深などは自由であり，水流のあるものや造波装置を取り付けたものなど様々であり，これらに併設してウォータースライダーなどの遊具が設置される場合もある．子供用プールでは水深に注意し，事故の起きない仕様，監視体制を整える．

プールで忘れてはならないのが水の浄化システムである．一般的に強制循環システムとし，これに回収したオーバーフロー水を加えてろ過した上で消毒剤を投入してプールに戻す方法がとられるが，消毒剤に塩素を用いた場合の健康被害などの問題から近年オゾンや紫外線を利用した殺菌システムも実用化されている．

4.7.8 観 客 席

以前はスポーツ施設の客席は芝生席やベンチという通念があったが，最近では個席とするなどより快適に観戦できる空間となってきている．客席数は公認種別やレベル設定により規定されている場合もある．

客席配置には特に決まりはないが，観戦しやすい席配置とすることが重要である．スポーツ施設では一般的に長手方向が良い席とされ，しかも西側に位置するメインスタンドが最良の席とされる．野球の場合は内野に面する席であり，バックネット裏が一番良い席となる．このため，商業利用を前提とする場合には良い席（高い料金をとれる席）を大きくとり，収益性を向上させる工夫が必要である．

例えば，野球とアメリカンフットボール，サッカーを同一フィールドで開催する場合や，大きな大会やイベント時に客席を増やしたいというような要求がある場合には可動式の座席が有効である（図4.7.7）．野球場などの大規模なものでは，円弧

図4.7.6 福岡県立総合プール

図4.7.7 可動席（東京ドーム）

状に水平移動するタイプや折り畳まれて収納されるフォールディングタイプなどがあり，体育館ではロールバックタイプや上下昇降タイプなどが使われる．これらは便利で様々な設営準備の手間を削減してくれる一方で，建設費や維持管理費は高くつくため，導入に際しては総合的な検討が必要となる．

大きな大会やプロの利用を前提とした場合には，客席スタンドにTV・ラジオ中継席，記者席，カメラマン席，来賓席などを設置する．中継席，記者席にはデスクを設置し，ネットワークや電源の取出口を準備しておく必要がある．貴賓の来場を予定する場合には別途貴賓席および貴賓室も必要となる．これらの計画にあたっては警備関係部署との打合せが不可欠である．

サッカー場の観客席はフィールドとの一体感を高めるため，なるべくフィールドに近くコンパクトにまとめる．サッカー応援団をサポーターと呼ぶが，外国では対戦チームのサポーター同士が乱闘したり一般観客に暴力をふるう事件が多発したため，日本においても客席全体を大きく4つに仕切り，それぞれのサポーターが交錯しないような手法がとられている．

観客の避難計画は重要である．現状の消防法ではそれぞれの施設の実状に即して避難計算を行うことが義務づけられている．非常事態が発生した場合に人間がパニックを起こさずに安全な領域に避難するまでの時間はおおよそ20分といわれているが，ドームなどの大型屋内施設の場合には煙の降下速度も考慮に入れた時間設定を行う．

4.7.9　屋　　　根

スポーツ施設の屋根には体育館の屋根のような中小規模のものから，スタンド上部のみを覆う屋根，ドームなどの大規模なものまで様々である．大規模な屋根では空気膜構造，鉄骨造，骨組膜構造，木造ドーム，開閉式ドームなどが実現されており，それぞれの特徴を踏まえて適用されている．

空気膜構造（図4.7.8）はケーブルと膜材（四フッ化エチレン樹脂コーティングガラス繊維布）による屋根を外部より0.3％程度高い空気圧で支えるものであり，イニシャルコストは安いものの常時の維持管理体制と送風機運転が不可欠である．鉄骨造（図4.7.9）は屋根を鉄骨の梁やトラスで組み上げたもので最も一般的な構造である．これの仕上材を膜材としたものが骨組膜構造であり，鉄骨の安定性と膜材の明るさを兼ね備えている．木造ドーム（図4.7.10）は構造用大断面集成材を主材料とする構造で，木材独特の柔らかい質感と暖かな雰囲気を持つ．これに膜材を組み合わせた場合にはさらに木材の質感が際立ち，明るい開放的な空間となる．開閉式ドーム（図4.7.11）は，分割された屋根を移動させることにより開放するシステムである．分割方式や移動方式によって様々な種類の開閉ドームが存在

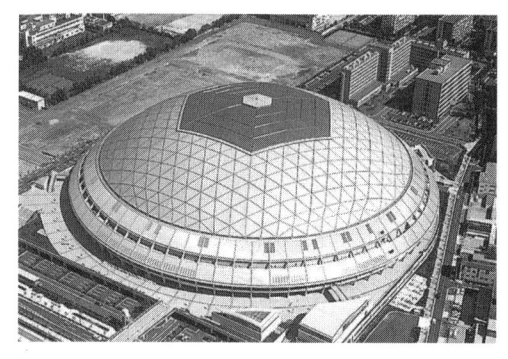

図4.7.9　鉄骨造（ナゴヤドーム）

図4.7.8　空気膜構造（東京ドーム）

図4.7.10　木造ドーム（大館ドーム）

(a)

(b)

図 4.7.11 開閉式ドーム（大分スポーツ公園総合競技場）

図 4.7.12 カシマサッカースタジアム南側屋根

し，いままで全体を覆う屋根は必要ないとされていた陸上競技場・サッカー場でも開閉式屋根を持つものが出現している．プールなどの小規模な開閉屋根ではシステム化されているものもあり，比較的安価に建設が可能である．

スタンドの屋根は，日除けの機能のみを持つものとサッカー場や野球場のような雨よけの機能を併せ持つものに分類される．FIFA 規準によるサッカースタジアムの場合には屋根の張り出しが 40 m 近くになるため，構造的な検討を十分に重ねる必要がある．また，フィールドが天然芝の場合には芝生の育成に障害となる日照不足が生じないように，南側屋根を透過性のある材料で葺くなどの配慮が必要である（図 4.7.12）．

4.7.10 光・音・熱環境

スポーツ施設の光環境の良し悪しはプレーのしやすさに大きく影響する．昼間の屋外施設では特に規定された数値はないが夜間照明の照度に関しては JIS に規定があり，それによると野球やテニスなどの小さくて速度の速いボールを使用する種目では要求照度が高く，陸上競技などではさほど必要とされない．ただし，TV 中継が想定される場合には別途局側と打合せを行い所要照度を設定する．野球などではアリーナ面への照射に加えて飛球範囲を照らす空中照明も必要となるが，近隣に住宅などがある場合には光公害とならないように注意する．光源としては高輝度放電灯（HID ランプ）を用い，その中でも演色性の良いメタルハライドランプを主として使用する例が多い．屋根を膜構造とした場合には透過光が確保できるため，昼間のアマチュアスポーツではほとんど人工光を必要としない計画とすることもできる．イベントや大規模な大会などを予定している場合にはイベント業者や設営関連業者へのヒヤリングを行い，催事用電源容量の追加や使用場所への電源取出口の設置を検討する．TV 中継用の電源および配線は通常局側で準備するので，施設側は配線ルートを確保しておくだけでよい．

スポーツ施設における歓声は選手にとって大きな力となるとともに観客との一体感を演出するが，過大な音圧や音の集中は反対にプレーの支障となる．一般に屋内スポーツ施設は吸音可能な表面積が少なく空間容量が大きいため残響時間が長くなる傾向があり，天井や壁の形状によっては音の集中やフラッタリングエコーを起こしやすい．吸音性能を高めて残響時間を極端に短くすると臨場感のない音響空間となってしまうため，有害なエコーを防止しながら適度なライブ感を持たせた計画とする．大型施設の電気音響は明瞭度と均一な音圧分布を確保するため，メインスピーカーを中心としてこれにサブスピーカーを付加した集中・分散配置型とし，客席に

図 4.7.13　人工芝巻取装置（札幌ドーム）

図 4.7.14　ホバーリングステージ（札幌ドーム）

対する音の到達時間をコントロールするディレイシステムを併用する．音環境で忘れてはならないのが騒音問題であり，住宅地が近接していて距離減衰が期待できない場合や屋根のない開放型の施設では特に注意する必要がある．最近のコンサートでは室内音圧が 100 dB（A）を超えるような例もあり，騒音規制法などの関係法令の数値を上回らない遮音性能を確保することが望ましい．

屋外施設における熱環境は気候に依存することになるが，直射光や風をコントロールしてできるだけ良好な環境となるように配慮する．屋内空間においてもできる限り自然の通風や換気を利用した省エネルギー型の計画とする．大型施設の場合，空間全体を均一な温度とすると多大なエネルギーを必要とするため，居住域のみを冷暖房する方式が用いられる．冷房時には冷却された空気が比重差のために降下する特性を利用して，客席最上段より吹き出した冷気を客席伝いに降下させ，アリーナ周辺で回収するようにする．暖房では客席段床部分に温風吹出口を設けたり，座席下に温水パイプを設置したりして効率的に暖める．

4.7.11　多目的利用

公共のスポーツ施設で必ず問題となるのが稼働率の低さである．近年では公共施設といえども採算性が求められており，管理運営費の圧縮と収入の加算は施設を計画する初期段階からの検討が必要である．スポーツ振興や健康増進を目的として建設された公共施設ではアマチュアスポーツに対して高額の使用料を設定できないため，アマチュアの利用の合い間にプロスポーツやコンサート，展示会などの有料イベントや集会を誘致して収益を増加させる手法がとられる．

イベント誘致には様々な要件があるが，物品の搬出入，設営・撤去がやりやすいこと，床の最大積載荷重が大きいこと，観客の入退場がスムーズなことなどがあげられる．開催するイベントによってはフィールド形状を変化させる必要がある場合もあり，このような場合には可動席が有効である．床表面はイベントに適した状態であることが好ましく，人工芝であれば必要に応じて巻き取れるようにしておくと便利である（図 4.7.13）．大規模なものではサッカーフィールドをそのまま野球場の中に運び込むシステムも実現され，このような施設では野球用人工芝，イベント用コンクリート床，サッカー用天然芝の 3 種類の床が使用できる（図 4.7.14）．なお，専門業者が設営を行う有料イベントではほとんどの物品は持ち込まれるため，施設側は備品などへの投資が過剰とならないように配慮する．

［深尾康三・奥野智久］

第III部

プロジェクトのマネジメント

1
マネジメント概論

1.1 マネジメントとは何か

「マネジメント」とは何か．そもそも日本語にどう訳せばいいのか．一般的には「管理」，「経営」，「経営管理」の語があてられることが多い．しかし，例えば Industrial Engineering は「管理工学」とか「経営工学」，Scientific Management は「科学的管理法」と訳される．一方で，「経営」は Administrative Management，「管理」は Operative Management と訳されることもある．要するに，「マネジメント」には多様な機能と活動が包含されており，背景に日本と欧米の文化，法制度，商習慣の違いがあり，一対一の対応関係にないと考えるべきであろう．ここでは，「マネジメント」を"経営と管理の総合されたもの"としておく．わかりやすくいえば「全体をうまく調整して，所期の目的に向かって円滑に事を運ぶこと」くらいの意味である．

「マネジメント」を"経営と管理の総合"と考えると，19世紀半ばの産業革命以降の「マネジメント」思想の変遷に大きな流れを読み取ることができる．以下簡単に摘記する．

① 科学的管理法の祖であるテイラー（Frederick W. Talor）の時代には，労働者の行う作業の生産性向上を達成することが最大の関心事であった．そのため，作業の単純化，専門化を行い，分業によって生産性の向上を図ることに力を入れた．その際の科学的アプローチとして，「時間研究」をテイラーが，「作業研究」をギルブレイス（Frank Gilbreth）が行った．

② その後，生産性の向上には個々の作業の合理化ではおのずと限界があり，組織や作業環境な

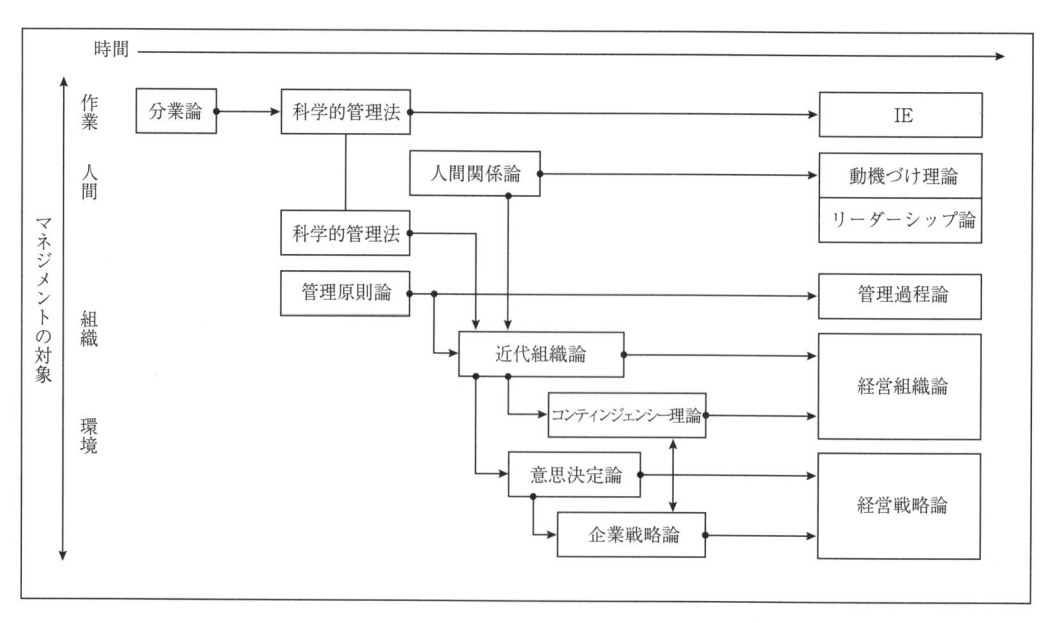

図 1.1.1 「マネジメント」思想の発展系譜
（出典：田中秀和，京都大学修士論文，2004）

どの組織全体の構造を考慮した専門分化（Henri Fayol），作業環境の改善（ホーソン実験，E. G. Mayo）が必要との論が展開された．
③ さらに，過度の分業は慣れによる習熟効果の向上よりも，慣れによる不注意，労働意欲の減退，欠勤などにつながり，かえって生産性を減退させる結果となる事実が多発し，いくつかの細分化された作業の集合を複数の労働者で行い，その間の分担関係はこれら複数の労働者の自律的管理に委ねる方式がとられることとなった．
④ それとともに，作業現場の改善，組織の分業体制の見直しの域を超えて，全社的なシステムの見直し，他社との競争において優位に立つための戦略など，組織全体の統合的管理へと発展していく．現在，多くのマネジメント手法，考え方が提案されているが，多くはこのレベルを対象にしたものである．

以上をまとめると，当初は生産性向上のために作業の分業化を進め，次に，作業環境，組織の改善に視点が移り，さらに，モラールの向上等人間性の観点に着目するようになり，現在，分業から統合化へと関心が移行している．これら「マネジメント」思想の発展系譜は図1.1.1のごとく表される．

[古阪秀三]

1.2 建築プロジェクトにおけるマネジメント

1.2.1 建築プロジェクトの特徴

建築プロジェクトは大きくは次の4つを特徴としている．
① 建築プロジェクトは原則として1回限り
② その生産プロセスは分節していること
③ 組織は臨時的に編成，分立していること
④ 多様性と多目的性が内在していること

a. 建築プロジェクトの1回性

建築プロジェクトを実施するためには，用地の確保と設計図・仕様書が存在することが前提となる．同じ敷地に建築プロジェクトが併存することもなければ，同じ設計図・仕様書に基づくプロジェクトも存在しない．つまり，すべてが1回限りである．この特徴は次のような特異性に分けて考えることができる．1つは建築プロジェクトごとに施工現場が異なることである．このことは，設計，施工条件がプロジェクトごとに変化することを意味している．例えば地盤条件や地下水位は杭，地下階の設計，施工計画に大きく影響する．また，施工現場には機械，資材，労働力のすべてを外部から搬入しなければならないが，その調達，輸送はプロジェクトごとに検討しなければならない．プロジェクトの実施時期，場所によっては技能労働者の制約から特定の工事が実施できず，別の工法によらざるを得ないといったこともありうる．特異性の2つは設計図・仕様書がプロジェクトによって異なることである．建築プロジェクトはまず，構造，用途が多様である．構造別には鉄骨造，鉄筋コンクリート造，鉄骨鉄筋コンクリート造，木造など．用途別には事務所，集合住宅，学校，ホテル，倉庫などがある．また工事規模も多様である．設計図・仕様書はプロジェクトごとに作成されるため，必然的に異なった内容となる．

b. 建築生産プロセスの分節

建築生産プロセスは一般に図1.2.1に示すような過程になっている．既に述べたように，建築プロジェクトは1回性のものであるため，設計プロセスは不可欠であり，それは発注者の企画情報によって開始される．企画に続いて，基本設計→実施設計→生産設計→入札・契約→施工計画→施工→施工管理→竣工・引渡し→維持保全の各プロセスがある．基本設計と実施設計は設計者が行う．設計が完了すると入札に付される．施工計画以降のプロセスは，落札した施工者が担当する．建物の完成・引渡し後には維持保全のプロセスがある．このプロセスの担当者は明確ではなく，発注者自らが行う，工事を担

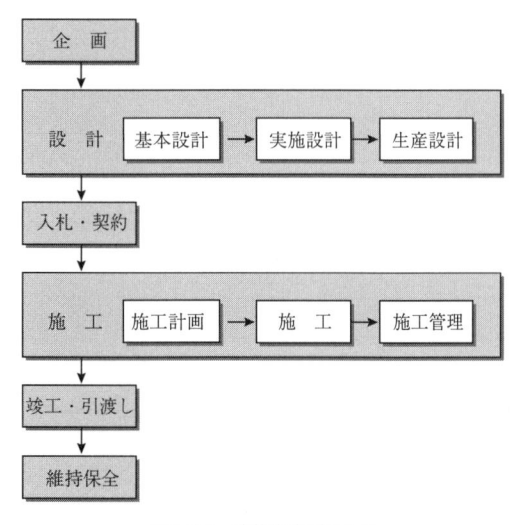

図1.2.1 建築生産プロセス

当した設計者や施工者が行う，さらに新たな専門家を雇う，など様々である．

このように，建築生産プロセスは分節されており，その担当者も通常は異なっており，さらに，各プロセスは直前のプロセスに時間的にも，論理的にも追随する形で存在している．もちろん，個別のプロジェクトでは厳密にこの順序関係に従っていない場合もある．例えば，設計施工（同一企業が設計と施工を一体で請けるやり方）のようなケースでは，実施設計が完了しないうちに工事を開始し，実施設計，施工計画，施工プロセスを同時並行的に行っている．しかし，建築生産プロセスを前工程追随型とするのが在来の通念になじむ．

c. プロジェクト推進組織の臨時性と分立

建築生産プロセスの分断された各プロセスには専門化が進行する．それは技術的分業にとどまらず，社会的分業にまで及ぶ．現在の一般的分業体制（設計と施工が分離され，施工が一式請負で総合工事業者（一般にゼネコンという）に発注されるケース）は図1.2.2のとおりである．この組織を一般には建築チームと呼び，設計を主な機能とした集団（図1.2.2の左側）を設計チーム，施工を主な機能とした集団（図1.2.2の右側）を施工チームと呼んでいる．この建築チームはプロジェクトごとに臨時的に編成される．編成の主導権は発注者が持つ．発注者は若干の情報から設計者を選び，別個にもしくは設計者の助言をもとに総合工事業者を選ぶ．選定の方法は競争，随契，特命などである．このように，建築チームは社会に分散している中から偶然的に編成されるのである．ちなみに型枠工事，鉄骨工事など部分工事を専門に請け負う施工者（専門工事業者，一般にサブコンという）は総合工事業者が一定の自由裁量

のもとに選定する．1つのプロジェクトに参画する主体の数は，戸建住宅の場合で20～30，一般の建物で50を優に超える．

建築生産プロセスの分断と建築チームの臨時的編成のもとで，チーム構成者間の情報流通は希薄なものとなる．分断されたそれぞれのチームはチーム内での合理性，最適性を目指すこととなる．部分最適化である．さらにチームの構成者それぞれもその成立基盤が異なるため，その目的とするところには自ずと差異があり，対立的なものもある．これらの点は，一般の製造業と著しく異なる点である．

d. 建築プロジェクトの多様性，多目的性

発注者の要求は多様化する．その多様な要求を受けた設計はさらに多様化する．例えば，「環境共生を考慮して省エネルギーに対応した建物にして欲しい」という要求があったとすると，それを達成するための設計には，①建物の熱負荷の軽減，②自然環境を利用，③エネルギー源の検討，④熱交換の効率化などいろいろある．これらの優先度によって設計内容は異なる．また，使用する部品，部材，技術も多様化している．

次のプロセスである施工計画では確定した設計内容を実現する手段を検討するが，ここにも多様性が存在する．その1つは新しい施工機械，施工法，資材が種々用いられること，また特定の作業に限っても数種の機械，資材，労働者の組合せが考えられること，さらにはすべてを現場で施工する方法とすべてを工場生産・現場組立にする方法を両端とするいくつかの施工方法が存在すること，などである．端的にいえば，同じ設計図・仕様書であっても，同じ建物が出来上がるとはいえないのである．

一方，これらのプロセスにおける目的はそれぞれ異なり，個々のプロセス内でもその目的が，ある場合はコスト最小化となり，別の場合は工期短縮となる．要するに多目的である．

このように，建築プロジェクトは設計内容，施工方法の選択肢が多様なこと，目的自身が多目的なこと，関係する主体が多種多様なことを特徴としている．

1.2.2 建築プロジェクトにおけるマネジメント

建築生産においても業務の単純化，専門化により分業化の道をたどってきたことに違いはない．しかし，一般の製造業と比較してより特徴的なことは，既に述べたように設計と施工が通常異なる組織に

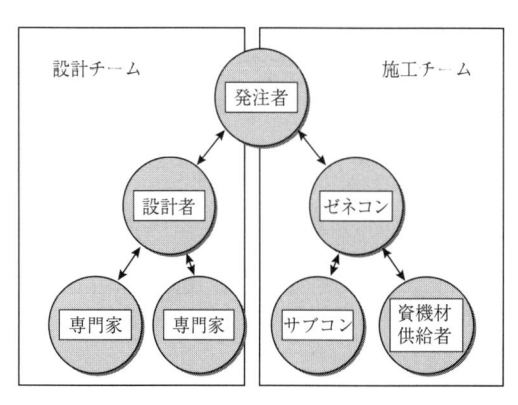

図1.2.2 建築チーム

よって行われることである．そして，両者の間の調整が外部的に必要となることである．したがって，建築生産におけるマネジメントは「経営と管理の総合」に加えて，「調整」が重要な要素となる．

さらに，建築生産においては，設計と施工が分立しているだけではなく，それぞれの内部においてさらに分業化が進行する．前項の建築生産プロセスの分節のところでも簡単に触れたが，日本のプロジェクトの調達方式の典型である設計施工分離方式（設計と施工が分離され，施工は一式請負方式で総合工事業者が請ける方式）の場合で，やや詳しく記述すると以下のようになる．

発注者は本来自ら企画をしなければならない．理由はプロジェクトの目的，発注者要求と設計与条件の提示などは発注者にしかできないからである．もちろん，発注者は通常，素人であるため，第三者が代わって企画を立てることもある．設計者に企画業務を委任することもあり，また営業企画として発注者に売り込みがあることもある．昨今の状況では，企画を外部化する発注者が相当数存在する．

企画を受けて設計が開始される．設計には基本設計と実施設計がある．基本設計はあくまでも企画内容の具体化に主眼があり，発注者向けの性格が強い．実施設計は基本設計を実際の工事が可能な程度に具体化するプロセスであり，施工者向けの性格が強い．いずれにせよ，基本設計と実施設計は設計者が行うべき業務であり，完成された設計図・仕様書をもとに施工者選定が開始される．この設計プロセスにおいて概略のスケジュール，工事費，施工方法，使用資機材の入手性などが検討される．これらを生産設計という．現実にはさほど具体的な生産設計は行われておらず，多くの問題が内在している．これらの設計業務は一人の設計者あるいは単独の設計事務所で処理されることはまれで，通常はいくつかの機能に分けて外部化される．建築設計事務所が発注者から設計をまとめて委託された場合には，構造設計，設備設計，見積り積算などを外部化して分業体制を組むことになる．もちろん，これらをすべて内部で行う建築設計事務所も存在し，大規模建築設計事務所に多い．最近の傾向としては，さらに多くのコンサルタントに設計の一部業務を外部化するところが増えている．

設計が完成すると，入札，見積合せ，特命いずれかの方法によって施工者を選定する．当該工事を受注した施工者は，工事請負契約を締結し，施工計画に取りかかる．施工計画以降のいわゆる施工プロセスは，設計者の意図を忠実に実現するためのプロセスであり，施工者が担当する業務である．施工者には，当該工事全体の施工計画・管理を請け負う施工者（ゼネコン）と型枠工事，鉄骨工事など部分工事を専門に請け負う施工者（サブコン）がある．この施工側の組織には総合工事業者の下に協力会と称せられる長期継続的に取引き関係がある専門工事業者集団が存在することが常である．伝統的にはその協力会組織の中から各専門工事部分を担当する相手方を選定していたが，最近では協力会組織にこだわらず公募の形で外部の専門工事業者をプロジェクトに参加させることも多い．また，総合工事業者の現場技術者（現場監督，係員）をプロジェクトごとに，あるいは期間を定めて外部から調達する総合工事業者もある．さらに，専門工事業者は総合工事業者から請け負った工事を自社で施工することのほかに，その工事の一部を再下請に出すことも多い．この下請・再下請の連鎖が繰り返され，重層下請構造が構成されている．

以上にみたように，建築生産システムは，発注者，設計者，施工者を問わず，自ら担当する業務の一部またはすべてを外部化しているのである．しかも，この分業関係はますます多様になる傾向にある．このような分業化の進行は，一方で個々に分業化された業務，主体間の調整とプロジェクト全体を統合する理念，業務モデルが必要となる．端的にいえば，プロジェクト全体を調整し，一貫してマネジメントすること，およびその主体が求められている．このように考えると，建築プロジェクトにおけるマネジメントを端的にいえば，「人と人との融合，技術の総合，人と技術の統合を図る活動」ということができる．

伝統的には，設計は建築設計事務所が，施工は一式請負方式の下では総合工事業者が，その守備範囲をマネジメントしていたが，発注者と設計者間，発注者と施工者間，設計者と施工者間など横断的な領域に関しては必ずしも明示的にマネジメントする主体は存在していない．日本的システムの特徴として指摘される「相互信頼」，「長期継続的取引き関係」などに依存した「あいまいな関係におけるマネジメント」が行われていたのである．

いま求められているのは，発注者の立場に立った明示的なマネジメント，プロジェクトを一貫してマネジメントをする主体である．この主体の一つとし

て，コンストラクションマネジメント（Construction Management：CM）サービスを専ら提供する主体が出現したのである．もちろん，その主体は既存の設計事務所，総合工事業者が担当することも可能であり，その能力が備わったところもある．現実にCMサービスを提供しているところもある．一方で，新しいビジネスの領域として，独立したコンサルタントの新規参入も多くなっている．

日本では，長年，「設計施工一括発注方式」ならびに「設計と施工の分離発注方式」が建築プロジェクトの調達方式として高く評価され，また，その信に応えるべく建設産業全体が努力してきた．その評価は今もって高く，また，能力も世界に誇るべきものがある．しかし，一方で，透明性，公平性，競争性などが発注者，国民から要請されていることも事実である．そうした中で，多様なプロジェクトの調達方式が用意される必要があることは否めない．コンストラクションマネジメント方式（以下，CM方式という）もその選択肢の一つとして位置づけられる．

1.2.3 発注者の責務

建築プロジェクトをうまくマネジメントすることにおいて発注者の役割は重要である．いま，発注者の責務を抽出すると，大きくは以下の6つである．

a. プロジェクトの目的を明確にする

建築企画がプロジェクトの出発点であり，発注者の業務だとすれば，プロジェクトの目的を明確にすることは重要である．というのは，発注者はプロジェクトを完成させることが目的ではなく，完成した建物を使って事業をすることが目的であり，一方，設計者にしろ，施工者にしろ，これらの関係者はプロジェクトを実施し，完成させることが目的であるからである．しかも，通常，事業に関しては発注者が専門家であり，設計者，施工者はそうではないのである．したがって，あいまいなプロジェクトの目的と要求内容で設計者なり，施工者に情報が渡ると，彼らは基本的にプロジェクトを実施する方向にしか動かず，その結果，必ずしもプロジェクト目的に整合的な建物が獲得できるとは限らないのである．ましてや建物を造らないという結論はほぼ出てこない．しかし，プロジェクト目的をよくよく吟味すると，建物を造らないほうが理にかなっているという結論もありうるのである．

b. プロジェクト組織の概略を明確にする

図1.2.1にあるように，建築生産プロセスは，大きくは企画，設計，施工，維持保全の各プロセスで構成されている．そこに登場する関係主体は発注者，設計者，総合工事業者，専門工事業者，種々のコンサルタントである．プロジェクトを実施するには，これらの関係主体を建築生産プロセスのどの時

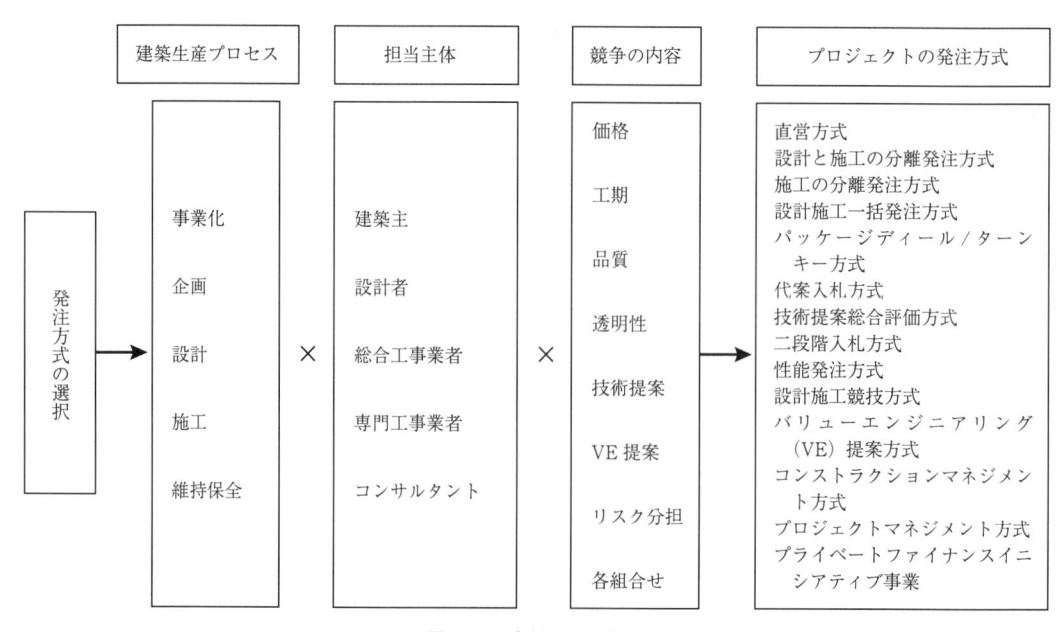

図1.2.3 多様な発注方式

期に，どのような組合せで参加させるかを決定しなければならない．そして，これがプロジェクトの発注方式の選択といわれるものであり，それらの選択をどのような競争の内容で行うかを含めて模式的に示したものが図1.2.3である．図1.2.3の右欄には現在日本で採用可能なプロジェクト発注方式の一覧が示してある．

近年，発注方式は明らかに多様化しており，プロジェクト規模，そこに採用される施工技術といったハードな技術競争から，設計と施工の調整・統合，VE，生産プロセスのアカウンタビリティの向上といったマネジメント技術，ソフト技術競争の時代へと変化しつつあることをうかがわせる．発注方式の多様化は，一方で特定のプロジェクトにおいて発注者側に最適な発注方式を選定する能力が必要であることを意味している．これと同時にその能力が不足している場合，中立的な技術の専門家を雇うことが必要である．そして，この中立的技術の専門家の需要は徐々に高まっていくことが予想される．

c. 主たる役割の担当者を選ぶ

特定の発注方式選定後には，具体的な担当者を選定しなければならない．そして注意を要するのは発注者，設計者，施工者の相対的能力の高低によって業務の分担関係が異なることである．この分担関係を決めるのも基本的には発注者である．発注者の能力が十分にある場合，発注者の担当する範囲は広くなるであろうし，設計者の能力が十分な場合には，その担当範囲は広くなる可能性が高い．もちろん，その場合でも，狭い範囲を受託することもあるが，少なくとも受託範囲に関して選択の幅が広くなる．施工者の能力の大小によっても同じような事情が考えられる．要するに，発注者，設計者，施工者それぞれの能力のいかんによって分担範囲は可変である．どう割り付けるかが極めて重要である．

d. プロジェクトの文化を確立する

臨時的に編成されるプロジェクト組織が協調的，効率的に稼働するには当該プロジェクトに共通の考え方，文化が形成されることが効果的である．例えば，過って近隣対策などで着工が遅れたプロジェクトが，その遅れを取り戻すべく，発注者，設計者，施工者が協調して設計変更，構工法変更等をした結果，かえって工期短縮を達成した事例が多く報告されている．外的要因から「工期遅延への危機感」という共通認識が生まれた結果である．しかし，残念ながら通常のプロジェクトでこのような共通の認識をプロジェクトの当初から共有できているプロジェクトはまれである．

e. 組織に対して権限を行使する

プロジェクト組織に対して，適切に発注者の権限を行使し，各担当者が能動的に行動する動機づけを行うことも，プロジェクトを円滑に推進する上で重要なことである．各担当者が何をすべきかを理解させ，不適切なプロジェクト関与者は交代させ，プロジェクトの方向性を明確に示すこと，端的にはリーダーシップを発揮することである．

f. 必要な時期に的確に情報を流し，決定する

「もう少し早く設計図，仕様書等の生産情報を決めてもらえば安くできた」と巷間いわれることが多い．設計者は十分に設計内容の検討を行いたいため，生産情報の確定を遅らせる指向が強い．一方，施工者は施工プロセスにおける不測の事態に備えたいこと，施工前のリードタイム（当該部材の発注から現場施工に供するまでに要する時間）を長くしてコスト低減を図ることなどのため，生産情報の確定を早める指向が強い．これに対し，発注者は設計者の主張を受容し，施工者の主張を排除する傾向にある．理由は，発注者の希望を直接的に反映させるのは設計者であり，決定の時期が遅れれば遅れるほど設計内容が具体化し，素人である発注者にも理解しやすいものとなること，一方で早期に生産情報を決めることの利益がどこにあるかを施工者は説明できていないことにある．しかし，生産情報を早期に確定することによってコストを含む様々な利益が生じることが明示的になれば，設計内容の検討に時間をかけるのがよいか，一定の範囲で早期化して利益を享受したほうがよいのか，発注者は判断することができるのである．このトレードオフ問題は発注者にとって一考に値する．

1.2.4 発注者を支援する専門家

誤解を恐れずにいえば，前項にあげた6つの発注者の責務はプロジェクトをうまくマネジメントするための要件と言い換えることができる．繰り返しになるが，発注者の多くは素人である．そのため，これらの責務を適切に遂行することを支援する専門家が求められるのである．さらに，場合によっては発注者が発する矛盾した要求，意思決定時に生ずるコンフリクト問題，これらを冷静に解きほぐす専門家の支援が求められるのである．

プロジェクトを成功裏に実現するためには，一貫

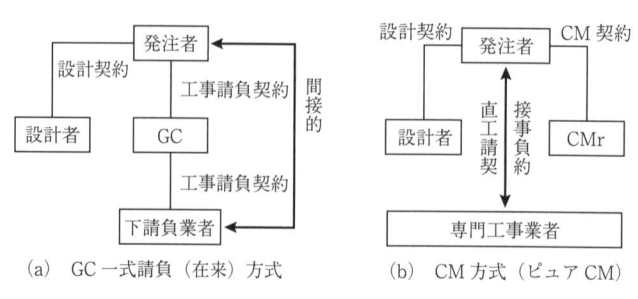

図1.3.1 在来方式とCM方式での契約関係
(a) GC一式請負（在来）方式
(b) CM方式（ピュアCM）

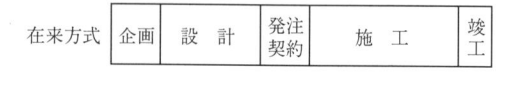

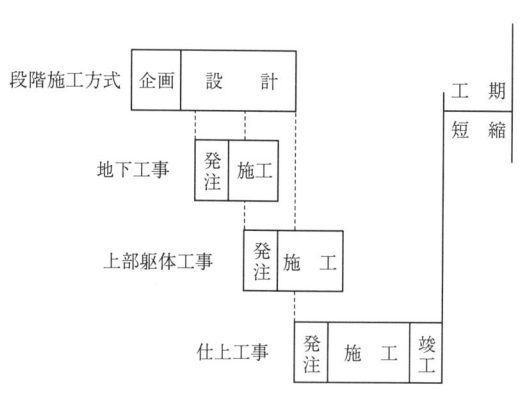

図1.3.2 段階施工方式による工期短縮

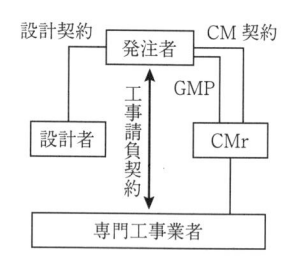

図1.3.3 工事を伴うCM方式

した思想，考え方に基づいてプロジェクトマネジメントが行われる必要があり，建築企画はその出発点にある．しかも，当初に作られた建築企画は，設計プロセスにおいても，あるいは施工プロセスにおいても，常に発注者のプロジェクト目的，プロジェクト文化の確認のために参照され，必要に応じて内容が変化するものである．すなわち，建築企画は「ありき」ではなく，プロジェクトの進行とともに，常にダイナミックに変化するものである．また，プロジェクトに関与する組織，職能の果たすべき役割と業務範囲が伝統的な日本のシステムではあいまいに処理されてきたが，「過度の分業化，外注化」が進行し，もはや信頼に基づく相互依存関係での処理が限界にきている．こうした中で，一貫したマネジメントを行う主体としてプロジェクトマネジャー（PMr）ならびにコンストラクションマネジャー（CMr）が登場するようになったといえる．マネジメントを行う主体は，発注者であっても，設計者であっても構わないし，もちろん施工者とりわけ総合工事業者であっても構わない．しかし，その立場に立つ主体には，高い職能性と倫理性が求められる．さらに，実直にプロジェクト全体をマネジメントすることが求められる．　　　　　　　［古阪秀三］

1.3 コンストラクションマネジメント・プロジェクトマネジメントとは

　コンストラクションマネジメント（Construction Management：CM）とは日本語に訳せば工事監理であり，品質，工程，コストなどをいかに所期の目標どおりに達成するかの管理であり，技術のことである．しかし，プロジェクトを実施する方式の一つとしてのCM方式の意味として使う場合，その内容は異なってくる．CM方式はアメリカで確立したプロジェクト実施方式である．1960年代アメリカではプロジェクトが大規模化，複雑化するのに伴って，工期遅延，予算超過が多発し，それを防止する上でマネジメントを専門に行う主体を設けるようになった．この主体をコンストラクションマネジャー（Construction Manager：CMr）といい，CM方式とはこのCMrと発注者，設計者が一体となってプロジェクトの全般を運営管理する方式である．CMrには設計者，総合工事業者，専門のコンサルタントがプロジェクトに応じて任命される．CMrを選定するのは原則として発注者である．

　CM方式の基本的な特徴は2つである．第1は，

| 企画 | 計画 | 設計 | 入札・契約 | 工事・施工管理 | 工事監理 | 維持保全 |

```
           |←――――― CM 業務の範囲 ―――――→|
|←――――――――― PM 業務の範囲 ―――――――――→|
```

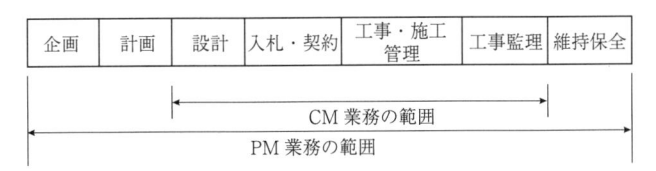

図 1.3.4 PM 業務と CM 業務の関係

図 1.3.1 に示す発注者，設計者，施工者の間の契約関係である．すなわち，従来の総合工事業者による一式請負方式では，発注者と専門工事業者（一式請負の下では下請負業者）が間接的な契約関係であるのに対して，CM 方式では発注者と専門工事業者が直接契約を締結する．これを分離発注という．発注者にとってコストの透明性が増し，ひいては経済的な工事の可能性を高めることができるとされる．

特徴の第 2 は図 1.3.2 に示すような段階施工方式（phased construction あるいは fast track）の採用で，主要な工事の設計が完了した時点で順次発注・施工を行い，時間的，経済的ロスを最小限にとどめるものである．例えば図 1.3.2 を例にすると，在来方式であれば，設計図書が完成するのを待って入札に付し，発注する施工者を決め，その後施工に入っていく．段階施工の場合は，地下工事の設計が完了した時点でその部分の入札を行い，発注する施工者を決め，工事に入っていく．次に，上部躯体部分の設計が完了すれば，同様の手順で施工者を決めて工事に移る．このようにして全体として工期が短縮されるようにするのである．段階施工方式が採用できるためには部分工事ごとに着工の許可がもらえること，それらをまとめれば最終的に建物全体の工事許可とみなされることなどが必要で，日本の確認申請制度とはなじまない部分がある．

日本では同制度に抵触しない範囲での資機材の先行発注，工種間調整などに限定される．CM 方式の原型は図 1.3.1 のとおりであるが，CMr の業務内容から判断してさらにいくつかのバリエーションが存在する．図の CM 方式は CMr が純粋にマネジメント業務だけを行うもので，この方式は「ピュア CM」，「プロフェッショナル CM」，「エージェンシー CM」などといわれる．設計者なり，エンジニアリングコンサルタントが CMr になる場合にとられることが多い．次の方式は共通仮設等一部の工事も行う場合（図 1.3.3）で，主として総合工事業者が CMr になる場合である．さらに，その場合には最高限度額を保証する条項（Guaranteed Maximum Price : GMP）を CM 契約にいれることもある．この方式は「CM アットリスク」といわれる．実際の CM 方式では，これらのバリエーションにとどまらず，プロジェクトごとに異なる多くの変型が出現している．日本では，CM 方式においても工事を分離発注することなく，優秀な技術力を有する総合工事業者をそのまま採用することもある．

なお，CM と関連して，プロジェクトマネジメント（Project Management : PM）あるいはプロジェクトマネジャー（Project Manager : PMr）の用語が使用されることがある．PM と CM はどこが違うのか．欧米の一般では，さほど明確な区別をして使われていることはない．混用もみられるし，発注者側を代表するインハウスのスタッフを PMr と呼び，設計者，施工者を束ねる外部スタッフを CMr という組織もある．日本では，PMr は発注者が本来行うべき業務に，より広範に関与して活動し，CMr は職能として設計と施工のプロセスに発注者の立場に立ってより深く関与するとの認識が一般的である（図 1.3.4）． ［古阪秀三］

文　献

1) Adam Smith : An Inquiry into the Nature and Causes of the Wealth of Nations, 1776. 邦題『諸国民の富』
2) Charles Babbage : On the Economy and Manufactures, 1832. 邦題『機械および製造の経済について』
3) 仲村政文：分業と生産力の理論—史的唯物論と生産力，青木書店（1979）．以下のスミスおよびバベイジの分業論に関する記述に関して依拠している．
4) 上野一郎：マネジメント思想の発展系譜—テイラーから現代まで，日本能率協会（1976）
5) F. W. Talor : Scientific Management, 1911. 上野陽一訳：科学的管理法，産業能率短期大学出版部（1969）
6) 山下高之：近代的管理論序説—テイラー・システム批判，ミネルヴァ書房（1980）
7) H. Fayol : Administration industrielle et generale, 1916. 佐々木恒男訳：産業ならびに一般の管理，未来社（1972）
8) F. J. Roethlisberger and W. J. Dickson : Management and the Worker（1939）
9) E. Mayo : The Human Problems of an Industrial Civilization, 1933. 村本栄一訳：産業文明における人間問題，日本能率協会（1967）
10) E. Mayo : The Social Problems of an Industrial

Civilization, 1947. 藤田敬三・名和統一訳：アメリカ文明と労働, 有斐閣 (1951)
11) F. J. Roethlisberger, 野田一夫・川村欣也訳：経営と勤労意欲, ダイヤモンド社 (1969)
12) C. I. Barnard : The Function of The Executive, 1938. 山本安次郎・田杉 競・飯野春樹訳：経営者の役割, ダイヤモンド社 (1968)
13) H. A. Simon : Administrative Behavior, 1945, 1957. 松田武彦・高柳 暁・二村敏子訳：経営行動（新版）, ダイヤモンド社 (1989)
14) 古阪秀三：コンストラクション（プロジェクト）・マネジメント，（京都大学工学研究科が選ぶ）先端技術のキーワード114選，日刊工業新聞社 (2003)
15) 古阪秀三：建築生産における最適化問題を考える．オペレーションズ・リサーチ, Vol. 46, No. 7, pp. 335-342 (2001)
16) 田中秀和：マネジメント思想の発展に関する基礎的研究―建築プロジェクトを対象として，京都大学修士論文 (2004)
17) エンジニアリング・プロジェクト・マネジメント用語辞典，重化学工業通信社 (1986)
18) 古阪秀三：日本におけるPM/CM方式の定着とマネジメント教育．建築雑誌 (1997. 10)
19) 日本建築家協会：JIAのPMガイドライン (2002)
20) 顧客満足度と建築家の挑戦―JIA顧客満足度調査レポート，日本建築家協会 (1999)
21) PMI : A Guide to the Project Management Body of Knowledge (PMBOK), 2000 edition (2000)
22) 国土交通省：CM方式活用ガイドライン (2002)
23) （財）建設業振興基金：CM方式活用方策調査報告書 (2002)
24) （財）建設業振興基金：CM方式活用マニュアル試案 (2002)
25) 日本建築学会編：建築情報用語辞典「プロジェクト・マネジメント」(2003)
26) 日本建築学会編：発注方式の多様化とまちづくり，丸善 (2004)
27) 日本コンストラクション／マネジメント協会：CMガイドブック，相模書房 (2004)
28) 古阪秀三：建築企画としてのプロジェクトマネジメント（マネジメント時代の建築企画），日本建築学会編，技報堂出版 (2004. 11)

1.4　PM/CMサービス

1.4.1　PM/CMサービスの定義

プロジェクトマネジメント（PM）サービスとコンストラクションマネジメント（CM）サービスは，様々な歴史的変遷を経て，現在建築プロジェクトにおいては標準的なサービスとして定着している．サービスとは役務の提供であり，本項では建築プロジェクトの第Ⅲ部2章で述べるマネジメント業務を，発注者が外部の専門家に委託し報酬を支払うという状況を想定している．

PMサービスとCMサービスの定義はあいまいであるが，一般的にCMの場合，マネジメント業務の対象となるのは，設計・施工を中心とする建設行為そのものとしている．設計段階においては，設計者の選定とほぼ同時期にCMrがプロジェクトに関与し，設計に対するマネジメント業務を発注者に成り代わって遂行する．施工段階においては，総合建設業の選定とその管理を行うか，分離発注によって複数の施工会社がプロジェクトに関与する場合，総合建設業に成り代わって施工会社間の全体調整，全体管理業務を行う場合がある．後者は，1970年代にアメリカで盛んに行われるようになり，総合建設業への代替としての契約形態として発展し，典型的にはフィーベースだけの契約を行うピュアCM（もしくはエージェンシーCM），CMrが自ら施工会社と契約しコストの最高限度額を保証するCMアットリスク（GMP CM）に大別される．

一方，PMサービスは発注者の建築物を構築するという行為を含むプロジェクト全体にまで，サービスの範囲が拡大する．すなわち，事業計画のフィージリティスタディ，敷地選定，発注者の総事業費予算の作成支援，発注者内の関係者調整，発注者内の意思決定の支援，発注者直営工事（情報機器関連工事，家具工事，備品の手配）のマネジメント業務，引越・移転のマネジメント業務，プロジェクトに関連する会計・経理業務などを含む場合がある．

米国CM協会（CMAA）によるCMの定義は以下に述べるようなものであり，発注者との利益相反の関係が言及されている．ただし，CMAAにおけるエージェンシーCMは，ピュアCMにおけるサービスに加え，PMサービスが包含されているものである．

a.　エージェンシーCM

フィーベースのサービスであり，プロジェクトのどの段階においても，発注者に対して発注者の利益のために責任を持つものである．CMrは以下のような状況において，利益相反の影響を受けずに助言を行う．

① 利用可能な資金の最適な投資
② 業務の範囲（スコープ）のコントロール
③ プロジェクトのスケジューリング
④ 設計会社，施工会社の能力を最大限に用いる
⑤ 遅延・変更および係争の回避
⑥ プロジェクトの設計と施工の品質の向上
⑦ 契約・調達におけるフレキシビリティの増大

1.4 PM/CM サービス

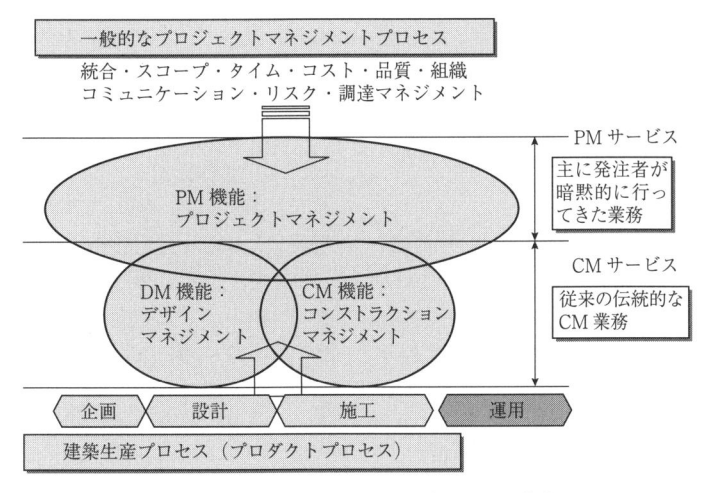

図 1.4.1 建築プロジェクトのマネジメント機能

プロジェクトの初期のコンセプト作り，プロジェクトの定義からプロジェクトのすべての段階にかかわる包括的なサービスは，CM のオーナーにとっての利益を最大限に引き出すものである．

b. CM アットリスク

CMr が，プロジェクトの最高限度額（Guaranteed Maximum Price：GMP）内でマネジメントすることを約束する発注形態の1つである．CMr は，企画および設計段階ではオーナーに対するコンサルタントとして振る舞うが，建設段階では総合建設業と同様になる．CMr は，GMP を課されると，その基本的なオーナーとの関係は変わる．オーナーの利益のために振る舞うことに加え，自社を保護するようになる．

図 1.4.1 は，建築プロジェクトのマネジメント機能を，もの作りの過程である建築生産プロセス（企画・設計・施工・運用段階）と一般的な PM のプロセスの両面から分解したものである．

アメリカで発達したピュア CM，CM アットリスクは，より建築の設計・施工にかかわる技術的な専門知識に基づく業務を，CM サービスという形で提供するものである．一方，発注者は建築プロジェクトのマネジメントをインハウス（自身の組織内）で行っていたが，そのような業務が煩雑に発生する宇宙開発のような国家的な大規模プロジェクトや，発注者内の施設部門の合理化やより透明性・第三者性を求める傾向から，かかる業務を外注化する傾向が 1980 年代の後半以降欧米を中心に見られるようになってきた．

日本においては，一括請負方式の代替発注形態としての CM サービスは，一括請負方式のプロジェクトにおけるプロジェクトへの安定性が高いことから，欧米における発展の経緯は見られず，特に 1990 年代において PM サービスもしくはコストマネジメントのような CM サービスの部分を併せて提供するサービスの発展が著しかったといえよう．

1.4.2 PM/CM サービスの多様化

a. フィーベースサービスの発展

CMAA における基本的な PM/CM サービスの分類は，主にコストに関するリスクを負担するアットリスクと，フィーベースのみのエージェンシー CM（PM サービスも含む）に大別されている．しかしながらエージェンシー CM には，ピュア CM 方式における CM 以外に以下のような部分的なサービスを通常の発注方式等においても行うことがあることが考えられる．

① デザインレビュー：設計図書の整合性チェックや施工性の検討を行う．

② コスト査定：各設計段階の見積りと市場価格との比較を行う．

③ スケジューリング業務：主としてスケジューリングソフトウェアを用い，計画段階からマスタースケジュールの作成，進捗管理を行う．

④ バリューエンジニアリング（VE）：各分野専門家により，設計の各段階ごとに VE セッションを開催し，機能およびコストの分析を行い，価値向上のために代替案の検討を併せて行う．

⑤ オーナーの代理人：通常の発注方式やデザインビルドにおいて，発注者に成り代わって設計

者や総合建設会社や施工会社との調整・窓口業務を行う．

⑥ PM業務：オーナーのPM機能を一部または大部分を代替し，プロジェクトの推進，オーナーの意思決定の支援を行う．上記の発注者の代理人に比較して，大きい業務量となる．

近年，ENR誌の上位100社CM企業ランキングにおけるエージェンシーCMの売上げ総額が10年前とあまり変化がないことを考えると，明示的なピュアCM方式は，そのボリュームはあまり変わっていないか，あるいはむしろ減少していると類推することができる．

b．プログラムマネジメントサービスの出現

プログラムマネジメント（Program Management）は様々な意味で用いられる言葉で，近年，日本でもよく耳にするようになってきた．典型的には，複数のプロジェクトの集合体を総称としてプログラムと呼び，その全体をマネジメントするのがプログラムマネジメントである．1990年代のアメリカの事例では，市の教育委員会が市内の100校を超える小学校・中学校・高校の施設改善を2億円の予算をかけ3年間で行うにあたり，そのマネジメント業務をプログラムマネジャーに委託したものである．プログラムマネジャーのサービスは，

① ニーズの調査
② 各学校ごとの改修・建替計画作成
③ 実施のためのマスタースケジュール作成と進捗管理
④ 予算書の作成と実績管理
⑤ 関係者との調整
⑥ 市民への情報提供
⑦ 全体計画をプロジェクトに分割
⑧ プロジェクトごとのマネジメント業務
⑨ 設計者，施工者の選定
⑩ デザインマネジメント
⑪ 施工の進捗管理
⑫ 設計者・施工者の出来高・請求書査定
⑬ 教育委員会等への定期報告

などが含まれる．近年，アメリカにおいてもその事例が非常に増えている．

プログラムマネジメントに関しては，以下のような理由から，今後も増加傾向にあると指摘されている．

① 企業や団体は，市場，政治的な問題，社会性などの急激な変化に対応するため，全体の建設計画（プログラム）をとらえる必要がでてきた．プログラムマネジメントは長年行われていたが，潜在的なユーザーにこれまで見過ごされてきた．

② 公共工事では，大規模なプログラムを実施する専門家がいない．

③ 大規模な公共工事にパブリックボンド（公債）を使うことが増えている．

④ ボンドによる教育施設整備のプログラムの数は非常に増えており，GSA（連邦調達庁）のように専門家がいない教育関係省庁はプログラムマネジャーが必要となる．

⑤ プログラムマネジメントサービスは，サービス提供者側にとって，新しい機会を持ち込むきっかけをもたらす．空港施設の改修，拡張工事もプログラムマネジメントにとっては大きな市場である．

c）新たなプログラムマネジメントサービス

ENR誌では，プログラムマネジメントのもう1つの要素として，プログラム・マネジメント・オーバーサイト（PMO）があると報告している．近年，プロジェクトにおける会計，建設プロセスの監査を行うPMOの業務が急激に増えてきている．これは，金融機関がプロジェクトに投資した資金の実施状況に関心を抱いていることによる．PMOのようなサービスは，ENR誌では既に2000年のCM特集記事において「フィーオンリーCMの新しい競争」として，当時の大手会計事務所がPM業務に進出してきたとしている．

アメリカでは，会計事務所もその担い手になっており，会計事務所内に建設技術者を若干名抱え，本来の会計監査業務に加えて，プロジェクトを第三者の立場から観察し，業務プロセスが適正に遂行されているか，経理上正しく処理されているかをチェックする業務に取り組んでいる．

日本のPM/CMサービスは，上述のような類型化が顕著に見られないが，実態としては様々なサービスが，発注者のニーズに応じて提供されている．今後，PM/CMサービスの市場が拡大し，その担い手が多く出現するようになると，より明確な市場の形成が進むものと予測される． ［関谷哲也］

1.5 PM 標準

1.5.1 アメリカにおける PM 標準の発達

1970年代にアメリカの建築プロジェクトにおいてコンストラクションマネジメント（CM）方式が広く適用され，その担い手であるCMrが新たな職能として注目されるようになったのと前後して，既にアメリカではプロジェクトマネジメント（PM）の職能団体として米国PM協会（Project Management Institute：PMI）が1969年に発足している．PMIは，PMを建築プロジェクト固有の管理技術ととらえず，研究開発，医薬，ソフトウェア開発など広く一般のプロジェクトを対象としたのが特徴で，これ以降に発足した各国のPM協会も，プロジェクトに対して同様の扱い方をしている．

PMIが，PMの標準体系・概念構築の活動を開始したのは1981年である．既にアメリカでは，その頃にはPMの要素技術としてのスケジュール管理であるPERT（Program Evaluation and Review Technique）やCPM（Critical Path Method）などは，1950年代には軍事をはじめとする国家的事業を中心に適用されていた．さらに，プロジェクトにかかわる成果物・作業を系統的に分解し構造化して表示し，管理可能な単位まで詳細化する手法であるWBS（Work Breakdown Structure）や，WBSに基づきコストスケジュールを統合して管理するアーンド・バリュー（Earned Value：EV）が，汎用的なPM手法として定着しつつあった．

アーンド・バリューとは，プロジェクトの初期段階においてWBSを作成し，必要な資源項目を確認してから積算し，単価設定した上でコストを見積り，コストマネジメント計画書を作成して，予算上のベースライン（時間軸上のコスト累積値）を作成するものである．プロジェクトは期間中一貫して，策定したコストマネジメント計画書に基づき，WBSで分解した項目ごとに，ベースラインに対して予算と実績値の差異分析と完成時のコスト予測を行い，総合的なプロジェクトの予算に対する管理を行うとしている．また，プロジェクト期間中は，アーンド・バリュー（出来高）分析を行い，コストの差異と傾向分析のみならず，現状の出来高とベースラインとの差異を見ることにより，スケジュールの傾向分析をコストを用いて統合的に行うものである．

1987年，PMIはPM基礎知識体系としてPMBOK（Project Management Body of Knowledge）を発行した．PMIは，既に1984年には協会認定資格であるPMP（Project Management Professional）の認定試験の実施をしており，PMBOKが正式発行前から有資格者が有すべき知識体系として運用をしている．当時のPMBOKは，PMの体系をWBSを用いて，以下の8つの領域に分解した．

① スコープマネジメント
② クオリティマネジメント
③ コストマネジメント
④ コントラクトマネジメント
⑤ タイムマネジメント
⑥ リスクマネジメント
⑦ ヒューマンリソースマネジメント
⑧ コミュニケーションマネジメント

ただし，この段階では，PMの全体像に対する記述や，各領域の連関性が現在のPMBOKに比べて乏しく，前述の管理手法などの知識項目を集約したものであった．

1996年PMIは，PMBOKを大幅改定し，"A Guide to the Project Management Body of Knowledge"と改め，その構成を以下のようなものとした．

```
Ⅰ．プロジェクトマネジメントの枠組み
  第1章 はじめに
  第2章 プロジェクトマネジメントの背景
  第3章 プロジェクトマネジメントのプロセス
Ⅱ．プロジェクトマネジメントの知識エリア
  第4章 統合マネジメント
  第5章 スコープマネジメント
  第6章 タイムマネジメント
  第7章 コストマネジメント
  第8章 品質マネジメント
  第9章 組織マネジメント
  第10章 コミュニケーションマネジメント
  第11章 リスクマネジメント
  第12章 調達マネジメント
```

この改定により，「プロジェクトマネジメントの枠組み」において，プロジェクトの定義，定常業務とプロジェクトの相違点，プロジェクトマネジメントと他のマネジメント知識との関連性，プログラムの概念が整理されている．また，プロジェクトのフェーズとライフサイクル，プロジェクトにおけるステークホルダー（利害関係者），プロジェクトマ

ネジャーの組織における影響力などが記載されているとともに、リーダーシップ、コミュニケーション力、ネゴシエーション力、および問題解決力などのプロジェクトマネジャーの資質・素養に関連する記述がある.

PMBOKでは、PMのプロセスを,「立ち上げのプロセス」,「計画のプロセス」,「遂行のプロセス」,「コントロールのプロセス」,「終結のプロセス」とし, PDCA（Plan-Do-Check-Action）サイクルのように、プロジェクトのフェーズ（設計段階、施工段階など）ごとにPMサイクルが存在するとしている.また、知識エリア内ごとに分解されたプロセス（例えば、プロジェクト計画の作成）は、個々の業務の記述に対して、インプットとアウトプットの項目とそれを実行する上でのツールと技法を述べるというIDEF（Integrated computer aided manufacturing DEFinition）に近い記述方法になっており、それによって知識エリアごとの連関を図ることが可能になっている.

PMIの付与するPM資格であるPMPは、上記受験申請時の経歴等の書類審査とPMBOKの内容等に関する知識試験である.

1.5.2 ヨーロッパにおけるPM標準の発達

ヨーロッパのPM協会は、ヨーロッパ各国とインド、中国、エジプトなどの25カ国を超えるPM協会で構成するPM協会連合機構である国際PM協会（International Project Management Association：IPMA）が最も古く、1967年に創設されている. IPMAの提供するPM標準はICB（IPMA Competence Baseline）であり、PMIの知識体系としてのPMBOKに比較して、能力基準というべき構成になっている. ICBは、28項目のコア・コンピタンスと14項目の補足要素の合計42項目に関するプロジェクトマネジャーの能力に関して記述されており、ICBはIPMAにおけるPM資格認定のベースとなっている.

イギリスでは、1972年にIPMAのイギリス人メンバーが自国のPM協会であるAPM（Association of Project Managers）を立ち上げ、以降活発な活動を行い、IPMAの中では標準化と資格認定に関しては常にリーダー的な存在であった. APMでは、1992年にPMBOKを発行している.その後、1996年にスイスとフランスで標準ができ、1998年にはドイツでPM標準が完成している.前述のICBは,

各国の標準を参考に作成され、1999年に発行されている.

IPMAでは各国のPM協会に対して、ICBに基づいて各国ごとに能力基準（National Competence Baseline：NCB）を各国言語で作成することを義務づけている. NCBの作成の際は、14項目の補足要素に関し最大8項目に関する変更・削除が許容され、各国の独自性をだすことが可能になっている.

1.5.3 オーストラリアにおけるPM標準の発達

オーストラリアでは、1976年に現在のオーストラリアPM協会（Australian Institute of Project Management：AIPM）の原型が発足し、現在に至る.オーストラリアはPMに関する研究・体系化が盛んであり、1993年よりPM標準の開発に取り組み、1996年NCSPM（National Competency Standards for Project Management）を発行した. NCSPMは、IPMAのPM標準と類似しており、PM職能の普及の観点から、個人のコンピタンシーに関する要求事項がまとめられている.そのコンピタンシーは、知識（knowledge）、技能（skill）、行動（attitude/behavior）から構成されるとされ、PMの知識に関してはPMIやPMBOKの考えを取り入れ, PMBOKと同様、9つの知識エリアを規定している.また、NCSPMはオーストラリアにおける全産業共通の職能基準であるAQF（Australian Qualification Framework）のレベルを準用し、PMの資格としては3つのレベルを定め、それぞれのレベルにおける経験およびマネジメント能力を具体的に評価できる標準となっている.

1.5.4 近年のPM標準の傾向

前項までにPM標準発達の歴史を、アメリカ、ヨーロッパ、オーストラリアの事例を参考に述べたが, PM標準の大きな構成要素として,

① PM知識体系：PMにかかわる人が知るべき知識標準
② PM能力基準：PMにかかわる人が持つべき能力標準

の2つに着目でき、それらがPM協会ごとに様々な形態で、PM標準として発達してきたといえよう.近年では、プロジェクトの複雑性・多様性の増大およびPMの企業・組織に対する重要性の認識から多様な概念が議論され、それらがさらにPM標準に影響するという様相を呈している.

PM標準に大きな影響のあるものとしては，以下のものがある．
① プログラムマネジメント：大規模・複雑プロジェクト，企業革新など従来のPMの概念にない戦略性・多義性・発展性を有し，全体最適化を図っていくもの．
② エンタープライズ・プロジェクトマネジメント（EPM）：企業における新規事業の遂行や課題解決にPMを適用する．また，事業全体をプロジェクト群ととらえ，企業戦略・事業戦略に基づき，優先順位の設定・最適化を図る．さらに，企業のPM業務標準，PM能力に関する継続的改善を図る．
③ PMの組織成熟度：企業など組織としてのPM遂行能力をレベルごとに定義したもの．レベルに応じた企業活動へのフィードバック，レベル向上のために改善活動が明確になる．

PMIやAPMにおけるPM標準の近年の改定において，上記のような項目が何らかの形で反映されたものになっている．

1.5.5 日本におけるPM標準の発達

日本におけるPM標準の策定は，1999年経済産業省（当時通産省）によるPM資格制度導入に関する委員会の発足によりスタートし，2001年にP2M（プロジェクト＆プログラムマネジメント）標準ガイドブックが発行された．また，2002年よりP2Mに基づくPM資格制度が，プロジェクトマネジメント資格認定センター（PMCC）により実施されている（PMCCは，2005年に日本プロジェクトマネジメント・フォーラム（JPMF）と統合し，現在日本プロジェクトマネジメント協会（PMAJ）となる）．

P2Mの特徴は，プロジェクトにおける戦略・構想段階から運用段階における価値創造を対象にし，プログラムマネジメントの枠組みを提供するとともに，プロジェクト・ファイナンスマネジメントなどの従来の知識エリアの標準化にある．

建築プロジェクトにおいては，日本CM協会（CMAJ：2001年発足）が国土交通省からの委託による「地方公共団体のCM方式活用マニュアル試案」の作成を経て，CM方式を実施する場合のマニュアルとして，2004年に建築プロジェクトに特化した「CMガイドブック」が発行された．日本CM協会は，本ガイドブックをベースとした資格認定を2005年度より行っている．

なお，日本における活動の展開については1.8節も参照されたい．

PM標準は，多様化・複雑化する事業・投資計画を組織としていかに継続的な改善をするかという議論が各国の事情の中で活発に行われており，新しい概念，理論，実践のモデルが継続的に報告されている状況であり，一般のプロジェクトを対象にした議論を，日本のPM標準として定着するべく，各国とのネットワークを維持しながら，情報収集を続ける必要があると思われる．

［関谷哲也］

1.6 PM/CMの職能

1.6.1 PM/CMの職能としての認識

PM/CMが職能として欧米をはじめ世界各国で認識されたのは，前述のように1970年前後のこととなる．PMの起源は，伝統的な適用分野として宇宙開発／国防を含む，エンジニアリング・建設の分野であったが，その後，近代化に伴い情報通信技術・金融業・環境工学・自動車産業・製造業・医薬分野・エネルギー関連と様々な範囲において共通の標準を持ちながら展開されてきた．その職能を代表する団体が，1.5節で述べたような，アメリカの米国PM協会（PMI），欧州の各国を包含する国際PM協会（IPMA），イギリスのAssociation of Project Managers（APM），オーストラリアのオーストラリアPM協会（AIPM），わが国の日本プロジェクトマネジメント協会（PMAJ）などである．しかしながら，これらの協会では建設以外の分野へのPMの普及が急速に広まったことにより，建設関係の会員の比率は1980年代以降少なくなっているのが特徴的である．

建設に特化したPM/CM職能団体は現在でも比較的少なく，アメリカではCM方式の普及に伴い米国CM協会（Construction Management Association of America：CMAA）が1982年に発足しており，日本では日本CM協会（CMAJ）が，2001年に発足している．また，韓国にもCM協会が存在している．日米のCM協会はともに協会独自の資格制度を有し，CMAAでは1995年，CMAJでは2005年より資格認定を実施している．

多くのPM/CM協会に共通する使命としてあげられているのは，職業（プロフェッション）としてのPM/CMの発展と振興を図るということであり，

協会の機能・役割は概ね以下のようなものである.
① PM/CM のプロフェッショナリズムの確立と PM/CM の啓発・普及
② PM/CM の学問としての確立の支援
③ PM/CM の実務経験の共有と知識の体系化
④ PM/CM の知識標準や業務標準の設定
⑤ PM/CM に関する職業教育の提供
⑥ PM/CM のプロフェッショナル資格の認定
⑦ 人的交流の場の提供

1.6.2 PM/CM 資格制度

現在では PM/CM 職能とも,建築士や医師,弁護士のように特定の専門業務に対する免許制度を伴う国家資格ではないのが特徴的であり,当該協会の発行する標準体系・能力基準に基づき,個人の能力のレベルをある程度客観的に証明するものという位置づけになっている.また,資格は個人の自己啓発の目標を与える,自己の能力レベルを確認するという役割を持つものである.

米国 CM 協会(CMAA)の CM 資格は CCM (Certified Construction Manager)であり,「CCM のプログラムに記載された教育や実地経験に関する要求条件に適合し,能力を有し,CMAA の発行する CM 知識体系(CM body of knowledge)に対する理解を示し得た人」と定義されている.

CCM の受験資格要件として,プロジェクトマネジメント,コストマネジメント,タイムマネジメント,クオリティマネジメント,コントラクトアドミニストレーション,セーフティマネジメントの各項目に関し,プロジェクトの各段階で必要な項目が定められ,それが通算 48 カ月の経験を有することが求められている.一般のプロジェクトマネジメントに加えて,安全に関する項目が付加されていることが特徴的である.

専門分野を特定しない PM 資格に比較して,建築分野においては各国の建築士,エンジニアリング資格,施工管理資格,積算・QS 資格などが準国家資格として,各国の法規制・基準に基づくものになっており,またそれらの有資格者がその専門領域を拡大して,プロジェクトマネジメント業務を遂行している実態があり,CM 資格が明確な位置づけ・認識を得られていないのが実情であると考えられる.アメリカにおいても CCM の資格者数はまだ少なく,日本においても PM/CM 関連資格取得者数は,日本 PM 協会の PMS(Project Management Specialist)が約 2,000 人,米国 PM 協会の PMP (Project Management Professional)資格保有者が日本人が約 13,000 人,日本 CM 協会の CCMJ 資格保有者が約 500 人である.建築の分野におけるマネジメント職能は,既に 40 年近い歴史があるが,社会的に大きな影響力を持つまでに,今後のさらなる発展が期待される.

1.6.3 PM/CM 職能の責務

日本 CM 協会(CMAJ)は,「健全な建設生産システムの再構築」と「倫理観を持ったプロフェッショナルの育成」を協会設立趣旨とし,同協会の CM 資格制度はさらに
① 日本における CM 職能の適切な発展・普及に寄与する.
② CM 職能を目指す人の指針となる.
③ CM に関する教育のガイドに寄与する.
④ CM 市場の適正な発展に寄与する.
を目的としている.広範囲な業務を遂行し,かつ透明性・説明責任を求められる PM/CM においては,各国の PM/CM 協会において,それぞれ倫理規程が定められているのが特徴である.各国の倫理規程には,誠実に業務を遂行し,専門知識を最大限発揮し,利益相反を回避し,説明責任を果たすとともに,公正な競争を促すことがあげられている.

CMAJ の倫理規程は,以下の構成になっている.
第 1 章　総　　則
第 2 章　倫 理 綱 領
第 3 章　一 般 規 律
第 4 章　委託者との関係における規律
第 5 章　他の会員との関係における規律
第 6 章　会員以外の CM 業務提供者との関係における規律
第 7 章　プロジェクト関係者との関係における規律
第 8 章　日本 CM 協会との関係における規律
第 9 章　本規程に違反した場合の処置に関する規程
第 10 章　補　　則

PM/CM 職能の責任に関しては,成果報酬を伴う契約や CM アットリスクのような契約を除き,マネジメント業務がもたらす結果責任(品質,コスト,スケジュールなど)を負わないのが通例である.CMAJ 発行の「CM ガイドブック」によれば,CM は「善良な管理者の注意義務(善管注意義務)」を

負うものとしている．委任契約または準委任契約によって仕事を請けた受任者は，受任事項を処理する際に本義務を負うことが民法644条に記載されている．この義務は，何か「これこれをせよ」という具体的な内容を持つものではなく，「人から信用されて仕事を任されたものは，その信頼にこたえるべく，引き受けた事柄の目的に合うように一定水準の注意を払って仕事をせよ」という意味である．これに違反した場合は，損害賠償義務が発生する．

通常，欧米ではPM/CM業務にはPI（Professional Indemnity）保険をかけるか，契約において損害賠償の金額の限度を報酬金額と同等とするような契約を行うことにより，発注者を保護している．このように，瑕疵担保のような無過失責任を負うのではなく，過失責任を通常のPM/CMは負うものである．

1.6.4　PM/CM職能の今後

PM/CM職能は，各国において学協会，職能団体によりその調査・研究，標準化・教育が行われ，資格制度により職能の明確化が進んでいる．既に，既存の資格でもPM/CM資格は，単一の資格ではなく，レベルに応じた複数の段階を持つ資格が増加している．今後，個人は自己の能力を確認するステップが細分化し，自己啓発の指針がますます明確になる傾向にある．また，発注者にとってもPM/CMの担い手の能力レベルを客観的に判断できるようになり，それに応じた適切な報酬を支払うことができるようになると予想される．今後，各国のPM/CM職能資格の発展の状況や，相互認証の動向等に注視することが望まれる．　　　　　[関谷哲也]

1.7　PM/CM契約の作成

プロジェクトマネジメント（PM）／コンストラクションマネジメント（CM）の契約については，いくつかの団体において標準的な業務約款が示されているが，設計業務委託契約約款や工事契約約款のように，市場で標準的な約款といわれているものがない．その理由は，PM/CMの業務範囲が企画から維持管理までと幅広いこと，また，個別プロジェクトの特性を踏まえた業務とすることが望まれることなどから，標準化が進まない理由となっている．

PMとCMの違いは，より発注者の代理人としての位置づけが明確なのがプロジェクトマネジャー（Project Manager：PMr）であり，発注者に代わって工事の品質をマネジメント，確認するのがコンストラクションマネジャー（Construction Manager：CMr）というような理解や，企画から維持管理まで幅広い業務を展開するのがPMrで，設計から施工までがCMrといった建築生産プロセスの業務の幅の違いによる理解など，様々な解釈があるものの，これについても一般に確定された定義が存在するわけではない．

このような状況も，なかなか標準的な業務約款が整備されない背景として考えられる．

1.7.1　CM契約約款（案）

ここでは，CMの代表的な契約約款（案）として提案された（財）建設業振興基金発行の「CM方式導入促進方策調査報告書（CM方式導入促進方策研究会（委員長：古阪秀三））」をベースにCM契約約款のあり方について述べることとしたい．

ピュアCM方式における発注者の補助または支援業務は，発注者の事務行為を法律的な権限を伴わない範囲で受託する業務となる．その場合のCMrの業務委託契約は，準委任契約と考えられている．「委任」とは，事務を委託する契約であり，法律行為を委託することが民法643条の委託契約に該当する．一方，法律行為を伴わない事実行為のみを委託する場合は，民法656条の「準委任」として，委託契約と同様に扱われる．

類似する契約としては，コンサルタント契約が該当しており，契約書に定められた範囲内において，「債務不履行責任を負う」が「無過失責任を負わない」として，一般に責任範囲は限定されたものと解釈されている．

CM業務を外部委託する場合の契約書は，以下の3種類から構成される．

a.　CM業務委託契約書

CM業務委託契約書は，甲乙の名称や契約期間，委託金額など基本的な事項について定めた文書である．CM業務委託書は，あらかじめ発注者によって定められた業務分担に基づき作成される．

b.　CM業務委託契約約款

CM業務委託契約約款は，CM業務委託契約に共通する受発注者間の取り決め内容について，あらかじめ標準的な約款という形で提供した文書である．本来は，プロジェクトごとにそれぞれに契約内容と

なるべきものであるが，契約変更手続きなど一般的な契約内容について定めたものである．

c. CM業務委託書

CM業務委託書は，プロジェクトごとにCM業務委託契約における実質的な業務内容を定めた文書である．発注者の要求に従いCMrの業務内容を規定する．CM契約では，業務分担に応じたCMrの業務内容が項目として定義される．CM業務委託書は契約における実質的な業務を決定するものであるため，慎重に検討される必要がある．特に，建築士法で定められる工事監理者との役割分担については，注意して検討しなければならない．

1.7.2 PM/CM契約の留意事項

PM/CM契約を実施する上で，いくつかの留意事項があるので，それについて言及したい．

a. 工事期間中における安全衛生統括責任者の取扱い

統括安全責任者は，現場が動いている間は必ず現場に常駐している必要がある．しかし，PM/CM方式等で施工を分離発注した場合，着工から竣工まで常に現場に仕事を持っている業種は少なく，分離された専門施工会社の中から，統括安全衛生責任者を選任することが難しい状況が生じる場合がある．法的な面からは，統括安全衛生責任者を決める必要があり，CMrも含めて労働基準監督署と調整を図ることが必要である．また発注に際しては，CMrの

表1.7.1 CM業務委託契約の関連文書（例）の条項一覧

①コンストラクションマネジメント（CM）業務委託契約書（契約条項のみ抜粋）	
第1条 （委託業務の内容）	第6条 （業務の報酬）
第2条 （業務の遂行）	第7条 （経費）
第3条 （建設地）	第8条 （業務報酬及び支払方法）
第4条 （業務の実施期間）	第9条 （業務報酬及び経費の請求先）
第5条 （工事竣工期日等）	

②コンストラクションマネジメント（CM）業務委託契約約款（契約条項のみ抜粋）	
第1条 （総則）	第19条 （CM業務委託書等の追加・変更等）
第2条 （書面主義）	第20条 （CM業務における矛盾等の解消）
第3条 （業務計画書の提出）	第21条 （CM業務の変更）
第4条 （権利義務の譲渡等）	第22条 （CM業務の変更方法）
第5条 （秘密の保持）	第23条 （CM業務の検査）
第6条 （特許権等の保証）	第24条 （CM業務報酬の支払）
第7条 （契約の保証）注記：あり	第25条 （CM業務報酬の増額）
第8条 （優先適用）	第26条 （甲の債務不履行責任）
第9条 （一括再委託の禁止）	第27条 （乙の債務不履行責任）
第10条 （乙の説明・報告義務）	第28条 （履行遅滞の場合における損害金等）
第11条 （甲の指示）	第29条 （CM業務における甲の中止権）
第12条 （設計業者への関与）注記：あり	第30条 （CM業務における乙の中止権）
第13条 （設計図書への意見陳述）	第31条 （解除権の行使）
第14条 （建設工事への関与）	第32条 （解除の効果）
第15条 （一般的損害）	第33条 （保険）
第16条 （建設工事に関する損害）	第34条 （賠償金等の徴収）
第17条 （建設工事完成の承認）	第35条 （紛争の解決）
第18条 （CM業務に係る提案）	第36条 （契約外の事項）

③コンストラクションマネジメント（CM）業務委託書（委託大項目別による抜粋）		
1	基本計画段階	101 CM業務計画の作成～122 基本計画段階CM業務終了報告書の作成・提出
2	基本設計段階	201 マスタースケジュールの管理～219 基本設計段階CM業務終了報告書の作成・提出
3	実施設計段階	301 マスタースケジュールの管理～317 実施設計段階CM業務終了報告書の作成・提出
4	工事発注段階	401 マスタースケジュールの管理～420 発注段階CM業務終了報告書の作成・提出
5	工事段階	501 マスタースケジュールの管理～534 施工段階CM業務終了報告書の作成・提出
6	完成後	601 瑕疵に対する処置の調整・確認

（CM方式導入促進方策研究会（委員長：古阪秀三）：地方公共団体のCM方式活用マニュアル試案，（財）建設振興基金）

推薦も含めて，あらかじめ統括安全衛生責任者を指名することなどもあり得る．

[参考] 労働安全衛生法 第15条（統括安全衛生責任者）

　1　事業者で，一の場所において行う事業の仕事の一部を請負人に請け負わせているもの（当該事業の仕事の一部を請け負わせる契約が二以上あるため，その者が二以上あることとなるときは，当該請負契約のうちの最も先次の請負契約における注文者とする．以下「元方事業者」という）のうち，建設業その他政令で定める業種に属する事業（以下「特定事業」という）を行う者（以下「特定元方事業者」という）は，その労働者及びその請負人（元方事業者の当該事業の仕事が数次の請負契約によって行われるときは，当該請負人の請負契約の後次のすべての請負契約の当事者である請負人を含む．以下「関係請負人」という）の労働者が当該場所において作業を行うときは，これらの労働者の作業が同一の場所において行われることによって生ずる労働災害を防止するため，統括安全衛生責任者を選任し，その者に元方安全衛生管理者の指揮をさせるとともに，第三十条第一項各号の事項を統括管理させなければならない．ただし，これらの労働者の数が政令で定める数未満であるときは，この限りでない．

　2　統括安全衛生責任者は，当該場所においてその事業の実施を統括管理する者をもって充てなければならない．

b. 工事監理業務とPM/CM業務

一般に，民間工事では設計者がそのまま工事監理を実施する例が多い．しかし，一部で施工の手抜きなどが見つかるなど，品質確保の観点から，工事監理を設計者以外の第三者に委託する事例が見られる．特に，公共建築工事では，「建築工事監理業務委託契約書」（平成13年2月15日制定）により，設計と工事監理を分離して発注する体制が整えられている．

これら分離された工事監理業務とPM/CM業務については，あくまで法的制約を受ける事項として工事監理者が実施するものと定められた業務，つまり，設計図書との適合性確認業務については，工事監理者の仕事とすべきであろう．一方で，PM/CM業務は発注者として設計図書や工事の確認や検査を行うこととして業務区分して考える必要がある．

c. アットリスクCMの扱いについて

工事請負を含むアットリスクCM方式の場合は，これまで想定してきたようなフィーベースによるピュアCM方式とは異なるため，工事請負契約約款に準じた契約文書を用意することが望ましい．

[齋藤隆司]

1.8　日本におけるPM/CM活動

1.8.1　関連団体における取組み

a. 国土交通省の取組み

公共工事における品質確保，入札・契約，コスト縮減，事業評価，説明責任などのそれぞれの課題に対して，

① 製造業の国際競争力強化のためには，プロジェクトマネジメント（PM）が有効であるとする産業政策上の議論

② 日米建設協議でのコンストラクションマネジメント（CM）方式導入にかかわる議論

③ 民間事業におけるPM/CM方式への取組み

などを踏まえて，PMやCMを切り口とした課題解決のための取組みを行っている．

1) プロジェクトマネジメント研究会（1998年～）

公共事業執行上の課題を解決するための有効な手法の一つとして，PM手法が有効であるとの認識のもと，平成10年度に設置された．

第3回の研究会（平成11年6月18日）において，公共事業へのPM手法導入に関するビジョンと平成16年度を目指してのアクションプログラムを取りまとめた．

平成14年3月27日の研究会において，ビジョンについては今後の方向性をより明確にする目的で，アクションプログラムについては平成12年度から開始したモデル事業の試行を踏まえて，それぞれの改訂案が提示されている．

2) CM方式研究会（2000年～）

CM方式を取り巻く以下にあげるような背景を踏まえて，その円滑な普及を図る上での内容あるいは課題の整理等を行う目的で，CM方式研究会が平成12年12月に設置された．

① 新たな建設生産・管理システムの1つとして，多くの関心が寄せられ，民間工事では既に活用が始められている．

② 国の「中央建設業審議会建議」等で検討の必

要性を指摘されている.
　③　国土交通省が平成12年7月に策定した「専門工事業イノベーション戦略」で重要な課題の1つとして取り上げられている.

　日本型CM方式の基本的な指針となるものを目指して，研究会での議論等を踏まえ，国土交通省として検討の上，平成14年2月6日に「CM方式活用ガイドライン」を取りまとめている.

　「CM方式活用ガイドライン」の中で，CM方式（ピュアCM）を，「建設生産・管理システム」の1つであり，発注者の補助者・代行者であるコンストラクションマネジャー（CMr）が，技術的な中立性を保ちつつ発注者の側に立って，設計・発注・施工の各段階において，設計の検討や工事発注方式の検討，工程管理，品質管理，コスト管理などの各種のマネジメント業務の全部または一部を行うものとしている.

　さらに，CMrのマネジメント業務の主な内容，CM方式の市場ニーズと導入の現状，CM方式の活用にあたっての課題など，建設産業における構造改革の整理を行った上で，公共建設工事におけるCM方式導入の可能性について，技術者が不足している地方公共団体が活用の中心となるとの予想を示し，そのニーズの主なものとして以下のものをあげている.

　①　設計・発注者に関するニーズ：設計・発注段階において発注者にアドバイスやサポートを行うCM方式の導入が求められている.
　②　コスト管理，支払いに関するニーズ：コスト構成の透明化やコスト管理のためのCM方式が求められている.
　③　監督・検査に関するニーズ：施工段階のマネジメントを行うCM方式が求められている.

　また，公共発注者が期待するCMrの活用パターンとして以下の4つを示している.
　①　設計・発注アドバイス型CMr：設計図書のチェック，設計VE，発注区分・発注方式提案など，設計・発注段階においてCMrが発注者へアドバイスするもの.
　②　コストマネジメント型CMr：概略設計段階での工事費の算出，工事費分析，請求書の技術審査，コストの実費精算など，コストマネジメントの全部または一部をCMrが行うもの.
　③　施工マネジメント型CMr：施工図の審査，施工者間の調整，品質管理・工程管理などの監督業務の一部をCMrが行うもの.
　④　総合マネジメント型CMr：上記①～③のマネジメント業務の全部または一部を一貫して行うもの.

　平成14年2月には，(財)建設業振興基金のもとに，CM方式導入促進方策研究会を設置し，「CM方式活用ガイドライン」に示された諸課題の調査研究とCM方式の活用のための実務的なマニュアルの提示をしていくこととした.

3）　マネジメント技術活用方式試行評価検討会（2001年～）

　公共工事の執行にあたって発注者が抱える問題の解決のために，CM/PMを含め，これまで発注者・受注者の双方が行ってきた様々なマネジメント業務（発注計画，契約管理，施工監理，品質管理など）の一部を別の主体に行わせる契約方式について，そのあり方，課題，期待する効果等について検討するとともに，試行工事のフォローアップを実施する目的で，平成13年3月に設置された.

　平成14年3月28日に，検討会における「中間とりまとめ」を作成し，実際の試行工事で，その検討内容・課題を検証し，更なる方策検討を行うものとした.

b.　日本建築学会の取組み

　建築生産の仕組みが，発注者を含めた社会一般からみて，極めてわかりにくい不透明で硬直的かつ非効率なものとなっているとする指摘や批判が出されるようになったことなどをとらえ，日本の建築プロジェクトのマネジメント形態を改革することが必要であるとしている.

　建築のPMを，単に実務や業界の問題としてとらえるのではなく，建築学や建築教育の重要な基礎として取り組む立場をとっている.

1）　プロジェクトマネジメント特別研究委員会

　1年間の準備期間を経た後，研究テーマを「建築分野におけるプロジェクトマネジメントに関する総合的研究」とし，建築経済委員会・情報システム技術委員会・建築計画委員会が，1994年4月から1997年3月までの3年間の特別委員会として共同申請し，設置された.その設置目的は以下のとおりである.

　①　建築プロジェクトは多様化しており，企画・設計・施工・維持保全の各プロセスを担当する職能・技術者はますます専門分化しつつある.こうした中で，プロジェクトを横断的にみる機

能が必要とされるようになった.本委員会では,この機能をPMと位置づけ,その機能・役割の同定を行う.
② 多様なプロジェクトに適切な専門家集団を編成してプロジェクトを円滑に進めるためには,様々な契約・発注方式が用意される必要がある.その主要な発注方式の1つとしてPM/CM方式を位置づけ,諸外国での運用を参考に,日本型PM/CM方式の成立要件を検討し,契約約款またはガイドライン,組織形態等を検討・提言する.
③ 大学においても専門分化した教育が中心であるため,本研究において,プロジェクト指向の横断的教育のための教材を作成するべくその準備作業を行う.

2) プロジェクトマネジメント小委員会

プロジェクトマネジメント特別研究委員会の研究期間が終了したことを受けて,新たに建築経済委員会の中に,以下の目的によって1998年4月に設置された.
① プロジェクトマネジメント特別研究委員会における成果(日本型PMの方向性,成立要件の抽出,約款素案など)の具体的検討,ならびに普及活動
② PMに関する他学会,組織との研究交流
③ PM教育・普及のための資料作成・整備

c. 民間団体の取組み

PM/CMに対する政策上のものをはじめとする様々な議論の高まりを受けて,民間の関連団体においても多くの取組みが行われている.

建築のプロジェクトマネジメントのみに特化した活動を行っているものばかりではないが,ここではそのいくつかを取り上げる.

1) (社)日本建築家協会

日本建築家協会(The Japan Institute of Architects:JIA)は,1992年に「建築家の業務」として,プロジェクト運営業務を認識している.さらに,1997年には,建設産業基本問題分科会CM検討チームを設置して,本格的な検討を行っている.その成果として1998年3月2日に「JIA-CMガイドライン」を取りまとめた.

「JIA-CMガイドライン」の中で,日本の建築生産システムが,建設生産の効率化やコストの削減などの数多くの問題を抱えていることを指摘し,日本における建築生産システムの改革のための最も重要なポイントとして,次の点をあげている.
① コストの透明性の確保
② プロセスにかかわる各主体の権限と責任の明確化

そして,これらの課題に最も端的にこたえる方法としてCM方式の採用があるとしている.

時代が,建築生産システムにおいて良いものを,安く,早く作るなど,発注者側に立ってマネジメント全般を円滑にマネジメントする専門家(PMr/CMr)を必要としていることを示唆し,発注者の満足を回復するために,建築家とPMr/CMrがそれぞれの役割と責任を明確に位置づけて建設プロジェクトを公正に推進・実現することが必要であるとしている.

2) 米国プロジェクトマネジメント協会東京支部

米国PM協会(Project Management Institute:PMI)は,米国ペンシルベニア州フィラデルフィア市郊外に協会本部を置く,全世界に会員を有する世界最大のPM協会で,主に以下のような活動を目的として1961年に設立されている.
① PM職能の確立とPM手法の発展の核となる
② PMの質の向上と適用分野の拡大
③ PMの知識体系の整備

また,1990年代初頭から段階的に提唱してきたコンセプトに基づいて,PMBOK(Project Management Body of Knowledge)と呼ばれるPMの知識体系を1996年3月に発行しており,この知識体系をベースに,PMP(Project Management Professional)という独自の資格認定を行っている.

PMI東京支部は,PMIの定める国際規約に準じた支部として支部活動の目的を以下のようにあげ,(財)先端建設技術センターなどの協力のもと1997年11月に設立された.
① PMの教育,認定証の授与,プロフェッショナリズムなどを奨励し,かつ推進する.
② プロジェクトの運営に関係する種々の問題点,その解決方法,適用法,アイデアなどを検証し討論するためのセミナーを実施し,PMに関する企業と公的機関との間の意思疎通を図る.
③ 支部の活動地域において,PMの発展についての情報を普及させる.

3) 日本コンストラクションマネジメント協会

CM方式の健全な普及が,日本の建造物生産システムの近代化と合理性につながるとの考えに基づ

き，学会・産業界の有志によって，日本CM協会（Construction Management Association of Japan）が2001年4月に設立された．「健全な建築生産システムの再構築」と「倫理観を持ったプロフェッショナルの育成」を目標に活動を行っており，2005年3月から認定コンストラクションマネジャーの資格試験を毎年実施している．

4) CM方式導入検討委員会

国土交通省が，平成14年2月に，（財）建設業振興基金に設置した「CM方式導入促進方策研究会」のもとで，主にCM方式の活用のための実務的なマニュアルの作成を目的に活動を行っている（後出．1.8.2項）．

d．日本におけるPMの資格制度にかかわる取組み

必ずしも建築プロジェクトに即した資格ばかりではないが，関連の資格制度が出現している．ここではそのいくつかを取り上げる．

1) （社）日本建築積算協会PMr資格制度

日本建築積算協会（The Building Surveyor's of Japan：BSIJ）は，建築積算資格者の認定を1976年から実施しており，1990年からは建設省（現 国土交通省）告示証明事業とし，大臣認定となっている．

さらに，コストエンジニアリングの習得により，PMrの育成を図るコストスクールを1996年9月に開設し，受講修了者に論文審査などの後，PMrの資格称号を与えている．コストスクールの主な目的は以下のとおりである．

① PMrに必要なコスト知識の提供
② 新しいPM手法の実技解説
③ プロジェクトを成功に導く優秀なマネジャーの育成

2) 日本型PM知識体系（P2M：プロジェクト&プログラムマネジメント）**とPM資格制度**

通商産業省（現 経済産業省）の関連団体として1978年8月に設立された（財）エンジニアリング振興協会（ENAA）は，設立以来，エンジニアリング産業のPM能力の強化を基本政策の1つとして，プロジェクトマネジメント部会を通じて，PM理論の基礎研究，事例研究，教育・啓発・普及活動，海外の先端関係団体との交流（PMIや欧州のPM協会であるIPMAとの協力協定）を続けている．さらに，1997年7月にプロジェクトマネジメント・フォーラム研究会（PMフォーラム研究会）を発足し，PMの実践者やPMに興味を持つ人に，自由闊達な相互研究・交流を行う場の提供を行っている．

また，PMフォーラム研究会は，日本プロジェクトマネジメント・フォーラム（JPMF）発足のための準備機構としての活動も行い，1998年12月に日本初の職業人団体としてJPMFは設立されている．その活動目的は以下のとおりである．

① わが国のPM能力の向上を図るとともに，国際的に活動できる人材を育成する．
② わが国のPMにおける経験と知識の体系化を推進する．
③ PMのより広い分野での適用・普及を図り，わが国産業の生産性向上に資する．
④ PMのプロフェッショナルとしての社会的地位の確立を図る．
⑤ PMの学問としての発展に向けて，大学や学会との協力関係を構築する．
⑥ 内外のPM関係者との人的ネットワークを形成する．

国際競争やIT革命の進展の中で，従来の伝統的な適用分野のみならずあらゆる分野でPMの重要性と有用性が認識されてきている．このようなPMを巡る世界的な動向および日本の製造業の国際競争力強化のためにPMの開発と普及が有効であり，かつ急務であるとの産業政策上の要請に基づき，通商産業省（現 経済産業省）はこのための調査・研究をENAAに委託した．

これを受けてENAAは，「PM導入開発調査委員会」を設置し，1999年度より3年間にわたり新しい日本型PM知識体系の開発と資格制度の開発と研究を行い，2001年11月にP2Mを発行している．

P2Mの特徴は次のとおりである．

① 従来の伝統的なPMは，「特定プロジェクトに関し，品質，スケジュール，コストを適切に管理し，効率的に管理する活動」という目的達成型の概念としてとらえられていたのに対して，より高い視点と広い視野に立って価値創造力を持った企業経営におけるイノベーション推進手法としてPMを位置づけている．
② あらゆる産業において行われる「プロジェクト」を対象とし，これに適用可能な普遍的なPMとしている．
③ グローバルな視点に立ちつつも，日本固有の企業組織，風土，思想，経験などをノウハウ，知識として活用できるよう配慮している．
④ プロジェクトを単一のプロジェクトとして扱わず，複数のプロジェクトを統合する「プログ

ラム」としてマネジメントする体系とし，環境変化に柔軟に対応し得るよう配慮している．
⑤ プロジェクトのライフサイクルやメンテナンスなどを考えた管理運営も対象としている．
⑥ 資格制度と対にして，実際の遂行のための実践力を持った人材の育成を重視している．

P2Mでは，PMを実践していくためには専門的・体系的知識，実務経験，実践能力（倫理性などを含む）が要求されるとして，その担う使命の重さに応じて，プロジェクトマネジメント スペシャリスト（PMS），プロジェクトマネジャー レジスタード（PMR），プログラムマネジメント アーキテクト（PMA）の3段階の資格区分を設けている．

基礎レベルのPMSの資格試験は2002年度より実施され，PMRおよびPMAも順次実施されることとしている．また，この試験実施機関の特定非営利活動法人として，プロジェクトマネジメント資格認定センター（Project Management Professionals Certification Center：PMCC）が2002年に設立されている． [小笹 徹]

文　献

1) 国土交通省ホームページ
2) PMI東京支部ホームページ
3) 国土交通省総合政策局建設振興課監修：CM方式活用ガイドライン，大成出版社（2002）
4) 建築におけるプロジェクトマネジメントの展開と課題，日本建築学会（1998）
5) 特集建築のマネジメントを考えるPM/CM，日本建築学会（1997）
6) プロジェクトマネジメントフォーラム研究会：プロジェクトマネジメントセミナー（平成9年10月21日）資料
7) JIA－CMガイドライン，日本建築家協会（1998）
8) JPMFジャーナル，創刊号（1999.2）
9) プロジェクトマネジメントの基礎知識体系，エンジニアリング振興協会（1997）
10) 特集P2MとPM資格制度．Engineering，No.94，エンジニアリング振興協会（2002）
11) CMAJ誌，創刊号，No.1（2001）
12) プロジェクトマネジメント導入開発調査委員会：P2M プロジェクト&プログラムマネジメント標準ガイドブック，エンジニアリング振興協会（2001）

1.8.2 公共発注者における取組み
a. 新たな建設生産・管理システムに対するニーズへの対応

わが国の建設生産・管理システムは，設計と施工が分離され，施工については元請である総合工事業者が総価一式で請け負う「一括発注方式」が多く用いられてきた．しかし，近年，発注者を取り巻く経済環境が変化する中で，コスト構成の透明化や下請業者の選定など発注プロセスの透明化等を図る観点から，新たな建設生産・管理システムに対するニーズが高まっている．公共発注者においても，技術者に対する量的・質的補完などの観点から，CM方式をはじめとするマネジメント業務に対する関心が高まっている．

b. 「CM方式活用ガイドライン」の策定

CM方式は，1960年代に米国で始まった建設生産・管理システムであるが，わが国でも，一部の民間工事では既にその活用が始まっている．しかし，建設産業全体でみれば，CM方式に対する取組みは緒についたばかりで，今後，わが国の建設生産・管理システムの1つとして定着するためには，発注者，設計者，施工者などがCM方式に対する共通の理解と課題認識を持つことが必要である．また，欧米のCM方式を制度，文化，慣習などが異なるわが国にそのままの形で導入することは難しい面がある．

このため，国土交通省では，平成12年12月に「CM方式研究会」（座長：唯井光明・東京大学大学院教授）を設置し，CM方式の内容や課題等を整理した上で，CM方式の活用にあたっての基本的な指針となるものを目指して，平成14年2月に「CM方式活用ガイドライン（以下，「ガイドライン」）」を策定した．

1) CM方式とは

「ガイドライン」では，CM方式（ピュアCM）を「建設生産・管理システムの1つであり，コンストラクションマネジャー（Construction Manager：CMR）が，技術的な中立性を保ちつつ発注者の側に立って，設計・発注・施工の各段階において，設計の検討や工事発注方式の検討，工程管理，品質管理，コスト管理などの各種マネジメント業務の全部または一部を行うもの」と定義している．なお，本項ではチームとしての発注者の補助者・代行者の機能を果たすものをCMR，CMRのリーダーとしての個人をCMrと表記する．

また，施工に伴う最終的なリスクを発注者が負うCM方式（ピュアCM）に対して，米国では，CMRにマネジメント業務に加え，工事費の最大保証金額など施工に関するリスクを負わせる場合があり，こうしたCM方式を「アットリスクCM」と称する．

2) CMRのマネジメント業務

一括発注方式の場合，発注者にとって，施工に伴うリスク（工期の維持，品質の確保など）を元請業

表 1.8.1 CMR のマネジメント業務の内容

設計段階	①設計者の評価・選定に関するアドバイス，②設計の検討支援，③設計 VE の提案など
発注段階	①発注区分・発注方式の提案，②施工者の評価・選定に関するアドバイス，③工事価格算出の支援，④契約に関するアドバイスなど
施工段階	①施工者間の調整，②工程計画の作成および工程管理，③CMR の立場からの施工図のチェック，④CMR の立場からの品質管理のチェック，⑤コスト管理，⑥発注者に対する工事経過報告など

者が担うなどメリットが多い反面，実際に工事を行う下請業者への発注プロセスや支払金額がわからず，設計や施工において品質・工期・コストの最適化が図られているのか疑問や不安を感じる場合がある．CM 方式は，発注者のこうした疑問や不安を解消するため，一括発注方式において設計者，発注者，施工者がそれぞれに担っていたマネジメント業務を発注者の補助者である CMR に委ねるものである．

CMR が具体的に担うマネジメント業務の主な内容を設計・発注・施工の各段階に分け整理すると表 1.8.1 のとおりであるが，実際の CMR の業務は，発注者のニーズによってこのうちのいくつかが取捨選択され（またはこれ以外の内容が追加され），契約において具体的に定められることになる．

3) CM 方式に期待するもの

CM 方式の大きな特徴として，施工者との契約金額が発注者に開示されることがあげられる．CMR が工事価格算出の支援や専門工事業者の公募，出来高査定や実費精算などの支払管理を行うため，発注者は一括発注方式に比べコスト構成を把握することが容易になる．

こうしたコスト構成の透明化のほか，わが国において CM 方式を活用する主な目的やねらいを概括すると，以下のものが考えられる．

① 多様な建設生産・管理システムの形成による発注者の選択肢の多様化
② コスト構成の透明性とそれによる適正価格の把握
③ 発注プロセスの透明性の確保とステークホルダー（株主，納税者など）への説明責任
④ 設計・発注・施工の各段階における民間のマネジメント技術の活用
⑤ 品質管理の徹底
⑥ 発注体制の強化（発注者内技術者の量的・質的補完）
⑦ 品質・技術に優れた施工者の育成（特に専門工事業者）

4) CM 方式の活用にあたっての課題と留意事項

しかし，CM 方式が十分に普及していないわが国の現状や現行の法制度などを考えると，CM 方式の活用にあたっては様々な課題があり，「ガイドライン」では，こうした課題について考え方の整理を行っている．

i) CMR の公的位置づけ　わが国では CM 方式の活用が始まったところであり，公的規制は産業の健全な発展を時に損なうこともあり得ることなどから，現時点では法令などによる公的位置づけは必要ないと考えられるが，CMR の倫理を確立し，発注者からの信頼を高めていくためには，不正行為を行う不良業者を排除する仕組みは必要である．

ii) リスク負担と責任関係　CM 方式では，一括発注方式において元請である総合工事業者が負っていた工事完成に関するリスクのうち，工事全体の完成に関するリスクが発注者に，工種ごとに分離された施工に伴う責任が各施工者（専門工事業者など）に，各々分散される．そのため，発注者のリスクを軽減する仕組みとして，施工者の瑕疵保証保険制度などの整備に関し検討していくことが必要となる．

iii) CMR に支払う経費とフィーの積算　発注者は CMR のマネジメント業務に対し，対価としてのフィー（報酬）と管理実費などの経費を支払う必要があるが，わが国においては，CM フィーについて積算上の位置づけがなく，業界においてもなじみが薄いものであるため，一括発注方式の場合の総価契約との積算上の違いを明確にした上で十分な検討を行う必要がある．

iv) CMR の選定・契約　CM 方式の場合，発注者がいかに能力ある CMR を選定するかによって，プロジェクトの成否が大きく左右される．資質や能力のない CMR を選定すると，発注者にとってかえってリスクやコストが大きくなる危険がある．CMR の選定方法や CMR の業務範囲を踏まえた選定基準としてどのようなものが考えられるか，資格審査や実績評価をどのように行うのかについて検討が必要である．

v) 建設産業の構造改革　欧米とは建設生産・管理システムの歴史的背景や文化が異なるわが国での CM 方式の定着を考えたとき，設計者，総合工事業者，専門工事業者などが，これまでわが国の建

表1.8.2　公共発注者が期待するCMRの活用パターン

① 設計・発注アドバイス型CMR	設計図書のチェック，設計VE，発注区分・発注方式の提案など，設計・発注段階においてCMRが発注者をアドバイスするもの
② コストマネジメント型CMR	概略設計段階での工事費の算出，工事費の分析，請求書の技術的審査，コストの実費精算など，コストマネジメントの全部または一部をCMRが行うもの
③ 施工マネジメント型CMR	施工図の審査，施工者間の調整，品質管理・工程管理などの監督業務の一部をCMRが行うもの
④ 総合マネジメント型CMR	上記①～③のマネジメント業務の全部または一部を一貫して行うもの

表1.8.3　マニュアル試案が想定するCM方式

(1) 対象とするプロジェクト	CM方式活用型の公共建築工事
(2) 対象とする発注者	外部支援ニーズを有する地方公共団体
(3) 想定するCM方式	ピュアCM方式
(4) CM方式を導入するプロジェクトの段階	基本計画段階から
(5) 工事の発注形態	① 総合工事業者一括 ② 設備工事を分離する場合 ③ 建築工事を分離する場合
(6) CM業務を担当する主体	従来業務にこだわらない

設生産・管理システムの中で果たしてきた役割を踏まえつつ，CM方式を導入した場合にそれぞれに期待される役割を十分に検討していくことが必要である．特に，専門工事業者については，CM方式の場合，工種によっては発注者と直接に工事請負契約を交わす「元請」となることも考えられる．しかし，従来ゼネコンが行ってきた工種間の総合調整機能や瑕疵保証機能が低下するのではないかという指摘もあり，前工程，後工程の他工種の専門工事業者との円滑な連携のもとに，現場における責任施工体制を構築していくことが求められる．

5) 公共建設工事におけるCM方式導入の可能性

公共建設工事におけるCM方式の活用を考えた場合，技術者が不足している地方公共団体ほどニーズが高いと考えられる．ガイドラインでは，先進的にCM方式の導入に取り組んでいる地方公共団体に対するヒアリングや「地方公共団体に対する外部支援活用状況調査」などをもとに，公共発注者が期待するCMRの活用パターン（表1.8.2）を整理している．

表1.8.2に示した活用パターンは，公共発注者のニーズを便宜的に整理したものであり，実際には，これらのマネジメント業務の一部または全部を行ったり，複合的に行ったりすることになる．公共発注者がCMRを活用して外部支援を受けたいと考えるマネジメント業務の内容や期間は，発注者の体制やプロジェクトの内容ごとで異なることから，それぞれの発注体制に応じてCMRの業務範囲や施工者との責任関係などをプロジェクトごとに定めておくことが望まれる．

c. 「地方公共団体のCM方式活用マニュアル試案」の策定

ガイドラインの策定を踏まえ，平成14年2月に「CM方式導入促進方策研究会」（委員長：古阪秀三・京都大学大学院准教授）が発足している．当研究会では，民間や地方公共団体の事例等を踏まえ，ガイドラインに示した諸課題のうち現行制度を前提に優先的に解決すべき課題の検討を行いつつ，「地方公共団体のCM方式活用マニュアル試案」を平成14年12月に策定している．

本マニュアル試案が想定するCM方式は，表1.8.3のとおり6つの前提から構成されている．

これらの前提のもとに，以下の順でCM方式の活用手順を示している．

① 外部支援ニーズとCM方式に期待される効果を検討し，CM方式を活用するかどうかを決定
② CMRの選定に必要となる発注者業務とCM方式活用時に重要となる発注者業務を把握
③ 事業関係者である発注者，設計者，工事監理者，施工者とCMRとの役割分担を検討
④ 業務の取捨選択と内容の組合せに留意してCMの業務内容を確定
⑤ CM業務に対する対価の構成要素（直接人件費，直接経費，間接経費，特別経費，利益）とCMRの業務量に留意して対価を設定
⑥ 選定手法や資格要件などを検討してCMRを選定
⑦ CMRと業務委託契約を締結

d. 「CM方式に対応した施工体制のあり方研究会」調査報告書

CM方式では，専門工事業者の工種間の現場にお

ける調整機能が一括発注方式と比べて低下するのではないかという指摘もあることを踏まえ，「CM方式に対応した施工体制のあり方研究会」（委員長：古阪秀三・京都大学大学院准教授）を設置し，発注者がCM方式を安心して活用できるよう，民間の具体的事例などを通じてCM方式における責任施工体制の構築に向けた調査検討を行っている．

検討結果を平成16年6月に調査報告書として取りまとめ，CM方式において分離発注が採用される場合の施工体制のあり方を提案している．

e. 日本型CM方式の定着へ

CM方式の普及のためには，わが国の発注者ニーズや建設生産・管理システムを踏まえた日本型のCM方式を模索していく必要がある．

一部の地方公共団体では，公共施設の建設にあたり，CM方式を活用した建築工事を進めている．CM方式の活用にあたっては，現行制度との調整を図りつつ独自の取組みが行われており，今後，こうした地方公共団体におけるCM方式の活用動向が注目されるところである．

また，国土交通省直轄事業でのCM方式については，既に高速道路のジャンクション工事やダム本体工事等において活用実例が見受けられる．「国土交通省直轄工事における品質確保促進ガイドライン」（平成17年9月）では，その「参考」の中で，短期的に事業量が増加した場合や自らの経験が少ない工種を発注する場合，定常的に技術者が不足している場合，あるいは分離・分割発注への要望に伴う工事間調整の増加がある場合などに，発注機関の体制整備が間に合わないというような課題に対応するとともに，公共工事の品質確保の有効な手段としてCM方式の試行を実施しているとしている．

さらに，「国土交通省直轄事業の建設生産システムにおける発注者責任に関する懇談会中間とりまとめ」（平成18年9月）では，発注者の技術力を補完する仕組みとして，発注者・設計者・施工者による三者会議の開催や，設計VE制度の活用と並び，CM方式の活用について，具体的な導入方策を検討する必要があるとされている．

なお，一部の民間団体が，CM方式の調査研究・普及とCMr育成の観点から資格試験を実施するなど，民間による取組みも活発化している．

今後，国や地方公共団体の取組みとともに，民間での数多くの実例が積み重ねられることにより，わが国の建設生産・管理システムの1つとして日本型のCM方式が定着していくことが期待される．

[芳本竜一]

文　献

1) 国土交通省：CM方式活用ガイドライン（2002）
2) CM方式活用方策研究会編著：CM方式活用ガイドライン，大成出版社（2002）
3) 月刊建設オピニオン，建設公論社（2002-4）
4) 国土交通省：地方公共団体のCM方式活用マニュアル試案（2002）
5) 国土交通省：CM方式に対応した施工体制のあり方研究会調査報告書（2004）

1.8.3 民間発注者における取組み

a. 施設の評価

企業にとって採算性の追求は1つの大きな使命であり，施設に対しても資産の有効活用という観点から様々な取組みが図られている．特に近年になって，施設の収益性に関する判断や評価が強く求められるようになってきている．その現れとして，保有あるいは投資する不動産の価値を正確に知りたいというニーズが顕在化してきており，土地・建物の物的状況調査・法的調査・経済的状況調査を踏まえて総合的に評価を行うデューデリジェンス業務が浸透してきている．また，「建設費ほかの初期費用は，建物のライフサイクルコスト（Life Cycle Cost：LCC）全体の25％にすぎず，多大な費用が竣工後にかかる」という認識のもとにLCC評価に対する考え方も浸透してきている（図1.8.1）．

さらに，施設の価値向上という観点から，例えば，使用者の満足度を高めるために，使用者のニーズを取り込みながらITインフラを含めたオフィススタンダードを構築する取組みや，社会的要請である環境への取り組みが施設を通じて展開されているなど，施設を抱える発注者の取組みは多岐にわたっている．

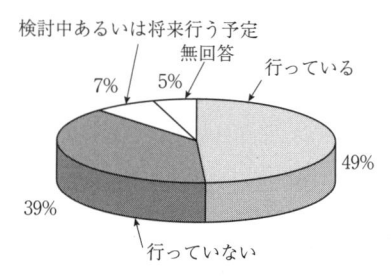

図1.8.1 ライフサイクルコストを考慮した取組み（対象企業44社）[1]

b. 組織体制

施設に対して持つべき機能は，大きく以下の3つとなる．

① 施設計画：企業戦略に基づく経営計画と密接に連係しながら，経営資源としての施設の現状を把握し将来の投資計画を策定する．

② 施設建設：施設投資計画に基づき合理的な実施計画を立案し，設計・施工から完成に至るまでの生産プロセスに必要なマネジメントを行う．

③ 施設運営：施設の有効利用のための維持管理，修繕・改修を含めた更新計画，将来の投資計画のためのデータの蓄積を行う．

民間企業においては，その業態や業容あるいは，経営戦略によって上記の3つの機能の持ち方は，一括して総務部門が担っていたり，それぞれの機能ごとに専門部門を有していたり，あるいは，さらにそれぞれの機能を細分化した部門を形成していたりと様々である．

多くの民間発注者は，建設工事の専門部署を設置している（図1.8.2）．

また，それぞれの専門部署には，相当数の技術者が定常的に従事しており，技術者として建設会社の出身者を採用しているところもある（図1.8.3）．

将来の専門部署については，

① 充実させたい

② 外注等により規模を縮小させたい

③ 現状を維持

とその動向は様々である（図1.8.4）．

収益性の観点でいえば，企業にとって，組織体制に関しても合理性や効率性の追求は当然の命題である．冒頭でも述べたように，施設を抱えるものとして持つべき専門性は多岐にわたっている．また，事業化の手法や施設の機能などの高度化が，求められる専門性をより多様化させている．それぞれの企業の業態や業容，あるいは経営戦略によってその専門性の持ち方については，自社の専門性の選別と拡充・グループ会社への展開・外注化などの様々な形態が取られていくと考えられる．

c. 発注方式

設計と施工の建築生産自体は，ほとんどの場合，設計事務所や建設会社に外注されている（図1.8.5）．

施設に対する採算性を重視してそれにかかわる評価や判断を見直す中で，発注者は，外注している建築生産者側に対して，

① コストの透明性

② コストの低減

をより強く追求するようなってきている．また，多くの発注者が，建設工事に対する品質・コスト管理などの業務に対して負担を感じている（図1.8.6）．

これまで総合建設業者へ施工を一式発注する方式が多く用いられてきたが，このような意識のなかで

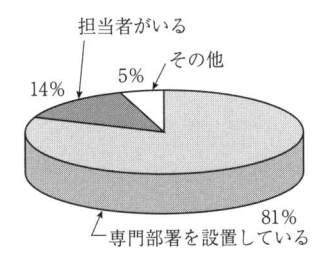

図1.8.2 建設工事専門部署の設置（対象企業44社）[1]

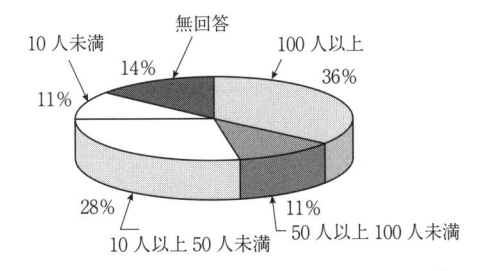

図1.8.3 専門部署の技術者数（対象企業36社）[1]

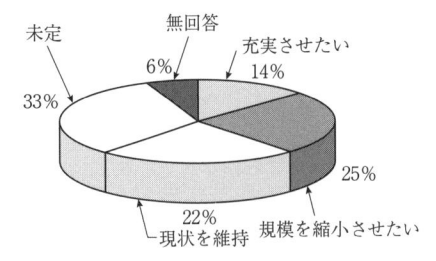

図1.8.4 今後の専門部署（対象企業36社）[1]

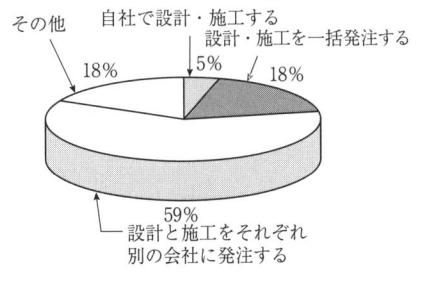

図1.8.5 貴社の建設工事の設計・施工は外注していますか？[2]

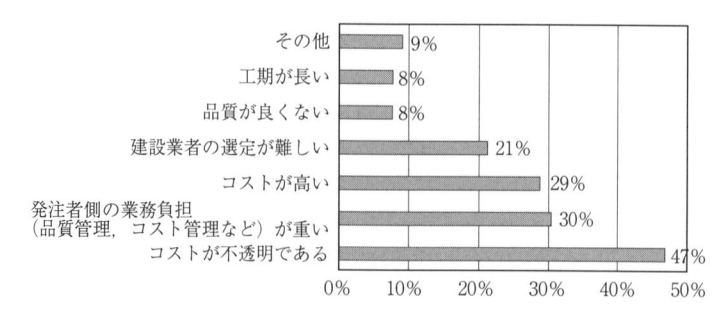

図1.8.6 これまで実施された建設工事について、不満な点はありますか？（複数回答）[2]

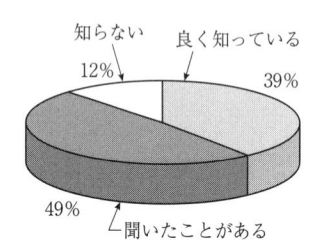

- その他 9%
- 工期が長い 8%
- 品質が良くない 8%
- 建設業者の選定が難しい 21%
- コストが高い 29%
- 発注者側の業務負担（品質管理，コスト管理など）が重い 30%
- コストが不透明である 47%

図1.8.7 建設工事の発注におけるCM方式を知っていますか？[2]

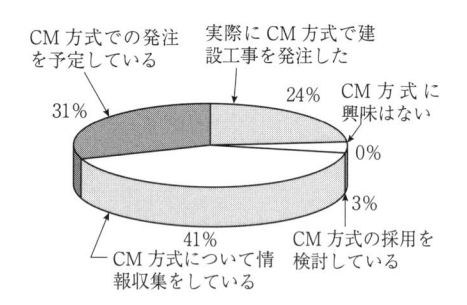

- 良く知っている 39%
- 聞いたことがある 49%
- 知らない 12%

図1.8.8 貴社のCM方式への取組み状況はいかがですか？[2]

- CM方式での発注を予定している 31%
- 実際にCM方式で建設工事を発注した 24%
- CM方式に興味はない 0%
- CM方式の採用を検討している 3%
- CM方式について情報収集をしている 41%

発注者は，新たな発注方式への取組みを始めている．その1つとしてコンストラクションマネジメント（CM）方式があげられる．

CM方式とは，「建設生産・管理システムの1つであり，発注者の補助者・代行者であるコンストラクションマネジャーが，技術的な中立性を保ちつつ発注者の側に立って，設計・発注・施工の各段階において，設計の検討や工事発注方式の検討，工程管理，品質管理，コスト管理などの各種のマネジメント業務の全部または一部を行うもの」である．

大部分の民間発注者がCM方式を認識しており，また，多くの民間発注が何らかのCM方式に対する取組みを行っている（図1.8.7）．

技術者の活用法策の1つとして，CM方式に取り組んでいるところやCM方式自体，あるいはCM方式の派生サービスとして電子入札をコアビジネスととらえて，社内外への展開を始めているところもある（図1.8.8）．

[坂本圭司]

出典資料

1) 民間工事における発注方式の実態調査
   2002年1月17日
   （財）建設経済研究所
   調査概要
   (1) 目的
   　本調査は，民間企業を対象にアンケート調査を実施し，建設工事の発注方式の実態を把握する目的で行ったものである．
   (2) 調査対象
   　民間法人114社（建設工事の発注の多い業界の大企業を数社ずつ抽出した）
   (3) 調査方法
   　各社に調査票を郵送し，後日返送してもらうアンケート調査方式で実施した．アンケートは各社の「工事発注担当者」宛に送付した．
   (4) 調査時期
   　平成13年10月
   (5) 回収状況
   　114社中44社（回収率39%）
   　回答企業の主たる業務内容（単位：社）

製造業：12	百貨店，スーパー：4
電　力：5	飲　食：3
通　信：1	不動産：5
ガ　ス：3	医療・福祉関係：1
鉄　道：7	合　計：44

2) 民間工事におけるCM方式の実態調査集計結果の概要
   （財）建設経済研究所
   調査概要
   (1) 目的
   　本調査は，民間企業を対象に，建設工事の発注におけるCM（コンストラクションマネジメント）方式の普及状況について，アンケート調査を実施し，CM方式が日本の民間工事で現在どの程度普及しており，またこれから普及する可能性があるかを明らかにする目的で行ったものである．
   (2) 調査対象
   　民間法人110社（建設工事の発注の多い業界の大企業を数社ずつ抽出した）
   (3) 調査方法
   　各社に調査票を郵送し，後日返送してもらうアンケート調査方式で実施した．アンケートは各社の「工事発注担当者」宛に送付した．

(4) 調査期間
　調査票の発送：平成13年1月17日
　調査票の回収：平成13年1月17日～
　　　　　　　　同年2月5日
(5) 回収状況
　110社中66社（回収率60％）
3) 国土交通省総合政策局建設振興課（監修）/CM方式活用方策研究会（編著）：CM方式活用ガイドライン，大成出版社（2002）
4) （社）建築・設備維持保全推進協会の計算より

1.8.4 マネジメント業務提供者における取組み
a. 背　景

日本国内では，建築生産者は，ゼネコン＝総合建設業者を頂点とし重層の構造を形成する施工者，施工者に部材を供給するメーカー，そして，設計者もしくはコンサルタントの三者に大別されてきた．このような分類は，WTO政府調達協定など国際的な定義，取り決めなどにおいてもそれほど大きな違いはない．しかしながら，日本が他国と大きく異なるのはその運用である．長年，基本的に設計と施工のみが選択可能な調達方式であった．さらに，施工調達形態においては，公官庁の発生をはじめ総価契約の一式請負のみであり，単価精算契約などの契約方法はまずとられていない．メーカー・資材供給者との直接契約もほとんど行われてこなかった．

1989年から始まった日本建設協議が契機となりこのような状況に変化が生じた．当時は，関西国際空港の建設に算入を目指した動きのみがセンセーショナルに取り扱われていたが，実は，一連の協議で現行の調達および契約方式に対する提言と協議がなされてきた．主要項目は，一般競争入札の導入，入札手続の適正化，ジョイントベンチャー（英語におけるJoint Ventureとは，かなり意味合いが違うので注意を要する）と呼ばれる日本独特の建設共同企業体による契約方式の見直しであり，総価型一式請負契約に対する選択肢としてのプロジェクトマネジメント（PM）やコンストラクションマネジメント（CM）等のマネジメント業務という調達方式の検討があげられていた．

日本政府は，この米国からの要求を受け，1993年12月の中央建設業審議会の建議，および1994年1月の「公共事業の入札・契約手続きの改善に関する行動計画」の中で，「長期的な視点でCM方式を実施することを検討していく」としている．この発表に対する米国商務長官故ロン・ブラウンから村田駐米大使宛の書簡では，この行動計画を評価するとしつつ，CMのモデルプロジェクトの実施など具体的な実現を要望していた．1995年4月の「建設産業政策大綱」においては，CM/PMの意味づけに始まり，バリューエンジニアリング（VE）方式を早急に導入することとともに，CM方式の導入を検討することがうたわれていた．

米国は，マネジメント業務の提供を提案してきたわけであるが，その背景には，国際的に通用しているその手法が日本の公共事業で認められておらず，ひいては民間企業も右にならえ的にこの手法を受け入れない状況に対して，市場参入を図ろうとしている米国企業が政府レベルでの解決を働きかけたことが実質的契機といえる．

もう1つの背景は，1990年前後を頂点とするバブル景気の崩壊である．景気が低迷すると，これまで土地価格の陰にかくれ正面から検討されることが少なかった建築費に注目が集まりだしたこと，さらには，この時代ゆえに新たに日本に進出してきた外国企業が，自国で使い慣れているCM/PM方式を採用して自社工事を行い始めたことである．

b. マネジメント業務提供という建築サービスの成立

前項で述べた背景のなかで，設計者や総合建設業者で構成されている日本の建設市場のなかで，マネジメント業務提供者が発注者に受け入れられる理由は以下のようなものである．

まず，総合建設業者は発注者と総価請負契約を結ぶわけであるが，契約総価と工事原価の差である回復利益が彼らの利益の産み方であることから，彼らは可能な限り高い金額での契約を結ぼうとし，工事原価を押さえようとする．発注者と利益が反する立場にいるわけである．したがって，日本では総合建設業者が強いからこそ，発注者側に立って発注者のために総合建設業者を管理することで，建築工事のプロフェッショナルとしての支援・補助を行う立場が成立し得る．

次に，一般的に設計事務所のコスト管理能力が低いといわれている状況がある．その理由の1つに発注者がソフトに価値を見いださなかった，すなわち，設計者に必要十分な対価を支払ってこなかった背景がある．設計者の側はコスト管理能力を培っていくだけの原資が得られないというジレンマに陥っている．とはいいながら，現状では発注者にとって設計者の作成した予算を信用できず，総合建設業者に頼

らざるを得ない場合も多々あり，プロフェッショナルとして，また中立的なコスト管理の業務を行う立場が成立する．

さらには，これ以前に，設計事務所や建設業者を選定する場合に，中立な立場に立って煩雑な作業を代行する業務も成立する．設計者と施工者しか存在しなかった環境では，発注者は，知り合いや過去の実績のみで選択を行わざるを得なかった場合もあったが，その他の要因についての助言，客観的な事実情報の整理などを行い，支援する業務などが提供されている．

これらの業務は，1.3～1.7節に説明されるPM/CMと必ずしも一致するものではないが，日本版のマネジメント業務の出発は，やはり，日本の建設市場からであるといえる．

c. マネジメント業務として提供されているサービス

このようなマネジメント業務の提供を始めたのは，米国系の会社はもとより日本の設計事務所，総合建設業者，積算事務所，さらには個人までと一定の形態は存在していない．

1) 個　　人

建築主たる外資系企業が，発注・調達・施工管理を発注者自国の形態で行い，かつ，担当者をアウトソースすることを選択した場合，プロジェクトマネジャーを自国からつれてきたり，国際的経験を有する個人と短期契約を行ったりするケースがある．個人を単位としたマネジメントの提供である．外資系企業でなくとも，一般の建設会社を離職した人が，直接発注者と契約をもって，発注者の代理としてマネジメント業務を提供しているケースもある．この場合，発注者が直接CMなりPMを行っているとして，個人が表に出てくることが少ない．現状では，個人の実績・能力を評価し，PMr，CMrとして個人を雇用する基盤が整備されているとはいいがたい．

2) 設計事務所

設計事務所が，同様なサービスを提供しているケースも非常に多い．発注者の組織が，制度としては従来の発注を行わなければならないがマネジメント業務提供を希望するといった場合，設計事務所への発注枠を準用してマネジメント業務を提供することがある．設計事務所からみれば，その業務領域にマネジメント業務の提供が追加されてくる可能性があるわけであるから，業務範囲を拡大すれば，これらの業務をも設計業務に追加して受注可能になるのである．この場合の設計者のメリットとして設計と設計に対する管理を同時に自分でできること，および，施工者の選定にかかわることができることがあげられるであろう．このことは，当然ながら，発注者にとって利害の相反（海外ではconflict of interestとして重要な問題にされるが，日本ではまだそれほど重要視されていない）を防ぐという点においては避けたいことであるが，予算枠などの制度的なデメリットとのバランスを比較するとマネジメント業務を受ける方が得策であるとの判断であろう．

3) 入札支援を中心とした独自のマネジメント提供者

建築主が常時発注業務を行っていない場合，すなわち，建設事情に通じていない場合，総合建設業者に発生することが多いのであるが，設計事務所などが，この総合建設業者への発注業務の管理に特化して業務を提供しているケースがある．入札業務は煩雑で，専門的知識・技術を持った者が行うことで，発注者に対して支援が可能であることは間違いない．

ただし，この提供業務の内容も一定していない．

① 総合建設業者と専門工事業者とを並列して競争させ，工種ごとに最低価格を提示した専門工事業者を組み合わせ，最低価格で入札した総合建設業者に管理させるといった方式
② 専門工事業者は工種ごとに競わせ，総合建設業者には別途，全体の工事監理のみを発注することを前提として競わせ，これらの組合せで組織を作っていく方式
③ 工種ごとの専門工事業者に価格競争をさせ，マネジメント提供者が引き続きこれを管理していく方式
④ 総合建設業者の入札だけを管理する方式
⑤ ④に加えて，部分的に必要に応じて専門工事業者の入札を行う方式
⑥ ④に加えてVE案を提示し，このVE案そのものをマネジメントの骨幹とする方式

など多岐にわたっている．

1990年代の一時期，入札時の見積価格を抑えるためだけにこういった業務が提供されていたことがあるが，本質的な業務とはいえず注意しなければならない．上記の分類で①および②のケースは，一式請負契約である限り，総合建設業者の責任をもって果たすべき業務の一環である協力業者の選定をマネ

ジメント提供者が代行するものであるが，総合建設業者が背負うリスク部分は代行し得ない形式となっており，発注者および総合建設業者の双方が十分に理解しあった上でなければ成立しない．端的な例が，マネジメント提供者が選択した専門工事業者が倒産した場合であろう．1次請負契約を結んだ総合建設業者にしてみれば自己の責任で選択したわけではない業者のつけを払わなければならないので紛争のもととなる．管理業務を落札した総合建設業者が，契約前にマネジメント提供者が選定した専門工事業者に対し，その能力・提出された見積書金額の査定を行った結果，責任ある総合管理を行うことができないと判断し，条件の変更を依頼したケースもみられる．

コスト管理もトラブルが多い業務である．マネジメント提供者が取得した専門工事業者の見積り金額が，総合建設業者の一式請負契約金額の算定基礎となるのであるが，見積り条件の調整・変更・契約後の設計変更などの理由で，総合建設業者が専門工事業者から再取得する見積額が変更されるとき，当然ながら総合建設業者の一式請負金額は増減する．マネジメント提供者が発注者にこのような増加の可能性を十分に説明していない場合のトラブルが一例としてあげられる．見かけの見積り価格が低く提示されることがコスト削減ではないし，コスト削減が（コスト）マネジメント業務と同義でもない．

4) **総合建設業者**（ゼネコン）

日本の総合建設会社は，実際には，直接雇用の労働者にたよらず，すべての工種を外注し，リスクを引き受けて分離発注を行っているのである．総価請負という契約形態のもとに管理業務を行っているのであるが，もし，総価請負契約下の売上高を優先する経営方針がなければ，必要に応じアットリスクのマネジメント業務提供を行う体制が既に存在しているのである．しかしながら，建築生産方式として現在日本での最大の選択肢は，総価契約による一式請負方式であることを考慮すると，その選択肢での立場を弱くする方向，すなわち売上高を小さくする方向へ方針を向かわせることが適正かどうかという経営判断があるだろう．会社としてマネジメント業務の提供という選択肢を準備しなければならない必然性はないのである．

ただし，全く業務提供を行っていないわけではなく，質の高いマネジメントを提供している会社も存在する．また，ピュアといわれるマネジメント業務を提供するものがいる場合は，発注者の代わりにリスクをとってマネジメント業務提供者と共存する方針を持つ会社もあり，マネジメント業務提供者と常に敵対関係にあるわけではない．

5) **発注者とのアライアンス**

発注者側でプロジェクトを推進していく立場がとられてきていることを述べてきたが，発注者とともに役割を分割してプロジェクトチームを組むアライアンス（alliance；連合，同盟）の試みも行われ始めている．欧米では，アライアンスの場合，発注者が直接コアビジネスにかかわらない人員を確保するのは経営上好ましくないことであるが，逆に，当該業務に精通したプロフェッショナルな人材をチームに迎え入れることが必要であるようなプロジェクトを実施する場合には適するとされている．日本でもこの特徴は生かされているように思われる．これまでの日本で最大規模のものは，携帯電話の無線基地局建設に対して外資系の会社が250人規模の人員を配して建設にかかわるマネジメント業務を提供しているプロジェクトであろう．

d. **マネジメント業務提供の今後**

これまでの事例は2000年初頭までの状況であるが，いずれもマネジメント提供者が発注者からの業務委託として最小限のリスクを引き受けるものであり，計算されたもしくは制限内でのリスクを引き受ける形態の業務は提供していない．武蔵工業大学の江口禎教授が「米国の各州の公共工事がアットリスクCMやCM/GC方式にシフトしている状況はあるが，それは永年の民間の伝統的実費精算方式の基盤やピュア方式の経験と学習を踏まえた上でのシフトだとみられる．公共CM/GCが施工前段階ではピュアCMとほぼ同じ選定方法で選ばれ，GMP設定前はほとんど同じ業務を担うことからもそういえる．そうした伝統や経験の段階を踏まない日本が，いきなり米国の現在の先端的動向に追随するのは短絡的飛躍になるおそれもあり，建築発注方式の進化プロセスにおけるフェーズ（日本の現段階は透明化指向）とのミスマッチングに陥るおそれもある」[1]と評しているが，まさにこのピュアCM的マネジメント業務の提供が緒についたところであろう．

江口教授はさらに，「若干ピュアCMを先行させつつ，やがては様々なCMやデザインビルドが競合しつつ，相互進化していく姿を夢見たい」としているが，マネジメント提供者は，否応なしにこの方向へ向かうと考えられる．

[岡　正信]

文　　献

1) 江口　禎：日本コンストラクション・マネジメント協会機関誌, 第3号, p.5 (2002)

2
マネジメント業務

2.1 総　　論

2.1.1 プロジェクトマネジメントの業務

プロジェクトマネジメント業務を示すために，マネジメント業務をいくつかに分類して，個々の業務を説明する例が多い．

例えば，米国を中心にプロジェクトマネジメントの普及促進を図っている米国 PM 協会（Project Management Institute：PMI）では，PMBOK（Project Management Body of Knowledge）の中で，マネジメント業務を以下に示すように 9 つに分けて，それぞれのマネジメントにおける構成要素を詳細に議論している．

① 統合マネジメント
② スコープマネジメント
③ タイムマネジメント
④ コストマネジメント
⑤ 品質マネジメント
⑥ 組織マネジメント
⑦ コミュニケーションマネジメント
⑧ リスクマネジメント
⑨ 調達マネジメント

建築では，これら Project Management Process（PMP）に加えて，プロジェクトの時間軸とともにプロダクトの定義が固まるという特徴があり，マネジメント軸と時間軸（プロジェクトフェーズ）によってプロジェクトが定義されている．これら時間軸で生産物が決定される過程を Product Oriented Process（POP）と呼ぶ．POP には成果物（deliverables）があり，それごとにフィードバックがあり，次の成果物作成に向かってマネジメントが繰り返される．建築では，これらの PMP と POP からなる最終成果物が建物そのものとなる（図2.1.1）．

a．POP

POP（Product Oriented Process）は，プロジェクトの結果に仕様を与え，作りだす（実体化する）プロセスであり，プロジェクトの成果物（deliverables）の完成で締めくくられる．POP はプロジェクトライフサイクルに即して定義され，フェーズごとに整理される．

b．PMP

PMP（Project Management Process）は，POPとは異なる次元プロセスであり，PM 活動そのものである．PMBOK に定義された PM 標準は，一般的な PM の知識体系として用意されたものであり，プロジェクトライフサイクルを特定していない．しかし，建設プロジェクトを対象とした PMP では，POP に対応した PMP の表現が可能となる．なお，PMP は材料＋情報（inputs）と成果物（outputs）により，体系化される．

c．PM 標準

PM 標準は，発注者の要求を確実に満足できるようにプロジェクトの最終成果物を作り出すことを保証し，またその作業を最適化するために，プロジェクトを計画・管理可能なプロセスとしてとらえ，必要な手順と技術・手法を標準（基準，ガイドライン）として示したものである．一般に，プロジェクトマネジャー（PMr）の存在を必ずしも前提としておらず，また適用対象も各種産業，プロジェクト（製品）を幅広く覆うものと理解されている．「知識体系」と呼ばれることもある．PM 標準は品質，工期，コスト，デザインなど，いくつかの知識エリア（マネジメントエリア）を含むが，一部の限定された知識エリアに関してのみ PM プロセスを標準化することもある．

PM 標準においては，POP を検討した上で作成される WBS（Work Breakdown Structure），OBS（Object Breakdown Structure）を対応させた RAM

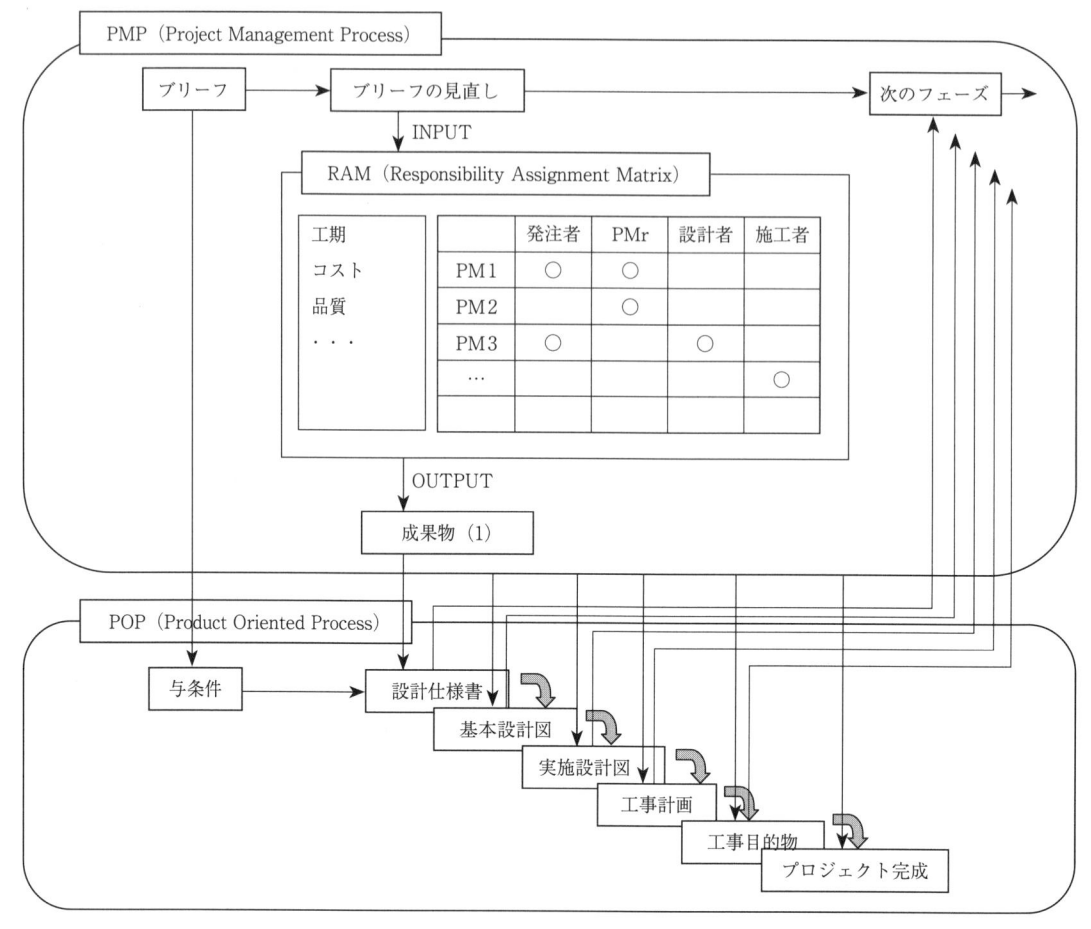

図 2.1.1 PMP と POP のプロジェクト定義

（Responsibility Assignment Matrix）によって，役務と責任の所在が確定される．

2.1.2 プロジェクトプロセスと WBS

プロジェクトマネジメントにおけるプロジェクト要素は，PMBOK などにみられるように，タイムマネジメント，コストマネジメント，品質マネジメントなどのほかに，様々なマネジメント要素を持つ．それらは，先に述べたようにプロジェクトプロセスにおけるマネジメントを通じて，発注者における当初計画（ブリーフ）の修正により，各マネジメント要素におけるアクティビティが定義されるはずである．このアクティビティの構造が WBS として構造化される．

しかも，プロセスの進行，マネジメントレベルの拡大に伴い，それぞれの WBS レベルに応じて，当初計画（ブリーフ）の見直しが必要となる場合があ

る．しかし，各 WBS を定義するブリーフそのものを見直すことを容易に実施することは，全体の方針を大幅に修正することにつながる．そこで，WBS とブリーフを調整するためにマネジャーなどの調整役が求められる．単純な建物であれば，その機能は従来の参加者である設計者や施工者が担うことができるが，建物が複雑であったり，発注者判断において第三者性が求められたりする場合は，マネジメント方式の選択につながる．

これらのアプローチは，プロダクトプロセスのあらゆる段階において実施されることとなり，結果として，すべてのプロジェクトプロセスにおいてブリーフ確定のための行為が実施され，その結果として，最終的なブリーフを通じて建物が確定すると理解すべきである．

以上を総括すると，建築工事におけるプロジェクトマネジメントは，プロジェクトフェーズ（企画段

2.2 企 画 段 階

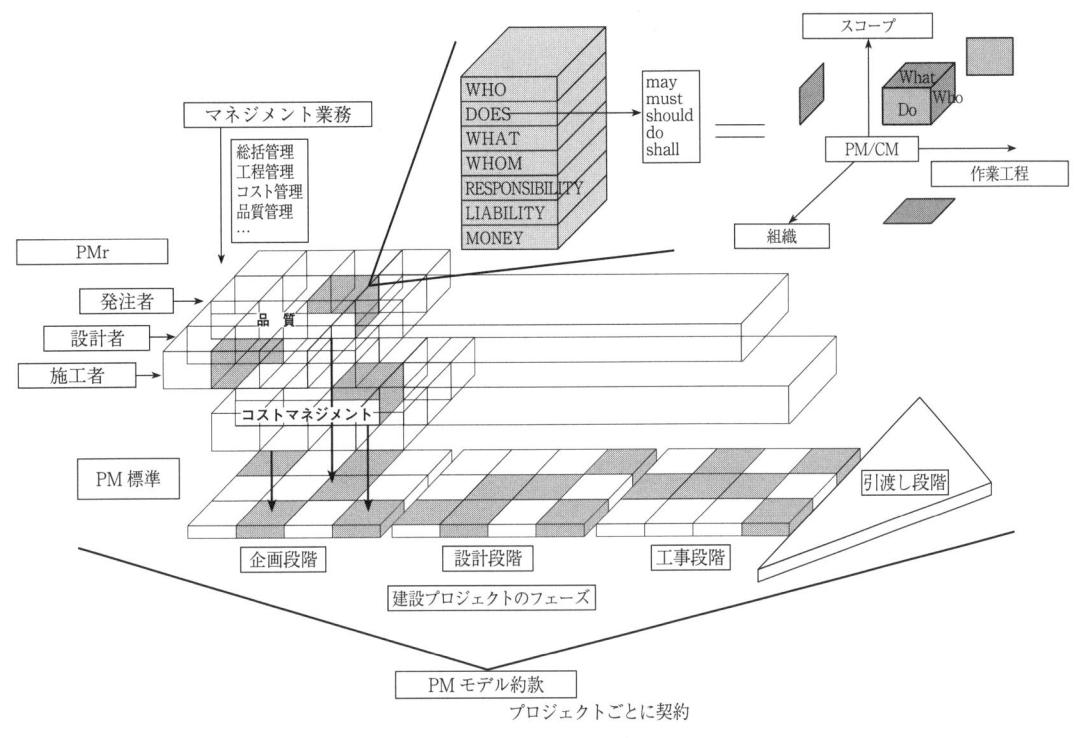

図 2.1.2 プロジェクト構成概念図

階,設計段階,調達段階,施工段階(工事監理&施工管理),運用(維持・保全)段階)ごとに,それぞれのマネジメント要素が存在し,当然,それらのマネジメント要素はプロジェクトフェーズごとに異なる(図 2.1.2).

以下の節では,これらのマネジメント要素について,プロジェクトフェーズ別に詳細に述べることにする.

[齋藤隆司]

2.2 企 画 段 階

2.2.1 発想から具体化へ向けての準備段階

ある機能を有する空間が必要であるという発想から建築は始まる.機能とは,居住,宿泊,デスクワークなどの執務,会合,商業,流通,工業,エネルギー,交通,通信,医療福祉,教育文化,スポーツ,娯楽等々,多岐にわたる使用目的を可能ならしめるものである.

発想を具体化するために最初に行わなければならないことは,対象物とその目的を明確にすることである.一例として住宅を考えてみよう.住宅を建築するという場合,建設にかかわっている人はどのような規模の住宅かという側面を考えるだろうし,不動産開発に携わる人は最も効率的な建物の形態や,分譲か賃貸かといった経済的側面を考えるだろう.ところが個人で居住しようとする人は,まさに居住することが目的なのである.立場によって目的が違う.では,範囲を絞って,個人が,自己所有する敷地に賃貸共同住宅を建築するというプロジェクトについて考えてみる.

まず,延べ床面積,階高などの建築可能な建物の規模を把握するための当該敷地に対する物理的与条件の調査,入居者の傾向,賃貸料の傾向などを把握する賃貸市場動向の調査,建築費を把握するための建設市場の動向調査などを行う.これらの事前調査の結果を総合して事業計画を検討する.事業計画には,資金計画,収支計画も含む.この段階までくると,どのような建物にいくらの建築費を費やして建設するかという,企画概要ができたことになる.この企画をもとに設計,施工と進め,このプロジェクトの目的である賃貸収入を得ることができるのである.ただし,この場合,入居する人にとっての目的は営利事業ではなく,居住そのものである.複数の目的が混在し,利害が相反する場合もあり,注意が必要である.

a. 事前調査

上記の例でもわかるように，事前の調査が非常に大事である．これらの調査結果は，建築しようとしている建物が成り立つのか，すなわち需要，採算，競合などについての判断の基礎となる．大事なことは，結果を判断材料に使うために調査するのであり，思惑外の調査結果が出た場合，いかにこれを生かす方向に修正するかということである．また，この結果は，プロジェクトを進めていく上でのリスク分析のデータとしても使える．

すべてのプロジェクトに必要なものではないが，表2.2.1に調査項目を例示した．

2.2.2 企画の実施
a. 建築物の概要

企画に続いて設計段階に進んでいくわけであるが，どのような建築物を設計するのかを明確にすることが重要である．当該敷地に対する物理的与条件の調査から得られる延べ床面積，階高などの建築可能な建物の規模の暫定設定，内容の設定，前述の賃貸住宅の例でいえば，単身赴任者をターゲットとするワンルームマンション，一般の家族を対象としたファミリーマンション，または，経営者等の社宅用高額マンションなど，どのような賃貸住宅にするのかを明確にしていくものである．その他の物理的与条件もできる限り整理しておく．

企画において重要なことは，後述の予算や事業計画によって繰り返し検討されるべきものであり，さらには設計段階へ進むにつれて変化していくものであることの認識である．

b. 建築費の想定

建築物の概要を設定したら，その建物の建築費を概算する．この時点での概算は，類似建物実績との比較で行われることが多い．いわゆる，市場単価といわれる単価に内外装仕上げの程度，構造の特徴などを加味して計算する．この図面もない時点での概算であるから精度を期待することはできないが，少しでも精度を上げるために構造体を仮に設定して，鉄骨，鉄筋コンクリート，外壁など建築費に占める割合の高い項目の数量を想定して計算するような場合もある．

このようにして設定された建築費概算は，プロジェクト事業計画，プロジェクト予算策定などへ展開されていく．さらには，事業計画の検討がなされて，経済的に成立するように想定建築費の見直しを行うことが必要である．

c. マスタースケジュール

業務着手時から，企画，設計，施工の期間を含めたマスタースケジュールを作成する必要がある．全体の工程管理を行う基礎とすることはいうまでもないが，後述の事業計画に大きな影響を与える．特に商業施設などの場合は開業時期が大きな意味を持つことも多く，建築のみならず事業の収益の多寡に直接結び付くのである．

工程管理に関していえば，マスタースケジュールは不変のものではない．必要に応じて月間・週間工程表，工事種別工程表，または場所別工程表などを作成し，詳細を検討する．検討結果をマスタースケジュールにフィードバックさせ全体のプロジェクト進捗を把握し，かつ，是正・修正していくことが大事なことである．

企画段階で作成するマスタースケジュールは，詳細である必要はないが，幅広いアクティビティを考慮しておく必要がある．図2.2.1にマスタースケジュールを例示した．

表2.2.1 事前調査項目例

ニーズ調査	アンケート調査など，建築する施設についての市場での価値，動向，将来性などの調査	
	類似施設，競合の調査	
用地取得に関する経済的調査	不動産類似事例調査・動向調査	
	公示価格，路線価等の調査	
	不動産鑑定評価	
用地選定のための調査	各種法令上の制約条件	
	自然環境条件（土質，風向，日照など）	
	社会環境条件（交通，人口など）	
	建築物配置計画上の条件	
	施工上の技術的条件	
	登記の確認	
測量・ボーリング		
埋設物調査		
既存建物調査（既存建物を使用する場合）	既存建物状況調査	
	既存建物構造評価強度判定計算	
	PML（予想最大損失率計算）	
環境調査	土壌汚染に対するフェーズ1調査	
	土壌汚染に対するフェーズ2調査	
	アスベスト，PCB等の調査	
建設費研究・動向調査	類似事例調査・研究	
	公表価格調査・動向調査	
その他	補助・助成金の調査	
	近隣の動向	

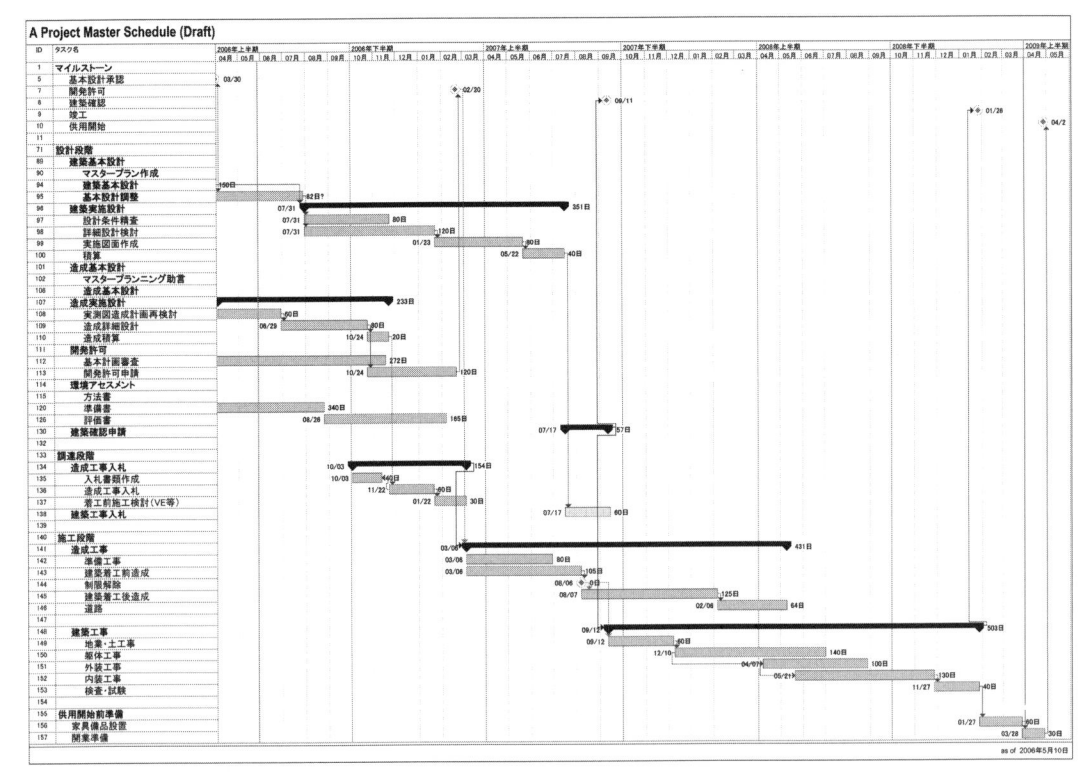

図 2.2.1 マスタースケジュール例

d. 予算と事業計画

プロジェクトの実施による経済・財務状況の予測をした上で，予算，事業計画が検討されなければならない．検討項目を表 2.2.2 に例示した．これからもわかるように，単に建築工事費だけを考えてはいけない．建築工事費以外の要素が非常に多いが，一般的に建築に携わるものは前述の建築費についてのみ検討している場合もあり，注意を要する．特に，資金調達においての借入金に対する保証など，プロジェクトにとって致命的になり得る要素があることを認識しておく必要がある．

そのほか，民間の事業の場合は，資産計上の方法検討を行うべきであろうし，借入金をいかに調達するかといった検討も必要である．特に，不動産事業もしくは PFI（Private Finance Initiative：PFI 法が適用される公共事業の発注形態で，民間の投資による建設を行い官公庁が一定の使用料等を支払う）にかかわる建築物の場合は，金融工学を駆使した資金計画が策定されることがある．

策定された事業計画に従って予算を確保する．この時点での注意点は，予算が建築費をはじめとして仮定の上に作られたものであることである．設計図

表 2.2.2 事業計画検討項目例

事業収支計画

収入の計画	賃料の設定
	駐車場賃料の設定
支出の計画	開発費用
	工事費
	固定資産税等の不動産に関わる税金
	賃貸者紹介料
	建物維持管理費
	固定資産償却費
資金計画	自己投資額
	銀行借入および返済計画
所得税の試算	

キャッシュフロー計画
貸借対照表への計上に対する計画

も，業者等が保証する金額も存在せず，金額の保証も得られない．プロジェクトの進捗に従って詳細が明確になるにつれて金額もぶれんしていくものである．欧米では，このような場合への対処として，予備費（contingency）を設定し，後日の予算金額の変化に対処するという考え方が一般的であり，また理にかなうと思われる．日本ではこのような予備費

表 2.2.3 調達についての検討項目例

基本方針の策定	ターンキー方式，DB方式，設計施工一括請負方式，設計施工分離方式などの基本方針の選択肢を検討する． 設計者選定前に行う．
設計者の業務範囲の整理	上記基本方針に沿って，基本構想・基本設計・実施設計・設計監理のうちいずれの業務を設計者に発注するかを検討する． 設計者選定前に行う．
施工者の業務範囲の整理	上記，設計者の業務範囲と相互検討する． 設計者選定前に行う．
一括発注，分離発注の検討	分離発注の場合は，パッケージの分け方を決定する． この検討は，基本設計業務終了までに明確にし，調達方式に沿った設計図書が作成されるようにする．
工事費支払い方式の整理	総価請負方式，コスト＋フィー方式，単価清算方式などの契約形態を検討する．
先行発注の検討	主たる施工者の特定を待たずに，部分的に早期発注を行うか否かを検討する．
優先資材，業者などの整理	プロジェクトによっては，単なる経済的理由だけでなく，他の理由から施工あるいは資材供給者を選定する必要がある場合があり，これらを明確にする．
発注者の直接調達項目の整理	セキュリティ工事など，一般の調達手順をとらない項目を別途発注項目として整理する．一般調達項目との関連を明確にする．

の考え方がないが，この考え方を導入することにより健全な予算を確保することができるようになると思われる．

ここで述べた事業計画や予算は，プロジェクトを企画する上で最も重要なことの1つである．

e. 調達の方針

調達について，企画段階でまず行うことは選択肢の検討である（表2.2.3）．総合建設業者に一括発注するのか，設計者と施工者に分けるのか，はたまた，分離発注などを視野に入れてプロジェクトマネジャーやコンストラクションマネジャーといわれるマネジメントのシステムを導入するのか．民間の事業者等であればあまり制約にとらわれずに選択肢をとれるが，官公庁の発注者の場合はこの段階でかなり具体的な方法を設定しておかねばならない．先例に従うだけでは済まされなくなっている．

第二次世界大戦後，高度成長期を通して築かれてきた設計か施工かという非常に収れんされてきた選択肢が拡散しようとしているのである．ポストバブルの経済状況下でメインプレーヤーである総合建設業者の内部崩壊や専門工事業者の疲弊などを打開しようとする建設業界自体の動きのみならず，インターネットの普及による情報量の拡大など複合的な要因がある．

ところで，一般的なプロジェクトの場合，コンサルタントや設計者を選定するところから始まる．設計者の選定がプロジェクトの1つのキーとなること

も多い．その方法，評価基準，選定にかかわる業務を表2.2.4に例示した．

この表は，公共工事などにも適用される一般的なものであるが，民間プロジェクトの場合は非常に簡単に選定されているケースが多い．建築士資格が世間一般に公認されているところから，資格を持っていれば誰でも何でも設計できるという錯覚が生まれ，発注者が設計者の能力や特徴を誤認することもあるので注意が必要である．意匠，構造，設備などの多機能を併せ持つ総合事務所，個人的なデザインセンスを特徴とする意匠事務所，一戸建住宅の設計に特化している事務所など様々な形態があり，当初の建築物の目的を具現化する上で最も適切，かつ今後のプロジェクトをパートナーとして一緒に推進していくことができるだろうと思える事務所を特定するべきである．

f. EHS管理

環境・健康・安全（Environment Health Safety : EHS）は施工時に考慮されるものであるといった考えが一般的であったが，企画段階から検討を要する．環境に関しては土壌汚染などの問題があり，早期に検討しなければならないことはいうまでもないが，健康や安全が確保できるような建築物を企画し，設計していくことが望まれる時代になっている．

g. その他の検討・準備

近年，情報化時代において，いかに情報を管理していくかということもプロジェクトの課題である．

2.3 設計段階——デザインマネジメント

表 2.2.4 設計者およびその他のコンサルタント選定

選定方法の検討	特命，プロポーザル，設計競技，QBS方式（Qualification Based Selection：能力選定基準制度，米国連邦調達規則におけるブルックス法による規定）などの選定方式がある．
評価方法と基準の策定	参加資格，事前審査，本審査，面接，プレゼンテーションなどの方法の選定とその評価基準の設定を行う．
選定および特定業務例	① プロジェクト説明書の作成 ② 各種提出書類の様式の作成 ③ 公示・通知の準備 ④ 説明書の配布 ⑤ 現場説明会の開催 ⑥ 質疑応答 ⑦ 事前審査 ⑧ 事前審査通過者，あるいは落選者への通知・公表 ⑨ 苦情処理業務 ⑩ 提案物の受付 ⑪ 提出物による本審査 ⑫ ヒアリング ⑬ 推薦者への聞き取り調査 ⑭ 特定 ⑮ 特定者への通知・公表 ⑯ 苦情処理業務

LAN や WAN などの構築，使用するコンピュータやソフトウェアの選択など，今までにはなかった予算項目が必要となり，事前にある程度の検討を行っておくべきであろう．

2.2.3 企画段階の重要性

このように企画段階に行う必要がある調査検討は多岐にわたり，プロジェクトによってはかなりの専門知識が必要である．発注者が直接自分自身で行うか，外部に委託するかのいずれかの方法で実施されるのであるが，いずれにしても一貫性をもって管理しプロジェクトを引っ張っていく人またはチームをその中心に置くことが重要である．

企画段階にどこまでの方針を決めておけるか，そして組織と体制を構築できるかがプロジェクトの成否を決定するといっても過言ではないかもしれない．　　　　　　　　　　　　　　　［岡　正信］

2.3　設計段階——デザインマネジメント

2.3.1　概要およびマネジメントの実際
a.　デザインマネジメント

デザインマネジメント（Design Management：DM）の目標は，以下に集約される．

「設計段階の最終成果物である工事発注図書（実施設計図書）がプロジェクトの要求事項を満足し，設計行為が所定の予算および期間内に終了すること」

設計プロセスは大きく次の2段階からなり，わが国においては前者までを基本設計，後者を実施設計と呼ぶのが一般的である（表 2.3.1）．

① プロジェクトが達成すべき価値を建築計画へと具体化する段階
② 上記建築計画を工事発注図書へと詳細化する段階

いずれが不十分であってもデザインマネジメントは成功したとはいえないが，発注・施工段階において回復の余地がないという点からも，①が基幹である．これより，デザインマネジメントの成否は，プロジェクトが達成すべき価値を設計与条件書として展開した「プロジェクト要求条件書」（以下，要求条件書と略す）の出来いかんによる部分が極めて大きいことが理解されよう．

しかしながら，わが国の建築生産において最も曖昧な部分の1つが，この要求条件書の作成であり，正当に位置づけられないまま設計業務の一部として作成されていたのが実情である．デザインマネジメントを明示的な活動として切り出すからには，要求条件書作成も設計行為とは独立した明確なプロセ

表2.3.1 プロジェクト達成目標の工事発注への明記

	プロジェクトの目標・目的	プロジェクト要求条件書	基本計画書 基本設計図書	実施設計図書 工事発注図書
① プロジェクトが達成すべき価値を建築計画へと具体化する段階		■■■	■■■	
② 上記建築計画を工事発注図書へと詳細化する段階				■■■

スとして位置づけられることが必然かつ不可欠である．

要求条件書を建築計画へと具体化することが設計者の基本的役割であり，設計者の創意が期待され，能力が問われる．他方，デザインマネジャー（Design Manager：DMr）は，デザインレビューを実施/主宰することになる．DMrは，設計経験や設計内容を誘導しうる豊富なプロジェクト経験を有する場合が多いと想定されるが，DMrの態度いかんによっては設計者のインセンティブを抑圧することにもなりかねない．設計者が能力を欠き，許される時間の中で解答を準備できないといった場合を例外とすれば，DMrに起因する設計者の意欲減退は，デザイン報酬を無価値化することになりかねない．プロジェクト参加者のインセンティブマネジメントもDMrの重要な役割と認識すべきである．

いかに関係者の要求を巧みに引き出し，これらをコーディネートした洞察力に富む条件書であっても，外因，内因に伴う変更は避けられない．このような変更に適切に対応するためのチェンジマネジメントもDMrの重要な役割の1つとして特記しておきたい．

b. スコープマネジメント

DM/DMrのスコープを以下に列記する．
① プロジェクト要求条件書の作成
② 設計者の選定
③ デザインプロセスマネジメント
④ デザインレビュー
⑤ チェンジマネジメント

以下，各項目の概要を述べる．

1) プロジェクト要求条件書の作成

要求条件書は，プロジェクトの目標や目的，成功指標，デザイン戦略，コスト，スケジュールに関する制約条件，用途・スペースプログラム，あるいは技術的性能に関する要求事項を整理し，列挙した図書である．

要求条件書は，設計与条件書として設計者に提示されるものであるが，発注者側の潜在的要求を顕在化し，合意形成を確実なものとすることに最大の意義がある．発注者側の合意形成が不十分であれば，設計途中あるいは施工が始まってからの変更は避けられず，コスト増，スケジュールの遅延，品質の低下につながる可能性が高いからである．

なお，要求条件書は設計に先立って作成されるべきであるが，この要求条件にリアリティがあることの検証が必要である．この作業をDMrが行わず設計者に依頼する場合には，本来の設計業務に対する追加業務として明確に位置づけるべきである．

2) 設計者の選定

設計者選定の手順・方法には種々のものがあるが，ごく標準的な流れは以下のようである．
① 設計者候補ロングリストの作成（10社程度）
② 提案要綱書（Request For Proposal：RFP）の作成・発送
③ 予備選考（Pre Qualification：PQ）書類による絞込み（3社程度）
④ 本提案書および面接による選考
⑤ 契約交渉・契約

当該プロジェクトに関するデザインで選考するのか（デザインコンペ），設計者の能力・課題へのアプローチの仕方によって選定するか（プロポーザル方式），報酬によって選定するか（設計入札）によって，本提案書に求める内容は基本的に異なる．

また，設計者と施工者を同時に決定するデザインビルドを採用する場合には，施工提案が大きな比重を占めることになる．

いずれの方式を採用するにしても，事前に
① なぜその方式を採用するのか
② どのような基準で設計者を選定するのか

の2つの点を十分に検討し，発注側の合意を形成しておくことが重要である．

この点が明確でないと，プロポーザル方式でありながら具体的なデザイン提案を求め，その良しあしで設計者が選ばれてしまうなど，本末転倒になりか

ねない．また，プロポーザル方式で，提案書の内容と業務報酬の優劣やバランスをどのように考えるか，十分な条件の提示や仕様等の合意なく提示される，デザインビルド方式の場合の工事費提案をどのように取り扱うかなど，事前に検討すべき基本事項を明確にしておく必要がある．

プロジェクトによっては，設計業務をいくつかのパッケージに分割し複数の設計者を起用することがある．この場合，設計者間の調整や設計者としての最終判断を誰が行うのかなど，権限と責任の配分を明らかにしておく必要がある．

3) デザインプロセスマネジメント

ここでは，設計の進め方に関するマネジメントをデザインプロセスマネジメント，設計の内容に関するマネジメントをデザインレビューと呼ぶことにする．

デザインプロセスマネジメントにおいては
① デザインに関する提案と意思決定があらかじめ合意された手順に従って進められているか
② デザインの進行がスケジュール上問題なく進行しているか

の2点が主要なマネジメント項目となる．

この場合，概してマネジメントの対象は設計者となりがちであるが，発注者側の決定が遅れる，決定と思われていたことが正式な決定ではなかった，決定後大幅な変更となるなど，発注者サイドにも重要なマネジメント要因があることをDMrは認識すべきである．

4) デザインレビュー

設計者の作成した設計図書が要求条件書を充足しているか否かの確認，さらにいえば要求条件書を充足する最適解となっているか否かの検証が，デザインレビューの目的である．具体的には，設計内容がスペース，機能，仕様，コスト，施工性や工期といった点で要求条件書を満たしているか，諸官庁との協議がしかるべき時期になされ，その結果が適切に反映されているかを，節目節目で点検する行為である．基本設計（基本プラン，システムの決定）のまとめの前に一度，実施設計（発注図書）のまとめに一度，最低でも2回のデザインレビューが必要である．

ただし，過度な回数のレビューは，設計者に十分な検討期間が与えられないことになり，またレビューの項目もその場の思いつきの列挙になりがちである．設計者からは，指摘事項は本来先のステップの検討課題である，との不満も生じやすい．事前に適切な回数を設定し，各レビューでのレビュー事項を明確にし，関係者間の共通理解としておくことが，有効なレビューの条件である．

建築生産という観点からは，レビューにおいて施工性（constructibility），維持管理の容易さ，改修更新の容易さなど，ライフサイクルコスト（LCC）的な観点を導入することが重要である．

5) チェンジマネジメント

以上を通じていかに適切なマネジメントを行ったとしても，内因，外因による変更はプロジェクトにおいて不可避である．この変更をいかに適切にマネジメントするかは，設計段階に限らず各フェーズを貫通する重要なテーマである．

潜在的な変更要求（Potential Change Order：PCO）が発生した場合，DMrにはそのPCOの背景をよく考察し，以下の努力を払うことが求められる．

① PCOのもたらすコストスケジュールインパクトを明らかにし，変更するか否かについて意思決定者の冷静な判断を誘導する．
② 要求を満たす代替案（最小限の変更）はないかを探求する．
③ コストスケジュールインパクトの処理方法を明確にし関係者の合意を形成する．

c．タイムマネジメント

設計段階の当初に，DMrは以下の要素を盛り込んだプロジェクト全体のマスタースケジュール/マイルストーンスケジュールを作成する必要がある．下記の要素の中で，発注者のレビュー・承認期間，総合設計，構造評定，防災評定，環境アセスメントなどの特別な対応を必要とする場合の許認可期間，コミッショニングやユーザーに関連する工事・訓練等の開業準備に要する期間といった事項は過小評価されがちであるので，適正な期間を見込むよう配意すべきである．

また，必要に応じて長期の製作期間を要する機器物等の先行発注による期間短縮，調達に関する検討が必要とされる場合がある．

① プロジェクト要求条件書作成
② 設計者選定と契約
③ 設計期間と発注者によるレビュー・承認
④ 近隣折衝や建築確認などの許認可
⑤ 施工者選定と契約
⑥ 本体工事
⑦ 中間検査・受電・消防検査・竣工検査などの諸検査・手続き

⑧ ユーザーによる機器の搬入据付けや内部造作工事
⑨ 設備機器などの試運転・コミッショニング
⑩ ユーザーの移転や従業員の訓練など開業準備
⑪ 建物の開業日

次に，設計期間に焦点をあて，マイルストーンスケジュールを詳細化する必要がある．上述の許認可関連のスケジューリングが重要であることは当然として，設計レビュー，Plan Fix，VE や工事概算の承認など，発注者側の重要な意思決定の時期および期間について十分な調整の上，スケジュールを作成する必要がある．

設計着手以降 DMr は，設計者，発注者の双方がこのスケジュールを尊重し，それぞれの責務を果たすべくプロセスのマネジメントを担うことになるが，未決事項の管理を中心とするマネジメント（Pending Issues List：PIL）が有効と考える．

また，b.5)で述べた変更管理，とりわけ Plan Fix 後の発注図書の作成段階や，工事発注後に発生した設計変更の管理についてのルール化，すなわち変更決定までのプロセス，関係者への情報伝達，変更図書の作成方法などが重要である．

d. コストマネジメント

コストに関しては，まずプロジェクト予算を俯瞰することが不可欠である．DMr が管理すべきプロジェクト予算が何を含むかは，プロジェクトの性質や発注者の予算計上の方式によって異なるものであり，予算の枠組みを確定することが先決である．具体的には，設計業務報酬や許認可手続きに要する費用が含まれるのは当然として，消費税などの租税公課，移転や什器備品の整備費用，建物の登記に必要な費用，開業準備に必要な費用などが，マネジメントの対象であるのか否かを明確にしておく必要がある．

このほか，プロジェクトコストを資本支出（B/S）と経費支出（P/L）に区分して管理する必要がある場合もあり，発注者との事前確認が必要である．

工事予算枠が設定された後の DMr のコストマネジメントとして以下の項目があげられる．

① 工事予算とプロジェクト要求条件書との整合性の検証
② 基本設計に基づく概算工事費のレビューと設計与条件の見直し
③ 実施設計に基づく工事費のレビューと VE，設計仕様の見直し
④ LCC コストのレビューと VE，設計仕様の見直し
⑤ 調達戦略の立案

上記のコストマネジメントを実行する上での留意事項を以下に述べる．

1) 工事予算の性格づけ

現在の建設市場の実情からすると一物一価が成立しておらず，契約金額は発注方法，発注時期，発注者の交渉力によって大きく異なっている．このような事情を反映して設計者の概算と契約金額の乖離が目立ってきている．したがって，工事費を検討する際には，どのような前提に基づく工事費なのか，すなわち，設計価格なのか契約価格なのか，競争環境を醸成し，かつ施工者との強力なネゴシエーションを前提とした価格なのか，互恵的取引きなど従来の慣行の維持を前提とした価格なのかなど，関係者間の共通理解が不可欠である．

2) 予備費の考え方

わが国においては，予備費の計上が認められないのが一般的である一方，予備費を必要とする事情（当初契約した工事費の変更を好まない，発注図書の精度が高くない，発注者の意思決定が遅く変更も多いなど）があり，担当レベルの合意のもと，ポケットと称されるやり方で実質的に予備費を確保している場合が多い．このような対処はやむを得ないといえるものの，工事費の透明化と反するものであり，極力予備費を明示的に位置づけることが望ましい．

3) コストレビューの視点

工事費概算は一義的には設計者によって行われ，これを DMr がレビューするという形となる．設計者は，当然，業務経験に基づき最大限の努力を払うと考えられるが，仮設計画，特殊建具，プレハブ製品，設備と構造の取合いなど，施工性を考慮したコスト算出という観点からは不十分さが残ることはやむを得ない．DMr によるコストレビューにおいて，施工性に対して特段の配慮が求められよう．

4) バリューエンジニアリング

VE においてはコストダウンとの区別が重要であることは言を待たない．他方，VE において要求条件書そのものが見直しの対象となるケースもある．これは時間や資金のロスであるとともに，設計者にとっても心外な事態であり，設計意欲をそぐことにもなりかねない．要求条件書の作成時に DMr が適切なコストレビューを行う必要がある．

5) LCC算定時の割引率

LCCの算定においては，一般的なファイナンスや経済性・工学的検討同様，将来価格を現在価格に割り引くわけで，この際の割引率いかんによって結果が逆転することもあり得る．しかし，従来のLCC計算は設備技術者による工学的検討という性格が強く，割引率に対する考慮が不十分な（はなはだしきは考慮しない）ケースが多い．発注者との財務部門等関連部署との協議により，適切な割引率を設定する必要がある．

e. 品質マネジメント

建築物の品質を決定する要因は，外観の審美性，プランの適切さからディテールまで多岐にわたる．したがって，適切な時期に，適切な項目についてレビューと決定を行うことが必要で，品質に関する管理目標や管理項目を，プログラム，意匠，技術的システム，ディテール，仕様それぞれのレベルにおいて設定しておくことが重要である．

具体的には，要求条件書の中で品質に関する管理体系を定義し，その具体的展開として，技術基準，仕様書を位置づけ，設計図書において品質が適切に確保されているか否をデザインレビューにおいて検証していくことになる．

f. 組織マネジメント

設計段階は，プロジェクトの目論見書から発注図書に至る一連の意思決定プロセスである．一方，このプロセスにおけるステークホルダーは，発注者，ユーザー，企画プロデューサー，設計者，周辺居住者などの利害関係者，関係官庁など多種多様である．したがって，デザインマネジメントにおける組織問題とは，意思決定に向けて多様な主体の関連，役割，権限と主体間の情報のやり取りを決定することにほかならない．

この中でも最も重要な問題は，発注者内部の検討，すなわち意思決定の組織体制であろう．誰が何を決定する権限を有するのか，決定主体が決定するために関連する誰の同意が必要なのか，そのためにはどのような情報が必要とされるのか，などが明確にされていなかったために，決定事項と思われていたことが実はそうではなく，大幅な設計変更を余儀なくされるというケースもまれではないからである．根回しが重視される日本の組織において，明快な構造を持った組織体制の構築には困難が伴うものの，発注担当者とDMrが協力し，極力明示的な組織体制づくりを実現することが望まれる．

g. コミュニケーションマネジメント

設計段階におけるコミュニケーションは，キックオフから発注図書の作成に至る一連の意思決定のために行われるものであって，いかにして意思決定プロセスを円滑に進めるか，という観点から企画される必要がある．

このようなコミュニケーションの構築にあたっては，以下の基本事項を明確にする必要がある．

① 主体：誰と誰のコミュニケーションなのか
② 課題：主体間のコミュニケーションのテーマは何なのか
③ 時期：どのようなタイミングでコミュニケーションを実施すべきか
④ 情報の集約化：多岐にわたるコミュニケーション情報をどのように管理していくか

どのようなプロジェクトにおいても，発注者－利用者－設計者の関係が中軸となるが，コミュニケーションの企画上考慮すべきは利用者の存在である．個人住宅や自社ビルでは発注者＝利用者であったり，賃貸ビルでは発注者が利用者の立場を代弁するため，本来の発注者－利用者－設計者という三者関係が，発注者（利用者）－設計者という二者関係に矮小化されてしまうことが多いからである．プロジェクトが達成すべき価値の実現において，ユーザーとのコミュニケーションは不可欠であり，DMrは，要求条件書作成時点におけるユーザーニーズの把握や，基本設計のレビューなど，建築物の基本的価値を決定する段階におけるコミュニケーション回路づくりに，目的意識的に取り組む必要がある．

一方，多様な主体とのコミュニケーション情報をいかに集約化するかが課題となる．意思決定のためのコミュニケーションという本来の趣旨に立ち返れば，情報の集約化としては未決事項リスト（Pending Issues List：PIL）という様式が最も有効ではないかと考える．

PILは，プロジェクトの各フェーズにおいて決定すべき事項に関し，以下を記述したものであり，コミュニケーションを軸にプロジェクトの進捗管理を意図するものである．

① 未決事項は何か
② 決定するために必要な情報は何で，それを誰が準備するのか
③ 意思決定者は誰か
④ 検討，決定はいつまでになされなければならないか

h. リスクマネジメント

設計段階において管理すべきリスクは，スケジュール，コスト，品質に大別される．

1) スケジュールリスク

スケジュールリスクとして，予定した期間内に設計行為が終了しないリスクと，設計内容が不適切であったため予定した期日に竣工しないリスクの2つが考えられる．前者の原因として，設計者の能力不足，発注者の意思決定の甘さがあげられよう．設計者の能力不足は，設計者選定を入念に行うことで極力回避するしかない．発注者の意思決定については，第1に要求条件書の作成の際に十分な検討を行い，基本的な方向の変化が設計中に発生することを防ぐ，第2に設計の進行，つまり要求条件の具体化における意思決定のプロセスを事前に設定し合意しておくこと，この2点に尽き，DMrがリーダーシップを発揮し得る条件整備が必要である．

2) コストリスク

スケジュールリスク同様，大幅な設計変更のため当初の設計報酬で設計行為が終了しないリスクと，設計内容が不適切であったため予定した工事費で契約・竣工しないリスクの2つが考えられる．コストリスクの管理においても，1)項で述べた要求条件書，意思決定プロセスのマネジメントが重要であり，工事費については基本設計時，実施設計時のコストレビューによってリスクの軽減を図ることになる．

このほか，デザインコンペや設計施工一貫方式等においては，当初に提案された工事費と設計が詳細化されていった場合の工事費，あるいは当初発注者が期待していた品質と詳細化された品質が乖離する場合がある．これを防止するためには，提案の採用段階において極力前提条件を明確にし，提案の現実性を評価する以外に有効な手法は乏しい．

3) 品質リスク

品質リスクは，設計図書そのものが不備である，施工に問題がある，工事監理に問題がある，のいずれかに起因する．設計図書の不備に関する防止策としては，設計者の選定（実績や品質管理プログラムの有無），DMrによるデザインレビューなどがあるが，基本は発注者，設計者，DMrのそれぞれの権限・義務が明確に定義され実行できる環境が整うか否かである．

i. 調達マネジメント

従来，わが国ではゼネコンによる一式請負が主流であったが，昨今，調達方式は，分離発注，コストオン，CM方式など，多様化する傾向にある．どの方式を採用すべきかに関し一般的な基準があるわけではなく，プロジェクトの特性や発注者の価値観に基づき，適切な方式を選択することになる．したがって，第一義的に重要なことは，どのような調達方式を採用するかではなく，どのような判断に基づき調達方式を決定するかである．

判断における考慮事項として，以下の要素をあげることができる．

① 発注者側の負担に関する判断
② 工事費の透明性に関する判断
③ 施工リスクに対する判断
④ 完成後の瑕疵リスクに関する判断

調達方式として，分離発注やコストオン方式，ファストトラッキングなどを採用する場合，DMrは発注図書のあり方を検討し，設計者に対し適切な誘導を行う必要がある．例えば分離発注の場合，各コントラクターの見積り範囲，見積り条件を明確に示すことが必要である．つまり，一式請負の場合に比べ，施工者の役割分担や協定，見積り区分，工程表，仮設計画，部分詳細など，より詳細かつ現実的なものを準備もしくは追加することになり，これらを誰がいつ作成するのか，その追加費用はどの程度なのかを共通理解としておくことが必要となる．

2.3.2 デザインマネジメントの課題

a. 戦略

設計段階における戦略とはデザイン戦略にほかならないが，一口にデザイン戦略といっても，意匠設計の戦略から，現在価値最大化を目指す資産戦略，発注者のブランディングなど組織・経営戦略の具体的メッセージとしての建築など，様々なレベルでのデザイン戦略が考えられる．

どのようなレベルでデザイン戦略を設定するかは，プロジェクトの狙い，置かれた環境によって様々であるのが当然である．デザインマネジメントにおいて重要なのは，当該プロジェクトにおいてどのようなデザイン戦略を持つべき/持たないべきかについて，最低一度は議論の場を設けることである．たとえ洗練されたデザイン戦略が構築できないにせよ，このような議論は関与主体間の合意形成のバックグラウンドとなり，大きな揺れ戻しを防ぐ上でも有効と考えられるからである．

b. パートナーシップ

米国と異なり，従来，わが国における建築生産に

おいては，発注者，設計者，施工者の責任と権限を明確に定義することに重きを置いてこなかったといえる．昨今，高まりつつあるPM/CM方式活用の機運は，その反省から，プロジェクトに関与する各主体の役割，権限，責任を明確にする方向にある．

他方，米国にあっては，クレームレターの応酬や訴訟は日常茶飯事であり，プロジェクト運営においてこのために割かなければならない労力が大きいことから，関与主体間の前向きな協力を重視するパートナーリングが提唱されるに至っており，この中で，曖昧と批判される日本流が注目されている．

上述の流れを勘案するならば，協調・協力を前提とした関与主体の役割，権限，責任の明確化を目指すべきといえる．これを精神論に終わらせることなく，具体的な実践として展開していく上で，適切に企画されたコミュニケーションシステムが重要な役割を果たすものと期待される．

c. プロジェクトファイナンス

建設資金の調達がプロジェクトファイナンスによる場合，建設ローンの供与に先立って，第三者によって設計レビューが実施されたり，エンジニアリングレポートが作成される．ここで特別な内容が問われるわけではなく，建築物としての基本性能を満たし投資に足る対象であるか否かの検証がレビューの趣旨である．DMrの役割は，投資家が適切な投資判断であることを自身が理解し，かつ第三者に対して説明し得るよう，要求条件書から設計図書の作成に至る一連のプロセスと設計内容が適切である根拠を提示することにある．デザインマネジメントにおけるドキュメントの作成と管理が適切になされていれば，必要な追加的努力はそれほどのものではない．

d. プロジェクト評価

設計内容の評価は，要求書に記載された成功指標によるのが基本である．成功指標として何を設定するかは，当然のことながらプロジェクトの目標・目的によって異なるが，どのようなプロジェクトにおいても欠かすことができないのがValue For Money（VFM）の視点である．

今後，プロジェクトが第三者評価にさらされる機会が増加することは必然である．VFMの検証も第三者に受け入れられるべきものでなければならず，民間建築物の場合，NPV（正味現在価値）によるテストが常識となるものと予想される．

e. T Q M

2.3.1項eの品質で述べたように，デザインプロセスで取り扱う価値判断は多岐にわたり，かつ時間軸という要素を持っている．このようなリファレンスクラスの異なる価値判断を適切に取り扱うバリューマネジメント（VM）が，デザインプロセスにおけるTQMの基本となるべきである．

f. 顧客間関係

2.3.1項fの組織やgのコミュニケーションで述べたように，顧客である発注者の中に様々な立場，価値意識，利害を持つ複数の主体が存在するわけで，このような主体内複数主体をいかにコーディネートしていくかが，顧客関係を考える上での基本である．

g. メンテナンス

従来のわが国における建築生産が新築中心に推移してきたことから，設計プロセスにおいてメンテナンスの実務的関心や知識が十分に反映されてこなかったのが実情である．しかし，建築物のLCCにおいて保全，修繕，更新などのメンテナンスコストは3分の1を占め，不動産経営や資産価値に大きく影響することから，メンテナンス費用の合理化が注目を集め，ビル管理会社の決定が早期化する傾向にある．デザインマネジメントにおいても，メンテナンスをより自覚的にとらえていくことが不可欠である．

具体的には，以下の2点が主要な課題となるが，メンテナンスの検討に必要とされる情報の精度から考えると，実施設計の後半に具体的な検討に着手するのが妥当である．

① メンテナンスの視点からのデザインレビューをどの時点で，誰が行うのか
② ビル管理者をどの時点で決定するのか，管理業務の発注仕様を誰が作成するのか

h. 環　　境

世界的な環境への意識の高まりの中で，建築生産においても環境配慮の重要性が高まってきている．建築物のライフサイクルにおける環境影響としては下記の5点があげられるが，いずれの項目をとっても設計時点で環境影響の度合いが基本的に決定されるのであるから，要求条件書の中に環境ガイドラインを組み込み，特別な配慮としてではなく，当然の配慮として実践されることが望ましい．

① 建築中の環境影響
② 使用資材の生産・運搬に係る環境影響
③ ビルの利用に伴う環境影響
④ ビル内の活動が及ぼす環境影響
⑤ 改修・解体時の環境影響

［中分　毅］

2.4 調達段階――プロキュアメントマネジメント

2.4.1 調達マネジメントの概要

調達方式については第Ⅱ部で説明がされているが，プロジェクトマネジメントでも「調達段階でのマネジメント業務（Procurement Management）」が重要な役割の1つを占める．

プロジェクトの中で，発注者に以下の調達方式の中でどれを選択し，どのように提案することができるかが有能なプロジェクトマネジャー（PMr）の見分け方となる．欧米では，調達段階でのマネジメント業務はDirector（担当取締役または部長）が行い，高度な知識・技術と，経験に基づくネットワークを活用して，最適化の選択ができる能力が要求される．

a. 調達・発注・契約方式

① 調達方式：設計と施工分離発注方式，設計施工一括方式，性能発注方式，分離・分割発注方式，CM方式（ピュアCM，CMアットリスク），BOT/BOL，PFI等

② 発注方式：直営方式，請負契約方式，実費精算方式等

③ 工事請負契約方式：一式請負方式，分割請負方式，定額請負方式，単価請負方式，共同請負方式，ノミネーテッドサブコントラクト方式等

b. 発注者側に立つマネジメント

発注者側に立ってのマネジメントとは，第三者的立場（透明性・公正性・倫理性）での最適化の選択をし，発注者へ提案することである．

発注者の調達方式のニーズにこたえるためにはPMrが早い段階から参画（図2.4.1）することにより，発注方法・発注方式が検討され，実践に向けてのマネジメント技術が必要となってくる．そのためには調達・購買情報を提供することによって，発注者の調達方式に対する基本姿勢と参画意識が確立され，喚起されることから始まる．

2.4.2 総合マネジメント

従来方式では企画段階，設計段階と順に進み，次に調達段階があり，その後に施工段階へとマネジメントが移行されていくのが通常であった．

発注方式の多様化の中では，「調達だけでのマネジメント」では十分効果が発揮されず，発注者からは業務の成果に対しても期待される顧客満足度が得られない．

PMrによる調達業務は，プロジェクトの初期段階から参画することにより，国内・海外の調達・購買情報の提供から始まり，設計図書に織り込むことで最適化の効果が発揮でき，プロジェクトの成功につながる道筋ができる要素となり，その成果も期待されることになる（図2.4.2）．

2.4.3 スコープマネジメント

PMrが初期段階から参画して，プロジェクト計画段階で最初に実行しなければならないのがスコープ計画の作成である．スコープマネジメントとは，プロジェクトの最終目標を達成するために必要な業務を分析し，関係者の作業範囲・役割分担を明確にし，実践に移すことである（図2.4.3）．

スコープマネジメントで実施する業務は，スコープマネジメントだけでなく，タイムマネジメント，

	企画段階	設計段階	調達段階	施工段階
発注者	情報収集 → 基本計画 ↑提供	設計者選択 → 調達方式	実施計画 → 契約締結	着工 → 竣工
PMr	調達・購買情報 → 設計へ情報伝達 → 最適化提案 → 調達実施計画 → 最適化による施工者選択			
設計者・工事監理者	設計提案 → 設計者選定 → 基本（実施）設計開始 → 設計図書の整合性・確認			工事監理業務
施工者 総合工事業者・専門工事業者	生産計画の検討 差別化技術の提案	設計図書へ織り込み	技術・VE提案の提出	施工段階でのVE提案提出
メーカー他	技術提案の検討および提案	設計図書へ織り込み	施工計画書の提出	技術・VE提案提出
コンサルタント	技術提案提出	設計図書の検討	改善提案の検討	改善提案の検討

図2.4.1 調達方式のフロー・早い段階からのPMrの参画

2.4 調達段階——プロキュアメントマネジメント

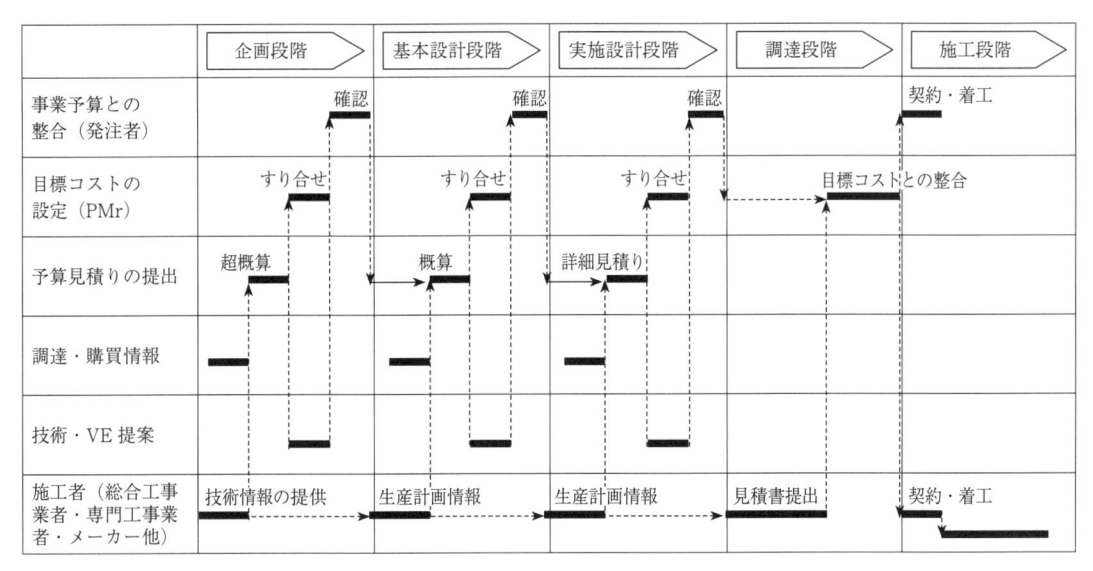

	企画段階	基本設計段階	実施設計段階	調達段階	施工段階
事業予算との整合（発注者）	確認	確認	確認		契約・着工
目標コストの設定（PMr）	すり合せ	すり合せ	すり合せ	目標コストとの整合	
予算見積りの提出	超概算	概算	詳細見積り		
調達・購買情報	━━	━━	━━		
技術・VE提案		━━	━━	━━	
施工者（総合工事業者・専門工事業者・メーカー他）	技術情報の提供	生産計画情報	生産計画情報	見積書提出	契約・着工

図2.4.2 プロジェクトマネジメント（プロキュアメントマネジメント）

```
┌──────────────────────────────────────────────────────┐
│       調達実施計画/スコープマネジメント基本方針の策定       │
└──────────────────────────────────────────────────────┘
    ↑                      ↑                     ↑
┌─────────────┐    ┌─────────────┐    ┌──────────────────┐
│   目標設定   │    │  業務実施計画  │    │      成  果      │
│・調達実施計画 │    │・契約条件の確認│    │・調達実施計画・  │
│  の立案      │    │・スコープ計画 │    │  基本方針の確立  │
│・調達業務量の │    │・調達・購買情 │    │(コストの低減・ス │
│  把握        │    │  報の提供     │    │ ケジュールの短縮・│
│・関係資料の収 │    │               │    │ 品質の確保      )│
│  集・分析・提案│    │               │    │                 │
│・役割分担の明 │    │               │    │                 │
│  確化        │    │               │    │                 │
│・報告書作成   │    │               │    │                 │
└─────────────┘    └─────────────┘    └──────────────────┘
    ↑                      ↑                     ↑
┌──────────────────────────────────────────────────────┐
│ データベース：プロジェクトマネジメント契約書，契約約款．    │
│ 実績からの調達・購買データ，責任施工体制の確立・データ     │
└──────────────────────────────────────────────────────┘
```

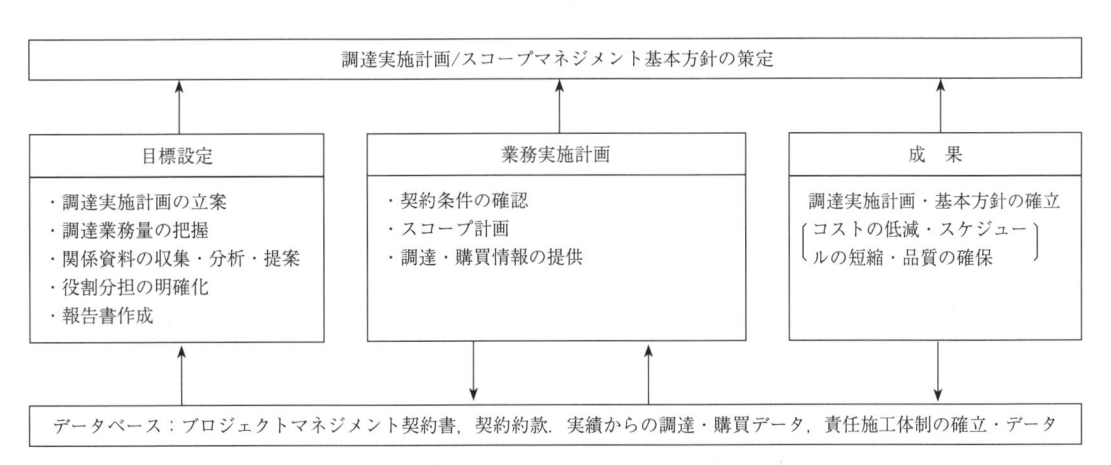

図2.4.3 スコープマネジメント

コストマネジメント，品質マネジメントの基礎データとなるため，重要な業務となる．

a. 概　　要

プロジェクトの目標を達成するため，初期段階からPMrが発注者へ調達・購買情報を提供しながら，プロジェクトでの発注者ニーズを確認し，入札業務，業者の選定，さらに代替案の検討・分析まで行い，まとめる．

PMrは当然施工段階での生産計画情報についても収集し，検討の上まとめる．以上から発注者ニーズはブリーフィングシートに整理され，企画段階から設計段階へ引き継ぐことになる．PMrは達成目標となる予算（コスト）・時間（タイム）・品質（クオリティ）・安全（環境も併せて）について検討し，調達方式に関して最適化提案を発注者へ提供する重要な役割を担う．

b. 発注者ニーズ，要求事項を明確にした調達実施計画（表）の作成

① 実施計画に従っての発注者への成果・期待の確認

② 目標達成のための活動・展開・推進方針

③ コストコントロール，スケジュールコントロールのためのベースラインと目標設定

④ 調達実施計画に基づく役割分担の明確化

以上，さらに発注者とPMrで発注方法・工事請負契約についての検討・提案をし，設計図書へ織り込むと同時に，発注者・PMr・設計者・施工者などの役割分担・責任範囲を明確にする．そのほか，談

合防止策，系列化・重層構造の下請問題の整理，競争原理が高く発揮できるような発注方式の提案を実施計画に盛り込む．

2.4.4 タイムマネジメント

a. タイムマネジメントの概要

タイムマネジメントはプロジェクトの調達実施計画での目標スケジュール達成のため，時間という制約条件の中で最適化案を提出し，次の施工段階でのタイムコントロールと併せて検討する（図2.4.4）．

タイムマネジメントで重要なことは，時間という枠の中で最も効率的な調達業務手順を計画し，実践することである．それが施工段階でも効率的な生産計画の実践につながらなければならない．

調達段階における業者間のタイムマネジメントについては，各業者間の施工段階のタイムマネジメントを先に調整してから行う（図2.4.5）．

b. PMrが作成する調達実施計画の中でのタイムマネジメント

PMrが調達目標となる予算（コスト）・時間（タイム）・品質（クオリティ）・安全（環境も併せて）面から検討する事項は以下である．

① 効率的な遂行方針と遂行手順
② 進捗のフローとフォローシステム
③ 計画実行の評価方法
④ 生産計画を検討しての提案
⑤ 実施に伴う分析・検討・改善方法
⑥ タイムに関するリスクの抽出と分析方法
⑦ 発注者，PMr，設計者他間の役割分担の明確化

c. タイムとコストの整合

調達実施計画の中でプロジェクトスケジュールとプロジェクトコストの費用対効果の整合性を図る．

① マスタースケジュールと調達実施計画（タイムマネジメント）との調整
② 調達段階での設計図書の完成度を高め，プロジェクトコストに与える影響の最小化を図る
③ 各パッケージ業者の作業範囲，責任範囲の明確化と見積り要項での整理

d. プロジェクトスケジュールと調達スケジュールの調整

① プロジェクトスケジュールと調達実施計画の中での調達スケジュールとの整合
② プロジェクトスケジュールでのマイルストーンの設定と調達スケジュールとの整合
③ アップデート会議での各パッケージ業者への変更・修正の指示
④ パッケージ業者と生産計画・工程とのすり合せ
⑤ 設計スケジュールと調達スケジュールとの調整
⑥ 設計図書説明会の実施と施工図への移行スケ

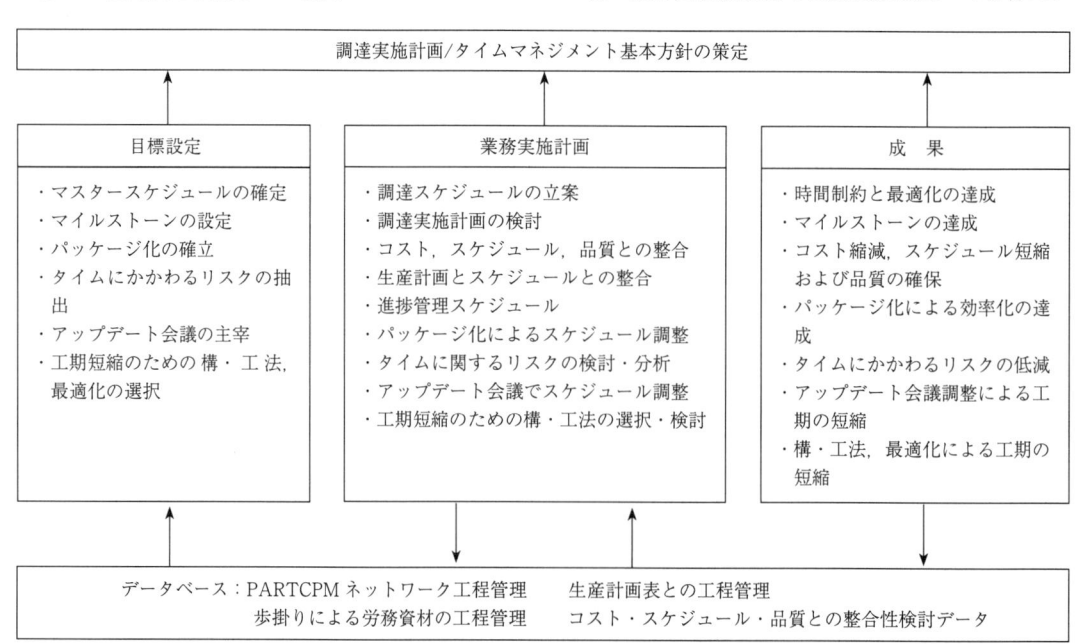

調達実施計画/タイムマネジメント基本方針の策定

目標設定	業務実施計画	成 果
・マスタースケジュールの確定 ・マイルストーンの設定 ・パッケージ化の確立 ・タイムにかかわるリスクの抽出 ・アップデート会議の主宰 ・工期短縮のための構・工法，最適化の選択	・調達スケジュールの立案 ・調達実施計画の検討 ・コスト，スケジュール，品質との整合 ・生産計画とスケジュールとの整合 ・進捗管理スケジュール ・パッケージ化によるスケジュール調整 ・タイムに関するリスクの検討・分析 ・アップデート会議でスケジュール調整 ・工期短縮のための構・工法の選択・検討	・時間制約と最適化の達成 ・マイルストーンの達成 ・コスト縮減，スケジュール短縮および品質の確保 ・パッケージ化による効率化の達成 ・タイムにかかわるリスクの低減 ・アップデート会議調整による工期の短縮 ・構・工法，最適化による工期の短縮

データベース：PARTCPMネットワーク工程管理　　生産計画表との工程管理
　　　　　歩掛りによる労務資材の工程管理　　コスト・スケジュール・品質との整合性検討データ

図 2.4.4 タイムマネジメント

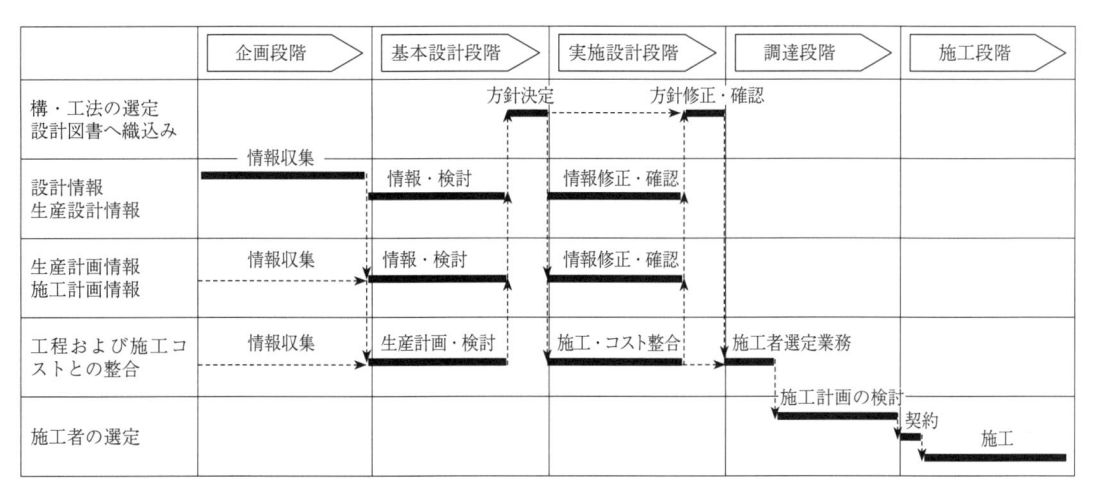

図2.4.5 プロジェクトマネジメント（構・工法の選定と検討：設計情報・生産設計情報・生産計画情報・施工計画情報の収集〜方針決定）

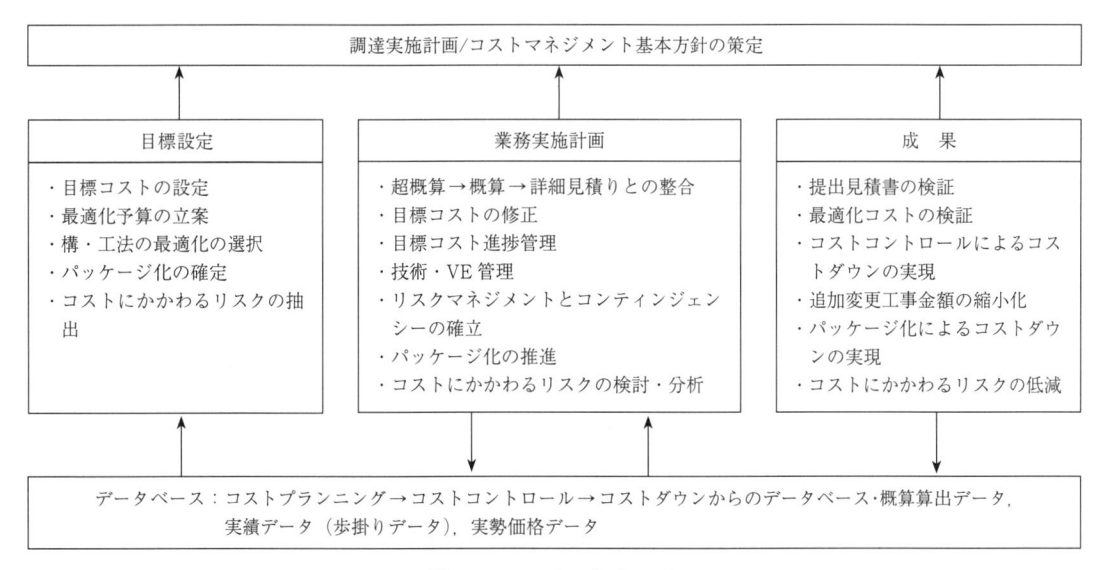

図2.4.6 コストマネジメント

ジュールの確認
⑦ 施工段階での工事工程と作業基準を確認し，前工程と後工程の引継ぎの確認

2.4.5 コストマネジメント

a. 概　要

プロジェクトの調達実施計画では，発注者の利益を守るための目標コスト達成の業務である．

コストマネジメントで重要なことは，「コスト」という枠の中で最も効率的な調達業務手順を計画し，コントロールすることである．また，施工段階での技術・VE提案を含め，生産計画を前倒しで提案し，まとめる（図2.4.6）．

コストマネジメントはコストプランニングに始まり，コストコントロールによってコストが確定し，具体化され，結果としてコストダウンが実現する（図2.4.7）．

調達実施計画では各パッケージ業者からの海外調達コスト情報も含めて積極的に取り込む．

b. 調達実施計画の中でコストを構成する要素

1) 数　量

① 実績データ（同じ規模・仕様からの）を収集・分析し，検証をする．
② 相関関係から数量を類推し,実数（積算数量）

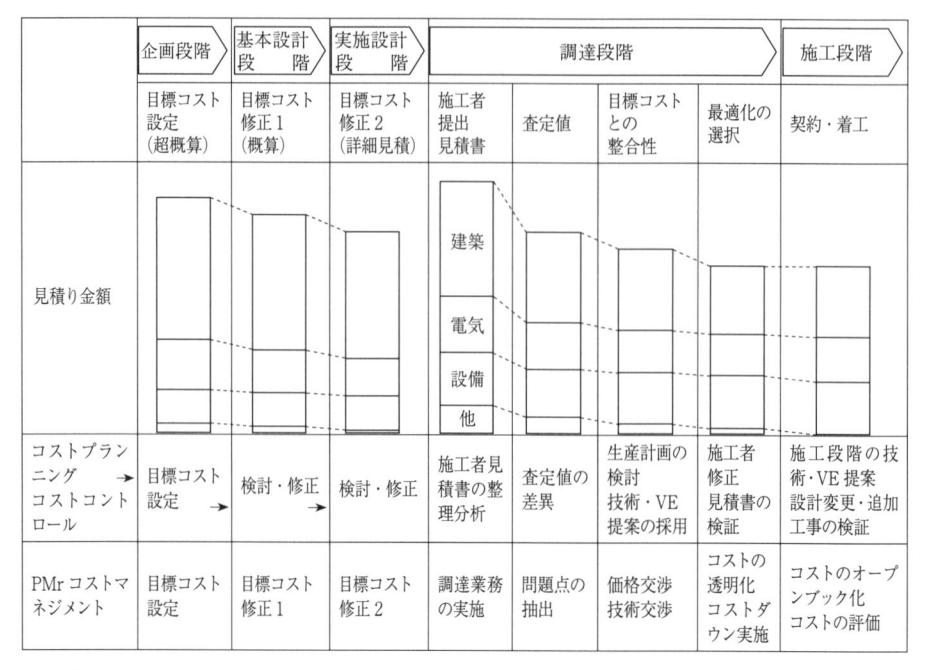

	企画段階	基本設計段階	実施設計段階	調達段階				施工段階
	目標コスト設定（超概算）	目標コスト修正1（概算）	目標コスト修正2（詳細見積）	施工者提出見積書	査定値	目標コストとの整合性	最適化の選択	契約・着工
見積り金額				建築／電気／設備／他				
コストプランニング→コストコントロール	目標コスト設定→	検討・修正	検討・修正	施工者見積書の整理分析	査定値の差異	生産計画の検討技術・VE提案の採用	施工者修正見積書の検証	施工段階の技術・VE提案設計変更・追加工事の検証
PMrコストマネジメント	目標コスト設定	目標コスト修正1	目標コスト修正2	調達業務の実施	問題点の抽出	価格交渉技術交渉	コストの透明化コストダウン実施	コストのオープンブック化コストの評価

図 2.4.7 プロジェクトマネジメント（コストプランニング→コストコントロール→コストダウンの実現）

との違いを再検証し，確認する．

2) 単　　　価

数量との関係，生産計画による施工性の検討が必要となり，経済性の検討についても反映させる．類似規模のプロジェクトごとの歩掛りも参考とする．なお，事業予算，設計予算と整合させながら単価の見直し，検証を行う．

3) 生産性と効率化の変動の要素

複雑な形状の場合には生産性も悪く，効率化も計画どおりに推進できない．定型化のものは階数が増えれば繰り返しが多くなり，生産性も，効率も向上する．当然，数量との相関関係も出てくる．生産性と効率化両面での検討が必要となってくる．

4) エスカレーションとコンティンジェンシー

i）エスカレーション（escalation）　プロジェクトの着工から完成までの物価上昇をどれだけ調達段階で見込むかであるが，特にインフレーション経済の場合には必要となる．また一国の通貨だけでの調達と現地通貨の採用，外国通貨換算レートの設定の仕方等で影響が出てくる．ドルポーションの為替変動についても考慮しておく必要がある（海外調達の場合，注意する）．

ii）コンティンジェンシー（contingency）プロジェクト実行段階に発生する予測できるリスク（不可抗力は別途）に対する予備費である．予測できるリスクは，見積り時点で，その発生確率，プロジェクトへの影響度など類似プロジェクトの実績データとの検討が必要となってくる．

5) コスト確定のための「共通費」オープンブック化

プロジェクトマネジメントでは，総合工事業者の「共通費」のオープンブック化が必要となってくる．特に分離発注の場合，「共通費」の中から専門工事業者が総合工事業者へ依頼する業務があるため，仮設費，経費についてはより明確化しておくことが必要となる（図2.4.8）．

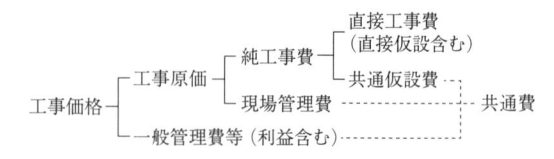

```
                              ┌─直接工事費
                   ┌─純工事費─┤ （直接仮設含む）
          ┌─工事原価┤          └─共通仮設費
工事価格─┤         └─現場管理費┄┄┄┄┄┄┄┄┄┄┄┄共通費
          └─一般管理費等（利益含む）┄┄┄┄┄
```

図 2.4.8　工事価格の内訳

共通仮設費については，総合工事業者作成の総合工事工程表・総合仮設計画図等を提出することにより，仮設物費・工事用施設費・機械器具費など一式，直接仮設では足場費・安全設備費・廃棄物処理費など一式工事をオープンブック化する．諸経費一式についても，総合工事工程表・現場組織編成表から現場管理費・一般管理費のオープンブック化を行うことによって，プロジェクトマネジメントは各業者間

の比較調整を含め，より透明性をもって行いやすくなる．

6) 専門工事業の課題

一般的には専門工事業とは，建設業許可区分の28業種のうち，土木一式工事，建築一式工事を除いた工事を請け負う業種を指し，現場で直接，間接を問わず専門分野の施工に携わるものである．専門工事業は建設生産・管理システムの中で，下請の役割を担う場合が多いが，分離発注の場合など，対等の立場で元請となることもある．労務提供型の業態もあれば，材工一式の業態もある．下請業者の重層構造については課題が残る．

専門工事業の中には，既に高度の施工能力を備えているところがあり，このような企業は分離発注，異業種JV，CM方式，コストオン方式（発注者，元請，下請の三者間で下請の請負金額を元請の管理，経費を決めた上で契約を結ぶ方式）等を含む，様々な受注形態のあり方を検討し，メリットがあると思われる方式について積極的に提案することを試みるべきである．このことは，発注者に多様な発注方式の選択肢を提案し，市場原理の中で選択してもらうことになることから，企業連携を効果的に行い，発注者にとってメリットのあるものという視点が必要であることを留意するべきである．

こうした多様な建設生産・管理システムは努力し，伸びようとする技術と経営に優れた専門工事業者にとっては，活躍の場を増やし，大きなビジネスチャンスをもたらすものである．

以上の内容は，「建設省専門工事業イノベーション戦略」(平成12年)で提案されたものである．

c. 見積りの種類

1) 超概算見積り

企画段階で概念設計（計画）をもとに算出された見積りをいう．類似プロジェクトの実績見積りから引用するなど，発注者の事業計画での予算取り，プロジェクトコストの目安として，坪当たり（m^2当たり）として算出する．見積り精度は±20％程度になる．

2) 概算見積り

基本設計段階終了時に次の実施設計段階へ移る前に，発注者および関係者に承諾をもらうために算出する見積りである．発注者ニーズはブリーフィングシートで確認され，基本設計で織り込まれているかの確認も必要となる．なお，躯体数量については類似プロジェクトの実績データから歩掛りで算出するが，外部仕上げ・内部仕上げについては，外装面積・内装面積を拾い出し，実績データを使って算出する．見積り精度は±10〜15％とする．

3) 詳細見積り（設計予算見積り）

実施設計段階終了時に設計予算見積りとして発注者に提出されるのが一般的である．概算見積りとの差異については発注者に詳細説明をして承諾を取っておく必要がある．

設計情報をもとに積上げで積算し，外注ものはメーカー，専門工事業者へ下積りを出し，参考データとする．見積り精度は±5〜10％が要求される．なお，概算見積りと比較し違いが大きい場合は設計変更・仕様変更を行い，事業予算と整合させる．特に概算との差異については，設計打合せ記録をもとに発注者とのコミュニケーションが必要となる．

d. コストコントロール

プロジェクトマネジメントではPMrがコストプランニングを行い目標設定をし，設計段階でのコストコントロール調達段階では，施工者とは価格交渉のみの競争でなく，技術交渉と併せてコストコントロールを行い，目標設定値に近づけることにより，結果としてコストダウンが実現する．さらに，もう一段のコストダウンについては施工者からの技術，VE提案を提出させ，検討し，発注者の承諾をもらい採用とする．最終価格が契約書に盛り込まれているか否か確認し，技術・VE採用についても報告書を作成し，締結前に発注者の承認を得ておく．施工段階についても施工者側から技術・VE提案が提出された場合，PMrが検討し採用については発注者に提出し，承認を得ておく．

2.4.6 品質マネジメント

a. 概　　要

品質マネジメントとは，顧客の要求品質に対し，施工性，経済性の検討を加えて，プロジェクトを推進し，品質を確保することにより，顧客満足度を得ることをいう（図2.4.9）．

品質保証体制のもと，コスト，タイムと連動させながら工事への影響を最小限に押さえる．品質保証に関する国際規格は2000年に規格改正が行われ，主要規格はISO 9000, ISO 9001, ISO 9004で，日本工業規格として採用されている．

一方，日本から導入された総合的品質管理（TQC）は，米国においてTQMに発展している．品質はプロセスで作りこまれるというTQMの考え

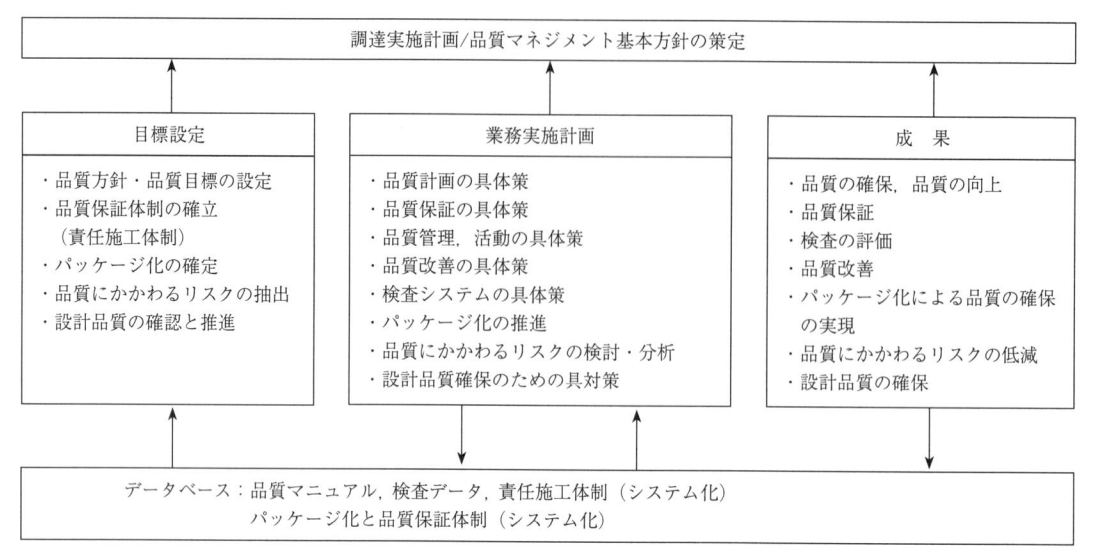

```
┌─────────────────────────────────────────────────────────────────────┐
│           調達実施計画/品質マネジメント基本方針の策定                │
└─────────────────────────────────────────────────────────────────────┘
      ↑                        ↑                        ↑
┌──────────────────┐  ┌──────────────────┐  ┌──────────────────┐
│    目標設定      │  │   業務実施計画   │  │     成　果       │
│ ・品質方針・品質 │  │ ・品質計画の具体策│  │ ・品質の確保,    │
│   目標の設定     │  │ ・品質保証の具体策│  │   品質の向上     │
│ ・品質保証体制の │  │ ・品質管理,活動の │  │ ・品質保証       │
│   確立           │  │   具体策         │  │ ・検査の評価     │
│ （責任施工体制） │  │ ・品質改善の具体策│  │ ・品質改善       │
│ ・パッケージ化の │  │ ・検査システムの │  │ ・パッケージ化に │
│   確定           │  │   具体策         │  │   よる品質の確保 │
│ ・品質にかかわる │  │ ・パッケージ化の │  │   の実現         │
│   リスクの抽出   │  │   推進           │  │ ・品質にかかわる │
│ ・設計品質の確認 │  │ ・品質にかかわる │  │   リスクの低減   │
│   と推進         │  │   リスクの検討・ │  │ ・設計品質の確保 │
│                  │  │   分析           │  │                  │
│                  │  │ ・設計品質確保の │  │                  │
│                  │  │   ための具対策   │  │                  │
└──────────────────┘  └──────────────────┘  └──────────────────┘
      ↑                        ↑                        ↑
┌─────────────────────────────────────────────────────────────────────┐
│ データベース：品質マニュアル,検査データ,責任施工体制（システム化） │
│           パッケージ化と品質保証体制（システム化）                  │
└─────────────────────────────────────────────────────────────────────┘
```

図 2.4.9　品質マネジメント

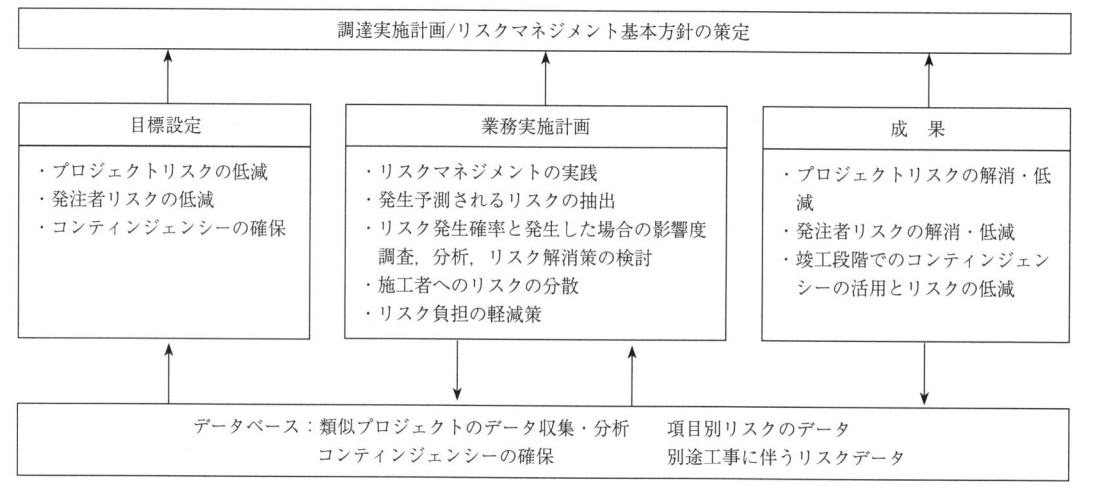

```
┌─────────────────────────────────────────────────────────────────────┐
│        調達実施計画/リスクマネジメント基本方針の策定                │
└─────────────────────────────────────────────────────────────────────┘
      ↑                        ↑                        ↑
┌──────────────────┐  ┌──────────────────┐  ┌──────────────────┐
│    目標設定      │  │   業務実施計画   │  │     成　果       │
│ ・プロジェクトリ │  │ ・リスクマネジメ │  │ ・プロジェクトリ │
│   スクの低減     │  │   ントの実践     │  │   スクの解消・低 │
│ ・発注者リスクの │  │ ・発生予測される │  │   減             │
│   低減           │  │   リスクの抽出   │  │ ・発注者リスクの │
│ ・コンティンジェ │  │ ・リスク発生確率 │  │   解消・低減     │
│   ンシーの確保   │  │   と発生した場合 │  │ ・竣工段階でのコ │
│                  │  │   の影響度調査, │  │   ンティンジェン │
│                  │  │   分析,リスク解 │  │   シーの活用とリ │
│                  │  │   消策の検討     │  │   スクの低減     │
│                  │  │ ・施工者へのリス │  │                  │
│                  │  │   クの分散       │  │                  │
│                  │  │ ・リスク負担の軽 │  │                  │
│                  │  │   減策           │  │                  │
└──────────────────┘  └──────────────────┘  └──────────────────┘
      ↑                        ↑                        ↑
┌─────────────────────────────────────────────────────────────────────┐
│ データベース：類似プロジェクトのデータ収集・分析　項目別リスクのデータ│
│           コンティンジェンシーの確保　　別途工事に伴うリスクデータ  │
└─────────────────────────────────────────────────────────────────────┘
```

図 2.4.10　リスクマネジメント

方がベースとなっている．

b. プロジェクトにおける品質マネジメント

プロジェクトにおけるマネジメント業務について，品質の確保だけでなく，そのプロセスの品質保証体制，品質保証活動を明確にして，品質確保を推進することが重要となる．

c. 品　質　計　画

品質計画とは，品質特性について，タイム，コストと整合させて検討し，プロセスでは相互に調整しながら実施される．なお，品質は検査で達成するのではなく，品質計画・生産計画に基づく，施工要領書を作成し，実施されることになる．

d. 品　質　保　証

品質保証とは顧客の要求品質が達成されることだけでなく，社会や環境面からの要請で要求品質の検討が必要となってくる．

品質マネジメントシステムを明確にし，発注者に対し，信頼感と顧客満足度が得られることが重要である．なお,品質目標を達成するためには役割分担・作業範囲・取合い・すき間を明確にし，施工上の不具合発生を未然に防止する計画を練っておく．

2.4.7　リスクマネジメント

a. 発注者リスクの低減

プロジェクトでの予測できないリスクは不可抗力

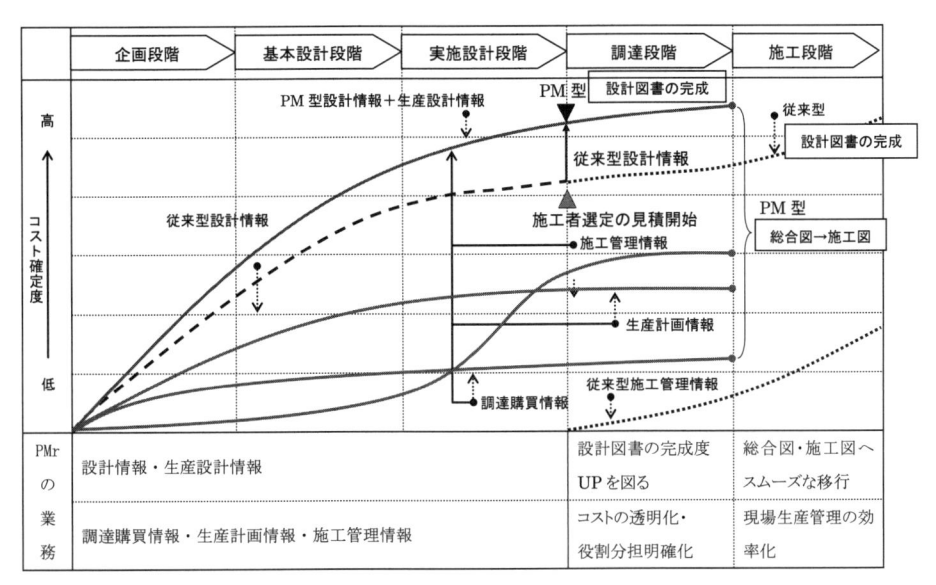

図 2.4.11 情報伝達とコスト確定度（PM 型と従来型の設計情報・施工情報伝達の違い）

の範囲に入るが，頻度が予測可能となる統計的解決を加えて，発生が予測されるものはリスクとして取り扱う（図2.4.10）．

プロジェクトの各段階では，設計リスク・調達リスク・施工リスクが発生する．次に，見積り・契約の中での別途工事の一部についても発注者の立場に立つと，一部はリスク要因となる．プロジェクトマネジメントでは，発注者側のリスクを分類・解消・低減することが重要な業務の1つとなる．

b. パッケージ化によるリスクの低減

例えば，外装アルミカーテンウォール仕上げの場合，外装アルミカーテンウォール，アルミパネル，ガラス，シーリングなど従来は別々に工事発注していたが，一括にして外装カーテンウォール工事として発注することによって外装面として品質保証ができ，責任体制もはっきりする．このことから，パッケージ化によって品質保証システムが確立され，品質の確保とリスク低減が図られる．

c. コンティンジェンシー（予備費）の確保

設計段階からリスク要因を予測し抽出し，発生時の確率の高さとその発生による影響度の大きさ，両面から検討し，対策を立てる．

分離発注またはコストオン方式を採用した場合，業者間にすき間が発生する恐れがある．すき間，取合いなどの予測されるリスクの抽出については，同じように発生時の確率の高さとその発生による影響度を調べ，数値化してリスクとしてカウントをしておく．当然，リスクの解消に努力するが，解消できないリスクの手当に発注側の予算としてコンティンジェンシーの確保を行う．

一般に，欧米ではコンティンジェンシーは5〜10％（国内では5％前後）確保するが，発注者にとっての有能なPMrはコンティンジェンシーをいかに有効に活用し，最後まで残しておくかである．

以上から国内でプロジェクトマネジメントでなじみの薄いコンティンジェンシーの確保については，早い段階から発注者に主旨説明をし，理解を得ておく必要がある．

d. 情報伝達とリスクマネジメント

図2.4.11に従来型と比較したPM型のコスト確定度を示す．

① 設計情報＋生産設計情報により調達段階までに設計図書の完成度を高めることができれば，業者間のすき間が小さくなり，PMrによってリスク分散，低減が図られることになる．

② 設計図書の完成度が高ければ生産計画情報の精度も高まり，調達段階での作業範囲・役割分担がより明確となり，プロジェクトリスクの低減も図られる．

③ 調達・購買情報＋生産計画情報＋施工管理情報と併せて生産設計情報が検討され，設計段階で設計図書に織り込むことができれば，施工段階での総合図・施工図・施工要領書への移行がスムーズになる．

④ 早い段階からPMrが参画して調達・購買情報を提供，生産計画情報＋施工管理情報の収集・

検討・分析によってマネジメント技術力が発揮され，リスクマネジメントが実践されれば施工段階でのリスク発生率は小さくなる．

[犬飼或男]

2.5 施 工 段 階

2.5.1 施工段階の概要

施工段階は，建築プロジェクトの集大成の段階である．建築プロジェクトは，基本構想・企画段階から始まり，設計段階や調達段階を経て施工段階にて実際の建物として表現される．この段階に関与するのは，施主，設計者および工事監理者（工事監理者も各専門の監理者が必要となるプロジェクトもある）と，施工者（総合工事業者やサブコンやメーカーからなる専門工事業者および，その下請業者また孫請業者など）である．

近年，マネジメントを専門に担当するコンストラクションマネジャー（以下CMrと記す）やプロジェクトマネジャー（以下PMrと記す）が参加することもあり，プロジェクトによっては，延べ数万人による専門家が参画することもある．

工事契約が締結されると速やかに，施工者は，工事内容に基づく工事代金内訳書を施主等に提出する．この内訳書は，設計変更等がなされる折り，工事費額変更の根拠となるものである．

また，内訳書提出と同時に工程表が提出される．この工程表は，これから施工者がどのようなタイムスケジュールで当該建築物を施工するのかを示したものであり，各段階のタイム指標（マイルストーン）が示され，参画者が各々の立場での本プロジェクトの参画のタイミングを確認するものである．一般的には総合工事業者（ゼネコン）が作成するが，分離分割発注の場合や設備工事等が支配的なプロジェクトの場合には，異なった立場の人（例えば，CMrや当該専門設備工事業者など）が作成する場合もあり得る．

工事着工時点で各役割分担者（施主・PMr・CMr・設計者・工事監理者・施工者）が契約図書と工程と工事費の内訳を確認することが，施工段階のマネジメントのスタートである．

2.5.2 総合マネジメント

施工段階では，各役割分担者がコンセンサスをもってプロジェクト運営を行うことが大切である．そのためには，施主も交えた主要な関係者が出席する総合会議の運営が重要となる．

通常，CMrや工事監理者がその進行役を務め，その時点での施主からの変更要望項目や工事中の設計変更項目および工事費の調整などが話し合われる．その議事録は，工事中における各役割の意思決定の証左ともなる．総合会議には，施主も交えた総合施主定例会議（プロジェクトごとに呼称は異なるが，類似の機能の会議運営が必要である）や，施主以外の主たる役割が参加する総合定例会議（呼称はプロジェクトにより異なる）がある．また，総合定例会議のほか，各分科会（外装分科会・鉄骨分科会・設備分科会など）も定期的あるいは必要のつど開催され，各課題について話し合われる．この分科会では，各専門メーカーやサブコンも会議に参画し，各設計担当者や工事監理者および総合工事業者とディスカッションを行う．

表2.5.1にプロジェクトの会議の構成例を示す．

2.5.3 スケジュールマネジメント

施主にとって工事費とともに重要なのが工事スケジュールである．建物竣工日は，施主にとって次の事業展開のスタートである．賃貸ビルに仮移転して新ビルを建設する場合には，工事期間の長短は施主の賃料支出に影響を及ぼし，建物の種類によっては，工事の遅れが事業の1シーズンを無駄にする場合もある．また，新ビル竣工が施主の事業展開上節目となる場合には，工程の遅延は金額に換算できない損失をもたらすものとなる．ドッグイヤーと呼ばれる現代の変革する社会情勢においては，工事金額よりも工事期間の方が重要視されることもあり，スケジュールマネジメントは最重要項目ともいえる．

工事工程表には，ビルの着工から完成までを示したマスター工程表（基本工程表や総合工程表や全体工程表と称す場合もある．例を図2.5.1に示す），月間工程表，週間工程表（例を図2.5.2に示す）などがある．施主等に効果的に工事工程を示すため，月間工程表だけではなく，2カ月工程表や3カ月工程表を作成する場合もある．マスター工程表と週間工程表だけの場合もあり，必要に応じ，工程管理担当企業（一般的には総合工事業者であるが，場合によりCMrや各専門工事業者が担当する場合もある）が作成する．工程表は，アロー型ネットワークやバーチャートを駆使し，表現目的や表

2.5 施 工 段 階

表 2.5.1 プロジェクトの会議の構成例

<table>
<tr><th colspan="2">会議名</th><th>出席者</th><th>打合せ内容</th><th>開催日</th></tr>
<tr><td rowspan="2">総合会議</td><td>総合（施主）定例会議</td><td>施主・各設計者・工事監理者
各施工者</td><td>① 前回議事録確認
② 工程報告
③ 監理概要報告
④ 変更指示内容報告
⑤ 施主からの指示・連絡事項
⑥ 施工者からの要望・報告事項
⑦ 未決事項の確認
⑧ その他</td><td>毎月第1水曜日</td></tr>
<tr><td>総合定例会議</td><td>各設計者・工事監理者　各施工者</td><td>① 前回議事録確認
② 工程報告
③ 設計事務所からの連絡事項
④ 施工者からの要望・報告事項
⑤ 未決事項の確認
⑥ その他</td><td>毎週水曜日
《総合（施主）定例会議開催日は除く》</td></tr>
<tr><td rowspan="9">各分科会</td><td>総合図分科会</td><td>各設計者・工事監理者　各施工者</td><td>各課題に対する解決策の検討</td><td>毎週金曜日</td></tr>
<tr><td>地下分科会</td><td>各設計者・工事監理者　各施工者</td><td>各課題に対する解決策の検討</td><td>毎週金曜日</td></tr>
<tr><td>外装分科会</td><td>各設計者・工事監理者　各施工者</td><td>各課題に対する解決策の検討</td><td>毎週金曜日</td></tr>
<tr><td>内装分科会</td><td>各設計者・工事監理者　各施工者</td><td>各課題に対する解決策の検討</td><td>毎週金曜日</td></tr>
<tr><td>設備分科会</td><td>各設計者・工事監理者　各施工者</td><td>各課題に対する解決策の検討</td><td>毎週金曜日</td></tr>
<tr><td>鉄骨分科会</td><td>各設計者・工事監理者　各施工者</td><td>各課題に対する解決策の検討</td><td>随時</td></tr>
<tr><td>屋上分科会</td><td>各設計者・工事監理者　各施工者</td><td>各課題に対する解決策の検討</td><td>随時</td></tr>
<tr><td>外構分科会</td><td>各設計者・工事監理者　各施工者</td><td>各課題に対する解決策の検討</td><td>随時</td></tr>
<tr><td>地球環境分科会</td><td>各設計者・工事監理者　各施工者</td><td>各課題に対する解決策の検討</td><td>随時</td></tr>
</table>

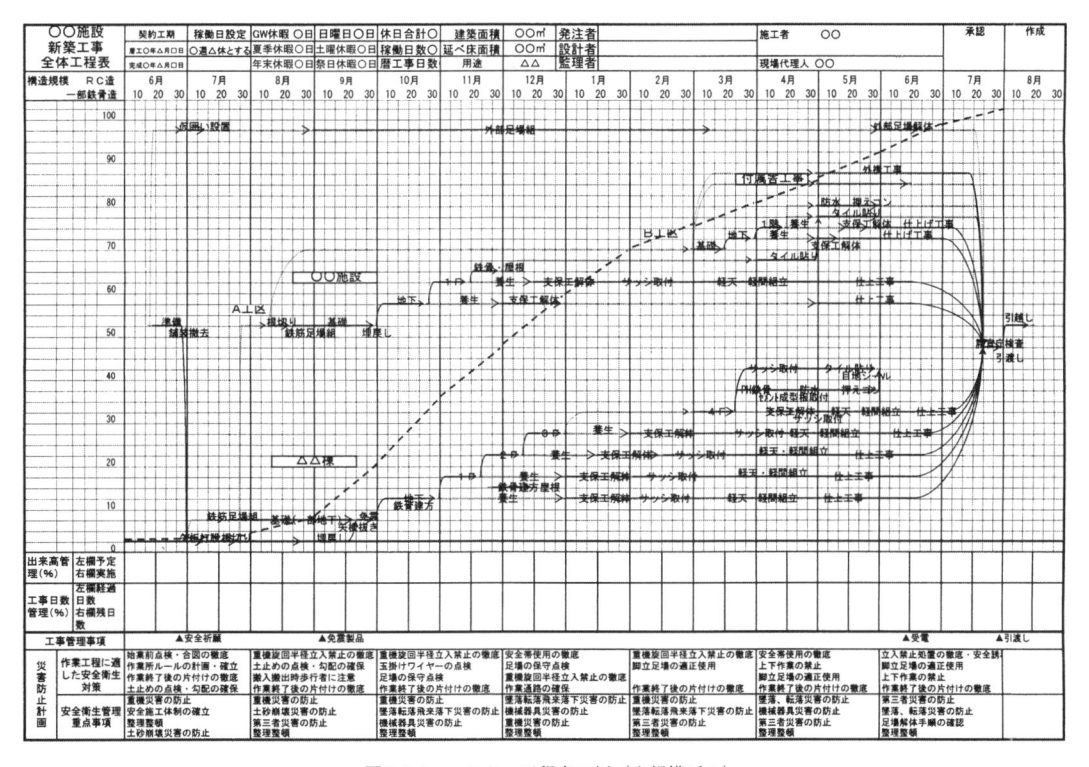

図 2.5.1 マスター工程表の例（中規模ビル）

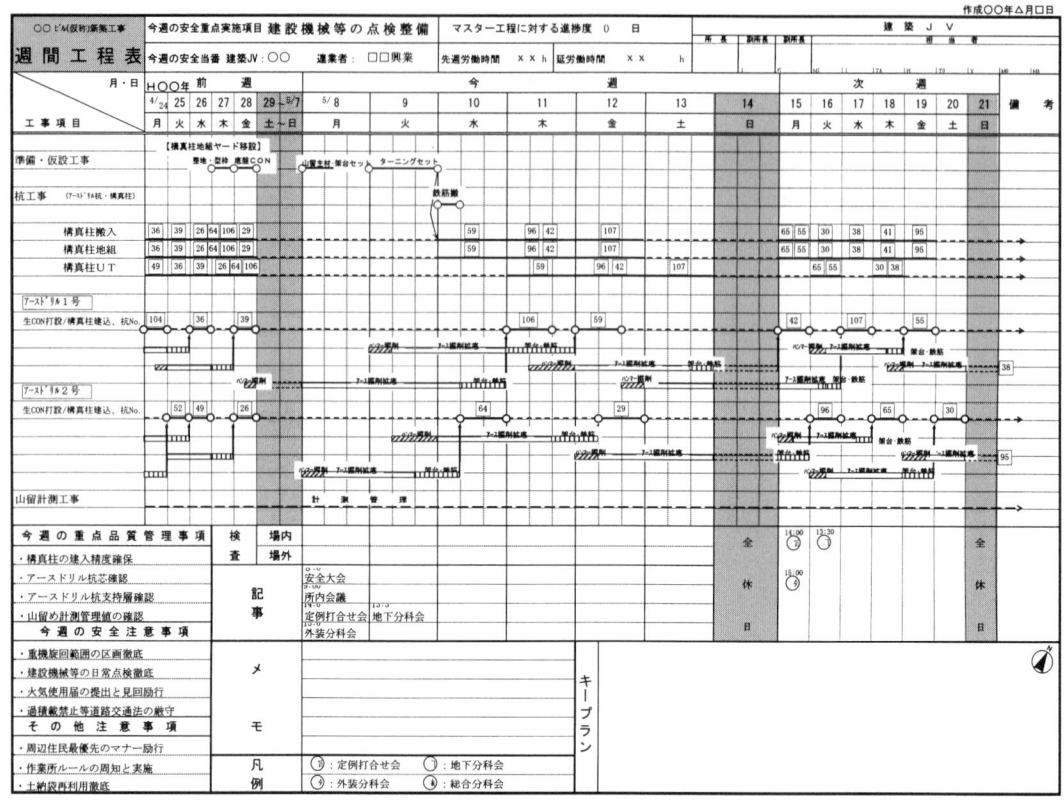

図 2.5.2 週間工程表の例（大規模ビルの基礎杭工程）

現期間により各社各様に工夫されている．工程だけではなく，その月や週の安全目標や品質管理計画を盛り込み，総合的に工事の実態と工程が把握できるよう工夫されたものも多い．

施主であれば，マスター工程表を監視していれば十分であるが，CMrや工事監理者および施工者は，工事の進行状況把握のため，より詳細な工程の理解が求められる．現在の工程計画は，最新技術と経験則を取り込み，平面的および立面的に合理的な工区設定を行い，効率的で経済的な工事の遂行が可能なように工夫されている．プロジェクト担当者は，予測できない作業不能日（わが国においては，梅雨時および台風時の降雨や風害や，寒冷地の降雪等が，建築工事の作業不能日を発生させる主な自然現象である）等による工事遅延の可能性も考慮に入れ，クリティカルパスを理解し，工程の余裕度や投入資機材の投入密度を把握した上で，スケジュールマネジメントを行う必要がある．

施主から急激な工期短縮要望や工事進捗に大きな影響が生ずる工事内容の変更要望が出された場合には，仮設計画の大幅な見直しや，工事に必要な資材・人員の投入計画の見直しを行うこともある．スケジュール変更のため工事計画を変更せざるを得ず，工事金額に多大な影響が生ずる場合もある．

設計者や工事監理者は，工程表をにらみながら，設計図書では把握しきれない補助図面を提示し，施工者が施工図を遅滞なく作成できるようにリードする義務がある．また，各専門工事会社も各工程表を遵守するため，施工図の作成・承認および資材の手配および工場等工作ラインの設定などの工事現場内外でのマネジメントが必要となってくる．

工事の途中で，設計図書どおりに施工できなくなる場合もある．施主要望による設計内容の追加や変更はもとより，地中障害物の出現等のため工事変更を余儀なくされることもある．そのような不測の事象が発生した場合には，工事監理者やCMrは，状況に応じ，設計者に追加・変更設計図書の作成を要求するとともに，施主に状況を報告し，施工者と協力して工事の円滑な遂行のための善後策を講ずる必要がある．

2.5.4 コストマネジメント

工事費の構成は，図2.5.3に示されるように，直接工事費，共通仮設費，現場管理費，一般管理費などからなり，直接工事費は，種目・科目・細目別の工事費から構成されている．設備工事等を分離発注した場合には，該当する設備等工事の直接工事費と，それに伴う共通仮設費，現場管理費，一般管理費が別計上されることとなる．

工事は，当初予定どおりに進むことはまれであり，大なり小なり変更が伴うため，工事費のマネジメントはすべての役割分担者にとって重要な課題である．変更要因が施主の場合もあり，設計者の場合もある．近隣が原因の場合もあり，自然現象が原因の場合もある．工事内容変更のつど工事費の増額・減額の検討を行い，施主の承認を得つつ工事を進めていく必要がある．また，工事内容変更の場合には，変更箇所のみのコスト検討はもとより，工事全体に及ぼす影響を加味した検討が必要な場合もあり，慎重な対処が要求される．

施主の事業計画上，工事費増額が難しい場合には，CMrや工事監理者が中心となり，VEを行い，工事総額の増減がないように工事を進めていくこととなる．しかし，工事着工後のVEには限界があり，工事費の増額が厳しい場合には，設計段階から予備費や工事費削減メニューの検討等の対策を講じておく必要がある．

工事を専門工事ごとに分離発注する場合や，一式請負契約の場合でも時期をずらして分割（第1期工事，第2期工事等の分割契約の場合）契約する場合などには，コストマネジメントは，特に重要となる．先を見越したコスト計画を立て，予備費を考えつつ，各工事の契約金額を個々の工事予算内に納め，日常的に発生する変更箇所に対処しながらマネジメントを行う必要がある．

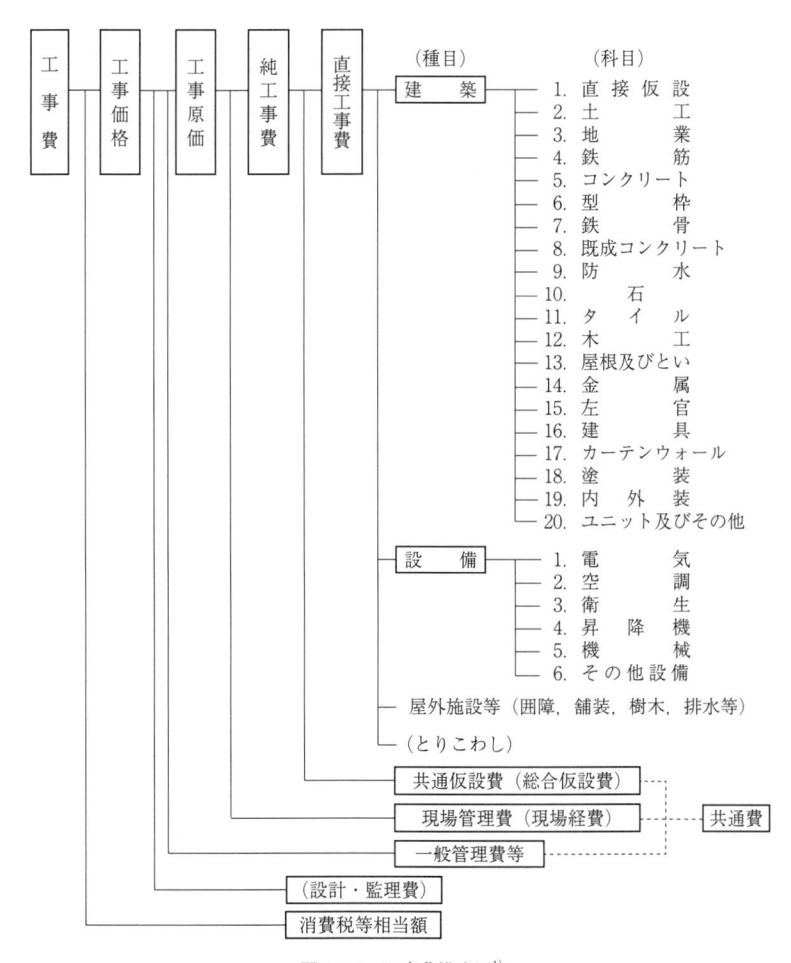

図 2.5.3 工事費構成図[1]

プロフェッショナルなコストマネジャーとして，CMrを施主の代理者に任命（委託・委任）し，合理的かつ経済的なプロジェクト運営を推進している事例も見受けられる．

2.5.5 品質マネジメント

施主に対し工事品質を保証するのは，施主と直接工事契約を結ぶ総合工事業者であるが，分離発注の場合には，各専門工事業者（各設備工事分離発注の場合には，電気工事会社や空調工事会社や衛生設備工事会社のことを指す）となる．

建築プロジェクトでは，工事監理者またはCMrが，設計図書に規定された仕様に基づき，施主から直接工事を請け負った総合工事業者等（分離発注の場合には，当該専門工事業者）が施工する工事の確認を行う．また，総合工事業者は，下請として直接工事を遂行する各専門工事業者（例えば，鉄骨ファブリケーターや外装材プレコンメーカーやアルミカーテンウォールメーカー）の工事品質の管理を行う．

専門工事業者が最前線での品質管理を行い，さらに，総合工事業者が他分野の工事もからめて総合的な工事品質の保証を担っていく．工事監理者やCMrは，直接工事品質を保証するのではなく，各専門工事会社および総合工事会社の工事内容を監理・監督することとなる．

工事監理者やCMrが遂行する主な品質管理関連業務は，施工者が作成した各工事の施工計画の検討・助言，施工図等の検討および承認，各工事材料・建築設備機器・仕上げ見本などの検査・検討・承認，工事内容の確認および完成検査の実施である．

総合図の作成も品質管理の重要業務である．各々の専門工事業者の品質が良好であっても，同一空間に複数のものが配置される計画では不都合である．建物を構成する物品の製作を担当するメーカーや，各専門工事業者の物品の納まりを総合的に調整し，各々が支障なく建物内に納めることができるように調整する必要がある．総合図は各図面の集大成であり，工事現場での重要な図面の1つである．

2.5.6 安全衛生マネジメント

建築工事の現場は，現場1つ1つが事業所とみなされている．1つの現場には，数十から数百の企業の社員や職人が働いており，それらの人々を1つにまとめた安全衛生マネジメントが必要である．通常，特定元方事業者となる総合工事業者（ゼネコン）が安全衛生マネジメントをつかさどる．総合工事業者が介在しない工事の場合や総合工事業者の分担工事が終了後の場合には，安全衛生マネジメント体制の構築者として，その時点での主な工事分担業者が選定されるケースが多い．施主側のマネジャー（例えば，CMr）は，工事の分離分割発注方式など一式請負契約と異なる場合には，どの企業が安全衛生マネジメント業務を担当するのかを契約時に明確にしておく必要がある．

特定元方事業者は，現場規模により，統括安全衛生責任者と元方安全衛生管理者または店社安全衛生管理者等を選任し，下請各企業には，安全衛生責任者を選任させ，各現場の安全衛生マネジメントにあたっている（図2.5.4に統括安全衛生責任者等または店社安全衛生管理者を選任すべき現場を示す）．

日常の安全衛生マネジメントでは，職長ごとに行うツールボックスミーティング（TBM）や特定元方事業者から各職長までが参加する毎月・毎週・毎日の安全工程会議を開催させ，その会議の場で，危険工程に対する対処策の検討や重要事項の伝達を行う．特定元方事業者が，初入場者（初めてその現場で作業する作業員）に対して教育する新規入場者教育も大変重要である．建築工事現場には共通事象もあるが，各現場特有の事象が大半であるため，全作業員に対し，当該工事現場の危険箇所や特徴を教育する必要がある（表2.5.2に安全衛生活動計画の例を示す）．

安全衛生マネジメントの責任者は，作業員に対する工事現場の安全衛生教育を実施し，安全衛生施設を提供する義務がある．また，事故が発生した場合には，被害者の不幸はもちろんであるが，工事を休止し，事故処理をしなければならなくなる．費用と時間の損失が工事全体の計画に多大な影響を及ぼす場合もあるため，安全衛生マネジメントは，健全に工事を推進する上でも重要である．

2.5.7 情報マネジメント

建築工事は，各企業のオフィスと離れた場所で業務を遂行することとなる．企業は，各社ごとに情報管理システムを構築し，意思伝達・意思決定機能として活用しているが，各企業の混成部隊となる建築工事現場では情報漏えい問題が生ずるため，各企業の情報管理システムをそのまま持ち込むことはできない．そのため，各社のシステムと分断した現

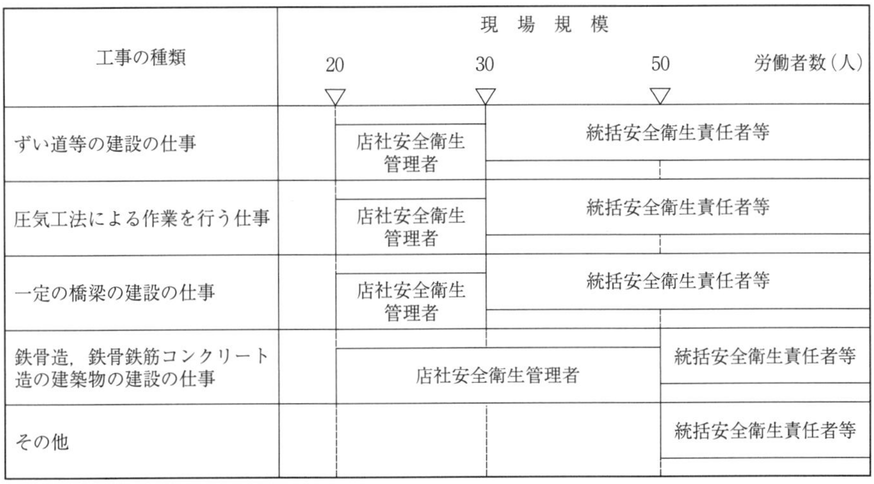

2.5 施 工 段 階

工事の種類	現場規模 20	現場規模 30	現場規模 50	労働者数(人)
ずい道等の建設の仕事		店社安全衛生管理者	統括安全衛生責任者等	
圧気工法による作業を行う仕事		店社安全衛生管理者	統括安全衛生責任者等	
一定の橋梁の建設の仕事		店社安全衛生管理者	統括安全衛生責任者等	
鉄骨造,鉄骨鉄筋コンクリート造の建築物の建設の仕事		店社安全衛生管理者		統括安全衛生責任者等
その他				統括安全衛生責任者等

図 2.5.4 統括安全衛生責任者等または店社安全衛生管理者を選任すべき現場[2]

表 2.5.2 安全衛生活動計画例[3]

	行事	内容	実施
日常計画	職場体操	全員参加	○時○○分
	安全朝礼	全員参加	○時○○分
	TBM(ツールボックスミーティング)	職種・グループ別に実施・危険予知活動	○時○○分
	始業前点検	職種・グループ別に実施	○時○○分
	安全衛生パトロール	統括安全衛生責任者・元方安全衛生管理者 安全衛生責任者および安全当番	○時○○分
	安全工程会議	作業内容・予測される危険と対策,指示書交付	○時○○分
	整理・整頓・清掃	作業終了前5分間の片付け	○時○○分
	職長会	職長間の連絡調整(協力業者間)	○時○○分
週間計画	重機・車両点検日	資格者,自主点検状況使用許可	曜日
	仮設物点検日	土留め,材料置場,排水設備など	曜日
	一斉清掃日	事務所,宿舎,休憩所,場内,場外	曜日
	安全工程会議	作業内容・予測される危険と対策	曜日
月間計画	安全衛生委員会	安全衛生に関する基本方針の審議	日
	安全衛生協議会	全協力業者安全衛生責任者召集,審議決定	日
	特別安全日	災害事例発表,安全講話	日
	安全大会	安全意識の高揚,月間工程説明,月間安全目標設定	日
	電気・機器点検日	受電設備,絶縁抵抗測定,漏電遮断,危険表示	日
	安全衛生関係書類点検日	安全工程会議,作業指示書,安全衛生委員会 安全衛生協議会,安全教育など	日
	安全工程会議	作業内容・予測される危険と対策	日
随時	新規入場者教育	「作業手帳」「新規入場者心得」により 作業規律,作業方法,災害防止対策の教育指導	その都度
	安全衛生教育	危険有害業務,作業内容,変更時その他必要なもの	その都度
	健康診断	入場時,定期,特殊検診の実施	その都度
	防火・避難訓練	防火,救助,避難等の訓練	その都度
	交通災害防止	運行計画,場内運行,場外運搬経路,誘導員配置	その都度

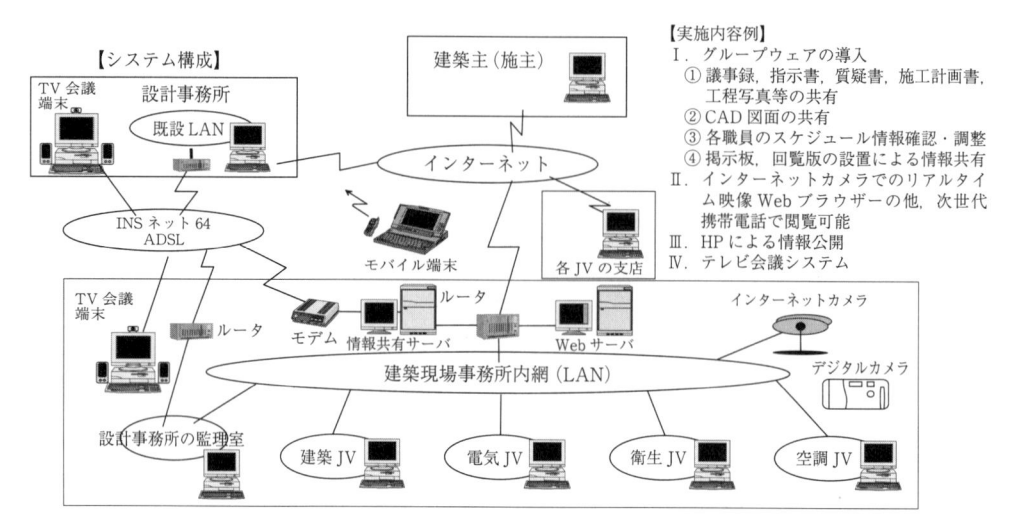

図 2.5.5 建設エクストラネットの導入による情報管理例

場独自の情報管理システムを構築し，施主・PMr・CMr・設計者・工事監理者・施工者間の情報伝達・意思決定に資する必要がある．

昨今では，大きなプロジェクトの場合には，現場を中心として，各社の各担当者でエクストラネットを張り，会議の議事録管理・工程管理・施工図承認管理等に活用している例も多い（図2.5.5にエクストラネットのイメージを示す）．また，建築現場にビデオカメラを配置し，建築工程の刻々を施主等に配信し，施主の意思決定の一助としている例もあり，今後の情報技術の発展により工事現場の情報マネジメントが変化することも大いに考えられる．

[古川裕之]

文　　献

1) 国土交通省大臣官房官庁営繕部監修，(社)日本建築積算協会編集：建築工事内訳書標準書式，(財)建築コスト管理システム研究所，大成出版社（2001）
2) 建設省建設経済局建設業課監修：監理技術者講習テキスト平成11年度版，(財)全国建設研修センター建設研修調査会（1999）
3) 「元方事業者による建設現場安全管理指針」の具体的進め方，建設業労働災害防止協会（1996）

2.6　運　用　段　階

2.6.1　運用（維持・保全）の準備と実施

a.　運用のマネジメントを理解するために

本節は建築物の運用段階におけるマネジメント業務を解説する部分である．運用段階におけるマネジメント業務を正しく理解するためには，建築物運用の準備とその実施が通常区別されることがないにもかかわらず，表2.6.1に示すように本質的にはかなり性格を異にするプロセスであって，主要な要素の優先順位などが異なっているために，マネジメントに適する標準的手法も異なるものにならざるを得ないことを理解する必要がある．

b.　プロジェクトの定義

建築物運用の準備をするプロセスは，建築物の運用というサービスを提供する体制を成果物とするプロセスとして，PMBOK（Project Management Body of Knowledge）におけるプロジェクトの定義（独自性のある成果物やサービスを創出するために遂行される有期の活動）にも合致しており，本書第III部「プロジェクトのマネジメント」における一般的プロジェクトマネジメント手法の内容が原則としてあてはまるプロセスである．ところが，ひとたび建築物の運用が開始され業務が軌道に乗ると，建築物の運用期間があらかじめ決められていることは非常に例外的であるので，前述の定義の「有期の活動」からはずれてしまうことになる．

c. 資源（人，物，金）の配分

他の建築生産の各段階と比較して運用の実施段階においては，投下される資源（人，物，金）が，対象となる物理的，時間的範囲に対し，非常に薄く広く配分される傾向が顕著である．

例えば，1 m^2 当たり数十万円の建築工事費を要する建築物であって運営の実施にかかわる業務が非常に多岐にわたる場合であっても，運用業務にかけられる費用は月額 1 m^2 当たり数百円という水準であるのが通常である．このコストの中には，専門分野として確立されているため，通常は専門業者にアウトソーシングされる業務の費用（電気設備，昇降機等の管理費）も含まれているので，日常の運用業務の実施に投入可能な費用はさらに小さな額となる．この結果，建築物の管理者は少数の比較的ローコストの労働力（ヒューマンリソース）を用いて，多様な業務について可能な限り業務量を平準化して処理することにしのぎを削ることになる．このことが小規模な建築物の運用において，住み込みの（もしくはそれに類似する勤務形態の）管理人が非常に幅広い業務を比較的業務密度の低い状態で遂行する，いわゆる「管理人さん」の世界が出現する理由となっている．

d. 時間の配分

運用の実施は一定期間維持すること（一定期間大過なく過ごすこと）が業務の本質であるため，時間の短縮によるコスト削減の可能性が限定される反面，期限の超過によって重大な支障を生じさせることも比較的少ないなどの特徴を有しており，時間の重要性に関しては建築生産の他のプロセスと顕著な差異がある．極端な場合，運用の実施プロセスにおいては，何もやることがなくても特定の場所に一定の資質を備えた要員を配置しておくことが要求されることも少なくない．この点も前で述べた「管理人さん」が登場する理由の1つである．

このため，運用の実施プロセスにおいてはプロジェクトマネジメントの重要要素であるタイムマネジメントに関しては，全く別の手法を採用せざるを得ない．

e. 環境，前提条件の変化

建築物の運用は長期間にわたって継続されるため，途中で対象建築物を取り巻く環境や業務の前提となる条件等が変化する場合が多い．

例えば，建築物に関する革新的技術が実用化されるようなことがあると，技術的に採用可能で経済的なメリットが期待できる場合には，対象建築物自体に改修が加えられることが多い．むしろ昨今では，改修を提案することも管理会社に期待される機能の1つとなっているといってもよいくらいである．運用に関する法規制の変更も頻繁に行われ，時間的猶予が与えられる場合が多いものの，既存の建築物にも適用されることになる場合がほとんどである．

このように建築物の運用プロセスにおいて業務の前提条件が変化した場合，建築生産の他のプロセスとは異なり，時間的余裕の中で緩やかに体制，組織，実施主体の変更を含めたマネジメントシステムの修正，変更が実施されることになる．

f. マネジメントの標準

前述のような差異が生じるのは，それぞれプロセスの目的達成の成否を決する要素が異なっているからである．マネジメントは目的達成のために管理の必要な要素に関して，優先順位をつけてやりくりをしていくことにほかならないので，致命的な要素が異なる場合には当然やりくりする切り口や方法が異なってくることになる．一般に知られているマネジメントの標準的手法は，実践の積み重ねの中で帰納的に形成されてきたものであり，管理対象の要素が異なる業務に対しては，当然異なる標準的手法が適用されるべきということになる．

運用の実施プロセスは反復継続されるため，適用するマネジメントの標準としては組織，サイト等に関する時間的期限を想定しないマネジメント用に作成された標準が適していると考えられる．このようなマネジメントの標準として一般的なものとしては，ISO 9000 シリーズ（品質マネジメントシステム），ISO 14000 シリーズ（環境マネジメントシステム）などがあるが，最も普及している標準としては ISO 9000 シリーズの中の ISO 9004:2000 Quality Management System—Guidelines for performance improvement をあげることができるので参照してほしい．

運用の準備プロセスのマネジメントに関しては，実施プロセスとの比較のためには ISO 9000 シリーズに属する ISO 10006:1997 Quality Management—Guidelines to quality in project management に従って整理してみることも可能であるが，ISO 10006:1997 の ISO 9004:2000 に対する整合性が不十分なので，本節においては本書における他の建築生産段階の説明に合わせて，PMBOK に従って整理することとする．

g. 運用（維持・保全）における実務上の制約

建築物の運用プロセスは，対象が建築物であり，かつ建築物の価値を実現するまさにその目的実現のプロセスである点で，明らかに建築生産のプロセスの一部であるというべきであるが，前述のとおり，プロジェクトマネジメントの標準的手法が適用できる他の建築生産のプロセスとはかなり性格が異なっている．かろうじて運用の準備プロセスだけが他の建築生産のプロセスとかなり類似した側面を持っているといえるものの，実務上，運用の準備プロセスは実施プロセスに先行する付属プロセスとして扱われることが多く，独立したプロセスとして確立しているとは言い難い．

運用の主体（管理会社等）が，本来は性格の異なる準備と実施のプロセスを，人的資源や経済性等の事業上，実務上の制約ゆえに区別していないことに加えて，第三者が他の建築生産プロセスの延長上で理解しようとしがちであることが，建築物運用のマネジメントを正しく理解することを難しくしているともいえる．

以上のように，運用の実施プロセスのマネジメントにプロジェクトマネジメントの一般的手法を適用することには合理性がないので，第Ⅲ部「プロジェクトのマネジメント」の一部である本節の本来の説明対象は，厳密にいうと建築物の運用の準備段階のみである方が理解しやすいのであるが，建築物の運用の準備と実施のマネジメントを分離すると以下の理由から実務に沿った説明が困難になり，運用のプロセスを正しく理解してもらうことが難しくなると思われるので，ここでは実施段階を併せて説明の対象とする．

① 建築物運用の実施プロセスは準備プロセスの成果であり，準備プロセスにおいてマネジメントされる要素の選択，優先順位づけは実施プロセスの結果やその評価などに基づいて行われることが多い．

② 建築物運用の準備と実施の主体（管理会社等）は通常同一であり，準備のプロセスを実施のプロセスから分離することは理屈としては不可能ではないものの，事業的，経済的に評価した場合にはほとんど意味がないし，実例もほとんどない．

③ 建築物の運用の準備プロセスで処理されるはずの項目が，実施開始までに完了しないまま実施段階に先送りされることが少なくないなど，

表2.6.1 建築物の運用（維持・保全）の準備と実施の比較

比較項目	準備のプロセス	実施のプロセス
期限（プロジェクトの定義）	ある（合致する）	ない（合致しない）
資源（人・物・金）配分	比較的厚い	薄い
業務量の平準化	必ずしも優先度は高くない	優先度非常に高い
投入される労働力の性格	比較的高い専門性	ローコストかつ多様な対応力
時間短縮の要求	比較的強い	弱い
環境/前提条件の変化	比較的少ない	必然的に発生
適用可能なマネジメントの標準例	PMBOK ISO10006：1997	ISO 9004：2000 ISO 14004：2004

（注）1. 準備のプロセスの要素は実施のプロセスのアウトプットによって決定される．
2. 主体は通常同一で，両者が区別されることはほとんどない．
3. 準備のプロセスの処理項目が実施のプロセスに繰り延べられることが多い．

準備のプロセスにも有期の活動として組み立てられているプロジェクトマネジメントの枠組みに収まりきらない部分が少なくない．

2.6.2 運用の準備に関するマネジメント

a. 統合マネジメント

建物が新築される場合，運用計画が建築計画の一部として記載されるのが普通であるが，前述のとおり運用の準備のみが独立したプロセスとして扱われることはほとんどないので，運用の準備の計画がいわゆる文書（document）として整理されて建築計画に記載されることは，特殊な事情でもない限りないといってよい．しかしながら，運用の準備における業務は表2.6.2にも示すとおり多岐にわたっているので，効率的に進めるためには少なくとも何らかのマネジメントを行う必要がある．そこで建築生産の他のプロセスと比較すると非常に簡易なものではあるが，PMBOKの統合マネジメントの成果とされている「プロジェクトの計画」が策定されるのが一般的である．

また，建築生産のプロセスからははずれることになるかもしれないが，建物が新築でない場合，対象となる建物の仕様，使用者，使用状況，諸設備の消耗度など，運用の前提条件となる事項を把握することに新築の場合と比較して制約が多いにもかかわらず，実施開始までに十分な時間を確保できないケー

2.6 運用段階

表2.6.2 運用準備分担表（抜粋）

◎実施　〇協力　×通知

項目	プロジェクトマネジャー	管理計画担当	警備担当	契約，請求業務担当	清掃，廃棄物担当	保険担当	設備担当	管理事務所
情報収集								
物件基本情報確認	◎	×						
物件確認	◎	×	〇	〇	〇	〇	〇	〇
企画								
提案書作成・提出	◎	〇	〇	〇	〇	〇	〇	〇
見積作成・提出	◎	〇	〇	〇	〇		〇	
オーナーとの協議	◎							
受託契約締結								
業務受託契約書の作成		◎						
各担当への説明	×	◎	×	×	×	×	×	×
外注契約締結								
電気設備保守契約							◎	
建築・設備法定点検契約							◎	
エレベーター保守契約							◎	
立駐機保守点検契約							◎	
ゴンドラ保守点検契約							◎	
空調機保守点検契約							◎	
清掃契約					◎			
消防設備点検保守契約							◎	
受水槽・高架水槽清掃契約							◎	
汚水槽清掃契約							◎	
殺鼠・殺虫契約					◎			
植栽管理契約					◎			
損害保険契約						◎		
管理用備品の整備								
管理用什器備品の配備		◎						×
プレフィルター配備		◎						×
管理用電話の手配		◎						×
引渡関係（官庁関係含む）書類受領		◎						〇
取扱説明書受領		◎						〇
建築，電気，空調，衛生予備品受領		◎						
管理用備品一覧表作成		◎						×
テナント関係業務								
貸付条件表準備		〇		◎				×
求積図面の受領		〇		◎				×
賃貸借契約の締結				◎				×
付帯設備契約等の締結				×				◎
警備関係業務								
機能テスト			◎				〇	〇
移報テスト			◎				〇	〇
鍵合せ			◎					〇
鍵・カードの引取り			◎					〇
建物巡回マニュアル作成			◎					×
警備業法にかかわる書類作成			◎					×
警報対応マニュアル作成			◎					〇
設備関係業務								
設備点検表作成			〇				◎	〇
設備配置図作成			〇				◎	〇
電気主任技術者選任							◎	×
建物環境衛生技術者選任					◎			×
危険物取扱者選任							◎	×
高圧ガス取扱責任者選任							◎	×
その他								
消防計画資料作成，届出								◎
自動販売機・公衆電話の設置					◎			×
簡易専用水道書類作成								◎
電気・水道等支払名義変更		◎						×
事業所税申告書写受領		◎						×

スがほとんどであるため，準備プロセスに関する「プロジェクトの計画」の重要性がさらに高くなる.

内容としては，どの業務を誰がいつまでに完了し，誰に成果を伝達するかといった程度の事項が定められるのが通常である．対象建築物が大規模であったり多数であったりする場合には，進捗確認の手順に関する事項や準備計画の変更の手順も定められる場合が多い．

前にも述べたように，ここで注意が必要なのは，計画された項目が完了しないままに実施段階に移行してしまうことが少なくないことである．通常のプロジェクトにおいては，期限超過は計画の変更を余儀なくするなど大きな問題を発生させる場合が多いが，建築物の運用においては，賃貸ビルの場合の賃貸条件（賃借人に対する請求手続きにかかわる事項），電気設備，昇降機，空調，給排水等主要設備の管理仕様（運用コストの主要部分を形成する事項）などの重要な項目でない限りは，時間の制約の厳しい準備プロセスにおいて無理に処理するよりも，十分すぎるぐらいの時間が確保できる実施プロセスにおいて，時間の経過の中で徐々に解決していく方が合理的かつ現実的な対応となるからである．

逆の見方をすると，運用段階の事情によって建築物の運用開始時期を変更できる場合がほとんどないため，運用の準備プロセスにおける統合マネジメントは，準備段階での必須完了項目と実施段階への先送り可能項目を，与えられた時間の中で選別していくことを主要な内容としているということもできるくらいである．

b． スコープマネジメント

運用の準備プロセスにおけるスコープと，実施プロセスにおけるスコープは明らかに別のものである．しかしながら準備プロセスにおいては，実施プロセスのスコープに関して準備の必要な項目の中で，「運用（維持・保全）の開始までに何を完了しておくか」ということがマネジメントの対象となるため，どこまでが準備でどこからが実施かを厳密に判別することが実際には非常に難しい．また，かなり重要な項目であっても与条件によっては実施の段階に結果的に先送りされてしまうことが少なくないので，運用主体の準備プロセスのスコープに対する意識は低くならざるを得ず，実務的には運用の実施プロセスにおけるスコープが強く意識される中で準備が進められるのが通常である．

この点においても運用の準備に関するマネジメントは，プロジェクトマネジメントの範疇から若干逸脱しているといえる．

建物運用の実施プロセスのスコープは，通常その準備プロセスのアウトプットの1つである建物管理受託契約書に示されるのが通常である．表2.6.3は建物管理受託契約書の業務仕様の抜粋であるが，業務項目が極めて多岐にわたっていることにご注目いただきたい．紙面の制限上個別の業務内容を説明することはできないが，個々の項目はそれほど難しい業務ではないものがほとんどであるといってよいと思う．しかし，業務項目が多いため要求される力量がかなり幅広く，かつ業務項目によってはかなり大量に反復継続して発生し続けることが，建物運用業務の特徴の1つである．

これら実施段階で想定される幅広い業務について，どの範囲で実施するかを明確にしていくことも準備段階における重要な目的の1つであるといえる．

c． タイムマネジメント

前述のとおり運用の準備は，一応プロジェクトの定義にいう「有期の活動」に該当しているが，一般的なプロジェクトのように期限の重要性は高くない．運用の実施プロセスにおいては，「時間」はできるだけ手間と費用を節約するために「意図的に浪費する」ための工夫を凝らすことになる要素であり，いわば有り余る状態になるのが明らかだからである．

このことは運用の準備プロセスにおいて準備担当者と実施担当者が同一である場合に，少なくとも担当者の責任範囲のみの効率を考慮すると，期限を遵守しようとする動機がほとんど働かないことを意味することになる．とはいえ，建築生産の他のプロセスとは程度の差があるものの，管理会社等が事業として建築物の運用を合理的，効率的に行うためには，合理的マネジメントの前提条件を整えておくことがどうしても必要になってくるので，管理会社は運用の準備プロセスにおいても，担当者等の当事者に対して組織として意識的に期限に関する動機づけを行うことになる．

これは準備を行う要員に実施のプロセスにおける意識とかなり落差のある要求をすることになり，いわゆる「当事者の意識の切り替え」を必要とすることになるので，組織マネジメントとしてかなり工夫の必要な部分となる．一般的には要員，担当部門を分割して責任を区分しておくなどの方法が考えられ

表 2.6.3　運用（維持・保全）業務項目例（事務系業務を中心とした抜粋）

大分類	中分類	小分類
テナント営業業務	貸付条件設定	空室営業条件の策定 相場の調査，資料作成 契約条件決定への助言 貸付仕様の提案
	営業情報取扱い	営業パンフレット等の作成 仲介業者への情報提供 営業状況の報告 物件案内 信用調査 入居テナント決定への助言 賃貸条件決定への助言 仲介手数料支払いに関する助言
貸室賃貸借契約業務	契約作成/管理	契約条文作成 契約情報管理 契約書類作成 契約書類の保管
	契約条件変更	既存テナント契約条件変更プランの提案 既存テナント契約条件・内容変更要望受付 既存テナント貸付条件変更交渉 必要書類作成・受領 必要書類の保管
新規テナント説明業務	建物利用案内	契約締結立会い 建物利用条件説明 水道光熱費等単価説明 入居に際しての注意事項説明 廃棄物処理・リサイクルに関する説明 鍵引渡し・取扱い説明
付帯業務受託提案		専用部清掃提案 その他受託業務提案
建物管理業務	貸室テナント関連業務	テナントに対する契約内容遵守要請 テナント緊急連絡先確認 テナント火元責任者，防火管理者，消防計画確認
	建物対応業務	オーナー，テナントからの要望等受付 近隣，官公庁からの要望等受付 オーナー緊急連絡先確認 オーナー火元責任者，防火管理者，消防計画確認
	建物利用条件関連業務	建物利用条件作成 建物利用条件修正/維持
オーナー資産管理業務	テナント側工事管理	入居工事管理 テナント工事管理 原状復旧工事管理
	オーナー側工事管理	オーナー工事提案・実施 オーナー工事管理 貸付工事提案・実施
	長期修繕計画管理	長期修繕計画提案 長期修繕計画に基づく単年度工事計画提案 長期修繕計画修正/維持
	引越関連業務	引越業者管理 建物養生指導 エレベーター使用方法指導 搬入/搬出導線指導
	鍵管理業務	鍵の保管・管理
	損害保険関連業務	保険助言・提案
報告業務		年次報告作成，提出 月次報告作成，提出 必要事項の報告
管理企画業務		水道光熱費請求単価改定案作成 共益費改定案作成
請求業務	水道光熱費算出業務	検針業務 請求額の計算
	請求業務	オーナー債権の請求 オーナー債権の代理受領 オーナー債権の入金確認 収支報告書の作成・提出 オーナーへの送金
督促業務		未収金の督促
立替業務	水道光熱費立替業務	供給会社への水光熱費の支払い（立替払い） 水道光熱費管理業務

るが，後にも述べるように運用の準備専門の要員を配置できるほどの規模を持つ管理会社はほとんど存在しないし，プロジェクトマネジメントのスキルを備えた要員は，人的資源の調達コストの問題もあって管理会社等においては常に希少であるため，実際には運用の実施における重要なプロセスを兼務して担当させざるを得ない場合がほとんどである．

そこで，実務においては準備プロセスについてプロジェクトとしてのマネジメントをどのように上手に行うかという課題よりも，実施のプロセスとの間の要員のやりくりや，準備と実施を併せて行う当事者の意識の切り替えなど，いかに次のプロセスに上手につなげるかという組織マネジメント上の課題の重要性が高くなってしまうのが一般的である．

d. コストマネジメント，品質マネジメント

前にも述べたとおり建築物の運用は資源の配分が薄いプロセスであるため，コストマネジメント，品質マネジメントは細かい項目を拾い出して綿密に行わなくてはならないが，運用の準備段階で策定される業務仕様と予算はあくまでも予測にすぎないため，現実的かつ綿密なコスト削減策を準備段階において検討することは極めて困難である．したがって，運用に関するコストマネジメント，品質マネジメントは，実施の段階に至ってから組織やサイトのマネジメントの一環として行われるのが一般的である．

前述のとおり運用の準備プロセスは実施プロセスと区別されることがほとんどなく，管理会社等においては営業行為の一部と認識され，別に報酬を受領することも例外的であるため，準備業務自体のコストや品質がマネジメントの対象とされることはほとんどない．

e. 組織マネジメント

表2.6.2，表2.6.3は建築物の運用にかかわる業務を，分野ごとに分担して実施することのできる規模を有した組織を前提としたものである．記載された業務項目は，本書においても建築生産の各段階でそれぞれ専門家の解説の対象となる内容であり，処理に専門知識を必要とすることは容易に理解できると思うが，このように運用業務全般を分担実施する体制をとることのできる主体（管理会社等）は，現時点ではかなり限定されていることを理解しておく必要がある．個々の業務項目は専門知識の必要な内容であるものの，運用段階で発生する業務は建築生産の各段階の業務と比較すると，業務量およびこれに対する報酬ともに非常に密度が小さいため，運用の

準備と実施における専門的業務を同じ要員が行うとしても，これだけの項目にわたってそれぞれ専門要員（専門組織）を配置していくために必要な全体の業務量は大きくならざるを得ないからである．

もちろん個別の業務項目は専門分野として確立しているものがほとんどなので，業務実施をアウトソーシングすることを前提としてマネジメントのみを行っている場合もある．このような方法は，米国においてはプロパティマネジメント（Property Management）として確立しているといわれている．日本においても外資系投資家の進出に伴って徐々に一般化しつつあるが，現時点においてはまだいわゆる上部構造への浸透にとどまっており，日本において純粋に建築物の運用のマネジメントのみを行う手法は確立しておらず，運用の準備，実施の実務レベルにおいて定着しているとは言い難い．

建築物は性能面においては地域特性，自然環境等物理的条件の制約を強く受けるものであるし，使用方法等に至っては文化，制度，歴史などの社会条件の制約を強く受けるものである．異なる環境で成立したマネジメント手法をそのまま適用しても合理的に機能するはずもなく，米国で確立しているマネジメント手法を日本で合理的に実施するためには，実務を通じた検証と修正がもう少し必要であると思われる．

例えば，日本では建物側の電気設備がまかなう機能に関して，米国では電力供給者側が責任を負うのが一般的である．また米国では，運用に必要な人的資源の単価，質，供給などに関して少数の職能別の労働組合（Union）が管理している．さらに，テナントの標準的賃借期間や賃料の構成要素などが異なっているため業務項目ごとの業務発生量が全く違っていたり，法規制の区分が異なるなど，重要な要素の差異が存在しているので，WBS（Work Breakdown Structure）の区切りやマネジメントの対象要素の優先順位をはじめとする，マネジメントの基本部分に差異が生じて，米国での一般的な手順に従うと著しく合理性を欠く結果になるのが普通である．現在は，日本の環境に適した建築物の運用の標準的マネジメント手法を，各主体が業務の実践を通じて模索している状況といってよい．

表2.6.2，表2.6.3では分担を前提としているためにWBSとして業務が分解，整理されマネジメント可能な状態となっているが，反面分担を前提としないと業務項目の区分が極めて不明確になるのが通常

である．ごく少数の要員で運用の準備を行う場合には，このように業務項目を明確に区分して全体の効率向上を追求するよりも，整理，分担に必要とする手間を個別の業務遂行に投入した方が合理的な場合が多いからである．施主から要求がない限り（他の利害関係人に，より大きなメリットが生じることが期待できない限り），「少なくとも個別案件においてはマネジメントしない方が合理的」というような極端なことになりがちである．

運用を受け持つ業界の置かれた状況として施主から要求されることがそれほど多くない以上，組織としての戦略，方針，目標などの達成のための実行プログラムとして「適正事業規模と分業体制を確立する」といった，組織マネジメント上の課題設定，計画の策定実施の重要性をクローズアップせざるを得ないといえる．

f. コミュニケーションマネジメント，リスクマネジメント

運用の準備プロセスにおいても関係者間では頻繁にコミュニケーションが図られる．通常は最初に対象建築物に関する情報，スケジュール，役割分担などを確認するミーティングが行われ，運用の開始に際して業務仕様を確認するミーティングが行われるのが普通である．対象建築物が大規模であったり，多数であったりする場合には途中段階で状況の再確認，業務の進捗確認をするためのミーティングが行われる場合もある．

リスクに関しては，表 2.6.2 にも記載されているように，建物管理者損害賠償責任保険等の損害保険の付保によって分散を図るのが一般的である．入居者の賃料不払や素行不良等のリスクに関しては，入居希望者の調査等によって対処するくらいしかない．賃料保険等の保険商品も存在しているが，保険料率が高いのに比して補填される額が限定される場合が多いため，特に事務所用途の建築物に関してはほとんど利用されていないのが実情である．

g. 調達マネジメント

前述のとおり建築物の運用においては，対象となる業務ごとに専門能力を持つ外注業者にアウトソーシングするのが一般的である．アウトソーシングされたプロセスをマネジメントする手法は種々存在するが，大まかには直接業務の要素（実施手順，判定基準，要員の力量など）をチェックする方法と，複数の業者を比較，評価し選別する方法に分けられる．

建築物の運用においても他の建築生産のプロセスにおけるのと同様，専門業務として外注する場合には一定の業務仕様を設定した上で入札が行われるのが一般的である．運用の準備においても，入札は一般的プロジェクトマネジメントにおけるのとほぼ同様のやり方で行われる．入札において仕様の設定，外注先の業務品質，能力等の評価が重要であり，専門知識が必要となることなども他の建築生産のプロセスとほぼ同様である．

一般的に建築生産は「独自性のある成果物を創出する」ことを目的としているので，特に大規模な建築物に関してはその運用においても「独自性のあるサービスを創出する」ことを目的とするのが一般的であり，「建築物における衛生的環境の管理に関する法律」，「電気事業法」，「消防法」などの主要な法規制が建築物ごとに資格者の選任等を規定していることなどもあって，物件ごとに運用体制を整備していることが多い．建築物ごとにマネジメントすることを前提とすると，建築物の規模が同一業務を複数の業者にアウトソーシングできる程度に大きくない限り，アウトソーシングしたプロセスを評価する際に複数の業者を比較，選別する方法を採用することは困難である．一方，前節 c 項に述べたように，運用に配分される資源（人・物・金）は非常に薄いため，多種多様な業務にわたって直接業務の要素をチェックできる要員を建築物ごとに確保することはかなりの困難が伴うといわざるを得ない．運用の準備プロセスにおいては，他の建築物の運用実施プロセスとの短期的なやりくりによって人的資源の制約をある程度緩和させることができるため，準備期間中必要な要員を確保してアウトソーシングするプロセスのコントロールを行うことが可能であるが，運用の実施プロセスにおいては前節 e 項に述べたようなマネジメントシステムの修正，変更を建築物ごとに行うことが，実際にはかなり困難であることが実務上大きな問題となる．この点においても，運用の実施プロセスにおいては，複数の建築物の運用を前提とした，組織としてのマネジメントが重要となることが理解できる．

注意して欲しいのは，準備段階で入札を行う場合においても，必ずしも運用の開始までに完了しないことが多いことである．極端な場合には暫定的発注先に業務を行わせつつ，仕様を修正しながらさらにコスト絞り込み，品質向上のための入札，コンペ等を繰り返して行うことも珍しくない．やや奇異に感じられるかもしれないが，運用が長期継続されるこ

とを前提にすると，その合理性を理解することができると考える．また，いったん外注先を決定した後もその品質，能力等を評価し，そのコスト，品質，能力の改善のために働きかけを行い，さらに外注先の入れ替えを行っていくことも少なくない．このような操作を継続的，効果的に行っていくためにも，運用においては組織マネジメントの要素が重視されざるを得ないのである．

［飯島中夫］

文　　献

1) ISO 9000：2000（JIS Q 9000：2000）
2) ISO 9001：2000（JIS Q 9001：2000）
3) ISO 9004：2000（JIS Q 9004：2000）
4) ISO 10006：1997（JIS Q 10006：1998）
5) ISO 14001：2004（JIS Q 14001：2004）
6) ISO 14004：2004（JIS Q 14004：2004）
7) （財）日本ビルヂング経営センター監修：ビル経営管理講座テキスト1〜8，（財）日本ビルヂング経営センター（2004）

3
マネジメント技術

3.1 生産設計・ビルダビリティ・コンストラクタビリティ

今日の建築生産は高度に分業化と専門化が進んでおり，プロジェクトごとにプロジェクトの段階ごとに，異なる組織の多様な専門家が協働する生産システムとなっている．また，構・工法に関する技術開発や改良も高度化しており，設計段階で十分に検討した方がよい生産的項目が多くなってきた．生産設計，ビルダビリティ，コンストラクタビリティは，このような分業化と専門化が進んだ建築生産において生産面の検討を効率的に，また的確に行うための仕組みであり，同様の概念と位置づけられる．

以下，それぞれの概念定義，基本戦略，具体的な検討項目について示す．

3.1.1 生産設計

古阪は生産設計を「設計段階でつくりやすさ，経済性，品質の安定性などの点から設計を見直し，施工の実現性を図ること，具体的には生産に有利な構・工法の選定，最適材料の選択，構造の単純化・標準化，資材・労務の入手性などを検討すること」と定義している[1]．したがって，生産設計は設計段階において設計側で行うものであるが，現実には今日の建築プロジェクトにおける設計と施工の業務引継ぎ可能な範囲は広く，生産設計の担当者はプロジェクト戦略や関係者能力によってプロジェクトごとに異なる．

生産設計活動の5つの基本項目を図3.1.1に示す．「生産に有利な構・工法の選定」は構・工法の選択と同時に，それらの信頼性付与と入手性の検討を行うことである．「寸法精度の設定」は設計品質の確定であり，寸法公差や代用特性の規定を含む．「最適材料の選択」は材料選択と同時に信頼性・保全性の付与を含む．「構造の単純化・規格化・標準化」は部品・部材の標準化，標準品・規格品の利用，繰返し性の活用を意味し，躯体断面の標準化はその代表例である．「市販品や規格品の採用」ではリードタイムの考慮とその工程表作成，また市販品や規格品市況の理解を含む．例えば，RC造躯体におけるプレキャストや工業化製品を採用する場合，その採用部位，設計詳細，接合方法，施工法などの検討を設計段階において行うことである．鉄骨製品は市況によりリードタイムが非常に長くなることがあり，施工段階において構造や構法の変更を余儀なくされた事例もある．やはり設計段階での検討が重要であることを示している．

3.1.2 ビルダビリティ

イギリスのCIRIA（Construction Industry Research and Information Association）はビルダビリティ（buildability）を「完成建物に要求されるすべての事項を満たすことを前提に，建築物の設計が施工を簡単にしている度合い」と定義している[2]．この定義はビルダビリティには良い，悪いというスケールが存在し，良いビルダビリティの設計は，設計段階において施工法や施工中の制約条件を考慮していることを示している．また，CIRIAは報告書の中で，良いビルダビリティの完成は設計チームの責任であり，その達成は互いに相手の立場を考慮できる設計者と施工者の双方に依存しており，良いビルダビリティは建築主，設計者，施工者の皆に経済的利益を導くとしている．

ビルダビリティの3つの基本原則は，① 単純化，② 標準化，③ コミュニケーションである[3]．「単純化」は意匠上の理念であれ，構造の仕組みであれ，その内容を後退させるものではない．むしろ設計と施工間のコミュニケーションや施工の容易さを促進するものである．「標準化」は建築部位や部材の繰返しやよく似た配置を考慮した設計を意図しており，施

---- 生産設計の基本項目と活動内容 ----
1. 生産に有利な構・工法の選定
    1) 構工法選択
    2) 信頼性の付与
    3) 入手性の検討
2. 寸法精度の設定
    1) 設計品質の確定
    2) 寸法公差の規定
    3) 代用特性の規定
3. 最適材料の選択
    1) 材料選択
    2) 信頼・保全性の付与
4. 構造の単純化・規格化・標準化
    1) 部品・部材の標準化
    2) 標準品・規格品の利用
    3) 繰返し性の活用
5. 市販品や規格品の採用
    1) リードタイム工程表
    2) 市況の理解

〈出典:"生産設計の現状と課題"〉

---- ビルダビリティの基本原則 ----
1. 単純化
2. 標準化
3. コミュニケーション

〈出典:"Practical Buildability"〉

---- コンストラクタビリティ向上のための戦略 ----
1. 改善された生産システムの使用
2. 設計の単純化と要素の組合せ
3. 設計の標準化と要素の繰返し
4. 情報利便性の向上
5. 情報理解の向上
6. 施工の連続性の向上
7. 仮設設備・道具の使用方法の向上
8. 施工者・設計者間のコミュニケーション

コンストラクタビリティ向上のための重点検討項目
1. 現場管理と計画
2. 現場外作業
3. 設備の使用
4. 道具の使用
5. 設計成果
6. 技術者と施工者間のコミュニケーション

コスト低減のために量を削減すべき項目
1. 遅延可能性
2. 現場作業量
3. 工事期間
4. 高所作業量
5. 必要資材量
6. 労働問題の発生可能性

〈出典:"Productivity Improvement in Construction"〉

図 3.1.1 生産設計,ビルダビリティ,コンストラクタビリティの基本内容

工時の混乱や失敗の危険性,施工管理の困難さ,原価増大を排除するとともに,施工の省力化,コスト低減,工期短縮を導く.現場で理解されない不明確な設計は施工の失敗につながるものであるが,単純化と標準化は明確な設計を実現するものである.「コミュニケーション」の要点は施工者への設計内容の意思伝達,そして現場への情報提供である.コミュニケーションは設計詳細の不備・間違い,意匠・構造・設備間の不整合,設計変更,現場修正事項の設計へのフィードバックの不完全を低減させる.

3.1.3 コンストラクタビリティ

アメリカのCII(Construction Industry Institute)は,コンストラクタビリティ(constructability)を「プロジェクトのすべての目的を達成するために,企画・設計・調達・現場作業に関して施工上の知識と経験を最大限利用すること」と定義している[4].より具体的には,経験を積んだ建設技術者がプロジェクトチームの一員として,その知識をもとに計画,設計,調達,施工,検査,そして建物運用の各段階にわたって,統制されたシステマティックな方法により施工面の検討を最大限行うことである.コンストラクタビリティは,プロジェクトの開始から終了に至るまでの継続的な取組みであり,設計が完了した後に計画や仕様書を見直すことではない.また,プロジェクト初期のコンストラクタビリティの取組みがより大きな成果をもたらす.なお,設計段階のバリューエンジニアリング(Value Engineering:VE)はコンストラクタビリティと重複する部分は多いと考えられる.

C. Oglesby は 335 の事例分析を通して,コンストラクタビリティを向上させるための戦略として8項目をあげている[5].「設計の単純化と要素の組合せ」と「設計の標準化と要素の繰返し」は設計を進める上での基本方針である.「情報利便性の向上」と「情報理解の向上」,「施工者・設計者間のコミュニケーションの向上」は設計者が効率的かつ的確に,関係者と情報をやり取りすること,そして「改善された生産システムの使用」と「施工の連続性の向上」,「仮設設備・道具の使用方法の向上」はより具体的な施工内容の事前検討の有効性を示している.特に,コンストラクタビリティを向上させる上でより重点的に検討すべき項目の1つに「設計成果」をあげ,設計段階に十分な努力と成果を示すことの重要性を指摘している.また,コスト低減のために量を削減すべき6項目をあげている.「現場作業量」と「工事期間」,「高所作業量」,「必要資材量」は生産数量に関するものであり,「遅延可能性」と「労働問題の発生可能性」は生産段階におけるリスクである.

[木本健二]

文　　献

1) 古阪秀三，遠藤和義：生産設計の現状と課題，pp. 57-64，第4回建築生産と管理技術パネルディスカッション報文集「生産設計をめぐる諸問題」，日本建築学会（1993）
2) A. Griffith : Buildability : The effect of design and management on construction, pp. 1-6, Herriot-Watt University (1984)
3) S. Adams : Practical Buildability, pp. 1-15, Butter-worth (1989)
4) Constructability Task Force, Construction Industry Institute : Constructability, a Primer, pp. 1-16, Construction Industry Institute (1986)
5) C. H. Oglesby, et al. : Productivity Improvement in Construction, pp. 111-115, McGraw-Hill (1989)
6) 古阪秀三：生産設計，Buildability, Constructability, pp. 134-135, 平成建築生産事典, 彰国社 (1994)

3.2　バリューマネジメント

建設プロジェクトの3要素とは，「工期，コスト，品質」といわれる．建築工事においては，定量的に把握しやすいコスト縮減のみを行うのではなく，所要の品質を確保した上で，コスト縮減を行うことが重要である．所要品質とは，発注者が許容するコストや工期の中で，発注者の最も満足度の高い建物・プロジェクトを実現することにある．

バリューマネジメント（Value Management：VM）は，建設投資の最適化に資するため，コスト縮減にかかわる提案を容易に実現するために実施するもので，1つの建設プロジェクトにおける個々のバリューエンジニアリング活動をとりまとめたものをいう．

3.2.1　バリューエンジニアリングの定義

VMを議論する前に，バリューエンジニアリング（Value Engineering：VE）について検討を加える．その定義は，ローレンス・マイルズ（L. D. Miles）をはじめ，多くの組織・団体で行われている．これらの定義を要約すれば，「まず最初に，ある一定の機能（または品質）の設定があり，①不必要な機能の排除によりコストを低減する，②同じ機能を発揮する代替案によりコストを低減する，ことが技術としてのVEの目的」である．

ここで重要なことは，いずれの定義においても機能の向上には言及されていないことである．

ところが，建設関連のVEの解説では，価値を

$$V\,(価値) = \frac{F(機能)}{C(コスト)}$$

と定義した上で，価値の向上はF↑/C↑，F↑/C→，F→/C↓のいずれかによるとして，機能の向上を含んだ概念としている．これは必要な機能・品質がVEの適用段階によって変化する可能性を予想させるもので，つまりはVEを採用するどの段階においても再設計が可能で，任意の設計段階に戻ることができる仕組みでなければならないことを意味している．現実には時間的，人的資源の制約から大幅な戻りが生ずることはまれであるが，価値の向上の解説は明らかに設計プロセスとの関係を切り離したものとなっている．

つまり，VEとは，「その確定した機能を基本に，上記の定義に従ってコストの低減を図るもの」である．

3.2.2　従来型の設計段階VEの問題点

VEの提案制度が日本に紹介され，また一部の企業がVEを実施するようになってから20余年が経過している．この間，VEの考え方が徐々に広まり，施工段階でのVEを中心に実際のプロジェクトで取り組まれることが多くなっている．さらに，施工段階のVEではコスト低減等に及ぼす効果が小さいことから，設計段階のVEを実施しなければならないとの認識が一般化しつつあり，現在，実際のプロジェクトにおいても設計段階VEが実施されている．事実，公共工事においてVE提案を求める発注方式も一般的に実施されている．

しかし，一体に基本的な設計・機能・品質の検討を簡略化し，VEを単なるコスト低減の技術と狭く考える傾向にあり，ややもするとスペックダウンがVEであるかのような誤解を生じさせている．また，VEを適用することで，建物の品質が高まるような誤解を生み出しているが，本来，VEは発注者の要求を設計者が具現化したものに対して実施されるものであり，機能をコストのかからない代替機能と取り替えるか，または余分とされる機能を削除するのみである．逆に，もしVEにおいて機能向上が図られるとすると，それはVEによって設計プロセスとは関係なく，任意の設計段階に戻り，再設計を行うことになってしまい，非現実的である．例えば，実施設計段階でVEを実施した場合，もし基本コンセプトに戻るような提案がされたとしても，もしそこから再設計するとしたら，それはVEで得られる利益よりもそれにかかわるコスト（損失）の方が大き

くなる.

以上のVE提案における問題を整理してみると次のようになる.

① 企画段階へのVE提案が不足している
② 設計プロセスと無関係
③ 単なるスペックダウン提案が多い
④ 最初の機能定義があいまい
⑤ 評価システムがない
⑥ 記録保存システムがない

3.2.3 バリューマネジメントの特徴

VMでは,これまでの設計段階VEにおける問題点を踏まえ,設計プロセスの進捗に併せて機能定義の詳細化を図りながら,設計の各段階においてVEを実施する(図3.2.1).

VMの設定では,次の6段階において実施することとなる.

① VM1:改善計画段階
② VM2:用地選定段階
③ VM3:ブロック案(1/500)作成段階
④ VM4:基本設計案(1/200)作成段階
⑤ VM5:実施設計基本図(1/100)作成段階
⑥ VM6:実施設計図作成段階

これらの各段階において,VMの目的,方法などについて表3.2.1にまとめている.

VMの特徴は次のとおりである.

① 企画段階からVEが可能である.

企画段階から,施設の大きさや土地購入の問題に対し積極的な参画が必要であり,VE効果でいうところのコスト縮減効果が最大である建設プロジェクトの初期的な段階からVE提案を実施することができる.この点を踏まえ,VMでは,改善計画段階(VM1)から実施設計図作成段階(VM6)まで,VEを実施することとしている.

② 設計段階のVEである.

VEには,「設計段階」,「入札契約段階」,「工事段階」があるが,VMは図3.2.2に示すように,最も効果の高い「設計段階」におけるVEである.

③ 多段階VEである.

設計要素の確定にはいくつかの節目があるが,設計の各段階において,目的に合致したVEを実施することで,VE提案をより確実なものとすることができる.各段階において,(1)VMの目標/目的,(2)意思対象,(3)評価変数,(4)分析/評価ツール,(5)VM実施組織,を定めている.特に,VMの目標/目的を明確化することで,VE提案の範囲および評価軸を限定することができ,有効かつ効果的なVEとすることができる.

④ 客観的評価ツールを導入している.

各案を選定する過程において,VMでは,原則としてVEチームが全員参加し,最終的な結論を全員で下すことにより,その意見を取りまとめる段階において客観的な意思決定ツールを導入し,科学的に最適解を見いだそうとしていることに特徴がある.具体的には,多変量解析手法や構造化手法などのオペレーションズリサーチ手法を取り入れる.

⑤ 記録保存方法が明確である.

VEは,デザインレビューと異なり,検討過程を記録し,次期以降の工事にフィードバックすることが重要である.VMでは,特に多段階で実施するため,次段階へのフィードバックとしても記録保存が重要である.

3.2.4 VE構成メンバー

VEを構成するメンバーは,表3.2.1に示すようにVMの各段階において異なる.また,VEチーム

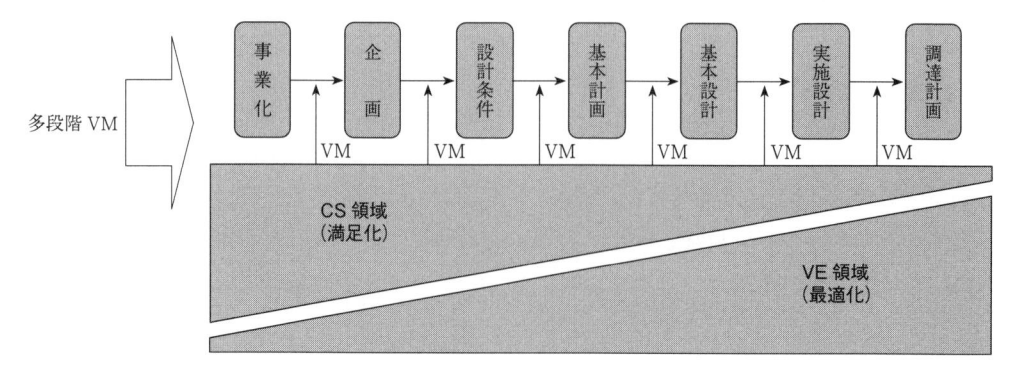

図3.2.1 VM(多段階VM)の概念図

3.2 バリューマネジメント

表 3.2.1 建設プロジェクトの各段階の作業内容

	目標/目的	意思決定対象	評価変数	分析/評価ツール	組織
改善計画段階 VM1 会議: 改善計画照会 その1	当該プロジェクトの目的、要求内容（概略の機能）に対して、「選択肢」が適切であるか、概略の予算、プロジェクト工期を満足するか否かを判断し、最適な「概略プロダクトモデル」を選択する。具体的には、現位置での新築・増築、別位置での用地買収の上、新築または分室の設置等の改善方法を決定する。	生成された「概略プロダクトモデル」作成のための「選択肢」であり、具体的には「選択肢」ごとの配置図、概略設計図記載内容および建設投資コストプラン記載内容	・プロジェクトの目的、要求内容（概略の機能）への適合性 ・概略の予算 ・プロジェクト工期 ・投資効率 ・敷地位置、面積、建物規模	・経済的、機能的データの分析/評価 ・経済的FS ・統計的処理による概算工事費、工期の算定 ・施設投資計画法 ・ファシリティマネジメント的意思決定	・発注者 ・PMr ・カウンセラー ・設計担当者 ・利用者
用地選定段階 VM2 会議: 改善計画照会 その2	複数の買収候補地から最適な用地を選定すること.	買収候補地またそのための検討案ごとの配置図、概略設計図記載内容および建設投資プランニングシート記載内容	・プロジェクトの目的、要求内容（概略の機能）への適合性 ・概略の予算 ・投資効率（事業見通し等） ・敷地位置、面積、建物規模 ・集客、交通の便、搬送のための道路等の周辺インフラ状況	・経済的、機能的データの分析/評価 ・経済的FS ・統計的処理による概算工事費 ・施設投資計画法 ・ファシリティマネジメント的意思決定	・発注者 ・PMr ・カウンセラー ・設計担当者 ・利用者
ブロック案 (1/500) 作成段階 VM3 会議: 設計照会	設計者によって作成された「原型プロダクトモデル」の一例に対して、発注者の機能要求に照らして「選択肢」を作り、概略の予算、プロジェクト工期などプロジェクトの制約を満足する最適な「原型プロダクトモデル」を選択する。具体的には、計画決定した敷地における建物のブロックプランを確定する。	設計者によって作成された「原型プロダクトモデル」の一例と、その後に作成された「選択肢」。具体的には、「選択肢」に含まれる各種図面記載内容、構造計画、基礎計画、基本施工計画、工事費概算額	・発注者の機能要求への適合性 ・「概略プロダクトモデル」との整合性 ・概算プロジェクト費用 ・プロジェクト工期 ・建築計画、設計図	・経済的FS ・技術的FS ・空間に関する品質機能展開図 ・プロジェクト費用概算手法 ・プロジェクト工期概算手法 ・リレーションチャートによる一貫した評価方法 ・AHPによる主観評価の客観化、再現性	・発注者 ・PMr ・カウンセラー ・設計担当者 ・工事監理担当者
基本設計案 (1/200) 作成段階 VM4 会議: 1/200会議	設計者によって作成された「基本設計プロダクトモデル」の部分について、「選択肢」を作り、発注者の機能要求に対する適合性、当該構造要素の実現に関する実現のための作業（施工）の実現性・信頼性などプロジェクトの制約を満足する最適な「選択肢」を選定し、「基本設計プロダクトモデル」を完成させる。	設計者によって作成された「基本計画プロダクトモデル」を構成する部分/要素に対して、その代替案として作成された「選択肢」。結果的には、「選択肢」に記載された各種図面記載内容、構造計画、基礎計画、施工計画、工事概算額	・発注者の機能要求への適合性 ・「基本設計プロダクトモデル」との整合性 ・当該構造要素/設備要素の「選択肢」実現の費用 ・「選択肢」実現のための作業（施工）の実現性、信頼性 ・「選択肢」の維持保全/耐久性等使用段階での価値	・構造要素/設備要素に関するシステム構成/構法の機能の分析、比較手法 ・システム構成/構法レベルの「工事費概算手法」 ・品質機能展開図 ・リレーションチャートによる一貫した評価方法 ・AHPによる主観評価の客観化、再現性 ・ISM, FISMによる要因間の重要度解析	・発注者 ・PMr ・カウンセラー ・設計担当者 ・利用者 ・工事監理担当者
実施設計基本図 (1/100) 作成段階 VM5 会議: 1/100会議	実施設計の概要を確定するために行うもので、仕上げに関する「選択肢」を作成し、最適なものを選択する。具体的には、各間仕切り壁の材質、各室の仕上げ・天井高・付属品の詳細・各掲示板・サイン等の位置、外構設計、外壁デザインの詳細、施工計画等について、構成要素ごとに行われる。	仕上げ等に関する「選択肢」で、具体的には、各間仕切り壁の材質、各室の仕上げ・天井高・付属品の詳細、各掲示板、サイン等の位置、外構設計、外壁デザインの詳細、施工計画などである。配置図、各階平面図	・基本設計プロダクトモデルとの整合性 ・品質、信頼性（過剰機能を含む）	・コストバランス ・LCC ・品質機能展開図 ・一対比較法（主観による重み付け） ・リレーションチャートによる一貫した評価方法 ・AHPによる主観評価の客観化・再現性 ・ISM, FISMによる要因間の重要度解析	・発注者 ・PMr ・カウンセラー ・設計担当者 ・利用者 ・工事監理担当者
実施設計図作成段階 VM6 会議: 最終図面検印	実施設計段階で仮決めされた各要素のシステム構成/構法について、それを構成する材料、作り込む工法等について「選択肢」を作成し、工事費用、品質、信頼性などの制約を満足する最適な「選択肢」を選定し、発注図書を完成させる。具体的には、材質・品質・寸法・形状・工法等の各種詳細、および明示すべき施工条件が選択、決定される。	実施設計段階で仮決めされた各要素のシステム構成/構法を構成する材料、作り込む工法等の「選択肢」	・「基本設計プロダクトモデル」との整合性 ・実現に関する工事費用 ・品質、信頼性（過剰機能を含む）	・通常のVE評価法、品質機能展開図 ・一対比較法（主観による重み付け） ・評価項目の相互比較法（主観による重み付け） ・リレーションチャートによる一貫した評価方法 ・AHPによる主観評価の客観化・再現性 ・ISM, FISMによる要因間の重要度解析	・発注者 ・PMr ・カウンセラー ・設計担当者 ・利用者 ・工事監理担当者

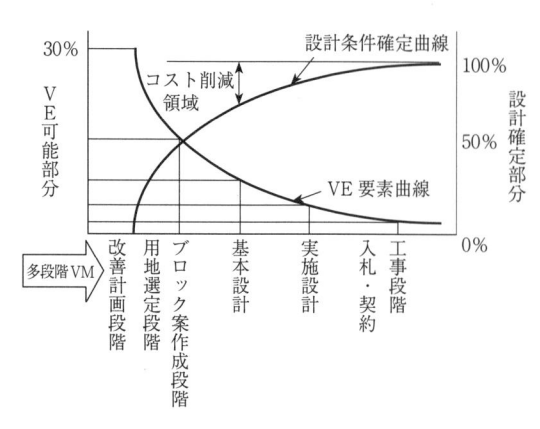

図 3.2.2 VE 効果曲線

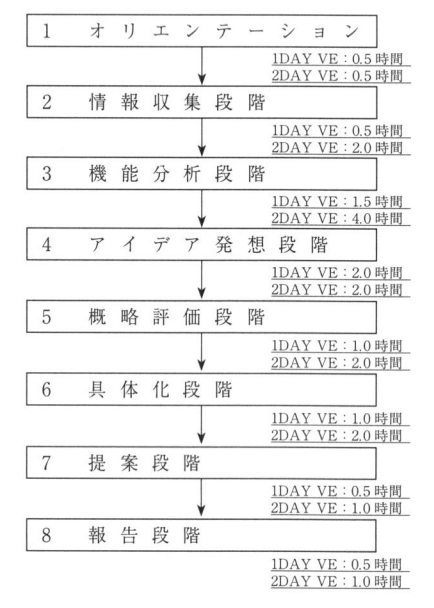

図 3.2.3 各段階における VM 実施方法(例)

の編成におけるコールドチームの想定についても，各段階において異なることとなる．以下に，いくつかのパターンにおける VE 構成メンバーを示す．
① ホットチーム：直接の担当者
② コールドチーム：担当者以外によって構成（設計，コスト，施工計画担当者）
③ ファシリテーター：担当者以外のコーディネーター

3.2.5 VM1～VM3 における実施方法

ここでは表 3.2.1 に示した VM における具体的な実施方法を示す（図 3.2.3）．大きくは，主に設計条件の具体化の過程にある VM1～VM3 段階と，設計図書作成を中心とする VM4～VM6 段階に分けて，それぞれの実施方法を示す．

VM1～VM3 は，主に建物要件，建物要求および所要機能を明確化する過程にある．特に，所要機能を定義し，建物の目的を明確化することは，それぞれの段階における VE 活動を円滑に進める上で必要不可欠である．

そこで，VM1～VM3 では，要求機能，制限要素の明確化を図るため，次のような方法で VE 活動を展開することが望ましい．大きくは，VE 活動を VE ワークショップ 3 つに分けることができる．
① VE ワークショップ準備段階
② VE ワークショップ段階
③ VE ワークショップフォロー段階

3.2.6 VM4～VM6 における実施方法

VM4～VM6 は既に定義された建物の機能や所要品質を前提に，
① 不必要な機能の排除によりコストを縮減する
② 同じ機能を発揮する代替案によりコストを縮減する

ための具体的な提案を行う段階にあると考える．もちろん，各 VM の段階において，それぞれの目標，制限範囲に基づいたものである．

なお，VM の大きな流れとしては，次のようになる．
① 全員によるアイデア発想段階
② 全員による客観的な評価
③ コスト縮減額の把握
④ 記録（報告書の取りまとめ）
⑤ 次の工事へのフィードバック

3.2.7 さらなる VM の展開に向けて

これまで述べた VM は，最も標準的な内容について記述したものであり，必ずしもこれに沿った形ですべてのプロジェクトが実行される必要はない．工事種別は多様であり，様々な形の VM が成立すると考えられるし，さらに多様な提案がなされることに期待している．

VM のポイントは，設計の各段階においてチーム全員による提案に基づき，チーム全員の意志を反映した客観的な評価を行い，それらの活動を報告書として記録し，次期以降の企画等に活用することにある．これを VM の最低限のルールとして，各自が最も効果的と考える「VM」を確立することが重要である．

［齋藤隆司］

3.3 ブリーフィング・プログラミング

3.3.1 ブリーフィング・プログラミングとは

　発注者の意向に添った，あるいは社会から求められる良い建築を創造するためには，設計を始める前にその要件整理を十分に行わなければならない．特に，プロジェクトの初期段階でその設計要件を十分に詰めることは，プロジェクトをスムーズに進めるだけでなく，プロジェクトの成否に大きく影響を与える．

　この発注者が建築設計のための要求条件をまとめるプロセスを米国では「プログラミング」と呼び，その成果物，つまり設計のための要求条件書を「プログラム」と呼んでいる．また，同様に英国では，それぞれ「ブリーフィング」，「ブリーフ」と呼ばれている．両者の定義は同義語であると考えられ，以下のように定義されている．

　プログラミング：AIA "The Architect's Handbook of Professional Practice", vol. 2（1987）

『解決案を引き出すために適切な建築課題や要求条件の提示を導くプロセス．プログラミングは課題発見のプロセスである．それゆえプログラミングは，設計プロセスで解決しなければならない課題を明確にすることである．』

　ブリーフィング：ISO 9699：1994（1994年）

『発注者および関係者の要求，目的，制約条件（リソースやコンテクスト）を明らかにし，分析するプロセス．設計者が解決することが求められる，結果として得られる課題を系統的に整理するプロセス．』

　以上の定義から，プログラミングあるいはブリーフィングでは，単なるチェックリストや必要面積一覧表を整理するのみではなく，発注者の要求を理解し，後の設計行為で解かれるべき建築課題を発注者とともに発見し，まとめる"プロセス"が重要であるといえる．

3.3.2 なぜプログラミングか

　プログラミングの有効性は，次のように考えられる．

a. 複雑・多様・高度化する建築への対応

　昨今の建物は，設備機器，通信環境，セキュリティ，さらにはサスティナビリティや地球環境への配慮を含め，建物自体の機能がより複雑で高度になった．また，病院や研究所などその用途もますます専門化し，その中で行われる行為や設備の状況を把握しない限り具体的な設計が不可能になってきている．これらは専門性が高く，一般の設計者のみで想定することは難しいため，プログラミング段階で専門家を交えたチームとして設計要件をまとめる必要がある．

b. 発注者の曖昧性への対応

　発注者は必ずしも自らの意向を十分に整理しているわけではない．大きな方向性は持ち得ていても，設計に必要な具体的な要件が不明確な場合や，その項目が包括的ではない場合がある．また，逆に建築の目的が曖昧な場合もある．さらに，発注者がどのように要件整理を進めていけばよいかがわからない場合も多い．つまり，プログラミングを行うということは，これらの問題に対応するため，設計のための要件を作り上げると同時にその曖昧な状況を明確にしていくプロセスなのである．また，設計の前段階で十分なプログラムが築かれていれば，設計の手戻り作業を激減させることができる．

c. ステイクホルダーの増大への対応

　発注者側では様々な関係者が計画にかかわっている．企業の場合は，経営トップ，財務部門，施設管理部門，IT部門，施設ユーザー，あるいは投資家などである．このように多くの関係者間で，設計の前に「プログラム」を作るためには，オープンで論理的・合理的な合意形成と意思決定の促進が必要なのである．

　さらに，設計側においても意匠，構造，設備のみならず，通信，コンピュータ，セキュリティ，特殊設備などの多岐にわたる専門家が計画に関係する．特定の明確な「プログラム」を前提としていれば，設計という共同作業の後戻りが少なくなり，スムーズに実施できる．

3.3.3 誰が行うか

　このプログラミングは誰が行う業務なのであろうか．基本的には，発注者の意向をまとめる要件整理であるため，発注者の責任においてまとめなければならないことを発注者自信が認識することが重要である．このとき，発注者で要件をうまくまとめられない場合は，プロジェクトマネジャーや設計者がそのまとめ方の指導やサポートを行うか，プログラミングの専門家に依頼しなければならない．小規模な建物や用途が複雑でない場合のプログラミングは大

きな労力は伴わないが，中規模以上の建築，様々な建築用途への対応，あるいは発注形態や利用方法などで複雑な状況下に置かれている計画のプログラム作りには，ノウハウとマンパワーが必要であり，専門知識と経験を積んだスキルのある専門家を活用する方が効率的かつ効果的である．

3.3.4 どのように行うか

それでは，このプログラミングはどのように行うのであろうか．ここではその代表的な手法であり，設計要件整理手法の"オリジナル"として知られているProblem Seeking手法を紹介する．この手法は，1969年に米国CRS社（1994年HOK社により買収）によって開発されたものである．

その基礎になっている考え方は，設計という"解決案"をまとめる前に，「最も重要な課題を発見し理解する」ということである．これは一般的な問題解決を行う際に日常的に行われている考え方と同様である．そのためには，情報を分析・整理するプログラミングと情報を統合するデザインの行為を分離して考えることが重要となる（図3.3.1）.

このProblem Seeking手法では，プログラミングを図3.3.2の5つのステップと図3.3.3の「機能」，「形態」，「経済」，「時間」という4つの考察を常に意識しながら情報を収集・分析する．これにより，要件整理を包括的かつ論理的に行うことが可能となる．

プログラミングでは，経営者層や施設担当者，あるいはユーザーへのアンケートやインタビューから必要な情報を適切な相手から適切な方法で収集・分析する．多くの輻輳する情報をわかりやすく分類・整理し，かつ関係者のコンセンサスを得るためのツールとして，Problem Seekingでは"分析カード"を活用している．得られた情報をカードに書き出し，並び替えたり分類したりすることで無理なく整理でき，また情報の"漏れ"も同時に確認できる．さらに，グラフィカルにわかりやすく描かれ壁面に貼り出されたカードは，経営者や他部署のカードを見比べ議論することで，関係者間のコミュニケーションを促進することができる．

プロジェクトの状況により違いはあるが，Problem Seekingでは，その建築の目的を定める

図3.3.1 プログラミングとデザインの分離

1. ゴールの確立（Goals）
   どこに行きたいのか？
2. 事実の収集と分析（Facts）
   今，どこにいるのか？
3. コンセプトの発見と試行（Concepts）
   どのようにして，そこに行きたいのか？
4. ニーズの決定（Needs）
   そこに行くための，真に必要なことは何か？
5. 課題の提示（Problem）
   そこに行くために何をしなければならないか？

図3.3.2 Problem Seekingの5つのステップ

	1 ゴール	2 事実	3 コンセプト	4 ニーズ	5 課題
機能	○	○	○	○	●
形態	○	○	○	○	●
経済	○	○	○	○	●
時間	○	○	○	○	●

・クロスチェックしながら進める．
・各ステップでは収集すべき情報項目が整理されている．

図3.3.3 情報収集・整理のフレーム

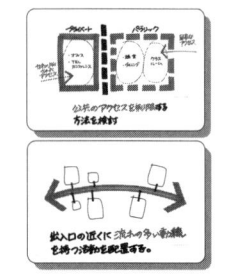

図3.3.4 グラフィカルに描かれたカード

図3.3.5 情報を壁に貼り，関係者のコミュニケーションを促進

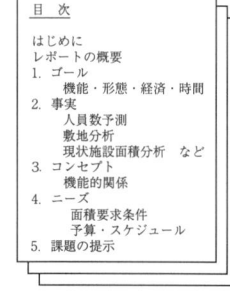

図3.3.6 アウトプットドキュメント

「ゴール」を確立し，必要とされる「機能」，「形態（面積）」，「経済（コスト）」，「時間（スケジュール）」を最適にバランスさせ，最も重要な「設計課題を発見して示す」ことを設計前に実施することを目指している．このことにより，従来の設計段階で図面を何度も描きながら繰り返しの中で設計要件の収束を図っていた方法とは一線を画している．

ファシリティマネジメントの考え方が進展し，建物に対する考え方が単なる"箱"から戦略的な道具へと変革するなか，発注者には組織内での調整能力やマネジメント的解決，あるいはそのサポートがさらに必要になる．また，多くの関係者が参加し，今後建物がさらに高度化・複雑化するなか，プロジェクトの初期段階で論理的・合理的に合意形成や意思決定を促すプログラミングの重要性はますます大きくなり，その需要も拡大すると考えられる．

[溝上裕二]

文　献

1) ウイリアム・ペーニャ, スティーブン・パーシャル著（溝上裕二訳）：プロブレム・シーキング建築課題の発見・実践手法, 彰国社（2003）

3.4　リスクマネジメント

3.4.1　リスクマネジメントとは

リスクは，一般に，不確実性（uncertainty）が原因となり発生する．不確実とは単に"わからない状況"のことであるが，リスクは不確実性が当事者に損害や危害を与えるような場合に用いられる．不確実性はリスクの持つ特性ではあるが，不確実だからといって，必ずしもそれがリスクというわけではない．

リスクという用語は，① 危険が存在する状況，② 危険の程度，③ 危険を及ぼす要因（リスク要因）を表す．いずれにせよ，リスクは，その発生が"十分に予期できる"，つまりある事柄の発生が蓋然的である場合に用いられるのが一般的である．

Riskと似た用語に, danger, peril, hazard, threatなどがある．ここで注意しなければならないのは，「リスク」という用語自体に内在する概念には，"損失の可能性を前提としてギャンブルする"というような行動が含まれている点である．このリスクの概念を前提とすると，リスクを考慮することにより何らかの便益を得ることが期待できなければ，本来的にはその状況をリスクとは考えない．一方，dangerなどが使われる場合は，原則的に，何かを危険と引き換えに秤にかけたりするような状況にはない．リスクマネジメント（Risk Management）とは，"リスク低減に要するコストと便益のトレードオフを行う"というような行動であるといえる．

3.4.2　リスクマネジメントの流れ

リスクマネジメントの流れは，一般的に，以下の3段階に分類される．
① リスクの抽出/構造化
② リスクの評価
③ リスクへの対応

a.　リスク要因の抽出/構造化

リスク要因の抽出/構造化は，リスク要因の連関が結果に及ぼす影響を明らかにすることを目的とする．リスクの抽出は，過去の経験や既往の文献などを活用して行われるが，プロジェクトの種類ごとにチェックリストを作成しておけば便利である．

インフルエンスダイアグラムは，リスク要因の相互関係をモデル化する有効な手段である．図 3.4.1 に，掘削機械を選定する意思決定におけるインフルエンスダイアグラムの例を示す．この手法では，行動の選択肢（決定変数）を □ で，リスク要因（状態変数）を ○ で，確定値（あるいは既定値）を ▱ で，結果（出力値）を ◇ で表現し，それぞれの変数の連関を矢印を用いて表す．

リスクの抽出/構造化の初期モデルができたら，次に感度分析を行う．感度分析は，リスク要因があ

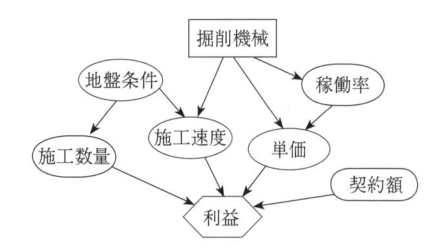

図 3.4.1　初期モデル

このモデルでは，掘削機械を選定する意思決定問題において，契約額を固定とし，地盤条件，施工数量，施工速度，稼働率，単価をリスク要因と考えている．図では，まず，施工速度，単価，稼働率は選定する掘削機械に依存することが示されている．しかしながら，地盤条件は掘削機械に関連した変数である．また，施工数量と施工速度は地盤条件に依存し，単価は稼働率より決まることが示されている．

表 3.4.1 感度分析例

項　目		値 (Value)			建設費 (Cost)		収益 (Profit)		
		Low	Nominal	High	Low	High	Low	High	∠
① 地盤条件 　% Rock		5%	30%	50%	2.25	4.33	−0.83	1.25	2.08
② 施工数量（×10^6 m^3） 　Volume	① = 5% ① =30% ① =50%	95	90 100 130	105	2.85	3.15	0.35	0.65	0.30
③ 施工速度（hr/m^3） 　Production	① = 5% ① =30% ① =50%	0.0102	0.0083 0.0100 0.0111	0.0097	3.06	2.91	0.44	0.59	0.15
④ 稼働率 　Net Working Rate		0.50	0.80	0.90	3.50	3.30	0.00	0.20	0.20
⑤ 単価（$/hr） 　Unit Rate	② =0.50 ② =0.80 ② =0.90	2.50	3.50 3.00 2.80	3.30	2.50	3.30	0.20	1.00	0.80

〔備考〕 この例では，地盤の岩石含有率は30%がもっともらしい値であり，楽観的あるいは悲観的な値として5%および30%を想定している．そして，それぞれの場合の建設費を算定し，収益がいくらになるかを計算した．同様に，施工数量は，それ自体が95（×10^6 m^3）から105の間で変化する．しかしながら，施工数量は地盤条件に依存し，岩石含有率が多い場合と少ない場合には，それぞれ90と130となることが示されている．その他の変数についても，同様の記述がされている．
　上記の条件に基づく感度分析の結果，地盤条件，単価，施工数量，稼働率，施工速度の順に，結果（収益）に及ぼす影響の大きいことがわかった．

る範囲で変化することを予想し，個別の変化が結果（図3.4.1の例では利益）に及ぼす影響を測定するものである．表3.4.1に感度分析の例を示す．

通常，プロジェクトに含まれるリスク要因の数は，数十個にも及ぶことが多い．しかしながら，すべてのリスク要因について対応策を想定することは，コストの面からも非現実的である．そこで，特に重要であると推定されるリスク要因を絞り込むための作業が必要となる．感度分析により，結果に及ぼすリスク要因のランク付けができ，影響の大きいリスクの抽出が可能となる．

b.　リスクの評価

リスクのランク付けができたら，影響の大きいものについて，ばらつきの度合いを確率を用いて表現する．確率には，大別して客観的確率と主観的確率がある．客観的確率は，主に統計理論に基づく数学理論を用いて定量的に評価される．これに対して，主観的確率とは，経験者等の"確信の度合い"を基にした評価である．なお，十分なデータが利用できない場合には，主観的確率を用いる方法が有効である．主観的確率であるリスクのばらつきに関する確率は，経験者への聞き取り，関係者間のブレーンストーミングにより求めることが可能であろう．ただし，主観的確率を用いる場合には，人の認知特性（思いつきによるバイアス）の問題に注意しておくべきである．

考慮すべきリスクについて確率を推定できれば，図3.4.2に示すような決定樹を描くことができる．決定樹が描ければ，まず，どのような決定を下すべきかを判断できる．

c.　リスクへの対応

影響の大きいリスクの抽出および結果の算定が可能になれば，それぞれのリスク要因にいかに効率的に対応するかが，リスクマネジメントにおける最も重要な作業となる．リスクへの対応は，まず，情報の価値を分析することにより行う．

情報の価値は，以下のように考えることができる．図3.4.2の例を用いて，AあるいはBを選ぶ前に，地盤情報を入手することが可能である場合を考えてみよう．情報の価値は，決定を行う際に，事前に情報がある場合とない場合の期待利得の差で計算することができる．図3.4.3には，その場合の計算結果を示してある．図3.4.3のように事前情報に基づいて決定を行う場合，情報がない場合（図3.4.2でAを選んだ場合）に比べて，期待利得が0.12（=0.63−0.51）だけ上昇した．これが地盤情報が持つ価値であるといえる．したがって，地盤情報の取得費用が0.12以下であれば，情報を取得することにより，より大きな利益が期待できることになる．

リスクは，情報の取得以外にも転嫁，回避，分散，分担，保証などにより低減できる（図3.4.4）．例えば，建設プロジェクトにおける下請契約は一種のリ

3.4 リスクマネジメント

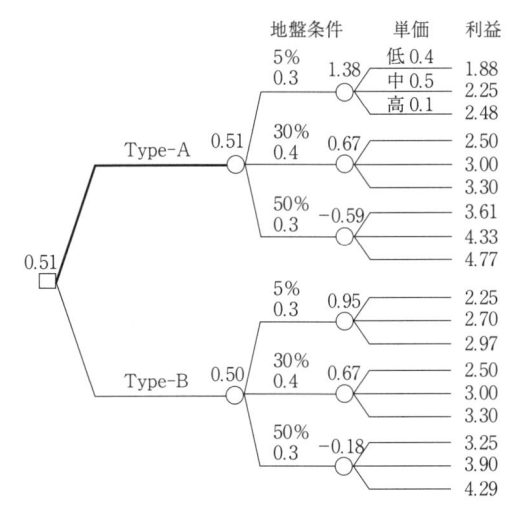

図 3.4.2 決 定 樹

この例では，掘削機械の選定において2種類の選択したAおよびBがある．また，地盤の岩石含有率が5%，30%，50%である確率は，それぞれ0.3，0.4，0.3であり，単価が低，中，高となる確率は，それぞれ0.4，0.5，0.1と推定された．この条件下で，それぞれの選択肢における利益の期待値を計算する（図の○の点では，利益の期待値が計算してある）と，Aは0.51，Bは0.50となった．したがって，Aを選択する方がいいという結果が得られる．

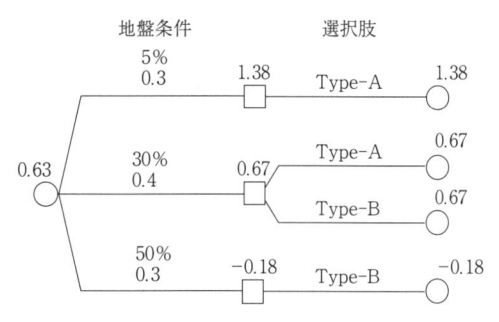

図 3.4.3 情報の価値

この例では，図3.4.2での分析をもとに，例えば，地盤の岩石含有率が5%であればAを選ぶというように，決定を行う際に情報がわかっていれば，選択肢を決めることが可能である様子を示してある．図3.4.2とは，選択肢と地盤条件の順番が逆になっていることに注意する．地盤条件を確率的にとらえると，情報が事前に手に入れば，その場合の期待収益は0.63となる．

スク転嫁であるし，JVはリスク分担の手法である．また，保険をかけるなどして，特定のリスクを保証することも可能である．これらの方法は，当事者の時間や不確実性に対する選好が異なるために成立する．つまり，リスクは人々のインセンティブの源泉であり，当事者同士の交渉と合意により低減できる．

　契約は当事者の合意であり，その内容には，合意の範囲，当事者間の支払い条件，将来の不確実性が発生した場合の決定ルールなどが含まれる．もしも用意周到に作られた完備契約が存在すれば，原則的にリスクは問題にはならない．なぜならば，そこには将来のあらゆる不確実性について，各当事者が何を行うべきかのリスク分担を明確に規定できるから

である．しかしながら，実際には，予知範囲の限界や余地を行う費用などが原因で，すべての不確実性を完璧に取り扱うことはできない．

　リアルオプションは，将来発生するリスクの展開を条件として，マイナスの影響を避けながらリスクを回避する決定の「選択」を意味する．例えば，企画段階にあるプロジェクトには，建設のタイミング，仕様の変更，プロジェクトの中止など，様々な選択の柔軟性がある．これらは決定のオプションである．将来の決定には不確実性を伴うが，あらかじめ決められた時期に，あらかじめ決められたコストで，当事者が何らかの行動を行う「権利」を契約に盛り込んでおけば，将来の時点で，リスクが発生した場合に問題は解決できる．リアルオプションを用いれば，将来の選択がプロジェクトの期待収益やリスクとどのような関連にあるかを定量的に分析し，リスクマネジメントをより現実的に行うことが可能となる．

［湊　隆幸］

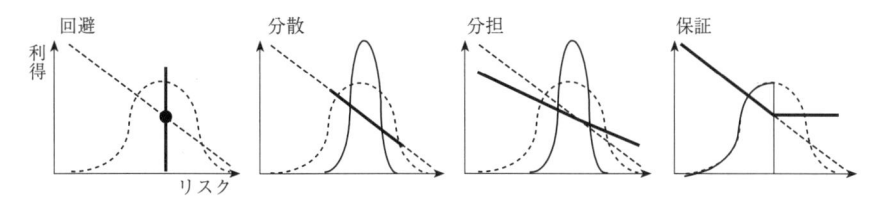

図 3.4.4 マネジメントの行動

曲線はリスクのばらつきを，直線は利得を表す．実線はそれぞれの対策をとった場合の様子を表す．「回避」は，利得を固定してリスクをゼロにする．「分散」は，リスクを複数に分割してばらつきを低減する．「分担」は，リスクを共同して引き受けることによりリスクの影響を小さくする．「保証」は，条件付き（ある値以上あるいは以下）でリスクをゼロにする．

3.5 スケジューリング

3.5.1 スケジューリングとは

建築分野に限らず，プロジェクトの品質はQCD（品質・コスト・納期）によって決定される．言うまでもなく納期を守ることは最重要課題の1つであり，納期を守るために日程計画を立て，作業の時間表を作成するのがスケジューリングの主な目的である．スケジューリングを考慮する段階においては，作業項目（設計，施工，部品製造など）とそれらの所要時間やコストの概数，および前後の依存関係が確定しているのが好ましい．しかし実際には，これらの情報すべてが確定しているとは限らず，また工期や建設資材の納入時期などは現場作業の状態によって常に変化する可能性もあるので，スケジューリング作成は一度だけでなく，重要な変更が生じた時点で何回も行われる．よって頻繁に再作成を行う場合も考えられるので非常に手間がかかることがあるが，コンピュータと通信ネットワークの技術（いわゆるIT技術）を用いることによって途中の過程を可能な限り自動化して，スケジューリング作成システムの構築，運用を行っている例もある（ロジスティックネットワークにおけるトラック配送計画の作成など）．

また，最近ではサプライチェーンマネジメント（Supply Chain Management：SCM）の手法が様々な業界で注目されている．SCMとは，企業間協力のもとに計画，調達，生産といった一連の業務の効率化を図る経営手法のことである．SCMでは全体最適化（あるいは大域的最適化）という概念が重要視されていて，計画，調達，生産などの各部門が個別にスケジューリング計画を作成して最適化することによって，かえって全体の効率を悪化させることを避けることが目的である．つまり部分的にコストが増大することがあっても，全体で効率化を図って全体のコストを下げることを目指している．施工や部品製造といった各部門においては，単にスケジューリングを行うだけでなく，全体の大域的最適化のために各部門のスケジューリング調整が必要になってくる．また，SCMでは，従来からロジスティックといわれていた分野に積極的にIT技術やオペレーションズリサーチ（OR）の手法を導入しているのが大きな特徴の1つである．

3.5.2 SCMシステムにおけるスケジューリング

SCMでは，既に述べたように全体最適化を目指しているが，そのためにいくつかの問題が発生する．例えば，誰が（どの立場の人が）最適化を行うのか，また長期的，短期的には何をどこまで決定するか，などである．これらの問題の解決法として，久保（2001）は次のような意思決定のレベルを提案している[1]．

① ストラテジック（戦略的レベル）：長期（1年から数年，数十年）の意思決定
② タクティカル（戦術的レベル）：中期（1週間から数ヵ月，数年）の意思決定
③ オペレーショナル（作戦的レベル）：短期（リアルタイムから1日，数週間）の意思決定

これらの期間の設定は，工場生産などを中心とした製造業を想定しているので，業界が変われば期間の設定も異なってくる．基本的に①のレベルでは，全体の工程計画をおおまかに作成する．より細部の計画の決定は②や③のレベルでの最適化によって行われる．具体的に②や③のレベルでは，施工や部品製造などの資源配分計画やスケジューリングを決定していく．ここで用いるスケジューリングの手法については次項で述べるが，特に近年の最適化技術の進歩や計算機システムの大容量化や高速化によって，複雑でより実システムに即した大規模な問題が高速かつ正確に解くことが可能になってきている．しかし，②や③のレベルでのスケジューリング問題が解けたとしても，この結果が①のレベルに戻って反映されなければ単なる部分最適化である．そこで，②と③での結果をもとに①のレベルで全体計画を変更し，改善していくわけであるが，一般的には①のレベルでのスケジューリングでは，各部分がトレードオフの関係になっていて全体最適の糸口が見つけにくいことが多い．そのため，現在ではこのような最適化問題に対して，近傍探索法という手法が適用されている．次項では，全体最適化の手法も含めてスケジューリング手法について解説を行う．

3.5.3 スケジューリングの手法

スケジューリングの手法では，CPM（Critical Path Method）やPERT（Programming Evaluation and Review Technique）などがよく知られている．これらについては多くの書籍等で解説されているので，西村（2000）などを参照していただきたい[2]．

PERTを用いると小さな規模のスケジューリング問題ならば計算機を用いなくても，人間が（つまり紙と鉛筆で）解くことが可能である．しかし，PERTなどは計算機資源が豊富でないころの手法といえなくもない．既に述べたように，最近では近傍探索法を用いて最適化を行う研究が盛んに行われている．

近傍探索法は局所探索法（local search），あるいは局所探索法を発展，改良された手法も含めて，メタ戦略アルゴリズムやメタ解法などと呼ばれており，スケジューリングの世界だけでなく，配送計画問題やロットサイズ最適化問題などに用いられて大きな成果を上げている．このメタ解法については柳浦・茨木（2001）などの解説書を参考にしていただきたい[4]．図3.5.1は組合せ最適化問題と近傍探索法の概念図である．一般的にスケジューリングのような組合せ最適化問題では，目的関数値（例えば全作業終了時間）は図3.5.1のような構造の曲線をしているために，大域的最適解のほかにも局所最適解が多数存在する．しかし問題のすべての解を同時に考慮するのは現在の計算機をもってしても不可能である．よって，図3.5.1の近傍と呼ばれる範囲に1回の探索を限定して，この近傍探索を繰り返すことによって高速に優れた解を算出することに成功している．ただし，近傍（探索範囲）の定義を問題に応じて適切に行う必要があり，これについても解説書などに様々な方法が紹介されている．

図3.5.2は建築プロジェクトに対して近傍探索法を適用した事例である．設計者は十分に設計内容の検討を行いたいため，建築生産情報確定を遅らせる方向に働く．また，生産者の傾向として生産過程における不測の事態に備えたいこと，施工前のリードタイムを長くしてコスト低減を図ることなどのため，建築生産情報確定を早める方向に働くと思われる．両者はトレードオフの関係にあるが，勝山ら（2001）は，建築生産情報確定工程の領域とその確定工程に組み込むべきルールを明らかにした後，近傍探索法を使った建築生産情報確定工程の最適化を行い，実プロジェクトに適用した場合における最適化方法の有効性を確認している[5]．例えば，設計図面の検討，承認はある範囲（近傍：$d \geq 0$）で，早めたり遅めたりすることが可能であり，これが近傍探索に相当する．この場合では，新しいdの値をもとに各部分のスケジューリングを作成する．このように全体の費用をみながら部分的に状態を変化させていき，これを各部分について交互に行う近傍探索法を提案している．

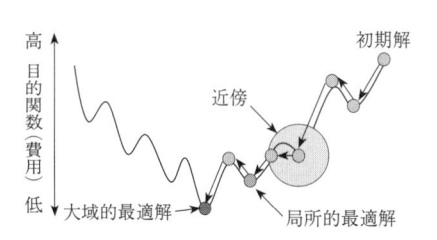

［藤澤克樹］

図3.5.1 組合せ最適化問題/近傍探索法（概念図）
近傍（探索範囲）を定義して，その中で優れた解に移動する．近傍を適切に決めることによって効率の良い探索が可能．

文　献

1) 久保幹雄：ロジスティックス工学，pp. 16-20, 朝倉書店（2001）
2) 西村克己：よくわかるプロジェクトマネジメント，pp. 152-155, 日本実業出版社（2000）
3) SCM研究会：サプライチェーンマネジメント，日本実業出版社（1999）
4) 柳浦睦憲，茨木俊秀：組合せ最適化―メタ戦略を中心として，朝倉書店（2001）
5) 勝山典一ほか：建築生産情報の確定工程に関する研究．日本建築学会計画系論文集，p. 548（2001）

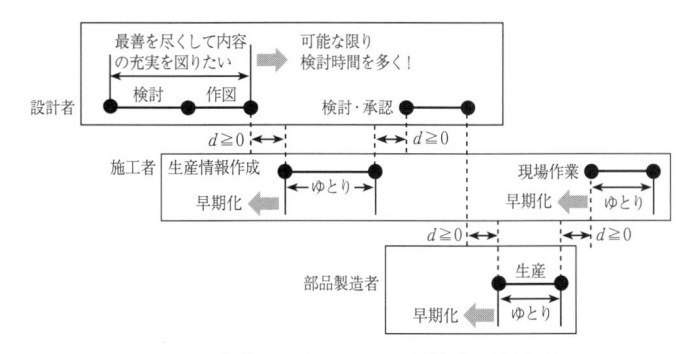

図3.5.2 建築プロジェクトへの近傍探索法適用事例

3.6 トータルクオリティマネジメント

3.6.1 トータルクオリティマネジメントとは

建設産業はもともとプロジェクト型の産業であり，建築生産プロジェクトは以下のような特徴を持っている．

① 受注生産による一品生産
② 階層的組織による労働集約型生産
③ 現地で行われる地域性の強い生産
④ プロジェクトごとに組織・設備の構築される生産

このような特徴を背景に建設産業はこれまで，製造業における品質管理への取組みを手本として，品質・コスト・工期・安全などに対する総合的な質の向上を図る管理技術であるトータルクオリティマネジメント（Total Quality Management：TQM）を展開してきている．それぞれの企業が，独自にTQMのコアマネジメントシステムとしての企画・計画・設計・施工・維持管理に至る品質保証体系に基づく社内の生産システムを作り上げてきた．

近年は，国際化への対応，競争性の確保やプロジェクトの透明性の確保といった要請から，さらに，品質管理および品質保証の規格であるISO 9000シリーズや環境マネジメントシステムの規格であるISO 14001などの国際規格の適用によるマネジメントシステムが整備されてきている．

3.6.2 全体工程管理

建築生産プロジェクトにおいては，その企画段階で全体工程の目標が明確になっている場合が多い．例えば，商業施設においては，来年のクリスマス商戦に合わせて新店舗をオープンさせたい，あるいは，学校施設においては，新年度に合わせて校舎を新築したいといった具合である．しかしながら，プロジェクトは，その開始時点では目標（計画）の実現可能性は最小で，プロジェクトの進行に伴い，計画の詳細度が増すにつれて，その確実性が徐々に高くなるものである．

発注者は，企画段階においては，

① 過去のプロジェクトデータ
② 業界団体や専門家の協会の一般情報

などによって，その確実性が確認され，後続の計画・設計・施工の各段階の開始と完了の時期が，プロジェクトのマイルストーンとして概略設定されていく．

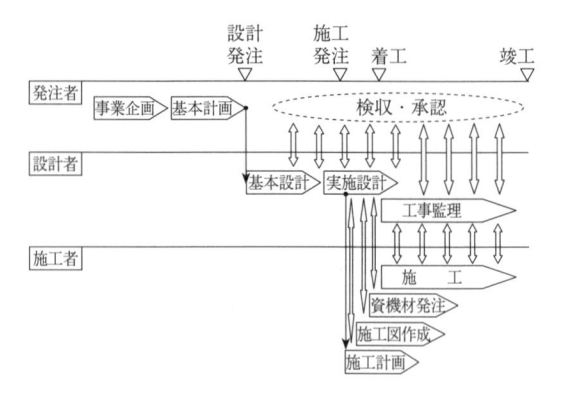

図3.6.1 スケジュールの関連性のイメージ

当然，特殊・複雑・高度なプロジェクトでは，専門のコンサルタントの意見を広く求めることもある．

このようにして具体的にプロジェクトが動き始めると，プロジェクトの規模にもよるが，当面のスケジュール（月間のスケジュール，あるいは設計者の選定までのスケジュール）を作成し，管理していくことになる（図3.6.1）．

建築生産プロジェクトにおいては，設計や施工の生産行為が，ほとんどの場合，発注者の外部の設計事務所や施工会社によって実施される．そのため，発注者の目標スケジュールが契約条件となり，設計事務所と施工会社は，契約条件の実現のための実施の設計スケジュールと工事工程表をそれぞれ作成し，スケジュール管理を行うことになる．しかしながら，それぞれの設計スケジュールと工事工程表は別々のものではなく，プロジェクトの全体の期間を通して密接な関連性を持つことになる．発注者を含め設計者，施工者の各プロジェクト参画者が，共通認識を持ってそれぞれのスケジュールを全体スケジュールに落とし込み，合意に基づく管理を行っていく必要がある．

発注者，設計者および施工者の十分な理解に基づいて，施工の順番に従って段階的に綿密なスケジュール管理が行えれば，全体スケジュールの最適化を図ることができる（図3.6.2）．

特に，発注者の意思決定は，作業の進捗に深くかかわってくるため，発注者の意思決定プロセスには，スケジュール作成・管理上，十分な留意が必要である．また，建築生産プロジェクトは，建築確認申請等の関係諸官公庁への多くの届出とそれに対する許認可が必要である．これらに対するスケジュールへの影響をあらかじめ周知しておくことも重要なポイントになる．

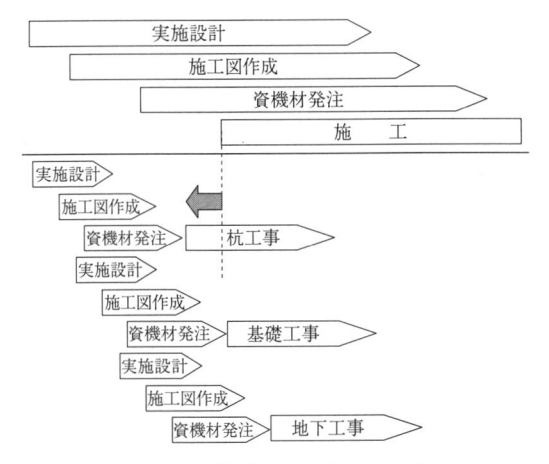

図 3.6.2 段階的なスケジュール管理

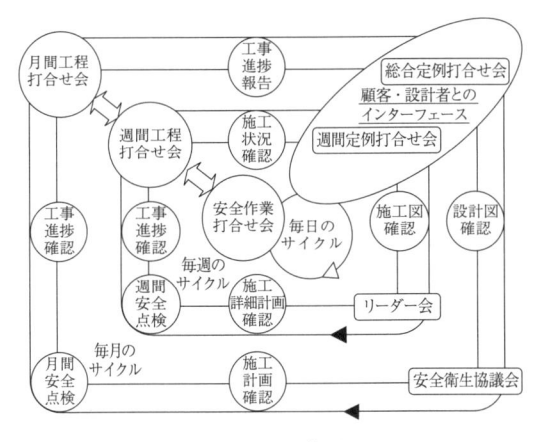

図 3.6.3 施工現場の管理サイクル

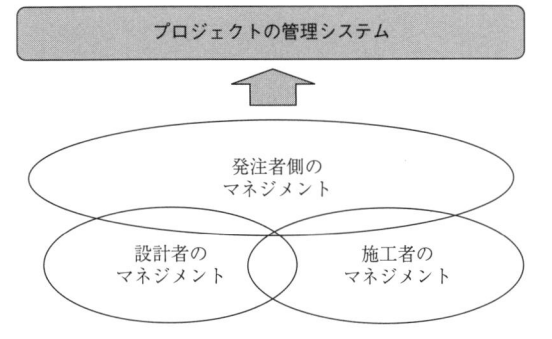

図 3.6.4 全体プロジェクト管理のイメージ

以下が，月間・週間・日常の管理サイクルの中で，Plan・Do・Check・Action の管理が行われていく（図3.6.3）．

発注者や設計者との全体プロジェクトとしての管理は，現場における月間の総合定例会議，あるいは週間定例会議の場において行われる．

総合定例会議あるいは週間定例会議の場を通じて，プロジェクト全体として統合された管理システムによってマネジメントされることが，スケジュール管理のみならず極めて重要である（図3.6.4）．

[坂本圭司]

文　献

1) 〈対訳〉ISO/JIS Q 10006
  （財）エンジニアリング振興協会監修：品質マネジメントープロジェクトマネジメントにおける品質の指針とその解説，(財) 日本規格協会（1998）
2) 朝香　一編：新版 建設業のTQC，(財) 日本規格協会（1986）
3) 施工管理者養成委員会編：新現場マンのための施工管理者養成講座，彰国社（1998）

スケジュールへの影響の大きいものとして，以下のものがあげられる．
① 発注者のプロジェクト管理プロセス
② 関係諸官公庁への届け出と許認可のタイミングと期間
③ 資機材の納期・製作期間と発注時期
④ 近隣からの制約

このような内容について，あらかじめ把握をして全体スケジュール作成時に盛り込んでおくことが必要である．

多くの場合，施工現場においては，
① 全体工程表
② 月間工程表
③ 週間工程表
④ 日常の作業予定

によってスケジュール管理が行われている．全体工程表が見直されることはまれであり，月間工程表

3.7 ライフサイクルマネジメント

ライフサイクルマネジメント（Life Cycle Management：LCM）とは，これまで建物についてスクラップアンドビルドを繰り返してきた反省から注目されるようになったもので，端的にいえば「建物の機能や効用の維持あるいは向上を適切なコストのもとで，生涯にわたって管理し実行すること」と定義される．その主体となるのは当然ながら建物の所有者であるが，専門的な技術を必要とする部分も多いので，具体的な作業については外部へ委託されることも多い．

3.7.1 企画段階からのLCM

LCMを考える場合，建物の竣工後から始めるのでは既に遅く，企画段階からのLCMが重要とされる．企画段階で重要なことは，使用予定年数の設定である．従来の建物管理は，5年ないし10年程度で計画を策定し，そのなかでコストバランスを考えるという短期的なものが多かったが，これはより長期的な目で見ると必ずしも最適なものになっていないことが多い．例えば，補修方法を選択するのに5年しか持たないが最も安価な方法とするか，多少コストは要するが20年はもつ方法とするかによって長期的なコストは異なってくる．従来は，建物を何年使うかということをあまり明確に意識しないことが多く，維持管理や運用のコストもその場，その場で考える傾向が強かった．こうしたやり方では，建物の生涯にわたる費用であるライフサイクルコスト（Life Cycle Cost：LCC）を適切に管理していくことは難しい．

LCCに関しては，建物の新築費用と生涯にわたる運用費用，および解体撤去費用の総計として考えるが，一般に新築費用を低くすると運用費用が大きくなり，逆に運用費用を低くしようとすると新築費用は高くなる傾向があるとされる．このバランスを適切に考慮し，LCCを最小に抑えることがLCMの大きな目的となるが，使用予定期間が定まらないとLCCの計算すらできないことになる．

また，使用予定年数により建物の性能水準を変えることも考えられてよい．このことはLCCにも大いに影響する．例えば，100年以上の長期使用を予定する建物と，おおむね30年程度の短期使用予定の建物における性能水準の違いについて，表3.7.1のような試案が考えられる．現在の考え方では，特に使用期間に応じて建物に対する性能水準を変えるということはあまり行われていない．つまり10年しか使わない建物でも，100年使おうとする建物でも，基本的に求められる性能に大差はない．

なお，使用予定年数はあくまでも予定であって，実際はそのとおりにはならないのではないかという懸念も当然考えられる．もし予定年数を超えようとする建物があれば，その時点で建物の徹底的なチェックと補修を実施し，想定される延長期間内の使用に耐えることを確認した上で使用を継続するなどのことが求められる．

企画段階がLCMにとって非常に重要であることは以下の点からも指摘できる．建物の形状や使用材料は，建物の使用段階における清掃や修理に大いに影響を与える．また空間計画が，居住側の将来的な要求の変化への対応や，経年劣化による部品・部材の交換を想定しているか否かも重要なポイントとなる．

3.7.2 運用段階におけるLCM

建物の竣工後におけるLCMの一般的な業務内容としては，LCCの管理を前提として

表3.7.1 使用期間に応じた性能水準の試案

性能項目	長期使用建物	短期使用建物
設備の維持管理	道連れ工事を排除するとともに，清掃点検はもちろん容易に交換・補修が可能とする	点検・清掃のみを考慮する
温熱性能	断熱性能を高めたり，パッシブ技術等を活用し，エネルギーコストを低減する	躯体性能は最低限とし，設備機器類で環境を維持する
耐震性能	まれに襲うような大地震でも損傷は軽微になるようにして，使用の継続を容易にする	大地震に遭遇した場合は，倒壊はさせないものの，補修による使用の継続は考慮しない
劣化防止対策	主要部分に関してはできるだけ高水準の劣化防止対策を施す	使用予定期間に対応した必要最小限の劣化防止技術を採用する
空間の可変性	居住者の要求変化等に容易に対応できるように，間仕切りや水回りなどでの可変性を確保する	特に考慮しない
解体，リサイクル	将来の技術に期待する部分があってもよい	現状の技術で容易に解体でき，リサイクルにも対応できるような構法や材料を選択する

（出典）2002年度日本建築学会PD資料「性能設計と期限付き建築物」

表 3.7.2 建物維持管理のガイドライン（案）項目

1. **対象および目的**
 建物の所有者などに対して建物管理のための基礎となるべき方針の作成を求め，その場合の考え方と建物管理方針に含めるべき必要事項を示す．
2. **用語**（略）
3. **建物管理の考え方**
   1) 建物管理はその必要性を認識した上で，あらかじめ行動についての計画を作成し，それに基づいて行う必要がある．
   2) 建物管理の計画については，その目的も含めて関係者すべてに必要事項を周知し，あらかじめ理解を得ておくことが業務の推進に不可欠である．
   3) 建物管理のあり方は，計画自体を含めてたえず評価し，見直しをしていくことが重要である．
   4) 建物管理を評価していくためには，建物の諸元や仕様についての現況，光熱費や修繕費，清掃費を含む維持管理コスト，修繕履歴，増改築履歴など関連情報の管理が重要である．
4. **建物管理における必要事項**
   4.1 管理方針の決定など
      1) 建物の管理方針は，その建物を所有あるいは使用する母体である企業など組織の運営方針に従って内容を定められるべきものである．
      2) 個々の管理対象を明確にし，それぞれについての使用予定年数もしくは建物管理の計画年数を明確にしておく．
      3) 使用予定年数と管理方針に従って以下のような維持保全計画と，それらに要する資金計画を立てる．
         ① 長期維持保全計画（使用予定期間）
         ② 中期維持保全計画（5～10 年）
         ③ 年度維持保全計画
         ④ 日常的維持保全計画（清掃，機器類の運転・監視など）
   4.2 管理の実行体制など
      1) 建物管理の体制を明確にする．
      2) 必要な業務の内容と実施方法を明確にする．
      3) 管理担当者の自己啓発を図る．
   4.3 建物の利用者への対応
      1) 建物管理業務への理解を求める．
      2) 利用者の啓発，訓練を行う．
   4.4 情報管理
      1) 建物管理に関する情報の管理システムを作り，活用する．
      2) 建物管理などのマニュアルを作成する．
      3) 利用者向けの使用手引書などを作成する．
         注：基本的に管理が必要と思われる情報としては以下のようなものがあろう．
            ① 設計趣意書（設計の条件や意図などが記載されたもの）
            ② 設計図書（意匠・構造・設備関係の竣工図と仕様書，構造計算書など）
            ③ 建築確認の申請書および確認済証
            ④ 工事完了時の検査済証
            ⑤ 使用機器類の諸元，操作マニュアル原本類
            ⑥ 外部委託契約書
            ⑦ 建物の現況に関する諸元（構造，面積，階数等）
            ⑧ 管理対象の現況図
            ⑨ 補修・修繕工事記録（内容，実施箇所，施工者，費用など）
            ⑩ エネルギーなどの使用記録（使用量，費用）
            ⑪ 外部委託作業記録（内容，費用など）
            ⑫ 増改築工事記録（内容，実施箇所，施工者，費用など）
            ⑬ 作業検査結果および評価の記録
         マニュアルに含むべき内容としては，大まかには以下のようなものが考えられる．
            ① 管理対象に関する諸元の確認
            ② 機器類の操作方法，点検方法，定期点検周期などの確認
            ③ 清掃などの作業基準
            ④ 非常時の対処方法
         また，建物管理の現場においては，作業仕様書の作成も作業品質を確保するという点で有効な方法である．これらには個別的，専門的な内容が多く含まれるので，具体的な業務を遂行する段階，すなわち建物管理の担当者レベルで作成を考えていくことが望ましい．
   4.5 業務の検査および評価
      1) 維持管理に関する各種の業務について，実行結果を適宜検査する．
      2) 定期的に業務の遂行結果を評価する．
   4.6 建物管理の社会的責任
      1) 関連する法規類の確認と遵守
   4.7 管理全般の見直し
      1) 管理方針を含めた全般的な見直しを適宜行う．
      2) 業務全般の見直し方法の策定を実施する．

（作成：日本建築学会建築経済委員会LCM小委員会ほか）

① 建物の維持管理（清掃，補修），設備機器の運転保守，環境管理
② 顧客（居住者，使用者など）満足度の確保
③ 修繕履歴などの情報管理とそれらの分析結果に基づく将来計画の策定
④ 建物の改修や増改築，用途変更に伴う改修，建て替え

のようなことが考えられる．従来からも建物の維持保全は実施されてきているが，従来型の維持保全はもっぱら事後保全を中心とした受け身に近いものが多かったといえる．極端な言い方をすれば，何か事が起きてからやむを得ず対処するという感覚に近いものであったと思われるが，LCM の場合はもっと戦略的に建物を管理しようとするものであり，例えば，主要部分について計画的な予防保全を積極的に取り入れ，予算のより合理的な配分を考えるなどということもその中に含まれよう．

実際の業務の遂行にあたっては，個別の業務について作業標準や作業結果の評価基準，さらに結果を次の作業にフィードバックする手順などを定めることが有効であるが，これらはかなり高度な内容となることもある．業務内容によっては外注される場合も多いが，全体の管理責任はあくまでも建物の所有者にある．そこで所有者として，建物の LCM についてどのような考え方で臨むべきかが重要なポイントとなる．その点に関して参考のため，日本建築学会で策定した「建物維持管理のガイドライン（案）」（表 3.7.2）について概要を紹介しておきたい．これは以下のような趣旨によるものである．

「建物の所有者，あるいは所有者に準じた管理の権限を持つ者は，すなわち建物管理の最高責任者であることは当然であるが，必ずしも建物管理についての専門知識を有しているとは限らない．このことが管理の不十分な建物を生み出し，いたずらなスクラップアンドビルドにもつながっていると考えられる．このガイドラインは，建物管理の最高責任者たるべき建物所有者に対して，建物を維持・運営していくための最高責任者としての立場から建物管理方針を作成することの必要性を示し，その作成にあたっての考え方と，建物管理方針に含める必要性が高いと考えられる事項について述べている．」

[小松幸夫]

3.8 ナレッジマネジメント

3.8.1 ナレッジマネジメントとは

知識には，普遍的に共有できる形式知と経験によって獲得される暗黙知がある．建築生産においても多種多様な膨大な知識が存在しているが，その多くは明示的には表現できない暗黙知であり，個人の経験によって獲得されたものである．建築生産における形式知は，構工法の部材・部品構成，標準詳細，技術基準等の設計や施工計画の段階で，意思決定や認識上の規範として組織的に共有され利用されている知識である．暗黙知は，構工法の適用方法およびその検討プロセス，構工法を採用した際の品質，工期，労務工数等の評価方法など，いわば経験的に習得され蓄積された知識である．これらの知識は，実際には個人に属していることが多く，組織的に活用する仕組みにはまだまだ不備な点が多い．個人の持つ暗黙知と組織の持つ形式知をダイナミックに循環させ，互いを高めあう共創関係を作り出すことが求められている．そのためには，建築生産にかかわるすべての人々が協調的に利用できる建築生産の知識や情報を循環させる仕組みの構築が重要であり，ここにナレッジマネジメント（Knowledge Management）の手法と，それを活用した様々な情報システムが活用されている．

3.8.2 ナレッジマネジメントのフレームワーク

製造業においては，野中郁次郎らによる組織的な知識創造の研究[1]があり，ここではこのフレームワークを建築生産にあてはめて解説する．また，類似したフレームワークに関する研究として，アメリカの CII（Construction Industry Institute）を中心に行われたコンストラクタビリティの研究[2]およびイギリスの CIRIA（Construction Industry Research and Information Association）によるビルダビリティの研究[3]がある．また，最近では畑村洋太郎らによる失敗学[4]も，プロジェクトごとに繰り返される品質上の不具合を防止するために必要なナレッジマネジメントの鍵の１つと考えられる．

ナレッジとは

| データ | 情報 | 知識 | 知恵 |

・ナレッジはデータ・情報から知識・知恵の分野まで対象が広まってきている．マイナス情報も

ナレッジの1つ（失敗学）

（個人知）（集団知）（組織知）（組織間知）

・建築生産には個人知・集団知・組織知・組織間知が混在している

マネジメントとは
・ナレッジを行動に具体化すること
・ナレッジの共有化で集団・組織全体の能力を向上させること

3.8.3 建築生産におけるナレッジマネジメントの必要性

現在の建築生産においてナレッジマネジメントが必要とされる理由は，以下の2つに大別される．

① 建築生産にかかわる企業等の組織の拡大，プロジェクトの大型化・複雑化に伴う必要性
  ・分業化・専門化の進んだ組織において情報と知識を共有する必要性
  ・社会の変化，顧客ニーズなどへ迅速に対応するために集団・組織を超えて情報と知識を共用する必要性
② 建設業の特性による必要性
  ・プロジェクトを成功させるために，設計・製造・施工などの異なる生産主体間で情報と知識を利用する必要性
  ・国内外に分散する作業所間あるいは作業所と本社や支店スタッフとの間で情報と知識を共有する必要性
  ・個人個人が持っている専門性・個別性の高い技術・ノウハウの，集団・組織としての共有と伝承の必要性

また，建設に携わる企業がナレッジマネジメントを実施するねらいは，以下の3点に示すような個人のナレッジを体系的にマネジメントし，共有することにより経営戦略とすることにある．すなわち，ナレッジマネジメントを技術の伝承，スキルの共有化のための方法論とはみていない．

① 企業の内なる業務改革・生産性向上
  ・品質の向上，コスト低減，ミスやロスの低減，間接費用の削減
  ・業務のスピードアップ
② 顧客価値の創造
  ・市場・顧客満足から顧客との関係づくり重視へ
  ・顧客への価値，ソリューションの提供（コスト・スピード・サービス）
  ・顧客と共同で市場価値創造（パートナーへの顧客進化）
③ 人材の育成
  ・個から群へ，群から個へナレッジを展開することによる強い個，強い群の確立
  ・ナレッジの共有から共用の展開によるナレッジの専門的視点からの人材育成

3.8.4 ナレッジマネジメントにおける情報技術の利用

現代は建物が多様化・高度化し，工事が複雑化・大規模化するに従い分業化・専門化が進み，事業計画，企画・設計（意匠・構造・設備・監理），製作・施工（ゼネコン，専門工事業者），運営・維持管理，改修・再生と建物のライフサイクルにかかわる業務

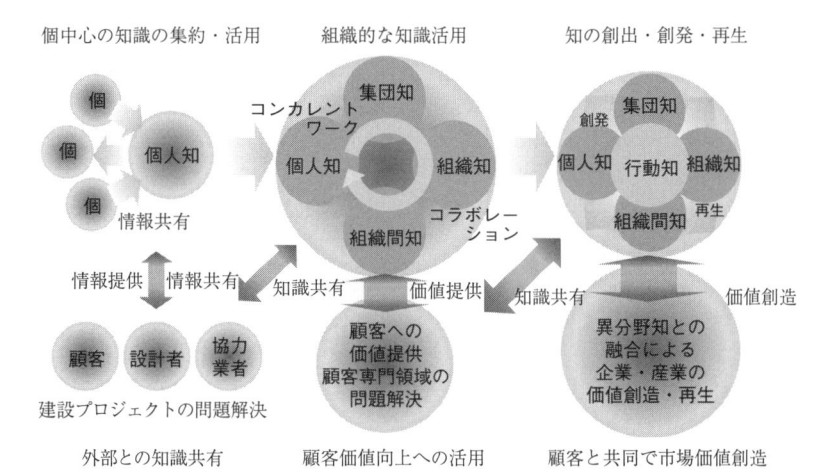

図 3.8.1　ナレッジマネジメントの展開

が，対象分野・プロセスにおいて細分化して行われるようになっている．これに対応して建物の企画・計画から維持・保全までのライフサイクルにおいて，各々の業務内容に対応した専門家集団が効率化の追求という点から成立しており，各々の業務範囲を全うしながら業務を受け渡していくやり方（バトンタッチ方式）により建設が進められている．すなわち，プロセス（垂直）と分野（水平）に情報やノウハウが分散しており，さらに技術にかかわるエンジニアリング情報と管理にかかわるマネジメント情報も分散して建設が進められている状況である．

ところが，分業化・専門化が高度に進むとバトンタッチ方式を前提とした仕事の仕組みやプロセスは部分最適になりがちであり，技術やノウハウを統一・融合しなければならない建物づくりにとって必ずしも最適な方法とはならない．本来の建物は相互依存性の高い様々な機能が全体最適化されてはじめて価値が生まれるもので，部分最適の集合は必ずしも全体最適とはならない．

この全体最適を目指すためには，建築生産における流れのスピードを重視した2つのシステムが構築されている．1つは，生産プロセスのすべての段階を通じて設計・施工関係者が互いに技術やノウハウを出し合って同時並行で作業を進める縦の統合生産システムとしてのコンカレントワークシステムである．もう1つは，生産プロセスの各段階で，メーカー，専門工事業者等を含め広く関係者が一体となって協同作業を進める横の統合生産システムとしてのコラボレーションワークシステムである．

a. CADを利用したコンカレントワークとコラボレーションワーク

従来の建築生産プロセスでは，企画設計，基本設計，実施設計という段階でその業務が区分けされ，それぞれの段階ごとに決定情報をまとめ，次段階ではその決定情報に基づき詳細な情報を作成してきた．CAD情報が共有されると，実際の意思決定はこれまでどおり段階的に行われるにしても，検討作業などは企画設計レベルの情報を使って構造計画を予備的に評価し，さらにその情報をもとに基本施工計画を展開するなど，様々な検討作業を同時に進めることができるようになる．

設計部門の中だけでも，設計，構造，設備の担当者が同じデータを使いながら同時並行で作業できるため，設備図と構造図の不整合性も回避できる．また，企画・基本設計の段階から施工計画を開始できるということは，プロジェクト全体の納期短縮につながるだけでなく，施工のノウハウを設計に反映させることを可能にする．生産設計においては，設計・施工等の担当者間の整合をとった意思決定が重要であるが，CADはこのための有力なツールとなっている．

b. ネットワークを活用した情報と知識の共有・活用

今までの情報のやり取りは，個と個を直線的に結んだものであり，複数で情報を受発信し情報を共有することができなかった．しかし，情報技術の進展によりネットワーク化することで個から群へ，群から個へ同時にリアルタイムで受発信でき共有できるようになった．この技術を個と群で活用する方向には，ここに掲げた大規模プロジェクト，中小規模プロジェクト，同種施設プロジェクトの3つの切り口がある．

大規模プロジェクトにおいては，建設プロジェクトマネジャーを中心にその豊富な経験に基づく創造力と全社の専門技術スタッフのノウハウを結集させながら，顧客やプロジェクトのニーズに対応できる生産システムを構築していくことが必要である．ここでは情報技術を駆使して，当該プロジェクトを中心に，専門化・分業化したプロジェクト関係者が持つ要素技術やノウハウを結集し，群として活用する仕組みが構築されている．

大規模プロジェクトにおける個と群での情報技術の活用事例としては以下のものがある．

① 計測のリアルタイムマネジメントとイントラネットを活用した専門スタッフによる支援
② 物流センター方式による資機材管理
③ 新技術適用における3次元CAD等を利用したシミュレーションの活用
④ 発注者・設計者・施工者・専門工事業者間の情報共有化とWebを利用した情報公開と共有化
⑤ 複数工区の総合情報管理システム

一方，中小規模プロジェクトでは，本支店スタッフや拠点プロジェクトの支援のもとで個の現場を群管理方式により支援することにより，群のなかで情報と知恵を交換することにより，中小プロジェクトの技術者でも全体を見通した最適品質の作り込みや創意工夫に時間をさけるような環境が実現しつつある．

また，集合住宅や医療施設などの同種施設ごとに

全国の現場をネットワークにより，群とし最新の全社情報と各現場の知恵を交換し共有しながら個の現場を運営するシステムがある．また，知恵の交換と併せて，全社レベルでの仮設材・型枠材・治具類の転用も行っている．

このようにナレッジマネジメントでは，ネットワークにより情報と知恵を「個と群」で共有することにより，より迅速で正確な情報と知恵の活用を推進することが重要である． [山﨑雄介]

文　献

1) 野中郁次郎：知識創造の経営，日本経済新聞社（1990）
2) CII : Constructability Concepts File, CII（1987）
3) CIRIA : Practical Buildability, CIRIA（1987）
4) 畑村洋太郎：失敗学のすすめ，講談社（2000）

3.9 コンカレントエンジニアリング

3.9.1 コンカレントエンジニアリングとは

コンカレントエンジニアリング（Concurrent Engineering）とは，製品およびそれにかかわる製造やサポートを含んだ工程に対し，統合された同時並行的（コンカレント）な設計を行おうとするシステマティックなアプローチである．狭義には，製品開発に従事するすべてのグループが協調して作業にあたることのできるオープンな情報システム環境を指す．品質，コスト，スケジュール，ユーザーの要求を含む，概念から廃棄に至るまでのプロダクトライフサイクルのすべての要素を，開発者に最初から考慮させるよう意図された設計手法といえる．そのため，設計や情報の食い違いがなく，工程に手戻りが少なくなる効果がある．それによる予算の節減効果も大きい．また，技術的に完成度の高い設計が行われるため，使いやすく欠陥の少ない優れた製品が期待され，顧客の満足度が高まるとされている．特に，技術的に困難を伴うような開発案件には適している．期間について従来の方式と比較すると，企画・設計などプロジェクト初期での検討期間が長くなるものの，各分野の検討を同時並行的に行う結果，全体として短縮が図られる．

コンカレントエンジニアリングは情報システムを利用しつつ新しい技術を創造するための方法論となっており，単に従来技術を電子化したものではない．もとは米国の軍事技術であり，DARPA（Defense Advanced Research Project Agency）が1988年7月に開始したプロジェクトDICE（DARPA's Initiative in Concurrent Engineering）が始まりとされる．近年の事例では，部品メーカーや利用者である航空会社との協同で，国際的分業によって開発された「ボーイング777型旅客機」がある．

3.9.2 コンカレントエンジニアリングの基本的理念

コンカレントエンジニアリングの基本となる理念は，以下の8項目に要約できる[2]．

これらはコンカレントエンジニアリングをうまく実施すれば得られる成果であると同時に，常に関係者が目標として意識しておくべきことでもある．

1) 問題があれば早期に発見すること（early problem discovery）

設計初期段階（特にライフサイクルの始めの20%まで）で発見された問題点は，後で発見された問題点より解決が容易である．

2) 早期に意思決定を行うこと（early decision making）

設計初期段階での自由度の幅は後の段階よりもはるかに大きい．そのため意思決定は先送りされがちである．しかし，その間に設計案が別の制約等から固まってしまい，創造的な案を反映できなくなることもある．斬新な考え方は突然生まれることが多く，これを放置しないことが重要である．

3) 作業を構造化してわかりやすくすること（work structuring）

コンピュータでは並列処理が可能だが，人間には本質的に不可能である．人間は，わかりやすく構造化された作業ならうまくこなすことができるが，雑然とした作業はできない．したがって，人間，機械，コンピュータのいずれにとっても作業を構造化すること，すなわち各作業を独立して処理できるような作業環境を整えることが重要である．

4) 組織のきずなを深めること（teamwork affinity）

分割された小集団で設計を進めた場合，個別分野では最適であっても全体としての最適性が実現されない設計案が往々にして生じる．また，お互いの信頼関係が増すと組織の相性もよくなる．業務に対する責任を共有できるのであれば，お互いを信頼すること，隔絶された環境ではなく，一緒に作業をすべきである．

5) **人間の持つ知識を拡張すること**（knowledge leveraging）

一般に製品の技術領域は幅広い．意思決定にふさわしい手法やルールをコンピュータで選定するような自動設計システムあるいは知識ベースを汎用的に構築することは不可能である．結局は，人間が知恵を絞って各所で展開する意思決定をうまく組み合わせ，複雑な問題を解決するしかないのである．

6) **相互に理解できること**（common understanding）

他のメンバーの仕事を理解すれば組織の作業能率は向上する．特に，お互いに関連する部分は何かを理解しておくことが重要である．例えば，ある変数を変更したときに組織の中でどの部分に影響を及ぼし，その変更によってどのような問題を生じるかをあらかじめ把握しておきたい．

7) **責任感と意欲を向上させること**（ownership）

設計過程で小さな単位の集団にまで決定権を与え，各自に製品開発への責任感を植え付けておくと，よりよい製品を生産することを目標として，組織は極めて活性化する．全体としての統合を阻害しない限り，権限委譲によって士気を向上させることが大切である．

8) **目標を統一して活動すること**（constancy of purpose）

ほとんどの部署は，対外的に好印象を与えたいと考える．時には全社的な目標に相反するような権益を追求することもある．部署内での「忠義」にかかわらず，全社的な目標が設定され共有されてこそ企業全体がうまく動くのである．それには各自が部署や小組織の権益を超えた視野を持ち，戦略的事業部や全社にとっての目標を理解しなければならない．部署の役割は，全社的目標との関係のあいまいな局部の利益追求ではなく，システム全体の目標に貢献することである．目標が共有されれば，部署の目的も均衡が図られ，各自の最大限の能力がうまく集約される．

3.9.3 コンカレントエンジニアリングの構成要素

このような理念に基づき，当該プロジェクトに必要な専門知識を有する多機能な集団のもとで，コンカレントエンジニアリングは展開される．こうした分野横断的な開発組織（Product Development Team：PDT）には，以下のような役割が含まれる．

① 製品計画者（product planners）
② 製品企画者（product concept engineers）
③ 技術者と分析者（engineers and analysts）
④ 製品設計者（product designers）
⑤ 試作品の技術者（prototype engineers）
⑥ 生産技術計画者（production engineering planners）
⑦ 統括管理者（management and control）
⑧ 製作・組立工（manufacturer and assemblers）
⑨ 配送支援者（delivery and support teams）

以上の9チームが互いに密な関係を持ちながらプロジェクトを実施する．これを支える知的モデルとして「プロダクトモデル」と「プロセスモデル」がある．これらは「全体」を「部分分割」と「再構築」によって理解するという思想に基づいたものである．また，電子メールやWeb閲覧等の情報システム環境についてはコンカレントエンジニアリングの前提条件というべきものであり，情報システムを整備するだけではコンカレントエンジニアリングにあたらない．

3.9.4 業務の時間的前後関係

コンカレントエンジニアリングの導入にあたり，特に重要となるのが「プロダクトモデル」と「プロセスモデル」の構築である．対象となる製品を物理的に要素分解したものが「プロダクトモデル」であり，製品の実現過程を時間軸から要素分解したものが「プロセスモデル」である．これらを構築するには製品の完成型と実現手段が確定されていなければならず，必然的にプロジェクト初期段階でかなりの意思決定がなされることになる．

特にプロセスモデルについては，個別の業務を明確に定義し，それぞれの担当者を前述のチームのいずれかに割り当てた上で時間的な前後関係を検討しなければならない．前後関係には，単純な直列的な関係（dependent tasks）だけでなく，一部または全部が同時並行で実施される関係（semi-independent tasks/independent tasks），相互の影響関係が強く同時に実施される関係（interdependent tasks）があり，ある業務が他の業務にどのような影響を与えうるかを予見しながら最適な業務配置を追求する．こうした検討がコンカレントエンジニアリングの根幹ともいえ，プロジェクトの成否を左右している．

［金多　隆］

文　献

1) 福田収一：コンカレントエンジニアリング，培風館（1993）
2) Prasad, B.：Concurrent Engineering Fundamentals, Prentice-Hall（1996）

3.10　サプライチェーンマネジメント

近年，サプライチェーンマネジメントという言葉が流行している．建設業には，これは無縁のことかと思っていたが，建設業にも実践者がいた．それは，ここで取り上げる鹿児島建築市場である．このインターネットとイントラネットで結ばれた集団は，建設業におけるサプライチェーンマネジメントの最初の実践者である．

3.10.1　サプライチェーンマネジメント
a.　サプライチェーンマネジメントとは

ここでサプライチェーンとは，商品やサービスの供給の連鎖のことであり，原材料からリサイクルに至るサプライの連鎖を意味している．サプライチェーンマネジメント（Supply Chain Management：SCM）という言葉は様々な視点で用いられており，多くの定義があるが，筆者は「部材の製造から製品の消費者への供給，その使用，さらに廃棄・回収・再利用に至るまでの全サイクルの物の流れ，商いの流れ，情報の流れを合理化して，顧客に提供する価値の増大を図り続ける総合的な活動」と定義して，物・情報・商いを流れとしてみて，これを統合的に合理化するという視点からサプライチェーンマネジメントをみている．

b.　建設サプライチェーンマネジメント

建設サプライチェーンマネジメントは，サプライチェーンマネジメントの考え方と方法を建設業に適用するものである．サプライチェーンマネジメントはあらゆる業種の中で展開されているものであり，当然，建設業においても適用可能であるが，建設業は典型的な個別受注生産であり，見込み大量生産を中心とする産業で進められてきた考え方と方法を適用するには，様々な工夫が必要である．しかし，イントラネットで結ばれた鹿児島県の150社の木造住宅建設企業の集団，鹿児島建築市場は，これをやすやすと実践している．

3.10.2　建設サプライチェーンマネジメントの実例
a.　鹿児島建築市場の組織構成

鹿児島建築市場は，①システム会社，②工務店，③建設現場，④資材供給会社・専門工事業者，⑤CAD積算センター，⑥プレカット工場の6つの要素から構成されている（図3.10.2）．

b.　建設サプライチェーンマネジメントの実践

次に，この鹿児島建築市場が，既に実施している建設サプライチェーンマネジメントを，そのプロセスに沿って追ってみよう．

1)　設　　計

建設業ではおびただしい多種類のCADが用いられている．CADデータは後で述べるように積算，調達，製造（工場），施工（現場），配送などに有効に利用できる宝の山であるが，CADが多種類であり，そのデータの互換性が欠けているため，このデータを後の工程で共同使用することが難しい．現在，産学官共同で異機種CADデータ交換の努力が重ねられているが，なかなか解決できない根の深い問題となっている．ところが，鹿児島建築市場では，イントラネットでつながれた各社が，共通のCADセンターに依頼して一種類のCADを使用し設計図を作成しており，この統一化を簡単に実現している．

2)　部品の整理と部品コードの標準化

グループ内の部品の整理が既に完了している．建材・部品の整理とコードの標準化も建設業界にとって重要なことと認識されていながら，なかなか解決

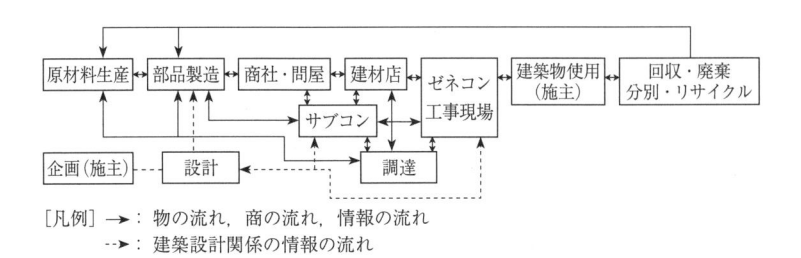

[凡例] →：物の流れ，商の流れ，情報の流れ
       --→：建築設計関係の情報の流れ

図 3.10.1　建設サプライチェーンの姿

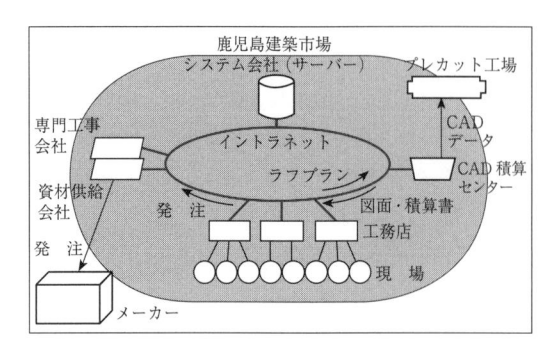

図 3.10.2 鹿児島建築市場の要素と関連

できずに残されてきた重大な課題となっている.しかし,鹿児島建築市場では,これが解決し,同一の部品コードがグループの全企業の中で流通している.また,部品・資材は,コンピュータソフトウェアの中でコード付けされている.これにより設計CADデータから部品の数量リストを自動生成することを可能にしている.すなわち,結果として150社がすべて共通の部品コードを使用している.

3) 流通の合理化

わが国における流通の大問題は,商流と物流における多重構造である.一般消費材等の分野では,量販店の主導で,この多重構造を合理化する改革が進展しているが,建設業においても,この商流・物流の多重構造は大問題である.鹿児島建築市場は,資材調達と納品の多重構造の解消に成功している.すなわち,鹿児島建築市場は,資材・部品は建材メーカーおよび大手一次問屋から直接購入している.購入単価は年間数量をまとめて決定しており,資材購入費の大幅低減に成功した.一次問屋−二次問屋−建材店−工務店という流通の多重段階による経費の重複の解消,資材の移動・倉庫入庫回数・荷扱い回数の減少などにより,無駄なコストを大幅に削減している.

4) 見積りと調達の電子化

設計のCADデータからの見積りの自動生成を達成している.CADの座標データの資材数量データへの自動変換と単価の年間取り決めによるデータベース化により,これを達成している.これにより一般に建設業界に存在している見積り部門が事実上消滅している.

また鹿児島建築市場は,見積りの電子データを用いて効率的な電子調達を実現している.各工事での使用する資材を確認してデータベースから選び,この多数企業分をコンピュータ内で集計し,建材一次問屋に電送して電子発注している.ここでも,普通に建設業に存在している購買部門(調達部門)が事実上,消滅している.

5) 物流 EDI (Electric Data Interchange)

鹿児島建築市場では,建設現場に毎日,その日に必要な資材をジャストインタイム(Just In Time:JIT)で配送している.これにより資材の汚れ・余り等によるロスが減少し,資材の到着遅れによる作業者の手待ちも減少している.多数の企業の工事現場に多数のメーカーの荷物を積み合わせた共同配送車を巡回させ,資材運搬の効率向上を図っている.しかし,この鹿児島建築市場でも数年前までは,資材を運搬する車両が現場に到着したときに,大工がいない,置場がないということで,持ち帰ることが多発していた.そこで現場にWebカメラを設置し,携帯電話による通信でそのスイッチを入れ,車両の運転手がモバイル端末で,現場の状況を画像で確認して配送する体制を構築している.これにより資材の持ち帰りの無駄が激減している.

6) 施　工

鹿児島建築市場の各工事現場に設置されたWebカメラは,工事管理の上でも威力を発揮している.ここでは管理者が遠隔他からWebカメラで大工がいるのを確認して水道工事など他職の職人からの問合せに的確にこたえている.これにより作業の連携を確実にしている.また,カメラで現地を確認し,資材を必要な時にJIT配送するように配送指示を出している.さらに,工事管理のホームページの掲示板に各人の日々の作業の経過を記入している.これにより,工事の進捗が驚くほど確実になった.インターネットで結ばれた集団が,全体最適のための公開情報を獲得し,秩序を自ら創出している.

[椎野　潤]

文　　献

1) 椎野　潤:建設ロジスティクスの新展開−IT時代の建設業の変革への鍵,彰国社(2002)
2) 椎野　潤:顧客起点サプライチェーンマネジメント,流通研究社(2003)
3) 椎野　潤:ビジネスモデル「建築市場」研究−連携が活性を生む,日刊建設工業新聞社(2004)
4) 椎野　潤:生きている地球と共生する建設生産−ロジスティクスとサプライチェーンマネジメントの視点からみる地球環境,日刊建設工業新聞社(2005)

3.11 情報技術によるマネジメントの展開

情報技術（Information Technology：IT）とマネジメントのかかわりとして，以下の2つの視点が考えられる．
- 視点1：ITは道具であり，IT化によって在来のマネジメントニーズが強化される．
- 視点2：ITは思想であり，IT化によりマネジメントの本質が変わる．

本項では，主に視点1の立場からITによるマネジメント（以下，IT化マネジメント）に影響するIT要素技術について考察する．

3.11.1 設計と施工の情報統合へ

1990年代中頃より，現場関与者間の情報共有を図る目的でWebベースのグループウェアがアプリケーションサービスプロバイダ（Application Service Provider：ASP）の形態で開発・運用され始めた．個別現場に多数の関与者が介在する建築生産システムにおいて，インターネット関連の公開標準技術（TCPIP，HTTP，FTP，SMTP，POP，HTMLなど）をエクストラネットとして活用できることは極めて有効であった．1990年代のこうした経験は，ASPによる現場情報の共有化を包含して，さらに設計と施工の情報統合へとその目的を拡大させつつある．現場単位からプロジェクトプロセス相互間への情報連携の拡大である．現段階では，主として大手総合建設会社の設計施工一括案件におけるIT活用型の生産設計システムとして試行されているが，IT化マネジメントはこうした取組みを単独の企業内だけでなく，複数の企業間でのコラボレート（協働）手法へと発展する可能性を有している．

3.11.2 標準化という技術課題

設計と施工の統合化におけるITの課題は，CADデータ，各種コード，ビジネスプロトコルの標準化である．EDI（Electric Data Interchange）の議論であるが，既に国および民間団体で種々の標準化作業が進められ，CADデータについてはSXF（S-CADEC）が，また各種コードおよびビジネスプロトコルについてはCI-NET（建設業振興基金），BCI（日本建築学会），KISS（日本建材産業協会）などが開発され，運用に向けた環境整備が進められている．IT化マネジメントは，多数の主体間で生産情報を共有する意味から，標準化を不可欠の技術課題とする．

3.11.3 マネジメント業務の表現

ここで，Extensible Markup Language（XML）というデータフォーマットが重要となる．XMLは，既に事実上のB to B世界標準であるが，その標準化が勧告された1998年当時，先行する国内標準化に割り込んだ感があったが，現在では，国土交通省の電子入札を含むクリアリングハウス，および土木部門の業務/工事における完成図書の電子納品に適用されるなど，公共工事において活用が進んでいる．XMLは，Web上での生産情報交換に適した技術であり，IT化マネジメントをより一層充実させる意味から，その活用を検討する意義がある．国内の建築生産に特化したマネジメント業務システムを市場関係者間でDTD（データ構造と項目名称の定義）に表現する試みが期待されるが，この場合，マネジメント業務の階層構造や業務項目および名称について，関係者相互間の調整が議論となる．

3.11.4 ブロードバンドの可能性

通信技術の動向もIT化マネジメントに影響する．例えば，OSおよびアプリケーションの相違を問題としないデスクトップシェアリングという在来技術は，FTTH（光ファイバー）による高速通信環境でさらに有用性を高める．ある現場サーバーに1つCADデータのファイルが存在すれば，ブラウザーの起動するあらゆるパソコンから当該現場サーバーの遠隔ビューが可能であり，同時に当該CADデータの閲覧，修正，保存が可能である．著作権上の議論を別にすれば，すべてのクライアントにCADソフトが不要であり，中間ファイルも介在しない．この場合には，IP-VPN（インターネット上の仮想専用線），あるいは電子署名・認証等のセキュリティ関連技術の重要度が高い．

ITを駆使したマネジメントの可能性は，生産者間のデータ操作性のみならず，ライフサイクルにわたる発注者/施主への情報公開をも保証する．IT化マネジメントは，B to Bである以上に，B to Cを通じた顧客満足度の向上に資することも可能であり，冒頭の視点2で述べた"マネジメントの本質変革"に向かう展開も見逃せない． ［平　智之］

3.12 R＆D──技術研究所の役割

3.12.1 ゼネコンの技術研究所の発足

清水建設が前身の設計部研究課（1944年設置）を引き継いで1946年に研究室を設置し，鹿島は（財）建設技術研究所（建設業界の総合研究機関たるべく1945年設置）を引き継いで1949年技術研究所を設置した．これらを端緒として日本の大手ゼネコンの技術研究所は1950年代に発足が相次いだ．

時代背景をみると，1948年建設省設置，1949年建設業法公布，1950年建築基準法公布・朝鮮動乱勃発である．また，この1950年には，建設産業人海外視察団が米国の建設会社の経営・機械化工法・新建材などに驚嘆したとの記録がある．国内の建設工事では，米軍基地拡張工事で米国との技術格差を痛感し，また新丸ビル等のRC・SRC造工事が戦後ようやく現れだした時期である．

発足当時の主な仕事として，進駐軍飛行場工事の諸試験とアメリカ側との間に発生したトラブルに対処する実験や大規模不具合発生の原因追求と対策立案などがあった[1]~[3]．このような過程で発足した技術研究所は，当初は社内の設計担当者や新技術採用予定作業所の管理者予定者などで構成されていたが，徐々に専従者が増え，大きいところでは300人を超える規模になり，売上上位30社程度が保有する現状にある．一部に総合研究所と称して経営企画やプロジェクト企画に範囲拡張を意図した例があるが，多くはハード技術の研究開発が中心である．

3.12.2 技術研究所の仕事の現状分類

建設会社のR＆D（Research and Development）の特徴を明確化するために研究開発が終了した後の使い方，いわゆる後工程の観点で単純化した比較を試みれば，大学の研究は概括的には開発に至らず，後工程は成果の論文発表と考えられる．メーカーでは研究から商品開発に進み，その後工程は社内事業部門による製造と販売，最近では権利獲得の後での外部メーカーでの製造販売である．建設会社では研究から開発を経て当該技術の実プロジェクト適用である．建材メーカーなどがプロジェクトの技術課題解決を担当するケースが増えているが，これは担当工種の範囲内に留まり，包括的には建設会社が担当しているのは本業での分担関係の反映である．

技術研究所の役割を分類すると次のようになる．

1) 自社の企業将来のための先行投資部分

研究開発に先行投資して新しい商品や生産技術を実現し，それで将来の企業利益につなげることが民間企業の研究開発に共通する本来的部分である．

企画提案に盛り込む技術は受注できないかもしれないリスクを背負い，また個別プロジェクト条件は多様である．そこで，この先行投資としての第1段階では技術が実適用できる確信を得ることを途中段階目標とし，プロジェクトが具体化した段階で詳細の詰め・確認と個別条件とのマッチング部分を実現しようとする2段階開発になる側面がある．

2) 個別プロジェクト技術解決部分

企画設計段階では，建物の完成時点での概略の姿の表現にとどまって詳細が記述されていないことが多く，これは個別プロジェクトの中にも技術開発要素が多いことを示している．また，2段階開発のうちの実適用に必要な後半部分でもある．

新技術適用にあたっての社会制度も影響しており，特殊な設計仕様ではそれが所定の性能を持つことを事前証明して第三者認定を得ることが必要になる．それが実験を伴う場合，実験施設を持つ技術研究所が事前証明用の実験を担当することになる．

3) 社内技術専任部署部分

技術研究所が社内向けに発信している情報も多い．内容は，開発技術紹介から，大きなあるいは繰り返された不具合の状況や原因と対処方法，建築への応用を目指した他領域技術紹介など幅広い．仕様や要領に関する社内基準策定の分担や従業員教育の一環としての技術教育の分担などは，企業内の技術に専門的にかかわる部署としての仕事である．

4) 社会貢献としての挙動部分

研究論文や開発技術紹介などを主とした技術研究報告などを公刊している．日本建築学会などの学協会活動には個人的活動との境界がわかりにくいが一種の社会貢献部分があり，例えば，標準仕様書JASS作成のかなりの部分に研究員が参加している．

5) 研究所企業的部分

社外から研究開発を委託されて実行する研究所企業的な部分がある．その発注者や委託内容は様々であるが，個別プロジェクトの遂行方法に特定仕様や要領書の設定を通して強制力をもたらす結果を伴うこともある．

3.12.3 今後のあり方の検討に向けて

外国からの見学者による「なぜゼネコンが技術研

究所を持つのか」との質問の定型化が話題になるなど、世界的にみて「あることが特殊」と評価されている。そこで「ないのが普通」の欧米との完成建物の補償責任の面での比較考察を引用する。

「外国では独立のエンジニアが技術の相談にのり、問題が発生すれば賠償を求められるため保険をかけてきた。保険会社もむやみに保険金を支払いたくないので、設計を審査したり施工を監査したりしている。そういう人たちが寄り集まって品質をガードしている。日本ではゼネコンが技術の開発や相談にのってきた。設計者が監理責任をとらなくなってきたが、それをカバーできるゼネコンが日本にいるから」[4]という。

筆者はこの見解に全面的に同感であり、若干の補足の議論を加えたい。

これは全体としてはリスクテイクするか否かの経営の問題であるが、この中の重要要素である技術的判断部分について技術研究所が直接・間接的に関与する場合が多い。企業内でみれば、この技術判断部署を地域事業部ごとに置くか本社に置くかの選択問題であり、判断力の維持向上策の問題である。同時に、これは建築生産における責任体系全体の問題である。建築主は基本的に建築の素人で品質欠陥の責任を発注先にとらせようとするのが当然で、誰かが責任を持って仕事を受けないことには建築主自身がリスクを引き受けざるを得なくなる。

研究開発の費用負担の明確化と競争性も求められだしている。特定プロジェクトの課題解決費用の当該工事への原価算入の徹底が明確化への方策である。ユーザーから見れば必要なときの必要なだけの技術力の有償利用であり、相当分の一般管理費の節減である。マクロでみれば原価算入の多寡は一種の市場性の証明とみなすことができる。

例えば電磁シールド対策など、近年の建築生産には建築以外の技術を取り込まざるを得ない部分が増えている。現状は建築以外の専門家を雇用して対応しているが、この自前主義には自ずと限界がある。特殊領域の専門家を1社で賄いにくい場合や、高価な実験施設を設置してもそれを有効に使う仕事が不足する場合などで、共同化・アライアンスが検討課題になっている。一部の共同研究では、各プロセスへの全員参加にこだわるあまり、各社の専門家の投入パワーが3社共同であれば3分の1との関係になっていないように見受けられる。最終的にはどこか1社が先行し、他社はその成果を購入する形のほうが全体として効率が良いのではないかと考える。

ここで留意すべきは、公開する売買範囲と個別企業利益追求部分との峻別であり、また技術判断と経営判断の主体分離に伴う責任分担の明確化である。純粋なエンジニアリング力部分は外部コンサルタントと内部組織の技術研究所の競争になる可能性があるが、責任を伴わないコンサルティングでの技術力維持には懸念を感じている。また、外部から調達する技術の評価力は内部に残さざるを得ないと予想している。

かつて超高層ビルや大型ドームが新技術による市場開拓と喧伝されたように、競争激化市場での勝ち残り策としての新市場・事業の開拓が各企業の重要課題になりつつある。これには技術営業的視点で設置している社内各部との分担が関係するが、例えば、複数企業の原子力本部が元は技術研究所内にあったように、積極的関与が求められている。

[佐々木良和]

文　献

1) 清水建設「技術研究所の年輪」(1994)
2) 鹿島建設技術研究所「40年の歩み」(1990)
3) 竹中工務店「竹中技術研究所物語」(1992)
4) 古川　修：建設業の世界，p.35，「講演　日本の建設業」を要約，大成出版社（2001）

3.13　コストマネジメント

3.13.1　コスト管理業務の現状

今や市場経済における企業間競争の激化とそれを一因とする建設市場の縮小により、建設事業においては発注者、受注者を問わず建設コストに対する関心が著しく高まっており、コスト管理に対して厳しい要求が課せられている。

近年、建設事業における設計の各段階で「いかなる手法でコスト管理を行っているか」についてのアンケートが事業主体の発注担当者に対して行われた。その結果の中で注目されるのは、建設コストを算出するにあたり、企画段階での手法として主流である床面積を指標とした「m^2単価」、「坪単価」による概算方法が、基本設計の段階においても多用されている点である。基本設計の段階では、「縮尺1/100程度の基本設計図面」が情報として得られているにもかかわらず、依然として企画段階と同様な手法により建設コストが算出されている。

結果として設計者は，計画と設計の指針を決め建物の概要を絞り込むこの基本設計の段階では，建設コスト全体の概算額しか得られていないケースが多い．したがって，建物の構成要素や設計内容に対応するコストのフィードバックが得られず，実質的なコストプランニングを行うことが困難な状況となっている．また，調査の結果は，この基本設計段階でのコスト管理業務に対して，建設コストの概算額の精度やその算出スピードなどを含めて，発注者の不満足度が極めて高いことを示している．

実際に，これまでのわが国の建設事業におけるコスト管理は，設計図面を後追い積算する形で建設コストを算出することが主業務であった．端的にいえば，設計図書から施工数量を拾い値段を入れるという手続きによって建設コストを算出するという計算プロセスだけで終わっているケースが多くみられていた．

建設コストの管理では，設計段階において計画上の経済性を検討し，工事の生産性を高める方策を設計に取り込むことが極めて重要であり，効果的である．しかしながら，コストの情報を設計や施工技術にフィードバックすることを通じて「予算に合った経済的な計画を進めていく」，「費用に対してより効率的な計画や調達方式を選択する」あるいは「コスト分析データをベースとして生産性の向上を図る」といったコストの管理技術や方法が，現状では設計段階で有効に活用されていない．

設計段階において発注者や設計者が必要とするコスト管理業務とは，建設コストの算出のみならず，算出したコストデータを計画にフィードバックすることを通じて目標とする予算内に建設コストを収めることであり，このようなコスト管理手法を実務に十分に定着させることが，現在求められている．

3.13.2 コスト管理の目的

本来のコスト管理の目的と考え方とは一体何であるのか，どのような役割を持っているのかを整理すると，次の4点があげられよう．

① 計画する建設事業を発注者の設定する予算内で収める．
② 予算の運用方法を最適化し，かつ事業への投資効果を最大化する．
③ 建設の初期投資額と施設完成後の運用コストとバランスの取れたコスト配分とするため，代替方策の検討などにより，長期的視点で見たライフサイクルコスト（LCC）の低減を図る．
④ 事業計画の進行中，発注者が行う様々な意思決定に際し，迅速にコスト情報を提供するとともにアドバイスを行い，的確な予算の執行状況を報告する．

すなわち，コスト管理とは，建設事業費を経済的かつ効果的に活用し，バリューフォーマネー（事業投資効果）の最大化を図るためのマネジメント業務である．

3.13.3 設計・計画段階におけるコスト管理の方法

次に設計段階における具体的なコスト管理のあり方を以下に説明する．

a. 設計の初期段階におけるコスト管理

建設プロジェクトの初期段階，すなわち企画あるいは基本計画時に算出される建設コストは，プロジェクトの予算となり，その後のコスト管理を進めていく上で重要な位置づけとなる．この時点におけるプロジェクトの予算設定は，通常，次の方法で行われている．

まず，この計画の初期段階では一般に設計図面はスケッチ程度しか得られないため，計画する施設の用途，規模，想定する仕様水準などから，あるいは他の類似プロジェクトにおける実績コストのデータから単位床面積当たりの建設コストを設定し，全体の予算が算出されている．

このプロジェクトの初期段階は，計画の概要やスコープを決定するとともに，仕様水準の設定，工程計画の判断，発注・調達方式の選択など，発注者の要求条件を設計コンセプトに転換し，計画の概要と方向性をほぼ決めてしまう時点である．したがって，建設コストの大枠が決まってしまう段階でもあり，コスト管理の観点からも極めて重要な時期であるといえる．

パレートの法則というものがあり，これはある製品のトータルコストの80％は，設計が20％進んだ時点で決まってしまうという法則である．建設プロジェクトにおいても基本的に同様であり，建設コストの大部分はスケッチの段階，つまり建物の概要が固まる時点で決まってしまうことになる．

ところが，今までの手法では，プロジェクトの計画にこの段階でコスト面からの検討が加えられることがあまりなかった．しかし現実には，設計の初期段階での決定事項のほうが，詳細設計に進んだ時点における判断よりもコストおよび時間的な節約に大

きな影響を及ぼす点，そして早期の段階での的確な意思決定が重要な点を踏まえ，コスト管理業務は，迅速な概算コストの算出，設計VEの実施，LCC低減化の検討など，適用メリットが大きくかつ効果の高い計画の川上段階へ移行してきている．言い換えれば，事業計画の初期段階における的確なコスト把握は，意思決定を行う上でより不可欠な要素となってきている．

b. コストプランの作成

設計初期の段階で予算が設定されたら，次に基本設計に入っていく．この時点でのコスト管理業務の役割は，基本設計図面から得られる計画施設の主たる構成要素（部位）ごとの概算工事数量と，これに対応する単価から全体の建設コストを算出し，予算内に収まっているかを確認することであり，これがその後の設計を進めていく上での各構成要素（部位）別のコストの計画枠，すなわちコストプランとなる．このコストプランは，設計を進めていく際にコスト面からのガイド役となり，実際のプロジェクトでよく見られる設計段階での予算超過による手戻りや変更，再設計を未然に防ぐ上でも有効である．

また，このコストプランに沿ってプロジェクトを進めていくツールとしてコストデータを一貫してまとめておくコスト分類書式がある．このコスト分類書式は，設計の各段階で算出されたコストが予算内に収まっているか否かの確認，また計画とコストの関連性のチェックや当初予算との調整，異なるプロジェクトのコストデータとの比較を行ったりする上で有効なツールとなる．

一般的に建設業界で用いられているコスト分類書式は，「工種別書式」が広く使われている（図3.13.1）．この工種別書式は基本的に発注・調達時点と施工時点の工種ごとの運用に対応しやすく分類された書式であり，基本計画や基本設計段階でのコスト管理目的には，やや不向きである．

この点を補うために発案されたのが，設計・計画段階で有効なコスト管理書式としての「部分別書式」である（図3.13.2）．この書式は，計画施設の構成要素，すなわち建物機能ごとにコストを分類したものである．具体的には，基礎，上部構造躯体，外部仕上げ，内部仕上げ，設備などという分類でコストを算出する．この部分別書式によるコストプランは，プロジェクト全体の予算額の把握のみならず，設計段階において各部位の概算数量やコストを把握し予算枠を設定することや，各部位の機能と性能を対比させ施設計画のコストパフォーマンスを比較・検討することが可能なように考案されている．したがって，このコストプランを用いることにより設計段階において建物構成要素や機能とこれに対するコストを同時にとらえることが可能であり，かつ代替案のコスト比較・検討も行いやすくなる．

しかしながら，設計・計画を進めていく上では極めて便利なツールであるこの「部分別書式」をはじめとするコストプランニング手法が，わが国の設計・計画段階でのコスト管理業務において十分に活用されていないため，コストプランプロセスを経ずに実施設計段階でいきなり詳細な積算に入ってしまっているケースが頻繁にみられるのが現状であり，コスト管理を実務で的確に進めていくための整備がより重要な課題となっている．

c. 設計のコスト変動要因

これまで，建設コストは施設の規模（坪数）と仕様の水準でほぼ決まってしまうとみられていた．しかし近年では，発注者の要求条件の多様化と，構造や材料・仕様等の技術の進歩による計画の選択肢の広がりにより，個別のプロジェクトの建設コストは，

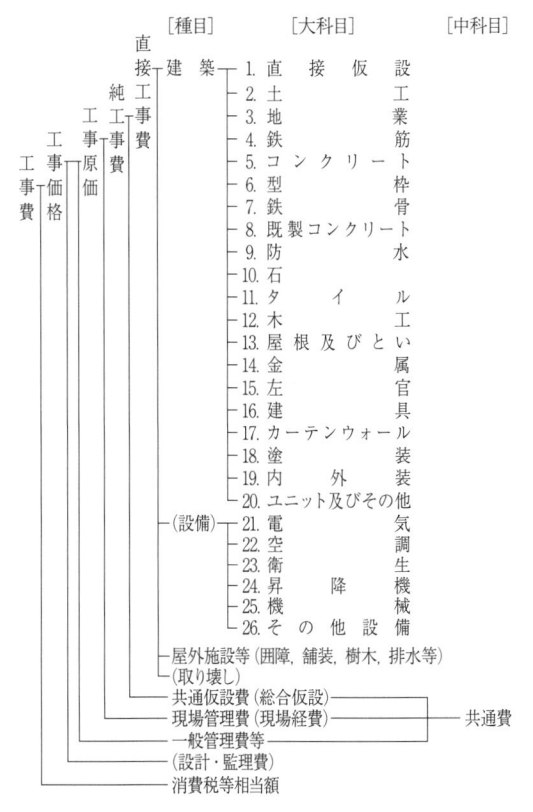

図3.13.1 工種別書式による工事費の構成

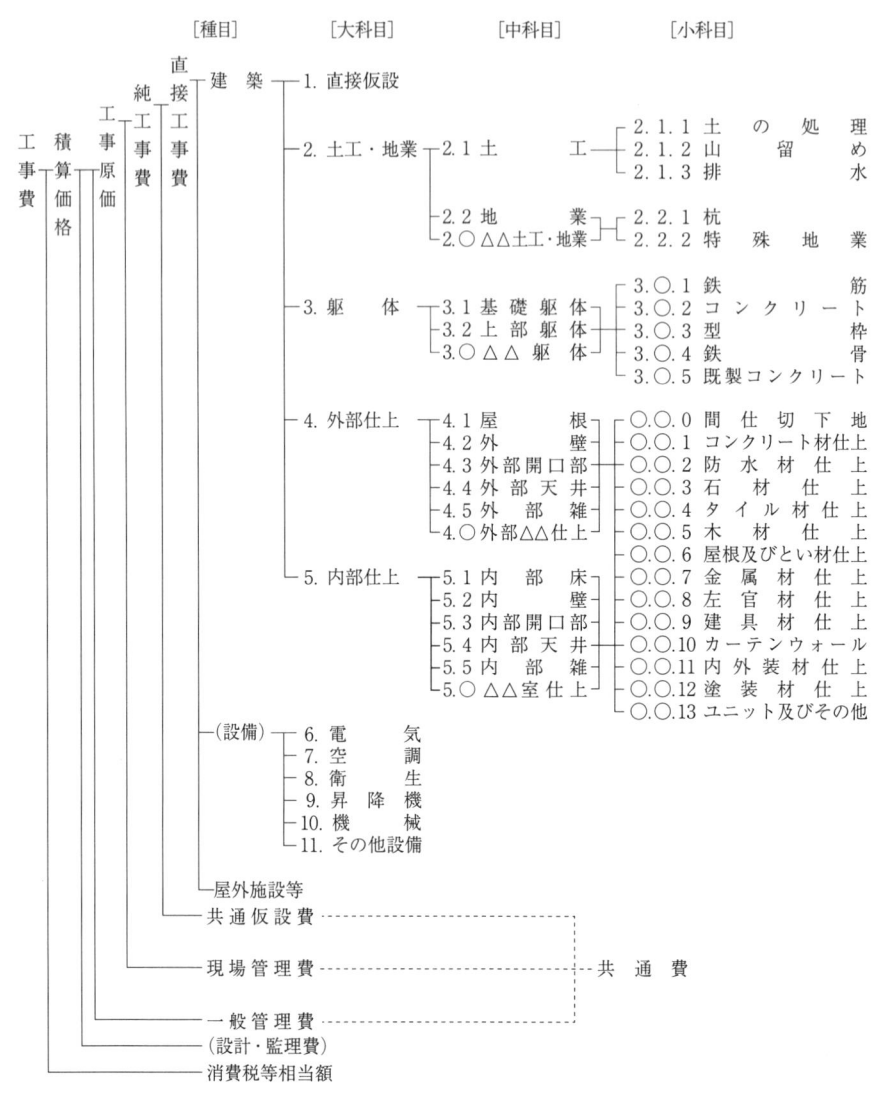

```
                           [種目]      [大科目]       [中科目]          [小科目]
                           ┌ 建 築 ─┬ 1. 直接仮設
                           │        │                      ┌ 2.1.1 土 の 処 理
                           │        ├ 2. 土工・地業 ─┬ 2.1 土 工 ─┼ 2.1.2 山 留 め
                           │        │                └ 2.1.3 排   水
                           │        │                │
                           │        │                ├ 2.2 地 業 ─┬ 2.2.1 杭
                           │        │                └ 2.○△△土工・地業 └ 2.2.2 特 殊 地 業
                           │        │                              ┌ 3.○.1 鉄   筋
                           │        ├ 3. 躯 体 ─┬ 3.1 基礎躯体 ├ 3.○.2 コンクリート
                           │        │           ├ 3.2 上部躯体 ├ 3.○.3 型   枠
                           │        │           └ 3.○△△躯体 ├ 3.○.4 鉄   骨
                           │        │                              └ 3.○.5 既製コンクリート
                           │        │                              ┌ ○.○.0 間仕切下地
                           │        ├ 4. 外部仕上 ┬ 4.1 屋 根    ├ ○.○.1 コンクリート材仕上
                           │        │             ├ 4.2 外 壁    ├ ○.○.2 防水材仕上
                           │        │             ├ 4.3 外部開口部 ├ ○.○.3 石 材 仕 上
                           │        │             ├ 4.4 外部天井  ├ ○.○.4 タイル材仕上
                           │        │             ├ 4.5 外 部 雑 ├ ○.○.5 木 材 仕 上
                           │        │             └ 4.○外部△△仕上 ├ ○.○.6 屋根及びとい材仕上
                           │        │                              ├ ○.○.7 金属材仕上
                           │        └ 5. 内部仕上 ┬ 5.1 内 部 床 ├ ○.○.8 左官材仕上
                           │                      ├ 5.2 内 壁    ├ ○.○.9 建具材仕上
                           │                      ├ 5.3 内部開口部 ├ ○.○.10 カーテンウォール
                           │                      ├ 5.4 内部天井  ├ ○.○.11 内外装材仕上
                           │                      ├ 5.5 内 部 雑 ├ ○.○.12 塗装材仕上
                           │                      └ 5.○△△室仕上 └ ○.○.13 ユニット及びその他
                           ├ (設備) ┬ 6. 電   気
                           │        ├ 7. 空   調
                           │        ├ 8. 衛   生
                           │        ├ 9. 昇 降 機
                           │        ├ 10. 機   械
                           │        └ 11. その他設備
                           ├ 屋外施設等
                           ├ 共通仮設費 ┄┄┄┄┄┄┐
                           ├ 現場管理費 ┄┄┄┄┄┄┼─ 共 通 費
                           ├ 一般管理費 ┄┄┄┄┄┄┘
                           ├ (設計・監理費)
                           └ 消費税等相当額
```

図 3.13.2 部分別書式による工事費の構成

設計やその他の多くの要因から様々に影響を受けていることの認識が高まってきている．設計や計画の要因とそれにより影響を受ける建設コストとの相互の関連性を把握しておくことは，設計過程で経済的な影響を及ぼす要因を見つけだし，適切な計画を選択するための手段となり得るため，コスト管理上極めて有効であるといえる．

すなわち，この設計・計画段階において予算内に建設コストを収めていくために必要な検討事項は，建設コストに影響を及ぼす要因の理解である．これらの要因とは，大きく分けると，① 建設地の敷地的要因（地域，建設場所，地盤状況），② 設計的要因（規模，形態，仕様水準，構造・工法，設備システム），③ 市場・経済状況の要因などがあげられる．

3.13.4 設計 VE による設計方法の見直し

より効果的なコスト管理を行っていく具体的な手段として，VE チームを組織して客観的な視点で改善提案を行う「設計 VE」を実施する事例もよく見られる．これは，基本計画段階および基本設計段階で主として行われている．一般的に設計の初期段階で VE を実施する方がコストの低減に有効であること，また代替案をできるだけ計画の川上段階で詰めておくことにより，その後の設計段階での手戻りを少なくすることなどがメリットとしてあげられる．

さらに，設計 VE の実施には，公共事業において

はその予算執行プロセスの透明性を高めるという側面もある．計画の中味を見直すことにより，例えば「この要求条件だと，改善提案にはこういうメリットがあるからこの提案を採用した」という意思決定のプロセスが第三者によく見えるようになる．これは，透明性と公正性が求められる公共事業の場合，納税者に対してお金の使い方，評価・判断の基準など，なぜこの案を選んだのかをわかりやすく示すことになり，客観性や透明性，明示性を保って工事を執行する上で重要な役割を果たすことになる．

設計VEは，コスト縮減に向けた行動指針の中でも「設計方法の見直し」の手法として成果を上げており，既に国土交通省をはじめとするいくつかの事業体におけるプロジェクトにおいて実績を出している．今後，このように設計方法の見直しによる建設コストの低減への期待は大きくなると推察され，手法の整備を図るニーズも高い．

3.13.5 品質確保と長期的な視点でのコスト管理指針の整備

コスト管理のもう1つの重要な役割は，求める建物の品質と長期的なコストとの最適化を検討することである．

支出する建設コストの透明性や正当性と同時に，建設コストそのものが建物の持つ品質や確保されるべき機能の観点から最適化されているか否かを検討する必要がある．今後，経済が低成長を続けるなかで，「良質なストック（施設）の確保の必要性」が増大することからも，性能規定の考え方の展開とともに品質と性能に対応したコストの把握が可能なデータシステムの整備が求められる．また長期的な視点でのコスト管理については，ライフサイクルコスト（LCC）を把握する技術が極めて重要である．メンテナンスコスト，エネルギーコスト，あるいは地球環境保全コストの検討を含めたトータルコスト管理の技術の進展が今後の大きな課題となっている．

現況のコスト管理の実態では，建設コストを低減する方策として，施設の品質や仕様を下げて予算との調整を図っているケースは決して珍しくない．結果として要求され目標としている品質を損なう状況も生じてきている．このような事態を防ぐためにも，建設プロジェクトの初期段階でバランスの取れたコスト配分を行っておくことが重要であり，品質の確保と長期的な視点に立った建設コスト管理指針の整備を図る必要がある．　　　　　　［佐藤隆良］

3.14 技能のマネジメント

技能のマネジメントとは何か．技能とは，それ単独で存在あるいは成立するものではなく，技能を有した人間，すなわち職人，技能者などと呼ばれる人に体化（embodied）して蓄えられているものであるから，技能のマネジメントとは，技能者あるいは技能者の集団を対象としたものといえそうである．

では，そもそも技能とは何か．様々なとらえ方があると思われるが，「暗黙知」という言葉で有名なマイケル・ポラニー（ハンガリーの科学者・哲学者）による説明に合理性がありそうである．「技能とは，詳細に明示することができない個々の筋肉の諸活動を，我々が定義することもできない関係に従って結合するもの」であり，「技能を行う能力は，知的に知ると同時に実践的に知るの両方である．知識のこの2つの側面は，互いに類似した構造を持ち，また，一方がなければ他方は存在することができない」[2]．

しかし，技能には様々なレベルと評価指標があり技能者に対するイメージも一様ではない．建設産業においては，広義には現場生産を直接担う労働者であり，その呼称も職人，技能士，作業員，工員，等々，様々である．狭義には大工，鳶，左官，等々の職能（職種）と合致して認識される存在であろう．

ともあれ，従来，技能のマネジメントということが意識されることは少なかった．その大きな要因は，熟練した技能者の存在と在来工法と呼ばれる生産システムにあったと考えられる．

3.14.1 在来工法型生産システムとマネジメント

「在来」とは，その語感からイメージされる一般的なものというよりは，ルールが規定され，標準化された生産システムである．技能者は，このルールを「作法」として技能と一体で認識する．在来工法は，大工，鳶，左官といった職種ごとに存在し，地域によって多少異なることがある．また，材料の革新などの要因により変化する場合があるが，在来工法として認知され普及するにはそれなりの年月を要する．

このシステムは，工期や工事金額を予見可能にし，多くの人がかかわる共同作業を暗黙裡に調整するなどの機能を果たしていた．だから，建設産業は不確定要素の多い請負というリスクを負うことができたし，技能者は（異なる元請や地域の）現場を渡り歩

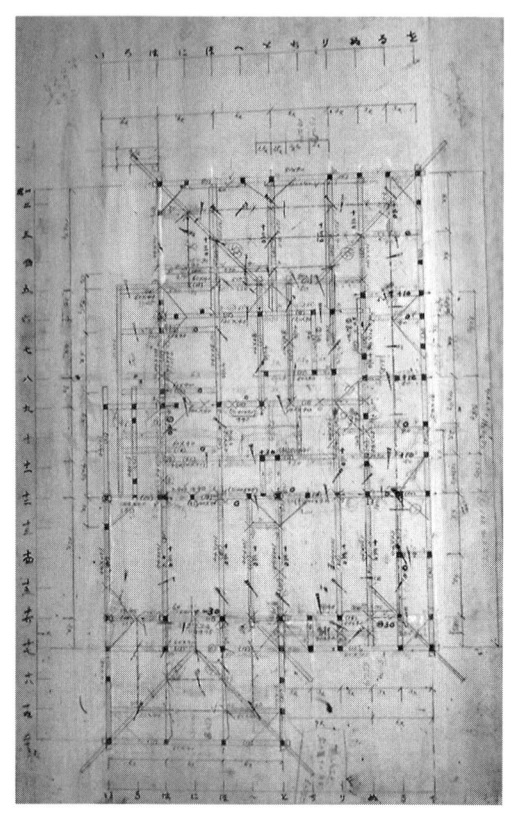

図 3.14.1　熟練大工による板図例

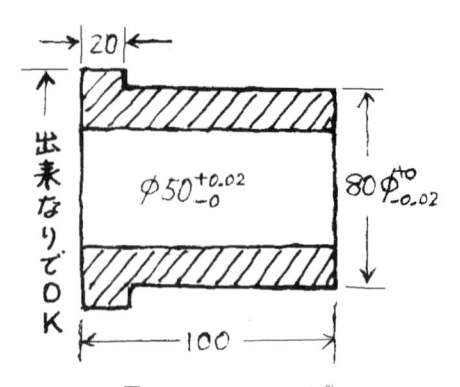

図 3.14.2　マンガの一例[3]
例えば，ブッシュ（円筒形の軸受）を「旋盤加工してくれ」というとき，こんなマンガを書いて依頼する．（出典：小関智弘, p.7, 1993）

きながら仕事をすることができたと考えられる．また，日本の建築生産システムにおいては，図面が不完全であったり，時には図面が存在しなくても建物を完成させることが可能であった．

3.14.2　技能依存型生産システムとマネジメント

詳細な図面を必要としない生産システムの典型は大工であろう．熟練した大工は，板図と呼ばれる，柱割と梁伏または小屋伏，番付が表現された簡素な図面だけで建物を完成させる（図 3.14.1）．板図は，手板，図板などと呼ばれることもあるが，いずれにせよ，少なくとも躯体の構築に関してはこれ以上の情報は必要とされない．部材の割付けに関しては「木割」，墨付けや部材の加工に関しては「規矩術」という作法に規定されたシステムが存在するからである．

こうしたシステムは，製造業においても見いだすことができる．製造業では，「まんが」，「ポンチ絵」などと呼ばれるものであるが，「一点もの」の製作において活用される（図 3.14.2）．「一点もの」とは，試作品，ロケットの主要部品，大量生産のもととなる金型の製作などが典型例である．1000分の何ミリ以内の誤差といった数値，あるいは，「指が吸いつくような」といった感覚表現によって完成時の性能が指示され，同時に納期が指定されて技能者はそれを請け負う．評価の対象は完成物のみであり，作るプロセスは問われない．すなわち，一品生産，請負という建築生産と同様の条件下において成立するシステムであり，それを裏付けるのは技能である．

3.14.3　下請型生産システムとマネジメント

このように「技能」や「在来工法」を軸にした生産システムにおいては，それを実行する主体の能力に依存する部分が大きい．しかし，建設産業においては，これを下請から調達する場合が多い．総合建設業（ゼネコン），正確を期するなら大手のゼネコンには，技能者は一人も雇用されていない．同様に一式で建設工事を請け負う機会の多い業態であっても，いわゆる地場ゼネコンや工務店等には，技能者が存在する場合もある．

不特定多数から下請を選択する場合，当然のことながら技能のレベルが不明確というリスクが生じる．技能のレベルが低ければ，技能依存型生産システムは成立しない．そのため，元請側は下請を固定化する方策をとってきた．建設産業では「名義人」，製造業でいうならば「系列」がこれにあたる．

名義人とは，元来，下請（専門工事業）の経営者を指し，特定元請の部分工程分担者としての特権を与えられた存在である．現代では，専門工事業自体を指し，元請の「協力会」に属することで身分が明らかになる．そのほかに，個々の現場を統括する現場所長は，名義人の配下にある特定の親方や世話役，

あるいはその組，班などと呼ばれる組織と専属的関係を構築することがあった．この方法によれば，より確実に一品生産・請負生産を担う上でのリスクを回避することが可能になる．

一方で，下請システムは一般的には元請に有利な片務契約である．これが成立してきたのは長期的取引によるメリットが下請側にも存在したからと考えられる．経済成長を背景とした一定数量以上の工事量の確保を前提とすれば，元請側は名義人に労働力の安定的調達や現場の管理，信頼のおける施工を依存し，名義人は元請に，安定的な仕事の受注，資金の調達や生産手段を依存でき，また看板（社会的信頼）を得ることもできた．

しかし，バブル崩壊以降，特に21世紀に入ってからは，このようなシステムは大きな転換点にある．

3.14.4 技術の多様化と技能の対応

高度成長期以降，需要の急拡大による大量生産や超高層，大空間など建物の大規模化等の要求により現場作業の省力化，工期短縮を目的にした様々な新しい構法や工法が開発されてきた．また材料や設備が進歩し，機械化も進展した．特に1980年代半ば以降は，旺盛な建設需要とも相まって様々な構工法が開発されるようになった．いわゆるバブル経済期にその頂点を迎える．

技術が多様化すると個々の技術は専門性の度合いを深めるようになる．また，新たな需要と技術の占有化は，新しい産業領域を誕生させることがあり，それに伴って建設産業の裾野は大きくなる．

バブル期の建設産業（特に元請に位置づけられるゼネコン）は，造注・拡注などの言葉に代表されるように，より川上側の領域を志向するようになった．責任施工，自主管理という形で現場の技術や管理は川下（下請）側に委譲され，逆に下請は専門的なノウハウを蓄積するようになる．

建設産業においては，元請は工事の種別を細分化し，請負契約によってそれを専門とするもの（多くの場合専門工事業）に発注される．請負というのは，前述のように元来プロセスを問わないものであるから，分離発注されたそれぞれの工事の中には，各々の下請の独自のシステムが含まれることになり，関係主体が多くなるほど全体をコントロールすることは難しくなる．こうして現場のマネジメントが大きな問題として顕在化することになったと考えられ

表3.14.1　国勢調査に用いられた産業分類表（1949年）

大分類	中分類	細分類	日本標準職業分類（小分類）
建設業	総合工事業	1611　建物建設業 1621　道路建物業 1631　重建設業	850　土木・建築請負師
	職別工事業	1711　大工業	851　大工
		1721　鳶工事業	854　とび職
		1722　土工工事業 1731　鉄骨工事業 1732　鉄筋工事業 1741　石工工事業	
		1742　左官工事業	853　左官
		1743　煉瓦工事業 1744　タイル工事業	855　れんが積工，タイル張工
		1751　屋根業 1759　板金工事業	852　屋根職
		1761　電気工事業 1771　管工事業 1781　壁紙工事業 1782　塗装工事業 1791　硝子工事業 1792　金属製建具，金属製設備設置業 1793　防水工事業 1794　鑿井工事業	856　配管工
			857　畳職 858　その他建設従事者

この間，在来工法を代替しうるシステムとしてコンピュータによる計画・管理システムが模索され続けてきたが，多種多様な建物をそれぞれに条件の異なる現場において一品生産する問題を解決することは非常に困難であった．特に，技能のマネジメントに関しては，多様化・専門分化した業種や工事種別（工種）と技能や職能の対応を明らかにすることさえ難しい状況になっていた．

3.14.5 建設関連産業・職種の多様化

建設産業の裾野が広がり，構造が複雑さを増した一端を日本標準産業分類や日本標準職業分類等の統計に垣間見ることができる．表3.14.1は，1949（昭和24）年の国勢調査に用いられた産業分類表である．このとき初めて，建設業は大分類として区分された．それまでは，大分類「工業」の中の中分類に「土木建築業」として位置づけられていたにすぎない．

これをみると非常にシンプルな構図であり，対応する技能についても容易にイメージすることができる．表の右列は，1960（昭和35）年3月の制定当時の職業分類であるが，おそらく，主要職種といわれる技能には現在でも大きな変化はあるまい（注：職業分類は，大分類：技能工，生産工程従事者および単純労働者，中分類：建設従事者に区分されているもののみを記載した）．

一方，表3.14.2は，建設産業および技能に関連すると思われる制度の現状での対比を示したものである．技能に関連する制度の概要は表3.14.3のとおりである．これらは，おおむね昭和20～30年代に制定され，改定を重ねるたびに項目を増やし続けてきたものである．改定は，その時々の産業の実態を反映したものであろうが，このように対比してみると建設にまつわる産業，業種，職業，技能等々の尺度が様々であり，対応関係が判然としなくなっている実態がわかる．同じ省庁が管轄していても，一方にのみ存在していたり，細分化されているものがある．このほかにも国土交通，経済産業，厚生労働等の行政には，それぞれに異なる顕彰や資格等の制度があり，類似のものであっても各省庁が所管する枠組みを超えて調整が図られることはなかった．結果，資格や顕彰制度は乱立状態にあり，どれが技能の実態を規定し，技能のレベルを測る尺度となるかは判断がつかない現状にある．

3.14.6 建設産業における下請の位置づけ

それでは，技能のマネジメントの主対象となる技能者はどこに存在するのか．名義人クラスの有力な専門工事業にも，それほど多くの技能者が直接雇用されているわけではない．また，雇用といっても様々な形態があり，それによって会社が負担する経費等が大きく変わってくる．こういった事情や昔からの慣習もあって，建設業における雇用形態，特に技能者の雇用形態は大変複雑である．

a. 専門工事業の社員とその他従業員

専門工事業の雇用形態（呼称）には，大きくは，社員（正社員）とその他に分けられる．「社員」とは，一般サラリーマンと同様に，健康保険，年金等の「法定福利費」や有給休暇等の労働者の権利，月給（固定給），賞与（ボーナス）などの（計画的に生活設計ができる）安定的な収入がある程度以上保証され，退職金，社会的身分，等々を有した人を指す（注：法定福利費とは，労災保険，雇用保険，健康保険，厚生年金保険の保険料，児童手当拠出金，身体障害者雇用納付金，労働基準法の休業補償などのうち事業主が支払う福利厚生費をいう）．昔からの慣習でもあるが，専門工事業で社員と呼ばれるのは，本社や現場の運営をする人（事務系）と現場管理や計画，設計等に従事する人（技術系）が主で，直接現場で作業をする人はほとんど含まれていない．

b. 直　　用

社員に一番近いのは，「直用」（あるいは直傭）などと呼ばれるものである．直用を直接雇用の略と解せば，社員と同等の身分となるはずであるが，直用は，ほとんどの場合が日給月給，すなわち実際に働いた分だけ賃金が支払われる（雨などで仕事がなかった分の収入は減る）形態であるところが明確に異なる．日給月給の場合には，賞与や有給休暇はないのが一般であり，総合的な処遇としては社員より低くなりがちである．また，直用という以上は，使用者側は法定福利費を負担するのが基本であるが，退職金や通勤手当，家賃補助などの各種手当の有無は会社によって異なり，同じ直用の呼称であっても処遇は様々である．

また，直用の中には，常用（常時雇用あるいは常時使用）ではない季節労働者が含まれる場合もある．季節労働者は，地方からの出稼ぎ者というイメージがあるが実態は様々であり，すべてが直用に該当するわけではない．少なくとも「直用」の場合には，雇用保険の短期雇用特例被保険者であるのが一般で

表 3.14.2 建設産業・技能に関連する制度の現状

建設業許可業種 (国土交通省)	日本標準産業分類 (細分類) (総務省)	日本標準職業分類 (細分類) (総務省)	技能士資格 (厚生労働省)	建設マスター (国土交通省)
土木工事業	0611 一般土木建築工事業 0621 土木工事業	781 土木作業者 782 鉄道線路工事作業者 754 ダム・トンネル掘削作業者 052 土木技術者 053 測量技術者		橋梁特殊工 軌道工 建設機械運転工 (海上工事) 法面工 トンネル工 シールド工 潜函工 推進工 潜水士
しゅんせつ工事業	0623 しゅんせつ工事業			しゅんせつ工
舗装工事業	0631 舗装工事業			舗装工
造園工事業	0622 造園工事業	433 植木職、造園師	造園 1～3 級	造園工
建築工事業	0641 建築工事業	051 建築技術者		
大工工事業	0651 木造建築工事業 0711 大工工事業 0712 型枠大工工事業	771 大工 761 型枠大工	枠組壁建築 (単一) 建築大工 1・2 級 型枠施工 1・2 級	フレーマー 建築大工 宮大工 型枠大工
とび・土工工事業	0721 とび工事業 0722 土工・コンクリート工事業 0723 特殊コンクリート工事業	762 とび職 732 クレーン・ウィンチ運転作業者 734 建設機械運転作業者	とび 1～3 級 ロープ加工 1・2 級 コンクリート圧送施工 1・2 級 エーエルシーパネル施工 (単一) 建設機械整備 1・2 級 ウェルポイント施工 1・2 級	とび工 土工 コンクリート工 コンクリート圧送工 建設機械運転工 クレーン運転士 くい打ち工 ウェルポイント工
鋼構造物工事業	0731 鉄骨工事業	569 その他の溶接・溶断作業者	鉄工 1・2 級	鋼構造物工 溶接工
鉄筋工事業	0732 鉄筋工事業	763 鉄筋作業者		鉄筋ガス圧接工 鉄筋工
左官工事業	0751 左官工事業	774 左官	左官 1・2 級	左官工
石工工事業		541 石工	石材施工 1・2 級	石工
タイル・れんが・ブロック工事業	0742 れんが工事業 0743 タイル工事業 0744 コンクリートブロック工事業	772 ブロック積・タイル張作業者	れんが積み (単一) タイル張り 1・2 級 ブロック建築 1・2 級 コンクリート積みブロック施工 (単一)	タイル工 れんが工* ブロック工
屋根工事業	0761 金属製屋根工事業 0794 屋根工事業	773 屋根ふき作業者	かわらぶき 1・2 級 スレート施工 1・2 級	かわらぶき工 金属屋根ふき工
板金工事業	0762 板金工事業 0763 建築金物工事業	554 板金作業者	建築板金 1・2 級	板金工 建築板金工
内装仕上工事業	0781 床工事業 0782 内装工事業	775 畳職 722 表具師	畳製作 1・2 級 内装仕上施工 1・2 級 表装 1・2 級	内装仕上工
建具工事業	0793 木製建具工事業 0792 金属製建具工事業	664 木製家具・建具製造作業者	建具製作 1・2 級 サッシ施工 1・2 級 カーテンウォール施工 1・2 級 ガラス施工 1・2 級	建具工 サッシ工
ガラス工事業	0791 ガラス工事業			ガラス工
防水工事業	0795 防水工事業		防水施工 1・2 級 樹脂接着剤注入施工 (単一)	防水工 注入工
塗装工事業	0771 塗装工事業 0772 道路標示・区画線工事業	723 塗装作業者	塗装 1・2 級 塗料調色 (単一) 路面表示施工 (単一)	塗装工 建築塗装工 橋梁塗装工 路面表示工
電気工事業	0811 一般電気工事業 0812 電気配線工事業	742 送電線架線・敷設作業者 743 配電線架線・敷設作業者	電気機器組立特級・1・2 級	電気工
電気通信工事業	0821 電気通信工事業 0822 テレビジョン放送設備設置工事業 0823 信号装置工事業	744 通信線架線・敷設作業者 745 電気通信機工事作業者 746 電気工事作業者		電気通信工 計装工
管工事業	0831 一般管工事業 0832 冷暖房設備工事業 0839 その他の管工事業	776 配管作業者	配管 1～3 級 冷凍空気調和機器施工 1・2 級 浴槽設備施工 (単一) ビル設備管理 1・2 級 厨房設備施行 1・2 級	配管工
水道施設工事業	0833 給排水・衛生設備工事業			水道施設工
機械器具設置工事業	0841 機械器具設置工事業 0842 昇降機工事業		自動ドア施工 1・2 級	機器器具設置工
熱絶縁工事業	0892 熱絶縁工事業		熱絶縁施工 1・2 級	熱絶縁工
さく井工事業	0894 さく井工事業	755 さく井・採油・天然ガス採取作業者	さく井 1・2 級	さく井工 ボーリング工
消防施設工事業				消防施設工
清掃施設工事業				清掃施設工*
	0661 建築リフォーム工事業 0796 はつり・解体工事業 0799 他に分類されない職別工事業 0891 築炉工事業 0893 道路標識工事業	779 その他の建設作業者	バルコニー施工 (単一) 築炉 1・2 級	解体工 はつり工* 道路標識設置工

(技能士に関する注)
特級…管理者または監督者が通常有すべき技能の程度
1 級及び単一等級…上級技能者が通常有すべき技能の程度
2 級…中級技能者が通常有すべき技能の程度
3 級…初級技能者が通常有すべき技能の程度
建設マスターに関する注
＊は区分としては存在するが，これまで受賞者は存在しないもの

表 3.14.3　技能に関連する制度の概要

建設業法：1949（昭和24）年5月に制定され8月に施行された．当初，建設業の営業については登録制であった．現行の許可制度の基本的な枠組みは1971（昭和46）年の業種別許可制度の導入時に定められた．業種の区分については，このとき28の業種区分に改正された．
日本標準産業分類：1949（昭和24）年10月に制定され，これまで11回改定されている（最終改定2002年3月）．
日本標準職業分類：1960（昭和35）年3月に制定され，これまで4回の改定がされている（最終改定1997年12月）．
技能士資格：職業能力開発促進法（旧職業訓練法）に基づいて行われる「技能検定」に合格した人を「技能士」という．1959（昭和34）年，当初5職種でスタートしたこの制度は，現在では133種類に及び，建設関連と判断し表に掲載したものだけでも43種類になる．
建設マスター：正式名称は，優秀施工者国土交通（建設）大臣顕彰制度であり，1992年にスタートした制度．優秀な技能・技術を有する建設現場の労働者で，直接施工に従事している人を「優秀施工者」として国土交通（建設）大臣が顕彰する．

あり，これが日雇いや臨時雇いの労働者との差異となる（注：短期雇用特例被保険者とは，「季節的に雇用される者又は短期の雇用に就くことを常態とする者」を指す（雇用保険法第38条）．基本的には，1年未満の雇用に就くことを繰り返してきた労働者が対象であり，最大で基本手当日額の50日分の一時金が支給される）．

しかし，一般に直用とされるのは基幹的職務を担う要員やその候補となるような人員だけである．建設業の需要は季節変動が大きいので，母数は一定しないが，「直用」といえるのは一部にすぎないのが実態である．残りの大部分は雇用関係が成立しない「外注」として扱われる．

c. 重層下請構造

外注というのは，1次下請から見た場合には2次下請（孫請）のことである．外注は組織と組織の請負契約関係にあるから法定福利費等の雇用にかかわる経費は消滅する．

外注にも大きくは2つのタイプがあり，協力業者などと呼ばれる専属的関係の強いものとそれ以外に分けられる．前者は，いわゆる組や班といった社内請負的なものであることが多く，定常的に仕事が確保されるのが基本である．後者は，前者だけでは仕事がまかないきれない場合のいわばバッファ的な存在である．当然のことながら，2次下請以下にもこのような構図があるから，重層化した下請構造となる．

重層下請構造では，下請を繰り返すごとに経費が抜かれ単価が低減するわけであるから，一見非常に不合理な仕組みである．しかし，建設産業は受注産業であるから需要の変動リスクおよび雇用にかかわる経費を回避するために，どの組織も技能者の一部しか「直用」としないので，必然的に重層下請構造が形成されることになる．重層構造は下層部にいくほど組織が小さくなり，3次，4次下請レベルでは，事業所単位で健康保険や厚生年金への加入が強制されない5人未満の組織であることが多く，こうした経費負担を回避することで低単価を許容する構図が出来上がっているものと考えられる．

d. 一人親方

外注が本来組織相互の関係であるのに対し，それが個人あるいは親子・夫婦などの最小単位と契約される場合，一人親方と呼ばれる特殊な形態になる．一人親方は，実態としては労働者（技能者）でありながら，専門工事業との契約上は事業主（請負契約）として扱われるものである．欧米ではself-employmentと呼ばれ，偽装自営などと訳される．

一人親方は，見かけ上，直用と区別がつきにくい場合も少なくない．従来，専門工事業は，こうした存在を半直用，準直用などと称して，福利厚生の一部を負担するケースもあったが，1990年代半ばから税務，厚生年金等の制度上の解釈が厳密になり，雇用関係にある直用と請負関係にある外注の明確化が求められるようになった．その結果，一人親方は増加する傾向を強めることとなった．

一人親方として位置づけられると，労働基準法上の労働者とはみなされなくなるため，労災保険に特別加入しない限り，労災の適用が受けられないこと，雇用保険には加入できないなどの問題が生じる（注：労働基準法 第9条（定義）：この法律で労働者とは，職業の種類を問わず，前条の事業又は事務所に使用される者で，賃金を支払われる者をいう）．また，一人親方の側も，健康保険，年金等が完全に自己負担となるため，手取りが減るのを嫌い加入しない場合も多い．

労働組合や職別の業界団体は，一人親方が加入する国保や各種の福利厚生を実施する団体としての機能を果たしてきたが，すべてが網羅されているわけ

ではない．また，不景気で仕事が減ると組合費すら負担になり，これらから脱退する人も増える．こうなると，一人親方でもなく，社会保障を受ける機会がほとんどない日雇い労働者として，建設産業の重層構造の最末端に位置づけられることになる．重層構造の最末端には，こうした労働者が相当数存在している．

3.14.7 技能のマネジメント

いくつかの視点から，技能および技能者の位置づけを明らかにしようと試みたが，技能のマネジメントはその対象となる技能者の所在すら明らかではない大変難しい問題である．また，技能の継承という問題もある．戦後，一貫して技能者不足の問題が論じられ続けてきたが，抜本的対策が施されることはなかった．現在では，戦前生まれの徒弟によって技能を体化したベテラン技能者によってかろうじて技能が保持されているのが現状であろう．これが失われれば，在来工法型（技能依存型）生産システムは成立しなくなる．バブル期には，専門工事業による技能者の社員化や事業所内訓練校による育成が模索されたが，それが継続している事例は非常に少ない．

技能の問題は，そもそもプロジェクトごとにオープンな市場から人・ものすべての資源を調達することで成立している建設業にあっては，個別の企業や技能者の問題として片づくものではない．技能のマネジメント問題は，建設産業の構造や発注などを含む生産システムと一体で論じるべきものなのであろう．

[蟹澤宏剛]

文　献

1) 尾高煌之助：職人の世界・工場の世界，リブロポート（1993）
2) マイケル・ポラニー（佐藤 敬三訳）：暗黙知の次元 言語から非言語へ，紀伊國屋書店（1980）（原著 Michael Polanyi：The Tacit Dimension, Routledge & Kegan Paul Ltd., London, 1966）
3) 小関智弘：ものづくりに生きる．岩波ジュニア文庫，岩波書店（1999）
4) 古川　修：日本の建設業，岩波新書（1963）

4
法的マネジメント

4.1 法的マネジメントの二面性

　法的マネジメントという場合，現実にトラブルが生じた場合の法的対応を考える者が多いように思われる．しかし，法的マネジメントは，ほかにも重要な一面を有している．すなわち，法的マネジメントは，現実にトラブルが生じた場合の対応のほか，いかにトラブルが生じないようにするか，トラブルが生じた場合の備えをいかにしておくかといった側面も有するのである．

　万一トラブルが発生した場合には，多くの場合，法的な専門知識を必要とするため，企業法務部や弁護士に任せるか，少なくとも相談しながら進めるべきである．しかし，トラブル防止の対応は，まさに日々のマネジメントの中で実施される必要がある．すなわち，事の重大さによっては，弁護士などに相談する必要のあることは，トラブルが現実に発生した場合と同様であるが，多くの場合，マネジャーが日々とるべき対応について，逐一弁護士などに相談することは非現実的であり，日々の対応は，まさしくマネジャーの手腕に頼らざるを得ない．

　したがって，法的マネジメントは，実際に生じた紛争解決のためのマネジメントのほか，トラブル予防のためのマネジメントという両面を有するが，建設プロジェクトにおける法的マネジメントとしての重要性は，トラブル防止の対応にあると考えられる．

[大森文彦]

4.2 契約法一般

　法的マネジメントをトラブル防止対応マネジメントという観点から考えた場合，最も重要な事項が，契約法に対する理解である．すなわち，建設プロジェ

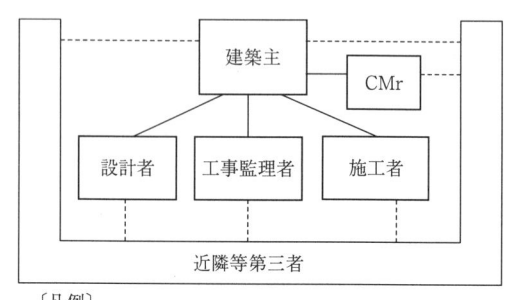

図 4.2.1　建設プロジェクトの関係図

〔凡例〕
──── 契約関係がある　----- 契約関係がない

クトは，建築主（発注者）という存在を前提に，建築生産関係者との間に何らかの契約関係があり，それに基づいて進められるものだからである．また契約は，その内容によって，契約当事者間の権利・義務関係に相当な違いがでる．したがって，まず法的マネジメントを遂行するためには，建設プロジェクトに関係する者たちの契約関係をよく理解することが必要である．

　なお，建設プロジェクトは，近隣など第三者への影響も考えなければならず，こうした関係者の関係を，図 4.2.1 に単純化して図示する．

4.2.1 契約の成立

　契約は，当事者間の合意だけで成立するものが多いが（これを「諾成契約」という），諾成契約においては，契約書の存在を必要としない．

　しかし，後日トラブルが発生した場合，約束の存在を主張する者は，その約束を立証しなければならないが，口約束の場合，立証は通常困難であるため，当事者の約束事項は，極力契約書として書面化しておく必要がある．建設業法第19条における書面化の要請も，こうした趣旨に基づくものである．

4.2.2 契約自由の原則

国民同士の権利・義務関係について定めている基本的な法律である民法において，契約は，当事者間の自由な合意に対して法的拘束力が与えられるものであり，原則として，誰と契約するか，どのような内容の契約とするか，どのような方式で契約するかなど自由にできるとしている（これを「契約自由の原則」という）．ただし，契約が成立するためには，相手方との合意が必要であることは，前記4.2.1項のとおりである．

4.2.3 契約違反

契約が成立すると，原則として，合意内容に従った法的拘束力が生じ，各当事者は，その内容に従った履行をする法的義務を負う．もし義務に違反すると，基本的に損害賠償等の法的な制裁が課されることになる．

もっとも，民法は，過失責任の原則を採用している．すなわち，人が責任を負うのは，原則として，自らの故意または過失に基づく行為の結果についてのみである．したがって，ある人Aとある人Bが契約を締結し，Aに債権（権利）が，Bに債務（義務）が発生している場合，Bは，Aに対して債務の内容を実現すべき義務を負っているが，Bがこの義務に違反して，債務の内容を実現できなかったときでも，その債務の内容が実現できなかったことについて，Bの責に帰すべき事由（故意または過失もしくは信義則上これと同視しうる事由で，「帰責事由」という．あえて単純化していえば，「落度」といってもよい）があった場合についてだけ責任を負い，そのような帰責事由がなかった場合には，原則として責任を負わない．つまり，Bが債務の内容を実現できなかったとしても，その原因が，天災のようにBの帰責事由によらない場合には，Bは，責任は負わないというのが原則である．

しかし，工事請負契約における瑕疵担保責任については，過失責任の原則の例外として，その瑕疵が請負者の行為によって生じたものであれば，たとえその瑕疵について請負者に帰責事由がなくても，責任を負うという無過失責任となっていることに注意を要する．　　　　　　　　　　　[大森文彦]

4.3 設 計 契 約

4.3.1 設計契約の法的性質

建築生産のプロセスとして，通常，工事の前に「設計」という作業を伴う．設計をする場合，建築主と設計者の間で設計に関する契約（以下「設計契約」という）を締結する必要があるが，設計契約は，民法上の準委任契約（民法第656条）に該当するのか，それとも請負契約（民法632条）に該当するのかについて争いがある．例えば，設計した結果について，準委任契約と考えれば，設計者は，過失責任を負うにすぎないが，請負契約と考えれば，無過失責任を負うことになる．この点に関する詳しい話は，かなり専門的になるので省略するが，筆者は，準委任契約であると考えている．

準委任契約とは，当事者の一方（設計を依頼する建築主）が法律行為ではない事務（設計）を行うことを相手方（設計者）に委託して，相手方（設計者）がこれを承諾することによって，その効力を生じる契約である．

設計契約は，民法上の準委任契約と考えられるが，当事者の意思表示が合致したときに成立し，特に書面の作成は必要ない（したがって，諾成契約である）．しかし，書面を作成しておかないと，後日トラブルになったとき，不測の損害を被る恐れがあるため，設計に関する契約書を作成しておくべきことは，既に述べたとおりである．

4.3.2 設計者の法的義務
a. 善管注意義務

設計契約を準委任契約と考えると，設計者は，契約内容の履行について，善良な管理者としての注意義務（これを「善管注意義務」と呼んでいる）を負うことになる（民法第644条）．しかも，設計者は，設計という専門技術的事項を取り扱うことを約束しているため，その注意義務の程度は，専門家としての高度な注意義務を負っていると考えられる．この点，「建築の設計」という作業そのものに内在する問題があるので，簡単に説明する．

建築の設計は，基本的に建築主の要求を専門技術的な設計条件に置き換え，その条件のもとで設計者の創造性を加えながらある一定の解を導き出すものである．したがって，設計者の注意義務として問題になるケースとしては，

① 建築主の要求に対する理解を誤った場合
② 建築主の要求は理解できたが、それを設計条件に置き換える際に誤った場合
③ 建築主の要求を理解し、それを適切な設計条件に置き換えたが、その設計条件に適合しない設計をしてしまった場合

が考えられる。

この中で特に問題として悩ましいのは、①のケースである。すなわち、建築主は、基本的に建築の非専門家であり、したがってその要求はあいまいかつ抽象的なことが多いばかりか、設計解を導く上で矛盾する要求が出される場合もあるが、それを適正な要求へと導くためには、専門家としての必要な説明が不可欠になるからである。

b. 説　明　義　務

改正建築士法第18条第2項は、「建築士は、設計を行う場合においては、設計の委託者に対し、設計の内容に関して適切な説明を行うように努めなければならない」と定めており、建築士法上、設計者の説明義務は、努力義務にとどまる。しかし、設計業務は、基本的に建築主の要望を専門的に変換していく作業であり、前述のような問題のあることを考えると、民法上も説明義務があると解される。今後、この説明義務の具体的内容・程度が問題となることが予想される。

c. 完成建物の瑕疵に対する施工者の責任との関係

設計者として注意すべきは、完成建物に瑕疵が生じた場合の問題である。完成建物に瑕疵が生じた場合、一般的に施工者が瑕疵担保責任を負うと考えられるが、その瑕疵が設計上の誤りによって生じた場合には、「発注者の指図」によって生じたものとして施工者は免責される（民法第636条）ばかりか、設計者の債務不履行責任が生じることに注意を要する。

4.3.3　建築主の義務

a. 報酬支払義務

建築主は、設計者に対し報酬を支払う義務を負う。報酬の額や支払時期などについては、契約の定めに従う。契約に定めがない場合は、報酬額は、相当額と解され、また、支払いは後払いとなる（民法第648条第2項）。

b. 設計への協力義務

建築主は、基本的に、設計について自ら希望する内容を要求することができる。しかし、前記4.3.2項a.でも述べたように、要求の具体化や要求の整合性について、建築主も設計者の説明をよく聞いた上で、そうした要求をより具体的にしたり、要求内容を変更したりすべき義務があると解される。

4.3.4　建築基準法と建築士法

設計をする者は、基本的に建築士でなければならない（建築士法第3条～3条の3）。また施工者は、資格を有した者の設計でなければ、工事をしてはならないとされている（建築基準法第5条の4第1項、第3項）。

4.3.5　設計住宅性能評価書

設計の対象となる建物が新築の住宅である場合、建築主との契約により、住宅の品質確保の促進等に関する法律（以下「住宅品確法」という）に基づく設計住宅性能評価書の取得が義務づけられることがある。

この場合、設計者は、建築主が要求する住宅品確法上の性能ランクに適合する設計をすべき義務があるため、万一評価書が取得できない場合には、設計者の債務不履行責任の問題が生じることに注意を要する。

4.3.6　約　　　款

上記4.3.1～4.3.5項の内容に注意しながら契約を締結することは、通常大変難しいため、あらかじめ契約条項を用意しておき、これを内容として契約を締結してもよい。この点、一般的に通用することを想定してあらかじめ用意された契約条項が約款であり、設計に関しては、（社）日本建築士会連合会、（社）日本建築士事務所協会連合会、（社）日本建築家協会、（社）建築業協会の4団体が、ある程度規模の大きな新築工事を想定して、「四会連合協定建築設計業務委託契約約款」を作成している。

[大森文彦]

4.4　工事監理契約

4.4.1　工事監理の定義

「工事監理」とは、建築士法上、「その者の責任において工事を設計図書と照合し、それが設計図書のとおりに実施されているかいないかを確認する

こと」と定義されている（改正建築士法第2条第7項）．したがって工事監理業務は，本来この「工事監理」の業務を意味する（旧建設省告示1206号では，こうした工事監理とその他の業務の具体例をあげているが，そこであげられている工事監理は厳密な意味でいうと，上記の工事監理の定義より若干広い）．また，一般的には，こうした工事監理以外の業務も含むことが多く，「工事監理」とそれ以外の業務も含めた内容を全体として「監理」と呼ぶことも多い．

したがって，厳密な意味では，工事監理業務は，その者の責任において工事を設計図書と照合し，それが設計図書のとおりに実施されているかいないかを確認し，工事が設計図書どおりに実施されていないと認めるときには，直ちに施工者にその旨を指摘し，当該設計図書のとおりに実施するよう求め，施工者がこれに従わないときにはその旨を建築主に報告し（改正建築士法第18条第3項），また工事が完了したときはその結果を文書で建築主に報告すること（改正建築士法第20条第3項）であるが，そのほかの監理業務については，契約で定められることになる．

もっとも，厳格な意味での工事監理は，現実に設計図どおり実施されていることを何から何まで確認しなければならないというわけではなく，確認対象工事に応じた合理的確認方法によって確認すればよいと解する．

4.4.2 工事監理契約の法的性質

建築基準法上，一定規模を超える工事について，工事監理者を定めることが強制されている（建築基準法第5条の4第2項，第3項）．この場合の工事監理者は，建築士でなければならない（建築士法第3条〜第3条の3）．

また，工事監理契約は，民法上の準委任契約であるため，当事者の合意さえあれば成立するが，後日の紛争防止のため，契約書を作成しておくべきことは，他の契約と同様である．

4.4.3 工事監理者の法的義務

建築士に工事監理を依頼する場合，工事監理に関する契約を締結する必要があるが，工事監理契約は，建築主と工事監理者との間で自由に締結され，当然，その内容も自由に決定できる．この契約内容に従って履行することについて，工事監理者は，設計者同様の善管注意義務（専門家としての高度な注意義務）を負っている．

4.4.4 建築主の義務

工事監理を依頼した建築主は，工事監理業務者に対して報酬を支払う義務がある．報酬の額や支払い時期などについては契約の定めに従うが，契約に定めていない場合，報酬額は相当額と解され，また，支払いは後払いになる（民法第648条第2項）．

4.4.5 約　　款

工事監理について，上記4.4.1〜4.4.4項に注意しながら契約を締結することは，通常，大変難しい．そこで，（工事）監理契約についても，前述した設計約款と同様，「四会連合協定建築監理業務委託契約約款」が作成されている．　　　　　　［大森文彦］

4.5 工 事 契 約

4.5.1 工事契約の法的性質

工事を実施する契約は，一般的に請負契約である．請負契約とは，当事者の一方（請負者）がある仕事を完成すること（建物を設計図書どおり完成すること）を約束し，相手方（発注者である建築主）がその仕事の結果に対して報酬（請負代金）を与えることを約する契約である（民法第632条）．

なお，建設工事に関しては，建設業法が定められており，建設業者はこの法律に則って工事を進める義務がある．

既に述べたように，請負契約は，当事者の意思表示が合致したときに成立し，特に書面の作成は必要としない．すなわち，請負契約は，仕事の完成を目的とし，仕事の完成に対し報酬を支払う旨の合意があれば足りる．

もっとも，建設業法第19条で一定の事項について書面の作成などを要求しているが，これは将来の紛争を予防する趣旨であって，請負契約の成立要件としたものではないことは，既に述べたとおりである．

4.5.2 施工者の義務
a. 仕事完成義務
1) 工事の着手時期

請負者は，契約内容に従って，適切な時期に仕事に着手しなければならない義務を負う．請負者が，

請負者の責に帰すべき事由によって適切な時期に着手しないとき，建築主は，請負者の債務不履行を理由として相当期間を定めた催告の後，契約を解除でき，損害があれば損害賠償も請求できると解される．

2) 工事の完成時期

請負者は，契約で定められた時期に完成しなければならない義務を負う．請負者の責に帰すべき事由により，取引き通念上，期日までの完成が不可能とみられるに至ったときは，催告を要せずして契約を解除できると解される．たとえ催告しても，もはや期日までに完成させることができない以上，催告することは無意味だからである．

3) 下請負の利用

請負は仕事の完成を目的とし，労務の提供そのものはあくまで仕事の完成の手段にすぎないから，仕事の性質上（例えば講演・出演）または特約により請負者自身が労務を提供しなければならない場合を除き，第三者に請け負わせることもできる（下請負）が，元請負者は，下請負者の故意・過失についても責任を負う．

もっとも，改正建設業法第22条は，一定の民間工事を除き，一括して他人に請け負わせてはならないとしていることに注意を要する．建築主の請負者に寄せる信頼を確保するとともに，ブローカー的不良建設業者の輩出を防止するためのものである．

b. 目的物引渡義務

仕事がある物の完成を目的とするとき，請負者は，さらに完成した物件を建築主に引き渡す義務がある．したがって，請負者は，設計図等契約内容どおりに工事を完成した上，完成建物を建築主に対して引き渡さなければならない．

c. 瑕疵担保責任

請負者は，工事が完成した後，目的物に瑕疵があった場合，瑕疵担保責任を負う．

1) 瑕疵とは

請負契約上の瑕疵担保責任における瑕疵とは，目的物が契約内容（設計図書に記載される内容など）と違っていたり，通常有すべき性質・状態に欠けることをいうと解される．建築基準法違反も瑕疵に含まれると考えられる．

2) 瑕疵担保責任の内容

瑕疵担保責任としては，瑕疵を修補する義務および損害賠償義務または修補に代わる損害賠償義務を負う（民法第634条以下）．

3) 瑕疵担保責任が発生しないケース

瑕疵が，建築主が提供した材料や発注者が与えた指図に基づいて発生した場合には，請負者は免責される（民法第638条本文）．しかし，請負者が建築主の提供した材料や与えた指図が不適切であることを知りつつ，それを告げなかった場合には，請負者が責任を負う（民法第638条但書）．

4) 瑕疵担保責任の存続期間

瑕疵があった場合の請負者の瑕疵担保責任の存続期間は，民法上，木造なら引渡しから5年間，S造，RC造，SRC造なら引渡しから10年間と解される（民法第638条）．しかし，住宅品確法の適用がある新築住宅の場合は，構造耐力上主要な部分または雨水の浸入を防止する部分として政令で定めるものの瑕疵（構造耐力または雨水の浸入に影響のないものを除く）については，木造も含め，すべて引渡しから10年間，瑕疵担保責任を負うことになる（住宅品確法第94条）．これは強制的な規定であり，たとえ特約でこれより短い期間を定めたとしても，その特約は無効とされることに注意を要する．

なお，政令で定める部分は，次のとおりである．

- 法第94条第1項の住宅のうち，構造体力上主要な部分として政令で定めるものは，住宅の基礎，基礎杭，壁，柱，小屋組，土台，斜材（筋かい，方づえ，火打材，その他これらに類するものをいう），床板，屋根板又は横架材（梁，桁，その他これらに類するものをいう）で，「当該住宅の自重若しくは積載荷重，積雪，風圧，土圧若しくは，水圧又は地震その他の震動若しくは衝撃を支えるもの」とする．
- 法第94条第1項の住宅のうち雨水の浸入を防止する部分として政令で定めるものは，次に掲げるものとする．
  一 住宅の屋根若しくは外壁又はこれらの開口部に設ける戸，わくその他の建具
  二 雨水を排除するため住宅に設ける排水管のうち，当該住宅の屋根若しくは外壁の内部又は屋内にある部分

4.5.3 建築主の義務

建築主は，請負者に対し，契約で定められた報酬（請負代金）額を，契約で定められた時期に支払わなければならない．契約で定められていない場合，報酬額は相当額と解され，また支払い時期は，仕事の目的物の引渡しを必要とする場合は引渡しと同

時に，引渡しを必要としない場合は仕事完成時に報酬を支払うことになる（民法第633条）が，建設工事は引渡しを必要とするので，引渡しと同時に支払うことになる．なお，建設工事においては，後払いは，請負者のリスクが大きくなりすぎる嫌いがあるため，実際には分割払いの特約が多い．

仕事の目的物の引渡しを要する場合，報酬支払債務と同時履行の関係（相手方が債務を提供するまで自分の債務を履行しないといえる関係）にあるのは仕事の目的物の引渡しであり，仕事の完成は先に履行をしなければならない義務と解されているが，前払いの特約があれば相手が前払いするまで仕事の着手を拒むことができる．

4.5.4 設計住宅性能評価書と建設住宅性能評価書

a. 設計住宅性能評価書

住宅品確法の適用がある新築住宅の工事請負契約を締結する場合において，設計住宅性能評価書やその写しを請負契約書に添付したり，発注者に対して設計住宅性能評価書やその写しを交付した場合，工事請負者は，請負契約書において反対の意思を表示しない限り，当該設計住宅性能評価書またはその写しに表示された性能を有する住宅の建設工事を行うことを契約したものとみなされる（住宅品確法第6条第1項，第4項）．

したがって，設計住宅性能評価書に表示された性能に適合しない性能の建物が完成したときは，請負者の瑕疵担保責任が問題になる．

b. 建設住宅性能評価書

住宅品確法には，設計住宅性能評価書制度のほかに，建設住宅性能評価書制度がある．建設住宅性能評価書は，完成した建物において設計住宅性能評価書どおりの性能が実現されていることを評価したもので，売主が工事完了後に建設住宅性能評価書やその写しを売買契約書に添付したり，買主に交付した場合，売買契約書において反対の意思表示をしない限り，売主は，同評価書に表示されている性能を有する新築住宅を引き渡すことを契約したものとみなされる（住宅品確法第6条第3項，第4項）．

したがって，建物完成後，建築主が申請した建設住宅性能評価書どおりの評価書が取得できない場合，請負者の瑕疵担保責任が問題になる．

4.5.5 建設リサイクル法

「建設工事に係る資材の再資源化等に関する法律」は，特定の建設資材について，その分別解体および再資源化等を促進するための措置を講ずるとともに，解体工事業者について登録制度を実施することにより，再生資源の十分な利用および廃棄物の減量を通じて，資源の有効な利用の確保および廃棄物の適正な処理を図り，もって生活環境の保全および国民経済の健全な発展に寄与することを目的としている．以下，簡単に説明する．

a. 発注者の義務

発注者に，分別解体および建設資材廃棄物の再資源化等に要する費用の適正な負担などの義務があることが明記された．

b. 請負者の義務

特定建設資材を用いた建築物等に係る解体工事や特定建設資材を使用する新築工事等で，その規模が一定の基準を超えるものの受注者は，分別解体や再資源化等を実施するよう義務づけられた．

c. 対象建設工事の当事者の義務

対象建設工事の当事者は，一定の事項を契約書またはその他の書面に記載して，署名または記名押印して相互に交付しなければならない．

1） 対象建設工事

ⅰ）特定建設資材（コンクリート，コンクリートおよび鉄から成る建設資材，木材，アスファルト・コンクリート）を用いた建築物等に係る解体工事，またはその施工に特定建設資材を使用する新築工事等であること

ⅱ）一定の規模以上の工事であること

2） 書面に記載すべき事項

工事請負契約書に分別解体等の方法や解体工事に要する費用，その他省令で定める事項を記載するか，契約書以外の書面を取り交わす必要がある．

4.5.6 約　　款

上記4.5.1～4.5.5項の内容に注意しながら契約を締結することは，通常，大変難しい．そこで，設計や工事監理と同様に，工事に関する契約についても，あらかじめ契約条項を定めた約款が存在する．

工事契約の場合，比較的規模の大きな建物の新築用として，民間（旧四会）連合協定工事請負契約約款委員会（（社）日本建築学会，（社）日本建築協会，（社）日本建築家協会，（社）全国建築業協会，（社）建築業協会，（社）日本建築士会連合会，（社）日本建築士事務所協会連合会の代表委員により構成された委員会）が，「民間（旧四会）連合協定工事請負

契約約款」を作成し，広く利用されている．
[大森文彦]

4.6 コンストラクションマネジメント契約

4.6.1 コンストラクションマネジメント契約の法的性質

コンストラクションマネジメント（CM）契約は，建築主とCM業務の遂行を約束する者（以下「CM受託者」という）との間で締結される契約である．

CM契約といっても，その内容は様々である．しかし，いわゆるピュアCMを考えた場合，その内容からすると，建物が設計図どおりに完成できなかった場合に，結果に対する無過失責任まで負うものではなく，あくまで専門家としての注意義務を尽くして業務の遂行に当たることを主眼とするものと考えられるため，準委任契約と解される．

4.6.2 CMrの義務と建築主の義務

a. CMrの主たる義務

CM業務を担当責任者として実際に遂行する者をコンストラクションマネジャー（CMr）と呼ぶ．

CMrは，CM契約に定められた業務について，善管注意義務をもって遂行しなければならないが，その注意義務の程度は専門家として高度なものとなることは，設計者や（工事）監理者と同様である．もっとも，建築主との間で契約を締結する場合，CM受託者の多くは法人であると思われるが，その場合には，CMrの善管注意義務違反による債務不履行責任は，建築主との関係では，法人としてのCM受託者が負うことになる．

b. 建築主の主たる義務

建築主は，CM受託者に対し，契約に定めた額の報酬を契約に定められた時期，方法で支払わなければならない．契約に定められていない場合，報酬は相当額，かつ支払いは後払いになる（民法第648条第2項）．

また，設計の場合と同様，建築主は，CM契約においても，CMrの業務遂行に対し，必要に応じて協力すべき義務があると解される．

4.6.3 約款

CM業務は，設計，工事監理，工事のすべてに関係する業務であり，その内容は複雑かつ高度である．

したがって，CM契約を締結する場合，約款を利用することが便利であるが，一般的に使用することを目的として作成された約款は，筆者の知る限り，存在しない．
[大森文彦]

4.7 契約と関係なく権利・義務が発生するケース

4.7.1 不法行為の成立要件

契約関係にある者の間では，契約内容に従った権利・義務関係が生じることは，既に述べたとおりである．一方，契約関係にない者の間でも（場合によっては，契約関係にある者の間でも）権利・義務が生じる場合がある．その代表的なものとして不法行為があるので，簡単に説明する．

不法行為は，民法第709条に定められており，その内容は「故意又は過失によって他人の権利又は法律上保護される利益を侵害した者は，これによって生じた損害を賠償する責任を負う」というものである．これを簡略化していうと，不法行為が成立するためには，以下が必要である．

① 加害者の行為が故意または過失に基づくこと
② 被害者に損害が発生すること
③ ①と②の間に因果関係があること
④ 加害者の行為が違法と評価されること（違法性）

したがって，CMrは，専門家として高度な注意義務を負っている以上，この義務に違反した場合，過失と評価される．

また，上記①～③が充足されている場合でも，加害者の行為が全体として違法と評価されないことがあり，この場合には不法行為が成立しない．

例えば建設関係では，工事請負人の出す振動，騒音や建物によって生じる日影などの問題について，近隣との関係上，この違法性が問題になることが多い．すなわち，建物を建てる行為は，日常よく行われる行為であり，建設工事に伴って音や振動，日影などある程度周辺に害を及ぼさざるを得ない．

しかし，これをすべて不法行為として損害賠償の対象にしたら，建築行為は行えないことに等しい．そこで，人間が社会生活を送る上で通常受忍すべき限度（これを「受忍限度」という）を超えた場合にのみ不法行為となると考えられている．

したがって，振動，騒音，日影などは受忍限度を超えたか否かが違法性の分かれ目になる．この受忍

限度を超えたかどうかは，
・侵害行為の態様
・侵害の程度
・被侵害利益の性質と内容
・侵害行為の開始とその後の経過
・被害防止措置の有無や内容，効果

などを総合的に評価して判断される．

4.7.2　P　L　法

PL法は，正式には「製造物責任法」と呼ばれる．この法律は，被害者の保護を図り，もって国民生活の安定と国民経済の健全な発展に寄与することを目的としている．

a.　制度の背景

製造物責任法が制定される以前は，製品の欠陥に起因する損害が発生した場合，

① 直接の契約関係のある売主に対しては，（債務不履行責任）民法415条，または，（瑕疵担保責任）570条を追及し，
② 直接の契約関係のない製造者等に対しては，（不法行為責任）民法709条に基づいて損害賠償責任を追及する

ことが多かった．

しかし，②の場合，被害者は加害者の故意・過失を立証しなければならないが，複雑・高度化された製造工程の中で瑕疵が発生した工程を特定することは難しいし，仮に特定できたとしても，その際の加害者側の過失（注意義務違反）という主観的なものを証明することは困難であり，しかも証拠は被害者よりむしろ加害者側に偏在していることなどから，加害者の故意・過失を立証することは極めて困難な状況にある．そこで，危険責任（安全性を欠く危険な製品を製造した者は，その物の作出する損害に責任を負うべきであるとする考え方），報償責任（利益を帰するところに責任も帰するという考え方），信頼責任（被害者に安全であると信用されたことによる責任を負うべきであるとする考え方）などの考え方と併せて製造物責任制度が発達してきた．

b.　製造物責任の内容

1）　製造物責任を負う者

製造物責任を負う者は，製造者のほか，加工者，輸入者，氏名等の表示者も含まれる（PL法第2条第3項）．

2）　製造物の範囲

「製造物」とは，製造または加工された「動産」をいう（PL法第2条第1項）．したがって，不動産（土地，建物）は除かれる．

しかし，たとえ建物の一部を構成するものであっても，製品として引き渡された時点で（例えば，出荷時点）で動産であったものは，製造物責任の対象と考えられる．

3）　引き渡したものであること

「引き渡した」とは，意思に基づく占有（事実上の支配状態）の移転をいう．したがって，物を盗まれた場合は，引き渡したとはいえず，製造物責任の対象にはならない．

4）　欠陥があること

「欠陥」とは，当該製造物の特性，その通常予見される「使用形態」，その製造者等が当該製造物を引き渡した時期その他の当該製造物に係る事情を考慮して，当該製造物が通常有すべき「安全性」を欠いていることをいう（PL法第2条第2項）．

5）　免責事由

製造業者等は，次の事項を証明した場合，損害賠償責任を免れる．

① 製造物を引き渡した時点における科学または技術の知見では，製造物のその欠陥の存在を認識できなかったこと（いわゆる「開発危険の抗弁」，PL法第4条第1号）．
② 製造物の部品または原材料となった製造物のその欠陥が，もっぱら他の製造物の製造業者の設計に関する指示に従ったことから生じ，かつ，その欠陥の発生に関して無過失であること（いわゆる「部品・原材料製造業者の抗弁」，PL法第4条第2号）．

6）　対象となる損害

他人の生命，身体または財産を侵害したとき，これによって生じた損害が責任の対象となるが，製造物そのものについての損害は，責任の対象外である（PL法第3条）．

例えば，テレビ本体から出火した場合，テレビそのものではなく，火災によって生じた損害がその対象となる．

7）　責任期間

製造物責任を負う期間は，次のいずれかの期間内とする（PL法第5条）．

① 被害者等が損害および賠償義務者を知ったときから3年．
② 製造物の引渡しから10年間．ただし，身体に蓄積した場合に人の健康を害することとなる

物質による損害または一定の潜伏期間が経過した後に症状が現れる損害については，その損害が生じた時点を起算点とする．

c. 不動産における製造物責任法

1) 不動産の取扱い

不動産については，契約責任による救済がなじむこと，第三者に対する被害については民法第717条の土地工作物責任による救済手段が用意されていること，耐用年数が長く，その間の劣化や維持・補修を十分考慮する必要があること，EC諸国でも不動産は製造物責任の対象外であり，国際的な制度の調和が必要なことなどの理由から，製造物責任法の対象から除かれている．

2) 住宅部品等の取扱い

一方，不動産の一部を構成する部品や資材について，「引渡しがなされた時点」で動産であったものは，その時点では製造物責任法の「製造物」に該当する．したがって，引渡し時点で存在していた「欠陥」に起因して損害が発生すれば，その物の製造者等は製造責任を負うと考えられる． [大森文彦]

4.8 著作権の理解

著作物を創り出した者（著作者）は，著作物について著作権を有する．著作権には，広義の著作権と狭義の著作権がある．広義の著作権には，狭義の著作権のほか著作者人格権も含んでいる．

4.8.1 著作物とは

著作物とは，「思想又は感情を創作的に表現したものであって，文芸，学術，美術又は音楽の範囲に属するもの」をいう（著作権法第2条第1項第1号）．

著作物については，著作権法第10条に具体例が示されているが，完成した建物は，同条第1項第5号に示される「建築の著作物」の対象になるが，建築の著作物に該当する建物といえるためには，思想または感情を創作的に表現したものと評価されるものでなければならず，すべての建物が著作物に該当するわけではない．

一方，建築の設計図は，「地図又は学術的な性質を有する図面，図表，模型その他の図形の著作物」（同条第1項第6号）のうち，「学術的な性質を有する図面」の対象になると考えられている．

したがって，建築の設計図は，あくまで学術性および図面に思想や感情の創作性が認められればよい．建築士などの有資格者の設計図は，多くの場合，著作物と考えられる．それゆえ，設計図には著作権（広義）があるが，建物には著作権（広義）がないという事態も十分生じうる．

4.8.2 著作権（狭義）の内容

著作権（狭義）として重要な権利に，複製権がある．複製とは，「印刷，写真，複写（コピー），録音，録画その他の方法により有形的に再製すること」をいう（著作権法第2条第1項第15号）．

また，建築の設計図に従って建築物を完成することも「建築の著作物」の複製になる（同号ロ）．

著作権者は，この複製権を専有する（著作権法第21条）．

複製権は，譲渡できる（著作権法第61条第1項）．

4.8.3 著作者人格権の内容

著作者は，著作物を公表するかしないかを決定できる権利（公表権，著作権法第18条），著作物に自らの氏名を表示するかしないかなどを決定できる権利（氏名表示権，著作権法第19条），および著作物に変更などを加える権利（同一性保持権，著作権法第20条）を有している．これらの権利を総称して，著作者人格権という．この著作者人格権は，著作者の一身に専属し，譲渡できない（著作権法第59条）．

[大森文彦]

4.9 紛争解決の手段

4.9.1 当事者同士の話し合い

紛争が生じた場合，まず当事者同士の話し合いによって解決が図られることが多いが，当事者同士の話し合いで解決しない場合，弁護士を代理人に立てて交渉したり，裁判所以外の公的機関（例えば，建設工事紛争審査会）におけるあっせん，調停，仲裁という制度を利用することも可能である．

4.9.2 裁判所以外の公的機関による紛争解決

あっせん，調停は，あっせん委員や調停委員が当事者の間に入って解決に向けた努力をするもので，あくまで当事者間の合意がなければ成立しない．したがって，あっせん，調停は，解決において当事者が何ら強制されるものではない．しかし，仲裁は異

なる.仲裁は,最終的に仲裁人の判断がなされ,当事者は,この判断に拘束される.また,裁判は,判決に不服がある場合,例えば控訴審,上告審など上級審へ不服を申し立てることができるが,仲裁の場合は,当事者は,たとえ仲裁人の判断に不服があっても,それに対し,基本的に他に不服を申し立てることができない.つまり,基本的に1回限りの判断で解決が図られるという制度である.

4.9.3 裁判所における紛争解決

裁判所における紛争解決手続としては,調停と訴訟に大別できる.

a. 調　停

調停は,上記4.9.2項と同様であり,あくまで当事者間の合意がなければ成立しない.

b. 訴　訟

訴訟は,最終的に裁判官の判断がなされる(この判断を「判決」という).当事者は,その判断に不服がある場合,控訴や上告といった手段に訴えることも可能であるが,いずれにしても最終的には裁判所の判断に拘束される.

もっとも,訴訟中に裁判官が和解を試みることも多く,裁判官リードのもとで当事者間に合意点が見いだされれば,和解が成立する.これを「裁判上の和解」と呼んでいる.　　　　　　　　[大森文彦]

4.10　倒　産　対　応

昨今の状況から,建設プロジェクトの生産に関与する企業の倒産が急増している.関係企業が倒産した場合,当該企業が建設プロジェクトの中で担っている役割を果たせなくなるわけであるから,その影響は極めて大きい.

倒産した場合,法的に定められた一定の手続きをとって解決する場合と,特にそうした手続きをとらずに話し合いで解決する場合とがある(後者の場合を「任意整理」と呼ぶ).

法的に定められた手続きをとる場合,再建型と清算型に区別される.再建型は,企業を再建するための手続きであり,会社更生法や民事再生法がこれに該当する.一方,清算型は,企業の解散を前提に,権利・義務関係をすべて清算する手続きであり,破産法がその代表的手続きである.また,こうした法律は,それぞれ特有の手続きを定めている.

もっとも,こうした手続きは複雑であるため,建設プロジェクトにおける法的マネジメントの一領域としてとらえることは妥当ではなく,弁護士などの法律家の領域である.　　　　　　　　[大森文彦]

5
多様なマネジメント

5.1 ファシリティマネジメント

5.1.1 ファシリティマネジメントとは
a. 時代背景と経緯

ファシリティマネジメント（Facility Management,以下FMともいう）という言葉は，FM関連協会などで統一的な言葉（後述）として扱うようになってきた．まずここでは，FMの時代背景と経緯について解説する．

一般に，企業・団体などで施設（建築・構築物，オフィス他諸業務用途施設）を利用する際に，その施設の計画，施設プロジェクトの実施（プロジェクトマネジメント），施設の維持・運営を担当する部署，担当者が行う業務をファシリティマネジメントといい，その業務を行う人々をファシリティマネジャーというが，これらの業務はなにも新しいことではなく「施設を計画・管理する」という意味では，従来から行われていたことである．ただ従来は，それらの業務は，総務系の部署で行うとか，施設企画部門，施設管理部門がそれに類する名称で，業務を行ってきている．また，その業務を行っている人々は，宅建資格，建築士など，専門職能として国家資格を持っているスタッフ以外は特に職能としての社会的に共通の職能（名）は持っていなかった．特に，組織として，"施設（建築・構築物，オフィス他諸業務用途施設）を使用する場合，その施設の計画，施設作り，施設の維持・運営を担当する部署"が，とかく統一された部門にまとまっておらず，かつ，事業部または建物ごとにそれぞればらばらに運営されていることが多く，企業として一本化されていなかった．また，施設の企画，実施，維持運営などを包含して経営幹部の一人が組織の代表される責任者も決められていないことが多く，施設関連業務の責任が分散された状態が一般的であった．

1980年代の初頭より，インテリジェントビルという言葉が生まれた．欧米の新しい業務施設事例に代表されるように，建物機能が高度化（情報化など），複雑化するなかで，外国からの施設関連諸技術の移入に併せて旧建設省，関連民間企業・団体などで研究会が組織化され関連技術の整理が始まった．インテリジェントビルは施設づくりの結果であって，そのニーズおよびプロセスを重視した考え方から，当時の建設省もインテリジェントビルからファシリティマネジメントという言葉の議論に移行してきた．本来，施設（ファシリティ）は使い手側がそのニーズに基づいて起案され，既存の施設と併せ，必要な改善（改修，新築，増築），維持・運営を行うものとしての位置づけになるが，それをサービス側（例えば，設計者，施工者，その他専門家集団）が専門家の立場から協力体制をとるわけであるが，後者の専門家集団は，既にその職能，技術は系統的かつ社会的に認知されている．しかし，前者の使い手側の業務従事者は，業務名として，また職能として認知・確立してはいなかった．

1985（昭和60）年ごろから，前述の社会的な動きをきっかけに，ファシリティマネジメントという言葉で，諸検討が進められた．そして建設省（今の国土交通省）の支援で日本ファシリティマネジメント推進協会（現在，（社）日本ファシリティマネジメント推進協会）が発足（1987年）し，各民間企業・団体が参加してファシリティマネジメントの議論が本格化し，その定義と中身が整理されてきた．

b. FMの定義

前に述べたように，本来「使い手側」の施設関連の業務を総称してファシリティマネジメント（FM），それら業務を行う者をファシリティマネジャー（FMr）ということにしたものの，それらの業務を，サービス側が使い手側の立場を補完，肩代わりすることもFMといい，それらの施設関連の

業務を総称してファシリティマネジメント（FM），それら業務を行う人たちをファシリティマネジャー（FMr）というようになってきているので，FMが必ずしも使い手側のみの言葉とすることには混乱を生じる場合もでてきているわけである．したがって，ここで，少しでも一般的にFMおよびFMrの定義として現在行き渡りつつある考え方について紹介する．

現在，FMの定義としては，FM推進連絡協議会編集「総解説・ファシリティマネジメント」（以下，「FM解説書」と略）の中に，"ファシリティマネジメントとは，企業，団体などが組織活動のために施設とその環境を総合的に企画，管理，活用する経営活動"とある[1]．また，ファシリティとは「施設とその環境」としているが，対象は土地・建物・諸設備などハードの類に加えて，内部環境・外部環境・情報環境などの環境で表されるソフトの類までを含んでいる．ファシリティの使い手の分類でいえば，官・民で使用するすべてのファシリティ，用途上の言い方をすれば，人を中心としたあらゆる仕事の場（オフィスおよび関連の場）というと具体的にどこまで包含されるかということになるが，例えば生産工場，研究開発施設，物流施設，健康・医療施設，教育施設，ホテルなどのほか，あらゆる公共施設を含んでいる．

c. 関連団体

（社）日本ファシリティマネジメント推進協会（Japan Facility Management Association：JFMA）は，現在法人会員200社弱，個人会員1,000名を超える会員から構成されている．また，既述のFMのガイドブックとして位置づけられている「総解説・ファシリティマネジメント」の編集・発行に関しては，JFMAが他のFM関連団体，（社）ニューオフィス推進協議会（NOPA），（社）建築・設備維持保全推進協議会（BELCA）と共同して「FM推進連絡協議会」という運用上の推進機関で編集したものである．FMの名称を持つのは，上記のJFMAだけであるが，ファシリティ（施設と環境）を扱うという意味での相互のかかわりを持ち，この「FM推進連絡協議会」が共同してファシリティマネジャーの認定資格制度が1997年度からスタートしている．現在6,000名を超える認定ファシリティマネジャーが生まれている．

一方，海外においては，国際ファシリティマネジメント協会（International Facility Management Association：IFMA）が最も規模が大きく，アメリカを中心としたFMの協会であるが，世界に支部を持つ団体となっており，2万人に近い個人会員を持つ．また，2001年より，IFMAとJFMAのファシリティマネジャー資格制度の相互認証の取り決めもなされており，グローバルな活動も期待されている．

5.1.2 ファシリティマネジメントのねらいと効果

a. 目　　的

「FM解説書」では，"FMは，経営戦略の中の機能戦略のひとつとして位置づけられ，経営目的・目標の達成をファシリティの面から支援することが基本的なねらい"としているが，民間企業であれ，公的組織であれ，使用するファシリティをどう活用するか，今後の計画をどのように進めるかについての考え方，計画，維持運営を一連のものと総合的に認識し，経営全体の位置づけの中で，ファシリティの効果的な運用，ファシリティを持つ事業主体への支援がFMの目的といえる．

b. 目　　標

FMの目標としては，定量的にとらえると品質目標，財務目標，供給目標の3つの目標として言い表すことができる．

品質目標としては，ファシリティの性能を品格性，快適性，生産性，信頼性，保全性，適合性などで表すことができる．人，組織を中心に満足度，機能性，効果・価値を生み出していくものということができる．

財務目標としては，適切な品質を満足させるために，企業・団体の利益を生み出し，健全に運営する財務目標が必要である．具体的には，ファシリティコスト（キャッシュフロー），施設資産，施設投資，ライフサイクルコストそれぞれに相互関連を持ちながら目標・評価が生まれてくる．

供給目標としては，施設の過不足に対してタイムリーに供給する需給対応度のほかに，施設の有効利用，有効活用を促すことも施設供給の要素である．

c. 効　　果

定義されたFMを目標どおりに実現し，運営することによって，企業が健全に成長・発展する方向に向かうこと，また公共施設が健全に運営され，社会的に人々の満足できるインフラを提供できる環境が整うことがFMの効果といえる．このためには，ファシリティの利用者側，事業主体が適切なファシリティマネジメントを行い，サービス側が幅の広い

専門領域から支援・協力体制をとること，言い換えれば，使い手，作り手（サービス側）の信頼関係のある協業体制が生まれてくるのであって，初めて社会の環境基盤としての重要な位置づけが完成されると考える．

5.1.3 ファシリティマネジメントの担い手
a. 当事者
ここではFMを担当する体制，組織，スタッフについてその概要を触れてみよう．

体制について重要なことは，FMを経営と密接に関連させるために経営者の意向が明確に伝わるような近い関係を持つこと，FM主要業務を一元的に統括できる体制を作り上げることが必要である．組織的には，主要業務に関する全社的情報を吸い上げ，統括できるよう社内的な権限と責任体制を持てるよう経営者，関連部門間の認知が必須である．

リソース（人的資源）量（スタッフ数）については，間接部門（企業としてはノンコア部門）全体のバランスを考慮した組織づくりが必要である．担当スタッフの必要スキルについては，通常考えられるスキルとして，ビジネス上の経営・財務・会計的スキル，または不動産・建築・設備・IT技術などエンジニアリングスキルが思い浮かぶが，実際のファシリティマネジャーとしてまず必要なことは，マネジメントスキル（業務処理能力），ヒューマンスキル（対人間関係能力）と幅の広いテクニカル能力（技術を理解する能力）の3つが重要である．特に財務・会計，不動産・建築・設備・IT技術などの各専門技術は，外部のサービス側の専門家集団のスキルを活用することが可能なわけで，最も重要な要素がマネジメントであるということを認識すべきである．

b. 専門協力者
「FM解説書」では，サービス提供者と定義しているが，いわゆるファシリティをいろいろな角度から，(A) 専門的に支援サービスを行う既存の施設関連専門家集団と，(B) 新たに，本来「使い手側」で行うFMを総合的または部分的に「使い手側」のアドバイザー的立場，および補完・代行を行う，いわゆるFM業務を行うサービス提供者が存在する．実際には，上記（A）の組織に在籍して，（B）の業務をビジネスとして始めている人たちも現れている．特に，FMは管理手法と考えられるので，すべての専門的領域はそれぞれのビジネスとして現在の技術革新の中で社会一般に存在している．以下のようなものが一般に存在する．

① 計画全般領域：経営コンサルタント，FMコンサルタント，不動産コンサルタント，システムコンサルタントなど
② プロジェクト領域：設計事務所，建設（建築・設備）会社，不動産会社，デベロッパー，内装・家具メーカー／施工会社，インテリアデザイナー，情報・通信関連設計・工事会社，アートコンサルタント，積算事務所など
③ 運営維持・サービス領域：ビルメンテナンス会社，清掃会社，警備会社，食堂サービス，受付サービス，人材派遣会社など

5.1.4 ファシリティマネジメントの標準業務
まず，FMの標準業務を経営戦略上の機能戦略の1つとして位置づけることができる．その上でFMを統括する業務として考える．標準業務のプロセスは，FM戦略・計画→プロジェクト管理（必要に応じ）→施設の運営・維持→評価→（FM戦略・計画へ戻る）の一連のサイクルとして機能することが効率的なFMの運営につながる．これらの業務を総合的に管理する仕組みを作り，円滑かつ効果的に実施することが必要となる．

a. FM戦略・計画
経営戦略に密接に関連させることが重要である．FMの諸施策を具体化するとともに，長・中期的な施設計画を策定する．同時に，企業・団体として，施設的な理念などを踏まえての計画を立てることが必要で，品質的な目標，財務的な目標をバランスよく考慮し，組織全体の成長と発展につながるよう，また利用者の満足度，生産効率を配慮し，供給目標を設定し，長・中期計画，年次計画を策定し，必要なプロジェクトを見込んでいくことになる．実務上は，既存の施設の評価・見直しの上，有効活用，必要な改善，健全な維持・運営を目指した上で，必要なプロジェクトが発生し，計画されることになる．

b. プロジェクト管理
ここでは，長・中期計画，年次計画で計画されたプロジェクトを具体化するわけであるが，プロジェクトとしては，不動産（土地・建物）の購入・売却，建物建設，施設の賃貸借，ワークプレース作り，大規模改修などがあげられる．プロジェクトを実施するプロセスは，プロジェクトのタイプ・規模などにより変化するが，基本的には，年次計画に基づき基本計画を整理し，プロジェクトの計画開始のため

の稟議をとることから始める．早い段階での，外部のサービス提供者（開発関連協力会社，設計者，プロジェクトマネジメントに関するコンサルタントなど）の早期関与はプロジェクトの効果的な推進につながり，プロジェクトの要件定義（与条件，要求条件など）の支援も受けられる．プロジェクトの重要度によっては，経営者との十分な連携の上，外部関与者（建築家の選定など）を決定する必要がある．プロジェクト推進上，先のプロセスになるほど外部の専門家集団の関与の率は高くなるが，最初の段階でのファシリティマネジャーの采配は大変重要な役割となる．

c. 施設の運営・維持

施設の長・中期実行計画，年次計画に基づいて，施設の継続的，効率的な維持・運営を図ることが求められる．また，プロジェクトが完了した後を引き継いで維持・運営が開始される．維持・運営に際しては，利用者の満足度が高く，生産活動を効率的に行うとともに，建物運営上の財務的側面（ファシリティコスト）も適切なコントロールがなされることは大変重要で，企業（団体）活動の大きな財務面の要素であることの認識が必要である．具体的な維持・運営業務としては，施設の維持保全，運用管理，サービスの3つの業務に大別される．それぞれの業務の内容を以下に掲げる．

① 維持保全：施設点検，保守，整備，清掃，エネルギー管理，衛生管理，建物診断，修繕，改修など
② 運用管理：施設設備の運転・監視，ワークプレース管理，保安・防災管理，環境管理，賃貸借管理など
③ サービス：業務支援サービス（受付，応接・会議室管理，メール・印刷サービスなど），生活支援サービス（食堂，自販機，駐車場などの管理サービス）

5.1.5 これからの課題

ファシリティマネジメントという言葉と内容の実態は，FM関連協会などの活動で徐々にその認知度を深めてはいるものの，本来の"使い手側"の業務が本格的に組織の中で効率的に存在し，機能し，組織運営を支援する形には，まだまだ時間を要する．また，使い手側と使い手側に対してサービスする専門家集団とのさらなる協業体制が望まれる．加えて，ファシリティマネジメントが関係する社会の動きも刻々と変化していく中で，ITのますますの発展，企業・団体の組織および業務体制，ワーカーのワークスタイルの変化などによりファシリティマネジャーの役割はファシリティ（施設）を中心としての業務として変わらないものの，ますますフレキシブルな対応が求められる． ［加藤達夫］

文　献

1) FM推進協議会編集：総解説・ファシリティマネジメント，日本経済新聞社（2003）

5.2 デューディリジェンス

5.2.1 デューディリジェンスとは

デューディリジェンス（Due Diligence）とは，直訳するとDue＝「相当の；正当な」，Diligence＝「努力；勤勉」であり，語源は，アメリカの株式市場において，証券発行時の情報が証券法の開示基準に適合するか否かの弁護士の確認業務で，「注意義務」を示す一種の法律用語として用いられていた．現在では，不動産取引き（特に投資用不動産），M＆A（企業の合併・買収），プロジェクトファイナンスなどの場合に実施される①物理面，②法律面，③経済面などの多岐にわたる詳細な調査・診断・分析業務のことをいう．日本においては，不動産取引き（売買・証券化など）においての位置づけとして，「相当の努力を持って行うべきこと」と訳されている．図5.2.1に概念図を示す．

その意味は，「不動産を取得（投資）する際に，物件の将来の収支（キャッシュフロー）の正確な予

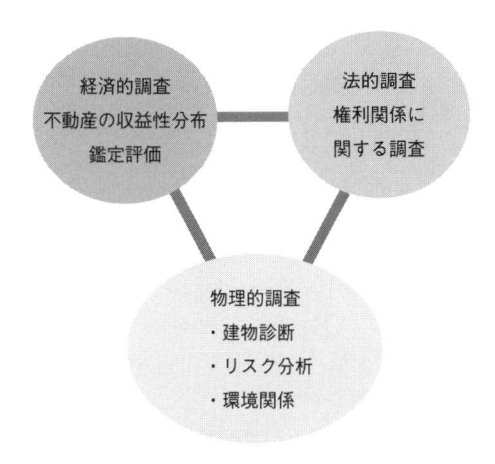

図5.2.1 デューディリジェンス業務の区分

測を行うことを目的とする多角的な調査，すなわち最終的に"適正な投資価値"を求める作業」と位置づけられる．日本国内で初めてその言葉を用いたのは，平成10年政府の発表した「総合経済対策」および「金融再生トータルプラン」の文中で，"デューディリジェンス"と紹介されたことが始まりといわれる．

しかし，この言葉を一般化させたのは，いわゆる外資系企業・投資家の日本不動産市場への参入である．世界的に，比較的政治環境等の社会基盤が安定しており，下落傾向で値ごろ感があり，かつある程度の収益の期待できる「日本の不動産」を購入する目的で，投資価値を分析し，建物を含む不動産関連の調査・診断業務を外資系金融機関が行ったことが始まりである．ここでのデューディリジェンスは，必ずしも格付け機関からの「格付け取得」等を目的としたものではなく，購入する不動産が将来において収益がどの程度確実か，また再転売時点における資産価値判断および瑕疵（物理的・法的）等を判断目的とするものが主体であり，その後の変遷を経て現在に至っている．

5.2.2 デューディリジェンスの業務区分

デューディリジェンスは，図5.2.1に示したように大きく3つの分野に区分される．

① 物理的状況調査：一般的に「エンジニアリングレポート」と呼ばれる土地・建物の物理的な状況を精査し，顕在・潜在化する各種リスクを分析し，適正に評価する調査である．ここでいう物理的とは，土地環境（土壌汚染）や建物に関することであり，「地震想定被害（耐震性能）」および「建物に付帯する有害物」等の各種リスクや，今後必要な「大規模修繕」，「改修工事等の必要性」および時期の判定・コスト算出等，多岐にわたる項目・内容となっている．その際，米国ではスーパーファンド法などに基づき，土壌および建物の環境調査を別途行い，別の報告書にするスタイルが多くあるが，日本の場合は包括して調査するケースも多い．

② 法的調査：一般的に弁護士・会計士などが，法的なリスクを客観的に判定する作業で，不動産の権利関係，賃貸借契約，占有関係などを主として書類等で行う．

③ 経済的調査：不動産鑑定士・会計士・アナリストなどが，不動産の賃貸収入や運営支出に関する経営情報と不動産マーケット，一般的要因の分析を行い，キャッシュフローの予測および価格等に関して調査する．

5.2.3 エンジニアリングレポートの診断・調査レベル

デューディリジェンス業務における物的状況調査（以下，エンジニアリングレポートという）は，通常「一次診断レベル」で行われる．その区分については表5.2.1のとおりとなる．

表中にも記載されているとおり，概況診断レベルは，主として目視調査レベルで建物の経年確認，更新履歴書の調査・現地調査による現状確認等が行われる．また「一般的な建築技術者」とは，建築士・建築設備士および建築・設備診断技術士などの有資格者であり，診断能力のある者を指す．なお，調査方法も総括的な診断を多岐にわたって多角的に行うものであり，部材を切り取ったり，計測機器等を用いて精密に診断を行うものではなく，あくまで目視・聴診レベル（通常条件）の簡便なものとなる．

ただし，土壌環境調査に関しては，近年欧米の影響を受け，各種法規も整備されつつある．特に米国では，環境問題への関心が高く，「スーパーファンド法」（1980年制定）により，汚染浄化責任の明確化と調査の必要性について，規定されている．しかし，詳細な調査には，膨大な費用と長期の調査期間を要することから，合理的な方法として，米国材料

表5.2.1 現地調査における診断レベル

診断レベル	1次診断	2次診断	3次診断
目的・内容	概況診断 保全診断	劣化診断	劣化診断
	総括的な 内容の診断	中程度の診断	詳細な診断
行為者	一般的な 建築技術者	専門技術者	高度な専門技術者
方法	目視，体感，問診	非破壊試験が中心	破壊試験を含む
足場	足場準備せず	脚立程度の足場	本足場
試料抜取り	仕上材を撤去せず	仕上材を撤去	躯体からの試料抜取り
調査結果の表示	記述および計数	計量	計量
運用	各劣化現象 共通の診断	各劣化現象 個別の診断	各劣化現象 個別の診断

（出典）建設省「建築物の耐久性向上技術の開発」

試験協会（ASTM）が標準規格として，「フェーズワン環境サイトアセスメント（Phase-1）」を設定し，デューディリジェンス業務の基準となっている．これは，米国の格付け機関も判定基準として認めており，不動産売買の際には必須の条件とされている．日本国内でも，「土壌汚染対策法」（環境庁：2003年2月15日）が施行されるなど，レベルの高い調査・診断レベルが要求される場合も多くなっている．したがって，工場跡地や有害物質を取り扱っていた事業所等の調査に関しては，各段階での調査レベルが必要となるため注意を要する．

5.2.4 デューディリジェンス業務の手順と流れ

標準的なデューディリジェンスのうち，エンジニアリングレポート業務の標準的な手順を図5.2.2に示す．

```
業務受託
  ↓
顧客ニーズの把握（調査診断項目の確認）
  ↓
資料調査
  ↓
現地調査
  ↓
レポート作成
  ↓
顧客・格付け機関等への説明
```

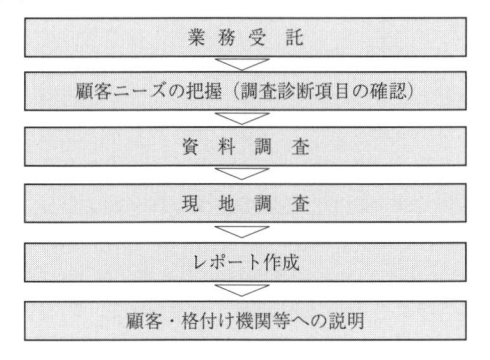

図5.2.2　業務の流れ

各々の業務遂行に際して重要となるのは，顧客ニーズの把握と調査の目的である．すべての顧客（依頼者）が，デューディリジェンス業務に精通しているわけではなく，成果物の目的や用途が明確になっていない場合も多い．したがって，業務のスタート段階での情報整理および目的の明確化等が非常に重要なポイントとなる．

a. 受　　託

業務の委託先は，不動産の所有者や購入者のみならず，その目的に伴って証券化を含む流動化・売買の場合，証券会社を含む金融機関やアレンジャーなどのコンサルタント会社である場合も多い．また，一連のデューディリジェンス業務を窓口として受託した会計事務所や不動産鑑定士が，プレーヤーとしての各種調査会社と連携して業務を行うケースも多い．

b. 顧客ニーズの把握（調査診断項目の把握）

上述のとおり，不動産の申請売買から証券化・ノンリコースローンの要件・証券化等の流動化まで，デューディリジェンスの業務の目的・運用は多岐にわたる．したがって，調査の目的も単なる不動産（土地・建物）に関する状況把握・情報収集から，不動産証券化のための格付け取得に必要な高いレベルのエンジニアリングレポートの作成まで幅広く存在し，その目的に応じた調査項目・期間・費用などが必要となってくる．

c. 資　料　調　査

調査項目が確定した時点で，必要書類の収集・受領・精査が必要となる．建物調査は，建物図面，修繕・改修経歴（計画），各種法定点検記録などである．環境調査の場合は，地歴の判明する資料・有害物の取扱い経歴および同官公庁提出資料である．その際，注意すべきことは，資料の出典およびその位置づけである．「建物図面」といっても，申請図・契約図・竣工図・改修図など，多様な種類が存在する．したがって，その書類の記載内容を正確に把握し，必要十分な情報を事前に得ることが重要となる．

d. 現　地　調　査

受領した資料に基づき現地調査を実施する．目的は，土地・建物に関して，資料に記載された内容と現況の食い違いの確認を行う．建物劣化に関しては，経年と修繕更新履歴等との差異の検証である．報告書の作成にあたり，写真および目視とはいえ，現状観察は，説明資料としての役割は非常に大きい．特に，劣化状況の説明が必要な部位については，全体と詳細について撮影し，提示するとわかりやすい．天井内やピットの内部・機器の状況等については，「インタビュー調査」として聞き取り調査によることになる．特に，設備分野およびアスベスト・PCBなどの環境調査に関しては，目視のみによる調査での状況把握が困難な点が多くあり，施設管理者や使用者へのインタビューは重要な調査事項となる．その内容についても，電気・給排水衛生・空調・各種機械類などの項目に分けられ，さらに細目にわたって確認するなど，不具合・クレーム情報等の状況を明確に聞き取ることが大切になる．また，廃棄物を含む有害物質の取扱いや収集・保管・搬出などに関しても，状況に応じて現地確認が必要となり，保管書類も随時収集できると判定が正確になる．インタビューの結果および収集資料等に関しては，報告書に添付することで，事実確認がスムーズにいく場合が多いため，十分な情報提供を得る必要がある．なお，現地調査は「目視」，「サンプリング調査」が原

則となるため，通常の建物劣化診断調査とは異なり，短時間で完了する．

e. 報告書作成

資料・現地調査を行った内容に関して，報告書を作成・提出する．調査診断に関しては，専門家としての判断を求められており，客観的にみて第三者が納得できる内容であることが重要となる．そのためにも判断基準が明確である必要性があり，例えば更新周期に関しては，"BELCA（（財）建築設備維持保全推進協会）の基準に基づいた"などの記述もあるとわかりやすい．

また，地図・写真・図面などを随時活用し，現象や事実関係が明確に判断できる内容とその判断に至る過程が，受領資料等で明示されていると説明力も向上する．

f. 顧客・格付け機関等への説明

報告書の作成後，委託者である顧客や金融機関・格付け機関より，その内容について説明を求められる場合が多くあるため，調査の前提条件・受領資料の種類・判断の根拠などを的確に説明する．

5.2.5 調査診断の内容・項目

通常行われている調査診断項目を図5.2.3に示す．

a. 敷地・周辺状況調査

敷地および建物周辺の状況を地図や写真をもとに説明を行う．本来は，不動産鑑定士等が報告する不動産状況報告の一部分に該当するが，土地・建物を正確に説明するために，土地の状況を簡略的に記載するとわかりやすい．建物概要は，竣工図書・確認申請書類等の出典を明らかにして，敷地・規模・構造・建築仕様・主要設備などを記載する．

- 建物状況（物的）調査
1. 敷地・周辺状況調査
2. 建物・設備状況調査
3. 劣化調査（修繕費・更新費用の算出）
4. 建物耐震診断及びPMLの判定
5. 再調達価格の算出
6. 建物の合法性，違法性調査
- 環境調査
1. 敷地環境調査
2. 建物有害物質含有調査

図5.2.3 標準業務メニュー

b. 建物・設備状況調査

建物・設備状況調査竣工図書・建物管理資料・修繕更新および改修履歴などでの資料調査と現地調査による2段階の診断となる．ここでのポイントは

① 資料調査は，受領した資料から土地・建物の状況を判断し，各種の診断・判断を行う．したがって，机上での各種仕様の判定，各システムの妥当性，リスク要因の洗い出しとなる．

② 現地調査では，書類では判断できない状況の調査であり，目視を基本とする．事前に受領した資料との整合性，その後の改変，食い違いなども重要なポイントとなる．

③ インタビューは，目視調査で判断できない内容や，時節による各種の変化内容等について，施設の現地管理者・利用者へ聞き取り調査を行うことで，短時間のデューディリジェンス調査においては，重要な情報の補完となる．

従来の土地・建物調査診断で一般的に行われてきた調査とデューディリジェンスの調査の相違点として，部分的な劣化や汚損等にとらわれず，全般的な劣化状況と将来予測を行う点が大きく異なる．土地の環境汚染要因や，建物の重要な部位およびシステム・機器の欠陥や保守の顕著な遅れ，安全性の問題，違法性，標準的な耐用年数に対する劣化の進行状況，日常保守の良否等々を観察し，診断する．特に設備機器に関しては，外観での状況把握・判定がうかがえない面もあるため，設置状況・保守方法・使用状況・運転時間などを総合的に判断する必要性がある．

また，エンジニアリングレポートでの費用算定は，あくまで「更新（準備）費」の算定を前提とする．建物の時間経過による劣化で，全体的な機能および性能低下に伴う竣工時レベルの機能回復の費用：「更新」に必要な費用の算定が主であり，保守点検や日常の修繕費および性能の向上を意図した改修費の算定は，別途，利用者のニーズや設計的な要因も入るため，基本的には行わない（図5.2.4参照）．

c. 劣化調査（修繕・更新費用の算定）

上記で，「保守・修繕等の費用は算定外」としたが，調査時点で危険な状態にあったり，既に故障している部位に関しては，更新費と区分して，「短期的修繕費」として別途計上する．更新費用とは，その時点から今後一定期間（10～20年間）に予定される建物更新に必要とされる費用で，一般的な条件下で妥当と判断される費用を算定する．

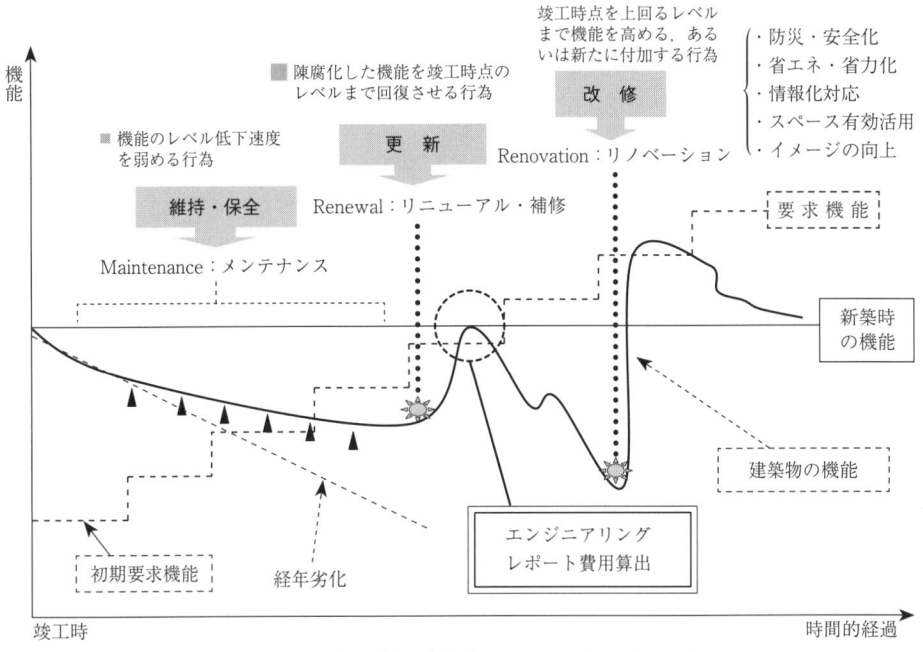

図 5.2.4 維持・更新・改修（リニューアル）のイメージ

d. 建物耐震診断および予想最大損失率の判定

1981（昭和 56）年建築基準法の施行令改定に伴い，大きく設計用地震力の大きさが見直され，それ以前の建物を「旧耐震」，以後を「新耐震基準」と区分されていることは多く知られている．そのことが広く紹介され，また新耐震以後の建物に被害が少ないことが証明されたのが，1995（平成 7）年の阪神大震災である．日本国内では，自然リスクの中でも「大地震による想定被害」が非常に大きく取り扱われる．そのことから，予想最大損失率（Probable Maximum Loss：PML）を指標として，耐震性能を評価する方法が多く用いられる．PML とは，一定期間に想定される地震により，建物が被ると想定される最大の損失率であり，過去の地震履歴データ等をもとに 475～500 年間に一度の確率で起こりうる地震と建物の耐震性能から算出される．また，構造体のみならず建築・設備の 2 次部材の被害想定を含み，再調達価格に対する想定被害額の比である．

不動産流動化の場合，金融機関・格付け機関等は，PML が一定値を超えると地震保険に加入することを提言する場合もある．

e. 再調達価格の算出

再調達価格とは，当該建物を現在価格にて建て直したと想定した際，建設に必要な一般的費用とされる．敷地条件の変更，法規・条例等の変更，行政・公的機関の要望・指導条項は一切考慮せず，現在の対象物の規模・グレード等を踏襲する．ただし，申請等の設計料を含めた諸費用の範囲を明示する必要性がある．

f. 建物の合法性・違法性調査

建物の建築基準法・消防法などの諸法規および諸官庁の指導事項等に関する遵法性・合法性を調査する．まず書類調査にて，「検査済証」の発行による竣工時点での適法性を確認し，確認申請副本・竣工図と現地調査により図面と現状の食い違いから，増改築や用途変更について調査を行う．竣工以後の法規改定による既存遡及事項は，原則として対象としない．また，所轄消防署の査察対応等についての確認は，現地の書類確認と管理者へのインタビューにより行う．

g. 環 境 調 査
1) 敷地環境調査

建物敷地の土壌環境に関する有害物質の汚染（可能性）調査である．一般的に，土壌汚染は，用途の改変時期や農作物の肥料・農薬の散布，事業活動による有害物質の漏洩・廃棄，地下水からの有害物の検出などにより表面化する．まず，フェーズ 1 調査として，土地の使用履歴・当該事業所での使用履歴から初期の判定を行い，汚染の可能性がある場合，順次調査ステージを上げていく必要性がある（図

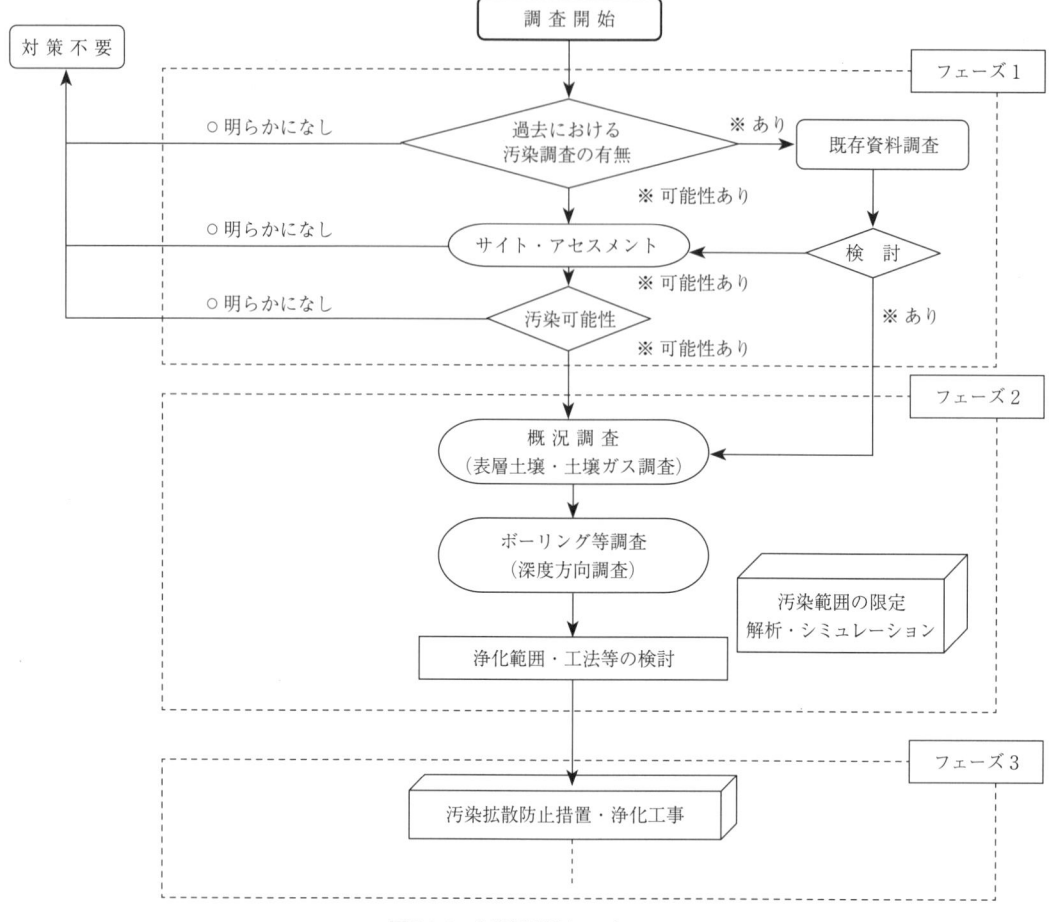

図5.2.5 土壌環境調査のプロセス

5.2.5).

2) 建物有害物含有調査

建物は，数多くの建材や機器とそれを運転するための材料で構成される．その中には，建築当時には有害とされていなかったが，その後，有害性が指摘されて，使用禁止となって規制を受けている物質もある．その代表的なものの1つがアスベストであり，1979（昭和54）年「吹付材としての使用禁止」とされるまで，長い年月，建物に利用されていた経緯から，それ以前の建物では調査対象となる．

また，ポリ塩化ビフェニル（PCB）も1974年に製造・輸入・新規使用が禁止されているが，油脂状で安定し，絶縁性に優れていることから電気設備のトランス，コンデンサなどに使用されており，使用および保管の確認が必要となる．また，地球環境対応として，フロンガス等の存在も同様に，その存在と利用について調査する．欧米で一時期問題となった「鉛を含む塗料」については，日本国内では室内側でほとんどその使用の経歴が見られないため，通常は対象としない．

5.2.6 エンジニアリングレポートのガイド

5.2.1項で述べたように，日本国内での業務的な歴史は比較的最近で，1998年ごろから始まったといわれており，ガイドライン・基準等も整備途上にあるといわれる．エンジニアリングレポートについても，基準となる法規・規定類はないが，BELCA発行の「不動産投資取引におけるエンジニアリング・レポート作成の考え方」（2000年5月初版発行）および「不動産投資取引におけるエンジニアリング・レポート作成に係るガイドライン」（2001年5月発行）が参考となると思われるので，参照されたい．

［楠　浩一］

5.3 プロパティマネジメント

5.3.1 不動産管理の新たな担い手

a. 伝統的施設管理とファシリティマネジメント

従来の施設管理は，出来上がった建物・設備等の営繕管理（営繕部門），有形償却資産の税務管理（管財部門），施設の賃貸借契約の締結・備品等の調達（総務部門），土地・建物等の取得・建設（不動産部門）などを主な業務とし，経営管理に付帯する管理という側面が強かった．これに対して，1990年代初頭から認識され始めてきたファシリティマネジメント（Facility Management：FM）は，まず，施設をファシリティという概念（ファシリティとは，土地・建物・設備等の施設，および執務空間・居住空間などの施設を利用する人の環境を包含する概念である）でとらえ，FMとは「企業・団体などの全施設および環境を経営的視点から総合的に企画・管理・活用する経営管理活動」と定義している．

このため，FMは，① 施設のみならず環境を管理対象とし，② 経営管理体系としてのマネジメントサイクルを形成し，③ 計画・管理のための科学的管理手法を導入している．「認定ファシリティマネジャー資格」制度の発足（1995年）は，伝統的施設管理を全面的に見直す契機となり，現在では，経営管理活動としての施設管理（すなわち，FM）の重要性が広く認知されるようになった．

b. 不動産管理をめぐる職能の専門化

「不動産リノベーションビジョン研究会報告書」（1997年）は，先行する米国市場の観察から，以下に示すような新たな不動産マネジメント業を示している．

① アセットマネジメント（Asset Management）：所有者のために，不動産に限らず，あらゆる資産の効率的運用・効果的経営を実行する，あるいは投資アドバイスを行う．

② 不動産投資顧問業：特に不動産に特化して，その経営ないし投資についてのアドバイスを行う．米国では，主として年金基金からの受託を行う不動産投資顧問業が制度的に確立されている．

③ プロパティマネジメント（Property Management）：不動産の保守・管理，内装または補修工事，施工監理等のビル管理業務に加えて，テナント管理等のマネジメント全般の業務を行う．

④ リーシングエージェント（Leasing Agent）：テナント募集・調査，または賃貸条件交渉，契約書の作成を代行する．貸し手，借り主それぞれ別のエージェントがつき，専門家間の交渉を行う．

日本では2000年に「投資信託及び投資法人に関する法律」等が制定・改正され，投資法人が投資証券等を発行して調達した資金を不動産などに投資し，賃料収入等から得られた利益を配当する仕組みが確立された．これに伴い，投資信託委託業または投資法人資産運用業を営む「投資信託委託業者」，すなわち，アセットマネジメントに相当する職能が法的に確立した．また，同じ年に不動産投資顧問業登録制度が創設され，不動産投資に関する助言のみを行う一般不動産投資顧問業と，助言業務に加え一任業務を行う総合不動産投資顧問業の2種類が誕生した．

5.3.2 所有と経営の分離

a. ビル経営の歴史

1) 高度経済成長からバブル経済崩壊まで

高度経済成長の出発点とされる1955（昭和30）年から現在まで，日本の経済規模（GDP）はおよそ10倍になり，人口規模も戦後（1947年）から約1.6倍となった．この間，ビル業界においても需要の増加とそれに追いつかない供給の関係から，ほぼ常に貸し手に有利な市場が形成されていた．すなわち，オーナーは特別な努力をしなくても賃料の継続的な上昇と賃貸床の増床により，インカムゲインが増え続けた．さらに，土地価格の持続的な上昇に伴い，資産を保有することによるキャピタルゲインをも享受することができた．

第1次オイルショック（1973年）から第2次オイルショック（1978年）にかけて一時的な陰りはあったものの，バブル経済の始まりとされる1980年代初頭からは，超貸し手市場が形成され賃料水準も高騰した．この間，「建物の区分所有に関する法律（1963年施行，1983年改正）」や「総合設計制度（建築基準法第59条の2）」を適用した大規模商業不動産の開発が相次ぎ，開発者の共同出資によるビル経営管理に特化された管理運営会社が誕生した．

このような背景の中で，ビル経営の変化は，まず，ビル管理（設備管理，警備，清掃，環境管理などのビルメンテナンスにかかわる管理）の近代化から始

まった．すなわち，建築物の巨大化・総合化・複雑化が進み，従来の熟練者の経験による管理では質・量ともに立ち行かなくなった．「ビル管理ハンドブック」(1982年)[5]は，ビル管理への科学的管理手法の導入を意図した初めての成書であった．なお，科学的管理に不可欠なデータベース構築へ向けての取組みはその後も続けられ，「ビル管理データブック」(1989年)[6]として上梓された．

近代的経営管理という側面からビル経営をとらえ，テナント管理・契約管理・会計管理などの経営情報システム，中央制御などの設備自動制御システムなど，ビル経営の方法論を集大成した著作として「最新ビルの経営と管理」(1984年)[7]がある．これは，ビル経営の体系を提示するとともに，最新のコンピュータ技術・設備管理技術の導入に挑戦し，経営管理業務全般の合理化，省力化を強く指向したものであった．

バブル経済の只中にあって，現在ではプロパティマネジメントと称される業務内容を体系的に整理したものとして「ビルマネジメント研究報告書」(1988年)[8]がある．これは，個別物件（1つの商用不動産）の具体的な管理業務を分析し，① 企画・計画業務，② 賃貸営業業務，③ 管理・運営業務の3つの業務を中心に体系化を図り，ビル経営管理業務の今後の方向性を示すものであった．また，同報告書の成果は，1991（平成3）年に発足した建設大臣（現，国土交通大臣）認定「ビル経営管理士」資格制度にも継承されている．

2) バブル経済崩壊以降

バブル経済は，1989（平成元）年に日経平均株価（年平均）が頂点に達し，その後の3年間（1992年まで）で半減したことにより，バブルの崩壊が明らかになった．この後，株価は長期的に低水準で推移し，公示地価・不動産価格は続落し，オフィスビルにおいても多くの空室が発生し，賃料も著しく下落した．公示地価（全国・商業地）は1991年を頂点として下落を続けたが，建設投資（名目値）のピークは1992年であり，その後も低下傾向で推移するものの一定の投資水準を保ってきた．

このため，バブル経済の頂点前後に計画着工された最新設備を装備した大型ビルが次々と竣工を迎え，ビルは供給過剰となり，貸し手がビルを選別する時代が出現した．その結果として，借り手に魅力があるビル（近・新・大）と人気がなく敬遠されるもの（遠・古・小）との二極分化が鮮明になった．

経済の長期的低迷に加えて，1997年11月には都市銀行の一角および大手証券会社を含む金融機関の破綻が連続し，金融危機が表面化した．翌1998年には，土地・債務流動化と土地の有効活用および不良債権の処理を中心施策とする「金融再生トータルプラン」が取りまとめられ，同年10月には破綻後の支援策「金融再生関連法」と破綻前の支援策「金融機関の早期健全化のための緊急措置に関する法律」が同時に成立した．

しかしながら，株価や不動産価格は上昇に転じることなく，また，金融機関の不良債権処理も促進されることなく，生命保険会社などが更正特例法（金融機関版の会社更正法）を申請し，多くのものが外資系企業の傘下に入った．これらの生命保険の破綻あるいは企業倒産による不良債権の担保として，金融機関などから大量に不動産が放出され，外資系企業がこれらを取得するとともに，そのプロパティマネジメントを日本の企業が受託するケースが増大した．

そして，1995年の「不動産特定共同事業法（1997年改正）」，1998年の「特定目的会社による特定資産の流動化に関する法律」（通称SPC法）の施行，および2000年の改正（改正によって法律名も「資産の流動化に関する法律」に変更された），2000年の「証券投資信託及び証券投資法人に関する法律」の改正（改正時に「投資信託及び投資法人に関する法律」に名称が変更された）は，不動産における所有と経営との分離という方向性を決定的なものとした．

この時代においては，貸し手・借り手の双方においてビル経営管理の専門的な知識・技術が当然のごとく求められ，前述のFMの指針となる「ファシリティマネジメント・ガイドブック」(1994年)[1]やニューオフィスの基準を定めた「ニューオフィスミニマム」(1994年)[12]が発刊され，広く認知されるに至った．

2002年9月発行の「新しい時代のビルマネジメント－ビル経営代行業務・業務一覧」[13]は，プロパティマネジメント業務をビル経営代行業務としてとらえ，その業務内容の体系化を目指したものである．すなわち，新しい時代とは，不動産の流動化等によってビルが新たな投資対象となること，所有と経営が分離しビル経営の専門職能化が進むこと，不動産経営がキャッシュフローの最大化あるいは投資利回りの極大化で評価されること，などの新しい局面

に突入したことを意味する．そして，広義のプロパティマネジメント業務を，① プロパティマネジメント業務，② リーシングマネジメント業務，③ コンストラクションマネジメント業務，④ オーナーフォロー業務に大別している．

b. 不動産取得の目的と不動産の評価

1) 不動産建設の目的と手法

建築物を建設する目的は，① 自らの事業に供するためか，② 投資用不動産として収益を得るためかの 2 通りに分けられる．また，建築物を使用・収益（使用とはその物を使うこと，収益とは他人に貸したりして利益を得ること）する手段としては，① 自己が所有（単独所有，共有，区分所有）するか，② 賃借（借地借家法の賃貸借契約など）するかの 2 つに大別される．

一方で，建築物を建設する手法は，自己使用目的か投資目的か，および所有か賃借かにかかわらず，図 5.3.1 に示すように多様な手法から選択することができる．すなわち，自己使用目的の建物，例えば本社ビルを必要とするとき，自己の資産として所有しても，適当な物件を賃借してもよい．また，流動化手法（例えば，資産の流動化に関する法律）を用いて建設することもできる．さらには，本社ビルとして所有していた資産を投資法人等に売却し，その後は賃借によって使用することも可能である．

不動産における所有と経営の分離は，その背景に経済のグローバル化や日本経済の長期的低迷があり，先に述べた「金融再生トータルプラン」に掲げられた諸施策がある．これに伴い，不動産関連法規が急速に整備され，図 5.3.1 に見る多様な選択肢が実現した．これらの法律に共通していえることは，① 不動産が投資対象であり，② 投資家から出資を受け，③ 不動産運用による収益を投資家に分配する，という仕組みである．

一例として，新投信法（図 5.3.1 の（B-3））における会社型投資信託の資産運用スキームを図 5.3.2 に示す．同図における投資法人は，投資口（株式に相当）・投資法人債（社債に相当）を発行して投資家から資金を集め，資産の運用益を配当する法人である．そして，資産の運用に係る業務等を投資信託委託業者等に委託する．投資信託委託業者とは，投資信託委託業または投資法人資産運用業を営む者であり，アセットマネジメント（資産のポートフォリオ管理，取得・売却，管理運営など）を通じて，資産運用益の極大化を担うものである．

2) 収益還元法による不動産の評価

不動産の鑑定評価の方式には，原価方式（原価法），比較方式（取引き事例比較法）および収益方式（収

```
A. 自己所有 ─┬─ (A-1) 単独所有
             │        （民法第 206 条所有権など）
             ├─ (A-2) 共同所有
             │        （民法第 249 条共有者の使用権など）
             └─ (A-3) 区分所有
                      （建物の区分所有等に関する法律）

B. 流動化手法 ─┬─ (B-1) 不動産特定共同事業法
              ├─ (B-2) 資産の流動化に関する法律
              └─ (B-3) 投資信託及び投資法人に関する法律
```

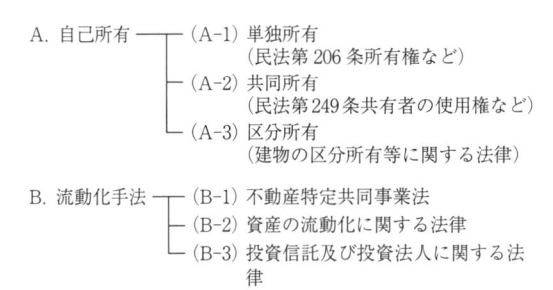

図 5.3.1 建築物を建設する手法

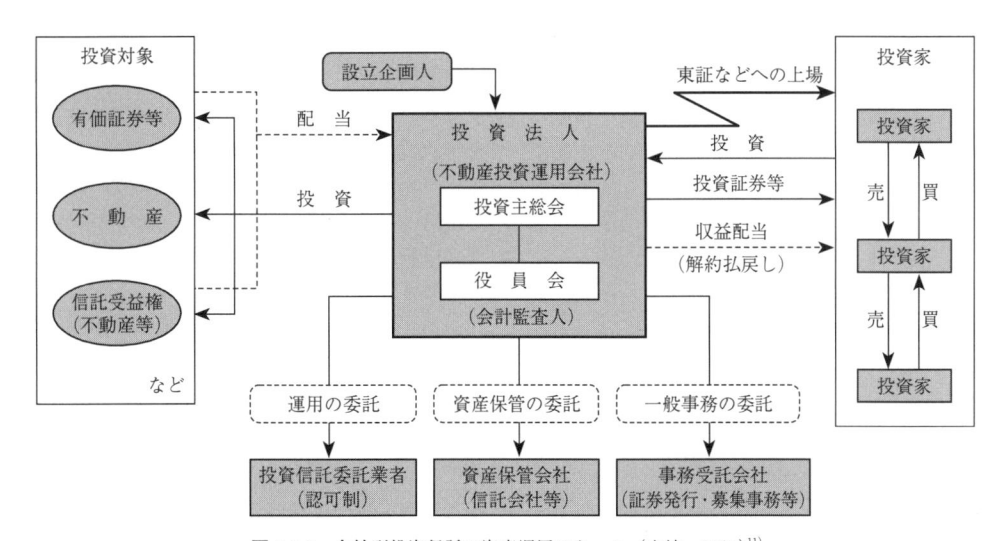

図 5.3.2 会社型投資信託の資産運用スキーム（山崎，2001）[11]

$$V = \frac{a_1}{(1+Y)} + \frac{a_2}{(1+Y)^2} + \cdots + \frac{a_m}{(1+Y)^m} + \frac{転売予測価格}{(1+Y)^m}$$

V：収益価格（収益還元法による試算価格を収益価格と呼ぶ）
a_i：i 年目の純収益（a_i ＝総収入－総営業支出－修繕積立額）
m：投資期間
Y：現在価値に割り引くための期待収益率（割引率）
転売予測価格：復帰価格とも呼ばれる．

図 5.3.3 DCF 法の基本式

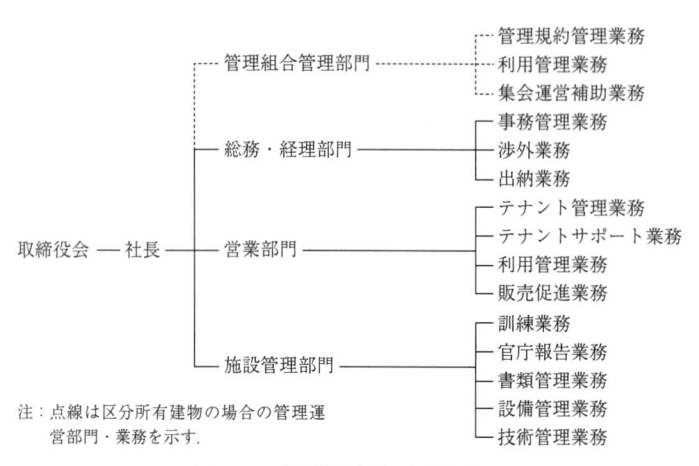

```
取締役会 ── 社長 ┬── 管理組合管理部門 ┬── 管理規約管理業務
                │                    ├── 利用管理業務
                │                    └── 集会運営補助業務
                ├── 総務・経理部門 ┬── 事務管理業務
                │                  ├── 渉外業務
                │                  └── 出納業務
                ├── 営業部門 ┬── テナント管理業務
                │            ├── テナントサポート業務
                │            ├── 利用管理業務
                │            └── 販売促進業務
                └── 施設管理部門 ┬── 訓練業務
                                 ├── 官庁報告業務
                                 ├── 書類管理業務
                                 ├── 設備管理業務
                                 └── 技術管理業務
```

注：点線は区分所有建物の場合の管理運営部門・業務を示す．

図 5.3.4 管理運営会社の組織と業務

益還元法）があり，日本では伝統的に，評価対象不動産の取得原価やその近隣の類似物件における実際の取引価格を参考にして鑑定評価が行われてきた．しかしながら，不動産の証券化等にあたっては，不動産が生み出す収益（キャッシュフロー）を裏づけとして証券等が発行されるため，その収益力を価格に反映させるという意味でも，収益方式（収益還元法）が最も適していると考えられる．

収益還元法は，「対象不動産が将来生み出すであろうと期待される収益の現価の総和を求めるものであり，純収益を還元利回りで還元して対象不動産の試算価格を求める手法である」と定義され，不動産鑑定評価基準においても同手法の積極的な活用が推奨され，また，現実の鑑定においても同手法を代表する DCF 法（Discounted Cash Flow analysis）による収益価格の採用が一般的になっている．DCF 法の基本的な式は，図 5.3.3 のとおりである．

ここで注意すべきこととして，① 純収益は建築物の質に左右されること，② 純収益は修繕積立金を控除したものであること，③ 収益価格は転売予測価格に左右されることである．すなわち，常に適切な長期修繕計画に基づいて建築物の質を維持・向上させ，不動産収入の安定化を図るとともに，適正評価手続き（デューディリジェンス：Due Diligence）をベースとして転売価格の維持・向上をも担保する必要がある．

5.3.3 プロパティマネジメントの組織と業務

a. プロパティマネジメントの組織

プロパティマネジメントとは個別不動産を管理運営し，その不動産が生み出す収益（キャッシュフロー）を最大化する経営管理活動である．そして，アセットマネジメントは，これらの個別不動産や有価証券等の資産を総合して運用し，その投資利回りを極大化させる経営管理活動である．1980 年代後半から次々と開発された大規模な商業不動産においては，開発者がそのまま所有者（区分所有建物の場合は区分所有者）となり，多くの場合，自らが出資して管理運営会社を設立した．

この管理運営会社の目的は，不動産の運用益を長期にわたって安定化・最大化することであり，優れた管理運営会社は総支出の削減に努力を払い，競争力の維持向上のためには追加投資を積極的に行うものである．日本における代表的な大規模商業不動産の管理運営会社は株式会社であり，呼称こそ異なるものの図 5.3.4 に示すように，総務・経理部門，営

```
         (A-1)      (A-2)        (B-1)         (B-2)
          AM        AM           AM            AM
           |      / | \         / \             |
          PM    PM PM PM      PsM PsM          TPM
                                / \           / \
                              PM PM PM      PsM PsM
                                             / \
                                           PM PM PM
```

【凡例】
AM ：アセットマネジメント
PM ：個別不動産を対象としたプロパティマネジメント
PsM：不動産群を対象としたプロパティマネジメント
TPM：不動産全体を対象としたプロパティマネジメント

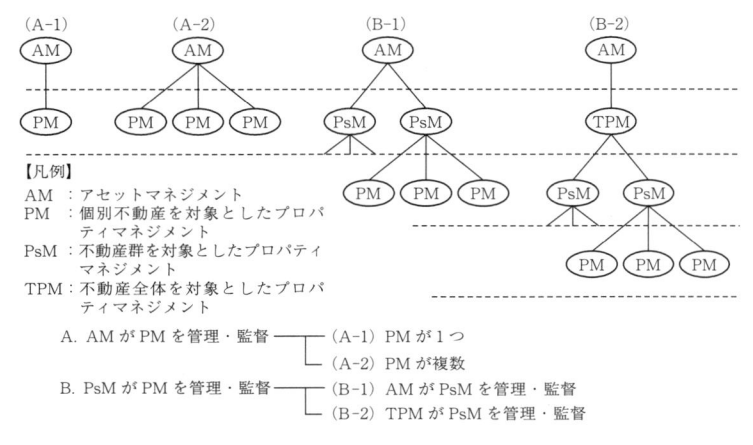

A. AM が PM を管理・監督 ─┬─ (A-1) PM が 1 つ
                          └─ (A-2) PM が複数
B. PsM が PM を管理・監督 ─┬─ (B-1) AM が PsM を管理・監督
                          └─ (B-2) TPM が PsM を管理・監督

図 5.3.5 AM と PM の管理・監督方式

業部門，施設管理部門からなる簡潔な職能別組織を形成している．また，広くビルメンテナンス業務といわれる建築保全業務(点検および保守，運転・監視，清掃，執務環境)，保安警備，産業廃棄物処理などは，これらを専門とする複数の企業と業務委託契約を締結し，自らはこれらの外注管理（管理・監督）を行っている．

b. アセットマネジメントとプロパティマネジメントの関係方式

既に述べたとおり，プロパティマネジメントはアセットマネジメントの管理・監督下に置かれ，資産運用業務を自らの経営意思決定で行うことはできない．通常の場合，アセットマネジメントの対象となる不動産は複数存在し，これらの総体としての資産が運用対象となる．

アセットマネジメントとプロパティマネジメントとの関係は，図 5.3.5 に示すように，階層関係を持つ多様な管理・監督方式を有する．同図 (A-1) は a. 項で示した大規模商業不動産に代表され，対象不動産が複数（一般に少数）の場合の (A-2) とともに，アセットマネジメント（図中の AM）が直接個別不動産のプロパティマネジメント（図中の PM）を管理・監督するものである．

対象不動産が多数に及び広範囲（日本全国，関東圏，…）にわたる場合には，一定のエリア（関東圏，埼玉県，大宮地区，…）またはプロパティマネジメントを担当する企業（A 社，B 社，…）ごとに群としてまとめ，プロパティズマネジメント（図中の PsM）ともいうべき組織・機能が置かれることがある．全国規模で不動産賃貸業を営む企業，多くの事業所や工場等を保有する企業では，拠点（一定のエリア）ごとに管理運営を総括し，中央で統括管理を行う方式が一般的にみられる．

(B-1) はアセットマネジメントがプロパティズマネジメントを直接管理・監督する場合であり，(B-2) は不動産全体を管理・監督する組織・機能（図中の TPM）を設けた方式を示している．これらの方式においては，組織的見地はもとより，情報のマネジメントがより重要になる．このため，業務の内容と業務に必要な情報を標準化するとともに，各階層および階層間のワークフローを実務に即して無理のない業務手順で編成し，効率的かつ効果的な業務体系を構築することが要請される．

c. プロパティマネジメントの業務体系

日本においてプロパティマネジメントの標準的な業務内容を示し，その体系化を行った初めての成果として，前述の「新しい時代のビルマネジメント」がある．同報告書では，まず，プロパティマネジメント業務をビル経営代行業務としてとらえ，プロパティマネジメントとはオーナーに代わって当該ビルの収益極大化を目指す経営管理活動とし，ビルの所有-経営-管理の関係を，図 5.3.6 として示している．

同図におけるアセットマネジメントを営む者は，厳密には必ずしも所有者と同一ではない（例えば，投資信託委託業者は所有者ではない）が，所有者または所有者の委託を受けてアセットマネジメントを行う者である．また，プロパティマネジメントは広義にはビル経営代行であり，ビルメンテナンス会社・仲介会社・施工業者などの外注管理（管理・監督）を含めた概念として理解される．

同報告書が提示したビル経営代行業務（すなわち，

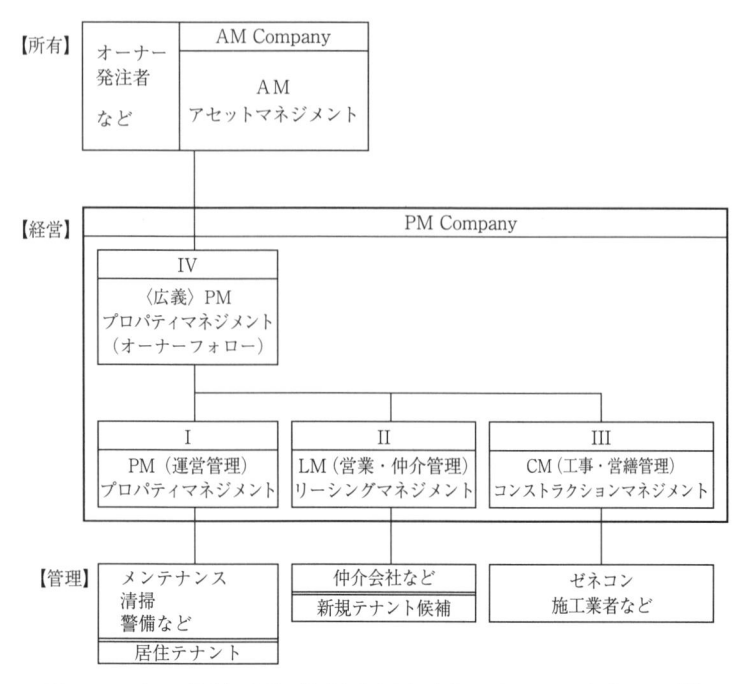

図 5.3.6 ビルの「所有-経営-管理」相関図 (ビルマネジメント部会, 2000)[13]

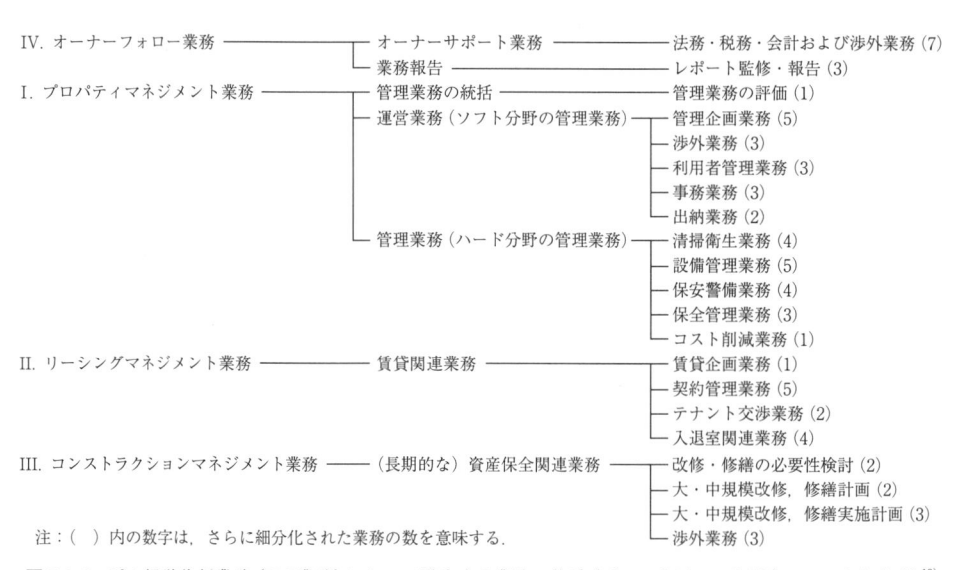

```
IV. オーナーフォロー業務 ────── オーナーサポート業務 ────── 法務・税務・会計および渉外業務 (7)
                          └ 業務報告 ─────────── レポート監修・報告 (3)
I. プロパティマネジメント業務 ── 管理業務の統括 ──────── 管理業務の評価 (1)
                          ├ 運営業務(ソフト分野の管理業務) ─ 管理企画業務 (5)
                          │                     ├ 渉外業務 (3)
                          │                     ├ 利用者管理業務 (3)
                          │                     ├ 事務業務 (3)
                          │                     └ 出納業務 (2)
                          └ 管理業務(ハード分野の管理業務) ─ 清掃衛生業務 (4)
                                                ├ 設備管理業務 (5)
                                                ├ 保安警備業務 (4)
                                                ├ 保全管理業務 (3)
                                                └ コスト削減業務 (1)
II. リーシングマネジメント業務 ── 賃貸関連業務 ────── 賃貸企画業務 (1)
                                           ├ 契約管理業務 (5)
                                           ├ テナント交渉業務 (2)
                                           └ 入退室関連業務 (4)
III. コンストラクションマネジメント業務 ─ (長期的な)資産保全関連業務 ─ 改修・修繕の必要性検討 (2)
                                                ├ 大・中規模改修, 修繕計画 (2)
                                                ├ 大・中規模改修, 修繕実施計画 (3)
                                                └ 渉外業務 (3)
```

注: ( ) 内の数字は, さらに細分化された業務の数を意味する.

図 5.3.7 ビル経営代行業務 (PM 業務) において発生する業務の体系 (ビルマネジメント部会, 2000 より作成)[13]

広義のプロパティマネジメント業務) における業務体系を図 5.3.7 に示す. 広義のプロパティマネジメント業務を遂行するためには, ビル経営を総合的に企画, 計画, 管理する多様な専門的能力・職能を必要とする. オーナーフォロー業務においては, ビル経営・施設運営管理業務を統括しうる職能 (例えば, ビル経営管理士, 認定ファシリティマネジャーなど), 狭義のプロパティマネジメント業務ではソフト・ハード両面の運用管理能力 (例えば, 建築設備士, 電気主任技術者など), リーシングマネジメント業務では賃借の代理もしくは媒介を行う法的資格 (宅地建物取引主任者) を要し, コンストラクションマネジメント業務においては改修・修繕にかかわる計画・施工監理能力 (例えば, 一級建築士, 一級建築施工管理技士など) が要請される.

なお, プロパティマネジメントおよびアセットマ

ネジメント活動には，物件管理，面積管理，テナント管理，維持保全管理，工事計画・実績管理，入出金管理，不動産会計管理など，多様で膨大な情報マネジメントが必要なため，最近では大規模な ERP (Enterprise Resource Planning package) システムが開発・運用されている．　　　　　　[大沢幸雄]

文　献

1) FM 推進連絡協議会編：ファシリティマネジメント・ガイドブック，pp.1-14，日刊工業新聞社 (1994)
2) 不動産リノベーションビジョン研究会：不動産リノベーションビジョン研究会報告書，p.26，不動産流通近代化センター (1997)
3) 田中順一郎：最新区分所有ビル，商事法務研究会 (1986)
4) 日本建築センター：建築基準法に基づく総合設計制度の解説　1996 年度版，日本建築センター (1996)
5) ビル管理ハンドブック編集委員会編：ビル管理ハンドブック，オーム社 (1982)
6) ビル管理データブック編集委員会編：ビル管理データブック，オーム社 (1989)
7) ビル経営研究会編：最新ビルの経営と管理，商事法務研究会 (1984)
8) ビルマネジメント研究会：ビルマネジメント研究会報告書，日本ビルヂング経営センター (1988)
9) 政府・与党金融再生トータルプラン推進協議会：金融再生トータルプラン（第 1 次および第 2 次とりまとめ） (1998)
10) 不動産特定共同事業研究会編：改訂 ハンドブック 不動産特定共同事業法，大成出版社 (1997)
11) 山崎和哉：資産流動化法 – 改正 SPC 法・投信法の解説と活用法，金融財政事情研究会 (2001)
12) オフィス基準・制度研究委員会：ニューオフィスミニマム，ニューオフィス推進協議会 (1994.5)
13) 賃貸オフィスビルビジョン研究会ビルマネジメント部会編：新しい時代のビルマネジメント―ビル経営代行業務・業務一覧，日本ビルヂング協会連合会 (2002)
14) 鑑定評価理論研究会編：要説不動産鑑定評価基準〈増補版〉，pp.115-134，住宅新報社 (1996)
15) 大沢幸雄：ストックの時代におけるリニューアルの意義と課題．第 12 回建築生産パネルディスカッション報文集，pp.59-66，日本建築学会 (2000)
16) 松村 徹：新時代のオフィスビル経営．BELCA NEWS 第 63 号，pp.7-14，建築・設備維持保全推進協会 (1999)
17) 大沢幸雄，紺谷高康ほか：施設管理業務とその管理情報の体系化．第 16 回建築生産シンポジウム論文集，pp.73-80，日本建築学会 (2000)
18) 大沢幸雄：資産管理業務支援 ERP システムにおける設計開発手法の構築．日本建築学会計画系論文集，第 559 号，pp.241-248，日本建築学会 (2002)

5.4　プロジェクトファイナンス

5.4.1　プロジェクトファイナンスとは

プロジェクトファイナンス (Project Finance) とは，発電プラントや石油採掘などの大規模な「プロジェクト」に対する金融（事業主体から見ると資金調達）の方法で，原則として対象となるプロジェクトからの収益のみによって債務を償還し，仮にプロジェクトが期待どおりの収益を生まなかった場合でもスポンサー企業が保有する他の事業の収益や資産売却によって債務償還するのではなく，当初の契約内容に沿って対象プロジェクトの範囲内で対応を進める方法である．

一般に，プロジェクトファイナンスというと国際的な資源開発のプロジェクト等を指すことが多いが，現在日本で注目されているのは，国内で実施されている「ノン・リコース[i]」あるいは「リミティッド・リコース[ii]」による資金調達である（注：肩付の i, ii は節末の用語解説参照．以下同じ）．

わが国を代表するプロジェクトファイナンスの事例としては，ユニバーサル・スタジオ・ジャパン，神鋼神戸発電所，苫前風力発電施設，六本木ヒルズ（複合不動産開発）などがあげられる．ユニバーサル・スタジオ・ジャパンのプロジェクトにおいては，総工費約 1,700 億円のうち 1,250 億円について 18 の金融機関が参加するプロジェクトファイナンスが組成された．神鋼神戸発電所のプロジェクトにおいては，5 金融機関がアレンジャーとして約 2 年間プロジェクトファイナンスの構築を行い，約 2,000 億円の事業資金のうち 1,650 億円が 17 の金融機関によりファイナンスされた．ユニバーサル・スタジオ・ジャパンは 1999 年，神鋼神戸発電所は 2000 年に英金融専門誌である Project Finance Magazine のディール・オブ・ザ・イヤーに位置づけられており，国際的にも本格的なプロジェクトファイナンスとして位置づけられている．

5.4.2　どのような場合にプロジェクトファイナンスを使うか

プロジェクトファイナンスを用いる典型的なケースは，高い事業遂行能力を有する企業が有望な事業機会を持っているにもかかわらず，何らかの理由で自社の負債による資金調達をしたくない，あるいはすることができない場合である．例えば，副業の不

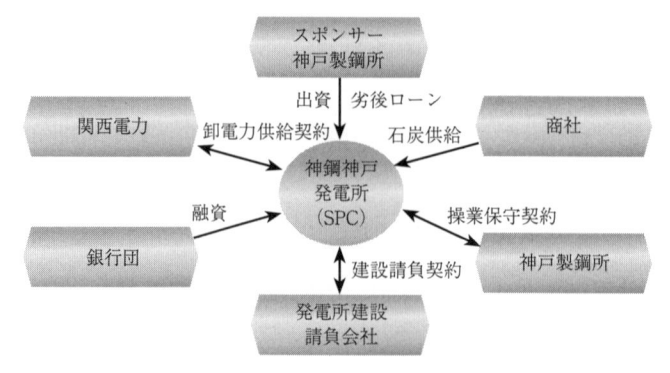

図 5.4.1 神鋼神戸発電所の事業スキーム

振により企業の信用力が十分でない場合，または企業規模に比べて当該プロジェクトの規模が大きすぎる場合などがあげられる．例えば，米国の不動産開発においては比較的小規模のデベロッパーがノンリコースローンを用いて大規模な開発を進めるのが通常である．

ただし，後述のとおり，プロジェクトファイナンスでは体制構築，契約締結などに費用がかかること，信用リスクに応じて比較的高い金利が設定されることなどから，それらの費用を考慮した上でもプロジェクトファイナンスを組成する意味がある場合のみ検討が進められる．

5.4.3 なぜ今日本で注目されているのか

今，日本でプロジェクトファイナンスが着目されている理由は，特に日本でこれまで一般的だったコーポレートファイナンス[iii]に対比すると理解しやすい．戦後日本において事業資金の調達は大部分が銀行からのコーポレートファイナンスで行われており，それ以外の資金調達は極めて限定的だった．したがって，大規模な事業を実施する場合，グループ企業内金融や親会社保証など何らかの形で大企業の信用力を利用する場合がほとんどだった．

しかし，近年の英米型の会計基準，企業評価手法，債券格付け，国際的な銀行規制などの浸透に伴って，従来のように大企業が多種多様な事業を企業グループとして実施し，また，そのリスクをすべて親会社が引き受けて資金調達することが徐々に困難になってきた．それが，プロジェクトベースで資金調達するニーズの高まりにつながっている．また，機を同じくして資産証券化の導入も進み，SPC[iv]など事業・資産単位で資金調達を行うための仕組みが整ってきたことも，プロジェクトファイナンスが可能となった要因である．

5.4.4 プロジェクトファイナンスの特性

プロジェクトファイナンスにおいては，リスクを適切にコントロールするための事業スキームの構築とそれに伴う利害関係者の役割調整が最重要課題である．

コーポレートファイナンスにおいては，事業実施のための体制構築や関係者の利害調整はすべてスポンサー企業が行い，金融機関に対してはスポンサー企業が唯一の窓口として丸ごと責任を負う形態をとる．事業のリスクは一度スポンサー企業でプールされるため，資金提供者は事業レベルでの厳密なリスク管理を求めないことも多い．

一方，プロジェクトファイナンスにおいては，図5.4.1の神鋼神戸発電所の例にあるとおりプロジェクトに直接関係する関係者が増え，またそれぞれの契約もプロジェクトファイナンス特有のものとなる．資金提供者は，コーポレートファイナンスと異なり事業リスクの影響を受けるポジションに置かれるため，スポンサー企業のクッションなしでファイナンスを行うべく，プロジェクトレベルで厳密なリスク管理を行い事業推進体制や契約内容に相当の工夫を施す．したがって，関係者間の調整はより同時進行となり，極めて労力のかかるものとなる．

例えば，プロジェクトファイナンスでは，ステップイン・ライト[v]を金融団が行使できるよう，事業会社が有する債権，契約上の地位，株式等はすべて金融団が担保として取得する．また，工事の進捗に関して基準を設定しておき，その基準達成を条件として融資を行う契約など，ある契約に別な関係者間の契約履行状況を条件として盛り込む「条件付き条項（コンティンジェンシー）」が多用される．これ

らの工夫によって，関係者の利害を一致させながら各主体の責任を明確にし負担するリスクの範囲を限定していく．

このように，プロジェクトファイナンスにおいては，事前にあらゆる可能性を検討し，関係者の役割分担を明確化し，コンティンジェンシーを明文化していく．従来のプロジェクトにおいては，多くの事項が明文化されずに，または法的効力が十分に検討されないままあいまいに進められてきたために，事後的に問題が生じるケースが数多くあった．プロジェクトファイナンスの活用は，従来のプロジェクト推進の慣行を変えていく可能性を持っている．

5.4.5 プロジェクトのリスク管理

プロジェクトのリスクには，天災，カントリーリスク，工事完成リスク，操業リスク，市場リスクなど様々なものがある．プロジェクトファイナンスにおいては，これらのリスクのコントロールこそが要諦であり，表5.4.1に例示されるように，数々の工夫が施される．いずれも基本的な考え方は，それぞれのリスクについて最も適切にコントロールしうる関係者が妥当なリターンを得ながらリスクを引き受けることによって，プロジェクトのリスクを限定していくことである．

a. 契約技術

プロジェクトファイナンスにおけるリスクコントロールの問題は，結局のところ意図したとおりの効果を得るためにどのような契約を作成するか，という問題に集約される．一般的に，プロジェクトファイナンスにおいては，コーポレートファイナンスとは比較にならない分量の契約書類が作成される．特に，いかなる状況においても事業のCFを当事者間で設計どおり分配するために，長期取引契約，燃料供給契約，プロジェクト預金口座への質権設定，長期取引契約上の将来債権への譲渡担保設定，保険金返還請求権への質権設定，倒産隔離など様々な契約上の工夫が施される．したがって，プロジェクトファイナンスの経験が豊富な弁護士の活用は不可欠である．

b. 事業評価

プロジェクトファイナンスにおける事業評価の手法は，ファイナンスにおける事業評価の基本原則・慣行にのっとったものであり，それほど特殊ではない．EBITDA[xii]に主眼をおいた事業計画を作成し，そこからDSCR（デット・サービス・カバレッジ・レシオ）[xiii]，LTV（ローン・トゥー・バリュー）[xiv]，プロジェクトIRR・エクイティIRR[xv]等を計算し，またいくつかのケースについて感度分析を行う．

事業評価において重要なのは，キャッシュフロー変動の鍵となる要素に関して十分な調査を行うことであるが，その際，利益相反のない専門コンサルタントを利用することが重要である．また，リスクコントロールの結果を適切に感度分析に反映させることも忘れてはならない．

リスクコントロールの仕組みが適切に導入されていれば，収入段階，投資額等の変動幅は限定されており，大きな事業環境の変化を想定した場合でも十分な水準のキャッシュフローを維持することができる．ただし，プロジェクトファイナンスの返済原資は当該プロジェクトに限定されていることから，大企業のコーポレートファイナンスに比べると信用リスクは高いことが多く，資金コストは高くなる傾向がある．

〈プロジェクトファイナンス特有の用語解説〉

プロジェクトファイナンスにおいては，国際的なプロジェクトファイナンスからそのまま導入された概念や手法が多いため，カタカナの特殊用語が多用される．先の文中に登場した特殊用語のいくつかを最後に解説したい．

[i] **ノン・リコース**（Non-Recourse）：リコースとは「遡及」という意味で，事業の資金調達についてその返済をスポンサー企業が保証する（スポンサー企業に遡及する）ことである．ノン・リコースは遡及しないタイプ，リミティッド・リコースは遡及が限定的なタイプで，いずれも債務の返済を原則としてプロジェクトに依存する融資の形態である．

[ii] **リミティッド・リコース**（Limited-Recourse）：「i ノン・

表5.4.1 リスクの種類とリスクコントロールの手段

リスクの種類	リスクコントロールの手段（例）
天災	地震保険
カントリーリスク	政府からの確約書，国際機関の関与
工事完成リスク	ターン・キー契約[vi]，ランプ・サム契約[vii]，完成保証，遅延損害金保証
操業リスク	操業保証，長期供給契約，サプライ・オア・ペイ条項，長期取引契約（オフ・テイク契約），テイク・オア・ペイ条項[viii]，最低収入保証
キャッシュフローリスク	財務制限条項，トランチング[ix]，キャッシュデフィシエンシーサポート[x]，エスクロー口座[xi]

リコース」を参照.

iii **コーポレートファイナンス**（Corporate Finance）：コーポレートファイナンスでは，事業のスポンサー企業が，その事業だけでなく他の事業も実施している企業体として金融機関から資金調達をする．調達は，個々の事業ごとに行うのではなく，むしろ年度の必要資金を設備借入，運転借入，社債，増資などの組合せによりまとめて調達する．仮に当該プロジェクトのリスクが高くても，資金調達をする企業自体に信用力がある場合（他の事業が極めて安定的，企業の財務内容が極めて良好など）には有利な条件で資金調達が可能になる．ただし，逆に実施しようとする事業の信用リスクは低くても，企業体自体の信用リスクが高い場合には企業の信用リスクに応じて高い資金コストとなる．さらに，当該事業は順調でも他の事業の失敗により企業がデフォルトした場合には，当該事業も会社再建・整理のなかで対処方針が決定される.

iv **SPC**（Special Purpose Company）：SPCとは，特定のプロジェクトから生み出されるキャッシュフローを親会社の信用と切り離すために設立される特別目的会社．プロジェクトファイナンスにおいては，プロジェクトの独立性を法人格的に担保するために設立される．わが国においては，平成10年9月1日施行の「特定目的会社による特定資産の流動化に関する法律」および，平成12年11月30日施行の「資産の流動化に関する法律」によって法律面の整備が進められた.

v **ステップイン・ライト**（Step-in Right）：ステップイン・ライトとは事業介入権のことである．仮にプロジェクト会社にデフォルト事由が発生したときに，プロジェクトファイナンスにおいては各種契約を終了させて資産売却により資金回収を図ることは困難である（資金回収の見込みはほとんどない）．可能な限り安定的に事業を継続するべく，金融団は期限の利益を喪失させた上で，プロジェクト会社の契約上の地位やプロジェクト会社の株式を譲り受け，金融機関が指定する第三者に事業を引き継がせる．この事業介入権を行使できるように，プロジェクト会社が有する債権，契約上の地位，株式などはすべて金融団が担保として取得する.

vi **ターン・キー契約**（Turn-key Contract）：ターン・キー契約とは，工事の請負形態の一種であり，元請となる業者が施設の建設と機材の配置，試運転等をすべて完了し，あとは操業を開始するのみ（キーを回すのみ）の状態で工事を引き渡す契約のことである．この形態をとることにより，施工から完成時の性能に至るまでのリスクをコントラクターが引き受けることになる.

vii **ランプ・サム契約**（Lump-sum Contract）：ランプ・サム契約は，請負契約時に対象プロジェクトの建設代金を確定する方式で，施工コストのリスクをプロジェクトの施工業者が負う契約方法である．スポンサー企業にとってはコストオーバーランを防ぐことができるメリットがあるが，業者側で予備費等を多く設定するため契約額は割高となる傾向にある.

viii **テイク・オア・ペイ条項**（Take-or-pay Contract）：テイク・オア・ペイ条項により，買い手は将来必ず一定額以上の支払いを行い，一定量の財またはサービスの引取りを無条件で約束する．買い手は契約量を下回る財またはサービスの引渡ししか受けない場合でも定められた最低金額を支払う義務がある．こういった契約は一般に長期の販売契約と解されるが，その実態は間接的保証であり，支払い額が元利金支払いと操業費をカバーするようにセットされていれば，市場リスクをほぼ完全に買い手に転嫁する方法となる.

ix **トランチング**（Tranching）：資金調達の際に債権に優先・劣後の設定をすること．優先的に元利金返済を受ける債権と返済が劣後となる債権を複数種類設定することによって，金利は低いが償還確実性の高い債権のクラス（トランシェ）から金利は高いが償還確実性が低いトランシェまで複数の投資対象を作り出し，投資家の様々な投資ニーズに対応できるようになる.

x **キャッシュデフィシェンシーサポート**（Cash Deficiency Support）：プロジェクト建設段階の不足資金がスポンサーによる完成保証により保証されるように，プロジェクト完成後の運転段階において不測資金が発生するリスクをスポンサーが引き受けるのがキャッシュデフィシェンシーサポートである．通常，不足資金は追加出資または劣後ローンの形で提供される．不足額は，プロジェクト会社が無理なく操業を続け，返済を行えるだけのキャッシュフローを基準に設定し，時には一定の財務比率を維持するように義務づけるものもある.

xi **エスクロー口座**（Escrow Account）：対象プロジェクトが生み出したキャッシュを，各種費用，修繕費用，元利金支払いなどの目的に確実に充当するために，銀行や信託銀行に支払いの目的ごとに開設する口座のこと.

xii **EBITDA**（Earnings Before Interest, Tax, Depreciation and Amortization）：利払・税金・償却・引当前利益のことで，事業レベルのキャッシュフローを合わせた指標の1つ．最終利益に，現金支出を伴わない減価償却や引当を戻してキャッシュベースにし，さらに税金と金利支払を戻すため，財務構造の違いに影響されない事業レベルのキャッシュフローを表す指標として標準的に用いられている.

xiii **DSCR**（Debt Service Coverage Ratio）：デットサービスとは元利金返済額のことで，ある期間において元利金返済前のキャッシュフローが元利金返済額の何倍あるかを計算した指標（元利金返済前キャッシュフロー/元利金返済額）．元利金返済の確度を表している．融資契約上DSCRに財務制限条項として基準を設け，借入人が一定比率以上のDSCR維持を誓約することも多い.

xiv **LTV**（Loan-To-Value）：対象資産価値（プロジェクトの事業価値）に占める債務残高の比率（債務残高/資産価値）．事業資産の価値は，融資などの債権者が優先的に保有する価値（プロジェクト会社の債務残高）とエクイティ投資家が劣後順位で保有する価値（債権

者保有分以外の価値）とに分けることができる．債権者にとっては，エクイティは事業価値が減少したときのクッションとして機能するため，高い LTV，すなわち少ないエクイティ比率は債権者にとってリスクの高い財務構成であることを表している．LTV が高い状態をエクイティ投資家の観点から見ると，少ないエクイティ投資で規模の大きな事業を行っていることから，高い「レバレッジ」をかけていると表現される．

xv **IRR**（Internal Rate of Return）：内部収益率と訳され，割引現在価値法により事業価値を計算する際に，正味現在価値（NPV：Net Present Value）がちょうど 0 になるような割引率を指す．事業の期待キャッシュフローが高ければ，NPV を 0 にする割引率は高くなる．すなわち，収益性が高い事業では一般的に高い IRR が得られる．事業レベルのキャッシュフローにより計算した IRR を「プロジェクト IRR」，元利金を返済した後のエクイティ投資家にとってのキャッシュフローで計算した IRR を「エクイティ IRR」という．エクイティ投資はレバレッジがかかる分リスクが高いため，投資家が要求する IRR の水準はエクイティ IRR の方がプロジェクト IRR より高い．

［吉田二郎］

第IV部

設　　計

1 設計の位置

1.1 建築プロジェクトにおける設計の位置

1.1.1 建築生産のプロセスと建築の品質情報の流れ

今日の建築生産のプロセスは，建築主による建築企画（事業計画に基づく）から始まって，建築の設計者とエンジニアによる基本設計・実施設計・工事発注業務が行われ，施工者による建設工事が実施されて建物が具現化された姿になる．建築生産としては，建築の竣工引渡しが終了した段階で建築プロジェクトが完了したことになるが，建築主は引き渡された建物を長いライフサイクルの間，維持管理・運用していくことになる．この建築生産プロセスの中で建築主が意図した建築の姿は，建築の品質情報として，建築企画から設計・施工・管理運用まで確実に伝達されなければならない．

建築の品質情報は，建築生産プロセスの間に追加情報を加えながら形を変えて伝達され，最終的には完成した建物として具現化される．建築主の建設意図は，ブリーフ（与条件書）といわれる文書として設計者に伝達され，設計者はこのブリーフを設計条件として一般的記述を建築の専門用語に変換し，設計品質として文書，データの形にする．建築家やエンジニアは，設計条件から設計図や仕様書の形で品質情報を固定し，建築主の建設意図が施工者に伝達され，完成した建物に施工品質として確実に伝達されることになる．建築の品質情報の流れを建築生産のプロセスの中で設計品質と施工品質の形としてとらえて，概念図としたものが図1.1.1である．

1.1.2 建築の品質情報伝達と設計

建築生産のプロセスでは，川上にあたる建築企画の段階から建築の品質情報を固定化するために設計行為が行われ，設計品質として建築のスケッチやエンジニアリングの構造・設備のシステムが検討され

る．これが設計段階で明確化され，設計図や仕様書，計算書となって具体的な設計品質として表現される．設計品質は，「ありよう」（What to Build）といわれ，

① 平面，空間，構造，設備システム，外観などの機能と性能
② 主要部位，部品の性能と仕様
③ 上記を満足する材料，機器の形状，寸法，精度
④ 上記を具現化するための管理・監理方法

などが設計の内容を示している．

次に，施工では，設計品質を具体的な工事をとおして作り込みを行い，施工品質として完成させるこ

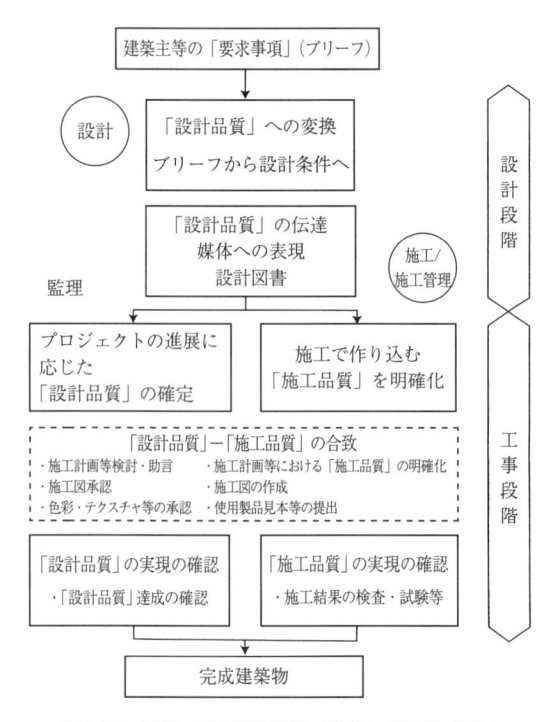

図 1.1.1 建築の品質情報伝達（建築生産情報の流れ）
（出典：日本規格協会・ISO 9001等による「建築関連業務の品質保証」1997年10月）

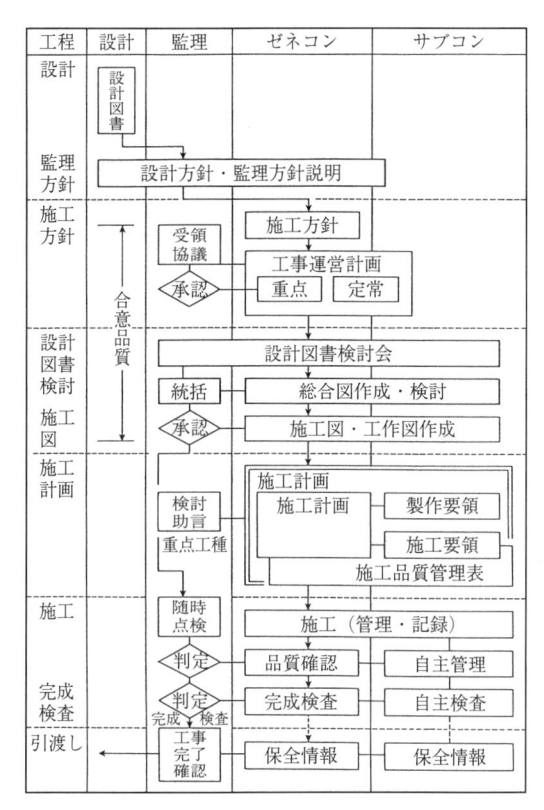

工程	設計	監理	ゼネコン	サブコン
設計	設計図書			
監理方針		設計方針・監理方針説明		
施工方針		受領協議／承認	施工方針／工事運営計画／重点　定常	
設計図書検討／施工図		統括／承認	設計図書検討会／総合図作成・検討／施工図・工作図作成	
施工計画		検討助言／重点工種	施工計画／施工計画	製作要領／施工要領／施工品質管理表
施工		随時点検／判定	施工（管理・記録）／品質確認	自主管理
完成検査		判定／完成検査	完成検査	自主検査
引渡し		工事完了確認	保全情報	保全情報

図1.1.2 新・BCS品質情報の流れ（建築業協会 1992/06）
（出典：(社)日本建築士会連合会「設計と施工を結ぶ」1994年5月）

とになるが，ここでは「やりよう」（How to Build）といわれる施工計画，施工図作成等の設計行為が発生する．このように，建築生産のプロセスでの設計行為は企画段階，設計段階，施工段階のすべてのステージで実施されているが，これを担う設計者は，建築主の代理となる建築の設計者，構造・設備のエンジニア，施工・製作を担当する技術者といったように，プロセスの中での関係者は多様である．

建築の品質情報伝達のフローは，日本建築士会連合会と建築業協会がそれぞれの視点で研究したものがあり，その一部が図1.1.2である．このフロー図の中で，設計者，監理者，ゼネコン（総合請負業者），サブコン（専門工事業者）間の品質情報伝達の役割が明確化されている．　　　　　　　　　[大武通伯]

1.2 プロジェクト組織における設計者の位置

1.2.1 建築主と設計者の関係

建築プロジェクトは，建築主，施主，クライアントなどと呼ばれる建物を造る側が存在して成立する．建築主は，建物を建てる意思を持ち，それが建てられる土地を所有（あるいは借用）し，それを建てられる資金を持っている立場である．建築生産は元来，注文生産であるため，発注者としての建築主があって，その発注者の求める建物を，発注者に代わって設計し，施工者にその意志を伝えるのが設計者の役割である．プロジェクト組織の構成は，建築主と設計者，施工者であるが，ここで問題になるのが建築主と設計者の関係である．

建築生産での建築主と施工者の関係は，目的が明確で，建築主は品質の高い建物を安く求め，施工者は工事をすることにより利潤を得ることである．しかし，設計者の立場から考えると，建てられた建物はすべて建築主だけが使うとは限らず，建物の利用者（エンドユーザー）は第三者の場合が多い．建築は，その建てられた土地自体が既に社会性を持ったものであり，建築が創造活動である純粋芸術と違って，人間の生活を支える空間として社会性の強いものと考えられる．このため，建築主の代わりに設計を行うとはいっても，建築主のすべての要求を実現することが困難である場合も多い．利用者にとって最良の空間を創造するためには，建築主の要求を改善することもありうるわけで，設計者は社会的責任を持った立場に立つことになる．このため日本建築家協会の憲章では，建築の設計者（建築家といっているが）に一定の倫理規定を定め，設計活動は利潤を追求することではないとしている．基本的に，建築主と設計者の関係は信頼で結ばれ，建築主の代理として，建築主の正当な利益に貢献することではあるが，その上に設計者としては社会的責任の公平性，第三者性を持つことも要求されている．

1.2.2 設計者という言葉

建築プロジェクトでは，建築主の代理者としての建築の設計者のほかに構造，設備のエンジニア，施工図や製作図を作成する技術者を含めた設計を担当する多様な設計者が存在する．ここでは，建築主に代わって設計の統括業務を行う者を設計者ということで話しを進めるが，この役割は欧米でいう建築家である．わが国では，建築家という言葉が不明確であり，建築家の資格についてもまだ社会に認知されたものになっていない．これは，設計という業務が欧米から入ってきてわが国に定着するまでの経緯，建築教育のあり方，設計者を規程する法律（建築士

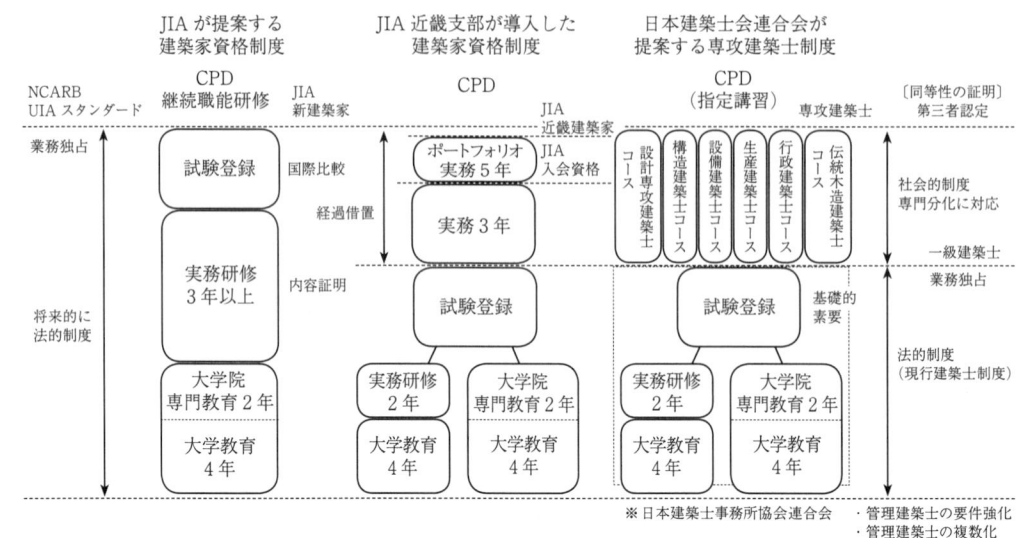

図1.2.1 JIA建築家制度と専攻建築士制度の比較（JIAの河野進氏作成）
（出典：日経アーキテクチュア，2002.4.29）

法上の建築士)，設計者と施工者の業務分担のわが国の歴史等に起因している．

建築士法でいう建築士は，試験を受けて国家資格を取得した者を指し，統括業務を行う建築の設計者，構造や設備のエンジニア，施工管理の技術者，建築行政に携わる公務員，材料メーカーの技術者などであり，すべてが欧米でいう建築家とは呼べない．

1.2.3 建築家の呼称と資格

（社）日本建築家協会（The Japan Institute of Architects：JIA）は，独立した自由な職業人としての建築家の資格を定めた欧米先進国の資格法をモデルに，日本における資格法の制定を目指して永年にわたって様々な運動をしてきた．しかし，1950年に建築士法として，建築設計・監理者の資格が制定されたが，この法律でいう建築士は欧米の建築家とは異なる．この法律は，戦争によって破壊された国土と経済の復興を急ぐ目的で，広範な建設技術者を養成するために制定された．

そこでJIAは，建築家の資格を世界建築家機構（UIA）スタンダードと同等性を持たせた国際的にも通用する制度として，教育制度や実務訓練，試験登録，継続職能教育（Continuing Professional Development：CPD）を提案した．2000年には，JIA会員に対して自主認定で"建築家"の認証を与え，2002年からCPD試行を実施して，2004年からはCPDを会員資格維持の条件とすることになった．

（社）日本建築士会連合会は，建築生産の多岐にわたる業務分野に携わるすべての建築士を資格制度の対象として，設計だけではない"建築資格制度"の提案を2002年に行った．専攻建築士の呼称で各種の専門分野の建築士を認定するもので，JIAの"建築家"に相当するものは"設計専攻建築士"の呼称と資格になる．資格維持は，JIAと同様にCPDが義務づけられるが，カリキュラムは，JIAと建築士会連合会で相互認定されることによって，将来の建築士法改正や職業団体再編をにらんだ活動としてスタートしている．

JIA建築家制度と日本建築士会連合会専攻建築士制度の比較は図1.2.1のとおりである．

1.2.4 設計者の法的責任

設計者（監理者）は，業務を実施する上での責任と，完成した建築物に対する責任があり，社会的責任となるとその内容は広範なものになり，明確な部分と不明確な部分があって簡単には述べられない．ここでは，設計者の責任として明確で責任の重い「法的責任」について説明する．法的責任には，「契約責任」と「不法行為責任」の2通りがある．

a. 契約責任

設計者が設計契約を締結した場合，設計者は契約どおり業務を遂行する義務を負う．もしそれに反した場合には，損害賠償責任を負う．また，契約上明らかでない事項に関して問題が発生した場合，設計契約を委任契約または請負契約のどちらに解するかで責任に若干の相違が生じるが，いずれにしても，

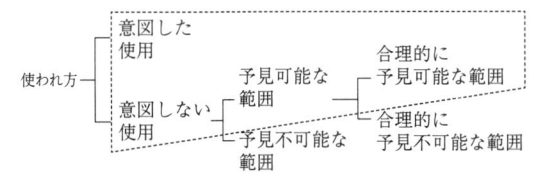

図 1.2.2 注意義務違反の使われ方

表 1.2.1 注意義務違反の際の配慮事項と予想被害

配慮すべき事項	予想される被害
① 居住者,利用者,周辺の人々の行動（特に幼児,児童,老齢者など）	墜落,転倒,激突,挟まれなど
② 原材料の安全性	健康障害（シックビル,シックハウス症候群など）
③ 部品,材料等の耐久性	落下,飛散,倒壊等による障害
④ システム（組合せ）による欠陥	ガス中毒,ガス爆発,火災,音振動等による障害
⑤ 維持保全の容易さ	上記と同様の被害

設計者は専門家としての責任（Professional Liability）を負うことになる．ここで重要なことは，契約とは必ずしも書面にされたものだけではなく，口頭の約束であっても契約に含まれる場合があることである．

また，専門家としての責任とは，設計者には専門家として高度な注意義務が課されており，その注意義務に違反したと評価される場合に責任を負うため，一般の契約責任より厳しい契約責任となる．

b. 不法行為責任

設計者が不法行為責任を追及される場合は，契約の相手方である発注者（建築主）に対する場合と，契約関係にない第三者に対する場合の両方であるが，通常，不法行為責任が問題とされるのは主として後者である．

不法行為責任とは，簡単にいうと過失のことであり，法的には注意義務違反である．注意義務とは，専門家としての予見義務である．設計上の不具合により，第三者が何らかの被害を被った場合，当該不具合が設計者の過失によるものか否かは，専門家として当然払うべき注意を実行していたか，また，それが専門家として予測可能であったか否かが判断基準となる．

注意義務違反を具体的にいうと，「危険に対する予見義務」，「予見された危険に対する回避義務」，「使われ方に対する予見」などを指す．使われ方に対して図1.2.2の点線範囲は，予見し，何らかの対応をしておかないと「過失」となり責任を問われる可能性があるものである．

注意義務違反に対して配慮すべき事項と予測される被害の事例を示し，理解の助けとする（表1.2.1）．

1.2.5 設計組織の形態

建築の設計組織は，工業製品の設計組織のように製造業者の生産組織の一部分として組み込まれているものとは違った位置づけである．しかし，建築生産のプロセスには組み込まれているため，建築主（官庁や大企業）の組織に属するもの，生産者（請負業者）の組織に属するものがある一方で，独立した組織として建築主の委託（代理者の立場）を受けて業務を行う組織がある．建築主に所属する設計組織は欧米諸国でも存在するが，わが国の場合の特異性は，建築請負業者による設計施工一体の形態が相当の比重を占めるために，生産者よりの設計組織が多いことである．しかし，設計の社会的位置づけからは，建築主でもなく，建築請負業者でもない独立した組織として，社会的責任を業務を通して果せられる組織が理想であろう．

1.2.6 設計組織の規模と業務内容

設計組織の規模と形態，業務内容は多岐にわたっていて，どれが設計組織の定型なのか決めることは困難である．一般的には，「組織設計事務所」と呼ばれている設計組織は規模も大きく（50名以上を指す場合が多い），意匠設計，構造設計，設備設計，コスト部門，監理部門，一部は都市計画部門などの専門技術者によって構成された組織で，多様な設計内容に一組織として対応できる形態を備えている．

これに対して，「アトリエ事務所」と呼ばれている設計組織は，個人から10人程度の意匠設計者を中心とした所員構成の組織である．プロジェクトの遂行には，他の「構造設計事務所」や「設備設計事務所」の専門組織と協働したり，外注契約したりして設計を行うことが多い．

概念的に2つの組織形態について述べてみたが，どちらの設計組織が良い設計をするかということは一概にはいえない．設計の良しあしは，設計者の人間性，専門的能力，プロジェクトとの相性，設計チームのコミュニケーションの良否など，多くの要素で決まることになり，単純ではない． [大武通伯]

1.3 設計契約と報酬

1.3.1 設計・監理契約

わが国の場合，今までは慣習として契約に対する関心が薄く，設計や監理についても建築主と設計者が契約に基づいて業務を遂行するという意識がない場合が多かった．しかし，社会経済のグローバル化に伴って，建築主が外国企業であったり，契約の重要性を理解した日本の建築主の出現によって，業務内容を明確にした設計・監理契約が締結されるようになってきた．

a. 契約書の標準

1999年10月に四会連合協定による「建築設計・監理業務委託契約書」「同，委託契約約款」「同，委託書」が制定された．民間における設計・監理の業務委託の際にわが国の標準として使用されることを目標としたものである．このほかに，設計と監理を別々に契約する場合の書式も同時に制定されている．四会連合協定の四会とは「(社)日本建築士事務所協会連合会」，「(社)日本建築士会連合会」，「(社)日本建築家協会」，「(社)建築業協会」のことで，わが国の設計・監理の業務に携わる多くの建築士が所属する団体である．

公共建築の場合は，1998年10月に「建築設計業務委託契約書」が制定されて，業務委託の際に適用されるようになった．また，監理については，2000年に「監理業務委託契約書」が制定され，原則として設計と監理は別組織と契約することになった．

b. 業務内容

民間と公共の設計・監理業務内容は「建設省告示1206号」(1979年7月制定)に定められたものを基準に制定されており，大きな差はない．しかし，建築の設計業務がその後複雑・多様になり，1979年に制定された業務内容ではすべてに対応することは難しい．このため先進の設計者は，契約時に建築主との合意に基づいて業務内容をプロジェクトに応じたものに作り替えることも行われている．

1.3.2 設計・監理業務と報酬

設計・監理の業務と報酬は連動しており，前項の記述のように1979年7月に制定された「建設省告示1206号」を基準としている．この告示は「建築士法第25条の規定に基づき，建築士事務所の開設者がその業務に関して請求することができる報酬の基準を次のように定める」といったもので，設計と監理の業務内容が詳細に規定されている．この基準は公共建築の業務報酬のすべてに適用されるものであるが，民間の業務報酬もこの基準を参考に設定されている．

これとは別に設計者団体の(社)日本建築家協会では，最近の設計・監理業務の多様化に応じた「建築家の業務・報酬」を2002年(平成14年)9月に改正し，設計者が自らの業務を建築生産のプロセスの中で設定できるようにしている(別節を参照)．

1.3.3 報酬の算出基準

設計報酬の算出については「料率方式」と「実費報酬加算方式」があり，以前は「料率方式」が多く用いられたため，現在でもこの方式を算出基準とすることがあるが，主流は「実費報酬加算方式」である．「料率方式」は業務の難易度を考慮した分類に応じて工事額を報酬の対象とするものであるが，設計者が努力して工事費の安い設計を行った場合には報酬も下がるという矛盾を持っている．

「実費報酬加算方式」は建設省告示1206号による報酬額の算定基準の基本原則となっているもので，設計者の行う知的業務(設計活動等)に費やされる人件費と提供する能力や技術の対価として支払われるもので，設計・監理業務に対する報酬基準として最もふさわしいものと考えられる．

「実費報酬加算方式」の算定方法は次の式による．
　報酬＝直接人件費＋経費＋技術料＋特別経費

［大武通伯］

1.4 設計における職能団体

1.4.1 建築の設計者と技術者の団体

建築の設計は，デザイン(計画・意匠)とエンジニアリング(構造・設備技術)の専門家が協力して作業を進めるが，全体をコーディネートするマネジメントの専門家も必要である．ほかにも都市計画，ランドスケープ設計，インテリア設計，コストマネジメントなどの多くの専門家の参加があってはじめて良い設計が可能となる．これらの専門家は，自らの能力を高め，共同して社会に対応するために専門家別の団体を作り，これに参加している．

わが国の場合，建築士法で定める建築の設計者をデザイン系(欧米のアーキテクト)と技術系(欧

米の建築エンジニア）に区分していないため，（社）日本建築学会や（社）日本建築士会連合会のように，デザイン系も技術系も参加する団体がある．これとは別に，デザイン系は（社）日本建築家協会に参加し，技術系は（社）日本建築構造技術者協会や（社）建築設備技術者協会に参加するといったように複数の団体に参加しているのが実状である．ほかには，（社）日本積算協会，（社）インテリアデザイナー協会など多くの専門家の団体があり，設計者は自らの専門性に応じた団体に参加している．

1.4.2 設計の職能団体

わが国の建築設計者の職能団体は「（社）日本建築士会連合会」，「（社）日本建築家協会」，「（社）日本建築士事務所協会連合会」などがある．

「（社）日本建築士会連合会」は，国家資格である建築士の資格を保有する人たちが参加する団体で設計，施工（ゼネコン，サブコン，材料メーカーなど），官庁職員，教員など多くの職能の関係者で構成されている．都道府県単位で「○○建築士会」が組織され，その連合体として「○○○連合会」がある．

「（社）日本建築家協会」は，建築の専業設計者（デザイン系，マネジメント系）が中心になって構成している団体で，欧米のアーキテクト団体に相当する．

「（社）日本建築士事務所協会連合会」は，建築設計事務所が加盟するが，事務所の開設者が中心となっている団体で，設計・施工を業務とする工務店等も参加している．この団体も都道府県単位で「○○建築士事務所協会」が組織され，その連合体として「○○○連合会」がある．

3団体とも，設立の目的や設立経緯・歴史は違っているが，いずれも自らの職能の向上を図った研修や講習会を開催したり，最近は独自の資格制度の創設をして社会の評価を高めることを実践している．

［大武通伯］

1.5 設計ならびに建築士をしばる法制度

近年，建築界および一般社会において建築生産にかかわる様々な要請や問題の提起がなされている．建築物は単に建築主の資産であり，建設の意向も自由にできるというものではない．建築基準法第1条の目的の中に，"国民の生命，健康及び財産の保護を図り，もって公共の福祉の増進に資することを目的とする"とあり，社会的な責務を規定している．

また，ここ数年の間に建築設計・監理および施工をしばる法令等が新たに施行されたり，改正が多く行われている．例えば，阪神・淡路大震災を契機に「建築物の耐震改修の促進に関する法律」の施行，建築基準法改正で中間検査の実施による施工品質の確認と，設計の性能規定化による高品質の建築物の確保，建築士法改正で設計・監理者としての業務範囲，責任などの契約内容の明確化，また，欠陥住宅問題の解決策として「住宅の品質確保の促進等に関する法律」の施行による耐震や防水性能などの確保を目指し，設計・監理と施工責任の明確化など法改正が急ピッチで進んでいる．

さらに，公共工事に関する「公共工事標準請負契約約款」の改正，「公共工事設計業務委託契約約款」の制定．民間工事に関する「民間（旧四会）連合協定工事請負契約約款」の改正，「四会連合協定建築設計・監理業務委託契約約款」の制定など，約款の整備も進んでいる．

こうした法的整備の動きは建築生産にかかわる社会的重要性が高まっている現れといえる．しかし，法制度の整備だけで問題は解決されない．建築生産に携わる設計者，監理者および施工者が法制度を順守するとともに，専門家としての資質の向上と責任ある業務の遂行が，ますます重要となっている．

1.5.1 設計を取り巻く法的規制

建築物の設計・監理や施工するにあたっては，様々な法的規制をクリアする必要がある．

建築物を設計する場合の用途，規模，性能や品質などの法制限，敷地にかかる建築物の法制限，設計・工事監理する者の資格制限や行政手続き，施工者の資格や施工責任など請負契約の適正化，建築設計・監理業務委託契約や工事請負契約の標準規定など多くの法的規制があるが，ここでは主要なものについて，法の目的を明記する（表1.5.1参照）．

a. 建築関係法
1) 建築基準法

"建築物の敷地，構造，設備及び用途に関する最低の基準を定めて，国民の生命，健康及び財産の保護を図り，もって公共の福祉の増進に資することを目的とする"とあり，建築物すべての設計・監理・施工にあたって順守し適正に対応すべきものである．いわゆる構造計算偽造事件を受けて，2006年建築確認制度の強化など改正が行われた．

表1.5.1 設計を取り巻く主な法的規制

法令等の項目	規制の内容
a. 建築関係法	
1) 建築士法	・設計，工事監理などを行う技術者の資格
2) 建築基準法	・建築物の新築，増築，改築等の規制
3) ハートビル法	・建築物の高齢者・身体障害者等の円滑利用の規制
4) 耐震改修促進法	・既存建築物の耐震性向上の促進
b. 都市計画・土地利用関係法	
1) 都市計画法	・都市計画の制限・事業等に関する規制
2) 都市再開発法	・市街地再開発事業に関する規制
3) 土地区画整理法	・土地区画整理事業に関する規制
c. 安全・衛生・エネルギー関係法	
1) 消防法	・建築物等の火災予防に関する規制，建築基準法と一対
2) 下水道法	・流域別下水道の策定と公共用水域の水質保全の規制
3) 浄化槽法	・浄化槽の設置，保守の規制
4) 廃棄物処理法	・廃棄物の排出抑制，適正処理等に関する規制
5) 建設リサイクル法	・特定建設資材の分別解体，再資源化等の規制
6) 省エネルギー法	・建築物のエネルギー使用の合理化等に関する規制
d. その他関係行政法	
1) 駐車場法	・都市における駐車場施設の整備に関する規制
2) 特殊建築物等の関係法	・学校教育法，医療法，社会福祉事業法，旅館業法等の建築物に関連する規制
3) 文化財関係法	・文化財保護法の建築物に関連する規制
e. 行政庁の各種条例・要綱等	・建築安全条例など各種条例・要綱等による規制

2) ハートビル法

"高齢者で日常生活又は社会生活に身体の機能上の制限を受けるもの，身体障害者その他日常生活又は社会生活に身体の機能上の制限を受ける者が円滑に利用できる建築物の建築の促進のための措置を講ずることにより建築物の質の向上を図り，もって公共の福祉の増進に資することを目的とする"とあり，特殊用途の建築物に限らず一般建物についても，利用者のノーマライゼーションを重視して安全性や利便性の向上を図るものである．

3) 耐震改修促進法

"地震による建築物の倒壊等の被害から国民の生命，身体及び財産を保護するため，建築物の耐震改修の促進のための措置を講ずることにより建築物の地震に対する安全性の向上を図り，もって公共の福祉の確保に資することを目的とする"とあり，1981年（昭和56年）に改正された建築基準法（新耐震設計基準という）以前に建築確認された建築物が対象となっている．

b. 都市計画・土地利用関係法
1) 都市計画法

"都市計画の内容及びその決定手続き，都市計画制限，都市計画事業その他都市計画に関し必要な事項を定めることにより，都市の健全な発展と秩序ある整備を図り，もって国土の均衡ある発展と公共の福祉の増進に寄与することを目的とする"とあり，都市の健全な発展と秩序ある整備を図るための土地利用，都市施設の整備および市街地開発事業に関することを定め，都市計画区域や地域地区の指定などが含まれている．

2) 都市再開発法

"市街地の計画的な再開発に関し必要な事項を定めることにより，都市における土地の合理的かつ健全な高度利用と都市機能の更新を図り，もって公共の福祉に寄与することを目的とする"とあり，市街地再開発事業等について定めている．

3) 土地区画整理法

"土地区画整理事業に関し，その施行者，施行方法，費用の負担等必要な事項を規定することにより，健全な市街地の造成を図り，もって公共の福祉の増進に資することを目的とする"とあり，都市計画区域内の土地について，公共施設の整備改善および宅地利用の増進を図ることとしている．

c. 安全・衛生・エネルギー関係法
1) 消防法

"この法律は，火災を予防し，警戒し及び鎮圧し，国民の生命，身体及び財産を火災から保護するとともに，火災又は地震等の災害に因る被害を軽減し，もっ

て安寧秩序を保持し，社会公共の福祉の増進に資することを目的とする"とあり，建築基準法と同時に建築物の設計にあたって対応すべきものである．

2) 下水道法

"流域別下水道整備総合計画の策定に関する事項並びに公共下水道，流域下水道及び都市下水路の設置その他の管理の基準等を定めて下水道の整備を図り，もって都市の健全な発展及び公衆衛生向上に寄与し，あわせて公共用水域の水質の保全に資することを目的とする"とある．

3) 浄化槽法

"浄化槽の設置，保守点検，清掃及び製造について規制するとともに，浄化槽工事業者の登録制度及び浄化槽清掃業の許可制度を整備し，浄化槽設備士及び浄化槽管理士の資格を定めること等により，浄化槽によるし尿等の適正な処理を図り，生活環境の保全及び公衆衛生の向上に寄与することを目的とする"とある．

4) 廃棄物処理法

"廃棄物の排出を抑制し，及び廃棄物の適正な分別，保管，収集，運搬，再生，処分等の処理をし，並びに生活環境の保全及び公衆衛生の向上を図ることを目的とする"とあり，建設副産物には一般・産業・特別管理産業の3建設廃棄物と建設発生土等に分類され，種類と処分方法が規定されており，設計段階から対応する必要がある．

5) 建設リサイクル法

"特定の建設資材について，その分別解体等及び再資源化等を促進するための措置を講ずるとともに，解体工事業者について登録制度を実施すること等により，再生資源の十分な利用及び廃棄物の減量を通じて，資源の有効な利用確保及び廃棄物の適正な処理を図り，もって生活環境の保全及び国民経済の健全な発展に寄与することを目的とする"とあり，土木建築工事に関する建設資材とその廃棄物について，新築・改修・解体工事における分別処理，再資源化などが規定されており，設計段階から対応する必要がある．

6) 省エネルギー法

"内外におけるエネルギーをめぐる経済的社会的環境に応じた燃料資源の有効な利用の確保に資するため，工場，建築物及び機械器具についてのエネルギー使用の合理化に関する所要の措置その他エネルギーの使用の合理化を総合的に進めるために必要な措置等を講ずることとし，もって国民経済の健全な発展に寄与することを目的とする"とあり，各種エネルギー使用の合理化，建築物の外壁・窓などの熱損失防止の措置，空調設備などの建築設備に係るエネルギーの効率的利用の措置などを定めている．

d. その他関係行政法

各行政庁で定めた各種条例・要綱等が多く施行されている．事前に関連条例・要綱等を調査し，該当事項について適切に対応する必要がある．

e. 各行政庁の条例・要綱など

東京都建築安全条例など，建築物の設計に関する様々な規制が行政庁ごとに施行されている．

1.5.2 建築士を取り巻く法的規制

a. 建 築 士 法

"建築物の設計，工事監理等を行う技術者の資格を定めて，その業務の適正を図り，もって建築物の質の向上に寄与させることを目的とする"とあり，建築士として一級建築士，二級建築士，木造建築士があり，免許を受けて設計，工事監理等を行うことができる．2006年の改正で，構造設計一級建築と設備設計一級建築が創設された．各建築士が建築物の設計・監理業務を行う場合，業務ができる範囲を個々に規制している（表1.5.2）．また，業務を行い，報酬を得る場合は，建築事務所の登録が必要となる．

b. 建 設 業 法

"建設業を営む者の資質の向上，建設工事の請負契約の適正化等を図ることによって，建設工事の適正な施工を確保し，発注者を保護するとともに，建設業の健全な発展を促進し，もって公共の福祉の増

表1.5.2 建築士を取り巻く主な法的規制など

法令等の項目	規制の内容
a. 建築士法	・建築設計，工事監理を業務として行う場合の資格と範囲について規制．建築基準法と一対の対応．
b. 建設業法	・建設業を営む場合の許可，請負契約の原則，施工技術の確保などを規制．工事監理面で建築士との関連が強い．
c. 民法	・設計者，監理者の法的責任として契約責任・不法行為責任など，紛争時の対応として関連がある．
d. 著作権法	・設計図，建築物の著作権が設計者に帰属することとの関連．
e. 各種契約約款，規定等	・設計・監理業務委託契約，工事請負契約など，約款に規定された設計者・監理者責任の事項．

進に寄与することを目的とする"とある．建築物生産において請負者の役割は重要であり，工事請負契約の成り立ち，請負者の資格や責任などについて設計者・監理者として，この法の内容を理解して対応する必要がある

c. 民　　　法

建築関係の業務で紛争が発生した場合，契約当事者としての法的責任を問われることがある．トラブル解決策として，当事者間の調整，建築相談室などの利用がある．法的手段としては，民事調停，民事訴訟，建築工事紛争審査会などがある．この場合は契約書の内容，建築関連法規，民法などに基づき判断される．専門的になるが，民法を理解し，適切な契約締結と業務履行が重要である．主な留意事項には以下のものがある．

1) 建築設計・監理関係
- 契約責任：債務不履行，設計瑕疵など
- 不法行為責任：注意義務，安全配慮義務，日照配慮義務，第三者との関係など契約外の責任
- 土地や築造物などの隣地との相互関連事項

2) 工事請負関係
- 設計・監理関係と同様な責任

d. 著　作　権　法

設計図および建築物の著作権は，設計者に帰属するのが一般的な理解である．発注者とのトラブルを避けるために契約において著作物と著作権について明記することが望ましい．

e. 設計・監理業務委託契約，工事請負契約関係の約款，規定など

建築士法に基づく設計・監理業務委託契約，建設業法に基づく工事請負契約を適切に締結する必要がある．民法で認められた自由契約により適宜，契約することも可能であるが，契約当事者間における責任区分や問題発生時の解決方法などについて，双務契約の遵守を基本とした，社会的に広く利用されている各種標準契約約款を準用するのが望ましい．主な約款に以下のものがある．

1) 設計・監理業務委託契約約款関係
- 公共建築設計業務標準委託契約約款
- 四会連合協定建築設計・監理業務委託契約約款（民間工事用）

2) 工事請負契約約款
- 公共工事標準請負契約約款
- 民間（旧四会）連合協定工事請負契約約款

3) 建築士法および建築諸団体の定める設計・監理業務内容と報酬基準など
- 建築士法25条の規定に基づく設計・監理業務の報酬基準（建設省告示1206号）
- 四会連合協定建築設計・監理業務委託契約と約款（建設省告示1206号に準拠）

[天野禎蔵]

文　　献

1) 基本建築関係法令集（平成10年版），(財)日本建築技術者指導センター（1997）

1.6　設計者選定

"良い建築，言い換えれば質の高い建築物や優れた社会環境をつくる"ことは，発注者や設計者だけでなく，それを利用する人たち，さらに社会全体の願いである．良い建築を行うには，その「設計」が大切なことは論を待たない．建築の設計は形のないところから目的のあるものを創造する仕事で，多くの場合，設計の前提となる条件が確定しない段階から，設計者は発注者のパートナーとなって，多様な建築プロジェクトについて企画立案し，目的実現のため協働することが求められる．優れた設計者を選ぶことは，発注者にとって重要な義務といえる．

また，設計者の職能として質の高い建築や優れた生活環境を創造するだけでなく，建築環境の持続可能な開発を確かなものとし，社会的，文化的，経済的価値を保護することなどが求められている．

1.6.1　設計者選定のあり方

設計者選定の望ましいあり方は，公共・民間を含め様々な機関で検討し提言されている．その中で共通した認識の1つとして，「官公庁の設計業務委託方式のあり方に関する答申」（1991年建築審議会）では，建築設計の特徴と設計者選定の重要性として，"設計料の多寡による選定方式によってのみでなく，設計者の創造性，技術力，経験等を適正に審査の上，業務内容に最適の設計者選定が重要"としている．また，「創造性，技術力等を審査する選定方法の活用」のために，①設計競技方式，②プロポーザル方式，③書類審査方式をあげ，選定の公正性，審査委員会の設置，評価の方法，審査結果の公表などを整備すべきとしている（表1.6.1）．

表 1.6.1 設計者選定の方式

選定方式	方式の内容
1) 特命方式	・発注者が，設計者の資質等を判断し，自己責任において直接指名する．
2) 設計競技方式	・発注者が，複数の設計者から設計案の提出を求め，最も良い案を選び，その提案者を指名する．
3) プロポーザル方式	・発注者が，複数の候補者に設計体制，プロジェクトに関する考え方などの技術提案を求め，最も良い提案者を指名する．
4) 資質評価方式	・発注者が，複数の候補者に，資質評価の資料となる資質表明書の提出を求め，評価基準に沿って順位を決め，最も良い候補者と条件等を協議して決める．
5) 設計入札方式	・発注者が，複数の指名業者（設計者）にプロジェクトの入札要領を提示し，設計料の入札によって最低価格者を決める．

a. 建築設計の特徴と設計者選定の重要性

一般的に建築設計は，発注者がこれを委託する時点では設計対象の建築物の用途，規模，総工事費，敷地状況などの設計与条件を示すにとどまり，建築物のデザイン，構造，設備などの成果物の詳細については確定していない．そのため設計業務は，発注者の企画目的を実現するため，設計与条件をもとに創意工夫をもって建築物の空間構成を具体化するものであり，成果物があらかじめ特定できない業務である．このため建築物の質や経済性などは，設計者の選定に大きく左右される．

b. 創造性，技術力，経験等を審査する選定方式

設計者選定の方式として一般に用いられているのは，次の5つである．発注者は，対象となるプロジェクトの内容，規模，難易度などの特性を考慮して，表1.6.1に示す1)～5)の選定方式のどれが最もふさわしいか判断する必要がある．ただし，5)は公共工事で会計法，地方自治法の制約のもとで採用されているが，必ずしも健全なものとはいえず，民間工事では一般的な方式とはいえない．

1) 特命方式

設計者の能力，実績，作風，評判などを調査し，自らの見識と責任において設計者を直接指名する方式．

発注者は，案ではなく「人」を選ぶので，対象プロジェクトの企画立案の段階から，設計者をパートナーとした望ましい協働体制のもとで，設計を進めることができる．設計者にとっても，能力や実績が評価されるとともに，発注者の信頼に基づいて能力を十分に発揮できる環境が得られやすい．また，一般に，手続きに要する手間や時間は少ない．

公平性，透明性について，十分な説明責任が求められる．また，実績の少ない設計者にはチャンスが少なくなる．設計者選定委員会などを設けて，これに選定を委任する方法もある．

2) 設計競技方式

複数の設計者から対象プロジェクトについて設計案の提示を求め，その中から最も良い「設計案」を選び，その提案者を設計者に指名する方式．応募者を絞らずに，広く一般から設計案を求める「公募型」と，あらかじめ候補となる設計者を過去の実績など，何らかの根拠によって少数に絞って行う「指名型」がある．

具体的設計案の提示を求めるので，発注者はプロジェクトの目的，内容などの設計案作成に必要かつ十分な要件や条件を，あらかじめ設計者に提示するとともに，提案作成に必要な期間と応分の費用を用意することが求められる．

発注者は，提案された複数案の中から最も優れた「設計案」を選ぶことができる．ただし，設計案を選ぶので，発注者，設計者双方とも，その後の設計過程において選んだ案に拘束される．なお，選定に当たっては，公正性，透明性の確保の観点から審査委員，審査内容などが公表されるのが原則である．

公正性，透明性が高い方法として広く認められており，大規模なプロジェクトや重要性の高いプロジェクトに採用されることが多い．発注者は，募集の準備から審査，設計者決定まで，かなりの事務量と時間を覚悟しなければならない．また設計者は，最優秀案を目指して最善の努力を傾注することになり，その労力，経費，時間などの負担が大きい．

ただし，設計案さえよければ，過去の経験や実績にとらわれずに選ばれるので，若手設計者の登竜門となることもある．

3) プロポーザル方式

複数の候補者に対象プロジェクトの設計業務に対する設計体制，実施方法やプロジェクトに関する考え方，展開の方法について技術提案を求め，必要に応じてインタビューを行い，設計者を選ぶ方式．

候補者を絞らずに，広く一般から設計者を求める「公募型」と，あらかじめ候補となる設計者を，少数に絞って行う「指名型」がある．

技術提案には，具体的設計案を求めることはせず

(一般に，図形表現はイラスト，イメージ図程度までで，文章を補完するものとされる），あくまでも設計を委託するにふさわしい組織（事務所）と人（担当者）を，特に後者に焦点を当てて選ぶことを目的とする．なお，発注者は，「案」でなく「人」を選ぶので，初期の段階から両者が協働して設計を進めることができる．

審査の公正性，透明性を担保できる体制と方法を確保する．発注者・設計者の双方にとっても，設計競技方式に比べて労力，経費，時間が少なくて済むのが一般的である．発注者は，技術提案の際に具体的設計案の提示を求めないなど，設計者側の負担を増加させることのないよう配慮する必要がある．

4) 資質評価方式

QBS（Quality Based Selection）方式ともいわれ，以下の3つのフェーズで評価する方式である．

フェーズ1：発注者が，複数の候補者に資質評価の資料となる「資質表明書」の提出を求め，あらかじめ用意された評価基準（評価の要点，評価項目，採点方法）によって，候補者を3～5者に絞る．

フェーズ2：絞られた候補者に対して，担当者の資質および人となりを審査するためインタビューを行い，また，必要に応じて担当者の代表的作品を現地に視察したり，建築主や建物管理者など意見を聴取して，順位をつける．

フェーズ3：最高位の候補者と対象プロジェクトについて業務範囲・内容・期間などを確認し，報酬について協議する．その交渉は両者が対等の立場で公正に行われなければならない．万が一，合意に至らない場合は，次順位の候補者と同様に協議することとし，以下，合意に至るまで同じことを繰り返す．

発注者は業務への取組み体制，担当者の実績などにより，設計を委託するにふさわしい組織（事務所）と人（担当者）を，特に後者に焦点をあてて選定する．具体的設計案を求めないので，設計競技方式のように設計案に拘束されることはない．設計者は選定の段階で設計案を作成するといった負担を負うことはない．一般に手続きに要する手間や時間は，プロポーザル方式よりさらに少なくて済む．規模の大小にかかわらず，多様なプロジェクトに対応できる方法である．

5) 設計入札方式

対象プロジェクトの用途，規模，業務内容，業務期間などを公示（または提示）して，あらかじめ発注者の選定基準により選んだ指名業者の中で，設計入札に参加する組織（事務所）に対して，設計者の選定を設計料の多寡で選ぶ方式．

発注者は入札要領を作成し，指名業者を選び入札に付する．設計料金額の多寡だけで決定できるので，手間や時間が少なくて済む．指名業者の選定基準や落札価格の設定に，公正性，透明性，適正性などが求められる．しかし，指名業者となる設計者は，入札前に発注者とプロジェクトについての設計や技術などについて提案や協議ができない．

国および地方公共団体が設計入札を行っているのは，会計法，地方自治法が競争入札を原則とするとの規定によるものであり，特別な理由がある場合でなければ随意契約ができないからである．

この方式は，前述のとおり設計者選定方式としては問題点が多い．建築設計は受託者の創造性や技術力などにかかわるところが大であり，同一の品質や成果が期待できる業務ではない．この点が物品購入と同様に扱われていることは著しく不適切である．これは，国際社会にも通用しない方式で，日本の文化的後進性を示すものともいわれている．

1.6.2 設計者選定に求められる要件

発注者は設計者選定にあたり，設計委託の意味，選定のあり方，設計委託契約の内容などについて適切に理解して対応する必要がある．

設計者選定にあたって求められる要件として以下の事項が考えられる．

① 複数の中から一者を選定するための要件
・発注者にあっては，優れた設計者を見いだし，質の高い設計サービスが得られること．
・双方にとって，無駄な時間や手間を省くこと．
・社会的にみて，この間の手続き，審査がフェアーで無駄のないこと．

② 設計契約にあたって求められる要件
・発注者にあっては，予算執行基準に合った契約額であること．また，それに値するサービスが得られること．
・双方が対等な立場で協議合意した契約条件であること．
・社会的にみて，この間の手続きと内容が公正で適法であること．　　　　　　　　　　［天野禎藏］

文　献

1) 入札に代わる設計者選定方式の提言，(社) 日本建築家協会（1999）

2 設計のプロセス

2.1 設計プロセスのアウトライン

2.1.1 時系列的段階

設計プロセスはプロジェクトの規模や内容を問わず，一般に以下のような時系列的段階を追って進められていくものである．

1) 企画段階

建築主と協同して設計の要求項目や与条件を明確にする段階．必要に応じて各種調査や目標とする建築物のイメージを探るための構想計画の検討がなされる．

2) 基本設計段階

要求項目や与条件をもとに，建築物の構想を確立する段階．建築物各部の内外の主要なデザインや色彩等のイメージが固められ，並行して法的および技術的な検証，工期や工事費の確認が行われ，建物の完成時の姿が明確になる．

3) 実施設計段階

デザインと技術の両面にわたって詳細な検討を進め，工事発注のために必要となる各種決定が行われる段階．その上で工事請負契約に必要となる建物各部の詳細な設計図が作成される．

4) 工事発注段階

設計図に基づいて，そのほかに必要となる発注図書が準備される段階．建築主の行う工事施工者の選定，工事請負契約の締結などに対して，設計図書の内容が適切に反映されたものであることの確認等がなされる．

5) 工事段階

施工者が行う工事および施工管理に併せて，主要な仕上材料の実物サンプルの確認や，主要な部材および設備機器等の製作図，製作過程の確認等を通じて，設計図どおりに工事が進められるように最終的な調整と決定がなされる段階．また，必要に応じて設計変更等の対応がなされる．完成時には建物が設計図書の内容に適合していることが確かめられ，建築主事や消防署の検査などへの合格を確認した上で，施工者から建築主への完成建物の引渡しが見届けられる．

6) 維持管理段階

建物引渡し後は建物管理者に対する設計意図の説明や定期的な建物検査等を通じて設計時に目指した建物性能や機能の活用が図られる．

設計の成果は上記の時系列的プロセスの中でどのように進展していくのであろうか？　図2.1.1はよく知られている設計確定曲線とVE要素曲線である．設計プロセスが時系列的に進捗するにつれて設計条件確定度合いが上がり，VE要素が小さくなることが示されている．

これによると，企画段階完了時に40〜50％，基本設計段階完了時に70〜80％，実施設計完了時に90〜95％というように設計成果が上がっていくことがわかる．

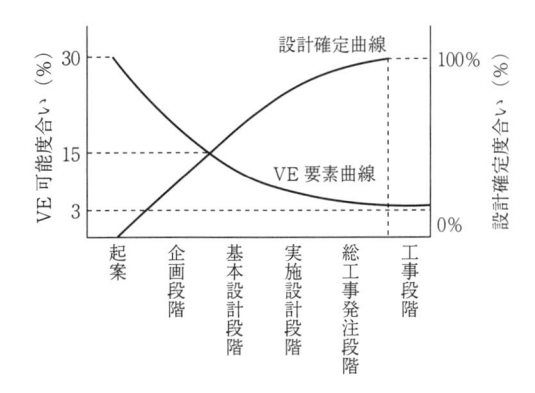

図2.1.1 設計確定度合い

2.1.2 設計プロセスの実務サイクル

設計プロセスが時系列的には「企画段階」→「基本設計段階」→「実施設計段階」→「工事発注段階」→「工

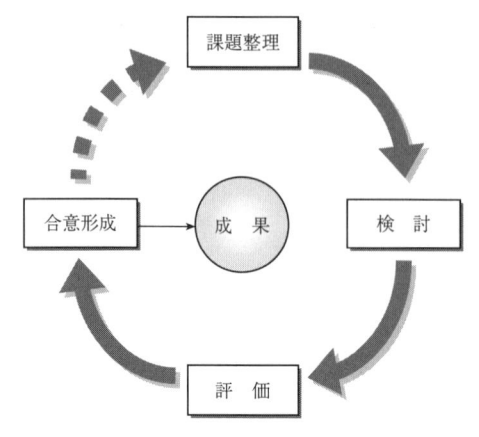

図 2.1.2 設計の実務サイクル

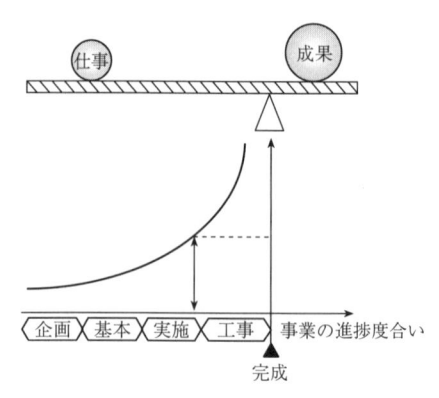

図 2.1.3 設計プロセスと仕事量

事段階」→「維持管理段階」と進んでいくことは 2.1.1 項で概説したが，ここでは，各々の段階の中で展開されている実務のサイクルについて述べる．

設計プロセスは原則として図 2.1.2 に示すとおり，「課題整理」→「検討」→「評価」→「合意形成」というサイクルを繰り返しながら進められていくものである．例えば，「課題」としては建設コストやスケジュール等を含む建築主にとっての事業的課題や建築主の要求条件を建物としてまとめていくための計画的課題，技術的課題，デザイン的課題，また都市計画や建物に関する法的課題などがあり，これらに対応した「検討」がなされる．「検討」に基づき「評価」がなされるが，これには建築主との打合せによる要求条件との適合性評価や各種行政協議によるもの，施工者やメーカーとの調整によるものなど，設計者にとって対外的な評価のほか，最近では ISO 9000 シリーズの影響により，設計者側での内部評価が行われるケースが増加している．「合意形成」には建築主に検討内容を承認されることのほかに，関係行政機関との協議成立や施工者等との調整完了が含まれる．

2.1.3 設計プロセスの仕事量

上記のサイクルは最終的には建物が竣工するまで続くものであり，具体的内容は各段階によって異なるが，基本的には時系列を追うごとにより詳細になり，竣工時には建物の隅々にわたって合意形成がなされていることが目標となる．また，時系列を追って詳細になるにつれて検討課題は細分化され，これに伴う関係者数や仕事量は幾何級数的に増加する．この様子は図 2.1.3 に示すように「てこの原理」をイメージすればわかりやすい．企画段階等の早期段階には小さな力で大きな成果を上げることができるが，時系列的プロセスが進むにつれて求められる成果を出すためには大きな仕事量が必要となる．このことは建物全体の設計意図にかかわる軌道修正が時系列的段階に従って非常に困難になるということを意味する．そのため，企画段階や基本設計段階の早い段階で建物全体の設計に関する基本理念を固め，それ以降の新しく参画する関係者に適切に周知していくことが，設計プロセスを円滑に進めるために極めて重要なこととなる．

2.1.4 部分と全体のフィードバック

建物の設計は全体から部分へと進行することを述べてきたが，このことは最終的に部分の設計成果を積み上げていけば設計が出来上がるということを意味するわけではない．部分正解は必ずしも全体にとっての正解とはならない．すなわち，部分ごとの詳細検討の際に，その部分における合理性や効率性に基づく判断のみで答えを出していくことは建物全体としての合理性や性能の確保につながらないということである．部分の検討は常に全体の設計意図との間でフィードバックを行いながら進められていくことによって優れた全体像を形づくることとなる．建築設計に限ったことではないかもしれないが，設計プロセスのアウトラインを把握する上で欠かすことのできない観点である．

設計プロセスのアウトラインについて上記の認識のもとに，各時系列的段階ごとの具体的なプロセスについて次節以降に概説する． ［大松　敦］

2.2 企画段階

2.2.1 企画段階の関係者

　一般的に企画段階では建築主と設計者が関与するだけであり，しかも建築主側ではその意思決定に強い影響を有する立場の人間がこの段階では深く関与し，設計者側もそれに応える形でプロジェクト全体をリードする立場の建築設計者が中心的に関与することが多い．

2.2.2 企画段階のポイント

　企画段階では建築主が企図する事業構想の目標・目的が整理され，その目標・目的を実現するために最も適切な建物の基本理念を整理することがポイントとなる．

2.2.3 企画段階の設計プロセス

　企画段階で検討される課題には，敷地条件の整理，事業構想にふさわしい企画案，事業計画との適合性などがあり，最終的にはこれらの結果，事業構想の目標・目的が明確になり，基本設計以降の設計条件として取りまとめられることが理想である．敷地条件の整理のためには測量や地質調査など，専門的な調査が必要になることも多い．企画案検討については，事業構想に適合する案を見つけ出すためにかなり多くのラフな代替案を検討することが一般的である．事業計画との適合性については建設費用や工期工程の見通しについて検討を行うこととなる．工期工程の検討に際して特に大規模なプロジェクトにおいては，着工するまでに必要となる様々な行政手続きや許認可の関係を整理し，設計工程を作成することがクリティカルとなる．

　評価は多くの場合，建築主との打合せによってなされるが，プロジェクトによってはこの段階から行政機関との協議が始まることもある．また，最近では公共の文化施設や福祉施設等の企画を市民参加のワークショップ形式で行う例も増えてきており，様々な視点からの評価を受けながら重要な課題を抽出し，検討を繰り返していくこととなる．

　企画段階は建築主の企図する事業構想の目標・目的を整理することがポイントであり，建築主は設計者の提示する企画案を評価することにより，自らの事業構想を別の角度から自己評価しているとも考えられる．

数度の評価を経て建築主の事業構想が明確となり，それにふさわしい企画案が実現性を確認された時点で企画段階は完了する．プロジェクトによっては，この企画案を様々な関係者にわかりやすく説明するためにパースやCG，模型などが作成されることもある．

〔大松　敦〕

2.3 基本設計段階

2.3.1 基本設計段階の関係者

　基本設計段階では，建築主側では全体の意思決定に関与する立場だけでなく建物各部を実際に利用するユーザーが参画し，平面計画や断面計画の検討に際して様々な要求が提示される．また，設計者側でも設備設計や構造設計を行うエンジニアが参画するとともに，コスト検討等を行う立場の技術者が参画を開始する．この段階の後半では，設計のアウトラインを固めるためにインテリアやランドスケープなどの専門分野のデザイナーが参画することもある．行政協議が始まるのもこの段階であり，行政機関も重要な関係者として設計プロセスに関与する．

2.3.2 基本設計段階のポイント

　基本設計段階では，企画段階で明確になった建築主の事業構想を実現するために最もふさわしい建物の姿を確定し，これを平面図，断面図，立面図などの図面と適切な説明資料によって正確に表現することがポイントとなる．建物全体のデザインや規模，性能だけでなく，建物各室の面積や仕様についてもおおむね定まることとなる．また，構造計画や設備計画との主要な調整も行われ，骨格的方針については相互に整合していることが重要である．

2.3.3 基本設計段階の設計プロセス

　基本設計段階における課題としては，建築デザイン基本理念の明確化が第一にあげられる．これはその後の設計プロセスの進むべき方向を定める羅針盤のようなものであり，先述したとおり，企画段階または基本設計の早い段階で決まらない場合は設計プロセスが立ち往生することにもなりかねないからである．次に重要な課題として，建物各部（各室）の関連性や動線計画，また各々の規模・仕様に関する建築主の要求との整合性があげられる．これに合わせて建物全体の構造，設備計画等のエンジニアリン

グシステムの基本骨格と同時に柱の基本モジュールや各階の階高等の建物を構成する基本的な寸法が課題となる．その後，環境問題やユニバーサルデザインなどの先進的動向への対応方針や各種関連法規との整合性，建物全体の規模と各室面積との整合，工事費や建設スケジュールとの整合性が課題となってくる．

検討にあたっては，企画段階において建築主の事業構想の明確化に合わせて進められてきた企画案がベースとなる．その上で建築デザイン基本理念を固めるために，類似事例との比較検討やパース，模型，CGなどを活用したデザイン検討が行われる．平面計画，断面計画等ではデザインの基本理念との整合性や動線計画等の観点から複数の代替案の検討が行われ，全体の構成から主要な各部へと順を追ってブレイクダウンされていく．これに合わせて構造，設備計画等のエンジニアリングシステムの検討がなされ，設備計画に関しては必要に応じて供給処理事業者との協議が始められることとなる．これらの検討により，建物全体の骨格が固まってきたところで各部デザインや仕上材料の検討が行われ，以上を踏まえて建設工事費や工事工程の検討が行われることとなる．

評価に関しては建築主との打合せによってなされることはもちろんであるが，建築，構造，設備等の各設計者によって構成される設計チーム内での相互評価が占めるウェイトが大きくなってくる．また，各種行政協議も本格化することから，関係官庁による評価も受けることとなる．評価の単位もデザインの基本理念等の初期段階では建物全体に関する評価であるが，設計プロセスの進捗につれて徐々に細分化され，各部評価が中心となっていく．しかし，先述したとおり全体的観点からの評価を常に欠かさないことが芯の通った基本設計をまとめる上で大変重要である．

建物全体および各部について一通りの評価とその結果がまとまったところで，平面図，断面図，立面図などの一般図を作成するとともに各評価の結論をまとめた基本設計書を作成し，建築主の最終的な了承を得て，基本設計段階が完了する．　［大松　敦］

2.4　実施設計段階

2.4.1　実施設計段階の関係者

実施設計段階ともなると，建築主側に建物の維持管理担当者が加わることが多く，設計者側でも工事工程等を検討する技術者や，各種許認可申請に対応する技術者等が加わる．行政機関についても必要となる各種許認可に対応する関係官署との詳細協議に合わせて関係者が増加する．また，実施設計図書をまとめるにあたっては，特殊な仕上材料や主要外装，設備機器等に関して，それらを建設市場に供給しているメーカー等との打合せが持たれることもあり，建設工事関係者の一部が参画を始めることとなる．

2.4.2　実施設計段階のポイント

建築主が建設工事契約を締結するために必要な設計図書を漏れなく作成するとともに，着工に必要な各種行政手続きを遅滞なく実行し，確実に建設工事を開始できるようにすることがポイントとなる．特に設計図書は，工事費を適正に積算することができるとともに，施工者が設計内容を正確に読み取り，設計意図に合致した建物を造ることができるよう，十分に配慮して作成されなくてはならない．

2.4.3　実施設計段階の設計プロセス

建物全体の主要なデザインと骨格的な構造，設備システムとの整合性は基本設計段階で確認される．実施設計段階ではこれを踏まえて，維持管理計画との基本的整合性，建物各部の詳細なデザイン，仕上材料や色彩，柱・梁などの構造部材の寸法，照明や衛生器具をはじめとする各種設備機器の選定，建設工事予算との整合性，各種許認可の取得手続きに対応した設計内容の調整等が課題となる．

検討に関しては建築，構造，設備の整合性の検討に多くを費やす．すなわち，各設備機械室の規模・形状と設備機器レイアウトとの調整，ダクト配置や配管ルートと構造部材との関係の検証，壁や天井に取り付けられる設備と意匠的な納まりや構造補強との整合性の検証，等々である．その一方，設計図書をまとめるための最終決定として建物各部の機能性，耐久性，安全性の検証が行われる．また，施工性についても検討を行う．特に，デザイン的に重要な部分や構造，設備の納まりが厳しい部分，敷地境

界沿いなどについては重点的に行われる.

実施設計段階での評価は極めて実務的かつ専門的なものであり,多くの場合,建築主との打合せよりも専門家相互でなされる要素の割合が大きい.専門家相互の中には設計チーム内の各設計者はもちろんのこと,建設費積算や工事監理を担当する技術者も含まれる.建築部材や設備機器等のメーカーに対してそれぞれの製品の各種性能を確認することも多く,プロジェクトによっては施工関係者との協議によって評価がなされる場合もある.また,着工へ向けての各種行政手続きも実際に始まるので行政関係者との最終協議によっても評価が行われる.基本設計段階のように,課題→検討→評価のプロセスが明確なステップを形成することは少なくなり,コンカレントに行われる部分が多くなる.

実施設計図書をまとめるための設計内容に関する合意形成が完了すると,まずは建築意匠図のうち,平面図,断面図,立面図のいわゆる一般図を作成する.構造,設備の実施設計図書はこの建築一般図をベースとして作成されることが多く,この一般図の確定はプランフィックスとも呼ばれ,実施設計図書をスムーズに作成していくためには大変重要なポイントである.その後に,いよいよ本格的な実施設計図書の作成に入る.実施設計図書は,建築主の考えている発注方式に合わせて図面をまとめる必要があるため,あらかじめ必要となる図面をリストアップし,その構成について建築主との間で合意形成が図られていなくてはならない.最終的に実施設計図書がまとまり,建築主に納品されたところで実施設計段階は完了する. ［大松　敦］

2.5　工事発注段階

2.5.1　工事発注段階の関係者

工事発注段階では関係者は比較的限定される.主要な関係者は建築主と施工予定者である.発注方式が分離発注となる場合には施工予定者数がその分増加する.

2.5.2　工事発注段階のポイント

設計プロセスの観点からは,工事発注段階のポイントは設計意図に沿った工事発注契約がなされることの確認である.そのため,施工予定者からの質疑に答え,設計図書に不足がある場合には追加指示を行う.また,施工予定者からの見積り金額が建築主の建設予算を超過した場合には,設計意図の主要な部分への変更が最小限となるように,VEや設計変更を行うこととなる.

2.5.3　工事発注段階の設計プロセス

課題としては,設計図書の過不足の確認,建設工事費と設計内容との整合性確認が主要なものであり,いずれも施工予定者からのレスポンスに応じて発生する.VEや設計変更を検討する場合には,候補となる要素をリストアップした上で,建築主とともに採否を評価する.建設工事費が建築主の予算に納まり,建設工事契約が設計意図に沿ってなされた段階で工事発注段階は完了する. ［大松　敦］

2.6　工事段階

2.6.1　工事段階の関係者

工事段階では,もちろん建設工事関係者の数は急激に増加するが,それ以外に建物の維持管理関係者が参画を始めるのもこの段階であることが多い.また,建築主が建物を自己使用をするのではなく外部に賃貸する場合,テナント候補が設計内容に関与し始めるのも多くの場合はこの段階である.

2.6.2　工事段階のポイント

設計意図に沿い,かつ設計時に想定した性能が確実に発現された建物を造り上げることが工事段階のポイントである.そのために工事関係者に対して設計意図を正確に伝達することが極めて重要であり,設計意図を踏まえて施工図や工事経過の確認を行うことになる.また,追加工事や設計変更が行われる際には,全体の工事工程や工事費に与える影響を考慮しながら進めていくことが必要である.

2.6.3　工事段階の設計プロセス

工事段階では,設計図書で意図した建物デザインや建物各部の機能,性能が確実に現実の建物として出来上がることを確認していくことが大きな課題である.検討として,建物各部の主要な部分においては,最終的に使われる仕上材料,製品,構造部材,設備機械などを実物見本等で確認していくことが一般的である.これらの確認は,工事現場でなされることもあるが,メーカーのショールームや製作工場

で行われるものも少なくない．また，外壁や外装建具，カーテンウォールなどについては工事段階の早い時期に部分的に実物大のモデルを作成し，耐久性能や安全性等について時間をかけて検証していくこともある．また，標準的な室内についても実物大のモックアップモデルを製作し，各部の納まりや内装材の検証を行うこともある．

建築主やテナント候補から設計変更や追加工事の要請があった場合には，それに対応した検討を行うが，その際には工事の進捗度合いや工事費に与える影響等を確認した上で，対応可能な範囲を把握して行うことが重要であるとともに，日々進捗する工事工程に支障をきたさないよう速やかに行うことに留意しなければならない．

上記の検討結果は工事現場における定例的な会議で建築主と設計者，施工者同席のもとで評価・合意がなされるが，大規模なプロジェクトではその内容が膨大であることから，テーマ別に分科会を設けて実質的な評価が行われていくことが一般的である．

設計意図に沿って工事が完了し，関係官庁や建築主による検査合格を確認した上で竣工図書を作成して工事段階は完了する．竣工図書は一般に設計図書に手を加えてなされるが，最近ではこれらをCADデータとして整備し，将来の改修や増改築に際して活用するためのデータベースの一部となるケースも増えてきており，建築主と相談して適切な形式で作成することが望まれている．　　　　　　［大松　敦］

2.7　維持管理段階

2.7.1　維持管理段階の関係者

維持管理段階の関係者は建築主と建物管理者が中心となるが，瑕疵の対応等については施工者も重要な関係者となる．

2.7.2　維持管理段階のポイント

完成した建物の機能，性能が効果的に活用されていくように必要な協力が行われるが，そのためには長期間にわたって設計意図が継承されていくことが維持管理段階のポイントとなる．

2.7.3　維持管理段階の設計プロセス

維持管理段階の課題は，建物管理者や利用者に対する設計意図の周知，機能・性能に支障する瑕疵の確認，社会・経済環境の変化や建物利用形態の変化等への対応，建物性能の経年劣化への対応などがあげられる．

設計意図の周知については，建物管理者や利用者に対して適切な説明資料を準備して十分な説明が行われる．瑕疵については建物完成後に定期的な検査を行い，瑕疵が発見された場合には，その対応方針を検討した上で建築主，施工者と協議して必要な処置が行われることを確認する．建物完成後の様々な要因によって設計時の意図を大きく超えるリニューアルが必要となった際には，その時点での建物の現況について必要な調査を行った上で，リニューアル計画が策定される．経年劣化についても定期的な検査によって不具合が発見されるつど処置していく場合が一般的であるが，最近ではあらかじめ予想される経年劣化に対して計画的に予防保全を行う考え方が広がっており，建築主の要望に応じて適切な予防保全計画が策定されるケースが見られる．いずれにしても，建物完成時までの設計意図がベースとなって検討→評価がなされる．また，他の段階と異なり，維持管理段階は建物が取り壊されるまで完了するということがない．　　　　　　［大松　敦］

2.8　設計プロセスに関連する新たな潮流

設計プロセスの時系列的アウトラインをこれまで述べてきたとおり「企画段階」→「基本設計段階」→「実施設計段階」→「工事発注段階」→「工事段階」→「維持管理段階」として認識することは，長期間にわたって建築家や建築主にとってなじんできた考え方である．この認識は一元的な設計者＝建築家がプロジェクトの初めから終わりまで携わり，建築主から全面的な信頼を得てあらゆる問題を解決し，工事の際には施工者を技術的にも指導するといったように，万能的な建築家がリードする旧態的なプロジェクト体制像に最もマッチしている．ところが現実は既に大きく変化している．建設技術の発展は建築家を大きく引き離し，建物に求められる性能の高度化，専門化の進展はデザインのみに固執する建築家をこうしたプロジェクトから遠ざけている．

"建築家が常にプロジェクトの中心にいるわけではない"．こうしたプロジェクト体制像に基づいて近年では設計プロセスに対する認識も大きく変貌を遂げようとしている．ここでは設計プロセスの認識

2.8 設計プロセスに関連する新たな潮流

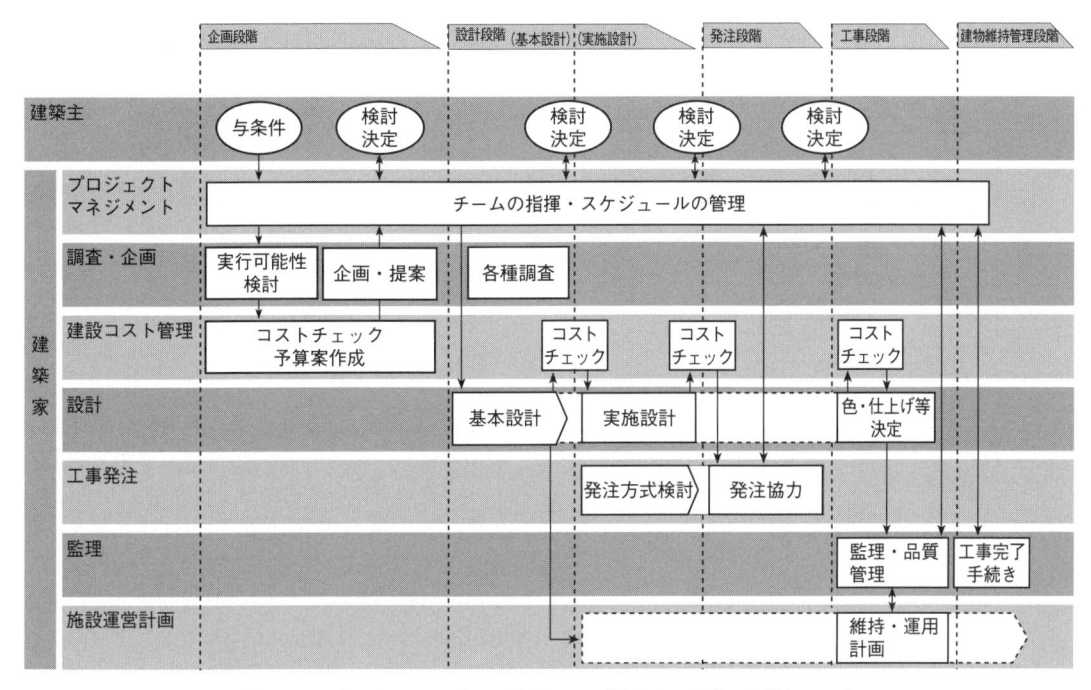

図2.8.1 プロジェクトの流れ（出典：JIA「建築家の業務・報酬」，2002）

転換に大きく影響を及ぼす可能性のある3つの潮流について概説する．

2.8.1 複数のプロフェッショナルサービス

日本建築家協会（以下，JIA）では2002年秋におよそ10年ぶりに「建築家の業務」を改定した．JIAはこの中で「建築家の業務」を7種類のプロフェッショナルサービスによって構成されるものと定義している．それらは「プロジェクトマネジメント業務」，「調査・企画業務」，「建設コスト管理業務」，「設計業務」，「工事発注業務」，「監理業務」，「施設運営計画業務」である．その中の1つである「設計業務」については，その対象とする領域によって建築，構造，設備，ランドスケープ，インテリアなどと複数の専門的職能が必要になることが以前から認識されていたが，JIAはその外側に「設計業務」とは異なる専門的職能を明確に位置づけようとしている．こうした認識に立てば，設計プロセスを図2.8.1に見られるように複数の異なるプロフェッショナルサービスがプロジェクトの流れの中で相互に関係しつつ進展するものとして整理することができる．

2.8.2 ブリーフィングまたはプログラミング

優れた建築のためには質の高い設計が必要であることは当然であるが，最近では質の高い設計のために"設計が始まる前に建築主や関係者の要求，目的，制約条件について十分な検討を行い，建築家が解決すべき問題を明確に表現しておくこと"が必要であるとの認識が高まっている．欧米ではこのプロセスをブリーフィングまたはプログラミングと呼び，ある程度定着しているが，日本ではまだ実務的理解，活用が進んでいない．国際的には，ISO 9699-1994「建築性能規格：ブリーフ作成のためのチェックリスト―建築設計ブリーフの内容」が既に定められている．また，イギリスでは王立英国建築家協会（以下，RIBA）による実務基準（Architect's Job Book）の中でブリーフィングのあり方が明確に整理されている．日本における運用のあり方については，日本建築学会が研究活動を行っており，今後の実務的普及が期待されている．

このブリーフィングあるいはプログラミングのプロセスはその趣旨からも本格的な設計が開始される前に始め，設計条件をまとめるものであるが，図2.8.2に示すように，設計作業の進展に併せてこの設計条件を見直していくプロセスを含んでおり，設計条件のマネジメントといった観点から設計プロセスを再定義する契機になる可能性がある．

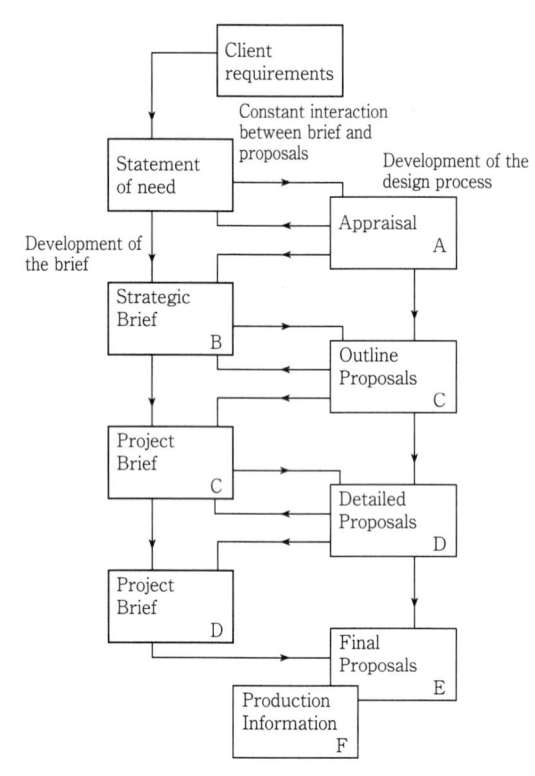

図 2.8.2 ブリーフと設計のプロセス
（出典：RIBA「Architect's Job Book」）

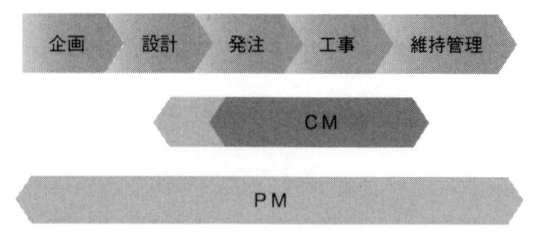

図 2.8.3 PM と CM

2.8.3 プロジェクトマネジメントとコンストラクションマネジメント

プロジェクトマネジメント（Project Management：PM）とコンストラクションマネジメント（Construction Management：CM）はもともと米国における実務上の概念であるが，近年，わが国でも導入へ向けての潮流がみられる．それは「コストの透明性の確保」や「建築生産プロセスにかかわる各主体の権限と責任の明確化」など，大きな課題に端的にこたえていくことができると期待されているからである．

日本では現在のところ PM と CM の区別についてコンセンサスが得られていないが，一般的には図2.8.3に示すとおり，PM のほうが業務範囲が広いと認識されている．すなわち，PM は本来建築主が行うべき業務を代行あるいは支援するものであり，広義には事業企画や資金調達，テナント斡旋なども含まれる．一方，CM は工事発注に関して通常ゼネコンの下請契約になっている専門工事業者等を建築主との直接契約にするために必要となる工事段階の調整取りまとめを中心に行う業務である．実務の上ではこれらの区別にこだわらず，PM/CM と表現される場合もあるが，いずれにしても建築主と建築家との間に立ちプロジェクトの采配をすることが役割である．

こうした役割の普及によっては設計と工事の進められ方，すなわち実施設計完了後に工事契約→着工という流れが変わる可能性がある．これはそのまま設計プロセスの多様化につながることとなり，今後の動向に注目する必要がある．　　　［大松　敦］

文　献

1) （社）日本建築家協会：建築家の業務・報酬, 2002
2) RIBA Publications：Architect's Job Book, Seventh Edition

3
設 計 図 書

3.1 建築生産における設計図書の役割

　設計図書は，建築主の持つ顕在的・潜在的な意図・ニーズである「要求品質」を，設計図や仕様書を通じて「設計品質」として作り上げ，適切に施工者との間で合意した「合意品質」に基づき，適切な「施工品質」を作り上げる設計情報伝達プロセスの中で位置づけられる．

　設計者は，この設計情報伝達プロセスの中で，建築主の計画意図を設計者の持つ様々な専門的な知識，技術的裏付けによって建築的言語へ翻訳し，設計図書として表現する必要がある．つまり建築主との様々なやりとりの中で，その意図を正確に把握し，設計者としての建築に対する考え方・姿勢を加味し，建築主との間で合意形成されたものを設計図書に「設計品質」として表現しなければならず，かつ正確に施工者に伝える必要がある．昨今，いろいろと設計図書の品質低下や設計図書間の不整合，詳細図等の不足・不備が指摘され，設計情報が十分的確に伝わらない不満も出されている．また，施工技術・施工管理技術の発達とともに，建築生産における設計・監理者と施工者との関係が「指導監督型監理」から「自主管理確認型監理」へ変わってきており，設計者は「設計品質」としての「ありよう」を適切に指示・伝達することも求められており，そのためにも充実した設計図書が求められている．

[東條隆郎]

3.2 設計図書によって情報伝達を行う相手と目的

　設計図書はコミュニケーション手段であり，その相手と目的によってその表現する内容，表現方法は異なる．コミュニケーションを図るべき相手は，事業者・出資者・使用者などの建築主サイドの人たち，ゼネコン，サブコン，ファブリケーター，メーカーなど施工管理者・専門工事業者，関係諸官庁や近隣住民やその他の利害関係者である．それぞれの相手は立場の違いによってコミュニケーションの内容についてどのように理解するかが異なり，設計者は相手によって必要な情報伝達を的確に行うことが求められる．

3.2.1 建築主への情報伝達

　建築主サイドの人たちには，事業として建築物を造ろうとする人，事業のために建築物を使用しようとする人，土地，建物などである種の権利を有する人，投資家，融資者などがある．これら建築主サイドの人たちに対する設計図書は，特に，企画段階・基本設計段階において，これら建築主が必ずしも設計図書を十分理解できるとは限らないこともあり，建築主の意図・ニーズを具現化した設計図書に「要求品質」として表現した内容を相手に十分理解される形・方法でプレゼンテーションを行うことが重要である．また，実施設計段階あるいは工事段階など様々なフェーズでの詳細な内容の確認や仕上げ，色彩等の確認においても，同様に相手方が十分理解できる方法をとる必要がある．

3.2.2 施工管理者・専門工事業者への情報伝達

　施工管理者はゼネコンであり，専門工事業者はサブコン，ファブリケーター，メーカーなどである．設計者から施工管理者・専門工事業者へ，建築主からの意図・ニーズである「要求品質」を設計図や仕様書等を通じて「設計品質」として伝えられる．その設計情報の伝達のツールとして，旧来の「設計図」・「仕様書」のほかに，新たに日本建築家協会（JIA）から品質情報が正しく的確に伝達されるように「設計説明書」・「設計品質伝達書」・「監理方針書」が提

案されている.次に,これらのツールにより伝えられた「設計品質」は設計・監理者,施工管理者,専門工事業者により確実に「合意品質」として継承されることが求められる.それを施工管理者・専門工事業者が的確に「施工品質」として作り上げることとなる.以上のように設計・監理者,施工管理者,専門工事業者はそれぞれの役割分担を明確にし,正しく確実に設計品質情報がプロジェクト関係者に伝達されることが求められている.

3.2.3　関係諸官庁への情報伝達

建築生産は様々な法令による規制の枠組みの中で行われる.建築関係,都市計画関係など多くの法律,政令,条例,規則などによって規制された事項の中には,法規に従い具体的に設計上の事項に反映させればよいこともあるが,問題になる事項だけを表現した図面など,その目的だけのための図面や説明書を作る場合もある.

3.2.4　その他の関係者への情報伝達

近隣住民や建築物ができることにより何らかの影響を受ける人々などに対し,計画内容の説明や図面の提示をする必要が生じる場合がある.その場合,相手の関心ある事項で何らかの影響を受ける可能性のある事項に関して説明する必要がある.そのために事前によく調査を行い,特別な図面・資料・説明書を作成することも必要となる場合がある.

[東條隆郎]

3.3　設計図書

一般的に設計情報は,その対象となる建築物の種類,内容,規模,その他の様々な条件によって多種多様であり,建築(意匠),建築(構造),電気設備,給排水衛生設備,空調換気設備,昇降機設備,その他の各工事種別ごとに整理し,設計図書にまとめられる.以上は専門分野別の設計図書の種類である.またプロセスの段階に応じた分け方として,プロジェクトの前提条件を明らかにし,与条件の策定など設計に入る前の各種調査・事業計画・基本計画等の「企画設計」,機能・デザイン・コスト等建築の基本的,具体的なあり方を建築主との間で確認し決定するための「基本設計」,実際の工事を行うための詳細な内容を検討・決定し施工者への情報としてまとめる「実施設計」がある.当然のことながら,これら設計図書には,盛り込まれる情報が適切に十分に記述されること,および内容に矛盾のないことが求められる.

3.3.1　設計図書表記の約束事

設計情報伝達手段である実施設計図書を作成するにあたって,図書を作成する基準と記号・略号等の表記方法について,共通的および基本的事項を標準として定め,実施設計図書における表現の統一化を図り,情報伝達としての共通性と業務の効率化を図るために,JIS 規格および国土交通省大臣官房官庁営繕部監修「建築工事共通仕様書」あるいは JIA 建築実施設計図書作成基準で使われている一般的な表記方法がある.図面制作の CAD 化が進んでいる現在,より一層,設計情報の発信側と受信側が共通してこれを理解し使いこなすことにより,効率的な情報伝達がなされることになる.

実施設計図書の作成基準としては,

① 用紙:大きさは A 系列とし,図面枠・様式や表題欄に明記すべき事項
② 図面配置:平面図・立面図・断面図の配置の標準
③ 線:線の種類・太さの標準
④ 文字:種類・大きさの標準
⑤ 縮尺:種類・表現の標準
⑥ 単位:SI 単位
⑦ 寸法記入:寸法線の入れ方,円の表示,勾配・角度など
⑧ 基準線・通り芯符号

の標準的な表記方法がある.また,構造部材・材料の平面図表示記号,開口部の平面表示記号・開閉表示記号,略号表の標準的な表記方法がある(表 3.3.1 参照).

3.3.2　設計図書の構成

設計図書には,建築(総合・意匠),建築(構造),電気設備,給排水衛生設備,空気調和設備,外構,およびその他がある.それぞれ下記の実施設計図書により構成されている.

建築(総合・意匠)は,その機能に応じて「設計図」,「仕様書」,「見積要項書」,「現場説明記録書」,「質疑応答書」に分類される.しかしながら近年,建築が多様化,高度化,複雑化し,建築生産の現場においても同様に多様化,高度化,複雑化してき

3.3 設 計 図 書

表 3.3.1 平面表示記号(例)[4]

(a) 構造部材・材料の平面図表示記号

	S=1/200〜1/300	S=1/100	S=1/50	詳細図
コンクリート (柱・壁)	コンクリートの表現は平面図に明記する		仕上げのある場合	
コンクリート (床・梁)	コンクリートの表現は平面図に明記する		仕上げのある場合	
鉄骨 (柱・梁・その他)	I □	I □	I □	I □
コンクリートブロック			400	
ALC板			仕上げのある場合 600	
軽量鉄骨下地				
既製パーティション				材質・構造により異なる

(b) 開口部の平面表示記号・開閉表示記号

	平面図 S=1/200〜1/300	平面図 S=1/100	平面図 S=1/50	姿図
仕切のない開口 (天井までの開口部)			枠・仕上げの有無を表現する	
仕切のない開口 (下がり壁のある場合)			枠・仕上げの有無を表現する	
出入口開口部共通	簡略化した表現			開口部高さ明記
片開き扉	召摺の有無を明記する	召摺の有無を明記する	召摺の有無を明記する	
両開き扉	召摺の有無を明記する	召摺の有無を明記する	召摺の有無を明記する	
親子開き扉	召摺の有無を明記する	召摺の有無を明記する	召摺の有無を明記する	
自由開き扉	召摺の有無を明記する	召摺の有無を明記する	簡略化した例	

(c) 略合表（例）

a) 一般事項				
塔屋屋上階	PHRF	フロアードレイン	FD
塔屋1階	PH1F	ユニットバス	UB
屋上階（塔屋のないもの）	RF	掃除用流し	SK
3階中2階	M3F	エキスパンションジョイント	EXP・J
中2階	M2F	b) 構造	
1階	1F	鉄骨鉄筋コンクリート	SRC
地下1階	B1F	鉄筋コンクリート	RC
ベンチマーク	BM	鉄骨	S
基準地盤面	GL	軽量鉄骨	SF
基準床面	FL	コンクリートブロック	CB
東京湾中等潮位	TP	軽量気泡コンクリートパネル	ALC
大阪湾最低標準潮位	OP	床板	S
幅	W	壁	W
長さ	L	耐震壁	EW
高さ	H(h)	柱	C
直径	D(d)	間柱	p
半径	R(r)	筋かい	BR
縮尺	S	基礎	F
センターライン	CL	布基礎	f
間隔	@	基礎梁	FG
厚さ	t	大梁	G
奥行き	D(d)	小梁	B
ダクトスペース	DS	トラス梁	T
パイプスペース	PS	サブトラス	ST
エアダクト	AD	プレート（鋼板）	PL
エアチャンバー	AC	高力ボルト	HTB
電気配管スペース	EPS	あばら筋	STP
エレベーター	ELV	帯筋	Hoop
エスカレーター	ESC	柱・梁の幅	d
天井高さ	CH	柱・梁のせい	D
煙突	ch	木造	W
ダムウエーター	DW	プレキャストコンクリート板	PC(PS)
ルーフドレイン	RD	押出成形セメント板	LC
		煉瓦	B

（出典：日本建築家協会編：設計情報の正しい伝え方①「建築実施設計図書作成基準」，p.21-30，彰国社（2000））

いる．そうした中においても，適切な建築設計情報が設計者から施工者へと伝わらなければならない．元来，設計図書は適切に記述されれば施工に際しての十分な情報を内包しているはずである．しかしながら，従来からある「設計図」，「仕様書」だけでは建物が意図するもの，因って立つ諸条件，被った制約などは必ずしも読み取れるわけではない．そのため，ここでは，BCS，日本建築士連合会，JIA などで研究検討され，提案されている新たな設計情報伝達のツールである「設計説明書」，「設計品質伝達書」および「監理方針書」の3つのツールについても「設計図」，「仕様書」の説明に加えて紹介する．

a. 設　計　図

　建築の平面，空間，構造，機能・性能・デザインなどについて表現するとともに，そこで使われる材料や形状・寸法・精度・施工方法について，また，必要とされる性能を前提とした品質等の建築のあるべき姿について表現するものである．そのためには様々な図面・記述が必要となり，これら多種類の図面を総合して建築の全体から細部までを表現している．建築（総合）の図面は構造設計図，電気，給排水衛生，空気調和・換気設備設計図の基本となるものである．また，建築（意匠）の図面は構造，設備の条件，計画内容を反映したものである必要がある．図面の種類は表3.3.2に掲げてある．

b. 仕　様　書

　部品や材料の性質・性能・状態・寸法精度など，設計図では表現できないもの，工事のための管理・

3.3 設計図書

表 3.3.2 実施設計図書

□ 建築（総合）実施設計図	□ 建築（構造）実施設計図	・防災設備図
・表紙	・特記仕様書	・非常用発電設備図
・図面リスト	・地業図	・詳細図
・特記仕様書	・伏図	□ 給排水衛生設備実施設計図
・面積表	・軸組図	・特記仕様書
・敷地面積表	・断面表	・配置図
・外部仕上表	・架構図	・系統図
・内部仕上表	・詳細図	・機器リスト
・付近見取図/配置図	・構造計算書	・器具リスト
・外構図	□ 電気設備実施設計図	・各階平面図
・平面図	・特記仕様書	・便所・機械室等詳細図
・立面図	・配置図	□ 空調換気設備実施設計図
・断面図	・受変電設備図	・特記仕様書
・矩計図	・幹線系統図	・配置図
・各種詳細図	・動力盤・分電盤結線図	・系統図
・天井伏図	・幹線・動力平面図	・機器リスト
・展開図	・電灯・コンセント設備図	・自動制御計装図
・建具配置図	・照明器具姿図	・ダクト等平面図
・建具表	・弱電系統図	・配管平面図

監理方法や，工事運営のための事務手続きなどを文章や表で表現したものであり，建築そのものの品質を定める重要な役割を持つ．

仕様書には，様々な共通化したものがあらかじめ準備され，通常の業務において共通に使用されている「標準（共通）仕様書」が実用化されている．これは，「特記仕様書」と併用することを前提として作成されている．「標準仕様書」には設計事務所や建設会社でそれぞれ独自に作成されたもの，国土交通省大臣官房官庁営繕部監修のもの，日本建築学会のものなどがある．「特記仕様書」は標準仕様書で指示されたグレード等の特記事項を記載するものと，「標準仕様書」に記載されていない特殊事項について記載するものがある．

c. 設計説明書

建築主の建設意図・要望（要求品質），設計の意図・主旨，施設の利用目的，将来の利用目的の可能性，上位または周辺計画の有無・法的規制等の設計の背景，条件等，設計図および仕様書では安全に表現できない内容を明記して建物全体の「ありよう」を示す．

記述する内容は以下の項目である．
① 計画の概要の中で建築種別による特徴的な機能・性能等に関する項目（例：客室数，客席定員，病床数，住戸数など）
② 設計の条件
・計画の目的，施設の特徴

・デザイン，重視する機能，増築予定，将来の用途変更，グレードの設定，設計打合せ時に合意した建築主の要望事項，建物機能など
・施設の仕様・利用形態運営組織，維持管理の方法，建物使用時間，利用対象者
・敷地の特性および環境への配慮事項，風向・日照など気象上の特性，敷地の来歴，近隣対応上配慮するべき事項
・関係法規上特筆すべき点，防災評定の有無，特殊な開発手法の有無，医療法，旅館業法などの制度的制約条件にかかわる事項
・関係諸官庁による行政指導や協議事項（消防，警察，保健所，福祉など）

以上のように，「設計説明書」は設計図および仕様書では完全に表現できない内容を記述し，設計者と施工者間の情報共有を図るためのツールであるとともに，竣工引渡し後，これらの設計条件を変更する場合等に設計時の基本条件の確認資料としての役割もある．また，建築主が増改築する際，さらに，維持管理する際の参考情報を提供する．

d. 設計品質伝達書

設計図，標準仕様書，特記仕様書などによって規定された設計品質を，その品質特性の管理範囲を定めることにより，施工者に客観的な管理目標を与えることにある．記述する品質特性の内容は以下の項目である．

① 設計者が品質保証上，建築主の要望・意向に

かかわらずに重要と考える項目
② 建築主の要望によって起因する要求品質中重要な項目
③ 設計者が設計品質上重要と考える項目

これらの項目が記述された「設計品質伝達書」により，設計者から施工者に対して定量的，定性的に設計品質が示され，設計品質が施工者との合意品質として具現化される指針となる．これにより，設計者と施工者間の設計品質に関する情報の共有化がなされ，施工計画，施工要領に反映され施工者の自主的管理の一助となる．

e. 監理方針書

現場運営上の諸手続きの取り決め，「合意品質」の合意方法，「施工品質」の確認方法などの監理方針を示し，「監理者」，「施工者」の役割分担，責任範囲を確認し，適切な品質の確保を目指す．

記述する内容は以下の項目である．

① 運営方針にかかわる項目
・監理体制，担当者の役割分担
・提出図書の内容と手続き
・設計変更の予定と処理方法
・総合施工計画（工事運営計画），工事総合工程表への要望
・諸会議の種類・運営方法
② 設計品質の確定にかかわる項目
・設計図書総合検討会の運営方法
・総合図の作成・検討
・施工図の作成・検討
・施工図・機器・見本類の検討
③ 品質管理の役割分担
・施工計画の検討
・監理項目の確認
・設計品質重要事項への対応
・完成検査，中間検査

[東條隆郎]

3.4 竣 工 図 書

3.4.1 竣工図書の構成

設計図書が設計と施工を結ぶ設計情報伝達のプロセスの中で「情報伝達のツール」であることに対し，「竣工図書」は工事完成後の維持管理と，ライフサイクルに役立てるための「ツール」として重要な役割を担う．建物の寿命を延ばしライフサイクルコスト（LCC）を抑えることは，合理的な経済性の展開，社会資本のストック，地球環境の保全の観点からみて極めて重要な課題である．竣工図を含む竣工図書を，完成した建物の価値を持続させるために必要とされる情報の基礎としてとらえれば，事業目的→基本計画→設計図書→施工図・竣工図・その他→維持管理までの一貫した流れに沿った建物の重要情報が，確実に表現・伝達されなければならない．

建物の完成引渡し時に建築主に引き渡される竣工図書には下記の図書がある．

① 工事契約上の書類：竣工届，竣工引渡書，竣工受領書など
② 官公署による許可や認可に関連する通知や証明書類：検査済証，確認通知書など
③ 建物を使用していく上で必要となる維持管理上の書類・図書：取扱説明書，機器設備システムの性能を確認したことを示す試験報告書，緊急連絡先一覧，主要機器資材製造者，担当者一覧，竣工図，各種施工図など

表3.4.1に竣工図書一覧を掲げておく．

3.4.2 新しく提案されている図書

このほかに，JIAより，建物の維持管理の観点から新しく提案されている図書として「設計説明書」，「数量調書」，「監理・建物経歴書」がある．

a. 設計説明書

建築設計情報伝達の「新しいツール」である設計図書の一つとして，ここで紹介した「設計説明書」は，竣工図書の「新しいツール」としても重要な図書である．建築主の建設意図と，設計主旨，法的規制等の設計の背景・条件，設計図・仕様書では完全に表現できない内容の情報をまとめたものである．

b. 数量調書

建物の維持管理や更新の際，建築各部の数量が必要となる．そのために，建物完成時点での部位別の数量をまとめたものとして，「数量調書」がある．ただし，作成に費用がかさむため，あらかじめ工事発注時に特記仕様書等に明記する必要がある．

c. 監理・建物経歴書

この二つの経歴書は，監理者がデータを作成し保管することによって，建物のライフサイクルにおいて，建物の基本情報と経歴を一括して検索できることを目的としたものである．監理経歴書として，建物完成時には，建物概要，設計・施工の実施スケジュール，工事関係者名，工事価格，主要部位別施

3.4 竣工図書

表 3.4.1 竣工図書一覧表

(a) 工事請負契約上の書類	(b) 官公署関連の許可・認可などの書類
(1) 工事竣工引渡目録	④ 火を使用する設備などの設置届
(2) 竣工届	⑤ 防火対象物使用届
(3) 竣工引渡書	⑥ 電気設備設置届
(4) 竣工受領書	⑦ ボイラー設置届
(5) 念書(または覚書)	⑧ 高圧ガス製造届
(6) 念書(または覚書)付属書	⑨ ゴンドラ,クレーン設置届
(7) 工事監理報告書	⑩ 工事完了届
(8) 鍵引渡書	⑪ その他
(9) 鍵受領書	(c) 維持管理上の書類
(10) 竣工関係書類引渡書目録	(1) 官公署関係届出・許可書類目録
(11) 竣工関係書類等受領書	(2) 緊急連絡先一覧表またはアフターケア部署担当者一覧表
(12) 竣工写真引渡書	(3) 工事関係者一覧表
(13) その他	(4) 仕上げ表
(b) 官公署関連の許可・認可などの書類	(5) 主要仕上材一覧表
(1) 官公署届出書類チェックリスト	(6) 主要機器・資材一覧表
(2) 官公署検査済証類	(7) 備品・予備品一覧表
① 建築物検査済証	(8) 保証書
② 昇降機検査済証	(9) 竣工図(目録付)
③ 電気工作物使用前検査合格書	(10) 各種施工図
④ 消防用設備(詳述省略)	(11) 機器完成図
⑤ 火を使用する設備検査結果通知書	(12) 試験成績表
⑥ 防火対象物	(13) 取扱説明書
⑦ 電気設備	(14) 建物維持管理の冊子
⑧ ボイラー落成	＊(15) 設計説明書
⑨ 圧力容器	(16) 定期点検項目リスト
⑩ 高圧ガス製造施設完成	(17) 敷地測量図
⑪ その他	(18) 地質調査報告書
(3) 官公署認可書	(19) 境界同意書
① 確認通知書(建築物)	＊(20) 数量調書
② 確認通知書(昇降機)	＊(21) 監理経歴書, 建物経歴書
③ 消防用設備着工(設置)届	(22) その他

(出典:日本建築家協会編:設計情報の正しい伝え方①「建築実施設計図書作成基準」,p.144-145,彰国社(2000))

工者・メーカー名と仕様・数量,法的な規制,建物経歴書としては完成後,建物経年調査改修記録,年次検査記録,クレーム記録,事故記録,リニューアル・増築記録などがあり,維持管理段階での記録を追加していく作業が必要となる。　　　[東條隆郎]

文　献

1) (社)日本建築士会連合会:設計と施工を結ぶ,(社)日本建築士会連合会(1994)
2) (社)日本建築家協会:設計情報伝達の向上を目指して,(社)日本建築家協会(1996)
3) (社)日本建築家協会:これからの設計情報伝達ー実践に向けて,(社)日本建築家協会(1997)
4) 日本建築家協会編:設計情報の正しい伝え方①「建築実施設計図書作成基準」,②「建築工事特記仕様書」,彰国社(2000)

4
設計におけるエンジニアリング

4.1 構造設計

4.1.1 構造設計とは

構造設計の目的は，いうまでもなく，安全で（耐震性など）快適な（居住性など）空間を与えられたコストと工期の範囲内で実現することにあり，そのプロセスは次のように分けられる[1,2]．

a. 構造計画

構造の形式（ラーメン構造，トラス，ブレース付き骨組，壁式構造，コア形式，チューブ構造など）を決定し，最も望ましい材料や構造の種類（S, SRC, RC など）および架構形式を選択する．

b. モデル化

構造の形式に従って梁・柱モデル，板モデル，シェルモデル等の適切な解析モデルを選択し，剛性や耐力を仮定する．また，弾性解析，弾塑性解析などの解析の種類によっても解析モデルは変わってくる．

c. 構造解析

いわゆる構造計算であり，規準などで定められた荷重に対する応答を求める．「構造設計」といえば構造計算という印象が強いが，本来は，計算は単なる手段であり，構造設計の中の単なる1ステップである．

d. 分析・検定

構造解析の結果から安全性，快適性，コストなどを判断する過程であり，この部分が最も重要である．結果が適切でないと判断されれば，モデル化あるいは構造計画に戻る．

e. 詳細設計

構造の概要が定まれば，2次構造物や接合部の詳細などを決定し，完成した設計図をもとに施工図を作成する．

f. 施工管理

施工時の安全性を検定するための施工解析や，施工中の種々の設計変更に対応する．

4.1.2 解析（analysis）から総合（synthesis）へ

構造設計において最も重要なのは，「構造計画」と「分析・検定」であり，「構造解析（計算）」ではない．1970年代に一貫構造計算プログラムが登場し，断面算定まで自動化されるようになった．しかし，その結果，構造設計者が不要になったのではなく，手間のかかる部分が自動化されただけであり，構造計画や新しい技術の提案などの，より本質的な作業に時間を使えるようになったと考えるべきである．一貫構造計算プログラムのアウトプットを単純に信じて利用するのではなく，解析プログラムを単に支援ツールと思って，創造的な方向へ利用することが構造設計者の役割である．以前にも増して構造設計者の努力が必要とされ，それが評価される時代になったと考えられる．

そもそも構造設計という行為は，目標とする性能をまず掲げてそれを実現するために架構形態や構造の種類，さらに部材寸法を定める行為である．構造設計は，構造解析とは逆の総合（シンセシス）といわれる行為であるにもかかわらず，図4.1.1に示すように，便宜上，望ましい解が得られるまで解析を何度も繰り返すことによって解を見つけている．このように，解析とは逆の形式の問題を逆問題といい，それを効率良く解く手法として，後述する最適設計法がある．

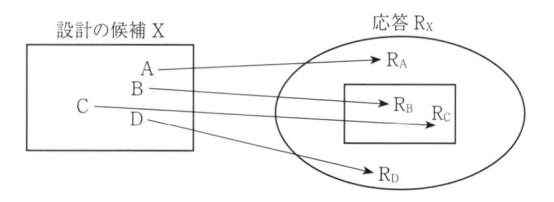

図 4.1.1 構造解析のプロセス
（BとCは目標性能を有する設計）

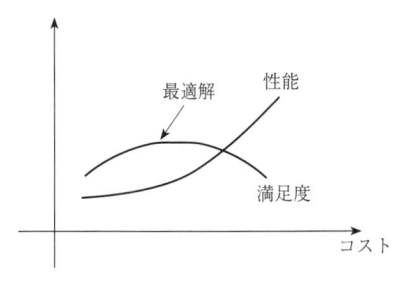

図 4.1.2 構造設計における性能・満足度と
コストの関係

4.1.3 コストと情報公開

構造設計において経済性の概念は重要である．図4.1.2に示すように，コストをかければ明らかに安全性や快適性に伴う性能は向上する．しかし，コストには限度があるので，与えられた範囲内で最良の決定をしなければならない．一般にコストと満足度はトレードオフ関係にあり，このような競合関係を考慮して，システム工学の手法を取り入れて設計することを最適設計という[3]．最適設計は，1つの意思決定ツールと考えることができる．

最近になって，「なぜそのような構造設計になったか」ということのアカウンタビリティが重要になっている．すなわち，過程の透明性，客観性，プロセスの開示，情報公開，説明責任などが重要になっている．そのような状況において最適設計を行うと，意思決定の過程と結果を明示でき，トレードオフ関係を数値的に示すこともできる．

4.1.4 優秀な構造設計者になるために

建築設計における構造設計の役割は極めて大きいにもかかわらず，構造設計者あるいは構造技術者は，しばしば構造屋，計算屋などと呼ばれることもある．構造技術者はエンジニアとデザイナーの中間的立場にあるが，構造設計はあくまで構造力学の上に成り立っているので，その基礎を軽視してはいけない．例えば，ビル形式の骨組では構造計画の選択肢は限定されるが，ドームなどの大空間を覆う構造物では，無理のない力の流れを実現するためには力学的な感覚と経験が必要である．したがって，優秀な構造設計者となるための主要な要件としては，創造性と力学的感覚があげられる．それらは，あくまでも豊富な知識と経験の上に成り立つものである．

構造設計とは，設計規・基準を満たすように断面を算定する行為だということもできる．しかし，上記のアカウンタビリティとも関連して，工学者の倫理も最近重要視されている．

① 想定している外乱だけに耐えられればいいか
② 地震波の特性を利用して都合のいい設計をしてはいないか
③ 想定している外乱より若干大きい外乱に対して脆性的に崩壊するようなことはないか

などの問いに常に的確に答えられるような設計を心がけていただきたい． ［大崎 純］

文　献

1) 木村俊彦：構造設計とは，鹿島出版会（1991）
2) 和泉正哲：建築構造力学 1, 2，培風館（1989）
3) 加藤直樹，大崎 純，谷 明勲：造形ライブラリー 3．建築システム論，共立出版（2002）

4.2 設 備 設 計

4.2.1 設備とは

建築における設備とは，建物内での目的に応じた活動が快適に効率的に安全に行えるようサポートするシステムであり，電気，上下水道，ガス，電話などのインフラを用いて，建物内のエネルギー，資源，情報などの供給循環処理を行うシステムということができる．人体にたとえると，建築の外皮骨格的性格に対して，設備は血管，神経などの機能性を担当するといえる．

設備を大きく分けると，電気設備，空調設備，衛生設備，昇降機設備，その他に分けられ，それらをさらに細分化した具体的な項目としては，図4.2.1に示すような多くの種類がある．

また，その内容は，住宅のような身近なものから事務所ビル，ホテル，病院，研究所，工場，データセンターなど，建物の用途により高度化，複雑化していく．設備の出来が，建物の機能，性能，グレードを左右するほどに，ますます重要な要素となってきている．例えば，停電や空調機故障などにより設備が機能停止すると，通常の活動ができずに困るだけでなく，情報通信設備が停止すると業務そのものが遂行できなくなったり，防災設備が機能しないと安全性が損なわれるなど，生活や業務に大きな影響を与えることとなる．

4.2.2 設備設計の課題

設備に求められる性能・機能は多様化し，単に快

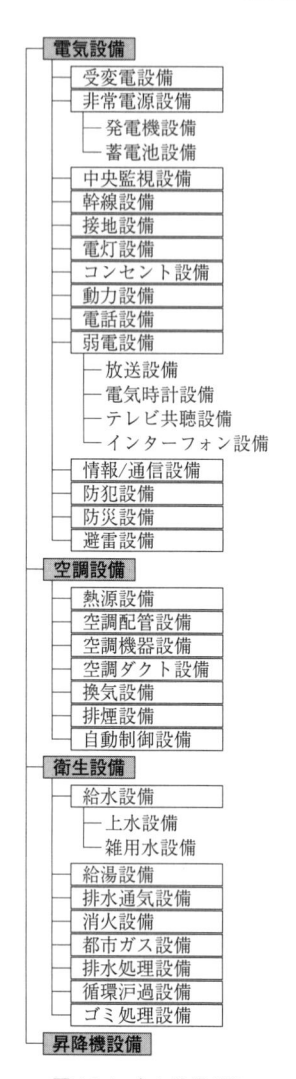

```
電気設備
    受変電設備
    非常電源設備
        ─ 発電機設備
        ─ 蓄電池設備
    中央監視設備
    幹線設備
    接地設備
    電灯設備
    コンセント設備
    動力設備
    電話設備
    弱電設備
        ─ 放送設備
        ─ 電気時計設備
        ─ テレビ共聴設備
        ─ インターフォン設備
    情報/通信設備
    防犯設備
    防災設備
    避雷設備
空調設備
    熱源設備
    空調配管設備
    空調機器設備
    空調ダクト設備
    換気設備
    排煙設備
    自動制御設備
衛生設備
    給水設備
        ─ 上水設備
        ─ 雑用水設備
    給湯設備
    排水通気設備
    消火設備
    都市ガス設備
    排水処理設備
    循環沪過設備
    ゴミ処理設備
昇降機設備
```

図 4.2.1　主な設備項目

適で利便性が高いだけでなく，経済的で運転管理性が良く，耐久性・長寿命性が求められ，また，安全性・信頼性が高く，さらには，省エネルギーで地球環境性も求められている．

快適で利便性の高い室内環境では，明視環境，温熱環境，空気清浄環境，音環境，サニタリー空間などにおいて，執務効率が向上する環境を作り出す必要がある．

経済的で運転管理性が良く，耐久性・長寿命性の観点からは，建物や設備を長く上手に賢く使うことが求められる時代になっており，竣工当初の出来栄えだけでなく，日常のメンテナンス，将来の更新・改修の容易性も設計上の重要なテーマといえる．建設費，光熱水費，維持管理費などの視点に加え，ラ

イフサイクルコストを踏まえた計画が求められる．

安全性の観点においては，火災などの災害時において，人命の確保はもとより重要な財産・資産が損失することのないようにする必要がある．信頼性の観点においては，通常時における設備性能・機能の確実な継続のみならず，大地震発生などの災害時における電力などのインフラが供給遮断された場合でも最低限の設備機能の維持を視野に入れておく必要がある．特に，病院や電算センター，美術館などはこのことが重要な課題である．

地球環境へ及ぼす負荷のうち，建築生産は全産業の35％を占めるといわれている．とりわけ，建物のライフサイクルの中で設備システムの占めるエネルギー消費量，CO_2 排出量の割合が大きいことから，省エネルギー・省資源，ライフサイクル CO_2 の削減に努めることが求められている．その中で，設備設計者としては，冷房温度設定を上げて我慢を強いるというような安易な省エネルギー・省資源でなく，風の利用による体感温度の低下を利用するといった，創意と工夫による快適性と省エネルギー・省資源との両立を図り実現することが求められている．

以上のように，設備には，その機能を発揮することにより快適性，利便性，安全性のほか，前述した性能が求められるが，建物用途，グレード，耐用年数，将来対応性などの考え方により要求性能・機能の重点の置き方が異なり，設備内容が大きく変わる．空調設備の例を図4.2.2に示す．建物の用途，立地条件，予算等の条件と，建築主の要求性能等を踏まえ，現在の条件や要求に加え，将来の変化にも対応できるよう計画することが肝要である．

4.2.3　設備設計の進め方

設備設計は，建築設計と同時に，基本計画→基本設計→実施設計と段階的に進められる．

基本計画では，設計コンセプトやテーマ，与条件を整理し，合意する．

基本設計においては，基本計画の構想に価値と効用を肉付けし，法的，技術的な裏付けおよび工事費，工期の確認を行い，完成時の姿を明確にして実施設計の設計条件を確立する．すなわち，現在および将来の要求と与条件に対する設備システムを十分に検討し，具体的に建築計画に反映し，機能・性能を満足すべく設備の種類，能力，容量を設定する．

さらに，建築計画における表4.2.1に示す項目について設備計画の検討を行い，建築計画に反映させ，

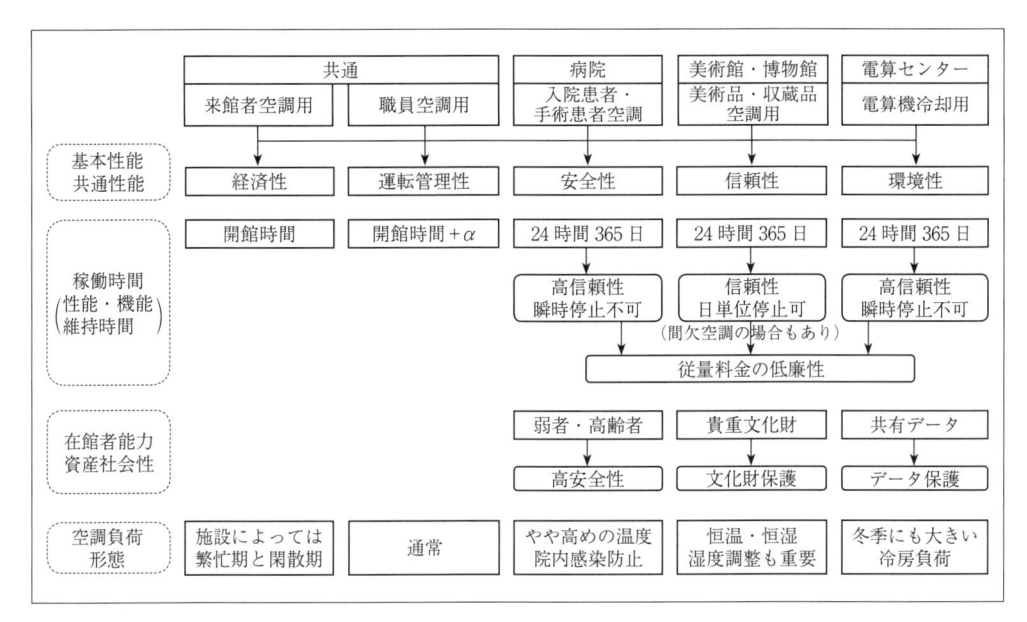

図 4.2.2 空調設備に求められる性能の一例

			共通		病院	美術館・博物館	電算センター
			来館者空調用	職員空調用	入院患者・手術患者空調	美術品・収蔵品空調用	電算機冷却用
基本性能 共通性能			経済性	運転管理性	安全性	信頼性	環境性
稼働時間 性能・機能 維持時間			開館時間	開館時間+α	24時間365日	24時間365日	24時間365日
					高信頼性 瞬時停止不可	信頼性 日単位停止可 (間欠空調の場合もあり)	高信頼性 瞬時停止不可
					従量料金の低廉性		
在館者能力 資産社会性					弱者・高齢者	貴重文化財	共有データ
					高安全性	文化財保護	データ保護
空調負荷 形態			施設によっては 繁忙期と閑散期	通常	やや高めの温度 院内感染防止	恒温・恒湿 湿度調整も重要	冬季にも大きい 冷房負荷

表 4.2.1 基本設計時における建築計画と設備計画

①	配置計画	・立地条件における問題点（鉄道，高速道路，高圧送電線の影響，塩害対策など） ・敷地における配置計画（ボリューム，機能構成，アプローチに基づくスタディ） ・駐車場計画（建物との関連） ・敷地内に配置計画の提案 ・アプローチ動線計画（人，車，サービス動線）
②	平面計画	・建物機能基本関係図による検討 ・ゾーニング計画（建物機能，用途に基づくゾーニング計画） ・ゾーニング計画に基づく設備のゾーニング ・動線計画（縦動線，横動線の計画） ・スペース計画（用途ごとのスペース検討，シャフト，供給ルート，供給方式の検討） ・各スペースにおける詳細検討（床，天井の納まり，シャフト，水回りの納まり）
③	断面計画	・断面計画に基づく階高，天井ふところ，OA床高さの検討 ・平面計画と整合性のとれた供給ルートを考慮した断面計画 ・特に排煙ダクト，給排気ダクト，天井隠蔽パッケージなどの納まり計画 ・天井裏梁下のクリアランス検討，梁貫通等の検討
④	外構計画	・雨水排水計画，植栽計画検討（雨水排水，散水等の検討）
⑤	内外装計画	・内装計画，外装計画検討（断熱，吸音，防塵などの検討）
⑥	高齢者・身障者対策	・関連法規をチェック，対応検討 ・自動ドア，誘導サイン，身障者便所，身障者エレベーターなどの対応検討
⑦	工事工程表	・機器類の製作期間，受電，引込み時期，総合試運転期間などの確認

設備，配管，配線などの配置とルートを検討し，建築計画との整合を図る．

基本計画や基本設計段階での合意確認事項を遺漏なく実施設計に反映するには，基本設計図書の充実が重要である．基本設計図書を確立することによって，実施設計段階の設計条件を明確にすることができる．通常のプロジェクトにおける基本設計図書の内容の例を表4.2.2に示す．この表に見るように，建物の用途が高度で，立地条件が厳しく，建築主の要求性能が高ければ高いほど，経済性・運転管理性，安全性，信頼性，省エネルギー性などの計画が重要であり，設備設計の比重が重くなる．場合によっては建築設計よりも重要な設計行為になることも少なくない．

表 4.2.2 基本設計図書の内容の例

本編	1	基本コンセプト（建築・設備全般）	建築主より提示されたもの，設計者として提案しているもの
	2	設備設計の主題（テーマ）	建築主より提示された設計与条件に基づくもの，設備設計者として計画しているもの
	3	設備計画（設備項目別）	主題（テーマ）に基づく設備設計の全体計画ならびに各設備計画の概要図
	4	各種システムの検討	熱源システム，空調システム，電源システムなどの経済性を含めた総合的な比較検討
	5	省エネルギー計画	建物用途に応じ PAL/CEC の目標値の設定と省エネルギー計画の立案，シミュレーションによる効果の確認
	6	信頼性計画	バックアップの考え方，インフラ途絶時の対応など
	7	防災設備（安全性）計画	防火区画，防煙区画，火災予防，火災感知，通報および避難計画，排煙設備，消防設備，管理運営計画など
	8	防犯設備計画	セキュリティレベル設定，ゾーニング，防犯管理形態，入退室管理方法など
	9	屋外環境計画	屋外騒音対策，臭気対策，水質汚濁防止策，大気汚染防止策，レジオネラ菌対策など
	10	将来対応計画（負荷増，リニューアル）	将来の負荷増への対応方法（スペース，容量など），幹線・主配管の更新方法，主要機器の搬入ルートなど
	11	計量計画（電気，水，ガス）	所有区分，管理区分，使用区分等に応じた建物全体のエネルギー計量区分，計量方法，課金方法
	12	設備概要（設備項目別）	主要な設備の概要（方式，概略容量，台数など）
	13	主要機器表，配置図，供給ルート図	インフラ引込ルート図，主要機器表，機器配置図，建物内主要供給ルート図（平面計画，断面計画）
	14	設計条件書	
	15	関連法規チェックリスト	
	16	工事区分	
	17	基本設計概算	（別冊とすることもある）
資料編	1	ヒアリングシート	
	2	主な諸室の諸元	
	3	技術検討書	
	4	実施設計への引継事項一覧表	
	5	打ち合わせ記録	

　実施設計においては，基本設計の内容に肉付けし，各種詳細計算や建築との詳細な整合（納まり検討）を行い，施工ならびに工事費積算が可能な実施設計図書を作成する．

　その後，建築主と施工請負会社との間で交わされる工事契約への協力も設計者の役割に含まれる．工事着手後は，施工段階での詳細決定，工事完了後の機能や性能を確認し，建築主に引き渡すことになる．

[栗山知広・杉山　隆]

4.3　生産設計・ビルダビリティ・コンストラクタビリティ

　建築の生産設計，ビルダビリティ，コンストラクタビリティの概念および活動内容については第Ⅲ部，第3章1節に詳しい．本節は特に設計段階における，より具体的な検討内容について示す．建築プロジェクトでは設計行為自体が経験的・模索的であり，プロジェクトごとに新たな施工技術の開発がなされることも多いため，図4.3.1に示すように，生産設計，ビルダビリティ，コンストラクタビリティのような組織的，体系的な取組みの重要性はますま

4.3 生産設計・ビルダビリティ・コンストラクタビリティ

```
┌─ 生産設計関連：品質面から見て望ましい構法[2] ─┐
│  1. 作業姿勢や足場が安定している
│  2. 作業順序や作業内容が容易に想定できる
│  3. 部品点数および種類数がなるべく少ない
│  4. 接合部の作業方法や金物種類が少ない
│  5. 新構法は性能確認実験や施工演習を行う
│  6. その結果に基づいた施工要領，作業標準，検査標準を持つ
│  7. 施工者の品質的能力に適合している
│  8. 天候や季節に影響されにくい
│  9. 養生が容易で，養生期間が短くすむ
│ 10. 取扱い中に破損・汚染しにくい
│ 11. 後続工程の作業で痛められない構法－工程関係である
│ 12. 工程・職種の同一場所での錯綜が少ない
│ 13. 品質管理や検査が容易である
│ 14. 事後の性能確認が可能である
│ 15. 品質責任の区分が明解である
│ 16. 補修取替えが可能である
└─────────────────────────────┘

┌─ ビルダビリティを実践する上で重要な16項目[3] ─┐
│  1. 十分な調査
│  2. 設計段階での，現場へのアクセスの検討
│  3. 設計段階での，資材置場の検討
│  4. 地下工事の工期を最小化する設計
│  5. 上部躯体・止水工事の早期完了可能な設計
│  6. 適切な材料の使用
│  7. 採用可能な技能を考慮した設計
│  8. 単純な組立を考慮した設計
│  9. 繰返し/標準化を極力高めた計画
│ 10. 仮設設備の最大利用
│ 11. 妥当な誤差の容認
│ 12. 作業の現実的な順序関係の考慮
│ 13. 手戻り作業を避ける
│ 14. 後続作業による損傷を避ける計画
│ 15. 安全施工を考えた計画
│ 16. 確実なコミュニケーション
└─────────────────────────────┘

┌─ コンストラクタビリティ計画における検討項目[4] ─┐
│  1. プロジェクトマネジメント
│  2. プロジェクト調達方式
│  3. 契約戦略
│  4. リスクマネジメント
│  5. 作業のパッケージ化
│  6. 労務計画
│  7. 現場へのアクセス
│  8. 現場レイアウト
│  9. 設備の設置や交換のためのアクセス
│ 10. 施工の連続性
│ 11. 搬出入計画
│ 12. 設備および資材の調達とリードタイムの考慮
│ 13. プレファブリケーション
│ 14. プレアッセンブリ
│ 15. モジュール化
│ 16. 施工管理のための組織計画
│ 17. 品質管理
│ 18. 資材管理
│ 19. 現場施設
│ 20. 安全管理
│ 21. 作業性
│ 22. 保守性
└─────────────────────────────┘
```

図 4.3.1 設計段階における生産設計，ビルダビリティ，コンストラクタビリティの重点内容

す高まっているといえる．

4.3.1 生産設計

古阪は，生産設計の5つの基本項目と各々の活動内容を示している．また，具体的なツールとして各種の構工法選択システムや工期・コスト概算システム，品質リレーションチャートの活用，躯体断面の標準化や習熟効果をねらいとした単純化等の標準化設計評価をあげている[1]．生産設計支援ツールの開発は継続的課題である．

一方，江口は，構法計画を主として生産設計に対応する計画と位置づけ，「工法としての生産方法，施工方法，作業法などを考慮しつつ，構法の種類とその細部処理を詳細図と仕様書の中に固めていくこと」を設計者側の生産設計，「施工段階での製作図・施工図・原寸図の作成，および仮設計画や工程計画」を施工段階の生産設計と呼び，基本設計段階や構法計画段階における生産設計的要素が与条件になって，それに規定された枠内で施工段階の生産設計が行われるのが実態である，と説明している[2]．構法の要求条件の中に性能的要求条件と生産的要求条件が同列に，連続的に含まれるとし，特に品質面からみて望ましい構法の特徴を16項目あげている．その内容は以下のとおり整理できる．

① ミクロな次元の生産的フィージビリティ（施工可能であり，現実性を持ったものであること）の確認：構法の実現過程が明確に規定され，足場や作業姿勢・向きなどを含めて安定した作業を実現できるようなものであること．

② 構法やディテールに関して標準化，少なくとも1プロジェクト内での標準化が図られていること．

③ 新構法では性能実験や施工演習を行い，作業標準や検査標準を設定すること．

④ 品質責任の区分が明確であること．

⑤ 作業や管理，検査，修繕更新が容易であること．

4.3.2 ビルダビリティ

Stewart Adamsは，ビルダビリティを高めるために設計段階で検討すべき16項目をあげている[3]．

① 十分な調査：プロジェクトの進行に影響を与えそうな現場条件や近隣状況を事前に把握し，施工中の遅延や変更を避ける．

② 設計段階での現場へのアクセスの検討：特に

混雑した市街地でのプロジェクトにおいては重要検討項目である.

③ 設計段階での資材置場の検討：部位・部材分割や作業分割と関連し，施工の連続性に影響する.

④ 地下工事の工期を最小化する設計：地下の状況は不確定要素が多い上，プロジェクトへの影響も大きい.

⑤ 上部躯体・止水工事の早期完了可能な設計：建物躯体および屋根の早期完了は効率的な施工工程を可能にする．また，止水工事の早期完了は天候の影響を軽減することができる．

⑥ 適切な材料の使用：現場での保管方法や施工方法，耐久力，破損，修繕方法と同時に，後工程の作業や保護を考慮して検討する．

⑦ 採用可能な技能を考慮した設計：各プロジェクトにおける採用可能な職人の技能レベルや施工管理能力を考慮して設計する．

⑧ 単純な組立を考慮した設計：組立の単純化は生産性の向上，品質確保に有効である．

⑨ 繰返し/標準化を極力高めた計画：施工の繰返し/標準化は，習熟効果による生産性の向上と品質確保に有効である．

⑩ 仮設設備の最大利用：施工機械や設備の能力を最大限活用するために，資機材の移動経路や作業土台などを十分に整備する．

⑪ 妥当な誤差の容認：各構法や部材，製品の生産過程で生じる誤差を事前に考慮することにより，効率的な生産と適正品質を両立できる．

⑫ 作業の現実的な順序関係の考慮：最も効果的な作業順序および施工の連続性は職種間の調整を促し，工程の遅延可能性を低減させる．

⑬ 手戻り作業を避ける：1つの作業場ですべての工程を完成できるような作業の連続性を考慮する．

⑭ 後続作業による損傷を避ける計画：後続作業による損傷の可能性を事前に検討し，その発生をシステマチックに回避する．

⑮ 安全施工を考えた計画：施工中の人・もの・機械の錯綜を減らし，安全を高める．

⑯ 確実なコミュニケーション：分業化の進んだプロジェクトをまとめるにはコミュニケーションが重要である．また，設計意図を明確に施工者に伝えることも重要である．

4.3.3 コンストラクタビリティ

ASCE（American Society of Civil Engineers）は，コンストラクタビリティ計画として，図4.3.1に示す22の検討項目を示している[4]．これらの項目はプロジェクト全体を対象としているが，設計段階から考慮することにより，より大きな効果を得ることができる．

「プロジェクトマネジメント」は，1つのプロジェクトチームとして多様な専門家たちをまとめることである．「プロジェクト調達方式」と「契約戦略」，「作業のパッケージ化」は互いに関連しており，プロジェクト固有の目的と条件を考慮することが重要である．「リスクマネジメント」は，ある施設を建築する場合にそれに関連する損失の可能性を管理することであり，不確実性の高いプロジェクト型の生産方式である建築生産ではより重要である．「労務計画」は経済的，地域的条件を考慮して十分な技能を有する職人を確保することである．

「現場へのアクセス」と「設備の設置や交換のためのアクセス」，「保守性」は搬出入資機材の大きさや保守の容易さを決定するものであり，搬出入および揚重計画とも関連する．「現場レイアウト」と「作業性」は各種作業の目的と機能を調整し，適切な作業場所・作業空間を用意することであり，施工の連続性や安全計画と関連する．「施工の連続性」は生産効率を高める上で重要である．「搬出入および揚重計画」は，特に重量物や長大な資機材を採用する際に十分な事前検討を行うことである．「設備および資材の調達とリードタイムの考慮」は適切な資機材購入の時期を把握することである．「プレファブリケーション」と「プレアッセンブリ」，「モジュール化」は必要な資機材を所定の位置に効率的に設置するための有効な技術である．

「施工管理のための組織計画」は，他部署や社外からの調達も含めて適切な技術者を組織することである．「品質管理」と「安全管理」は施工管理の中でも最も重要な項目であり，設計段階においてその計画や実施要領を十分検討することである．「資材管理」は「施工の連続性」や「搬出入および揚重計画」と関連する．「現場施設」は建築生産に必要な仮設の事務所や各種設備とそれらのセキュリティの重要性を意味している． ［木本健二］

文　献

1) 古阪秀三，遠藤和義：生産設計の現状と課題．第4回

建築生産と管理技術パネルディスカッション報文集「生産設計をめぐる諸問題」, pp.54-64, (社) 日本建築学会 (1993)
2) 江口 禎:構法計画における生産面の検討. 構法計画ハンドブック, pp.316-354, 朝倉書店 (1980)
3) S. Adams: Practical Buildability, pp.1-15, Butterworth (1989)
4) The Construction Management Committee of the ASCE Construction Division: Constructability and Constructability Program: White Paper. *Journal of Construction Engineering and Management*, pp.67-89, American Society of Civil Engineers (1991)

4.4 コンカレントエンジニアリング

4.4.1 協調型設計

協調型設計には, ① 設計チームと施工チームの協調, ② 建築設計・構造設計・設備設計の協調, ③ 複数の建築設計者の協調の3段階が考えられる. 狭義には ③ を指すことが多く, 遠隔地で活動する複数の建築設計者が通信ネットワークを介して設計作業を推進する事例が報告されている. この場合, 建築生産プロセスの1つのタスク (業務) を協同で実施していることになるが, それに対し, もともとは別々のタスクを同時に実施するのが ①, ② といえる. ①, ② では, 関係する組織のあり方や業務の進め方をも新しく設定する必要があり, 製造業でいうコンカレントエンジニアリングの概念に近い.

建築生産では, 単品受注生産であることと上記のタスクを実施する個人や企業が組織的に分断されていることにより, 製造業ほど明快なコンカレントエンジニアリングが成立するわけではないが, プロジェクトによっては ①, ② による成功事例も報告されている.

4.4.2 設計チームと施工チームの協調

建築生産では, 理論的なコンカレントエンジニアリングをそのまま適用することは難しい. 特に公共工事では, 主に入札にかかわる制度上の制約から, 設計チームと施工チームの協調はもとより, 設計と施工の一部を同時並行的に実施することも認められていない. 民間工事でも, 設計施工一貫方式と設計施工分離方式によって, 同時並行的に業務を実施できる範囲, 期間は大きく異なる. 設計施工一貫方式であっても, 施工チームの担当者が具体的に決定されないと, 業務を協調的に実施することはできない. こうした背景もあって, 優れた要素技術が施工チームで開発されているにもかかわらず, それらを設計チームが有効に活用できていないことが多かった. ただ, 近年では建築主もこうしたデメリットを低減するために設計・施工一体のチームによるプロポーザル方式を導入するなどの配慮をするケースも増えている.

設計チームと施工チームの直接的協調に代わる手段として, 生産設計が各方面で検討されるようになっている. すなわち, 情報システムを活用しながら, 過去のプロジェクトの経験から得られたコスト情報, スケジューリング情報などの生産情報を企画・設計段階で的確に設計図書に織り込み, 各領域の担当主体の情報共有を円滑に行うように, 設計チームのあり方が変わりつつある.

また, 従来の建築生産プロセスでは, 基本計画, 基本設計, 実施設計, 施工計画などが直列的・逐次的に実施されると考えられていたところを, 施工計画の一部や資機材発注等のタスクを前倒しで行い, リードタイムを有効に活用する工夫もみられる. もともとは別々のタスクとして扱われていても, 関連性の深いタスクは同時並行的に実施する方がはるかに合理的である. このことは経験的にはよく理解されているものの, どのタスクとどのタスクを組み合わせて同時並行的に実施すれば合理性が向上し, リードタイムの有効活用やコスト低減につながるか, という最適化プログラム (コンカレントエンジニアリングにいうプロセスモデル) までは, まだ示されていない. 実態としては, 設計段階で処理されるべきタスクのいくつかが施工段階に持ち越され, 施工段階で複数のタスクが同時並行的に処理されていることが多い. このような実態は, 同じ「同時並行」といってもリードタイムやコストへの負荷が大きく, 本来は避けるべき性質のものである.

設計チームと施工チームの直接的な協同が難しい場合であっても, 近年では施工管理の実務経験者を設計チームに加え, 施工性やコストを考慮した設計図書の再検討, VE (Value Engineering) などを推進するケースも増えている.

4.4.3 建築設計・構造設計・設備設計の協調

設計チームは, 建築 (意匠・計画) 設計, 構造設計, 設備設計の専門技術者で構成される. ところが, 建築生産ではこれらを担当する個人や企業が同一組織に所属しているとは限らず, 協力事務所, 外部コンサルタント等の形で組織的に分断されていることも

ある．それだけに，設計チーム内部の協調は，設計図書の完成度を高め，より精緻な検討を設計段階で終えておくために重要である．図面の食い違いや表記ミスが防止されるだけでなく，設計の統括が容易になれば，構造計画への負担が大きすぎる空間構成の再検討，設備計画への空間上の配慮などの判断ができるようになる．一方，設計構造技術の裏付けのある大胆な意匠や，設備配管スペースを考慮した構造計画の実現など，前向きな効用も大きい．

現在は，設計競技への対応などの大型案件において，建築・構造・設備・積算・監理などの各部門あるいは外部組織から技術者を招集してタスクフォース型の設計チームが結成されている．組織形態の作り方は各社各様であるが，いずれも設計者や技術者という「人間」を媒介とした情報伝達，協調が中心となっている．

情報システムの活用については，主に組織形態の複雑さから十分な状態とはいえない．設計期間や設計報酬に余裕がないことも情報システム活用の遅れの原因とされる．とはいえ，CADやデータベースの拡充によって，設計チームの協調を支援するツールは整備されつつある．建築設計図面は2次元の線分の集合体である．ここに3次元CADを導入することによって，建築物を部品の集合体としてのオブジェクトモデルに表現する．柱，壁，梁などの部材の一本一本が独立した「部品」であり，その部品の属性情報として寸法，材料，仕様などが記録される．2次元CADではどうしても一元化されなかった高さ関係の情報が，3次元CADでは平面図に関連づけられている．

これらの設計情報は統合データベースに格納され，設計チームで共有される．ここで，建築設計者は統合データベースから建築図面だけを取り出して読み，構造設計者は構造図面だけを取り出して読むことになる．また，全体の重ね図も検討することが可能である．これにより，部材の取合い，納まりの確認が容易になり，早期に設計を修正することができる．また，図面の食い違いや表記ミスなど単純ミスの防止に貢献している．さらに，公共工事を中心に進められている電子入札・電子納品が進展すれば，統合データベースの情報が施工チームにも活用される．統合データベースからの数量情報の自動拾い出し，部材の施工順序のシミュレーションなどの利用方法も考えられている．

このような構想は，ここ10年来研究されてきたが，ようやく試行段階となってきた．コンカレントエンジニアリングに対応した情報基盤の整備は，今後の課題である．

4.4.4 複数の建築設計者の協調

遠隔地の建築設計者による協調作業は，インターネットなどの通信手段を介して実施されている．この作業は「バーチャルデザインスタジオ」等の名称で知られており，仮装のアトリエを共有する感覚で進められる．遠隔地の設計者たちが同じCAD図面をそれぞれのディスプレイ上で見ながら，ディスプレイの一部にテレビ会議と同様に相手の姿を表示し，打合せしつつ作図を進める例が多い．当初は通信速度が遅いため，打合せに手間取ることもあり，CADデータを相互に配信したり，電子メールやFAXによる打合せで補完していた．この場合は，同時進行の協調作業ではなく，非同期型の交互の作業となる．欧米の設計チームとの協調では，時差の関係からこの方法が適しているともいえる．

現在は，通信速度の向上とインターネット上の各種グループウェアの普及により，同時並行的な作業への障壁が少なくなっている．

4.4.5 協調型設計の課題

ここでは3段階の協調型設計を取り上げたが，協調型設計にはいくつかの課題がある．

a. 情報システムの共通語の整備

建築生産で扱われる図面や文書の形式を共通化し，使用するコンピュータやソフトウェアに影響されない互換性の確保が重要である．XML（Extensible Markup Language）規格を共通語として，図面と文書のデータを変換する案が検討されている．

b. 設計図書の変更管理

統合データベースに格納された設計情報を複数の設計者が変更する場合，バージョン管理が重要である．また，変更できる範囲をどのように限定するかも検討の余地がある．

c. 設計図書の承認方法

電子情報には，押印に代わる手段が必要である．技術的には可能であるが，「なりすまし」や改ざんを防ぎ，作成者本人であることの確認を要する．

d. 設計図書への責任体制

協調型設計の場合は，特に設計図書への責任体制があいまいにならないようプロジェクトマネジャーを明確化する配慮が必要である．　　　［金多　隆］

4.5 デザインレビュー

4.5.1 デザインレビューの意義

設計者は，建築主からの与条件をかみくだき，建築主と打合せを重ね，細かいところまでの設計条件を引き出し，目的とする空間を作り上げていく．そのためには建築主の意図を十分に把握し，文書にしてできるだけ整合的な内容にまとめ，建築主の確認を各段階で得ることが必要となる．最近は必ずしも与条件が明確でなく，用途や規模なども流動的な状態から設計の委託が発生する場合がある．一方，検討すべき内容，手続きなどに遺漏や思い込みがないかどうか客観的に確認することも重要である．

特に，実施設計図書は工事見積り，工事契約，施工などの根拠となるものであり，途中変更のない正確な図書でなければならない．製図上の誤り，食い違いなど完全に防ぐことは難しいが，誤りは建築工事に支障や混乱を招き，様々な形で社会的責任を負う結果になりかねない．設計案を客観的に点検し，誤りを予防する手段としてデザインレビューが機能している．

4.5.2 デザインレビューの定義

デザインレビューは「設計審査」ともいわれ，JIS Z 8115 によれば"アイテムの設計段階で，性能・機能・信頼性などを価格，納期などを考慮しながら設計について審査し改善を図ること．審査には設計・製造・検査・運用など各部門の専門家が参加する"と定義されている．

Pugh は，製品設計の仕様がおよそ決まった後でデザインレビューを行うことの重要性を指摘し，6段階でのデザインレビューを提案している[1]．すなわち，市場調査，企画，詳細設計，試作，開発，製造の各段階である．同時に，設計仕様は現実的か，達成可能か，目標コストは妥当か，市場調査は十分か，という評価尺度も示されている．

また田村は，デザインレビューを"設計要求事項および設計がそれらの要求事項を満たしていること，ならびに問題を明らかにし，解決策を提案するために，設計内容に対して行われる公式の，文書による，総合的および体系的な調査"と定義している[2]．

4.5.3 建築生産とデザインレビュー

デザインレビューに相当する行為の重要性は早くから認識されており，一部のゼネコンでは TQC の一部として実践されていたが，概念として広く普及するには時間を要したようである．1980 年代になって欠陥マンションが社会問題化したとき，日本建築士会連合会は，いかにすれば設計どおりの品質が作り込まれるかを検討した．建築業協会でも設計者，ゼネコン，サブコンのそれぞれが行うべき品質管理はどのようなものかが検討され，建築工事における品質情報伝達の仕組みとツールが提案されている．こうして，完成品を検査する考え方から，建築物を作り込んでいく過程をチェックする体制への変化がみられるようになり，設計過程でのデザインレビューが整備されるようになった．

建築生産におけるデザインレビューは，生産設計の実現手段というよりは設計者自らによる品質管理・品質保証の面に重点が置かれている．例えば，日建設計では，設計の要求事項を品質保証・価値保証という観点から満足するためにプロジェクト進行の各段階においてプロジェクトチームの業務遂行条項を点検する仕組みを「デザインレビューシステム」と定義し，1993 年に整備している．同社では，それ以前から設計担当チーム以外の者の助言を求めるために「設計会議」と「技術検図」を行っており，プロジェクトに応じて知識・経験の豊富な者を出席させ，設計内容について議論を交わす機会を設けるとともに，実施設計が完了し設計図書がまとまる最終段階に，第三者が設計図書を子細に点検していた．デザインレビューは，以下の 6 つの活動として行われている．

a. 設計着手時に行う方針会議

建築主の意向・敷地をはじめとする各種の条件，プロジェクト特性のおさえ方などについて知恵を集め，広い視野から考える．デザインコンセプトについて共に考える．

b. 基本設計の中間に行う設計会議

設計の 3 要素（デザイン・技量・論理）について方向づけを行う．プロジェクト運営の 3 要素（人・時間・コスト）について確認し，助言する．前段階で設定した方針に沿って，設計内容やプロジェクト運営が望ましい方向に進んでいることを確認する．

c. 基本設計をまとめる時期に行う設計会議

前段階における指摘事項が適切に処理され，設計内容やプロジェクト運営が望ましい方向に進んでい

ることを確認し，さらに改善・発展させる．

d. 実施設計図書ができたときに行う設計検図

前段階までに指摘された事項が設計図書に反映され，提案した価値が実施設計レベルにおいて具体的に表現されていることを確認する．瑕疵ある設計，工事の不具合につながりやすい設計でないことを確認する．設計図書が，設計の意図を施工者に伝えるに十分な密度と正確さを保っていることを確認する．

e. 工事が始まり施工図が出始めるときに行う監理検図

施工図のうち重要なものについて，設計意図を反映しているか，建築物としての基本的性能を満たしているか，保全・管理に際して不都合はないか，などの観点から点検する．設計変更が行われている場合は，その内容が妥当であること，処理手続きが適正であることを確認する．

f. 完成引渡し後に行う対応

完成引渡し時点で，建物の管理・運営にかかわる助言，機器取扱い説明などを行う．事故対応の場面では，情報を入手した時点で，監理部が核となって即時行動する．解決後に原因を明らかにして各段階のデザインレビューに反映する．1年目の建物経年調査では，工事の瑕疵に関する調査と判定とともに，設計の妥当性や同社が提供した価値についての確認を行う．問題点がある場合はその原因を明らかにして各段階のデザインレビューに反映させる．1年目以降の訪問などでは，不具合，設計の問題点などについての情報を確実にキャッチし，各段階のデザインレビューにフィードバックする．

4.5.4 設計図書の品質確保

設計期間や予算の制約から，設計図書の完成度が低下しているという指摘もある．精度の低い設計図書でも運用上はそのまま見積りや施工がなされてしまう生産体制が実態として存在し，それを前提に設計と施工の役割分担が形成されてきたともいえる．しかし，設計図書の質の確保は設計者の使命であり，デザインレビューを通じた自助努力が求められるところである．日本建築士会連合会と東京建築士会では，建築図面を作成していく過程で，わずかな気配りと注意でミスを防止できるとして，初歩的な誤りを防ぐよう具体的な啓発を行っている．全体を通してよくある間違いは，寸法の誤記入，表現方法の食い違い，仕上材料名の誤りなどであるが，原因は心構えひとつで解消されることが多い．それには十分に神経を使って慎重に図面をまとめなければならない．日頃から注意し，心がける習慣とすべき点として，同会は以下のような指摘をしている．

① 企画から基本設計・実施設計へと図面製図工程を計画的に進める．
② 正統で正確な表現法の習慣を身につけるよう心がける．
③ 日頃から表現法の工夫・研究を積み，必要最小限の図面を描く．
④ チェックする必要を感じた項目はメモ，またはチェックリストに記録しておく．
⑤ 図面完成と修正，訂正，チェックなどの日時をそのつど記入欄に記入しておく．
⑥ 訂正事項に関連する事項をよく考慮し，探し出して同時に訂正しておく．
⑦ 重複記載はなるべく避け，必要最小限の要素を記入する．
⑧ まぎらわしい表現，中途半端な製図をしない．
⑨ 図面のチェックは複数で行う．
⑩ 図面の扱い，保管はていねいに行う．

4.5.5 これからのデザインレビュー

ユニバーサルデザイン，建築設備の高度化，維持保全への対応など，設計段階での検討事項は複雑になっている．例えば，米国フロリダ州立大学の研究チームでは，身体障害者への設計上の配慮を再検討するために120件のプロジェクト，4,000棟の建築物，100,000室の調査結果の分析から360ページを超えるデザインレビューのガイドラインを策定している．外部の知識・経験を柔軟に取り込む仕組みとして，デザインレビューの重要性はますます高まることであろう． ［金多　隆］

文　献

1) Stuart Pugh：Total Design, Addison Wesley (1990)
2) 田村　恭：建築生産におけるデザインレビュー，日本建築学会建築生産と管理技術セミナー資料 (1992)
3) 日建設計：設計の技術−日建設計の100年 (2001)
4) 日本建築士会連合会/東京建築士会：建築設計実務のチェックシート，彰国社 (1993)
5) The Accessible Space Team：Accessible Design Review Guide, McGraw-Hill (1996)

4.6 コストエンジニアリング

4.6.1 コストの概念

コストエンジニアリングは，設計過程の一点一点で積算の業務を行い，その結果，数値を時系列的につなげて金額操作を行って，それに技術的な他要因を加えて調整などを行う技術をいう．しかし近年，「設計コストはコストエンジニアリングまででよいのか」という疑問が生じて，その技術に「人の価値を付加する」コストマネジメントという概念が話題になっている．

コストを4つに分類する．1次元の「点のコスト」は数量（quantity）と単価（quality）を掛け合わせて集積する技術，すなわち積算（cost estimate）をいう．2次元の「線のコスト」は点のコストを時系列に並べて操作する技術，すなわち金額操作（cost control）をいう．3次元の「面のコスト」は線のコストに発注者の予算など他次元の要素を加味して調整する技術，すなわち金額調整（cost engineering）をいう．そして4次元の「立体のコスト」は，面のコストに人の価値が介在した場合のマネジャーの資質と能力，すなわちコスト面の事業経営管理業務（cost management）をいう．

以下，それぞれについて述べる．

4.6.2 コスト分類別概要

a. 点のコスト

1次元の「点のコスト」は，量と質の集積である．積算の技術は，図面からあらゆる労務・資材の数量を拾い出し，単価を掛け合わせた上で総工事費を算出する技術だから，スーパーのレシートと同じである．そしてこの技術には，設計前に行うA概算，基本設計中に行うB概算，実施設計中に行うC概算，実施設計完了時に行う精算の4つがあり，すべての技術は「量と質の集積」によって行われる．

なお，数値の算出手法については，量は"過去のデータ"と"数量拾い出し"の2つの手法があり，質は"過去のデータ"と"調査"と"発注者単価"と"刊行物単価"の4つの手法があり，すべてがこの6手法の組合せで行われる．

b. 線のコスト

2次元の「線のコスト」は，点のコストの連続を操作する技術である．コスト操作には"コスト経過の累積技術"と"一定価格の保持技術"の2つが存在して，現在コスト業界では"累積技術"はITによる時系列的な累積など，"保持技術"はVE（Value Engineering）やLCC（Life Cycle Cost）やCD（Initial Cost Down）の技術などが駆使されている．そもそもコストの連続性には，コストを一定基準に操作する必然性は何もない．動きを監視する技術も「線のコスト」の範疇に入る．しかし，この"累積技術"には，すべてのコストの動きについて理由を明確にする義務が共存することから，これに"積算経過の比較"や"変更項目ごとの積算手法"などの明確化にかかわる積算技術が平行する．

c. 面のコスト

3次元の「面のコスト」は，線のコストに他次元の要素を加味させる技術である．この技術には発注者の予算や，財務評価から出た施設予算および，事業収支から出た工事費予算などの"予算"と，設計者の設計志向や，事業運営にかかわる不測の出来事および過去の相場金額，社会経済の価格変動，地域の特性などの"外的要因"に区分できる．すなわちコストとは，「点のコスト」や「線のコスト」のように積み上げたコストばかりではなく，他方面からの要素が複雑に絡み合って金額が上下する．しかし，この2つの要素には，決して4次元の人間の価値観を介在させてはならない．コストエンジニアリングでは，あくまでも"予算"を最高補償限度額（Guaranteed Maximum Price）扱いしないし，"外的要因"を予備費（Contingency）扱いしないで，すべての要素が最適に組み込まれたと思われる形で時系列的にコスト操作するのが，コストエンジニアリングの技術である．

d. 立体のコスト

4次元の「立体のコスト」は，100円のチョコレートを90円で販売しても売れないお店が，バレンタインに150円でも飛ぶように売れたというように，企業側がコストエンジニアリングによって算出した100円という商品販売価格に対して，「人の価値」を与えた場合の「価値価格」をいう．すなわち，コストエンジニアが算出した3次元までのコストに対して，マネジャーがその価格に「人の価値」を与える手法としてのコストである．

米国では，設計の時点でCertified Value Specialist（CVS）やCost Estimatorが「点から面のコスト」までを行って，4次元の「立体コスト」は発注者の側でPMrやCMrがマネジメントを行っている．英国では，Quantity Surveyorが発注者の側で「点

から立体のコスト」までを扱っている．これは「4次元のコスト」が発注者の側で行われていることを意味するが，日本では受注者の側の設計者がこれを行っている．　　　　　　　　　　　　[小菅　哲]

4.7 スケジューリング

4.7.1 設計チームとコラボレーション

　一般に建築生産は一品生産であり，プロジェクト型の生産組織となる．今日では，建築構造や設備システムなどの建築関連技術は非常に高度化しており，構造設計および設備設計に関するエンジニアリング業務は職能として確立しているといってよい．また，特殊な建築部材や建築システムを採用する際にはその専門家の協力が必要な場合もある．音響設計や防火設計，カーテンウォール設計や膜構造技術などの専門家はこれらに含まれよう．すなわち，建築プロジェクトはプロジェクトごとに様々な専門家が臨時的に組織編成され，プロジェクトが終了すれば解散するという特徴を持っている．

　建築プロジェクトを構成するチームは大きく設計チームと施工チームに分けることができる（図4.7.1参照）．一般的な設計チームの構成員は建築主と設計者，そして構造技術者・設備技術者などの専門技術者である．さらに日本では，設計者は工事監理者を兼ねることも多く，施工チームとの連携も重要である．なお本節では，各チームを構成する建築主や設計者，技術者などの構成主体を「メンバー」と呼ぶことにする．

　このような臨時的な編成によるチーム作業では，チームとしての業務を順調に進捗させるためにメンバー間の調整が重要となる．なかでもスケジュールはメンバー全員が相互に関連しているため，それらの調整は必要かつ重要な管理項目である．

4.7.2 スケジューリングとIT環境

　スケジューリングとは，広義の工程管理やPMBOKにおけるタイムマネジメントとほぼ同義と考えられ，一般にその計画と管理に分けられる．スケジュール計画とはどのような作業が必要で，各作業はいつ開始し，いつまでに終了しなければならないか，どのメンバーが担当し，何人必要かを明確にすることである．スケジュール管理は進捗管理とほぼ同義と考えられ，プロジェクトは計画どおりに進

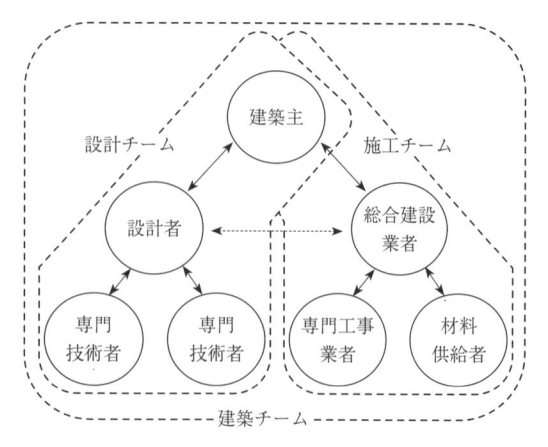

図4.7.1　建築生産組織とチーム

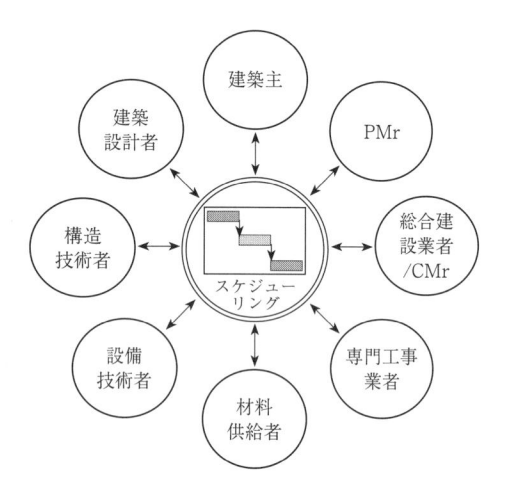

図4.7.2　情報ネットワーク上での建築チーム

捗しているか，現状と計画の差異はどれくらいかを把握し，必要なら現状に則した今後のスケジュールを再計画することである．

　1990年代に入ってコンピュータ利用の主流がパソコンに移り，グラフィカルユーザーインタフェース機能を用いてパソコン上で図形やグラフを容易に扱えるようになった．現在ではスケジューリングを支援可能なソフトウェアも数多く製品化され，用いられている．前述のとおり設計チームのメンバーは異なる組織や場所で活動することが一般的であり，情報共有基盤としてインターネットやイントラネット，LANなどのネットワークの活用が有効である．情報ネットワーク上ではチーム内での電子データ交換や情報の一元管理が可能となり，メンバー全員が常に最新のスケジュールを共有することができる（図4.7.2参照）．

　以降，アプリケーションソフトウェアならびに

ネットワークを用いたスケジュール計画と管理技術について述べる.

4.7.3 スケジュール計画

スケジュール計画は,作業の定義,作業順序の設定,所要期間の見積り,スケジュール表の表示に分けることができる.ソフトウェアを用いてスケジュール計画を行う手順としては以下の2通りある.各作業の所要時間や接続関係,必要資源などの属性値を決定し,その内容に則して自動的にアローやバーなどの作業表示を行う方法と,自由に作業表示を行ってからもしくは作業表示を行いながら各属性を決定する方法がある.計画手順は計画の方法論とも関連しており,前者は各作業の詳細を決定してからその和としての全体スケジュールを決定する「積上型計画」に,後者は全体スケジュールを決定してからその部分としての各作業詳細を決定する「割付型計画」に便利である.

スケジュール表の表現機能としては,主にバーチャート形式とネットワーク形式がある.建築プロジェクトで用いるスケジュール表には一般に全体スケジュール,月間スケジュール,週間スケジュールがあり,目的に合わせて使い分けるが,ソフトウェアでは一元的に情報を管理するので,一度詳細な工程情報を入力すれば,全体でも月間でも週間でも自由に選択そして出力が可能である.休日や休憩時間等の表示・非表示も選択できる.設計チームには様々な専門家が参画するが,事前に情報を層別しておけば,各メンバーにとって必要な情報,そうでない情報を取捨選択できる.

建築プロジェクトを遂行する戦略としてスケジュール指向とコスト指向,スケジュール指向はさらに工期指向とリソース(資源)指向に分けられる.工期指向ではPERT計算機能を用いてクリティカルパス,すなわちスケジュール的に余裕のない作業を把握し,工期の短縮を進めることができる.リソース指向では各メンバーの山積み図や,余裕日時を使って各メンバーの工数を平滑化する山崩し機能を用いて,安定した作業量の計画を立てることができる.コスト管理機能を用いて,様々な計画案における所要コストを算定することも可能である.また,建築プロジェクトのスケジューリングにおける不確実性を考慮する仕組みとしてリスクマネジメント機能を有するソフトウェアもあり,代表的な手法としてモンテカルロシミュレーションがある.

4.7.4 スケジュール管理

スケジュール管理は,モニタリングによる現状把握,現状と計画の差異分析,スケジュールの改善に分けることができる.

まずソフトウェアでは,スケジュールの修正が容易である.例えば工程に1日の遅れが生じた場合,原因となった作業属性を修正すれば,以降の作業は自動的に再計算そして再表示される.計画と実績のスケジュールを併記し,修正後のクリティカルパスを再計算することも可能である.これらはソフトウェア利用の大きな長所である.

4.7.5 スケジューリングの展開

スケジュール計画および管理における作業属性情報から,各作業の生産性の把握や傾向分析が可能である.それらの情報は類似プロジェクトのスケジュールを計画するときの参照情報となり,データベースとしての役割も果たすことが期待できる.

また,スケジューリングソフトウェアと他のコンピュータシステムとの連動は新たな付加価値を生み出す.例えば,スケジューリング機能と3Dのコンピュータグラフィックス(CG)機能を組み合わせて,スケジュール計画に則した建築生産プロセスをCG表現可能な4Dソフトウェアも既に開発されている.

イントラネットなどのネットワーク技術が進み,建築チームのメンバー全員が情報を共有できる環境が整ってきた結果,プロジェクト全体のマネジメントやマルチプロジェクト管理も可能になってきた.特に2000年以降,日本においても従来からの設計・施工分離型や設計施工型の請負方式だけでなくCM方式が採用されるなど,建築プロジェクトの調達方式が多様化してきている.ファーストトラックの採用や生産設計の推進という観点からも,設計段階に限らず,プロジェクトの全段階において必要なメンバーがかかわることの可能なスケジューリングシステムへの展開が求められている. [木本健二]

文　献

1) 木本健二:工程計画と管理のためのソフトウエア.建築雑誌「建築のためのフロンティア第2回」,pp.4-5,日本建築学会 (2002)
2) 古川　修:建築生産組織と工業化.新訂建築学大系3.建築経済, pp.320-350, 彰国社 (1959)
3) C.T. Hendrickson and T. Au : Project Management for Construction, pp.297-368, Prentice Hall (1989)

4) PMI Standard Committee：A Guide to The Project Management Body of Knowledge, PMI（1996）
5) PRIMAVERA：Primavera Project Planner Ver.3.0 Planning and Control Guide, PRIMAVERA（1999）
6) Microsoft Corporation：Microsoft Project 2000 ユーザーズガイド, Microsoft Corporation（2000）

4.8 バリューエンジニアリング・バリューマネジメント

4.8.1 建築における「V＝F/C」という概念

建築生産プロセスにおいては，バリューエンジニアリング（Value Engineering：VE）の概念式

V（価値）＝F（機能）/C（コスト）

におけるF（機能）の扱いが課題となる．しばしば議論となるのは，「コスト上昇を上回る機能向上が実現できれば価値は向上する」という解釈である．コスト上昇をVEに含める定義であるが，理論的に機能の数値化は困難であることが多く，したがって価値向上の証明も不可能であることが多い．情報格差を有する顧客の場合，コスト上昇を伴うVEはリスクとなる．

4.8.2 バリューマネジメントという概念

上述の問題を整理する意味から，顧客満足度（Customer Satisfaction：CS）とVEを組み合わせた下式のようなバリューマネジメント（Value Management：VM）の概念化が有効である．

VM＝CS＋VE

すなわち，価値管理とは＝顧客満足度向上のために＋VEを実践すること，である．

上式において，機能は次のように解される．

① 機能とは顧客との対話により確定されるものであり，その検討はCSの対象である．
② CSで確定された「与条件としての諸機能を最低コストで実現する活動」がVEである．

こうして，VE活動のなかで機能が変化することを排除し，かつVEによる機能の扱いを以下のように定義することで，VEをコスト低減技術と位置づけることができる．

① 不必要な機能の排除によりコストを低減する．
② 同じ機能を発揮する代替案によりコストを低減する．

上述のVM概念をモデル化したものが図4.8.1である．任意の設計段階において，発注者の要求を機能に変換するCS活動と，確定した要求機能の実現方法を検討するVE活動が相互に依存しながら，全体としてVM活動を構成するという概念である．

4.8.3 多段階 V M

他の多くの組織的・体系的アプローチと同様，VMも設計進捗の任意の段階で繰り返し行われることが望ましい．建築設計プロセスは，一般に基本設計と実施設計に分けられるが，さらに詳細には，事業化，企画，設計条件確定，基本計画，基本設計，実施設計，調達計画などの複数の段階に分けることができる．VMは，それらの任意の段階で任意の回数実施することが可能である．どのタイミングで実施するか，あるいはいつの段階で実施するかは，プロジェクトの特性と参加主体の属性に依存する．このような考え方を多段階VMを呼ぶ．

一般に，顧客の要求は設計プロセスの進行ととも

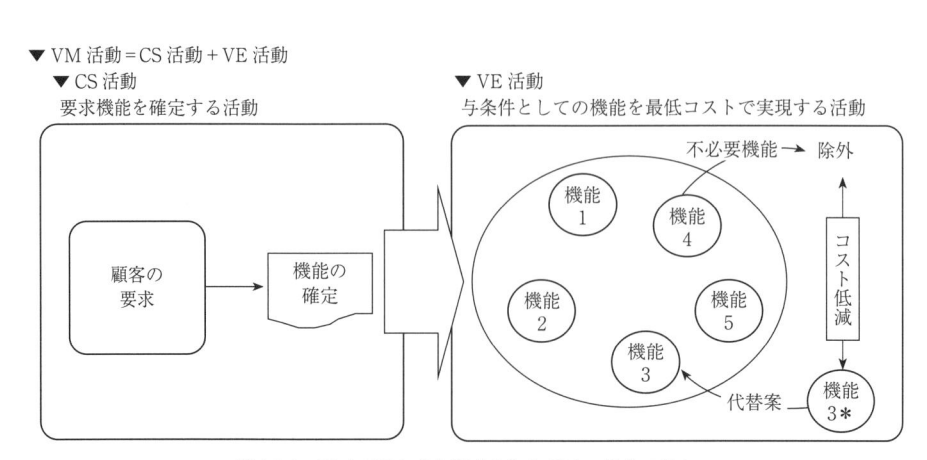

▼VM活動＝CS活動＋VE活動
　▼CS活動
　　要求機能を確定する活動
▼VE活動
　与条件としての機能を最低コストで実現する活動

図4.8.1 CSとVEにより構成されるVMの概念モデル

4.8 バリューエンジニアリング・バリューマネジメント

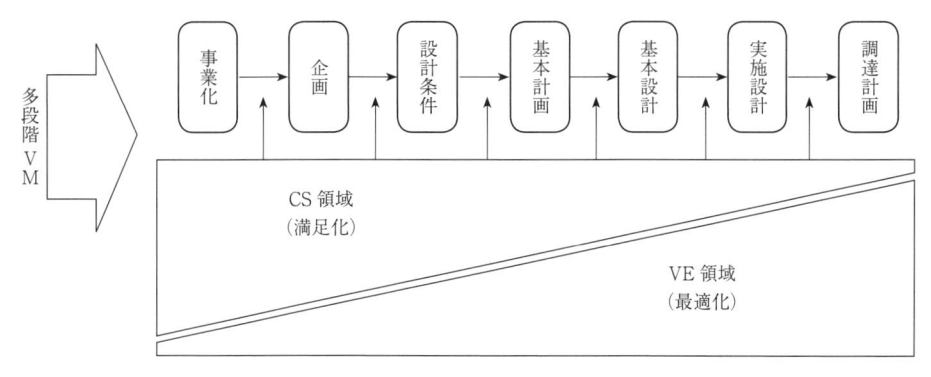

図 4.8.2 多段階VMの概念モデル
(出典：「局舎建設における VE・VM 適用に関する調査研究報告書」，平成 8 年，日本建築学会より転載)

に具体化・詳細化されるものであり，設計初期段階では CS 活動の領域が大きくなり，実施設計段階では VE 活動の領域が大きくなる．VM 活動の実施が可能なタイミングと，VM を構成する CS および VE の関係をモデル化したものが図 4.8.2 である．

なお，VM の実施主体はプロジェクトを通して常に同一である必要はなく，全体を通して参加する個人・組織と，段階ごとに必要に応じて参加する個人・組織で構成される．すべては PMr の指揮下，もしくは VM 実施マニュアルに従って臨時的に編成される． ［平 智之］

4.8.4 民間建築における VE 事情
a. 建設業における VE 手法の適用動向

今やバブル崩壊を経て，競争の激化と建設市場の縮小などに対応するため発注者，受注者を問わず，建設コストの管理に対する厳しい要求が課せられている．

これまで建設業界における管理手法は，TQC 活動，ZD 運動，PERT 手法など，生産段階での品質管理，工程管理，あるいは生産性向上面について他産業が使っていた種々の管理手法の導入を図ってきている．コスト管理についても同様に，当初は製造業が生産段階を主として成果を上げていた VE の適用方法をそのままの形で導入していた．しかし建設業は，製造業とは異なる生産条件を持っている．つまり，個別受注生産のなかで，従来から製造業で使われている VE 導入方法のみでは，発注者のコストダウン要求に応えるにはおのずと限界があった．特に，発注者の視点からみて，プロジェクトのコストダウンの成果が発注者のメリットとして享受できるような VE 導入方法を検討する必要性があった．

そのため，まず建設業の生産プロセス特性を把握した上で，節減額が最も大きく，かつ発注者側にとってメリットの高い「設計の川上段階での VE 導入法」へと移行していった．

したがって，米国においては，発注機関にとっては，主たる対象を「設計段階におけるコスト管理」に VE の活用メリットを求め，展開していった．一方，日本では当初は建設業者にとって，VE の導入メリットを主として施工段階の「現場における工事原価のコストダウン」的役割に求め，日本の建設業における VE は発展してきた．ただ 90 年代初頭より，わが国でも VE は，"顧客が求めている機能に対して，最大のコストパフォーマンスを得るための設計上の最適解をチーム作業で見つけ出す問題解決の手法" として設計段階での VE も定着してきている．

b. 発注側の設計 VE の適用

この設計段階での VE とは，基本的に "設計時に VE 手法を導入して，原設計を機能とコストの両面から改善提案を検討して，投資建物の価値の向上を図る方法" として実施され，成果を上げる事例も増えてきた．

発注者の立場からみると，過去の建設プロジェクトにおける VE 適用経験を通して，VE の適用効果の最も高い段階は，基本設計完了時が最も高い成果が得られており，この基本設計完了時点での VE 適用が多くみられるようになってきた．

この基本設計段階での VE 導入が進んだ理由を整理すると下記のとおりである．

① 基本的に建築コストの大部分は設計初期のスケッチ図面の段階，すなわち建物の概要が固まる段階で決まってしまう．つまり，コストの節

減面からみてこの時点での VE 適用が最も効果的であること．

② また同時に，この実施設計へ進む前の段階で設計計画が予算内に確実に収まっているか否かの検討ができる．

③ VE ワークショップを設計の初期で行うことにより，図面が増えないうちに変更すべき箇所は変更し，後の段階での手戻りを少なくできる．

④ 設計段階での VE 導入をコスト管理業務の一環とすることで設計案のコスト把握を確実化し，もし予算オーバーしていれば代替案によるコスト低減方策を探る手段の場とできる．

c. 受注者側の作業所 VE

施工段階における建設業者による作業所 VE の適用は，VE の対象としてまず，構築物，仮設工事などのハードの工事部分があげられる．また，それのみならず，施工計画，作業手順などの人の作業を伴う工事のソフトを対象とするものなどの工事管理ソフトなどがある．したがって，作業所 VE の対象は多岐にわたる．また通常，作業所において取り組む VE 活動は，実施参加者数の限定，あるいは時間的な制約の中で実施し，成果を生み出さなければならないという命題を負っている．

したがって，建設企業各社は，作業所内で VE 手法をより効果的，かつ効率的に活用すべく，VE 手法を簡略化して，使用している事例が多くみられる．具体的にこれらを「簡略 VE」，「短時間 VE」あるいは「3 時間 VE」と呼んでいる．

例えば，「3 時間 VE」とは，事前に VE ジョブプランの内容とその作業指示をテープに吹き込んでおき，作業所で再生しながら，3 時間で実施して改善案を作成するものである．

また建設元請工事会社においては，自社内での VE 活動に限らず，協力工事会社，あるいは専門工事会社の協力を得て，VE 活動を実施する事例もみられる．

4.8.5 公共建築における VE 事情

a. 公共工事への VE 導入

公共工事への VE 導入の契機となったのは，建設需要が急増し始めた 1988 年ごろから建設費が急騰し，公共建築工事の入札不調が多発したことであった．バブル崩壊後の 1992 年ごろより，税収不足等により地方自治体の財政状況が悪化した点もあり，建設コストの低減要求と同時に，品質機能水準を保つ手段として公共発注者が VE の導入を真剣に検討し始めた．近年では，国土交通省をはじめ，東京都，神戸市，あるいは福岡市などの自治体組織で VE の種々の段階での適用を実施しているという状況である．

b. 公共工事におけるバリューフォーマネーの考え方

公共発注体における VE 手法導入の基本的な考え方のベースは，実質的な "コスト縮減" の目標と同時に，もう一方でプロジェクトのニーズや状況に合わせた "最大の公共予算支出に対する価値を得る" ことにある．つまり，公共施設は，社会資本ストックの一部であり，かつまた税金を払っている国民に対する便益や還元をいかに高めていくかという本来の役割を有する．

したがって，各プロジェクトについて，これらの公共施設としての役割を果たす上で必要な機能については，コストをきちんと確保し，コスト配分するというバランスのとれた投資が必要だとするバリューフォーマネー（事業投資効果の最大化）の視点が不可欠となっている．

c. 公共建築での設計 VE の導入

公共建築における VE に関しては，建設生産プロセスのどの段階で導入するかで「設計 VE」，「入札時 VE」，「契約後 VE」と様々な形態がある．この中でも，最も導入効果が高いのは，通常，事業計画の川上段階にあたる「計画・設計段階」といわれている．

その適用段階は基本設計の後半段階を主として実施している事例が多くみられる．VE の実施にあたっては，設計者とは別の VE チームを組織し，設計 VE 実施マニュアルに基づき，3〜5 日間程度の日程で実施している．また，この VE チームの編成については，発注者が内部組織で編成し VE を行う「組織内 VE」と，VE を外部組織に委託する「業務委託 VE」に分けられる．なお，この「業務委託 VE」は，インハウスの技術者を多く持たない発注者（地方自治体）での活用を意識したものといえる．

d. 設計 VE 等による設計方法の見直し

具体的に公共発注体では，「設計 VE」を設計計画段階でのより効果的なコスト管理を行っていく手段として導入させている．つまり，設計担当者以外の専門家が VE チームを組織して客観的な視点で改善提案を行う設計 VE を実施している．

わが国政府における「公共工事コスト縮減の取組

表4.8.1 VE導入段階の違いとその内容

導入段階	運用形態	内　　容
設計段階でのVE提案	設計段階におけるVE改善案（設計改善案）	原設計に対してVEチームがコストコントロールおよび設計改善案の手段として活用する.
入札段階でのVE提案	VE提案付入札（技術競争型）	原設計に対して入札者が改善案の検討を行い，その内容を盛り込んだ金額で応例する.
契約後のVE提案	VE奨励条項付発注（施工コスト節減型）	契約時の設計図書をもとに受注者が改善案を検討し，提案を行う. 受注者には節減額に応じた額が報奨として還元される.

みの成果」の中でも設計方法の見直しが最大であり，コスト縮減の目玉項目であった．このように「設計VE」は今回のコスト縮減行動指針の中でも"設計方法の見直し"の手法として成果を上げており，既に国土交通省をはじめいくつかの発注体で顕著な実績を出している．

e．入札時・契約後VEについて

受注者側からのVE提案を受ける方式として，「入札時VE」と「契約後VE」がある．これらは，受注者側よりのVE提案を各々入札時，あるいは契約後に民間の技術力あるいは施工方法等を生かし適用するというものであり，国土交通省をはじめ，各自治体での適用実績も広がりつつある．特に，契約後VEは，受注者側のVE提案が採用された場合，工事費の節減額の一定割合を報酬金として，提案者に還元される．　　　　　　　　　　［佐藤隆良］

4.9 情報技術

4.9.1 建築生産におけるIT活用の現状

建築生産における情報技術（Information Technology，以下ITと呼ぶ）の導入・活用は，コンピュータやインターネットの進歩に応じて幅広い普及を遂げ，生産プロセスに大きな影響を与えてきた．

今や超高層ビル設計において，構造計算や構造解析，風の流体解析や日影解析は，すべてコンピュータを使って行う．競技場などのドーム設計では，3次元CADなど利用し，曲がりくねった面のモデル表現を行う．また，劇場設計では，壁や天井の音の反射による解析シミュレーションを行う．大型の施工現場では，鉄骨組立の施工シミュレーションを実施したり，複雑な仮設の3次元化表現とその部材の拾い出しなどを行ったりする．鉄骨メーカーや資材メーカーでは，既に3次元CADを駆使し，ITレベルの高い生産プロセスを確立しているところもある．

さらに最近では，工事現場などではメールを活用して情報伝達を行い，インターネットによる有益な情報収集や，グループウェア機能による情報共有などを行うようになってきた．

建築分野でのIT利用は，より複雑な建物をより短い工期で生産できるようにし，欠くことができないものとなった．

4.9.2 建築生産のITツール・環境

建築生産でのITツール・環境は，様々なソフトウェアやハードウェア，さらにはインターネットなどによって提供されている．

ソフトウェアだけでも，企画，設計，積算，施工，保全の段階で様々なものが存在している．さらに，インターネット上のWebブラウザで利用できるASP（Application Service Provider）ツールも多く提供されるようになってきた（図4.9.1）．

またハードウェアも，高速処理で大容量の記憶容量を持つPC（パーソナルコンピュータ）だけでなく，携帯電話，PDA（Personal Digital Assistant），デジカメなどのモバイル関連の多くのツールが現場で利用されるようになってきた．

さらにインターネット環境は，高速デジタル通信網と呼ばれているADSL（1.5〜12M）などが安価で利用できるようになり，さらには超高速通信網と呼ばれる光ケーブルのFTTH（100M）などのサービスも利用しやすい状況になってきている．

これらITツールと環境によって，必要な情報は簡単にどこにいても，いつでも蓄積でき，共有化し，検索・利用できるようになってきている．いわゆるユビキタス（ubiquitous）環境が徐々に建築生産現場でも整い始めてきている状況になってきた．

ただ，これらのITツールや環境を，建築生産の上で最適に構築していく上では詳しい技術者が必要であり，まだハードルが少し高い状況となっている．

4.9.3 建築生産でのコンカレント作業環境

現状の建築生産でのIT導入・活用は，まだ個別でのソフトの利用が多く，情報活用において「一貫

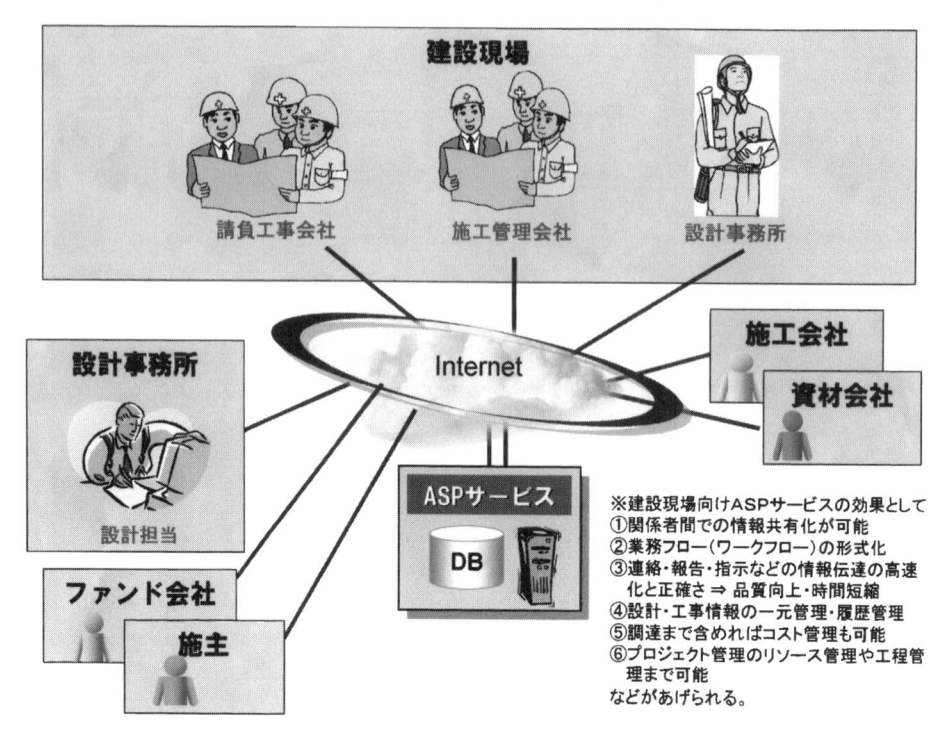

図 4.9.1 建設現場での ASP サービス

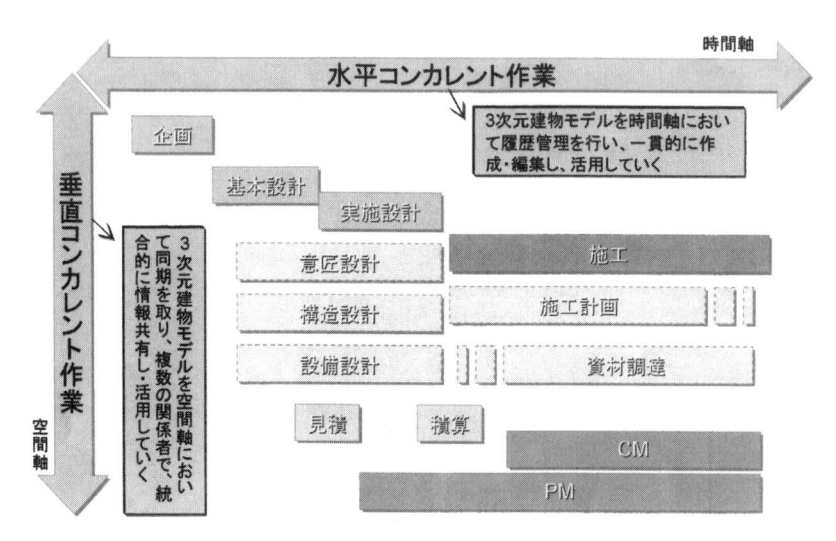

図 4.9.2 水平・垂直コンカレント作業

性」や「統合化」が未成熟の段階である．つまり，建物の設計から施工段階までの時系列の中で，「一貫性」のあるデータ連携や活用が十分できることはなく，また意匠・構造・設備設計段階などのそれぞれの建物モデルを，同期を取って「統合的」に扱えるようにはなっていない．

ここで，時系列にデータを連携し，活用していく「一貫性」のあるデータ連携のことを水平コンカレント作業（horizontal concurrent works）と呼ぶ．これに対し，同期を取りながら関係者が「統合的」にデータ連携を行うことを垂直コンカレント作業（vertical concurrent works）と呼ぶ．

今後は，インターネット上の情報共有機能を活用し，「一貫性」のある水平コンカレント作業環境を

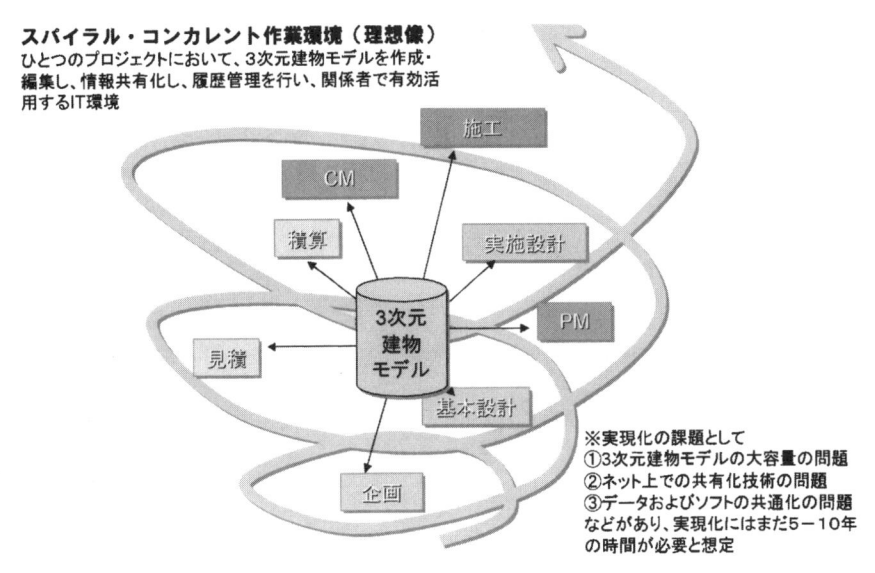

スパイラル・コンカレント作業環境（理想像）
ひとつのプロジェクトにおいて、3次元建物モデルを作成・編集し、情報共有化し、履歴管理を行い、関係者で有効活用するIT環境

※実現化の課題として
①3次元建物モデルの大容量の問題
②ネット上での共有化技術の問題
③データおよびソフトの共通化の問題
などがあり、実現化にはまだ5－10年の時間が必要と想定

図 4.9.3 スパイラル・コンカレント作業環境

実現し，3次元建物モデルを中心とした「統合的」な垂直コンカレント作業環境を実現していくことが必要になる（図4.9.2）．これら両方のコンカレント作業環境の実現は，ITの進歩によって期待でき，ひいてはスパイラル・コンカレント作業環境（図4.9.3）として成長していくこととなる．

4.9.4　建築生産でのIT活用による情報共有化

建築生産そのものは，建築主や設計者，施工業者，専門業者などの多くの関係者間で情報を伝達し，共有しながら進めていくプロセスである．まさに建築生産プロセスでのIT活用は，大きな効果が期待できるところである．

生産プロセスの中で取り交わされる情報は，対象とする建物の情報だけでなく，過去に蓄積された技術情報や，法規類や様々なドキュメント類，さらには失敗事例や安全管理などの知識（ナレッジ）など，参考にできるものが多く存在している．

現在これらの情報は，メールによる情報交換や，インターネットなどによる情報共有化によって，有効に活用し始められている状況にある．特に，工事現場で利用されているグループウェアソフトは，承認や指示，問合せ，回覧などに分類されたワークフローで情報伝達ができる．さらに，膨大な図面や書類，写真の管理ができ，機能やスケジュールや掲示板などの機能も用意している．

このグループウェアソフトには，他企業間でも利用できるASPサービスが増え，どのコンピュータからも，いつでも情報の共有や伝達ができるようになってきた．異なる設計会社と施工会社間でも情報共有が行えるIT環境で，導入ハードルが低く，早い普及が期待されている．

このようにインターネット上の情報共有化によって，情報が有効に活用・展開されていく水平コンカレント作業環境の「一貫性」が実現可能となる．

そのほか，建築生産そのもののプロジェクト管理が，インターネットの情報共有化によって，容易にできるようになってきた．設計・施工に携わる関係者は，Web上で工程実績を入力することで，工程管理や進捗監理，コスト管理，リソース管理などが一括してできるようになってきている．発注者も，Web上でプロジェクトの進捗を覗くことができ，仕様変更の指示などもメールを通じて対応できることとなる．

4.9.5　3次元建物モデルによるIT活用

建築生産そのものの対象物が3次元であることから，3次元建物モデルをベースとする情報共有・伝達は，多くのメリットが出るはずである．

これまで設計者は，頭ではこれから造る建物を3次元で考えるが，実際には情報伝達手段として2次元図面に描く作業を行っている．この段階で，多くの情報が欠落したり，ミスが入ったりし，建築主や施工者との情報伝達で多くの手戻りが発生することになる．

既に一部の技術者らは，3次元CADを用いて設

計を行うようになってきた．このことで，情報欠落やミスの削減だけでなく，3次元の構造計算・解析との連携および3次元での配管・配線計画との連携，さらには部材や部品の集計や積算までできるようになりつつある．

3次元CADを中心とした環境を統合化することで，意匠，構造，設備各設計者間，さらには積算，施工関連者とも情報共有を実現しながら，バーチャルに設計・施工を進めていくことが可能となる．

しかし，ここでの課題は，① 構築する建物モデルデータが膨大になる，② ソフト間のデータ連携のための標準化が必要，③ 3次元CAD利用に高い技術スキルが必要などがある．①に関しては，技術的な対応が検討中で，共通したコア（核）のデータを小さくし，まわりに個別のソフトに付加されたデータを部分モデルとして持たせるアイデアが出てきている．また，②に関しては，国際非営利団体のIAI (International Alliance for Interoperability) のデータ標準仕様 IFC (Industry Foundation Classes) が期待されるところである．さらに③に関しては，操作性の良い3次元CADソフトが廉価版として出回り始めている状況で，今後多くの普及が期待される．

4.9.6　建築生産におけるIT化促進の課題

建築生産でのIT導入・活用は，まだまだ成長期であり，多くの課題を乗り越えていく必要がある．

現状，建築生産分野において，IT化推進を妨げる要因としては，以下のような項目をあげることができる．

a. ソフト連携の課題

建設業界は，他の製造業に比べ，多くの関連企業との共同作業で成り立っている．この多くの関連企業においては，それぞれIT導入状況が異なり，違うソフトが利用されていることから，ソフトの互換性などに問題が出ている．

b. データ量が膨大な一品生産の課題

建築物そのものは一品生産であり，独自性を持って設計・施工していく．このことは，製造分野のシステム構築などに比べ，IT化が難しい状況になっている．さらに，建物データが膨大になることもIT化を進める上での難しさがある．

c. データ標準化の遅れ

IT化を促進する上では，データの標準化が欠かせない状況になる．現在，図面表現やCADの画層や線種などの標準化が遅れていることもIT促進の課題となっている．

d. 設計と施工とのあいまいさ

日本独自の文化として，設計と施工のあいまいな分離によるIT化促進の弊害もある．つまり，設計者と施工者の役割分担が不明確であることから，仕様書や図面などにあいまいさが残り，情報を作り上げる段階での課題が出てきている．

e. IT促進の理解の低さ

IT化を促進させるには，建築生産に携わるすべての関係者のIT化への理解が必須となる．しかし，多くがITスキル向上に無関心で，現状維持に固守することが多い．現状，このことが業界全体を通じてIT化促進での大きな阻害要因となっている．

4.9.7　今後の建築生産でのIT活用

インターネットのさらなる活用と3次元化への動きは，建築生産のプロセスを大きく変えていく期待がある．情報の流れに「一貫性」を持たせ，3次元建物モデルをコアとする「統合的」な環境が実現され，建築生産に携わる多くの技術者を幅広く支援していくこととなる．

今後，国土交通省が進めている建設CALS/ECでの電子入札や電子納品，さらには大手建設会社間でスタートした電子調達（資材調達）なども，建築生産でのIT化を後押しするものとなる．

また3次元CADデータの標準化活動を続けているIAIは，ISO（国際標準機構）との連携を強め，2002年末にはPAS（公的認定仕様書：a Publicly Available Specification）を取り，今後の3次元化への推進力になろうとしている．近い将来，多くのソフトベンダーや関係ユーザーとのコラボレーションよって，さらに業界団体のアライアンスによって，3次元による「統合的」環境を実現していく期待がある．

建築生産プロセスでのIT活用の理想は，人間が持つ優れた能力となる「創造」や「総合的で直感的な判断」，それに「人間同士の協調作業」を最大限に支援することにある．それには，これまで個別だったソフトが，インターネットなどを通じて有機的につながり，互いのデータが「一貫性」をもって連携し，「統合的」な環境下で協調作業が実現されていくことが重要となる．

また，一方では，ITの持つ優れた能力である「高速かつ複雑な計算処理ができる」，「膨大なデータを

蓄積・検索・活用できる」,「高度なビジュアル表現やバーチャル表現ができる」,「情報の共有ができる」などを十分知って,技術者を支援し,建築生産プロセスを改善していくことが望まれる.

[高本孝頼]

4.10 品質情報伝達

設計者の立場から,「設計と施工を結ぶ－新しい建築生産に対応した品質情報伝達の提案」（日本建築士会連合会,1994.5）で品質情報伝達のための新しいツールとして「監理方針説明書」,「設計図書総合検討会」,「総合図」が新しく提案された.その概要は以下のとおりである

4.10.1 監理方針説明書

工事段階における監理方針は,監理のグレード,すなわち個別の監理者としての対応は,設計図書としての「仕様書」の中で示される.さらに重点事項については,「設計説明書」,「設計品質伝達表」の形で補足される.そして,工事の早い段階で「設計方針・監理方針説明会」の形で施工者に具体的に示す.「監理方針説明書」はこの段階において示されることが望ましい.

しかし,設計段階や工事の早い段階には,個別の工事を行う施工者,特に専門工事会社は未定のことが多く,個別プロジェクトに対応した監理方針が確定できないことも少なくない.したがって,施工者が工事運営計画を策定する段階で,設計者,監理者と施工者が「監理方針」について協議しつつ,当該プロジェクトにおける施工者の行う施工管理と監理者の行う工事監理の役割を具体的に確認することとなる.「監理方針説明書」はこうした協議のためのツールであり,1回限りの協議のための定型的なものとして運用するのではなく,必要に応じた個別協議のまとめとして考えることが望ましい.

監理方針説明書で検討すべき事項は次のとおりである.

1) **事務処理上の扱い**
   ① 工事監理体制,担当者の役割分担
   ② 提出図書の内容と手続き
   ③ 設計変更の予定と処理方法
   ④ 工事運営計画,工事総合工程表への希望
   ⑤ 諸会議の種類,運営方法

2) **設計品質の確定**
   ① 設計図書総合検討会の運営方法：開催時期,出席者,準備資料
   ② 総合図の作成,検討：作成範囲,作成要領,検討方法
   ③ 施工図の作成,検討：作成範囲,作成要領,検討方法,特に承認時期
   ④ 施工図,機器,見本類の作成,検討：検討範囲,検討方法,特に承認時期

3) **品質管理の役割分担**
   ① 施工計画,施工要領：協議する範囲,監理との関係
   ② 重点監理項目の監理方法：重点監理項目の監理,管理方法
   ③ 一般監理項目の監理方法：一般監理項目の監理,管理方法
   ④ 完成検査,中間検査要領：検査方法

「設計品質」が「合意品質」として工事でつくり込むべき目標として確定されるために「施工図」の作成は重要である.特に不完全な施工図や決定時期の遅れは「施工品質」の確保に大きな影響を及ぼす.工事完成後のクレームには施工図や工作図上の不備に基づく欠陥が多い.したがって,部品,資機材の発注,製作,納入の時期を十分考慮した施工図の作成,確定が重要で,総合工程表に施工図の作成,承認時期を明示し,さらに機器,見本の決定,承認時期をも明示して,発注者,設計者,監理者,施工者が十分合意した認識のもとに,それぞれの役割を果たすことが重要である.

工事期間の長期化,建築環境や条件の変化の拡大は設計変更を不可避としている.設計段階において,どうしても確定できず工事段階において確定あるいは設計変更することがあらかじめ分かっている事項は「設計説明書」において明示することとしたが,さらに工事段階になって条件変更のため設計変更をすることも少なくない.この場合,工事の工程上影響を及ぼすことが多く,品質,納期にも大きな影響を与えることとなる.したがって,個別プロジェクトにおいて発生が予想される設計変更の予定と処理方法を「監理方針説明書」であらかじめ示した上で施工者に対応を求めることを,今後の建築生産において定常化することが望ましい.

4.10.2 設計図書総合検討会

「設計品質」に施工者のノウハウをフィードバッ

クし，生産性を含む施工者からの改善提案を求めるために「設計図書総合検討会」を設ける．「設計図書総合検討会」において，施工のフィードバックばかりでなく，監理者，施工者の立場からのデザインレビューをも行い，基本性能上のより良い解決策や，保全，管理上の問題点を検討することは，たとえ設計が万全のものであってもなおも有効である．

設計図書総合検討会の検討事項の例を示す．

1) **施工者ノウハウのフィードバック**
   ① 新技術，新工法の採用：躯体の工業化工法，地下工法，外壁工法（PCa化，無足場工法）
   ② 構工法の合理化：湿式工法⇒乾式工法・工業化工法，防火壁・遮音壁の仕様など
   ③ 潜在的品質要求上の改善：多発クレーム（外壁剥離，亀裂，漏水，腐食，結露，換気，遮音など）
2) **監理者，施工者の目でのデザインレビュー**
   ① 基本性能上の満足度：より良い解決策はないか．
   ② 保全，管理上の問題点：保全，管理上問題点はないか．

「設計図書総合検討会」は，その主題に必要な設計者，監理者，施工管理者，専門工事会社の中から最も適当なメンバーで開催し，頻度その他必要に応じて適宜，適切な形で開催されることが望ましい．特に専門工事会社の固有の経験は重要である．

4.10.3 総　合　図

1980年代半ばからの設計者側（日本建築士会連合会）と施工者側（建築業協会）の品質管理に関する取組みの中で，総合図は1980年代後半から注目されてきた．施工者の立場として，『建築工事における「品質情報伝達のしくみとツール」の実践へ向けて』（建築業協会，1992）で総合図について以下のように提案している．

1) **総合図の作成にあたっての前提条件**

設計図は，意匠・構造・設備間の整合性が工事の発注以前にチェックおよび調整がなされ，1/50平面詳細図は設計者が作成する設計図書の範囲である．

2) **総合図の定義**

総合図とは，工事目的物を完成させるために，意匠・構造・設備間にわたって要求されている情報を一元化したもので，図面としては「総合的施工図用基本設計図」の性格を持つ．総合図は作成することだけが目的ではなく，作成された図面を中心に相互の絡みを一堂に会して調整することに意義があり，以後の施工図（躯体図・各種仕上図・スリーブ図・設備図など）作成のもととなるものである．基本的には1/50平面詳細図に天井内（ふところ）と天井から下の部分に分けた図面とし，建築・電気・空調・給排水のすべての要素が記入されているものとする．なお，必要に応じて展開図と併用する．

3) **総合図の作成と検討**（調整）

設計図書が意匠・構造・設備など別々に作成され，その結果多くの情報がそれぞれの図面に表現されているものを，総合図として1枚の図面に集約し，建物としての機能や出来上がりの状態を作成と検討を経ることにより確認するものである．検討の段階では，施工範囲の確認および基本的納まりの調整等が行われるが，全体を検討する段階で改善すべき事項，より性能の発揮できる方法（VE提案等）などの提案もこの場で行う．したがって，作成～検討～調整段階で設計の品質の確認をし，「合意の品質」が形成される．作成は総合工事業者を中心に専門工事業者を含めて行われるが，全体的な統括は工事監理者が行い，最終的には承認も行う．したがって，「施工図用基本設計図」とあるように，設計図の範囲と位置づけている．

[浦江真人]

文　献

1) 日本建築士会連合会：設計と施工を結ぶ－新しい建築生産に対応した品質情報伝達の提案（1994）
2) 建築業協会：建築工事における「品質情報伝達のしくみとツール」の実践へ向けて（1992）
3) 建築業協会：建築工事における「品質情報伝達のしくみとツール」の実践へ向けて－その2 設計者の役割分担の提案（1995）

5

設 計 事 例

5.1 プレハブ住宅

5.1.1 プレハブ住宅の黎明期

工業化住宅(プレハブ住宅)は1960年代初めに住宅市場に登場して以来,新設戸建住宅市場の20％程度を占めるに至り,その生産者である住宅メーカーは,デザイン・品質・性能・生活様式・部品設備・住宅価格・保証システムなど,日本の住宅を語る上での様々な面において,そのシェア以上に大きな影響力を有している.

工業化住宅の創生期には,ハウジングの「構法システム」のアイデアが数多く考え出された.

構法のシステムとしてはこの時期から60年代末までに,現在残っている主要なものはほぼ出尽くされており,これ以降表面的にはその外観デザインを洗練させてはいくものの,基本的にはほとんど変わっておらず,以後の時期はむしろシステム成熟化への道程であるともいえる(図5.1.1).

5.1.2 敷地への対応力

1970年代初頭までに各メーカーとも,おのおのの2階建商品の開発を完了してはいるが,技術的な問題もあり一部小2階の形はまだ不可能で,いわゆる総2階の形のみであった.大きな屋根で,庇の深い,そして2階セットバック型の伝統的な和風のデザイン様式からみると,垂直壁面ばかりが目立つ,格好の悪いものであった.

しかし,それはそれなりに,社会ニーズに基づくものではあった.なぜならば,住宅地の土地価格の高騰は,既にはっきり存在していて,それが住宅の形態に大きな影響を与えており,今日に至る高容積へのトレンドに,既に組み込まれていたのである.1960-70年代は高度経済成長の真っただ中であり,需要は大きく拡大した.それらの幅広いユーザーニーズと縮小化していく宅地規模にきめ細かく対応するためには,規格型設計から「イージーオーダー型」設計への脱皮が必要であった.屋根の形状・勾配・葺材や,平面シルエットの凹凸,内装仕上材の選択幅の拡大など,自由性・多様性に対応する能力・実力を持つ企業・商品だけが,淘汰され生き残った(図5.1.2).

図 5.1.1 木と土と紙の家から鉄とアルミとプラスチックの家へ,建築関係者に新鮮な衝撃を与えた初期のプレハブ住宅の例

図 5.1.2 柔軟な平面システムと斜線対応屋根システムで敷地対応能力を高めた自由設計住宅の例

5.1.3 工業化の原点回帰への葛藤

このころ,一方では「工業化の原点(現場施工に依存しない)に帰ろう」という潮流もあり,ルームサイズ大型パネルやボックスユニットによる工業化住宅も開発された.これらは,スタイルプラン面での多様性や高級感よりも,性能・品質・価格面での優位性を訴求ポイントにした非常に経済合理性の高いものであり,在来木造住宅では得られないであろう質を付加・訴求することによって市場競争に臨もうという,ひとつの戦略的姿勢でもあった.

5.1.4 商品化住宅への展開

1973(昭和48)年末のオイルショックは世界経済に対して大きな影響を与えたが,このショックにより,わが国の住宅需要量は一気にピーク時の2/3近くまで低下した.小さくなったパイの中で生き残る方策として,「商品」としての差別化・品質・付加価値などをアピールする手法が追求され,「企画型商品」が登場してくる.そして,住宅業界全体にその手法が普及していった.

1960年代における規格型は「画一的」,「納まりの」という意味であったが,1970年代の企画型は,スタイルやプランは限定されてはいるが,むしろこの短所を逆手にとって,「新鮮なプランコンセプトやデザインスタイルを完成度を高く」して,無個性なイージーオーダー型にはない,強烈なインパクトと魅力を売り物にしていた.しかし,1980年代になると,各社とも類似のコンセプトやスタイルの商品化住宅があふれてしまい,商品としての独自性を発揮するのが困難になってしまった(図5.1.3).

5.1.5 設計コンサルティング

こうして再び「家づくり」そのものの原点に回帰せざるを得ない状況になってきた.

「生産者⇔住宅市場⇔需要者」という,住宅市場を介してのモノ的な住宅商品のやりとりではなく,「作り手⇔住まい手」が,個別の暮らしに最も適したコト的な設計の「できる・してくれる」家づくりが求められた.いわば,自分の生き方を模索し,探究する時代になってきていた.出来合いの企画やデザインの新鮮さだけでは,真の「豊かさ」になり得ないことに住まい手は気づき始めていた.消費欲求や生活要求は非常に高度化し,それゆえにアイデンティティやオリジナリティといったキーワードが特に重要視される時代になった.

作り手側は,ライフデザインのコンサルタントとして,そしてまたコンセプトワーカーとして個別に対応し,ヒト・モノ・コトの設計に当たらなければならない.モノが「商品」である時代は既に去り,サービスとりわけコトに関して,生活者と同じ次元で個別に「共創造」できる設計力・システムの再構築が求められた(図5.1.4).

5.1.6 空間価値・街並み環境・資源循環型社会への適応

時代の空気に対応しつつ,常にコンセプト・デザイン・性能・仕様など,あらゆる面で先進誘導的な地位を持ち続けてきた工業化住宅は,単体建築としての高規格・高性能・高耐久のみならず,集合体としての「街並みの変化と統一」,「風景・情景としての空間とデザイン」,「気候風土との調和」などにも提案を続けている.さらに,建設時・維持期間・廃

図5.1.3 ドーマー屋根を持つアーリーアメリカン調のデザインやニューコンセプトプランなどで若年層をターゲットとした企画型住宅の例

図5.1.4 親自然の半戸外空間や吹抜空間など創造的ライフスタイルに対応した自由設計の住宅の例

図 5.1.5　人と車の共存や多目的コモン広場など魅力ある環境・景観をデザインした街並み住宅の例

棄時に至るライフサイクルコスト（メンテナンスコストのみならず，エネルギーコスト・環境負荷コストも含めて）の考え方や3R（Reduce, Reuse, Recycle）技術に関しても，新たな技術開発とシステム開発を進めており，21世紀資源循環型社会の実現に向けて邁進している（図5.1.5）．

〔佐治郁夫〕

5.2　協働プロセス

"建築"が他の生産分野と異なる点は「一品生産性」であろう．その建築が生まれる社会背景，立地する地域や場所柄，それを所有する人，実際に使用する人々がそれぞれ異なっているため標準的プロセスということで一本化することは難しい．最近ではさらに設計前の企画段階や竣工後の管理運営段階の相談も多くなってきており，また建築主側の体制や要求される技術分野，対応する設計側の体制もますます多様になってきていて，設計プロセスの標準化はますます無意味になってきている．"標準化"よりもむしろ状況に応じたそれぞれのプロジェクトフロー自体のデザインこそ重要であろう．そのプロジェクトの状況を読み，関係者の思いと力量や背景を考え合わせた上でプロジェクトのマスタースケジュールを設定し，プロジェクトのキーになる設計条件を建築主とともに明らかにしていく，そのこと自体が実は設計といえるのではないか．

固定化したシステムよりも戦う武器が，つまりそれぞれの経験を情報として共有するナレッジマネジメントが有効である．あらかじめ設定された要求条件に対する回答を一方的に提案するといった従来の

図5.2.1　2001年竣工の日本科学未来館

設計の進め方では創造的なデザインは難しく，むしろ要求条件を導き出す過程で，どのように建築主や関係者とともに問題を整理し総合的なコンセプトやイメージを共有するかが設計のポイントといってよい．多くの標準設計フロー，ブリーフィングなどの設計ツール/マニュアル，標準仕様書や標準詳細図，監理基準などはこのような状況ごとの差異を前提とした補助ツールであり，差のある個々の設計チームとケースをバックアップするために用意された道具の1つであるということを認識する必要がある．本節では2001年に竣工した日本科学未来館の設計の経緯を紹介し，期間が限られた状況での広範な技術者の協働の様子を伝えたい（図5.2.1）．

5.2.1　設計者決定まで

1999年3月"さいえんすワールド〔現 日本科学未来館〕建設にかかわる基本設計および実施設計業務"の指名プロポーザルが行われた．要綱書には"先端科学技術の振興，展示・交流によって次世代の日本の糧を"という壮大なテーマが掲げられていたが，実際の運営形態や詳細の条件はほとんど未定で，しかも設計6カ月工事15カ月という驚異的なスケジュールが前提となっていた．我々はこの厳しい条件を受けて設計・構造・申請・監理・工務・ランドスケープといった社内の専門家チームを選任し，さらに実績を重ねるため，その種の設計経験が豊富な設計事務所と協働することとし，多くの設計者，エンジニア，技術者の最適のコラボレーションを図ることとなった．このプロジェクトでは，設計条件がない，つまり常に変わるものであることを逆に設計条件とせざるを得ず，"建築の可能性"がテーマとなった．地下をなくして工期と工事費を削減して同時に地下展示の可能性を残したり，地震の水平力をスーパーフレームに負担させて床スラブを抜けるよ

うにして空間の大きさを変えられるようにしたり，配線や配管のルートを寿命に応じて設定したり，自然光や自然換気を最大限に利用することによって自然との関係を再認識できるようにし，その中で自然と人間と技術の交流を目指すなど，このプロジェクトならではの提案を重ね，基本姿勢を明確にすることに努めた．幸い，プロポーザルの結果，我々のチームが特定され，その時点で既にチーム内では"可能性を計画する"という明快な設計上のテーマを共有できる状況となっており，この大きな骨格の中で建築主との集中的な協議に臨む準備が完了していた．

5.2.2 基本設計フェーズ

主要メンバーによる海外視察や模型/パースを利用した討議を重ねることによって，早期にプロジェクトの中心となるテーマと全体イメージを共有することが基本設計の重要なポイントであった．ビジブルなものというのは認識の共有には誠に有効である．平面のつながりを視覚化できるスタッキング模型やCGパース，模型を人の視点で見ることのできるマイクロスコープなどのツールを利用して打合せを進めた．同時に構造・設備・外装システムなどの建築の骨格作りに専念する内部作業チームと，変化するであろう展示や研究の内容を詰めたり，当該地域の都市計画との関係を整理し調整する対外調整チームを別に任命して，内外の並行作業で基本骨子の深化を進めることとした．もちろん共通のテーマを共有できたがゆえにこのような並行作業が可能となったわけだが，大きな枠組みの中で各条件あるいは条件の幅を設定し，工期をにらみながら，同時に工事費の適正配分をしながら詳細を1つ1つ詰めていく作業は，いわばデッサンでプロポーションや面

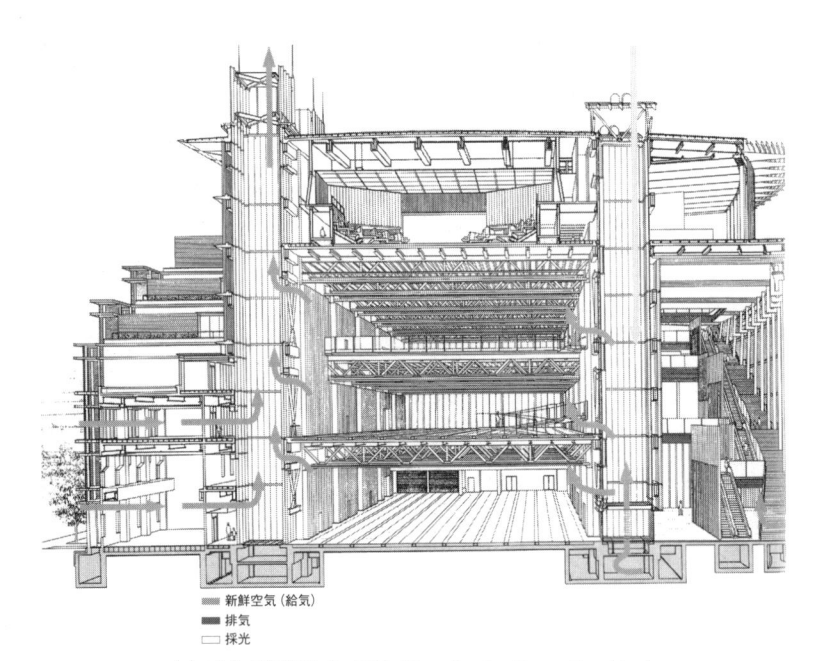

(a) 南北方向断面パース図（Drawing by Teruo Tsuchiya）

(b) リニア案検討模型 　　　　(c) 曲面案検討模型

図 5.2.2 断面構成とボリュームスタディ

の構成をあたった後，各部の詳細を書き込み，さらに全体に戻ってバランスをとるといった一連の作業に類似している．

この段階で，研究・展示・交流という3つのゾーンのそれぞれの境界部にスルーホールという10カ所の小外部空間をはめ込んで自然採光・換気を図るとともに，将来の設備改修の可能性をひろげ，さらにゾーンを越えたコミュニケーションを実現することを提案，そのスルーホールの部分に設けたスーパーストラクチャーの構造システムによって展示室の床をプレキャストコンクリートにでき，その上にさらにコンクリート製の可動床とピットを配して今までにないフレキシビリティを確保する基本構想の提案が技術的にも立証された（図5.2.2）．

5.2.3 実施設計フェーズ

基本設計で設定されたプランをもとに，積算・発注ができる契約図書を作成するのが実施設計の目的である．使用材料を選び，寸法と納まりを決め，空調や照明，衛生設備との関係を詰めていくのがこの段階の主な作業であるが，この最初の段階でまず最終の設計図書のページ割とレイアウト，基準ディテールを設定することが効果的である．

これによりどこで何を押さえる必要があるかをチームメンバーで共有するとともに，標準ディテールで押さえられる部位と新たに検討を加える必要がある部位を明快にして，専門技術者や外部のメーカーとの打合せの時間を効率的にしかも順序だてて設定することができるようになる．

全体の動きをスケジュールに表現した上で構造・設備等の各分野のエンジニアがそれぞれの部位の検討を全体計画に影響を及ぼさないように進めていく必要があるわけだが，一人が状況を無視するだけであちこちにひずみが出てしまい，後戻りが多くなってしまう．能力に差があり，興味も異なるメンバーが協働する建築設計作業の中で，テーマとスケジュールを共有することは何より重要である．

難しいテーマ，厳しいスケジュールのケースでは，日ごろから議論を重ねて共通言語を有しているメンバーの阿吽（あうん）の呼吸は大きな力となるし，また他のプロジェクトにおける様々な経験・情報・知識の共有は重要である．このプロジェクトでは当初から明快な達成イメージを共有できていたため，初めての協働者とも順調に進めることができた．

同時に，ランドスケープ，照明環境デザイン，サインデザイン，交流スペースの吊り彫刻など外部からも有能なデザイナーの参加を仰いで，短期間ながら密度の濃い展開を狙うこととなった（図5.2.3）．

実施設計段階では標準仕様書や共通標準図等を利用して，できる限りルーティンワークを減らして重要なデザイン部に時間をあてることが肝要である．しかし，デザインだけでなく，契約内容のチェックを行うことも設計者としての重要な任務である．設計内容や発注方式のアカウンタビリティがますます問われる状況にあって，常に公平性を旨としながら，様々なノウハウの蓄積と情報力を駆使しながらアカウンタビリティの高い設計内容を予算内に収めることが必要である．建築主の利益を図りながら，いか

(a) 脇田愛一郎氏によるアトリウム彫刻　　(b) G. Hargreavesによるランドスケープ

図 5.2.3 協力デザイナーとの協働

402　第Ⅳ部　5. 設　計　事　例

(a) 内部の機能を表現したファサード

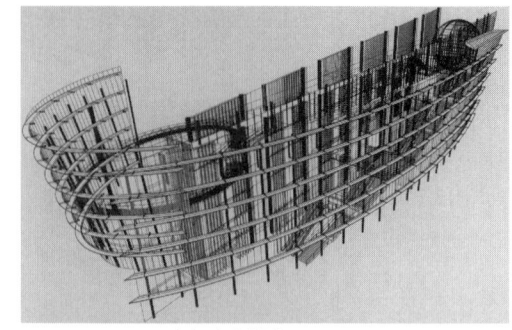

(b) 全体構成フレーム

A部（フィンボックス部分）詳細断面図　S:1/20

A部（フィンボックス部分）詳細立面図　S:1/20

A部（フィンボックス部分）詳細平面図　S:1/20

ファサード詳細　S:1/200

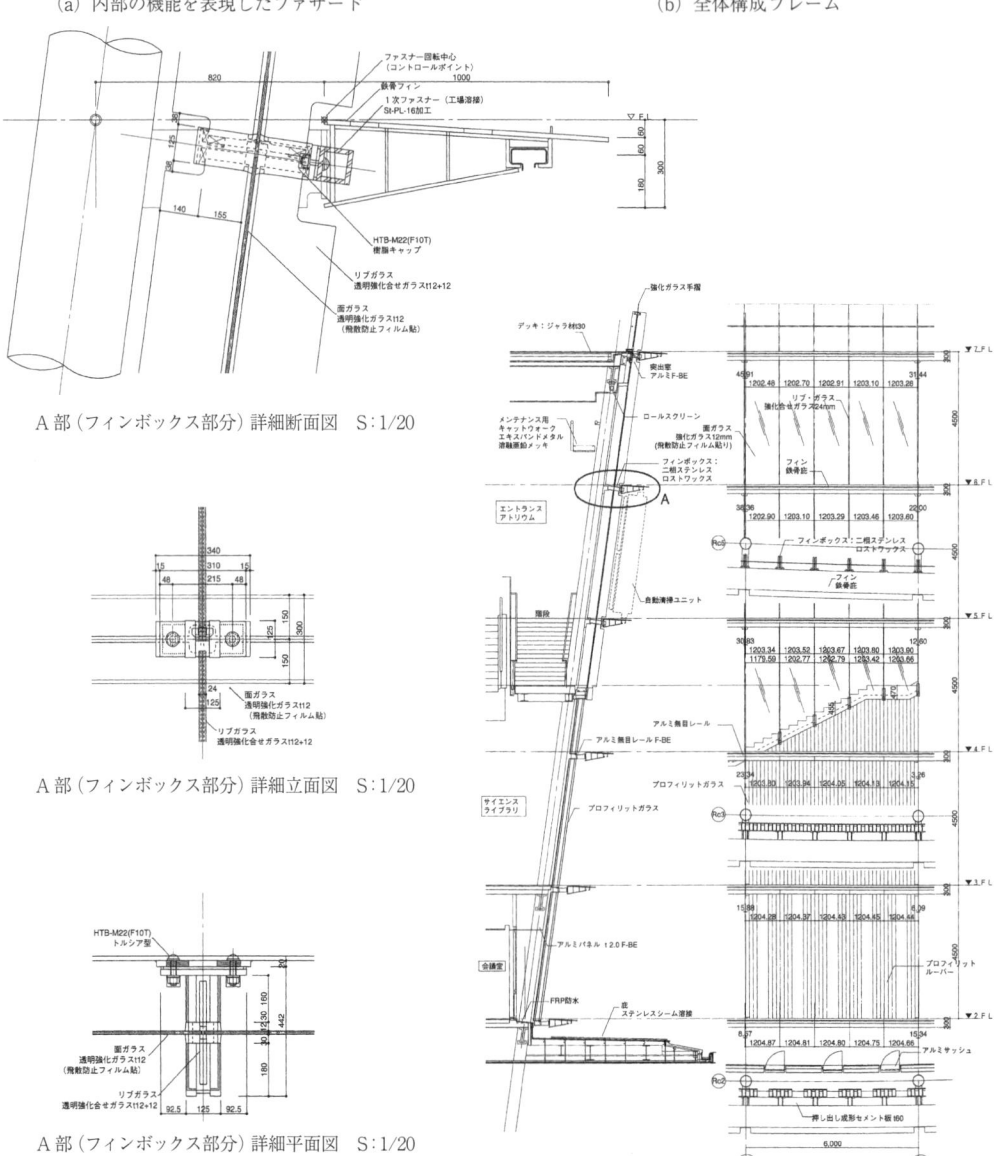

(c) 強化ガラス・フィンボックス構造詳細図

図 5.2.4　ガラスの外装ディテール

に的確なプロジェクト推進を図ることができるか，ケースバイケースのプロジェクトマネジャーの力量が問われることとなる．

筆者の事務所では通常これらのプロジェクト推進に対してプロジェクトのオリエンテーションを行うDO，デザインを方向付けるデザインレビュー，設計詳細を第三者が客観的にチェックするDR3（検図）を行うことになっているが，DOとDR3以外はプロジェクトの状況に応じて設計責任者の判断で実施することが認められている．

5.2.4 工事監理フェーズ

工事が契約された内容に合っているか，スケジュールが順調にいっているかを，施工者とは独立した立場で監理し，同時に決定されたメーカーやサブコンと打合せを進めて，実際の材料/色/納まり/寸法を確認していくのが設計監理の役割である．

本ケースでは新しい構法となったガラスリブの3次元カーブの外装や清掃ロボット，太陽追尾のソーラーコレクター，外気導入を企図した研究室サッシや扉など，決定されたメーカーの技術者との開発上の詳細打合せが全体のスケジュールに影響を及ぼすことになった．さらに，諸般の事情からプロジェクトを4工区に分割して工区ごとにJVが編成されたため，工区間の調整を図ることも重要なポイントであった．

現場は常に生きており，全体と部分，工事費と品質が常に絡み合う中で，実際に施工する技術者や製造担当者と1つの方向をそれも適切な時期に見いだしていく必要がある．ここでは何が何より優先かという優先順序を明確にすることが重要であり，また竣工後の思いがけない使用方法や安全性，メンテナンスやエネルギー費などに関して総合的な注意を払いながら各部の確認を行っていく必要がある．そのような工事運営指導に精通した監理部門の専門家と設計意図を展開する設計者が気持をあわせて一つのチームを構成し監理を進めていった（図5.2.5）．

5.2.5 竣 工 後

建築は工事が完了したらおしまいということではなく，実際にはそれからが本当のスタートである．

工事完了時の竣工検査やその是正を経て，ようやく実際に建物を運用管理されるメンバーへの取扱い説明が行われるが，その際にも設計の意図を正確に伝え，コンセプトについて共感を得ておくことが重要である．また，竣工後もメンテナンス会議を繰り返し開催し，実際のクレームや運営の状況について協議する中で本当の要求条件の確認や建築主との価値の共有が推進されることも多い．

このケースでは設計者選定から竣工後の使用段階に至るまで本当に多くの関係者が参加することとなったが，その間，常に当初提案したコンセプトを

図5.2.5　アトリウムの彫刻

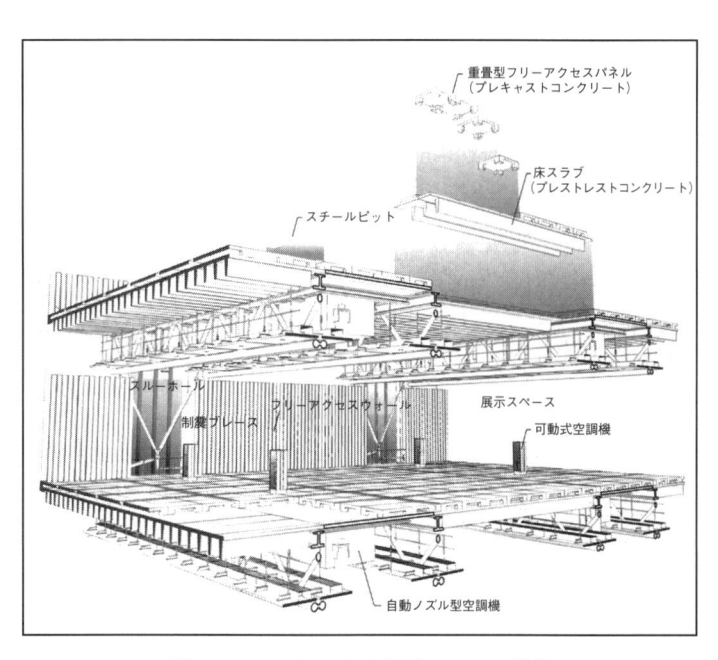

図5.2.6　フレキシブルな展示スペースの構成

図 5.2.7 東側大吹抜とオーバルブリッジ，シンボル展示

共有することができ，様々な状況での展開を意義あるものにできたことは幸いであった．建築主や使用者，多くの技術者・施工者など，関係した多くの人々の良い関係と理解の中で"建築"は本当の命を得るものであることを再認識しているところである（図5.2.7）．　　　　　　　　　　　　　　　　［桜井　潔］

5.3　一品生産化

5.3.1　建築物は一品生産

すべての建築物は一品生産である．

この命題は，建築基準法上での建築物の定義として，土地に定着する工作物であるという点で，常に真である．建築物は一件ごとに固有の土地に密着して生産される．たとえ上部構造が全く同一でも，敷地が異なれば違う地盤条件に対応した基礎構造が必要になり，また異なる周辺の環境条件に対応した設計が要求される．

しかし，上記の命題を真ならしめる，より根本的な理由としてあげるべきなのは，建築物が原則として受注生産であること，すなわち建築物という製品が，その生産を開始する時点で既に売れているという一般的な事実である．発注者（あるいは建築主）ごとに建築物に求める目的・機能は異なる．こうした要求条件を建設業界の語彙で特定したものが設計ブリーフであり，これを満足する建築物の「ありよう」を図面・仕様書等に明示することが建築生産プロセスのうちの設計行為である．したがって，建築物が一品生産となるのは必然である．

一品生産に対比される概念として大量生産がある．未知の購入者・使用者に数が売れることを見込んで大量に製品を生産することによって繰返し作業を増やし，ひいては安定した品質と規模の経済性のメリットを獲得することが可能となる．製造業では，制御された環境である工場で製品を大量生産することが前提であった．しかし，大量生産には没個性・単調さといったデメリットもあり，顧客のニーズにきめ細かに対応するため，多品種少量生産に軸足を移している企業が多いといわれている．

建築生産の現場では，一品生産と大量生産，さらには多品種少量生産という互いに異なる志向の折り合いをつけながら，その境界をいかに仕切るかに日々心が砕かれているのが実態である．本節では，わが国の建築生産における一品生産と大量生産のせめぎあいの両極の事例を取り上げて概観する．

5.3.2　一品生産品へ工場生産の発想を導入

建築物の発注者にとってみれば，そこに求める目的・機能が他と異なるわけで，それを満足するためにはテイラーメイドの設計がなされ，他と異なる建築物が実現することを期待するのは至極当然である．一方，建築物の「ありよう」を定める立場の設計者には表現者としての一群が存在し，わが国の建設業界の一角で強い影響力を持っていることは周知の事実である．彼らは建築物を設計する上で，世に

問うべき「作品」としてのユニークさを追求する．そのため国内外のデザインの動向に敏感であり，常に新機軸が打ち出され続ける．結果として，建築関連雑誌は，好不況にかかわらず百花繚乱の様相を呈することになる．

ここでは「なにわの海の時空館」を取り上げ，その構・工法的側面および生産組織的側面から，発注者と設計者のいずれもが志向した一品生産品としての建築物を実現する取組みについて考察する．

「なにわの海の時空館」は，大阪市住之江区咲州コスモスクエア海浜緑地内に2000年夏にオープンした，大阪の海の交流史をテーマとする博物館である．発注者は大阪市港湾局，設計者は当時パリ空港公団に在籍していたフランス人建築家ポール・アンドルー氏．目指された建築物のイメージは，大阪港の入口を示すランドマークとなるべく，直径70mの半球状のガラスドームが沿岸に浮かぶかのように建ち，昼は建物内外からの視線がドームのガラス越しに交錯し，夜は内部の照明でドーム全体が海上に浮かび上がるというものであった．復元された木造船がドームの中心に据えられ，その周囲を巡るように展示空間として3層のドーナツ状の床が配されている．

ガラスドームの構造・施工的な側面だけに絞っても，以下にあげるようなこの建築物独自の技術的な課題が存在し，それぞれに対しての解決が図られた．

(1) できるだけ繰り返しを多用しながら，一方でユニークな架構パターンとなるジオメトリー（幾何形状）の定義と構造形式の選択，および接合ディテールの開発

ドームの半球面の大半を分割する架構パターンとして，ガラスの設計上の効率が最もよいとされる正方形に極力近い（相対する一組の内角が直角となる）形状が，"赤道"から"北極"に向かって螺旋状に昇るジオメトリーが採用された．ドームは"赤道"面での境界条件を最大限に利用した単層シェルとなった．これを構成したのは，曲げ加工なしの直径190.7mmの鋼管，4本の鋼管が剛接される鋳鋼ノード，および初期張力導入が可能なように両端に逆ねじを切った高強度タイロッドである．ここでは，鋼管およびタイロッドを単純な加工にとどめ，鋳鋼ノードにドーム架構の形状の一品生産性をすべて集約させている．総数1,000ピース以上の鋳鋼ノードの設計で，鋼管の取り合う角度の微小な変化に対応することで，1パターン当たりのピース数を48〜96として繰返しを可能とした．

(2) 上記の構造形式の設計を実現するために要求される高い製作精度の実現

単層シェルにおいてはその面外座屈が構造設計上で重要な検討事項であり，架構の製作誤差が構造的な安全性に与える影響が大きいのが特徴である．こうした高い製作精度は，現場に支保工を立てその上で部材を1つずつ接合していたのでは到底実現できない．このように製品に高い品質を要求する場合，工場でのプレファブリケーションに頼るのが常套手段である．ドーム架構をみかんの房のように放射状に12分割し，それぞれを専用に製作した20m×40mほどの仮設鉄骨架台の上で精密に組み立てた．これにより繰返しを伴う工場製品としての利点をドームの製作プロセスに導入することができた．

(3) ドームの施工上での内部建物との空間的・時間的な干渉の最小化

ドーム内部に木造船と展示用床が平面上でほぼ全面に配されることから，仮設サポートを立てることができず，また内部建物の完成を待ってドーム架構の建方を開始していては契約工期に間に合わないことが明らかであった．そこで臨海工場で鉄骨ドーム架構を完成し，これに大半のガラスを張った上で，台船で現場沖まで曳航し，フローティングクレーンにて半球ドームを一気に吊りこむという画期的な工法が採用された．

ここで見落としてはならないのが，一品生産的な建築物を実現する上で要求される建築生産組織のダイナミックな運用の必要性である．意匠・構造・設備といった分野ごとの設計専業者の集合体である狭義の設計者のみでは，上述のような建築物を実現することができないのは明らかである．生産設計への連続性を考慮して，設計段階で施工者・専門工事業者の参画をいかに図るかがプロジェクトの成功に直結する．本プロジェクトでは特に鉄骨加工業者との密接な連携が必須であった．

これは，建設業特有の現象として，設計図書がすべての詳細を表現しているわけではないこととも関連する．実施設計図面は建築物を造るための基本的な情報を提供するものにすぎず，工事契約の対象となる公式の図面ではあるがこれだけですべての工事ができるものではない．さらにいえば，一品生産的な色合いが特に濃いプロジェクトでは，これに参画する各主体の役割を当初から一律に決めること（task partitioning）が困難である．プロジェクトマ

ネジメントの観点からは，こうした環境下で技術革新を促進しつつ，そのリスクを主体間で適切に分担する方法論が必要となってきている．

5.3.3 大量生産品へ一品生産の感覚を導入

建築物に大量生産の志向を最大限に取り入れることが図られた事例として，公営住宅の標準設計と工業化住宅（いわゆるプレハブ住宅）があげられる．

a. 公営住宅の標準設計

第2次世界大戦後の復興および経済の高度成長をみた1950年代から70年代には，急激な都市化を背景として公営住宅が大量に供給された．なかでも日本住宅公団（のちの住宅・都市整備公団→都市基盤整備公団）が果たした先導的な役割は大きい．ここでは標準設計方式が採用され，また，ステンレス流し台，ホーロー浴槽など公団が開発の主導権を握った部品を含め，建築物各部に規格部品が使用された．

ところが，住宅需要が量的なものから質的なものに移行した（それは一面で他との差別化を求める多様化，すなわち一品生産志向を意味した）ことにより，1970年代後半には標準設計制度が廃止された．これと時を同じくしてメニュー方式が導入され，それ以来，フリープラン賃貸住宅，ユーメイク住宅，KSI（Kodan Skeleton and Infill）住宅と，賃貸者・購入者により大きな選択の余地を与えることにシステム開発の方向性が向けられている．

b. プレハブ住宅

プレハブ住宅については本章5.1節に詳しいので詳細はそちらを参照されたい．ここではその歴史の一面が，大量生産された工業製品を組み合わせながら，いかに一品生産の感覚を購入者に得させるかというのが元来の発想であったものが，他社との差別化のため購入者の要望をより柔軟に聞き入れる「自由設計」の幅を広げることで多品種少量生産に向かい，規模の経済性を失っていったプロセスであったことを述べるにとどめる．

なお，2000年前後から5年以上続いたデフレーションの影響を受けてか，購入者の選択の余地を限定することで規模の経済性のメリットをより前面に打ち出すマーケティング戦略に立ち戻った商品が見られるようになっていることは，これまで一貫してきた一品生産志向に対する逆行という点で特筆すべきである．

［小栗　新］

5.4 情報システムの活用事例

本節では，設計業務において，高度な機能を持つ3次元CADシステムを核とした情報システムを活用することによる生産設計へのアプローチの事例を，構造設計からの情報の流れを中心に紹介したい．

5.4.1 建設プロセスの変化と生産設計の概念形成

従来型の建築生産プロセスにおいては，施工準備段階および着工後において施工性の検討や施工・製作可能な情報精度による建物情報の作り込みが行われていたが，ややもすると同時に設計情報の不整合や各種設計図面間の矛盾の解消，設計内容の不明確な部分の確定促進等の設計マターの問題解決を施工側が担わされるのが現状であった．1980年代後半のバブル期以降，建築物に期待する多岐にわたる要求への対応や，環境問題等新たな観点からの建築性能の作り込みなど，建築設計に要求される課題の増大に伴う設計業務のプロセス上流への傾斜が，施工に引き渡される設計情報の精度の低下を招いたと考えられる．このような背景のもとで，1990年代前半から，設計と施工とをつなぐ中間的なプロセスとして「生産設計」の概念が，建築業においてもたびたび提唱され，検討されるようになってきた．

現在においても建設業界において各社各様の「生産設計」への模索が行われているが，共通的な概念および手法として，

① 設計段階での施工技術の取り込みと実施設計以降の生産情報の作り込み
② 従来に比べ前倒しに建物の品質とコストを作り込むことにより，生産工程全体における生産性を向上させるための新しい工程としての職掌の認識
③ ビューとしての図面だけでなく，内部表現としての建物情報自体の共有への着目

などが認められる．

5.4.2 建築生産情報統合システム

総合建設業における設計施工一貫方式は，基本設計から竣工・アフターサービスに至る一連の建築生産を合理的に進める上では有効なシステムであるといえる．しかしながら，従来の設計・施工プロセスにおいて，このメリットが十分に生かされていたとは言い難く，設計部門と施工部門間の双方向の情報

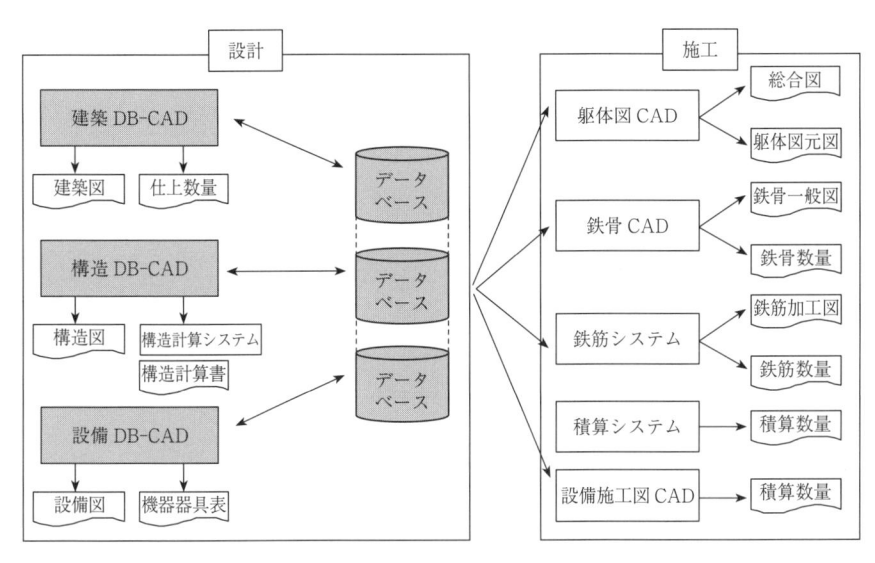

図 5.4.1 KSJT システムの構成図

交換の迅速さ・正確さを向上させることにより，建築生産プロセスの飛躍的な合理化が実現する可能性が考えられた．

K建設ではこのような展望のもとに，社内外を視野に置いた情報伝達の効率化による設計・施工工事の生産性向上を目指して，情報を電子化しそのメリットであるデータの転用性を生かす「建築生産情報統合システム」（以下 KSJT システムと略）を開発し，実工事で運用することにより独自の生産設計の確立を目指している．

5.4.3 システムの構成

図 5.4.1 に示すように，KSJT システムは，設計工程を支援する3次元のデータベース付きの CAD（以下，DB-CAD）である統合 DB-CAD（建築・構造・設備の各 DB-CAD の総称）と，施工工程を支援する各種施工用システム群から構成される．

設計段階では，統合 DB-CAD によって精度の高い，設計全体として整合のとれた情報が構築可能となる．建物情報は文字データの形でデータベース化された立体的なモデル情報を核として，ビューとしての各種図面や帳票（仕上表・機器表など）が一元化された形で出力される．

この設計情報はデータ連携により，積算・躯体図 CAD などの様々な施工用システムと電子的につながっている．施工用のシステムにより，施工計画の基本となる情報が早期に提示され，生産設計・生産管理等に活用される．

5.4.4 設計間の情報の連携

実施設計段階において，建築・構造・設備の各設計者が各自の DB-CAD を活用し，立体的なモデルとして表現可能な形で設計情報を構築する．各 DB-CAD のモデルはビューとしての2次元図面と連動し，互いに不整合のない図面が出力される．一方，モデル情報は CAD とは独立したデータの形式で出力され，建築・構造・設備間でデータ連携されることにより，相互の矛盾が解消される．構造の部材情報・設備の配管・ダクト・機器の形状をデータとして建築 DB-CAD に取り込むことにより，例えば建築部材と構造部材，建築部材と設備配管との空間的干渉等が，立体的に表示されることにより容易に発見され，解消される．

このように設計段階にモデル構造を持つ高度の CAD を活用することにより，設計情報全体の精度・確定度の向上が実現できた．

5.4.5 施工での情報の展開

図 5.4.1 に見るように，設計情報は従来からの図面に加えてモデルデータの形で見積・施工システムに瞬時に入力される．これにより積算・施工準備段階の作業の省力化が実現する．

躯体図を例にとれば，構造設計から構造部材情報が，建築設計からはコンクリートの増打や建具開口の詳細情報が，設備設計からは配管等による梁貫通孔情報が自動的に入力されることにより，精度の高い躯体図元図が早期に得られ，施工上の検討や施工

第Ⅳ部 5. 設 計 事 例

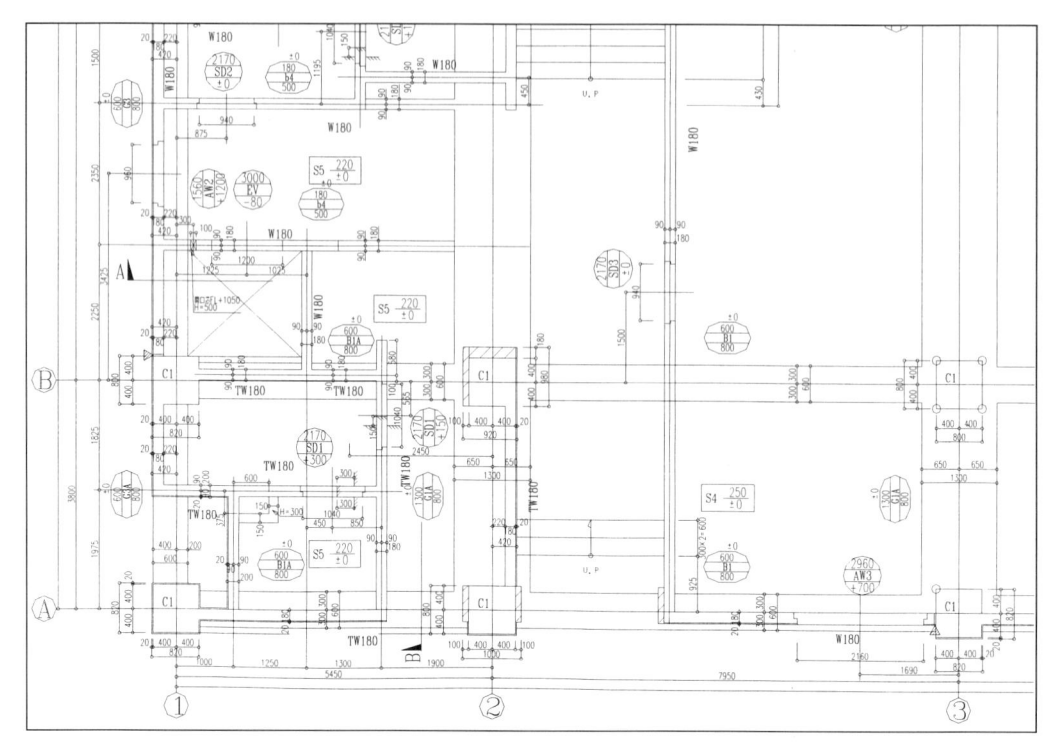

図 5.4.2 変換後加筆した躯体図元図

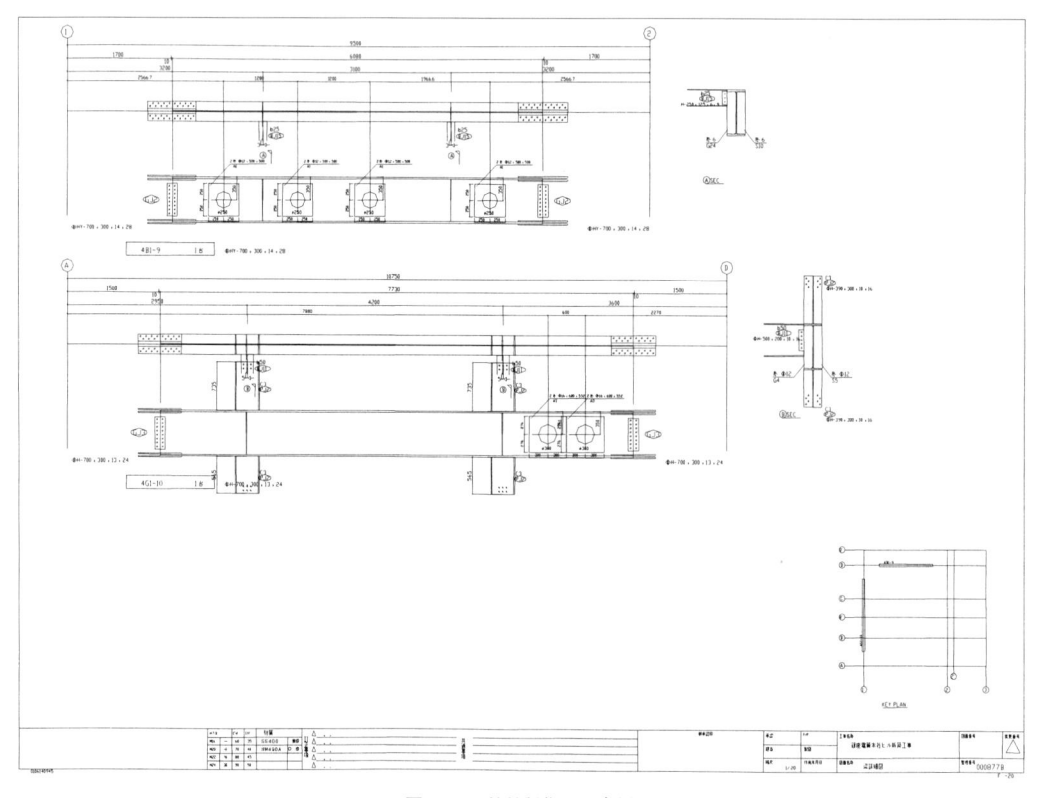

図 5.4.3 鉄骨製作図の事例

計画等の早期着手が可能となった（図 5.4.2）．

また鉄骨に関しては，構造設計から構造部材情報が，設備設計からは梁貫通孔情報が自動的に入力され，製作図（一般図），詳細図元図，主要部材の形状・重量・部品情報・溶接量などが自動的に出力される．これらの情報は，鉄骨材料発注・数量管理・建方計画などの社内業務に活用されるとともに，データを鉄骨製作会社に渡すことにより，さらに先の鉄骨製作業務に活用されている．

5.4.6 課題
① 新しい建築生産方式に対する意識改革
② 工程間で受け渡される情報，データの内容，精度，形式などの明確化と標準化
③ 設計，見積，施工計画，製作，施工などの各プロセスでの役割分担と責任の明確化
④ 協力会社も含めた役割分担の再構成とデータ共有化による企業間の効率化
⑤ 恒常的な機能としての組織的な運用体制の確立

[八坂文子]

文　献
1) 第13～17回建築生産シンポジウム「構造設計情報の生産計画業務への多角的活用の試み」（その2-5），日本建築学会（1997～2001）
2) 第18～19回建築生産シンポジウム「設計施工情報の共有による生産業務の革新」（その2），日本建築学会（2002, 2003）
3) 第9回建築設計と生産情報の流れシンポジウム「総合建設業における生産設計の動向」，日本建築学会（2002）

第 V 部

施　工

1
施 工 と は

1.1 施工の特徴

　施工とは，建築の企画－設計－施工－維持管理のプロジェクトの中で，企画設計された建築を物理的に実現していく工程であり，製造・製作された部品や資材のアッセンブル過程といえる．

　建築施工の基本的な特徴は，建物が不動産であり，一部のプレハブ住宅などを除いて，プロジェクトごとの受注一品生産であることに根ざしている．特徴を列挙するならば，

① 受注産業であり，季節や景気の変動で需要が大きく変動すること
② 受注一品生産であり，プロジェクトごとに設計が行われること
③ 土地に根ざしているものであるため，当然施工場所がプロジェクトごとに変わること
④ プロジェクトごとに施工メンバーが臨時的に集まり，そのつど組織が変わること
⑤ 工場生産の割合が小さく，作業所で多くの労働者を必要とすること
⑥ 施工組織が重層下請構造で，労働者の雇用が多様であること

などである．長年にわたって，これらの特徴に適合した生産組織や生産体制が形成され，また改善も行われてきた．例えば，

① PC（プレキャストコンクリート）やサッシなど工場生産品の導入
② タワークレーン，コンクリートポンプ車など建設機械の導入
③ 鉄骨，設備，床などのユニット化
④ VE, TQC, ISO 9000s などの導入
⑤ CAD や工程管理など工事管理ソフトの導入
⑥ インターネット，イントラネット活用

などである．しかし，受注一品生産であることの壁が大きいこともあり，工事計画・管理の継続的な改革が難しく，課題も残されているのが実態である．製造業に比べ，農林水産業と並んで生産性が低く，コスト高の産業として改善を求められている．

1.1.1 産業としての側面

　建設投資は，バブル崩壊後減少に転じ，2005年度には53.5兆円（GDPの約10.6％）であり，今後も減少していくことが見込まれている．建設業者数も，2000年度に60万社に達したが，2006年3月で54.2万社まで減少した．建設産業に就業する人は2005年568万人で，全産業就業人口の約1割を占める大きな産業である．このうち，現場施工に直接関係する就業者は約500万人で，約半数が建築施工現場で働いていると推定される．

1.1.2 現場施工の労働環境

　建設現場の労働環境は，施工現場が移動し，雇用形態が断続的・重層的という現場施工の特徴から，まだまだ整備されていないのが実情である．

　建設業における男性生産労働者の年間賃金は，全産業の男性労働者平均と比較すると約8割程度となっており，一方，労働時間は1割程度長く，その差はむしろ拡大している．

　労働者の平均年齢に目を向けると，建設業労働者の平均年齢は1992年まで上昇を続け，41.8歳（建設業の男性生産労働者が45.1歳に達したあと歯止めがかかっていた．特に男性生産労働者は，バブル崩壊後の景気後退の中で他産業から労働者を受け入れ42歳代まで下がり，製造業などに比べて依然として高いものの，その差は縮小傾向にある．2005年には43.0歳（建設業の男性生産労働者43.5歳）と，景気の回復と若年層の建設業離れにより，再度上昇に向かっている．

　建設業技能労働者の需給関係は，建設投資が減少

する中で1990年には4.2%の不足であったが,急速に改善され,1998年以降は統計上の数字では過剰気味（不足率0%以下）であった.しかし,民間建設投資の回復もあり,2005年には1.1%と8年ぶりに不足に転じている.

建設労働のもう1つの大きな問題は,労働災害の多さである.建設業死傷者数,建設業就業者は総労働人口の約1割であるのに対し,死傷者数は約3割を占めている.さらに,死亡事故においては全産業の4割を占めており,施工現場でのさらなる安全性確保が求められている.

1.1.3 施工組織のパターン

建築生産の組織は,発注者,設計者,工事監理者,施工者から構成されている.

① 発注者：建物の注文主.一般に,施主ともいわれる.自家用の建物を注文する場合と,事業用に注文する場合がある.

② 設計者：設計者は,発注者から委託されて,建物を設計する者.発注者の組織に属する場合,独立の設計事務所の場合,施工者の組織に属する場合がある.

③ 工事監理者：工事監理者は,工事を設計図書と照合し,それが設計図書のとおりに実施されているかいないかを確認する役割を担う.基本的には,設計者自らもしくは同一組織の者が行うが,第三者が行うケースも起きている.

④ 施工者：通常,発注者と工事契約を結んで,工事を請け負う者.施工者は,さらにゼネコン（General Contractor：GC.元請）・サブコン（Sub Contractor：SC.下請）・資材メーカー・部品メーカーに分類される.

これらのメンバー相互の関係によって,施工組織構成もいろいろなパターンが生まれることになる.発注者と施工者との契約関係を考えるとその主たる要素は,① 施工が一括発注か,分離発注か,② 設計と施工が分離か,一括か,③ 請負か,実費精算か,④ 契約が特命か,競争入札か,などである.

日本における典型的な工事では,発注者と一括請負契約したゼネコンが複数のサブコンの協力のもと施工を実施する.この場合,施工の品質・工程に関してゼネコンがリスクをすべて担う形で施工を行うことになる.設計者の位置づけによって,① 設計施工分離した形,と② ゼネコンが設計も含めて請け負う形,に分かれる.公共工事においては,施工者選定を入札で行うことから,基本的に①のパターンである.民間工事においては,ゼネコンがプロジェクトの企画段階からそのノウハウを生かして予算や工期を発注者の希望に添う形で設計に関与する②のタイプも多い.

一方,分離発注の施工形式も存在する.発注者が設計事務所やコンストラクション・マネジャー（Construction Manager：CMr）のアドバイスのもとで複数の工事ごとに契約を結ぶ.ゼネコンは,基本的に躯体工事業者的な位置づけとなり,施工全体の取りまとめ責任は発注者・CMr側にある.

1.1.4 施工の歴史的な側面

西洋建築が導入された明治期においては,施工者の技術が十分ではなく,設計者が設計だけでなく監理技術者として,施工全般にわたって指示・監督していた.その後,ゼネコンの技術力・資金力が向上し,施工に関しては,工事契約約款上でも請負者・現場代理人が全責任を負う体制となっている.さらに,最近ではサブコンが技術力を高めており,各種工事の遂行に関しては,サブコンの力に負うことが大きくなっている.例えば,各工事の具体的な工事の進め方である施工要領書もサブコンが作成し,ゼネコンはその内容をチェック・承認する流れである.また,施工法の改善を検討するVE活動においても,サブコンの提言は不可欠となっている.その結果,ゼネコンのハード技術に関する力量がますます低下するのではないかと懸念され,技術の空洞化も問題視されるようになっている.

施工に関連する新しい動きとしては,

① 品質管理ではTQC,さらにISO 9000sへ移行し,工事記録の重要性の高まり

② 設計図から施工図までCAD製図の一般化とデータ交換の始まり

③ インターネット環境の普及とCALS/EC推進運動

④ 建設廃棄物リサイクル法やシックハウス問題など環境問題への関心の高まり

⑤ CMを中心とした分離発注の動き

などがあげられる.建築施工の世界も作業所の仮囲い中の話にとどまらず,世界的なISO規格,社会的な環境問題など,社会全体との関係や,グローバルな視点の重要性がより高まっている.

［永易 修］

1.2 施工の流れ

施工の詳細については第2章以下に示すが，ここでは図1.2.1に示すように，主として施工管理者の立場から着工〜竣工までの施工の流れを概説する．

1.2.1 施工計画
a. 施工方針の立案
受注が決定した段階で，作業所長が決まる．作業所長は，発注者や近隣環境などから当該プロジェクト施工にあたっての要求条件を整理し，施工の基本方針を立案する．作業所長は現場代理人として，企業の基本理念の枠の中で，自らの施工方針を立案し，スタッフやサブコンに周知する．

b. 基本計画
作業所長は，作業所メンバー・母店スタッフ，さらにサブコンの協力を得ながら，施工の基本方針に則った基本計画を立案していく．まず，地盤・近隣の調査・労務状況・資材需給状況などの条件を把握する．地下工事，躯体工事，仕上工事に関して，代替となる工法案を立案・比較検討して，基本工法を決めていく．基本計画の内容は，時系列的には基本工程表として，空間的には総合仮設計画図としてまとめる．また，各工事の準備として，諸官庁への各種申請・届出や調達の工程計画も忘れてはならない．

1.2.2 施工管理
施工管理には，図1.2.2のように3つの軸がある．
a. 時系列的管理
施工は，着工準備段階，中間期（日常管理），竣工・引渡し段階によって計画・管理すべき事項は大きく異なる．時期を逸した管理は全く役に立たない．

着工準備段階では，営業引継ぎ，作業所編成，起工式，準備調査，事務所設営などの業務をこなしながら，工事計画を立案しなければならない．この時期の管理の良し悪しが後の工事の成否を大きく左右する．中間期においては，月次や週次の定例会議，日々の朝礼・定時打合せなどによって，多くの関係者の調整をしながら工事を運営していかなければならない．不確定要素の多い建築施工の進行において，予定どおりに進行しないことは多々あることなので，PDCAのサイクルを回すことが大切であり，随時，計画のずれをチェックし，修正する必要がある．竣工・引渡し段階では，竣工検査，竣工引渡し書類の整理など最後の追い込みが必要となる．

施工段階に応じて，必要とされる知識・能力も異なるため，母店のスタッフも含めて，その時期ごとに対応した施工管理組織の編成も必要である．

b. 管理項目別管理
管理項目別管理とは，品質（Quality）・コスト（Cost）・工程（Delivery）・安全（Safety）に，最近では環境（Environment）を加えて，QCDSEといわれる各管理項目ごとの管理のことである．QCDSE以外にも，近隣・官庁対応も重要な項目であるし，IT時代を迎えて情報管理も重要となっている．

品質管理では，TQCからISO 9000sの時代になり，チェック記録をとることの重要性が高まっているだけでなく，チェック・手直しの体制から，事前の予測計画を重視する時代になっている．また，住宅の品確法の成立など，エンドユーザーへの対応の重要性が高まっている．

予算管理では，着工時の実行予算の作成と工事進行に伴う予算管理を行う．発注者に対しては取下げ

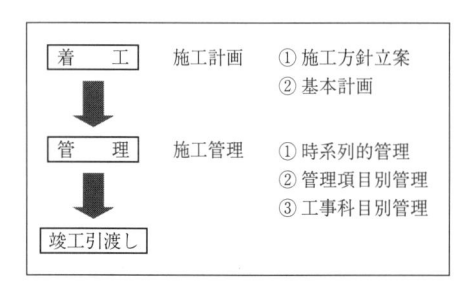

図1.2.1 施工管理の流れ

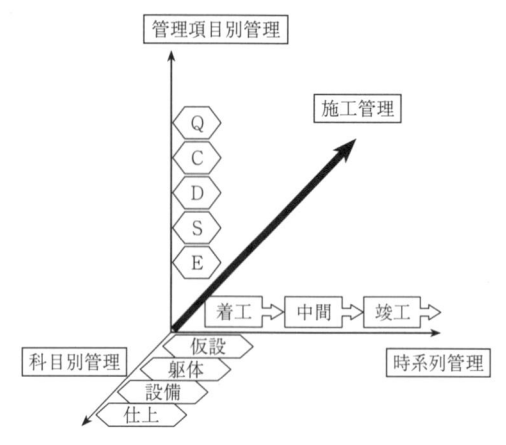

図1.2.2 施工管理を構成する3軸

管理，サブコンに対しては支払い管理という2面性を持つ．最近は，コンピュータによる管理ツールが普及している．予算管理，コスト削減の重点ポイントである調達管理では，現場調達と母店での集中調達の調整，海外調達への取組み，ピラミッド型の協力会社組織とIT時代のオープン調達など，新しい動きも起きている．

工程管理では，全体概略工程を月間工程・週間工程にブレークダウンしながら管理していく．自然環境・近隣環境，また労務事情などによって刻々と変化する現場の状況の中で，各作業間の調整をしながら工期を守ることは，工事管理の大きなポイントである．工事工期は，プロジェクト発注者の要望により最適な生産効率を考慮した「積上げ方式」で決まることよりも，どちらかというと指定工期に合わせた「割付け方式」で決まることが多い．PERTなどの工程ネットワーク計算ソフトも建設業に導入されて長年経過しているが，指定工期に全体工程を割り付けたものを単にネットワーク的に図示するために使われていることも多く，工程管理は工事管理者のノウハウに依存しているのが実態である．

安全管理では，労働者の安全を確保するために，労働基準法その他各種法的規制が整備されている．日常的にも，月例会議や日々の朝礼・危険予知活動などの日常的な安全サイクル活動を実施して，事故の防止に努める．平成11年に労働省（当時）から「労働安全衛生マネジメントシステム（Occupational Health Safety Management System：OHSMS）に関する指針」が労働省指針として公表され，ISOの品質と環境のマネジメントシステム同様に，急速に多くの企業に導入されている．

近年，環境問題は社会的な重要課題の1つとなっており，建築施工においても環境管理の重要度は高まっている．建設副産物に対する法規制も強化されており，建設廃棄物の破棄やリサイクルに関しても厳正に管理・運営していかなければならない．

生産情報管理では，従来の打合せ会議・各種図書を介した情報伝達のみならず，近年のIT技術を用いた情報伝達・共有化が作業所運営をスムーズに進める重要なツールとなっている．プロジェクト関係者のITリテラシーや企業間の情報環境の整備のレベル差など，まだまだ課題も多いが，今後の施工改革のキーワードの1つである．

そのほか，施工を規制する諸官庁・法制度への対応や近隣環境問題への対応も施工管理上，大きなウエイトを占める．

c. 工事科目別管理

工事科目別管理は，仮設工事・地下工事・躯体工事・仕上工事の各工事科目ごとの管理である．工事科目ごとに，工事計画・施工準備・工事管理・工事記録というステップを踏む．工事科目にブレークダウンして，初めて詳細な計画・管理を実施することができる．サブコンのノウハウをうまく取り込むことも大切である．大型工事では，各管理要素別に担当が置かれるが，1人の係員が複数の管理項目を担当することも多い．一方では，科目を細分化することで工事全体が見えなくなることもあり，また，サブコン間で利害関係が発生することも多く，工事科目間の調整が重要である．この調整機能が，元請業者であるゼネコンの重要な役割であり，存在意義でもある．

施工管理においては，図1.2.2の3つの工事管理の軸を総合した形で管理を進めることが要求される．該当工事の内容・規模・施工体制などによって，柔軟な対応力が必要である．そのためには，企業の組織的な対応と個々の管理技術者も高度な管理技術が要求されるが，机上の学習だけでは身に付かない経験に裏打ちされた経験的・技能的な能力も必要である．

第2章および第3章の1節，2節で，時系列的な管理の流れを説明する．第3章3節から11節までは管理項目別の管理について，第4章では，工事科目別管理について詳説する．第5章では，特殊な構工法の事例を10数項目抜粋して紹介する．また第6章では，集合住宅・事務所・特殊大型工事を事例にして，個々に説明した工事の着工から竣工までの各要素が，実際の工事でどう流れ，調整されていくかを示す．

［永易　修］

2 施工計画

施工計画とは，要求された建築物を設計図書に示された出来形や品質を満足し，所定の工期内で安全につくるための計画である．そのためには設計図書類や発注者の要求，見積り条件などに基づき，様々な施工法に関する方法や手順などを検討するだけでなく，施工管理の体制，方法など多岐な事項についての検討が必要とされる．設計と施工が別組織で行われることが多い建築生産においては，設計が完了した後で行われることが多いが，現在のように建物が大規模化，複雑化するようになると，設計段階から施工計画の一部が並行して行われるようになってきた．特に超高層ビルやドーム建築，プレキャストコンクリート部材を多用した建築など特殊な施工法を採用する工事においては，設計と施工計画を切り離すことが難しくなっている．

本章では施工計画の中から計画の初期段階で実施される施工方針の立案と基本計画について概説する．

2.1 施工方針の立案

施工方針は，施工計画段階だけでなく，施工実施に伴う施工管理段階においても必要不可欠な指標である．企業経営に関する理念や工事の特性などを踏まえた施工方針は，現場運営の基本方針となる．

2.1.1 要求事項の把握
a. 発注者ニーズの把握

発注者が建物に何を求め，施工に何を期待しているのかをつかむことは，施工計画上重要な事項である．そのためには設計者や営業担当者を通した間接的な情報だけでなく，施工担当者は発注者との打ち合わせなどによりニーズを的確にとらえる必要がある．また，発注者もより良い施工を実現する意味から施工者に対するニーズ発信を心掛けるべきであり，設計に対するブリーフ（要求を規定する業務文書）と同様に，施工者に対しても要求を明確に示す文書の発信などが必要であろう．

b. 設計主旨・内容の把握

設計内容を把握するためには，設計図，仕様書，設計説明書，設計品質伝達表などの設計図書を精査し，不明な点を質疑書によって明確にする必要がある．また，設計監理の方針についても監理方針書によって重点管理項目や方法などを確認しなければならない．この段階においては設計の詳細に固執することなく，設計主旨や何が施工上の問題となるかを明らかにすることが重要である．

2.1.2 施工方針の作成

施工方針は，現場代理人である作業所長からだけでなく，作業所を管理する本支店からも上位方針として提示される場合が多い．方針の内容は，Q（品質），C（コスト），D（工程），S（安全），E（環境）に対する目標および留意事項を中心に，発注者の要望や設計品質，周辺環境を考慮したものとする．また，技術的な視点からの方針だけでなく，作業所の管理運営という視点からの方針も重要となっている．最近では作業所への導入が進んでいる品質や環境に関するISOへの対応も方針として重要視されるようになった．

［岩下 智］

2.2 基本計画

基本計画では施工方針に沿って施工のアウトラインを描く．そのためには施工にかかわる条件を把握した上で躯体工事を中心に基本的な施工法を検討し，基本（総合）工程表および総合仮設計画図を作成する．これらの結果をもとに関係法令に従って監

督官庁などへの申請や届出を行う．また，工事期間中に使用する機械設備や事務所備品のリースなど調達計画を立案する．

2.2.1 条件の把握

既に述べたとおり，発注者および設計者の要望や設計図書は施工計画の前提である．これらに加え，施工を制約する条件として敷地内外の様々な状況がある．施工計画にあたっては以下に示すこれらの条件を調査・把握する必要がある．

a. 敷地状況調査

敷地状況の把握は，通常設計段階で行われ，設計図書にはこの結果が盛り込まれている．施工にあたってはこれらのデータを確認するとともに，必要に応じて以下の項目について再調査を行う．

① 敷地境界：道路境界，隣地境界など
② 敷地形状：寸法，面積，高低，方位など
③ 既存建物・残存基礎：地上・地下の既存構造物，石垣，樹木など
④ 埋設物：上下水道，ガス管，電力線，電話線など
⑤ 電波状況：テレビ・ラジオなどの放送電波

b. 地盤調査

地盤調査は前述の敷地状況調査の一部ともいえるが，特に杭・基礎工事の計画上，重要かつ不可欠となっている．設計段階における調査は，建物の支持など構造設計上必要とされるデータの取得が目的となっている．根切り，山留め，水替え工法の選定など，施工計画に必要なデータを得るためには，設計段階での調査結果だけでは不十分である．建物規模，地盤状況にもよるが，地層，地下水位，土の物性などをつかむために試験掘り，ボーリング，貫入試験，載荷試験などを行い，安全かつ合理的な工法を選定する必要がある．

c. 近隣状況調査

施工の実施は近隣の様々な環境の影響を受ける一方で，同じ環境に対して影響を及ぼす場合も生じる．どのような影響を授受するのかを事前に予測し，施工計画に盛り込むために以下の項目について現状調査を行う．

① 道路状況：周辺道路の幅員，交通規制（幅，高さ，重量，一方通行など），通行量などに加え，信号やバス停留所位置，借用可能な駐車場位置などを調査する．
② 公共埋設物：周辺道路または空中に設置された電話ケーブル，電気ケーブル，ガス管，消火栓・マンホール位置などを調査する．現況図を作成し，施工に際して影響が及ぶときは関係会社，官庁の立会い・確認・指示を受けて対策を講じる．また，工事用電力や用水の引込み可能個所についても同時に調査する．
③ 隣接建物：敷地周辺建物および工作物の名称，所有者，竣工年月，面積，構造などを調査するとともに，施工による影響（音，振動，地盤沈下，塵埃など）が及ぶおそれがある建物などについては，正確な位置や高さ，壁の亀裂や汚れなどを写真付きで記録する．なお，対象物の所有者（管理人）の立会いを受けて調査することが望ましい．
④ 関係施設：工事期間中に届出などのかかわりを持つ市（区）役所，警察署，消防署，労働基準監督署，電話・電力・ガス会社，最寄り鉄道駅，救急病院などの場所，連絡先を調査する．
⑤ 仮設建物用地・作業用地：事務所や倉庫などの仮設建物の用地や材料加工などの作業場所が確保できない場合は，周辺の空き地や貸事務所などの調査を行う．この際，用地周辺の道路状況や敷地との距離，所要時間なども併せて調査する．

d. その他

現地の降水（降雪）量や気温，暴風雨の発生頻度など気象情報を調査し，工程計画や品質管理計画に反映させる．また，祭りなどの季節行事や慣習など地元特有の条件についても調査し，内容によっては工程計画に反映させる．

2.2.2 基本施工法の検討

設計内容や見積り条件，近隣状況による制約条件などを踏まえた上で，基本施工法の検討を行う．検討対象は全体工程への影響が大きいと予想される部分工事や仮設設備が中心で，Q（品質），C（コスト），D（工程），S（安全），E（環境）を評価軸として工法選定や手順検討を行う．以下に検討対象および内容を例示する．

なお，検討結果は詳細計画段階において各工事の計画図としてまとめられるが，この段階では一般仮設備と各工事で用いられる機械設備などを整理した総合仮設計画図としてまとめる．

a. 杭・基礎工事

敷地状況や土質などの調査を踏まえて工法や手順

を検討する．また，工事着手時期が早いため，専門工事業者も加えた詳細計画も引き続き作成する必要がある．

b. 山留め・掘削工事

杭・基礎と同様に土質条件を踏まえて工法や手順を検討する．特に逆打ち工法などの特殊工法を採用する場合は，施工手順が大きく変わるため入念な計画が必要である．

c. 鉄 骨 工 事

建方手順を決定し，使用する揚重機や鉄骨部材の搬入時期などを検討する．鉄骨工事は大型車両での部材搬入や大型クレーンを使うなど，敷地制約の影響を受ける可能性が高い．また，工場での部材加工に要する期間も施工計画上考慮する必要がある．

d. コンクリート工事

コンクリートの打設時のポンプ車位置やミキサー車の動線などを検討し，総合仮設計画図に示す．また，特に高強度コンクリートや高流動コンクリートなどの特殊コンクリートを用いる場合は，設計品質を十分に理解した上で打設方法や管理方法を検討する．

e. カーテンウォール・プレキャストコンクリート

工場製作部材で取付けに大型クレーンを用いることが多いこれらの工事では，施工手順や搬入時期を十分に検討する．

f. 一般仮設設備

工事実施に必要な下記仮設物を決定し，総合仮設計画図に位置，大きさなどを明記する．

① 各種仮設建物（事務所，詰所，下小屋など）：位置，大きさ，階数を図示
② 仮囲い・出入口ゲート：規模，位置，構造を図示
③ 足場桟橋：建物外周部足場の位置を図示
④ 工事用動力・用水設備：引込み位置，経路，容量（管径）などを図示

g. 揚重機械設備

使用するクレーンやリフト，エレベーターの機種，台数を決定し，設置場所を総合仮設計画図に示す．移動式のクレーンなどは移動範囲や走行路も図示する．

2.2.3 基本（総合）工程表の作成

工事を実施するためには，それを構成する部分工事の施工順序や所要日数を検討し，工期内に工事全体を完了させるように計画した工程表が必要となる．これは基本工程表または総合工程表と呼ばれ，着工から竣工までの全工事期間に対して各部分工事の期間や揚重機の設置期間，主要な検査の期日などを示したものである．一般にバーチャートまたはアロー形ネットワーク工程表で表現されることが多く，この工程をベースに月間工程表や週間工程表，工事別工程表などが作成され，施工の具体的な進捗管理が行われる．また，最近は工事実績データベースを持つ工程表作成ソフトも開発・販売されている．過去の類似工事データに基づいた基本工程表の作成が可能になるなど，工程の立案・作成業務の省力化が進みつつある．

2.2.4 申 請 ・ 届 出

関係官庁，建築主などに対して必要書類を遅延なく提出することは，工事の進捗や対外的な折衝を円滑に行う上で重要である．特に工事着工前後は，労働基準監督署関係を中心に多くの申請や届出が必要となっている．最近では提出書類のフォームが電子データとして準備されているものも多くなり，作成業務の省力化が進みつつある．また，コンピュータネットワークの普及に伴い，電子データでの書類提出も可能になりつつある．

ここでは工事計画届など主な提出書類について以下に示す．

a. 建設工事計画届（様式第21号）

労働安全衛生法第88条に基づく届出で，工事着工の14日前までに所定の様式に従い所轄の労働基準監督署長に届け出る．届出の対象となる作業の中で建築関係のものは以下のとおりである．

① 高さ31mを超える建築物または工作物の建設，改造，解体，破壊
② 掘削の高さまたは深さが10m以上の掘削作業
③ 耐火建築物等に吹き付けられた石綿等の除去作業
④ 廃棄物焼却施設に設置された廃棄物焼却炉等の解体

また，届書に添付する書類として次のものが必要である．

① 工事場所の周辺状況および四隣の関係図面
② 建設物等の概要図面
③ 工事用の機械，設備，建設物等の配置図
④ 工法概要を示す書面または図面
⑤ 労働災害の防止方法および設備の概要を示す

書面または図面
⑥ 工程表

b. 建設物機械等設置届（様式20号）

前述の計画届と同様に労働安全衛生法第88条に基づく届出で，以下に示す機械や設備（建築工事に関係のあるものを列記）を設置しようとするときは，設置工事着手の30日前までに所定の様式に従い所轄の労働基準監督署長に届け出る．

① 型枠支保工（支柱高さが3.5m以上のもの）
② 架設通路（高さおよび長さがそれぞれ10m以上のもの：設置期間60日以上）
③ 足場（吊り足場，張出し足場，高さ10m以上の足場：設置期間60日以上）
④ 機械等の設置（クレーン，デリック，エレベーター，リフト，ゴンドラなど：型式・能力によって設置届と設置報告に分かれる）

また，届書に添付する書類として次のものが必要である．

① 工事場所の周辺状況および四隣の関係図面
② 建設物および主要な機械等の配置図
③ 労働災害の防止方法および設備の概要を示す書面または図面

c. 道路の占有・使用関係申請

工事に際し継続して道路を使用する場合や一時的に道路において作業などをする場合は，次に示す申請書を当該工事着手前に道路管理者または警察署長に提出し，許可を受けなければならない．

① 道路占用許可申請書：道路に工事用仮囲い，足場，詰所などを設ける場合は，道路法第32条に基づき道路管理者に届け出る（道路使用許可申請書も同時に提出）．
② 道路使用許可申請書：道路において工事もしくは作業をする場合は，道路交通法第77条に基づき所轄警察署長に届け出る．
③ 道路一時掘削許可申請書：埋設物の調査などで一時的に道路を掘削する場合は，道路法第43条に基づき道路管理者に届け出る．

d. 騒音規制法関係届出

① 特定建設作業の実施届出：指定地域内において特定建設作業（杭打ち機，さく岩機，空気圧縮機などを使用する作業）を行う場合は，当該作業着手の7日前までに騒音規制法第14条に基づき市町村長に届け出る．
② 特定施設の設置届出：指定地域内において特定施設を設置する場合は，当該工事着手の30日前までに騒音規制法第6条に基づき市町村長に届け出る．

2.2.5 調達計画

調達計画とは，工事に必要な機器・資材や労務などを調達するために，基本施工計画において決定した施工法や工程に従って，調達対象物の内容，品質，コスト，納期などの条件を総合的に判断して作成する計画をいう．また，調達業務には購買だけでなく検査や輸送に関する業務があり，これらと並行して行われる調達スケジュール管理により納期を確保することが可能となる．工事の初期段階における調達対象は，施工用の機械・設備（一般仮設），鉄骨やプレキャストコンクリート部材などの製作物，工事事務所運営にかかわる事務機器・用品などがある．

調達先や方法については，経済状況の変化やITの著しい進歩などによって近年大きく変わりつつある．施工用の機械・設備については，従来，自社保有機器を機材センターなどから借り損料を支払うケースが多くみられたが，最近は機材センターの不採算性などの問題からこれを縮小・閉鎖する会社が増え，社外の専門会社からのリースやレンタルが増加している．また，資材や備品などについては，主にコスト上の理由から国外調達が増加しつつある．これに伴って発生する新たなリスクなどへの対処についても調達計画の重要な検討事項となっている．一方，調達方法についてはインターネットの普及に伴い，ホームページ上で公募するなどの方法も試みられるようになった．これに伴い，協力会や系列会社の枠を超えた調達も生まれつつある．[岩下　智]

3 施工管理

3.1 施工管理体制

3.1.1 建築生産における施工

建築生産は，個々の建物ごとに，その生産プロセスが初めから最後まで実行される典型的なプロジェクト生産である．また，それぞれのプロセスを担当する企業，組織，および人（発注者，設計者，総合工事業者，専門工事業者など）は個別プロジェクトごとに異なり，その組合せが原則として1回限りである．建築生産の仕組みは，総合工事業者（ゼネコン）のもとに，多数の下請である専門工事業者（サブコン）によって構成されて，しかも単純な水平的分業だけでなく，垂直の重層下請構造の生産システムになっている．

建築生産における施工とは，このような条件のもとに，設計図書に示された性能・品質の建物を所定の原価と工期で，なおかつ安全に具現化するプロセスである．これら建築生産に特有の諸条件は，建築生産の管理に大きな影響を及ぼし，それだけ施工管理活動を難しくしているといえる．

建設業法においては，建設工事を業とするものを建設業者といい，土木一式工事，建築一式工事を発注者（建築主）から直接請け負う業者を「総合工事業者」，それ以外のものを「専門工事業者」と呼んでいる．

建設業 ─┬─ 総合工事業：土木工事業，建築工事業，管工事業，舗装工事業，電気工事業造園工事業など
　　　　└─ 専門工事業：大工工事業，とび・土工・コンクリート工事業，鉄骨工事業，左官工事業，塗装工事業など

発注者からの工事を1社だけで請け負うのではなく，複数の請負業者が特定の工事に限り共同連帯して一独立企業を創設して，工事を請け負う共同企業体請負（ジョイントベンチャー）も多くみられる．

建物に要求される機能，性能および品質などの高度化，住宅品確法にみられるような品質保証の要請の高まり，建設リサイクル法により要求される環境対策などを受けて，品質管理，予算管理，工程管理，安全管理および環境管理など，現場の管理体制の強化，組織化が求められてきている．

3.1.2 現場構成員の種別と業務分担

施工管理には，その任務に必要な能力，資格を有する管理者，すなわち，建設業法第26条で規定する資格を有する主任技術者または監理技術者を中心にして，その業務を達成するに十分な能力を有している者を選任しなければならない．

特に，学校，集会場，図書館，工場，倉庫，病院，百貨店，事務所，ホテルなどの公共性のある工作物に関する重要な工事で請負金が2,500万円以上（建築一式工事の場合は5,000万円以上）の場合は，主任技術者または監理技術者を現場ごとに専任で配置しなければならない．この現場専任制度は，元請・下請にかかわらず適用される．

したがって総合工事業者は，工事の規模，特質などを十分考慮し，最も効率良く施工管理が行えるような施工管理組織となるよう人数，職位を選ぶ必要がある．また，この管理組織は，工事の進捗に合わせてその人選，配置人数が適正になるよう必要に応じて変更することも重要である．管理組織には，現場管理を担当する施工管理者とともに，当該工事の技術的・管理的な支援に携わる本社・支店などの関連する部署も含めて考えておく必要がある．

建築の施工は多数の企業による分業で行われており，これらの企業は部材供給のみの業種，労務提供のみの業種，両者を併せ行う者など，種々の業種に所属している．すなわち，1つの建物を建設するの

におよそ50～100社の専門工事業者に外注している．このような業種による差に加え，各企業，各作業チームに経営規模，技術レベル，工程能力などに大きな差があるのが現状である．

総合工事業者には，多種類の専門工事業者の参加を求めて施工管理組織を編成し，現場全体を統括するとともに，適切な工事管理を行い，所定の建物を完成させることが求められている．すなわち，その建物の与条件に基づいて，施工する順序，工期などを定めた施工計画を作成し，それぞれの工事を分担する専門工事業者を最適な組合せとなるように選定することが施工管理の第一歩である．

各専門工事業者に工事を発注するときには，総合建設業者の社長またはその地区を管轄する支店長名での下請負契約となるが，実際の工事の施工にあたっては，工事の規模にもよるが，それらの長から委任された現場代理人が，統括して実施して行う場合と，現場代理人がそれぞれに技術者を指名し，各管理を分担して行う場合とがある．

① 元請の機能：総合的管理監督機能（総合工事業者）：発注者から直接建設工事を請け負って企画力，技術力など総合力を発揮してその管理監督を行う機能

② 下請の機能：直接施工機能（専門工事業者）：専門的技能を発揮して工事施工を担当する機能

施工にあたっては，総合工事業者の施工管理者が中心になって，一時的な現場施工チームを結成し，このチームをあたかも単一の組織のように機能させる必要がある．総合工事業者の管理ももちろんであるが，その工事の各部分を担当するそれぞれの専門工事業者の仕事の質が建物の品質に大きな影響を与える．したがって，建設工事の適正かつ効率的な施工を確保するには，元請を含む建築生産を分担する個々の企業，設計者，ゼネコン，サブコン，ファブリケーターおよび材料供給メーカーなどの責任範囲を明確にすることと，各々の企業が分担する工事分野で課せられた役割と責任を的確に果たすことが重要である．

職長は，その所属する専門工事会社の業務遂行の代表者として，第一線で働く作業員の指揮・監督を行っており，仕事の出来，不出来は職長の意欲・責任感・能力によって大きく左右されるといっても過言ではない．職長の自主性，リーダーシップを伸ばすとともに，役割意識，参画意識，連帯感，責任感

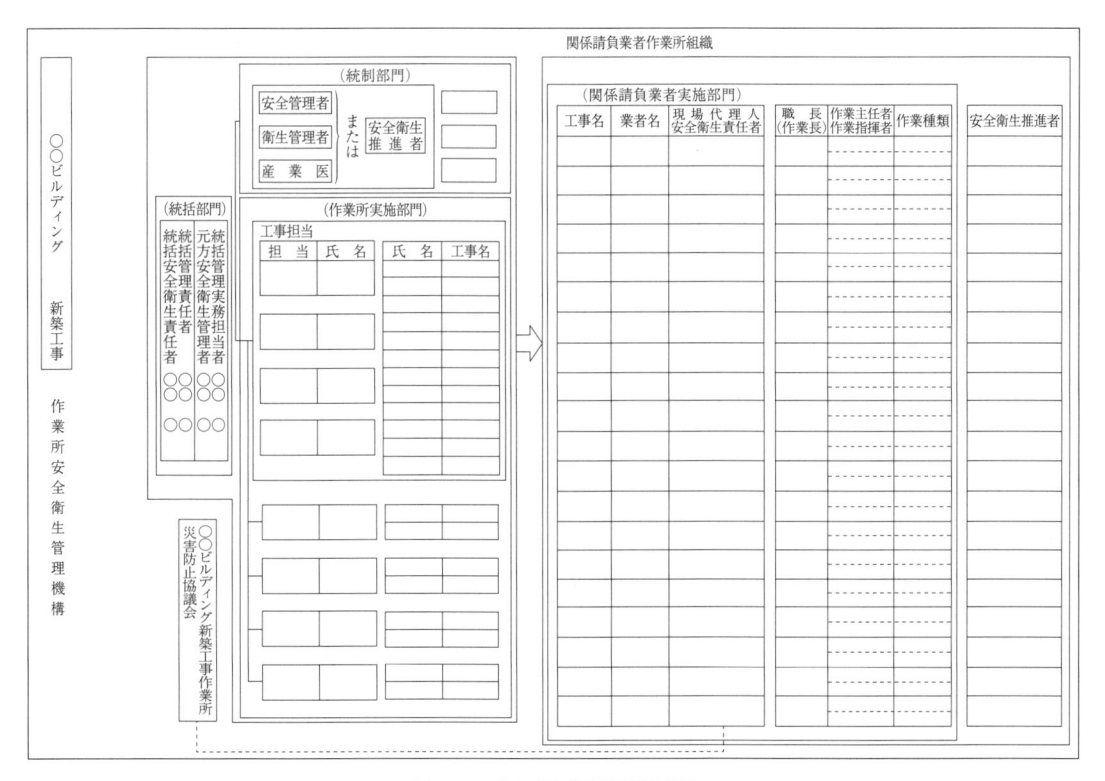

図 3.1.1 安全衛生管理機構図（例）

を醸成することが大事である.

工事を効率良く運営するためには,総合工事業者と専門工事業者の相互のコミュニケーションが不可欠であり,工事期間中にわたって十分な意思の疎通が図れる体制を確立することが重要である.

安全に関しては,現場で組織した安全管理体制のもとで,関係法規を遵守し,作業の実情に応じた安全管理を実施しなければならない.そのため,工事の施工に伴う事故・災害および公害を防止するため,関係法規などに従い「施工安全衛生計画書」を作成する.この安全管理体制を具体的に示すものとして,安全衛生管理機構図(図3.1.1),災害防止協議会編成表,災害発生時緊急措置連絡先系統図,災害発生時緊急時体制編成表,防火管理組織編成表,自衛消防隊編成表などを作成し,現場のよく見える場所に掲示する.

また,工事を運営するプロセスで関連する警察署,消防署,労働基準監督署,関係官庁等の諸機関,ならびに電気,ガス,上下水道,電話などの機関の連絡先,災害時の救急病院などの連絡先についても,一覧表を作成し,不測の事態に対応できる体制を作ることが必要である.

[家田高好]

3.2 作業所運営

3.2.1 着工準備

この段階で行うべきことは,当該建物の与条件に基づいて,工事費,工程および工事の基本方針を立て,その基本方針に基づいて,施工計画を立案することである.

a. 工事引継ぎ

受注業務で得られた情報を,営業部門,積算部門および設計部門から施工業務を担当または支援する部署に的確に伝達するために工事引継ぎを行う.

b. 設計図書の理解,図面検討

設計意図を把握するとともに,設計上の要求品質に関する情報を整理し,その内容を十分に把握するとともに,将来予測される不具合や設計および施工上の問題点などがないかどうかを検討するために図面検討を行う.

c. 施工条件の調査

施工計画の立案に先立ち,施工上の立地条件,法的条件などを調査する.

① 敷地境界の確認,② 敷地の状況確認,③ 近隣調査については,第4章4.1.1項を参照のこと.

d. 作業所基本方針の設定

施工管理者は,発注者・設計者からの要求事項を十分理解し,また現場を取り巻く施工条件などを総合的に検討し,工事運営の基本となる品質,コスト,工期,安全,環境,モラールなどのそれぞれの項目について,どこに重点を置いて,どう対応するのか,その方針・目標・重点管理項目を設定し,作業所基本方針を作成する.

e. 総合施工計画の作成

作業所基本方針に基づき,設計図書などで示された設計品質を的確に効率良く具現化するために,工事の全般について総合的な検討を行い,総合施工計画を作成する.

施工管理者は,工事を直接施工する専門工事業者にこの総合施工計画,設計図書,工事別施工計画書,施工図などをもとに工事内容を正しく伝達し,不明な部分について,工事に先立って専門工事業者との間で十分に検討しておくことが重要である.専門工事業者が作成した自工程の施工要領書を確認してから現場施工に着手する.

3.2.2 施 工(中間期)

建築物の施工にあたっては,施工計画どおりに工事を進めるように,専門工事業者への指示と専門工事業者間の調整を行うことがこの時期に必要なことである.すなわち,① 施工品質の確保,② 予算内に収める,③ 工期内での竣工,④ 無事故・無災害,などを目指して,日々の施工管理を行う.

実際の作業は,分割された各作業を担当する専門工事業者が自らの分担範囲を責任をもって実行する(自主管理)ことにより進められる.

図3.2.1に示すような安全施工サイクルをもとに日常の施工管理を行う.また,週間行事,月間行事および年間行事を中心に,品質・工程・労務・安全・環境管理を行う.

建築の施工は,天候や周辺条件などに大きく影響される個々の異なる環境のもとで,施工の進捗に伴って多くの建設労働者の入れ替わりがあるなど,工事の安全性確保の面から特殊な業態を有しているので,安全管理は最も重要な課題である.安全対策は,安全設備などのハード面だけでなく,個人の安全意識の高揚などを図る必要がある.

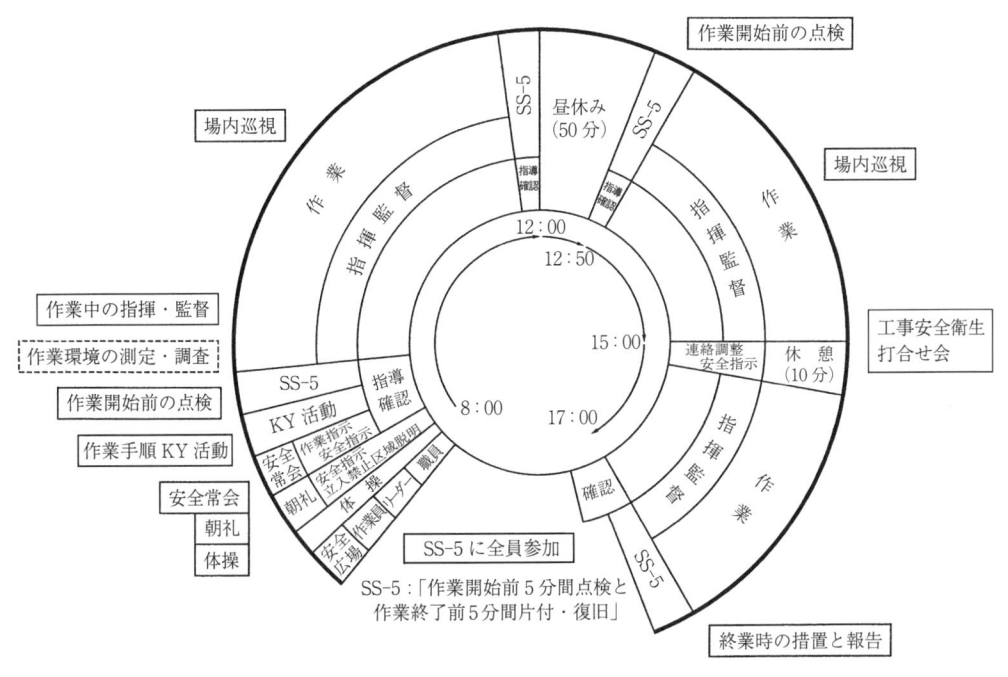

図 3.2.1　安全施工サイクルの例

3.2.3　竣工・引渡し

施工者による完成検査，諸官庁の検査，工事監理者の完成検査の後，発注者の竣工検査により，設計図書どおりに建物が完成していることの確認を受け，建物の引渡しが行われる．

a. 施工者による完成検査

工事が完了したときは，施工者が自主検査により設計図書と照合し，その適合性を確認した上で，工事監理者に申し出て完成検査を受ける．

b. 諸官庁検査

建築基準法，消防法などに基づく諸法規への適合性について検査を受ける．

c. 工事監理者による完成検査

設計図書への適合性を確認するために，工事監理者による検査を受ける．

d. 竣工検査

竣工検査は，契約どおりに建物が完成しているかどうかを，工事監理者の完成検査を受けた後，発注者による最終確認を受けるために実施される．

e. 引渡し

発注者による竣工検査に合格した後に，工事の目的物を発注者に引き渡す．この建物の引渡しにおいて，関係書類の引渡しを行うとともに，設備機器を含めた建物の使用方法や維持管理の方法についての情報が設計者，施工者から発注者に伝達される．

すなわち，建物の引渡しは，下記の目的のために実施される．

① 建物の所有権および実質的管理の発注者，使用者への移管

② 書類や備品類の引継ぎ

・契約および法令に基づく書類の引渡し：竣工届，引渡し書，工事完了引渡し証明書，竣工図，竣工写真

・建物管理引継ぎに伴う書類の引渡し：各種保証書，鍵引渡し書，官公庁提出書類

・使用上，保守上の資料の引渡し：取扱い説明書，備品・予備品引渡し書，緊急連絡先，アフターサービス窓口

③ 保守管理上の説明および指導：使用上，保守上の資料に基づいて，建物や設備の構造・機能・保守点検などについて，発注者または使用者のそれぞれの担当者に説明し，必要に応じて保守主任技術者，機器運転担当者などに運転訓練を指導する．保守契約については，専門業者を紹介する．建物使用中に必要な諸官庁に対する検査報告などについて説明する．

［家田高好］

■コラム2　作業員のチーム編成

世の中には1人きりでできる仕事は少なく，ほとんどが協業で行われている．以下は建築の施工作業を担当する作業員チームが対象の感覚的認識を含んだ記述であるが，建築の設計者や現場マンのチーム，ひいては建築以外のチーム作業でも共通点が多いと思われる．

a.　職人の技能

1人前になるのに10〜20年，職人と通称される作業員が熟練した技能を身につけるには長い経験が必要である．この技能は技術と比較して，伝達性に欠ける，個別性が強い，自律性や総合性を持つなどの特徴を持ち，これが作業員のチーム編成の原点になる．加えて，この技能には，作業能率が高いという量的側面と，作業が上手・段取りが上手・自分で方法を工夫できる，という質的側面の双方がある．量の面でのデータを見ると倍とか半分ではきかない能率差が珍しくない．高齢化などで質は高くても量が進まないタイプの職人もいるが，全体傾向として質と量は正の相関関係にある．

b　チームの構成

1) オールスターチームが最強か：技能の高い職人だけでチーム編成すれば最強の職人チームができると考えがちだが，現実はそう簡単ではない．仕事全体の中には技能差がさほど影響しない部分があり，計算上はチームとしては強いが個人技能差の累積値の差ほどにはならない．仕事のやり方の個人差や職人間の相性などは計算しにくい．実際に現場で観察すると，その職種の中核の仕事が下手な人やできない人も混じっている．この背景には，新人は実際に仕事に参加する中で補助的な仕事を担当しながら先輩の仕事振りを盗んで成長する，という職人のキャリアパスの事情がある．

2) リーダーは一番腕の良い職人か：職人のリーダーは，他職種との調整や材料手配などのマネジメント部分だけでなく，自らの担当作業部分を持ち，加えてチーム員の作業ミスの修正作業などを行っている．現実は多種多様だが，質にかかわる部分では技能の高い職人がリーダーになっているが，量に関して技能の高い職人は作業に集中していることが多いようである．

3) チームの人数は何人か：定数があるわけではなく，施工計画時に通常は工期優先の考えのもとで必要な投入人数を計算する．これがチームの人数で，全体としては合致させないと工事が計画どおりに進まないが，細部では供給側の事情が影響して様々である．複数チームの混成部隊を1チームと称していることも多く，最終単位は親方の下に集まった血縁背景のチームだったりする．扱い方によって損耗程度が異なる転用材を他人と交互に使うのをいやがる，支払い・責任区分上の明確化にこだわるなどにより，1チームが連日残業なのに他チームの仕事に空きが出ていることもある．

4) 最後まで同じメンバーのチームか：息の合った関係維持や安全管理上望ましいが現実には難しい．例えば，各階で同量の作業が繰り返されるようにみえるRC集合住宅工事でも，上階になれば鉄筋量が減少するため鉄筋工の所要工数が減少する．習熟効果による能率向上も工数減少になる．不要工数の継続投入はできないので，サイクル工期を短縮する，周辺の仕事を取り込むなどの工夫が成立しないと，人を抜かざるを得なくなる．

c.　管理者と作業員チーム

誰でも当然，腕の良い職人を選びたいと思っている．継続的取引きでは信頼できるリーダーやチームを特定できる可能性が高いが，調達のオープン化進行に伴い，両者現場で初対面のケースが増加傾向とみられる．作業を標準化できれば管理しやすいが技能の属人的性質から限界が予想され，初対面から大急ぎで関係構築にかかる必要がある．

離島では専門のタイル職人が存在せず，周辺領域職人の左官工がタイルも張るが，技能は低いという．これは仕事が継続しなければその専門技能が維持されないことを示しているが，それでも離島でタイルを張るような資源不足環境下での仕事を受けざるを得ないことがある．その場合の対処方法には，他所でさがして連れて行く，そこにいる類似仕事ができる人を教育する，タイルを張った部材を他所で作って運ぶ，タイル張りと同等以上の性能の仕様に変更する，などがある．

［佐々木良和］

3.3 各種図書

3.3.1 設計図書

a. 設計図書の種類

設計図書は，発注者と建築工事の請負者との間の工事請負契約の契約書の一部となる．設計図書は，建築生産の主体に対応して，大きく「建築（総合）」，「建築（設備）」，「設備」，「その他」に分類される．それぞれの設計図書はその機能に応じて，次のように分類される．

① 設計図
② 仕様書（標準仕様書，特記仕様書）
③ 見積要領書
④ 現場説明書（現場説明記録書）
⑤ 質問回答書（質疑応答書）
⑥ 設計説明書
⑦ 設計品質伝達表

なお，上記の⑥，⑦は新しい建築生産に対応して日本建築士会連合会と建築業協会が提案したものである（3.3.1項 e. 参照）．

b. 設計図書の優先順位

設計図書の中で整合がとれていなかったり，矛盾があったり，疑義がある場合の優先順位は通常，以下のとおりである．

① 現場説明記録書，見積要領書
② 質疑応答書
③ 特記仕様書
④ 設計図
⑤ 標準仕様書

c. 設計図書の必要条件

施工者側にとっての設計図書に必要な基本的条件は，大きくは次の2点である．

1) 工事費の積算ができること

設計図書の重要な目的として，発注者と施工者が，工事金額の合意に至るために，工事金額が正確に算出できるための確実な情報源となる必要がある．仕上りの良否や感覚的な事柄に属する問題は，図面や仕様書では表現しにくいものであるが，設計者としては品質の評価にかかわるので，できる限り正確に見積書に反映するよう考えなければならない．施工者が積算段階で判断に苦しむ箇所は，施工段階で問題を発生する．発注者はなるべく安い金額を想定しても，施工者はリスクを見込んで安全側，すなわち高い金額で見積もれば，双方の工事金額は差異を生じ，結果的に円滑な工事の契約も施工も期待できなくなる．より正確に見積りができ，施工するためには，詳細を細部に至るまでできるだけ図面と文書により明示することが必要である．しかしながら，これまでは，すべて設計図書上に詳述されていなくても，その設計方針・設計者の意図を施工者は理解して施工精度を判断し，不明な点はそれにふさわしい見積りをし，それに即して施工するという辺りに建築技術者の活躍の場があり，利益の源があったともいえる．つまり，お互いの信頼関係の上に立った，いわゆる請負の良い面を維持してきたのが建築界であったとも考えられるが，今日，生産システムの変化，および契約社会的傾向の強い状況においては，既にこのようなことは望めなくなっていると認識すべきである．

2) 必要な工事計画ができること

工事の実施に際し，必要にして十分な事項が正しく設計図書に記載されていることである．その際に施工者の理解力と対応能力に相応する表現ということにも配慮する必要がある．施工を担当する施工者の技術力や施工管理能力の程度，つまり，伝えられた内容をどの程度理解し，実行できるかによって，出来上がる品質のグレードは異なってくる．このように施工内容にまで踏み込んだこと細かな表現がなされていないと，出来上がりの品質について保証ができないというケースが考えられ，施工者の能力に相応した表現が求められるはずである．

d. 設計図書の問題点の改善

設計者と施工者が品質情報を共通認識できるためには，これまでの習慣的に作成してきた設計図書に対して，設計者と施工者の間の品質情報伝達をより的確にするためのいくつかの改善を加えなければならない．このためには，これまでの設計図書の表現上あいまいであった部分を分析して補強することが必要である．しかも情報発信者である設計者のみの論理ではなく，受信者である施工者の側の立場を考慮したものとして再考する必要がある．

今日，設計図書に対して注意すべき事項として指摘され，今後の改善で考慮すべき事項と新しく取り組むべき問題点は以下のとおりである．

1) 「設計図」において特に注意すべき事項と新しく取り組む問題

① 食い違いのない図面，完成度の高い図面を意識する．
② 施工者の能力，技術水準に合わせやすい表現

をする.
③ 「何が決まり」「何が決まっていないか」を明らかにし，現場決定や設計変更予定を明示する．できれば，これらの現場での決め方をあらかじめ明示する．
④ 標準図，CAD，インターネット，CALSなどの新しい情報媒体や情報技術などに対応していく．

2) 「仕様書」において特に注意すべき事項と新しく取り組む問題
① 仕様書はプロジェクトごとに異なるものである．プロジェクト固有の仕様書をつくる．
② 設計者と施工者の責任範囲，施工者の工事運営の方法との関連を明示する．
③ 品質のグレード，管理のグレード，監理のグレードを明示する．
④ 性能表示と工法記述の使い分けを明確にする．
⑤ 現場施工と工場製作，既製品の使い分けを明確にする．
⑥ 工法記述と性能表示，品質のグレードと管理・監理のグレード表示，そして自主管理などに対応する．

こうした問題点を踏まえて今日の設計図書を改善するには，上記の注意すべき事項を満足させる必要がある．このためには標準的な設計ではなく，個別の建築に対応して個々にきめの細かい配慮を加えた設計が必要である．特に特記仕様書において，これらの問題点を認識して記述すべきであろう．また「指導監督型監理」から「自主管理確認型監理」への移行に伴い「やりよう」から「ありよう」，すなわち「工法表示」から「性能表示」への変換が必要である．性能表示はできるだけ定量的に示す必要があり，またその数値化された目標の許されるバラツキも示すようにしなければならない．

しかし，今日の技術水準として，設計者があらかじめ定量的に示すための情報が得られないことも少なくない．このような場合には，定性的表現で目標を示し，施工者の提案を含めて，工事段階において目標を再確認する工夫も必要と考えられる．こうした点は，主として「仕様書」において改善すべき事項である．

e. これからの設計図書に求められているもの

これまで，「設計意図」や「設計品質」の大部分ないし本質的な部分は，設計図，仕様書で表現され，模型，パース，見本などで補足して示されていた．ところが，品質のバラツキが生じる部位，部品，部材については，単に設計図で部位，部品，部材，構法を示しただけでは，設計品質として必要とする品質が保証されないことがある．このために品質についてバラツキの生じる恐れのあるものには，「やりよう」もさることながら，「ありよう」の制作ならびに判定の基準を明確に示す必要がある．

1) これまでの設計図書で不足している表現

品質情報伝達の道具としての設計図書には，
① 一品生産の建築生産では，品質情報伝達の道具としての設計図書のみでは決定的な全情報を満足しているとはいえない．
② 工事段階において，品質情報の確定が必要である．例えば，
 ・一般仕様，性能指定されたものの具体化
 ・色彩，テクスチャーの決定
 ・施工者によって異なり施工者決定後でないと決められない仕様の確定

など，設計図書における規定のみではあらかじめ確定できないものがある．

これまでこうした未確定情報は，工事段階において特に施工図および施工計画書作成と材料，見本の決定の形で確定してきた．ところがこうした未確定情報の確定について，その決定の時期が工事の段取りに大きな影響を及ぼし，またこの段階での設計者の設計見直しなど，工事の工程を狂わすことが多いとして，施工者の側から問題点として指摘されている．

この対策には，あらかじめ設計者が決定の日程計画を明示することが必要になる．また，設計図書には設計の意図が平板的に示されており，特に発注者の意図，ニーズや設計の狙い，重点など工事上設計者として特に配慮したい点などは，これまで口頭で伝えられたことはあっても，あらかじめ設計者として整理して文書として施工者に示すことはなかった．施工者がこうした設計の意図をあらかじめ承知して施工にあたることが，施工者が無理・無駄なく，効果的に施工計画の策定と工事の実施を行うことに役立つことはわかっていながら，なかなかこうした情報の伝達は行われていないのが実態である．

こうした状況を改善するために，日本建築士会連合会の『品質管理をベースとした新しい建築生産のしくみ―施工管理と工事監理への一提案』(1986年)と建築業協会の『建築工事における「品質情報

伝達のしくみとツール」－新しい建築生産体制への提案』(1988年)には,「設計説明書」を設計図書の一部として,これまでの設計図書では表現できなかった設計の意図や狙い,設計確定の予定などを,あらかじめ施工者に文書の形で示すことが提案されている.

2) 新しい建築生産に対応した監理のあり方とその表示

今日までの設計図書,特に仕様書においては「やりよう」の表示が多く,「ありよう」の具体的表示は少ない.発注者の「要求品質」を展開して品質特性を設定し,この品質特性を満足する仕様,すなわち「設計品質」を設定することが設計者の役割である.この設計品質として部位の規格(目標値を含む)を定め,その管理範囲を定めてはじめて,客観的な目標管理ができることとなる.「ありよう」は,こうした目標管理につながる表現で示す必要がある.そこで重点項目については,部位の規格,許容値,工事や管理への注文などを明示して示すことが「自主管理確認型監理」に対応した「ありよう」の表現である.

「品質情報伝達のしくみとツール」(建築業協会)では,こうした「ありよう」の表示が,すべての工事に普及するためには時間と検証を必要とするので,当面重点項目について「設計品質伝達表」として,できるだけ客観的,定量的表現で管理の目標を明確にすることが検討されている.　　［浦江真人］

文　　献

1) 日本建築士会連合会：設計と施工を結ぶ－新しい建築生産に対応した品質情報伝達の提案 (1994)
2) 日本建築士会連合会監修/東京建築士会編：建築設計図書の作成と監理の実務,彰国社 (1988)
3) 日本建築士会連合会：品質管理をベースとした新しい建築生産のしくみ－施工管理と工事監理への一提案 (1986)
4) 建築業協会：建築工事における「品質情報伝達のしくみとツール」－新しい建築生産体制への提案 (1988)

3.3.2　総　合　図
a. 総合図とは

近年,「総合図」や「プロット図」という名称の施工図のもととなる図面が作成されるようになってきた.総合図は,意匠設計図・構造設計図・設備設計図などを重ねた「重ね合わせ図」であり,それぞれの図面に要求されている設計情報を一元化したものである.

それまでの一般的な施工図の作成手段は,まず基本的に,意匠・設備・構造の各設計図から各工事の施工者がそれぞれの施工図を作成し,それらを施工管理者や工事監理者がチェックした上で調整するという手法がとられていた.しかし,この方法では,各工事施工者が建築の全体像や他の分野の工事情報を十分把握できずに施工図を描くことになるため,施工図作成の調整に相当の手間を費やしたり,手戻りなどが生じていた.そこで,各種工事施工者が作成した施工図を後で調整するよりも,まずそれぞれの施工図作成前に,各種設計図に分散している設計情報および施工の関連情報を,設計者と各種工事施工者が工事相互の関係を総合的に確認し合い,一元的に1枚の図面に整理し,施工図作成の基準とする図面「総合図元図」を作成し,それをもとに各種工事施工者が施工図を作成するほうが合理的であるという認識が広まってきた.

このような目的から,「総合図」とは,平面詳細図および設備施工図などの作成に手戻りが生じないように,あらかじめ意匠・構造・設備設計間の整合性の確認と調整のとれた「各工事の施工図を作成するための基本図」であるということができる.現状の総合図の役割として,"設計未完のための施工中の設計行為"と"施工のための本来の総合図の作成"に分けられる.

総合図を施工図作成の基本図として作ることで,各専門工事業者が早い時期に設計意図の理解と基本的な調整・確認をすることが可能となる.また,各専門工事業者による合意品質の形成により,要求品質の確保と無用の手戻りをなくすことに役立つ.

一般的に作成される「総合図」には,平面図・展開図・天井伏図などがあるが,さらに「断面詳細図」,「総合外構図」,「総合立面図」もある.しかし,これらは必ずしもすべてが必要なわけではなく,建築の種類によって,総合図で何を確認・調整する必要があるのか,その目的にかなった必要図面を作成すればよい.総合図は,いずれも基本的には1枚の図面の中に,部品・器具の位置まで各工事間のすべての情報を盛り込むというのが趣旨である.

総合図の作成は,まず一般的に1/50の縮尺で設計図の平面図1枚に,主として家具,建具などの開き勝手,ガラリの有無,照明・噴出口などの天井機器,壁付き機器,防火区画,防煙区画など設計図から読み取れる情報を記載する.これを元図という.これをもとに,意匠・構造・設備の各設計者および各種

工事施工者が打合せまたは各自調整し，総合図にまとめる．CAD の普及により昨今は，元図に各種工事施工者が各工事の関連情報を記入していく方法がとられることが多い．

1) **総合図の基本的役割**
   ① 意匠，構造，設備設計間の整合性の確認と調整
   ② 建築，設備間の施工上の納まりの検討と施工側からの技術提案
   ③ 設計品質から設計施工合意の品質の確認
   ④ 工事範囲の確認と別途発注工事との調整

2) **現状の総合図作成上の問題点**
   ① 設計情報の未確定のため「総合図元図」の建築詳細の変更が多い
   ② 設計情報の不整合のため建築／設備相互の未調整の確認作業が多い
   ③ 設計情報の不足のため「総合図元図」の建築詳細の作成に時間がかかり，建築／設備の取合いの調整時間がない

このように「総合図」の確定が「工事別施工図」の作成開始に間に合わない状態では，設計と施工の間に隙間が発生し，後工程で広範な手戻りが発生することになる．

総合図は，今日大筋では共通の概念ができているが，設計者によって，その内容や目的の理解にバラツキがある．例えば，作成者や図面の位置づけ，承認の必要の有無などの運用については必ずしも一様ではない．「設計図の整合性の確認」は，総合図の作成により目的が達せられることは事実であるが，それに任せて設計図書の整合性をなおざりにすることは，設計者の責務を果たしているとはいえない．設計図書の整合性は，あくまで設計段階において図るべきことはいうまでもない．

また，総合図は設計段階で設計者が描くべき図面であるとの意見もあり，少なくとも仕様書において，総合図の作成とその担当者についての指定を示さなければならない．

b. 総合図の位置づけ

「総合図」は建築，構造，設備，その他関連する工事の全体像と相互関係を各主体が把握し，効果的に工事を実施するためのもので，「施工図」作成前に作成する施工図作成の基本図である．したがって，「総合図」は実施設計図と施工図の中間のものであり，施工図作成の経過の一段階としての図書である．そして，設計，施工の各主体が，工事の全体像，概要と相互関係などを総合的に把握し，施工図作成の適正化と効率化のために活用するものである．したがって，詳細寸法などを記入した図面である必要はない．ただし，プロジェクトによっては，詳細な内容，詳細な寸法まで記入し「総合詳細図」として作成した方が，発注者との詳細な点での「合意品質」確定のためにも便利なことがある．この場合の図面作成の必要性と作成の分担などは，特に設計図書で明確に示しておかなければならない．

「総合図」には，建築平面詳細図，天井伏図または展開図に，各設備その他関連工事の部材，器具を記入する．

「総合図」の作成個所は設計図書に明記するものとし，特に集合住宅，ホテル，病院，研究所など設備工事との取合いが複雑なプロジェクトにおいては，「総合図」が各主体の全体像の理解と，施工図作成の効率化に有効である．また，一般の建築においても，建築と設備工事の取合いの多い，例えば機械室まわりや便所などの水まわりの部位では，「総合図」が有効な働きをする．

「総合図」は各主体の全体的把握が目的であるので，その表現は必要最小限の表現とし，図面としての形式上，必要でない表現は是非とも避けるべきである．さもなくば労力のみ多く効果のない形骸化したものとして，設計者にとっても施工者にとっても非効率の原因となるからである．詳細な内容，詳細な寸法などを記入した「総合詳細図」と「総合図」とは，明確に区分して取り扱う必要がある．

c. 総合図と CAD 化

総合図として意匠図，構造図，設備図を重ね合わせる場合，CAD 化されているとレイヤー機能を利用して効率良く作成できる．そして CAD 利用による情報伝達や調整作業の効率化は，生産設計全体の効率化につながる．CAD の普及，レイヤー構成の標準化，データの互換性，ネットワーク化などを前提にした情報の共有化が進むと，設計図→総合図→施工図→竣工図の情報の流れをスムーズに行うことができる．さらに，竣工後のファシリティマネジメント（FM），維持保全計画，ライフサイクル計画への利用へと発展させることができる．

[浦江真人]

文　献

1) 建築業協会：建築工事における「品質情報伝達のしくみとツール」の実践へ向けて（1992）

2) 建築業協会:建築工事における「品質情報伝達のしくみとツール」の実践へ向けて－その2 設計者の役割分担の提案(1995)
3) 大野隆司監修,中沢明夫ほか著:実用建築施工図,市ケ谷出版(2001)
4) (社)日本建築士会連合会:設計と施工を結ぶ－新しい建築生産に対応した品質情報伝達の提案(1994)
5) 岡 正樹:特集総合図の可能性－総論総合図の役割の変質と電子データ化の可能性. 建築の施工,彰国社(2000)

3.3.3 施 工 図
a. 施工図とは

施工図とは,建築工事を進めるにあたって,設計者の作成した設計図書に基づき,施工者が施工上の必要に応じて作成する図面をいう.そして,期待された品質の建物の実現を目指し,建物の細部について設計図だけでは施工上,不十分な箇所を補い,あるいは施工の上で便利な形に書き改めたものであり,これによって設計図に表現された設計者の意図を施工者の立場で理解できるように表現し直したものである.

施工図を作成する意義は,設計図書を検討して,そこに残されている細部の問題と施工上の問題を解決し,その内容を具体的に施工図に表して,さらに施工方針を現場の末端にまで徹底させ,設計の意図にかなった施工精度の高い建物をつくるところにある.

施工図の作成は,現場の工務担当者が中心になって,各種の工事を担当する専門工事業者が,各々専門的な立場から協力して行われる.設計図書に示さ

表3.3.1 施工図の種類と作成者

工事種別		施工図	一般的な作成者	特徴・用途・注意点
総 合		総合図	ゼネコン	内外部の仕上げ,設備,開口部などの各納まり詳細図,割付図などをまとめたもの.これをもとに躯体図が作成される.
仮 設		仮設計画図	ゼネコン	建物の完成時の姿には直接関係がない.施工者の独自の工夫が求められる.通常は設計者のチェックを必要としない.
		土工事・山留め計画図		
		杭工事計画図		
躯 体		コンクリート躯体図	ゼネコン	躯体図はコンクリート打設作業はもちろんのこと,あらゆる作図,現場作業で利用される.
		鉄筋加工図	サブコン,メーカー	
		鉄骨工作図		
仕上げ関係	カーテンウォール	PCカーテンウォール施工図	サブコン	躯体図との調整がポイントとなる.
		ALC施工図		
		金属カーテンウォール施工図	サブコン,メーカー	
	金属,木製建具	製作図	サブコン,メーカー	
	石,擬石,ブロック類,タイル,合板,ボード類	割付図,納まり詳細図	基本的にゼネコン	特に割付図はゼネコンが作成する場合が多い.材料の寸法,定尺をもとに作成されるので,設計図の寸法を調整する場合が多い,入隅,出隅,ほかの部分や設備機器類との取合いなど各部の納まりを十分考慮する必要がある.
	金物など	割付図,納まり詳細図	サブコン	
	屋根,防水など	納まり詳細図	ゼネコン	
家具,備品		製作図,取付図	サブコン	取付け家具は下地との取合いがポイントとなる.
外 構		外構図	ゼネコン	
設備関係	建築関連	各部納まり詳細図,機械類取付図など	サブコン,メーカー	設備と建築の取合いは重要な要素である.なるべく詳細で多くの図面を作成する必要がある.
	電 気 空 調 衛 生	設備施工図,機械製作図	サブコン,メーカー	機械類などの大きさ,位置,搬入経路,配管の位置など,躯体図との調整が必要.

(出典:望月 修・平木幸男:「見方・かき方 建築施工図」,オーム社(2003))

れている内容に基づいて，実際に施工するために必要な細かな寸法・納まり・断面などを工法とともに決定し，同時に予算，工期など，施工上の制約も考慮して施工図を作成する．また，各業者の施工範囲を確実に調整しておく必要がある．

b. 施工図の種類

施工図の種類および該当工事を表3.3.1に示す．

c. 施工図の役割

施工図の役割として以下の点があげられる．

1) 設計図書の補足

① 設計図書を検討し，設計図書の不十分な所や複雑でわかりにくい個所を補足する．
② 設計者・工事監理者との打合せの結果を確認し，承認を得る．

2) 施工のための検討

① 設計図書を施工が行いやすい形に，より具体的に書き改め，施工者の理解を助ける．
② 詳細寸法，細部の納まり，断面などを検討して施工上の問題点を発見し，それを解決し，明示する．
③ 具体的な工法・施工方法を検討し，手順を示す．

3) 専門工事業者への指示

① 元請業者としての施工方針を明確にし，施工方針の統一を図り，現場の末端にまで徹底させる．
② 各専門工事業者間の施工範囲および施工範囲間の納まりを明確にし調整して，責任範囲と施工・分担を明確かつ具体的に示し，周知配布する．

4) QCDSE の向上

① 施工品質を確保する（高める）．
② 施工精度の高い建物をつくる．
③ 工事予算，工費の見通しを早くする．
④ 施工工程をスムーズに流す．
⑤ 作業の安全性を確保する．
⑥ 環境に配慮する．

d. 施工図の歴史的経緯

建築生産体制における設計者・工事監理者と施工者の役割分担は，戦前・戦後を経て現在に至るまで大きく変化してきている．施工図の作成についても，戦前は設計者であったものが，戦後は施工者へと移行している（表3.3.2）．　　　　　　　　［浦江真人］

文　　献

1) 古川　修ほか：新建築学大系44．建築生産システム，彰国社（1982）
2) 大野隆司監修，中沢明夫ほか著：実用建築施工図，市ケ谷出版（2001）
3) 彰国社編：建築施工図作成の手順と技法，彰国社（1988）

3.3.4　施　工　計　画　図

施工計画図とは，施工者が工事を行うのにあたって，仮設物，機械の配置，資材の搬入経路，施工の順序，方法などを計画したものを図面に表したもので，仮設建物・根切り・山留め・杭打ち・鉄骨建方・コンクリート打ち，足場などの計画図がその主なものである．

施工計画図は，工事に着手する初期段階でゼネコンによって作成される．その役割は，施工方針を施工法とともに明らかにし，元請業者と専門工事業者を含めたすべての工事担当者に正確に伝えるとともに徹底させ，実施工への具体的展開をスムーズにすることである．施工計画図は，その責任のほとんどがゼネコンに任されているのが現状であり，この施工計画の内容が，品質，工程あるいは工費に与える影響は非常に大きい．

施工計画図は，設計図に描かれた建物を実現するために必要な施工上の手段，あるいは段取りを表したものである．したがって，施工図と本質的に違うところは，表されている図面の内容が，施工図はつくられる建物そのものを直接表しているのに対し，計画図は施工上の手段とか順序のような方法を表している．施工図の場合，鉄骨業者やサッシ業者のよ

表3.3.2　施工図の作成者の変化

1909（明治42）年	建築技師報酬規定（建築学会）…日本で初めての建築家の業務・報酬標準．建築技師の業務としての監督業務に「原寸図及請負契約書案の作成」とある．
1931（昭和6）年	日本建築士会会員業務規定…建築士の監督業務として「原寸図の作成，工作図の検査」がある．
1939（昭和14）年	日本建築士会会員業務規定…「施工図」の用語が規程上に初めて現れるが施工図の定義は明らかではない．建築士（現在の建築家）の業務として，「施工図の作成，工作図の検査」となっている．
1954（昭和29）年	建築設計監理業務規程（日本建築設計監理協会）…設計者の業務として「施工図の作成」が消える．
1960（昭和35）年	建築家の業務および報酬規程（日本建築家協会）…建築家の業務として「施工図等の検査及び承認」とあり，施工図は施工者側の作成が建前となっている．

表 3.3.3 施工計画図の分類[1]

分類		図面の名称	備考
基本計画図			設計図に基づき，施工の基本的な方針をまとめたもの
実施計画図	現状調査図	敷地測量図 障害物調査図 埋設物調査図 敷地周辺状況図	
	一般仮設計画図	総合仮設配置計画図 仮囲い・門扉計画図 工事用動力設備計画図 工事用給排水設備計画図 仮設建物計画図	仮設物配置，進入路，場内運搬経路，仮設道路 事務所，倉庫，協力業者詰所，下小屋，労務者宿舎，構台事務所
	地下工事計画図	杭打ち工事計画図 掘削工事計画図 山留め工事計画図 乗入れ構台計画図 排水計画図 隣家養生対策計画図	掘削方法，順序，法勾配 山留め壁・切梁・腹起しの配置，各部ジョイント詳細，解体，引抜き 覆工板の割付け，大引，根太の配置，支柱の根入れ長さ ウェルポイント，深井戸，釜場および排水経路
	躯体工事計画図	鉄骨建方計画図 コンクリート打設計画図 型枠工事計画図 荷揚げ・運搬設備計画図 足場・桟橋計画図 養生設備計画図	建方機械，建方順序，ステージング，鋲鋲，溶接足場 打設方法，工区分け 支保工，パネル割付け，工区分け，材料転用 エレベーター，リフト
	仕上工事計画図	仕上足場計画図 養生設備計画図 荷揚げ・運搬設備計画図	躯体工事に同じ

うに，高度の専門的技術を有し，業者自ら図面を作成できるようになると，ゼネコンはサブコンの作成する図面をチェックするだけで済む．しかし，施工計画図は，例えば総合仮設計画図を見ても，それは多くの小工事を総合した図面であり，かつ，それらの小工事を請け負うサブコンは図面作成能力のないものが多いため，どうしてもゼネコンが直接図面を作成する必要がある．また，建築の施工技術は今後ますますその品質や精度を要求され，プレファブ化は必然的に進むものと考えられる．そして，例えば最近のプレストレストコンクリートによる建築にみるように，組立の段階における工事過程は極めて複雑で，その工事計画はますます重要なものとなっている．したがって，その工事過程あるいは手段などを具体的に表す計画図の重要性がますます高まっている．　　　　　　　　　　　　　　　　[浦江真人]

文　献

1) 彰国社編：建築施工計画図の描きかた〈新訂版〉，彰国社（1975）

3.3.5 工　程　表

a. 工程表の種類

工程表とは工程計画に従い，施工の手順，期間，他の個別工事との関係などを表したもので，表現形式として最も広く使用されているのは「バーチャート工程表（棒線工程表）」と「ネットワーク工程表」である．また，用途は異なるが出来高の進捗をチェックする図表として「出来高S曲線」や多工区同期化工法などのシステム化施工法に用いられる「マルティ・アクティビティ・チャート（MAC）」がある．さらに，表現する期間や用途に応じて以下の工程表がある．

b. 期間別による工程表の種類

工程表は，工事の全体を表す工程表から特定の一週間の工程表までであり，その使用目的に適した期間別工程表を用いて表現する．期間別による工程表には以下の種類がある．

1) 全体工程表

全体工程表は文字どおり着工から竣工までの工程全体を網羅し，限られた大きさの紙面に表すものである．このため，多岐にわたる工程の諸事項から盛り込むべき内容を絞り込み，見やすい工程表となる

ように努めなければならない．

2） 年間工程表

年間工程表は，全体工程から特定の1年間または年度における工程を取り出した工程表である．発注の単位が年度で区切れている場合は，それに合わせた年度で工程を示す必要がある．それ以外の場合は，建築工事の多くは2年程度で工事が完了するため，年間工程表は全体工程表で代用することができる．

3） 月間工程表

月間工程表は，主に毎月の発注者や設計者への報告や工程会議などで用いるために，全体工程表をベースとして，特定の1カ月間における工程を取り出して作成する．表現内容は全体工程をさらに分割して工程表の使用目的に合うように情報を付加した詳細な内容とする．

4） 週間工程表

週間工程表は，主に毎週行われる定例打合せや工程会議などの日々の計画や管理で用いるために，全体工程表や月間工程表をベースとして，特定の1週間を抽出して作成する．表現内容は月間工程表をさらに分割して，工程表の使用目的に合うように必要な情報を付加し，詳細な内容とする．

c． 用途別による工程表の種類

工程表は，その使用目的に従って，特定の関係者に対して用途別に作成することによって，関係者にとってはよりわかりやすい工程表となる．用途別による工程表には以下の種類がある．

1） 総合工事工程表

総合工事工程表は，工事にかかわるすべての事項を網羅して表現し，工事全体の進捗計画および進捗状況を工程表として示す．

2） 発注者への提出用工程表

発注者への提出用工程表は，工事受注前に示す概略工程表と工事着工後に発注者に報告すべき工程計画の内容および工事の進捗状況を示す工程表がある．発注者に示す工程表は，その担当者の工事内容に対する専門知識の程度を考慮して，わかりやすい工程表とするとともに，その表示書式についての凡例や用語の説明などを付加する．

3） 設計者・工事監理者への提出用工程表

設計者・工事監理者への提出用工程表は，設計者・工事監理者へ報告すべき工程計画の内容およびその進捗状況を工程表として示す．この工程表では，工事工程と設計工程の調整，承認，検査の時期などを明確にし，設計者と施工者とが協調して適切な工程進捗を達成できるようにする．

4） 工種別・職種別工程表

工種別・職種（業者）別工程表は，特定の工種や主要な職種別や業者別に，それらが実施する作業と関連する作業を工程表として示す．複数の職種が輻輳して実施する工程の場合，各職種に作業の途切れが発生しないように工程を編成する必要がある．また，各職種や業者が工程において他の職種・業者とどのような協調作業をするかを理解できる工程表が必要である．工程表の作成においては，関連する業者や職種の関係者が協議して工程の進め方を検討することが必要である．この工程は，各職種の作業要領とも密接に関連するため，相互の作業手順を考慮して，作業安全や生産性に支障が生じないように調整する．

5） 生産設計図工程表

生産設計図工程表は，施工図，製作図，工作図などの生産設計業務にかかわる図面作成，承認などの手順，期間，期日を工事工程と関連づけて示した工程表である．設計図の作成に関連する人々にとって重要な工程表である．

d． プロジェクトの段階別による工程表の種類

1） 概略工程表

プロジェクトが企画されるとき，どの程度の費用と期間でできるか，おおよその目安をつけることがまず要求される．この目的に応じて作成されるのが概算見積書や概略工程表である．

2） 標準工程表

建物の基本設計が完了した時点で，当該建物の施工に必要とされる標準的な工期を算定し，工程表として表現したのが標準工程表である．この段階では，与えられた（図面より求めた）施工数量と，一般的な施工方法，および標準的な資機材や労務の投入量により，算定された所要日数を積み上げて工程表を作成する．

3） 契約工程表

契約工程表は，契約時に提出する工程表で，建築主の指定工期に間に合うように作成されたものである．一般的には，標準工期より建築主の指定工期のほうが短い場合が多い．したがって，標準工程表をたたき台として，工期短縮のために，構工法の検討や労務・資機材投入量を調整し，施主指定工期に合わせて作成するのが契約工程表と考えてよい．

4） 実施工程表

建物を実際施工することを念頭において作成する

工程表が実施工程表である．準備期間が長く，詳細に検討する余裕があれば実施工程表を先に検討し，それをもとに契約工程表を作成する場合もあるが，通常は工事受注後，契約工程表をもとに実施工程表を作成する．　　　　　　　　　　　[浦江真人]

文　献

1) 日本建築学会編：建築工事における工程の計画と管理指針・同解説（第2版），日本建築学会（2004）
2) 工程計画研究会編著：建築工程表の作成実務　第2版，彰国社（2003）

3.3.6 製作図

a. 専門工事業者作成図

建具工事やカーテンウォール工事などのように，専門工事業者や部材供給業者が工場にて製作し，それを現場に搬入して取り付けるといった，製作物に関しての施工図を製作図や取付図といい，通常専門工事業者や部材供給業者が作成する．製作物は様々な部品の構成により出来上がっており，その1つ1つの独自の形状，寸法，材質，および要求精度や仕上げについて記載された図面をバラ図という．

b. 製作図の作成手順

1) 事前に検討・確認しておく項目（作図開始準備）

i) 仕様書の確認　　鋼製建具に限らず，製作物に関しては，仕様（性能）などが設計図書や変更指示書により細かく指定されることが多いので，それらを確認しておく．仕様については，設計図のほかに特記仕様書，標準仕様書などがあり，その中の各工程ごとに指示が出ている．日本建築学会が発行している「建築工事標準仕様書・同解説（JASS）」は一般的な仕様書なので，その中の当該工事項目なども目を通しておく．

ii) 作図から現場取付けまでの工程について

製作が遅れると直接全体工程に影響を及ぼすので，現場搬入・取付けの時期，およびその製作までに要する時間は必ず確認・把握しておく．一般的には，下記図3.3.1のような流れとなるが，それぞれに要する日数は必ず専門工事業者ごとに確認してお

く．元請のチェック図をそのまま設計・監理に提出し，設計者がそれをチェックし，承認に要する時間の短縮を図るなど，臨機応変に対処することが望ましい．

iii) 製作・承認工程表について　　全体工程表の中に，それと対比したこれらの製作工程を，製作物の種別に書き入れたものを「製作・承認工程表」という．前もってこの工程表を作っておき心積もりするとともに，設計者にも提出し，承認時期の心構えをしておいてもらうようにすることが肝要であり，一般的である．

2) 作図開始にあたって

i) 設計方針の確認　　物によっては，設計図の内容が不十分であったり，設計方針の変更があったりするので，作図開始にあたっては，設計・監理者に設計方針を確認する．

ii) 必要資料の準備　　業者からも必要資料の要求があるが，一般的には設計図（場合によっては構造図も），仕様書の必要部分の抜粋・変更指示書などを渡し，作図をスタートさせる．　[浦江真人]

文　献

1) 建築施工図研究会：建築施工図の基本　描き方・読み方の手引き，建築資料研究所（2004）

3.3.7 施工計画書・施工要領書

a. 施工要領書発生の経緯

かつての「仕様書」は，図面には表現されない規格や工法，作業方法まで詳しく書かれ，ゼネコンをはじめサブコンと職人に至るまでこれに従うべきものとされていた．昭和30年代後半から新材料や新構法が開発され，それが設計図に示されたが，それらの作り方は仕様書では示されなかった．その間，ゼネコンやサブコン，メーカーの技術力が向上するにつれて，作り方はゼネコンやサブコンの技術力に任せ，それを設計者が確認するというやり方に移っていき，ゼネコンへの指導監督型の工事監理体制からゼネコンによる自主管理確認型の工事監理体制に

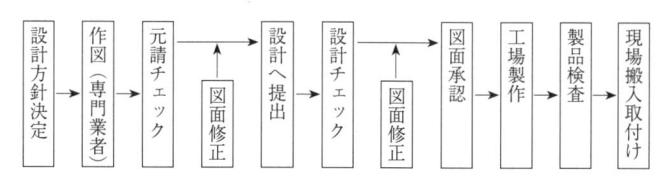

設計方針決定 → 作図（専門業者）→ 元請チェック → 図面修正 → 設計へ提出 → 設計チェック → 図面修正 → 図面承認 → 工場製作 → 製品検査 → 現場搬入取付け

図 3.3.1　作図から現場取付けまでの手順[1]

変わっていった．そうした経緯の中で，ゼネコンやサブコンから設計者や工事監理者に「施工要領書」として提出されたのが昭和40年前後のことである．同様のものを，官公庁発注工事では「施工計画書」と呼んでいる．

b. 施工計画書と施工要領書の分割

『建築工事における「品質情報伝達のしくみとツール」新しい建築生産体制への提案』(建築業協会，1988)では，従来施工要領書と呼ばれていたものを工種別施工計画(書)と工種別施工要領(書)に分割し，前者はゼネコンが，後者はサブコンが作成するように提案しており，その主旨は以下のとおりである．

施工要領書は少なくとも20年以上の歴史を持ち，施工管理上の有力なツールとして大きな役割を果たしてきた．しかし，ともするとそれは形式化し，作ることが目的となって遂に形骸化の途をたどっている面もみられる．重点施工管理計画書で取り上げられた工種はもちろん，取り上げられていない工種についても，いかなる方法で施工するかは，品質を中心とする原価，工期，安全の目標達成の上で重要である．

この"いかなる方法で施工するか"を施工管理者の役割のもとで設定したものが「施工計画(書)」であり，専門工事業者への計画伝達書の性格を持つ．したがって，ゼネコンが自らの責任によってサブコンに要求する施工品質をはじめ，採用したい工法，工期，仮設設備の運用など，サブコンにとっての施工条件を提示するツールであるといえる．

これに対して「施工要領(書)」は，サブコンが示された施工条件のもとで具体的に施工を行う方法・手段を明らかにしたものであり，ゼネコンとの合意に基づく自主的な作業計画のツールともいえる．

これらはいずれも個々のプロジェクトごとに作成されるべきであるが，施工要領書の中の基本的作業方法については，共通なものとして一般的作業標準のたぐいが採用されていてもかまわない．

以上のことから，形骸化するおそれのある従来の施工要領書を，生きたツールに生まれ変わらせることによって，ゼネコンの一括丸投げ的施工管理の姿勢を改め，同時にサブコンが専門工事業者として自主計画能力を持ち得るような成果につなげたい．

なお，ここで提案したツールを，施工計画書または施工要領書とせず，施工計画(書)あるいは施工要領(書)と表現したのは，上述したようにこの2つのツールが，現用の施工計画書(あるいは施工要領書)とはかなり趣きを異にしているという意味を込めたものである．すなわち，ポイントをとらえたものであれば，たとえ数枚の書類であっても立派に施工計画(書)としての役割を果たすことが可能であり，(書)の表現は，形骸化を連想させる現用のぶ厚い施工計画書(施工要領書)のイメージ排除の試みである．

c. これからの施工計画書と施工要領書

1) 工種別施工計画書

工事監理者の承認を得た施工図に基づき，工種別に展開して施工を進めるにあたって，工種別施工計画(書)，工種別施工要領(書)，工種別施工品質管理表の3つをアウトプットと位置づける．ある工事全体の効果的運営を目指す中で，その工種として達成すべき品質，納期，安全を確実にし，かつ生産性を最大限に発揮させるような施工計画を立てることは，ゼネコンとしての本来的業務であり，この業務の一部でも専門工事業者にゆだねる行為は，自らの役割を放棄していることになると考えられる．この計画の良否いかんが，その工種を実際に施工する専門工事業者の生産効率に大きく影響を与えるばかりでなく，達成品質そのものにかかわるものであることを認識し，作業所のみならず専門スタッフなどのアドバイスを受けるなど，衆知を結集して計画を立てるべきものである．

この中の施工計画(書)は，専門工事業者に対する作業所としての計画伝達書として活用できるよう，次の内容を盛り込む．

i) 工事概要，ゼネコンの施工管理体制　専門工事業者に，その工事全体と施工担当工種の規模や内容，および施工管理者側の管理体制を知らせる．これは専門工事業者側のその工事にふさわしい担当者の選定に役立つ．

ii) 要求品質・設計仕様　重点施工管理計画書で合意された品質あるいは，そこで取り上げられてはいなくても，施工管理者として明確にしておきたい品質を，ここで専門工事業者に伝達する．専門工事業者に力がある場合には，要求する品質そのものや，それを確保するための設計仕様の過不足について提案してくる場合もある．この場合は，重点施工管理計画書の確定と同じような協議が，施工管理者と専門工事業者の間で行われることになり，その結果が設計品質伝達表の内容と異なる場合は，設計・

監理者の承認が必要と思われる．なお，ここで明らかにした品質は，施工管理者として受入検査の対象となる．

　iii) **採用工法または基本的施工法**　施工管理者側から指定する工法があれば，ここで指定する．また，作業のやり方について指定したい特別な方法があればここに書く．ただし，この欄も業者側からより有効と思われる工法の提案があった場合には，積極的に協議に応ずる姿勢が必要である．

　iv) **施工条件**　施工管理者としての本来的役割に基づき，計画書の中に明記したい施工条件は，以下のようなものになる．
① 施工範囲：契約に基づく当該工種の施工範囲，関連工種との接点
② 日程計画：他工種とのつながり，その工事の納期およびそれらの調整
③ 仮設計画：足場計画，揚重・運搬計画とその諸設備の運用
④ 安全計画：工事全体に共通安全指示事項に別途に示されるので，ここではその工種についての安全指示

以上の工種別施工計画（書）は，監理者が指定する重要工種については監理者の検討・助言を必要とする場合があると考えるが，取り上げられていない課題または工種の計画については，原則として提出義務はない．

　2) 施工要領書
　従来の施工要領書を施工管理者側で計画する部分と専門工事業者で計画する部分に分割した．この点が従来と大きく異なる．これからの新しい施工要領（書）は，専門工事業者が施工管理者から示された施工計画（書）のもとで，効果的な生産体制，手順，方法を具体的に展開したものという性格を持たせようというものである．したがって，同一の施工計画（書）が示されても，専門工事業者の技量に応じて体制や作業方法は変わってくる．むしろ専門工事業者の得意とする手段が，ここで展開されることが望ましい．施工要領（書）には，次の内容が記載されるようにしたい．

　i) **施工体制と作業員計画**　施工計画（書）で指定された工期内に完成させるための，専門工事業者側の施工体制を，組織表や配員計画で示す．

　ii) **資機材計画**　資機材計画は，品質，施工能率，安全に大きな影響を与えるものであり，事前に専門工事業者内で十分検討すべき事項である．

　iii) **施工手順および具体的方法**　与えられた日程，仮設設備などの条件，または指定された工法のもとで作業をどのような手順でどう行うのかを，役割を含めて具体的に記載する．この項は施工要領（書）の中心をなす部分であり，図入りで作業者が効率的にバラツキなく作業が行えるよう記載しなければならない．

　iv) **養生・片付け**　従来この作業は，専門工事業者の範囲ではないような，誰がやるのかわからない記載が多かった．今後は自らの問題として，養生方法，片付け方法を事前に計画すべき事項としたい．

　v) **安全管理**　その工種の安全管理事項に限らず，専門工事業者としてどのような安全管理を行うのかをここにまとめる．当施工要領（書）は，設計・監理者の承認を必要としないとする考えは，日本建築士会連合会の提案のとおりである．しかし，特に重要工種では，設計・監理者の助言を受けるほうがむしろ施工側にとってプラスになると判断した場合は，自主的に提案するようにしたい．この施工要領（書）レベルのものを従来のように承認すべき書類としたときには，再び，建前的形骸化の道を歩むのは明らかなので，この運用においては監理者側の格段の理解を得たいと思う．また，従来の施工要領書を分割して，ここで述べたような新しい施工要領書を専門工事業者主体で作成させることは，その前提となるゼネコンの役割を確かなものとすると同時に，工事業者の技術力，自主管理力の向上にも役立つであろうと，これも狙いの1つとして意識した．

〔浦江真人〕

文　献

1) 建築業協会：建築工事における「品質情報伝達のしくみとツール」新しい建築生産体制への提案（1988）
2) 彰国社編：建築施工計画書・要領書の作りかた〔躯体編〕，彰国社（1989）

3.4 品質管理

建設業の品質管理は，工事管理の責任者である作業所長を中心とした属人的な活動として実施されてきた．しかし，時代とともに変化してきた社会環境・経済環境のもとでは，品質保証のための品質管理のあり方も変化させなければならなかった．その1つが品質管理手法としてのTQCで，1970年代後半に建設業に導入が始まった．TQC（Total Quality Control）は，全社的な品質管理システムおよび標準化の推進である．作業所での品質管理向上のためにQCサークルを組織し，「QC 7つ道具」を利用して品質管理を分析・評価し，必要な改善策を立案・実施することであった．

そして1990年代には，建設業にISO 9001（品質マネジメントシステム）の導入が始まり，品質管理を品質保証体系図に基づいて責任権限を明確にし，マネジメントサイクル（PDCA）で実施するようになった．

3.4.1 管理の目的

品質管理の目的は，定められた，あるいは定めた品質基準に適合するように工事を計画・実施し，もし不適合が発生したときは，その真の原因を突き止め取り除き，品質基準を満足させることである．これを大きく分けると，社会的側面と社内的側面があると考えられる．

a. 社会的側面

建築物は，顧客にとって長期間使用する重要な設備投資である．そのため顧客の要求は多種多様であり，それをいかに満足させることができるかが企業のノウハウである．顧客は完成した建物を比較検討して購入するわけでなく，購入に先立って企業に要望を伝達し，企業の品質管理を信頼して完成した建物を引き取るわけである．

また，建築物は社会的な資産という面があり，施工プロセスおよび完成品が社会に与える影響は計り知れない．そのために企業は，顧客の求める建物品質を社会的価値創造（社会基盤整備）のフィルターを通して確実に提供しなければならない．

すなわち，企業の品質管理は，まず「顧客要求に基づく管理」を中心に置き，プロジェクトごとの環境条件に応じて「法規制に基づく管理」，「社会的要求に基づく管理」を組み合わせ，「社内基準に基づく管理」を組み込んでバランス良く実施しなければならない．

1) **顧客要求に基づく管理**

顧客要求は最も直接的な要求であり，昨今多種多様化してきている．その顧客要求を満足させるためには，企業は顧客要求品質を十分理解・確認し，それを満足させるための品質管理ツール・ノウハウを備えておく必要がある．

2) **法的要求に基づく管理**

法的要求は統一の取れたバランス良い社会発展を目指すために，全員が遵守すべき最低のルールである．建築関係においても遵守すべき各種基準（建築基準法，住宅品質確保法など）があり，建築専門家として，それを十分整理分析し，手順を決めて遵守する必要がある．

3) **社会的要求に基づく管理**

昨今，社会環境・経済環境等の変化が激しく，法規制も十分対応できない状態である．そこで各業界等で自主的なガイドライン作りを行っている．各企業はそれらも社会規範として遵守すべきであり，十分にそれらを考慮し品質管理にあたる必要がある．

4) **社内基準に基づく管理**

社内基準は企業の自主的な要求である．各企業は，貴重な経験とノウハウに基づいて各種社内品質基準を設定し，それを遵守するための品質管理ツールを確立している．それを確実に実施することによって企業ブランドを確立し，顧客の信頼を得ることができる．

b. 社内的側面

一般的に顧客は，品質ほか建築にかかわるすべての事項に関して，設計者および施工者を信頼し，任せている．その期待にこたえるために企業は，品質管理を通して自社の品質管理技術のレベルアップおよびノウハウの蓄積を行い，品質管理技術などを継続的に向上させなければならない．すなわち，品質計画で目指すべき品質方針・品質目的目標，それを達成するための品質プログラムを策定し，その実施プロセスにおいて品質計画との整合性またはギャップを早期に発見し，その原因を究明し，必要な改善計画を策定し実施する．その一連のプロセスおよび結果を自社の品質管理ノウハウとしてフィードバックし，維持することが大切である．

企業に合った品質マネジメントシステムの有効実施によって，常に顧客・社会から支持を受け続けることのできる品質管理を目指す必要がある．

3.4.2 管理体制

品質管理の体制は，設計施工一括物件と設計施工分離物件の2種類に大別できる．

また，管理体制は品質要求（顧客要求，法的要求，社会的要求，社内基準ほか）を考慮して決定されるべきであり，各部門・各段階においての管理目的・管理項目・管理責任・管理時点・管理個所・管理方法等を明確にしておく必要がある．

a. 設計施工一括物件

設計施工一括物件の場合は，建設ライフサイクル全般にわたって一貫した品質管理体制をとることができる．この場合には，企画・設計段階から建物引渡し後のアフターサービスまでを含めた建設ライフサイクル全般に関して，そのプロジェクトに関係する専門技術者が品質を含めたキーファクターについて検討を重ね，最終成果品として顧客に十分満足してもらえるような品質計画・管理を行う．

企画・設計段階の体制として，プロジェクトリーダーを中心に設計部門，技術部門，調達部門，施工部門などで建築全般における検討チームを組織し，最適な品質計画・管理を検討する．また，必要に応じて顧客とのコミュニケーションを通して品質要求を確認し，品質計画・管理にフィードバックする．

施工段階の体制としては，プロジェクトリーダーのもとで施工部門が中心になり検討チームを組織し，最適な品質計画・管理を検討する．設計責任者より当該物件の趣旨説明を受けて方向性を確認し，それに基づいて施工品質計画書を策定し，監理者の承認を得る．施工品質計画書で品質方針・品質目標・品質プログラムおよび各種品質基準などを整備し，それに基づいて品質管理を行う．必要に応じて顧客とのコミュニケーションを通して品質要求を確認・調整し，品質計画・管理にフィードバックする．

また，施工段階を通して本支店などにいる技術スタッフがフォローする．顧客要求事項や施工条件が著しく変化したときなど，建築部，技術部，研究所などが技術的支援を行い，スムーズな工事進行を図る．

b. 設計施工分離物件

設計施工分離物件の場合は，設計施工一括物件に比較して施工サイドの品質管理のスタートは遅く，設計事務所から当該物件の趣旨説明を受け，管理の方向性を確認し，品質計画・管理を開始する．

設計施工が分離の場合，物件によっては施工情報が不足し，設計段階での品質計画が十分でないケースがある．したがって，施工段階では設計図に基づいて詳細な施工図を作成し，設計図上ではなかなか見いだせない疑問点や問題点を明確にし，設計者と調整・解決する必要がある．

そのほかは，設計施工一括物件の場合の施工段階と同じプロセスで品質計画・管理が行われる．

3.4.3 管理方法

古い品質管理の考え方は，どちらかといえば検査主体であり，出来上がった結果についていかにクレームを削減するかに主眼が置かれていた．

しかし，品質管理方法としてTQCやISO 9001をベースにした品質マネジメントシステムが取り入れられるようになって，品質は作り込むものという考え方が徐々に取り入れられるようになった．各種条件のもとで品質計画書・要領書・手順書と必要に応じて作り込み，それに基づいて品質管理を進める．その中で，各種品質基準書・チェックリストも重要な役割を果たしている．

また，品質管理技術者の品質管理技術の維持・向上も大切で，OJT教育を中心にした品質管理教育が品質管理の重要な要素となっている．

a. 品質マネジメントシステムを中心にした管理

事前調査・検討を重ね，顧客要求事項などと経営資源とのバランスを計りながら有効な品質計画を策定し，それを実現するために要領・手順を計画し，それに基づいた品質管理を実施する．これが効果的に実施されなければ，瑕疵・クレームが発生し，顧客・企業にとっても不幸なことになる．

企業は，社内外から多くの品質に関する情報を得ることができる．それを十分に生かし計画を立てるべきである．そのために，過去の瑕疵や不適合情報をもとに「品質向上シート」などを作成し，情報の共有化を図り，品質計画にフィードバックすることによって企業全体の品質管理向上を図っていく．

品質は，検査のみで維持できるものではなく，品質を計画し，作り込むものである．すなわち，品質を戦略的に作り込むために何をすべきかを事前に検討し，最適な方法を決定することである．その上で，プロセス管理手法でポイントを監視・測定し，品質向上のためにフィードバックをかけていく．

プロセス管理するためには，品質管理する範囲，そのフロー，その前後関係を明確にし，管理対象の監視・測定手順を決定する．図3.4.1に「施工プロセス管理」の一例を示す．

顧客・法規制・その他の要求事項

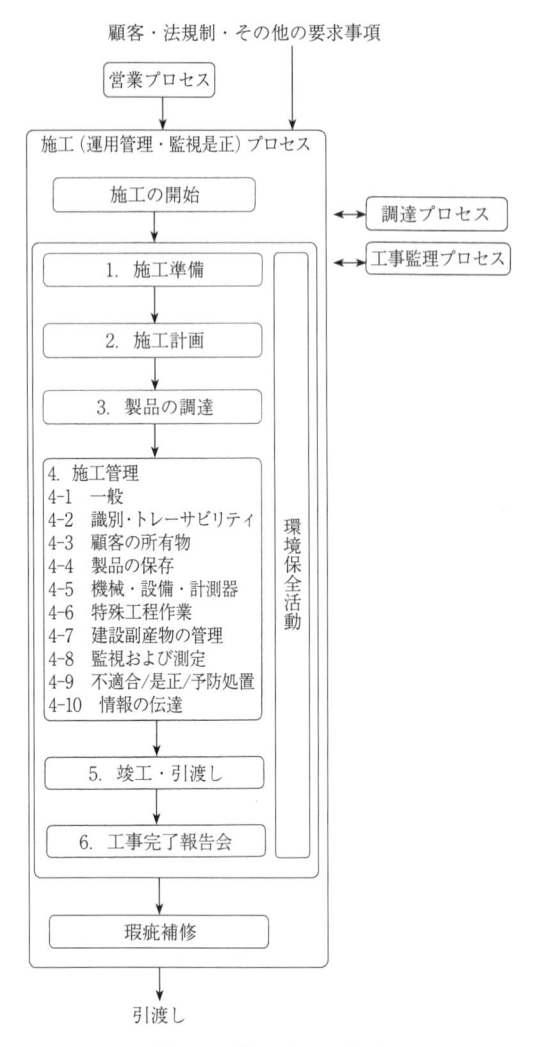

営業プロセス

施工(運用管理・監視是正)プロセス
- 施工の開始
- 1. 施工準備
- 2. 施工計画
- 3. 製品の調達
- 4. 施工管理
  - 4-1 一般
  - 4-2 識別・トレーサビリティ
  - 4-3 顧客の所有物
  - 4-4 製品の保存
  - 4-5 機械・設備・計測器
  - 4-6 特殊工程作業
  - 4-7 建設副産物の管理
  - 4-8 監視および測定
  - 4-9 不適合/是正/予防処置
  - 4-10 情報の伝達
- 5. 竣工・引渡し
- 6. 工事完了報告会

調達プロセス
工事監理プロセス
環境保全活動

瑕疵補修

引渡し

図 3.4.1 施工プロセス管理

b. 品質管理教育

有効な品質管理実施のためには,品質計画書・要領書・手順書を理解し,作成・実施できる力量が必要である.そのため企業は,品質管理技術のうち基礎的な技術教育は定型教育によって,実践的な技術教育は OJT 教育によって実施する.

教育のポイントは,次の4点である.

① 品質管理は,品質方針達成のため,品質マネジメントシステム・品質管理手順に基づいて実施することが大切であること
② 品質管理は,役割・責任を明確にし,その確実な実践が大切であること
③ 建設活動が品質に与える影響の大きさおよび改善活動が品質向上にとって大切であること
④ 品質管理は,建設技術(基礎~実践)力が大切であること

以上について教育啓蒙を実施し,その力量に応じた役割を担わせる必要がある.作業所では統括管理者,品質管理者,担当者などをその力量に応じて専任し,全体的な品質管理を実施する.

3.4.4 管 理 手 法

企業の建築に関する品質管理は,品質保証体系図のフローに沿って実施される.すなわち,施工段階の品質管理は「施工・工事監理」,「竣工・引渡し」,「保全」,「監査」のプロセスを通して段階的に実施される.図3.4.2に「品質保証体系図」の一例を示す.

施工段階における品質管理手法としては,受注引継ぎ会議・生産計画会議・設計図書説明会・基本施工検討会議を経て施工品質計画書を作成する.施工品質計画書では,「1. 工事概要,2. 作業所条件,3. 組織表,4. 作業所運営,5. 施工方針,6. 工事工程計画,7. 施工管理実施方針,8. 品質管理,9. 検査・試験,10. 設備工事管理,11. 作業所文書および品質記録管理ほか」を計画し,記述する.

特に「7. 施工管理実施方針」については,「顧客支給品管理・製品の識別・トレーサビリティ計画・取扱い,保管,保存・作業所仮設設備機械管理計画ほか」を計画し,記述する.「8. 品質管理」については,「工種別施工計画書・工種別QC工程表・工種別施工要領書・特殊工程ほか」を計画し,記述する.また「9. 検査・試験」については,「受入検査・工程内試験検査・最終検査管理計画・計測器管理計画・不適合品管理計画・工種別出来栄え基準管理計画・引渡しほか」を計画し,記述する.

その後は,施工品質計画書に基づいた品質管理活動を確実に実施するために,必要工種については施工計画書を作成し,下請負契約者には施工要領書を作成させる.また,品質管理活動を有効に実施するために「管理標準(施工品質管理表)」(表 3.4.1)や,「QC工程表」(表 3.4.2)を使用する.

以上品質管理について述べたが,品質管理の目的を明確にし,プロジェクトの要件に応じた品質管理体制・管理方法・管理手法を確立し,確実に実施するとともに,設定条件の変更などに対してもタイムリーに対応できることが大切である.そのために,品質管理戦略・組織・仕組みなどが重要な要素となる.

[井関裕二]

3.4 品質管理

凡例：□作業・行動，◇判定・検査・決定，◯会議，◯関連部署

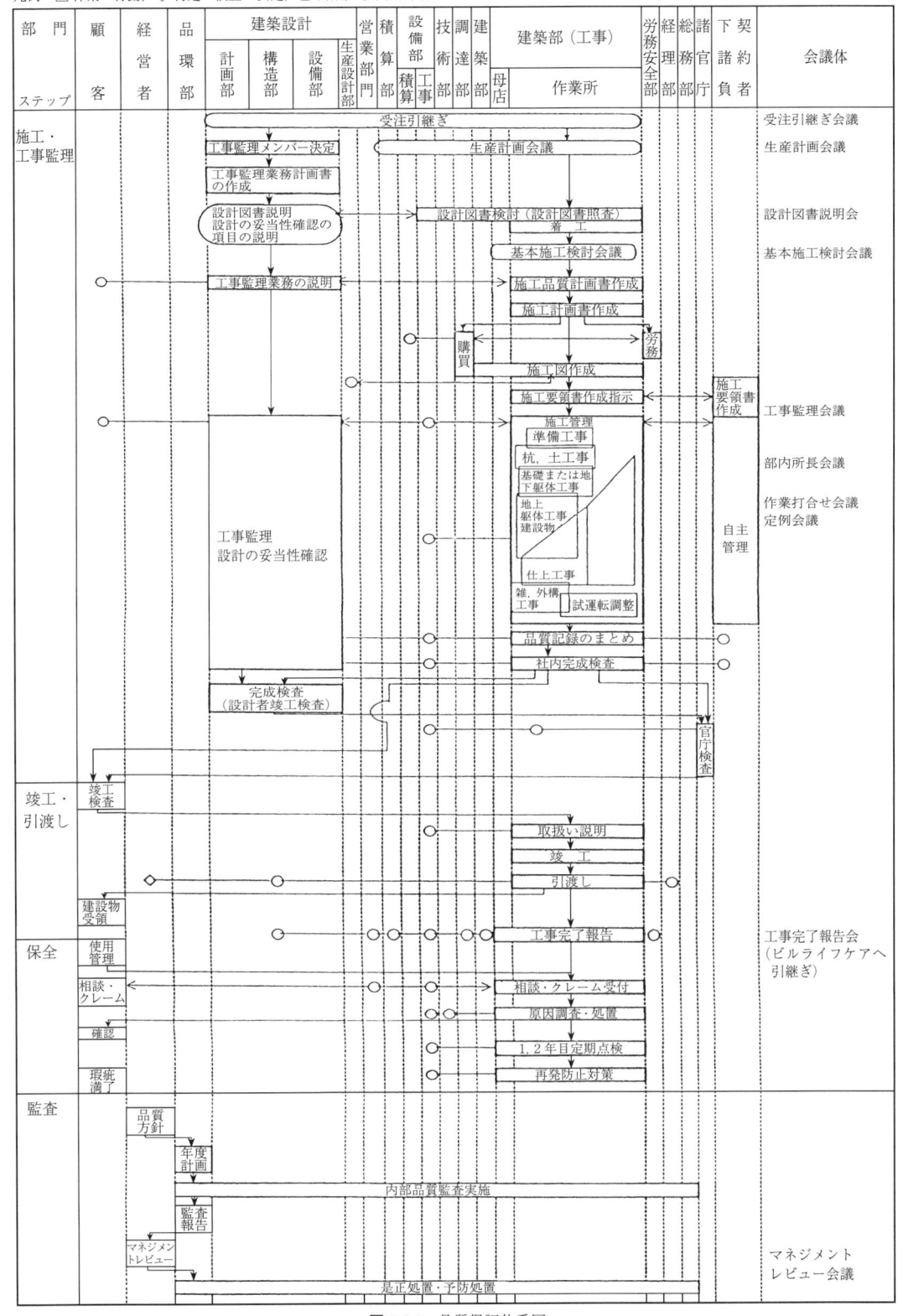

図 3.4.2 品質保証体系図

表 3.4.1 管理標準（施工品質管理表）

支店	○○○○○新築工事			作成 H.00.00.00 訂正 ② ③ ④			凡例	摘要欄の○印についての説明（サブコン側から見た場合） 承認：ゼネコンの承認（承諾）を受ける 協議：ゼネコンと協議し、指示を受ける 立会：ゼネコンの立会（検査等）を受け、承認を得る 確認：サブコンで自主検査を行う（検査等を行う） 提出：報告書等を作成（提出）し、または写真等をゼネコンに提出する				検印				
全体工期	H... ~ H...											所長	副所長	担当	係
工事科目	鉄　筋　工　事														
工事期間	H... ~ H...														

作業手順	プロセス・フロー チャート	工程名	管理項目	重要項目	分担		管理標準（基準値、その他）	結果の確認方法				管理資料（各種シート等）	チェック欄	管理値を外れた場合の処置・方法	摘要（○印）			
					ゼネコン	サブコン		時間	測定方法	頻度	方法				承認	協議	立会	確認	提出
①	基礎	地墨のチェック	図面との整合性		○		施工図（芯線図）どおり	配筋前	スケール・テープ	全数			ミスを手直しする					
		ベース配筋	スペーサー			○	最小60mmとする	取付後	スケール	種類ごと	チェックシート		スペーサーの入れ直しをする	○	○	○	○	○
			長・短辺の方向			○	設計図どおり	〃	目視	全数			配筋をやり直す		○		○	
			主筋の径、本数			○	〃	スミ出し後	目視、スケール	〃			台直しをする		○		○	
②	柱筋	柱配筋	位置			○	設計図どおり	配筋後	目視	〃	チェックシート		配筋をやり直す	○	○	○	○	○
			主筋の方向および径、本数			○	〃	〃	目視、スケール	種類ごと	〃		〃		○		○	
			継手の位置・長さ			○	四隅、全数、かつ隙間なくくの字ドリ	〃	目視	〃			〃		○		○	
			フープの結束			○	設計図どおり	〃	〃	〃			〃		○		○	
			フープのピッチ			○	柱各辺2列 最小30mmとする。土に接する部分40mm	取付後	スケール	全数			スペーサーの入れ直し	○	○	○	○	○
			スペーサー			○	設計図どおり	配筋後	目視	種類ごと			配筋の し直し		○		○	
③	梁筋	梁配筋	主筋の本数・径			○	〃	〃	目視、スケール	〃			〃		○		○	
			中吊筋の位置			○	〃	〃	目視	全数			〃		○		○	
			長さ			○	〃	〃	目視、スケール	種類ごと			〃		○		○	
			定着長さ位置			○	〃	〃	目視	全数			〃	○	○	○	○	○
			継手の位置			○	〃	〃	〃	種類ごと			配筋のし直し		○		○	

3.4 品質管理

表 3.4.2　QC 工程表

工事名称		新築工事		帳票記号				頁 1/2
鉄筋工事				作　成				サブコン
				改訂①				
QC 工程表				改訂②				

作業手順	プロセス・フロー		管理項目	分担		管理標準（基準）
	チャート	工程名		ゼネコン	サブコン	管理値（基準値），その他
①	基　礎	地墨のチェック	図面との整合性	○		施工図（芯線図）どおり
		ベース配筋	スペーサー		○	最小 60 mm とする
			長・短辺の方向		○	設計図どおり
			主筋の径，本数		○	〃
			位置		○	
②	柱　筋	柱配筋	主筋の方向および径，本数		○	設計図どおり
			継手の位置・長さ		○	設計図どおり
			フープの結束		○	四隅，全数，かつ隙間なくその他チドリ
			フープのピッチ		○	設計図どおり
			スペーサー		○	柱各辺 2 列最小 30 mm とする 土に接する部分 40 mm
③	梁　筋	梁配筋	主筋の本数・径		○	設計図どおり
			中吊筋の位置		○	〃
			長さ		○	〃
			定着長さ位置		○	〃
			継手の位置		○	〃
			スターラップ・腹筋・巾止め筋		○	径・ピッチ・爪
			スペーサー取付		○	最小 30 mm 土に接する部分 40 mm
		梁落し	配筋状態		○	配筋が乱れていないか

3.5 予算管理

3.5.1 予算管理とは

a. はじめに

建設業は産業分類で第2次産業に属するが,製造業などの装置産業に比べ,受注一品生産・野外生産・生産拠点移動・労働集約的産業などの性格を持ち,同じ第2次産業でも大きく趣を異にしている.また,その範囲も多岐にわたり,原価内容も複雑で様々な要素を織り込んで構成されており,業務内容も広範囲である.

受注産業である建設業のもう1つの特徴は,商品が完成する前にその価格が決定され,コストは商品が完成するまで確定されないという点がある.すなわち,図3.5.1に示すように工事原価が確定するまでに相応の時間と様々な作業が介在することとなり,工事期間中の原価の発生をいかにコントロールするかが,利益確保の最優先課題となる.

長期にわたる工事期間中に,工事原価総額をあらかじめ設定された工事価格よりも低く抑えるべく,そのコストコントロールを実行することが利益確保の基本であり,そのフローは図3.5.2で示すとおりである.

フロー図で示すように,工事予算の重要性は,当該工事に期待する経営利益=目標利益がどの程度達成可能であるかを早期に検証する機能,ならびに工事の進捗に伴って発生する原価を最小限に抑制する機能を持つことにある.経営目標利益を想定した目標利益を確保するべく最低限度必要な原価を予算明細化し,工事の進捗に応じ発生する原価をそれとの対比により徹底的に管理することが工事予算の重要な役割である.

b. 工事予算の基本的な考え方

時代の移り変わりとともに工事利益管理の運用に少しずつ変化が生じてきている.

すべてを明細化した従来の工事予算書作成方法は,工事利益の確保に多大な貢献を果たしながらも,明細書作成に手間がかかり,予算作成および確定が遅くなるとともに,客観性の欠如や,事務処理が繁雑で処理対応における細部までの電算化が困難など問題も多く,以下に述べるような作成方法になってきている.

予算制度の最大のねらいは,「予算を予算として

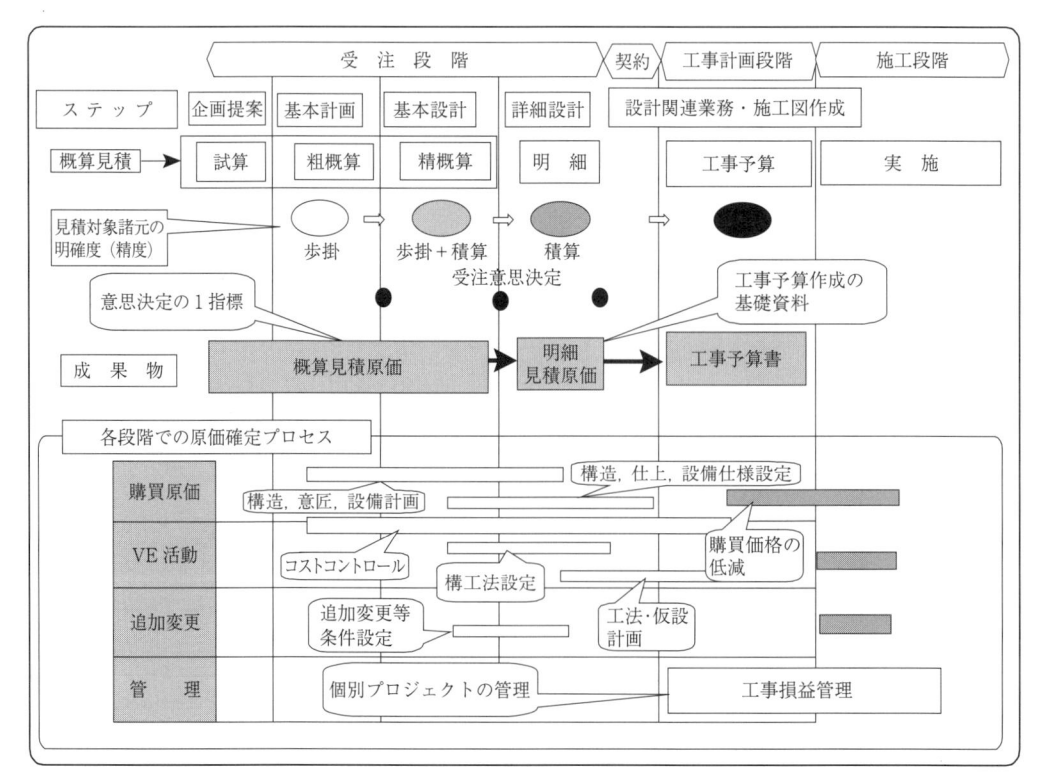

図3.5.1 受注意思決定と原価確定までのプロセス

3.5 予算管理

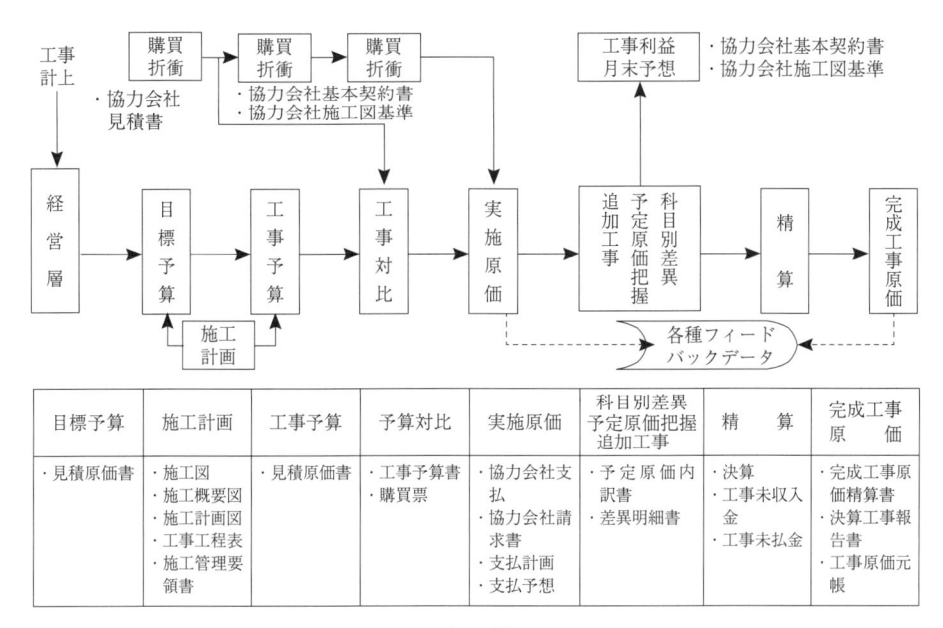

図3.5.2 工事利益管理のフロー

目標予算	施工計画	工事予算	予算対比	実施原価	科目別差異 予定原価把握 追加工事	精　算	完成工事 原　価
・見積原価書	・施工図 ・施工概要図 ・施工計画図 ・工事工程表 ・施工管理要領書	・見積原価書	・工事予算書 ・購買票	・協力会社支払 ・協力会社請求書 ・支払計画 ・支払予想	・予定原価内訳書 ・差異明細書	・決算 ・工事未収入金 ・工事未払金	・完成工事原価精算書 ・決算工事報告書 ・工事原価元帳

十分に機能させるために，早期作成こそが肝要」であり，見積原価を最大限に活用して「目標予算を達成すべく配分する」という予算作成方法になっている．

すなわち，早期に利益を確保するためには，早期に調達を行い，原価を確定させることが必要である．そのためには，変更工事などを考慮した完璧な予算書を求めるのでなく，多少細部に問題があっても羅針盤としての予算書を早い時期に作成し，早期調達につなげることが大切であり，このことが予算書の目的である．

c. 工事予算の意義

工事予算とは，目標予算を下敷きにした工事の計画，図面，仕様および見積原価諸資料などに基づき算出されたものであり，作業所長をはじめ，工事関係者に当該工事の原価の目標を明確にし，常に実績と比較検討することにより施工中の成績を明らかにし，施工実績の向上と目標利益の確保に資するものである．

d. 目標予算の位置づけ

目標予算とは，会社の利益計画を達成しようとする決意の表明として，経営層が工事予算損益に関係するすべての部署に対し，工事単位における可能な最低原価を組織的に追求するための指標として設定する予算をいう．目標予算は「工事価格－目標利益」として算出・設定される．

e. 見積原価と工事予算との関連

見積原価額は，工事予算額の基本となり，施工前段階において設計図書に基づき積算する明細数量に実勢単価を乗じて算出される（図3.5.3）．

見積原価書は，当然発注者への見積内訳書に連動されて作成されているため，工種工程別のくくりで整理されているのが一般的である．

一方，工事予算書は施工担当者によって，より実施ベースでの管理を容易にするために，各種施工計画を立て，発注先別のくくりでの整理に置き換えると同時に見積原価書の中味を見直し，目標予算達成のための原価指標を作成する．

f. 工事予算作成のはじめに

予算の意義を考えたとき，予算を活用していくのは第一線の作業所にほかならず，関係部門任せの予算では納得のいく予算管理ができるはずもない．また，原価管理のPDCAをまわせないことは，仕事の興味も半減するといわざるをえない．たとえ関係部門で予算案が作成されたとしても，作業所としては，それをたたき台にして予算を見直すことが肝要であり，原価管理を第一線で行う作業所が納得できる予算でなければならない．

1) 予算作成の基本

作業所で工事予算を作成する場合に重要な点は，施工計画を先行し，早期に工事全体の必要原価を掌握し，目標予算額との差異を検討し，利益確保のた

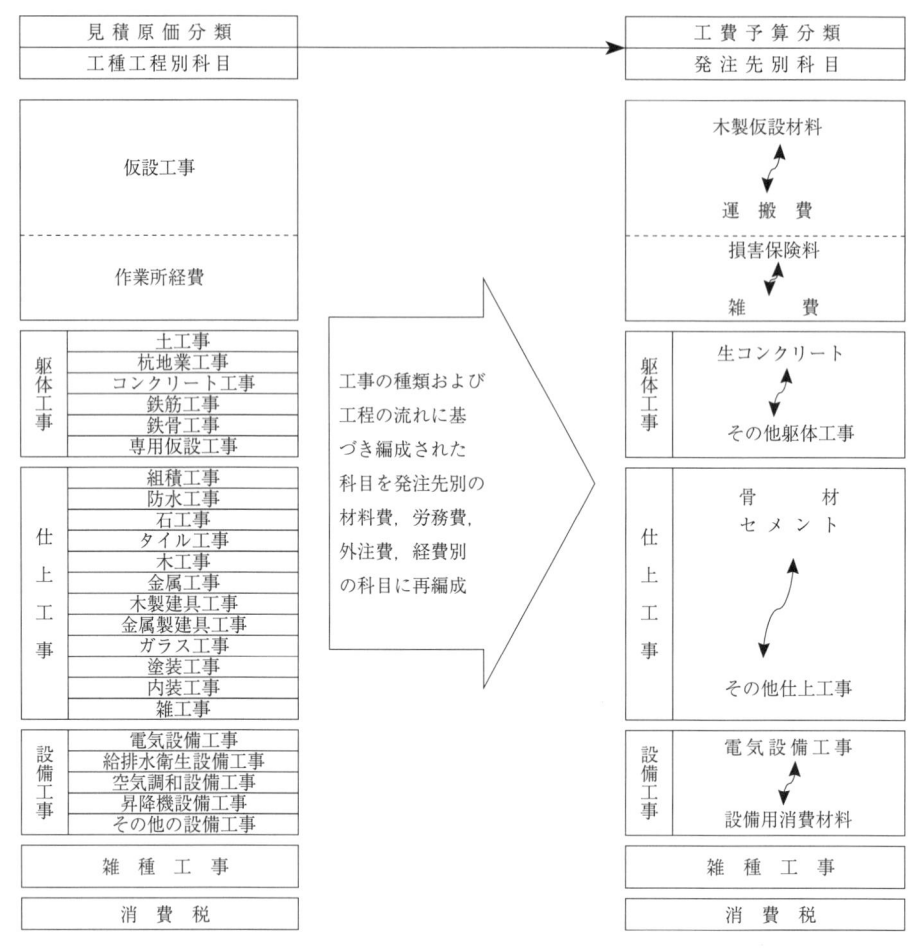

```
見積原価分類              工費予算分類
工種工程別科目   →        発注先別科目
```

見積原価科目（工種工程別）	工事予算科目（発注先別）
仮設工事 / 作業所経費	木製仮設材料 ⇔ 運搬費 / 損害保険料 ⇔ 雑費
躯体工事：土工事、杭地業工事、コンクリート工事、鉄筋工事、鉄骨工事、専用仮設工事	躯体工事：生コンクリート ⇔ その他躯体工事
仕上工事：組積工事、防水工事、石工事、タイル工事、木工事、金属工事、木製建具工事、金属製建具工事、ガラス工事、塗装工事、内装工事、雑工事	仕上工事：骨材・セメント ⇔ その他仕上工事
設備工事：電気設備工事、給排水衛生設備工事、空気調和設備工事、昇降機設備工事、その他の設備工事	設備工事：電気設備工事 ⇔ 設備用消費材料
雑種工事	雑種工事
消費税	消費税

（中央の矢印内）工事の種類および工程の流れに基づき編成された科目を発注先別の材料費，労務費，外注費，経費別の科目に再編成

図 3.5.3 見積原価科目（工種工程別科目）と工事予算科目（発注先別科目）

めの的確な予算配分を自ら立案することである．実行不可能な虚構の予算配分では，目標予算の達成が困難になる．特に，不確定要素をできる限り解明して，実施可能な達成でき得る項目にバランス良く割付配分するのが，作業所予算明細書作成の基本である．

① 仮設工事の内容をよく検討して，実際に必要な原価を積み上げてみる
② 労務主体職種に対して，十分な単価の調整・ネゴシエーション検討を行う
③ 工場製作製品については，メーカー原価の追求を行う

以上の作業を繰り返し，工事予算に実行不可能な虚構部分がないように作成していく．厳しい目標予算を具体的項目として明細化予算を作成するためには，仕様書および見積原価内容を十分検討し，グレード内容をよく理解した上での予算の設定が肝要である．

当然，メーカー・協力会社とともに後述の VE 提案も十分に検討する必要がある．

2) 変更の多い建築工事

予算の期限内作成ができないケースとして，詳細設計が作成されていないからという話をよく聞く．当然図面確定まで待たないと完全な原価内容での工事予算作成ができないことは理解できる．しかし，これでは建物が竣工しないと工事予算の確定ができないということになってしまう．

どちらにしても，当初契約図面どおりの施工で完成することはまずありえない．

まず，与えられた当初の設計図書での予算明細化を行い，全体予算額を把握した上で，その後の様々な創意工夫の変更対応ができれば，最終的には，建築主からも信頼を得ることになり，目標利益確保にもつながる．

部分的に未決定内容があっても，工事に着手している以上，仮設・躯体工事等の主な内容は早期に予算化できるはずである．また，未確定，未決定内容についてもできる限り建築主，設計事務所との協議を踏まえ，おおむね合意できた内容を予算化し，早い時期に目標予算を設定して全体を見通した原価管理を行うことが肝要である．遅くとも工事着工後2カ月，工事出来高として20%をめどに予算を作成したい．

g. 工事予算作成の前作業

作業所において工事予算を作成する，あるいは見直すにあたり，前もってやるべき数々の項目がある．前作業を十分に事前検討して予算の作成を行うことを常に心掛けたい．

1) 工程表・仮設施工計画図の先行

大まかな施工数量や，工事用機械の使用期間などを盛り込んだ総合工程表と，経済性，安全性を勘案した各工事段階の仮設施工計画図をまず作成する．施工計画における留意点は最適最小計画の作り込みにあるが，労務充足状況などいろいろな要素を判断し，十分な施工計画を立案することが肝要である．

2) 見積積算数量の検討

積算数量の検討とは，早期全体予算をつかむため歩掛りなどにより大まかに積算数量のチェックを行うことである．例えば，過去の類似工事における型枠 $1m^2$ 当りのコンクリート数量および鉄筋数量の関係を検証する，などがあげられる．

3) 設計内容・仕様の検討

施工性の可否と故障発生防止を中心とした設計図書の検討は，予算作成前に十分行い，対応すべきである．材料，工法など種々の技術審査会にて専門家からの意見具申を図りたい．

4) 施工条件の検討

特に，下記の特殊条件検討不足から損失発生のおそれが多いので注意する必要がある．
① 立地条件
② 工期
③ 建物形状の特殊性
④ 土質状況の特殊性

5) 市場価格の調査・協力会社見積価格の検討

諸物価は流動的であり，需給関係が大きく影響している．価格調査には時間と労力を惜しんではならない．

協力会社の売値は，需給事情・発注方式・施工の難易度・支払条件・人間関係・施工段取り・現場の

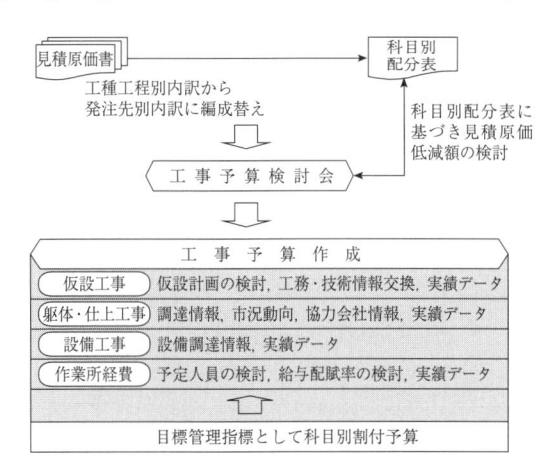

図 3.5.4 工事予算業務のフロー

立地条件などを見込んだ価格であり，内容について意見交換を行い，実態を十分把握検討して，最低価格の予算化につなげたい．

6) 仮設資材・機材の運用計画

資機材の計画的な転用を十分に検討して転用回数を増やし，作業所に入場する数量を少なくするとともに，効率良く運用する計画を立てることが必要である．

7) 発注方式と協力会社選定の検討

協力会社は，施工能力と価格によって選定するが，工事予算作成前には購買手法をよく追求し，会社選定方法・発注方式の検討および予定協力会社の諸調査を完了し，採用協力会社の腹案を持って最低価格追求の予算作成に取り組む．

3.5.2 施工中の管理

工事予算書の作成により予定原価が確定する．この予定原価は作業所の原価管理の出発点をなすとともに，工事予算書は原価管理の羅針盤的な役割を持つ．施工中の原価管理の目的は，「所期の利益目標に基づき設定された利益目標を達成するための諸活動」と定義づけられ，いかに無理，むだをなくし，改善しながら利益を作り込むことである．

a. 期中の原価管理

経済活動をしている限り，利益の確保は絶対であり，それも最終的に利益が上がればよいというものでもない．会社経営のためには，正確な最終損益を，それも早期に把握する必要がある．

1) 損益予想表（予実対比表）

建設工事は，工期が数カ月から数年という長期間にわたるものまである．このような個別受注の原価

を管理するためには，期間ごとに区切って実施原価を集計するとともに，今後発生するであろう予定原価（未発生原価）を正確にとらえ，工事予算と対比することにより原価の動向をとらえていくことになる．

損益管理のためには実施原価を工事種別に細分化した工事予算と対比し，さらに予算書と工程などの諸条件を加味して，今後発生予定の原価を算出・加算し，工事予算との差異を把握する必要がある．さらに，リアルタイムに予測された工事予定原価総額をベースに今後の工事にかかわる変動要因（追加・変更の要素）を想定し，総合的に当該工事の損益が目標に達するか否かを判断する．目標利益を達成することが困難な場合は，直ちに原価低減活動の方向性を決定し，実行に移すことはいうまでもない．

当該工事の最終利益を的確に予測するためには，予定原価の算出根拠を明確化するとともに，目標達成に向けた原価低減額をできるだけ算入するよう心掛けねばならない．

2) 予定原価

予定原価の種類として次の3項目が考えられる．

① 各工事項目ごとの契約残額並びに今後の契約見込み額：主に直接工事にかかわる原価であり，未契約工事，追加工事，数量増減精算などが含まれる．

② 諸口支払い予定額：日常管理などで努力すれば減額できる原価である．作業所全員が一丸となって，最小限に押さえる目標を含んだ金額でとらえる必要があり，仮設工事がこれに該当する．

③ 間接経費などの見込み額：作業所内の給与および厚生費用などであり，日常のむだを省き，人的資源を有効に使うことによって低減が可能である．

一方，予定原価（金額）を算定する方法として，

① 予算書から未発生原価を算出する方法
② 過去の経験と日常管理から割り出された予定金額
③ 目標としての予定金額など総合的に判断し算出する方法

がある．その結果として，工事原価総額および損益が算出される．

参考までに，図3.5.5に損益予想表（予実対比表），図3.5.6に予定原価内訳表の例を示す．

b. 原価低減活動

予算が確定したあとの作業所の活動としては，日常の原価低減活動がある．建設業における原価低減対象の範囲は広い．原価低減活動は日常の問題意識をベースに，作業所全員が個別に持っている情報・ノウハウを交換し，創意工夫と不断の努力により実

損益予想表（予実対比表）							
（○月末現在）							
工事名	工　期	請負金	予算額	予算利益（A）		完成工事予想利益（A+B）	
○○新築工事	～	円	円	円	（％）	円	（％）
項目（工種）	予算①	既発生原価②		予算残③ ①−②	予定原価④ （今後の予定）	利益 ①−(②+③)	備考
		取決め	諸口				
合　計					(B)		

図3.5.5　損益予想表

予　定　原　価　内　訳　表						
（○月末現在）						
整理科目	支払い先	内　　容	数量	単価	金　額	備　　考

図3.5.6　予定原価内訳表

行されるものである．常に原価意識を持った地道な積み重ねが目標利益確保につながる．

原価低減活動の主なものを以下記載する．

1) 協力会社との折衝

工事原価の大半は協力会社への調達価格で決まるといっても過言ではない．協力会社との購買折衝は，原価低減における最も重要な手段であり，基本行為である．最低価格で調達するためには，契約条件を明確にすることはもちろん，技術的な施工合理化による省資源・省労力を含め，工程・施工法などすべての条件を事前に十分検討し，無理なくまた後戻りのない，いわゆる「段取り」の良い作業ができるように計画を立て，協力会社に提示し合意することが必要である．

また，ここで忘れてはならないことは，どんなに厳しく取り決めてもよいが（厳しい物件では仕方がない），取り決め後も協力会社と一体となって，いかに予算内で納まるか考え，原価低減に向け惜しみなく協力しあう気持ちが必要である．

2) 仮設費の節減

仮設工事は機能が満足されれば，できるだけ少ない費用で対応したい．そこで，創意工夫による日ごろの原価低減活動が重要となる．

しかし，限界を超えた節減は逆効果になることもある．安全第一で綿密な検討を事前に行った計画を採用し，実施することが重要である．常に過剰設備でないか，むだが発生していないか，仮設設備を削減することにより工程・品質に悪影響を与えないかなど，協力会社を含めた作業所全員で最良の方法を模索していくことが大切である．また，日常管理により仮設消耗材料，諸口労務費などにおいてむだな発注を極力押さえるため，目標を持った原価管理活動も有効である（図3.5.7）．

3) VEの提案

VE提案による原価改善活動の目的は，業務のステップごとに，機能向上あるいは原価改善の余地はないかどうかを探求・実行し，工事の総原価を引き下げ，利益向上に貢献させようとするものである．

他産業におけるVE活動は，主に設計の段階で実施され，製造段階で活動を展開することはまれである．一方，建設業の場合は，設計段階から，工事施工に至る全業務の中で，機能の再評価を中心とした原価改善活動として展開する．この活動の特徴は，グループ討論により問題点を把握し，「代替提案」することが中心である．すなわち，資材の置き換え・

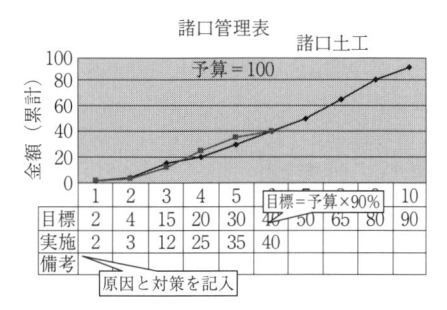

図3.5.7 諸口管理表

工法の変更・施工手順の見直しなどが主体となっている．

4) 工期の短縮

工期短縮は建築主・設計者にとってもメリットが大きい．最適工法での最短工程の追求を行い，工期短縮を図りたい．その結果としての仮設費の削減・経費の削減が期待できる．

5) 経費の節減

経費の節減は，仮設費同様，品質に直接かかわるものでないので極限を追求したい．しかし，作業所運営の潤滑油であることも忘れてはならない．

c. 決算の留意事項

工事も終わりに近づき，竣工・引渡しのため作業所があわただしくなってきた場合も，原価管理を行う者は，冷静に作業所の現状をとらえる必要がある．想定外の出費を極力押さえると同時に，協力会社との増減精算とともに建築主との追加増減工事費の確定を急ぐ必要がある．

1) 協力会社との精算

決算を行うためには，協力会社との増減精算を行い，原価を確定させる必要があり，そのために常に増減精算契約を結び，1つ1つ完結させていかねばならない．その要素として「数量・仕様変更など」があるが，竣工前の忙しくなる前にできるだけ完了しておきたい．

2) 建築主との精算

工事施工中において，建築主あるいは設計事務所より，日常的に工事の追加および設計変更の申し入れがなされる．実施原価あるいは予定原価として算出しておくのはもちろん，一方発生のつど建築主と折衝し金額を決めてから施工するのが大原則であり，後々の問題回避のためにも常々変更契約行為を行うことが必要である．最終段階に入って，設計変更が発生したりして追加変更工事費が確定していない場合も，建物引渡しまでに決着をつけておく必要

がある．

同時に建築主と，工事費の支払済金額および未払い金額を書面で相互確認しておくことも大切である．

d. リスク管理

昨今の経済環境の中，工事施工にあたっては様々なリスクが内包されており，特に協力会社の倒産という事態を想定し，二重支払いなどのリスク回避を図らねばならない．以下，倒産を予想させる事態の注視項目を示すと次のとおりとなる．

① 協力会社と連絡がとれない
② 賃金・工事費の不払い情報が入った
③ 税務署などから取引き情報の確認が入った
④ 不渡りを発生させたとの情報が入った
⑤ その他

前記の兆候がみられたら，何らかの方法で協力会社と連絡を持ち，事実確認と今後の方策を事前に検討し，工事工程に支障を及ぼさないように，また被害を最小限に押さえるように対応する必要がある．

通常の支払いにあたっても，出来高の査定を厳格にし，過払いをしないことは当然のことである．

［人見　亨・阿保　昭］

3.6 工程管理

3.6.1 管理の目的

a. 工程の定義

工程とは，対象とする建築工事における各種の活動内容を時系列的に表したものであり，工事を構成する作業，作業間の順序・日程，従事する作業者，使用する材料，仮設資材，工事用機械，さらには，作業の対象となる作業個所，工区に関する事項を意味している．建築工事の工程を表現するには，実施すべき工事の内容を細分化して，より詳細な内容を明確にすることが必要である．このように，工事を細分化してできる工事活動の単位を一般に作業という．ただし，その単位の大きさによって，部分工事，単位工事，要素工事，まとまり作業，単位作業などの名称を使用する場合もある．

b. 工程管理の意義

工程管理とは，上記で示したごとく，工事のプロセスを作業の内容，時間・日程，作業場所・作業個所，さらには，そこに従事する人々，建築材料・部品・部材，工事用機械・仮設資材について，無理やむだなく計画し，それを実施することを目的としている．工程管理がうまくいったか，いかなかったかについての評価は，費用的側面，時間的側面，人々の働きやすさなどによって左右される．

工程管理の仕方は，工事に携わる人々の工事に対するモラールや作業の安全性に大きな影響を与える．常に忙しく，残業に続く残業，日曜・祭日での作業，時間的な余裕を考慮しない作業計画は，工事に従事する人々が業務に疲れ，やる気を失い，労働災害の引き金となる．さらには，作業者のモラールの低下は作業品質の低下に直結し，竣工後思わぬところに欠陥が発生することになる．その意味から，工程管理は，工事全体を進める重要な管理の要として位置づけることが必要である．

c. 工程管理の仕組み

工程管理とは広義の意味と狭義の意味がある．広義の工程管理とは，工程について計画を行うとともに日々の運営を意味し，工程を進めていく手順である Plan－Do－Check－Action（PDCA）の活動である．一方，狭義の工程管理とは，工程の進捗を計画に従って進めることを意味する．広義の工程管理は management を意味し，狭義の工程管理は control を意味している．

本項では，工事管理を広義の意味として，計画と管理を含めて以下のごとく扱っている．

① 工程計画：工事の進め方について方針を定め，工事実施の方法，日程，従事する職種，使用する工事用機械などを定める
② 工程管理：立案した計画に基づいて工事関係者と協議・手配・指示を行い，進捗状況を確認し必要に応じて計画の修正を行う

3.6.2 管理項目

a. 工程の要素

工程とは，先に述べたごとく，一連の作業の集まりを表しており，それを取り扱うには個々の作業の内容をどのような方法で実施するかについての検討とともに，どのような手順で行うかについて考えなければならない．さらに，作業に従事する職種・人数，使用する工事用機械，仮設資材をどのようにするかを決めることも重要である．工事の規模が大きくなると，作業をどの個所から始めるか，また工区を分割して行う場合どのように分割するか，施工していく工区の実施順序なども考えることが必要になる．

工程を考える場合に検討する必要のある事項を整理すると以下のようになる．

1) 作業の対象と範囲

設計図書に示される内容から，建物として完成すべき各種部材，部品を拾い出しながら，それぞれに必要となる現場への搬入・揚重，加工・組立，養生などの作業を明確にしていく．また，複数の職種で行われる作業については，それぞれの作業範囲を明確にする．

2) 作業の内容

対象とする作業で必要となる性能・品質に対応した作業方法や工法を定める．また，作業によっては，足場の仮設や養生作業が必要になる場合もあるため，関連するすべての作業を明確にする．

3) 作業の順序関係

作業の順序は，「下地作業」の後に「仕上作業」を実施するなどの技術的順序と，重機を使用する作業について特定の優先順序を設定して行う管理的順序関係がある．また，作業工区が狭い場合は，各職種が特定の順序で入れ替わり作業をすることも必要となる．

4) 従事する作業者

建築作業に従事する作業者は，加工や組立をする作業者ばかりではなく，搬入・揚重・小運搬に従事する作業者も多い．さらに，各種の検査や計測に従事する作業者もいる．各作業について，どのような職種の作業者が何人必要であるのかを明確にする．これらを集計することによって，工事期間中に必要な作業者人数がわかり，作業者の各階への揚重，作業者用諸施設の規模などが明確になる．

5) 使用する工事用機械・仮設資材

工事で使用する機械は，主として，基礎工事および地下工事に必要となる掘削機械，建築資材や部材の揚重に必要となるクレーン，リフト類がある．これらの機械は工事に投入する台数が限られているため，それをどのように作業間で転用して工事を進めるかが重要な計画の要点となる．また，仮設資材では，足場など安全設備がある．また最近では，高所作業車やフォークリフトなどの小型機械の使用もなされるようになっている．

6) 作業を行う時間帯

工事を行う時間帯は，通常，近隣協定で定められる．特に騒音や振動の発生する作業は，近隣の迷惑になるため，早朝や夜間は実施できない．また，作業日に関しても，日曜日や祭日は作業ができないと考えるべきである．特に，車両による頻繁な資材の搬入は周りの迷惑になるため，平日以外は難しい．しかし，トラッククレーンを使用して路上からの鉄骨建方などの作業は，交通量が少ない休日にしか道路使用が許可にならない場合も多い．このため，このような作業を行う場合は，その日程や作業方法については近隣とも協議の上，計画することが必要である．

7) 作業箇所・工区

建築作業は，各職種が順次作業を行っていくことによって組み上がっていく工程が多い．床型枠，床配筋，床設備配管などの工事においては，型枠工，鉄筋工，配管工など順次作業を行っていく．このため，作業工区を明確にして，各職種が輻輳(ふくそう)しないように各作業工区に分かれて作業を実施できるようにすることによって，安全面でも生産効率面でも効果がある．また，作業者が各工区を順次作業することによって，作業者が日々安定して作業を実施することができる．このため，規模の大きい工事においては工区を事前に分割して，各作業が工区に分かれて実施できるようにする．

b. 工程の管理項目

工程管理に必要なことは，「いつ」，「だれが」，「どこで」，「なにを」，「どのような方法で」，「どのような順序で」工事を進めるかについて計画し，かつ実施することである．

このためには，工程を作業（activity）に分解し，各作業に前項で示した工程の要素にかかわる計画および，その現場での具体的な企業，人，資材，工事機械などを定めていくことが必要になる．また，工事が進捗していく過程においては，これら管理項目に従った作業が手配され実施されているかについて，以下に示すPlan-Do-Check-Actionのサイクルを回すことが必要である．

1) 日程

計画に従い，実施すべき作業について事前に手配を済ませるとともに，作業開始日および作業終了日を指示する．作業中においては，作業の進捗状況を確認し，計画した日程で作業が終了することを確認し，必要に応じて作業者の増員や作業方法の変更を指示する．

2) 労務

作業者が働きやすい作業環境を整えるとともに，他作業との作業場所の重複や作業個所の交錯などがない工程を編成する．作業のしやすさは，作業者の

作業についての集中力を高め，作業に対するやる気を維持させることになる．作業途中での他作業による中止や，ほかの作業が終わらないために生じる手待ちなど，作業者のモラールを低下させる原因となる．これらの低下は生産性の減少，さらに不注意による労働災害を引き起こす．

3) 資材・機材

工事における資材・機材は多種多様で，かつ膨大な数量となり，その搬入については工程の進捗と併せて計画する必要がある．現場内に資材・機材を保管や設置する場所が限られている場合は，それが使用される日程に合わせて just in time で到着するように手配することが必要となる．また，工事用機械の組立や解体などに要する作業は全体工程に合わせて実施し，その不稼働をできるだけ少なくして稼働率を向上させることが必要になる．

4) 近隣環境（公衆災害など）

騒音や振動が発生する作業は多い．土工事・杭工事における重機の稼働は地盤を伝わって隣地に振動を伝播し，近隣にとっては大きな迷惑となる．また，は吊り工事やハンマー打撃などによる騒音，吹付けや研磨などによる粉塵などが発生する場合もある．作業から発生する近隣環境に影響を与える有害要因については，事前にその影響度を把握し，必要に応じた措置をすることが必要になる．

3.6.3 管理方法・体制

a. 工程管理の体制

工程を計画に従って円滑に進めていくためには，工程の進捗と並行して管理活動が行われなければならない．建築工事の場合，多くの職種の作業者が工事にかかわるため，全体の工程計画に従って，いかにこれらの職種の人々を連携させて工事を進めていくかが大きな課題となる．

一部の作業の遅れは，後続する作業や関連する作業の遅れを生じさせる．これらの工程の遅れは，以後の作業を実施する各専門工事業の業務計画に混乱を生じさせることととなり，さらなる遅れを誘発することになる．

このためには，工事の開始時に作成する工程計画を基盤として，工事の進捗に合わせて，Plan－Do－Check－Action のサイクルを常に繰り返し，工事にかかわる不確定な要因を吸収するとともに，初期の計画時では予想のできない事柄については，臨機応変に計画を変更し，対応していくことが必要となる．また，工事に要求される全体工期，工事途中の主要マイルストーンなどの日程を確実に達成することを重要目標として，日々の進捗，さらには各週ごとの進捗の遅れを考慮し，工程を進めていくことが肝要である．

さらに，工事に参加している人々の意見を十分に計画に加味できるようにする組織的対応も必要である．多くの建築工事現場では，作業安全会議などを日々開催する．作業を実施する側からの当日の進捗状況報告，管理する側からの明日以後の作業指示，そして作業する側からの明日以後の作業実施予定（作用内容，就業人数，使用工事機械・仮設資材，危険個所など）の説明を行った上で，両者の協議と情報共有が密になされる体制を作ることが必要である．

b. 工程計画の方法

工程を編成するためには，目的とする建築物を造り上げるために必要な作業内容を列挙し，工事においてどのような活動を工事段階で行うかについて明らかにする．そして，列挙した作業の順序関係を定めるとともに，作業に従事する作業者，使用する工事用機械や仮設資材の種類や数量を定める．

工程計画では，その工程の進捗をどのような精度で計画するかを考える必要がある．建築工事は，一般の住宅では3カ月程度，規模の大きい事務所建築物になると2年を超える場合もある．このような長い期間にわたって，正確な工程計画を詳細に立案することには無理がある．工程の進め方は，作業を実施する時点における現場の状況によって大きく変化するものである．このため，計画の時点では工事の全体工期を定め，主要な工程部分を計画内容として全体工程表を作成する．個々の工事内容については，特殊な工法や難しい工事内容のみを詳細に検討し，他の計画は概略的な計画にとどめることも必要となる．

そして，着工がなされ，実際に工事を手配する時期において，月間工程表，さらには週間工程表へとさらに詳細な計画を立案していく．すなわち，工程計画は工事の進捗に従い，全体的な計画から次第に詳細な計画へと進める．

工程計画は，以下の計画内容によって構成される．

1) 工法の選定

地下，躯体，仕上げなどにおいて全体工程の上で工期やコストに大きな影響を与える部分については，どのような工法を採用するかについて検討する．

2) 作業の列挙

設計図書および現場説明資料などから，工事で必要となる作業を拾い出す．さらに，揚重作業や搬入作業など付加的に必要になる作業も明確にする．

3) 作業方法の検討

各作業について，作業方法を検討し，施工要領書を作成する．

4) 工区の検討

工事現場を複数の工区に分割し，各作業は工区を単位に進めるようにする．小さい建物であれば各階を工区として分割するが，規模の大きな工事においては各階をさらに複数工区に分割し，作業者が順次工区を移動しながら作業をできるようにする．重機を使用する作業がある場合には，工区に分けることによって重機を効率良く稼働させることができる．

5) 作業順序の検討

作業順序には，技術的順序関係と管理的順序関係がある．同じ職種の作業者が複数の作業を担当している場合には，それらの作業が順序立って計画されることが必要である．

6) 日数および工事資源の数量の検討

作業の対象となる施工量から作業歩掛り（労務歩掛りなど）を用いて，必要な延べ作業者人数を求める．作業の所要日数に制約がある場合には，延べ作業者人数を日数で割ることによって，1日当たりに必要な作業者人数が得られる．また，工事に投入させることができる作業者人数に制約がある場合には，延べ作業者人数を供給し得る作業者人数で割ることによって，作業日数が得られる．

c. 工程管理の方法

工事を着工したならば，日々の工事の運営が始まる．このためには，工事関係者が密接な協議や情報の共有が不可欠となる．また，着工以前に立案した工程計画を尊重しつつも，工事の進捗状況に合わせて修正しながら進めていくことも必要となる．

工事管理においては，工事の進捗に従い，工事に参加している人々や関連企業から進捗状況や意見を聞きながら，それまでに立案した工程計画を見直すとともに，それ以後の計画内容をさらに詳細に検討していくことが必要である．建築工事の場合，各階の作業はほぼ同様な場合が多く，繰返し作業がなされる．このため，工程初期における工事実績の把握は，以後の工程の計画資料として非常に重要である．工事に参加する人々や企業の能力に対応した計画とすることも工程管理の重要な役割であるともいえる．

工程管理は，以下の管理内容によって構成される．

1) 計画の詳細部分の検討

前もって作成した計画内容を検討し，月間工程表や週間工程表としてさらに詳細な計画を作成し，今後1カ月，さらに1週間にわたって実施する作業について，誰が担当し，何人の作業者で実施するか，また使用する工事用機械はどのようなものかなどを明確にする．

2) 日々の打合せ

詳細に計画した内容に基づいて，関連する業者に計画の内容を伝えるとともに，行うべき作業内容の指示や手配を行う．また，作業実施時に考えられる安全上や品質上で問題となる事項などを協議し，必要に応じて計画を修正する．

3) 作業内容の指導・監督

作業の着手時およびその途中に立ち会い，作業内容を確認する．これによって，作業安全，作業品質などが作業指示内容に従っているか確認する．作業指示と異なる場合は，その場で指示を与える．

4) 作業結果の確認

作業が終了した時点で，作業指示どおりに作業内容が仕上がっているか否かを調べる．また，その作業に要した作業日数，作業者延べ人数などを記録する．これらの実績情報は，以後の工程計画で貴重な資料となる．

5) 工事進捗の計画との差異の検討

日々工事の進捗状況を調べ，計画工程と比較した遅れや進み具合を把握する．遅れている作業についてはその原因を明らかにする．

6) 計画の更新および修正

工事の進捗状況と計画との差異に基づき，以後の計画を検討する．遅れている作業がある場合，その作業を早めるために作業者人数の増員や作業方法の変更などを行う．また，その遅れを取り戻すことが難しい場合は，以後の作業の着手日程を遅らせるとともに，遅れた日程を取り戻すために作業日数を短縮できる作業を探し，その日数を短くすることによって遅れが全体工期に影響を与えないようにする．

3.6.4 管理手法・ツール

a. バーチャート手法

バーチャート手法は，1900年ごろから使用されている工程を表現する手法であり，建築関係者の多くが慣れ親しんでいる．横軸に時間軸をとり，横棒（bar）で実施する作業を示している．感覚的に，い

つ，どの作業が行われるかが明確にわかり，またその前後にどのような作業が実施されるかが容易にわかるために，現在でも工程を表現するためには不可欠な手法となっている．

この手法の問題点は，実施する作業をどのような日程で行うかについては，計画を立案する技術者が前後の作業を考慮して割り付けなければならない点である．このため，正確な作業日数と作業の前後関係に基づく日程とはならず，計画者の恣意的な判断が入りやすくなる．

バーチャートは従来横棒のみで表現していたが，最近では，ネットワーク手法に準じて作業を示す横棒をアローで連結して，作業間の順序関係を示すことも行われている．また，ネットワーク手法による日程計算をコンピュータで実施した後，この結果を用いて，工程表をバーチャートで示すことが多く行われるようになり，複雑な工程をバーチャート図で表現することも多くなっている（図3.6.1）．

b. ネットワーク手法

ネットワーク手法は，コンピュータの活用が盛んになり始めた1950年代後半に開発され，今日では工程計画をコンピュータで作成する上で不可欠な手法となっている．

前述のごとく，バーチャート手法では，作業の日程は計画者が前後の作業の順序関係を考慮しながら日程を割り振っていくしか方法がなかった．しかし，ネットワーク手法では，日程の計算を計算機を用いて行うことで，工程を多数の作業に分解し，その詳細な作業についての日程を求めることを可能にした．

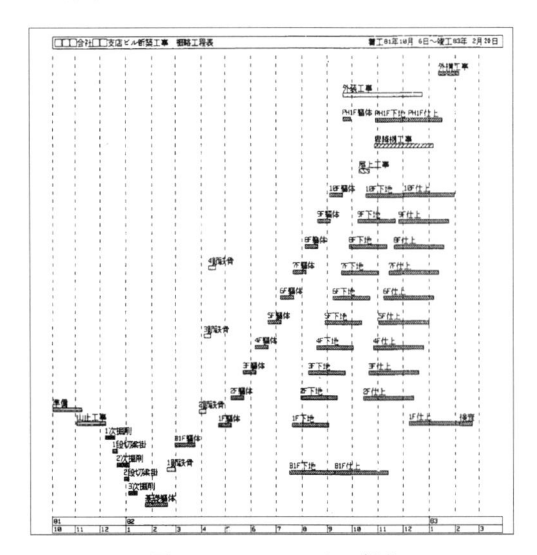

図3.6.1 バーチャートの事例

工程を表現するネットワーク図には，アロー型ネットワーク図（図3.6.2）とノード型ネットワーク図（図3.6.3）の2種類がある．両者の違いは表現上の違いのみであり，日程計算の方法は同じである．現在では，アロー型ネットワーク図が主流となっているが，ノード型ネットワーク図も作業の順序関係を明確に知りたい場合などに便利である．

作業の順序関係は，主として，作業の終了時点と他の作業の開始時点の関係を用いる．例えば，「作業Aが終了したならば，作業Bを開始できる」などの関係である．

ネットワーク手法の特徴として，日程計算で求めた最早開始日・最早終了日，最遅開始日・最遅終了日を用いて，工程の日程上の特性を全体余裕と自由余裕，さらにはクリティカルパスとして求めることができる．

最早開始日と最早終了日の計算手順は，工程の前の方から後ろの方へ各作業の日程を求めていく．すなわち，工事着工日を工事最初の作業の最早開始日として定め，それに作業日数を加えて最早終了日とする．工程途中の作業の最早開始日は，先行する作業の最早開始日の中で最も遅い日となる．そして，以後の作業について，以下の規則を用いて最早開始日と最早終了日を求めていく．このように計算していくと，最後の作業の最早終了日を求めることができる．これが計算上の全体工期となる．

最遅開始日と最遅終了日の計算手順は，工事の指定工期を求め，この値を最後の作業における最遅終了日として定める．そして，工程の後ろの方から前の方へ各作業の日程を求めていく．最遅終了日から作業日数を差し引くと最遅開始日を求めることができる．すなわち，作業は遅くても最遅開始日には開始しなければ工事が指定工期内に終了しないことを意味している．工程途中の作業の最遅終了日は，後続する作業の最遅開始日の中で最も早い日となる．

〈日程計算の規則〉

① 作業Iの最早開始日＝作業Iに先行する作業の最早終了日の中の最も遅い日

② 作業Iの最早終了日＝作業Iの最早開始日＋作業日数

③ 作業Iの最遅開始日＝作業Iの最遅終了日－作業日数

④ 作業Iの最遅終了日＝作業Iに後続する作業の最遅開始日の中の最も早い日

⑤ 作業Iの全体余裕＝作業Iの最遅開始日－作

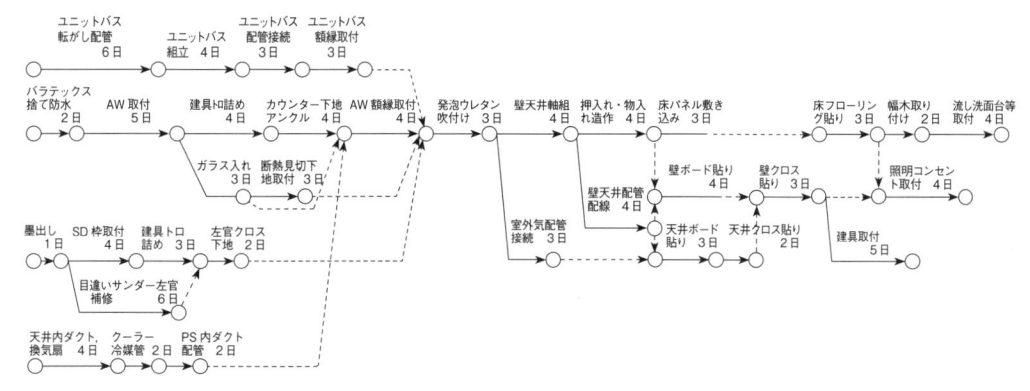

図 3.6.2 アロー型ネットワーク図

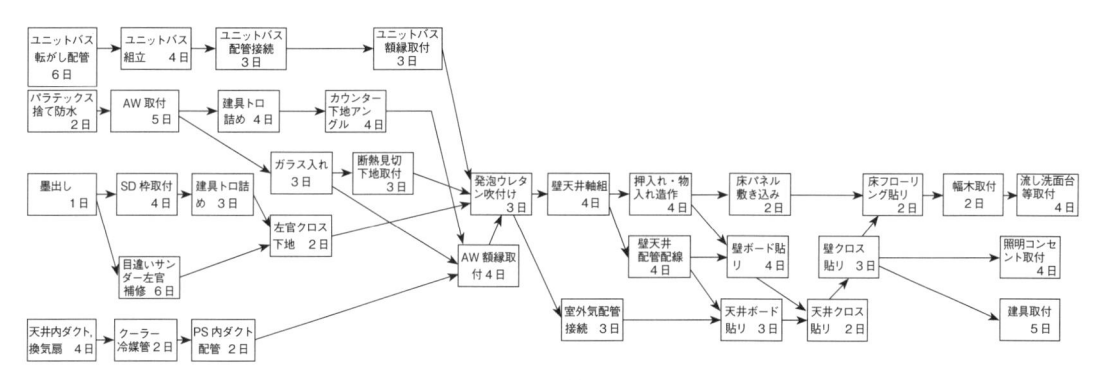

図 3.6.3 ノード型ネットワーク図

業Ⅰの最早開始日

⑥ 作業Ⅰの自由余裕＝作業Ⅰに後続する作業の最早開始日の最小値−作業Ⅰの最早終了日

なお，クリティカルパスとは，全体余裕の値がゼロまたは負の作業を並べてできる経路を意味している．すなわち，これらの作業が遅れると全体工期は延びることを意味しており，遅れられない作業の集合を表している．

工程管理を行う上では，全体余裕が負となる作業がある場合には，工期が間に合わないことを示しており，その前後の作業を含めて作業日数の短縮が必要である．また，クリティカルパス上に存在する作業については，日程管理上重要な作業であり，これらの作業の進捗を計画どおり実施することが工期を達成することを意味する．また，自由余裕で正の値を持つ作業は，その作業が若干遅れても後続する作業には何ら影響がないことを意味する．このため，このような作業については，作業日数の設定に無理があれば長く設定することも考えられる．さらに，全体余裕で正の値を持つ作業は，その作業が若干遅れても工期には影響を与えないことを意味してい

る．このため，全体余裕が大きな値を持つ作業はその作業の開始日を遅らすか，または作業日数を長く設定することも可能である．ただし，作業の開始日や作業日数を変更すると，その作業につながっているほかの作業の全体余裕の値は小さくなるため，他作業との関連を検討しながら工程調整する必要がある．

c. 資源配分計画手法

建築工事における工程計画の手法としては，現在なおバーチャート手法を用いて，手作業で各作業の開始日・終了日を割り当てている場合が多い．大規模な工事においては，ネットワーク手法を用いて日程の計算を行う場合もあるが，日程計算を行うソフトが利用できるか否かによって，その利用度は異なってくる．コンピュータを用いると，日程計算以外に資源配分計画も可能になる．

工事に従事する作業者の人数や使用する機械の能力や台数に制約がある場合は，資源配分計画を実施する必要がある．すなわち，工事の日程を調整して，工事期間中に従事する作業者の人数や機械の台数をある一定数量以下に調整したり，平準化することを

行う．資源配分計画は，ネットワーク手法を用いて各作業に必要となる作業者人数や工事用機械の数量を割り当てて，その日程計算と資源山積図を求める計画手法である．

建築工事が大規模になり，また工期に余裕がない場合などは，その工程計画においては，資源配分も考慮した綿密な計画が要求されるようになる．工区を分割して多工区同期化工法を採用する場合には，各工区で実施する作業計画は通常の作業計画に比べてより綿密になされなければならない．工区を分割した場合に，各職種に作業をどのように割り振るかについての計画は非常に難しく，手法としても確立しているが，多くの場合は試行錯誤で作業計画を作成する必要がある．

[嘉納成男]

文　献

1) 日本建築学会：ネットワークによる工程の計画と管理の指針・同解説，日本建築学会（1968）
2) 池田太郎・松本信二：新建築学大系 48. 工事管理，彰国社（1983）
3) 松本信二ほか：建築施工における作業計画方法に関する研究，計画系論文報告集，p. 112，日本建築学会（1987）
4) 安藤正雄ほか：基準階工程 IFM からの n 工区分割同期化工程の導出法．建築生産と管理技術シンポジウム，pp. 25-30（1990）
5) 工程計画研究会：建築工程表の作成実務．施工，9月号別冊，彰国社（1997）

3.7 安全衛生管理

安全衛生管理とは，危険や損害を受けるおそれのない状態を維持するとともに快適な作業環境，労働条件の改善を通じて労働者の安全と健康の確保に努めることである．

管理を怠り労働災害を発生させた場合，企業は社会的責任，刑事的責任，民事的責任，行政的責任を問われ，経営面で大きなダメージを被ることとなる．したがって，建設業における安全衛生管理は，品質管理，工程管理，原価管理とともに重要な管理対象として位置づけられている．

建設業における労働災害件数は，図 3.7.1 に示すように長期的には減少傾向を示している．建設業従事者の全産業に占める割合は約 9％といわれるが，屋外作業・高所作業が多いなどの特性により他産業に比べ災害発生率が高く，2005 年の産業全体に占める災害件数の割合としては，休業 4 日以上災害の約 23％，死亡災害においては約 33％を占めている．

また，作業環境上の特性のほかにも，多くの関係請負人による混在作業であること，作業員が特定されず日々変化することなど，管理上においても難しい特性を有しているが，建設業には災害多発業種からの脱却に向け，業界全体をあげてのさらなる努力が求められている．

3.7.1 管理の目的・フロー

a. 安全衛生管理の目的

安全衛生管理の目的は，安全な作業環境と労働者の健康を確保し，災害や疾病を未然に防止することである．従来は，安全衛生管理のスローガンとして「災害ゼロ」が永年にわたり使用されてきたが，近年は，災害の原因である危険な状態の排除に重点を置いた「危険ゼロ」が主流となってきている．

b. 安全衛生管理のフロー

安全衛生管理のフローは，店社ならびに現場単位ごとに，表 3.7.1 のような PDCA サイクルによって実施されるのが一般的である．

3.7.2 管理項目

管理項目としては，法令などにより義務づけられたものの遵守が最優先とされる．建設業は産業の特性から政令により特定事業に指定されているため，他産業に比べ法令などによる規定が多いといえる．

法令などのほかには，各企業において自主的に定めた社内基準などがある．内容的には，設備・環境・工法などに関する技術的な基準と，書類・運用などに関する管理的な基準とがある．

a. 安全関連法令上の管理項目

1) 労働基準法

主に労働条件の基準を定めており，"安全及び衛生に関しては労働安全衛生法の定めるところによる"としている．

2) 労働安全衛生法

労働災害の防止に関する総合的計画的な対策を推進することで，職場における労働者の安全と健康を確保するとともに，快適な職場環境を促進することを目的としており，主な項目は次のとおりである．

第1章：総則（目的，定義，事業者等及び労働者の責務）
第2章：労働災害防止計画（国による計画の策定，公表）
第3章：安全衛生管理体制（各管理者や委員会等

3.7 安全衛生管理

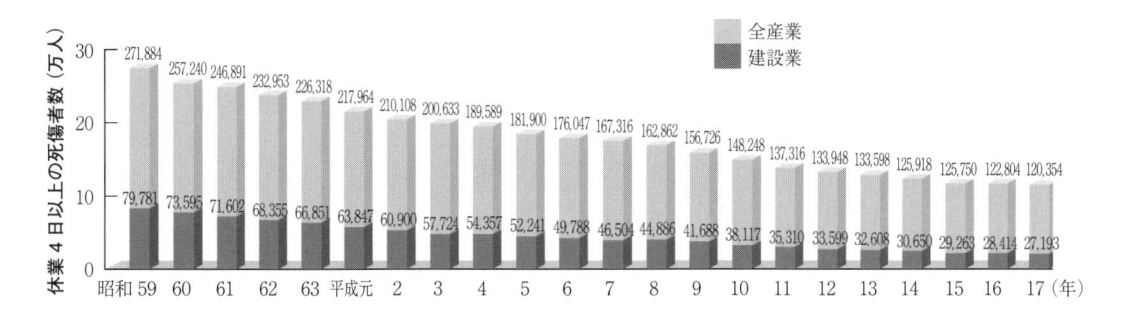

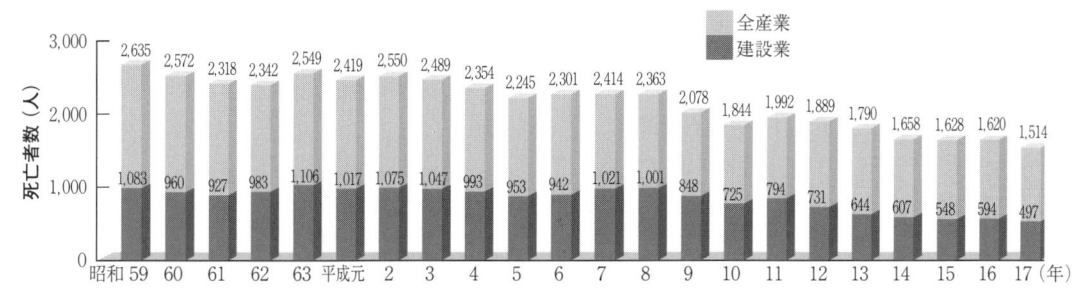

図3.7.1 労働災害の推移（出典：建設の安全，2006年6月号）

表3.7.1 安全衛生管理のフロー

	店社の実施事項	現場の実施事項
計画（P）	安全衛生方針の設定 安全衛生目標の設定 年間安全衛生管理計画の作成	安全衛生目標の設定 全体安全衛生管理計画の作成 月間安全衛生管理計画の作成 法令に定められた計画の作成，届出 各工事ごとの安全衛生計画の作成
実施（D）	安全衛生体制の整備 安全衛生管理計画の実施運用 安全衛生委員会の開催 安全衛生推進大会の開催 健康診断の実施	安全衛生体制の整備 安全衛生管理計画の実施運用 安全衛生協議会の開催 日常の安全衛生サイクルの実施 安全衛生大会の開催
点検（C）	安全衛生点検の定期的実施 災害発生時の原因究明 施工計画報告書の技術的点検	作業前点検，始業点検 法令で定められた月例点検 巡視による設備や行動の点検
改善（A）	再発防止対策の水平展開 安全衛生管理活動の評価 下請業者の評価 翌年の目標への反映	点検指摘事項の是正 下請業者の評価

の役割）

第4章：労働者の危険又は健康障害防止のための措置（事業者，元方事業者，特定元方事業者，注文者，機械等貸与者等の講ずべき措置等）

第5章：機械及び有害物に関する規制（製造の許可，検査，検定等）

第6章：労働者の就業にあたっての措置（安全衛生教育，就業制限）

第7章：健康の保持増進のための措置（作業環境測定，健康診断）

第8章：免許等（衛生管理者，作業主任者，クレーン運転等の資格，技能講習）

第9章：安全衛生改善計画等（改善計画の指示，安全衛生診断）

第10章：監督等（計画の届出，審査，監督官等の権限）

第11章：雑則（法令の周知，書類の保存，健康診断に関する秘密の保持）

第12章：罰則

※ 細目については労働安全衛生法施工令，労働安全衛生規則，クレーン等安全規則などに規定されている．

3) 労働者災害補償保険法

労働者災害補償保険は，労働者の保護を目的に政府が管掌し，労働者を使用するすべての事業主に保険加入と費用負担を義務づけている．

4) 民 法

民法では雇用主に安全配慮義務などが課せられており，これを怠り災害が発生した場合は賠償義務が発生する．

b. 法的規制のポイント

1) 事業者・特定元方事業者・労働者の責務

労働安全衛生法では，労働災害防止責任の多くを，労働者を使用する事業者に負わせている．

しかし，同一場所に複数の事業者が混在する建設現場においては，各々の事業者の自主的努力のみでは災害防止の実をあげられないため，当該事業全般を統括管理する特定元方事業者に事業者への指導，指示および混在作業に起因する労働災害防止に必要な措置を義務づけている．

また，労働者に対しても，労働災害防止に必要な事項の遵守ならびに，事業者その他の関係者が実施する措置への協力を義務づけている．

事業者で一の場所において行う事業の一部を請負人に請け負わせているものを元方事業者というが，建設業の場合は政令で定められた特定事業にあたるため，特定元方事業者という．特定元方事業者の講ずべき措置については3.7.3項において後述する．

2) 労災保険の適用

労災保険は労働者保護を目的に設けられた制度であり，本来労働者以外のものには適用されないが，建設現場における1人親方などの労働者以外のものにも特別加入制度が設けられている．

また，建設現場の労災保険は元請が加入する方式となっているが，災害が現場外で発生した場合においても，当該現場との業務上の関連性によっては元請労災が適用されることがある．

3) 罰則，両罰規定

法違反に対しては刑事的責任として罰則が規定されているが，そのほかにも行政的責任として責任度合いに応じて指名停止，営業停止などの処分がある．また，労働安全衛生法においては，特定の条項違反に対して，行為者のみならず法人または責任者に対しても罰を科すとの両罰規定が設けられている．

3.7.3 管理方法・体制

a. 管 理 体 制

1) 個別企業の安全衛生管理体制（建設業の場合）

労働安全衛生法では，災害を防止する最大の責任は事業者にあるとし，個別企業の安全衛生管理体制を表3.7.2のように定めている．

2) 建設現場における特定元方事業者の義務および安全衛生管理体制

労働安全衛生法では，建設現場における同一場所での混在作業から生じる労働災害を防止するために，当該事業全般を統括管理する特定元方事業者に対して，次の事項に関する必要な措置を義務づけている．

① 協議組織の設置および運営
② 作業間の連絡調整
③ 作業場所の巡視
④ 安全衛生教育に対する指導援助
⑤ 工程に関する計画および機械，設備などの配置に関する計画の作成
⑥ その他必要事項

また，安全衛生管理体制については表3.7.3のように定めている．

b. 管 理 方 法

1) 安全施工サイクル

多くの労働者が混在する建設現場においては，ルールを定め，これを確実に遵守することが安全管理の基本となる．安全衛生に関して日常行うことをパターン化し，それをサイクルとして実施することを安全施工サイクルと呼び，一般的に表3.7.4の方法で行われている．

2) 重点管理対象災害指定

建設業における災害の種類を分析すると，墜落災害が約40％，次いで建設機械関連災害，自動車関連災害が続き，この3種類で全体の約70％を占めており，この3種類の災害は一般的に三大災害と称される．発生頻度の高い災害の種類は，業種や作業所条件により異なるが，目標や計画段階で重点管理対象に指定し，管理強化が行われる．

3) 管理指標（度数率，強度率，経営審査事項評価）

安全衛生管理において使用される数値指標としては，災害件数のほかに災害発生頻度を表す度数率および災害の重篤度を表す強度率があり，それぞれ以下の算定式が用いられる．

表 3.7.2 個別企業の安全衛生管理体制

	事業場の規模など	資格要件など
総括安全衛生管理者	常時100人以上の労働者を使用する事業場	事業を実質的に総括する権限を有する者
安全管理者	常時50人以上の労働者を使用する事業場	大学・高専卒後3年，高卒後5年以上の実務経験
衛生管理者	常時50人以上の労働者を使用する事業場	医師，労働衛生コンサルタント，第1種衛生管理者
産業医	常時50人以上の労働者を使用する事業場	医師
安全衛生推進者	直用労働者数が10人以上50人未満選任	大学・高専卒後1年，高卒後3年，ほか5年以上の安全衛生実務経験
作業主任者	政令で定める作業	技能講習修了者
安全委員会	常時50人以上の労働者を使用する事業場	
衛生委員会	常時50人以上の労働者を使用する事業場	安全衛生委員会として一体開催可

表 3.7.3 安全衛生管理体制

	事業場の規模	資格要件など
統括安全衛生責任者	常時50人（ずい道，一定の橋梁，圧気工事では30人）以上の労働者が混在する現場	特定元方事業者として事業を実質的に統括管理する者
元方安全衛生管理者	常時50人（ずい道，一定の橋梁，圧気工事では30人）以上の労働者が混在する現場	大学・高専卒後3年，高卒後5年以上の建設工事の施工における安全衛生実務経験
店社安全衛生管理者	統括安全衛生責任者の選任が義務づけられていない現場	大学・高専卒後3年，高卒後5年，ほか8年以上の建設工事の施工における安全衛生実務経験
安全衛生責任者	統括安全衛生責任者を選任した現場	個別関係請負人ごとに当該事業場の労働者を統括する者
安全衛生協議会	特定元方事業者はすべての関係請負人が参加する協議組織を設置し，会議を定期的に開催する	
安全衛生委員会	元請社員数が50人以上の場合は，安全衛生協議会と別途に安全衛生委員会も開催する	

度数率＝件数/延べ労働時間×1,000,000
　　　　　（総合工事業平均 1.61）
強度率＝損失日数/延べ労働時間×1,000
　　　　　（総合工事業平均 0.47）

死亡災害時の損失日数は7,500日を用いる．

また，建設業経営審査事項の社会性などの項目に，労働福祉の状況を評価する労働福祉点と，災害発生件数から施工高ランクに応じて評価する工事の安全成績点があり，企業評価の一要素とされている．

3.7.4 管理手法・ツール
a. 従来型の管理手法

建設業は，産業上の特性により労働安全衛生法にて特定業種と位置づけられ，従来から多くの書類に基づく厳しい管理がなされてきていたが，管理手法としては，永年の経験や資料をもとに災害に着目して組み立てられた事後のリスク対処型管理が中心であった．

b. 新しい管理手法（労働安全衛生マネジメントシステム）

近年になって管理手法の国際標準化が進み，安全衛生分野においても平成11年4月に労働省告示第53号「労働安全衛生マネジメントシステムに関する指針」が示された以降，この新しい管理手法の導入が進みつつある．

この新しい管理手法は，略称としてOHSMS（Occupational Health & Safety Management System）とも呼ばれ，国際標準であるISOシリー

表 3.7.4 安全施工サイクル

	行事名	いつ	実施概要
毎日	安全朝礼	毎朝	作業員など全員が参加し,体操後に連絡調整および元請からの指示事項などを周知する
	安全ミーティング	作業開始前	個別関係請負人単位で当日作業,他職との連絡調整の伝達,資格や体調確認による適正配置を行う
	危険予知活動	作業開始前	個別関係請負人単位で作業手順および作業環境を点検し,潜在的危険要因の発見と排除を行う
	作業前点検	午前・午後の作業前	法で定める作業では所定の点検および測定を行う 一般作業においても施設,設備,材料を点検する
	始業点検	作業開始前	クレーン,車両系建設機械,電気機械器具などは使用前に点検を実施し,記録に残す
	巡視,指導監督	作業中随時	不安全な状態および行動を点検し,発見した場合は是正措置を行う
	安全工事打合せ	定時刻	関係責任者全員が参加し,翌日の作業の調整および危険防止措置について協議し,決定事項を遵守する
	持場片付け	作業終了前	作業員全員が参加して資材を整頓し,不要材などを整理する
	終業時確認	作業終了時	持場の片付け状況,火気の始末,重機のキーの保管などを確認し,元請に報告する
毎週	週間安全工程打合せ	毎週定例日	関係請負責任者全員が参加し,翌週の工程調整および危険防止措置について協議し決定事項を遵守する
	週間点検	毎週定例日	作業環境,設備,機械,工具などを関係請負人の責任範囲全般について点検する
	週間一斉清掃	毎週定例日	作業員全員が参加して不要材搬出,資機材整理を行い,通路の確保,作業場の足元確保に努める
毎月	安全衛生協議会	毎月定例日	関係請負人代表者が参加し,規約に基づき工程および機械などの配置計画,危険防止措置などを協議し,決定事項を遵守する
	月例点検	定期	法令に定められた機械,設備などについて点検・検査を実施し,記録を保存する
	安全衛生大会	毎月定例日	作業員全員参加にて実施し,作業規律の維持および安全意識の向上を図る
	安全パトロール	毎月定例日	店社計画に従い定期的に当該現場外の人員による安全パトロールを実施する
年間	全国安全週間	7月の第1週	安全意識の高揚を図る全国的行事で,6月を準備月間と定めている
	全国衛生週間	10月の第1週	衛生意識の高揚を図る全国的行事で,9月を準備月間と定めている

ズと基本的精神を同じくしているが,現時点ではまだ認証制度とはなっておらず,企業ごとの自主運用となっている.

この手法の特徴は,「災害ゼロ」から「危険ゼロ」へと視点を転換し,リスク解消型管理手法とした点にあり,「危険又は有害要因及び実施事項の特定」という新しい項目が設けられたが,それ以外は,従来手法を大きく変更するものではない.

建設現場における危険または有害要因および実施事項の特定は,次のように実施される.

① 現場の環境を考慮し,工事に潜在する危険または有害要因を抽出する.
② 抽出した危険または有害要因をリスク評価して特定する.
③ 特定した危険または有害要因に対する対策を検討し,実施事項を特定する.
④ 特定した中から順位に従い重点管理対象を定め,安全衛生管理目標に反映させる.
⑤ 特定した実施事項は全体安全衛生計画および月間安全衛生計画に表し,実施する.
⑥ 個々の工事および作業計画に際しても,危険または有害要因の特定および実施事項の特定を

行い，施工要領書および作業手順書に反映させる．

なお，2006年4月の労働安全衛生法の一部改正に伴い，「危険性・有害性等の調査，及びこれに基づく必要な措置の実施」が，事業者に努力義務化されるようになった．

c. ツ ー ル

労働安全マネジメントシステム自体も管理用のツールであるが，関連するものとして次のようなツール類が用いられている．

1) 災害事例データベース

貴重な教訓である過去の災害事例を再発防止目的で標準分類に従い整理したもので，体系的な検索が容易にできるようなツールとなっている．各企業単位で作成されたものと，業界団体において作成されたものがある．

2) 施工体制台帳などに関する届出書の書式集

建設現場では，労働安全衛生法・建設業法・雇用改善法などに基づく多くの書類管理を要求されている．書式集は，これらを適正に効率良く管理する目的で作成されたもので，各企業単位で作成されたものと，業界団体において作成されたものがある．

3) 作業標準書，作業手順書

災害防止には，機械設備などの安全性向上とともに不安全行動を防止することが重要である．作業標準書は後者を目的として，工事の種類ごとに一般的な作業の順序に沿って安全の要点や急所を整理したものである．

ただし，作業現場は個々に条件や状況が異なるため，一般的な作業標準書だけでは作業現場に即したものにはならず，より詳細なものが必要となる．

作業標準書をベースに個々の現場ごとの条件を加味し，実際の作業を網羅して具体的に作成したものが作業手順書であり，充実した内容の作業手順書を作成して危険予知活動などに活用することが災害防止に効果を発揮することになる． ［喜多喜久夫］

3.8 環 境 管 理

3.8.1 管理の目的・フロー

a. 環境に関する諸問題

昨今，地球温暖化，オゾン層の破壊，熱帯雨林の減少など，地球規模で環境問題がクローズアップされてきているなかで，建設業に関しても以下に示すような事象を含むいくつかの問題が顕著になってきている．

1) 廃棄物に関する問題

建設業による産業廃棄物排出量は図3.8.1に示すように，全産業の約20%を占めている．

一方，図3.8.2に示すように，環境省の平成15年度末時点での試算では産業廃棄物の最終処分場は

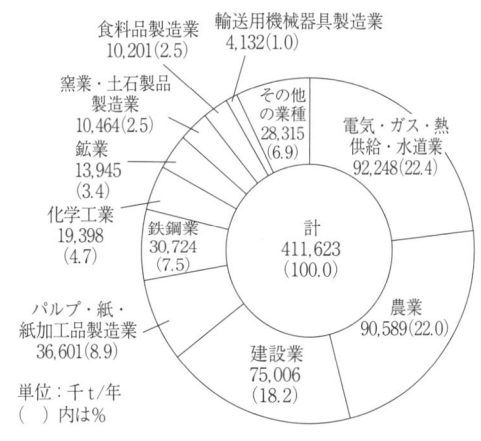

図 3.8.1 産業廃棄物の業種別排出量（平成15年度）[1]
（出典：環境省，平成17年11月8日記者発表資料）

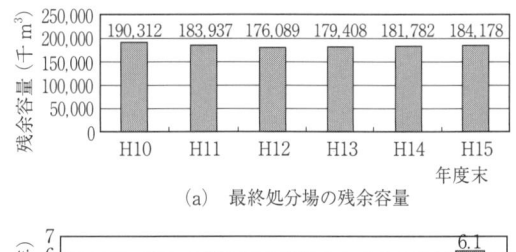

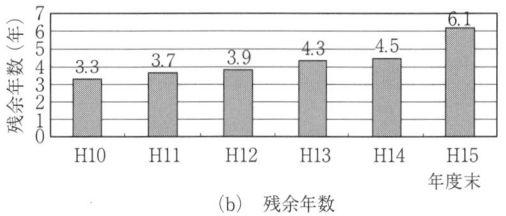

図 3.8.2 最終処分場の残余容量および残余年数の推移（産業廃棄物）[1]
（出典：環境省，平成17年11月8日記者発表資料）

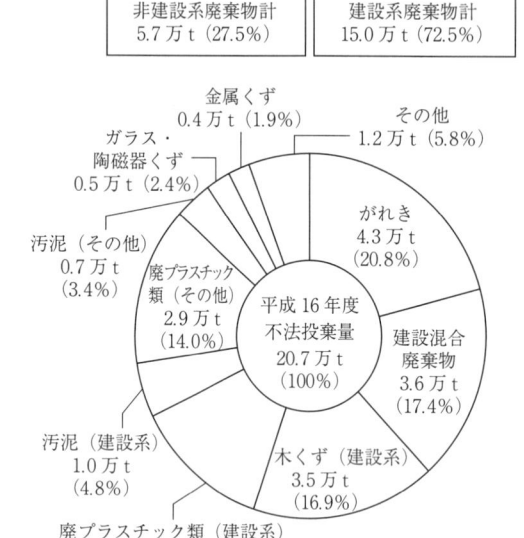

図 3.8.3 不法投棄に占める建設廃棄物の割合（沼津市事案分を除く．事案分はすべて「廃プラスチック類（建設系）」）[2]

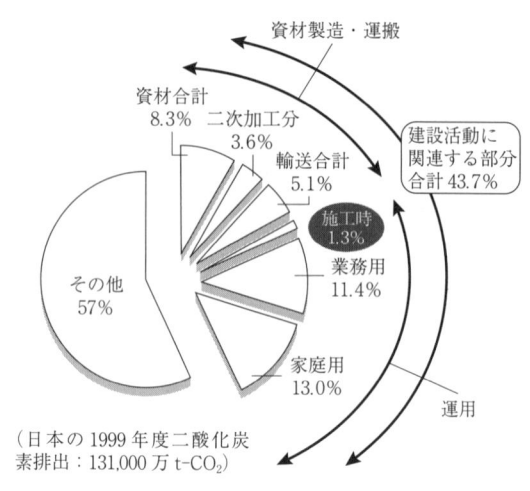

図 3.8.4 温室効果ガス CO_2 発生量（日本国内総排出量に占める建設関連の比率）[3]

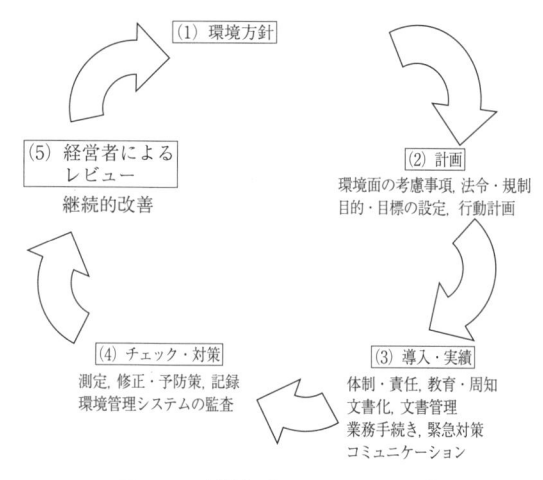

図 3.8.5 環境管理システムのフロー[4]

平成15年に増加したものの，全国平均で約6.1年後に飽和状態となることが予測されており，首都圏や近畿圏での最終処分場の枯渇問題はより深刻である．

また不法投棄の問題においては，図3.8.3でみられるように，その73%が建設廃棄物であることも報告されている．

2) 温暖化問題

主に化石燃料の消費を原因とする温室効果ガスの影響により，地球の平均気温はこの140年間で0.6度程度上昇しており，このままの状況が続けば2100年には最大5.8度の上昇が見込まれ，異常気象の頻発，海面水位の上昇などとそれに伴う被害が懸念されている．この温室効果ガスのうち最も著しく影響のあるものは二酸化炭素であり，図3.8.4に示すように，建設関連による CO_2 発生量は直接的には1%程度であるが，関連分を含めると日本国内全体の約44%を占めている．

b. 環境問題に対する対策の動向

1) 国の動向

近年，廃棄物処理や建設リサイクルをはじめとして地球温暖化対策推進（CO_2 排出量規制・省エネルギー），グリーン購入，有害化学物質管理（ダイオキシン・PCBなど）や土壌浄化対策に至るまで，環境関連の法規制が矢継ぎ早に制定，施行されてきており，今まで普通に実施してきたことが法律により制限されたり，禁止されたりする状況が発生するようになってきた．

2) 建設業界の動向

（社）日本建設業団体連合会，（社）日本土木工業協会，（社）建築業協会の3団体は，2003年に制定した「建設業の環境保全自主行動計画（第3版）」の中で，"建設業は社会基盤を担う産業であり，建造物のライフサイクルを通じて環境保全と大きなかかわりを持っている" ことから，① 地球温暖化防止対策，② 生態系保全，③ 緑化の推進，④ 二酸化炭素以外の温室効果ガスの排出抑制，⑤ グリーン調達の促進，⑥ 化学物質管理の促進，⑦ 環境経営の促進，⑧ 建設副産物対策を実施項目としてあげている．

3.8 環 境 管 理

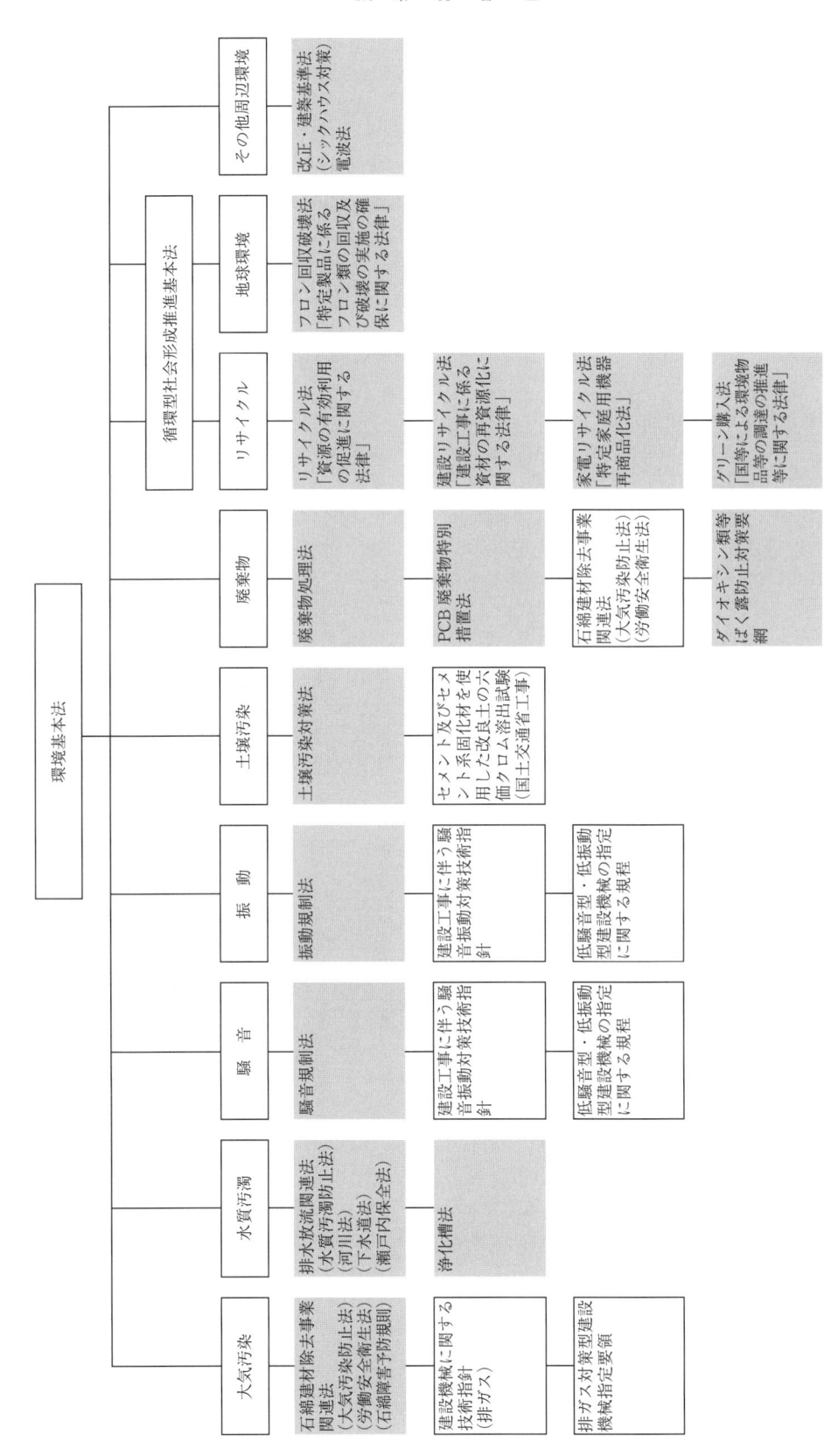

環境基本法
├─ 大気汚染
│   ├─ 石綿建材除去事業関連法（大気汚染防止法）（労働安全衛生法）（石綿障害予防規則）
│   ├─ 建設機械に関する技術指針（排ガス）
│   └─ 排ガス対策型建設機械指定要領
├─ 水質汚濁
│   ├─ 排水放流関連法（水質汚濁防止法）（河川法）（下水道法）（瀬戸内海保全法）
│   └─ 浄化槽法
├─ 騒音
│   ├─ 騒音規制法
│   ├─ 建設工事に伴う騒音振動対策技術指針
│   └─ 低騒音型・低振動型建設機械の指定に関する規程
├─ 振動
│   ├─ 振動規制法
│   ├─ 建設工事に伴う騒音振動対策技術指針
│   └─ 低騒音型・低振動型建設機械の指定に関する規程
├─ 土壌汚染
│   ├─ 土壌汚染対策法
│   └─ セメント及びセメント系固化材を使用した改良土の六価クロム溶出試験（国土交通省工事）
├─ 廃棄物
│   ├─ 廃棄物処理法
│   ├─ PCB廃棄物特別措置法
│   ├─ 石綿建材除去事業関連法（大気汚染防止法）（労働安全衛生法）
│   └─ ダイオキシン類等ばく露防止対策要綱
├─ 循環型社会形成推進基本法
│   ├─ リサイクル
│   │   ├─ リサイクル法「資源の有効利用の促進に関する法律」
│   │   ├─ 建設リサイクル法「建設工事に係る資材の再資源化に関する法律」
│   │   ├─ 家電リサイクル法「特定家庭用機器再商品化法」
│   │   └─ グリーン購入法「国等による環境物品等の調達の推進等に関する法律」
│   └─ 地球環境
│   └─ フロン回収破壊法「特定製品に係るフロン類の回収及び破壊の実施の確保に関する法律」
└─ その他周辺環境
    ├─ 改正・建築基準法（シックハウス対策）
    └─ 電波法

図 3.8.6 環境問題別環境法規[5]

c. 環境管理フロー

環境へのかかわりの大きい建設業においては，環境保全型社会の実現に向け，より効果的に環境管理を推進するために環境マネジメントシステム（ISO 14001）を導入することが望まれる．

環境マネジメントシステムとは図 3.8.5 に示すように，企業が自主的に環境調和型行動をとるために，経営トップ自ら環境方針を示し，従業員全員に至るまで環境配慮についての共通認識を持ち，全社的に実行し，さらなる向上をもたらすための仕組みである．

3.8.2 管 理 項 目
a. 法規制に基づく管理項目

環境関連法規は，基本法から個別法までその体系は非常に多岐にわたっており，それぞれの法について制定や改定が行われており，法を取り巻く状況が最近特に大きく変化している．したがって，環境管理において，関連する法規制の最新版管理の重要性が増している．ここでは，2004 年時点での施工に関連した法規を，環境問題別に図 3.8.6 にまとめた．なお，自治体によっては規制項目や基準値の詳細については条例の適用（上乗せ・横乗せ基準など）もあるので，行政の窓口での確認を行う必要がある．

b. その他の管理項目

施工管理の実施において，環境に関しては法律で決められた管理項目以外に，環境汚染の予防という観点から「環境自主配慮事項」を定める場合が多い．現状で定められている管理項目の例として，以下のような項目を示す．

① 危険物の保管および取扱い：ガスボンベ，油などの仮置き，使用するものへの配慮事項
② 作業騒音・振動監視：特定建設作業以外の作業騒音・振動に関する配慮事項
③ 排水：コンクリート・モルタルなどの取扱いに伴う排水に関する配慮事項
④ 化学物質含有材料の取扱い：現場で取り扱うMSDS（化学物質安全性データシートまたは製品安全データシート）に関する配慮事項
⑤ 建設廃棄物の保管および取扱い：集積した建設廃棄物の取扱いに関する配慮事項
⑥ 工事用車両の運行：場内に出入りする工事用車両に関する配慮事項

3.8.3 管理方法・体制
a. 管 理 体 制
1) 支店における管理体制

環境マネジメントシステム実施のために，経営層は役割，責任および権限を定め，経営資源を用意し，かつ管理責任者を指名することにより体制を構築する必要がある．体制構築についての留意点は以下のとおりであり，支店組織の例を図 3.8.7 に示す．

① 効果的な環境マネジメントシステムを実施するための役割，責任および権限を会社の業務分掌規定などに明記する．
② 環境マネジメントシステムを経営管理システムの中に組み込み，これに必要な人材，資格，技術情報，予算などの経営資源を定常的に確保する．
③ 環境マネジメントシステムの管理責任者を任命し，他の業務から独立した包括的な役割，責任および権限を与える．
④ 経営層は環境方針に基づき，支店全体の環境目的・目標・実行計画を策定し，それに基づき，組織の各階層に対し伝達し，方針展開させるとともに，独立した権限を持つ内部監査システムにより目的・目標の実施状況を確実にチェックする必要がある．

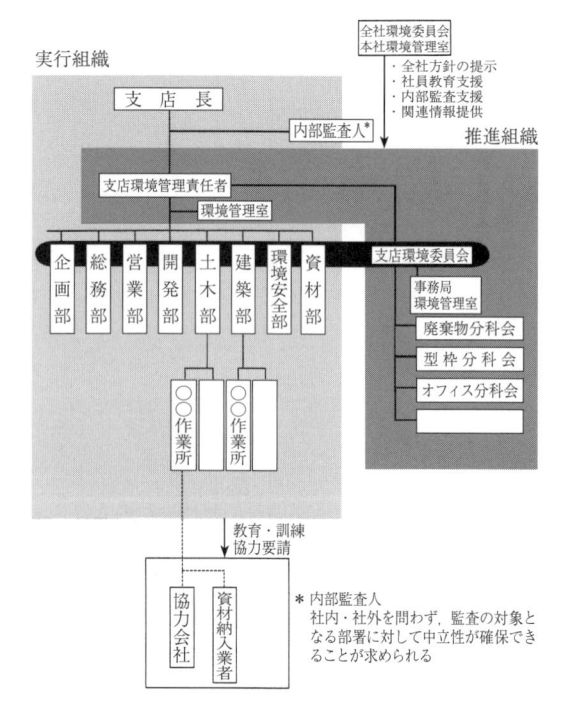

図 3.8.7 環境管理組織事例（支店）[6]

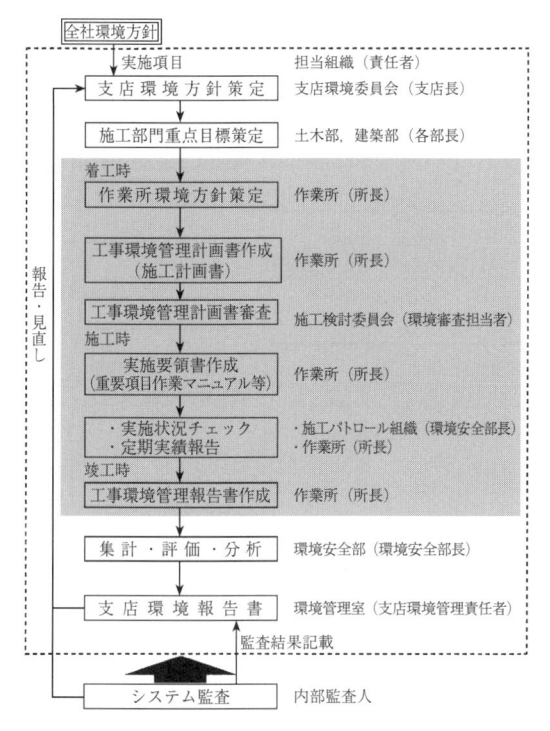

図3.8.8 現場における環境管理フロー[6]

表3.8.1 環境影響評価のステップごとの作業内容[7]

ステップ	作業内容
抽出するステップ	全般にわたって環境に影響し得る環境側面を抽出する
特定するステップ	環境管理システムにおいて優先的に取り組む環境側面を特定する
登録するステップ	文書に登録する
反映するステップ	環境目的,環境目標に反映する

(出典:竹中工務店における環境マネジメントの実際,p.199)

に示す4つのステップで網羅的に抽出した環境側面に対し,影響評価を行い,環境目的,環境目標として反映させる項目を選定している.以下に,各ステップでの具体的な評価方法について事例を用いて説明する.

1) 環境側面の抽出

環境側面の抽出にあたっては,図3.8.10に示すような活動項目,環境影響要因,環境影響の3つの軸からなる「環境側面抽出表」を用いて抽出を行う.

2) 重要環境側面の特定

抽出された環境側面を評価するために,3つのリスク評価項目「影響の重大性」,「影響の量」,「発生の可能性」についての基準に照らし,以下の手順で評価を行う.

① 「環境側面抽出表」から抽出した環境側面を図3.8.11に示す「環境影響評価表」上でリスク評価を行い,重要環境側面を特定する.リスク評価は各評価項目で3段階評価を行い,以下の計算式で評価点を算出する.

リスク評価=「影響の重大性」×「影響の量」
×「発生の可能性」

② リスク評価の評価点が高い(この例では18点以上)項目を,重要環境側面として特定する.

3) 登録および環境目的,環境目標への反映

特定した重要環境側面を登録簿に登録した上で,以下の手順で実効性評価を行い,環境目的,環境目標に反映する.

① 実効性評価は「管理の容易性」,「対応技術力」,「経済性」の3項目で3段階評価を行い,以下の計算式で評価点を算出する(図3.8.11参照).

実効性評価=「管理の容易性」
×「対応技術力」×「経済性」

② 実効性評価の評価点が高い(この例では9点以上)項目を,環境目的,環境目標への反映項

2) 現場における管理フロー

現場においては,支店環境方針および施工部門の重点目標を受けて,現場ごとの環境方針を策定し,これをもとに工事環境管理計画を作成した上で環境管理を行う(図3.8.8).

b. 建設副産物管理における管理フローの例

建設副産物の適正処理は,法基準への遵守が必要であるとともに,それ自体が当面の環境関連最重要課題となっている.このために,施工管理においては以下の3点を環境目的として設定し,管理することが望まれる.

① 建設副産物の処理に関する法律などの遵守
② 建設副産物の発生の抑制,分別排出,減量化の推進
③ 再生資源の利用および利用の促進

施工にあたっての計画から施工中,竣工までの管理フローを図3.8.9に示す.

3.8.4 管理手法・ツール

環境マネジメントシステムの中で,主に施工管理での管理手法とツールを以下に説明する.

a. 環境影響評価

環境マネジメントシステムにおいては,表3.8.1

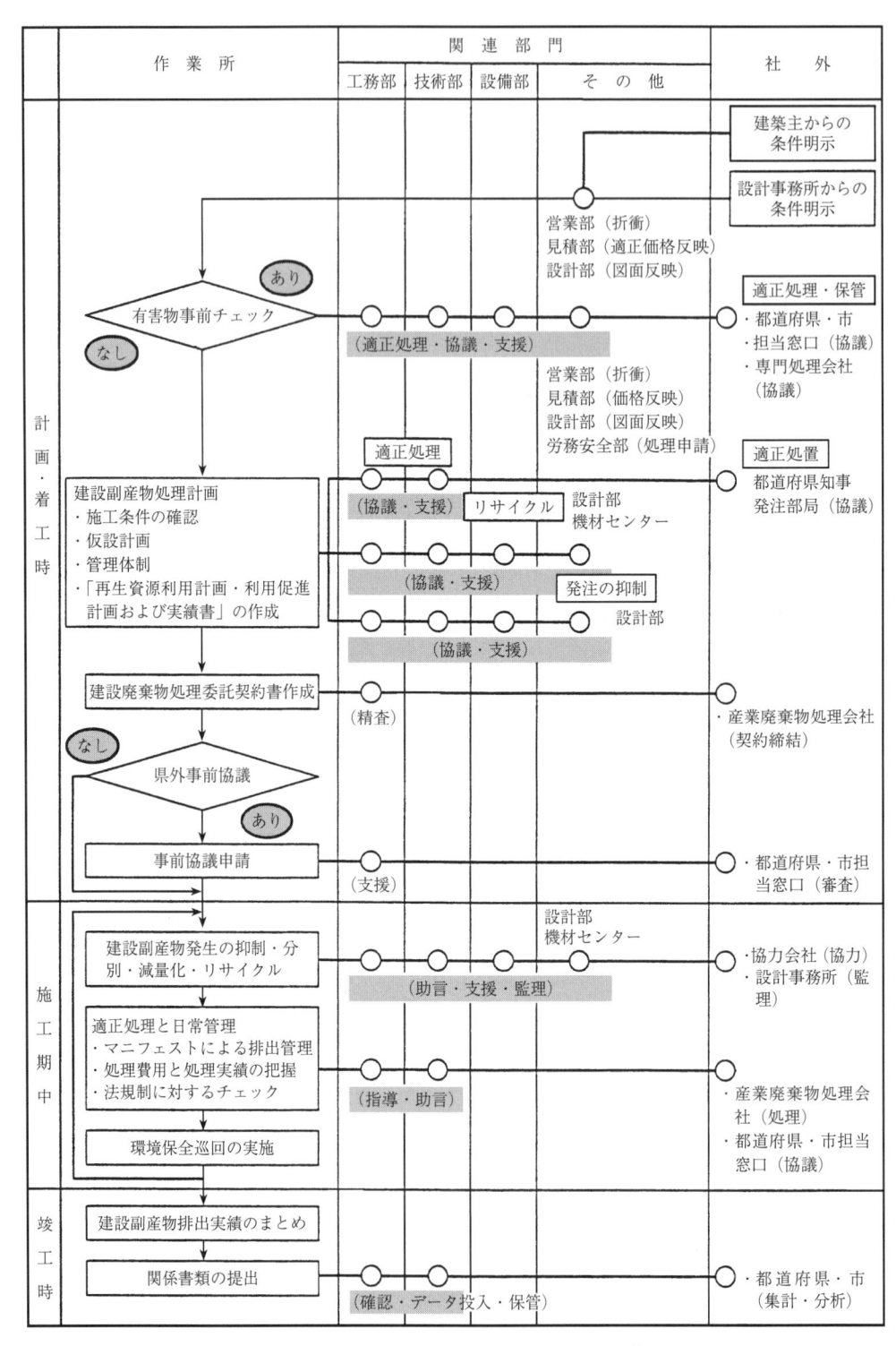

図 3.8.9 現場における建設副産物処理管理フロー[7]

区分	敷地測量	地中障害物の調査作業	地中障害物の激去作業	造成工事	仮囲い	工事事務所	材料置場	危険物貯蔵所	仮設電気	仮設排水設備		足場架設・解体	仮設道路（架設・使用）	揚重	擁壁	塀・柵	植栽	焼却	廃棄物処理	通勤車両	食事	作業衣の洗濯	シャワー	トイレ	環境影響要因
												建築施工													
大分類	準備工事																	その他		オフィス業務					
中分類	準備工事				仮設工事													建設廃棄物処理		作業員					
通常時																									有害物質の発生
通常時		1	1	1		1	1						1	1	1	1				1		1	1		エネルギーの消費
通常時	1				1	1	1	1	1	1	1	1	1		1	1	1				1				材料の消費
通常時																									地形・自然環境の改変
通常時						1				1												1	1	1	排水の発生
通常時																									有毒ガスの発生
通常時						1									1		1					1	1	1	水資源の使用
通常時												1													日影の変化
通常時		1	1	1										1	1					1					排ガスの発生
通常時															1										地下水の利用・変化
通常時			1	1	1	1	1	1	1	1	1	1			1	1	1				1			1	廃棄物の発生
通常時						1	1	1							1										南洋材の使用
通常時						1																			冷媒ガスの使用・漏洩
通常時																									ハロンガスの使用・漏洩
通常時		1	1	1		1			1				1	1	1	1				1		1	1		CO_2 の発生
通常時		1	1	1									1	1	1					1					NO_xSO_x の発生
通常時																									揮発性ガスの発生
通常時		1	1	1									1	1	1										振動の発生
通常時						1																			周辺気流の変化
通常時						1	1	1							1	1	1								周辺景観の変化
通常時														1											電磁環境の変化
通常時												1		1											電波受信の変化
通常時						1			1														1		熱の発生
通常時																									反射光の発生
通常時			1	1									1		1					1					車両の走行・駐車
通常時																									カビ・ダニの発生
通常時																									悪臭の発生
通常時				1									1												粉塵の発生
通常時																									ダイオキシンの発生
通常時																									ホルムアルデヒドの発生
通常時		1	1	1									1	1	1										音の発生
緊急時			1					1						1					1						有害物質・ガスの放出・浸透
緊急時										1															濁水・汚水・汚泥の流出・浸透
緊急時																									土砂の流出
緊急時																									地下水位の低下・枯渇
緊急時																		1							悪臭の放出
緊急時																									大量の水の流出・浸透
緊急時			1																						変形・崩壊
緊急時												1													落下・倒壊
緊急時														1				1							輝発・延焼

環境影響要因	評価点	集計	騒音	振動	悪臭	大気汚染		地球温暖化	酸性雨	海洋汚染	熱帯林減少	野生生物種減少	化石燃料資源の枯渇	希少資源の枯渇	資源枯渇と消費への影	人の健康への影響	生態系への影響
	影響の重大性		環境影響の内容（結果）												最終的な環境影響		
			2	2	2	3	4		4	4	4	4	3	3			
有害物質の発生	3	10								1						○	○
エネルギーの消費	3	13				1							1		○		○
材料の消費	3	10									1			1	○		○
地形・自然環境の改変	2	7										1				○	○
排水の発生	3	13								1						○	○
有毒ガスの発生	2	7			1	1										○	○
水資源の使用	2	9													○		○
日影の変化	2	6														○	○
排ガスの発生	2	8				1										○	○
地下水の利用・変化	2	6														○	○
廃棄物の発生	3	16								1						○	○
南洋材の使用	2	7									1				○		○
冷媒ガスの使用・漏洩	3	10						1							○	○	○
ハロンガスの使用・漏洩	3	10						1								○	○
CO_2 の発生	3	10				1		1								○	○
NO_xSO_x の発生	2	7				1										○	○
揮発性ガスの発生	2	4			1											○	○
振動の発生	2	6		1												○	
周辺気流の変化	2	6															○
周辺景観の変化	1	3														○	
電磁環境の変化	1	3														○	○
電波受信の変化	1	3														○	○
熱の発生	2	6														○	○
反射光の発生	1	3														○	○
車両の走行・駐車	2	6	1	1											○	○	
カビ・ダニの発生	1	2														○	○
悪臭の発生	2	4			1											○	
粉塵の発生	2	8														○	○
ダイオキシンの発生	3	16										1				○	○
ホルムアルデヒドの発生	3	12										1				○	○
音の発生	2	6	1													○	
有害物質・ガスの放出・浸透	3	37			1		1		1	1		1				○	○
濁水・汚水・汚泥の流出・浸透	3	24			1					1		1				○	○
土砂の流出	3	22								1		1				○	○
地下水位の低下・枯渇	3	15										1			○	○	○
悪臭の放出	2	7			1	1										○	○
大量の水の流出・浸透	3	21								1						○	
変形・崩壊	3	14														○	○
落下・倒壊	3	11														○	
輝発・延焼	3	23			1	1						1			○	○	○

※ 影響の重大性については集計点を3段階に分け，評価点数を設定する．集計点：10点以上→評価点：3点，集計点：4〜9点→評価点：2点，集計点：3点以下→評価点：1点

図 3.8.10 環境側面抽出表（施工管理）[7]

区分	共通重要環境側面 活動・プロセス			環境影響要因	リスク評価			実効性評価			目的・目標への反映		配慮項目	
	大分類	中分類	小分類		①環境影響の重大性	②環境影響の量	③発生の可能性	評価(①×②×③)	①管理の容易性	②対応技術力	③経済性	評価(①×②×③)	目的・目標への反映項目	法規制の有無	過去の事故・苦情	環境方針
建築施工	仕上工事	左官工事	モルタル塗り	CO_2の発生	3	2	3	18	1	1	1	1				
建築施工	仕上工事	金属工事	金属工事	CO_2の発生	3	3	2	18	1	1	1	1				
建築施工	仕上工事	石工事	石工事	CO_2の発生	3	2	3	18	1	1	1	1				
建築施工	躯体工事	鉄筋コンクリート工事	ハーフプレキャストコンクリート	CO_2の発生	3	3	2	18	1	1	3	3				○
建築施工	躯体工事	鉄筋コンクリート工事	プレキャストコンクリート	CO_2の発生	3	3	2	18	1	1	3	3				○
建築施工	躯体工事	鉄筋コンクリート工事	デッキプレート	CO_2の発生	3	3	2	18	1	1	3	3				
建築施工	躯体工事	鉄筋コンクリート工事	コンクリート打設	CO_2の発生	3	3	2	18	1	1	3	3				
建築施工	躯体工事	鉄筋コンクリート工事	型枠加工組立	CO_2の発生	3	2	3	18	1	1	3	3				
建築施工	躯体工事	鉄筋コンクリート工事	鉄筋加工組立	CO_2の発生	3	2	3	18	1	1	3	3				
建築施工	土工事	地業	地盤改良地業	CO_2の発生	3	3	2	18	1	1	3	3				
建築施工	土工事	地業	場所打コンクリート杭地業	CO_2の発生	3	3	2	18	1	3	1	3				
建築施工	土工事	地業	既製杭地業	CO_2の発生	3	2	3	18	1	3	1	3				
建築施工	土工事	土工事	掘削	CO_2の発生	3	3	2	18	1	3	1	3				
建築施工	土工事	土工事	運搬	CO_2の発生	3	2	3	18	1	3	1	3				
建築施工	仮設工事	仮設工事	工事事務所	CO_2の発生	3	3	2	18	1	3	1	3				
建築施工	仮設工事	空気調和設備	熱源システム選定計画	CO_2の発生	3	3	2	18	1	3	1	3				
設計	設備設計	給排水衛生設備	給湯熱源選定計画	CO_2の発生	3	3	2	18	1	3	1	3				
設計	設備設計	電気設備	受変電方式選定計画	CO_2の発生	3	3	2	18	1	3	1	3				
建築解体改修	躯体解体工事	躯体解体工事	ハンドブレーカー工法	CO_2の発生	3	3	2	18	1	3	1	3				
建築解体改修	躯体解体工事	躯体解体工事	転倒工法	CO_2の発生	3	3	2	18								
建築解体改修	躯体解体工事	躯体解体工事	大型ブレーカー工法	CO_2の発生	3	3	2	18								
建築解体改修	躯体解体工事	躯体解体工事	圧砕工法	CO_2の発生	3	2	3	18								
オフィス業務	オフィス業務	作業員	シャワー													
オフィス業務	オフィス業務	作業員	作業衣の													
オフィス業務	オフィス業務		通勤													
建築施工	仕上工事	左官工事														
建築施工	仕上工事	金属工事														
建築施工	仕上工事	石工事														
建築施工	躯体工事	鉄骨工事														
建築施工	躯体工事	鉄筋コンクリ														
建築施工	躯体工事	鉄筋コンクリ														
建築施工	躯体工事	鉄筋														

図 3.8.11 環境影響評価表[7]

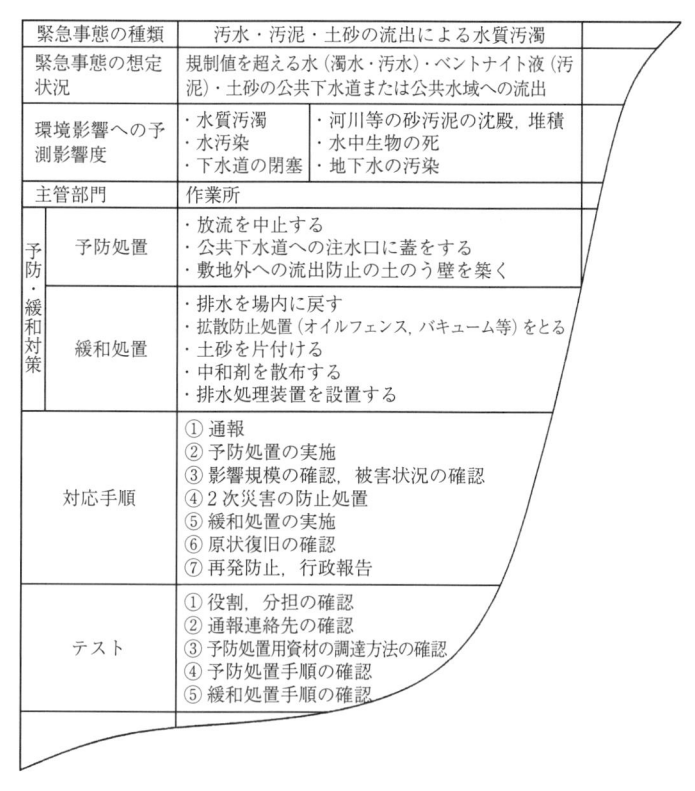

緊急事態の種類	汚水・汚泥・土砂の流出による水質汚濁
緊急事態の想定状況	規制値を超える水（濁水・汚水）・ベントナイト液（汚泥）・土砂の公共下水道または公共水域への流出
環境影響への予測影響度	・水質汚濁　・河川等の砂汚泥の沈殿，堆積 ・水汚染　・水中生物の死 ・下水道の閉塞　・地下水の汚染
主管部門	作業所
予防・緩和対策　予防処置	・放流を中止する ・公共下水道への注水口に蓋をする ・敷地外への流出防止の土のう壁を築く
予防・緩和対策　緩和処置	・排水を場内に戻す ・拡散防止処置（オイルフェンス，バキューム等）をとる ・土砂を片付ける ・中和剤を散布する ・排水処理装置を設置する
対応手順	① 通報 ② 予防処置の実施 ③ 影響規模の確認，被害状況の確認 ④ 2次災害の防止処置 ⑤ 緩和処置の実施 ⑥ 原状復旧の確認 ⑦ 再発防止，行政報告
テスト	① 役割，分担の確認 ② 通報連絡先の確認 ③ 予防処置用資材の調達方法の確認 ④ 予防処置手順の確認 ⑤ 緩和処置手順の確認

図 3.8.12　緊急事態対応表[7]

目として取り上げる

b. 緊急事態とその対応

1) 緊急事態の評価・特定

緊急事態の評価，特定にあたっては前述の重要環境側面の特定と同様の方法で設定するほか，個々の作業所において以下の状況などの有無を確認することによっても特定を行う．

① 火災発生の危険が予想される大量の可燃物を使用する．
② 公共交通機関に隣接している（地下鉄，駅舎など）．
③ 重要施設・危険物取扱い施設に隣接している（病院，ガスタンク，放射線取扱い施設など）．
④ 危険物を取り扱う．
⑤ 過去に地盤沈下が発生した地域で地下工事がある．
⑥ 周辺に近隣建物が密接している．
⑦ 特に人通りの多い繁華街にある．

2) 緊急事態対応事例

緊急事態として特定した項目については，その状況を想定し，予防・緩和対策を設定した上で対応手順を決定し，事前にテストを行い，その手順の有効性を確認する．図 3.8.12 で緊急事態として汚水・汚泥・土砂の流出による水質汚濁を設定した場合の例を示す．

［古野秀二郎］

文　　献

1) 環境省：産業廃棄物の排出及び処理状況等（平成15年実績）（2005）
2) （社）日本建設業団体連合会/（社）日本土木工業協会/（社）建築業協会：2006 建設業ハンドブック，p. 23
3) （社）日本建設業団体連合会/日本土木工業協会/（社）建築業協会：絵で見る省燃費運転マニュアル，p. 4 (2002)
4) （社）日本建設業団体連合会：建設業の環境管理システム，**1**, p. 7 (1995)
5) （社）建築業協会関西支部：建築技術者のための環境技術読本 II, p. 20 (2004)
6) （社）日本建設業団体連合会：建設業の環境管理システム，**3**, p. 29, 68, 69 (1997)
7) 吉澤　正監修：竹中工務店における環境マネジメントの実際，日科技連出版社 (1998)

3.9 調達管理

3.9.1 管理の目的・フロー

調達部門の役割は，建設生産において必要な資機材・労務・外注・設備を取引先から，品質を確保し，適正な時期に，適正な数量を，適正な価格で，しかも最小の費用で調達することである．これらに加え，建設産業においては，本来各企業内部において行うべき生産活動の大部分を専門工事業者群にゆだねているため，適正な取引先を選定することも，常に重要課題の1つとなっている．つまり，従来のような「親企業ー下請企業」といった従属的関係ではなく，系列企業・外注先企業を包含した企業集団という考えに立脚した，合理的な生産分業体制を確立し，長期的かつ安定的な品質を確保していくことを目的としている．

しかしながら，企業集団での施工体制については，社会の変遷とともに，その形態を徐々に変化させてきており，他の業界で広がりつつある系列外の取引業者との連携も発生してきている．そのため，これまでの「もたれあい」から，系列というパラダイムを超えた「真のパートナーシップ」の確立が待望されている．

現在調達部門に求められている最大のミッションである「必要な品質を満たす資材を最小のコストで安定的に調達すること」を具体的に遂行するため，調達部門として次に示す4つの役割を果たす必要がある．

a. 大胆な調達ビジョンの設定

今までのような現場から発信される調達依頼によりアクションを開始するのではなく，調達として独自のコスト削減目標を設定し，これにチャレンジすることが重要となる．

これまでの延長線上の努力で「できること」を考えるのではなく，グローバルな競争の中で勝ち残るために「しなければならないこと」を改革のビジョンとしてあげる必要がある．

b. 調達・技術・施工三位一体の調達

建築生産において，調達を推進する上で，調達部門が強力なリーダーシップを発揮して，関連部門を巻き込む必要がある．高度に情報化された企業においては，各部門との連携なくして最高の結果を得ることはできない．

c. トータルコストマネジメント

調達部門の役割として重要なのは，サプライヤーからの仕入コストだけでなく，資材に絡む間接コストを包含したトータルコストマネジメントを分析する必要がある．

実際には，資材・労務のコストに追加して，人件費，物流・配送費，品質関連費用，在庫関連費用，メンテナンス費用などがこの対象となる．

これらによって，コスト情報の管理だけでなく，物流を合理的に制御して，流通の改革へつなげることができる．

これらのコストマネジメントを行うことにより，将来発生する新規の案件に対しての営業を行うための資料とすることも可能である．

d. 取引業者の構造改革

建設業の競争力は，取引先の競争力がそのままグループ全体の競争力になるといえる．

競争力アップのためには，思い切った系列破壊も必要である．例えば，取引先を以下の4つにタイプ分けすることができる．

① 中核企業：将来にわたるパートナーとして緊密な連携をとっていく，競争力のある取引先
② 対等企業：競争力強化のためにてこ入れを行い，将来のパートナーとして育てる取引先
③ 縮小・撤退企業：競争力が弱いため今後は取引きを減らす，あるいは行わない取引先
④ 保留企業：積極的なてこ入れは行わないが，自助努力による競争力確保の動向を注視し，今後取引きを行うかどうかを判断していく取引先

これらの分類をすることにより，コストとともに安定供給の確保も同時に考慮した，「協調と競争のバランス」を常に念頭に置いて緊張感のあるパートナーシップを構築する必要がある．

図3.9.1に購買業務の一般的フローを示す．

3.9.2 管理項目

a. 適正な取引先の選定

有利に購買を実施するためには，まず，有能で，積極的な取引先を選定することが第一義であり，これが達成できれば，品質，納期，価格の確保は大半の場合保証される．

したがって，社内の設計部門，生産現場，品質管理部門と緊密な連携をとりながら，情報を収集して，永年にわたって役に立つ取引先を選定することが肝要である．

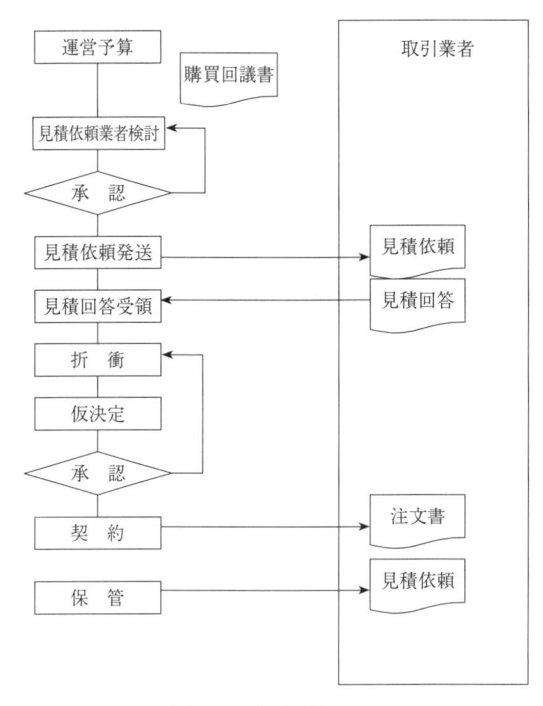

図3.9.1 購買業務フロー

決して、目先の利益にとらわれて、場当たり主義で選択しないことを留意すべきである。

優れた取引先に対しては、育成・指導を図りながら、安定・優先発注にも心掛ける必要がある。

また、当然ながら、購買担当者は適正な取引先を選定するための判断・診断技術を身に付けることが不可欠な条件である。

b. 適正な品質の確認と確保

調達業務は、要求品質に適合する調達をする義務がある。ただし、建設業の場合は、その確認と確保という重要な購買機能は調達部および生産現場が共同で担っているのが大半であるため、調達部としては、生産現場の要求品質を適確に把握して調達し、その結果を確実にフォローする仕組みを確立して、生産現場と密に連携して品質確保という最終目標を達成する責任がある。

c. 適正な納期の調整とその確保

調達部は、生産現場からの要求納期に適合する取引先を選定し、原則的には要求納期に契約納期を合わせ、それを履行する義務があるが、要求納期を単にうのみにすると実際必要とする時期より不当に早めた要求を取引先に求めることになり、コストを増加させる原因となる。それを防ぐため、要求部門と取引先の間に立ち、合理的・客観的な納期調整を図らなければならない。

また、双方合意した納期が遅延した場合など、よく原因を把握し、生産現場に伝達すると同時に、納期変更などの調整に努力しなければならない。

いうまでもなく、取引先の生産性を無視したような短納期契約を繰り返すことは、適正な品質のものを適正な価格で求めることは望めなくなる。

d. 適正な価格の決定

価格は、世の中の競争原理に基づき決まるものであるが、肝心なことは、価格を重視するあまり、場当たり的に飛びついてくる取引先を買い叩くといった手法はとらないことである。購入価格の低減については、一律値引き的な考えや、力関係による値引きではなく、永続的な取引き・マスメリットを生かすことを前提に、双方が納得できる合理的な折衝により達成されなければならない。特に現在では、生産部門・その他と共同してVA・VE手法を通じての価格決定が重要である。

3.9.3 管理方法・体制

a. 従来の調達方法

従来型の調達の方式は、大きく分けると集中購買と分散購買の2つに分類される。

集中購買のメリットとされるのは、方針管理の徹底と情報の集中化により購買業務が適確かつ迅速に遂行できることにある。

分散購買においては、逆に、地域に密着した購買活動ができるので、よりきめの細かな手配が可能となる。

b. 新しい調達の動き

昨今のIT革命により、情報の高度化が進み、インターネットを駆使していろいろなビジネスモデルが出現してきて、調達の分野でも今までの系列のつながりを基本にしたものから、新たな調達の手法が発生してきている。

本来調達するべき資材などについては、
① 戦略的に高度なものと、そうでないもの
② 生産現場に近いものと、そうでないもの
のように、資材によっては、調達の工夫をすることができるものがある。

そこで、インターネットを活用した、新しい調達の動きが出てきている。

1) ネット調達

eビジネスの発展とともに、様々なeマーケットプレイスが開設され、BtoBの市場において、世

界中に200を超える電子市場が開設されている.

低コストの汎用品については,カタログや商品リストで世界から簡単に調達できる便利なものとして,評価を受けている.

建設資材の部品化が進むと,かなりの割合でネット調達が可能となってくる可能性がある.

これは,系列を超えて調達を進めることから,オープン調達の考え方になるといえるが,現状では品質,納期などをどう担保するか明確になっておらず,今後の課題である.

2) 共同調達

過去にいわれているように,今までは,1つの現場,1つの部門,1つの企業の中だけの最適で調達が行われていた.しかし,調達コストを画期的に削減する方法として,複数の企業が共同購買組織を設立して,共通する資材や部品を一括して購入して,1企業だけでは出せないスケールメリットを生かす考え方がある.

c. 建設 EDI の課題

上記のように,情報はネットで容易に交換できる環境になってきている.したがって,今後の課題は生産情報と同期させ,実際の資材を,いかに効率良く,正確かつ安全に運ぶロジスティクスの問題が重要となる.

建設産業において,今までは,仮囲いの中の最適のみに注目が集まってきているが,調達の段階で作成された資材情報は,メーカーの工場から配送が開始される段階から,現場での建築生産工程に組み込まれて,そのサプライチェーン全体がコストとして把握されることとなる.

このサプライチェーン全体を管理することが,建築生産をより合理的なものにするために必要不可欠の考え方となる.

3.9.4 管理手法・ツール
a. 契約処理にかかわる考え方

調達において,実際の生産活動のほかに重要なのが,契約である.

前にも述べたように,今までのような系列に寄りかかった調達の方式によれば,過去の実績と現在の財務状況のみを考慮すれば,取引先として妥当か否かの判断を下すのにそれほどの労力を必要とはしなかった.

しかし,インターネットの発達により発生してきた,系列を破壊するようなオープン調達が行われるようになり,施工管理もCM方式などのように,個別の企業がオーナーに対して責任範囲を規定するような方式になると,個別の企業の業務範囲を具体的に双方合意のもとで明確にしておく必要がますます高くなってきた.

したがって,それぞれの契約において,今まで以上にその内容についての検討が重要となる.

b. 一般の契約方式

建設業法により建設工事の請負契約は,契約締結にあたっては,契約の内容となる一定の重要事項を書面に記載し,相互に交付すべきこととなっている(書面主義).

しかし,平成13年4月の建設業法および関連法令の改正により,書面に代えて,電子データによる契約も認められることとなった.

建設業の契約は,会社別,地域別,工事別と個別の契約を多数締結する必要があるため,取引業者との契約は,「工事下請基本契約書」と「個別契約(注文書・注文請書)」により行われる.

1) 工事下請基本契約書
① 位置づけ:個別契約に適用されるべき契約条項をあらかじめ規定して,後日の紛争を未然に防止することを目的とする
② 内容:工事内容,請負代金の額,着工および完成の時期,支払方法,条件変更の場合の定め,損害などの処理の定め,価格などの変更の処理の定め,第三者損害の賠償金の負担の定め,材料支給・貸与品の定め,完成検査の時期,履行遅滞・債務不履行の場合の損害金,契約に関する紛争の解決方法

2) 個別契約

工事下請基本契約書を前提として,個別の工事については,注文書・注文請書により処理されるが,工事の内容により以下のように区別される.

① 売買契約:発注者が受注者の所有する物品を購入する取引き(例:鉄筋,生コン材料など)
② 請負契約:発注者が受注者に対して図面,仕様,規格などを示し,かつ原材料を支給し,または受注者が所有する原材料を用いて物品を製造させ,納入させる(工事を完成させる)取引き(例:とび工事,鉄筋工事などの労務契約や金属建具工事・内装工事など)
③ 製作物提供契約:発注者が受注者に対して図面,仕様,規格などを示し,受注者の所有する原材料を用いて物品を製造させ,納入させる取引き

④ 製造委託契約：発注者が受注者に対し，図面，仕様などを示し，発注者の提供した材料の加工や部材の組立を委託する取引き
⑤ 修理委託契約：発注者が受注者に対して物品の修理，検査などを委託する取引き

c. 電子契約

過去において，見積依頼から契約までのトランザクションは，すべて書面にて行われていたが，(財)建設業振興基金が推進してきた建設産業情報化推進活動の結果，調達段階での企業間EDI（Electronic Data Interchange，電子データ交換）のルールが「CI-NET Lites S実装規約V2.0」という形でまとまり，建設業界での情報化が加速することとなった．

このため，建設プロセスの中で，電子化された情報が一企業の中だけでなく，現場を中心とした複数の企業間において，共通のルールで交換することが実現された．その中で，企業間の契約もこのルールに則って実現されることとなり，建設業界の情報化が一段と促進されることとなった． ［中村裕幸］

3.10 生産情報管理

3.10.1 管理の目的・フロー

a. 生産情報管理の目的

建築生産現場は，そのプロジェクトごとに発注者・設計者・施工者のメンバーが異なるため，プロジェクトを成功に導くためには，メンバー相互の意思疎通を図ることが大切であり，情報の伝達と共有の成否がプロジェクトの成功のかぎを握っている．また，日本においては，従来あいまいな人間関係で済まされていた設計変更への対応や瑕疵問題などへの対応も，明確な責任関係が求められるようになっており，契約関係や工事記録などの情報を正確に記録保存するニーズも高まっている．

生産情報管理の目的は，次の4点に整理できる．

① 設計図に示された「ありよう」情報を具現化すること：設計図の意図を理解し，その意図を実現するために，施工図・製作図の形に具体化し，実物の建物に変換していく．
② 「ありよう」を実現するための「やりよう」情報をとりまとめること：施工方針，施工計画，工程計画，施工要領書の形で施工計画を整備し，その計画を建設プロジェクトメンバーに周知徹底するとともに，工事進捗に合わせてチェック・フィードバックする．
③ 施工結果をメンテナンス・アフターにつなげること：この施工を通じて蓄積した情報を，その後のメンテナンスやアフターサービスに活用していく．
④ 建設プロジェクトの経験を以後の工事に生かすこと：竣工した工事の情報は，貴重な財産である．類似工事の計画管理の参考情報として有効活用する．

①～③はプロジェクト・データベース（PDB），④はゼネラル・データベース（GDB）といってよい．PDBは，あるプロジェクトのスタートから終了までの固有の情報である．川に例えれば，設計を川上，施工を中流，アフターを川下と考え，いかに川上から川下に情報という水を効率良く流すかという課題への取組みである．また，メンバー個別の利害を超えて，プロジェクト全体の最適化を目指して情報の共有を実現する体制，仕組みが強く求められている．

GDBは，個々のPDBを含めた横の連携を考えた総合的なデータベースである．過去の，あるいは，進行中の他のプロジェクトの情報を参照できるようにすることで，個々のプロジェクトの生産を効率化しようというものである．企業内での動きも存在するし，国家的なレベルでの動きも活発化している．PDBで，Plan-Do-Checkされた結果が，GDBへ蓄積されて，活用される．

b. 生産情報の伝達と共有のパターン

前述したとおり建築プロジェクトにおいては，多くの関係者が生産情報をお互いに交換しながら，プロジェクトを推進している．

作業所のゼネコン施工管理者を核にして，関係者間の情報の流れと共有のパターンを考えると，図3.10.1に示すようにA～Gの7つに分けられる．

[A] 官公庁：官公庁による制度的な制約と施工管理者から官公庁への報告．「電子政府」のキーワードのもと，情報化時代に対応した政策が進められており，建築現場もその対応が求められている．また，工事の進捗に合わせて各種書類の提出が必要である．

[B] 発注者，設計・監理者：発注者，設計・監理者と施工管理者とのやり取り，発注者のニーズの把握，設計の意図の確認など，発注者，設計・監理者との情報のやり取りは，建築生産管理のベースとなるものである．工事期間中は，週例・月例の定例会議で疑問点の確認，各種承認を受けながら工事を

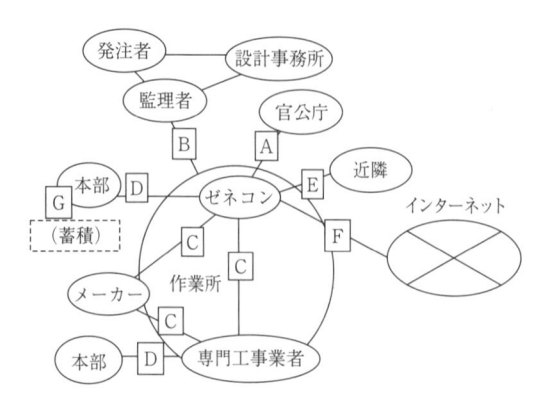

図 3.10.1 生産情報の伝達と共有のパターン

[C] 作業所内：施工管理者と専門工事業者，メーカー・加工業者とのやり取り．施工を進めるための情報交換．現場での指示・協議，毎日の定例打合せなど．

[D] 本社・本部：施工管理者と各社母店（本社・本部）とのやり取り．施工管理者からの母店への報告や母店スタッフによる現場サポート．

[E] 近隣：建築工事現場から近隣などへの情報伝達．近隣との合意がないと工事をスムーズに進められない．作業所のホームページを開設したり，仮囲いののぞき窓を開けたり，作業所の情報公開が進んでいる．

[F] インターネット（社会）：近隣だけでなく，インターネットを介して広く社会に情報公開するケースも増えている．逆に，インターネットから有益な情報を入手できるようにもなっている．

[G] 情報蓄積：プロジェクトの記録やメンテナンスのための情報蓄積・活用．この情報は，該当プロジェクトの記録だけにとどまらず，GDB として，類似工事への情報としても活用される．

以下，ここでは，これらのパターンに着目しつつ，IT（情報技術）を活用した生産情報管理の各種システムを紹介する．

3.10.2 情報技術を活用した生産情報管理の事例

a. 建設 CALS/EC ［A・B・G］

建設省（現，国土交通省）は 1995 年 5 月に「公共事業支援統合システム研究会」を発足させ，公共事業分野での CALS/EC の実現に向けて，アクションプログラムを作成し，設計，入札，契約，工事施工などの各フェーズにおける電子化に必要な諸制度の整備を進めた．

CALS/EC は，「公共事業支援統合情報システム」の略称であり，従来は紙で交換されていた情報を電子化するとともに，ネットワークを活用して各業務部門をまたぐ情報の共有・有効活用を図るための仕組みであり，「情報の電子化」，「通信ネットワークの利用」，「情報の共有化」の 3 要素より成り立っている．この制度改革は，公共工事に限らず建設プロジェクトに大きな影響を与え始めている．

なお，CALS（Continuous Acquisition and Life-cycle Support）とは，部門間，企業間において，設計から製造，流通，保守に至る製品などのライフサイクル全般にわたる各種情報を電子化し，技術情

	フェーズ 1 1996〜1998 年度	フェーズ 2 1999〜2001 年度	フェーズ 3 2002〜2004 年度
全体目標	ライフサイクルの各フェーズにおいて CALS/EC を実現		
調査・設計・積算フェーズ	・数量計算書様式の標準化	・数量計算書の電子化と積算システムのデータ提供 ・業務成果品等の電子納品を開始	・業務成果物の電子納品を全面的に導入
入札契約フェーズ	・電子調達システムの開発 ・資格確認申請のオンライン化（工事の定期受付）	・電子調達システムの導入 ・入札契約プロセスへの EDI（電子データ交換）適用検討	・工事等に電子調達システムを全面的に導入（2003 年度） ・入札説明書・図面のダウンロード開始 ・電子契約の開始
工事施工フェーズ	・写真管理基準（案）の改訂	・電子媒体を用いた工事完成図書の電子納品を開始 ・工事施工中の受発注者間の情報交換・共有の開始	・工事等に成果品の電子物品を全面的に導入
維持管理フェーズ	―	・オンライン維持管理システムの導入（一部施設）	・GIS（地理情報システム）を基盤とする光ファイバデータ流通環境の整備
各フェーズ共通	・インターネット利用環境の整備	・事業に関する情報の伝達・交換の電子メール化 ・電子認証システムの確立 ・電子決裁システムの導入 ・標準化推進組織設立	・電子意思決定支援システムの構築

※ 次世代 CALS/EC：2004 年度以降の技術進歩を見越して，業務プロセスの見直しを行うことも含め，より一歩先んじて検討するもの　　次世代 CALS/EC*

図 3.10.2 CALS/EC アクションプログラム

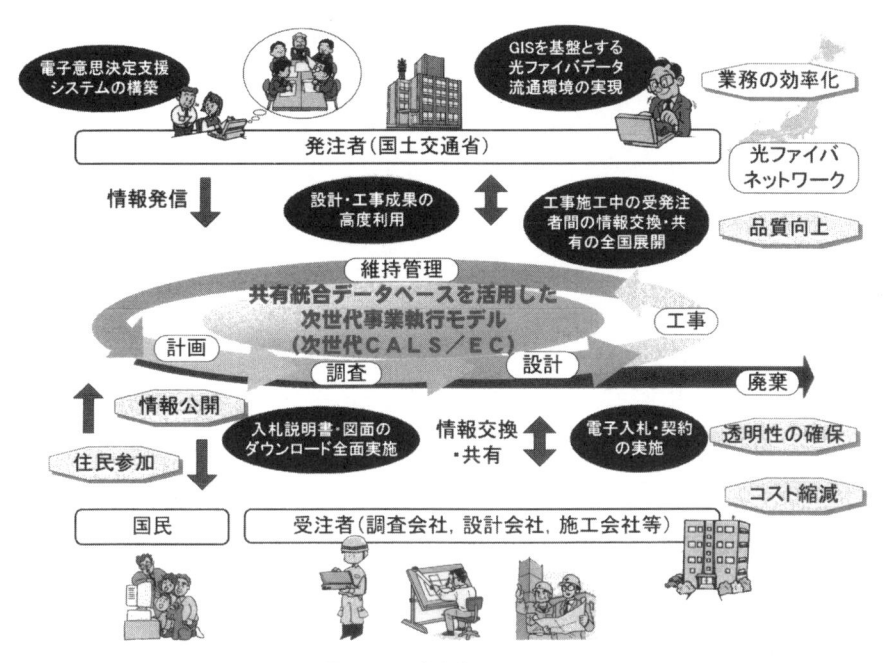

図 3.10.3 次世代 CALS/EC

報や取引情報をネットワークを介して交換および共有し，製品などの開発期間の短縮，コストの削減，生産性の向上を図ろうとする概念・活動である．

また，EC (Electronic Commerce) とは，「電子商取引」と訳され，ネットワーク上で電子化した商取引を意味する．

2001 年に誕生した国土交通省は，建設 CALS/EC，港湾 CALS および空港施設 CALS の 3 つを合わせた「CALS/EC アクションプログラム」を策定し，2002 年よりフェーズ 3 がスタートするのを機に，同プログラムの改訂を行っている（図 3.10.2）．さらに，急速な技術進捗を踏まえ，2004 年度以降を見据えた新たな展開「次世代 CALS/EC」についての検討を開始している（図 3.10.3）．

1) 共有統合データベース

「共有統合データベース」は，計画段階の情報から，維持管理情報までの様々な情報を 1 つのデータベースとして統合し，情報の共有を図るための構想である．すべての関係者が最新の設計，スケジュールなどを共有することにより，工事中の事故や手戻りを防止することを目的としている．さらに，ライフサイクル全般にわたる情報の利活用の促進を目指している（図 3.10.4）．

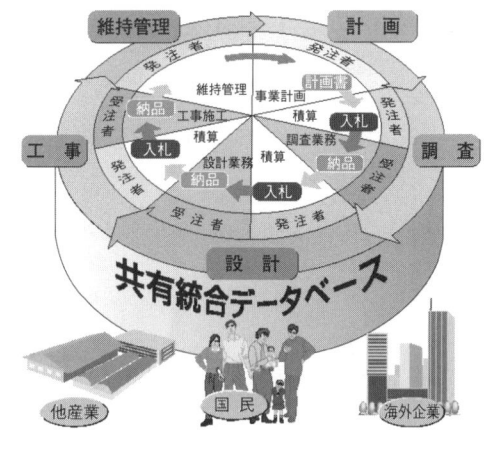

図 3.10.4 共有統合データベース構想

2) 電子入札

公共工事の入札および契約というプロセスを透明・公正化するために，2001 年「公共工事の入札及び契約の適正化の促進に関する法律」の制定を行い，インターネットを利用した電子入札を開始している．電子入札の目的としては，

① 透明性の確保
② 公正な競争の促進
③ 適正な施工の確保
④ 不正行為の排除の徹底

の 4 点が掲げられている．

2003年までに国土交通省が発注する全公共事業を電子入札化, 2010年までに地方公共団体を含めた全公共事業を電子入札化する予定である. また, 2001年4月からは調達情報のインターネット上での公開サービスの「入札情報サービス」がスタートしている.

3) 電子納品

2001年度より開始された電子納品を円滑に実施するため, 各種の要領, 基準類が作成されている. 土木部門が先行する形で進んできたが, 建築部門の基準も整備が進んでおり, 2004年度からは, 国土交通省の全工事において, 電子納品を実施するように計画されている (図3.10.5).

官庁営繕事業関係の電子納品要領	
	官庁営繕事業に係る電子納品運用ガイドライン (案) (2002年11月改訂版)
	営繕工事電子納品要領 (案) (2002年11月改訂版)
	建築設計業務等電子納品要領 (案) (2002年11月改訂版)
	建築CAD図面作成要領 (案) (2002年11月改訂版)
電子納品運用ガイドライン	
	電子納品運用ガイドライン (案) (2004.3)
	電子納品運用ガイドライン (案) 電気通信設備編 (2004.5)
事前協議ガイドライン	
	現場における電子納品に関する事前協議ガイドライン (案) [土木工事編] (2002.2)
	現場における電子納品に関する事前協議ガイドライン (案) [土木設計業務編] (2002.2)
	現場における電子納品に関する事前協議ガイドライン (案) [測量編] (2003.8)
	現場における電子納品に関する事前協議ガイドライン (案) [地質・土質調査編] (2003.1)

図3.10.5 電子納品を推進するための各種要領・基準類

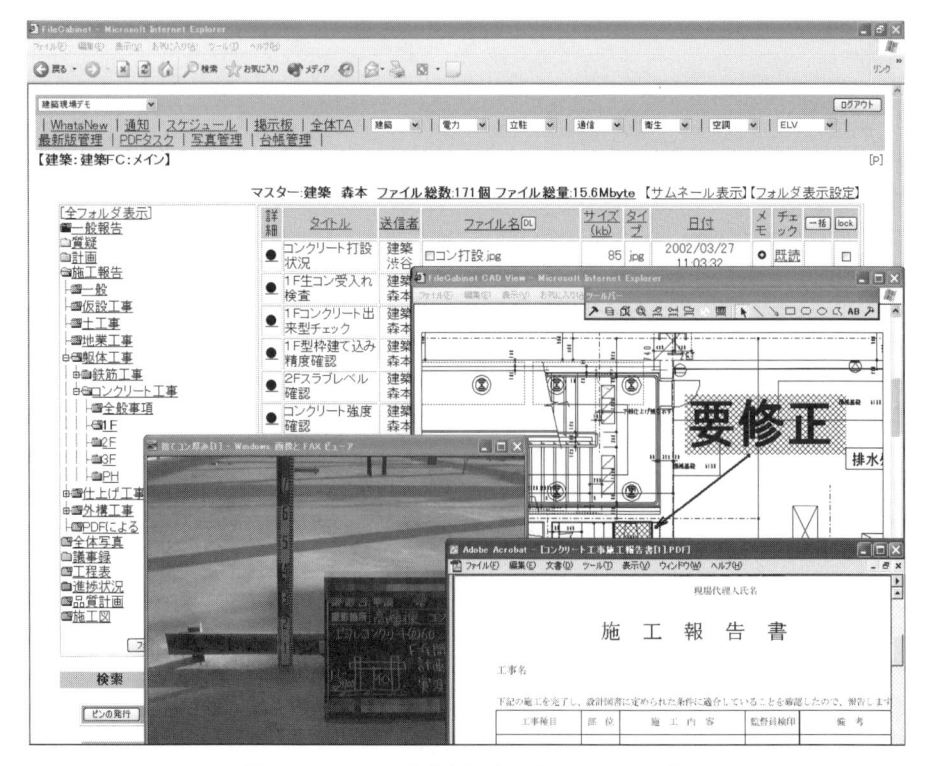

図3.10.6 ASPの画面例 (日本サイバースペース㈱)

CADデータについていえば，公共事業において，デジタルデータで受け取る場合に，特定のCADメーカーに依存するデータフォーマットを指定することはできない．そのため，CADデータの電子納品では，いろいろなCADソフト間でデータの交換ができる交換標準が必要であり，WTOの協定から，この交換標準は国際規格に沿ったものであることが求められた．

このような背景から，JACICでは1999年3月，「CADデータ交換標準開発コンソーシアム」を組織し，2次元CADデータフォーマットの標準SXF（Scadec data eXchange Format）Ver 1.0を国際標準に則った形で策定した．現在のSXFのバージョンは2.0で，国際標準であるISO 10303 STEP/AP202規約に則った電子納品のための.p21形式と，国内CADデータ交換のための簡易な形式である.sfc，この両者の形式の物理ファイルをサポートしている．

b. 情報共有サーバー [B・C]

発注者・監理者・管理者を含めて，プロジェクト関与者間の情報交換を迅速に行うために，民間工事においても，情報共有サーバーを設置して情報の共有を図ることが増えている．

プロジェクトメンバーにサーバーのデータエリアを共有開放することで，基本的には情報共有が実現できるが，共有サーバーには，次のようなメニューが組み込まれているケースが多い．

① ファイル貯蔵：デジタル文書の保存と公開．フォルダごとにアクセスできるユーザーを制限することで，情報の共有と情報の保護を実現する．工事写真管理（図3.10.6），ISO文書管理システム，図面管理システムが組み込まれているシステムもある．
② 掲示板：発注者，監理者，管理者の間で「指示・連絡・質疑」を共有する．
③ カレンダー：定例会議などの行事や予定を記入できるカレンダー
④ 工事工程：現場における工事工程をメンバーに公開

サーバーは，発注者や施工者が用意する場合と，第三者のASP（Application Service Provider）サービスを利用する場合がある．ASPとは，サーバーにERP（統合業務用パッケージ）などのアプリケーションソフトを導入し，ユーザーにはネットワークを介してそのソフトを公開するサービス事業者のこ

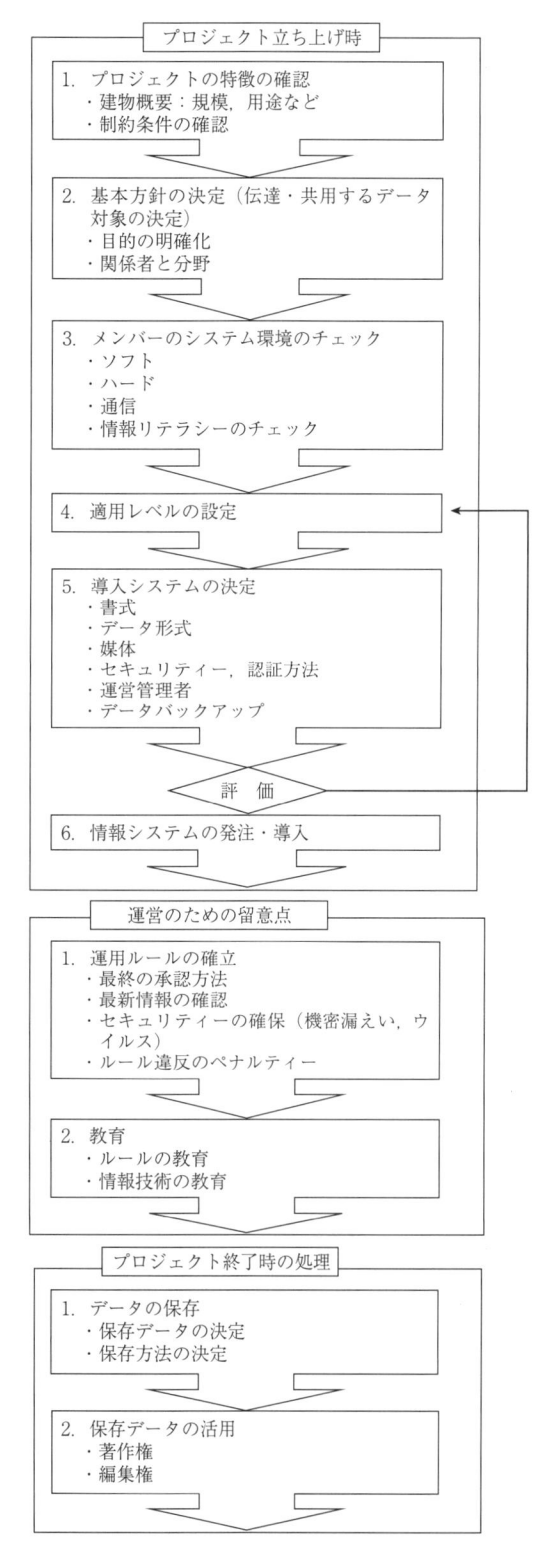

図3.10.7 情報の共有を進めるための留意点
（出典：日本建築学会：建築生産にかかわる伝達・共用されるべきデータの体系化と実務指針，1999）

とである．ユーザー側はサーバーの保守やソフト更新や管理の手間を省くことが可能になり，Web ブラウザのみを用意すればいい．インターネットのスピードアップも追い風となって，ASP が今後普及していくものと考えられている．

こうした情報の共有を進める場合には，プロジェクトの立ち上げ時に，プロジェクトの特徴，メンバーのスキルなどを把握した上で，その内容を決める必要がある．

図 3.10.7 に，立ち上げ時，運営時，竣工時の留意点を示す．

c. 総合図 [B・C]

設計図と施工図をつなぐものとして，総合図の作成が定着してきている．総合図は，施工図を書く前段として，平面図に，天井伏せ図，各種設備図を重ね合わせて，各図面の整合性をチェックし，問題点の把握，施工図作成の手戻りを防ぐための図面である．設計事務所，ゼネコン，専門工事業者が，総合図の上で検討を行いながら作業を進めていくことが，建設プロジェクトを効率的に進める重要なポイントであるといわれている．

手書き図面の時代には，設計図のコピーを原図として，ゼネコンや専門工事業者に順番に回して必要な図面を書き加えていくため時間がかかった．設計図に変更や修正が発生すれば，また同じように図面を回さなければならなかった．

しかし，設計事務所から専門工事業者まで CAD の活用が進んだ現在では，総合図作成の効率は飛躍的にアップしている．CAD で作成した原図を，ネットワークなどを通じて同時に専門工事会社に送付でき，専門工事会社などで作成した複数の CAD 図面を原図に重ね合わせることができる．そのためには，CAD を用いた図面作成のルールが必要である．特に，レイヤーのルールを決めて，プロジェクトメンバーが守ることで，CAD 活用の効果を生かすことができる（図 3.10.8）．

しかしながら，プロジェクトメンバーが使っている CAD が異なることが多く，お互いの図面をそのまま使うことができないことがあり，データ交換の媒体が必要である．今のところ，各種 CAD がサポートしている Autodesk 社（米）の AutoCAD のデータ交換フォーマットである DXF 形式が，データ交換のデファクトスタンダードとして用いられることが多い．ただし，DXF 形式といっても，バージョ

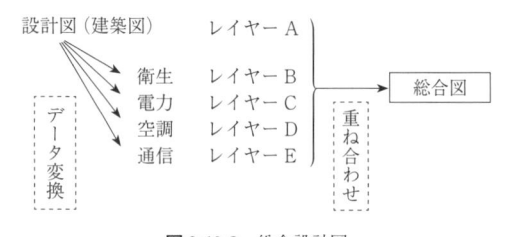

図 3.10.8 総合設計図

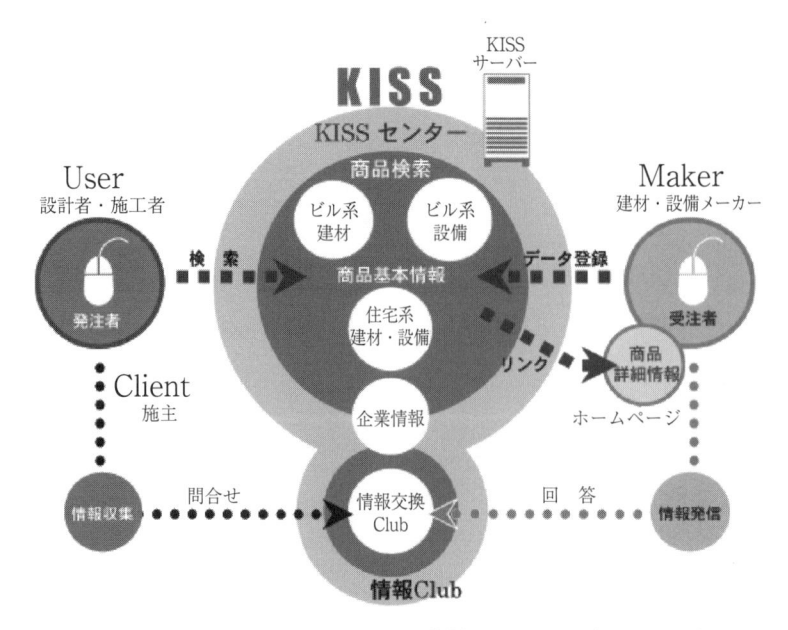

図 3.10.9 インターネット資材情報の例（(社) 日本建材産業協会：「KISS」）

図 3.10.10 インターネット調達の例（(株)コンストラクション・イーシー・ドットコム）

ンによってその内容は異なり，図形の変換ミスや文字化けなども起こることがあるので，注意が必要である．

国土交通省で，電子納品用に SXF 形式が制定され，各種 CAD のサポートが始まっている．SXF の普及により，より CAD データ交換がスムーズにいくようになることが期待される．

d. インターネットの活用 [C・F]

1) インターネット情報収集

インターネットの普及で，広く情報を収集できるようになっている．典型的には，資材メーカー各社が HP を開設しており，情報を容易に入手できるようになっている．さらに，情報を収集・提供するサイトも充実してきている．

代表的なものとしては，(社)日本建材産業協会の「KISS (Kenzai Information Service System)」(図 3.10.9) や (財) 経済調査会の「けんせつ Plaza」などがある．

2) インターネット調達・契約

長く建設業界の業者調達は，ゼネコンを頂点とした協力会組織を中心としたピラミッド構造の重層下請構造に依存してきた．しかし，建設投資の低迷という環境の変化と，インターネットの普及を受けて，過去の取引きにこだわらずインターネットを介して広くサブコンを公募する動きが出ている．また，事業として発注者と受注者とを取り結ぶ ASP サイト

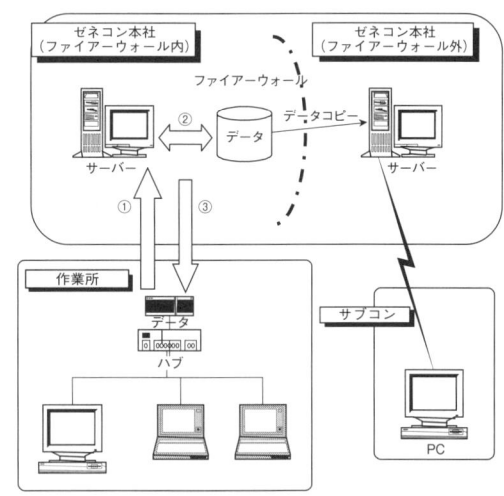

図 3.10.11 災害事例 DB のシステム概念図

を開く業者も現れている．さらに，CI-NET LiteS Ver 2.0 に対応した見積依頼/回答業務，注文/注文請業務や電子契約を ASP においてサポートするサービスも普及し始めている（図 3.10.10）．こうした動きは，少しずつ建築生産に変革の流れを作りつつあるということができる．

e. イントラネットの活用 [D・G]

建設現場と企業の母店の連携は，従来，電話や

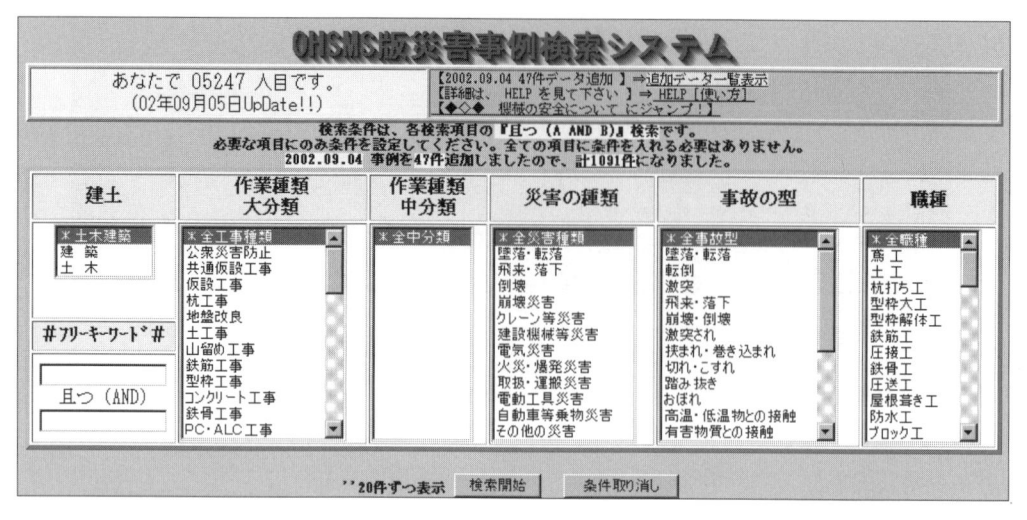

図3.10.12 検索条件設定画面

FAXが中心であったが，インターネット技術を社内ネットワークに適用したイントラネットの普及により，このイントラネットを活用するシステムが普及してきている．各種DSLや光ファイバー網などの高速回線の普及により，今後ますます利用が進むことが予想される．システムは，母店スタッフ部門からの情報提供と，作業所から母店への報告システムの2つに分類される．事例をいくつか紹介する．

1) イントラネットDBの例

企業内には，過去の工事経験から品質，VE，安全情報などの各種情報が蓄積されている．この情報を整理し，今後の工事に活用できる形でイントラネットを介して提供している．ユーザーは，①分類やキーワードで検索，②リスト表示，③詳細表示，という流れで利用するのが通常のパターンである．

図3.10.11は，災害事例DBのシステム概念図である．データは，本社サーバーにDBとして蓄積されており，作業所のユーザーは，Webブラウザからデータを検索する．ファイアーウォールで，社外からのアクセスを制限して，機密を保持している．同じ仕組みを活用して，企業内だけでなく，エクストラネットとして，協力会業者にも情報提供サービスすることができる．

図3.10.12は検索画面，図3.10.13は詳細情報画面である．

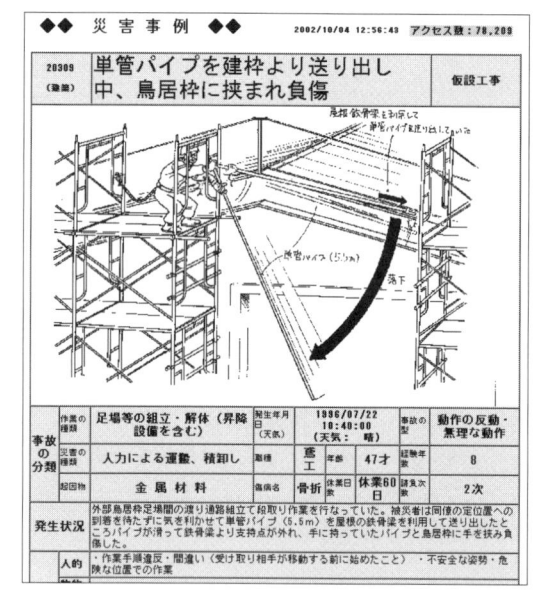

図3.10.13 検索結果画面

2) イントラネット社内報告システムの例

作業所からの月次報告や本支店の労務安全管理部門の業務も，イントラネットを活用して効率化を図ることができる．例えば，図3.10.14は，作業所の稼働時間の報告である「月次稼働月報」の画面で，作業所からはWebブラウザから報告できるようにしているものである．

こうしたイントラネットを活用したシステムのメリットは，

① 作業所のユーザーのPCにはWebブラウザがあればよい

3.10 生産情報管理

図 3.10.14 月報報告画面

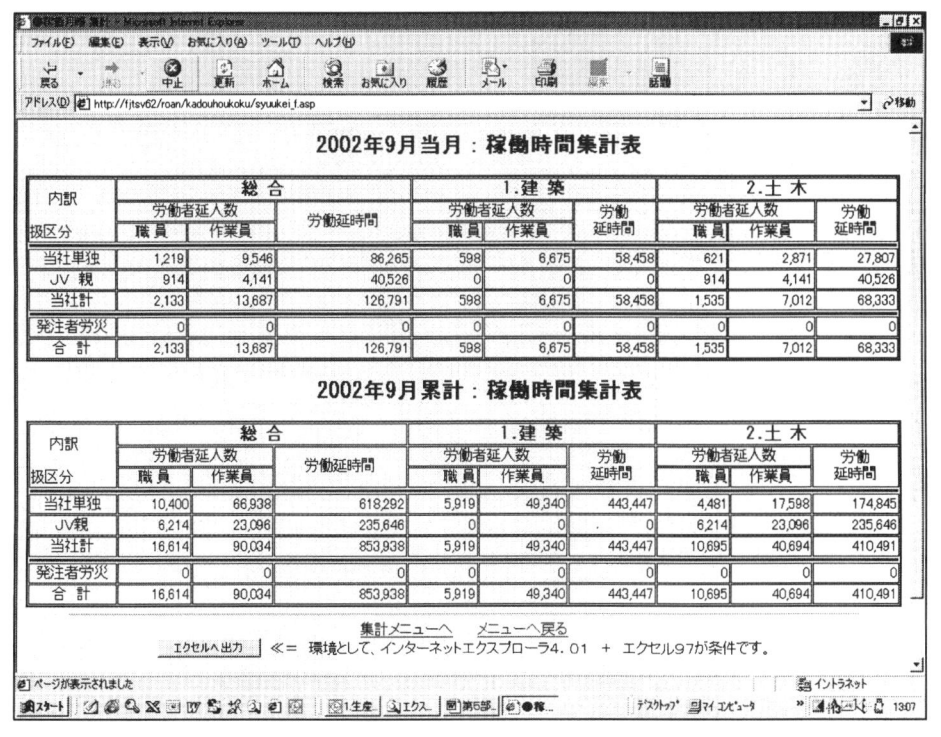

図 3.10.15 月報集計画面

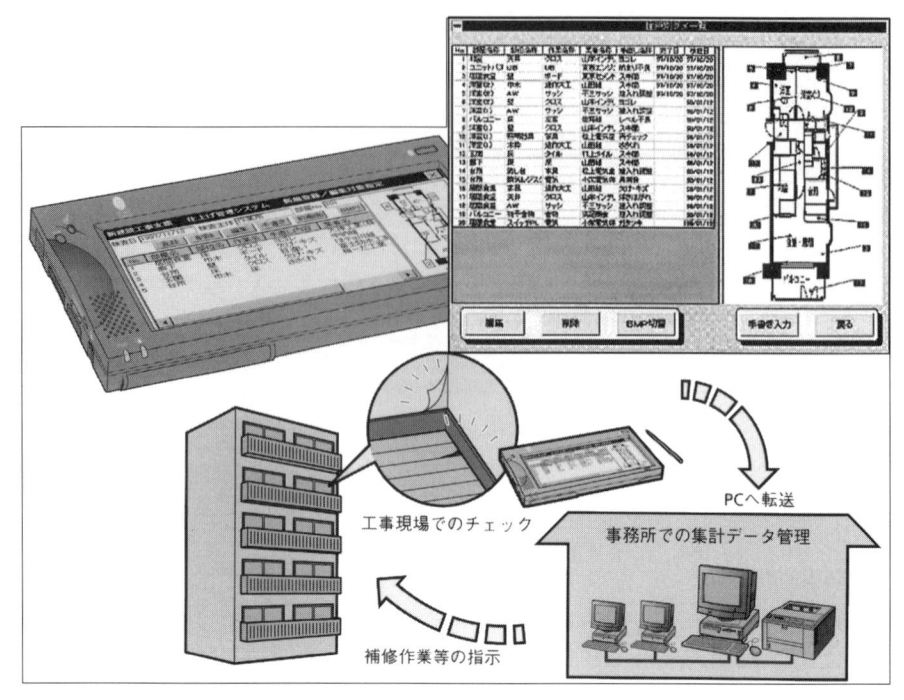

図 3.10.16 モバイル PC による仕上検査の例（(株) ハイパーエンジニアリング）

② ソフトの更新は母店サーバーのソフトだけでよい
③ データは自動的に母店のサーバー DB に蓄積されるため，データの集計や分析が自動化できる

などである．
図 3.10.15 はデータ集計画面である．

f. モバイルコンピューティング [C]

ノート型パソコンや PDA（Personal Data Assistance）と呼ばれる携帯型情報端末を用いて，現場の検査を行うものである．現在，現場でよく使われるものは，PDA による検査システムである．システム立ち上げ作業の手間や PDA の画面の大きさの制約から，主として集合住宅の仕上検査に使われることが多い（図 3.10.16）．

将来的に期待されるのは，携帯電話である．既に，工事事務所と作業現場との連絡には欠かせないものとなっている．携帯電話のカメラで検査記録写真をとる時代がそこまできている．また，第三世代携帯電話は，既にテレビ電話機能を持っており，現場と工事事務所や母店との連携がよりスムーズに行われることが期待されている．

g. 書類作成システム [B・C]

建築プロジェクトにおいて施工管理者は，多くの書類の作成・提出が必要である．相手は，役所，発注者，監理者，母店，サブコンであり，提出時期も書類によって，着工時（準備期間中），施工中，竣工時と様々である．

この書類作成の手間は非常に大きなものであり，各ゼネコンではこの手間を省くために書類のひな型を作成し，作業所に提供している．CD-ROM で配布したり，最近では，イントラネットでの提供が進んでいる．例えば，提出先，提出時期で，書類を検索できるような仕組みが作られている．また，書類を作成するとその情報がデータベース化されるため，工事名称，所長名，所轄監督署などの記載事項など同じ記載事項を重複入力する必要がないようになっている市販ソフトも出ている．　　［永易　修］

文　献

1) 国土交通省：CALS/EC（公共事業の IT による革新）(2002)
2) 国土交通省：電子入札（2002）

■コラム3　JV作業所におけるネットワーク利用

　あるゼネコンが支店および作業所にネットワークを導入したのは1995年のことである．筆者はそのときから一貫してユーザーサポートを行ってきた．

　JV作業所においてネットワークを作成する場合，親子いずれの場合でもまず気にすることは，互いの会社のデータを相手に見せないようにすることである．作業所ネットワーク導入当時は末端の作業所までネットワークで接続されていることは少なく，セキュリティに気を使うことはあまりなかった．せいぜいスクリーンセーバーを設定し，パスワードを入れなければ画面をのぞけないようにしておくくらい．弊社のシステムはインターネット接続に特別な仕組みを施したものであったが，他社の作業所－本社接続と仕組みが競合しなかったため，セキュリティの確保がしやすかった．

　当時はネットワークの利用率は低く，「詳しく説明した書類をメールで送りましたから」と電話で伝えることもしばしばであった．セキュリティ意識も低く，パスワードを紙に書いて貼り付けているので誰でものぞこうと思えばのぞける状態であった．もっとも他の方もパソコンを扱う腕前は似たりよったりで，必要なデータをサルベージすることもできない，ある意味平和な時代といえた．

　しかし，状況は徐々に変わってきた．2000年が近づくにつれ，ネットワークキャリア（回線を提供する会社のこと）およびプロバイダーが，より高速な回線をより安価に提供しはじめたこと．さらには景気の悪化に伴い，各社人員を削減し，その肩代わりにパソコンによる業務の効率化を打ち出したことから，誰もがメールの送受信や社内のホームページにアクセスする必要が出てきたのである．社内では上司に対する報告や連絡事項がメールでやりとりされるため，それまでメールを使わないと公言していた社員が熱心に学習する姿が見えはじめた．上司がメールを使えるようになればその結果をメールで求めてくるもの．そのため作業所でのメール利用機会も増えてきた．作業所からのネットワークのセキュリティに関しての質問が増えはじめたのもこのころである．

　他社が弊社のシステムと同等かそれ以上のシステムを組み上げるにつれ，いかにセキュリティを維持したまま互いのシステムを組み上げるかということが課題になってくる．JVが作業所内にある2組の作業所で，互いの環境を維持したまま各社接続する，などという大がかりな話が飛び込み，急遽出張してシステムを設定することもあった．

　質問する側のパソコン習熟度が低いせいで，何を聞いていいのかもわからず，筆者自身つかみ所のない質問に対して，かなり戸惑った．何度も質問しなおして実は全然違うところが問題だったなどということが日常茶飯事であった．つながらないと逆切れされ，怒られることもしばしばであった．そのつど，謝罪しつつ操作のミスを指摘し，役立つ情報をまとめて掲示するといった地道な作業を積み重ねていったものである．

　社会のネットワーク受け入れが進んでいくにつれ，パソコンはネットワーク接続が前提となってきた．現状では接続装置の側にセキュリティ対策を施すことで，人間側が特に意識をしないでも安心して接続できる仕組みになりつつある．パソコン操作やソフトウェアの利用方法も身につき，理不尽な質問に悩まされることも少なくなってきた．むしろ気をつけなくてはならないのは，雑誌などで手に入れた知識で判断して失敗することだ．会社のシステムはプロフェッショナル仕様になっている．そのために自由度は少なくなっているのが通例である．そろそろ自分の端末が会社に常に接続されている一台であることを認識してもらいたい．

　それにしても，いまだにパソコンのわきにパスワードをメモした付箋紙を貼り付けておくのはやめていただきたい．どれだけシステムを工夫しても，最後にものをいうのは人間の心構えである．

[野中光彦]

3.11 近隣・諸官庁対応

3.11.1 近隣対応

新たに建物を建設することは，周辺の環境に様々な影響を与えるので，多くの自治体が条例や指導要綱などで，建築確認申請の前に建設計画の概要と，その計画が周辺の生活環境に及ぼす影響について，説明会などにより近隣住民に説明することを義務づけている．

建設計画に伴う近隣対策は，本来は工事着工前に，事業者，設計者および施工業者がそれぞれの立場において協力して解決すべきものである．しかし実際には，施工業者が事業者に代わって処理する場合が少なくない．したがって，近隣対策を行うにあたっては，事業者と事前に十分協議を行い，事業者の考え方を確認して進めていく必要がある．

近隣住民には誠意をもって対応し，信頼関係を確立することが何よりも大切である．そのため，地域の風俗・習慣，年中行事，祝祭日などを調査し，風俗・習慣を優先した作業工程を組むとか，行事に参加するなど近隣と融和を図ることが重要である．

近隣対策の基本的スケジュールを，図 3.11.1 に示す．

a. 確認申請手続きに伴う近隣説明

日照や電波障害などの設計に関する説明だけでなく，施工についての説明も必要である．

b. 工事着工時の近隣対策

工事の着工にあたって，近隣の方々にきちんと挨拶を行い，近隣住民の理解と協力をお願いするという丁寧な姿勢が大切である．これは上記の説明とは別である．

近隣対策を行うにあたり，必要に応じて次の事項を調査しておく．

① 近隣調査：近隣住民・家屋など
② 環境予測：日影関係図，ビル風予測図，電波障害予測図，騒音・振動予測，交通量調査など

日照，電波，風害，騒音・振動などの障害について，その対策・補償などについて近隣住民と十分話し合いを行い，事前に了解を求め，近隣協定を結んでおく．近隣協定を締結する場合は，下記の事項を確認する．

① 作業休止日
② 作業時間帯
③ 特殊作業の事前連絡
④ 車両経路

c. 施工中の近隣対策

施工中の近隣対策として，下記事項を行う．

① 近隣に対する苦情窓口，担当者を決めて近隣に知らせる．
② 近隣との協定事項や約束事をきちんと守る．
③ 近隣とのコミュニケーションに努め，苦情の発生を未然に防ぐ．
④ 近隣住民に対して，工事予定を知らせる．特に騒音・振動を伴う作業に対しては，日時，期

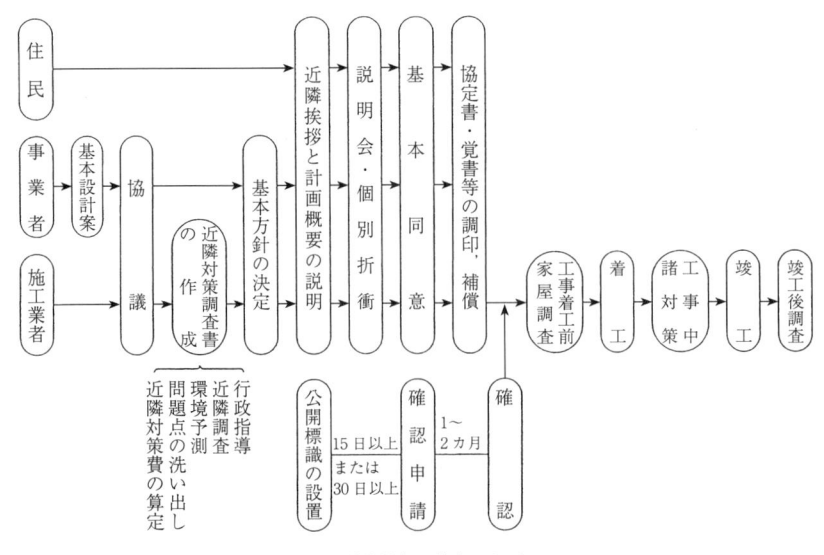

図 3.11.1 近隣対応の基本スケジュール

表 3.11.1　官庁などへの届出書類一覧

分類	書類名	提出先	申請者	関係法令	提出期限	備考
建築法規	開発行為許可申請書	区都道府県庁	発注者	都市計画法第29条		
	確認申請書	都道府県 市区町村 （建築主事）	〃	建築基準法第6条		・確認申請書は，工事中においては作業所に常備し（発注者より預かり），竣工時に返却する ・確認通知書の注意事項を確認する
	建築計画の事前公開		〃		確認申請提出 30日前	・都市計画区域内で用途地域の指定されている区域で高さ10mを超える建築物を工事する場合，確認済の表示を行うまで設置する
	建築工事着工届	都道府県庁	施工者	建築基準法第15条		・原則として確認申請書の提出と同時に行う
	工事用仮設物概要報告書	市区町村 建築課	〃	建築基準法第12条, 85条	使用開始7日前	
	防火対象物使用届（仮設）	消防署	〃	火災予防条例準則 第43条	使用開始7日前	
	建築工事施工計画報告書	市区町村 建築課	〃	建築基準法第12条	着工前	
	工事完了届	都道府県庁	発注者		完了日より 4日以内	
事前協議	工事照会	水道局	施工者	道路法施行令第15条	着工前	
	工事照会（念書）	下水道局	〃	道路法施行令第15条	着工前	
	工事照会	ガス会社	〃	道路法施行令第15条	着工前	
	工事照会	電力会社	〃	道路法施行令第15条	着工前	
	工事照会	NTT	〃	道路法施行令第15条	着工前	
	工事協議書	地下鉄	〃		施工30日前	
	工事協議書	鉄道会社	〃		施工30日前	
	工事協議書	高速道路公団	〃		施工30日前	
	工事協議書	河川護岸管理者	〃	河川法第27条	施工30日前	
	河川占用願い	河川管理者 または区役所	〃	河川法第24条	着工7〜10日前	
	港湾護岸裏掘削願い	港湾局	〃	港湾法第37条	着工35日前	
仮設工事	臨時電力（電灯，動力）申込書	電力会社	〃	各電力会社 電気供給規定	使用開始14日前	
	自家用電気使用申込書	電力会社	〃	各電力会社 電気供給規定	使用開始1〜2カ月前	・50kW以上の場合必要
	下水道一時使用申告書	下水道局	〃	下水道法第18条, 45条	使用開始14日前	・着工時および竣工時に下水道局の立会いのもとに点検を行い，点検記録や状況写真を保管する
	電話加入申込書	NTT	〃			
道路法関係等	官民境界確定願		発注者		施工30日前	・境界立会い通知は，官庁より関係地権者に直送されるので，事前に知らせておく
	道路占用許可申請書および着工・完了届	道路管理者	施工者		使用開始30〜40日前	
	道路使用許可申請書	警察	〃		使用開始3〜8日前	
	沿道掘削願い	道路管理者	〃		掘削開始30〜40日前	
	自費工事施工承認書および着工・完了届	道路管理者 警察	〃		工事着工25〜40日前	

表 3.11.1 官庁などへの届出書類一覧(つづき)

分類	書類名	提出先	申請者	関係法令	提出期限	備考
環境関係	特定建設作業実施届(騒音,振動)解体工事 杭打ち機 掘削重機 コンクリートはつり	市区町村公害課	施工者	騒音規制法第14条 同法施行令第2条 同法施行規則第2条,10条 振動規制法第14条 同法施行令第2条 同法施行規則第2条,10条	作業開始7日前	
	産業廃棄物処理手続きの確認		〃	産業廃棄物法		・産業廃棄物処理業者は,許可業者に限ること.また同法による許可証の写しを確認する ・産業廃棄物収集運搬の許可 ・産業廃棄物最終処分業の許可
	特定施設設置届(水質汚濁)	都道府県(政令市)	〃	水質汚防法	設置工事着手30日前	・バッチャープラント等
	汚水排水届(河川等への排水)	河川管理者	〃	河川法 同法施行令第16条5 同法施行規則18-7	事前に所定期日	・50 m³/日以上
	公共下水道(流域下水道)使用開始届	下水道管理者	〃	下水道法第11条2 同法施行令第8条2 同法施行規則6	事前に所定期日	・50 m³/日以上
	粉塵発生施設設置届(大気汚染)	都道府県	〃	大気汚染防止法第18条1,2 同法施行規則10	設置工事着手60日前	
	産業廃棄物処理施設設置届	都道府県(政令市)	〃	産業廃棄物処理法第15条 同法施行規則11-1	設置工事着手30日前	汚泥処理
	県外産業廃棄物の県内処分等事前協議書	都道府県(政令市)	〃	自治体の要綱・指針等	都道府県(政令市)が定めた日まで	
	県外産業廃棄物の県内処分等事前報告書	都道府県(政令市)	〃	自治体の要綱・指針等	都道府県(政令市)が定めた日まで	
	再生資源利用計画および実績	支店担当室	〃	再生資源利用促進法	開始時	
	再生資源利用計画および実績	支店担当室	〃	再生資源利用促進法	開始時	
	特別管理産業廃棄物管理表交付等状況報告書	都道府県(政令市)	〃	産業廃棄物処理法第12条3	毎年6月30日まで	廃石綿等
	特別管理産業廃棄物管理責任者設置報告書	都道府県(政令市)	〃	産業廃棄物処理法	設置した日から30日以内	
解体関係	建築物除却届	市区町村	発注者	建築基準法第15条		・「低公害解体工法マニュアル」(技研資料)参照
	PCB使用機器廃止届	経済産業省	〃			※保管場所の変更,紛失,焼失等についても要届出
	各種廃止届 危険物	消防署	〃	消防法第15条 同法施行規則第8条		
	各種廃止届 ボイラー	消防署	〃	ボイラーおよび圧力容器安全規則第38条,65条		
	各種廃止届 上下水道	下水道局	〃	地方給水条例		
	各種廃止届 高圧ガス製造施設	都道府県庁	〃	高圧ガス取締法第24条		
	各種廃止届 エレベーター	労働基準監督署	〃	クレーン等安全規則第163条		
	建設工事計画届(石綿除去)	労働基準監督署	〃	安全衛生法規則21	設置工事着手14日前	
	粉塵排出等作業実施届	都道府県庁	〃	大気汚染防止法第18条15	設置工事着手14日前	

表 3.11.1 官庁などへの届出書類一覧（つづき）

分類	書類名	提出先	申請者	関係法令	提出期限	備考
安全関係	適用事業報告書	労働基準監督署	施工者	労働基準法第8条, 110条 同法規則第90条, 91条	直ちに	
	時間外労働, 休日労働に関する協定書	労働基準監督署	〃	労働基準法第36条 同法規則第16条, 17条	直ちに	
	就業規則届	労働基準監督署	〃	労働基準法 第89条, 90条 同法規則第49条		
	特定元方事業開始報告	労働基準監督署	〃	労働安全衛生法 第15条, 30条 同法規則第664条	直ちに	
	建設工事計画届	労働基準監督署	〃	労働安全衛生法 第88条 同法規則第90条, 91条	着工14日前	・高さ31m以上の建物, 10m以上の掘削の場合
	労働保険（労災保険）関係成立届	労働基準監督署	〃	労働保険の保険料の徴収に関する法律 第3条	事由発生後14日以内	
	労働保険概算保険料申告書	労働基準監督署	〃	労働保険の保険料の徴収に関する法律 第15条	保険関係成立より14日以内	
	労働保険代理人選任（解任）届	労働基準監督署	〃	労働保険の保険料の徴収に関する法律 第3条	代理人選任（解任）した時	
	統括安全衛生責任者選任報告	労働基準監督署	〃			
	安全管理者選任届	労働基準監督署	〃	労働安全衛生法 第11条 同法規則第4条	事由発生後14日以内	・常時従業員50人以上（専門工事業者は含まない）の場合
	衛生管理者選任届	労働基準監督署	〃		事由発生後14日以内	・常時従業員50人以上（専門工事業者は含まない）の場合
	機械等設置・移転変更届	労働基準監督署	〃	労働安全衛生法 規則第86条, 88条	工事開始30日前	下記のものを設置・移転変更する場合 ・高さ3.5m以上の型枠支保工 ・60日以上使用する高さ10m以上の足場 ・60日以上使用する高さおよび長さが10m以上の架設通路
	建設用リフト設置届	労働基準監督署	〃	労働安全衛生法 第88条 クレーン等安全規則第179条	設置工事30日前	・積載荷重0.25t以上およびガイドレールの高さ18m以上のリフトを設置する場合
	建設用リフト設置報告書	労働基準監督署	〃	労働安全衛生法 第88条 クレーン等安全規則第179条	設置前あらかじめ原則として30日前	・ガイドレールの高さ10m以上18m未満のリフトを設置する場合
	クレーン設置届	労働基準監督署	〃	労働安全衛生法 第88条 クレーン等安全規則第11条	設置工事30日前	・吊上げ荷重3t以上クレーンを設置する場合
	クレーン設置報告書	労働基準監督署	〃	労働安全衛生法 第88条 クレーン等安全規則第11条	設置前あらかじめ原則として30日前	・吊上げ荷重0.5t以上, 3t未満のクレーンを設置する場合
	ゴンドラ設置届	労働基準監督署	〃	ゴンドラ安全規則 第11条	設置工事30日前	・定置式
	ゴンドラ設置報告書	労働基準監督署	〃	ゴンドラ安全規則 第11条	設置前あらかじめ原則として30日前	・可搬式
	エレベーター設置届	労働基準監督署	〃	労働安全衛生法 第88条 クレーン等安全規則第140条	設置工事30日前	・積載荷重1t以上の人荷エレベーターを設置する場合
	エレベーター設置報告書	労働基準監督署	〃	労働安全衛生法 第88条 クレーン等安全規則第140条	設置前あらかじめ原則として30日前	・積載荷重0.25t以上, 1t未満の人荷エレベーターを設置する場合

表 3.11.1 官庁などへの届出書類一覧（つづき）

分類	書類名	提出先	申請者	関係法令	提出期限	備考
受変電・発電設備	電灯使用申込書	電力会社	発注者	各電力会社供給規定	着工前 3～20 日	・低圧
	電力使用申込書	〃	〃	〃	着工前 15～30 日	・低圧
	自主検査の検査成績書	〃	〃	〃	送電前	・低圧
	自家用電気使用申込書	〃	〃	〃	着工前 15～30 日	・高圧 50 kW 以上
	自家用電気工作物落成予定通知書	〃	〃	〃	落成予定日決定時前 2～10 日	・高圧 50 kW 以上
	自主検査の検査成績書	〃	〃	〃	送電前	・高圧 50 kW 以上 ・発電機 100 kW（125 kVA）以上
	主任技術者選任届出書	経済産業局	〃	電気事業法第 72 条	着工前 30 日～	・高圧 50 kW 以上 ・発電機 100 kW（125 kVA）以上
	主任技術者選任許可申請書	〃	〃	電気事業法第 72 条	着工前 30 日～	・高圧 50 kW 以上 500 kW 未満 ・発電機 100 kW（125 kVA）以上
	主任技術者兼任承認申請書	〃	〃	電気事業法第 77 条	着工前 30 日～	・高圧 50 kW 以上 500 kW 未満 ・発電機 100 kW（125 kVA）以上
	主任技術者不選任許可申請書	〃	〃	電気事業法第 77 条	着工前 10～14 日	・高圧 50 kW 以上 500 kW 未満
	保安規定届出書	〃	〃	電気事業法第 74 条	着工前	・高圧 50 kW 以上 ・発電機 100 kW（125 kVA）以上
	自家用電気工作物使用開始届出書	〃	〃	電気事業法第 73 条	使用開始時	・高圧 50 kW 以上 300 kW 未満
	工事計画届出書	〃	〃	電気事業法第 71 条	着工前 30 日	・高圧 300 kW 以上 500 kW 未満 ・発電機 100 kW（125 kVA）以上
	工事計画認可申請書			電気事業法第 70 条	着工前 30 日	・高圧 500 kW 以上
	使用前検査申請書	〃	〃	電気事業法第 74 条	受電開始予定日確定時	・高圧 300 kW 以上 500 kW 未満 ・発電機 100 kW（125 kVA）以上
	受電届出書	〃	〃	電気事業法第 27 条	受電開始予定日確定時 30 日前	・受電 5,000 kW 以上
電話設備	新築ビル等電話架設希望調査	NTT	加入者		（利用確定時）配管検査用竣工前 60 日	・配管工事のみ ・機器工事とも
	加入電話契約申込書	NTT	加入者	電話契約第 17 条	利用確定時	・直営の PBX の場合，PBX 加入申込書を提出 ・ビル電話の場合，ビル電話加入申込書を提出
	専用契約申込書	NTT	加入者	専用契約第 10 条	回線の種類により異なる	
	端末設備接続（変更）請求書	NTT	加入者	電話契約第 82 条	着工前	・構内交換設備，内線電話器およびこれらの付属機器を設置，または変更するとき
	特殊引込申請書	NTT	加入者		着工前	・3 回線以上
	電話ケーブル引込申込書	NTT	加入者		着工前	・3 回線以上
給排水設備	給水装置工事申込書兼工事施工承認申請	水道局	発注者	地方給水条例	着工前 20～30 日	・新設，改造，撤去工事
	給水申込書	水道局	〃	地方給水条例	完了時	・申込後メーター（貸与）取付
	指定水道工事店設計審査申込書	水道局	発注者指定店	地方給水条例	着工前 20～30 日	
	道路占用手続委任状	水道局	占有者	道路法第 32 条	着工前 20～30 日	
	指定水道工事店検査申込書	水道局	発注者指定店	地方給水条例	検査前	
	給水装置工事完了届	水道局	〃	地方給水条例	完成時	・指定工事店検査申込書提出時は不要

表 3.11.1 官庁などへの届出書類一覧（つづき）

分類	書類名	提出先	申請者	関係法令	提出期限	備考
給排水設備	簡易専用水給水開始届	保健所	発注者		完成時	・受水槽有効容量 10 m³ 以上
	受水タンク以下メーター設置承認申請書	水道局	〃	地方給水条例	着工前 20～30 日	・給水非直結
	建築物地下水採取許可申請書	区都道府県庁	〃		着工前	・井戸
	地下水採取届出書	区都道府県庁	〃		着工前	・井戸
	排水設備計画届出書	下水道局	〃	地方下水道条例	着工前 5～10 日	・新設，増設，改築
	公道内汚水枡設置申請書	下水道局	〃		着工前 15～40 日	
	公共下水道使用届	下水道局	〃	地方下水道条例	使用時期	・井戸等を利用し汚水排水のみ公設物使用時
	特定施設設置届	区都道府県庁	〃	水濁法第 5 条	着工前 60 日	・特定排水
	特定施設使用届出書	区都道府県庁	〃	水濁法第 5 条	使用前	・特定排水
	汚水排水届出書	河川管理者	〃	河川法第 16 条	使用前	・特定排水
	屎尿浄化槽設置届	保健所	〃	廃棄物法第 8 条	着工前 30 日	・浄化槽単独（建築物の一部の場合は確認申請）
	屎尿浄化槽工事完了届（確認申請に基づく）	建築主事	施工者		使用前	・浄化槽
ガス設備	ガス申込書	ガス会社	発注者	各ガス会社供給規定	着工前 60～80 日	・都市ガス，新設，増設，位置替え
	液化ガス貯蔵または取扱いの開始届	消防署	〃	消防法第 11 条		
危険物	危険物製造所貯蔵所取扱所設置許可申請書	消防署	発注者	消防法第 11 条	着工前 7～15 日	・指定数量以上
	危険物貯蔵所完成検査前検査申請書	消防署	〃	消防法第 11 条	適時	・指定数量以上（容器に配管，付属品を取り付ける前に申請）
	危険物貯蔵所完成検査申請書	消防署	〃	消防法第 11 条	着工前 7～15 日	・指定数量以上
	危険部保安監督者選任届出書	消防署	〃	消防法第 12 条	使用前	・指定数量以上
	少量危険物貯蔵取扱届出書	消防署	〃	地方火災予防条例	完成特 15～40 日	・指定数量以上
ボイラー設備	ボイラー設置届	労働基準監督署	発注者	ボイラー規則第 10 条，18 条	着工前 20～30 日	・小型ボイラーを超えるボイラー
	ボイラー構造検査申請書	労働基準監督署	〃	ボイラー規則第 5 条	製造時（希望日 60 日前）	・小型ボイラーを超えるボイラー
	ボイラー落成検査申請書	労働基準監督署	〃	ボイラー規則第 14 条	落成時（希望日 15～20 日前）	・小型ボイラーを超えるボイラー
	ボイラー取扱作業主任者選任報告書	労働基準監督署	〃	ボイラー規則第 24 条	使用前	・小型ボイラーを超えるボイラー
	小型ボイラー設置報告書	労働基準監督署	〃	ボイラー規則第 91 条	竣工時	・小型ボイラー
	炉かまど設置届	消防署	〃	地方火災予防条例	完成時	・指定数量以上
圧力容器設備	第 1 種圧力容器設置届出書	労働基準監督署	発注者	ボイラー規則第 56 条	着工前 10～30 日	・第 1 種圧力容器
	第 1 種圧力容器構造検査申請書	労働基準監督署	〃	ボイラー規則第 51 条	製造後	・第 1 種圧力容器
	第 1 種圧力容器落成検査申請書	労働基準監督署	〃	ボイラー規則第 59 条	落成時 7～10 日前	・第 1 種圧力容器
	取扱作業主任者選任報告書	労働基準監督署	〃		使用前	・第 1 種圧力容器
	第 2 種圧力容器設置報告書	労働基準監督署	〃	ボイラー規則第 85 条	竣工時	・第 2 種圧力容器
	小型圧力容器設置報告書	労働基準監督署	〃		設置時	

表 3.11.1 官庁などへの届出書類一覧（つづき）

分類	書類名	提出先	申請者	関係法令	提出期限	備考
ばい煙	ばい煙発生施設設置届出書	区都道府県庁	発注者	大気汚染防止法第6～8条	着工前60日	
	指定作業場設置届出書	市区町村役所	〃	地方公害条例	着工前30日	
騒音	特定施設設置届出書	区都道府県庁	発注者	騒音規制法第6条	着工前30日	
	特定施設使用届出書	区都道府県庁	〃	騒音規制法第7条	使用前	
高圧ガス設備	高圧ガス製造許可申請書	区都道府県庁	発注者	高圧ガス取締法第5条	着工前10～15日	・第1種製造者（冷凍機，パッケージ）
	高圧ガス製造作業主任者代理者選任届出書	区都道府県庁	〃		完成前	・第1種製造者（冷凍機，パッケージ）
	高圧ガス製造施設等完了前検査申請書	区都道府県庁	〃		施工中	・第1種製造者（冷凍機，パッケージ）
	危害予防規定許可申請書	区都道府県庁	〃	高圧ガス取締法第26条	工事完成時	・第1種製造者（冷凍機，パッケージ）
	高圧ガス製造施設等完成検査申請書	区都道府県庁	〃	高圧ガス取締法第20条	完成時	・第1種製造者（冷凍機，パッケージ）
	高圧ガス製造開始届出書	区都道府県庁	〃	高圧ガス取締法第21条	使用開始前	・第1種製造者（冷凍機，パッケージ）
	高圧ガス製造保安教育計画届出書	区都道府県庁	〃	高圧ガス取締法第27条	製造開始前	・第1種製造者（冷凍機，パッケージ）
	高圧ガス製造届出書	区都道府県庁	〃	高圧ガス取締法第5条	製造開始20日前	・第2種製造者（冷凍機，パッケージ）
防災設備	消防設備等着工届	消防署	消防設備士	消防法第17条	着工前10日前	
	消防設備等設計届	消防署	消防設備士	消防法第17条	着工前10日前	
	消防設備等設置届	消防署	消防設備士	消防法第17条	完成前4日前	
	火を使用する設備等の設置届出書	消防署	発注者	地方火災予防条例	完成前4日前	
	防火対象物使用開始届	消防署	〃	地方火災予防条例	使用開始前7日	
	蓄電池設備設置届	消防署	〃	地方火災予防条例	検査6日前	
	変電設備設置届	消防署	〃	地方火災予防条例	検査6日前	
	ネオン管灯設備設置届	消防署	〃	地方火災予防条例	検査6日前	
運搬機械設備	運搬機械確認申請書	区都道府県庁	発注者	建築基準法第5条	着工前21～30日	・エレベーター，エスカレーター
	運搬機械工事完了届	区都道府県庁	〃	建築基準法第5条	完了時5日	・エレベーター，エスカレーター
	昇降機設置報告書	労働基準監督署	〃	クレーン等安全規則	完了時	・クレーン
	クレーン設置報告書	労働基準監督署	〃	クレーン等安全規則	着工前7～10日	・クレーン
工作物など	確認申請書（工作物）	区都道府県庁	発注者	建築基準法第6条	着工前	・看板，高架タンク
	確認申請書工事完了届	区都道府県庁	〃	建築基準法第7条	完了時	・看板，高架タンク
	広告物設置届	市区町村役所	〃		着工前	・看板，高架タンク
	航空障害標識の設置届出書	所轄航空局	〃	航空規則第102条	着工前	・地上60m以上の工作物
	事務所換気設備設置届	労働基準監督署	〃	労働安全衛生法第88条	換気設備着工30日前	・中央管理方式の事務所の換気設備

間などを説明しておく．
⑤ 歩行者，特に幼児，学童に対しての安全対策に万全を期す．
⑥ 苦情があった場合，素早く，丁寧に対応し，処理を直ちに行う．
⑦ 近隣に被害を及ぼしたときは，速やかに陳謝し，誠意をもって対策を行う．
⑧ 近隣折衝状況を記録するために，記録簿を作成し，電話での連絡も漏れなく記録する．

d. 竣工後の近隣対策

竣工にあたって，近隣住民の方々に，工事の迷惑と協力に対し挨拶を行う．

着工前に行った家屋調査と照合し，被害の有無を確認し，工事が原因と判断される被害があった場合は速やかに補修して，住民の了解を得る．

3.11.2 諸官庁対応

工事にあたっては，建築基準法はもとより，消防法，労働安全衛生法，騒音・振動規制法，航空法，港湾法，河川法，道路法，廃棄物の処理および清掃に関する法律，建設リサイクル法など数多くの関係法規や行政指導があり，事前に必要とする諸届出，申請などの手続きを確認し，それぞれの管轄の官公署に遅滞なく済ませておくことは，作業所運営に欠かすことのできないものである．

諸官庁への届出書類は表3.11.1を参照のこと．

a. 施工体制台帳の整備

発注者から直接建設工事を請け負った特定建設業者で当該建設工事を施工するために，総額3,000万円（建築一式工事の場合は4,500万円）以上の下請契約を締結したものは，施工体制台帳を作成し，工事期間中現場ごとに備え付けることになっている．また，施工体制台帳に基づいて，施工体系図を作成し，現場の見やすいところに掲げなければならない．

b. 廃棄物の処理

工事に従う発生材は，「廃棄物の処理および清掃に関する法律」や「建設リサイクル法」などに基づいて都道府県ごとに条例などで処理方法を定めているので，適切に処理しなければならない．建設廃棄物を処理する責任は総合工事業者にあり，専門工事業者と下請負契約を結んでいる場合でも，最終的な責任は施工者にあるので注意を要する．元請業者の処理責任の範囲は，分別，保管，収集運搬および処分までである．

[家田高好]

4

各 種 工 事

4.1 準 備 工 事

準備工事は,広い意味での仮設工事に含まれ,主として本工事着手に先立って実施する.本工事の着手とは,開発許可や,確認申請などの法的手続きが整ったのち実際の工事に着手することをいう.したがって,準備工事には,設計段階のものが含まれる場合がある.

4.1.1 現場の調査および確認

a. 敷地の調査および確認

設計段階で実施・作成された敷地測量図,地盤調査図に基づいて敷地の現況を確認する.敷地境界については隣地の地権者,道路管理者の立会いを依頼する.境界杭に対して工事の影響が考えられる場合は,逃げ杭を設置して確実に元の位置に復元できるようにする.地盤調査については設計段階の調査を参考にしながら,施工計画(掘削,排水,山留め)に必要な土質,地下水位,水量,水脈などを調査する.

b. 近隣家屋の調査

近隣協定で家屋調査が義務づけられた場合や,隣接する家屋に対する工事の影響が問題となる場合は,工事着手に先立って,関係者立会いのもとに現状を調査し,記録を保管しておくとよい.工事中および竣工後における工事の影響の有無を判断する資料となる.記録写真の日付を証明するために,郵便局の日付スタンプを使用している.

c. インフラの確認

インフラ(電気,電話,ガス,上下水道などの生活基盤設備でインフラストラクチャーの略)について各公益事業者に照会し,工事期間中の使用方法,管理方法について打ち合わせる.地中埋設物については,必要な場合には,掘削をして位置,状況を確認する.

4.1.2 縄張り,遣方,墨出し

a. 縄 張 り

建物の位置を決定するために,地面に建物の形(平面図)どおりに縄(地縄ともいう)を張る.建築主,工事監理者の立会いの上,敷地境界と建物の位置関係を確定する.確定した建物の位置は,X,Yそれぞれの通り芯の延長上で工事の支障にならない位置に逃げ杭などで保存する.この逃げ杭は以後の遣方,墨出しの基準となる大切なものである.

b. ベンチマーク

敷地境界,周辺道路高さと新築建物の高さ関係を工事監理者の立会いのもとに確定し,工事の高さ方向の基準とするベンチマークを設定する.ベンチマークは水平方向の逃げ杭と兼用してもよいが,移動,損傷を受けないよう養生(保護)する.軟弱地盤での工事の場合は,杭を利用するなど不動のものとしなければならない.

c. 遣 方

掘削(根切りともいう)から基礎工事期間中の墨出しの補助手段として設置する.図4.1.1に古くから使われている遣方の例を示す.水貫の天端を高さ

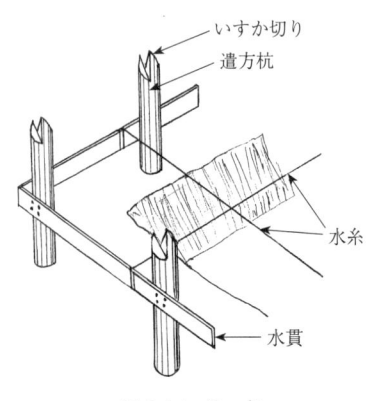

図 4.1.1 遣 方

方向の基準とし，水糸を水平方向の基準とする．遣方杭の天端は，いすかに切って養生する．

d. 墨 出 し

建物の施工の基準となる線（ライン）を基準墨（親墨ともいう）といい，通り芯から1m離れた床上に逃げ墨として打つのが一般的である．高さの基準墨は，基準FLから1m上がりを柱，壁に出す．各階の基準点は，スラブに直径100mm程度の穴を開けておき，下の階の基準墨を上の階に移す．鉄筋工事，型枠工事，各種仕上げの細部の墨（子墨ともい

う）は基準墨から追い出す．墨出しの道具として，墨つぼ，さしがね，下げ振り，水盛り管，スチールテープ（鋼製巻尺），レベル，トランシットなどを使用する．墨出し作業は，通常2人一組で行うが，レーザーレベルを使用することにより，1人でレベルの管理，墨出しができるようになっている．また，スタジアムやドームなど複雑な形状の建物は，3次元計測システムを使用することにより，従来に比べて，早くて精度良く墨出しや鉄骨建方の管理ができるようになった．図4.1.2に墨出しの例，図4.1.3に測量機器の例を示す．

4.1.3 隣接物の防護，移設

a. 隣家，塀，樹木など

隣家，塀，樹木などが工事の支障となる場合，または工事の影響が考えられる場合は，所有者，管理者の了解を得て，移設，撤去，防護の工事をする．

b. 電線，電話回線，ガス，上下水道

架空電線は，電力会社に依頼し防護する．ガス管は，沈下など異常を定期的に観測し，管理者に報告することを要求される場合がある．下水道管は，着工時と竣工時に下水道局に立会いを要請する．

c. 道 路

歩道の切下げやガードレールの撤去が必要な場合は，道路管理者に自費工事の申請をし，承諾を得て実施する．道路と敷地の接続方法は，本設の工事に必要であるので，最終の形態を考慮して仮設を計画する．

d. 高速道路，鉄道，河川，港湾，その他

高速道路，鉄道などの公共施設に近接する工事では，それぞれの事業者，管理者と協議を行い，承認を得て実施する．地下掘削に伴う地盤の変形については，各事業者，管理者がそれぞれの基準を持っているので，その基準に基づいて検討しなければならない．したがって，このような近接工事の地下工事は，本設躯体にも影響する場合があるので，設計段階から工法を含めて検討する必要がある．

［栗原信弘］

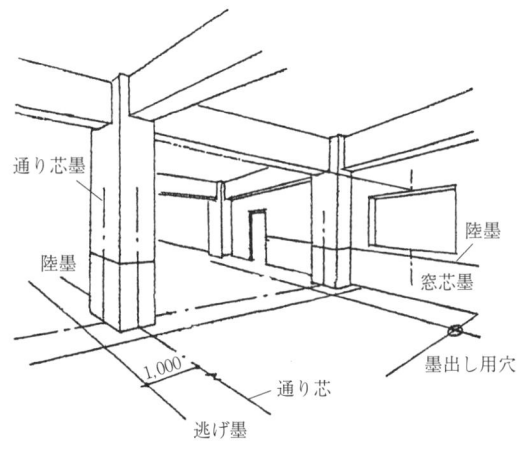

図4.1.2 墨出しの例

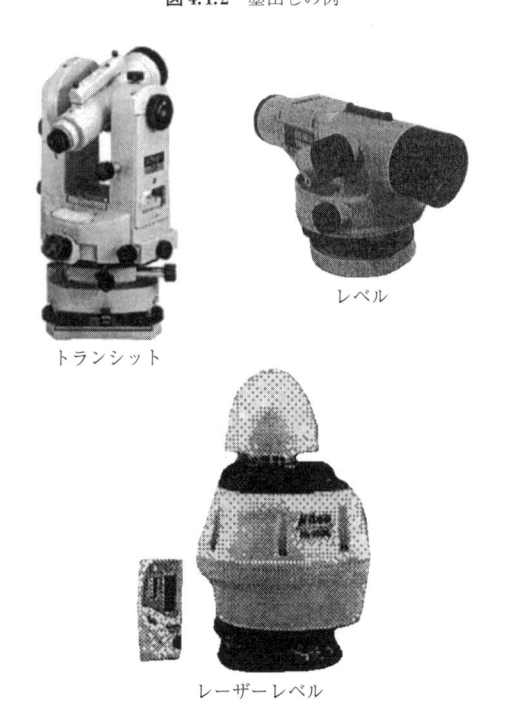

図4.1.3 測量機器の例（ニコンカタログおよびJASS 2）

4.2 仮 設 工 事

仮設工事とは，建物を造っていく過程で必要な手段や補助的工事のことであり，建物の完成時には，不要となるものである．設計図書には明記されていないことがほとんどであり，施工者が創意工夫して実施する分野である．一時的とはいえ仮設工事の良否は，本工事の施工能率，品質，安全，コストに大きく影響を与えるので綿密な計画が必要である．

4.2.1 仮囲い，仮建物，仮設道路，乗入れ構台

a. 仮囲い，仮設ゲート

仮囲いは工事期間中の現場と外部を区画するものであり，工事関係者以外の立入り禁止，盗難防止とともに，一般通行人や隣接家屋への危害防止を目的としている．建築基準法施行令では高さ1.8m以上としているが，繁華街では3m以上としている地方自治体がある．仮囲いには確認済証，労災保険関係成立票など法令などで指定された掲示をする（4.2.9項，c. 看板，備品参照）．市街地や観光地の現場では，地域環境に配慮して壁面を塗装する場合や，絵を描く場合がある．仮囲いの材料としては，一般的に鋼板（万能鋼板，安全鋼板など）が用いられ，立地条件により，板塀，ネットフェンス，有刺鉄線なども用いられる．仮設ゲートには電動シャッター付きゲート，パネルゲート，シートゲートなどがあり，工事条件，周辺条件により使い分ける．図4.2.1に標準的な仮囲い，仮設ゲートの例を示す．

b. 仮 建 物

現場を管理，運営していくために必要な建物で，工事監理者（官庁工事の場合は監督員）事務所，現場事務所（施工者用），協力業者事務所，作業員詰所，加工場（下小屋），資材倉庫，宿舎などがある．仮建物の規模は，現場に従事する監理者の数，施工者の職員数，協力業者の職員数，作業員数に基づき必要な事務室，会議室，食堂，便所，ロッカー室などを計画する．仮建物はプレハブ，ユニット形式のものをリースで使用するのが便利である．設置場所は工事に支障がなく，現場が見渡せる位置がよい．敷地に余裕のない場合は，オーバーブリッジ形式とするか，敷地外に借地，借家する．加工場，倉庫は，工事内容，施工方法により必要な規模を計画する．歩道上にオーバーブリッジ形式で仮建物を設置する場合は，道路管理者の許可が必要である．大規模な工事では，通常，工事中の建物の一部を仮設として使用する．

c. 仮設道路，駐車場，ストックヤード

資材の運搬，ストック，機械の移動のために，仮設道路，駐車場，ストックヤード（資材置き場）を設ける．仕様としては，簡易舗装，地盤改良，砕石敷き，鉄板敷きなどがあり，使用条件，地盤条件によって使い分ける．本設道路の新設がある場合は，路床（路盤の下）までを先行施工して仮設利用することも考えられる．

d. 乗入れ構台

地下工事用の重機，運搬車の乗入れのための通路・作業床を乗入れ構台（または桟橋）という．大掛りな仮設（重仮設ともいう）であり，山留め工事，鉄骨工事，躯体工事と関連づけ，総合的かつ高度な計画が要求される．乗入れ構台の配置は，掘削，鉄骨建方，躯体工事などの作業性を考慮して決めるが，構台面積としては，掘削面積の1/3程度が目安であ

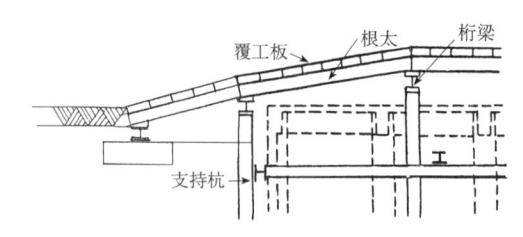

図 4.2.2 乗入れ構台（スロープ部）の例

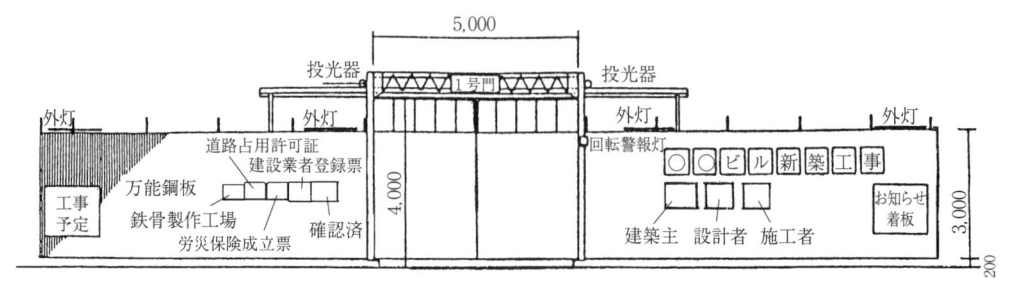

図 4.2.1 仮囲い，仮設ゲートの例

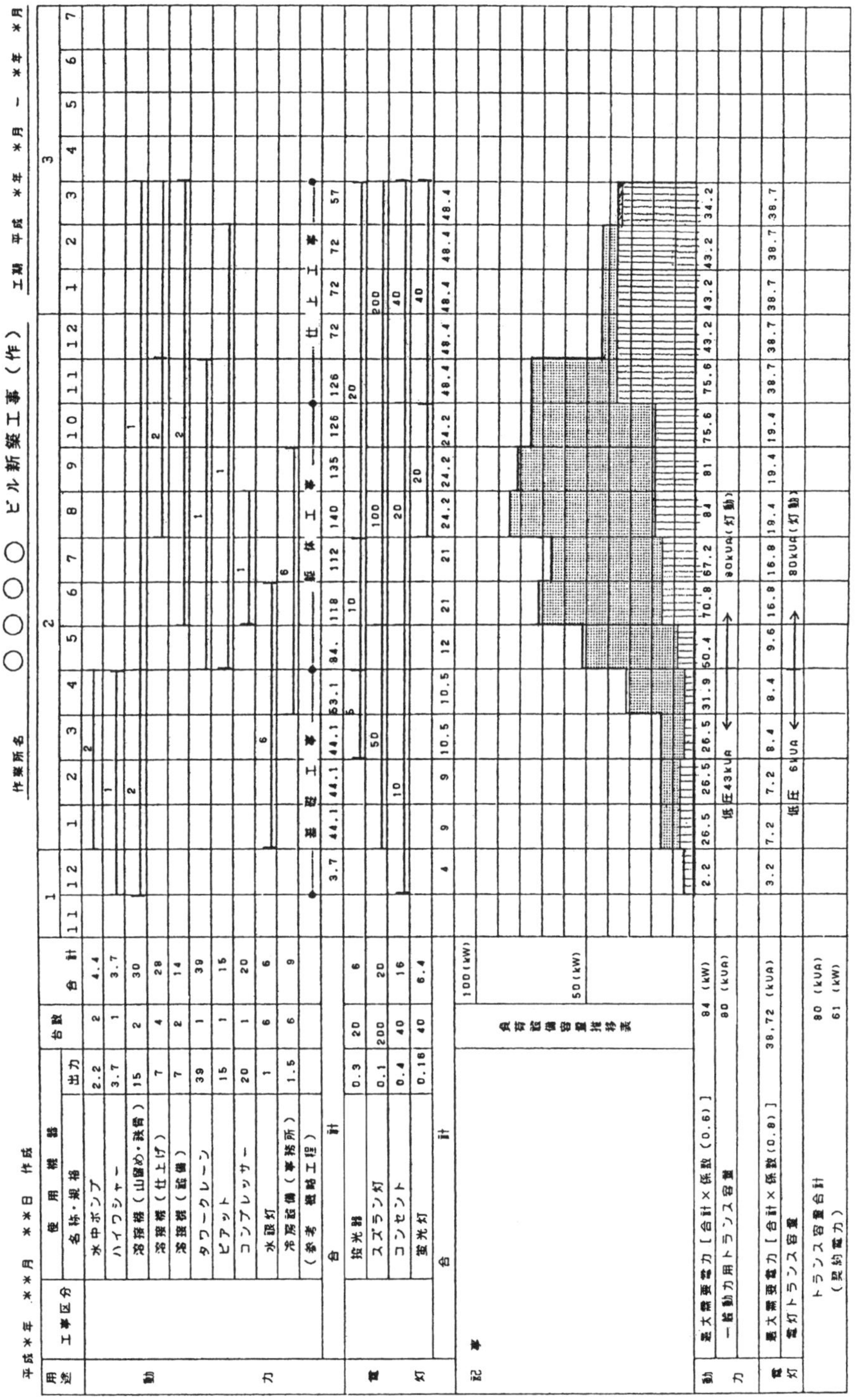

4.2 仮設工事

図4.2.3 工事用電力使用工程表

る．構台の床の高さは，1階梁・床の施工性と接続する道路の高さを考慮して決める．スロープが必要な場合は，勾配を1/6以下をめどとする．構台の構成方法としては，H型鋼の支持杭，桁梁，根太でフレームを構築し，覆工板で床を敷設するのが一般的である．（図4.2.2参照）

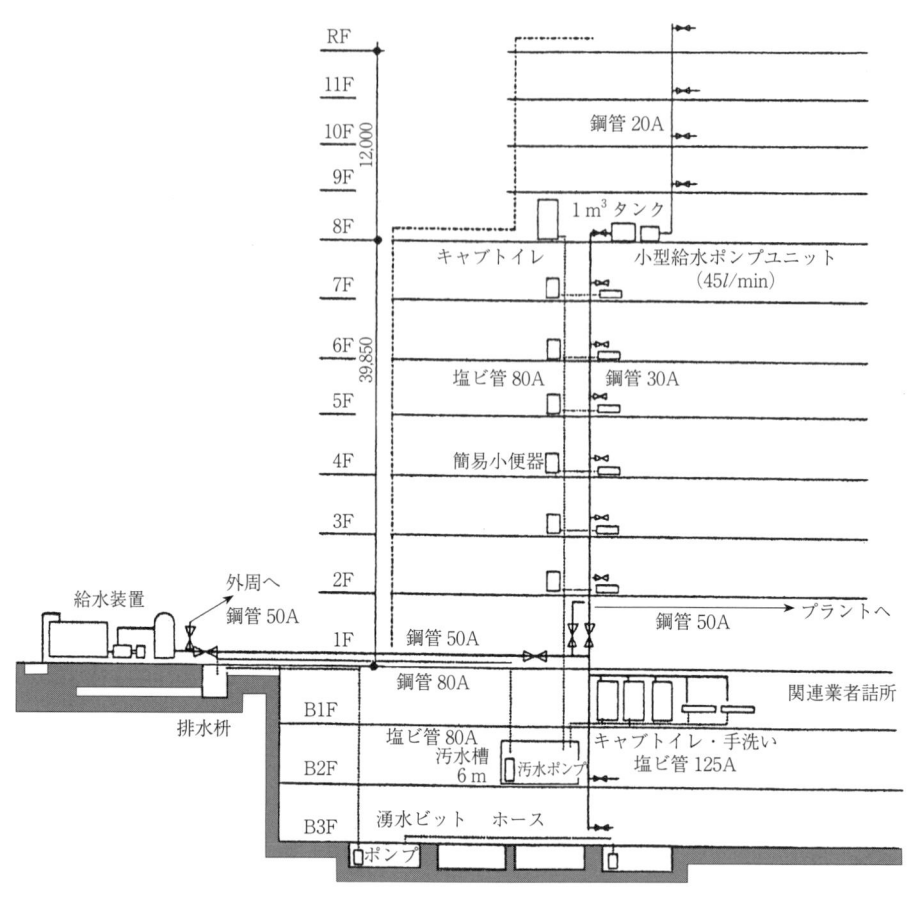

図 4.2.4 給排水衛生設備計画例

4.2.2 仮設電気,給排水
a. 工事用電気設備

工事中の照明,溶接の電源,電動工具,タワークレーンの動力源として仮設の電気が必要である.電気の引込みは,原則として1敷地1系統であり,工事期間中の電気設備は本設とは分離して設置し管理する.建物完成前の本設設備機械の試運転開始をめどに,仮設から本設に切替え仮設を撤去する.工事用の電力使用量は,工事の規模,施工方法,工程の組立方に左右されるので,工事期間中の電力の山積み工程表(図4.2.3参照)を作成し,同時使用率を考慮して必要最小限の設備を設置する.電力会社との契約電力が50 kW未満の場合は低圧受電(動力200 V,電灯100 V),50 kW以上2,000 kW未満の場合は高圧受電(6,600 V)となる.高圧受電の場合は,キュービクルを設置し,電気主任技術者を選任して管理しなければならない.2,000 kW以上は特別高圧となるので,工事専用としては使用していない.

b. 工事用給排水工事

工事期間中に必要な水は,現場職員,作業員の生活用水(0.25 m^3/人日程度)と工事用水である.主な工事用水としては,場所打ち杭の掘削,運搬車のタイヤ洗浄,型枠の洗浄,コンクリートの散水養生,モルタルなど湿式材料の混練などに用いる.工事用水として地下水を用いる場合もあるが,一般的には,上水道を使用する.上水道の引込みにあたっては,これらの使用水量に必要な引込み管径と給水設備を計画し,水道局に申請する.給水方式としては,①水道直結方式,②圧力タンク方式,③受水槽方式があり,必要な水量と圧力を考慮して使い分ける.排水は,生活排水,工事用排水,雨水をそれぞれ定められた公共の下水管などに放流する.公共の排水先にはそれぞれ関係条例があり,排水基準を定めて環境衛生を保全しているので,下水道局との事前の打合せが必要である.

図4.2.4に給排水衛生設備計画例を示す.

[栗原信弘]

4.2.3 揚重機械

最近の建設工事においては，施工の合理化・省力化・スピード化を図ることを目的に部材のブロック化・プレハブ化が進み，揚重機が大型化・大容量化してきている．そのなかで，揚重機械の種類・型式も多岐にわたっている．

特に，超高層施工では，高揚程大型重機による大型重量躯体・外装部材の外部揚重と，高速大容量揚重設備による大量の内装・設備資材の内部揚重を組み合わせた最適な施工計画が求められる．

揚重搬送物量をもとにシミュレーションを行い，揚重設備およびサイクル・タクト工程を計画し，資機材の搬入・荷さばき・ストック・揚重・搬送・組立に至る一連のプロセスにおいて，機械化・自動化・ユニット化技術を駆使した総合的な全体計画が重要である．

本項では，外部揚重機の定置式および移動式クレーンと，内部揚重機のエレベーター，リフトについてその概要を示す．

a. クレーン（定置式クレーン）

1) 概　要

クレーンは，移動式クレーン（不特定の場所に移動）と定置式クレーン（走行式もあるが一定の範囲内）とに大別できる．定置式クレーンは，通常，単に「クレーン」と呼ばれている．

クレーンとは"荷を動力を用いて吊り上げ，これを水平に運搬することを目的とする機械装置"とされており，図4.2.5のように分類される．

建築工事においてはジブクレーン，なかでもクライミングジブクレーン（タワークレーンともいわれている）と低床式ジブクレーンが多用される．橋形クレーンはRC，SRC構造の建物で作業所敷地内あるいは作業所近辺のヤードでの鉄筋加工場などに使用される．

表4.2.1（次ページ）に定置式クレーンの仕様一覧を掲げる．

2) 歴　史

クライミングジブクレーンは，コンクリートタワーの頂部にクレーンを乗せたものが1960年に国産第1号として完成されたが，東京オリンピックの開催が1964年に決まり，それに間に合わせるための関連施設やホテルの建設が1962～1963年に多発したためにクライミングジブクレーンが数多く使用された．クライミング方式は，当初ワイヤー式であったが，クライミング作業が危険で時間がかかることで次第に油圧クライミングが主流となっていった．1966年，日本初の超高層ビルとして知られる「霞ヶ関ビル」建設用に200 T-M級クレーンが使用された．1987年には900 T-M級が登場し，1990年に1500 T-M級が使用された．

3) 機種の選定方法

建築工事には工種別に様々な作業があるが，作業内容を分析すると，その作業のどれにも資機材の垂直・水平の運搬が大きなウェイトを占めている．

今日，中高層建物から高層建物へ，さらに超高層建物が現出しているなか，揚重作業の合理化，能率化は工期短縮，出来映え，ひいては工事原価にも大きく反映するため，機種選定が重要な鍵を握っているといっても過言ではない．機種選定の要因（チェックポイント）として次のようなことが考えられる．

i） 建物の規模・構造

① 建物の形状・構造・高さ：S造・SRC造・RC造など
② 部材の種類，重量および形状：鉄骨・PC板・PC梁・設備機器・ユニットフロアーなど
③ 建物の用途：事務所，住宅，ホテル，病院など

ii） 敷地内外の状況

① 敷地境界・寸法・面積・隣地・近接建物など
② 地形・地盤・埋設物
③ 周辺道路：歩道・車道，私道・公道の区別，工事用出入口の関係
④ 公共物の種類・位置・利用状況：電波障害，

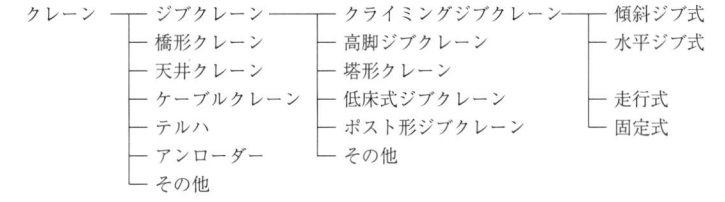

```
クレーン ─┬─ ジブクレーン ────┬─ クライミングジブクレーン ─┬─ 傾斜ジブ式
         │                   │                         └─ 水平ジブ式
         ├─ 橋形クレーン       ├─ 高脚ジブクレーン
         ├─ 天井クレーン       ├─ 塔形クレーン
         ├─ ケーブルクレーン   ├─ 低床式ジブクレーン ─┬─ 走行式
         ├─ テルハ            ├─ ポスト形ジブクレーン  └─ 固定式
         ├─ アンローダー       └─ その他
         └─ その他
```

図4.2.5　クレーンの種類

表 4.2.1 定置式クレーン仕様一覧表

製作会社	型式	呼称クレーン能力 tm (t×m)	最大定格荷重時 定格荷重×作業半径 t×m	最大作業半径時 定格荷重×作業半径 t×m	揚程 最大 m	速度 (50 Hz の場合) 巻上げ 高速 m/min	巻上げ 低速 m/min	起伏または横行 m/min	旋回 rpm	クライミング m/min	電動機出力 巻上げ kW	起伏または横行 kW	旋回 kW	クライミング kW	ジブ型式	クライミング方式	自立高さ m	全重量(自立におけるt) t
石川島運搬機械	JCC-120N	120 (4×30)	10×16	3×35	250	82	14	17.5	0.45	0.47	40	25	5.5	5.5	起伏式	油圧式	37.7	69
	JCC-180	180 (6×30)	12×17.5	3×40	100	86	12.5	14.6	0.55	0.33	40	25	8.5	15	〃	〃	28.3	105
	JCC-230Ⅱ	224 (7×32)	12×20	3×40	190	72	18	17.3	0.4	0.33	55/30	25	8.5	15	〃	〃	38.6	123
	JCC-230HⅡ	224 (7×32)	15×17	3×40	250	130	25	17.9	0.4	0.28	90	40	8.5	22	〃	〃	36.4	136
	JCC-300Ⅱ	304 (9.5×32)	15×20	5×40	190	72	18	17.3	0.4	0.28	75/45	33	8.5	22	〃	〃	33.2	131
	JCC-V350S	304 (9.5×32)	16×21	5×41	250	130.2	34.8	20	0.5	0.72	110	30	15	18.5	〃	〃	39.3	113
	JCC-400H	420 (12×35)	18×22	10×40	250	130	25	12.1	0.42	0.22	110	33	13	22	〃	〃	35.3	160
	JCC-V720	630(17.5×36)	32×22.5	10.5×46	300	120.6	30.8	20	0.48	0.56	200	48.1	22	22	〃	〃	39.1	168
	JCC-900HP	910 (35×26)	35×26	8×52	300	160	20	14	0.35	0.15	150	63	25	22	〃	〃	39.3	255
	JCC-1500H	1,500 (50×30)	70×22	20×45	300	160	20	14	0.38	0.15	350	90	30	30	〃	〃	36.5	420
小川製作所	OTS-100N	100 (5×20)	8×13	2.3×30	100	25	1.3	9.9	0.65	0.53	28	10	5.5	5.5	〃	〃	40.4	45
	OTS-120NⅡ	100 (4×25)	8×15	1.2×40	100	25	1.3	18.2	0.65	0.54	28	11	5.5	5.5	〃	〃	36.9	61
	OTS-120N	132 (5×25)	10×16	3×35	150	45	15	14.5	0.65	0.54	40	15	5.5	5.5	〃	〃	36.9	64
	OTA-180N	200 (8×25)	12×19	3×40	120	33.3	18.3	15.4	0.65	0.3	55	25	11	11	〃	〃	36.9	88
	OTA-230N	224 (7×32)	12×20	4×40	200	83	19	17.5	0.62	0.3	55	45	11	15	〃	〃	37.9	120
	OTA-320NⅡ	320 (10×32)	16×22	4×45	200	83	19	22.1	0.48	0.3	75	45	15	15	〃	〃	31.5	123
	OTA-600N	576 (18×32)	21×28	6×52	213	106	20	15	0.48	0.35	110	45	15	18.5	〃	〃	39.7	165
	OTH-80N	80 (2.5×32)	4.5×21	1.2×41.5	100	55	3	17.5	0.36	0.53	28	1.5	3	5.5	水平式	〃	40.4	49.5
	OTH-150N	147 (4.6×32)	8×20.4	2.2×50	50	25	1.4	70	0.65	0.3	28	5.5	11	5.5	〃	〃	36.95	94.3
北井製作所	NKCJ-2030-0C	60 (2×30)	2.8×20	2.5×25	90	21	2.5	10	0.43〜0.1	0.5	25	15	3.7	11	起伏式	油圧式	32	44
	NKCT-2030-0C	60 (2×30)	2.8×20	2×30	90	21	2.5	15	0.3	0.5	15	1.5	3.7	7.5	水平式	〃	37	47
	KC-120	120 (10×12)	10×12	2.7×30	200	40	2.5	15	0.48	0.7	39	25	5.5	5.5	起伏式	〃	30	57
北川鉄工所	JCL100H	88 (3.5×25)	8×13	1.5×35	130	25	12.5/2.1	10/5	0〜0.52	0.8	26	10/5	5.5	5.5	〃	油圧式	41.7	45.8
	JCL160H	160 (8×20)	12×15	3×35	200	74	38〜2	17	0〜0.5	0.5	66	27	11	5.5	〃	〃	38	72.4
	JCL240H	224 (7×32)	12×20	4×40	200	85	39〜2.5	20	0〜0.4	0.7	55+22	40	22	(旋回と共用)	〃	〃	38.7	108
コベルコ	KCP-H2030	60 (2×30)	3.5×15	2×30	50	21	2.5	13.1	0〜0.5	1	18/2.2	8.5	7.5	(〃)	〃	〃	36.5	41.1
	KTC-H2030	60 (2×30)	2.8×20	2×30	75	21	2.5	17.5	0.17〜0.5	1	15/1.9	1.5	〃 (クライミング共用)	7.5	〃	〃	36.5	43.6
	KTC-H1540	60 (1.5×40)	2.8×30	1.5×40	50	21	2.5	17.5	0〜0.4	0.87	15/1.9	1.5	〃	7.5	〃	〃	37.1	48.6

マイクロウェーブ

iii) **安全性** 機械の取扱いやすさ，組立，クライミング，解体などの点で，安全性の高い機種を選定する．

iv) **経済性** クライミングクレーンを使用する場合は，下記費用も併せて，経済的な比較検討が必要である．

① 基礎：自立性が高くなれば，基礎が大きくなる．
② 躯体補強：自立性が低いと，クライミングの回数，またマスト支えが増える．
③ 組立・解体用クレーン

v) **施工工期** 機械の能力，台数，据付け位置，クライミング回数などにより施工速度，ひいては工期に大きく影響する．

① 機械の能力：同じ作業半径，吊上げ能力であっても巻上げ速度，旋回速度，起伏速度によって揚重工程（サイクルタイム）に差が出る．
② 据付け位置：建物内部に据えるか，外部に据えるかによって工事工程に大きく影響する．
③ 外部設置：マスト支え部の建物補修時期，架台周りの外構工事時期
④ 内部設置：マスト部の床の開口の仕上げ時期，屋上階，解体クレーン基礎部補修時期

4) **周辺機器**（吊具）

i) **無線操作式自動玉掛け外し装置** 主に鉄骨の柱・梁を組み立てる際に使用され，危険作業となる高所での玉掛け外し作業を無線操作により行う．鉄骨柱を水平に吊り上げ，空中で建て起こす機能を持つタイプもある．

ii) **吊荷方向制御装置** 風の影響を受けやすい外壁部材，あるいは方向を安定させるのが難しい長尺部材などの方向を制御するのに使用される．ファンを回して風力により方向を変えるタイプ，フックブロックを挟み込む形で電動モーターにより回転を制御するタイプ，ジャイロにより吊荷を静止させるタイプなどがある．

iii) **PC板反転装置** 外壁PCを風の影響を受けにくい水平状態で揚重し，取付け位置で90度反転し，取付け作業を容易にする．

b. **移動式クレーン**

1) **概要**

移動式クレーンとは，"荷を動力を用いて吊り上げ，これを水平に運搬することを目的とする機械設備で，原動機を内蔵し，かつ，不特定の場所に移動

```
               ┌─ トラッククレーン
               ├─ ホイールクレーン
移動式クレーン ─┤   （ラフテレーンクレーンを含む）
               ├─ クローラークレーン
               └─ その他の移動式クレーン
                   （浮きクレーン，鉄道クレーン）
```

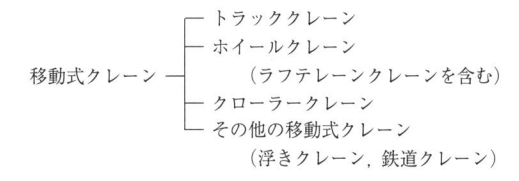

図 4.2.6 移動式クレーンの分類

させることができるもの"とされており，図4.2.6のように分類される．

これらのうち，建築工事では機動性が要求され，トラッククレーン，ラフテレーンクレーン，クローラークレーンが多く使用されている．

近年，建築工事の都市型化，建築構造物の大規模化に対応して，多様な幅広いクラスの建築工事用移動式クレーンが開発，実用化されている．

2) **歴史**

1914年（大正3年），河川改修の目的で，アメリカから蒸気機関を搭載したパワーショベルが輸入された．わが国で初めての自走式建設機械の導入である．

第2次世界大戦後，わが国では1948年に建設省が設置されたのに始まり，国土復興のために建設工事の機械化が推し進められて，移動式クレーンの国産化が行われた．

国産移動式クレーンの黎明期である1950年代は，アメリカ製品のコピーが生産され，1960年代は欧米先進諸国の製品を手本にして類似の設計が行われた．いずれの年代も，わが国は先進欧米諸国を目標に急追する立場であったが，1970年代に至るや世界のトップレベルに立ち，移動式クレーン先進国として世界の指導的立場にある．

3) **種類と特徴**

i) **トラッククレーン** トラッククレーンには，ラチス式ブームの機械式トラッククレーン，ボックス構造伸縮ブームの油圧式トラッククレーン，小型クレーン装置を汎用トラックの荷台シャーシに設置した積載型トラッククレーンがある．

機械式トラッククレーンは，そのブーム構造上，道路走行，組立分解時間，現場内の移動などで制約を受けることから，建築工事ではほとんど使用されなくなった．

油圧式トラッククレーンの特徴を示す．

① ボックス構造伸縮ブームで，ブームの組立・分解が不要なため，作業前後の段取りが極めて容易である．

図 4.2.7 油圧式トラッククレーン

② 中型クラス（50 t 級）までは，全装備姿勢で公道走行ができ，現場への機動性に優れる．
③ 大型クラスでは，分解姿勢での公道走行が必要であるが，現場内での機動性を高める前後輪ともにステアリングができるオールテレーンクレーンタイプが増えつつある．
④ 国内で市販されているクラスは，2.9 t 吊から 800 t 吊まで広範囲にシリーズ化されている．

ii) **ラフテレーンクレーン**（ホイールクレーン）
ホイールクレーンは，1 基のエンジンで走行とクレーン作業を行い，専用のホイール式台車を具備したものであるが，近年はなかでもラフテレーンクレーンと呼ばれるタイプのものが大半で，建築工事に多く使われている．

ラフテレーンクレーンの構造は，専用のホイール式台車に運転席を備えた上部旋回体を架装し，ホイール式台車は一般的には 2 軸 4 輪で 4 輪駆動と 4 輪ステアリングができ，ブームはボックス構造伸縮式でジブを備え，全装備で公道走行が可能な車両となっている．

特徴は次のとおりである．
① 全体的外形がコンパクトで設置スペースが小さくて済み，4 輪ステアリングを効かすことで狭隘な都市型建築工事現場などの走行機動性に優れる．
② 大型のタイヤを装備し，4 輪駆動もできることから，乗入れ構台などの急坂や悪路走行もスムーズに行える．
③ 1 つの運転席で走行とクレーンの運転操作ができることから，クレーンの設置作業や通行障害回避の待避作業が能率良く行える．
④ 空中障害の多い都市部での建方作業を対象にした，タワー形状のフロントアタッチメントを備えた機種も開発されている．
⑤ 国内で市販されているクラスは，4.9 t 吊から 70 t 吊まである．

iii) **クローラークレーン** クローラークレーンは，足回りが履帯式（クローラー）であることから，不整地や軟弱地での走行性に優れる．

もともとは万能掘削機と呼ばれ，フロントアタッチメントを交換することでクラムセルなどのショベル系掘削機やパイルドライバーなどの多様な用途に適合すべく米国で開発され，わが国に導入されたものである．近年は各用途に特化されたものが開発され，建築工事のクレーン作業に使いやすい機械となっている．

フロントアタッチメントのブーム構造上 2 種類のタイプがあり，ラチスブーム式とテレスコピックブーム式がある．後者は近年小型クラスで増えてきたタイプで，そのほかに油圧ショベルでバケットを装備したまま容易にクレーン仕様に変更できるタイプも出現している．

これらのうち，建築工事の主要揚重機として使用されるのは，ラチスブーム式の比較的大型のクラスで，タワークレーン仕様も多く使われる．

図 4.2.8 ラフテレーンクレーン

図 4.2.9 ラッフィングジブ仕様クローラークレーン

クローラークレーンの特徴を以下に示す．
① ラチスブーム式はラチス構成の単位部材の継ぎ足し式で，テレスコピックブーム式に比べ軽量にできることから，特に作業半径の大きい所での吊上げ能力に優れる．
② フロントアタッチメントは，中型クラス以上にはタワークレーン仕様が設定され，近年はブームとジブが各々傾動できるラッフィングタワー仕様が増えている．さらに超大型クラスでは能力増大仕様の設定もされている．
③ 中型クラス以上の公道運搬はブームやカウンターウェイトなどの分解輸送が必須条件である．
④ クレーンの設置スペースは，クローラー式のためアウトリガー式のものに比べ格段に小さくでき，現場スペースの有効利用が図れる．
⑤ 国内で市販されているクラスは，2.9 t 吊から1,200 t 吊まで広範囲にシリーズ化されている．このうち建築工事の主要揚重機として使われるラチスブーム式クローラークレーンは 35 t 吊以上となっている．そのうち，50 t 吊以上にはタワークレーン仕様が設定されている．

4) 機種の選定方法
i) 作業性能
(1) 定格総荷重： 移動式クレーンのブーム長さごとの各作業半径の吊上げ能力は，定格総荷重表として表される．定格総荷重は，各作業条件でのフックなどの吊具を含む吊り上げられる荷重の総和で，クライミングクレーンなどの定置式クレーンの定格荷重と異なることに注意を要する．
① 最大吊上げ能力は，一般的には最短ブームで最小作業半径での定格総荷重である．
② ブームが長く，作業半径が広くなるほど，吊り上げられる荷重（定格総荷重）は減少する．したがって，吊上げ能力の検討作業においては，必要なブーム長さをチェックし，必要な作業半径での定格総荷重が必要十分であることを確認すること．
③ アウトリガーを有し，かつブームが伸縮する，トラッククレーンやラフテレーンクレーンにあっては，アウトリガーの張出し幅とブームの伸縮長さごとに定格総荷重が示されている

表 4.2.2 移動式クレーンの作業現場適合性比較

評価項目 \ クレーンの種類	油圧式トラッククレーン	ラフテレーンクレーン	クローラークレーン
現場への搬入性	・大型クラスは分解搬入が必要 ・中型以下は自走搬入可能	・自走搬入可能	・トレーラー搬入が基本 ・大型では本体分解搬入可能
現場内組立性とスペース	・中型以下はジブ張りスペース ・大型は組立必要	・ジブの張出し作業とスペース	・ブーム全長組立とスペース ・大型は本体組立作業スペース
設置スペース	・車体全長とアウトリガーの設置スペース必要	・アウトリガーの設置スペースがあればよい	・クローラーの設置スペースで済む
設置地盤養生	・アウトリガー集中荷重が作用し，荷重分散養生が必要	・アウトリガー集中荷重が作用し荷重分散養生が必要	・クローラー分布荷重が作用し，設置スペース全体養生を要する
機体の水平保持性	・アウトリガーで水平調整可能	・アウトリガーで水平調整可能	・設置地盤の水平確保要
現場内移動性	・アウトリガーとブームを縮小する必要がある ・小回り性が劣る	・アウトリガーとブームを縮小する必要がある ・4輪ステアリングで小回りができる	・走行速度が遅いが，即移動でき，小移動性に優れる ・その場旋回ができ，小回り性に優れる
現場内仕様変更性	・標準仕様の範囲で容易にブーム長さなどを変更可	・標準仕様の範囲で容易にブーム長さなどを変更可	・作業に応じたブーム構成への組替えができる
現場搬出性	・搬入時と同様だが，ジブの格納スペース確保に注意要	・搬入時と同様だが，ジブの格納スペース確保に注意要	・ブーム全長を分解するスペースの確保，タワー起立分解も必要
強風時の対策	・ブームの格納で容易に可能	・ブームの格納で容易に可能	・最悪時はブームの地上降下措置が必要となる
騒音問題	・低騒音型が普及しているが，走行時やアウトリガー操作時は，比較的騒音が大きい	・低騒音型が普及しているが，走行時やアウトリガー操作時は，比較的騒音が大きい	・低騒音型が普及しているが，走行時はクローラーのきしみ音が発生しやすい

■コラム4　タワークレーンはどうやって降ろすか

　タワークレーンは，もともと組立解体を設置場所ごとに行うことを前提として製作されている．タワークレーンの降ろし方とは解体方法のことであり，タワークレーンの設置場所や設置高さによって変わる．
　主な解体方法は次の3つの方法に分けられる．
　1)　逆クライミングによる方法
　2)　地上からの方法
　3)　屋上からの方法
　これらの解体方法の選定にあたっての条件は次のようになる．
　1)はクレーンが建物の外部に設置されていて，地上近くまで自力でマストを取り外しながら降りてくる（これを逆クライミングという）ことのできる空間があること．
　2)はクレーンの設置位置は建物の内外は問わないが，建物周囲に解体用の大型トラッククレーンやクローラークレーンを設置できる空間（ジブやブームを組み立てられる場所も含む）があることと，解体用クレーンがタワークレーンの最高高さ部材（ガイサポート）に届くこと，さらに分解最大重量部材（ウインチ，旋回架構など）を吊り上げられること．
　3)は1),2)が採用できないものすべてに適用する．
　次に各々の解体方法を説明する．

【逆クライミングによる方法】

　タワークレーンの旋回架構下部にある昇降装置を使用して，1本ずつマストを降りながら自力でマストやマスト支えを解体して地上に降ろし，地上近くまで降りてくる．地上に配置された解体用トラッククレーンなどにより，ワイヤーロープの抜取り，ジブ取外し，巻上装置，起伏装置，ガイサポート，旋回架構，旋回環，ガイドマスト，昇降装置，下部マスト，架台の順に解体を行う．このとき敷地に余裕があれば，解体用クレーンのほかに補助クレーンを用意することで，部材の小ばらしや運搬車への積込みがスムーズになる．地上での解体日数に，逆クライミングで地上まで降りてくるのに必要な日数（マスト本数，マスト支え数が多いと日数がかかる）を足したものが，解体日数になる（図1）．

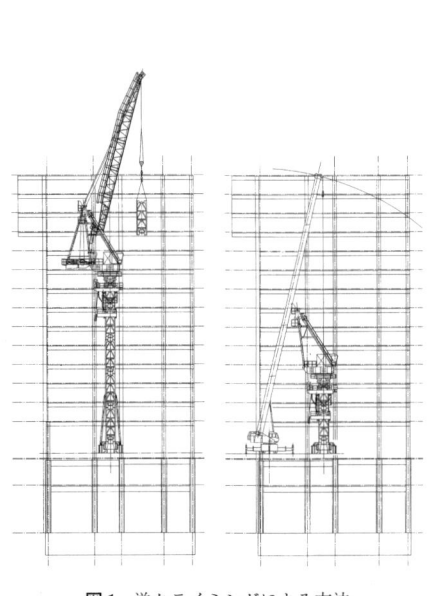

　　　　図1　逆クライミングによる方法 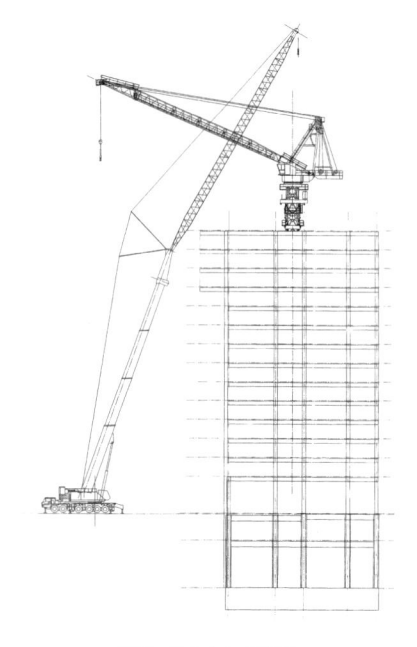　　　　　　図2　地上からの方法

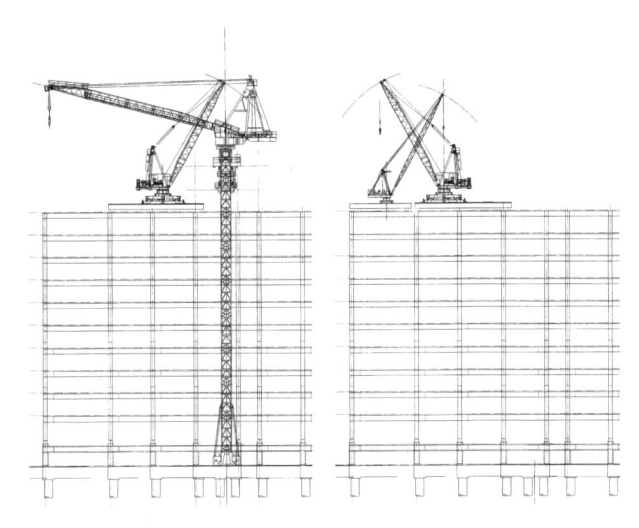

図3 屋上からの方法

【地上からの方法】
　タワークレーンに近接した建物外部で，トラッククレーンやクローラークレーンのブームやジブを組み立て（ラチスブーム・ジブは60〜100m程度の長い敷地を必要とする），最終高さのタワークレーン位置で解体する．解体順序は逆クライミング方法と同じである．補助クレーンについても同じである．地上より直接解体を行うので，タワークレーンの解体日数に前後各半日〜1日程度を確保すれば解体作業は終了する．特に，屋上からの方法と比較すると短期間で解体が完了する（図2）．

【屋上からの方法】
　建物の外部に設置していても逆クライミングできない場合，建物の内部設置で最高設置高さが80m程度より高い場合，敷地余裕がなく大型の解体用トラッククレーンなどを設置できない場合には，解体用クレーン（タワークレーンやジブクレーン）を自力で建物の屋上に設置し，それにより解体する．解体用クレーンの能力は被解体クレーン能力の1/2〜1/3程度である．そのために解体用クレーンは通常3〜4台使用し，順次能力が小さくなり，最後には人間により解体され，部材はエレベーターによって降ろされる．タワークレーンの解体日数に各々の解体用クレーンの設置・解体日数，それに吊上げ能力3t以上のクレーンには労働基準監督署の落成検査が必要であるので，その日数プラスαを加えたものが解体日数になり，解体日数は長くなる（図3）．

[角山雅計]

文　献

(社)　日本建設機械化協会荷役機械技術委員会・定置式クレーン分科会：クライミングクレーンPlanning百科，p. 138，日本建設機械化協会（1995）

ので，それらの条件を設定の上，確認する必要がある．

(2) 作動範囲図

① ブーム長さなどの条件ごとにブームの傾斜可能な範囲を示す図が，作動範囲図として示されている．

② 作動範囲図は，一般的にはブーム先端のシーブピンの軌跡，または設定されているフック部分の軌跡として，ブーム角度と長さに対応して表されている．したがって，実際に使用するフックや吊具と吊荷をこの図に付加して，吊荷の揚重ポイントを確認すること．

③ 移動式クレーンは全旋回することから，吊荷側だけでなく，その反対側の障害物とクレーン構造物や後端部との干渉などにも注意する必要がある．

(3) 諸元表と全体図

① ロープ速度は，巻上げドラム1層目のエンジン定格回転数でのロープ巻取り(または繰出し)速度を表しており，吊荷の速度はフックのロープ掛け数で割ったもので，さらに実用的エンジン回転数に置き換えた実作業速度で揚重計画を立てておく必要がある．

② クローラークレーンの接地圧は，無負荷標準仕様での平均接地圧を示している．実際の吊上げ作業においては，吊荷の重量や追加ブームなどの自重を考慮する必要があるのはもちろんであるが，実際の接地圧は平均に分布することはなく，重心位置と旋回方向で接地圧の分布は変動し，最大接地圧は平均接地圧の数倍になることがあるので注意を要する．トラッククレーンなどのアウトリガー荷重についても，同様に注意を要する．

ii) **機種選定の要点**　実際の機種選定に際しては，吊上げ能力の余裕のあるものを選ぶのは当然として，そのほかに作業現場の条件，環境条件などへの対応性，および経済性の検討などが必要である(表4.2.2)．

表4.2.3に油圧クレーンとクローラークレーンの仕様一覧を掲げておく．

c. **工事用エレベーター**

1) **概　要**

エレベーターの定義は，"人および荷をガイドレールに沿って昇降する搬器に乗せて，動力を用いて運搬することを目的とする機械装置"である．

エレベーターを大分類すると，常設エレベーターと工事用エレベーターに分けられる．常設エレベーターは一般公衆の用に供されるもので，例えば駅ビルに設けられるエレベーターでもっぱら荷または作業員以外の者に供されるものをいう．ここで記述するエレベーターは，土木・建築などの工事作業に使用される工事用エレベーターである．

1969年に2本構ロングスパン工事用エレベーター，1970年にロングスパン工事用エレベーター，1971年には1本構工事用エレベーターが製作・販売された．

2) **種類と分類**

エレベーターは用途と構造より，表4.2.4のように分類される．

i) **用途による分類**

(1) 工事用エレベーター：　主に建築，土木工事の作業現場において，人と荷物を運ぶのが目的のエレベーター．建築物構築高さに合わせて，ガイドレールの継ぎ足し(クライミング)が可能で，エレベーターの組立・解体が容易な構造となっている．

近年は，荷物を運ぶだけの建設用リフトから工事用エレベーターに移行する傾向にある．超高層建築においては，インバーター制御による高速型エレベーターが使用され，起動・停止時の乗りごこちが向上している．

現在使用されているエレベーターの最大積載荷重は4t，昇降速度は100 m/minである．

(2) ロングスパン工事用エレベーター：　主に低層の建築物(5〜15F程度)に使用され，長尺のパイプなどが運搬対象となる．

ロングスパン工事用エレベーターの条件としては，搬器長さが3 m以上，昇降速度10 m/min以下とされる．工事用エレベーターと比較して，昇降路の囲い，出入口扉，搬器床面積などの規制が緩和されている．

設置場所の条件，運搬する荷物の形状に合わせ，搬器の長さが荷台の組合せにより0.9 mごとに変更できるものが主流となっている．

ii) **構造による分類**

(1) ロープ式エレベーター：　ロープ式エレベーターの構造を大別すると，搬器とカウンターウエイト(釣合いおもり)をつるべ式に吊り下げ，ワイヤーロープと巻上げシーブの摩擦を利用して駆動するトライション式と巻取りドラムにワイヤーロープを固定し，巻取りドラムの回転によって搬器を昇降させ

4.2 仮 設 工 事

表 4.2.3 移動式クレーン仕様一覧

油圧クレーン仕様一覧表（120T 以上）

製作会社	型式	クレーン能力	走行時質量	寸法			クレーン性能							
				全長	全幅	全高	基本ブーム		ブーム長さ	ジブ長さ	フック地上最大揚程	ロープ巻上げ速度	ブーム伸縮速度	ブーム起伏速度	旋回速度
							最大吊上げ荷重	作業半径							
		t	t	m	m	m	t	m	m	m	m	m/s	m/s	°～°/s	min⁻¹
加藤製作所	NK-1200	120	37.01	16.80	3.40	4.05	120	3.4	13.6～50	10～26	50	120	0.18	-2～83/80	1.7
	KA-1200	120	36.75	14.31	3.00	3.96	120	2.5	12～47	8.4～21	47.7	120	0.27	-2～83/55	2.0
	NK-1600	160	36.92	16.25	3.40	3.98	160	3.2	13.6～50	10.5～27.3	51	114	0.22	-2～83/80	1.4
	KA-2000	200	44.96	16.97	3.00	4.10	200	3.0	13.6～50	10.5～27.3	50	125	0.19	-2～83/81	1.3
	NK-3000	200	37.38	15.91	3.40	4.10	200	4.5	13～40	45+25	41	112	0.12	-2～83/120	1.6
	NK-3600	360	44.75	15.91	3.40	4.10	360	3.0	13～40	54+25	40	110	0.12	-2～83/120	1.6
	KA-4000	400	44.90	15.95	3.00	4.20	400	3.0	13.2～49.2	18～63	40.8	160	0.14	-1～83/122	1.3
	NK-5000	500	44.90	15.55	3.40	4.20	500	3.0	13.36～57.2	18～72	23.3	140	0.07	0～83/190	1.3
住友建機	SA1200	120	28.46	14.88	2.85	3.98	120	2.7	12.5～47.0	9.5～21.8	46	135	0.21	-3～83/63	0.6/1.9
	SA1700	170	38.56	16.50	3.00	4.10	170	3.2	13.6～50.0	11～49.7	51	118	0.16	1.5～83/80	1.6
	SA2500	250	49.67	16.50	2.99	4.00	250	2.8	13.6～50.0	11～58.8	51	120	0.2	0.8～83/96	1.4
	ST3600	360	44.90	17.09	3.40	4.15	360	3	13.6～50.0	10.6～74.7	50	140	0.14	0～83/110	1.2
デマティック	AC120	120	35.2	15.12	3.0	3.80	120	3.0	60.0		17	60.2	110	0.25	1.5～80.5	0.8/2.1
	AC200	200	38.6	17.32	3.0	3.66	200	3.0	60.0	9.7～58	59.5	122	0.18	1.3～82.5	0.6/1.9
	AC300	300	38.8	17.40	3.0	3.99	300	3.0	59.0	10.7～54	59.2	132	0.11	1.3～82.5	1.6
	AC500-1	500	40.2	19.29	3.0	3.98	500	3.0	56.0	6.0～90	54.6	136	0.1	0.5～83	1.4
	AC650	600	34.9	20.70	3.0	4.15	600	3.0	60.0	6.0～96	59.8	136	0.1	0.5～83	1.2
リープヘル	LTM1200N	120	37.0	14.95	3.0	3.98	120	3.0	56	28	55	110	0.11	83/50	1.5
	LTM1170N	170	39.0	14.99	3.0	3.98	170	2.7	60	29	59	140	0.12	83/50	1.5
	LTM1300N	300	46.3	19.1	3.0	4.00	300	2.5	60	70	59	130	0.1	82/70	1.5

クローラークレーン仕様一覧表（150T 以上）

製作会社	型式	クレーン能力	全装備質量	接地圧	寸法			クレーン性能						ロープ巻上げ速度	巻上ロープ最大掛数	エンジン出力
					クローラ全長	クローラ全幅	Aフレーム高さ	基本ブーム			最大ブーム					
								最大吊上げ荷重	作業半径	ブーム長さ	作業半径	最大吊上げ荷重				
		t	t	kPa	m	m	m	t	m	m	m	t	m/min	-	kW/min⁻¹
石川島	CCH1500	150	161.0	89.2	8.87	7.07	8.49	150	5.0	84	22.0	24.0	115	12	132/2,200
	CCH2000	200	193.0	103.0	9.18	7.07	8.49	200	5.0	90	17.5	23.0	120	16	132/2,200
コベルコ建機	7200	200	197.0	110.0	8.83	7.07	8.56	200	4.5	67.1	13.4	41.4	110	16	220/2,000
	7300-2	300	284.0	127.0	9.76	8.22	9.83	300	5.0	15.5	96.0	34.3	100	26	254/2,000
	7450	450	350.0	105.0	11.51	8.40	10.12	450	5.8	121.9	34.0	66.0	100	28	448/2,100
	7450SSHL	450	420.0	130.0	11.51	8.40	10.12	450	12.0	121.9	24.1	132.7	100	28	448/2,100
	7650	650	510.0	125.0	14.19	10.90	9.47	650	6.0	102	20.0	112.0	100	24×2	441/2,000
	7800	750	610.0	108.0	14.68	11.56	6.57	750	5.6	121.9	20.4	119.0	97	26×2	441/2,000
	SL-13000	800	710.0	130.0	14.68	11.56	6.57	800	10.3	115.8	19.6	291.0	97	28×2	441/2,000
住友建機	SC1500-2	150	164.0	87.0	8.93	6.67	8.53	150	5.0	85.4	16.8	24.1	100	13	235/2,050
	SC2500	250	191.0	95.0	9.58	7.12	8.7	250	4.5	97.55	16.4	18.7	90	20	220/2,200
	SC3500	350	294.0	120.0	10.14	8.79	8.33	350	5.0	96	18.9	38.9	130	32	302/2,200
	SC5000	500	450.0	138.0	11.48	9.72	10.13	500	6.0	100.6	14.2	52.4	86	35	522/2,100
	SC6500	650	495.0	144.0	12.00	10.22	10.56	650	6.0	109.7	15.3	78.0	86	2×20	522/2,100
	SC8000	750	552.0	136.0	14.00	12.12	12.13	750	6.0	103.6	14.6	94.5	100	2×21	522/2100
デマティック	CC1800	300	199	112.0	10.00	8.25	4.3	300	5.0	96	14	41	146	30	250/2,100
	CC2500	450	290	150.0	10.80	9.00	4.32	450	6.0	126	16	51	140	34	315/2,000
	CC2800	600	360	140.0	11.66	9.90	5.52	600	6.0	138	16	79	120	44	390/2,000
リープヘル	LR1400	400	—	—	10.39	8.7	3.77	400	4.5	105	84	2	150	32	381/1,900
	LR1550	550	—	—	11.9	10	5.8	550	4.5	105	92	4.2	140	29	408/2,100
	LR1650	650	—	—	14.1	12.3	6.1	650	6	112	92	5.5	100	29	530/2,100
	LR11200	1,200	—	—	17.5	15	7.03	1,200	12	126	112	60	130	29	1,014/1,800
	LR1800	800	—	—	11.8	10	3.2	800	3	60	54	18.9	130	31	408/2,100

表 4.2.4 エレベーターの種類と分類

大分類	用途による分類	構造による分類
常設エレベーター	乗用エレベーター 人荷共用エレベーター 荷物用エレベーター 寝台用エレベーター 自動車運搬用エレベーター	常設ロープ式エレベーター 常設油圧エレベーター 常設ラック式エレベーター
工事用エレベーター	工事用エレベーター	工事用ロープ式エレベーター 工事用ラック式エレベーター
	ロングスパン工事用エレベーター	ロングスパン工事用ラック式エレベーター

る方式に分類される.

常設エレベーターにおけるロープ式エレベーターは,昇降路頂部に機械室を設け,その中の巻上げ機によって搬器が昇降される方式が一般的である.工事用エレベーターにおいては,構築高さに合わせたガイドレールの継ぎ足し(クライミング)が必要で,ロープ式エレベーターは構造が複雑でコストアップになることから機種は少ない.

(2) ラック式エレベーター

主に工事用エレベーターに採用される駆動方式で,一般にはガイドレールにラックギヤが取り付けられ,搬器にピニオンギヤを取り付け,ラック&ピニオンのかみ合わせにより,ピニオンを回転させることで搬器を昇降させる.

ラック付きのガイドレールを継ぎ足したり,取り除いたりすることで,エレベーターの揚程を自在に変更できる構造のため,工事用エレベーターに適している.

構造上,高速度に対しては振動が発生し,乗りごこちはロープ式に比べ良くない.

3) 設置計画

エレベーター,リフトによる揚重材は様々なものがあり,その種類・形状・重量・数量などは複雑で,定量的に把握することは非常に難しい.しかしながら,できるだけ明確に揚重材の量的・質量的な把握および工程上の正確な位置づけを行うことが,その後の揚重工程のみならず全体工程を計画どおり進める上で大きな影響を与える.さらに,きめ細かい揚重計画によって,工事の集中,錯綜を未然に防ぎ,作業性を良くし,むだな費用をなくし,材料および人の流れをスムーズにし,経済性・安全性を高めることとなる.

 i) **基本条件の把握** 施工している建物の条件を把握し,適したエレベーターの選定を検討する.特に,採用される工法によって荷の大きさ,重量,揚重量が大きく左右される.全体の施工計画の中でエレベーターの役割を明確にし,合理的な方針を立てる.

 ii) **基本計画の立案** 方針に基づきエレベーターの設置位置,荷取りヤードの状況,運搬物の大きさ,重量,予算を把握し,搬入物の動線,組立・解体方法,経費を考慮して機種を選定する.その際,機種は数種類候補に選び,比較検討し,仮決定する.

 iii) **作業諸条件の把握と機種決定** 詳細に作業諸条件を明確にする.特に,工程とそれに伴う運搬物の山積表を作成し,エレベーターの必要性能,台数,設置期間を決め,概略コストを算出し,機種を決定する.

 iv) **設置計画** 機種,型式が決定後,設置計画を立案する.

基礎形式,ガイドレールの壁継ぎ方法,組立・解体計画,クライミング計画,荷取りヤード計画,昇降路出入口扉の形状型式など,実際に設置運用する

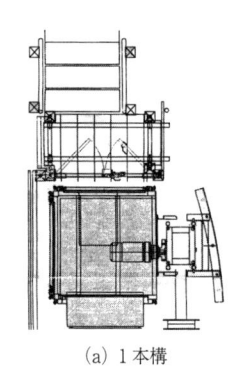

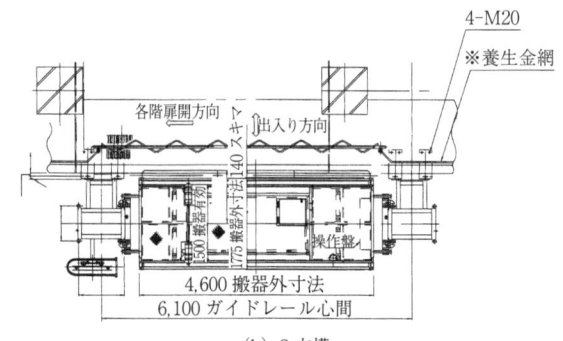

(a) 1本構　　　　　　　(b) 2本構

図 4.2.10 設置計画例

表 4.2.5 工事用エレベーター仕様一覧表 (ロングスパン工事用エレベーターを除く)

製造会社	型式(呼称)	積載荷重 kg	積載荷重 人	最大揚程 m	最大昇降速度 m/min	電源 V	電動機出力 kW	駆動方式	速度制御方式	カウンターウェイト	ケージ内寸法 幅×長さ×高さ m	ガイドレール 構成	ガイドレール 形状	ガイドレール 自立高 m	壁繋間隔 m	ケーブルテンショナープ	設置スペース 幅×長さ m
サンヒロ・日こ明昌	HCE-990EL	990	15	150	22.8/23.1	400/440	7.5×2	ラック・ピニオン	無	無	0.95×4.15×2.1	1本	ポスト	8.2	9	無	2.27×4.41
	HCE-1300EL	1,300	20	200	25.8	400/440	11×2	ラック・ピニオン	無	無	1.2×4.2×2.1	1本	ポスト	6	10	有	2.2×4.46
	HCE-2000BS	2,000	30	250	80	400/440	16×2	ラック・ピニオン	インバーター	有	1.48×3.44×2.3	1本	ポスト	6	8	有	2.36×3.7
	HCE-2800BS	2,800	43	200	80	400/440	16×3	ラック・ピニオン	インバーター	有	1.27×4.3×2.3	1本	ポスト	7	9	有	2.54×4.64
	HCE-3000BS	3,000	46	250	80	400/440	16×3	ラック・ピニオン	インバーター	有	1.21×4.65×2.3	1本	ポスト	6	9	有	2.44×4.92
	HCE-990CL	990	15	150	20/24	400/440	7.5×2	ラック・ピニオン	無	無	0.97×4.06×2.2	1本	ポスト	4	9	無	1.36×5.47
	HCE-2000BL	2,000	30	150	50	400/440	16×2	ラック・ピニオン	インバーター	有	1.5×4.6×2.0	2本	ポスト	6	10	有	2.2×7.5
	HCE-2000BSL	2,000	30	200	80	400/440	13×4	ラック・ピニオン	インバーター	無	1.5×4.5×2.0	2本	ポスト	7	9	有	2.15×7.4
	HCE-2000LN	2,000	30	100	22.8/23.1	400/440	7.5×2	ラック・ピニオン	無	無	1.5×4.5×2.2	2本	ポスト	6.8	10	有	2.0×6.2
	HCE-2200L	2,200	33	100	22.8/23.1	400/440	7.5×2	ラック・ピニオン	無	無	1.0×4.5×2.2	2本	ポスト	6.8	9	有	1.5×6.2
	HCE-3000BSL	3,000	46	200	80	400/440	16×4	ラック・ピニオン	インバーター	有	1.5×4.48×2.0	2本	ポスト	7	9	有	2.15×7.4
コシハラ	KCE-2800Hs2	2,800	43	300	100	400/440	22×3	ラック・ピニオン	インバーター	有	1.5×4.5×2.3	1本	ポスト	6	9	有	4.97×2.76
	KCE-2000-2	2,000	30	150	72	400/440	15/18×3	ラック・ピニオン	インバーター	有	1.5×4.5×2.3	1本	ポスト	6	9	有	4.97×2.56
	KLB-1000	1,000	15	150	17.5/35	400	11/5.5×3	ラック・ピニオン	無	無	1.8×1.2×2.3	1本	ポスト	9	12	有	2.2×1.7
	KLB-950	950	14	150	35	400/440	11×3	ラック・ピニオン	無	無	1.2×1.8×2.1	1本	ポスト	9	12	有	2.13×2.38
	KRE-(N)1400W	1,300	20	170	22/27	400/440	7.5×3	ロープ	インバーター	無	4.3×1.2×2.5	2本	ポスト	4	9	無	6.19×1.73
	KRE-(N)980W2	980	15	170	20/24	400/440	7.5×3	ロープ	インバーター	無	4.2×0.93×2.0	2本	ポスト	6	9	無	1.41×1.38
北川鉄工所	KIE-900S	900	13	130	25/22	200/220	6.3×2	ラック・ピニオン	無	無	1.07×4.1×2.3	2本	ポスト	6.5	9.5	有	1.2×5.7
	KIE-990	990	15	150	90	400/440	18.5		インバーター	有	1.1×2.11×2.1	1本	ポスト	8	12	有	2.3×2.58
	KIE-990L	990	15	150	90	400/440	18.5		インバーター	有	4.0×1.05×2.3	2本	ポスト	8	12	有	4.25×2.63
	KIE-3000L	3,000	46	200	105	400/440	36×2	ロープ	インバーター	有	1.3×4.5×2.3	1本	ポスト	4	10	有	4.96×2.76
	KIE-3000TM	3,000	46	200	90	400/440	18.5×4	ラック・ピニオン	インバーター	有	1.5×4.5×2.1	2本	ポスト	8	12	有	7.15×2.3
三成研機	SEL-2000	2,000	30	150	50/59	400/440	15×4	ラック・ピニオン	インバーター	無	1.7×4.3×2.18	2本	ポスト	6	10	有	2.0×7.0
	SEL-1300	1,300	20	100	17.5/21	400/440	11×2	ラック・ピニオン	無	無	1.3×4.2×2.05	2本	ポスト	4.5	9	有	1.7×6.0
	SEL-990S	990	15	100	22/26	400/440	11×2	ラック・ピニオン	無	無	1.14×4.2×2.05	2本	ポスト	4.5	9	有	1.5×6.0
	SEL-990L	990	15	100	22/26	400/440	11×2	ラック・ピニオン	無	無	1.04×4.04×2.02	1本	ポスト	5.5	9	有	2.2×4.7
	SEC-980HS	980	15	150	36/44	400/440	11×2	ラック・ピニオン	インバーター	無	1.04×1.63×1.99	1本	ポスト	6.5	9	有	2.2×2.0
	SEC-700	700	10	100	16/20	200/220	11	ラック・ピニオン	無	無	0.9×1.8×2.03	1本	フラット	0	3	無	1.6×2.2

作業について安全性，経済性を踏まえて決定していく．

d. 建設用リフト
1) 概　　要
建設用リフトの定義は，荷のみを運搬することを目的とするエレベーターで，土木，建築などの工事の作業に使用されるものをいう．「ガイドレールと水平面との角度が80度未満のスキップホイストは除く」とされている．

建設用リフトはそれぞれの異なった揚重物の垂直搬送を満足するように多くの型式のものが開発され，使用されている．

2) 種類と型式
建設用リフトは，搬送する資材の形状，設置する場所の条件，建物への固定方法，運搬回数などにより，いろいろな機種と型式がある．

近年の建設現場で多く使用されているものは，「2本構リフト」，「ロープ式ロングスパン建設用リフト」，「ラック式ロングスパン建設用リフト」であるため，ここではこの3種類について記述する．

i) 2本構リフト　　一般にガイドレール主材の溝形鋼2本を左右に配置し，一体構造のガイドレールで搬器のガイドローラーが溝に沿って昇降する．動力源は，主に電動ウインチでワイヤーロープの巻取り，巻戻しによって搬器および建築資材を昇降，運搬する．

ii) ロープ式ロングスパン建設用リフト
ロープ式ロングスパン建設用リフトは，名称のとおり，荷台長さが3～10m程度と長く，搬送する資材は，長尺物，軽量鉄骨，CWなどである．

一般に荷台の左右にガイドレールが配置されている．

ガイドレール，ベース上または別置の巻上用ウインチのワイヤーロープ巻取り，巻戻しによって，搬器および資材を昇降，運搬する．

iii) ラック式ロングスパン建設用リフト
ラック式ロングスパン建設用リフトは，ロープ式ロングスパン建設用リフトと同様に高層および超高層の建物に使用される例が多い．

構造は長い荷台と左右に配置したラック付きのガイドレールによって構成され，動力は巻上ウインチでなく，搬器に組み込まれた減速モーターである．

3) 建設用リフトの動向
建設用リフトの設置件数は年々減少しており，ワイヤー式タワーリフト（ヨーヨーホイスト），スキップタワー，コンクリートタワー，土砂排出用リフトなどはほとんど見かけられなくなっている．

建築工事においては，建築資材の搬送に加えて作業員を運ぶという観点から，大型の工事用エレベーターが普及している．

作業開始時や作業終了時は，作業員の移動のピークとなり，大量に運べる工事用エレベーターにより，効果を上げている．反面，建設用リフトが減少している．

表4.2.5に工事用エレベーター仕様一覧を示す．

[柳田隆一]

4.2.4 足場，架設通路，荷取りステージ
手の届かない場所の作業をするために一時的に設置する作業床を足場といい，その場所へ行くために設置する通路を架設通路という．工事に必要な資機材をクレーンなどで吊り上げ，取り込むための設備を荷取りステージという．これらの仮設設備は，組立，解体，運搬が容易であることが要求されることから，軽量化，ユニット化，システム化などの工夫がされた製品が多数ある．足場などの安全基準については，労働安全衛生法，同規則などで構造基準，使用基準が定められており，構造規模（高さ10m以上），使用期間（60日以上）により，労働基準監督署へ設置届の提出が義務づけられている．仮設機材の構造安全性については，（社）仮設工業会が各種規格，基準に基づいて認定を行っているので認定品を使用することが望まれる．

a. 足　　場
足場には，設置場所，組立形態，材料，機能などにより，いろいろな名称が付けられている．ここでは，建築工事でよく使用される足場について代表的なものを取り上げる．足場は，本設建築物の支障とならず，足場上での作業姿勢が良い位置に設置するのがポイントである．

1) 地 足 場
地足場は基礎，地中梁の鉄筋組立，型枠組立解体，コンクリート打設に用いる．床付け地盤面から単管（$\phi 48.6$），クランプ（緊結金具，図4.2.11参照）で組み立てて使用し，埋め戻しの前に解体撤去する．

2) 外 部 足 場
地上の躯体工事，外壁工事のために，建物の外壁の外側に沿って組み立てる．足場の鉛直荷重（積載荷重＋自重）は建地（垂直部材）で負担し，水平過重は本設建物との壁つなぎ（図4.2.12参照）で負

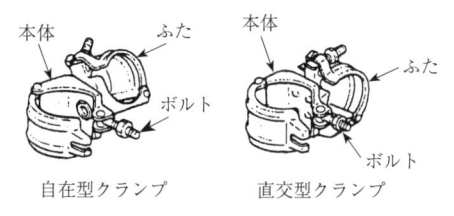

図 4.2.11 クランプ（JASS 2）

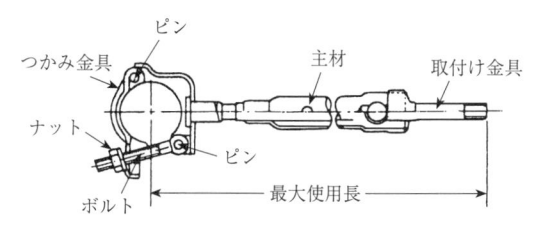

図 4.2.12 壁つなぎ用金具の例

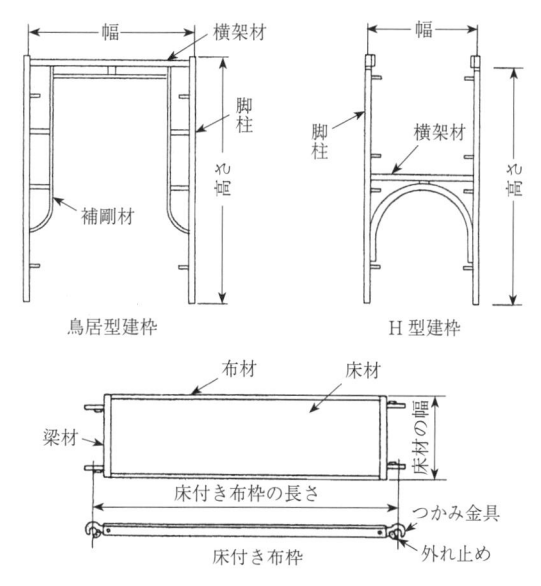

図 4.2.13 枠組足場部材の例（JASS 2）

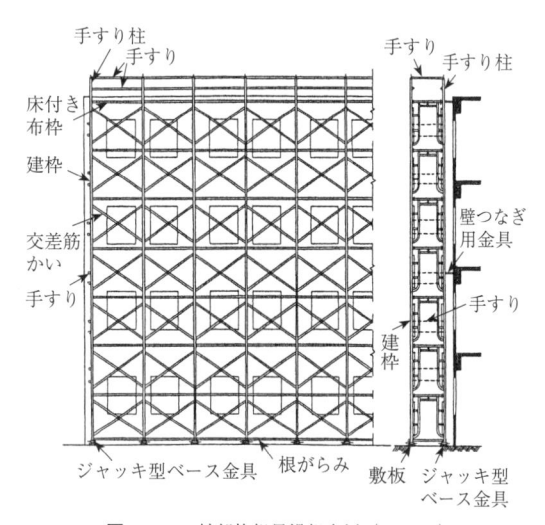

図 4.2.14 外部枠組足場組立例（JASS 2）

担する．材料としては，枠組，単管，丸太（低い場合に限る）が用いられる．外部足場は，外壁の検査とクリーニングを完了して解体する．壁つなぎ部分の建物の仕上げ（駄目つぶしともいう）は足場解体と並行して行う．使用材料，組立形態別に以下のような足場がある．

① 単管本足場：建地を2列で組み立てるものを本足場といい，躯体側の建地を前踏み，外側の建地を後踏みという．単管本足場は，材料として単管，クランプなどを使用する本足場である．作業床としては，足場板を敷き並べて使用する．

② 枠組足場：2列の建地1段分と転ばし（横架材）を建枠としてユニット化した足場で，最も一般的に使用されている．建枠には，鳥居型のものと，H型のものがある．横架材は，足場板と一体となっており，フックで建枠と緊結する．H型のものは，鳥居型に比べて，材料の仕分けスペースを広く必要とするが，手すりを先行して取り付けることができるため，組立作業が安全にできる．図4.2.13に枠組足場用建枠と布枠の例を示し，図4.2.14に外部枠組足場の組立例を示す．

③ ブラケット一側足場：1列の建地にブラケットで足場板を取り付ける足場で，低層の住宅工事などに使用される．

④ 抱き足場：1列の建地の両側に水平材を取り付け，足掛りとする．本足場が設置できない狭い場所で使う．

⑤ 張出し足場：躯体から張出しのブラケットを取り付け，その上に足場を組み上げる．最下部から足場を組むと地盤面での作業や動線の邪魔になる場合に使用する（図4.2.15参照）．

3） 吊り足場

主として鉄骨の本締め，溶接，鉄筋の取付け，塗装仕上げなどのために，本設鉄骨から吊り下げて設置する．吊り材としては，チェーン，ワイヤーロープを用い，水平材としては，角パイプ，単管丸パイプを用いる．超高層ビルでは，転用（盛り替えともいう）が簡便なユニットタイプの吊り足場を用いる．SRC構造の場合は，吊り足場と梁の型枠支保工を兼用する吊枠足場を用いることがある．図4.2.16

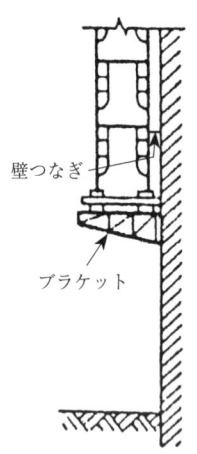

にチェーンの吊り足場例，図4.2.17にユニットタイプの吊り足場例を示す．

4) 棚足場

主として大空間の天井裏設備工事，天井の仕上工事のために，床上にステージ状として組み立てて使用する．作業の種類により，作業床の高さが異なる場合は，作業床の盛り替えを考慮して計画する．

5) 移動足場

足場を全面に設置すると面積が膨大になる場合，全体のうちの一部を設置し，それを移動しながら使用する足場である．全面に設置する場合に比べて，工期，工費の削減になる場合がある．移動方向は，水平，垂直があり，動力を用いて垂直方向に移動するものをセルフクライミング足場，自動昇降足場などという．移動の動力として，チェーンブロック，ウインチ，油圧ジャッキを用いる．人力で移動する簡易な移動足場として，ローリングタワー（図4.2.18参照）がある．移動時の反力の取り方，移動時の安定の確保，使用時の固定方法など，あらゆる状態での安全性を検討しなければならない．

b. 架設通路，登り桟橋，階段

架設通路の勾配は30度以下とし，15度を超える場合は，踏み桟その他の滑り止めを設ける．30度を超える場合は階段とする．高さ8m以上の登り桟橋には7m以内ごとに踊場を設ける．枠組足場に使用する階段は，専用規格階段を用い，墜落防止のために手すりを取り付ける．

c. 荷取りステージ

クレーンやリフトで地上から上階へ資機材を揚げ降ろしする場合，建物の床や足場上に直接置けない場合，一時的に資機材を置く作業床を設ける必要がある．これを荷取りステージ，荷受け構台などとい

図4.2.15 張出し足場

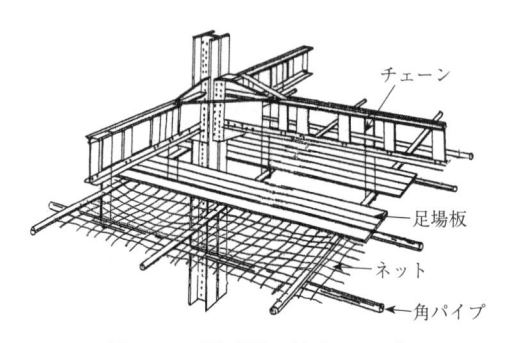

図4.2.16 吊り足場の例（チェーン）

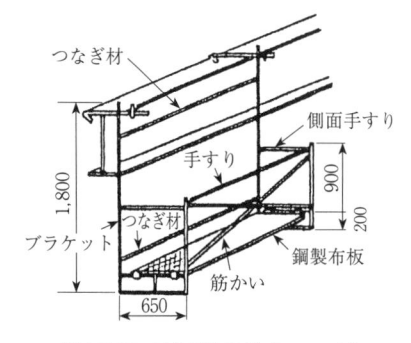

図4.2.17 吊り足場の例（ユニット）

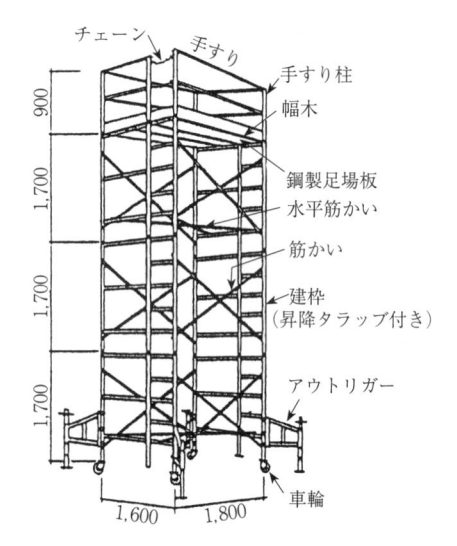

図4.2.18 ローリングタワー

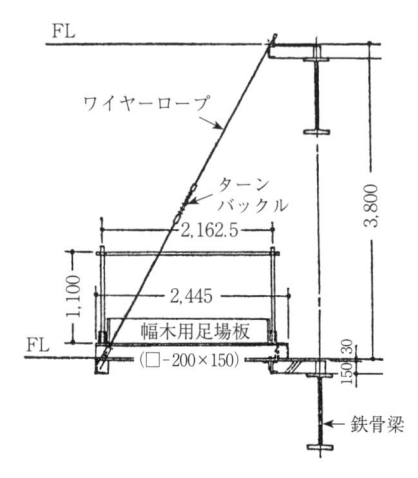

図4.2.19 荷取りステージ（跳ね出しタイプ）の例（JASS 2）

う．地上に設置する棚足場タイプ，鉄骨梁に掛け渡すブリッジタイプ，空中に跳ね出すタイプがあり，施工条件により使い分ける．図4.2.19に跳ね出しタイプの例を示す．

4.2.5 安全，換気，防火設備
a. 飛来落下防止施設
建築基準法施行令などで工事現場の危害防止に関して以下のように規定している．
① 工事現場の境界線から水平距離5m以内，地盤面からの高さ3m以上の場所からごみその他飛散するおそれのあるものを投下する場合は，ダストシュートなどで飛散を防止する．
② 工事現場の境界線から水平距離5m以内，地盤面からの高さ7m以上の場所で工事を行う場合，外壁工事などに伴う落下物によって周辺に危害を及ぼさないように養生金網またはシートで覆う．
③ 建設工事を行う部分が10m以上の高さの場合，防護棚（朝顔ともいう）を1段以上，20m以上の高さの場合は2段以上設ける（図4.2.20参照）．

外部足場がある場合は通常メッシュシートを足場の外部に張り，超高層ビルのように無足場工法の場合は外周に養生ネットを張る．積層工法（5.1「超高層建築工事」参照）では，養生と足場を一体化したユニットタイプの外周養生枠を使用する場合がある．

b. 墜落防止施設
建設工事で最も多い事故が墜落であり，墜落事故を防止するための施設に関して，労働安全衛生規則などで詳細に規定している．その主なものを以下に掲げる．
① 高さが2m以上の作業床の端，開口部等には，手すり，囲い，覆いなどを設ける．
② 手すりは高さ750mm以上で丈夫な構造とする．
③ 作業床，手すりを設けることが困難な場合は，防網（安全ネット）を張り，作業員に安全帯を使用させるなど墜落防止措置を講じる．
④ 安全帯を使用させる場合は，親綱，丸環など安全帯を取り付ける設備を設ける．
⑤ 架設通路で墜落の危険のある個所には，高さ750mm以上の丈夫な手すりを設ける．
⑥ 高さまたは深さが1.5m以上の作業では，安全に昇降するための設備を設ける．
⑦ 高さ2m以上の作業では，それを安全に行うための必要な明るさを確保する．

c. 換気設備
換気が必要な工事には以下のようなものがあり，必要な換気量を計算して換気設備を設けるとともに，酸素濃度，有毒ガスなど，必要な計測を行う．通常 $\phi 300 \sim 600$ の送風機と風管（可搬ダクト）を用いる．

1) 閉鎖された地下工事
閉鎖された地下工事（逆打ち工法など），ピット内の工事，井戸工事など密閉度の高い工事では，粉塵，排気ガス対策として換気が必要である．外周地盤から酸欠空気の流入のおそれがある場合は，酸素濃度を計測し，18%以上であることを確認しながら酸素欠乏危険作業主任者の指揮のもとで作業する．ごみ処理場，埋立地での地下工事ではメタン，炭酸ガス，硫化水素，腐食性ガスの発生も考えられる．

2) 室内での防水工事，有機溶剤使用工事
防水工事，ライニング工事，塗装工事，フローリング工事などで大量に有機溶剤を使用する場合は，揮発性ガス濃度が基準値以下になるよう換気する．引火性ガスの場合は，混合ガスの爆発限界を確認の上，換気量を計算し，十分な換気をする．

3) 室内での現場溶接，耐火被覆吹付け工事
現場溶接工事，耐火被覆の吹付け工事，ボードの切断，石やコンクリートの研磨などで，大量の溶接ヒュームや粉塵が発生する場合は，通風をよくし，必要に応じて換気する．

d. 防火設備
着工時に所轄消防署に「防火対象物使用届（仮設）」を提出し（使用開始7日前），工事期間中の防火設備に関して協議する．現場事務所などの仮設建物は消防法が適用され，工事中の建物については，消防法に準じて消火器などの設置を指導される．大規模

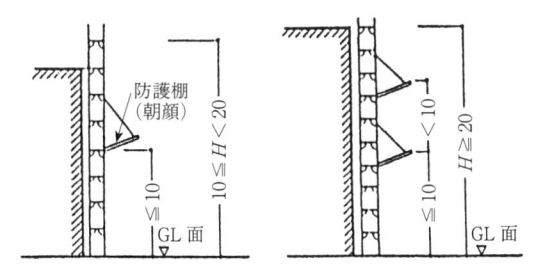

防護棚：防護棚は板状のもので板厚 $d \geqq 15 \, \text{mm}$ または金属板でこれと同等以上のもの

図 4.2.20 防護棚

な工事などで，工事中の建物の一部を仮設事務所や作業員詰所，食堂として使用する場合は，本設の防火設備の一部を生かすなどの指導を受ける．塗料などで消防法の危険物に該当する可燃性材料を指定数量以上貯蔵する場合は，「危険物貯蔵所設置許可申請書」を提出し許可をとる．危険物の貯蔵，取扱いは，法令で定める技術上の基準に基づく．

4.2.6 全天候仮設屋根

建築現場を風雨，降雪，日射などの自然現象から守り，工期短縮，品質確保，作業環境の改善を目的として施工中の建物に仮設の屋根を架けることがある．かなり大掛りな仮設となるので，目的をはっきりさせ，必要な機能を備えた屋根を計画すべきである．屋根の構成としては，① 空気膜，② トラスビーム＋シート，③ トラスビーム＋金属屋根など，④ スチールバー＋シート，⑤ ワイヤーロープ＋シートなどがある．資機材の取込み，換気などのため，開閉可能な構造とする場合や，ユニット化して移動，移設に便利な構造としたものがある．また自動化施工と組み合わせ，セルフクライミング（自動昇降機能）としたものもある．図4.2.21に降雪地におけるトラスビーム＋シートの実施例を示す．

4.2.7 整理，清掃，養生

a. 整理，清掃，後片付け

現場を清潔に保つことは，品質，安全，作業能率の面から非常に大切である．最近では地球環境保護の観点から，産業廃棄物の処理が厳重に規制されるようになり，現場では4R活動（Refuse, Reduce, Reuse, Recycle）やゼロエミッション活動を推進することにより，環境負荷低減に取り組んでいる．その具体的な方法として，① 梱包材の省略（Refuse），② 工場プレカットによる現場での残材の発生防止（Reduce），③ 材料の再利用（Reuse），④ 材料の再生（Recycle）を実施している．廃棄物削減努力の結果，やむを得ず発生した残材については，分別収集と適正処理を徹底している．竣工時には，工事に使用した仮設材，養生材，残材すべてを撤去し，清掃して引渡しをする．

b. 養　生

養生とは「気を配る」，「大切にする」ことで，建築工事における養生の代表的なものとして，若令コンクリートの養生と施工済み仕上材の養生がある．若令コンクリートに対しては，急激な乾燥，凍害，有害な振動を与えてはならない．仕上材に対しては，変色，汚損，傷が付かないように適切な材料で保護する．

4.2.8 機　械　工　具

建築工事で使用する機械は，多種多様である．各工事（杭，掘削，コンクリート，鉄骨建方，超高層揚重，解体工事など）の専用機械は各工事で詳しく解説する．

a. 測量機器（図4.1.3参照）

① レベル：水平測量器．オートレベル，レーザーレベルがある．
② トランシット，セオドライト：直線，角度測量器．光学式，電子式，レーザー式がある．
③ 3次元測量システム：マンモス，マイクロステーションなどパソコンと3次元の座標を使用した測量システムである．
④ 墨つぼ，さしがね，下げ振り，水盛り管：古来からの墨出し道具

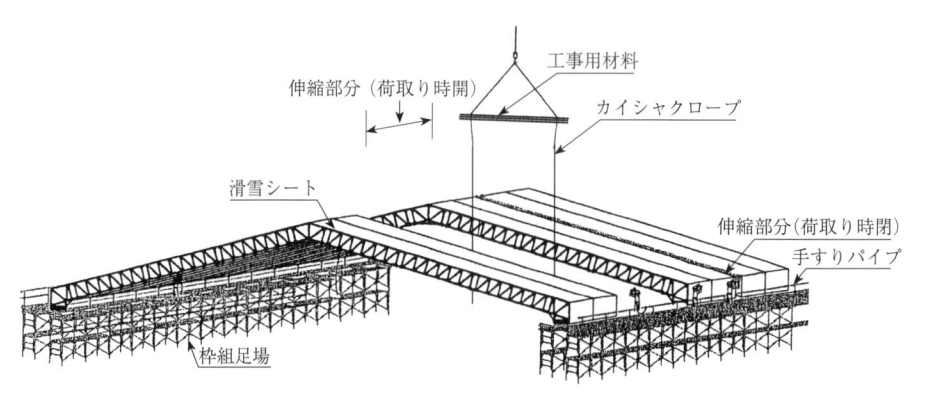

図 4.2.21 降雪地における全天候仮設屋根

b. 荷役，小運搬機器

多くの産業で使用されている汎用機械である．建設業では主として以下のような目的で使用される．

① フォークリフト：トラックやリフトへの資材の積み下ろしに使用する．
② ウインチ：ワイヤーロープの巻取りで重量物を移動する．
③ ジャッキ：山留め切梁のプレロード，PCケーブルの緊張などに使用（図 4.2.22）
④ チェーンブロック：手動または電動で，チェーンの巻取り，巻出しにより荷物を移動する（図 4.2.23）．
⑤ ベルトコンベアー：長いベルトの回転により，土砂やコンクリートを連続的に運搬する．
⑥ 一輪車：砂，水，コンクリートなどを運ぶ手押し型の運搬車．

c. 揚重運搬機械

揚重機械の中で，タワークレーン，ジブクレーン，エレベーター，リフトを設置する場合は，設置報告または設置届を労働基準監督署に提出して検査を受ける必要がある．

① ジブクレーン：ジブの起伏と本体の旋回ワイヤーの巻き取りで荷物を移動する．定置式と走行式がある（図 4.2.24）．
② タワークレーン：ブームには起伏型と水平型があり，マストは建物高さに合わせて継ぎ足していく方式と，マスト高さは一定でベースごと順次上階へ盛り替えていく方式（ベースクライミングという）がある（図 4.2.25）．
③ 門型クレーン：材料置き場，鉄筋加工場，鉄骨製作工場，プレキャストコンクリート製作工場などで使用する．
④ クローラークレーン：ブーム式とタワー式があり，履帯で移動する．場内での移動は便利であるが，公道は走行できないので，長期，継続的な使用に適している．
⑤ トラッククレーン：走行部がトラックであり，機動性に優れており，単発的，断続的な使用に適している．
⑥ ラフタークレーン：クレーンとトラックが同一運転室であり，車体がコンパクトであるため，狭隘地で有効である．
⑦ 工事用エレベーター：人荷エレベーター，ロングスパンエレベーターなど，人と荷物を運ぶ．昇降方式には，ワイヤー方式とラックピニオン方式がある（図 4.2.26）．
⑧ 建設用リフト：ガイドレールの本数により，1本構リフト（MLリフト，コマリフトなど），2本構リフト（ロングリフト，高速リフトなど）があり，荷物専用である．

なお，揚重機械については 4.2.3 項に詳説されているので参照されたい．

d. 高所作業用機械

① 高所作業車（リフトタイプ）：昇降形式によ

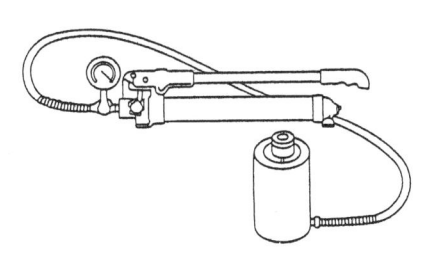

図 4.2.22 油圧ジャッキ（手動）

図 4.2.23 チェーンブロック

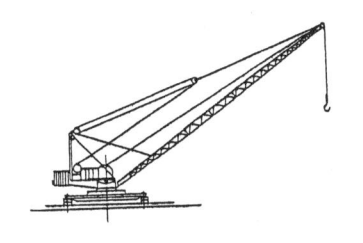

図 4.2.24 ジブクレーン

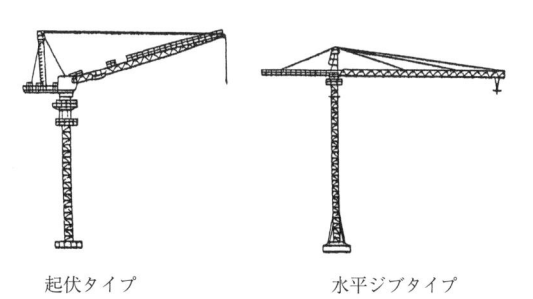

起伏タイプ　　　　　水平ジブタイプ

図 4.2.25 タワークレーン

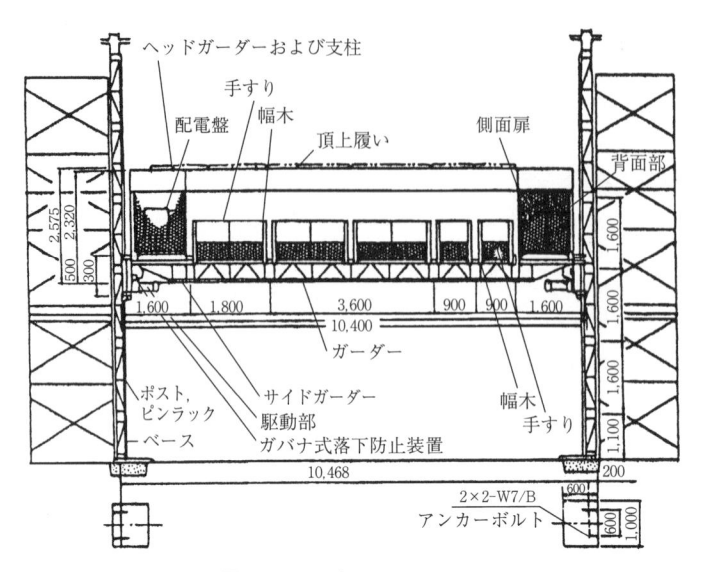

図 4.2.26 工事用エレベーター

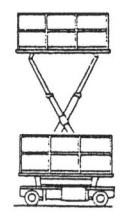

図 4.2.27 高所作業車(Xリフト型)

り，Zリフト型，Xリフト型，シザース型がある．天井面，壁面の作業に適する（図4.2.27）．
② 高所作業車（ブームタイプ）：走行装置により，トラック型，ホイール型，クローラー型がある．壁や天井の局所的作業に適する（図4.2.28）．
③ 工事用ゴンドラ：屋上から懸垂して外壁の作業に使用する．
④ チェアーゴンドラ：ブランコ型1人乗り電動ゴンドラ

e. 清掃，養生機械
① 水中ポンプ：口径25～200 mm のものがあり，釜場からの排水，ピットの給排水に使用する．
② 高圧洗浄機：吐出圧力は4～20 MPa のものがあり，ダンプのタイヤ，型枠，コンクリート面の洗浄に使用する．
③ 掃除機：屋外仕様の大型の真空掃除機もある．
④ 除湿機：仕上工事の乾燥と結露防止に使用する．
⑤ ヒーター：寒地，寒冷期のコンクリート養生

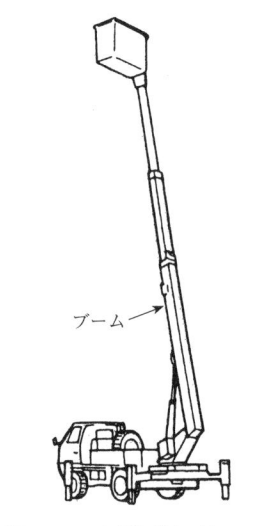

図 4.2.28 高所作業車（トラックブーム型）（JASS 2）

に使用する．
⑥ 送風機：40～700 m³/min のものがあり，閉鎖場所での作業の換気に使用する．

f. 発電機など
① 発電機：ディーゼルまたはガソリンエンジンで，買電が得られない場所や買電の補助として使用する．機種・能力は必要とする電力に応じて選定する．
② 溶接機：交流溶接機と直流溶接機があり，鉄骨の自動，半自動溶接には，直流溶接機が使用され，仮設構造物の溶接には交流溶接機が使用される．

③ コンプレッサー：吹付け工事や解体工事用ブレーカーの空気動力源として使用する．

g. 解体機械

① ブレーカー：コンクリートのはつり，解体に使用．人力で移動する．
② ジャイアントブレーカー：油圧のコンクリート解体機．騒音，振動が大きい（図4.2.29）．
③ 油圧破砕機：油圧でコンクリートを圧砕する（図4.2.30）．高層ビルの解体用としてロングアーム式破砕機がある．
④ ワイヤーソー：ダイヤモンド付きワイヤーでコンクリートを切断する．振動の発生を抑制する解体工事の場合に使用する．切断部材の大きさに制限がないので柱，梁の切断に使用する（図4.2.31）．
⑤ カッター：ディスク（平板）の回転でコンクリートを切断する．振動の発生を抑制できる．切断深さに制限があるのでスラブ，壁の切断に使用する．

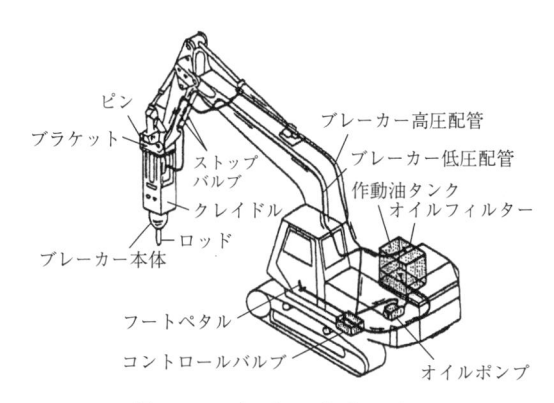

図4.2.29　ジャイアントブレーカー

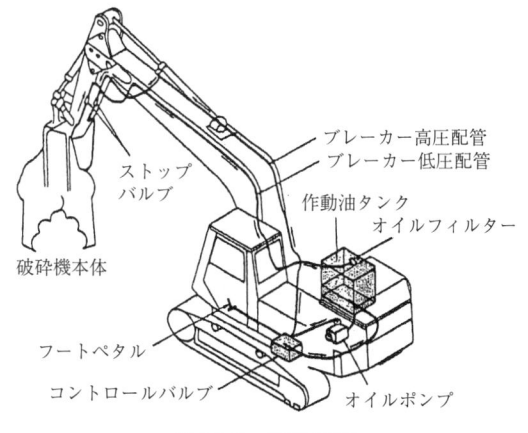

図4.2.30　油圧破砕機

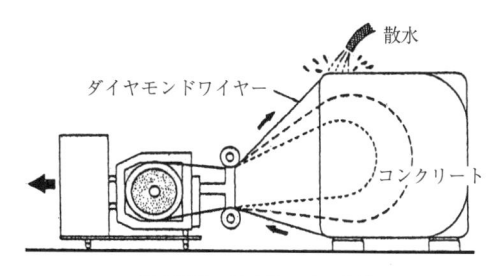

図4.2.31　ワイヤーソーの例

4.2.9　その他

a. 模型，試験

見積り上の区分として，仮設雑といわれる．模型は，設計段階でも作られるが，施工段階で作るものは性能，仕様，施工性検討のための実物大模型（モックアップ）が多い．

試験としては，地耐力試験，コンクリート強度試験，サッシの水密試験など各工事に関係する試験があり，特記仕様書の記載に基づいて実施する．

b. 工事写真

工事写真は，事実の証明，実施したことの証拠として撮影する．したがって，5W1H（なぜ，何を，誰が，いつ，どこで，どのように）を明確にして撮影しなければならない．詳細については，（社）公共建築協会の「工事写真の撮り方」を参照する．写真の目的，用途として以下のものがある．

① 着工前近隣状況記録，敷地境界立会い記録写真（近隣対策用）
② 工事検査記録，立会い記録写真（建築主事提出用）
③ 隠蔽部施工記録写真（工事監理者提出用）
④ 工事状況記録，出来形報告写真（定点写真等発注者報告用）
⑤ 竣工写真（通常特記仕様書で指定される）

c. 看板，備品

法律などで義務づけられた掲示物には，① 建築基準法による確認済，② 建設業の許可票，③ 労災保険関係成立票，④ 道路占用使用許可証，⑤ 鉄骨製作工場名表示がある．建築主，設計者，施工者の看板は，各企業の基準により仮囲い面に設置する．私的な目的で大型の公告看板を掲示する場合は，知事への許可申請が必要である．仮設事務所内の備品，什器については，施工者の社内基準，監理者の要望などに基づき現場ごとに決める．安全関係で掲示が義務づけられているものに，足場の最大積載荷重，作業主任者，クレーンの合図の統一，立入り禁止な

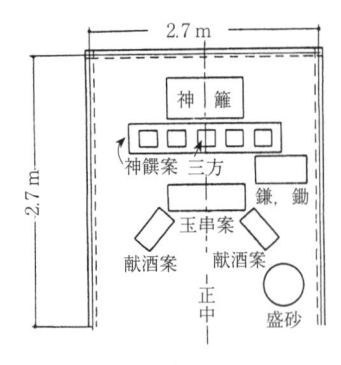

図 4.2.32 地鎮祭の祭壇の例

どがあり，適切な場所に掲示する．

d. 工事関係式典

式典の主なものとして，地鎮祭（起工式），立柱式，上棟式（金鋲式），定礎式，火入れ式，竣工式がある．地鎮祭，竣工式は発注者主催で行い，その他は施工者主催で行うことが多いが，いずれの場合も発注者，設計者，施工者で十分な打合せと準備が必要である．儀式は，古式に則って行うので，神官（神式が多い）と打ち合わせる．図 4.2.32 に地鎮祭の祭壇の例を示す．地鎮の儀（鍬入れの儀ともいう）は，一般に，鎌は設計者，鍬は施主，鋤は施工者がこの順に行うのが通例である．

[栗原信弘]

文　献

1) 国土交通省大臣官房官庁営繕部：建築工事監理指針（平成 13 年版），pp.78-122，(社) 公共建築協会 (2002)
2) (社) 日本建築学会：建築工事標準仕様書・同解説．2 仮設工事，日本建築学会 (1994)
3) 施工計画ガイドブック（仮設編），彰国社 (1985)

4.3 地業工事

4.3.1 概　説

a. 基礎と地業

基礎とは，一般に上部構造（建物）の荷重を地盤に伝達する部分をいい，支持形式から直接基礎と杭基礎に分類される．直接基礎において上部構造の荷重を地盤に伝達する部分を特に基礎スラブと称し，その平面形状から，図 4.3.1 のように分類することができる．

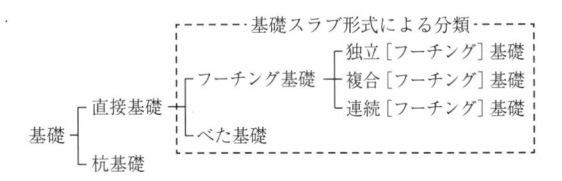

図 4.3.1 基礎の分類[2]

杭基礎は，杭を介して基礎スラブの荷重を地盤に伝える形式の基礎を指す．主として先端底面の支持力が卓越するものを支持杭，杭周面の地盤との摩擦による支持力が卓越するものを摩擦杭として分類されるが，これらの支持力が複合的に発揮されるのが一般な支持力機構である．

また，杭の種類は，杭材料から図 4.3.2 のように分類することができる．

図 4.3.2 杭の材料[3]

地業とは，基礎スラブを支えるため，それより下に設けられる砂・砂利や捨てコンクリートなどを指す．通常，直接基礎の場合にはこれら砂・砂利や捨てコンクリートのことをいう．杭基礎の場合には，基礎スラブ下の砂・砂利や捨てコンクリートを指す場合もあるが，ここでは建物荷重を地盤に伝達するものと解釈して，杭工事を砂・砂利や捨てコンクリートなどの地業工事に含めることとする．

b. 施工計画と試験杭および載荷試験

地業工事の施工計画は，設計にあたって実施された地盤調査や地中障害物調査結果に基づいて行われる．ただし，杭などは地中にあるため，その出来映えを目視で確認することができないので，所要の品

質を確保できる施工方法を立案し，実施する必要がある．既往の調査結果だけでは不十分な場合には，必要な調査を追加して実施する．実際に施工を開始してからも，設計性能が満足されない場合には，工法の変更，さらには設計変更のような処置が必要になる場合もある．そこで，杭工事などでは，工事の着手前か工事の初期段階において，地盤の条件や施工環境など工事の全体像を把握できるように施工試験（試験杭など）を実施するのが一般的である．

杭工事など地業工事では，大型の施工機械が現場内を走行するため，施工機械の転倒防止などの安全管理にも十分配慮した計画とする必要があり，所要の施工品質，精度を得るためにも堅固な作業路盤が必要である．一般には砕石敷き，鉄板敷きとするが，地盤が軟弱な場合には，セメント系固化材を用いた地盤改良（浅層混合処理）を行って路盤とする場合もある．また，大型の施工機械を用いることから，騒音や振動の発生も免れない．なるべく低騒音型機械の導入のほか，関連法規などを考慮した施工計画とする必要がある．

また，水やセメントミルクを使用したり，地盤を掘削したりする工事であるため，発生する排土・廃液は，汚泥とみなされる場合が多い．これらは，産業廃棄物として規制を受けるものが多く，廃棄物処理を定めた法令などに従い，適切に処理する必要がある．

なお，杭が所要の支持力を有しているか，あるいは直接基礎の支持地盤が所要の支持性能を有しているかを確認するために載荷試験を行う場合がある．これらの載荷試験（杭の鉛直載荷試験，地盤の平板載荷試験）は，通常，地盤工学会基準に基づいて行う．

4.3.2 既製杭工事
a. 工法の分類
工場で杭体が製造された後，トレーラーなどで建設地に搬入される既製杭は，図4.3.3のようにコンクリート杭と鋼杭に大別される．既製杭として用いる材料は，品質の保証された製品で，原則として，日本建築センターもしくはコンクリートパイル建設技術協会により建築基準法に基づく性能評定や評価を受けた杭，または，JIS認定工場で製造されたJIS規格品が用いられる．

主な杭の施工法は，打込み工法と埋込み工法であるが，杭の設置方法・支持力発現方法の特徴から図4.3.4のように細分される[1]．打込み工法は，主とし

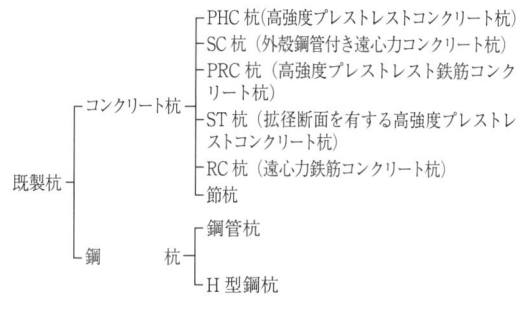

図4.3.3 既製杭の分類

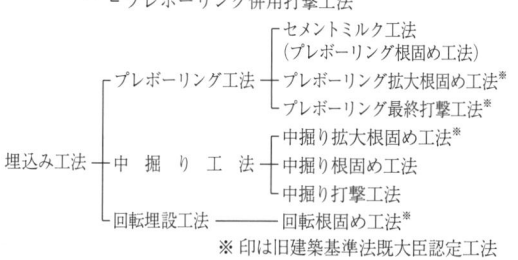

既製杭
- コンクリート杭
  - PHC杭（高強度プレストレストコンクリート杭）
  - SC杭（外殻鋼管付き遠心力コンクリート杭）
  - PRC杭（高強度プレストレスト鉄筋コンクリート杭）
  - ST杭（拡径断面を有する高強度プレストレストコンクリート杭）
  - RC杭（遠心力鉄筋コンクリート杭）
  - 節杭
- 鋼杭
  - 鋼管杭
  - H型鋼杭

図4.3.4 既製杭の施工法[1]

- 打込み工法
  - 打撃（直打ち）工法
  - プレボーリング併用打撃工法
- 埋込み工法
  - プレボーリング工法
    - セメントミルク工法（プレボーリング根固め工法）
    - プレボーリング拡大根固め工法※
    - プレボーリング最終打撃工法※
  - 中掘り工法
    - 中掘り拡大根固め工法※
    - 中掘り根固め工法
    - 中掘り打撃工法
  - 回転埋設工法
    - 回転根固め工法※

※印は旧建築基準法既大臣認定工法

てディーゼルハンマーや油圧ハンマーの打撃により支持力を得るものであるために，打撃に伴う振動，騒音の発生が避けられない．したがって，近年では市街地や住居地域では用いられることはほとんどなく，住居地域から離れた郊外や臨海地域などに限られる．

一方，埋込み工法は，プレボーリング工法，中掘り工法，回転埋設工法に分類され，これらをベースにして各種工法が開発されている．特に，プレボーリング工法あるいは中掘り工法において，拡大ビットなどにより杭径以上の根固め球根を作って支持力を向上させた拡大根固め工法（旧建築基準法に基づく既大臣認定工法）が全施工量の過半を占めている．打込み杭に比べて振動や騒音が低減されることなどから，コンクリート杭における施工法の主流となっている．ただし，埋込み工法は，打込み工法のように施工時に支持力を簡易に確認することが難しく，支持地盤の確認，セメントミルクの強度など工程全般にわたる十分な施工管理によって信頼性を確保する必要がある．このことから，埋込み工法では，地盤条件や杭の支持特性を考慮して，杭工法が適切であるか否かを十分検討しておく必要がある．

既製杭は，通常，必要な杭長さをいくつかに分割して搬入し，それらを溶接などによって現場接合

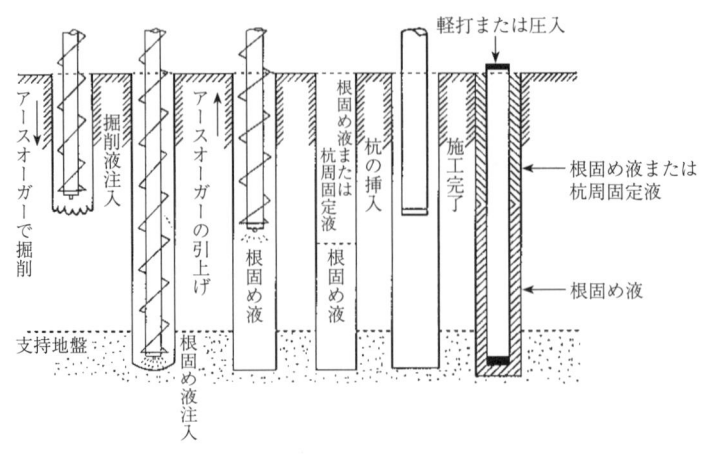

図 4.3.5 プレボーリング工法の施工手順[3]

し，所定長さとして用いられる．杭材は，現場で建て込まれるまでは横にした状態で取り扱われる．コンクリート杭の場合は，取り扱い中の落下，運搬中の衝撃などにより過大な曲げモーメントが作用するとひび割れが生じたり折損したりするおそれがあるので，杭の品質を維持するためにも取り扱いには十分注意する必要がある．鋼管杭の場合は，現場継手開先部が損傷を受けやすいので慎重に取り扱う．

b. 打込み工法

所定の位置に杭を建て込んだ後，試し打ちにより徐々に打ち込んだ後，その位置精度，鉛直精度を確認し本打ちを行う．打込み工法では，過大な打撃力，杭の曲がり，クッション材の損耗，杭打ち機の設置不良などにより，杭体を損傷するおそれがある．特に，ハンマーは杭材の断面に応じた適正なハンマーを選定し，地盤の硬軟に応じてラムの設置高さを調節する．

c. 埋込み工法

プレボーリング工法は，掘削液を注入しながらオーガーで所定深さまで掘削し，孔底に発現強度の高い根固め液を注入した後，オーガーを引き抜きながら発現強度の低い杭周固定液を注入する．その後，圧入または軽打により杭体を孔底まで建て込む．図4.3.5にその施工手順を示す．支持力は，根固め液および杭周固定液の硬化により発現される[3]．

中掘り工法は，先端開放杭の中空部を通じて杭先端地盤をオーガーにて掘削しながら杭を所定深度まで沈設するものである．オーガー先端から注入した根固め液中へ杭先端部を圧入して支持力を発現させる根固め工法と，支持層への打撃により支持力を確保する打撃工法がある．中掘り工法および中掘りに

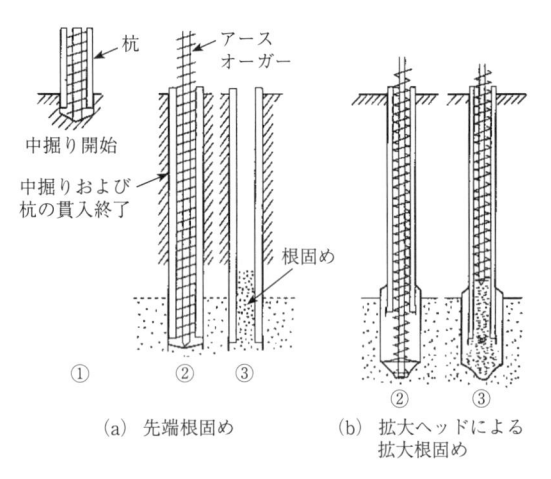

図 4.3.6 中掘りによる埋込み工法[3]

よる拡大根固め工法の施工手順を図4.3.6に示す[3]．

回転埋設工法は，鋼管杭などに多く，最近では先端羽根付き鋼管杭など種々の工法が開発され，大臣認定などを取得して実施されるようになっている．

d. 継手処理

杭の継手は，原則としてアーク溶接により行う．杭の現場溶接の良否は溶接工の技量に左右されるため，溶接工は日本溶接協会が実施する試験に合格した者か，JISで規定する資格を有する者が望ましい．

また，溶接継手のほか，旧法の既大臣認定工法を取得したねじ式継手，勘合式継手など溶接作業を伴わない継手もある．

e. 杭頭処理

杭頭レベルが計画より高い場合は，杭頭部の切りそろえを行う．コンクリート杭の杭頭を切断する方法としては，手はつり，ジャッキによる外圧方式，

```
場所打ちコン ─┬─ 機械掘削工法 ─┬─ 孔壁保護にケーシング ──── オールケーシング工法 ─┬─ 揺動式
クリート杭工法  │              │  を用いるもの                                    └─ 回転式
              │              │                          ┌─ アースドリル工法
              │              └─ 孔壁保護に安定液また ──┼─ リバースサーキュレー
              │                 は清水を使用するもの    │  ションドリル工法
              │                                         └─ BH工法
              └─ 人力掘削工法 ─── 孔壁保護に山留めを行
                                  うもの（ケーシングを ─── 深礎工法
                                  使用する場合もある）
```

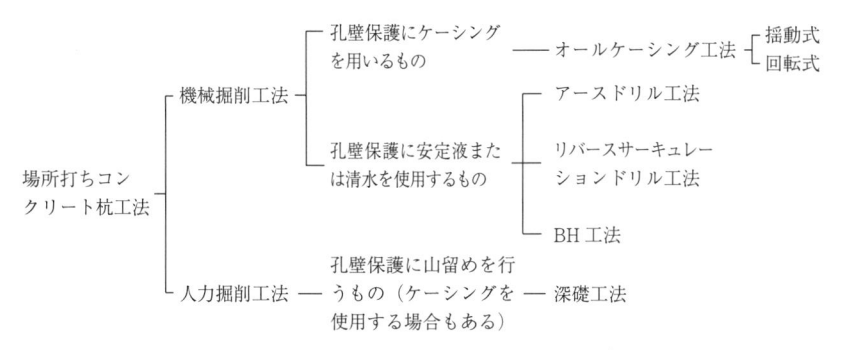

図 4.3.7 場所打ちコンクリート杭工法の分類[1]

回転刃によるダイヤモンドカッター方式などがあるが，杭体に損傷を与えないように行うことが肝要である．プレストレスが導入されたコンクリート杭の頭部を切断した場合は，切断面近傍のプレストレスの減少を考慮した補強を行う必要がある．

杭頭レベルが計画より低い場合は，設計者と協議を行って，基礎スラブを下げるなどの処置を講じる．

4.3.3 場所打ちコンクリート杭工事

a. 工法の分類

原位置の地盤を削孔・排土して，鉄筋かごを建て込んだ後にコンクリートを打設して杭を築造する場所打ちコンクリート杭（以下，場所打ち杭という）の施工方法は，図4.3.7のように分類される[1]．このうち，オールケーシング工法，アースドリル工法，リバースサーキュレーションドリル工法（以下，リバース工法）が代表的な工法である．建築工事ではアースドリル工法による場合が大半であり，地盤が著しく硬質な場合，あるいは転石などアースドリル工法で施工できない場合には，オールケーシング工法が採用される．また，杭長が長くなると施工効率の点からアースドリル工法よりもリバース工法の方が有利となる場合もある．

これら3工法は，孔壁の保護方法が最も大きな相違点であるが，掘削完了後の1次スライム処理，鉄筋かごの建て込み，2次スライム処理，トレミー管を用いたコンクリート打設などの手順は同じである．

大型の建築物では，杭先端を拡底した拡底杭工法が使用される場合が多く，地盤が特に軟弱な場合には，鋼管で補強する場所打ち鋼管コンクリート工法が採用される場合もある．これらの工法は，いずれも日本建築センターなどにおいて評定・評価を得たものである．

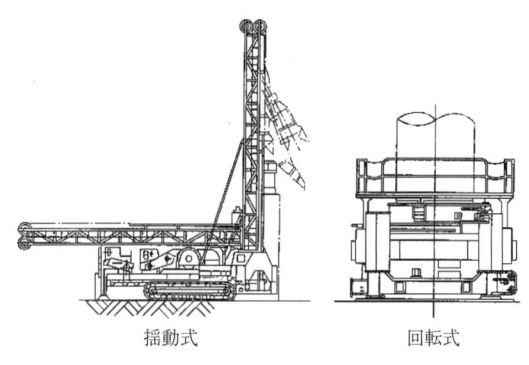

揺動式　　　回転式

図 4.3.8 オールケーシング工法の掘削機[3]

b. オールケーシング工法

オールケーシング工法は，図4.3.8に示す機械を用いて杭全長にわたり揺動あるいは回転により圧入したケーシングにより，孔壁を保護し，ハンマーグラブで掘削・排土する[3]．回転式の場合の掘削・排土は，別の重機によりハンマーグラブを操作して行う．ハンマーグラブを用いるため，ほかの2工法よりも大径の礫層や転石層がある場合でも掘削が可能であるが，ハンマーグラブを落下させるために生じる振動の発生を押さえることが難しいので，市街地や住宅地での施工は避けたほうがよい．また，施工計画においては，地下水位が高い場合での施工速度の低下や，被圧された支持層でのボイリングに伴う緩みなどを生じる場合があるので，適用性に関する事前検討が重要である．

c. アースドリル工法

アースドリル工法は，図4.3.9に示すアースドリル機のケリーバーに取り付けたドリリングバケットを回転させながら，バケット底部から掘削した土砂を収納し，地上に引き上げて排出して掘削を進める工法である[3]．掘削孔壁は，表層部はケーシングにより，それ以深はベントナイトやCMC（ポリマー）

図 4.3.9 アースドリル掘削機[3]

図 4.3.11 リバース掘削機[3]

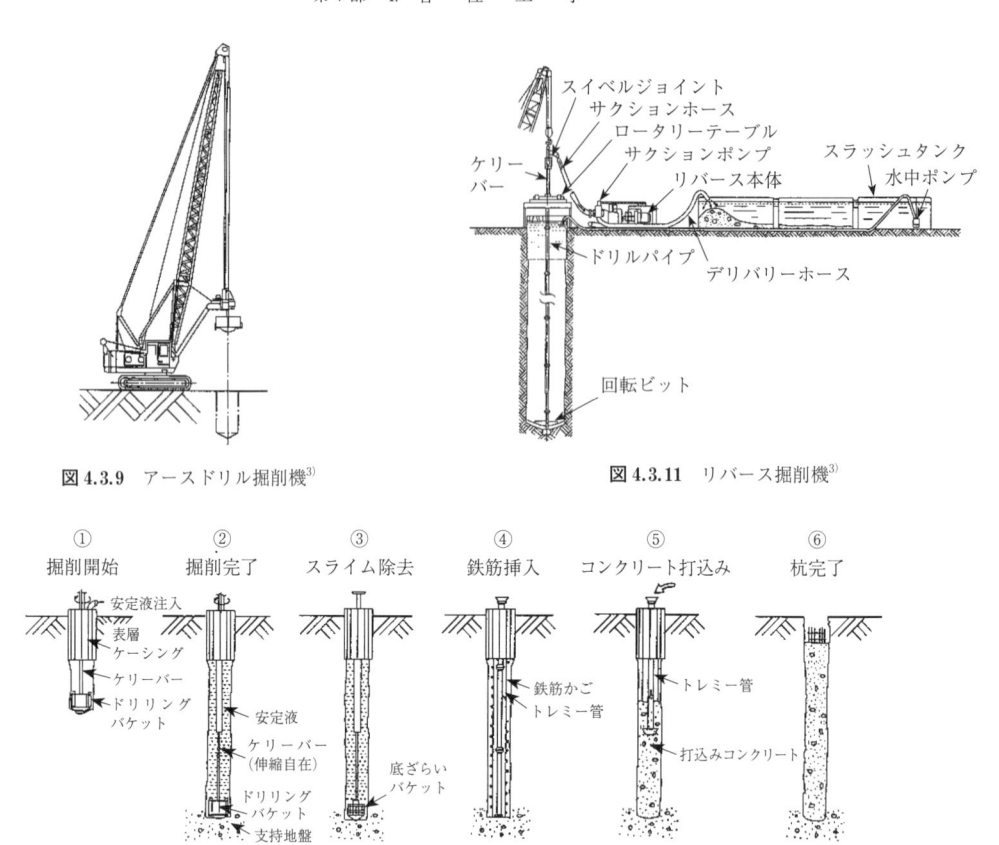

図 4.3.10 アースドリル工法の施工手順[3]

などを水に溶かした安定液（泥水）により保護する．施工中は，孔壁の崩壊など重大な障害を生じないよう，安定液の性状を管理するとともに，孔内の液面を地下水位よりも 1.5 m 程度高くする．その施工手順を図 4.3.10 に示すが，鉄筋かごの建込みやコンクリート打設などは 3 工法に共通している．

d. リバース工法

リバース工法は，ドリルパイプの先端に取り付けたビットを回転させて清水を供給しながら地盤を掘削し，掘削した土砂は孔内水とともにサクションポンプなどにより地上に吸い上げ排出する．掘削孔壁は，表層部はケーシングにより，それ以深においては泥水中の粘土分が孔壁にマッドケーキを形成した上，孔内泥水位を地下水位より 2 m 程度高くすることにより保護する．図 4.3.11 にリバース掘削機の例を示す[3]．

e. 材　料

杭に使用するコンクリートは，設計基準強度，所要スランプ，水セメント比，単位セメント量，空気量などの条件を満足する調合のものを用いる．通常，所要スランプ 21 cm 以下，水セメント 60% 以下，空気量の標準値 4.5% であり，単位セメント量は，清水あるいは安定液および泥水中で打ち込む場合 330 kg/m³ 以上，空気中で打ち込む場合 270 kg/m³ 以上となっている．セメントは，普通ポルトランドセメントが一般的であるが，最近は高炉セメント B 種などの使用が増えている．

主筋には SD345 などの D25 以上の太径のものが使われる場合が多く，最近では SD390 を使用する場合も少なくない．フープには SD295 の D10～D16 を使う場合が多い．また，補強鋼材には SS400 材が通常用いられている．このほか，特記のないものは，日本建築学会建築工事標準仕様書 JASS 5（鉄

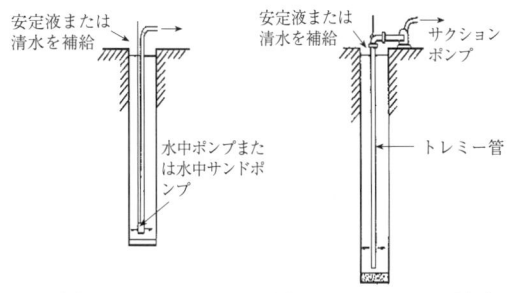

(a) 水中ポンプ方式　(b) サクションポンプ方式

図 4.3.12 2次スライム処理方法の例[3]

筋コンクリート工事) ならびに JASS 6 (鉄骨工事) に規定される材料を用いる場合が多い.

f. 掘削

杭の心ずれや鉛直精度などに影響するため, 掘削機械の据付けおよびケーシングの設置は, 杭心から逃げ心をとるなどして精度良く行う必要がある. 掘削は, 孔壁の崩壊や周辺地盤の緩みが生じないよう留意しながら, トランシットなどを用いて可能な限り鉛直に行う. アースドリル工法で使用する安定液は, 孔壁保護とコンクリート打設時にコンクリートと混ざらずに置換できる機能を有している必要がある. これらの機能を満足できるように, 地盤の特性を考慮して必要な造壁性, 比重が得られる配合とする. 支持層の確認は, 深度, 掘削土の土質, 掘削抵抗などを参考に判断し, 必要根入れ長さなどを確保できるまで掘削する.

g. スライム処理

場所打ち杭においては, 掘削に伴い孔底にスライムが沈積しやすい. スライムの除去が不十分であると, 支持力の低下, 杭断面の欠損, コンクリート強度の低下などの障害を招きやすいので, コンクリートの打込み前にスライムの除去を行う. スライムの処理方法は, 鉄筋かご建込み前に行う1次スライム処理と, 鉄筋かご建込み後に行う2次スライム処理に分けられる. 1次スライム処理は, 一般には掘削完了後ある程度時間をおいてスライムを孔底に沈積させ, それを専用の底浚いバケットですくい取る方法 (底浚い) により行う. 2次スライム処理は, 図 4.3.12 に示すように水中ポンプなどを孔底に降ろしたり, サクションポンプにトレミー管を接続するなどして安定液 (泥水) とともに吸い上げる方法がある[3]. スライムの沈積が多いときは, 2次スライム処理を鉄筋かご建込み前に行う場合もある. リバース工法では, 1次・2次処理ともサクションポンプを接続することにより行われる場合が多い.

h. 鉄筋かごの組立と建込み

鉄筋かごは, JASS 5 (鉄筋コンクリート工事) などに従って, 現場内に設けた加工場などで, 所要の主筋, 帯筋のほか, 補強筋・補強鋼材を用い, 保管・運搬・建込みなどにおいて有害な変形が生じないように堅固に組み立てる. 敷地が狭い場合などは, 敷地外の加工場で組み立てる場合もある. 主筋の継手は, 重ね継手, ガス圧接, 機械式継手によるものとし, 主筋と帯筋の交差部の要所は, 原則として鉄線で結束する. 鉄筋かごの建込みは, 鉛直性を保ちながら静かに挿入し, かごの接続は鉛直性を確認して鉄線などにより行う.

i. コンクリート打設

安定液中もしくは泥水中にコンクリートを打ち込む場合, 泥水・安定液を巻き込まずに良質なコンクリートを打ち込むためトレミー管を用いたトレミー工法で行う. 孔内液がない場合でも, コンクリートを分離させず, 鉄筋かごを傷めないためにもトレミー管もしくはこれに類するものを用いる. 最初にコンクリートを投入する際は, プランジャーなどにより孔内液とコンクリートが混ざらないようにし, その後はなるべく連続して打設する. その際, トレミー管先端は, 常にコンクリート中に 2 m 以上貫入した状態を維持する. コンクリートは, 孔内液と接触している部分の強度が低下するため, 一般に 50～100 cm 程度の余盛りが確保されるように打設する. この余盛り部分は, コンクリートが硬化後, 通常, 床付け時にコンクリートブレーカーなどを用いて杭体を傷めないようにしてはつりとる.

4.3.4 その他の場所打ち杭工事

a. 深礎工法

従来から, 波形鋼板と山形鋼のリングなどにより, 順次山留めを行って孔壁の崩壊防止を図りながら人力により掘削する工法と定義されており, 図 4.3.13 に示すような施工手順で行われる[3]. 径は 1.2 m 程度のものからあるが, 掘削深さが浅いものでは数 m のものがあり, このような大径の深礎は, 直接基礎の延長と位置づけられている. 深い杭の場合には, 近年では, アースドリル掘削機などを用いて無水状態で掘削を行い, 長尺のケーシングで孔壁保護を行って, 最終の底部清掃のみ人力で行う機械式深礎も行われる場合もある. 人が孔内に入ることから, 杭先端が地下水位より高いか, 掘削する地盤が粘性

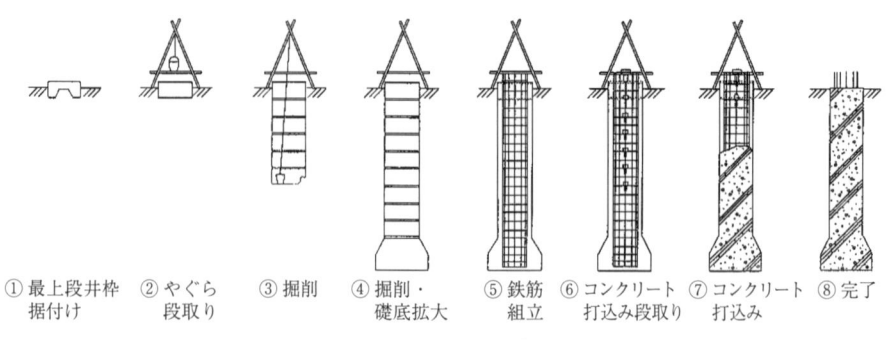

① 最上段井枠据付け　② やぐら段取り　③ 掘削　④ 掘削・礎底拡大　⑤ 鉄筋組立　⑥ コンクリート打込み段取り　⑦ コンクリート打込み　⑧ 完了

図 4.3.13　深礎工法[3]

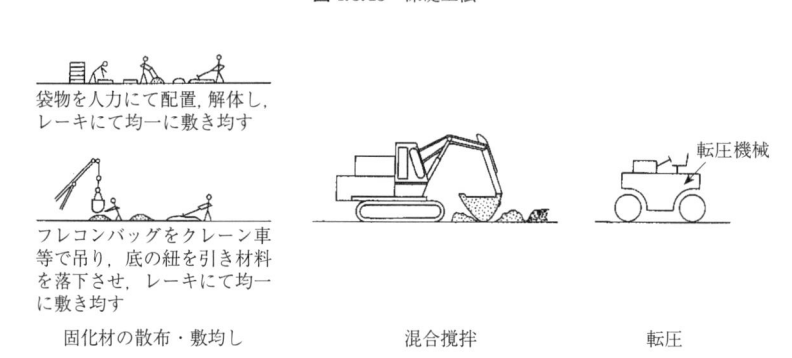

図 4.3.14　浅層地盤改良の施工手順[1]

土で非常に透水性が低い地盤でなければ施工は不可能であるため，事前における検討が重要である．また，掘削中からコンクリート打設完了まで，掘削孔内の酸素濃度および有毒ガスの有無に注意する必要がある．

b. BH杭工法

BH杭は，敷地が狭い場合などで，アースドリル杭などの場所打ち杭工法が施工できない場合に採用されることが多い．掘削は，ロッド先端のビットを回転させて地盤を掘り崩し，ロッド先端から泥水を注入して孔内を常に泥水で満たした状態で行う．孔底から孔口への水流（正循環という）を作り，泥水を地表付近で回収することにより掘りくず（スライム）を回収する．泥水は，アースドリル杭などよりはるかに大きな比重となるため，孔壁崩壊などの危険性は低くなるものの，コンクリートの品質確保，杭としての形状・支持力確保のためにはスライム処理および掘削中の泥水管理が大変重要である．

4.3.5 地盤改良工事

a. 概説

地盤改良とは，地盤のせん断強度を増大させたり，圧縮性を低減させたりすることを目的として実施されるもので，固化による工法と締固めによる工法がある．

固化工法は，浅層混合処理と深層混合処理に大別される．浅層混合処理は，重機の足場として仮設工事で用いられたり，道路路床などとして用いられる場合も多い．深層混合処理は，中層住宅基礎地業などとして多くの実績を上げている．締固め工法には，砂・砂利などを強制圧入するもの，振動や衝撃エネルギーを表層に直接与えるものなどがある．

b. 浅層混合改良

固化材の添加方式には，粉体方式とスラリー方式があり，図 4.3.14 に示すような粉体を原位置で混合する方法が一般的である[1]．ただし，改良厚さが厚い場合など十分な転圧が難しい場合は，別のところで混合した土をブルドーザーなどで薄く撒き出して，少しずつ転圧する場合もある．材料には，種々の土質に対応したセメント系固化材が用意されており，原位置土を採取して事前配合試験を行い，発現強度を確認した上で，目標強度に応じた適切な材料と添加量を定める．

c. 深層混合改良

スラリー状の固化材をロッド先端から供給しながら，ロッド先端付近の撹拌翼を回転させて，原位置

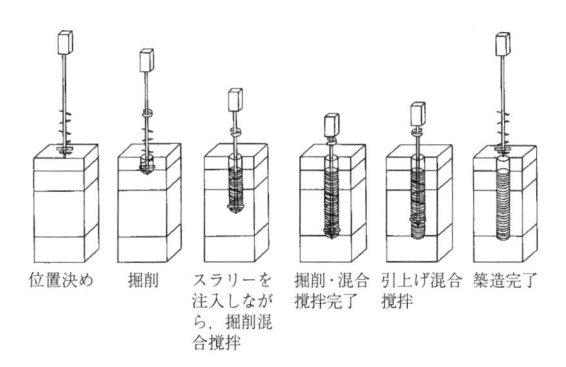

図 4.3.15 深層混合改良の施工手順[1]

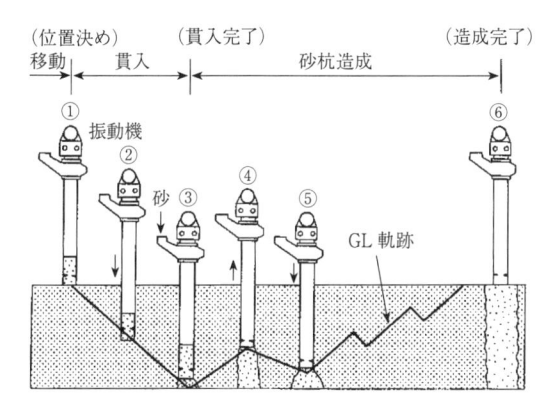

図 4.3.16 サンドコンパクション工法の施工順序

で地盤と固化材の撹拌混合を行い,固化体を形成する機械式撹拌工法のほか,スラリー状の固化材を高圧噴射して撹拌混合する噴射撹拌工法がある.機械式撹拌方式の施工順序の例を図 4.3.15 に示す[1].固化材には,セメント系固化材が使用され,浅層混合改良と同様に事前配合試験を行い,材料と添加量を定めるのが一般的である.

d. サンドコンパクション工法

サンドコンパクション工法は,図 4.3.16 のような施工手順で地盤中に直径 70 cm ほどの締まった砂の柱を造成するもので,振動の発生を低減した工法も実用化されている[3].圧入する材料が改良地盤の性能に影響するため,細粒分が少ない砂を用いる必要がある.砂の代わりに砕石を用いる場合(グラベルコンパクション工法)もある.

e. バイブロフローテーション工法

バイブロフローテーション工法は,バイブロフロットと呼ばれる棒状振動体を,その振動と水ジェットの噴射により地中に貫入させながら,周囲に生じた空隙に粒状体を投入して横方向への振動伝達を図り,漸次締め固めていく工法である.投入す

図 4.3.17 砂・砂利地業[3]

る材料は,一般に砂,切込み砂利または砕石を用いる.

4.3.6 砂・砂利・地肌地業工事および捨てコンクリート地業工事

直接基礎,杭基礎の基礎スラブ,地中梁および土間コンクリートの施工に際しては,土工事で生じた地盤の緩みの締固めなどを目的として図 4.3.17 に示すような砂地業,砂利地業などを行う必要がある[3].床付け面が硬質で,緩みがほとんど生じない場合などは,砂・砂利などを用いないで原地盤を直接地業とする地肌地業とする場合もある.直接基礎下の地業とする場合は,地業の品質が影響する場合も少なくないことから,大型建築物の場合は,床付け方法も含めて慎重に対応する必要がある.

最近は,再生砕石などを用いる場合も増えてきている.直接基礎下の地業として使用する場合などでは,適切な粒度分布で,所要の性能を有していることを確認する必要がある.

捨てコンクリートは,これら砂・砂利・地肌地業を施工した上に,厚さ 5~10 cm 程度で行う.この上に基礎や柱位置の墨出しを行い,建物位置を決める役割を持つため,割れを生じたりせず,平滑に仕上げておく必要がある.設計基準強度は,18N/mm^2 以上のものを使用する場合が多い.

4.3.7 基礎スラブ・地中梁および土間コンクリート工事

基礎スラブ,地中梁工事は,鉄筋コンクリート躯体であることから,型枠の組立,鉄筋の加工・組立,コンクリート打設・養生,型枠の解体などは,上部構造と同様に JASS 5(鉄筋コンクリート工事)によるものとする.

杭頭のはつり,杭の切りそろえなどの作業は杭材にひび割れなどを生じないように行い,杭と基礎スラブとの接合を確実に行う.SC 杭や鋼管杭,場所打ち鋼管コンクリート杭の杭頭定着筋の溶接なども JIS で規定する資格を有する者などが行う.最近で

は，新しい杭頭接合法が採用されることも多くなりつつある．

大型建築物の基礎スラブや地中梁は，部材の断面が大きく，いわゆるマスコンクリートとなる場合も少なくないため，必要に応じてコンクリートの調合，上昇温度およびコンクリートの温度勾配などを十分考慮して，支障のある場合は適切な処置が必要となる．

土間コンクリートは，厚さ（15〜20 cm 程度）に対して平面的に広い範囲に打設されるため，硬化後の乾燥や温度に対して伸縮しやすいため，無秩序にひび割れが生じないように，幅2〜3 mm，深さ30〜50 mm 程度の伸縮目地や膨張目地を縦横に設ける場合が多い．これら乾湿に伴うひび割れを少なくするためには，単位水量の少ない，スランプの小さいコンクリートを用いて，打設時に十分締固め，急激な乾燥などを防ぐように養生を行うことが肝要である．また，土間コンクリートを支持する地盤が沈下した場合にも，土間コンクリートにひび割れが生じる．このような場合は，補修に相当な時間と費用がかかることから，土間下地盤の形成には入念な作業が必要である．　　　　　　　［永冨英夫・丸　隆宏］

文　献

1) 日本建築学会：建築工事標準仕様書・同解説 JASS3 土工事および山留め工事，JASS4 地業工事および基礎スラブ工事，pp. 97-185，日本建築学会（1997）
2) 日本建築学会：建築基礎構造設計指針，pp. 3-7，日本建築学会（2001）
3) 公共建築協会，国土交通省大臣官房官庁営繕部監修：建築工事監理指針 平成 16 年版，pp. 171-268，公共建築協会（2005）

4.4 地 下 工 事

本節では，地盤調査，山留め，根切り，水替排水を扱う．これらの工事は，すべて土に関するものであり，地中で目に見えないこともあって，不確実な要素が多い．さらに，地下工事は工程やコストに占める割合が大きいので，十分な調査と計画が必要であり，施工にあたっては，計測管理を実施しなければならない．つまり，安全性と経済性のバランスのとれた計画が必要となる．計画の不備は，山留め壁の崩壊など近接構造物の安全性や人命にかかわる大事故につながるおそれもある．

4.4.1 山留め工事
a. 事前調査

山留め計画を行う上で，事前調査は川上の最も重要な位置を占める．すべての計画が事前調査にかかっているといっても過言でない．

地盤調査の基本手段はボーリングである．敷地内で行うボーリングの本数や調査密度は，建物の規模，重要度，あるいは地盤の状態によって決められる．山留め工の計画時には，本調査の段階までが既に終了しており，その結果を利用できることが多い．資料的に不十分であれば，さらに調査して不足分を補うことになるが，これが追加調査にあたる．

1) 敷地内調査
・既存建物の地下階（基礎・杭を含む），その他の既存構造物（護岸，石垣，擁壁）
・旧河川・埋設物，表土の状態，地上障害物（電線・樹木），敷地境界線，敷地の高低

2) 敷地周辺調査
・地下埋設物（上下水道，ガス，電気，電話など）の有無，位置，系統
・隣接構造物，地下鉄，高架構造物の構造および基礎の状態
・近接鉄道，道路の状況（運搬経路，道路幅員，交通量，高さ制限などの諸規制）
・河川，海などの有無（近隣河川の護岸への影響，近隣河川の水位と距離）
・使用中の井戸の有無　隣接構造物・近隣環境（近隣で井戸を使用している場合，井戸水汚濁，枯渇）

3) 地盤調査

山留めの計画に必要な検討項目とそれに対応する地盤情報を表 4.4.1 に，その調査方法を表 4.4.2 に示した．これらの地盤情報はボーリング，試料採取（サンプリング），土質調査，および原位置試験などによって選ばれる．

ボーリング調査個所数，調査内容は，敷地の広さ，構造物の規模などから決定される．ボーリング調査は，設計者として必要な情報を得るために行われる場合が多く，施工計画上必要な調査が行われているとは限らない．地下構造の規模，地盤によっては，追加ボーリング調査を行う．ボーリング調査は，点での地盤の情報である．何点かの調査結果から面としての土中の地層を推定することが必要である．

以上より地下工法（山留め工法，山留め壁，支保工，水替工法）の選定計画に必要な情報を読み取る．

4.4 地下工事

表 4.4.1 山留め支保工設計に必要な地盤情報

山留め支保工設計		必要な地盤情報	備考
山留め架構の安定	側圧	r_t, C, ϕ, N, q_u 地下水位（間隙水圧）	
	山留め壁の先端の支持力	r_t, C, ϕ	
	根切り底以深の支持条件	r_t, C, ϕ, E_s	
掘削底面の安定	ヒービングに対する安定	r_t, C, ϕ, N, q_u	
	ボイリングに対する安定	r_t 地下水位（間隙水圧）	
	盤ぶくれに対する安定	r_t 地下水位（間隙水圧）	
地下水の処理	止水工法 揚水量の算定	T, S, k	
周辺地盤の沈下	山留め壁の変形によるもの	T, S, k, 揚水試験結果のプロット	
	揚水によるもの / 地下水位低下曲線 / 圧縮量・圧密量	$M_v, p_y, C_c, C_v, e_0, e\text{-}\log P$	
共通な地盤情報		地層構成	

表 4.4.2 調査方法と求められる地盤情報

調査方法			求められる地盤情報		備考
			直接的	間接的	
土質調査		標準貫入試験	N	ϕ, q_u, E, E_s	
		深層載荷試験	E		ボーリング孔底
		横方向載荷試験	E_s		ボーリング孔壁
		揚水試験	k, S, T		
		現場透水試験	k		
		間隙水圧測定	間隙水圧		
		地下水位測定	地下水位		
		密度検層	r_t		
土質調査	物理試験	土粒子比重試験	G	E_0	砂質土・粘性土の分類
		粒度試験	粒度分布, U_c, U_c'	k	砂質土・粘性土の分類
		液性限界試験	W_L		砂質土・非粘性土の分類
		塑性限界試験	W_p, I_p, I_c		砂質土・粘性土の分類
		含水量試験	W, W_n		
		室内透水試験	k		
		単位体積重量試験	r_t		
	力学試験	1軸圧縮試験	q_u	C, E_s	
		3軸圧縮試験	C, ϕ		
		1面せん断試験	C, ϕ		$e\text{-}\log P$
		圧密試験	M_v, C_c, C_v, p_y, k		
ボーリング＆サンプリング			試料の観察		地層構成

(注) 地盤情報における記号の説明は次のとおりである．

- C ：粘着力 (kg/cm^2)
- C_c ：圧縮指数
- C_v ：圧密係数 (cm^2/sec)
- E ：ヤング係数 (kg/cm^2)
- E_s ：地盤の変形係数 (kg/cm^2)
- $e\text{-}\log P$ ：圧密試験における間隙比 e - 応力度 P 曲線
- E_0 ：初期間隙比
- G ：土粒子の比重
- I_p ：塑性指数
- M_v ：体積圧縮係数 (cm^2/kg)
- N ：標準貫入試験打撃回数
- p_y ：圧密先行応力度 (kg/cm^2)
- q_u ：1軸圧縮強さ (kg/cm^2)
- S ：貯留係数
- $s\text{-}\log r$ ：揚水試験における水位低下量 s - 距離 r 曲線
- T ：透水量係数 (m^2·min or cm^2/sec)
- U_c ：均等係数
- U_c' ：曲率係数
- W ：含水比 (%)
- W_L ：液性限界 (%)
- W_n ：自然含水比 (%)
- W_p ：塑性限界 (%)
- r_t ：湿潤単位体積重量 (t/m^3)
- ϕ ：内部摩擦角 (度)
- K ：透水係数 (m/min or cm/sec)
- I_c ：コンシステンシー指数

内容としては，
① 地層の構成（土質の種類），土の性状（N 値，力学的特性値，物性値）の把握
② 地下水位
③ 地層の透水係数

4) 近隣での地下工事事例

過去および最近の近隣での地下工事における工法，土質状況，地下水位，問題点などを調査し，計画に反映する．

b. 地下構造物の設計および施工上の留意点

1) 周辺地盤への影響

掘削に伴い，周囲の地盤に影響のない工法を選択することが重要となる．

2) 地下躯体外面と敷地境界線

敷地境界内への山留め壁施工の可能性を検討する．敷地内に納まらない場合は隣地や道路を借地することを検討するが，許可される可能性は少ない．

i) 地下躯体からの距離

① 地下外壁の外側に防水などの工事が必要な場合は，地下外壁外面と山留め壁を 60～100 cm 離す．近すぎると作業できず，離しすぎると掘削，埋め戻し土量が多くなり不経済になる．
② 地下外壁側に作業がない場合は，山留め壁を地下外壁の外型枠にする．この場合，山留め壁の施工精度，変形を考慮し，地下外壁と山留め壁の間を 5～10 cm 程度離す．
③ 山留め壁を外型枠にする場合，地下外壁内型枠のフォームタイの取り方や地下外壁の防水方法を検討する必要がある．

ii) 近接構造物からの距離 山留め壁は敷地境界線に近接して施工する場合が多いが，どれくらい近接できるかは，山留め壁の工法，使用機械による．敷地境界に隣家が近接している場合には，要注意である．

iii) 社外への届出 土工事は近隣に与える影響が大きいこともあり，着手前に提出しなければならない書類が多い．所轄の自治体や管理者によって，届出が必要であるか不要であるかや，また届出書類の名称が異なり，提出期限が異なる場合もある．事前に所轄官庁，管理者に確認しておく必要がある．

（1）沿道掘削範囲（国道，都・区・市町村道）：道路の近くを掘削する場合には沿道掘削申請が必要だが，申請が必要となる「沿道掘削範囲」は道路管理者により異なる．また，沿道掘削により鉄道，高速道路などに影響を及ぼす場合は，その各管理者と近接協議を行う必要があり，道路管理者が沿道掘削願いにその回答書の貼付を求める場合もある．

（2）近接工事事前協議： 高速道路や鉄道などの公共施設に何らかの影響が予測される範囲（掘削影響範囲）内で掘削工事を行う場合は，それぞれの管理者と近接工事事前協議が必要であるが，掘削影響範囲は，管理者により予測が異なる場合がある．設計段階から事前協議が必要となるケースがあるので，その場合は設計スケジュールで考慮しなければならない．

c. 山留め・支保工計画

1) 各種工法の選定

山留め計画にあたっては，工事規模，敷地条件，地盤条件，地下水位，周辺環境を考慮して，安全で経済的な工法を選定することが重要である．山留め工法には，それぞれ様々な工法があるので，各工法の特徴を把握し，そのプロジェクトに最適な工法を選択する．

i) 山留め工法の種類と選定 山留め工法の選定は，地下工事の進め方の基本方針を決めることにあたり，地下工事の工期，工費，安全性に大きい影響を及ぼす．図 4.4.1 に山留め工法の分類を示し，表 4.4.3 に主な工法の概要と採用条件を示す．

一般的には，総掘り工法が作業効率，工期の面で有利であり，敷地に余裕があり，掘削深さが比較的浅い場合は法切りオープン工法，敷地に余裕がない場合や掘削深さが深い場合は山留め壁オープンカット工法が採用される場合が多い．

ii) 山留め壁の種類と選定 山留め壁の目的は，掘削に伴って発生する土水圧を受け止め，周辺地盤の変形，崩壊を防ぐことと，地下水の掘削部への流入を防ぐことである．地盤性状，地下水位などの地盤条件により，必要な剛性，遮水性を有する工

```
根切り・山留め ─┬─ オープンカット工法 ─┬─ 総掘り工法 ─┬─ 地山自立掘削工法
              │     （開削工法）     │              ├─ 法切りオープンカット工法
              │                    │              └─ 山留め壁オープンカット工法
              │                    └─ 山留め工法 ─┬─ アイランド工法
              │                                   ├─ トレンチカット工法
              │                                   └─ 逆打ち工法
              └─ その他特殊工法 ─┬─ ケーソン工法
                                └─ 補強土工法
```

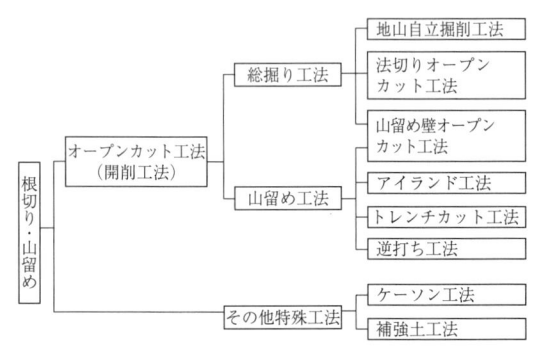

図 4.4.1 山留め工法の分類

表 4.4.3 山留め工法の概要および採用条件

	工法の概要	採用条件
地山自立掘削工法	・山留め壁を設けないで，地山が自立する範囲内で所定の深さまで掘削する工法	・良好な地盤を自立高さ以内で掘削する
法切りオープンカット工法（図 4.4.2）	・建物周辺に法面を設けて掘削する工法 ・山留め支保工が不要となるので掘削工事，地下躯体の作業性は良いが，掘削土量が多くなり，大量の埋め戻しが必要となる	・敷地に十分な余裕があり，安全な勾配で法面が形成できる場合 ・掘削深さが比較的浅く，比較的良好な地盤の場合
山留め壁オープンカット工法	・山留め壁を設け掘削する工法．土圧の支持形式により以下の工法がある ① 山留め壁自立工法（図 4.4.3） 　土圧を山留め壁の根入れ部分の受動土圧で支える工法 ② 切梁オープンカット工法（図 4.4.4） 　対向する山留め壁の間に，腹起し，切梁をかけ，そのバランスで山留め壁を安定させる工法 ③ 地盤アンカー工法（図 4.4.5） 　掘削背面の安定した地盤にアンカーを打設し土圧を支持する工法 ④ タイロッド工法 　背面に設けたアンカーブロックと山留め壁をタイロッドでつなぎ支持する工法	① 掘削深さが比較的浅く，敷地に余裕がない場合および，山留め壁が硬質地盤に十分根入れが可能な場合 ② 法切りオープンカット・自立山留め工法の採用が不可能である場合 ③ 掘削深さが比較的浅く，掘削面積が大きい場合，傾斜地などで偏土圧が生じる場合，敷地に十分余裕がある場合 ④ 掘削深さが浅く，敷地に余裕がある場合
アイランド工法（図 4.4.6）	・建物周囲の山留め壁が自立できるように地山を残して掘削し，建物の中央部を先行して施工，中央部躯体が出来上がるとそれから反力をとって切梁を架け，周囲を掘削する	・掘削面積が大きく，支保工を全面にかけると不経済な場合 ・基礎深さが比較的浅く，地盤も比較的良好な場合 ・工程上余裕があるか，周囲の躯体が工程上クリティカルでない場合
トレンチカット工法（図 4.4.7）	・二重に山留め壁を作り，外周部を先に施工し，この躯体に土圧を負担させ，中央部を掘削する工法	・軟弱な地盤（ヒービングが起こりやすい）で，大規模な掘削の場合 ・工程上の余裕がある場合
逆打ち工法（図 4.4.8）	・構真柱により支持された構造体（床・梁）によって山留め壁を支えながら掘り下げていき，順次，躯体を作る工法 ・上部躯体を支えるために構真柱が必要で，杭工事時に建て込む ・剛性が高い本設の床構造物で山留め壁を押さえるので山留め壁の変形が抑制できる	・軟弱地盤で大規模な掘削の場合 ・剛性の高い山留め架構が要求される場合 ・掘削の深さが深く，通常の工法では工期が間に合わない場合（地上階，地下階の同時施工ができるので，工期短縮が可能）
潜函工法	・地上で地下躯体を構築し，躯体の下を掘削，徐々に躯体を沈めていく工法	・軟弱地盤で敷地に余裕がない場合も対応可能

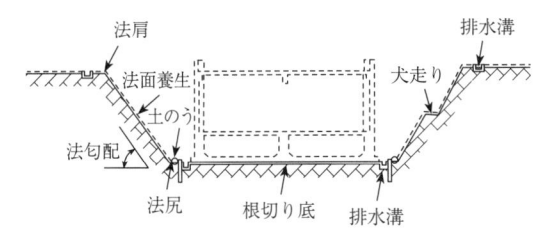

図 4.4.2 法切りオープンカット工法

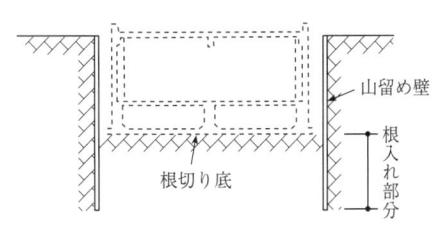

図 4.4.3 山留め壁自立工法

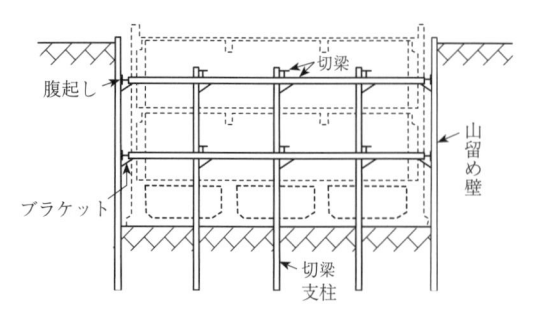

図4.4.4 切梁オープンカット工法

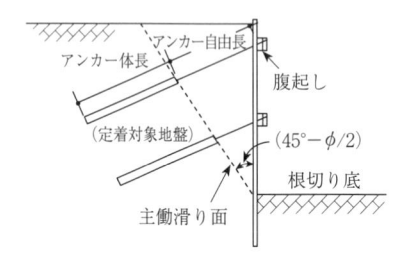

図4.4.5 地盤アンカー工法

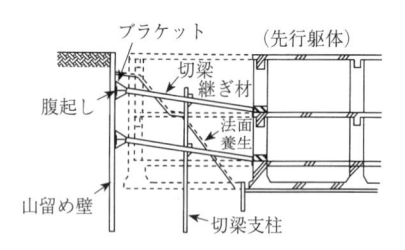

図4.4.6 アイランド工法

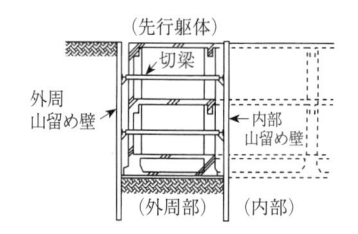

図4.4.7 トレンチカット工法

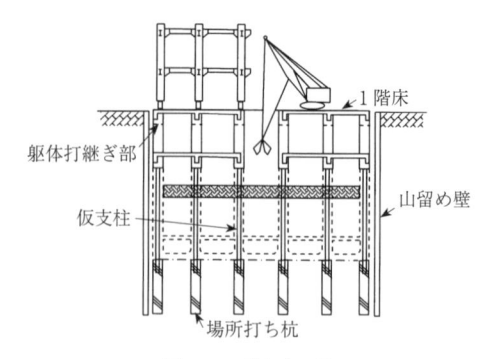

図4.4.8 逆打ち工法

法を選択する．図4.4.9に山留め壁工法の分類を示し，表4.4.4に主な山留め壁の使用条件と選択基準の目安，そして表4.4.5に山留め壁の工法の概要と特徴を示す．

一般的に，地下水がなく比較的良好な地盤では親杭横矢板工法，地下水がある場合には鋼矢板工法，ソイルセメント柱列壁工法が採用されることが多い．

各工法には施工可能な壁厚，壁の剛性，山留め壁の深さや隣接物との最小離間距離があるので，工法選択の際には，敷地境界と地下外壁の間隔，山留め壁の変形などを考慮する．また，地盤条件により打設不可能な場合があるので注意する．また，工法によっては何種類かの施工機械が開発されており，施工条件に応じた機種を選定する必要がある．

iii) 支保工の種類と選定　山留め支保工は，山留め壁に作用する土水圧を安全に支え，山留め壁の変形を抑制し，周辺地盤への影響を少なくする働きをする．表4.4.6に山留め支保工の種類と特徴の比較を示す．

鋼製切梁工法の格子状切梁工法が一般的に採用されるが，切梁が掘削工事や地下躯体工事の施工性を阻害する．切梁間隔を広げると作業性は良くなるが，部材断面が大きくなり不経済となる場合もあ

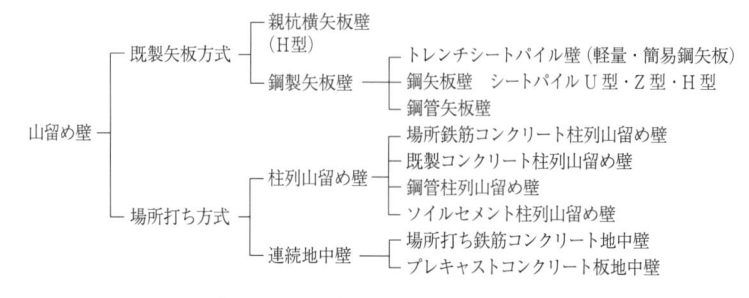

図4.4.9 山留め壁の分類（建築工事で多用される山留めの種類）

- 山留め壁
  - 既製矢板方式
    - 親杭横矢板壁（H型）
    - 鋼製矢板壁
      - トレンチシートパイル壁（軽量・簡易鋼矢板）
      - 鋼矢板壁　シートパイルU型・Z型・H型
      - 鋼管矢板壁
  - 場所打ち方式
    - 柱列山留め壁
      - 場所鉄筋コンクリート柱列山留め壁
      - 既製コンクリート柱列山留め壁
      - 鋼管柱列山留め壁
      - ソイルセメント柱列山留め壁
    - 連続地中壁
      - 場所打ち鉄筋コンクリート地中壁
      - プレキャストコンクリート板地中壁

4.4 地下工事

表 4.4.4 山留め壁の選択基準の目安

使用条件＼山留め壁の種類	地盤条件			規模		剛性・止水性		公害			工期・工費	
	軟弱層	礫岩層	地下水のある層	深い	広い	壁の曲げ剛性	止水性	騒音・振動	周辺地盤の沈下	排泥水の処理	工期	工費
親杭横矢板壁	×	◎	×	×	○	×	×	×	×	◎	◎	◎
鋼矢板壁	◎	×	○	○	○	○	○	○	○	◎	◎	◎
場所打ちRC柱列壁	◎	○	○	◎	○	○	◎	○	○	×	×	×
既製コンクリート柱列壁	○	○	○	○	○	×	○	×	○	○	○	○
ソイルセメント柱列壁	○	○	○	○	○	○	○	○	○	○	◎	◎
場所打ちRC地中壁	◎	○	○	◎	◎	◎	◎	○	○	×	×	×

◎：有利，○：普通，△：不利

表 4.4.5 山留め壁工法の概要および特徴

	工法の概要	特徴
親杭横矢板工法	親杭（通常はH型鋼を使用する）を一定の間隔で設置し，掘削を進めながら，親杭の間に横矢板を架け渡して山留め壁を構築する工法	・最も経済的な工法なので多用される． ・水位の高い細砂やシルト層で掘削してから横矢板を入れるまでの間に崩れてしまうような地盤では採用できない． ・透水性の高い地盤では，横矢板の隙間から地下水とともに土粒子が流失し，周辺地盤へ悪影響を及ぼすおそれがあるので，掘削に先立って，適切な排水工法により，あらかじめ地下水位を掘削底面以下に下げておくことが望ましい．
鋼矢板（シートパイル）工法	シートパイルを相互にかみ合わせながら設置し，山留め壁とする工法	・精度良く施工されれば，止水性の高い山留め壁となるので，地下水位の多い地盤での掘削，川や海の近くでの掘削に採用される． ・かみ合わせの部分が剛性の弱点になるので，強度的に過大な期待は禁物である． ・止水性のある山留め壁としては，転用性を考慮すれば最も安価な工法である．
ソイルセメント柱列壁工法	セメントペーストなどと原位置土砂とを攪拌しソイルセメントパイルを造成し，鋼材を挿入して山留め壁とする工法	・低騒音，低振動での施工が可能であり，ある程度の剛性や止水性も期待できる． ・緩い細砂や軟弱なシルト層で横矢板を入れる前に崩れてしまうような場合，地下水量が多くて排水が困難な場合などに採用する． ・施工時の管理技術レベルにより品質のバラツキが大きい．
場所打ちRC連続壁工法	安定液などで孔壁を保護しながら溝状の掘削を行い，場所打ち杭と同じように鉄筋かごを建て込み，コンクリート打設（トレミー工法による）などの手順で山留め壁を構築する工法	・低騒音，低振動での施工が可能であり，断面形状や剛性を比較的自由に選定できる． ・剛性の高い壁を構築する工法なので，周辺地盤への影響を小さく押さえることができる． ・コスト高になるため，軟弱地盤での大規模掘削で逆打ち工法などの剛性の高い支保工工法との組合せで採用されることが多い．

表 4.4.6 山留め支保工の種類と特徴の比較

山留め支保工の種類	掘削規模・形状に対する適応性	変形	強度	施工性・工費
鋼製支保工	・複雑な平面形状や高低差の大きい敷地，大スパンでの適用は難しい	・RC造に比べると切梁の変形は大きい ・ジャッキング導入可	・材質が均一で信頼性大 ・補強容易 ・再使用材は断面性能低下 ・温度による応力変化が大	・架け払いが容易 ・転用可 ・比較的安価
RC造支保工	・複雑な形状でも適用可	・変形は小さい ・緩み・あそびによる変形がない	・断面・形状の選択が自由 ・強度発見に時間を要する ・補強困難	・転用できない ・架設や解体に時間・費用がかかる
地盤アンカー工法	・どのような規模・形状に対しても適用可 ・敷地外打込みの許可を要する ・軟弱層では定着不可	・引張り材の伸びが大きいので，プレストレス導入が必要 ・プレストレス導入により変形を小さくできる	・設計耐力の全数確認が必要 ・地盤全体の安定検討が必要 ・山留め壁への鉛直力作用	・掘削や地下躯体工事の作業能率が良い ・工期の短縮が図れる
逆打ち工法	・深い掘削に適する	・変形が小さい	・地下躯体を利用するので剛性が高い ・安全性が高い	・地上・地下の同時施工可 ・仮設材の節減 ・地下作業の能率が落ち，工期・工費がかかる

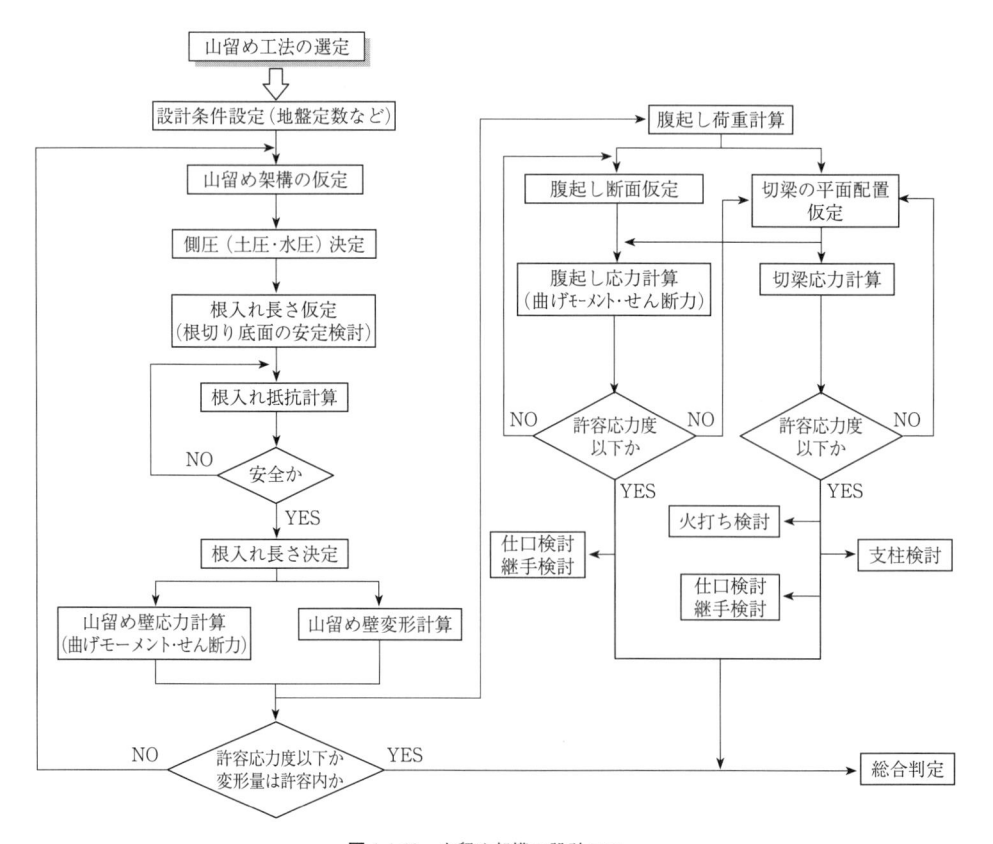

図 4.4.10 山留め架構の設計フロー

る．集中切梁工法などにして間隔を大きくする方法もある．

敷地に余裕があれば，地盤アンカー工法，タイロッドアンカー工法の採用を検討する．これらの工法は掘削平面内に切梁などの障害物がないので，掘削工事，地下躯体工事の作業性は良い．地盤アンカー工法は，道路管理者や隣地の所有者の了解が得られれば敷地境界を越えて打設することも可能であるが，その場合は除去式のアンカーを使用する．

d. 山留めの力学と安全性検討

山留めの計画は，安全で経済的なものでなければならない．計算に基づいて，安全性を確かめるとともに過剰設計を避ける．山留め設計フローを図4.4.10に示す．

1) 山留め設計に使用する主な定数

i) 湿潤単位体積重量 (γ_t)　土の重量は土質により異なる．各土質に対して表4.4.7の値を用いる．

なお，地下水位下の土に対する水中単位体積重量 γ' は次式から求められる．

$$\gamma' = \gamma_t - 1$$

ii) 1軸圧縮強度 (q_u) **および粘着力** (c)　q_u はコンシステンシーや N 値から推定し，粘着力 c は次式から求める．

$$c = q_u / 2$$

表4.4.8に1軸圧縮強度 (q_u) と N 値を示す．

iii) 内部摩擦角 (ϕ)　砂地盤の内部摩擦角を N 値から推定する式として次式がある．

大崎の式　　　$\phi = \sqrt{20\,N} + 15$
Dunhamの式　$\phi = \sqrt{12\,N} + 20$
Peckの式　　　$\phi = 0.3\,N + 27$
$N < 10$ の場合　→大崎の式
$N > 10$ の場合　→上記3式の平均値

iv) 変形係数 (E_s)　N 値から変形係数を推定する場合の目安を示す（表4.4.9）．

2) 側　圧

水中の物体が水圧を受けるように，土中の物体は土の圧力，土圧を受ける．また，地下水があればその水圧を受ける．地下掘削を行うために，山留めを設けて土の崩壊を押さえようとすると，山留めにはこれらの圧力が作用する．これを側圧と呼んでいる．側圧は，土質性状，地下水位などにより異なり，その算定方法にはいろいろな考え方がある．

i) ランキン-レザール式

（1）山留め壁の背面にかかる側圧：　山留め壁の背面には，図4.4.11に示すように土圧，水圧および上載荷重による力がかかっている．これらを総称して側圧と呼んでいる．側圧の計算法についてはいくつもの提案があるが，ランキン-レザールの提案式を次に示す．

$$\begin{aligned}P_A =& \{\gamma_t(Z - Z_W) + \gamma' Z_W + q\}\tan^2(45 - \phi/2)\\&- 2c\tan(45 - \phi/2) + Z_W\end{aligned}$$

（2）山留め壁を支える側圧：　山留め壁の背面にかかる側圧は，掘削側の支保工と，山留め壁の根入れ部の土圧（受働土圧）によって支えられる．この受働土圧は次の式により求められる．

$$\begin{aligned}P_p =& \{\gamma_t(Z - Z_W) + \gamma' Z_W\}\tan^2(45 + \phi/2)\\&+ 2c\tan(45 + \phi/2) + Z_W\end{aligned}$$

なお，親杭横矢板工法では，根入れ部の山留め壁が親杭だけになるので，受働土圧は親杭幅 B だけに生じるが，土のアーチ作用を期待して $2B \sim 2.5B$ の幅の受働土圧を採用する場合が多い．

ii) 三角形分布　ランキン-レザールの提案式から求めた側圧は，地層がいくつもある場合には複雑な形になるが，日本建築学会の「山留め壁設計施工指針」に提案されている表4.4.10の側圧係数の範囲内で，単純化した三角形分布の側圧に置き換え

表4.4.7　湿潤単位体積重量 (γ_t)

地層	沖積層			洪積層			
	砂	シルト	粘土	礫	砂	シルト	粘土
γ_t (kN/m³)	17	16	15	19	18	16	16

表4.4.8　コンシステンシー

コンシステンシー	q_u (kN/m²)	N 値
非常に軟らかい	25 >	2 >
軟らかい	25〜50	2〜4
中位の	50〜100	4〜8
硬い	100〜200	8〜15
非常に硬い	200〜400	15〜30

表4.4.9　変形係数

砂地盤		粘土地盤	
N 値	E_s (MN/m²)	N 値	E_s (MN/m²)
$N \leq 10$	1〜5	$N \leq 2$	1〜5
$10 < N \leq 20$	5〜15	$2 < N \leq 5$	5〜10
$20 < N \leq 30$	15〜25	$5 < N \leq 10$	10〜20
$30 < N \leq 40$	25〜30	$10 < N \leq 15$	20〜30
$40 < N \leq 50$	30〜35	$15 < N \leq 30$	30〜40
$50 < N \leq 100$	35〜50	$30 < N \leq 50$	40〜50

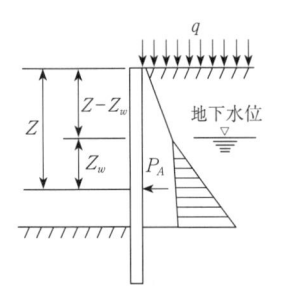

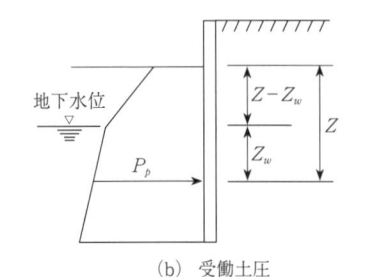

(a) 山留め壁背面にかかる側圧　　(b) 受働土圧

P_A：Zの深さにおける主働土圧 (kN/m²)
P_P：Zの深さにおける受働土圧 (kN/m²)
Z：地表面からの深さ (m)

図 4.4.11 山留め壁の側面圧

表 4.4.10 側圧係数

地盤		側圧係数
砂地盤	地下水位の浅い場合	0.3〜0.7
	地下水位の深い場合	0.2〜0.4
粘土地盤	軟らかい粘土	0.5〜0.8
	硬い粘土	0.2〜0.5

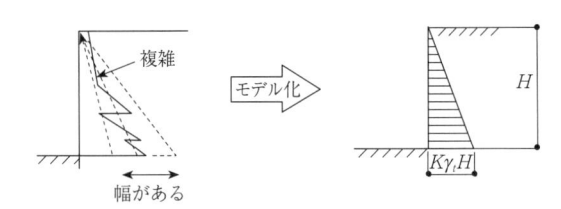

図 4.4.12 山留め壁に作用する側圧変化の模式図

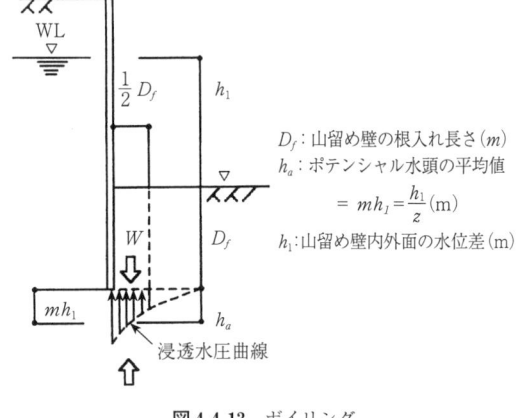

D_f：山留め壁の根入れ長さ (m)
h_a：ポテンシャル水頭の平均値
　　$= mh_1 = \dfrac{h_1}{z}$ (m)
h_1：山留め壁内外面の水位差 (m)

図 4.4.13 ボイリング

安全率　$F_s = W/U = \gamma_t' \times D_f / \gamma_w \times h_a$
　　　　　　$= 2\gamma_t' \times D_f / \gamma_w \times h_1$

ここで，F_s は 1.2 以上．

ると，後の山留め計算が簡単になる（図 4.4.12）．

3) 山留め壁の応力計算

山留め壁の応力計算は，山留め壁を梁にモデル化して行う．梁の支点位置が工事の進捗により変化すること，地盤が支点となる点があり，その点のモデル化が難しいことなどの理由により，最近ではコンピュータによる計算が一般的である．モデル化の方法としては，単純梁法・連続梁法・有限要素法などがある．

このうち，手計算で可能なものは単純梁法程度であるが，いかにコンピュータによる複雑な方法を用いても，地盤定数などの仮定が適切でなければ，計算結果も適切なものとはならない．

i) ボイリングの検討　地下水位が浅い砂地盤で掘削を行う場合，山留め壁裏面と掘削側の水位差が大きくなると掘削底面下に上向きの浸透水流が生じ，砂粒子が押し上げられ，掘削底地盤が破壊される．これをボイリングと呼び，次式で検討する（図 4.4.13）．

ii) ヒービングの検討（図 4.4.14）　軟弱な粘土層を掘削する場合，掘削により山留め壁内外の土の重量差が生じ，山留め壁外側の土が山留め壁内側に回り込もうとする．これをヒービングと呼び，次式で検討する．

安定数　$N_b = \gamma_t \times H / S_u$
$N_b > 5$　：ヒービングの可能性大
$N_b = 4〜5$：ヒービングの可能性あり
$N_b < 4$　：ヒービングの可能性小

ここで，γ_t：地表面から根切り底面までの土の平均単位体積重量 (kN/m³)，H：根切り深さ (m)，S_u：土の非排水せん断強度 (kN/m²)．

iii) 盤ぶくれの検討（図 4.4.15）　粘性土層の下の砂層内にある地下水は，高い水圧を持っている場合がある．これを被圧滞水層という．被圧滞水層上の地盤を掘削するとき，被圧滞水層上の粘性土層の土被り厚が薄くなると，土被り重量よりも水圧が大きくなり，根切り底地盤が持ち上げられる．これ

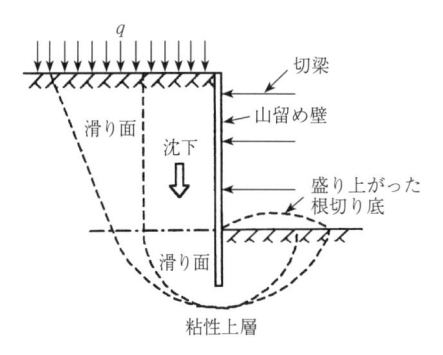

図 4.4.14 ヒービング

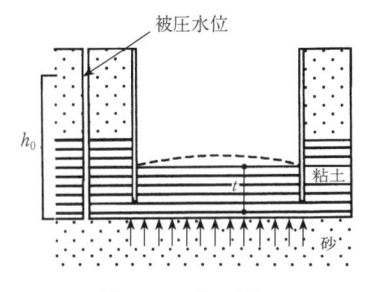

図 4.4.15 盤ぶくれ

を盤ぶくれという．この検討は次式により行う．
$$t = \gamma_w \times h_o \times \alpha / \gamma_t$$
ここで，α：揚圧力係数（通常は 1.0）．

4.4.2 水替・排水

地下水位が高い場合，掘削工事，地下躯体工事をドライワークにするために，地下水処理が必要になる．また，掘削に伴う事故の多くに地下水が関係するため，地下工事期間中の地下水処理計画は重要である．

a. 地下水処理計画

地下水を処理する方針として，図 4.4.16 に示すように，排水工法と遮水工法があるが，経済性，圧密沈下など周辺への影響を考慮して決定する．排水工法はボイリングや盤ぶくれの防止，ドライワークを目的として行われる．地下水位，掘削規模，周辺環境，地盤を考慮し，山留め壁工法，地下水処理工法の最適な組合せを検討する．

図 4.4.17 は土粒子の径と排水工法の適用範囲を示したもので，以下，排水工法の種類と特徴について説明する．

1) 釜場排水工法（図 4.4.18）

掘削底よりも少し深い位置に設ける集水設備をいい，釜場と称する集水枡に湧水を集め，水中ポンプにより揚水する．容易に設置でき，根切りの進捗に合わせて釜場の位置を順次，下げていけばよい．地下水位が高くない地盤に採用される．ボイリング，パイピング，盤ぶくれを防ぐことはできない．また，掘削に先行することが難しいので，完全なドライワークはできない．

2) ディープウェル工法（図 4.4.19）**の概要と適用性**

① 掘削平面内あるいは外に削孔径 0.5～1.0 m，管径 0.3～0.6 m のストレーナーを有するパイプを挿入したものを所定の深さまで設け，流入する地下水を水中ポンプなどで排水する．

② 砂層や砂礫層など比較的透水性の良い地盤に適し，深い位置まで設置することができる．

③ 可能揚水量は，対象地盤の透水性，ポンプ能力による．ポンプ能力が高くても透水性が悪いと揚水可能範囲は狭い．

④ 揚水能力は，揚水管径 4 インチで 1 m³/min，6 インチで 2 m³/min 程度なので，使用ポンプに応じて必要台数を設置する．

　　　必要台数 $N = 1.5\,Q / 0.7E$

ここで，Q：排水量，E：ポンプの公称排水量．

⑤ ディープウェルは，均等に配置されるが，形

遮水工法 ─ 遮水山留め壁工法：遮水性の山留め壁を遮水層まで根入れして遮水する．
　　　　 ─ 凍結工法：掘削周辺地盤，根切り底以深を凍結することにより遮水する．
　　　　 ─ 薬液注入工法：掘削周辺地盤，根切り底以深に薬液を注入して透水性を悪くする．
　　　　 ─ 圧気工法：潜函工法で函内の気圧を水圧より高くして水が入らないようにする．

地下水処理工法

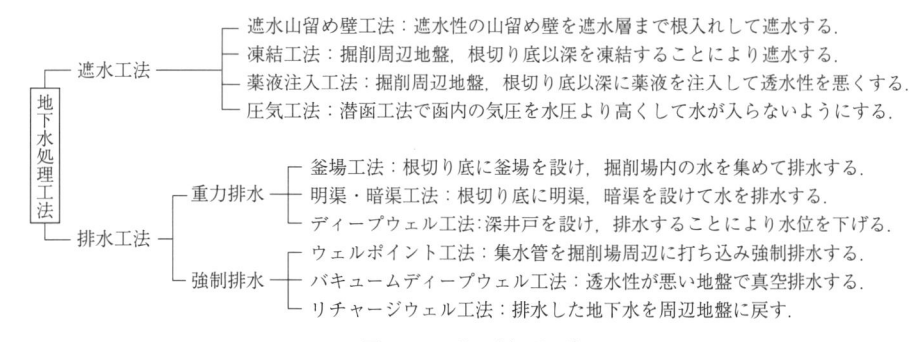

排水工法 ─ 重力排水 ─ 釜場工法：根切り底に釜場を設け，掘削場内の水を集めて排水する．
　　　　　　　　　　 ─ 明渠・暗渠工法：根切り底に明渠，暗渠を設けて水を排水する．
　　　　　　　　　　 ─ ディープウェル工法：深井戸を設け，排水することにより水位を下げる．
　　　　 ─ 強制排水 ─ ウェルポイント工法：集水管を掘削場周辺に打ち込み強制排水する．
　　　　　　　　　　 ─ バキュームディープウェル工法：透水性が悪い地盤で真空排水する．
　　　　　　　　　　 ─ リチャージウェル工法：排水した地下水を周辺地盤に戻す．

図 4.4.16 地下水処理工法

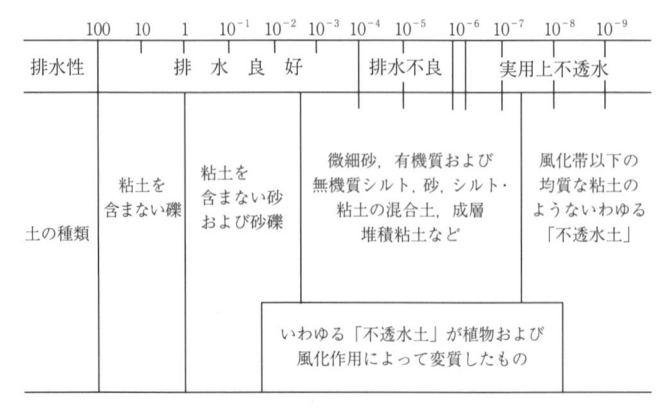

図 4.4.17　土の透水性および排水性

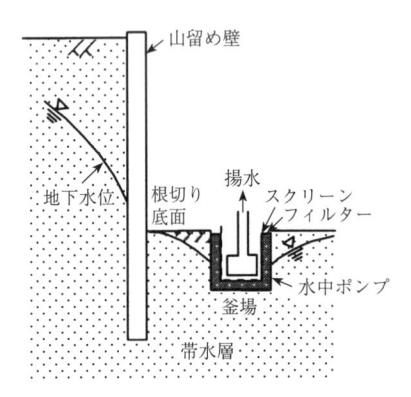

図 4.4.18　釜場排水工法

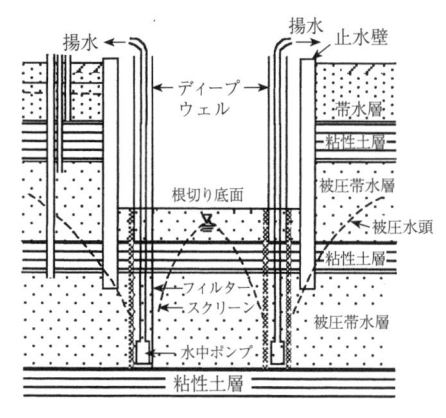

図 4.4.19　ディープウェル工法

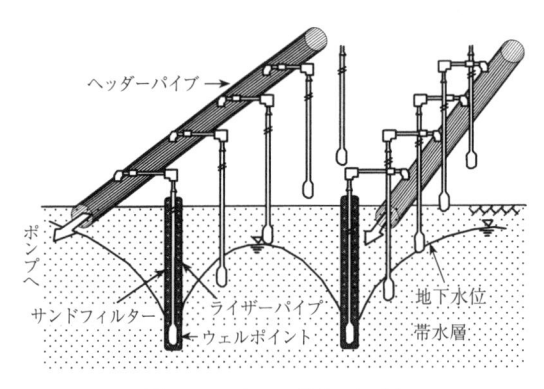

図 4.4.20　ウェルポイント工法

状が複雑な場合は本数を増やし，配置を検討する．

⑥ 透水性が悪い地盤の場合，バキュームディープウェルを使用する．バキュームディープウェル工法は，気密性を確保したウェル内部を真空ポンプで吸引し，地下水の流入を促進する工法．揚水増加量は2〜3割程度にとどまる．

3) ウェルポイント工法（図 4.4.20）**の概要と適用性**

掘削部分の周囲をウェルポイントと称する簡易井戸で取り囲み，揚水することにより掘削部分へ流入する地下水を遮る．

ウェルポイント工法は，長さ0.7〜1.0 m，管径6 cm程度の吸水管をライザーパイプにつないだものを0.7〜2.0 mピッチで打設し，ライザーパイプ頭部をつなぐヘッダーパイプを通じて真空排水する工法．透水性の高い地盤から低い砂質シルト層まで適用可能である．

真空ポンプで吸水するためウェルポイントによる水位低下は4〜6 mであり，水位低下量が深い場合は多段に計画する．

4) リチャージウェル工法の概要と適用性

ディープウェルと同様の構造を持つ井戸であるが，揚水する代わりに，注水（リチャージ）する井戸である．復水工法，注水工法ともいう．

ディープウェル工法などにより排水すると，周辺

の地下水位が低下して井戸枯れや圧密沈下のおそれがある場合，揚水した地下水を周辺地盤に復水することにより，周辺の過度の水位低下を防ぐために適用する．また，下水道使用料を低減する場合にも採用することがある．

b. 水替・排水工の計算

1) 影響圏 (R)

ディープウェルで地下水を排水する場合，地盤の透水性により井戸の影響範囲が異なる．透水性の良い地盤では，井戸の設置地点から遠い地点の水位も下げることができるが，透水性が悪い地盤では，あまり遠い地点の水位を下げることができない．影響範囲には各種の算定式があるが，地盤に応じて表4.4.11 の概略値を用いることができる．

2) 排水工の計算

i) 自由水の排水量の推定（図 4.4.21） 自由水の排水量は図 4.4.21 の式から推定できる．

ii) 被圧水の排水量の推定（図 4.4.22） 被圧水の場合の排水量は図 4.4.22 の式から推定できる．

iii) 等価井戸半径 掘削面積と等価な井戸の半径は次式により計算する．

① 等価面積とする場合

$$r_0 = \sqrt{A/\pi} \quad (A：掘削面積)$$

② 等価周長とする場合

$$r_0 = \sum l/\pi \quad (\sum l：掘削周長)$$
$$\sum l = l_1 + l_2 + \cdots + l_n$$

iv) 排水検討 排水工法を採用する場合，周辺の下水管の排水能力を検討する．排水能力が不足する場合は，遮水工法に計画を変更するか，リチャージ工法を採用する．

3) 遮水工法の概要と適用性

掘削エリア周囲を遮水山留め壁などで囲い，地下水が流入しないようにする工法．掘削底下部の適当な位置に粘土層などの遮水層があり，そこに山留め壁を根入れする必要がある．

① 遮水層が深い場合は，山留め壁を山留め計算上必要な根入れ長さよりも長くして，遮水層まで根入れする必要がある．
② ソイルセメント柱列壁では，応力材は計算上必要な長さとし，ソイル壁のみ遮水層まで根入れする．

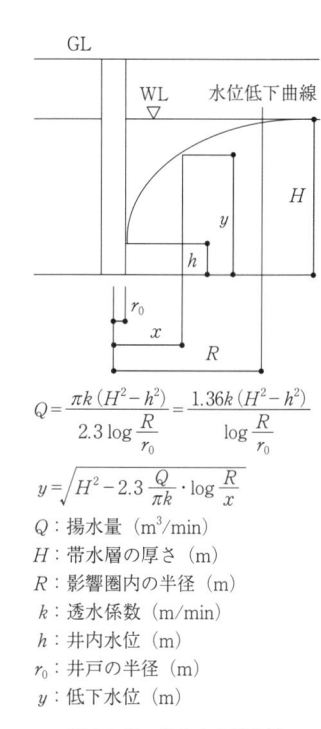

$$Q = \frac{\pi k (H^2 - h^2)}{2.3 \log \frac{R}{r_0}} = \frac{1.36 k (H^2 - h^2)}{\log \frac{R}{r_0}}$$

$$y = \sqrt{H^2 - 2.3 \frac{Q}{\pi k} \cdot \log \frac{R}{x}}$$

Q：揚水量（m³/min）
H：帯水層の厚さ（m）
R：影響圏内の半径（m）
k：透水係数（m/min）
h：井内水位（m）
r_0：井戸の半径（m）
y：低下水位（m）

図 4.4.21 自由水の排水量

表 4.4.11 土質別の井戸の影響範囲

土質		影響半径
土質名	粒径	R (m)
粗礫	>10	>1,500
礫	2～10	500～1,500
粗砂	1～2	400～500
粗砂	0.5～1	200～400
粗砂	0.25～0.5	100～200
粗砂	0.10～0.25	50～100
粗砂	0.05～0.10	10～50
シルト	0.025～0.05	5～10

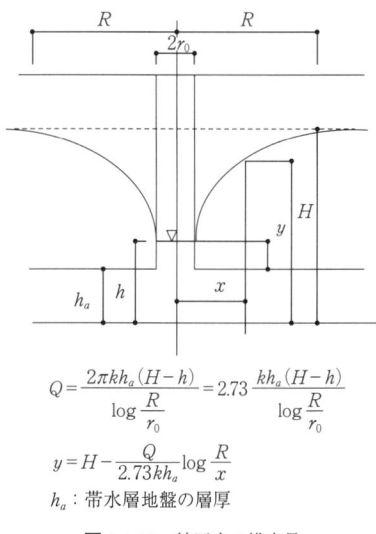

$$Q = \frac{2\pi k h_a (H - h)}{\log \frac{R}{r_0}} = 2.73 \frac{k h_a (H - h)}{\log \frac{R}{r_0}}$$

$$y = H - \frac{Q}{2.73 k h_a} \log \frac{R}{x}$$

h_a：帯水層地盤の層厚

図 4.4.22 被圧水の排水量

③ 適切な遮水層がない場合は，薬液注入工法などで掘削底を遮水することもある．
④ 根切り底が粘土層であっても，その下に砂層がある場合は被圧地下水がある場合が多く，盤ぶくれに注意．
⑤ 盤ぶくれのおそれがある場合は，下部の砂層をディープウェルで排水し，水圧を下げる．

4) 排水・遮水の検討

地下水処理計画の判断のポイントとして，遮水層の有無と深さが重要である．

遮水層が深い場合，次の各ケースのコスト比較，近隣への影響を検討し，工法を決定する．

① 山留め壁を遮水層まで根入れする．
・山留め壁が深くなり，山留め壁施工費が高くなる．
② 排水工法により水位を下げる．
・山留め壁施工費は安くできるが，水替設備費，下水道使用料が高くなる．
・排水量が多くなる透水性が良い地盤では不利である．
・長期にわたる排水により，圧密沈下，井戸枯れなどの近隣への影響が考えられる．
③ 排水工法とリチャージウェル工法を併用する．
・敷地にリチャージウェルを設ける余裕があれば，リチャージウェル設備費がいるが，下水道使用料は減らすことができる．
・リチャージによる近隣への影響が考えられる．
④ 掘削部分下部を薬液注入工法により遮水する．
・山留め壁費，水替設備費は安くできるが，薬液注入費がかかる．
・掘削面積が狭い場合は有利である．

4.4.3 掘削計画

掘削工事全体の計画は，敷地条件，地盤条件，全体工期などを総合的に考えて，山留め工法，支保工工法，掘削工法など併せて検討される．掘削計画は，山留め計画との関連で各段階の掘削深さ，順序，使用重機台数などを検討する．

ここでは，掘削そのものにかかわる仮設設備計画について紹介する．

表 4.4.12　山留め・支保工の安全管理一覧表

管理項目	調査内容	調査方法
地盤状況	土質・地盤の構成	・杭施工時や掘削中に目視 ・必要に応じ土質試験やチェックボーリング
地下水状況	水位（自由水・被圧水）	観測井による（スケール，自動水位記録計）
	水圧	間隙水圧計
	ボイリング・パイピング	目視，必要に応じ部分的に先行掘削する
周辺の状況	道路・埋設物・周辺地盤・周辺建物の沈下	レベル，地中の層別沈下計
	周辺建物の傾斜	トランシット，下げ振り，クラック目視
	周辺地盤の水平移動	トランシット，地中変位計 地表面クラック目視
山留め壁	側圧・受働土圧	土圧計，水圧計
	頭の変位・沈下	レベル，トランシット
	中間部の変形	傾斜計
	応力	鉄筋計，ひずみ計，クラックの目視
支保工	切梁軸力	油圧式軸力計（土圧計），ひずみ計
	切梁温度	温度計
	腹起し応力	ひずみ計（RCの場合は鉄筋計）
	切梁・腹起しの変形，棚杭の沈下・浮き上がり	・レベル，トランシット，ピアノ線 ・ジョイント部の緩み目視
その他	リバウンド	層別沈下計
	気温	温度計
	排水	排水量

a. 乗入れ構台の計画

乗入れ構台は，掘削工事だけでなく，地下躯体工事計画，鉄骨建方工事計画と関連して形状，規模，位置が決まる．

乗入れ構台と山留め支保工の計画に関する注意事項として次の点がある．

① 切梁支柱と構台支持杭は，原則として兼用しない．兼用する場合は，十分な支持力があることを計算で確認しておく．

② 乗入れ構台と切梁の間隔を十分にとり，切梁の開口を構台がふさがないように配置する．

b. 仮設道路・斜路の計画

掘削平面内にダンプ車を乗り入れる場合，仮設斜路を設ける．

計画上のポイントは次のとおりである．

① 斜路勾配は，水平距離 L と高さ H の割合 H/L を 1/6〜1/10 程度とする．

② 通行頻度が高く，轍ができないように路面に鋼板を敷き，滑り止めを施す．

4.4.4 計 測 管 理

土工事の計画は，地質調査結果などに基づいて条件を設定して計画を立てるが，土の性状は不均質であり，設定条件と異なる場合が多い．したがって，工事の進捗に応じて各種の計測を行い，現実の状況を把握する必要がある．

計測管理には，大きく 2 つの目的がある．

① 山留め壁などの変形挙動が予測値を大幅に超えたり，異常な動きを示していないかを計測し，危機管理を行う．

② 側圧などの実測値と計算値を比較し，次ステップ以降の施工に反映する．

計測は計測項目，個所を増やすとそれだけ正確な情報が得られるが，費用，手間がかかる．掘削，山留め工事の難易度に応じて必要最小限の計測項目，個所数を計画する．

表 4.4.12 に山留め・支保工の安全管理表を示す．

[村岡益一郎]

4.5 躯 体 工 事

4.5.1 コンクリート工事

a. 構造体および部材の要求性能とコンクリートの品質

建築物に要求される性能は，その発注者・使用者・重要度・用途・規模・使用条件・環境条件などによって異なり，設計図書にはそれらに応じて構造体および部材の要求性能が示される．構造体および部材の設計要求性能には，構造安全性・耐火性・使用性・耐久性・寸法精度・仕上り状態・かぶり厚さなどがあり，発注者あるいは設計者はこれら要求性能をできる限り具体的な仕様に定め，必要なコンクリートの品質を施工者に明示する．

使用するコンクリートは，素材として所要の品質を満足することが求められるとともに，構造体および部材として要求性能が得られるよう，適切に施工されなければならない．

b. コンクリート工事の計画

1) 施 工 計 画

建築工事を進めるにあたり，施工者は当初立案した工事全体の総合施工計画（基本施工計画）に基づき，工事種別施工計画を検討する．通常，コンクリート工事は鉄筋・型枠工事を含んだ躯体工事（鉄筋コンクリート工事）として，関連する仕上・設備工事をも考慮して施工計画が検討され，それを踏まえてコンクリート工事施工計画書が作成される．

施工計画書の内容は，工期・工程・工法（構法）・使用機材・使用材料・施工順序・施工方法などが示され（品質管理を含む場合もある），工事監理者の承認事項となる．なお，工事終了後には，工程・施工状況・管理状況などを示す工事報告書を作成する．

2) 品質管理計画

要求性能を確保するため，施工計画書に基づき品質管理計画書を作成し，それに従ってプロセス管理および試験・検査を実施する．

品質管理計画書には，要求品質・品質管理組織・管理項目・責任者（担当者）・管理方法・管理値・品質管理実施方法・品質評価方法・不具合を生じた場合の処置方法などが含まれ，工事監理者の承認を要する．

c. コンクリート材料

コンクリートの材料には，セメント，骨材，練混ぜ水および混和材料があり，その種類などは設計図

書に定められた仕様による．記載のない場合は工事監理者の承認を要する．

1) セメント

セメントの種類は，JIS R 5210（ポルトランドセメント）と混合セメントとに大別され，前者は普通・早強・超早強・中庸熱・低熱・耐硫酸塩ポルトランドセメントの6種（低アルカリ形を含む），後者は高炉セメントA種・B種・C種（JIS R 5211），シリカセメントA種・B種・C種（JIS R 5212）およびフライアッシュセメントA種・B種・C種（JIS R 5213）がある．このほか，都市部で発生する廃棄物（都市ごみ焼却灰，下水汚泥など）をセメントクリンカーの主原料とするエコセメント（JIS R 5214）が最近制定された．それぞれの特性を活用し，使用個所・施工時期・施工法など用途に最適なものを選定する．ただし，製造・流通・供給が常時可能な普通・早強ポルトランドセメント（低アルカリ形を除く）および高炉セメントB種以外のセメントを用いる場合は，使用の可否についてセメント・コンクリート製造者との事前検討が必要となる．

2) 骨　材

骨材の種類には，砕石および砕砂（JIS A 5005），砂利および砂，人工軽量骨材（JIS A 5002），スラグ骨材，再生骨材などがある．スラグ骨材には，高炉スラグ骨材（JIS A 5011-1），フェロニッケルスラグ骨材（JIS A 5011-2），銅スラグ骨材（JIS A 5011-3）などがある．スラグ骨材および再生骨材は，現状ではまだ限定的使用であるが，将来は資源の枯渇，環境保全の観点から利用が進む方向にある．使用する骨材は，特殊な場合を除いて粗骨材・細骨材とも通常は現地で常用しているものが選定されるが，骨材の品質はコンクリート品質に及ぼす影響が大きいので，所定の仕様・規定に適合するものとする．

3) 練混ぜ水

練混ぜ水には上水道水，上水道水以外の水（原水が河川水・湖沼水・井戸水・地下水で特に上水道水としての処理がなされていないものおよび工業用水）および回収水がある．上水道水以外の水と回収水は，JIS A 5308（レディーミクストコンクリート）附属書に適合するものとする．回収水には，スラッジ水（コンクリートの洗浄排水から骨材を分離回収した残りの懸濁水）と上澄水（スラッジ水からスラッジ固形分を沈降その他の方法で除去した水）がある．スラッジ水使用は，現状ではまだ一般化されていない．

4) 混和材料

混和材料は，混和剤と混和材に大別される．混和剤は，コンクリート用化学混和剤（JIS A 6204）としてAE剤，減水剤，AE減水剤および高性能AE減水剤のほか，流動化コンクリートに用いる流動化剤，塩化物イオンによるコンクリート中の鉄筋の腐食を抑制するための防せい剤（JIS A 6205）などがある．現在ほとんどのコンクリートには，フレッシュコンクリートの性質（ワーカビリティ，ブリーディング，凝結時間など）や硬化したコンクリートの性質（強度，乾燥収縮，中性化，凍結融解抵抗性，水和熱など）を改善・制御するため化学混和剤が用いられる．高性能AE減水剤の使用は，単位水量の上限値規定への適合のほか，高強度コンクリート，高流動コンクリートには不可欠である．

また混和材にはフライアッシュ（JIS A 6201），膨張材（JIS A 6202），高炉スラグ微粉末（JIS A 6206），シリカフューム（JIS A 6207）などがあり，それぞれ特徴を生かす用途がある．

d. コンクリート調合

コンクリートの調合は，ワーカビリティ・強度・ヤング係数・耐久性など所要の品質を満足することに加え，適切な施工に支障がないように配慮して定められ，工事監理者の承認を要する．

調合設計の手順を図4.5.1[1]に示す．調合の検討過程では，原則として試し練りによってコンクリートの性能を確認する．ただし，一般的なJIS規格品のレディーミクストコンクリートを用いる場合は，使用工場の実績などを考慮し，工事監理者の承認を得て試し練りを省略することもある．また，コンクリート中の塩化物量およびアルカリ総量が規定値以下であることを必ず確認する．

1) スランプ

所要のワーカビリティは，スランプ（スランプフローの場合もある）で示される．スランプを大きくすると，単位水量が増大し，材料分離・ブリーディングの増大，水密性・耐久性の低下，乾燥収縮の増大などコンクリートの品質を低下させる要因ともなる．このため，スランプは施工性が確保できる範囲でできるだけ小さい方がよく，通常の場合は18 cm以下とし，強度や用途に応じて最大値が定められる．

2) 空　気　量

コンクリート中に微細な空気泡を連行すると，単位水量の低減，ワーカビリティの改善，凍結融解抵

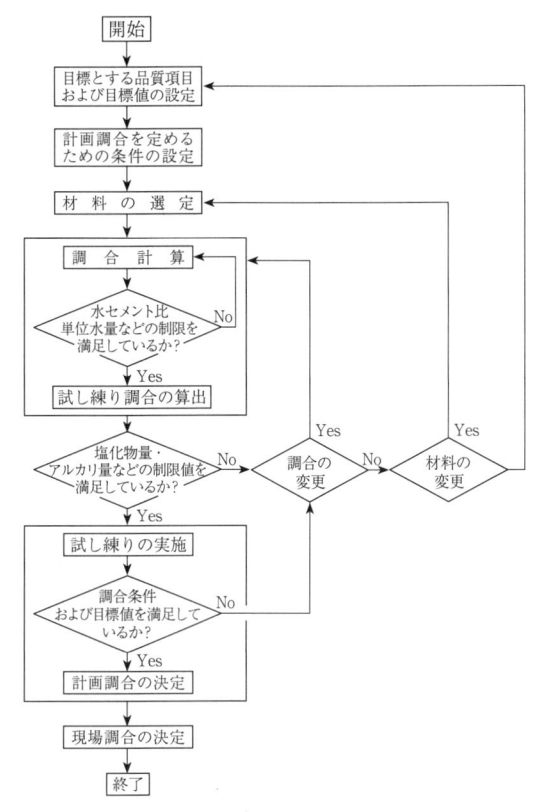

図 4.5.1 調合設計の手順[1]

抗性の向上に大きな効果がある．このため，AE剤・AE減水剤および高性能AE減水剤を用いて，いわゆるAEコンクリートとすることが一般的であり，空気量は通常4.5%とする．

3) 調合強度

調合強度は，コンクリートの調合を定める際に目標とする圧縮強度をいい，構造計算で基準とする設計基準強度あるいは所要の耐久性から定まる耐久設計基準強度を確保するため，強度不良率がある確率以下，かつ下限値がある強度以上となるように設計基準強度を割り増したものである．調合強度算定式は，実際に打ち込まれた構造体コンクリートと強度管理用供試体との強度差，打込み時の気温による強度補正値，各種要因による強度のばらつきなどを考慮した割増しが加えられる．

4) 水セメント比

水セメント比は調合強度が得られるように，工場実績や試験によって定めたセメント水比と圧縮強度との関係式を用いて算定する．水セメント比は，強度上必要な値と，耐久性その他から必要な水セメント比の最大値を満足するように定める．

5) 単位水量および単位セメント量

単位水量の増大は，一般的にコンクリートの品質を低下させる傾向にある．このためコンクリートの単位水量は，通常の場合 185 kg/m^3 以下とし，要求性能および施工性が得られる範囲内でできるだけ小さくする．

単位セメント量は，先に定めた水セメント比および単位水量から算出した値以上とするが，過大であると水和熱や乾燥収縮によるひび割れを引き起こしたり，過小であるとワーカビリティが低下したりする．特に過小であると，充填性の低下，打込み欠陥の発生，ポンプ圧送性の低下，水密性・耐久性の低下などが懸念されるので，単位セメント量の最小値は，通常の場合 270 kg/m^3 とする．

6) 細骨材率

細骨材率は，過小であるとワーカビリティが低下し，過大であると単位水量や単位セメント量が大きくなりコンクリートの品質低下を招きやすいので，適正な値に定める．

e. コンクリートの発注・製造

コンクリートは，JIS表示認定工場で製造されたJIS A 5308（レディーミクストコンクリート）に適合するコンクリートを用いるのが原則である．工事現場練りとすることは現在では稀有である．JIS表示認定工場ではない工場を選定しなければならない場合や，JIS表示認定工場であってもJIS表示認定を受けていないコンクリートあるいはJIS規格外品を使用する場合には，実績・有資格者（コンクリート主任技士・技士など）の常駐・工場設備・管理状況・各種試験などから，所要の品質のコンクリートを製造できると認められる工場を選定する．コンクリートの発注および製造は，JIS A 5308の規定によって行う．

f. コンクリートの運搬および打込み・締固め

コンクリートの運搬・打込み方法として，現在ではコンクリートポンプを用いて所定個所まで圧送して打ち込む工法が一般的である．ポンプ圧送が困難なコンクリートや，打込み量が比較的少ない場合には，クレーンに吊るしたバケットを用いて運搬・打込みを行う工法が適している．また，打込み個所にレディーミクストコンクリート運搬車を近付けることができ，かつ運搬車より低い個所に打ち込む場合には，シュート，トレミー管，鋼製・樹脂製パイプ，フレキシブルホースなどを用いて重力により落下させる工法も採用される．さらにこれらの工法を組み

合わせることもあるほか，機械化された運搬・打込み専用装置も開発されている．各工法にはそれぞれ長所・短所があるので，特徴を十分に把握して，コンクリートに不具合が生じないように適正に使用する必要がある．

コンクリートの運搬および打込み・締固めには次の項目について計画・管理する．

① 運搬・打込み・締固め方法と使用機器，② 施工体制・組織，③ 打継ぎ方法，④ 打重ね時間，⑤ 打込み区画・順序，⑥ 打込み量（1日，単位時間），⑦ 上面仕上方法，⑧ 養生方法（打込み中・後），⑨ 品質変化したコンクリートの措置，など

g. 品質管理・検査

施工者は品質管理責任者を定め，品質管理計画に基づき品質管理・検査を実施し，その結果について文書・記録を作成および保管する．管理・検査項目として次の項目がある．

① 使用材料，② 使用するコンクリート（工事開始前，受入れ時），③ 工事プロセス，④ 構造体コンクリート（仕上り，かぶり厚さ，強度）

h. 特殊なコンクリート

特殊仕様となるコンクリートとして，適用条件により次のように分類できる．

① 環境条件（立地，施工時）：寒中あるいは暑中コンクリート，水中コンクリートなど
② 環境条件（施工後，使用時）：海水の作用を受けるコンクリート，凍結融解作用を受けるコンクリート，耐熱コンクリートなど
③ 施工（設計）条件：流動化コンクリート，高流動コンクリート，マスコンクリートなど
④ 特殊な要求性能：軽量コンクリート，高強度コンクリート，プレストレストコンクリート，水密コンクリート，遮蔽用コンクリート，高耐久性コンクリート，繊維補強コンクリート，膨張コンクリート，再生骨材コンクリート（リサイクルコンクリート）など

これらのコンクリートの施工にあたっては，設計図書に基づく施工計画の策定（必要に応じて事前に各種試験・検討を伴う）と，通常より一層入念な品質管理が求められる．また，これらのコンクリートには JIS A 5308（レディーミクストコンクリート）に適合しないものもあり，この場合は「建築基準法第37条第二号に係る国土交通大臣認定」を受けなければ使用できない．近年，技術的進歩が著しい 2，3 のコンクリートについて次に述べる．

1) 高強度コンクリート

高強度コンクリートとは，設計基準強度が 36 N/mm^2 を超える場合のコンクリートをいい[2]，高層鉄筋コンクリート造集合住宅などの高層建築物に用いられる．強度の上限値は建築基準法にも規定されていない．近年は設計基準強度 100 N/mm^2 以上の高強度コンクリートも実用化されてきている．

現在，高強度コンクリートを使用するには，建築基準法第37条第二号により，平成12年5月31日建設省告示第1446号（最終改正：平成18年9月29日国土交通省告示第1168号）に定める技術的基準に適合することを示す国土交通大臣認定を受ける必要がある．

2) 高流動コンクリート

高流動コンクリートとは，フレッシュ時の材料分離抵抗性を損なうことなく流動性を著しく高めたコンクリートをいい[2]，締固めをしなくても型枠内に充填できる（自己充填性）コンクリートである．スランプフロー 50～70 cm という流動性を得るのに高性能 AE 減水剤を用いる．同時に材料分離抵抗性を付与するため，① 分離低減剤の使用，② 水セメント比を小さくして単位セメント量を増大，あるいは粉体系混和材の使用により水結合材比（水粉体比）を小さくして単位結合材量（単位粉体量）を増大，③ 両者（①および②）の併用，という3つの方法のうちいずれかを用いる．

用途としては，粘性が高く施工性に難がある高強度コンクリートのほか，鋼管コンクリート柱のように充填・締固め・確認（施工時・後）が困難な個所への施工に適用される（現在使用するには大臣認定取得が必要）．

3) リサイクルコンクリート

骨材資源の枯渇化，環境問題などの見地から，既設コンクリート構造物の解体で生じるコンクリート塊の再利用が行われている．法制面の整備も進んでおり，2002年「建設工事に係る資材の再資源化等に関する法律」（いわゆる「建設リサイクル法」）が施行された．従来はほとんどが路盤材に使用されてきたが，今後は排出量増大に応じた用途開拓のためコンクリート用骨材としての再生利用が望まれている．

コンクリート塊を破砕して得られた骨材の表面にはモルタルが付着しており，これが骨材としての品質に悪影響を及ぼしているため，近年では構造体コ

ンクリートに使用できるよう，これを除去する高度処理方法が開発されている．粗骨材だけでなく細骨材も高度処理可能になっており，最終的に残る微粉の有効利用に関する研究も進められている．再生骨材の品質に応じた用途を整備し，解体から再生利用へと循環する現実的な仕組みを構築することが望まれる．

再生骨材を用いたコンクリート，いわゆるリサイクルコンクリート（recycled concrete）は，現在構造体コンクリートに使用するには大臣認定取得が必要であるが，実際に使用され始めている．2005年には，高度処理により通常の骨材と同等品質が得られる再生骨材について，JIS A 5021 "コンクリート用再生骨材 H" が制定された．また 2006 年には，コンクリート塊を破砕処理して製造される "再生骨材 L" を用いたコンクリートとして，JIS A 5203 "再生骨材 L を用いたコンクリート" が制定された．さらに，中程度処理を行って製造される "再生骨材 M を用いたコンクリート" の JIS 化も進められている．

[横須賀誠一]

文　献

1) 日本建築学会：コンクリートの調合設計指針・同解説 (1999)
2) 日本建築学会：建築工事標準仕様書・同解説 JASS 5 鉄筋コンクリート工事 (2003)
3) 日本建築学会：コンクリートの品質管理指針・同解説 (1999)
4) 日本コンクリート工学協会編：コンクリート便覧（第二版），技報堂出版 (1996)

4.5.2　型　枠　工　事

a. 型枠工事の特質と要求される機能・性能

型枠工事の良し悪しは建築工事全体の品質，工程，コストに影響する．したがって，総合的な観点から検討された施工計画と適切な納まりを考慮した正確な躯体図をベースとして，工事監理にあたることが重要である．

型枠は，コンクリートを打ち込んで建物の躯体を形づくるための仮の器である．したがって，型枠工事は躯体形状や精度の確保といった品質面で非常に重要な工事である一方，躯体ができあがれば不要になるという仮設工事としての安全性・合理性・経済性なども併せて追求する必要がある．また，型枠工事は，鉄筋・鉄骨といった他の躯体工事や，各種仕上工事，設備工事などとの関連が非常に深く，幅広い情報の集約ベースとして成り立つ工事でもある．型枠工事の施工管理のポイントを明確にするために，型枠工事の特質と要求される機能・性能を以下にまとめてみる．

1) **形状・寸法精度**
　出来上がりの躯体形状・寸法精度を確保するために，型枠の形状は寸法精度が良好で，図面どおり正確に組立ができ，コンクリート打込み時に移動や変形が生じないこと．また，鉄筋・鉄骨などの躯体工事，各種仕上工事，設備工事を考慮した躯体形状や寸法を決め，躯体図に正確に表すこと．

2) **強度・剛性**
　コンクリート打込み時の荷重（コンクリートや型枠の自重，側圧，作業荷重など）に耐え，かつ許容変形値に収まるための十分な強度と剛性を有すること．

3) **コンクリートの養生**
　コンクリートの所要強度が発現するまでその形を保持し，かつコンクリートの表面を保護・養生すること．

4) **コンクリート表面の仕上り**
　仕上げがある場合は，各種仕上げの下地として適当なコンクリート表面状態と精度を確保し，打放し仕上げの場合は，仕上げとしてのテクスチュアが得られること．

5) **作業性・合理性・経済性**
　組立・解体などの作業性が良好であることはもちろん，仮設構造物として合理的・経済的で，躯体工期を確保できる工法であること．型枠工事は仮設工事であるため，施工管理者の腕のふるいどころである．工夫により合理化（省力化，省資材化，工業化など）が可能であり，工期短縮やコストダウンが図れる．

b. 要求品質や施工条件に関する主な確認事項

いずれの工事でも同様であるが，施工管理を行うには，まず設計図書や法・規準などから要求品質を把握するとともに，工期・敷地条件・天候などの施工条件も併せて把握しておくことが重要である．与えられた施工条件の中で，どのような具体的方法で要求品質を確保していくかの立案が施工計画であり，施工管理の重要な部分を占める．

昨今，工事管理の合理化により基本的な施工計画は母店で行い，施工図や仮設計算などは外注化されるケースが増えつつある．しかしこのような場合でも，これらのアウトプットは必ずしも万全なものと

表 4.5.1 設計図書に関する確認事項

項　目	確認事項	検討内容・ポイントなど
用　途	建物形状，型枠工事の難易度	高階高，はね出し，特殊な平面形状，階段，段差床，曲面壁，セットバック，傾斜屋根，曲面屋根，打放し仕上げなどの有無や範囲を確認
		難易度が高い部材はPC化なども検討
規　模	平面の広さ，階数，形状，外壁量，階高，地下の有無	工区分割を検討（資材・労務の転用・山崩し）
		型枠支保工計画，転用計画（階高や工区間・上階への資材の転用を考慮した計画）
		型枠量が多い場合は大型パネル化，ユニット化，PC化を検討
		地下外壁の型枠工法を検討
		総合仮設計画（揚重機の選定，通路，足場など）
構　造	構造形式など	ハーフPC，デッキプレートの採用など
		VH分離工法の採用検討など
		耐震スリット，ひび割れ誘発目地の位置と形状
敷地形状・配置	隣家との間隔	足場設置の有無，安全対策，加工場，通路などの検討
部材形状・寸法	特殊形状部材の有無	丸柱，曲面壁など特殊形状型枠の検討（PC化の採用など）
	各階の柱，梁寸法	型枠材の転用方法の検討，統一断面の場合はユニット化検討
仕上げ	仕上げの種類	せき板の補修，剥離剤の選定，型枠精度（型枠材の種類，セパレーターの間隔など）
	サッシ打込み，タイル先付け，断熱材打込みなど	サイクル工程検討，各部納まり検討
使用材料	せき板，支保工，剥離剤，デッキプレート，PCFの仕様	型枠用合板の品質（種類，厚さ）確認（日本農林規格「コンクリート型枠用合板」）
		その他材料の品質規定
		熱帯雨林保護，リサイクル促進のための対策検討
設備工事関係	開口，配管，配線など	躯体図への反映，総合図の確認
コンクリート工事	打設量	工区分割：打継ぎ型枠の方法
	高階層の独立柱・壁	打込みスピードと型枠の強度検討
	高階高	二度打ちの場合の対応（コンクリート投入口や水平打継ぎ目地）
型枠の存置期間	せき板，支保工の存置期間の規定	規定内容の確認（材齢管理か強度管理か）
		コンクリートの種類や強度との関連に注意
		スラブ・梁の強度検討による早期支保工除去の検討
		存置期間に基づく転用計画（パーマネント工法の採用なども考慮）

は限らず，要求品質が得られるか，施工条件に合致しているかなどの確認が不可欠である．

以下に要求品質や施工条件に関する主な確認事項について，その内容やポイントなどを示す．

1) 設計図書の確認

表4.5.1に設計図書で確認すべき事項と検討内容をまとめて示す．

2) 法，規準等の確認

関連法令や規準などが定められており，表4.5.2にまとめて示す．

3) 施工条件

型枠工事は躯体工法を決定する重要な工事である．工期，労務事情，気象条件，立地環境条件などの制約条件を的確に把握し，総合的な検討の上で適切な型枠工法を選定する．必要な場合には，工業化や省力化工法（デッキプレート打込み，PC化，ユニット化など）を採用し，工期不足や労務不足に対応する（表4.5.3）．

4) 施　工　図

施工図には躯体図，型枠のパネル割付図，型枠組立図がある．それらの施工図を充実させ，よく理解しておくことが現場管理をスムーズに行うポイントである．以下に各施工図の要点を記す．

（1）躯体図：　躯体図はすべての施工図の基本となる図である．設計図書との食い違い，仕上げの納まりの確認が必要である．縮尺は1/50を基本とする．重要な部分の断面図も同じ図面内に入れる．また，打放しなど注意すべき内容を記載しておく，打込み物を記載し，使用する部材を明確にしておく．

（2）パネル割付図：　パネル割りは材料を効率

表 4.5.2 関係法および規準などに関する確認事項

建設省告示	型枠および支柱の取外しに関する基準	(旧建設省告示第 1655 号)
労働安全衛生規則（安衛則）	型枠支保工の構造，許容応力の値，措置など，段状型枠支保工	(安衛則 237〜243 条) 型枠支保工の構造，荷重，許容応力度，組立時の措置などを確認し，強度計算や組立に反映させる
	コンクリート打設，型枠支保工の組立などの作業，作業主任者の選定	(安衛則 244〜247 条) 内容確認して実施
	支保工の設置届	(安衛則 85〜89 条) 支柱の高さが 3.5 m 以上の場合は設置届が必要
	足場，仮設通路など	型枠作業に必要な足場や仮設通路が必要な場合，あるいは型枠支保工と足場を兼用する場合には，安衛則の足場関係の材料・構造・組立・届出などに関する基準も併せて確認しておく
日本建築学会 JASS 5	コンクリート部材位置および断面寸法の許容差の標準値	(JASS 5 2 節，9 節) 型枠の精度そのものの規定はないが，コンクリートの断面寸法精度や平坦さがこの規定（表 2.1〜2.2, 解説表 2.3〜2.5 参照）を満足するよう，型枠の組立精度・変形・移動などに対する措置を講じる
	コンクリートの仕上がりの平坦さの標準値	
	コンクリートの表面の仕上り状態	各種仕上げに対するせき板への要求事項
	かぶり厚さ	(JASS 5 2 節，10 節) かぶり厚さの規定 型枠建込み精度，コンクリート打込み時の型枠移動に留意
	型枠の存置期間	(JASS 5 12 節) 型枠のせき板，支保工の存置期間の規定 資材の転用や投入量に影響，またコンクリート工事との関連に注意
	型枠に関する材料，設計，構造計算，加工・組立，検査	(JASS 5 12 節) 材料選定，強度計算，加工・組立に関する規定
	型枠工事の品質管理・検査	(JASS 5 13 節) 型枠の材料，組立，取外しに関する品質管理や検査の規定
日本農林規格	型枠用合板の企画	1 種の 1 は打放し用，1 種の 2 は表面加工品，2 種はその他
産廃物処理法	型枠の処理	型枠は木くずとして産業廃棄物として処分する
建設リサイクル法（平成 14 年 5 月 30 日より施行）	分別とリサイクルの義務づけ	型枠合板も特定建設資材として，分別・再資源化の対象となる 型枠合板に関しては 500 m² 以上の新築工事に適用

表 4.5.3 施工条件などによる確認事項

工 期	契約工期の長短	適正工期かあるいは急速（緩速）施工か
労務事情	型枠大工の投入人数	型枠面積，床面積，難易度（歩掛り），型枠工程に見合った投入が可能か
気象条件	工事場所の気象条件把握	降雨，強風，降雪によって作業不可能となる日数．気温によるコンクリートの強度発現期間
立地環境条件（近隣含む）	敷地の広さ，敷地の余裕，隣家との近接度合いなど	資材の搬入・加工・ストック，資材揚重設備など
		隣家近接部の型枠工法，安全対策など
	近接施工（鉄道，高速道路など）の有無	事前協議，安全対策など
	近隣との工事協定	作業時間，交通規制（大型車規制など）など
	周辺道路の交通規制	
検査など	中間検査や住宅品確法建設評価など	検査時期，検査内容，設備書類などの確認
		場合によっては工程に影響あり．また，検査・書類整備対応などに対する増員や応点支援が必要な場合もある

表 4.5.4 社会的要求などに関する確認事項

熱帯雨林の保護	型枠合板以外の材料使用の推進	木材使用低減のため，PC化工法，鋼製打込み型枠，プラスチック型枠などの検討
産廃低減・リサイクル	廃木材の分別	分別と異物混入防止の徹底
		化粧合板や塗料付着木材は土壌改良剤，調湿材，畜舎敷材にリサイクル不可
近隣対策	工事協定	作業時間，交通規制など

良く転用する上で重要である．壁，床は規格寸法の合板を極力使用し，柱，梁はパネル化した型枠を使用する．打放し仕上げとなる部分については，パネルの割付けおよびセパレーターの配置などを考慮した施工図を作成し，設計監理者と調整を行う．

(3) 型枠組立図: 型枠および支保工の組立を行うにあたり，施工管理面で必要となる．型枠の強度計算を行い，認定（仮設工業会）を受けた資材を使用し，法令を遵守したものとしなければならない．支柱の高さが3.5m以上の型枠については，型枠組立図を添付して，様式20号「機械等設置届（型枠）」を提出することを義務づけられている．

5) 社会的要求（環境）

表 4.5.4 参照．

c. 型枠の転用および解体計画

型枠の転用は天然資源の有効利用とコンクリートの品質に対し十分な検討を行う必要がある．型枠の転用回数を上げて投入資材の量を少なくすることは，そのまま工事原価に反映する．型枠の取外しについては安衛則や建設省告示で規定されている事項もあるため，法の遵守が第一となる．型枠の存置期間について表 4.5.5 に示す． ［澤口正彦］

4.5.3 鉄筋工事

鉄筋工事で要求される基本的性能品質とは，"組み立てられた鉄筋が，所定の形状および寸法を有し，所定の位置に正しく保持されること" につきる．しかし，正しい形状寸法の鉄筋が所定の位置に正しく保持されているか否かは，コンクリート打設後に確認することは不可能である．このため鉄筋工事の特徴として，施工途中の時点で施工が正しく行われていることを確認し，記録することが重要となる．また，材料の品質を保証するものとして規格品証明書（ミルシート，検査証明書，試験成績書）などの書類の管理も重要である．

a. 設計図書，仕様書の確認

鉄筋工事の着工前に，設計図書で使用鉄筋の種別，特記事項，配筋基準などを確認する必要がある．設計事務所，官公庁で独自の基準があるので，仕様書もきちんと確認し，鉄筋工事業者にも指示徹底しておかなければならない．

b. 鉄筋加工組立図

図 4.5.2 は，鉄筋工事着工前と着工後の作業フローを表している．着工前の鍵となる作業は，鉄筋加工図の作成である．この図面が後の加工・現場組立の基本となるからである．材料の発注も鉄筋加工図をもとに行われる．また，監理者の承認を得て鉄筋加工に着手しなければならない．一般的に，鉄筋の加

表 4.5.5 型枠などに関する確認事項

部材	型枠脱型の基準	備考
せき板の存置期間	基礎・梁側・柱・壁のせき板はコンクリートの圧縮強度が5N/mm^{2}以上に達したとき	平均気温が10℃以上の場合はコンクリートの材齢で取り外すことができる
	床スラブ下・屋根スラブ下および梁下のせき板は，原則として支保工の解体後に取り外す	支保工の解体を伴わずに取り外すことができる場合は設計基準強度の50%の強度発現か適切な構造計算で安全が確認された場合とする
支保工の存置期間	支保工の存置期間はスラブ下・梁下ともに設計基準強度の100%以上の圧縮強度が得られたことが確認された場合とする	支保工撤去時に部材に加わる加重が構造計算書における設計荷重を上回る場合は，存置期間にかかわらず計算により確認する
	上記の期間より早期に取り外す場合は，対象となる部材が取外し直後にその部材に加わる荷重を安全に支持できるだけの強度を適正な計算で求め，コンクリートの強度が上回ることを確認する	計算結果によるコンクリート強度以上で，かつ12N/mm^{2}以上とする
	片持ち梁および庇などの片持ちスラブ支保工の存置期間は上記2項に準じる	

工は鉄筋加工工場で行われ，加工済みの鉄筋が現場に搬入される．

c. 鉄筋継手と定着

鉄筋継手と定着は設計図書に定められている．従来の重ね継手や圧接継手のほかに，機械式継手や溶接継手が指定されることがある．逆にこれらの工法を施工業者側から提案することもある．

これらの継手工法および材料は，（財）日本建築センターなどの公的評定機関および国土交通省大臣に認定・評価を受けたときの設計・施工仕様書に記されたものとする．品質管理も，基本的には評定を受けた際の判定基準に従って行う．

d. 鉄筋相互の空き

鉄筋相互の空きは，鉄筋とコンクリートの付着による応力の伝達が確保できるように定める．粗骨材の最大寸法の1.25倍，鉄筋の呼び径の1.5倍，25 mmの3点で一番大きい値とする．

e. コンクリートのかぶり厚さ，バーサポートおよびスペーサー設計

鉄筋コンクリートの標準かぶり厚さ（最低基準＋10 mm）を表4.5.6に示す．コンクリート中の鉄筋の正しい位置を保持し，かぶり厚さを確保するために，バーサポートおよびスペーサーを適切に配置する．これらの配置と数量が設計図書に明記されていない場合には表4.5.7を参考にするとよい．

f. 要求品質

JASS 5や国土交通省の建築工事監理指針の鉄筋工事で要求される基本性能とは，"要求通りの鉄筋材料を使用し，かつ，組み立てられた鉄筋が，所定の形状および寸法を有し，所定の位置に保持されること"である．前述したように，この要求品質をコンクリート打設後に確認することは不可能であるために，施工途中の時点で施工が正しく行われていることを確認し，記録することが要求品質にこたえることになる．

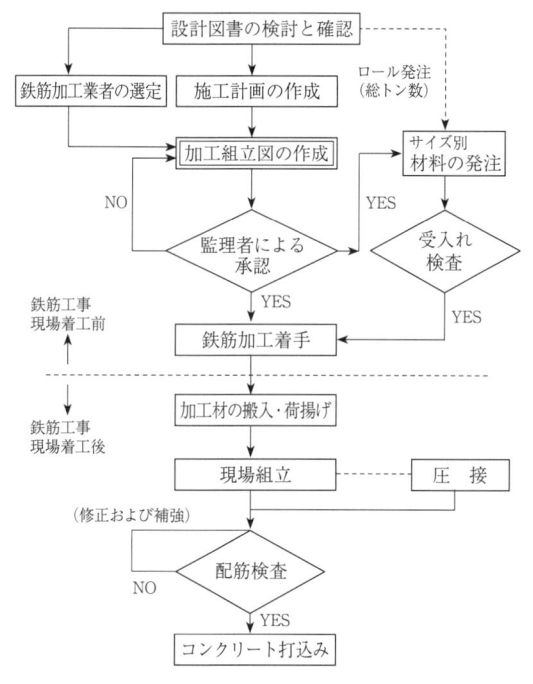

図4.5.2 鉄筋工事作業フローと鉄筋加工組立図の位置づけ

表4.5.6 鉄筋コンクリート設計かぶり厚さおよび最小かぶり厚さの規定（JASS 5）

部　位			設計かぶり厚さ (mm)		最小かぶり厚さ (mm)		建築基準法施行令かぶり厚さの規定
			仕上げあり[*1]	仕上げなし[*2]	仕上げあり[*1]	仕上げなし[*2]	
土に接しない部分	屋根スラブ 床スラブ 非耐力壁	屋内	30 以上	30 以上	20 以上	20 以上	2 cm 以上
		屋外	30 以上	40 以上	20 以上	30 以上	
	柱 梁 耐力壁	屋内	40 以上	40 以上	30 以上	30 以上	3 cm 以上
		屋外	40 以上	50 以上	30 以上	40 以上	
	擁　壁		50 以上[*3]	50 以上[*3]	40 以上[*3]	40 以上[*3]	—
土に接する部分	柱・梁・床スラブ・壁・布基礎の立上り		50 以上[*4]		40 以上[*4]		4 cm 以上
	基礎・擁壁		70 以上[*4]		60 以上[*4]		6 cm 以上

(注)　[*1] 耐久性上有効な仕上げあり．
　　　[*2] 耐久性上有効な仕上げなし．
　　　[*3] 品質・施工法に応じ，工事監理者の承認で10 mm減の値とすることができる．
　　　[*4] 軽量コンクリートの場合は，10 mm増しの値とする．

表 4.5.7 スペーサーの数量・配置の目安 (JASS 5)

部 位	スラブ	梁	柱
種 類	鋼製・コンクリート製	鋼製・コンクリート製	鋼製・コンクリート製
数量または配置	上端筋,下端筋それぞれ 1.3 個/m² 程度	間隔は 1.5 m 程度 端部は 1.5 m 以内	上段は梁下より 0.5 m 程度 中段は柱軸と上段の中間 柱幅方向は 1.0 m まで 2 個, 1.0 m 以上 3 個
備 考		側梁以外の梁は上または下にも配置,側梁は側面にも配置	

部 位	基礎	基礎梁	壁・地下外壁
種 類	鋼製・コンクリート製	鋼製・コンクリート製	鋼製・コンクリート製
数量または配置	4 m² 程度に 8 個 16 m² 程度に 20 個	間隔は 1.5 m 程度 端部は 1.5 m 以内	上段梁下より 0.5 m 程度 中段上段より 1.5 m 間隔程度 横間隔は 1.5 m 程度 端部は 1.5 m 以内
備 考		上または下と側面に設置	

次のような事項を確認・記録する.
① 鉄筋の加工段階での形状・寸法
② 組み上げた鉄筋のかぶり厚さ
③ 鉄筋の表面にコンクリートの付着を阻害するような,油脂類,錆,泥,セメントペーストなどが付着していないこと
④ 設計図書に記載されている定着方法および定着長さ,継手位置および継手長さ

g. 検査管理
1) 検査管理項目
鉄筋工事の検査項目としては,下記の項目があげられる.
① 材料種別,径,本数
② 折り曲げ寸法,余長,フック
③ 鉄筋の空き,かぶり厚さ
④ 定着・継手の位置,長さ
⑤ 補強筋,差し筋の形状と位置
⑥ スペーサーの配置,数量
⑦ ガス圧接継手の抜取り試験(超音波探傷試験または引張り試験)
⑧ 機械式継手などの試験(全数または抜取り)
⑨ 配管などの取合いおよび補強

2) QC 工程表
鉄筋工事の各工程における管理項目と管理標準(基準)を表 4.5.8「QC 工程表」に示す.この QC 工程表の管理基準に示すかぶり最小値は,表 4.5.6 の最小かぶり厚さの値である.許容誤差を $-10\,\mathrm{mm}$ として,設計かぶり厚さより 10 mm 小さい値を最小かぶり厚さとしている.この値は,実際の配筋検査時の鉄筋かぶり確保の最低限の数値である.

3) 規格品証明書(ミルシート,検査証明書,試験成績書)
鉄筋工事の品質性能を満足するためには,指定された種類の材料が正しく使用されることであり,これを証明する必要がある.使用する鉄筋材は JIS 規格品を基本とし,ミルシートおよびチャージ番号の表示された鋼板(メタルタック)および製造所から現場までの材料移動および加工経歴を証明する書類を整備する必要がある.

規格品証明書は,JIS の認定工場で JIS に基づいて行った管理試験および検査の結果を記載した品質の保証書である.証明書番号,契約番号,扱い商社名,需要家名,品名,日付,製品寸法,質量,引張り試験結果,曲げ試験結果,化学成分などが記載されている.　　　　　　　　　　　　　　　[新原浩二]

4.5 躯体工事

表 4.5.8 QC 工程表

工事名称						
鉄筋工事			作　成	総合請負業者名		サブコン名
QC 工程表				分　担		管理標準（基準）
作業手順	プロセスフロー		管理項目	元請	サブコン	管理値（基準値），その他
	チャート	工程名				
①	基　　礎	地墨のチェック	図面との整合性	○		施工図（芯線図）どおり
		ベース配筋	スペーサー		○	かぶり最小 60 mm とする
			長・短辺の方向		○	設計図どおり
			主筋の径，本数		○	〃
			位置		○	
②	柱　　筋	柱配筋	主筋の方向および径，本数		○	設計図どおり
			継手の位置・長さ		○	設計図どおり
			フープの結束		○	四隅，全数，かつ隙間なく，その他チドリ
			フープのピッチ		○	設計図どおり，柱各辺 2 列
			スペーサー		○	かぶり最小 30mm とする
						土に接する部分かぶり 40mm
③	梁　　筋	梁配筋	主筋の本数・径		○	設計図どおり
			中吊筋の位置		○	〃
			長さ		○	〃
			定着長さ位置		○	〃
			継手の位置		○	〃
			スターラップ・腹筋・幅止め筋		○	径・ピッチ・爪
			スペーサー取付け		○	かぶり最小 30 mm，土に接する部分かぶり 40 mm
		梁落し	配筋状態		○	配筋が乱れていないか
④	壁　　筋	壁配筋	鉄筋の径，ピッチ		○	設計図どおり
			継手，定着長さ		○	〃
			スペーサー取付け		○	かぶり最小 30 mm，土に接する部分 40 mm
			開口部補強		○	設計図どおり
⑤	スラブ筋	スラブ配筋	鉄筋の径・ピッチ		○	〃
			継手，定着長さ		○	〃
			開口補強		○	〃
	その他	差し筋	位置・径・ピッチ		○	〃
		階段筋	鉄筋の径・ピッチ		○	〃
	作業手順②へ戻る		定着長さ		○	〃
	SRC 造の場合	割フープの溶接	溶長・BH・アンダーカット		○	設計図どおり
		パネルゾーンのフープ配筋	フープのピッチ		○	柱部のピッチ×1.5
		梁貫通の主筋	鉄骨貫通孔		○	設計図どおり（加工図）
	圧　　接	圧接	圧接面		○	NAK 仕様書による
			偏心量		○	細い主筋径の 1/5D 以下
			ふくらみ		○	〃　　1/4D 以下
			抜き取り検査	○		設計基準値以上

4.5.4 鉄骨工事
a. 概説および工事手順

鉄骨工事は，製作工場において製作された鉄骨製品を現場に搬入し，現場で建方を行う工事である．図4.5.3に鉄骨工事のフローチャートを示す．鉄骨工事を進めるにあたっては，鉄骨の品質を確保するために，設計図書および仕様書の内容を十分理解しておく必要がある．仕様書としては，一般的に日本建築学会のJASS 6が適用されているが，（社）公共建築協会や設計事務所独自のものなどが適用される場合もあるので注意が必要である．

鉄骨の製作手順は，まず製作工場で設計図書から鉄骨製作要領書および工作図を作成して，材料を発注する．主要構造部に使用する材料は，建築基準法（第37条）の規定により，JIS規格品または大臣認定品となっている．工場に搬入された鋼材は，切断，加工，孔明けをして，組立，溶接され，鉄骨製品となる．これらの工程ごとに，検査要領書に従って外観，寸法，非破壊検査などを行い，さらに受入検査に合格したものが，現場へ搬入される．

施工者らは，現場建方の前に鉄骨建方計画書および要領書を作成し，その建方計画どおりに施工することが重要である．これは，鉄骨建方が重量物を揚重し，高所で組立を行う危険作業であることに加え

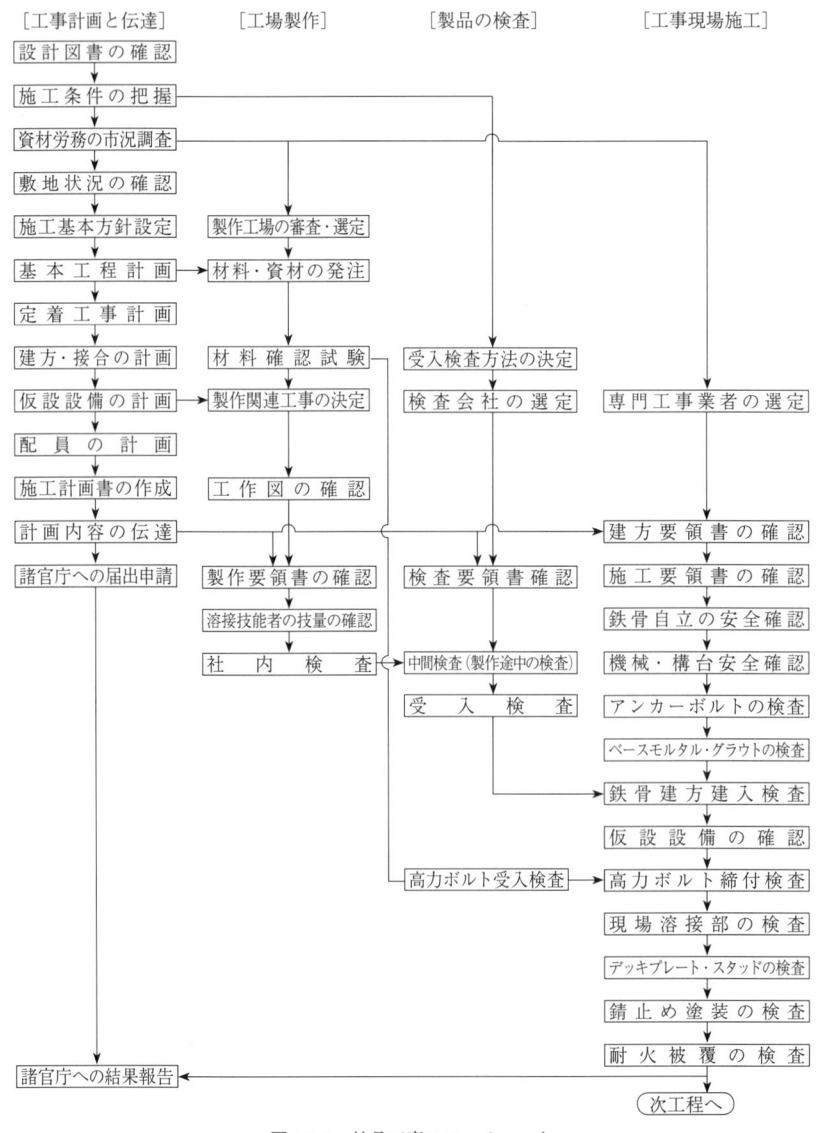

図4.5.3 鉄骨工事フローチャート

て，建方中の鉄骨構造物は現場接合が完了しておらず，一般的に不安定な構造物となっており，倒壊する危険性があるからである．建方手順は，建方前に設置されたアンカーボルトに鉄骨柱を建て，梁を取り付け，建入れ直しを行い，建方時の誤差を調整し，建方の精度を確保して，現場接合部を完了する．現場接合部は，高力ボルトまたは溶接にて接合され，接合完了後に検査を行う．

b. 工事基本計画

鉄骨工事の基本計画の内容は，製作工場・鉄骨建方関連業者・受入検査会社などの協力会社の決定，建方工程と鉄骨製作工程の検討，現場施工計画の検討などである．この基本計画に基づき，鋼材生産・工場製作・現場施工の実作業工程に遅れることなく，図面や製作・施工・検査要領書を作成するスケジュールを作り，進捗管理を行うことが大切である．

c. 製作工場の審査・選定

工場の審査・選定は，指定性能評価機関（建築基準法第77条の56）が行っている評価を基準にしている場合が多い．この評価は，製作工場を建築規模，使用する鋼材などにより，S, H, M, R, J の5つのグレードに区分しており，その工場が建築鉄骨の品質を確保できることを示す．しかし，鉄骨製品の品質の良しあしは，製作工場の技術や品質管理能力によるところが大きいので，製作工場の審査・選定は，グレードや実績などの書類審査だけではなく，実際に工場調査を行い，工場の経営方針，図面の流れ，製品の管理状態（作業の流れ，自主検査），工場内で加工中の品質などを確認しておく必要がある．

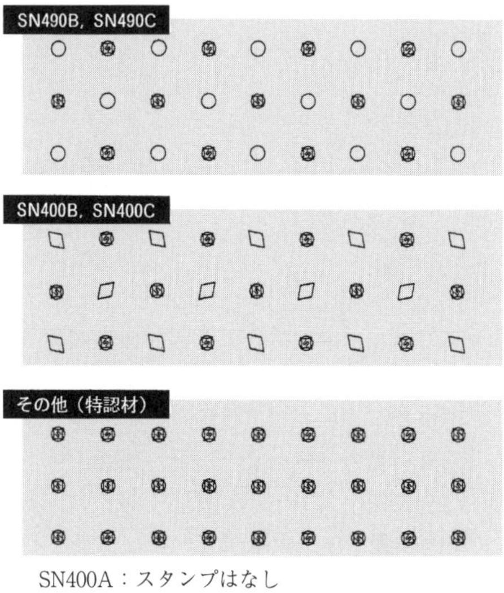

d. 材料の発注

建築基準法の第37条では，建築物の基礎，主要構造物に使用する建築材料を「指定建築材料」として告示で指定し，適合すべき規格と品質に関する技術的基準を定めている．建築鉄骨でよく用いられる構造用鋼材，高力ボルトおよびボルト，溶接材料，ターンバックルは指定建築材料に指定されており，JIS規格品または大臣認定品である必要がある．

鋼材は，以下のように分類される．

① 製造方法：高炉で銑鉄を作り，転炉で製鋼した高炉材（鉄鉱石が主原料），および電炉で溶解し，製鋼した電炉材（スクラップが主原料）．
② 種類：建築構造用圧延鋼材（JIS G 3136）SN 400A, SN400B, SN400C, SN490B, SN490C に分類される．その他，一般構造用圧延鋼材（JIS G 3101）SS400や溶接構造用圧延鋼材（JIS G 3106）SM490A が建築で使用される．
③ 形状：厚板，形鋼，鋼管，床板などに分類される．

鋼材の購入は，次の2つの方法がある．

① 鉄鋼メーカーにロール発注する：注文してから工場に納入されるまで2～3カ月以上必要
② 市場品を購入する：無規格品でないか，ミルシートまたは原品証明書での確認必要

鋼材の識別のために，SN鋼材にメーカーおよび規格の種類などが図4.5.4のようにプリントされている，識別マーキング材を供給している．

e. 製作要領書

製作フローチャートの例を図4.5.5に示す．製作要領書は，工場製作を行うために表4.5.9の事項について項目ごとに製作工場が具体的に加工手順や品質管理上の注意事項を記載したものである．鉄骨工事着工前に，工事監理者，施工者，製作工場で必ず内容を確認しておく必要がある．

f. 溶接技能者の技量

鉄骨製作に従事できる溶接技能者は，作業姿勢，板厚に応じたJIS Z 3801（アーク手溶接）およびJIS Z 3841（半自動溶接）の溶接技術検定試験に合格した有資格者とする．しかし，この試験は建築の溶接だけでなく，機械，造船などの各分野に共通した溶接技術の基本を試験するものであり，建築工事特有の高度の技量を必要とする場合は，技量付加試験をして技量の確認を行うことがある．

図4.5.4 SN材プリントマークの例

図 4.5.5 製作フローチャート例

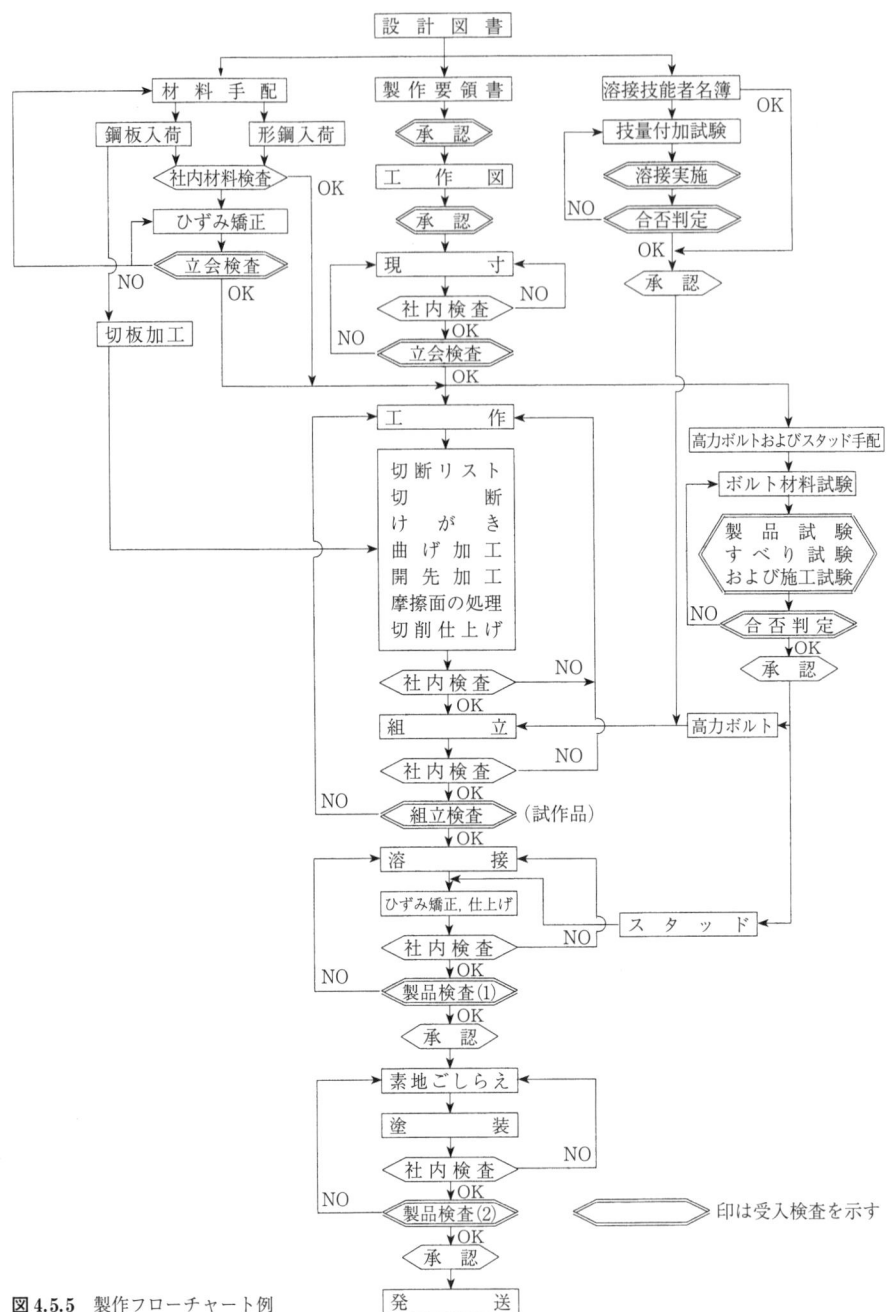

g. 材料試験およびその他の試験

JIS 規格品あるいは大臣認定品の材料で,製品証明書（ミルシート）が添付されている場合は,材料試験を行わないことが多いが,製作工場に搬入された材料が,この証明書と一致していることを確認することが必要である.

その他の試験としては,下記のものがある.実施については設計図書による.

① 高力ボルト摩擦接合のすべり係数試験,すべり耐力試験
② 溶接ロボットの施工試験
③ 特殊鋼材の材料および溶接性試験
④ 溶接条件（入熱・パス間温度等）の確認試験

h. 中間検査（加工段階検査,組立検査など）

鉄骨製品の品質確保のためには,製作中の鉄骨を対象に検査することが重要である.一般的に,中間

表 4.5.9 鉄骨工場製作要領書の項目

項　　目	主　な　内　容
第1章　総　則 　1-1　適用範囲 　1-2　適用図書 　1-3　変更，疑義，協議 　1-4　別途要領書	第6章　溶　接 　6-1　一般事項 　6-2　溶接技能者 　6-3　溶接施工 　6-4　溶接条件 　6-5　予　熱 　6-6　入熱・パス間温度 　6-7　溶接後のひずみ矯正 　6-8　不良溶接部の補正 　6-9　溶接規準 　6-10　溶接部の検査 　6-11　開先の形状・寸法 　6-12　ダイアフラムと梁フランジ部の組立不良部の補修
第2章　一般事項 　2-1　工事概要 　2-2　工事区分 　2-3　組織図 　2-4　溶接専門技術者の経歴書 　2-5　作業系統 　2-6　工場概要	
第3章　材　料 　3-1　鋼　材 　3-2　材料検査 　3-3　材料試験 　3-4　材質表示方法 　3-5　溶接材料 　3-6　高力ボルト 　3-7　塗　料 　3-8　鋼材の寸法標準と許容差	第7章　スタッド施工要領 　7-1　材　質 　7-2　施工管理 　7-3　検　査 　7-4　補　正
	第8章　品質管理 　8-1　品質管理の基本方針
第4章　工作一般 　4-1　工作図 　4-2　テープ合わせ 　4-3　現　寸 　4-4　けがき 　4-5　切　断 　4-6　ひずみの矯正 　4-7　曲げ加工 　4-8　孔明け 　4-9　受圧面 　4-10　高力ボルト摩擦接合部 　4-11　開先加工	第9章　製品検査 　9-1　社内検査 　9-2　立会検査 　9-3　製品の保管および製品記号記入 　9-4　精度基準 　9-5　調査項目 　9-6　測定器具 　9-7　検査要領
	第10章　塗　装 　10-1　下地処理 　10-2　錆止め塗装 　10-3　現場溶接部の養生
第5章　組　立 　5-1　組立一般 　5-2　組立溶接作業 　5-3　柱の組立順序と組立要領 　5-4　梁の組立順序と組立要領	第11章　輸　送 　11-1　荷造り 　11-2　輸　送
	付-1　溶接技能者技量資格検定有資格者名一覧表

検査は，柱梁仕口部や柱が組立溶接中に，製作工場において，製作要領書，工作図に従って鉄骨製作が行われていることを検査するものである．

検査項目と精度基準は，切断，開先加工，スカラップ加工，孔明け，外注製品，組立精度，組立溶接ごとに定める．精度基準は，JASS 6 付則 6「鉄骨精度検査基準」を参考にする．特に図 4.5.6 の柱梁仕口のダイアフラムとフランジのずれや突合せ継手の食い違いについては，精度管理が難しいので，組立手順，溶接手順の検討だけでなく，許容値を超えた場合の適切な処理方法を含め，事前に検討しておく必要がある．

i. 製　品　検　査

検査については，前述の JASS 6 および日本建築学会「鉄骨精度測定指針」参照．

① 寸法精度検査：製作工場の自主検査成績書の書類審査，サンプリング測定による検査．柱全長，柱階高，柱せい，仕口の張出し長・角度，ねじれ，大曲り，梁せいなど．

② 現場接合部検査：高力ボルトの孔明けや摩擦

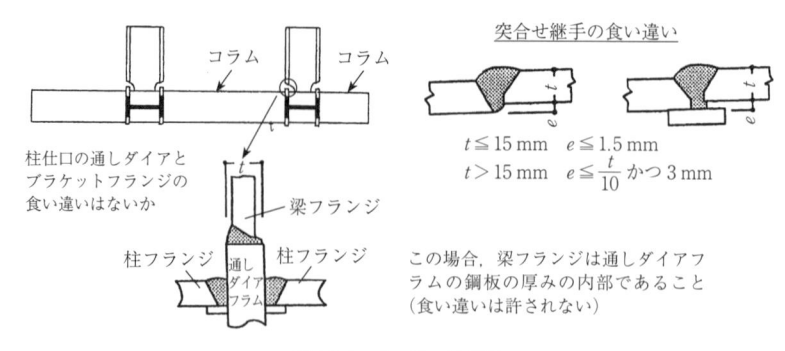

図 4.5.6 食い違い許容値

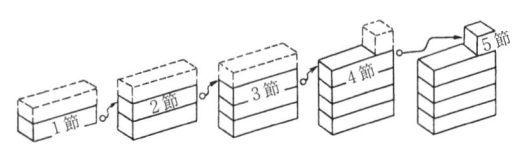

突合せ継手の食い違い
$t \leq 15\ mm \quad e \leq 1.5\ mm$
$t > 15\ mm \quad e \leq \dfrac{t}{10}$ かつ $3\ mm$

この場合，梁フランジは通しダイアフラムの鋼板の厚みの内部であること（食い違いは許されない）

図 4.5.7 水平積上げ方式

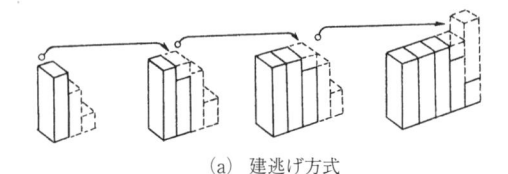

図 4.5.8 建逃げ方式と輪切り建て方式
(a) 建逃げ方式
(b) 輪切り建て方式

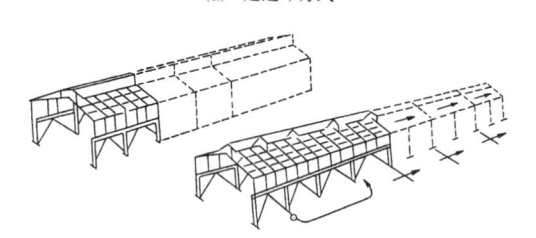

面処理，溶接部の開先形状や錆止め塗装．
③ 外観検査：溶接部の表面欠陥と部材全体の外観を目視により抜取りで検査．目視で基準を超えていると判断されるものについては，器具を用いて測定し，結果を判定．
溶接部割れ，アンダーカット，ビード不整，ピット，スパッタ，すみ肉サイズなど
部材表面部：クランプ傷，アークストライク，当て傷など．
④ 完全溶込み溶接部の内部欠陥検査：日本建築学会「鋼構造建築溶接部の超音波探傷検査規準・同解説」による．

j. 現場鉄骨工事計画

現場鉄骨工事計画は，搬入計画，建方計画，揚重計画，足場計画，安全養生設備計画，現場接合計画からなる．これらの計画をするためには，現場周囲の状況（道路幅，高低差），敷地面積（作業ヤードの広さ），建物高さ・平面形状・規模・構造，現場接合位置および接合方法，鉄骨重量（各部材ごと，最大重量，総重量），部材最大長さ，工期などを調べる必要がある．

1) 建方計画と揚重計画

使用する揚重機（クレーン）により，下記のように分類される．
① タワークレーンまたはタワー式クローラークレーンによる水平積上げ（図4.5.7参照）：市街地や大型ビル工事で採用され，大型クレーン，クレーン基礎の検討が必要．

② 移動式クレーンによる建逃げ，輪切り建て（図4.5.8参照）：建逃げは市街地のビル，輪切り建ては工場で採用され，クレーン作業路盤検討や建方手順に従った鉄骨自立検討が必要．

2) 鉄骨自立検討

鉄骨工事計画時に，鉄骨建方・躯体工事中の強風や地震による外力に対して建築物が倒壊せずに自立可能か，あるいは補強をどのように行う必要があるかを検討する．特にSRC造の場合やS造でも梁が現場溶接接合の場合は，補強ワイヤーや仮設ブレースを取り付けて建方を行う必要がある．

3) 建方手順

1日ごとに建方をする部材と手順を決め，それに従って搬入計画をする．特に，建方開始時は構造的に不安定になることが多いので，補強ワイヤーなどの対策が必要である．

1日の鉄骨取付け歩掛りは，取付けに要する時間だけでなく，足場や安全設備などにかかる時間も考慮すると，移動式クレーンで約30〜45ピース，タワークレーンでは約40〜50ピース程度である．

4) 足場, 安全養生設備

現場接合部の作業を行うために, 既成のユニット足場や吊り足場を取り付けるが, 高所になるため, 安全上, 昇降設備や作業通路および垂直・水平ネットなどの安全養生設備を取り付ける.

最近は, 高所での作業を減らし安全性を高める目的で, 高所作業車を積極的に使用する場合が多くなっている.

k. アンカーボルト設置とベースモルタル

アンカーボルトは, 構造耐力を負担する構造用アンカーボルトと, 建方時の安全性だけを確保すればよい建方用アンカーボルトに分類される. アンカーボルトの保持方法については, 構造用アンカーボルトは通常アンカーフレームなどで固定されるが, 建方用アンカーボルトでは特に定められていない. アンカーボルトは, 位置と高さを確保することが重要であるが, やむを得ずずれを生じた場合は, 構造設計者などと協議して処置をする.

ベースモルタルは, 建方時に鉄骨の重量を受け, 高さを保持するだけでなく, 建物完成後も重量を受ける重要な部分である. ベースモルタルの強度と大きさは, 鉄骨の重量とベースプレートの大きさによるが, 一般的には, 調合はセメント1:砂2とし, 3日以上の養生期間が必要である. また形状は, 200 mm角あるいは200 mmφ以上, 厚さ30 mm以上50 mm以内としている. 周囲の後詰に使用するモルタルは, 無収縮モルタルとする.

l. 鉄骨建方と建入れ直し

鉄骨建方計画書に従い, 建方手順と1日の建方ブロックを守り, 建方中の安全性を確保する. 建方中の接合部は, 図4.5.9のように仮ボルトにより取り付けられる. 仮ボルトの本数は, 一群のボルト本数の1/3以上かつ2本以上で, フランジとウェブにバランス良く配置する. また現場溶接合部の場合は, エレクションピースのボルトを全数締め付けて, 混用継手の場合は, ウェブのボルト本数の1/2以上かつ2本以上締め付ける. 1日の建方終了後は, 建方計画書どおり, 構造的に安定していること, 補強ワイヤーなどが張られていることを確認する必要がある. 特に, 梁を取り付ける前の柱は不安定であるので, 4方向に補強ワイヤーを取り付け, 安定させる.

建入れ直しは, 柱や梁仕口の位置・高さを, 鋼製巻尺やセオドライトなどで測定して, 建入れ直しワイヤーや建入れ調整治具を用いて, 精度許容値内になるように修正を行う. 接合部では, 高力ボルト接合部の場合は, ボルト孔の食い違いや接合面の肌すきに注意し, 現場溶接部の場合は, 突合せ継手の食い違いに注意が必要である.

m. 高力ボルト

1) 受入検査と締付け施工法の確認

建築鉄骨工事で使用される高力ボルトは, 図4.5.10のようにトルシア形高力ボルトおよびJIS高力六角ボルト, 溶融亜鉛めっき高力ボルトである. 現場での受入検査は, 搬入された高力ボルトの梱包状態の確認と検査成績書との照合である. また, 保管については, 雨や埃が入らないようにコンテナの中に入れるか, シートで覆うようにする. 締付け施工法の確認は, 現場にて高力ボルト締付け作業開始

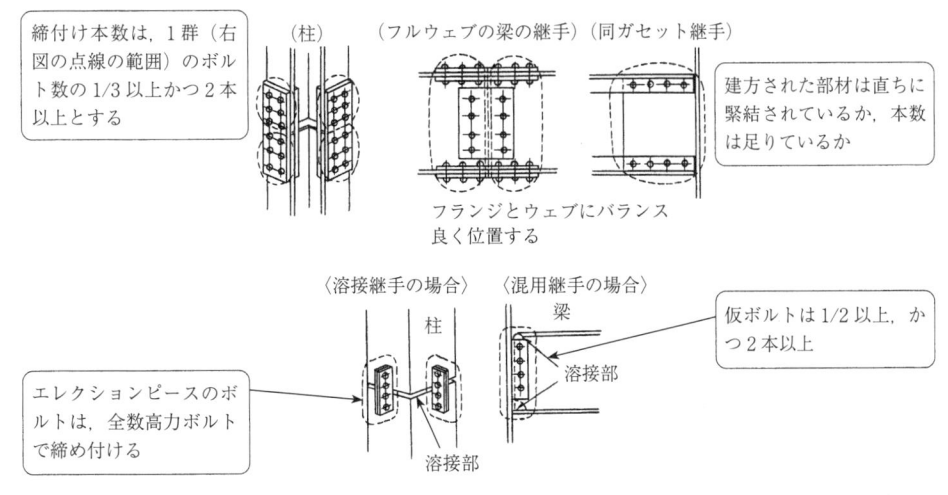

図4.5.9 仮ボルトの本数

ボルトの種類	トルシア形高力ボルト	JIS 高力六角ボルト	溶融亜鉛めっき高力ボルト
形状・表面処理	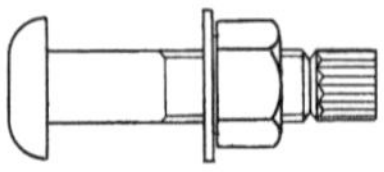 ナットの座面表面潤滑処理	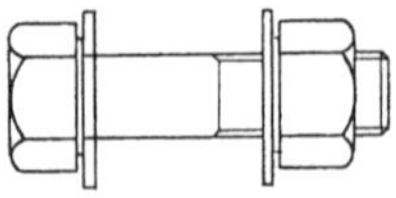 ナットの座面表面潤滑処理	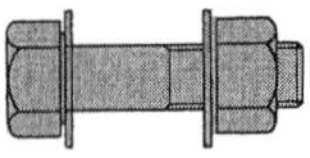 表面溶融亜鉛めっき処理 ナット面：めっき後潤滑処理
機械的性質	S10T	F10T	F8T
使用できる製品	建設大臣認定品 （現在14の商品が認定済み）	JIS B 1186 規格品 （現在 JIS 表示許可工場数 17）	建設大臣認定品 （現在9メーカーの製品が認定済み）
締付け方法	・トルシア形専用の方法 （原理はトルクコントロール法）	・ナット回転法 ・トルクコントロール法	・ナット回転法

図 4.5.10 高力ボルトの種類

前に，代表1ロットから5本をサンプリングしたものを簡易軸力計に実際の締付け機器で手順どおり締付け作業を行い，締付け機器が整備されていることと，締付け手順の確認をするものである．

2） 高力ボルトの締付け

高力ボルト摩擦接合で重要なポイントは，摩擦面の状態と高力ボルトに所定の張力を導入することである．摩擦面の状態は，工場での検査時チェックをするが，現場に搬入されたときにも赤錆の発生などを確認しておく必要がある．所定の張力導入は，締付けの手順を守ることによってのみ確認することができる．トルシア形高力ボルトの締付けは，1次締め，マーキング，本締め，本締め後の検査の順序で行う．1次締めは専用の締付け電動レンチやプレセット型トルクレンチを用いて，締め付ける鋼板が密着するように行う．マーキングは，ボルト，ナット，座金，母材にわたって行う．本締めは，接合部の内から外側へ順番に専用レンチでピンテールを切断する．本締め後の検査は，ピンテールの切断確認，共回り・軸回りがないこと，1締付け群の各ナットの回転量が平均±30°以内であることを確認する．したがって，マーキングは，所定の張力導入が得られていることを証明する重要な役割を果たしている．また，実際の現場では，締め付けられた高力ボルトの回転角が，締付け施工法の確認時のナット回転角と大きく異なる場合は，締付けが適正に行われていないと判断することができる．

n． 現場溶接接合部

現場溶接は，柱と柱，柱と梁フランジ，梁フランジと梁フランジによく用いられる．主として用いられる溶接工法は炭酸ガス半自動溶接で，能率が良いが風に弱く，防風対策が必要である．

1） 溶接前の検査

現場溶接では，建方や製品の誤差のため，溶接部の開先の検査が必要である．溶接する鋼材の食い違いが基準を満足しているかルートギャップが狭すぎないか，裏当て金やエンドタブの取付け状態が良好かを確認する必要がある．基準を満足しないものは修正を行うが，修正できないものは補強方法を工事監理者と協議して決める．溶接接合は，溶接完了後の修正・補強が難しい場合が多いので，溶接前の検査が重要となる．現場溶接部では，特に食い違いが発生しやすく，溶接前にできるだけ修正しておく必要がある．

2） 溶接中の検査

溶接部の品質を確保するには，強度や靭性が著しく低下しないように，溶接中の入熱とパス間温度を管理する．現場で使用する溶接材料により，入熱とパス間温度の管理方法が決まっている．具体的には，入熱管理は溶接電流・電圧の管理と溶接の積層方法（溶接部を何回の溶接で完了するか）を管理する．また，パス間温度は温度チョークにより溶接1パス完了ごとに部材中央部の温度が規定値以下になっていることを確認してから次の溶接を行うこととなる．現場溶接技能者は，氏名，溶接電流・電圧，積層図，パス間温度管理をしたことなどを記録する．

3） 溶接後の検査

工場での検査と同様に，外観検査と超音波探傷検査を行う．現場溶接の場合は，不合格個所の処置方法を事前に工事監理者と協議し，補修方法などについて要領書にまとめておくと工程に大きな影響を与えないで工事を進めることができる． ［犬伏　昭］

4.5.5 プレキャストコンクリート工事
a. プレキャストコンクリート技術の変遷

プレキャストコンクリート（Precast Concrete：PCあるいはPCa．プレストレストコンクリートの略語PCと区別するためaを付加することもある）の発展は，わが国の建築生産合理化の歴史といっても過言ではない．社会動向，建設業を取り巻く環境の変化，建築生産合理化の要請のなかでPC製造技術が発展してきた過程の概略をまとめると，図4.5.11に示すようになる．

1960年代，東京オリンピック（1964年）を機とした経済高度成長期，いわゆるオリンピック景気による大量のビル建設の要請，また1955年に設立された住宅公団による公団住宅整備を背景とした住宅の大量生産の要求があり，この時期に施工技術，特にPC工法を中心とした技術が急速に発展してきた．建設省は1962年「建設生産近代化促進協議会」を発足させ，1963年に量産試験場を設立，1964年には4階建壁式PC住宅を建設した．ここに，実質的な建築生産のプレキャスト化が本格的にスタートしたといえる．ゼネコン各社により全国各地にPC工場が設立されたのもこのころである．また，ヨーロッパ各国のPC製造技術の導入も積極的に試みられた．その後，住宅公団標準設計による5階建壁式PC量産住宅（SPH）が「WPC工法」により建設が進められるなか，高層化・民間需要への対応のため，鉄骨メーカーとの共同により鉄骨造高層PC住宅「HPC工法」が開発される．

その後1970年代，オイルショックを迎え経済低成長期になると，社会のニーズはいままでの「量」から「質」，特に「かたち」へと変化していく．例えば住宅においては，箱型の画一的なプランから住戸プランのバリエーションが求められるようになり，また外観についても変化に富む形態が求められるようになってくる．そこで，大量生産を対象としてきたPC工法だけではこの多様化したニーズには対応できず，これに対処するため要素技術として1972年のハーフPC床板（オムニア板）の登場を皮切りに，各種PC打込み型枠工法が開発され発展してきた．また，HPC工法の改良「N-HPC工法」や「8WPC工法」・「RPC工法」などの工法開発も積極的に行われた．同じ時期，建築物の品質向上への要請が高まり，品質管理技術がPC工場へ導入される．これがその後の建設業TQC活動，ISO 9000s導入へとつながる．

1990年前後にバブル期を迎え，建設量が急増するとともに労務事情が急速に悪化し，そこで省力化あるいは工期短縮への要請が高まってきた．PC複合化工法などの組合せ技術が多く採用され，工事量の消化に多大に貢献した．また，現場内でPC部

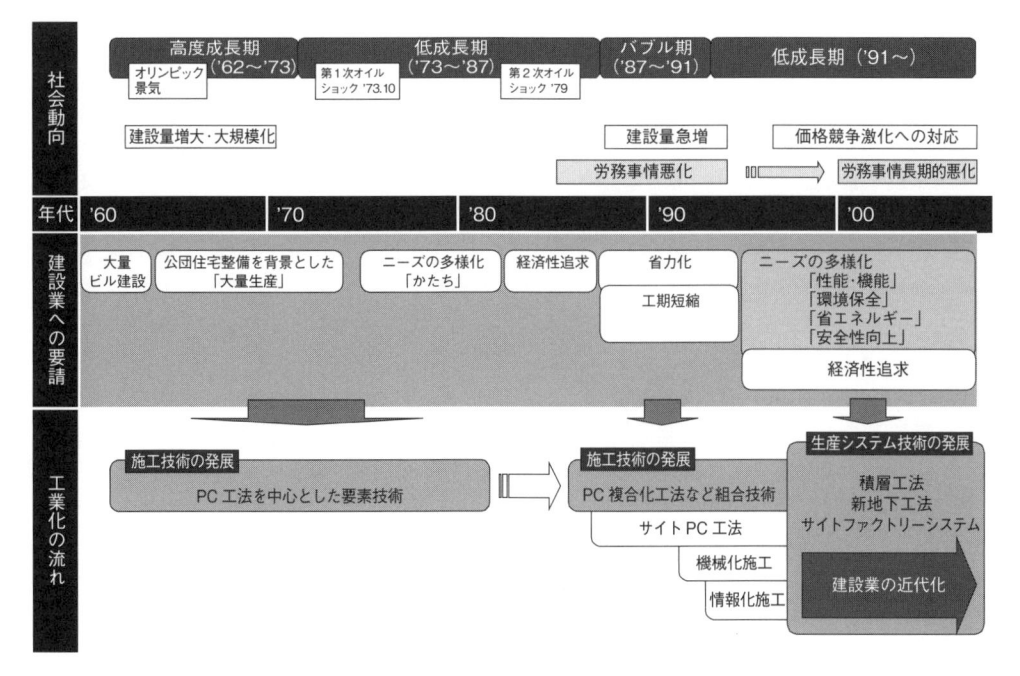

図4.5.11 建設業を取り巻く状況と建築生産合理化の流れ

材を製作するサイトPC工法が採用されるようになる．これは当時の全国PC工場の生産飽和状態への対処策であった．その後ハード技術として機械化施工・自動化施工，ソフト技術としては各種計画技術・情報化技術を活用した施工管理技術などの省力化・合理化技術が注目され始める．

そして，現在も続いているバブル崩壊後の経済不況期においては，さらに社会のニーズは多様化し，免震・制震などの耐震技術，電磁波遮蔽技術などの「性能・機能」の多様化，100年建築に求められる「耐久性」の向上，地球規模の問題となっている「環境保全」・「省エネルギー」への対応，また建設業が常に直面している「安全性向上」への要請などである．と同時に，価格競争激化への対応として，さらなる経済性追求を余儀なくされている状況である．

そこで，これらの解決策として，今までの要素技術の活用によるものではなく，建築生産のシステム化，すなわち建築物の造り方の仕組みを変えていく各種のシステム技術が取り入れられるようになってきた．プレキャストコンクリートは，これらの技術を構成する要素技術の中心として，今後も重要な位置づけのもとに存続するであろう．

b. 基本プレキャスト化計画

プレキャストコンクリート技術を有効に活用するため，最初に行う行為はプレキャスト化計画であり，工事の成否を決定する重要な過程である．プレキャスト化計画は，そのねらいから以下の2つの場合に大別される．

① 建物の特定工事部位のプレキャスト化
② 他の工業化部材との組合せによる建築生産システムの一部品としてのプレキャスト化

各々について，計画の概要を以下に述べる．

1) 建物の特定工事部位のPCa化

プレキャスト化することにより，特定工事部位の型枠・鉄筋・コンクリート各工事の省力化とともに，これに伴う仮設工事の削減を図るものである．図4.5.12に一例を示す．

例えば，
① 階高の高い部位：階高の高い部位にある梁・床など
② 煩雑な形状を持つ部位：屋上パラペットや階段など在来工法では煩雑な型枠工事が要求される部位
③ 建物外周部：バルコニー・外周柱・外周梁など

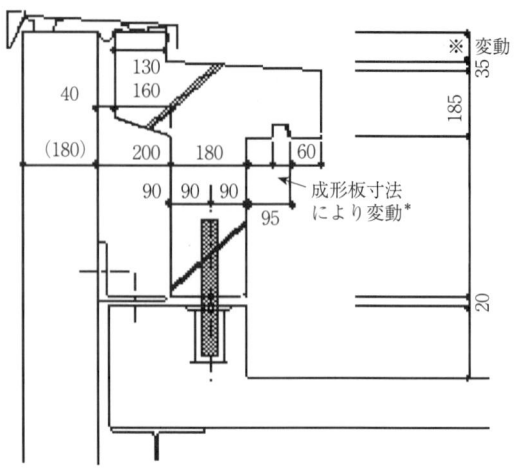

※ PHアゴ（金物系）との取合寸法による

図4.5.12 パラペットPCa化の例

④ 閉塞された部位：地下二重ピット床・PS壁など型枠工事，特に解体作業の施工性改善を図る．

このような視点から，プレキャスト化が有効な部位を設定した後，PC部材の基本設計を行う．この場合，接合部の検討がポイントとなる．施工順序により接合方式が異なり，PC部材先付けの場合には，現場打ちコンクリート部へのアンカー鉄筋による接合，いわゆるウェットジョイント方式となる．PC部材後付けの場合は，金物・ボルトなどの接合金物を使用するドライジョイント方式が採用されることになる．

次にプレキャスト化実施に向けて適用の効果を確認するため，経済性の検証を行う．在来工法との比較を行うこととなるが，要点は在来工法によるコスト算出の際，一般的な平均単価を用い，型枠工事・鉄筋工事・コンクリート工事のコストを試算しないことである．特殊な部位の施工であるので，これに見合った作業歩掛りに基づく単価を使用して算出する．このほかに，仮設工事として足場・支保工など，仕上工事として仕上下地処理，雑工事として清掃片付け費・残材処理費などをコストに計上する．また，その部位が工程上クリティカルである場合には，プレキャスト化することによる工期短縮のコスト低減効果も比較に加える．

一方，PC工事費は，一般的にはPCメーカーの見積りをベースとし，これに部材取付けに要する費用を加算する．

2) 他の工業化部材との組合せによる建築生産システムの一部品としてのプレキャスト化

中高層集合住宅建設に代表されるように，施工エリアを工区分割し，工区ごとの生産工程のシステム化を行い，繰返し作業により現場労務の省力化および工期短縮をねらいとするものである．

一般的には，建物外周部にPC部材を適用し，内部についてはその建物の条件に応じ他の工業化部材を含めたいくつかの組合せを選出し，それぞれサイクル工程・コストのシミュレーションを行った後，その最適組合せに基づきプレキャスト化する部位を設定する．

以下に各部位に適用される代表的な部材名（工法名）を示す．

① 外周部
- 柱：フルPC柱・ハーフPC柱・柱PCF・柱システム型枠
- 大梁：PC大梁・大梁PCF・梁システム型枠
- 床：フルPCバルコニー・ハーフPCバルコニー

② 内部
- 柱：フルPC柱・ハーフPC柱・柱システム型枠
- 大梁：PC大梁・大梁PCF・梁システム型枠
- 床：ハーフPC床板（トラス床板・孔明き合成床板・リブ付き合成床板・ピコス床板など）・合成デッキ床板・床システム型枠
- 小梁：PC小梁・キーストンプレート打込み型枠

図4.5.13に高層RC造集合住宅への各種工法適用例を示す．

各部位に適用すべき部材種類を設定した後，PC部材の割付け検討を行う．特に大梁をプレキャスト化した場合は，主筋の接合・柱主筋との納まりなどを十分検討する．

コスト比較は，前述の特定部位をプレキャスト化

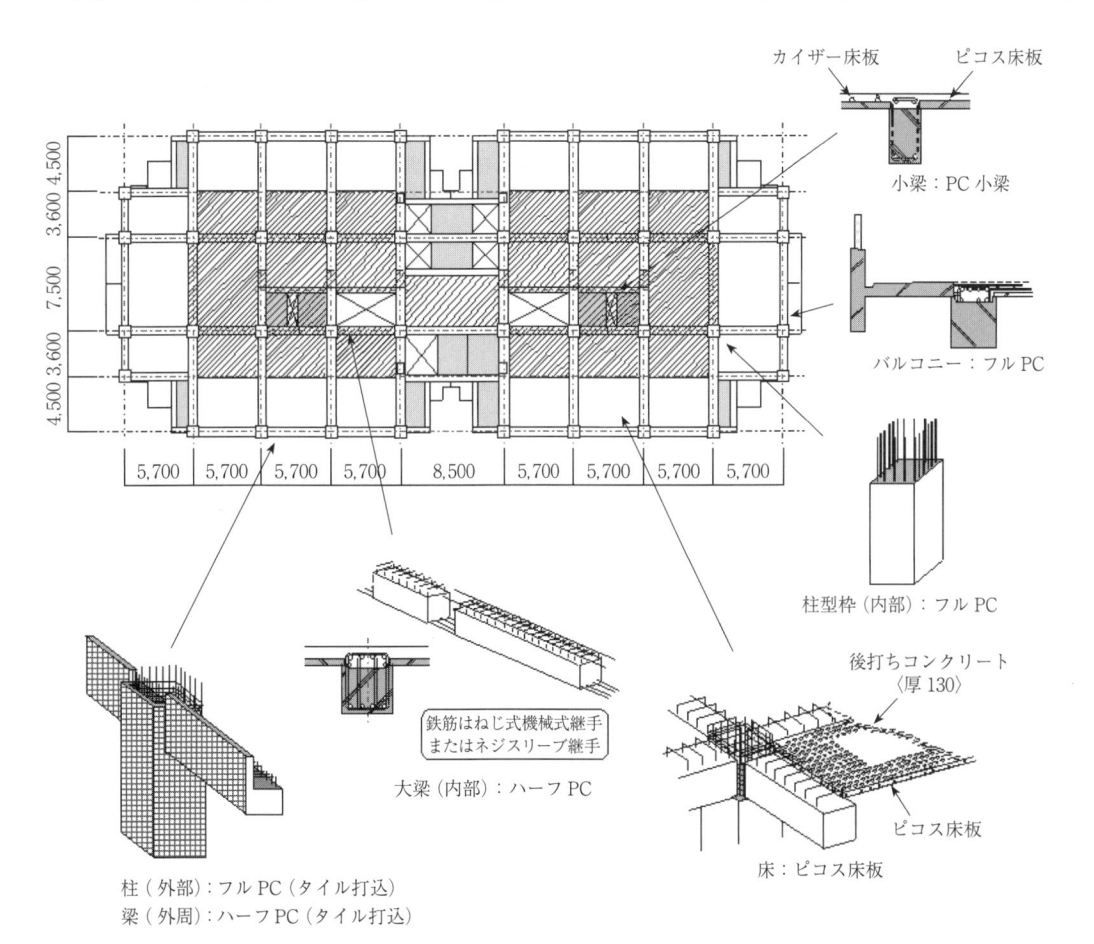

図4.5.13 高層RC造集合住宅への各種工法適用例

する場合の個別部位の工事コスト比較とは異なり，建物全体の生産コストの比較となる．まだ確立された比較方法はないが，基本的には1施工区分における現場総労務量に基づく労務費および部材費を試算した後，繰返し工区数倍し，算出する．これに，仮設工事費およびサイクル工程シミュレーションに基づく工期短縮日数によるコスト低減額を加算する．工期短縮によるコスト低減額は，施工日数に比例して発生する仮設損料（揚重機・仮設事務所・仮設電気給排水など），経費（人件費・一般経費など）の1日当たりの金額から算出する．いくつかの組合せパターンごとにこの試算を行い，最少コストとなる部材組合せを決定する．

c. 工程計画および仮設計画

プレキャスト化する部位が決定されると，次に実施にあたって，以下の手順によって工程計画と仮設計画を行う．

1) 揚重機の選定・総合仮設計画

ⅰ) 揚重機種類 一般的には，建物が低層で形状が平面的に広がりを持つ場合はクローラークレーン，中高層建物ではタワー式クローラークレーン，超高層建物にはタワークレーンで計画される．

ⅱ) 揚重能力・配置 揚重機の位置・機種を決定するには，全体配置図上に揚重機位置を配置し，あらかじめ作成した部材重量表に基づき作業半径と部材重量の関係をチェックする．また，資材搬入路および仮設ヤード，現場敷地内車両動線など，総合仮設計画との整合を図る．また，タワークレーンの場合，ブームの組払し方法を検討し，必要なスペースを確保しておくことも忘れてはならない．

2) 工区分割とサイクル工程計画

基準階の各部位の作業内容と作業量を抽出し，これに基づき，クレーン作業量・労務量の平準化を行う．いくつかのパターンで工区分割を設定し，それぞれサイクル工程シミュレーションを行った後，最適な工区分割を決定する．

基準階作業内容の抽出にあたっては，各部位の適用工法・作業手順に従い，すべての作業を洗い出す．このとき，揚重機を使用する作業と使用しない作業とを明確に区分しておく．揚重所要時間は，揚重機を使用する部材数量と部材取付歩掛りとにより算出する．この揚重所要時間を基準として，1工区・1日ごとの作業スケジュールを作成する．これに山積み労務量を落とし込み，労務平準化のための山均し調整を行うことにより，サイクル工程を計画する．

このとき，労務の多能工化を取り入れることによって，さらなる労務平準化，および総労務量の低減が図れる．サイクル工程の概念図を図4.5.14に示す．

3) PC部材製造納入工程

全体工程の計画に際しては，在来工法の場合とは異なり，先行生産されるPC部材の製造納入の工程を考慮しておく必要がある．PC製造メーカーと以下について事前に調整を行う．

① PC部材設計日程
② 部材製造用型枠製作日程
③ 打込み資材製作日程

特に部材設計は，PC部材と取り合う部分の納まりをあらかじめ検討しておくことが重要である．このためには，早めに現場施工図を作成し，その整合を図る必要がある．型枠製作期間も在来工法にはない工程であるので注意を要する．また，特殊部品をPC部材に打込む場合は，その製作納入日程が工程上クリティカルになる場合があるので，事前に十分調整を行う．

d. PC部材の製造

PC部材の製造については，一般的であるPC製造メーカーによる工場生産の場合と，昨今採用が増加の傾向にある現場敷地内でPC部材の製造を行うサイト生産の場合に分けて述べる．

1) 工場生産

ⅰ) 製造工場（製造メーカー）の選定 PC部材の製造工場の選定にあたっては，その工場の品質管理レベルのチェックを行う必要がある．一般的には（社）プレハブ建築協会の「PC部材品質認定制度」のもとに認定された工場であれば問題ない．また，この認定制度は対象を中高層建築用PC部材製造工場とし，品質管理・製造設備・資材管理・部材製造の各項目について一定の基準により審査を行うものである．2006年6月1日現在，全国35工場が認定されている．これらの認定工場以外の工場を使用する場合は，まず上記の認定基準と同等の審査を行い，同等の基準に達していることを確認した上で採用することが望ましいが，品質管理レベルがその水準に達していない場合には，工程検査を強化した上で採用する．

次に部材生産コストによる比較選別を行う．生産コストは，材料費（コンクリート・鉄筋・打込部品・消耗材料など），労務費（部材製造労務・鉄筋加工組立労務・左官仕上労務など），工場固定費（設備原価償却費・修繕維持費・光熱用水費・工場人件費

4.5 躯体工事

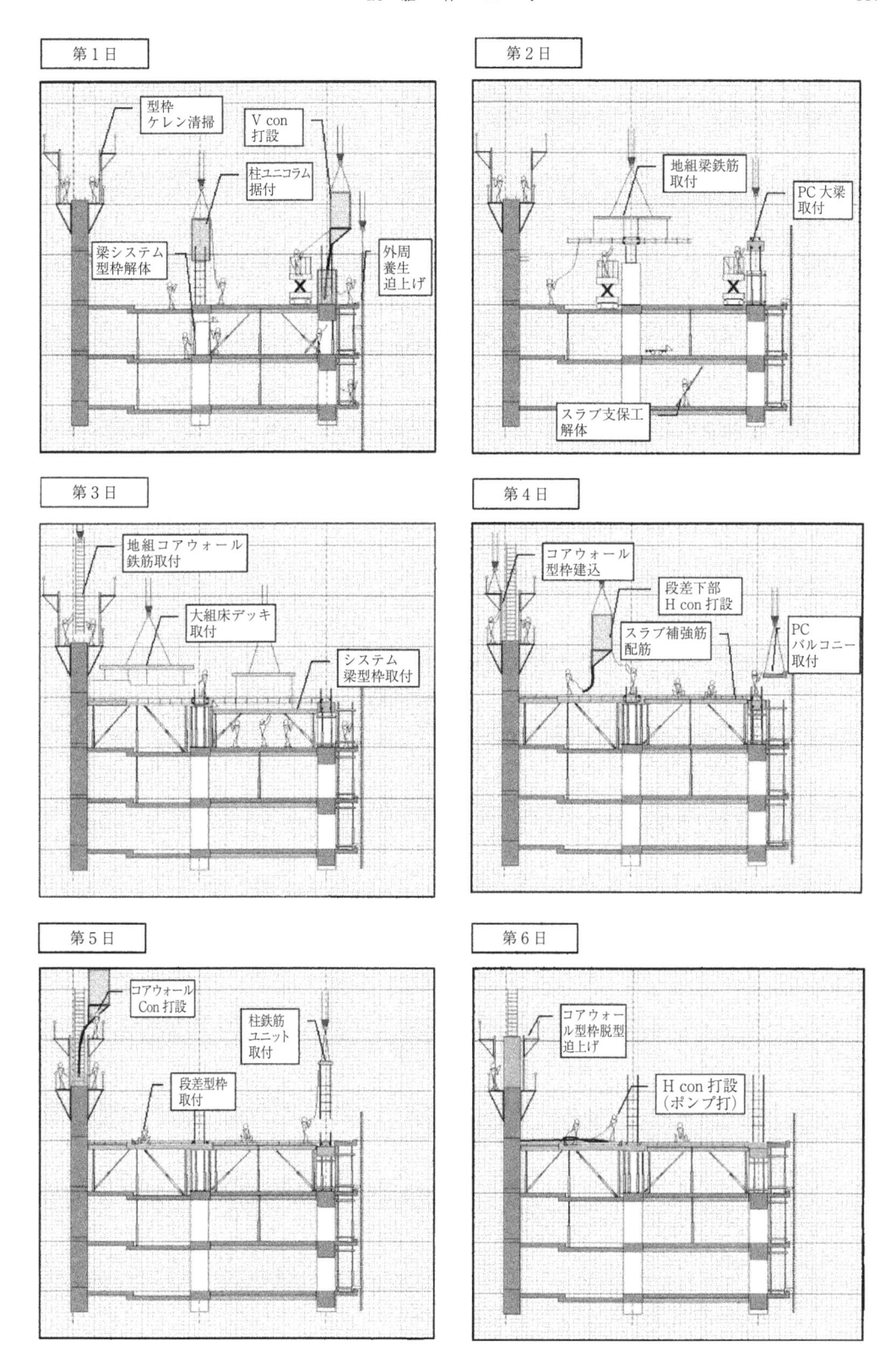

第1日
- 型枠ケレン清掃
- V con 打設
- 柱ユニコラム据付
- 梁システム型枠解体
- 外周養生迫上げ

第2日
- 地組梁鉄筋取付
- PC大梁取付
- スラブ支保工解体

第3日
- 地組コアウォール鉄筋取付
- 大組床デッキ取付
- システム梁型枠取付

第4日
- コアウォール型枠建込
- 段差下部 H con 打設
- スラブ補強筋配筋
- PCバルコニー取付

第5日
- コアウォール Con 打設
- 柱鉄筋ユニット取付
- 段差型枠取付

第6日
- コアウォール型枠脱型迫上げ
- H con 打設（ポンプ打）

図 4.5.14 サイクル工程概念図

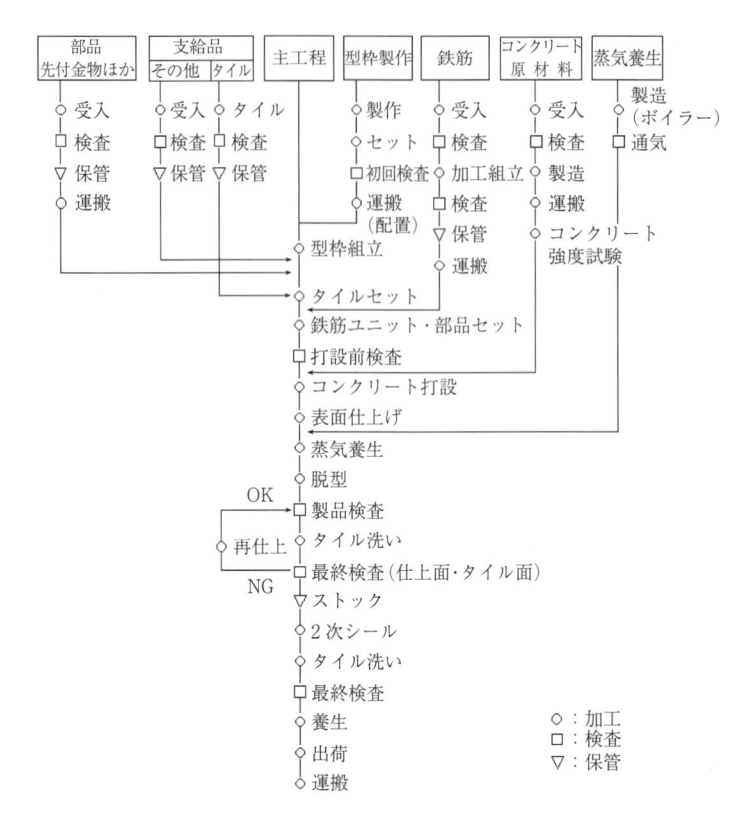

図 4.5.15 PC部材製造のフロー（工場生産）

など），その他運搬費，経費で構成される．工場と現場との距離による運搬費の差や，工場規模の違いによる工場固定費の差などの変動要素を主として比較を行う．

ii）製造フローと設備 製造のフローを図4.5.15に示し，主な工程の概要を以下に述べる．

(1) 型枠組立： 型枠は定盤（ベット）と周辺型枠で構成され，一般的には鋼製である．部材の寸法精度を確保するための最も重要な設備である．清掃・組立の後，剥離剤をスプレー・モップなどを用いて均一に塗布する．

(2) 鉄筋加工・組立およびセット： 鉄筋の組立は，通常型枠内では行わず別の場所で先行して作業を行う．このため，部材形状に合わせた見本型をあらかじめ用意し，これに合わせて組立を行うことが一般的である．

その後，フォークリフトなどにより製造ラインへ運搬し，組立の完了した型枠内へセットする．この際，スペーサーを使用し，適切なかぶり厚さが確保できるようにする．

(3) 打込み部品のセット： 接合用金物，インサートなどの打込み部品を定められた位置に原則的にボルトを用いて固定する．

(4) コンクリート製造および打込み： 工場内のバッチャープラントで製造されたコンクリートは，バケット付きのフォークリフトなどで製造ラインへ運搬され，準備の完了した型枠内へ打設用バケットを介して投入される．このとき，スコップなどで型枠内にほぼ平均に分配する．締固めは棒状バイブレーターを使用し，入念に行う．

(5) 表面仕上げ： コンクリートの表面仕上げは，その最終仕上げの種類により，刷毛引き・金ゴテ・木ゴテ押さえなどに分けられる．仕上げるタイミングは，打設後一定時間が経過した後，表面のブリージングの状態をみて行う．ホットコンクリートの使用や適切な前養生を行うことにより，仕上げのタイミングを早めることが可能である．

(6) 加熱養生： 一般的には，ボイラーで作られる蒸気を用いる蒸気養生方式が多く採用されている．蒸気養生は以下の4つの段階に分けられる．

① 前養生期間：コンクリートの打込み終了後，本養生を開始するまでの間で，この間にプレ

ヒートを行い，表面の水引きを促進させる場合もある．通常3時間程度に規定している工場が多い．

② 温度上昇期間：本養生を開始し，蒸気を送り込みながら養生槽内の温度をほぼ一定の割合で上昇させる期間であり，1時間当たり20℃程度の温度上昇勾配とすることが一般的である．

③ 最高温度継続期間：養生槽内を所定の最高温度に上昇させた後，温度を一定に保って養生を継続する期間で，蒸気の供給を遮断するまでをいう．最高温度は50～60℃に設定するのが通常である．

④ 温度降下期間：蒸気の供給を遮断した後，養生槽内の温度が徐々に下降する期間で，養生蓋を撤去し，部材を取り出すまでの期間をいう．

(7) 脱型および部材吊上げ： コンクリートの脱型時所要強度，通常は12N/mm²以上に達していることを確認してから脱型作業に入る．脱型に際しては有害なひび割れおよび破損が生じないように注意する．

(8) 部材ストックおよび積込み： 部材のストックは，縦置きと平置きのいずれかの方法で行われる．縦置きの場合は，コンクリート製のストックスタンドが使用されるのが一般的である．平置きの場合には，部材形状に合わせた敷角の位置を設定し，積み重ねる場合はその位置ずれのないよう注意する．また，部材重量・形状により積重ね段数に制限を規定しておく．

積込みは，輸送中に部材にひび割れ・破損・変形などが生じないよう十分な養生を行う．

iii) 部材輸送　部材を運搬する場合の関係法令としては，道路法・高速自動車国道法・道路交通法・同施行令・道路運送法・道路運送車両法・車両制限令などがある．

一般の自動車の場合，道路交通法施行令22条による積載物の寸法および重量制限は以下のとおりである．

① 長さ：自動車の長さにその長さの1/10の長さを加えたもの
② 幅：自動車の幅（一般トラックの場合2.5m）
③ 高さ：3.8mからその自動車の積載する場所の高さを減じたもの
④ 重量：自動車の最大積載重量

上記の値を超えた寸法・重量のものを運搬する場合，制限外積載の車両は出発地の警察署の許可を得る必要がある．図4.5.16に，通常許可される運搬可能範囲を示す．

2) サイト生産

i) 適用可否の検討　サイト生産方式は，条件が整えば工場生産よりコスト低減が図れる．採用可否の判断に際しては，以下の項目について十分検討を行う．

① プラントを設置するヤードが現場敷地内に確保できるか（屋内ヤードも検討）．
② プラント設備に要する費用が多くかからないか（現場常設の揚重機の使用検討）．
③ スケジュール的に問題がないか（準備期間が必要）．
④ 労務の調達は可能か（サイトPC専門業者あるいは型枠工など）．
⑤ PC部材設計担当者を確保できるか（工場生産の場合はメーカーが作図）．

などを検討し，最終的には工場生産の場合とのコスト比較を行った上で採否を決定する．

ii) 基本生産計画　サイト生産は工場生産の場合とは異なり，現場の取付工程に生産を同期化することによるジャストインタイム方式の生産を原則とする．これは，余分なストックを持たず，最少のプラント面積で効率良く生産を行うためである．

取付工程と必要部材数量から1日当りの生産部材数を算出し，これに部材形状による型枠数の補正，あるいは型替え日数を考慮して生産計画を立てる．立ち上がり時期の作業未習熟による生産量の低下をあらかじめ考慮しておく．

iii) 基本労務計画　PC製作労務については，作業歩掛りにより労務配員数を計画する．特に，タイル貼りなどの複雑な作業を伴う場合には配員数が多くなる．また，どの職種にこの作業を担わせるかの検討を行う必要がある．一般的には型枠工あるいはサイトPC専門業者が行う．

鉄筋組立労務は，現場内在来工法部分の鉄筋工にサイト生産分を合わせて行わせる場合と，サイト生産分は切り離してサイトプラント内で組み立てる場合があるので，現場内労務の実状に合わせて選択する．

iv) プラント設備計画

(1) 揚重設備： 部材脱型後の吊上げ移動とコンクリート打設が主な揚重作業であり，現場常設の揚重機の稼働に余裕があり，適切なスペースが確保できれば，この揚重機を使用することが望ましい．

(a) トラック積通行許可範囲

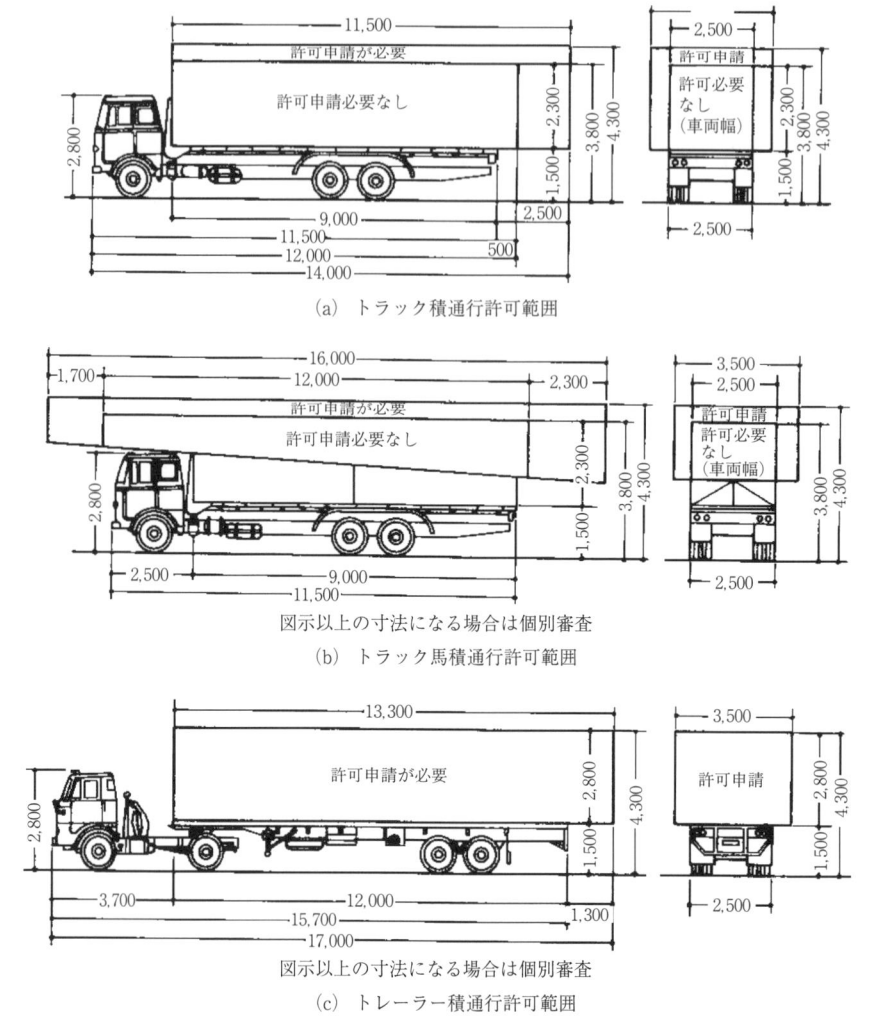

(b) トラック馬積通行許可範囲

図示以上の寸法になる場合は個別審査

(c) トレーラー積通行許可範囲

図示以上の寸法になる場合は個別審査

(注) この範囲は積載した状態の寸法を示すもので，(1) 高さ 4,300，(2) 幅 3,500，(3) 長さ（トラック）16,000（トレーラー），17,000 以上の場合は通行する道路の所轄道路管理者に個別申請をして許可を受ける必要がある．

図 4.5.16 通常許可される運搬可能範囲（JASS 10「プレキャストコンクリート工事（解説）」より）

常設揚重機が使用できない場合には，サイト生産専用の揚重機を設置する必要がある．この場合，生産期間がある程度長期間にわたる場合には橋型クレーンが，短期間の場合には移動式クレーンを使用するのが一般的である．

(2) 養生設備： 一般的には夏季は加熱養生は必要としないが，冬季は既製の簡易型ボイラーなどで蒸気養生を行う．また，ジェットヒーターなどで簡易的に加熱養生を行うことも可能である．いずれの場合でも，生産開始前に試験的に養生条件と脱型時コンクリート強度の相関を把握しておくことが重要である．

(3) 移動・運搬設備： プラント配置により現場敷地内運搬が必要となる場合があるが，通常はトラックにより取付け用クレーンの揚重範囲内へ移動する．屋内プラントの場合には台車による移動が多く採用される．

(4) 生産設備： 生産設備としては，コンクリート打設用バケット・棒状バイブレーターなどを準備する．

(5) 型枠設備： 工場生産の場合は定盤（ベッド）と周辺型枠により構成されるが，サイト生産の場合には底型枠と周辺型枠を一体とした単体型枠とした方が移動・設置などに便利である．また，工場生産

図 4.5.17 移動式クレーンを使用したサイトプラント

図 4.5.18 橋型クレーンを使用したサイトプラント

ほど高転用回数を要求されないため,鋼材厚を薄くしたり,木製型枠を使用するなどの経済性も考慮する.

(6) 配置計画: サイトプラントの配置例を以下に示す.図 4.5.17 は移動式クレーンを使用した場合,図 4.5.18 は橋型クレーンを使用した実施例である.

v) 生産管理および品質管理 取付け日程計画に基づいて生産管理表を作成する.生産管理表には1部材ごとに製作年月日,取付け年月日,ストック場所などを記録しておく.打込み部品数量もこれに連動させ,入庫数量,使用数量および在庫数量を常に把握できるようにしておく.特に,打込み部品は不足すると部材の生産ができなくなるため,その在庫管理は重要である.

部材製造から取付けまでの品質管理および試験検査の項目・方法については,サイト生産においてはレディーミクストコンクリートを使用するため,コンクリート管理の部分を除いては,工場生産の場合と同様である.

e. PC 部材の取付け
1) 組立精度

部材の組立精度の良否は,建物の構造および仕上げの品質に大きな影響を与えるので,部材の組立に際しては,施工計画に基づいて組立作業手順などを詳細に検討のうえ,事前に施工要領書を作成する.施工要領書には,以下の項目を記載することが望ましい.

① 組立全体工程
② 組立サイクル
③ 使用機械,用具およびその管理方法
④ 人員配置
⑤ 部材搬入連絡方法
⑥ 組立検査要領および精度基準
⑦ 各作業の手順および留意事項
⑧ 安全留意事項

2) 部材接合

PC 工法における接合部は,部材相互を接合し,構造体としての一体性を確保するための主要な部位であり,接合の良否が建築物の構造耐力を直接左右することになる.PC 工法に使用されるアンカー鉄筋を後打ちコンクリート部に定着させる,いわゆるウェットジョイント以外の代表的な接合方法について以下に述べる.

i) 溶接接合 接合用金物および接合用鉄筋を溶接して部材を接合する接合法は,主要な接合部に多く採用されているが,品質管理の視点からその信頼性の確認に問題があり,結局のところ溶接工の技量に頼ることが大きい.したがって,溶接部の品質管理のためには,溶接全般についての計画・管理および溶接工の指導を行う技術能力のある溶接管理技術者を置くとともに,溶接の種類・個所および方法に応じた溶接部の鋼材・鉄筋・溶接棒・溶接機・作業用具などを適切に選定するほか,溶接工の技量について確認しておくことが必要である.

ii) スリーブ接合 スリーブ接合は,接合用鉄筋に鋼製の筒状のスリーブを挿入し,凹凸の付いたスリーブ内壁と接合用鉄筋の間にセメント系無収縮高強度グラウト材を充填して接合用鉄筋相互を一体化し,硬化したグラウト材との付着力を介して鉄筋応力を伝達する,ウェットジョイントともいえる機械的な鉄筋継手工法である.スリーブ内径の中に接合用鉄筋が納まれば接合可能であり,誤差の吸収が容易にでき,また接合による鉄筋の伸び縮みもなく残留応力も発生しないため,PC 部材の接合には

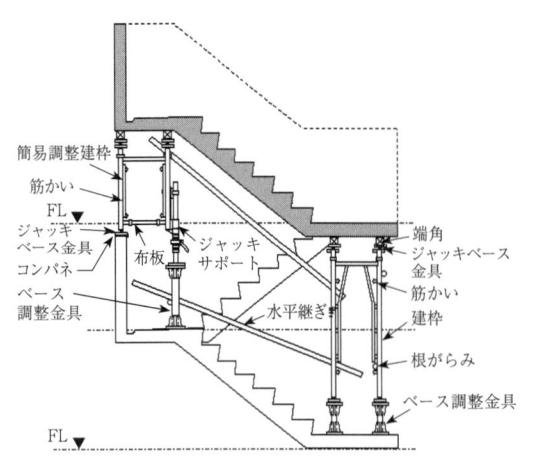

図 4.5.19　PC 階段仮設計画例

適した接合工法である．

iii) 高力ボルト接合　高力ボルト接合は，部材コンクリート中に埋め込まれた鋼材を高力ボルトの締付けによって生ずる摩擦面での摩擦抵抗力により応力伝達を図る，信頼性の高い接合方法である．しかし，ボルト接合のため誤差の吸収が難しく，部材製造時に高い精度が要求される接合法である．

3)　取付け用仮設治工具

部材の組立に使用する主な治工具としては，以下のものがある．

① 吊上げ用ビーム・ワイヤー類
② 斜めサポート・支保工
③ 仮設ブラケットなど

PC 階段の仮設計画例を図 4.5.19 に示す．

[河村光昭]

文　　献

1) 日本建築学会：建築工事標準仕様書・同解説，JASS10 プレキャストコンクリート工事，pp.78-156（1993）
2) 高田博尾：建築の技術　施工，**9**，p.120（1993）

4.6　仕　上　工　事

4.6.1　PC カーテンウォール工事

a.　概　　要

カーテンウォールは，外装材メーカーの工場で生産された各種部材を柱・梁の構造体に取り付けて構成した非耐力の外壁であり，主要構成材としてコンクリート系材料を用いたものがプレキャストコンクリートカーテンウォール（以下，PC カーテンウォールと略す）である．

b.　特　　徴

PC カーテンウォールは，表面仕上げの種類が多く，深みと重厚感に富む多様なファサードのデザインが可能である．PC カーテンウォールの特徴を金属カーテンウォールと比較して示せば表 4.6.1 のとおりである．

c.　種　　類

PC 部材の主要な材料は，鉄筋コンクリートであるが，炭素繊維補強コンクリート（CFRC）およびガラス繊維補強コンクリート（GRC）なども用いられる．鉄筋コンクリートに比べて，CFRC および GRC は，薄肉で軽量のパネルが製作できる．

鉄筋コンクリートの PC 部材では，フル PC とハーフ PC の 2 種類のものが使用されている．フル PC のものは，PC カーテンウォールの構成部材として外壁に取り付けて使用されるものである．一方，ハーフ PC のものは，打込み型枠（永久型枠）として使用されるものであり，トラス筋の約半分を露出させた厚さ 75 mm 前後の薄肉のパネルで，これを打込み型枠として活用し，現場打設の鉄筋コンクリートと一体にして鉄筋コンクリート壁として使用するものである．

カーテンウォールの構成方式としては，表 4.6.2 のようなものがあるが，このうちで PC カーテンウォールの構成方式としては，パネル方式，スパンドレルパネル方式および柱梁カバー方式が多く用いられている．パネル方式は，平板またはリブ付き平板に打設・成型した PC パネルをファスナーを介して構造体に取り付ける方式のものであり，通常は階高がパネルの高さ寸法になる．スパンドレルパネル方式は，腰の部分に PC パネルを取り付けて，PC と PC の間にサッシ・ガラスを設けた形式のカーテンウォールで，横連窓になる．また，柱梁カバー方式は，柱型 PC と梁型 PC を柱梁に取り付け，これ

表 4.6.1 PC カーテンウォールと金属（メタル）カーテンウォール

項　目	メタルカーテンウォール	PC カーテンウォール
耐火性能	・耐火材を裏面に吹き付けて耐火性能を確保する必要がある．	・耐火性能に優れる．
耐風圧性能	・風圧によるたわみが比較的大きい．	・風圧によるたわみはほとんど生じない．
面内変形性能	・部材が変形するので，層間変位が生じた場合のジョイントに発生するムーブメントは PC カーテンウォールの場合よりも小さい．	・部材の変形がほとんどないので，地震の際にジョイントに発生するムーブメントが大きい． ・ファスナーを種々工夫して層間変位に追従するように配慮する必要がある．
断熱性能	・断熱性が好ましくないので断熱材を用いて断熱処理を施す必要がある．	・断熱性が比較的優れているので断熱材をまったく使用しないこともある．
水密性能	・パネルそのものの水密性は優れている． ・温度ムーブメントが大きいのでジョイントの水密性を低下させる危険がある． ・層間変位によるジョイントの水密性の低下はそれほど問題とならない．	・ひび割れや欠けによって水密性が低下するおそれがある． ・温度ムーブメントは小さい． ・層間変位によるジョイントの水密性の低下（シーリング材の破壊）が問題となりやすい．
遮音性能	・PC カーテンウォールより劣る．	・メタルよりも重量が大きく有利である．
発音特性	・伸縮に伴ってファスナー部に摩擦音が発生し，問題になることがある．	・ファスナー部の摩擦音は，ほとんど問題とならない．
耐久性能	・腐食などが生じやすく維持管理が重要である．	・素材そのものの耐久性は優れているが，表面仕上材で耐久性の悪いものもある．
清掃	・腐食しやすいので清掃回数を多くする必要がある．	・メタルカーテンウォールよりは清掃回数が少なくて済む．
取換え	・最悪の事態には取り換えることができる．	・取換えはほとんど不可能である．
外観	・素材の性質および加工の困難さなどから量感に乏しく平面的なデザインになりやすい． ・仕上げの自由度が少ない．	・深みがあり，量感に富むデザインができる． ・表面仕上げの種類が多く，変化に富むデザインができる．
運搬・取付け	・部材が小さく，軽量なので楽である．	・部材が大きく，重量があるので大きな揚重機を必要とする． ・部材が大きいので取付け速度は速い．
精度	・製作および建込み精度ともに PC カーテンウォールに優る．	・メタルカーデンウォールよりは劣るが，著しく性能低下を招くようなことはない．
コスト	・PC カーテンウォールより高い．	・メタルカーテンウォールより安価である．

らで区画された部分にサッシ・ガラスを納める形式のものである．

さらに，昨今では，図 4.6.1 の例のように PC 板の仕上材とコンクリートとの間に断熱材をサンドイッチした外断熱 PC パネルを用いた PC カーテンウォールも出現している．

d. 要求性能と各部納まり

外壁を構成するカーテンウォールには，耐震性能，耐風圧性能，水密性能，耐火性能，遮音性能および断熱性能などが要求される．これらの要求性能との関係で使用材料の種類と組合せ，ならびに納まりなどが決まる．

1) 耐震性能

PC パネルは，パネルの自重が大きく，また剛性が大きいので耐震性能として，慣性力と層間変位に対する安全性を確保する必要がある．すなわち，地震時の慣性力として，水平力 $1.0\,G$，鉛直力 $0.5\,G$ が作用しても PC パネルが脱落しない性能が必要である．また，地震時の層間変位追従性能としては，大地震時に脱落・損傷しないこと，および中地震時にはファスナーが躯体変位にスムーズに追従し，しかも漏水などの外壁性能低下を生じないことが求められる．層間変位追従性を確保するためのパネル取付け方法の概念図を図 4.6.2 に，PC カーテンウォールの破壊程度の区分を表 4.6.3 に示した．

表 4.6.2　構成方式によるカーテンウォールの分類

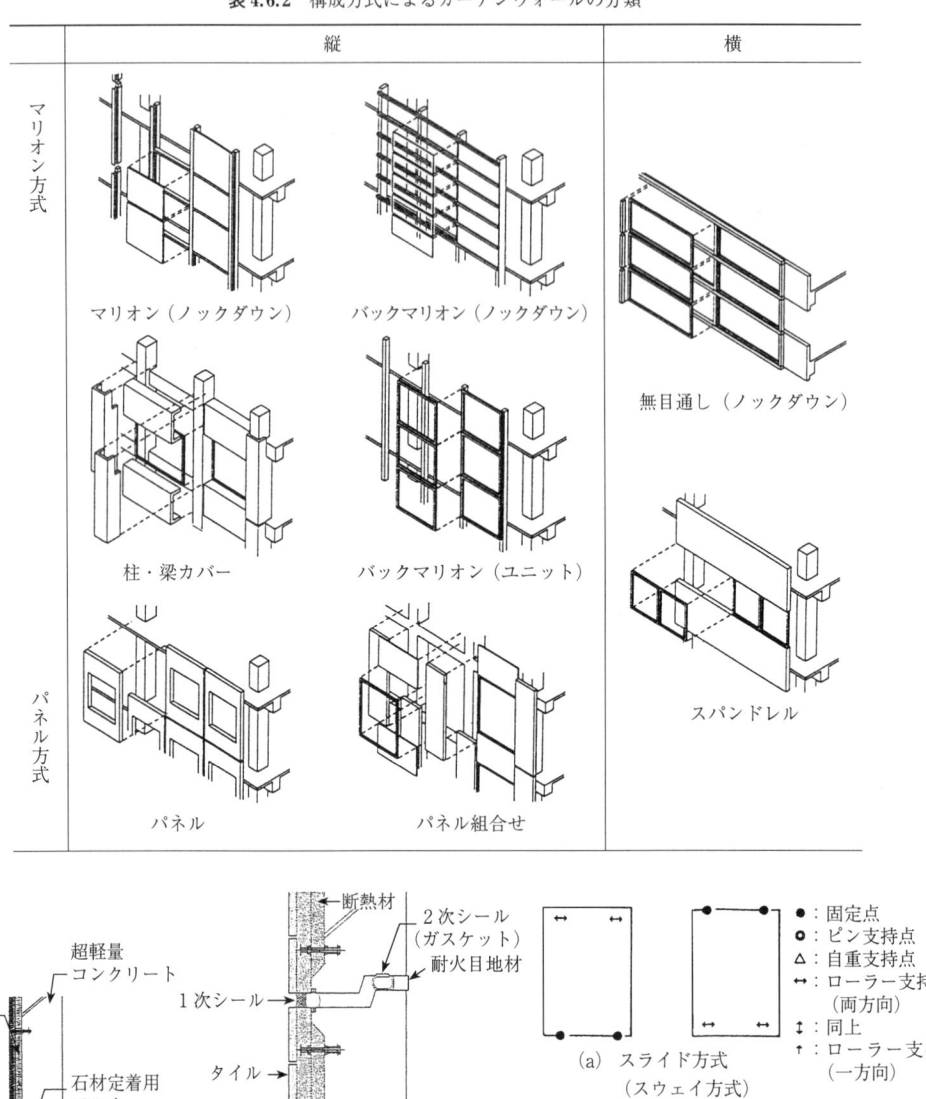

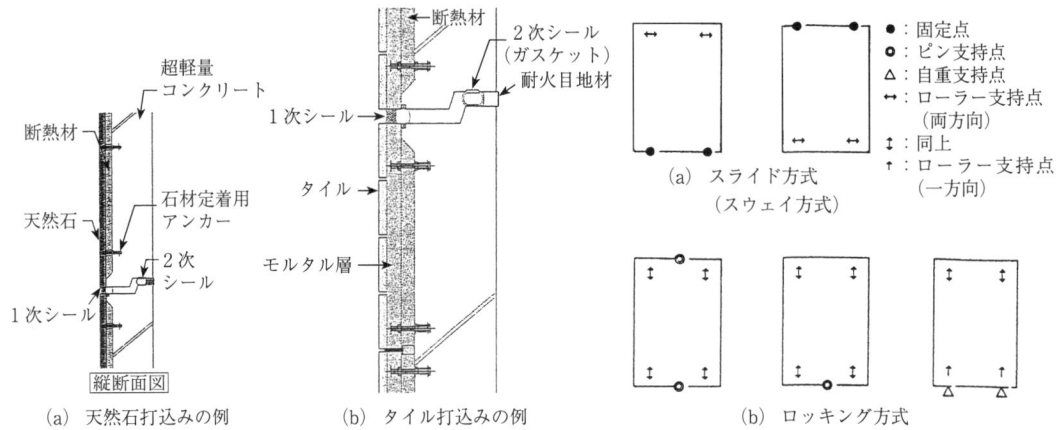

	縦		横
マリオン方式	マリオン（ノックダウン）	バックマリオン（ノックダウン）	無目通し（ノックダウン）
	柱・梁カバー	バックマリオン（ユニット）	スパンドレル
パネル方式	パネル	パネル組合せ	

(a) 天然石打込みの例　　(b) タイル打込みの例

図 4.6.1　外断熱 PC パネル

● : 固定点
○ : ピン支点
△ : 自重支持点
↔ : ローラー支持点（両方向）
↕ : 同上
↑ : ローラー支持点（一方向）

(a) スライド方式（スウェイ方式）

(b) ロッキング方式

図 4.6.2　パネルユニットの取付け概念図

2) 耐風性能

耐風圧性能値は，ガラスを除く主要部材のたわみが支点間距離4m以下の場合は1/150以下，絶対量は20mm以下であり，かつガラスや各部分に破損，残留変形，有害な変形が起こらず，ほとんど補修なしで継続使用に耐えるものとする．カーテンウォール性能基準では，表4.6.4のように区分している．表4.6.5には高さと風圧力の例を示す．

3) 水密性能

水密性能は，強風時や長雨時に室内への漏水を防止する性能であり，外壁にとっては重要な性能である．水密性能グレードは，表4.6.6に示したも

4.6 仕 上 工 事

表 4.6.3 PCカーテンウォールの破壊程度の区分

破壊程度	A	B	C	D	E
具体的現象	・被害なし	・パネルの微妙な面内外移動（目地ずれ，目違い） ・シーリング材の一部剥離	・ヘアークラック発生 ・パネル交差部の一部割れ・欠け ・シーリング材の剥離・破断	・大きなクラック発生 ・ファスナー金物変形 ・ファスナー部コンクリートの損傷	・ファスナー破断 ・パネルの破壊 ・パネルの脱落
参考 層間変形角	$R<\dfrac{1}{300}$	$\dfrac{1}{300}\leq R<\dfrac{1}{200}$	$\dfrac{1}{200}\leq R<\dfrac{1}{120}$	$\dfrac{1}{120}\leq R<\dfrac{1}{75}$	$R\geq\dfrac{1}{75}$

表 4.6.4 耐風圧性能グレード

性能グレード	1	2	3
風圧力 (N/m², Pa)	平成12年建設省告示 第1458号による値	日本建築学会「建築物荷重指針・同解説」 の設計用再現期間100年を用いた値	日本建築学会「建築物荷重指針・同解説」 の設計用再現期間300年を用いた値

表 4.6.5 高さと風圧力の例

高さ (m)	風圧力 (N/m², Pa)					
	グレード1		グレード2		グレード3	
	正圧（＋）	負圧（－）	正圧（＋）	負圧（－）	正圧（＋）	負圧（－）
13	1,659	874	1,775	935	1,974	1,040
20	1,879	1,038	2,011	1,111	2,236	1,235
30	2,055	1,221	2,199	1,306	2,445	1,453
40	2,132	1,370	2,281	1,466	2,537	1,630
50	2,331	1,666	2,494	1,783	2,774	1,983
60	2,507	2,149	2,682	2,299	2,983	2,557

＊都市部で頻度の多い基準風速 34 m/s，粗度区分Ⅲにおけるグレード別風圧力．高さは建築物の高さと軒の高さとの平均（m）

表 4.6.6 水密性能グレード

性能グレード	1	2	3	4	5
FIX部 （圧力差 Pa）	975 未満	975	1,500	$P\times 0.5$ 最低値 1,500	$P\times 0.75$ 最低値 2,250
可動部 （圧力差 Pa）	525 未満	525	750	1,000	1,500

P：耐風圧性能に用いた最大正圧値（Pa）

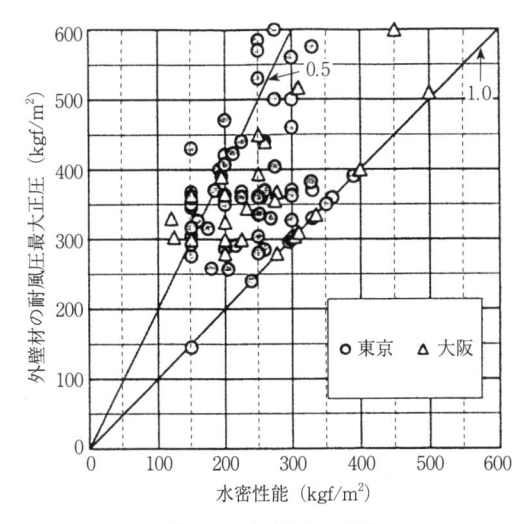

図 4.6.3 水密性能の事例

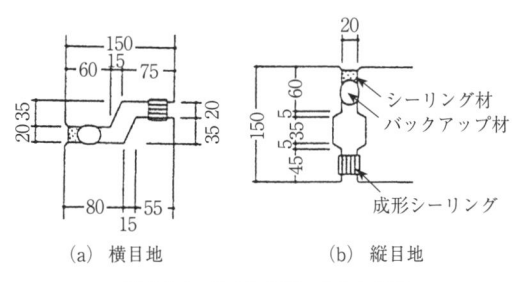

図 4.6.4 フィルドジョイントの例
(a) 横目地　(b) 縦目地

のなどが参考になる．また，図 4.6.3 に 1989 年から 1996 年までに設計された建物におけるカーテンウォールの耐風圧最大正圧値と水密性能値の関係を示す．これによれば，改正前の建築基準法施行令第 87 号と建設省告示第 109 号により求めた正圧の 0.5 〜1.0 の範囲で設定されている建物が多い．水密性

表 4.6.7 雨水浸入機構と対策

雨水浸入の機構			対　策	
重　力	目地内に下方に向かう経路があると雨水はその自重で浸入する		・目地内の傾斜を上向きにする ・水返し高さの高い立上りを設ける	上向き勾配　水返し
表面張力	表面を伝わって目地内部へ回り込む		・水切りを設ける	水切り
毛細管現象	幅 0.5 mm 以下の隙間には奥へ水を吸収する力が働き浸入する		・目地奥に広いエアポケット空間を設ける ・隙間間隔を広くする	エアポケット　広い隙間
運動エネルギー	風速などによって水滴が持っている運動エネルギーにより隙間内部まで浸入する		・運動エネルギーを消耗させるため迷路を設ける	迷路
気圧差	建物の内外に生ずる気圧差が起こす空気の移動とともに雨水が浸入する		・外部と目地内の気圧の差をなくす	

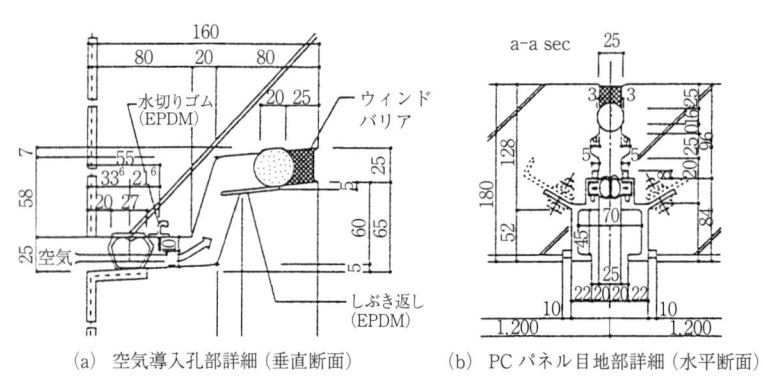

(a) 空気導入孔部詳細 (垂直断面)　(b) PC パネル目地部詳細 (水平断面)

図 4.6.5　オープンジョイントの例

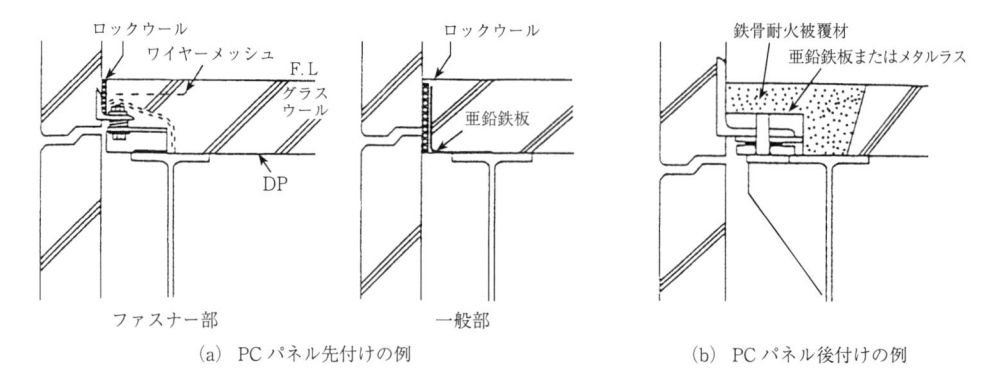

(a) PC パネル先付けの例　　　　　　　　　　(b) PC パネル後付けの例

図 4.6.6　層間ふさぎの実例

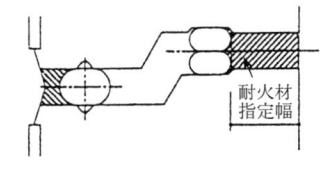

図 4.6.7 目地耐火材納まり例

能を確保するには，隙間をふさぐ方法か，水を移動させる力を制御する方法があり，前者をフィルドジョイント，後者をオープンジョイントと称する．雨水の移動力の制御方法を表 4.6.7 に，フィルドジョイントの納まり詳細の例を図 4.6.4 に，オープンジョイントの納まり詳細の例を図 4.6.5 に示した．

4) 耐火性能

工場で製造した PC パネルをファスナーで構造体に緊結する構法のために，PC パネルと床スラブ・梁の間，PC パネルどうしの接合部などに種々の隙間が生じ，それが防火区画の上で弱点となる．そのために図 4.6.6 に示すような層間ふさぎ，あるいは図 4.6.7 に示したような耐火目地処理などを行う必要がある．

5) 遮音性能

遮音性能は，JIS に規定されている遮音等級線によって表示する（「建具工事」の図 4.6.17 参照）．オクターブ帯域における中心周波数 125, 250, 500, 1,000, 2,000, 4,000 Hz の音響透過損失値（実際には 1/3 オクターブ帯域での測定値を換算）を図にプロットし，各周波数の値（6 点）が上回る遮音等級線で表示する．ガラスを含む外壁に要求される遮音性能は，室内許容騒音の値 L_1 (dB) と外部騒音の値 L_2 (dB) が設定されれば，次式で求められる．

$$TL = (L_2 - L_1) + 10 \log (S/A)$$

ここに，TL：透過損失 (dB)，S：外壁面積 (m^2)，A：受音室の透過吸音面積 (m^2)．

ここで，$10 \log (S/A)$ は，室内の吸音力による効果を表し，通常の居室では負の値になるが，特に吸音を考慮して設計した部屋でない限りは安全側になるために無視することが多い．したがって，概略的には，外部騒音と室内許容騒音の差が外壁に要求される遮音性能となる．

6) 断熱性能

カーテンウォール各部の断熱性能は，熱貫流抵抗によって表示し，その単位は $m^2 \cdot K/W$ とする．断熱性能は冷暖房負荷に大きな影響を及ぼし，また結露の発生と密接に関係する重要な性能である．さらに，建物のライフサイクルコスト，地球環境問題，省資源・省エネルギーなどとも関係する．カーテンウォールが適切な断熱性能を持つことにより，室内気候が外気の温度変化や日照の影響を受けにくく，室内上下の温度差が少なくなる，内壁面の結露を防止できるなどの効果を得ることができる．

断熱性能は，遮音性能と同じく窓サッシ部を含めた外壁すべての総合性能としてとらえる必要があり，以下に示される計算式によることが多い．カーテンウォール性能基準では，開口部の熱貫流抵抗で代表表示し，表 4.6.8 のとおり区分する．

$$R = R_o + R_i + \{R_a + \Sigma (D_i / \lambda_i)\}$$

ここで，R_o：外気側熱伝達抵抗 ($m^2 \cdot K/W$)，R_i：室内側熱伝達抵抗 ($m^2 \cdot K/W$)，R_a：空気層の熱抵抗 ($m^2 \cdot K/W$)，D_i：第 i 層の層構成材の厚さ (m)，λ_i：第 i 層の層構成材の熱伝導率 ($W/m^2 \cdot K$)．

e. 工事の要点

PC 部材の製作にあたっては，製品規格，製作工程計画および製作要領などを十分に検討し，製品仕様書，工程計画書および製作要領書を作成して進める．PC 板の製作にあたって留意しなければならない PC 板の形状，断面寸法，割付け，ファスナー位置，配筋などについての留意点を以下に述べる．

1) PC 板の形状

階高寸法のパネルで外壁を構成する場合と，各階の梁や柱に取り付けるスパンドレル部材や柱型部材で外壁を構成する場合がある．階高寸法のパネルでは，無開口パネルの場合とポツ窓パネルの場合とがある．腰壁と柱をパネルでカバーし，その区画内に開口を設ける場合には，アルミサッシと PC 部材は別々に製作し，現場で建て込んで施工する．また，立ち上がりを有する複雑な形状のパネルでは，コンクリートの打設がうまくいかず，例えばタイルの密着が不十分になることもあり，複雑な形状の PC 板の製造は注意が必要である．

2) 断面設計

PC 板の板厚は，耐風圧・耐震性，水密性・耐火性などの性能との関連で設計される．特に，PC 板ではひび割れが生じないように断面設計することが望まれる．常用荷重（例えば荷重指針による再現期間 30 年の風荷重，0.5 G の地震荷重など）において，所定のひび割れ幅（開口パネルで 0.1 mm，無開口パネルで 0.2 mm）に納まる板厚とする．基本設計段階で簡便に PC パネルの板厚を設定する場合には，無開口パネルで最大辺長の 1/20～1/25 程度，開口パネルで 1/15～1/20 程度を目安にする．

表 4.6.8 断熱性能グレード

性能グレード	1	2	3	4	5
等級	JIS 等級 H-1	JIS 等級 H-2	JIS 等級 H-3	JIS 等級 H-4	JIS 等級 H-5
熱貫流抵抗 ($m^2 \cdot K/W$)	0.215 以上	0.246 以上	0.287 以上	0.344 以上	0.430 以上

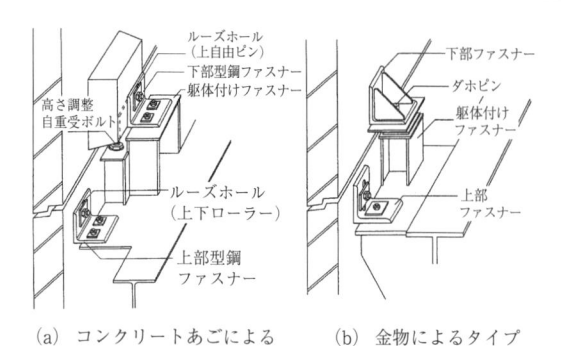

(a) コンクリートあごによるタイプ　　(b) 金物によるタイプ

図 4.6.8　ファスナー取付け部の概念図

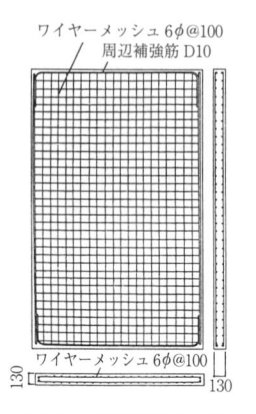

図 4.6.9　周辺補強筋の例

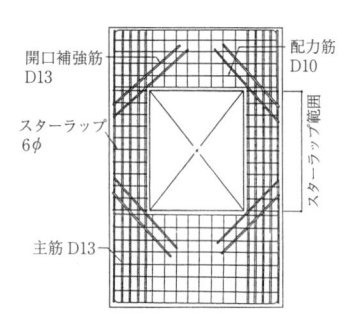

図 4.6.10　開口補強筋の例

3) PC 板の割付け

通常は意匠的要求から決まってくるが，次の2点から検討する必要がある．1つは，運搬上の問題で，通常平積みで運搬されるので，パネルの辺長をトラックの場合で 2.5 m，トレーラーの場合で 3.2 m 以内に押さえておくのが無難である．これを超えると何らかの工夫が必要である．2つめは，躯体側の条件が考慮されたパネル割付けになっておらず，柱間における梁のジョイントプレートとパネルの縦目地の関係，コーナーパネルにおける柱との位置関係，階高方向の水平目地位置の関係などが問題となることがあり，これらをうまく処理する必要がある．また，取付け時の施工性と安全性にも配慮する．

4) ファスナー

ファスナーを取り付けるためのアンカー金物の位置は，作用する荷重を支え，かつ地震時の層間変位を吸収するのに都合の良い位置とする必要がある．通常，PC パネルの幅位置に対して，スウェー方式では端部に，ロッキング方式では中央寄り（端部から 1/4〜1/5 の位置）に設ける．また，ファスナーの耐力，層間変位追従機構，自重支持方法および施工精度の確保方法などについても検討する必要がある．図 4.6.8 にファスナー取付け部の概念図を示す．

5) 配　筋

耐力の強化やひび割れの防止などから，補強筋が必要になる場合がある．例えば，開口補強筋，周辺補強筋，埋込み金物回り補強筋などがあり，適宜設置する必要がある．周辺補強筋を図 4.6.9 に，開口補強筋の例を図 4.6.10 に示した．

6) そ の 他

タイル打込み PC などでは，裏面からの乾燥が急激に進み，乾燥収縮に伴う外側に凸の反りが生じることがある．大きなサイズの PC パネルでは，大きさの見直しやストックヤードでの養生方法などを検討し，反りが少なくなるように配慮する．大型 PC の場合には，その重量で S 造躯体の梁部材のねじれが生じることもある．特に，床スラブのない階段室やエレベーターシャフトでは生じやすいので，注意が必要である．また，タイル打込み PC では，タイル敷き込み時の作業員の体重やバイブレーターが当たってタイルが割れる，あるいは複雑な形状の部位でコンクリートの充填が悪くなったなどの不具合が生じ，タイルを張り替える場合には，モルタル系張付け材では，良好に張れずにタイルの剥落につながることが少なくない．ゴム弾性系の接着材で補修

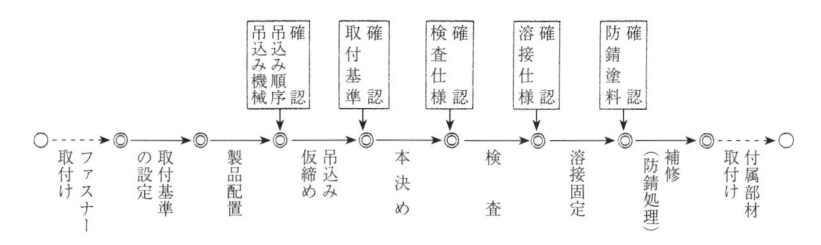

図 4.6.11 カーテンウォールの標準取付け手順

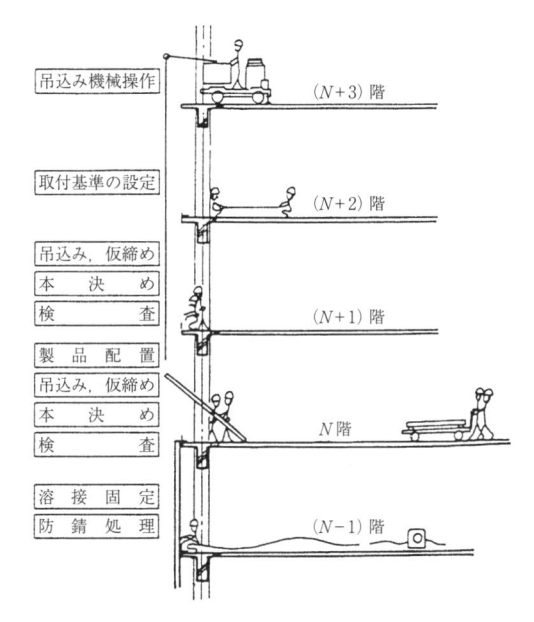

図 4.6.12 カーテンウォール取付け時の人員配置

タイル張りするなどの配慮が必要である．

f. カーテンウォールの施工

工場で製作されたカーテンウォール部材は，適切な運搬計画に基づいて建設現場に搬入された後，図4.6.11に示した手順に従って図4.6.12に示した人員配置によって取り付けられる．　　　　［小野　正］

文　　献

1) 防水用語事典編纂委員会：改訂版防水用語事典，新樹社（1995）
2) 日本カーテンウォール工業会：カーテンウォールってなんだろう（1995）
3) 野原産業株式会社・高橋カーテンウォール工業：外断熱 PC カーテンウォール工法
4) 日本建築学会：JASS 14 カーテンウォール工事，丸善（1996）

4.6.2 金属カーテンウォール工事

a. 概　　要

金属カーテンウォールは，外装材工場で生産された金属製主要構成材を建設現場で構造体に取り付けて外壁を造るものであり，金属の風合いと加工性の良さを生かした軽快でシャープなデザインが特徴である．金属カーテンウォールでは，デザインと性能が決まっている標準タイプと，新たに設計・製作する特注タイプがある．

b. 種　　類

金属カーテンウォール用部材の主要な材料は，アルミニウム合金押出し形材の方立や無目材，形鋼などのフレームにアルミニウム合金パネルを組み込んだユニット，アルミニウム合金を鋳造した部材などが主なものであるが，このほかにステンレス鋼を用いることもある．

金属カーテンウォールでは，PC カーテンウォールで示した種類の中でマリオン（ノックダウン）方式，パネル方式，スパンドレルパネル方式および柱梁カバー方式などが採用される．マリオン方式は，最も代表的なものであり，方立（マリオン）を上下階の梁やスラブに架け渡し，そこにガラスやスパンドレルパネルを取り付けるものである．パネル方式は，マリオン方式と並んで代表的なものであり，層間に架ける大型パネルを上下階の梁や柱に取り付ける．スパンドレルパネル方式は，腰壁部分と下がり壁部分に金属パネルを取り付けて，開口部分にサッシ・ガラスを設けた形式のカーテンウォールであり，一般には横連窓になる．また，柱梁カバー方式は，柱型パネルと梁型パネルを柱梁に取り付け，これらで区画された開口部分にサッシ・ガラスを納める形式のものである．

c. 要 求 性 能

外壁を構成する金属カーテンウォールには，耐震性能，耐風圧性能，水密性能，耐火性能，遮音性能および断熱性能などが要求される．これらの要求性能との関係で各部納まりと使用材料の種類と組合せなどが決まるが，要求性能はPCカーテンウォールの場合と同じなので，ここでは省略する．

d. 工 事 の 要 点

金属部材の製作にあたっては，製品規格，製作工

程計画および製作要領などを十分に検討し，製品仕様書，工程計画書および製作要領書を作成して進める．金属部材の製作にあたって，注意しなければならない設計・施工条件，詳細設計，層間変位追従機構，ファスナーおよび接合部処理などについての留意点を以下に述べる．

1) 設計・施工条件

金属カーテンウォールの詳細設計を適切に進め，カーテンウォール工事を問題なく進めていくためには，下記に示す設計・施工条件を的確に把握しておく必要がある．

① 設計面では，カーテンウォールの形式，部材の割付け・寸法，使用材料とともに，耐風性能，耐震性能，水密気密性能などの要求性能が指定されるので，これらの設計条件を確認・整理する必要がある．

② 製造面では，工場の製造技術，製造設備，生産能力を考慮する必要がある．特に，最大製品の寸法や部材の納期などは大きな制約条件となるので，早い段階で確認・検討しておくことが必要である．

③ 施工面では，建設現場の立地条件，建築工法などのほか，施工工程，足場計画，揚重計画，関連工事との関係などの建物固有の諸条件を考慮して検討することが必要である．

2) 詳細設計

設計・施工条件に基づいて，「設計者の意図する外壁デザインの実現」と「工程どおりの工事の実現」を目標として，詳細設計を進める．

3) 層間変位追従機構

地震時にガラスが割れないよう金属カーテンウォール部材（サッシ）とガラスの納まりについて検討する．層間変位によって支持枠が変形し，ガラスに直接触れるとガラスが破損するので，設計条件の層間変位が生じても割れないように支持枠とガラスが接触しないようブーカム（Bouwkamp）の式を用いて検討する．すなわち，図4.6.13に示すサッシとガラスに水平力が作用した場合，サッシが変形してガラスに接触，水平移動して反対側のサッシと接するまでの変位 δ_1 は次式で示される．

$$\delta_1 = C_1 + C_2 + \cdots \quad (1)$$

ここで，δ_1：サッシの変形量（mm），C_1, C_2：左右のエッジクリアランス（mm）．

さらに，サッシのせん断変形が進行するとガラスが回転し，ついにはサッシの平行四辺形の短い対角線とガラスの対角線が一致するが，このときが層間変位追従の限界であり，このときのサッシの変形量は（2）式で示される．

$$\delta_2 = \delta_1 + H(C_3 + C_4)/B + \cdots \quad (2)$$

ここで，δ_1, δ_2：サッシの変形量（mm），C_3, C_4：上下のエッジクリアランス（mm），H：サッシの高さ寸法（mm），B：サッシの幅寸法（mm）．

ブーカムの式から得た変形量 δ_2 がガラスが安全であるために許容される最大変形量であるので，それを満足するエッジクリアランスを設計する．

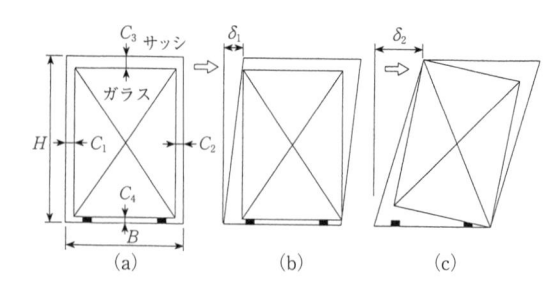

図4.6.13 面内変形によるサッシとガラスの接触状況

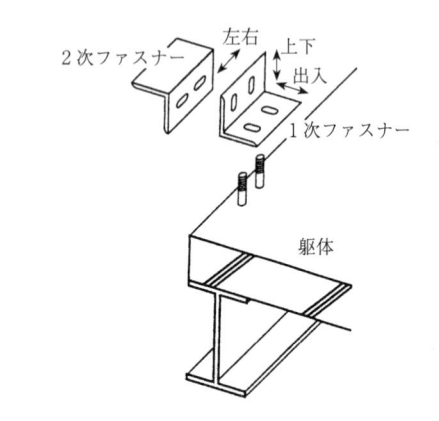

図4.6.14 ファスナーの構成

4) ファスナー

カーテンウォール部材を構造体に取り付ける部品がファスナーである．このファスナーには，以下に述べる機能が要求される．

① カーテンウォール部材の自重，地震力，風圧力を構造体に伝達すること

② 層間変位と熱伸縮を拘束せずに吸収すること

③ 躯体・製品・取付けなどの誤差を吸収できること

以上の性能が要求されるファスナーは，図4.6.14に示すように，一般には1次ファスナーと，それとカーテンウォール部材とをつなぐ2次ファスナー（ブラケット）で構成されている．このファスナー

4.6 仕上工事

表 4.6.9 ファスナーの種類

名　称	固定ファスナー	スライドファスナー
概念図	（溶接）	（バッキング材／溶接）
内　容	溶接などにより躯体に完全に固定する	ファスナー部でスライドできるようにボルト締めとし，スライドすべき部分にステンレス板やフッ素樹脂系のパッキング材をはさみ込み，スライドできるようにする．下部は左右がフリーとなっている
名　称	ブラケットファスナー	ピンファスナー
概念図	（カーテンウォール本体下地材／ブラケット（このブラケットが左右に変形して熱伸縮などの変位を吸収する）／溶接）	（ユニット下地鉄骨／ブラケット／レベル調整自重受ボルト（層間変位時回転支持部）／1次ファスナー／溶接／スタッドボルト仮止め用）
内　容	溶接などによりファスナーを固定するが，ブラケットのばねにより，熱膨張，層間変位などを吸収する．下部は上下方向がフリーとなっている	レベル調整並びに自重受を兼ねたボルトを利用して，層間変位時に回転支持できるようにして，層間変位などを吸収する．下部は上下方向がフリーとなっている

には，固定ファスナー，スライドファスナー，ブラケットファスナーおよびピンファスナーなどがあり，カーテンウォールの方式によって使い分けている．ファスナーの種類を表4.6.9に示した．

5) 接合部処理

カーテンウォールに各種接合部ができることは，工場で部品化し，現場でビルトアップするカーテンウォール構法の宿命である．この接合部には，以下の機能が要求される．

① 雨水の浸入を防止できる機構を有すること
② 層間変位と熱伸縮を拘束しないで吸収しつつ，上記の性能を満足すること
③ 躯体・製品・取付けなどの誤差を調整・吸収できること

これらの機能を満たすように，防水構法，目地寸法・機構，シーリング材・ガスケットの選定・施工について，十分に検討する必要がある．防水構法としては，雨水の浸入口となる接合部の開口をシーリング材でふさぐフィルドジョイント構法，および接合部の外気側を開放し，室内側に気密材を配置して壁体内の接合部空間を外気と等圧にして雨水の浸入を防止するオープンジョイント構法を検討し，施工する． 　　　　　　　　　　　　　　　　　　　[小野　正]

文　献

1) 日本カーテンウォール工業会：カーテンウォールってなんだろう（1995）

4.6.3 建具工事

a. 建具工事の基本

1) 建具の種類

建具を材質別に分類すると，木製建具と金属製建具に大別され，金属製建具には，アルミニウム合金製，鋼製，ステンレス鋼製などがある．材質別には，アルミニウム合金製建具が圧倒的に多く，鋼製建具や木製建具はわずかである．最近では，寒冷地での仕様として，高断熱サッシの需要が増加しており，アルミニウム合金と樹脂あるいは木材との組合せで使用されるようになっている．

用途別に分類すると，ビル用と住宅用に大別される．ビル用では建物高さで中・高層用と中・低層用に分かれる．また，住宅用では在来の軸組工法用のほかに，2×4工法専用のものもある．

形式別に分類すると，採光や換気などを目的とした窓の機能を持つサッシ・ガラリ類と，出入口としての機能を持つドア・シャッター類に分かれる．

サッシを性能別特徴で区分すると，表4.6.10のように分類できる．引寄せ機構が付いたサッシは，気密性と遮音性が同時に向上する．また，一般に断熱サッシは，枠や障子に結露が生じにくいため防露性も高い．

ドアの開閉方式にはいくつかの種類があり，図4.6.15にその特徴を示す．操作方式には，手動と自動があり，自動ドアは，駆動装置やスイッチで構成される．

また，工法別に分類すると，現場で躯体に取り付ける後付け建具と，あらかじめ建具を取り付けてから躯体を施工する先付け建具に分かれる．先付け建具には，現場で先付けして躯体と一体化する現場先付けと，あらかじめプレキャスト（PC）板に取り付けるPC板先付けがある．

2) 建具の機能と性能

建具は，窓（サッシ・ガラリ）と出入口（ドア・シャッター）としての機能があり，それぞれ要求性能が異なる．

サッシに求められる主な性能をあげると，① 耐風圧性，② 気密性，③ 水密性，④ 遮音性，⑤ 断熱性，⑥ 耐震性，⑦ 防火性，⑧ 防露性，⑨ 開閉性，⑩ 耐久性などである．サッシに求められる主要な性能値は，JIS A 4702（サッシ）で規定されており，表4.6.11に示すとおりである．

設計風圧力は，建物の立地条件や建物階高によって変わるが，800～3,600 Paの7段階に分けている．住宅用ではS-2（1,200 Pa）とS-3（1,600 Pa）が多く，ビル用では，中低層がS-4（2,000 Pa）とS-5

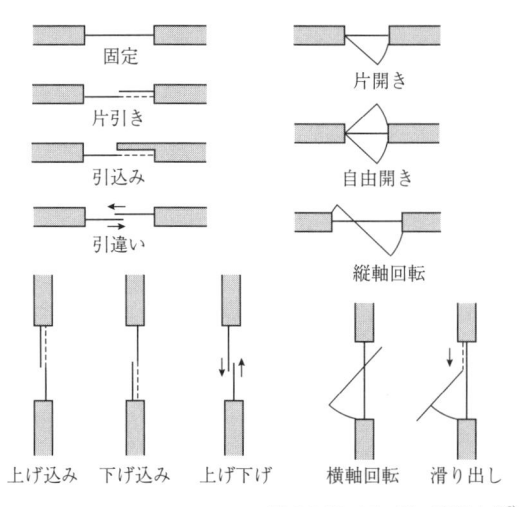

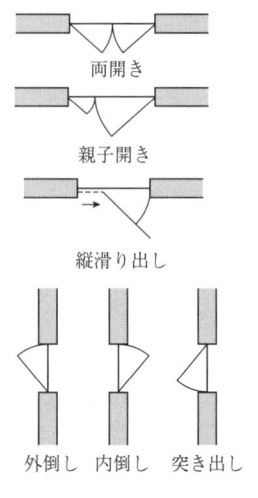

表 4.6.10 性能別特徴によるサッシの分類[1]

種　類	特　徴
エアタイトサッシ	一般に気密性 $1.0\,\mathrm{m^3/h \cdot m^2}$ 以下のもので，サッシに引寄せ機能が付いている
防音サッシ	音響透過損失 25 dB 以上のもので，サッシに引寄せ機能が付いている
断熱サッシ	一般に熱貫流率 $3.5\,\mathrm{W/m^2 \cdot K}$ 以下のもので，複層ガラス，二重ガラス，三重ガラスを使用したり，サッシを二重にする
防露サッシ	合成ゴム系などの芯材を熱橋となる枠材の間に組み込み，熱の短絡を防いだもの
排煙サッシ	防火区画などに使用する目的のもので，一斉開放，自動開放などの機能を持つ

図 4.6.15 戸，窓の開閉方式[2]
（固定，片引き，引込み，引違い，片開き，自由開き，縦軸回転，両開き，親子開き，縦滑り出し，上げ込み，下げ込み，上げ下げ，横軸回転，滑り出し，外倒し，内倒し，突き出し）

表 4.6.11 サッシの性能区分[2)]

性能項目	等級	等級との対応値	性能
開閉力	—	50 N	戸が円滑に開く，および閉じることとする
開閉繰返し	—	開閉回数 1万回	開閉に異常がなく，使用上支障がないこととする
戸先かまち強さ	—	載荷荷重 50 N	戸先かまちのたわみが下記に適合するものとする ・面内方向のたわみ：1 mm 以下 ・面外方向のたわみ：3 mm 以下
耐風圧性	S-1 S-2 S-3 S-4 S-5 S-6 S-7	最高圧力 800 Pa 1,200 Pa 1,600 Pa 2,000 Pa 2,400 Pa 2,800 Pa 3,600 Pa	・加圧中，破壊が生じないこととする ・スライディングは，召合せかまち，突合せかまち，召合せ中骨の最大変位が各々の部材に平行する方向の内法寸法の 1/70 以下であること ・スイングは，枠，無目・方立など，戸の周辺に接する部材において，最大相対変位が 15 mm 以下であることとする ・スイングの両開きなどの召合せかまちは，最大変位がその部材に平行する方向の内法寸法の 1/70 以下であることとする ・無目・方立がある場合は，そのたわみ率が 1/100 以下であることとする ・6.8 mm 以上のガラスを使用する場合は，さらに各々の部材のたわみ率が下記の規定に適合するものとする | 部材名 | | たわみ率 | |---|---|---| | 中桟および中骨 | | 1/150 以下 | | 召合せかまち 突合せかまち 召合せ中骨 | 中桟 あり 中骨 | 1/85 以下 | | | 中桟 なし 中骨 | 1/100 以下 | ・除圧後，開閉に異常がなく，使用上支障がないこと
気密性	A-1 A-2 A-3 A-4	気密等級線 A-1 等級線 A-2 等級線 A-3 等級線 A-4 等級線	該当する等級について，通気量が図 4.6.16 に規定する気密等級線を上回らないこととする
水密性	W-1 W-2 W-3 W-4 W-5	圧力差 100 Pa 150 Pa 250 Pa 350 Pa 500 Pa	加圧中，JIS A 1517 に規定する次の状況が発生しないこととする ・枠外への流れ出し ・枠外へのしぶき ・枠外への吹出し ・枠外へのあふれ出し
遮音性	T-1 T-2 T-3 T-4	遮音等級線 T-1 等級線 T-2 等級線 T-3 等級線 T-4 等級線	該当する等級について，図 4.6.17 に規定する遮音等級線に適合するものとする
断熱性	H-1 H-2 H-3 H-4 H-5	熱貫流抵抗値 0.215 m^2・K/W 以上 0.246 m^2・K/W 以上 0.287 m^2・K/W 以上 0.344 m^2・K/W 以上 0.430 m^2・K/W 以上	該当する等級について，対応する熱貫流抵抗値に適合するものとする

(2,400 Pa)，中高層が S-5 (2,400 Pa)，S-6 (2,800 Pa) が多い．

サッシの隙間からの空気の侵入防止や冷房負荷低減を図るためには，気密性が必要である．気密性は，サッシ内外の圧力差が 10～100 Pa のときの空気の漏気量 ($m^3/h \cdot m^2$) で示される．JIS 規格では，図 4.6.16 に示す気密等級線により，A-1～A-4 等級までの 4 段階評価になっている．住宅用は A-2 等級線 (30 $m^3/h \cdot m^2$)，A-3 等級線 (8 $m^3/h \cdot m^2$) 以下，一般のビル用は A-3 等級線 (8 $m^3/h \cdot m^2$)，A-4 等級線 (2 $m^3/h \cdot m^2$) 以下，エアタイトサッシは A-4 等級線 (2 $m^3/h \cdot m^2$) 以下である．

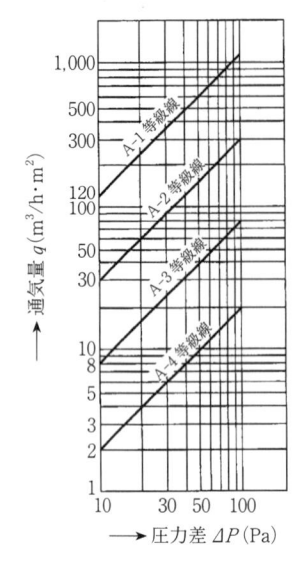

図 4.6.16 気密等級線

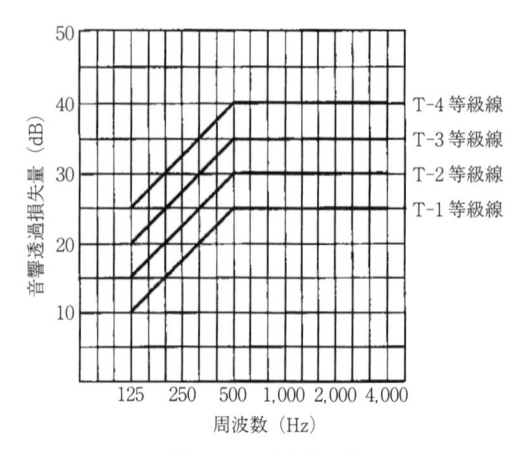

図 4.6.17 遮音等級線

水密性能は，台風などの暴風雨を想定し，サッシの隙間から雨水が室内に漏水してこない最大圧力差 (Pa) で示される．JIS 規格では，W-1～W-5 までの 5 段階評価になっている．住宅用は W-2 (150 Pa)，W-3 (250 Pa) が多く，ビル用は W-3 (250 Pa) 以上が使用される．

幹線道路沿いや鉄道沿線などの騒音地域には，防音サッシが多く使用される．JIS 規格では，125～4,000 Hz の周波数に対する音響透過損失量 (dB) で評価し，図 4.6.17 に示す遮音等級線により，T-1～T-4 等級の 4 段階評価としている．一般に，引寄せ機構の付いたサッシは，T-1 等級線を満足し，遮音性に優れている．

断熱性は，熱貫流抵抗 ($m^2 \cdot K/W$) または熱貫流率 ($W/m^2 \cdot K$) で表示され，JIS 規格では，H-1～H-5 等級までの 5 段階に評価している．

また，次世代省エネ基準（建設省告示第 998 号）では，地域によって必要な性能値として，熱貫流率 ($W/m^2 \cdot K$) を 4 段階で割り当てている．一般に断熱サッシは，熱貫流率 $3.5\,W/m^2 \cdot K$ 以下（熱貫流抵抗 $0.28\,m^2 \cdot K/W$ 以上）を満足する製品である．断熱性を有しているサッシは防露性も有している．

建具の耐震性は，一般に建物の層間変位に対して窓ガラスが破損・脱落して人的被害を及ぼさないようにすることである．建具にはめ込まれた窓ガラスの建物の層間変位に対する安全性は，図 4.6.18 に示すブーカム (Boukamp) の提案式から求められる．図の ① の状態が平常時の状態であり，ガラス小口とサッシのガラス溝との間には，C_1～C_4 の隙間（エッジクリアランス）が設けられている．建物の層間変位によって建具の上下枠間に変位が生じ，② ～ ③ の状態へと移っていく．③ の状態（建具の上下枠間の変位量 δ_2）が，窓ガラスの終局的な状態

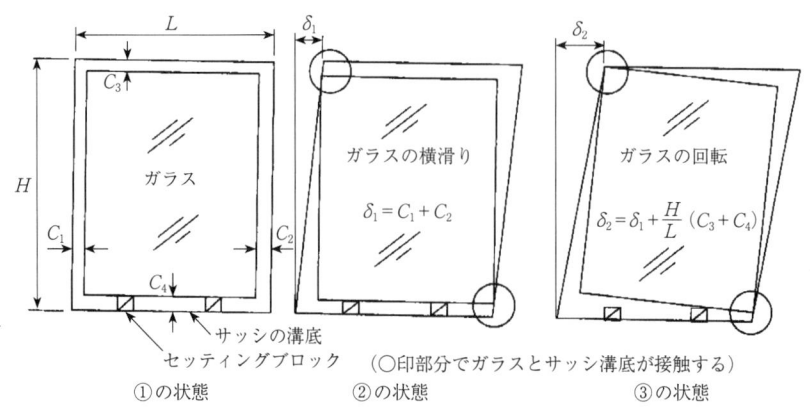

① の状態　　②の状態　　③の状態

ガラスの横滑り： $\delta_1 = C_1 + C_2$

ガラスの回転： $\delta_2 = \delta_1 + \dfrac{H}{L}(C_3 + C_4)$

（○印部分でガラスとサッシ溝底が接触する）

図 4.6.18 ブーカムの提案式[2]

表 4.6.12 ドアの性能区分[2]

性能項目	等級	等級との対応値	性能
ねじり強さ	—	載荷荷重 200 N	開閉に異常がなく，使用上支障がないこととする
鉛直荷重強さ	—	載荷荷重 500N	残留変位が 3 mm 以下で，開閉に異常がなく，使用上支障がないこととする
開 閉 力	—	50 N	戸が円滑に開くおよび閉じることとする
開閉繰返し	—	開閉回数 10 万回	開閉に異常がなく，使用上支障がないこととする
耐衝撃性	—	砂袋落下高さ 170 mm	1 回の衝撃で有害な変形がなく，開閉に異常がなく，使用上支障がないこととする．ただし，ガラスの破損は判定に含まない
耐風圧性	S-1 S-2 S-3 S-4 S-5 S-6 S-7	最高圧力 800 Pa 1,200 Pa 1,600 Pa 2,000 Pa 2,400 Pa 2,800 Pa 3,600 Pa	・加圧中，破壊が生じないこととする ・スライディングは，召合せかまち，突合せかまち，召合せ中骨の最大変位が各々の部材に平行する方向の内法寸法の 1/70 以下であること ・スイングは，枠，無目・方立など，戸の周辺に接する部材において，最大相対変位が 15 mm 以下であることとする ・スイングの両開きなどの召合せかまちは，最大変位がその部材に平行する方向の内法寸法の 1/70 以下であることとする ・無目・方立がある場合は，そのたわみ率が 1/100 以下であることとする ・6.8 mm 以上のガラスを使用する場合は，さらに各々の部材のたわみ率が下記の規定に適合するものとする | 部材名		たわみ率
---	---	---
中桟および中骨		1/150 以下
召合せかまち 突合せかまち 召合せ中骨	中桟 あり 中骨	1/85 以下
	中桟 なし 中骨	1/100 以下	 ・除圧後，開閉に異常がなく，使用上支障がないこと
気密性	A-1 A-2 A-3 A-4	気密等級線 A-1 等級線 A-2 等級線 A-3 等級線 A-4 等級線	該当する等級について，通気量が図 4.6.16 に規定する気密等級線を上回らないこととする
水密性	W-1 W-2 W-3 W-4 W-5	圧力差 100 Pa 150 Pa 250 Pa 350 Pa 500 Pa	加圧中，JIS A 1517 に規定する次の状況が発生しないこととする ・枠外への流れ出し ・枠外へのしぶき ・枠外への吹出し ・枠外へのあふれ出し
遮音性	T-1 T-2 T-3 T-4	遮音等級線 T-1 等級線 T-2 等級線 T-3 等級線 T-4 等級線	該当する等級について，図 4.6.17 に規定する遮音等級線に適合するものとする
断熱性	H-1 H-2 H-3 H-4 H-5	熱貫流抵抗値 $0.215 m^2 \cdot K/W$ 以上 $0.246 m^2 \cdot K/W$ 以上 $0.287 m^2 \cdot K/W$ 以上 $0.344 m^2 \cdot K/W$ 以上 $0.430 m^2 \cdot K/W$ 以上	該当する等級について，対応する熱貫流抵抗値に適合するものとする
面内変形追従性	D-1 D-2 D-3	面内変形角 1/300 rad 1/150 rad 1/120 rad	開放ができることとする

であり，建物の層間変位で建具がこのようにならなければ窓ガラスは安全であるといえる．

ドアは基本的にはサッシと同じ性能を要求されるが，人の出入りを主目的としているため，① 強度・剛性，② 気密性，③ 水密性，④ 耐衝撃性，⑤ 防火性，⑥ 耐震性，⑦ 耐候性，⑧ 遮音性，⑨ 断熱性，⑩ 面内変形追従性，などが要求される．法的に規制のある防火戸は，建築基準法施行令第110条に合致したものでなければならない．

ドアについても，JIS A 4706（ドアセット）で規定されている主要な性能値を示すと，表4.6.12に示すとおりである．ねじり強さ，鉛直荷重，開閉力，開閉繰返しについては，性能値が規定されている．耐風圧，気密，水密，遮音，断熱の各性能区分は，サッシと同じである．また，面内変形追従性は，1/300〜1/120（rad）までの3段階で評価されている．

ドアの耐震性は，出入口としての機能を保持することが重要で，地震に耐えることよりも，被災後にもドアが開閉できるように構造上の検討を行うことが重要である（図4.6.19）．

b. 最近の動向

近年，地球環境問題などへの取組みの1つとして，省エネルギーが注目されており，これまで熱損失の著しかったサッシについては，断熱サッシが普及し始めている．断熱サッシは，枠や障子の断熱化と複層ガラスの使用とを組み合わせるものが一般的である．アルミニウム合金製型材の間に合成樹脂を挟んだり，同一型材の外側にアルミニウム合金，内側に合成樹脂を用いて複合化を図るなど，枠や障子の高断熱化への工夫が行われている．

引き違い形式のサッシでは，二重サッシ（図4.6.20）にする場合が多くなっており，内・外のサッシ間にできる空気層により，断熱性だけでなく，遮音性も同時に向上する．低放射複層ガラスを使用して高断熱化を実現したサッシが，北海道（次世代省エネ基準によるⅠ地区）向けに開発されている．

高齢者や身体障害者など生活弱者への配慮を定めた法律であるハートビル法の施行により，バリアフリー設計が普及し始めている．大型ハンドルの採用，下枠段差の解消（図4.6.21），車いすの通れる幅広の開口寸法などにより，バリアフリーに対応したサッシも需要が拡大している．

また，サッシが多機能化する傾向にある．多機能化の例としては，1つの窓で2つの開閉機能を持つ

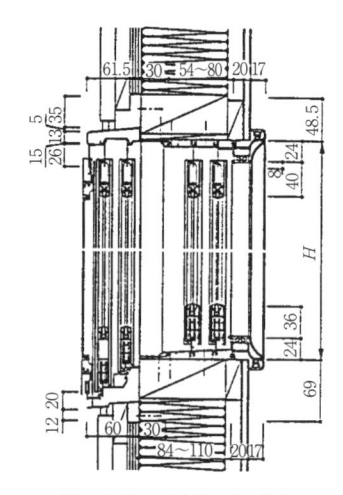

図 4.6.20 二重サッシ（例）

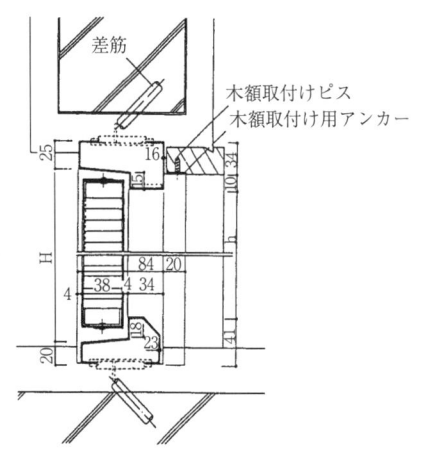

図 4.6.19 耐震ドア（例）

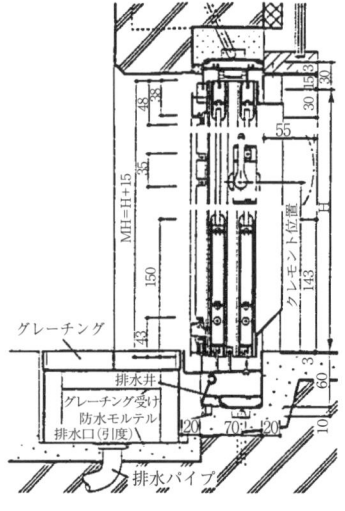

図 4.6.21 下枠段差をなくしたサッシ（例）

表 4.6.13 施工要領書の記載事項[1]

記 載 項 目	記 載 事 項
工事概要	工事名称・場所・建築主・施工会社，設計・監理者名
工事範囲	取付け場所（方位・階別など）
管理体制	製作者および施工者の管理組織表・連絡先
工程表	製作および現場の日程・手順・作業内容
使用材料の名称・規格	部品・部材・付属部品およびその使用個所
製作者・製作工場	工場名称・所在地
加工および組立	材料加工の方法・接合法・組立要領
製作の検査	検査方法・検査項目（形状・ひずみ・きず・寸法など）・検査基準
防食・防錆処理	防食・防錆の方法，材料および個所
取付け精度要領	取付け方法・精度・取付け検査方法・検査基準
運搬	搬入方法・場内保管方法
養生・清掃	養生の方法，材料および部位
安全管理	管理体制・安全点検・作業環境整備

もの，ブラインドを中に組み込んで日射の調節と省エネ効果を兼ね備えたもの，出窓とエアコンまたは家具を一体化し，意匠性を考慮したものなどがある．

c. 工事の要点

建具の製作・施工にあたっては，製品規格，製作工程計画および施工要領などを十分に検討し，施工図・施工要領書を作成して進める．以下に，施工上の留意点を述べる．

① 施工図の作成にあたっては，例えば石割・タイル割によっては，内寸寸法を調整する必要があり，関連する仕上げとの取合いおよび電気・機械設備などの納まりなどについて検討する．

② 建具を取り付けるコンクリート開口部の大きさは，建具枠を固定するアンカー，溶接およびモルタル充填作業ができるスペースとして，四周各辺ごとに30〜40 mm 程度の余裕が必要である．また，フロアヒンジなどが構造主筋や鉄骨・設備機器・配管類に当たらないよう配慮する．

③ 設計図書に示された品質を効率良く安全に作るために，施工者と製作者が相互に検討しながら，施工要領書を作成する．施工要領書に記載される内容の一例を表 4.6.13 に示す．

④ 建具周囲にモルタルを充填（トロ詰め）する場合，あるいはコンクリート・モルタル面を流下する雨水が建具面にも流れる場合などに，腐食が発生することがある．このため，建具の見え掛かり部分はもちろんのこと，見え隠れとなる建具裏面への防錆処理を十分行うことが重要である．

[名知博司]

文　献

1) 日本建築学会編：建築工事標準仕様書・同解説，JASS 16（建具工事），丸善（2000）
2) 公共建築協会編：建築工事監理指針，平成13年度版（下巻）（2005）
3) 田村　恭編著：建築施工法，丸善（1987）

4.6.4　ガラス工事

a. ガラス工事の基本

1) ガラスの種類

ガラスは，数千年にわたって，美術工芸品，装飾品の材料として使われ，古代エジプト時代には原始的な砂芯法によるガラス器が生まれた．ピラミッドの中から，またシルクロードを通って正倉院の御物からも素晴らしい品を見せてくれている．

板ガラスは，手吹き円筒法ガラスによる製法から工業的なフルコール法，コルバーン法，ロール法での製造を経て，40年ほど前にフロート法によるガラスの生産が始まり，高品質のものが安価に大量に生産できるようになった．さらに，2次加工技術の開発と相まって，開口部用として様々な性能を持ったガラスが製造・使用されるようになり，必要不可欠な建築材料となって今日に至っている．例えば，後加工によって高強度，日射遮蔽性，日射調光性，反射性，断熱性および防耐火性などの様々な機能が付加されて種々の建築空間の性能確保に貢献している．現在，建築部材として使用されている主なガラス製品の特徴と用途を表 4.6.14 にまとめた．最近の傾向としては，ガラスを使った斬新な建築デザインとそれを実現するための大胆な支持構法の採用が

表 4.6.14　各種板ガラスおよび板ガラス加工品の特徴と用途[1),2)]

種　類	特　徴　と　用　途
フロート板ガラス	溶融ガラスをガラスより融点の低い溶融金属の上に流して成形したものであり，表面の平滑度が高く，採光性・透視性に優れ，ビルや住宅に幅広く使用されている．
型板ガラス	2本の水冷した型ロールの間を貫通させて，ガラスの片側表面にいろいろな型模様を彫り込んだガラスで，光を柔らかく拡散し，視線を適度に遮る．住宅の窓ガラスをはじめ，ビルの間仕切りや家具などの装飾用としても使用されている．
網入り・線入り板ガラス	板ガラスの中に網または線を封入したガラスで，ガラスが割れても網（線）により破片が落ちにくいため，主に防火ガラスとして使用されている．
熱線吸収板ガラス	日射エネルギー（熱線）を20～60％ほど吸収して，室内への流入を防ぎ，冷房効果を高める板ガラスで，ブルー，グレー，ブロンズの3色がある．
熱線反射板ガラス	フロート板ガラスの表面に反射率が高い金属酸化膜を焼き付け，30％前後の可視光線あるいは日射エネルギーを反射させる．これにより，冷房負荷を軽減させるほか，そのミラー効果がデザインとして生かされている．
熱線吸収熱線反射板ガラス	熱線吸収ガラスの表面に反射性能に優れた金属酸化膜を焼き付けたもので，可視光線あるいは日射エネルギーを反射および吸収して室内への流入を抑え，冷房負荷を軽減する．無論，ミラー効果もある．
高遮蔽性能熱線反射ガラス	採寸された板ガラスの表面に，主にスパッタ法で熱線反射膜をコートし，日射熱の遮蔽性能を高めたガラス．
倍強度ガラス	フロート板ガラスを軟化点（700℃）まで加熱後，両表面から空気を吹き付けて冷却させた加工ガラス．耐風圧強度，熱割れ強度などは同厚のフロート板ガラスの2倍以上の性能を有する．なお，加工後の切断はできない．
強化ガラス	フロートガラスや熱線吸収板ガラスに熱処理を施し，これらのガラスの3～5倍の強度を有する加工ガラスで，万一ガラスが割れても破片が細粒状になり，大きな怪我になりにくいので，ビル，学校，住宅などに広く使われている．
型板強化ガラス	型板ガラスを強化したものであるが，彫りの深い型模様は強化することができないので，強化ガラス用として専門に作られた型模様のもの（板厚は4mm）に限られる．
合せガラス	2枚の板ガラスを透明で強靭な中間膜（ポリビニルブチラール）で張り合わせたガラスで，耐貫通性に優れ，ガラスが強い衝撃を受けて破損しても膜によって破損の飛散が防止されるので，極めて安全性の高いガラスである．
複層ガラス	通常，2枚の板ガラスを専門のスペーサーを用いて一定の間隔に保ち，その周辺を特殊な接着構造で密封し，かつ内部の空気を乾燥状態に保ったガラス．普通の板ガラスに比べ，2倍以上の断熱効果がある．
Low-Eガラス	金属膜をコーティングし，低放射（Low-Emissive）によって熱線の侵入を遮り，遮熱性能を高めたガラスである．
セラミックプリントガラス	セラミック系釉薬をスクリーン印刷し，加熱焼成したガラスで，日射遮蔽や意匠性，プライバシー確保性に優れている．
パンチングメタル合せガラス	ガラス間の2枚の中間膜に挟み込まれたパンチングメタルを加熱圧着したガラスで，耐貫通性や飛散防止性に優れる．
真空ガラス	2枚のガラス間に真空層を形成したガラスで，断熱性能，遮音性能を高め，結露防止と省エネルギー効果を発揮する．
通電発熱ガラス	ガラス表面に金属を溶融させて薄膜層を形成し，通電して表面温度を上昇させるガラス．
太陽光発電ガラス	太陽電池を樹脂などで封入したガラス，あるいは太陽電池を封入した合せガラスで，光エネルギーを電気エネルギーに変える．
高透過ガラス	可視光透過率をバランス良く高めたガラスで，ガラスを通しても色合いが変化しない．
耐熱ガラス	特殊なエッジ加工と超強化処理を施したガラスで，破損した場合でも小さな破片になり，火災時のみでなく安全性に優れる．
耐火ガラス	ガラス断面中にケイ酸ソーダが多層積み重なっており，火災時にはケイ酸ソーダが外側から順次発泡し，この結晶水が蒸気となって気化熱を吸収し続ける．

増加しており，より透明性を高めた高透過ガラスや，意匠性に優れたセラミックプリントガラスなどもその一翼を担っている．また，環境負荷低減を図るために断熱性，防露性をより高めた真空ガラスや，防耐火性に優れる耐熱ガラス，耐火ガラスなども使用されるようになってきている．

このようにガラスは、現代建築には必要不可欠な材料であるが、硬く、もろい材料であり、使い方を誤ると大変に危険な材料である。ガラス工事を進めるにあたり、ガラスの材質やそれぞれの特徴を理解し、法令などに定められている使用基準を遵守し、正しく設計・施工することが大切である。

2) ガラス支持構法に要求される性能

ガラス工事は、板ガラスやその加工品を建築物に取り付ける工事であり、その使用目的により、選ばれるガラスの種類とガラス支持構法が異なる。部位として要求される主な性能を挙げると、①防火・耐火性、②耐風圧性、③耐震性、④断熱性、⑤日射熱遮蔽性、⑥防露性、⑦熱割れ防止性、⑧水密性、⑨気密性、⑩遮音性、⑪耐久性、などである。参考までに、ガラス支持構法に要求される性能項目をあげると、表4.6.15に示すとおりである。

b. ガラス支持構法

1) はめ込み構法

はめ込み構法とは、サッシなどの支持枠に所定のクリアランスを確保して、不定形シーリング材やグレイジングガスケットを用いてガラスを固定し、支持する構法である。グレイジングガスケットとは、サッシ枠または障子とそれらにはめ込まれたガラス周囲との空隙に水密・気密を目的として挿入・装着させる定形シーリング材であり、形状によりグレイジングチャンネルとグレイジングビードの2種類に分かれる（図4.6.22）。

地震や風などの外力による変形・荷重、不均一な温度分布による熱応力の発生、窓の開閉時の衝撃力などによってガラスが破損することのないように、面クリアランス、エッジクリアランスを正しく設ける必要がある。また、枠とのかかりしろは、風圧や衝撃などによる面外の外力が作用した場合に、支持枠から外れずに荷重を支えられる適切な寸法とする。以上の各寸法は板ガラスの種類および厚さに

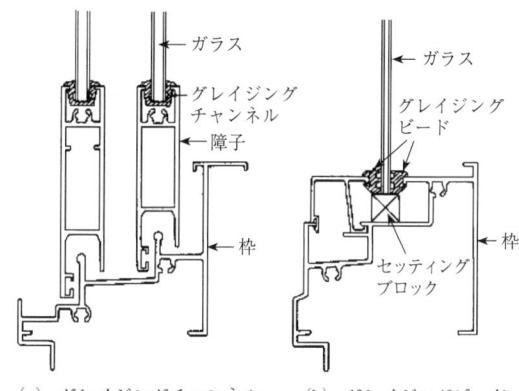

(a) グレイジングチャンネル　　(b) グレイジングビード

図4.6.22 グレイジングガスケットの納まり

表4.6.15 ガラス支持構法に要求される性能項目

性能区分	解　説
防火，耐火性	ガラス支持構法が火災時に求められる性能は、屋外の火災から類焼の防止のための防火性と屋内における火災の延焼防止のための耐火性である。
耐風圧性	外部に使用するガラスは、強風を受けても割れないように設計しなければならない。設計風圧力の求め方については、建設省告示1458号に定められている。
耐震性	建築物に地震力が作用しても、ガラスが割れたり、外れたりしないように設計する必要がある。耐震性については、慣性力、層間変位追従性および鉛直相対変位追従性に対する検討を行う。
断熱性	ガラスを含む部位の断熱性能は、室内・室外間の温度差による熱貫流抵抗で表す。
日射遮蔽性	日射がガラスを直接透過して室内を温める作用があるため、断熱性のほかに日射熱遮蔽性も同時に考えなければならない。
防露性	ガラスを含む建築部位は、結露水による汚染、錆、凍結などにより、性能の低下や機構上の不具合が生ずることのないようにする。
熱割れ防止性	ガラスの熱割れとは、ガラス板の周辺部の温度が面の中央部の温度よりも低いときにガラス板のエッジに発生する引張応力によってガラスが破壊する現象である。これを防止するためには、ガラスエッジに発生する熱応力に対して、ガラスの破壊強さが上回るように設計する。
水密性	ガラスを含む建築部位は、漏水を起こさないようにする。漏水のおそれがある部分については、外部に排出するための有効な排水機構を備えるものとする。
気密性	気密性能は、圧力差Paに対する単位壁面積、単位時間当たりの通気量によって表す。
遮音性	ガラスを含む建築部位の遮音性能は、ガラス面に入射する騒音がガラスを透過するときの音圧レベルの減少であり、遮音等級線により表示する。
耐久性	耐久性とは、清掃、保守を行うことにより、美観やその他性能に欠陥を生ずることなく、健全な性能を保持すること。

表 4.6.16 不定形シーリング材構法の納まり寸法標準

材　種		弾性シーリング材		
形　態		標準的なカーテンウォール	サッシ固定部	サッシ可動部
溝部断面	縦断面　上部縦断面			
	横断面　左右部断面図			
	縦断面　下部縦断面			

各寸法の設定根拠	標準寸法	板の辺長比は実施工面で多いと考えられる2:3のものを標準形とした．以下，厚さ別には次のとおり． 3～6 mm；1,500×1,000 mm　8～10 mm；2,000×1,350 mm 12～19 mm；3,000×2,000 mm		
	b_1, b_2 にかかわる層間変位角などの考え方	標準的なカーテンウォールはS造に取り付くケースが多いので，層間変位角は中地震などの1/200を想定している．補正係数 a は2.0をとっている	サッシ固定部は，壁の多いSRC造およびRC造に取り付くケースが多いので層間変位角は中地震時の1/500を想定している．補正係数 a は2.0をとっている	サッシ可動部は，枠と障子の間のクリアランスを考慮し，エッジクリアランス b_1, b_2 についてはサッシ固定部の値から2 mmを減じることとしている

種別	種類	板厚(mm)	面クリアランス a	エッジクリアランス b			かかりしろ c	面クリアランス a	エッジクリアランス b			かかりしろ c	面クリアランス a	エッジクリアランス b			かかりしろ c
				b_1	b_2	b_3			b_1	b_2	b_3			b_1	b_2	b_3	
部材	透明板ガラス（フロート板ガラス）	3, 4, 5	5	6	6	7	10	5	5	5	7	10	5	3	3	7	10
		6	5	6	6	7	10	5	6	6	7	10	5	4	4	7	10
		8	5	8	9	8	10	5	8	8	8	10	5	6	6	8	10
		10	5	10	10	8	12	5	10	10	8	12	5	8	8	8	12
		12	6	12	12	10	14	6	12	12	10	14	6	10	10	10	14
		15	6	15	15	10	18	6	15	15	10	18	—	—	—	—	—
		19	6	19	19	12	22	6	19	19	12	22	—	—	—	—	—
	型板ガラス	4	5	6	6	7	10	5	5	5	7	10	5	3	3	7	10
		6	5	6	6	7	10	5	6	6	7	10	5	4	4	7	10
	網入り，線入り磨き板ガラス	6.8	5	7	9	7	10	5	7	7	7	10	5	5	5	7	10
		10	5	10	10	8	12	5	10	10	8	12	5	8	8	8	12
	網入り，線入り型板ガラス	6.8	5	7	7	7	10	5	7	7	7	10	5	5	5	7	10
	熱線吸収板ガラス	3, 5	5	6	6	7	10	5	5	5	7	10	5	3	3	7	10
		6	5	6	6	7	10	5	6	6	7	10	5	4	4	7	10
		8	5	8	8	8	10	5	8	8	8	10	5	6	6	8	10
		10	5	10	10	10	10	5	10	10	10	10	5	8	8	10	10
		12	6	12	12	10	12	6	12	12	10	12	6	10	10	10	12
		15	6	15	15	10	15	6	15	15	10	15	—	—	—	—	—
	熱線吸収網入り，線入り磨き板ガラス	6.8	5	7	9	7	10	5	7	7	7	10	5	5	5	7	10
	熱線吸収網入り型板ガラス	6.8	5	7	7	7	10	5	7	7	7	10	5	5	5	7	10
	熱線反射板ガラス	6	5	6	6	7	10	5	6	6	7	10	5	4	4	7	10
		8	5	8	8	8	10	5	8	8	8	10	5	6	6	8	10
		10	5	10	10	8	12	5	10	10	8	12	5	8	8	8	12
		12	6	12	12	10	14	6	12	12	10	14	6	10	10	10	14
	熱線吸収熱線反射ガラス	6	5	6	6	7	10	5	6	6	7	10	5	4	4	7	10
		8	5	8	9	8	10	5	8	8	8	10	5	6	6	8	10
		10	5	10	10	8	12	5	10	10	8	12	5	8	8	8	12
		12	6	12	12	10	12	6	12	12	10	12	6	10	10	10	12

（注）熱線反射板ガラスおよび熱線吸収熱線反射ガラスについては，映像調整を要求される場合の面クリアランス a は，上記表の値に2 mm加算する．

よって異なり,適切な取扱いが必要である.参考までに,不定形シーリング材構法における納まり寸法標準を表 4.6.16 に示す.

2) ガラススクリーン構法

ガラススクリーン構法は,枠を介さずに大板ガラスを連続に並べて施工し,透明性の高いガラス面を構成する構法である.この構法は種類が多いため,細分された各工法ごとにガラス工事の仕様が異なる.構法には,製造者によって使用するガラスや支持部材を 1 つのパッケージとして責任施工されるものと,製造者の異なるガラスや支持部材を組み合わせて構成するものがある.後者の場合には,施工管理に十分な注意が必要である.

ガラススクリーン構法は,寸法の大きなフロート板ガラスを上下の枠に取り付けてガラス面を構成する構法で,支持方法により,ガラス方立付き自立構法,吊下げ構法およびガラス方立付き吊下げ構法がある(図 4.6.23).ガラス方立付き自立構法は,金属方立の代わりにガラス方立を用いて面ガラスを支持する構法,吊下げ構法は,面ガラスを吊り金物を用いて吊り下げる構法である.ガラス方立付き吊下げ構法には,ガラス方立付き自立構法と吊下げ構法を併用する構法がある.

連続する面を構成するガラスを面ガラスと呼び,面ガラスの辺に接着して風荷重などを支持するものを方立ガラスという.

3) DPG 構法

DPG 構法 (Dot Point Glazing system) は,点支持用の孔をあけた強化ガラスに点支持金物を取り付け,支持構造部材と連結することで,ガラス面を構

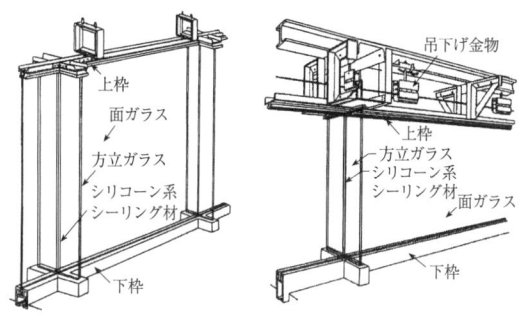

(a) 自立型ガラススクリーン構法　(b) 吊下げ型ガラススクリーン構法

図 4.6.23 ガラススクリーン構法(例)

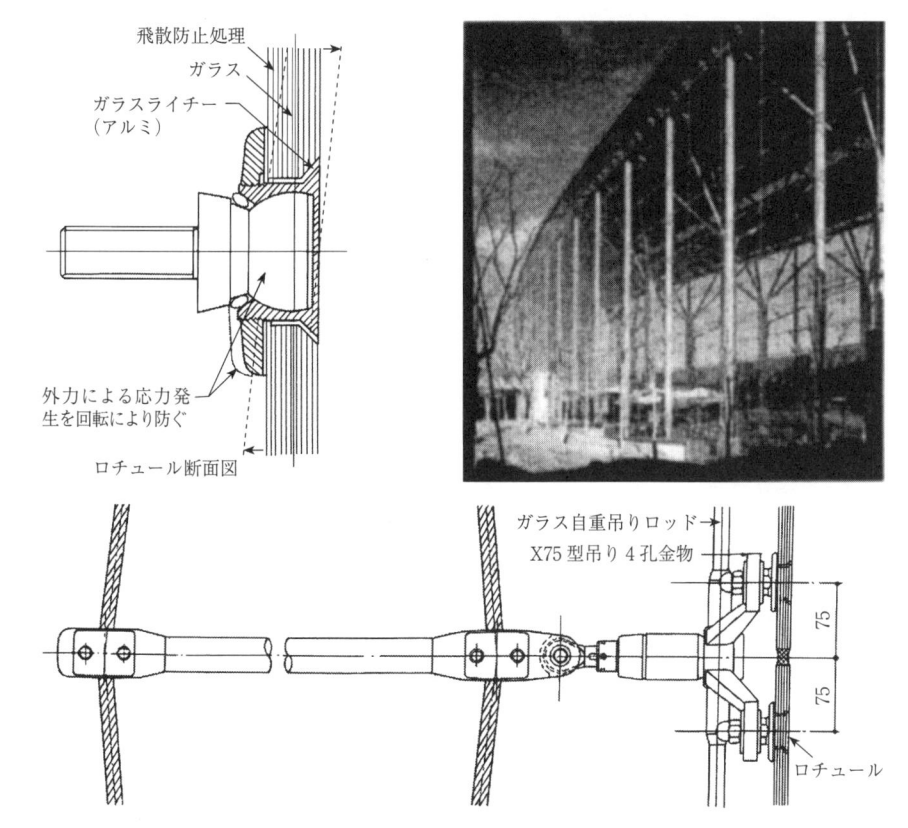

図 4.6.24 DPG 構法(例)

成する構法である．支持部材や支持方法について様々なバリエーションがある．ガラスに皿孔をあけることで点支持金物がガラス面に突出しないタイプや，ストレート孔で点支持金物が突出するタイプ，点支持金物に回転機構が内蔵されているタイプなどがある．支持構造については，目地ごとの方立によって支持するタイプや，ワイヤーやロッドの張力によって支持するタイプ，方立ガラスによって支持するタイプなど様々である．図4.6.24にDPG構法のディテールを示したが，これは点支持金物がガラス面に突出しないタイプで，ロッドの張力によって支持するタイプの一例である．

なお，DPG構法はガラス自体で面を構成していくため，ガラスや支持金物の製作誤差，施工誤差を吸収できるよう，納まり寸法やクリアランスを十分考慮する必要がある．

4) SSG構法

SSG構法（Structural Sealant Glazing system）は，ガラスの周辺と支持部材を構造シーラントを用いて接着し，ガラス面を構成する構法で，接着辺の数で1～4辺に区分される．この構法の最大の特徴は，ガラスの強度計算上，構造シーラントの接着辺を強度上の支持辺とみなすことである．そのために，構造シーラントの接着系の劣化は，面外方向への支持耐力に影響を及ぼすことになり，長期にわたる安全性を確保するためには，定期点検など維持管理が重要となる．

最近の大規模なガラス建築を支える様々なガラス支持構法の開発・普及に伴って，構造接着用シリコーン系シーリング材の現場施工が急増している．従来は，SSG構法に代表されるように構造接着の施工は，信頼性の確保という観点から，工場施工と層間変位追従機構の装備の2点が重要な採用条件であった．しかし，昨今では，この2条件が守られない使用例も少なくない（図4.6.25）．特に，構造接着用シリコーン系シーリング材の現場施工は，長寿命建築におけるガラス壁面の安全性確保という点からは，かなり不安な要素を含んでいる．「住宅品確法」の施行に伴い，漏水については，瑕疵担保期間が10年に延長されたことへの対応も含め，施工者サイドでの品質保証体系の早期確立が望まれる．

5) その他のガラススクリーン構法

その他のガラススクリーン構法には，ガラスを部分的に支持する構法，強化ガラスドア構法，ガラス手すり構法およびガラス防煙垂れ壁構法がある．

ガラスを部分に支持する構法は，ガラスのコーナー部のみ，あるいは上下左右の1辺のみなど部分的に支持して，大きなガラスを構成する構法であり，ガラス間目地のシーリング材や端部納まりなどはDPG構法に準ずる．

強化ガラスドア構法は，強化ガラスの上下辺もしくはコーナー部のみを支持することで，ガラスの扉を構成する構法で，ガラスドア単体で用いる場合と，欄間ガラスやそでガラスなどとともにガラススクリーン面として構成する場合がある．

ガラス手すり構法は，階段の側桁または床に内蔵する支持枠を用いて，強化ガラス，合せガラスなどを自立させ，手すり，室内の間仕切り，腰壁などを構成する構法である．

ガラス防煙垂れ壁は，網入りまたは線入り板ガラスを支持枠・部材などを用いて天井から垂れ下げて取り付け，防煙壁とする構法である．

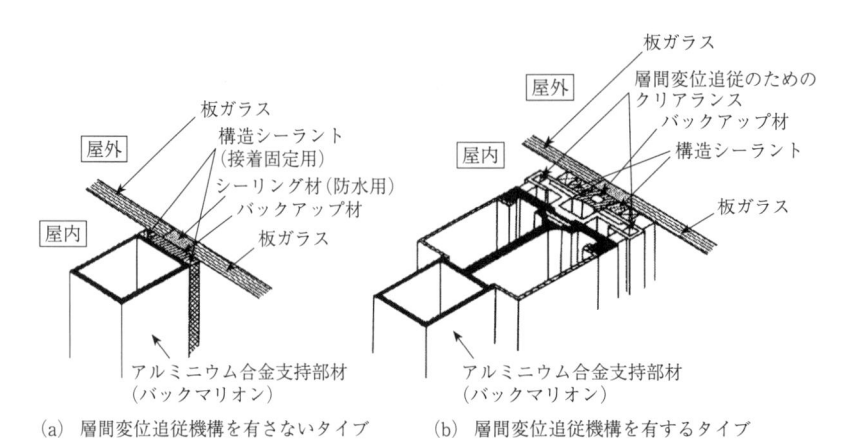

(a) 層間変位追従機構を有さないタイプ　　(b) 層間変位追従機構を有するタイプ

図 4.6.25 SSG構法（例）

c. 工事の要点

ガラスの製作・施工にあたっては，設計図書に基づき，施工図，施工計画書を作成して進める．以下に，施工上の留意点を述べる．

① ガラス工事の施工図は，建具工事，カーテンウォール工事，木工事など関連工事の施工図に組み込んで作成する．その際，関連工事施工図の作成に必要なガラス工事の施工条件を，製作図などにより明確にした上で，関連工事施工図がガラス工事の施工条件を満たし，施工上支障がないように調整しながら進める．

② ガラスの保管に際して，特殊な機械設備が必要な平置きを避け，立置きとする．ガラスは非常に重いため，保管場所の床および壁・柱などの載荷限界を超えないように注意する．ガラスの $1m^2$ 当りの質量は，厚さ $1mm$ につき $2.5kg$ が目安である．

③ 人力施工は，ガラス質量・形状に見合った作業員の配置が可能であると同時に，その作業が安全で効率的であることが確認された場合に採用する．この条件を満足できない場合は，機械施工を採用する．

④ 建具のはめ込み溝に取り付けられるガラスの納まり形状，すなわち面クリアランス，エッジクリアランス，かかりしろの3要素については，各種ガラスの耐風圧性，耐震性，止水性，熱割れ防止性などの性能並びに機能上，大変重要であり，その数値が適正であることを確認する．

⑤ ガラスを取り付ける前に，はめ込み溝下辺に排水孔があるかどうか確認する．本来，不定形シーリング材などで完全な止水をすることが望ましいが，劣化による破断などで雨水や結露水が浸入した場合には，排水孔から速やかに排水することが必要である．特に，網入り板ガラス，合せガラス，複層ガラスについては，網，中間膜，封着部などが損傷し，機能低下するおそれがあるため，十分に注意する．

⑥ すべてのガラスは，現場に取り付けられた後，施工直前の清掃を行うまで，傷付きや破損防止のため，ほかの作業者にガラスの存在を知らせる注意紙をガラスに張り付け，注意を喚起する．

［名知博司］

文　献

1) 日本建築学会編：建築工事標準仕様書・同解説，JASS 17（ガラス工事），丸善（1991）
2) 田村　恭編著：建築施工法，丸善（1987）
3) 小野　正：個性的なガラス建築を支えるガラス支持構法と構造シーラント．防水ジャーナル，6（2002）
4) （社）建築業協会：SSG構法の採用にあたって（1993）

4.6.5　シーリング防水

シーリング防水とは，各種パネル類やサッシ・ガラスなどの部材の接合部や隙間（シーリング防水では「目地」と称される）にシーリング材を充填または挿入し，地震，温度変化などによる変形を制御して水密性や気密性を確保するための防水工事である（シーリング防水には不定形のシーリング材を用いたものと，定形のシーリング材（ガスケット）を用いたものがある．本項では不定形の建築用シーリング材を用いたものについて述べる）．

建物外壁などの漏水故障は，次の3条件が同時に起こって初めて生じ，この3条件が同時に満たされない限りは壁面からの漏水故障は起こらない．

① 壁面に雨水などの水が存在する
② 壁面に水が通り抜ける隙間が存在する
③ 雨水を移動させる要因（重力，表面張力，毛細管現象，運動エネルギー，気流，気圧差）が存在する

シーリング防水では，水の通り抜ける隙間（目地）にシーリング材を充填して水の浸入口をふさぐ，すなわち②の条件を取り除く防水構法である．シーリング防水を確実なものとするためには，目地に充填したシーリング材が，目地の変形（ムーブメント）に追従し，使用環境下で長くその性能を保持することが必要である．そのためには，適切な目地設計（目地の形状・寸法，目地の構造，目地材の選定）と正しい施工が大切である．同時に，シーリング防水に少々の欠陥が生じても直ちに室内への漏水故障に至らないよう，前記①・③の条件を解消する雨仕舞などに配慮することも必要である．

a. 目地設計

目地設計とは，設計時に設定された水密性および耐久性を満足するための納まり（目地の形状・寸法，目地の構造）やシーリング材の種類などを決めることである．併せて施工性・美観・維持管理性などにも配慮することが必要である．

1) 目地の形状・寸法の決め方

目地に生じるムーブメントの大きさにより，ワー

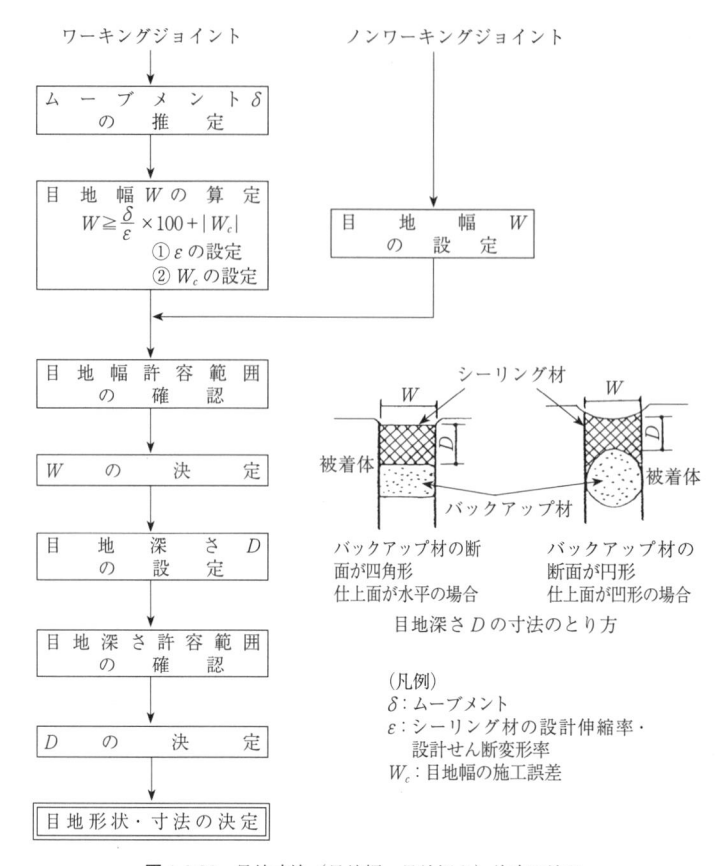

図 4.6.26 目地寸法（目地幅・目地深さ）決定の流れ

キングジョイントとノンワーキングジョイントに分け，図 4.6.26 に示す流れに沿って行う．

　i)　ワーキングジョイントの場合　　目地に予想されるムーブメント量を実験や算定などで推定し，使用予定のシーリング材のムーブメント追従性（シーリング材の設計伸縮率・設計せん断変形率），構成部材の取付け誤差を勘案し，施工の確実性を担保したシーリング材種ごとの目地幅許容範囲内に納まるよう目地幅を決める．決定した目地幅に対して，主に耐疲労性の観点から許容される寸法の範囲内に目地深さを設定して，目地形状・寸法を決定する．目地の構造は，シーリング材のムーブメント追従性を優先させ，バックアップ材やボンドブレーカーを用いてシーリング材を目地底に接着させない2面接着とし，1次シールと2次シールのシーリング材を二重に充填するダブルシールを標準とする．

　ii)　ノンワーキングジョイントの場合　　目地に生じるムーブメントを考慮する必要がなく，主に施工性の点から設定されるシーリング材類の目地幅，目地深さの許容範囲内に目地形状・寸法を決定する．目地の構造は，目地底が水みちになることを防止するための目地底にシーリング材を接着させる3面接着，シングルシールを標準とする．

　2)　目地材の選定
　i)　シーリング材の種類　　主な建築用シーリング材の種類，シーリング材の性能概要を図 4.6.27，表 4.6.17 に示した．
　図 4.6.27 の耐久性区分（例えば 10030）は，耐熱・耐疲労性の目安を示している．下2桁の値が大きなものは小さいものに比べムーブメント追従性に優れ，下3桁めからの値が大きいものは小さいものに比べ耐熱性に優れる．日射で部材が高温になりやすく，ムーブメントの大きい金属カーテンウォールの目地では，両方の値の大きいものを選定することが必要である．
　シーリング材の性能は材種ごとに一長一短があり，1種類のシーリング材ですべての被着体（建物の構法・部位・構成材などを含む）に対応することは難しい．被着体ごとに適切なプライマーやシーリング材を選択することが必要である．

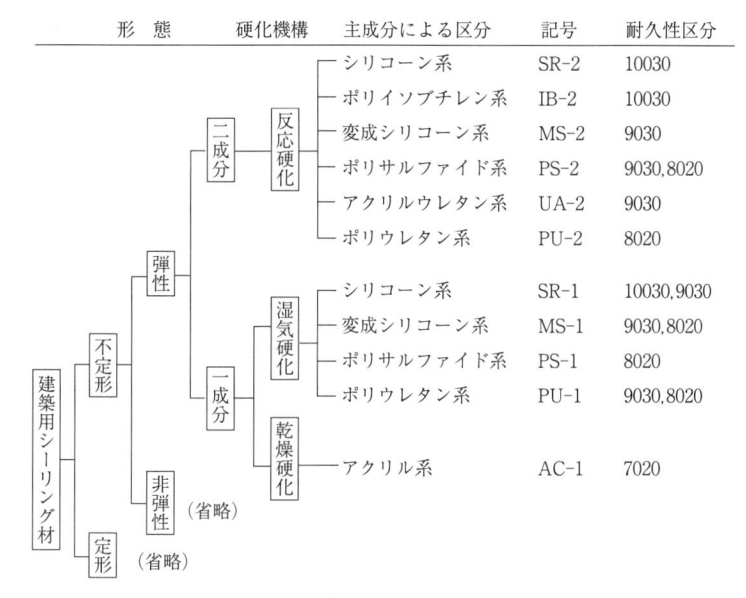

図4.6.27 主なシーリング材の種類

形態		硬化機構	主成分による区分	記号	耐久性区分
建築用シーリング材	不定形 – 弾性 – 二成分	反応硬化	シリコーン系	SR-2	10030
			ポリイソブチレン系	IB-2	10030
			変成シリコーン系	MS-2	9030
			ポリサルファイド系	PS-2	9030, 8020
			アクリルウレタン系	UA-2	9030
			ポリウレタン系	PU-2	8020
	不定形 – 弾性 – 一成分	湿気硬化	シリコーン系	SR-1	10030, 9030
			変成シリコーン系	MS-1	9030, 8020
			ポリサルファイド系	PS-1	8020
			ポリウレタン系	PU-1	9030, 8020
		乾燥硬化	アクリル系	AC-1	7020
	不定形 – 非弾性（省略）				
	定形（省略）				

表4.6.17 主なシーリング材種の性質概要

シーリング材の種類	接着性			耐久性	非汚染性		塗材の相性	その他
	コンクリート	メタル	ガラス		目地周辺	シーリング材自身		主な用途
SR-2	△～○	○	◎	◎	×	×	×	ガラス回り，金属CWなど
SR-1	△～○	○	◎	○	×	×	×	ガラス回りなど
IB-2	△	○	△～○	○～◎	○	○	○	金属CW，ガラス回りなど
MS-2・MS-1	△～○	○	×	◎	○	△～○	○	各種CW，ALCなど
PS-2・PS-1	△～○	○	△	○	×～△	○	○	PCaCW，RCなど
UA-2・PU-2	△～○	×～○	×	○～◎	△～○	△～○	○	PCaCW，RC，ALCなど
PU-1	△～○	○	×	○	○	○	—	RCなど
AC-1	○	○	—	△	○	△～○	—	ALCなど

（注）判定の目安 ◎：優，○：良，△：可，×：不可，—：該当せず．

ii) **シーリング材の汚れ** シーリング材に起因する汚れは，主に塵埃の付着などシーリング材自身が汚れる現象と，シーリング材の成分が構成材の目地周辺部を汚染する現象がある．目地周辺部の汚れは，目地材ではシリコーン系シーリング材，被着体では石材において特に注意が必要である．汚れ対策としてはシーリング材の選定，硬化過程での養生とともに，シーリング材表面を流下した雨水を水切り・堰・樋などで再び壁面に流下させないようにするなど，ディテール上の配慮も大切である．

b. **施　工**

1) **施工計画**
シーリング防水は竣工間際の工事となることが多いため，工期上のしわ寄せや種々の工事での寸法誤差が目地に集約されるなど，不十分な条件下で工事を行わざるを得ないことも多い．また，シーリング防水の品質・性能は施工環境によっても大きく左右されるため，施工計画書，施工要領書を作成し，関係者に周知徹底するとともに施工前の他工事との調整，打合せが大切である．

2) **施工管理**
工事品質管理チェックシートを作成して施工管理を行うことが望ましい．チェックシートには施工フローに対応し，物件ごとの条件を勘案した管理項目，管理基準，職務分担，チェックの方法（時期・測定方法・頻度・記録），異常時の措置方法などを

記載する． [中川輝雄]

文　献

1) 国土交通省大臣官房官庁営繕部監修：建設工事共通仕様書，平成13年度版（2002）
2) 国土交通省大臣官房官庁営繕部監修：建築改修工事共通仕様書，平成14年度版（2003）
3) 日本建築学会：外壁接合部の水密設計および施工に関する技術指針（案）・同解説，丸善（2000）
4) 小池迪夫監修：建築用シーリング材－基礎と正しい使い方，日本シーリング材工業会（1993）
5) （社）建築業協会：事例に学ぶシーリング工事（2002）

4.6.6　石工事
a.　材　　料
1)　分　　類

建材としてよく使われる石種は，花崗岩，大理石，砂岩などで，図4.6.28に示すように分類される．天然石はほとんどが外国産であり，日本産のものはごくわずかしかない．

テラゾと擬石は，花崗岩や大理石などの砕石を種石とした上塗りモルタルを加工したもので，磨き仕上げしたものをテラゾといい，たたき仕上げしたものを擬石という．

2)　適用部位と使用石材

各部位に用いる石材の標準を，表4.6.18，表4.6.19に示す．主な石種の特徴は以下のとおりである．

i)　花崗岩　兵庫県御影地方で良質な石材を産出したことから御影石とも呼ばれる．英語名はグラニット．耐久性に富む石材として建築物の外部を中心に最も多く用いられている．主に，石英，長石，黒雲母の構成比率と長石の呈色により白御影，赤御影，黒御影などに便宜上分類される．国内産では同種の石材を多量にそろえることは難しい．

ii)　大理石　中国雲南省大理府でこの石が多く産出されたことから大理石と呼ばれる．英語名はマーブル．花崗岩に比べて柔らかく加工しやすいので装飾用の内装材として用いられる．酸性雨によって表面のつやが失われるなど，風化に対して劣るため，建物の内部を中心に用いられる．

iii)　砂岩　耐火性が高く酸にも強い．吸水率の高いものは外装に用いると凍害を受けることがある．また，汚れや苔が付きやすく，十分なメンテナンスが必要とされる．国内産のものは非常に少なく，建築用石材としてはインド砂岩が有名である．

iv)　その他の石材

① 石灰岩：ライムストーンのことで，良質なものは外装にも用いられる．
② 安山岩：日本に最も多く分布する岩石である．長野県の鉄平石，神奈川県の新小松石，福島県の白川石，新島の坑火石など．

表4.6.18　適用部位と使用石材

石種＼部位	壁・上げ裏			床	
	外部	内部	隔壁	外部	内部
花崗岩	○	○	○	○	○
大理石	－	○	○	－	○
砂　岩	○	○	－	－	○

（凡例）○：適用可，－：適用不可．

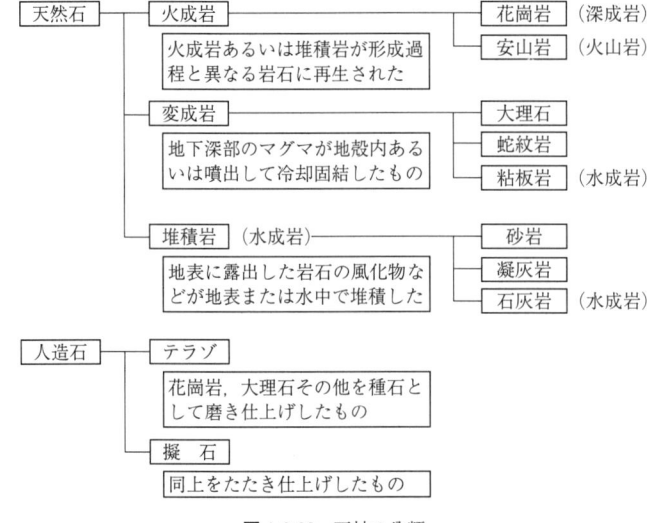

図4.6.28　石材の分類

- 天然石
  - 火成岩
    - 花崗岩（深成岩）
    - 安山岩（火山岩）
    - 火成岩あるいは堆積岩が形成過程と異なる岩石に再生された
  - 変成岩
    - 大理石
    - 蛇紋岩
    - 粘板岩（水成岩）
    - 地下深部のマグマが地殻内あるいは噴出して冷却固結したもの
  - 堆積岩（水成岩）
    - 砂岩
    - 凝灰岩
    - 石灰岩（水成岩）
    - 地表に露出した岩石の風化物などが地表または水中で堆積した
- 人造石
  - テラゾ：花崗岩，大理石その他を種石として磨き仕上げしたもの
  - 擬石：同上をたたき仕上げしたもの

表 4.6.19 テラゾの分類

種類	用途	種石	補強鉄線の有無
大理石テラゾブロック	主として，壁，階段，間仕切り，甲板	大理石	有
花崗岩テラゾブロック		花崗岩	
大理石テラゾタイル	主として床	大理石	無
花崗岩テラゾタイル		花崗岩	

(注) 大理石には，蛇紋岩・石灰岩も含む．

表 4.6.20 各種仕上げの使用状況

	のみきり	びしゃんたたき	小たたき	ジェットバーナー	割りはだ	サンドブラスト	ウォータージェット	粗磨き	水磨き	本磨き
花崗岩	○	○	○	◎	○	○	○	○	○	◎
大理石	△	△	△	−	−	○	−	○	○	◎
砂岩	−	−	−	−	◎	○	−	○	○	○

(凡例) ◎：最も一般的に用いられる，○：用いられる，△：場合により用いられる．

③ 凝灰岩：栃木県の大谷石，静岡県の伊豆若草石など．柔らかく加工しやすいことと，耐火性に優れている．

④ 粘板岩：通称「スレート」．宮城県の玄晶石，稲井石など．

3) 石材の表面仕上げと各種仕上げの特徴

主な石種の表面仕上げ方法を表 4.6.20 に示す．また，表面仕上げの種類は多く，磨き仕上げにおいては，例えば同じ「粗磨き」でも石種によって使用するダイヤモンドと石が異なる．

各種仕上げの特徴を以下に述べる．

i) のみきり のみを用いて石の面を粗く，平坦に加工する方法であるが，手加工によらなければならず，熟練工の減少に伴い採用されることが少なくなった．

ii) たたき（びしゃんたたき・小たたき） びしゃんたたきは，びしゃんという多数の格子状突起を持つハンマーでたたいた仕上げで，最近は熟練工不足により機械びしゃんが行われている．

小たたきは，びしゃんでたたいた後，さらに先端がくさび状のハンマーで，約 2 mm の平行線状に平坦な粗面を作るもの．

iii) ジェットバーナー 石表面に火炎を短時間当て，石材を構成する鉱物の熱膨張率の違いを利用して，均一な表面仕上げにしたもの．このような熱処理の後に表面を研磨して滑らかにしたものを"ジェットポリッシュ (J&P)"という．熱をかけて表面の組織を壊すため，強度を保つには 5 mm 程度余分な厚みが必要である．

iv) サンドブラスト 細かい鋼鉄の粉粒を圧縮空気でたたきつけ，表面をはぐようにして粗面にしたもの．加工後の清掃が十分でなく，表面に鉄粉が残っていると，錆色が出ることがある．

v) ウォータージェット 複数のノズルより高圧水を石表面に噴射して，石表面の微細な石片を切削し，滑らかな粗面仕上げを行う方法．

vi) 磨き（粗磨き・水磨き・本磨き） 粗磨きは，粗い砥石で研磨した状態のもの．ざらついた感じで，光沢は全くない．

水磨きは，中目の砥石で研磨したもの．まだ表面の光沢は少なく，つやがない．

本磨きは，細かい砥石で研磨した後，さらにつや出し粉を用いてバフ（布）でつや出しをした状態．平滑でつやがあり，石材本来の色や柄がでる．床に用いられることもあるが，滑りやすい．

b. 施工

1) 工法と適用部位および石種の組合せ

表 4.6.21 に工法，適用部位および石種の組合せを示す．

従来行われていた帯とろ工法は，裏込めモルタルが帯状に充填されるため，目地部分に帯状の濡れ色が現れて美観が損なわれたり，加えて，地震時の躯体変形に追従しきれずに損傷しやすいことから，現在は採用例がほとんどない．

外壁湿式工法についても，現在では実施例が減少しており，石先付けプレキャストコンクリート (GPC) 工法や外壁乾式工法に移行しつつある．

2) 施工方法の概要と特徴

各施工方法の概要を図4.6.29～図4.6.33に示す．

i) 外壁湿式工法　裏込めモルタルを石裏全面に空隙なく充填する工法である．特徴は以下のとおりである（図4.6.29）

① 裏面に水が浸入し，それが原因で濡れ色・白華（エフロレッセンス）および表面劣化が生じ美観を損なうことがある．

② コンクリート躯体と裏込めモルタルの乾燥収縮と石材の熱による膨張・収縮で石材の剥離が生じることがある．

③ 地震などの躯体の挙動に追従しにくいため，石材にひび割れが生じたり，脱落する場合がある．

④ 2日に1段しか施工できないため，工期短縮へ対応ができない．

⑤ 裏込めモルタルを含めた全重量が大きく，構造的に負担が大きい．

ii) 外壁乾式工法　石材1枚ごとにファスナーで保持する工法で，躯体と石材間での自重，地震力，風圧力などの伝達はファスナーを介してなされる．特徴は以下のとおりである（図4.6.30）．

① 石材と下地面の間に空隙があるため白華や凍害を受けにくい．

② 工期短縮が図れる．

③ ファスナーを利用することにより耐震性を付与することができる．

iii) 石先付けプレキャストコンクリート工法

石材をあらかじめ工場でプレキャストコンクリートに先付けすることによって仕上げとし，カーテ

表4.6.21　工法，適用部位および石種の組合せ

部位	場所	工法	石種								
			花崗岩	安山岩	大理石	蛇紋岩	粘板岩	砂岩	凝灰岩	石灰岩	テラゾ	擬石
壁	外部	湿式工法	○	○	△	△	△	○	□	△	×	○
	外部	乾式工法	◎	◎	△	△	×	○	×	△	×	○
	内部		◎	□	◎	◎	○	×	○	◎	◎	○
	外部	石先付けPC	◎	◎	△	△	×	○	△	△	×	○
	内部		◎	◎	◎	◎	×	○	○	◎	□	○
	内部	空積工法	○	□	◎	◎	○	×	○	◎	○	○
床階段	外部	敷きモルタル	◎	◎	△	△	◎	△	△	○	×	○
	内部		◎	◎	◎	◎	○	△	○	◎	◎	○

（凡例）◎：よく用いられる，○：用いられる，△：注意して用いる，□：まれに用いられる，×：用いない．

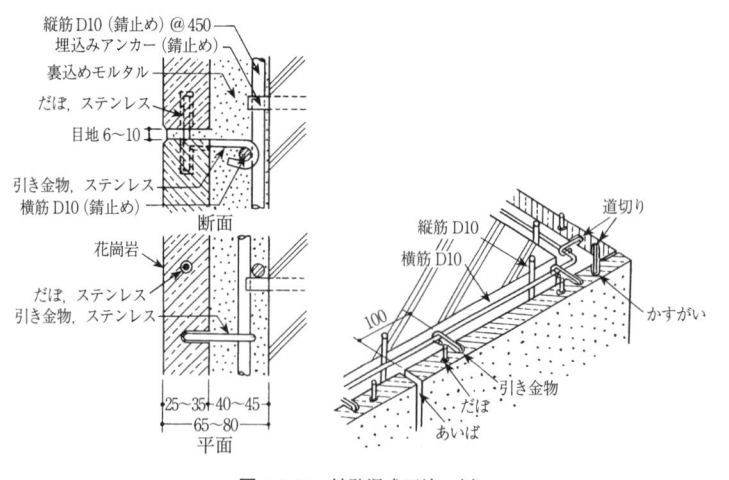

図4.6.29　外壁湿式工法の例

4.6 仕 上 工 事

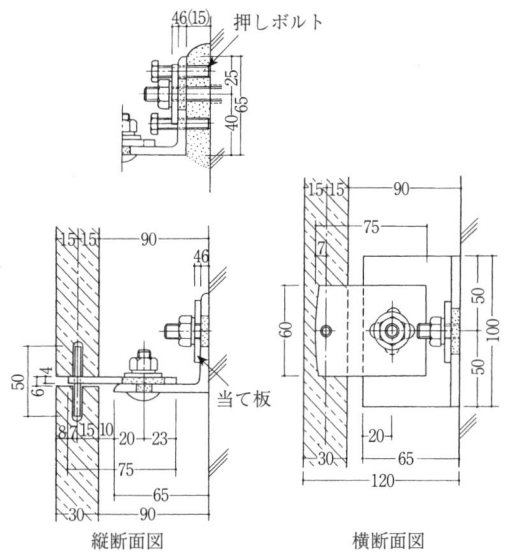

図 4.6.30 外壁乾式工法の例（ファスナー事例による石材の取付け）

図 4.6.31 石先付けプレキャストコンクリート工法の例（シアコネクターによる石材とコンクリートの接続）

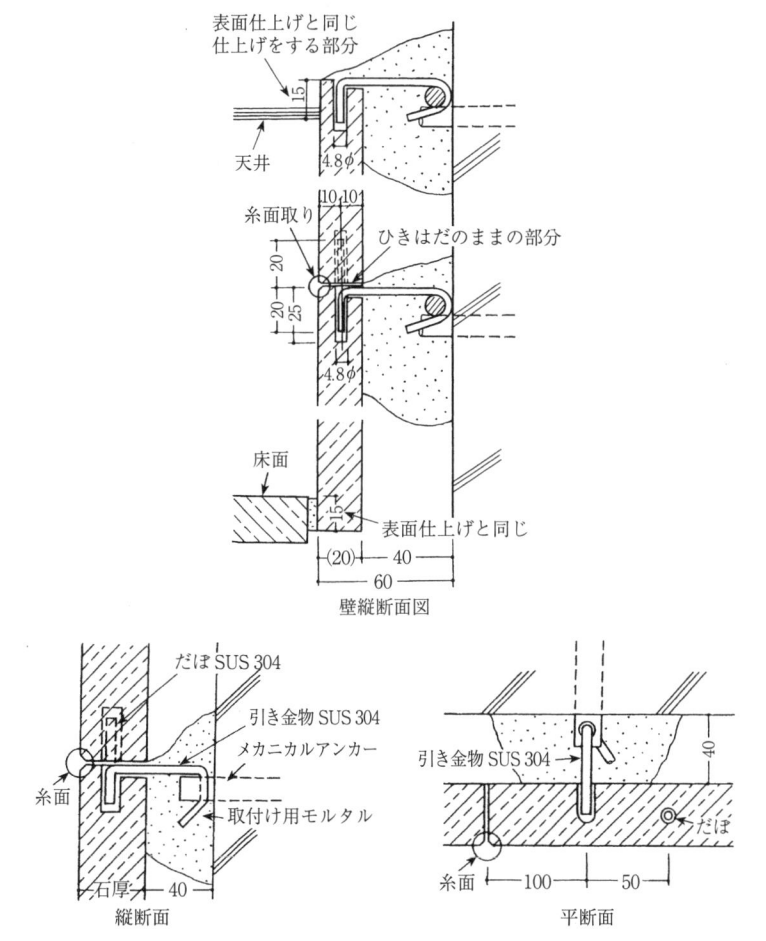

図 4.6.32 内壁空積工法の例（後施工アンカー工法）

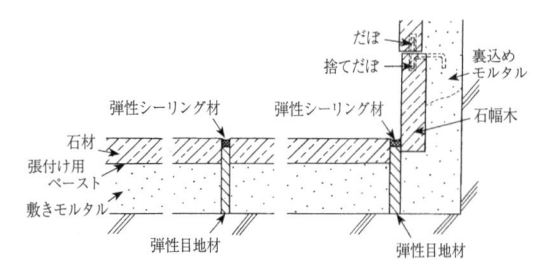

図 4.6.33 床・階段（伸縮調整目地の例）

ンウォールや構造部材として取り扱う工法である．JASS 14（カーテンウォール工事）に定められた要求性能を満足する必要がある．特徴は以下のとおりである（図 4.6.31）．

① 安全性（特に耐震性）向上，工期短縮が図れるため高層建築に多用されている．
② 電波吸収など特別な性能を持たせる外壁は，ほとんどがこの工法である．
③ 工場で製品化するので，石材裏面の処理を十分に行えるために，濡れ色や白華の発生を防ぐことができる．
④ コンクリート製であるため，重量が重い．

iv) 内壁空積工法 内壁では主流である．4 m 以下を適用範囲とし，4 m を超える場合は，原則として乾式工法を採用する（図 4.6.32）．

v) 内壁乾式工法 外壁乾式工法と同じでよいが，風圧力や熱膨張収縮については，よほど特殊な場合を除いて検討しなくてよい．

vi) テラゾ・擬石の壁張り 天然石と同じ取付け方法とする．

vii) 床・階段工事 敷きモルタルの上に張付け用ペーストを均一に塗布後，石材を置き，木づちやゴムハンマーなどを用いてたたき締め施工する（図 4.6.33）．

c. 計画および施工のポイント

計画時および施工時に配慮しておきたい主なポイントを以下に記す．

1) 計画時のポイント

① 石材の価格は，加工費の占める割合が大きく，特に曲面加工と面取り加工が多い設計仕様である場合はコストに大きく影響する．発注者の理解を得て，十分な事前打合せが必要である．
② 石種決定の際の見本石の大きさは，30 cm 角程度がよい．
③ 床に使用する石材の表面仕上げは，雨天時の滑りにくさを考慮する．
④ 内壁で突き付け目地を採用する場合でも，0.3 mm 程度の目地幅を確保し，欠け，割れ防止に配慮する．

2) 施工時のポイント

① 石先付けプレキャストコンクリート工法を採用し実大実験を行う場合は，実験場の数が限られていることや，実験結果を施工に反映させるためには数カ月を要することから，できれば1年くらい前に実験場を確保しておく．
② 床面積 30 m^2 内外で設ける伸縮調整目地は，石張り面だけの施工では無意味である．土間コンクリートにも同じ位置に伸縮調整目地を設けることが重要である．
③ 幅木や床石で石裏面にモルタルを充填する場合は，濡れ色防止のために，裏面だけでなく小口面にも表面処理剤を塗布する．
④ 外壁乾式工法で目地シールがない場合は，雨水の影響で小口回りに濡れ色が発生することがあるため，撥水処理を施すことが望ましい．
⑤ 外壁乾式工法では，石厚のだぼ穴位置と大きさ，深さが，石材強度に大きく影響するので重要である．

［菅原忠弘］

文　献

1) （社）公共建築協会：建築工事監理指針，10 章石工事（平成 16 年度版）（2005）
2) （社）日本建築学会：建築工事標準仕様書・同解説，JASS 9（張り石工事），丸善（1996）

4.6.7 タ イ ル 工 事

タイル外装仕上げの建物は高級感があり，タイルが持つ風合いやテクスチャーを表現することによって，様々な印象を与えてくれる．

外装仕上げの中でも比較的高価な建材であるが，ほとんどが湿式工法で施工されるため，常に剥離や剥落の危険性が潜んでいることを考えると決して永久的な仕上材ではない．発注者並びに設計者，そして施工者は剥離や剥落の可能性を少しでもなくすよう努力する必要があるし，工事監理者はその点を重点的に監理する責任がある．設計者としては，万一のことを考え，適正な個所への適用も考慮し，設計すべきである．

a. タイル工事完了までのフロー

1) 関係者の役割と責任

プロジェクト開始から終了までの間，発注者・設

計者・工事監理者・施工者は，以下の役割と責任を果たさなければならない．タイル工事完了までのフローの例を図4.6.34に示す．

2) 関係者間の相互の課題

プロジェクトの完了までには，それぞれ特有の課題があり，関係者間でこれらの1つ1つを十分理解し対応することがプロジェクトの成功につながる．

i) 工事発注までに（発注者と設計者とタイルメーカー）　設計者は，発注者の意向を図面化する際，少しでも付加価値のある商品を選び，また，設計者自身の思い入れのある商品を選んでいる．時には，見本焼きを伴う特注品を採用することもあるが，予算組みの際に必ずしも適正コストによる積上げがなされていない場合がある．

設計者は，タイルメーカーが提出する設計見積りに大きなばらつきを持っているにもかかわらず，設計事務所のルールに従った一律カットによって最終金額を決定したり，時間とコストが発生する見本焼きを標準コストで積み上げたりすることがないよう，これらを十分理解し，発注者との協議をすることが必要である．

ii) 工事着工後（発注者と設計者と施工者とタイルメーカー）　工事着工後，極端に予算がないことが多く，メーカー決定の要素が，ただコストのみとなっている場合がある．タイル工事に限らず，競争入札ゆえに時として原価割れの受注となる建設業の仕組みそのものの問題が前提にあるが，このような状況でのメーカー決定では，工事着工までの予算組みが意味のないものになってしまう．

また，作業所の小人数化も影響し，ゼネコンの現場監理能力の低下も少なからず見受けられる．このような場合，図面や製作納期が絶対的にかかる商品の工程管理ができず，発注者や設計者に対して本来あるべき予算，工程を主張できず，結果的に決して品質が良いとはいえない施工になってしまうおそれがある．

b. 材料と用途

JIS A 5209-2005（陶磁器質タイル）の吸水率による区分を表4.6.22に，裏あしの高さの基準を表4.6.23に，裏あしの形状の例を図4.6.35に示す．

寒冷地および冬期に凍結のおそれのある地域では，外装や床および内装であっても水掛かり個所におけるタイル張りは，「Ⅰ類」のタイルまたは耐凍

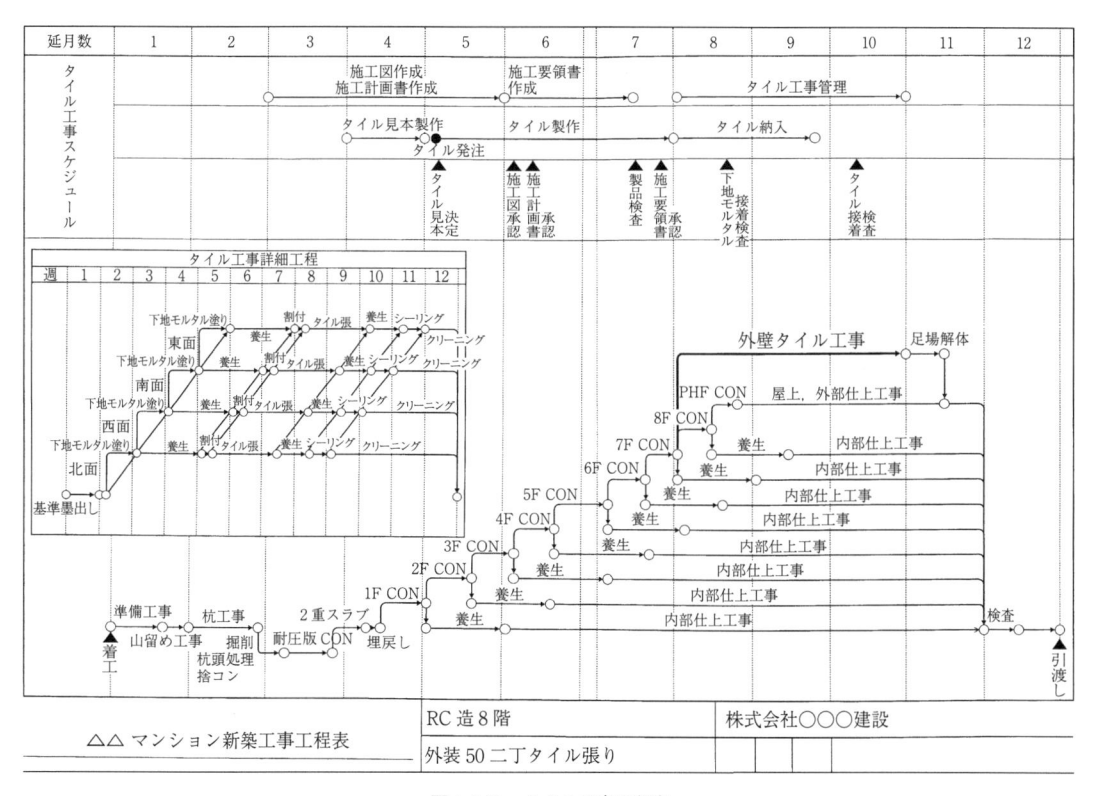

図 4.6.34 タイル工事工程表

表 4.6.22 吸水率による区分

吸水率による区分	吸水率
I 類	3.0%以下
II 類	10.0%以下
III 類	50.0%以下

表 4.6.23 裏あしの高さの基準

(単位：mm)

タイルの表面の面積[*1]	裏あしの高さ (h)
15 cm² 未満	0.5 以上
15 cm² 以上 60 cm² 未満	0.7 以上
60 cm² 以上	1.5 以上[*2]

(注) *1 複数の面を持つ役物の場合は，大きい方の面の面積に適用する．
　　 *2 タイルのモデュール呼び寸法が 50×150 mm および 50×200 mm のものについては，1.2 mm 以上とする．
(参考) 裏あしの高さ (h) の最大は，3.5 mm 程度である．

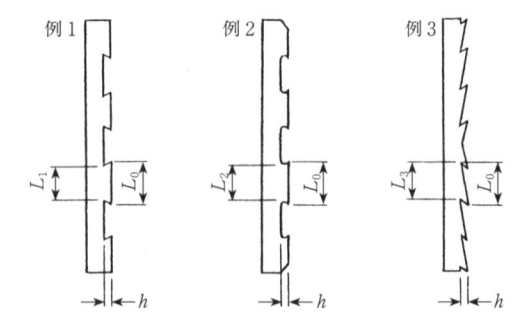

図 4.6.35 裏あしの形状の例

に示す．

d. 剥離・剥落防止

1) 下地モルタルおよびタイル張り後の打診検査

タイル張り後のテストハンマーによる打診検査はもとより，下地モルタル面においても打診検査することが重要である．

2) ひび割れ誘発目地および伸縮調整目地

目地を設ける位置について重要な点は，図 4.6.37 および図 4.6.38 に示すように，躯体に設けるひび割れ誘発目地と伸縮調整目地の位置を合わせることである．また，直張り工法では，タイル挙動の緩衝層である下地モルタル層が極端に薄いため，伸縮調整目地の間隔を一般の施工より狭い 2.0～2.5 m とすることが望ましい．

害性の確認された「II 類」のタイルを用いて凍害を防止する性能を確保しなければならない．

参考として，「I 類」は旧規格による磁器質，「II 類」はせっ器質，「III 類」は陶器質にそれぞれほぼ該当するとされている．

c. 工法の種類

壁および床タイル張り工法と適用部位の関係を表 4.6.24 および表 4.6.25 に，各工法の概要を図 4.6.36

表 4.6.24 壁タイル張りの工法

| 工法 | 適用タイル (mm) | | 適用部位 | | | 適用下地 | | | | 適した張り代 (mm) |
	種類	形状および大きさ (mm)	外壁	内壁	モルタル	コンクリート	押出成形セメント板	ALCパネル	ボード類	
改良圧着張り	外装タイル	小口平，二丁掛，100角	○	○	○		○[*2]			3～5
改良積上げ張り	外装タイル	小口平，二丁掛，三丁掛，四丁掛	○	○	○					4～6
	内装タイル	100角～200角		○	○					
密着張り	外装タイル	小口平，二丁掛，100角	○	○	○	○[*1]	○[*2]			2～4
モザイクタイル張り	モザイクタイル	50角，50二丁	○	○	○	○[*1]	○[*2]	○[*2]		1～2
マスク張り	モザイクタイル	50角，50二丁	○	○	○		○[*2,*3]	○[*2]		1～2
接着剤張り	内装タイル	100角～200角		○	○				○	1～2

(注) *1 所定の躯体精度が確保されることを原則とする．
　　 *2 下地製品の規格幅内でタイルが張り付けられることを原則とする．
　　 *3 下地製品の表面に下塗りを行う．

表 4.6.25 床タイル張りの工法

工法	適用タイル		適用部位		適用下地			適した張り代(mm)
	種類	形状および大きさ(mm)	外部床	内部床	モルタル	敷きモルタル	合板下地	
改良圧着張り	床タイル	200角以上	○	○	○	○(硬化後)		2~5
圧着張り	床タイル	200角~300角	○	○	○	○(硬化後)		2~5
		100角~200角	○	○	○	○(硬化後)		2~4
セメントペースト張り	床タイル	200角以上	○	○		○(硬化後)		1~2
モザイクタイル張り	モザイクタイル	各種	○	○	○	○(硬化後)		1~2
接着剤張り	床タイル	100角~300角		○			○	1~2
	モザイクタイル	各種		○			○	1~2

(1) 改良圧着張り　(2) 改良積上げ張り　(3) 密着張り

(4) マスク張り　(5) モザイクタイル張り　(6) 接着剤張り

(a) 壁タイル

(1) 改良圧着張り　(2) 圧着張り　(3) セメントペースト張り

(4) モザイクタイル張り　(5) 接着剤張り

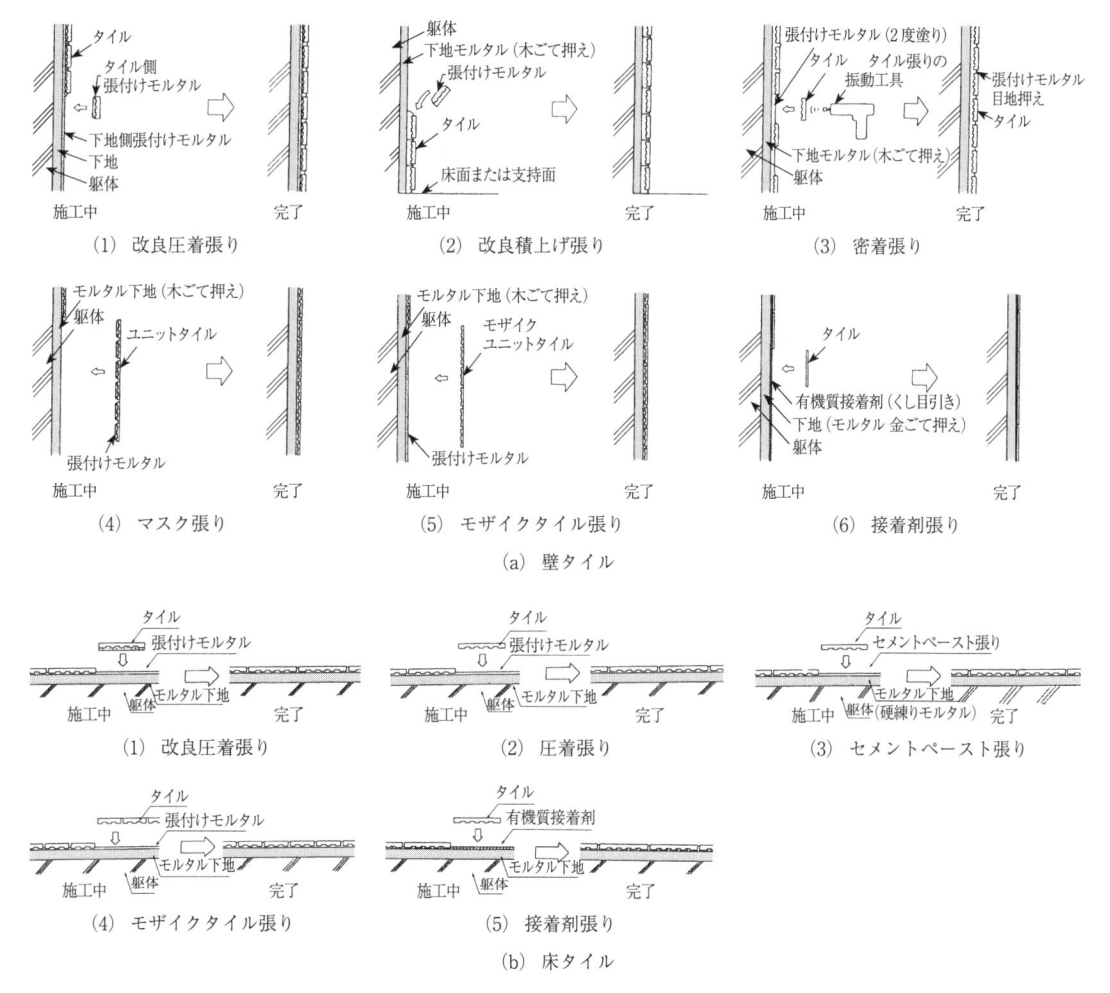

(b) 床タイル

図 4.6.36 壁・床タイルの工法

3) ドライアウト防止

乾燥した下地面に施工した場合,張付けモルタル層は大変薄いため,急激に水分を奪われてしまう.セメントの水和反応に必要な水分が不足して付着強度に影響を及ぼし,剥離,剥落の原因になるので,水湿しや吸水調整材の塗布が必要である.

また,不陸調整用の薄塗り仕上材は,風により表面からのドライアウトの影響も受けるため,施工管

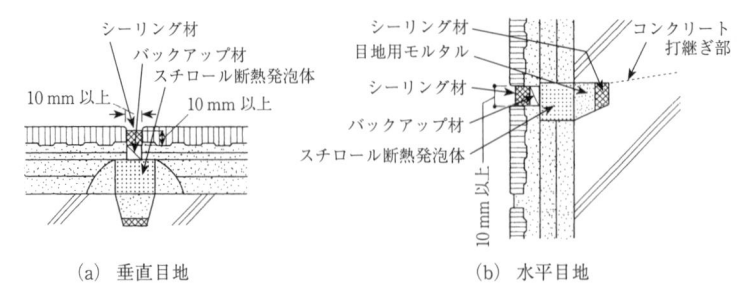

図 4.6.37 陶磁器質タイル張りのひび割れ誘発目地および伸縮調整目地の例

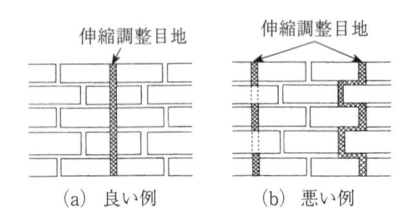

図 4.6.38 垂直伸縮調整目地の例

理には十分な注意が必要である．

4) 目地深さ

一般的に目地の深さがタイル厚さの1/2以上あると，剥離，剥落が生じやすい．50角二丁やモザイクタイルなどは，塗り目地で施工されることが多いために問題とならないが，小口タイル以上のタイルなどで目地を施工する場合，意匠的な理由から深目地が採用される場合があり，注意が必要である．その場合は，植込みのある壁面などというように，施工個所を十分考慮することが設計者に望まれる．

5) オープンタイム

張付けモルタルは，一度練った後は早めに使い切り，軟らかいうちにタイル張りを行う．気温，湿度，風などの作業環境や混和材などの要因によりオープンタイム（可使時間）は異なるが，大まかに季節ごとのオープンタイムの目安が一般図書に多く記載されているので，それらを参考にするとよい．

e. 最近のタイル業界の動向

1) 在来工法による傾向

タイルの剥離事故は減少しているものの，躯体面の凹凸化と洗浄の重要性が認識されてきている．平成13年度版の建築工事共通仕様書（公共建築協会）に「MCR（Mortar Concrete Rivetback）」と「高圧水洗による目荒し」が明記されたこともあり，急速に普及しつつある．

これらの工法は，モルタルを強く接着させることに主眼を置いているが，MCRについては，地球環境問題から廃材処理を問題視することもあるため，躯体表面の洗浄と凹凸が同時にできる高圧洗浄が増加しつつある．

これら工法の採用を条件に，建設業界で初めての「10年瑕疵保証制度」を取り入れたタイルメーカーもある．工事チェックと万が一剥離した場合の保証を制度化したもので，今後の普及が注目される．

2) 新施工材料・新工法（外部用接着工法）

モルタルによる強固な接着ではなく，むしろ弾性接着剤を使用して接着界面にせん断力が加わらないようにしたタイル張り工法も出現している．この弾性接着剤によるタイル張り工法は，既に15年以上の実績と各種耐久性試験で確認された工法で，深目地が可能であるため今後の普及が期待される．

3) 防汚タイル

排ガスなどが原因による都市型汚れに対応する製品として，タイル表面を防汚処理したタイルが使用されるようになってきた．最近，外装建材にも注目され始め，まだ設計図書に明記されることは少ないが，今後もこの傾向は続くものと考えられる．

防汚処理のタイプとしては，タイルの製作過程で防汚処理剤を焼き付けるものと，現場でタイル表面に塗布するものがある．焼き付ける場合でも薬剤の種類のほかに温度の設定や製作工程の違いにより，タイプが分類されるようである．　　　　［菅原忠弘］

文　　献

1) （社）公共建築協会：建築工事監理指針，11章タイル工事（平成16年度版）（2005）
2) （社）日本建築学会：建築工事標準仕様書・同解説 JASS 19（陶磁器質タイル張り工事），丸善（2005）
3) （社）建築業協会：はじめてのタイル＆左官工事管理（1997）

4.6.8 防水工事
a. 防水の目的
防水（waterproofing）の目的は，建物において水の必要のないところに水が浸入しないようにするとともに，水の必要なところに確実に水を格納することにより，建物を保護し，内部での生活や生産活動に支障をきたさないように機能を維持することである．

b. 適用部位
防水を施す建物の適用部位を以下に示す[1]．
① 屋根：用途により5段階に分類（通常の歩行，軽歩行，非歩行，駐車場，運動場）．
② ひさし：出寸法が1m内外程度の小面積のもの．
③ 開放廊下：人の歩行のほか，台車などの走行があり，比較的小面積のもの．
④ ベランダ：建物の所有者など特定の人のスリッパなどによる軽歩行を想定．
⑤ 外壁：地上部分の建物外壁で降雨の浸入を想定．
⑥ 地下外壁：地下部分の建物外壁で地下水の浸入を想定．
⑦ 室内：常時水を使う便所，浴場，厨房，洗車場など．非定常に雨や雪が持ち込まれる室内駐車場，玄関ホール．そして不測の事態に備えた機械室など．
⑧ 水槽類：地下最下階の床下にある耐圧版と基礎梁などで囲まれた受水槽など．
⑨ 水泳プール：屋上，建物屋内に取り込まれたものを想定．
⑩ 人工池，庭園：屋上，ロビーなど建物内に取り込まれたものを想定．

c. 下地の基本要件
防水を施す主な下地の種類は，現場打ち鉄筋コンクリート，プレキャストコンクリート部材，ALCパネルの3種類である．なお，適用部位によっては下地の種類が限定される．

防水工事で要求される主な下地の条件としては次のとおりである．
① 施工直前の下地は，十分に乾燥していること．
② 平坦で水はけがよいこと
③ 表面に脆弱部がないこと
④ 防水層の接着を阻害する不純物が付着していないこと
⑤ コンクリートおよびパネルなどに欠損部・不要な突起物がないこと
⑥ 出入隅など下地の形状は，それぞれの防水工法に適合していること
⑦ 貫通パイプおよびルーフドレンなどは確実に固定されていること

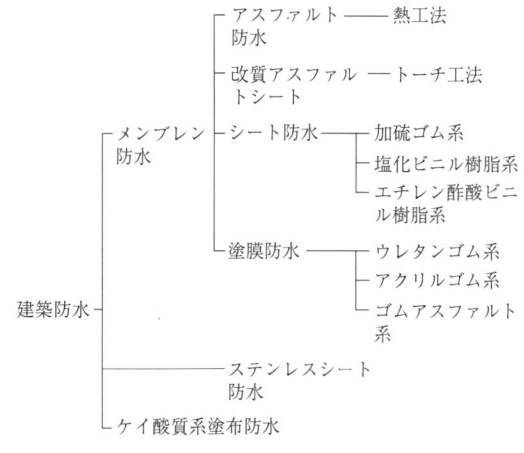

図4.6.39 主な建築防水の分類

建築防水
- メンブレン防水
  - アスファルト防水 ── 熱工法
  - 改質アスファルトシート ── トーチ工法
  - シート防水
    - 加硫ゴム系
    - 塩化ビニル樹脂系
    - エチレン酢酸ビニル樹脂系
  - 塗膜防水
    - ウレタンゴム系
    - アクリルゴム系
    - ゴムアスファルト系
- ステンレスシート防水
- ケイ酸質系塗布防水

d. 保護・仕上げ
防水層の保護・仕上げの種類としては，現場打ちコンクリート，コンクリート平板類，アスファルトコンクリート，モルタル，砂利，仕上塗料，ウレタン舗装材などがあり，それぞれ防水工法ならびに用途に応じて使い分ける．

e. 防水工法の分類
建物に施される主な防水工法を図4.6.39に示す．このうち，建物の最も重要な適用部位である屋根に適用される塗膜防水など4種類の防水工法について，次項で個別に記述する．

f. 防水工法各論
1) アスファルト防水

アスファルト防水（asphalt membrane waterproofing）は通常，アスファルトを含浸した各種ルーフィングを，現場で熱溶融したアスファルトコンパウンドで繰り返し積層して防水層を形成する防水工法である．

［長所］
① 施工実績が豊富
② 積層するため比較的施工ミスによる悪影響が少ない
③ 下地面の仕上がり状況が比較的粗面でも対応可能

［短所］
① 熱工法のため臭気や火災危険など周辺への配

慮が必要
② 工数が多く施工期間が比較的長い
③ 複雑な納まりが施工しにくい
④ 下地の水勾配が急な場合，だれを生じやすい
⑤ 施工に熟練度が求められる

[主な使用材料]

基本となるアスファルトルーフィングは，原紙や合成繊維を芯材とするものにアスファルトを含浸させたりコーティングしたもので，JIS A 6005-1991（アスファルトルーフィングフェルト），および JIS A 6022-1991（ストレッチアスファルトルーフィングフェルト），さらには JIS A 6013-1996（改質アスファルトルーフィングシート）に規定するものを用いる．また，現場で溶融するアスファルトは JIS K 2207-1996（石油アスファルト）の防水工事用 3 種または 4 種（主として寒冷地用）を用いる．

[その他の材料]

アスファルトプライマー，ゴムアスファルト系シール材，断熱材（押出法ポリスチレン系，硬質ウレタン系），押え金物，成形伸縮目地材，乾式保護板，仕上塗料，成形キャント材など

2) 改質アスファルトシート防水

改質アスファルトシート防水（トーチ工法）(polymer-modified bitumen membrane waterproofing) は，アスファルトにゴムや樹脂を配合して改質した改質アスファルトルーフィングを，トーチバーナーを用いて下地や他のルーフィングに熱融着させ，防水層を形成する防水工法である．

[長所]
① 従来のアスファルト熱工法に比べ，火災の危険，公害性が低い
② 工数が少なく，施工期間が比較的少ない
③ 施工時の気候変動に影響を受けにくい

[短所]
① バーナーの加熱溶融不足による接着不良が生じやすい
② 複雑な納まりの施工に熟練度を要す

[主な使用材料]

改質アスファルトシート防水に使用される防水材は，JIS A 6013-1996（改質アスファルトルーフィングシート）に規定する防水シートで，SBS（スチレンブタジエンスチレン）や APP（アタクチックポリプロピレン）などのゴムや樹脂で改質したものである．

[その他の材料]

シール材（ポリマー改質アスファルト系・ゴムアスファルト系），断熱材（押出法ポリスチレン系，硬質ウレタン系），押え金物，成形伸縮目地材，乾式保護板，仕上塗料，絶縁用シート

3) シート防水

シート防水 (sheet-applied membrane waterproofing) は，合成ゴム，合成樹脂を主成分とした合成高分子系ルーフィングを下地に，接着剤や固定金物などで全面もしくは部分的に固定して防水層を形成する防水工法である．

[長所]
① 工数が少なく，施工期間が比較的短い
② 色彩の自由度が高く，仕上りがきれい
③ 耐薬品性が比較的良好

[短所]
① 下地の突起物などで破損しやすく，下地面の仕上り精度が求められる
② シート間の接合が不完全になりやすい

[主な使用材料]

シート防水に使用されるシートは，JIS A 6008-1997（合成高分子系ルーフィングシート）に規定する防水シートで，エチレンプロピレンゴム（EPDM）とブチルゴム（IIR）を併用した合成ゴムシート，塩化ビニル樹脂やエチレン酢酸ビニル樹脂などを主原料とした合成樹脂系シートがある．

[その他の材料]

プライマー，接着剤（合成ゴム系，合成樹脂系など），溶着剤，シール材，断熱材（ポリエチレン系など），押え金物，固定金具（機械的固定用），非加硫ゴムシート，仕上塗料

4) 塗膜防水

塗膜防水 (liquid-applied membrane waterproofing) は，ウレタンゴム，アクリルゴムあるいはゴムアスファルトを主成分とする液状材料を下地に塗布し，反応硬化あるいは乾燥硬化によって防水層を形成する防水工法である．

[長所]
① 防水層の弱点となりやすい継目がない
② 複雑な納まりに容易に対応できる
③ 色彩の自由度が高く，仕上りがきれい
④ 軽量であり，また補修が容易

[短所]
① 下地の仕上り精度が求められる
② 施工むらが生じやすく，塗膜厚さが変動しやすい

③ 施工時の環境条件により，ピンホール・硬化不良など物性が変動しやすい

[主な使用材料]

塗膜防水に使われる防水材は，JIS A 6021-2000（建築用塗膜防水材）に規定するウレタンゴム系防水材，アクリルゴム系防水材，およびゴムアスファルト系防水材である．

[その他の材料]

プライマー，補強布（合成繊維製品，ガラス繊維製品），通気緩衝シート（発泡プラスチック系，改質アスファルト系，ゴムシート系），ウレタン舗装材，仕上塗料，化粧材，模様材など　　[土田恭義]

文　献

1) 日本建築学会：建築工事標準仕様書・同解説 JASS 8 (防水工事)，pp. 88-91，丸善 (2000)

4.6.9 木　工　事

a. 概　説

仕上工事としての木工事（もっこうじ）は，柱，梁，小屋組のような構造骨組としての機能を失い，使用材料としての木材も各種新材料に代わりつつある．そのため，工事範囲はかなり狭くなってきてはいるが，現在もまだ集合住宅などでは内装仕上げの中心的な工種である．したがって，使用木材も構造的強度や耐久性などの重要性よりも，構造躯体との取合いや意匠性，あるいは使用上の不具合などの仕上性が重要視される．

木材の品質の規定には，日本農林規格（JAS）がある．一般には JAS マークのあるもの，または JAS による登録格付機関などによる格付証明書のあるものを使用することが望ましい．

1) 施工計画書

施工計画は，適切な時期に関連工程を考慮して，設計図書の内容，現場の条件などに応じ，要点を把握して立てる．主な記載事項は以下のとおりである．

① 工事概要：施工部位，施工量，施工等級，材種・規格品などの確認
② 工事工程表：施工図完了，見本品決定，加工，材料搬入，着工，完了などの時期
③ 加工体制：工場の加工体制，品質管理体制
④ 施工体制：施工管理組織，作業組織，人数など
⑤ 仮設計画：搬入，運搬，保管，養生，安全
⑥ 施工法：施工要領書（加工，組立または取付けの工法）
⑦ 各種処理：防腐，防蟻，防虫処理
⑧ 養生・クリーニング：養生部位・方法，クリーニング時期・方法
⑨ 試験・検査：材料試験や製品類の検査計画

2) 施工図

施工図は主に下記の点に注意してチェックを行う．

① 施工図（原寸図を含む）を必要とする個所の確認
② 設計図書に準拠した樹種，材質，規格，寸法などの照合
③ 見映えや納まり，使い勝手および作業性の良いこと
④ 堅固な取り付け方であること
⑤ 設備，他の仕上工事との関連性

3) 見　本

主要な材料は，あらかじめ見本を取り寄せ，下記の事項を検討する．

① 木材：樹種，材質，規格，断面寸法，含水率など
② 建具・敷居・鴨居など：加工の状態，仕上り程度
③ 釘・諸金物：材質，形状，寸法，錆止め処置
④ 集成材：樹種，形状，寸法，化粧薄板（樹種・厚さ），仕上り程度

b. 材　料

1) 木　材

木材は加工がしやすく，他の材料に比べて施工性が良い．また，熱伝導は 0.3 kcal/m·h·℃ 程度と低く，比熱は大きいため保温性に優れている．さらに，比重が 0.3〜0.8 と小さいわりに大きな強度を有している．木目，木肌などの表面模様，色つやの美しさ，独特の匂いや手触り感は木材ならではの長所である．しかし，菌や虫におかされやすく，水分によって膨張や収縮が起こり，くるいが出やすい点が短所である．

木材は，樹種別では内外産を問わず針葉樹と広葉樹に分けられ，わが国で建築の木工事に使用されるものは 100 種に満たない．共通仕様書では，表 4.2.26 のとおり構造材，造作材，下地材ごとに樹種とその代用樹種を定めている．

2) 集　成　材

集成材とは，ひき板または小角材（ラミナと呼ぶ）

表 4.6.26 代用樹種

区　分	樹　種	代　用　樹　種
構造材	松	ひのき，ひば，米ひ，米ひば，台ひ，から松，米松，米つが
	杉	もみ，つが，米つが，米とうひ，米赤松，米もみ，えぞ松，とど松
	ひのき	ひば，米ひ，米ひば，台ひ
造作材	杉	もみ，つが，米つが，米とうひ，米もみ，えぞ松，(米杉および米赤松)
	松	ひのき，ひば，米ひ，米ひば，台ひ，米つが
	ひのき	ひば，米ひ，米ひば，台ひ
下地材 壁・天井下地， 屋根野地板， 軒回り材， 畳下・下張り用 床板など	杉，松	もみ，つが，米つが，米杉，米赤松，米もみ，えぞ松，とど松，ソ連えぞ松

(注) 造作用の米杉および米赤松は，不透明塗料塗りをする場合に限り代用できる．

などをその繊維方向をほぼ平行にして，厚さ，幅，長さ方向に集成接着したものである．建物の内部造作などの非耐力部材に用いられる造作用と，建物の骨組みなど耐力部材に用いられる構造用の2種類に分けられる．

集成材は，製作段階での均一的な乾燥によりくるいが発生しにくく，腐りにくい上，さらに，集成前に十分な防腐・防虫処理を施すことが容易であることから，高い耐久性能を持つといえる．また，任意の大断面長尺材や曲げ材の製造が可能である．しかし，木材特有の香りの持続性が少ない点や，つやが出にくいなどの短所もある．

3) パーティクルボード

パーティクルボードは，木材その他の植物繊維質の小片（パーティクル）を主な原料として，合成樹脂接着剤を用いて成形熱圧した板状製品である．原料には，間伐材，カンナくず，ノコくずのほかに，家屋解体時に発生する木質系廃材も利用でき，また利用済みのパーティクルボードも原料として再利用できるリサイクル性を有している．パーティクルボードの種類は，JIS A 5908 により，表裏面の状態，曲げ強さ，接着剤，ホルムアルデヒド放出量および難燃性によって区分されている．

パーティクルボードは，加工が容易でくるいや反りが少ないことが特徴である．また，表面に単板を張ったり，塗装あるいは樹脂系シートを接着するなどにより，酸・アルカリに強く，硬度，耐熱，耐薬，耐汚染，防水性に優れた製品が可能である．

c. 各 種 処 理
1) 乾 燥 処 理

乾燥処理は腐朽やかびの防止，くるいや割れの防止，耐久性確保などを目的として行われる．乾燥方法には天然乾燥法と人工乾燥法がある．

天然乾燥は挽き立て材を屋外に堆積し自然に乾燥させる方法で，乾燥期間は3～6カ月くらいである．構造材の下地材はほとんどがこの方法により緩やかに乾燥させる．

人工乾燥は乾燥装置の中で強制的に乾燥させる方法で，乾燥期間は1～2週間であるが，温度調整を誤るとかえって割れ・くるいなどを生ずる．集成材の乾燥はこの方法により含水率10％程度まで乾燥させる．

2) 防腐・防蟻処理

木材の腐朽は，その有機成分が木材腐朽菌の栄養源として分解される現象であり，腐朽菌の繁殖がなければ長期の耐久性を保つことができる．一方，シロアリによる被害の大半はイエシロアリとヤマトシロアリによるものである．一般にヤマトシロアリの被害は木材の腐朽と混在していることが多いが，これはヤマトシロアリの生存環境の類似と腐朽菌の生産物質がシロアリを誘引し，活性化させるためと考えられている．

防腐剤は防蟻剤を兼ねることが多く，JASでは保存木材の性能区分を木材の使用環境に応じて5段階に分けて定め，心材の耐久性区分に基づいて，使用薬剤の浸潤度に関する基準と吸収量に関する基準を設定している．使用薬剤は従来CCA（クロム・銅・ヒ素化合物）が主に用いられてきたが，近年環境への配慮からACQ（銅・アルキルアンモニウム化合物）など，他の薬剤が用いられるようになってきており，新しい薬剤でも必要な条件を満たしているものが追加された規定となっている．なお，改正建築

基準法により，有機リン系の防蟻剤で木造住宅の床下などに使用されていたクロルピリホスは使用禁止となっている．

3) 防虫処理

一般にラワン材などの南洋材や楢など一部の広葉樹は，ヒラタキクイムシの食害を受けやすい．食害とは，害虫類が含水率7〜20%くらいの材中で虫卵から成虫まで木竹材中の澱粉を栄養として成長し，材を空洞化するものである．食害を防ぐには，薬剤による防虫処理が適しており，ヒラタキクイムシが合板内で生息できないように，合板製造時に，接着剤に防虫剤を混入して製造する方法が実用化されている．製材品，合板，フローリング材などの防虫処理としては，ホウ素化合物，有機リン化合物の防虫剤が使用されている．また，塗装は産卵を妨げるため効果的である．

[田中愛輔]

文　献

1) 国土交通省大臣官房官庁営繕部監修：建築工事共通仕様書，平成13年版（2002）
2) 国土交通省大臣官房官庁営繕部監修：建築工事監理指針，平成13年版（下巻）（2002）

4.6.10 ALC・ブロック工事

a. ALC工事

1) 概　説

ALC（Autoclaved Lightweight aerated Concrete）とは，ケイ酸質原料（ケイ砂，ケイ石），石灰質原料（生石灰，ポルトランドセメント），発泡剤（アルミ粉末）などを原料として，高温高圧で蒸気養生された多孔質の軽量気泡コンクリートをいう．

ALCは，軽量で加工しやすく，切断・孔明けが容易で，モルタルの接着性も良く，釘打ちも可能である．また，耐火性能や断熱性能にも優れ，耐火構造の外壁，間仕切り壁，屋根および床として多く使用されている．反面，吸水率が大きく，凍結融解による害を受けやすい．また，強度や剛性は高くなく，磨耗や衝撃に弱いため，運搬の際に角などが欠けやすいなどの性質がある．

2) 施工計画書および施工図

i) 施工計画書　施工計画書は，使用材料および各作業の標準方法などを記載した「施工要領書」としてまとめられる場合が多いが，主な記載事項は下記のとおりである．

① 工程計画：工程表
② 工事管理組織：メーカー，施工業者，施工体制など
③ パネル：種類，数量，使用個所など
④ 副資材：鉄筋，金物，充填モルタル，シーリング材など
⑤ 搬入・保管および養生計画：仮設計画，搬入計画，保管方法，養生計画
⑥ 施工要領：工法，取付け詳細，建具枠などの取合い，および納まり詳細など
⑦ 検査要領：検査の項目・水準・方法・時期など
⑧ 安全対策：落下防止など

ii) 施工図　施工図は，パネルの建込み位置および取付け方を示したものであるが，この施工図に基づいてパネルは製造されるので，パネル製造に必要な寸法・形状・許容荷重などが記載されていなければならない．施工図は，一般にパネルの割付け図および取付け詳細図などで構成される．

3) 材　料

i) ALCパネル　ALCパネルの規格は，JIS A 5416（軽量気泡コンクリートパネル（ALCパネル））に規定されている．当該JISに規定されている厚形パネルの寸法および薄形パネルの寸法を表4.6.27および表4.6.28に示す．

ii) 鉄筋および金物　目地鉄筋は，JIS G 3112（鉄筋コンクリート用棒鋼），JIS G 3117（鉄筋コンクリート用再生棒鋼）の規格品とし，径は丸鋼で9 mm，異形鉄筋ではD10のものが多く用いられている．取付け金物の材質，形状，寸法および防錆処理は，ALC協会の定める「ALC取付け金物規格」の規定を参照するとよい．取付け金物には，鋼板・平鋼の加工品や棒鋼の加工品などがあり，モルタルなどで保護される場合を除き，防錆処理が必要になる．

iii) 充填用モルタル　モルタルの標準的な調合は，セメント：砂の割合が1:3〜3.5（容積比）である．モルタルの保水性や流動性を確保するため，パネルメーカーの指定する混和剤を使用することが望ましい．

b. ブロック工事

1) 概　説

仕上工事におけるブロック工事は，コンクリートブロック帳壁が該当する．コンクリートブロック帳壁は，空洞ブロックを鉄筋で補強して組積する帳壁構造で，一般に間仕切り壁，あるいは塀，パラペットなど独立したものをいう．（社）日本建築学会の

表 4.6.27 厚形パネルの寸法

単位 (mm)

種類		寸　法			意匠	
		厚さ[※1]	長さ	幅[※2]	模様の溝深さ	傾斜面の厚さの差
平パネル	外壁用，間仕切り用，屋根用	75, 80, 100, 120, 125, 150, 175, 180, 200	6,000以下	600または606	—	—
	床用	100, 120, 125, 150, 175, 180, 200				
意匠パネル	外壁用，間仕切り用	100, 120, 125			25以下	25以下
		150, 175, 180, 200			30以下	60以下

(注) ※1 厚さは，パネルの最も厚い部分の厚さをいう．
　　 ※2 納まり上やむを得ない場合は，600 mm 未満であってもよい．

表 4.6.28 薄形パネルの寸法

単位 (mm)

表面加工の有無による区分	寸　法								意匠
	厚さ[※1]	長さ						幅	模様の溝深さ
		1,800	1,820	2,000	2,400	2,700	3,000		
平パネル	50	○	○	○	○	○	○	600または606	—
	37	○	○	○	—	—	—		
	35	○	○	○	—	—	—		
意匠パネル	50	○	○	○	—	—	—		10以下
	37	○	○	○	—	—	—		7以下
	35	○	○	○	—	—	—		5以下

表 4.6.29 ブロックの種類および記号 (JIS A 5406)

断面形状による区分	外部形状による区分	寸法精度による区分（記号）	圧縮強さによる区分の記号	透水性による区分（記号）	化粧の有無による区分
空洞ブロック[*1]	基本形ブロック	標準精度ブロック	08[*3] 12[*3]	普通ブロック	あり
			16[*3] 20 25[*4] 30[*4]	普通ブロック	
型枠状ブロック[*2]	異形ブロック	高精度ブロック(E)	20 25 30 35 40	防水性ブロック(W)	なし

(注) *1 フェイスシェルとウェブとで構成され，空洞部に充填材を部分充填して使用するタイプ．
　　 *2 フェイスシェルとウェブとで構成され，縦横の2方向に連続した充填材が充填できる全充填タイプ．
　　 *3 圧縮強さによる区分の記号は，08をA，12をB，16をCとしてもよい．
　　 *4 特注品．

JASS 7（メーソンリー工事）が規定されている．また，(社)日本建築学会「壁式構造関係設計規準集・同解説（メーソンリー編）」に規定されている「コンクリートブロック帳壁構造設計規準」には，帳壁の規模について規定されている．

2) 材　料

ブロックは，JIS A 5406（建築用コンクリートブロック）に適合するものとし，種類および厚さは特記による．表 4.6.29 に JIS に規定されるブロックの種類と記号を示す．

3) 施工計画書

建築工事監理指針では，施工計画書の記載事項をおおむね以下のとおりとしている．

① 帳壁の位置と主体構造の種別および寸法

② 帳壁の主要支点間距離および主要支持辺の位置
③ 鉄筋の種類，径および定着・継手の方法・位置
④ コンクリートブロックの種類，形状寸法
⑤ ブロック割りとその組積パターン（開口部，金物取付け位置を明示）
⑥ 鉄筋のかぶり厚さおよび鉄筋の間隔・空き
⑦ 帳壁の施工方法（先積み工法と後積み工法で，鉄筋の組立順序が異なる）
⑧ 主体構造との緊結方法（主体構造に対するクリアランスの大きさによる固定緊結または可動緊結を明示）
⑨ 鉄筋の継手または定着方法（溶接の場合は溶接方法）
⑩ 壁端部または開口部周囲の補強方法
⑪ 仕上げの有無と仕上げ材料の種類
⑫ 孔明けなどの位置と寸法
⑬ 先付け金物の位置と取付け方法
⑭ 配管位置とその形状寸法
⑮ 作業のフロー，管理の項目・水準・方法，品質管理体制・管理責任者，品質記録文書の書式とその管理方法など　　　　　　　　［田中愛輔］

文　　献

1) 日本建築学会：建築工事標準仕様書・同解説，JASS 21（ALC パネル工事），丸善（1999）
2) 新建築学体系編集委員会：新建築学体系 47. 仕上材料と施工，彰国社（1983）
3) 国土交通省大臣官房官庁営繕部監修：建築工事共通仕様書，平成 13 年版（2002）
4) 国土交通省大臣官房官庁営繕部監修：建築工事監理指針，平成 13 年版（上巻）（2002）

4.6.11　左 官 工 事

a.　概　　説

　左官工事は，古くは木舞壁や漆喰塗りが盛んであったが，建築工事の近代化に伴ってこれらは古典的工法になっている．現在ではモルタル塗り，石膏プラスター塗り，床コンクリート直均し仕上げ，仕上塗材仕上げ，あるいはプレキャストコンクリート部材・コンクリートブロックなどの表面仕上げなどが主流となっており，その材料や種類は非常に多い．

b.　左官工事に要求される基本的性質

　左官材料は，材料自体が最終仕上げとなる場合と，吹付け塗装やタイル張りといった各種仕上材の下地となる場合がある．どちらの場合でもその仕上り精度の良否が直ちに建築全体の仕上げの良否に影響するため，施工精度の確保が重要である．仕上がった後には，使用材料が各種劣化要因から建築物を保護し，建築物の耐久性を向上させる役割を果たす．その性能を満たすため適切な材料を使用することは基本的事項としていうまでもなく，仕上層は所定の塗厚を確保する必要がある．この仕上層は，下塗り・中塗り・上塗りといった複数の層で構成されており，各層ごとに所定の塗厚を確保するとともに，十分な養生・乾燥期間を設けなければならない．また，躯体と左官材料および各塗り層間の接着性を十分に確保し，剥離や有害な浮きを防止することは，これらの要求性能を満足するためだけでなく，剥落による事故防止のためにも重要な管理ポイントである．

　左官材料を仕上材あるいは仕上材の下地材としての用途のほかに，防火材料として使用する場合がある．この場合，改正建築基準法の規定に基づいて認定された材料を使用しなければならない．2002 年 6 月 1 日以降，防火材料は新しい認定番号で運用されているので注意しなければならない．

c.　施　工　計　画

　施工計画は，工程など関連工事との調整を行い，設計図書・仕様書などに基づいて施工計画書を作成する．施工計画書の主な記載事項は以下のとおりであるが，左官材料ごとに適宜選択して作成する．

① 工程表（施工個所別の着工および完了の時期・全体工程・関連工事工程・色見本の決定）[1]
② 施工業者および作業の管理組織
③ 使用材料および保管方法（製造者名）
④ 調合（保水剤，ポリマーディスパージョンの使用の有無）
⑤ 下地処理の工法（屋内・屋外・下地材の吸水の著しい個所別）
⑥ 仕上げの種類（施工個所別）
⑦ 練混ぜ場所および練混ぜ方法（材料計量・使用機器・練置き時間）
⑧ 施工方法（施工個所別・一般部分・役物・使用機器）
⑨ 施工管理方法（各工程の所要量の確認方法，工程間隔時間・水比管理）
⑩ ひび割れ・浮き防止の対策（伸縮調整目地）
⑪ 施工中および施工後の養生方法（夏期の直射日光・通風・寒冷・材料の飛散防止）
⑫ 欠陥部分の検査方法および補修方法（浮き・下地コンクリートのジャンカーなど・足場つな

表 4.6.30 主な左官材料

	主な材料	規格または品質の確認方法
結合材	セメント	JIS R 5210（ポルトランドセメント） JIS R 5211（高炉セメント） JIS R 5212（シリカセメント） JIS R 5213（フライアッシュセメント）
	石膏プラスター	JIS A 6904（せっこうプラスター）
	ドロマイトプラスター	JIS A 6903（ドロマイトプラスター）
	消石灰	JIS A 6903（左官用消石灰）
	貝灰	試験成績書または信頼できる資料により品質を確認する
混和材料	左官用消石灰	JIS A 6903（左官用消石灰）
	ドロマイトプラスター	JIS A 6903（ドロマイトプラスター）
	フライアッシュ	JIS A 6201（コンクリート用フライアッシュ）
	高炉スラグ粉末	JIS A 6206（コンクリート用スラグ微粉末）
	ポゾラン，浅黄土，石灰石紛，ケイ石紛	試験成績書または信頼できる資料により品質を確認する
	ポリマーセメントモルタル，ポリマーセメントペースト用混和剤	JIS A 6203（セメント混和用ポリマーディスパージョンおよび再乳化形粉末樹脂）
	水溶性樹脂（メチルセルロースなど）	試験成績書または信頼できる資料により品質を確認する
	減水剤	JIS A 6204（コンクリート用化学混和剤）
骨材	砂	JASS 5（鉄筋コンクリート工事）
	砕砂	JIS A 5005（コンクリート用砕石および砕砂）
	スラグ細骨材	JIS A 5011（コンクリート用スラグ骨材）
	パーライト	JIS A 5007（パーライト）
	バーミキュライト	JIS A 5009（バーミキュライト）
	左官用軽量発泡骨材	試験成績書または信頼できる資料により品質を確認する
水	上水道水	水道法第4条「水質基準」
	上水道水以外の水	JIS A 5308（レディーミクストコンクリート）
既調合材料	ラス下地用既調合軽量セメントモルタル	JASS 15 M-102（既調合軽量セメントモルタルの品質規準）
	下地調整塗材	JIS A 6916（仕上塗材用下地調整塗材）
	既調合セメントモルタル，カラーセメント，かき落しリシン材，既調合石膏プラスター，既調合ドロマイトプラスター，既調合漆喰	試験成績書または信頼できる資料により品質を確認する
	セメントスタッコ，ローラー模様仕上塗材，軽量骨材仕上塗材	JIS A 6909（建築用仕上塗材）
	セルフレベリング材	JASS 15 M-103（セルフレベリング材の品質規準）
補助材料	吸水調整材 合成樹脂系シーラー	日本建築仕上学会「セメントモルタル塗り用吸水調整材の品質基準」

ぎ跡）
⑬ 関連工事との取合い（電気，機械，仮設）
⑭ 試験（モルタルの接着力試験方法）
⑮ その他（品質管理・品質記録）

d. 材　料

一般的な左官工事において使用される主な材料とその規格または品質の確認方法を表4.6.30に示す．

[田中愛輔]

文　献

1) 日本建築学会：建築工事標準仕様書・同解説，JASS 15（左官工事）(1998)

2) 新建築学体系編集委員会：新建築学体系 47. 仕上材料と施工，彰国社（1983）
3) 国土交通省大臣官房官庁営繕部監修：建築工事共通仕様書，平成 13 年版（2002）
4) 国土交通省大臣官房官庁営繕部監修：建築工事監理指針，平成 13 年版（下巻）（2002）

4.6.12 塗装工事
a. 概説

塗装は，被塗物の表面に色彩，光沢，模様，肌ざわり，凹凸など与える美装と，腐食，腐朽，汚染，火災，雨水，薬品など劣化外力から被塗物を保護することによって建築物の耐久性を向上させることが主な目的である．近年では，これらの目的に加えて，電導性を調整する機能，熱伝導を調整する機能，あるいは抗菌塗料など低汚染機能を目的とした塗料などが注目されている．

b. 施工計画・施工管理
1）施工計画

施工計画は，工程など関連工事との調整を行い，設計図書・仕様書などに基づいて施工計画書を作成する．塗装工事は，建築工事の中で最終工程に位置する場合が多く，工事の遅れなどによるしわ寄せを塗装工事が受けることのないよう，十分な工程管理を実施する必要がある．施工計画書の主な記載事項は以下のとおりである．

① 工程表（色見本の決定・個所別施工時期・先行工事および併行工事との取合いなど）
② 施工業者および作業の管理組織（メーカー・技能士）
③ 塗装個所および素地ごとの使用材料の種類
④ 色調別による塗装範囲
⑤ 工場および現場塗装の区分
⑥ 施工法（はけ・吹付け・ローラーなど）
⑦ 養生方法（施工中，完了後）および清掃
⑧ 材料の保管場所および保管方法
⑨ 検査要領および目標精度
⑩ 安全管理および諸規則

2）施工管理

塗装工事は，様々な部位に適用することができ，その素地は金属系，セメント系，せっこう系，木質系，

施工業者の決定	施工能力，有資格者数，施工実績，品質管理組織を把握する
施工計画	施工業者に施工要領書を作成させ，内容チェックと他工事との調整を行う．色見本は早期に作成し，工事監理者の承認を受ける
工程表	・前後の関連工事による素地の状態，乾燥などの施工条件により所要工数，日程を検討する ・外部足場解体順序や外構工事との関連も考慮する
色見本作成	・見本決定→材料発注→搬入の日数を把握する
工場塗装および現場塗装の区分	・工場塗装の方法，運搬取付け時の傷の補修方法 ・下塗りから上塗りまで同一メーカー品とする
材料検査	・規格を示すマーク，規格番号，規格名称などと数量について確認する
材料の保管	・材料保管の方法，関連法令と照合
素地ごしらえ	・素地別工法 ・鉄部，非鉄金属，コンクリート，ALC，モルタル，プラスター，ボード類木部の作業方法，手順を明確にする
防錆塗料	・防錆塗装の材料・工法について確認し，現場溶接部分の補修範囲・方法も明確にしておく
塗装および吹付け	・塗料の種類別，工法別に素地の乾燥程度，塗り厚，工程，手順，塗り置き時間などの検討をする ・塗装時の換気方法も検討する ・地下部または水回りの防かびについて検討する
工程検査	・1 つの工程が終了して次の工程へ移る前に，下地の状況，使用する塗装材料，塗装手段などについて検査を行う
養生	・施工中の養生方法 ・施工完了後の養生期間，方法を決める
仕上検査	・施工終了後における検査は，仮設，養生を除去しない段階で検査する ・色見本による比較検査を円滑に行うため，色見本は十分注意して保管しておく

図 4.6.40 施工計画と管理のポイント[5]

プラスチック系など多種にわたるため，素地調整と素地に適した塗装用材料および塗装方法の選択が重要となる．また，塗装用の材料には，油性系，天然樹脂系，合成樹脂系など多種多様な種類があり，塗装の目的に合った材料を適切に選択することも重要である．このような素地調整や材料選択のほか，施工環境，工程，建築物の立地条件などを考慮した施工管理を行って，初めて要求性能や品質レベルを確保することができる．この施工管理により，塗装工事を推進していくために最も重要な役割を占めるのが各段階での検査であり，図 4.6.40 に示すような材料検査，工程検査，仕上検査を導入することにより手戻りの少ない施工管理が可能となる．

c. 塗装材料の品質と調整

使用する塗装材料の品質は，原則として JIS の規定に適合するものとする．JIS 規格品以外または規格のないものについては，試験データなどを確認のうえ使用する．同じ工程に使用する塗装材料は，例えば，金属面の下塗りの錆止めペイントから上塗りの合成樹脂調合ペイントまで，同一メーカーの材料とすることが望ましい．

上塗りに使用する大量の塗料の調合を現場において行うことは困難であり，色や品質のバラツキを防止するためにもメーカーにおいて所定の調合を行うことを原則とする．2 成分形や 3 成分形の塗料の調合は，硬化不良防止のため正確に行い，混ぜ合わせは機械練りを原則とし，均質になるまで行う．シンナーによる調整は，素地面の粗密，吸水性の大小，気温の高低などに応じて適正な希釈割合の範囲内で行う．

d. 塗装材料の保管および取扱い

可燃性塗料および溶剤は専用の置場を設け，消防法，危険物取締条例および安衛法に関する諸規則による保管や取扱い方をしなければならない．消防法の規定は，塗装材料の成分によって種別と品名に分類され，指定数量が示されている．現場における保管は，指定数量以下の場合と指定数量以上でも短期間に限定される場合が多いが，関連法規に従って安全を確保しなければならない．

e. 施 工 環 境

塗膜形成のメカニズムは複雑であるが，塗膜の性能を十分に発揮させるためには，気温や湿度はもちろん，その他の気象条件が満足された施工環境であることが望ましい．塗装工事に適した気象条件を図 4.6.41 に示す．また，気象条件に起因する塗装欠陥を表 4.6.31 に示す．　　　　　　　　　[田中愛輔]

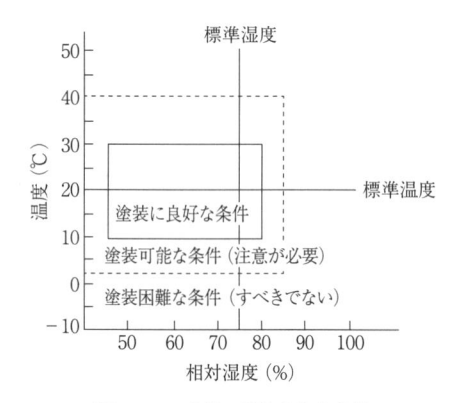

図 4.6.41　塗装に適した気象条件

表 4.6.31　気象条件に起因する塗装欠陥（JASS 18）

気象条件		塗装欠陥		備　考
気　象	条　件	塗装段階	塗　膜	
温　度	高　い	急速乾燥	ひび割れ	塗膜に対しては，各条件が単独に影響することは少なく，複合的に作用するため，塗膜の耐久性能を決定づける主な要因となる
	低　い	乾燥不良	変色・むら	
	結　露	塗膜ながれ 防錆効果低下	ふくれ	
湿　度	高　い	かぶり現象	ふくれ，はがれ，光沢低下	
	低　い	異常早期乾燥	ひび割れ	
風	強　風	異常早期乾燥，ダスト飛散，スプレーパターンくずれ	塗膜汚染，磨耗，硬化不良	
雨，雪	—	塗膜ながれ，防錆効果低下	ふくれ，はがれ	
大気汚染	海塩粒子	防錆効果不良，吸湿作用	塗膜異常	
	腐食ガス SO_2, H_2O_2, H_2S	防錆力不良		
日　光	—	異常早期乾燥	耐光性・耐久性低下	

文　献

1) 日本建築学会：建築工事標準仕様書・同解説，JASS 18（塗装工事），丸善（1980）
2) 新建築学体系編集委員会：新建築学体系 47. 仕上材料と施工，彰国社（1983）
3) 国土交通省大臣官房官庁営繕部監修：建築工事共通仕様書，平成 13 年版（2002）
4) 国土交通省大臣官房官庁営繕部監修：建築工事監理指針，平成 13 年版（下巻）（2002）
5) 彰国社編：特集 仕上げ工事現場管理マニュアル，建築の技術 施工，No. 384（1997）

4.6.13　内装工事

a.　概　　説

内装工事は，床，壁，天井の最終仕上げおよび作り付け家具や設備機器の設置を行う工事であり，建物の出来映えを決定するものである．また，室に要求される機能も美観，歩行感，さらに遮音，断熱，防火性能と多岐にわたる．施工管理にあたっては，室に応じた機能を満足することはもちろん，発注者や設計者の要求を把握し，適切な材料選択と品質管理を行って施工精度の高い仕上りとすることが重要である．工種も多いため，施工手順の検討や関連工事との調整など綿密な施工管理が求められる．

b.　施工計画

施工計画は，工程など関連工事との調整を行い，設計図書・仕様書などに基づいて施工計画書を作成する．施工計画書の主な記載事項は以下のとおりであるが，施工部位および仕上げ材料に応じて適宜選択して作成する．

① 工程表（材料の製作工程，室別・場所別の着工および完了の時期・関連工事工程）
② 製造所名，施工業者および管理組織（防炎表示者登録番号）
③ 使用材料（構成材料の品質，銘柄，色番，規格，防火性能）
④ 材料保管方法（消防法・安衛法との関連）
⑤ 材質，色調別に応じた施工個所
⑥ 取付け釘類，接着剤の種類（施工個所別）
⑦ 工法（室別・場所別，割付け，継目，見切り部分の納まり）
⑧ 施工環境（気温，湿度，結露，塵埃，臭気，騒音など）
⑨ 養生方法（塵埃，傷，汚れなどからの保護）
⑩ 作業のフロー，管理の項目・水準・方法，品質管理体制・管理責任者，品質記録文書の書式と管理方法など

c.　内装制限

建築基準法では，一定規模以上の特殊建築物，大規模な建築物，無窓居室や火気使用室を有する建築物などにおける火災の拡大防止，避難における安全性の確保などを目的として内装に制限を設けている．制限を受ける居室または廊下などの避難経路などの天井および壁を不燃材料，準不燃材料または難燃材料で仕上げることとされている．なお，内装制限の対象は壁と天井であって，床は制限を受けないが，消防法では防炎の規定がある．

しかし，平成 12 年 6 月に建築基準法の改正に伴って施行された避難安全検証法（建築基準法施行令 129 条および平 12 建告 1441 号，同 1442 号）に基づいて避難安全性を検証した場合は，内装制限の適用除外を受けることができる．ただし，避難安全検証法は，室の用途や面積，あるいは避難距離などに基づいて検証を行うため，間仕切り壁の位置や室の用途が変更された場合には，変更案が避難安全性を有することを再度，避難安全検証法によって確認する必要があるので注意を要する．

d.　スケルトン・インフィル住宅

近年，構造躯体（スケルトン）と住戸内の内装・設備部分（インフィル）を明確に分離し，将来の間取りの変更や設備機器の更新が容易に行える集合住宅（SI 住宅とも呼ばれる）の研究開発や実験的試みが数多く行われている．スケルトンは約 100 年の高耐久性を有し，インフィルは住まい手のライフスタイルの変化に応じて作り変えることができる長期耐用型の集合住宅の実現が期待されている．

SI 住宅では，特に給排水設備，電気設備，内装間仕切り壁の更新性や可変性の向上が重要となる．SI 住宅の開発は，官民諸機関において行われ，各々独自の特徴があるものの，基本的には主に以下の工構法が共通している．

① 給排水や電気，ガスなど供給配管配線を住戸内に引き込まず，共用部に集中配置する．
② 住戸内は二重床を採用し，床下空間内に給排水，給湯配管，換気ダクトを配置してフレキシビリティを確保する．
③ 電気配線を躯体に埋め込まず，床下配線または直天井配線とする．
④ 間仕切り壁は，可動型システムパネルとする．
⑤ 床は，システム床パネルとする．

このように SI 住宅は，生産システムが従来の集

表 4.6.32 住宅性能表示制度で濃度表示の対象となる特定測定物質の室内濃度指針値

化学物質名	濃度指針値（$\mu g/m^3$）	気中濃度 25℃換算	主な材料
① ホルムアルデヒド	100	0.08 ppm	合板・パーティクルボード・MDF・複合フローリングに使用される接着剤・壁紙用接着剤に用いられる尿素系，メラミン系，フェノール系などの合成樹脂，接着剤・壁紙用澱粉系接着剤・木製家具の接着剤・一部ののりなどの防腐剤
② トルエン	260	0.07 ppm	内装材などの施工用接着剤・塗料の溶剤，希釈剤など
③ キシレン	870	0.20 ppm	内装材などの施工用接着剤・塗料の溶剤，希釈剤など
④ エチルベンゼン	3,800	0.88 ppm	内装材などの施工用接着剤・塗料の溶剤，希釈剤など
⑤ スチレン	220	0.05 ppm	ポリスチレン樹脂，合成ゴム，ポリエステル樹脂，ABS樹脂，合成樹脂塗料などに含まれ，これらを使用した断熱材，浴室ユニット，家具など

表 4.6.33 建築建材のホルムアルデヒド発散量の区分と規制

建築材料の区分	ホルムアルデヒドの発散		JIS, JAS などの表示記号	内装仕上げの制限
建築基準法の規制対象外	少ない ↑ ↓ 多い	放散速度 $5\ \mu g/m^2 \cdot h$ 以下	F ☆☆☆☆	制限なしに使える
第3種ホルムアルデヒド発散建築材料		$5\ \mu g/m^2 \cdot h \sim 20\ \mu g/m^2 \cdot h$	F ☆☆☆	使用面積が制限される
第2種ホルムアルデヒド発散建築材料		$20\ \mu g/m^2 \cdot h \sim 120\ \mu g/m^2 \cdot h$	F ☆☆	
第1種ホルムアルデヒド発散建築材料		$120\ \mu g/m^2 \cdot h$ 超	F ☆（旧 E2，FC2）または表示なし	使用禁止

合住宅と大きく異なる点が多い．したがって，生産システムに対応した生産組織，施工管理体制，品質管理体制が求められる．

e. 室内空気環境

近年，新築や増改築後の建物において，建築材料などから発散するホルムアルデヒドなどの化学物質により，頭痛，目まい，吐き気，目・鼻・咽喉の痛みなどの症状が生じる，いわゆる「シックハウス症候群」が問題となっている．原因とされる化学物質とは揮発性有機化合物（Volatile Organic Compounds：VOC）などであり，厚生労働省では14種の室内化学物質に関する濃度指針値を発表している．その中でもホルムアルデヒド，トルエン，キシレン，エチルベンゼン，スチレンの5物質は，品確法に基づく住宅性能表示制度で濃度表示の対象となる特定測定物質となっている．表 4.6.32 にこれら VOC に関する濃度指針値および VOC が含まれている主な材料を示す．

平成15年の改正建築基準法では，シックハウス対策としてホルムアルデヒドを含む建材の使用が制限されることになった．木質系建材については，表4.6.33 のように，日本農林規格（JAS）と日本工業規格（JIS）でホルムアルデヒドの放出量に応じた区分が改正され，放出量によって使用制限や使用禁止が決められている．また，防蟻材に使われるクロ

表 4.6.34 品確法に基づく住宅性能表示制度の改正

改正前	改正後
	等級3（F ☆☆☆☆相当）
等級4（E0・FC0）	等級2（第3種建材・F ☆☆☆相当）
等級3（E1・FC1）	等級1（第2種建材・F ☆☆相当）
等級2（E2・FC2）	×（廃止・使用禁止）
等級1（その他）	×（廃止・使用禁止）

ルピリホスの使用が制限された．

VOC発生の抑制対策としては，VOCの発生が少ない建材を使用することが基本である．その他の対策としては，換気を十分に行うことや，VOCの発生を抑制するコーティングを施した材料，あるいはVOCを吸収分解するような材料を使用することなどが有効である．

［田中愛輔］

文　献

1) 日本建築学会：建築工事標準仕様書・同解説，JASS 26（内装工事）丸善（1991）
2) 国土交通省大臣官房官庁営繕部監修：建築工事監理指針，平成13年版（下巻）（2002）
3) 建築技術，No.587，建築技術（1999）

4.7 設備工事

現在，建築設備の多くが飛躍的な進歩を遂げている．建築設備の方式は，顧客の使用勝手，イニシャルコスト，ランニングコストに大きく影響するので，その選択には最新の方式を含めた十分な検討が必要となる．このことは計画，設計，施工のどの時点においても常に留意すべきである．

本節では，一般的に設備工事として分類される電気設備，給排水衛生設備，空気調和設備の各工事について，施工の手順および留意点を中心に述べ，特に最新の設備については，各項の中で詳しく説明していく．

4.7.1 施工計画手順

各設備工事に共通する施工計画の手順は，おおむね以下のとおりである．
① 営業引継ぎ会の開催（受注条件・顧客ニーズの確認）
② 現地確認
③ 設計図書と見積書の確認
④ 設計図書と副本の確認
⑤ 設備設計の計算書確認（特に電気はインバーター機器などに注意）
⑥ 設備設計図と意匠図，構造図，昇降機図などの図書確認
⑦ 建築，設備，安全総合検討会の開催
⑧ 設備工事着工前総合検討会の開催（①～⑥によって明らかとなった不具合の是正方法，法的申請項目の確認など）
⑨ 総合図の作成
⑩ 総合図による総合検討会の開催
⑪ 提出書類の作成（会社組織図，現場組織図，代人届，メーカーリスト，色承認リスト，安全書類および資格の写し，設備工程表，施工図作成リスト，機器製作承認リスト，機器製作および搬入工程，工場検査立会リスト，ストックヤード要望図，施工図，機器承認図，法的申請書類，竣工図，竣工施工図および引渡し書類）

なお，全体工程表には大物機器搬入日，受電日，試運転調整，消防検査，建築確認検査，開発検査，保健所検査，設計検査，顧客検査などの予定日を記入しておく．

また，上記提出書類のほかに，竣工後メンテナンス契約が必要な項目に対する企業紹介および金額の一覧表，竣工後および長期休暇時の緊急連絡先一覧表などが求められることが多い（顧客，ゼネコン，設備専門会社が各々所持保管）．

4.7.2 電気設備工事

電気設備工事に含まれる主な項目は以下のとおりである．
① 引込み設備工事
② 受変電設備工事
③ 幹線動力設備工事
④ 照明器具設備工事
⑤ 電話設備工事
⑥ 放送設備工事
⑦ テレビ共聴設備工事
⑧ 自動火災報知設備工事
⑨ 発電機設備工事
⑩ 避雷針設備工事（建築工事に含まれることもある）

a. 引込み設備工事

市中の配電線より自家用変電室（設備）に電力を引き込む工事が，引込み設備工事である．

工事に先立ち受電内容を確認して，必要な届出を行わなければならない．

① 受電電圧が 10,000 V 以上となる場合は，着工 30 日前までに経済産業省へ工事計画届出書を提出する．
② 受電容量 500 kW 以上または重油換算で 50 l/h 以上の非常用予備発電がある場合は，着工 30 日前までに経済産業省へ工事計画届出書を提出する．

また，引込み地点は必ず事前調査して，地盤の状態，ハンドホールの納まりなどを確認する．

① 地盤が軟弱な場合は，埋設配管，ケーブル敷設の施工要領書を作成して，設計事務所の承認を受ける．なお，配管の埋設深さは，直埋設の場合，車両などの重量物の圧力を受けるおそれのある場合 1.2 m 以上，上記以外の場合 0.6 m 以上にする必要がある．管路式の場合は，車両などの重量物圧力に耐えることができるようにすること（管路に入れても 0.3 m 以上の土冠りをとること）．
② 図 4.7.1，図 4.7.2 に示すようなハンドホールや地中梁貫通部については，詳細図，施工要領書を作成し，設計事務所の承認を受ける．

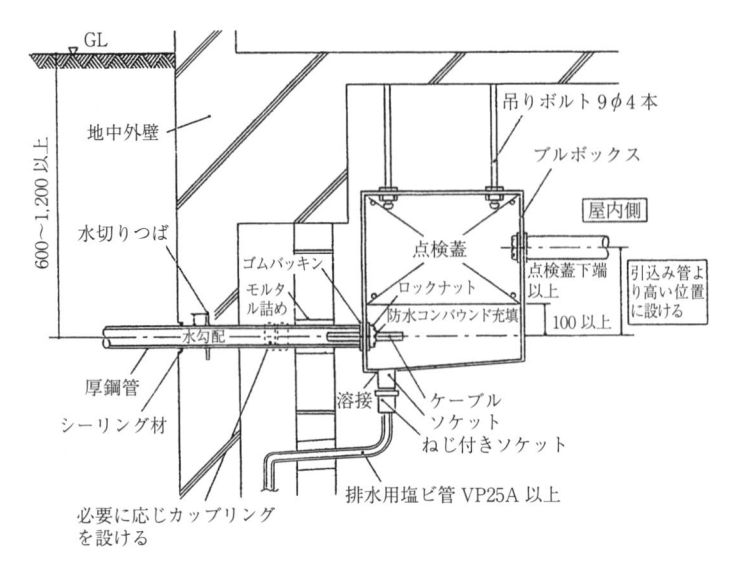

図 4.7.1 ハンドホール埋設図（直埋込みの場合）

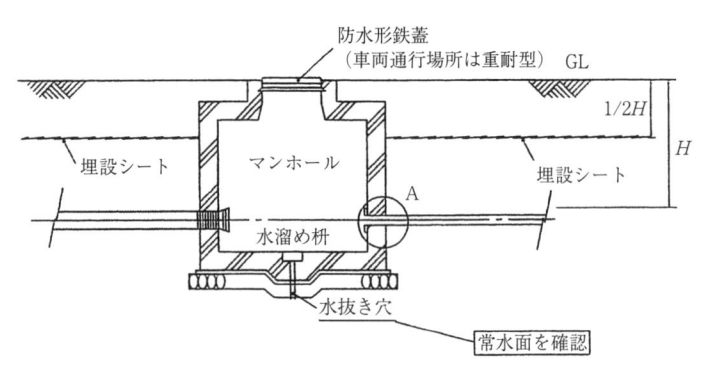

図 4.7.2 引込み配管と地中壁防水処理図

工事着手前には，作業所打合せで各職種に工事内容を図示し，工事日時，使用重機，雨天順延などを連絡する．

b. 受変電設備工事

自家用受変電設備（またはキュービクル）において，引き込み線からの高圧電力を低圧に変え，これを建物側に供給できるようにするのが受変電設備工事である．

キュービクルの設置場所は，屋上，建物周囲の敷地の場合，建物内や地下の受変電室の場合と様々である．

建物内に設置する場合は，2次側幹線の切り回しを考えても，建物中央部に設置するのが良い．ただし，建物中央部にはタワークレーンを設置するケースがあり，この場合タワークレーン撤去後のだめ孔ふさぎおよび止水作業まで完了しないと，受変電室内の建築工事，電気工事ができないことになり，高圧や特別高圧を受電する時期に大きく影響する．したがって，電気設備担当者と建築仮設担当者との早期のすり合わせが必要である．

そのほか，受変電設備に関しては以下の事項に留意する．

① キュービクルへの配線は，屋上防水を貫通せずにハト小屋やペントハウス外壁面を貫通させて敷設する．

② キュービクルには，小動物や雨が入らないように底板を設け，換気口には防虫網などを取り付ける．また，計器メーター用の点検台を設ける．

③ オイルトランスを使用する場合は，防油堤について消防との打合せが必要である．

④ 高圧受電設備がキュービクルの場合，金属箱

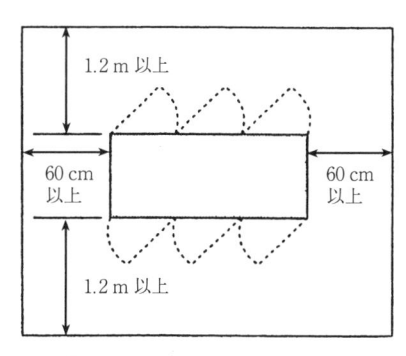

図 4.7.3 キュービクルの保有距離

の周囲との保有距離，またはほかの造営物もしくは工作物との離隔距離は，図4.7.3の範囲とする．
⑤ 受電室またはキュービクルに至る通路は，保守上の安全が容易に確保できる構造および状態とする（点検者の安全）．
⑥ 受電室またはキュービクルを高所の開放された場所に設置する場合は，周囲の保有距離が3mを超える場合を除き，高さ1.1m以上の柵を設けるなどの墜落防止措置を施す（点検者の安全）．

受変電設備の工場検査では，電気監理者および電気主任技術者が同行の上，以下の確認を行う．
① 耐圧試験，形状材質，受変電機器の容量や取付け方，換気口，底板，色などの仕様（承認図と照合）．
② 搬入工程，搬入方法および運搬経路，運搬会社，運転手名，免許証の写しを事前にメーカーより取り寄せる（大物機器搬入時は共通）．
③ 特殊な地域で塩害対策や温泉硫黄分などの腐食対策が施されているか．
④ 消火設備や消防からの機械排煙の指導を受けて専用受電回路を装備している場合は消防認定のキュービクルを採用して，専用受電のブレーカーの区画がされているかを確認すること（図書チェック時，製作承認図チェック時，工場検査時，搬入時）．

受変電設備の搬入時には，承認図との整合および工場検査での指摘事項が遵守されているかを確認する（工事写真撮影）．

設置時には，実際に周囲との保有距離が確保されていることを確認する．必要な消火器の配置確認も行うこと．

c. 幹線動力設備工事

自家用受変電設備の配電盤より，低圧電力を各動力盤および分電盤に供給するのが幹線動力設備工事である．

幹線動力設備工事の一般的な留意事項は以下のとおりである．
① 電気技術基準，内線規定および特記仕様の遵守．
② インバーター空調機器などの必要アンペア数確認（設備担当者との打合せ）．
③ 幹線のルートや電気室は電子機器などの磁気が影響する所を通さない．
④ 配管やダクトなどの吊り支持間隔の遵守．
⑤ 盤承認図，工場検査指摘内容と現地搬入盤の照合を行う（工事写真撮影）．
⑥ 電気ケーブルは水配管の上部に設置する．
⑦ 電気配線はねん架を行い，磁気発生の抑制をする．
⑧ 漏電チェック，絶縁抵抗の実施．

動力盤，分電盤は，使用者が直接操作するため，特に安全上の措置が重要であり，以下の事項について確認する必要がある．
① 盤内の必要な個所に漏電ブレーカーが設けられているか，不要な所に取り付けられていないかを見直す（図書チェック時，現場設置時）．
② 盤内の各回線名称と回路は正しくつながっているか．
③ 盤の扉は90度以上開くか．
④ 盤上部に水配管が通っていないか．
⑤ 背の高い盤には転倒防止用の支持金物が取り付けられているか（耐震）．
⑥ 床洗いをする個所，機器や配管から水が漏れるおそれのある個所にはコンクリート基礎を設けているか（濡れ床と盤の区分）．
⑦ 主幹ブレーカー，分岐ブレーカーなどの漏電ブレーカー感度電流値は調整して保護協調が取られているか（図書チェック時，現場設置時）．
⑧ 電気技術基準を守ってアースが設置されているか．

幹線のケーブルサイズは，ケーブル長さと分岐ブレーカーまでの距離で決められる（電気技術基準）．幹線を敷設する際は以下の事項に留意する．
① スラブ埋め込み配管は2段重ねまでとし，コンクリート被り厚は30mm以上確保する．
② 金属管は防火区画両側に1m以上突き出す．

③ 貫通部処理工法を採用する場合は，国土交通大臣認定品または認定工法を使用し，防火区画貫通部措置工法完了標識を張る．
④ 間仕切り壁のボックスは背中合せに取り付けない．
⑤ 二重天井内の電線管支持間隔は2m以下，PF管は1.5m以下，ケーブル支持間隔は2m以下とする．
⑥ 低圧配線，弱電配線，金属製水配管，空調ダクト，ガス管などを直接接触させない．
⑦ 軽量間仕切りに取り付けるボックス，配管は支持金具で堅固に固定する．
⑧ 外壁に取り付ける埋込みボックスは断熱仕様とする．
⑨ 屋上スラブには埋込み配管配線をしない（防水破断の防止）．

d. 照明器具設備工事

室内および外構に取り付ける照明設備や，法的に定められている非常照明・誘導灯を取り付けるのが照明器具設備工事である．

通常，照明器具は各室の用途に合った照度で設計されるが，例えば倉庫などについてはその使われ方を再確認して，詳細な文字を読むことが予想される場合は500ルクス程度まで照度を上げる必要がある．

照明器具の重量が1.5kg以上の場合は，インサートやメカニカルアンカーで直接躯体より吊り下げる形式とする．また，シャンデリアなど特に重量の大きい照明器具の場合は，吊りフックなどの強度計算が必要である．

そのほか，照明器具設備工事では以下の点に留意する．

① 搬入した照明器具は，鍵のかかる部屋に保管する．
② 天井内で照明器具の上に断熱材を敷く場合は，その条件に見合った仕様の照明器具を取り付ける．
③ 白熱灯やクリプトン球などを取り付ける場合は，可燃物より300mm以上（各メーカーのカタログ離隔距離参照）の離隔をとる．特にミニクリプトン球は焦点距離が25mmであり，天井かまち寸法に近いため，開き木扉の開閉範囲に入らないように配置する（総合図でチェックする）．
④ 間接照明，吹抜け部の照明などは，器具の交換ができることを確認する．
⑤ 屋外または湿気・水気のある場所の照明，コンセント分岐回路には必ず漏電ブレーカーを取り付ける．
⑥ 照明回路の確認，照明のスイッチとゾーンの確認，3路スイッチや4路スイッチの必要がないかの確認を行う（図書チェック時）．
⑦ タイマーや屋外照度感知による照明の点灯方式とゾーンを確認する．

なお，最近は省エネ効果の高いHfタイプの照明器具が一般的に使用されるようになった．また，人感センサーによる点滅方式やタスクアンドアンビエント方式など，さらなる省エネ効果を目指した方式も多用されている．

e. そ の 他

電気設備工事に関するその他の留意事項を以下に列記する．

① 建築物近くに送電線（特高7,000V以上）や配電線（高圧600V以上）がある場合，電界，磁気が室内の弱電機器に影響を及ぼさないか事前確認する．
② テレビの電波障害が発生しないか事前調査する（図面の特記仕様に測定時期，ポイントが指定されている場合はそれに従う）．
③ 非常照明は建築基準法に基づき設置する（発電機起動時間は10秒以内）．ただし，ほかの建築基準法に基づく非常電源への速やかな切替えは，一般的には10秒起動と読み替えている（ただし，充電機器を備えている場合は10秒以上でも良い）．
④ 消防設備用の非常用発電機起動時間は40秒以内である．
⑤ アンテナ，避雷針などの風圧計算は，一般的には最大風速60m/secで設定されているが，60m以上の高層，沖縄近辺などの強風地域では80m/sec以上で計算するのが望ましい（設計者と協議すること）．
⑥ 雷保護システムの受雷部の材質最小寸法は，銅35 mm^2，アルミニウム70 mm^2，鉄50 mm^2である．
⑦ 特に重要な機器については，耐雷トランスを設ける．
⑧ 常用発電機を設ける場合は，独立基礎を設け，建築物から縁を切る．また，煙突は居室や客室など，騒音を嫌う場所を避けて設置する．

⑨ 電気室，EPS，エレベーターの近くにはパソコンなどの配置は避ける．

なお，今後は落雷に対する考え方など，IEC の考え方を導入することも考えられ，施工者といえども，常に電気技術基準や建築基準法の新しい情報を察知して提案することも重要な役目と思われる．

また，今後は IT 技術の発達に対応して，電磁波シールド，磁気シールド，またはそれらの吸収においても最新技術を取り入れた提案が有効となろう．

4.7.3 給排水衛生設備工事

給排水衛生設備工事に含まれる主な項目は以下のとおりである．

① 給水設備工事
② 給湯設備工事
③ 排水設備工事
④ 衛生器具設備工事
⑤ 消火設備工事
⑥ 厨房設備工事（器具は建築工事に含まれることもある）
⑦ 浄化槽設備工事（下水が完備されていない場合）
⑧ 外構工事

a. 給水設備工事

建物内に上水（飲料水）を供給するための工事が，給水設備工事である．

給水設備は従来，高架水槽方式，加圧給水ポンプ方式，直結方式が主流であったが，最近は図 4.7.4 に示すような水道直結増圧方式が新たに加わった．

水道直結増圧方式は，以下の特徴がある．

① 水槽が不要なため設置スペースが小さくて済む．
② ポンプユニットの騒音が小さい．
③ 水槽方式よりも衛生的である．
④ 加圧ポンプ方式よりもポンプ揚程が低く抑えられるのでランニングコストおよび省エネでも有利である．

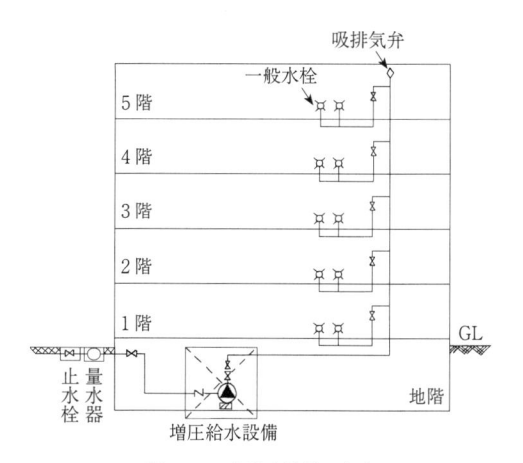

水道直結増圧方式は，大口径のものも出てきており，設計段階の水道局事前協議書を確認することが重要である．高架水槽との組合せにより可能となる場合もあるので，VE 提案としても有効である．ただし，現状では各地方自治体により取扱いに違いもあるため，所轄の水道局の条例や指導を確認しておく必要がある．

また，毒物を取り扱う建物，仮設用給水などは水道直結増圧方式を認めていない．

高架水槽方式とする場合は，最上階の機器の最低必要圧力を確保できるように水槽の高さ（一般的には機器高さ＋10 m 程度）を設定する．なお，水槽の下端が設置スラブより 2 m 以上となる場合は，幅 600 mm 以上の手すり付き点検台を設ける必要がある．

加圧ポンプ方式は，最近は小型で騒音も小さくなっているが，近隣に対して騒音が問題となる可能性があれば，消音カバーを取り付ける．また，共同住宅などで減圧弁を設ける場合，加圧ポンプの全静圧に耐えられる構造とする（一般的には室内側圧力は 0.2～0.3 MPa が多いが，減圧弁そのものの耐圧上限として 1 次側圧力を確認しない場合が多い）．特に高層建物では注意が必要である．

そのほか，水槽を設ける場合は以下の事項に留意する．

① 事前に水槽の搬入方法（経路，開口，階段など）を確認しておく．
② 塩害の可能性がある場合は，ステンレスや亜鉛どぶづけなどの塩害対策金物を用いる．
③ 室内水槽室の場合は，釜場および排水ポンプを設置し，水位警報が出せるようにする．
④ 水槽内の電極棒の長さとオーバーフローレベルを確認する．
⑤ 室内受水層は点検のための空間寸法が決められている（側面下端 600 mm，上面 1,000 mm）が，ビル管理法によっては上面 1,500 mm 以上の点検空間を指示されることがある（受水槽上板よりの寸法）．
⑥ 寒冷地においては凍結防止対策（水抜き栓，

図 4.7.4 水道直結増圧方式

不凍コマ，ヒーターなど）を確認する．

b. 給湯設備工事

上水を昇温して温水として建物内に供給するための工事が，給湯設備工事である．

給湯配管については，特に継手溶接が重要となる．

① 管材がM銅管の場合は，300～400℃程度までバーナーで昇温（緑色の炎）した段階で，バーナーを当てた反対側（温度が比較的に低い側）から一気に軟ろうを差し込み，ろう付けする．

② ステンレス鋼管の溶接は，ステンレス鋼管溶接資格者が行う．特に不活性ガス（アルゴン，窒素ガス）によるバックシールドは必ず行う．

ボイラー室内は極端な負圧，極端な正圧でも不着火の原因となるため，ボイラー排気分に見合う給気を確保する必要がある．給油タンク，サービスタンクについては，消防局の検査が義務づけられているが，防油堤や配管についても消防局の指導を受けるようにする．

c. 排水設備工事

汚水・雑排水を浄化槽または下水道に流すための工事が，排水設備工事である．排水横引き管の設置では，以下の事項に留意する．

① 排水口径と勾配より流量を確認する（クッターまたはマニングの公式．0.6～1.2 m/secが適正流速）．

② 土間下配管は避け，ピット配管とする．

③ エキスパンションジョイント部分にはフレキシブルジョイントを設ける．

④ 排水縦管の設置では，以下の事項に留意する．

・極力オフセットをとらない（とる場合はオフセット用の通気管を設ける）．

・6 mごとに点検口を設ける（排水掃除口点検可能な位置に設ける）．

・単管継手方式とした場合は，床スラブとのレベル納まりを確認する．

・騒音を嫌う室には極力通さない（通す場合は遮音壁を取り付ける）．

・ドルゴ通気弁などは負圧になる個所に取り付け，点検口を設ける．屋外の場合は紫外線や粉塵による劣化を防ぐ措置を講ずる．

・雨水管は極力室内を通さないようにするが，やむを得ず室内を通すときは保温処理を施す．

・なお，建物の2階以上の排水と1階の排水は原則として別系統となるようにする（1階排水の上階排水圧力による逆流防止）．

d. そ の 他

［厨房設備］　以下の事項に留意する．

① 厨房設備機器の搬入ルート，搬入方法は早めに確認する．

② 厨房設備機器はSUS 430（標準）とSUS 304（高級）の区別を明確に確認しておく．

③ 厨房内の各機器とコンセントや給排水，給湯，ガスの取付け位置の整合を確認しておく．

④ グリストラップは衛生上極力，屋外に設ける．

⑤ 大規模な厨房の場合，冷蔵庫・冷凍庫の故障警報は常時人のいる場所に伝わること．

⑥ オゾン水を使用する場合は，オゾン水カランであることを明記する．

⑦ 厨房内配管は，後日のメンテナンスを容易にするため，極力天井回しの露出立下り配管とする．

⑧ 31 m以上の厨房ガス使用時には，フード内局所粉末消火設備を設ける．

⑨ 350 kW以上の火気を使用部分で面積200 m^{2}以上の場合は，固定式粉末消火設備などが必要となる．

［浄化槽］　以下の事項に留意する．

① 浄化槽通気管が埋設配管の場合は，途中が垂れ下がらないように転圧などの敷設方法に注意する．

② 地中埋設浄化槽の場合は，上部に駐車場など点検に不都合が生じる施設を設けていないか確認する．

③ 浄化槽マンホールは容易に開かないように鍵付きとし，土などが入りにくいように周囲はアスファルトや芝などとする．

④ 近くには浄化槽洗浄用の給水栓を取り付ける．

⑤ 浄化槽の警報は人が常時いる場所に届くようにする．

⑥ 浄化槽のブロアーポンプの騒音を考慮して，その設置位置や構造を決める．

4.7.4　空気調和設備工事

空気調和設備工事に含まれる主な項目は以下のとおりである．

① 空気調和設備工事

② 換気設備工事

③ 排煙設備工事

④　ビル管理設備工事

a. 空気調和設備工事

居室内を快適な状態に保つため，冷暖房，加除湿，粉塵処理を行うための工事が，空気調和設備工事である．

空気調和機（エアーハンドリングユニット）とは，ファン，コイル，加湿機，フィルター，ダンパーが一体になったものであり，熱原機からの冷温水や冷媒により温度調節すると同時に，加湿制御，除湿制御，風量制御，外気導入制御など緻密な制御ができるようになっている．

室内子機としては，床置き型，天井カセット型，天井埋込み型（ダクトおよび制気口，天井点検口が必要）がある．

現在，建物用途に応じて各種の空気調和方式が用いられている．

空冷ヒートポンプ方式，インバーター方式の留意点は以下のとおりである．

① 親機と子機の取付け方により，また外気温度が39℃程度になったときに，定格以上の電流値を要求するので，メーカー資料にて確認し，対応できるトランス容量を確保する．
② 親機の基礎は下駄基礎として，その上に平架台，防振架台を載せる（ドレン排水，下階への防振措置のため）．

その他の冷暖房方式として，吸収式冷温水器を用いた冷温水による冷暖房（冷却塔が必要），ガスヒートポンプによる冷暖房方式などが一般的に使用されている．

空気調和設備工事に関しては，以下の点に留意する必要がある．

① 吐水口空間がとれていない機種に加湿器を取り付けるときは，原則として給水縦管からの分岐部分にバキュームブレーカーを取り付ける．
② ダクトに消音内張りなどを行う場合は，真菌，細菌の発生を予防するためドライスチーム（蒸気加湿方式）で行うのが望ましい．
③ 室内子機の位置は，室温に大きな開きが出ない場所であることを総合図で確認する．
④ 子機からの吹出しについて，人体への風速は0.18～0.2 m/sec程度，室温（冷房時26℃，暖房時22℃），相対湿度50％前後が理想的である．床吹出し方式や，低温吹出し方式，輻射熱方式など多種の方式が出ているので，最適なものを選択する（初期の段階でのLCC試算と快適度に留意する）．
⑤ 冷媒管は結露しやすいため，防露対策が仕様書に合致しているかを施工要領書で入念に確認する．
⑥ 親機を大きくすると騒音値が上がるため，適正な騒音値のものを分割して選定する．
⑦ 空調機ドレンは雨水管に接続しない．
⑧ 空調機方式は成績係数（COP）の高いものを選定する．
⑨ ガスヒートポンプ（GHP）の選定は，地方都市のガス料金を確認して，LCC的な見方より不利な場合は冷暖房方式を見直す．
⑩ 蓄熱方式により，ピークカットおよび深夜電気料金によるコスト低減も検討してみる．
⑪ 厨房内の冷暖房は自然給排気方式，局所冷暖房方式，全体冷暖房方式とあるが，どれを選定してあるときも，その主旨を設計事務所に確認する．

b. 換気設備工事

室内の汚れた空気を新鮮な外気と入れ換えるための工事が，換気設備工事である．

換気設備は，各室の用途・大きさに適した方式を個別に採用するのが原則である．例えば，トイレは第3種換気（排気のみ機械排気），厨房は第1種換気（給排気共に機械排気）で−5％程度の負圧とするのが一般的である．ただし，小規模な厨房では第3種換気でも問題ない．

換気設備工事では以下の点に留意する．

① 厨房の給気口は，風が直接料理や人に当たらない位置に取り付ける．
② 排気については，建築基準法上のフードを遵守したときは $20 KQ$，その他のフードを取り付けたときは $30 KQ$，フードなしとしたときは $40 KQ$ とできる（K：理論排気量，Q：燃焼器具の燃料消費量）．
③ フードにはグリスフィルターを設ける．
④ ビル管法に該当する場合やクリーンルームなどは，各室に適合したフィルターを設ける．
⑤ 換気ガラリに防虫網などを取り付ける場合は，その掃除方法も考慮しておく．
⑥ 建築基準法より，居室換気は $V=20A_f/N$ 以上を確保しているか確認する（A_f：居室床面積$-20a$，N：1人当たりの占有面積．また a は換気に有効な窓などがある場合の面積）．
⑦ 給気ガラリと排気ガラリは近づけない

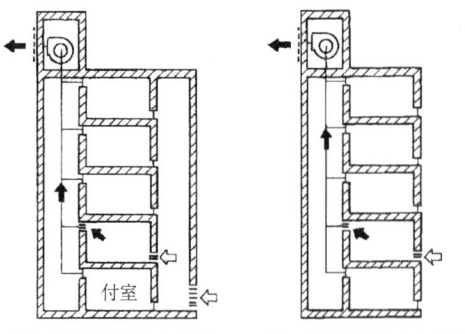

(a) 下部外気取入れ方式　　(b) 各階外気取入れ方式

図4.7.5　機械排煙方式

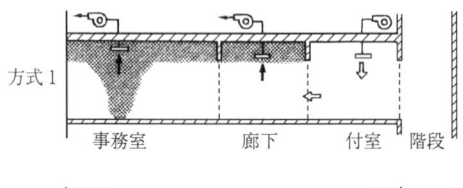

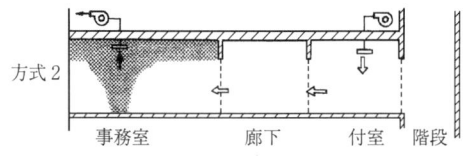

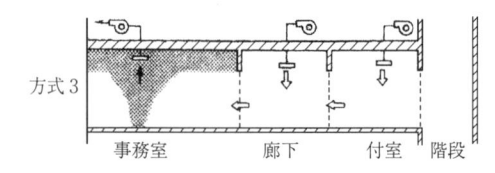

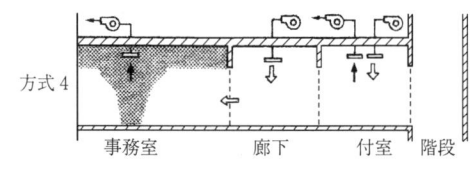

図4.7.6　付室加圧防煙システム

(ショートサーキットの防止).

⑧　給気ガラリや窓は排水通気孔に近づけない（衛生上の対策）．

⑨　ガラリや開口部は屋外避難階段から3m以内には設けない（法的規制）．

c. 排煙設備工事

火災時の避難を助けるために煙を排除するための工事が，排煙設備工事である．

排煙方式は密閉防煙，自然排煙，機械排煙，遮煙，蓄煙などに分けられる．従来は機械排煙方式（図4.7.5）が多かったが，最近注目されているのが遮煙方式の1つである付室加圧防煙システム（図4.7.6）である．

従来の方式では，排煙時に発生する負圧に対して給気が不足した場合，避難扉が開かなくなるおそれがあったが，付室加圧防煙システムでは，避難方向から新鮮な加圧空気が入るために，こうした心配がない．

d. ビル管理設備工事

ビル内の設備機器の稼働状況を確認，制御するための工事が，ビル管理設備工事である．

最近では防災・防犯設備を中心に，複数ビルの設備機器をネットワーク管理する群管理方式も現れ，各機器に対する自動制御技術とともに，今後の増加が見込まれる．

また，管理機器の小型化も進み，大きな容量があるノートパソコンの出現で，どこでも簡単に管理状況を把握できるようになったことは飛躍的な進歩であり，今後この分野はIT技術とともにさらなる発展が期待される．

施工側では，その管理点の必要性を検討して，設計事務所，顧客との確認や調整完了時点での正常な信号（主要機器の運転状況，異常警報，緊急遮断，室内外温湿度測定，防犯，火災など）の確認業務がある．

[清水進市]

文　　献

1) 空気調和衛生工学会：空気調和衛生工学便覧　第13版，(社)空気調和衛生工学会 (2003)
2) 現場施工応援する会（編）：設備工事（建築携帯ブック）水道直結増圧方式導入地域一覧表，(株)テラルキョクトウ

4.8　維持保全・改修工事

4.8.1　維　持　保　全

a. 耐　久　性　能

建築物は，竣工直後から様々な劣化作用を受けて，時間とともにその性能や機能が低下していくが，そのような劣化に対する抵抗性を発揮する能力を耐久性能という．

建築物は新築の設計時に，あらかじめ建築物に与えられた条件や要求を考慮して，目標耐用年数と耐久計画を定め，建築物の全ライフサイクルを通じて，確実に生産され，維持される必要がある．また，建築物の社会的価値やデザインなど時代によって変化

し陳腐化していないか，竣工後の建築物の維持保全計画が，発注者・管理者・施工者などで継続的に協議される必要がある．

既存の建築物のうち，新築時に耐久計画が立案されていない場合は，対象建築物の劣化診断を行い，性能や機能が経過年数によってどの程度劣化しているかを調査する．その診断結果と，今後の建築物の利用計画を考慮して，改修のために必要な仕様と経費を推定するとともに，必要な保全計画を策定してその建築物の耐久計画とする．

b. 劣化現象

建築物は，長期にわたって使用者の安全を確保し，衛生環境を保持しながら建物用途に応じた効用を提供しているが，一方では，建築物の性能や機能は，外的，内的な各種の劣化要因のため年々その性能・機能が低下していく．このように，長い期間にわたって少しずつ性能・機能を低下させていく要因を，一般に劣化外力という．

劣化外力には，主として気象条件をはじめとする外的な要因による外力と，建物内部の使用状況による内部劣化要因の外力とがある．

外部劣化要因は，各種の自然現象をはじめ，物理的，生物的，化学的な数多くの要因と，それらが相互に組み合わさることによる要因によって，複雑な劣化外力が発生し，建築物を劣化させていく．内部劣化要因は，建築物や空間などの使用によって生ずる多くの劣化要因や生物的・化学的な要因によって多様化し，劣化となって建築物を内部から劣化させていく．

これらの劣化外力は，建築物や部位・部材・材料の種類，方位，形状，位置，色彩などのほか，施工の方法によっても相違することが多いので，劣化外力によって性能・機能が低下した状態を調べ，部材・部位，または材料ごとに現れる劣化現象の程度を調べて，これを改修設計に反映する．

劣化現象は，目視，触手，打撃など直接的な方法で調査するほか，振動や超音波などを用いたり，赤外線を活用したりして間接的な方法で現象を調査しているが，1つの方法だけでなく，できるだけ複数の方法を組み合わせて劣化現象を把握するとともに，調査対象部位の過去の修繕履歴や部位の特徴なども併せ考えて，総合的に劣化現象を調査することが必要である．

劣化がどの程度になったならば耐用年数に達したと判定するかは，1品受注生産であり，環境条件が1棟ごとに相違する建築物に対しては一定していない．ただし一般的には，その建築物の機能・性能が劣化によって低下して，許容できる限界を超え，か

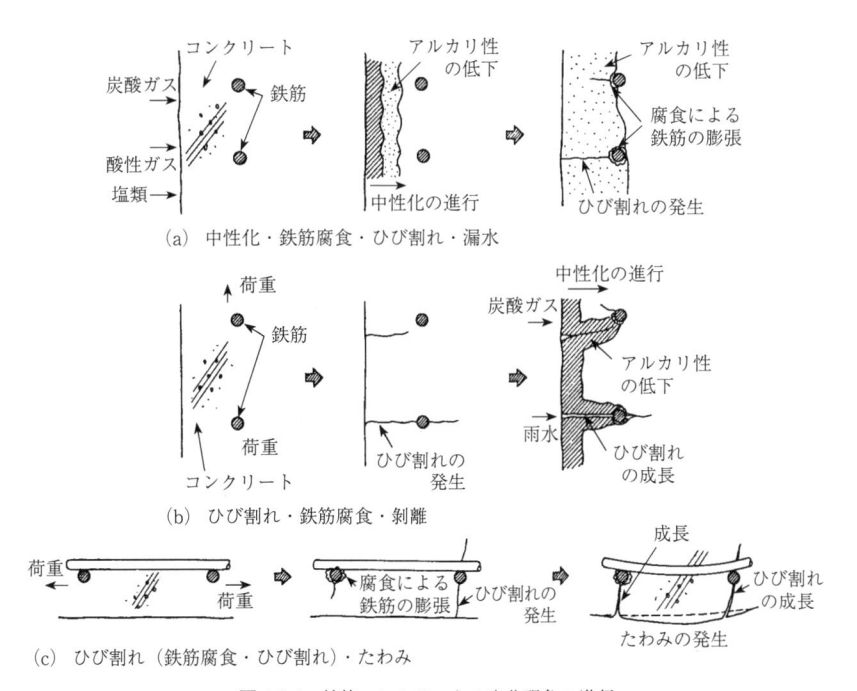

(a) 中性化・鉄筋腐食・ひび割れ・漏水

(b) ひび割れ・鉄筋腐食・剥離

(c) ひび割れ（鉄筋腐食・ひび割れ）・たわみ

図 4.8.1 鉄筋コンクリートの劣化現象の進行
(出典：建設大臣官房技術調査室監修「鉄筋コンクリート造建築物の耐久性向上技術」，技報堂出版（1986））

つ通常の修繕や一部分の交換や更新を行っても，許容できる限界までは回復しないであろうと考えられる状態になったとき，これを建築物が耐用年数に到達したと判定できるとされている．

例えば，露出アスファルト防水層の屋上防水層は，経年とともに発生したひび割れやはがれが原因で雨漏れが発生し，通常の修繕や一部分の交換や更新を行っても，数カ月で雨漏れが起こり，防水機能が回復できなくなってしまうが，こうした状況となったときをいう．

また，外壁タイル張り仕上げでは，経年とともにひび割れや剥落が発生し，通常の修繕や部分張替えを行っても不具合が生じ，タイル張りが落下してしまうような状態となったときをいう．

c. 診　　断

改修工事によって建築物の長寿命化を実現するには，診断により現状を把握して評価することから始める．

診断の基本姿勢は，
① 顧客の診断目的を明確にする．
② プロの立場から診断が必要と判断される場合はその旨を提言する．
③ 診断評価はできるだけ定量的に行う．

また一般に診断の時期は，物理的劣化および社会的劣化に伴う各種の機能低下が発生してくる時期が適切である．

診断の手順は，まず顧客の依頼目的をヒアリングして，予備調査を行い，診断計画書を作成する．診断はおおむね1次，2次，3次のレベルに分類し，必要に応じて順次進めていく．評価は3段階（早期対策，中期対策，長期対策）程度で行い，改善方法を含めて報告書を作成，提出する．

d. 保　　全

建築物の竣工後に，その機能や性能を使用目的に適合するように維持するため，清掃，点検，診断，保守，修繕，更新などを行う維持保全と，改修や模様替えなどを行う改良保全を行う必要がある．

1) 清　　掃

清掃は，単に汚れを除去することだけでなく，点検や診断時に有効な情報を与えることのできる行為として位置づけられる．

清掃には，日常清掃と定期清掃があり，日常清掃は主として室内部分に対して行われ，定期清掃は主として屋外部分に対して行われる．

2) 点　　検

点検は，日常的な点検や定期的な点検のほか，臨時的な点検や緊急的な点検などがあるが，本来の点検は，決められた手順に従って要所要所を1つずつ検査して異常部分があるかどうかを判断する行為をいう．

一般に「異常」という用語にはかなり広い概念があるが，どのような状態が見いだされたならば異常とするかは，あらかじめ点検要項を定めておいて，どのような異常が見いだされたときは，その後にどのような措置をするのかを順序良く定めておく必要がある．

3) 修　　繕

点検や劣化診断の結果から，修繕が必要と判断された場合には，建築物の所有者・管理者は，修繕の基本計画を作成する．基本計画には，修繕の範囲，修繕の目的，修繕後の使用計画，修繕の目標とする

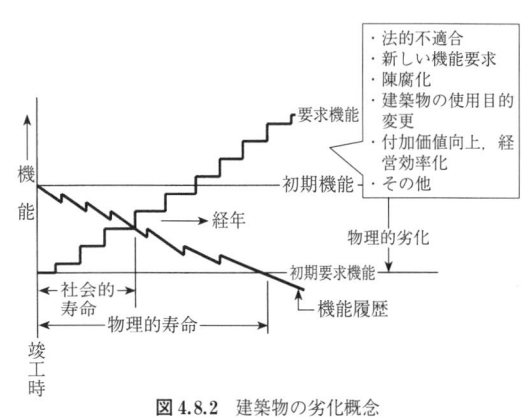

図4.8.2　建築物の劣化概念
(出典：「建築設備のリニューアル」，技術書院（1996））

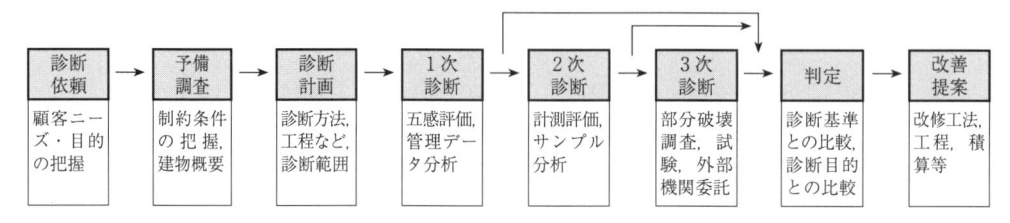

図4.8.3　診断作業の手順

性能や耐用年数，時期，工期，修繕中の建築物の使用計画，修繕資金計画が含まれる．

基本計画に基づいて建築物の所有者・管理者は適切な設計者を選定して，修繕設計業務を発注する．設計は基本計画に基づいて，その建築物の保全計画，建築物の利用者，居住者への影響，ライフサイクルコストなどの経済性の見地から判断を総合化して，修繕計画を立案する．

4) 保　　　守

機器や部材などの機能と性能を維持するため，周期的または継続的に行う軽微な作業や消耗品などの交換などの行為をいう．機器の注油，汚れの除去，塗装補修などを指す．

4.8.2 改　修　工　事
a. 改修工事計画

改修工事の施工計画を立案する場合は，新築工事と異なり，使用建物の機能や設備を維持しながら，短期間で工事を完了しなければならないなど各種の制約条件がある．

改修工事の進め方は様々であるが，ここでは基本的な3つの工事の進め方について述べる．

1) 全館居ながらの改修工事

建物の入居者や使用者がいない夜間および土日や長期休暇期間に，工事部分以外を養生して，工事を行う方法である．日中は工事を行う部分を仮設カバーなどで養生して，顧客の業務に支障を及ぼさないように対処し，これを何週か繰り返して1フロアを完成させながら工事を進める方法である．工事の作業効率はほかの進め方に比べて格段に落ちるため，工事費は高くなり，工期は長くなる傾向がある．工事に対する入居者や使用者の理解と協力が得られないと実施できない．その上，防犯，防火，漏水，臭気，粉塵，停電などに対して万全の対策を施す必要がある．

2) 一部のフロア，または区画を空室にしての改修工事

顧客に1フロア，または他区画に移動してもらうため，騒音・振動などの発生作業以外は，日中でも工事を進められる方法である．ただし，入居者の安全確保のため，入居者と作業者の移動経路や区画および工事資材や機器の移動経路，改修部分ごとの移転の方法など事前検討が重要となる．

1)に比べて工事の効率は向上するが，入居者や使用者との区画を十分に行う必要があり，1)と同じく改修工事に対する入居者の十分な理解と協力を得ることが必要となる．

3) 全館空室での改修工事

建物を完全にあけて改修工事を行うものである．新築工事と同じく工期短縮が図れるなど作業効率は高くなるが，入居者全員がほかの場所に仮移転する必要が生じるため，移動のための費用や移転先の費用が必要となる．貸しビルでは完成後にテナントが戻らなくなるおそれがあるため，自社ビル以外はこの方法で工事を進めることは難しいといわれている．

いずれの場合も，建物所有者，テナント，施工者相互の理解と協力がなくては，改修工事は成立しない．特に，入居者が入居のままで工事を行う場合は，工事着工前に入居者と綿密な打合せを行い，工事に伴う制約や注意事項を十分に理解してもらう必要がある．

b. 改修工事の要点
1) 火 気 対 策

改修工事の場合，天井内・シャフト内・床下など，作業個所周辺に「堆積した挨」などを含め可燃物が多いので，火気，火花の発生する工法・工具は，採用禁止が原則である．特に既存建物は，新築の建物に比較して防火区画に問題点を抱えている場合があり，施工にあたって火気の使用が避けられない場合は，使用場所を最小に限定し，事前に「火気使用作業届」により，日時，使用場所，火気の種類，火元点検者，防火処置，終了時の点検方法などの管理ポイントを明確にし，火気使用作業を行う．

2) 騒音・振動対策

アンカー打ち作業やコンクリート穿孔作業，あるいは配管類の施工および搬入・据付け時，または既存部材の解体・撤去・搬出時に発生する騒音や振動は，入居者とのトラブルの最大要因の1つである．そのため，入居者への振動・騒音の影響度を事前に検討し，騒音発生が避けられない場合は夜間・休日などの作業可能日や作業可能時間帯について，十分に建物管理者や近隣と打合せを行う．

低騒音・低振動型機器を使用して平日作業を行う場合でも，使用時の発生騒音，発生振動が周囲（上下階・隣室など）へ，どの程度影響するか建物関係者・管理者とともに状況確認し，了解を得た上で採用する必要がある．

また，機器や重量物を台車などで建物内運搬時にキャスターなどの回転音が階下へ伝搬する場合もあ

るので，事前の調査を行い，入居者へのトラブル防止を図る．

3） 粉塵・臭気対策

粉塵，臭気の発生，拡散は重大なトラブルのみならず，作業環境の悪化にもつながるので，十分な対策を立てる必要がある．

i） 粉塵対策 部分的な作業範囲の場合は，周囲を区画して粉塵の拡散を遮断し，作業後に清掃する．広範囲の作業場所では，換気と区画養生および拡散防止措置を行い，作業後に清掃する．換気は単独方式で計画し，排気の放出位置・放出方法を検討する．ただし，作業範囲の室内状況（使用中または空室）により対応策は大きく異なる．適切な対策・処置がなされないと，使用者からのクレームおよび既存機器の誤動作などの事故・トラブルを招くおそれがある．

高層ビルなどのように仮設換気設備設置が困難な場合は，作業範囲の隙間，開口をふさぎ，必要台数の集塵機を設置するようにする．

また，作業による粉塵の発生を抑える工法，治具などを計画するとともに，既存のダクトから入居者が使用している部屋に粉塵が拡散しないような対策が重要である．また，既設ダクトを再利用，部分利用する場合も，運転時の粉塵飛散防止対策・集塵対策が必要になる．

作業員の衣服に付着した粉塵や，靴裏などへ付着した粉塵なども拡散の要因になるので，作業動線および詰め所・休憩場所を限定し，作業場所の出入口で除去する対策を検討する．

ii） 臭気対策 粉塵同様に，単独方式で仮設の換気を計画する．また，臭気の発生源確認と，発生源付近の開口ふさぎが必要である．単独で換気を行う場合でも，排気放出先の十分な注意が必要であり，給気口の近傍や周辺建物窓面近傍は避ける必要がある．

また，既存部材・機器・配管などの撤去時の臭気対策および撤去材，建物内運搬時の臭気対策が必要な場合もある．作業中に使用する塗料，シーリング材，接着剤その他化学製品より発生する臭気も，作業範囲以外への拡散防止対策を行う必要がある．

4） 漏水対策

改修工事での漏水トラブルは，多大な物損事故の被害につながるおそれがある．室内の高額なOA機器や備品への影響や，漏水量によっては作業階以外のフロアへも被害を及ぼす場合がある．特に配管の更新作業では，空気圧で先行テストを行い，漏気の確認後水圧テストを行うなどの配慮が必要である．改修部位ばかりでなく，既存配管は経年変化により劣化している場合もあり，工事の振動や衝撃により，工事範囲以外の部分から漏水を起こすことがある．また，給水配管での赤水発生トラブルなど，老朽化した配管を対象とするときは，系統ごとに現状を十分に把握し，場合によっては補強や漏水時の応急処置対策（処置用治具・継手など）も考慮する必要がある．

5） 停電・通信トラブル対策

改修工事のはつり・孔明け作業での躯体コンクリート埋設配線の切断によって，停電トラブル・通信トラブルが発生することがある．これを防止するためには，躯体埋設物調査を先行作業として必ず実施する．調査方法は「X線透過撮影式・レーダー式・電磁誘導式」など非破壊方式で可能だが，躯体厚，調査位置，スペース，精度，調査費など，長所，短所があり，条件により最適の方法を選択する．

また，あと施工アンカーの穿孔作業では，電動ドリルは金属の感知により電源の供給を停止する機能を有した治具，工具で埋込配線への損傷トラブルを避ける．既存コンセントを使用する場合は，コンセント専用の漏電遮断器などを経由する．

6） 廃棄物処理対策

改修工事では撤去材，持込み材を含め発生材が多くなる．工事に伴う発生材は廃棄材と再資源化材に分別し，関係法規に従い適正に処理するとともに，既存の再利用や撤去部の最小化，発生材の減少化に留意し，環境対策に配慮する．

i） 産業廃棄物処理 廃棄物の処理は，決められた廃棄物の分類ごとに，収集から最終処分まで，許可を受けた専門廃棄物処理業者と契約書を交わし委託し，適正処理の証明書となるマニフェスト交付を経て適正に処置する．

ii） 再生資源化対策 再生資源の利用の促進に関する法律などの関係法令類に従い，現場での発生材を分別収集し，適正に処理するとともに，発生材の再生資源化に努める．

7） 施工管理計画

改修工事では，工事中のささいなミスが建物使用者に重大な被害を与えることが多いため，すべての作業について，あらかじめ綿密な施工管理計画を作成することが，新築以上に重要となってくる．また施工管理計画は，工事関係者が理解できるものであ

ると同時に，建物使用者にも理解しやすい内容であることが望まれる．

施工管理計画書では，仮設計画，工程管理計画，安全管理計画，品質管理計画，廃棄物処理計画，作業内容の広報などについて記載する．

改修工事では，新築工事以上に制約条件が複雑かつ厳しいことが多いため，その品質管理計画では，制約条件に適した工法・冶具・作業方法を検討し，ムリ・ムラ・ムダを生じない合理的な施工計画とし，品質を確保できるようにしなければならない．

4.8.3 改修工事の事例
a. 屋上防水の改修工事

屋上防水改修工法には，既存保護層・防水層を撤去し，新規に防水層・保護層を施工する「撤去工法」と，既存保護層・防水層を撤去せずに残し，新規の防水層・保護層を旧層の上に施工する「かぶせ工法」とがある（図4.8.4，表4.8.1）．

屋上防水の改修工法の選定フローを図4.8.5に示す．

屋上防水改修工事の施工フローと注意点について，屋根保護防水絶縁工法P1Bと屋根露出防水絶縁工法P0Dを例に以下に説明する．

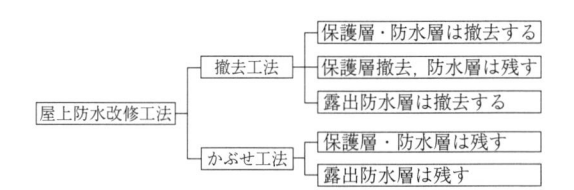

図4.8.4 屋上防水改修工法の分類

1) 屋根保護防水絶縁工法 P1B
① 既存保護層の撤去
・撤去工事に際し，振動・騒音等の発生などが考えられるため，十分な対策をとる．
② 既存防水層の撤去
・雨が懸念される場合は，防水層撤去後の仮防水または養生を行う．
③ 下地補修および調整
・下地スラブコンクリートに付着している防水層残存物などの除去・清掃を行う．
・下地スラブコンクリートのひび割れ・欠損部などの補修を行う．
・工事期間中の雨養生および下地と改修防水層との接着性を確保するため，改修防水層の施工に先立ち下地調整材を塗布する．
④ プライマーの塗布
・プライマーは，刷毛，ゴムベラ，ローラーなどで均一に塗布し，乾燥させる．ただしプライマーを兼ねる下地調整材を用いた場合は，プライマーの塗布を省略することができる．
⑤ アスファルトの溶融
・アスファルトの溶融に際しては，温度計を用いてアスファルトの温度管理をする．
・アスファルトの溶融温度は，その軟化点に170℃を加えた温度を上限とする．
・アスファルトの溶融に際しては，火気に十分気をつけ消火器などを準備する．
⑥ ルーフィング類張付け
・JASS 8の「ルーフィング類の張付け」に準じて施工する．

表4.8.1 屋上防水改修工法の比較

工法	区分	内容
撤去工法	メリット	・既存防水層の劣化状態が確認できる ・重量が変わらず構造体への載荷負担が増えない
	デメリット	・コストアップになる ・工期が長くなる ・解体時に騒音・振動が発生する ・解体材の処分が生じる ・既存防水層を残す場合は，保護層撤去時に防水層を損傷して漏水するおそれがある
かぶせ工法	メリット	・比較的短期間に施工できる ・騒音・振動が発生しない ・発生材の処分がほとんどない ・既存防水層の損傷による漏水のおそれが少ない
	デメリット	・既存保護層の残存水分で改修防水層がふくれるおそれがある ・重量が増すため構造体への載荷負担が増える場合がある

（出典：BELCA「建築の改修積算・施工の進め方」）

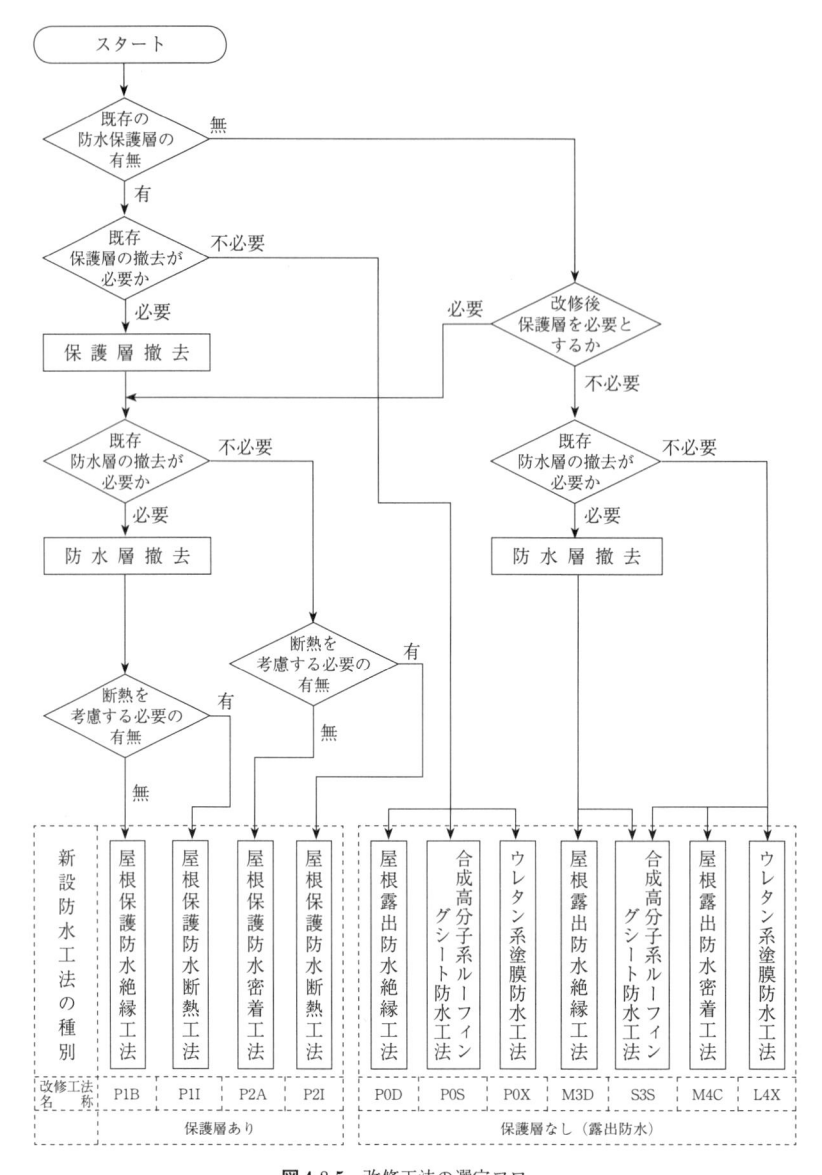

図 4.8.5 改修工法の選定フロー
(出典：(財) 建築保全センター「建築改修工事施工監理指針」)

2) 屋根露出防水絶縁工法 P0D

① 下地補修および調整
- 下地に付着した異物のケレン・清掃を行う．
- 既存保護層の伸縮目地は，飛び出し，異物などを除去し，目地欠損部はシール材を充填する．
- 下地の欠損部および浮き・剥離部は撤去して，セメントモルタルなどで補修して下地作りをする．
- 水はけの悪い勾配不良がある場合は，ポリマーセメントモルタルなどで不陸調整を行う．
- 下地保護層の表面が著しく脆弱化し，接着に支障がある場合は，改修防水層の施工に先立ち，下地調整材を塗布する．

② プライマーの塗布
- プライマーは，刷毛，ゴムベラ，ローラーなどで均一に塗布し，乾燥させる．ただしプライマーを兼ねる下地調整材を用いた場合は，プライマーの塗布を省略することができる．

③ アスファルトの溶融
- アスファルトの溶融に際しては，温度計を用

いてアスファルトの温度管理をする．
・アスファルトの溶融温度は，その軟化点に170℃を加えた温度を上限とする．
・アスファルトの溶融に際しては，火気に十分気をつけ，消火器などを準備する．
④ ルーフィング類の張付け
・JASS 8の「ルーフィング類の張付け」に準じて施工する．

b. 外壁改修工事

一般に外壁には，コンクリート打放し仕上げ，モルタル塗り仕上げ，タイル張り仕上げ，塗り仕上げなどがあり，その改修工法は図4.8.6のように分類される．

外壁改修工事の施工フローと注意点について，コンクリート打放し仕上げ外壁の樹脂注入工法と，モルタル塗り仕上げ外壁のアンカーピンニング注入工法を例に以下に説明する．

1) コンクリート打放し仕上げ外壁の樹脂注入工法

本工法は，幅が0.2 mm以上1.0 mm未満のひび割れで，ひび割れの挙動が小さい場合に適用するもので，可とう型エポキシ樹脂または可とう型ポリマーセメントスラリーを注入する工法である．

① 表面処理
・ひび割れ部に沿って刷毛またはワイヤーブラシなどで汚れやほこりを除去する．
② 注入パイプ取付け
・ひび割れ部に注入用パイプをシール材で取り付ける．
③ シール材塗布
・ひび割れ部に沿ってシール材を塗布する．
④ 注入
・手動ポンプ式の場合は，下方の注入パイプから注入して，直上部の注入パイプから注入材が漏れ出た時点で注入を止め，順次上方の注入パイプより注入する．
・コンクリート表面のひび割れシールが施工できない場合は，注入方法および注入材，注入量を見直すものとする．
⑤ シール材除去
・注入材の硬化後，シール材を金べら・ディスクサンダーなどで除去し，清掃する．

2) モルタル塗り仕上げ外壁のアンカーピンニング注入工法

本工法は，コンクリート躯体とモルタル層との界面で剥離し，浮き面積が0.25 m²以上の部分について適用する．

① マーキング
・テストハンマーなどで壁面の打診を行い，浮きの範囲をチョークなどで記す．
② 注入孔の穿孔
・注入孔はモルタル層を貫通し，コンクリート躯体中に30 mm程度のパイプをシール材で取り付ける．
③ 孔内の清掃
・孔内の切粉などをブラシや圧搾空気などで除去する．
④ アンカーピン固定用樹脂材注入
・注入圧によるモルタル層のふくれやはがれを防止するため，浮き部分1 m²当り8カ所程度のアンカーピンをエポキシ樹脂で固定する．

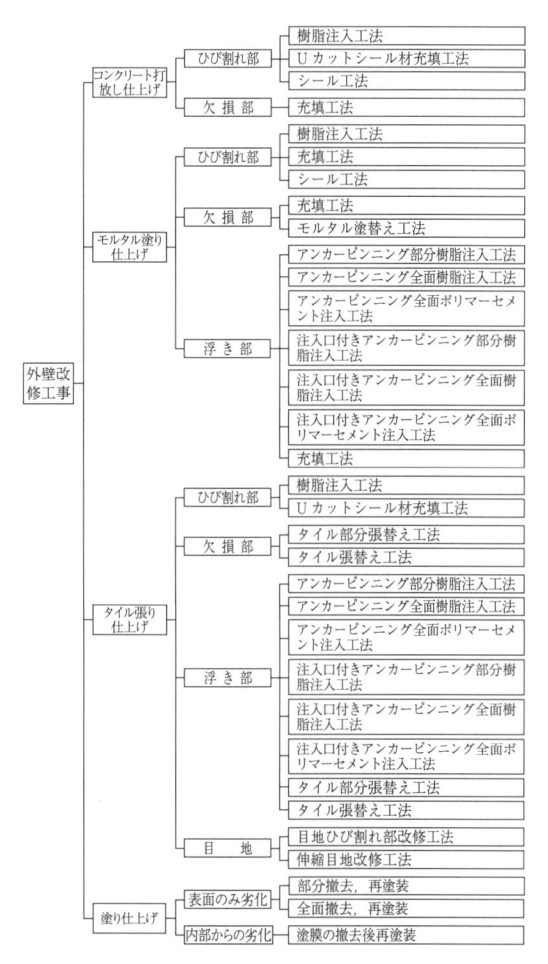

図4.8.6 外壁改修工法の分類
(出典：建築保全センター「建築改修工事共通仕様書，同監理指針」)

⑤ アンカーピン挿入
⑥ 浮き部樹脂材注入
・アンカーピン固定確認後，残存浮き部へ可とう型ポリマーセメントスラリーを注入する．
・注入は，下方から順に直上部の注入孔より樹脂材が漏れ出た時点で注入を止め，順次上方の注入パイプより注入する．
⑦ 注入孔の修整
・注入材硬化確認後，注入孔の修整を行う．

4.8.4 耐震改修工事

既存建築物の耐震改修は，建物の用途，構造種別，構造バランス，築年数，施工状況，工期，コスト，使いながらの状況などにより様々な方法が考えられる．建物の耐震診断結果に基づいて，総合的な観点から最も適切な耐震改修工法を選定する（図4.8.7）．

既存建築物の耐震性を向上させる方法には，「耐力の向上」，「耐力・靱性の向上」，「靱性の向上」の方法に大別される．ここで，靱性とは構造体のねばり強さのことをいう．

耐震補強工法は，既存建築物の構造特性を十分に理解し，補強計画上の制約条件などを考慮した上で，補強目的に適した信頼のおける工法を選定する必要がある．

以下に耐震補強工法の分類（図4.8.8）と主な耐震補強工法の概要（表4.8.2～4.8.6）を示す．

［伊佐　真］

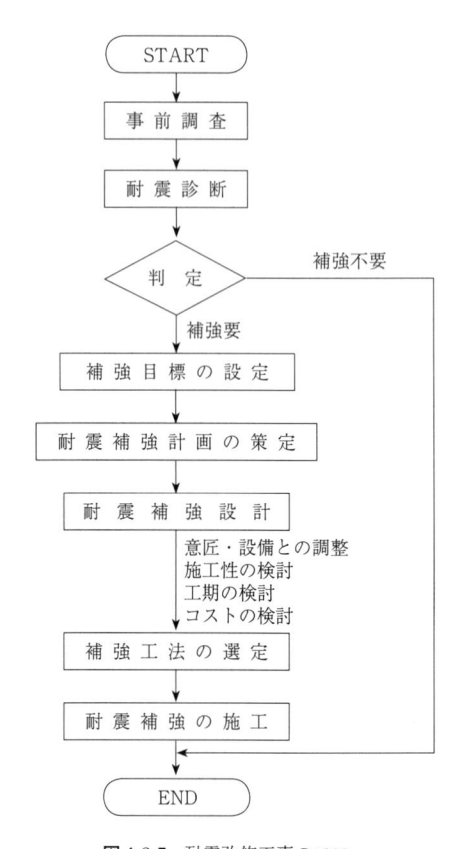

図4.8.7 耐震改修工事のフロー
（出典：産業調査会事典出版センター「建築改修実務事典」(1998)）

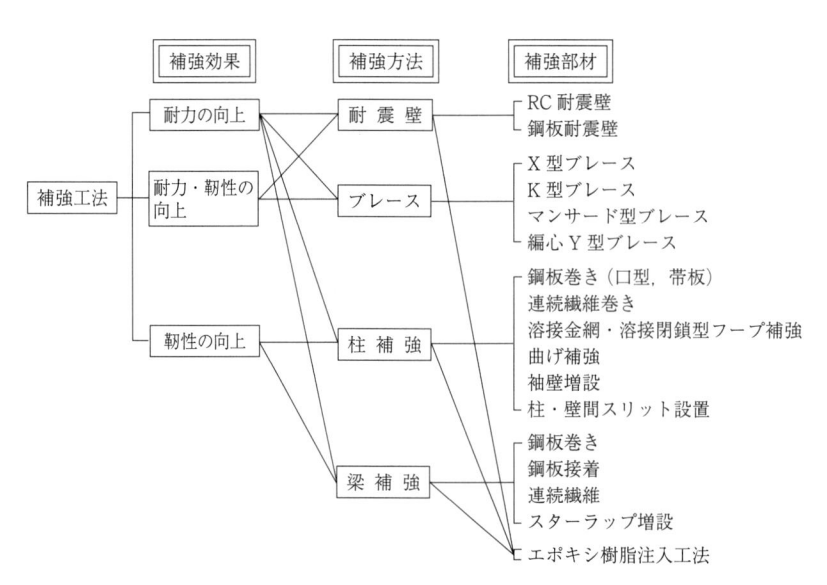

図4.8.8 耐震改修工法の分類
（出典：日本建築防災協会「既存鉄筋コンクリート造建築物の耐震改修設計指針・同解説」(1995)）

表 4.8.2 耐震改修工法の概要（耐震壁）

補強要素	補強方法	補強概要	設計式	工法上の特色					備考
				重量増加	強度	靱性	施工性	プラン上の制約	
耐震壁	鉄筋コンクリート耐震壁の設置による補強	新設RC壁	改修指針	△	無開口 ◎ 有開口 ○	△	◎	○	・既存RC躯体との接合に後施工アンカーを使用 ・開口を設けると耐力が低下する
	既設耐震壁の壁厚増加による補強	既存壁にRC壁打増し	改修指針を準用	△	無開口 ◎ 有開口 ○	△	◎	○	同上
	既設壁の無開口耐震壁化による補強	開口部にRC壁設置	改修指針を準用	△	◎	△	◎	○	・既存RC躯体との接合に後施工アンカーを使用
	鋼板耐震壁の新設による補強	新設鋼板耐震壁	改修指針	○	◎	○	内部 △ 外部 ○	○	・既存RCフレームとの接合には，鉄骨枠とモルタルジョイント部を設け後施工アンカーを使用 ・靱性も向上する

（出典：日本コンクリート工学協会編「耐震補強ハンドブック」，技報堂出版（1984））

表 4.8.3 耐震改修工法の概要（ブレース）

補強要素	補強方法	補強概要	設計式	工法上の特色					備考
				重量増加	強度	靱性	施工性	プラン上の制約	
ブレース	鉄骨ブレースの新設による補強（I）（X型ブレース）	ブレース	改修指針	○	◎	○	内部 △ 外周 ○	○	・既存RCフレームとの接合には，鉄骨枠とモルタルジョイント部を設け後施工アンカーを使用 ・ブレース材の細長比 λ_e が $\lambda_e \leq 50/\sqrt{F}$ ならば，靱性向上も期待できる
	鉄骨ブレースの新設による補強（II）（X型ブレース）	ブレース	同上	○	◎	○	同上	○	同上
	鉄骨ブレースの新設による補強（III）（マンサード型ブレース）	ブレース	同上	○	◎	○	同上	○	同上
	鉄骨ブレースの新設による補強（IV）（Y型ブレース）	リンク材ブレース	改修指針を準用	○	◎	○	同上	○	・靱性も向上する

（出典：日本コンクリート工学協会編「耐震補強ハンドブック」，技報堂出版（1984））

表 4.8.4 耐震改修工法の概要（柱補強1）

補強要素	補強方法	補強概要	設計式	工法上の特色					備考
				重量増加	強度	靭性	施工性	プラン上の制約	
柱	溶接金網による補強（溶接フープによる補強）		改修指針	○	△	◎	○	◎	・壁付き柱にも対応可
	鋼板巻きによる補強（Ⅰ）		同上	◎	△	◎	○	◎	・モルタル注入中に鉄板がはらむことがある ・原則耐火被覆必要
	鋼板巻きによる補強（Ⅱ）		同上	◎	△	◎	○	◎	同 上
	アングル・帯板による補強		改修指針を準用	◎	△	◎	○	◎	・原則耐火被覆必要

（出典：日本コンクリート工学協会編「耐震補強ハンドブック」，技報堂出版 (1984)）

表 4.8.5 耐震改修工法の概要（柱補強2）

補強要素	補強方法	補強概要	設計式	工法上の特色					備考
				重量増加	強度	靭性	施工性	プラン上の制約	
柱	連続繊維巻きによる補強		AF研究会 CRS研究会指針	◎	○	◎	○	◎	・壁付き柱にも対応可 ・独立柱は機械化施工可 ・原則耐火被覆必要
	柱・壁間スリット設置による靭性の向上		改修指針を準用	◎	△	◎	○	◎	
	柱断面の増強		同上	○	○	◎	○	◎	
	袖壁による柱補強		改修指針	○	○	△	○	○	・既存RC躯体との接合に後施工アンカーを使用

（出典：日本コンクリート工学協会編「耐震補強ハンドブック」，技報堂出版 (1984)）

表 4.8.6 耐震改修工法の概要（梁補強）

補強要素	補強方法	補強概要	設計式	工法上の特色					備考
				重量増加	強度	靱性	施工性	プラン上の制約	
梁	スターラップ増設による補強	ナット／アンカープレート／溶接／せん断補強筋／コンクリート（厚さ4cm程度）	改修指針を準用	◎	○	◎	△	◎	・原則耐火被覆が必要
	鋼板接着による補強	シール材／既設梁／補強鉄板／全ネジボルト（後施工アンカー）／注入材／シール材		◎	△	◎	○	◎	同　上
	鋼板巻きによる補強	ボルト（貫通）／アンカープレート／既設梁／鋼板／モルタル充填	改修指針を準用	◎	△	◎	△	◎	同　上
	連続繊維巻きによる補強	ボルト（貫通）／アンカープレート／既設梁／アングル／連続繊維シート		◎	△	◎	△	◎	同　上
	連続繊維張りによる補強	既設梁／押え鋼板／ボルト（後施工アンカー）／連続繊維シート		◎	△	◎	○	◎	・原則耐火被覆必要

（出典：日本コンクリート工学協会編「耐震補強ハンドブック」，技報堂出版（1984））

4.9 解体工事

高度経済成長期に造られた多くの建設物の老朽化，および人口の都市集中化による都市再開発などにより，解体工事は確実に増加の傾向を示している．解体工事は建物を壊すという特殊な工事である．新築工事におけるように，出来上がった建設物の品質を確保することとは全く異なる工事である．したがって解体工事の品質とは，工事中の解体物の落下などによる第三者への災害を防止し，騒音・振動・粉塵などを少なくし，環境を保全するとともに，工事関係者の作業の安全を確保し，かつ，解体によって発生した副産物の適正処理を図ることと考えられる．解体工事にあたっては，それらに対応する工法の採用や環境に対する配慮をするとともに，法的義務事項の遵守が社会的要請になってきている．また，一方で構造体を診断し，補強改修することにより，環境へ配慮しつつ建築物を再利用させる様々な技術が開発され，社会の流れが「使い捨て」から「再利用」へと確実に移行する中，解体工事のあり方についても考えていかなければならない．

図4.9.1に解体工事のフローチャートを示す．

4.9.1 解体工法

解体工事の実施に際しては，適正な解体機械と工法の選定が必要である．1970年ごろから新工法が次々と開発され，改良が行われた．これらの実用化されている解体工法は，解体原理・機構によって8つに分類できる．ただし建設物は，杭・基礎・柱・梁・壁・床の各部位より構成されており，それぞれの部位に見合った解体工法を選定する必要がある．つまり，建設物全体としてみると各単独工法の組合せとなる場合が多く，工法間の手順についてもよく検討しておくことが必要となる．

a. 機械的衝撃による工法

空気圧，油圧などにより，のみ先を振動させて接触面（打撃面）に繰返し衝撃を与えることによりコンクリート（対象物）を破壊する工法である．ハンドブレーカー，大型ブレーカー，削孔機などがある．

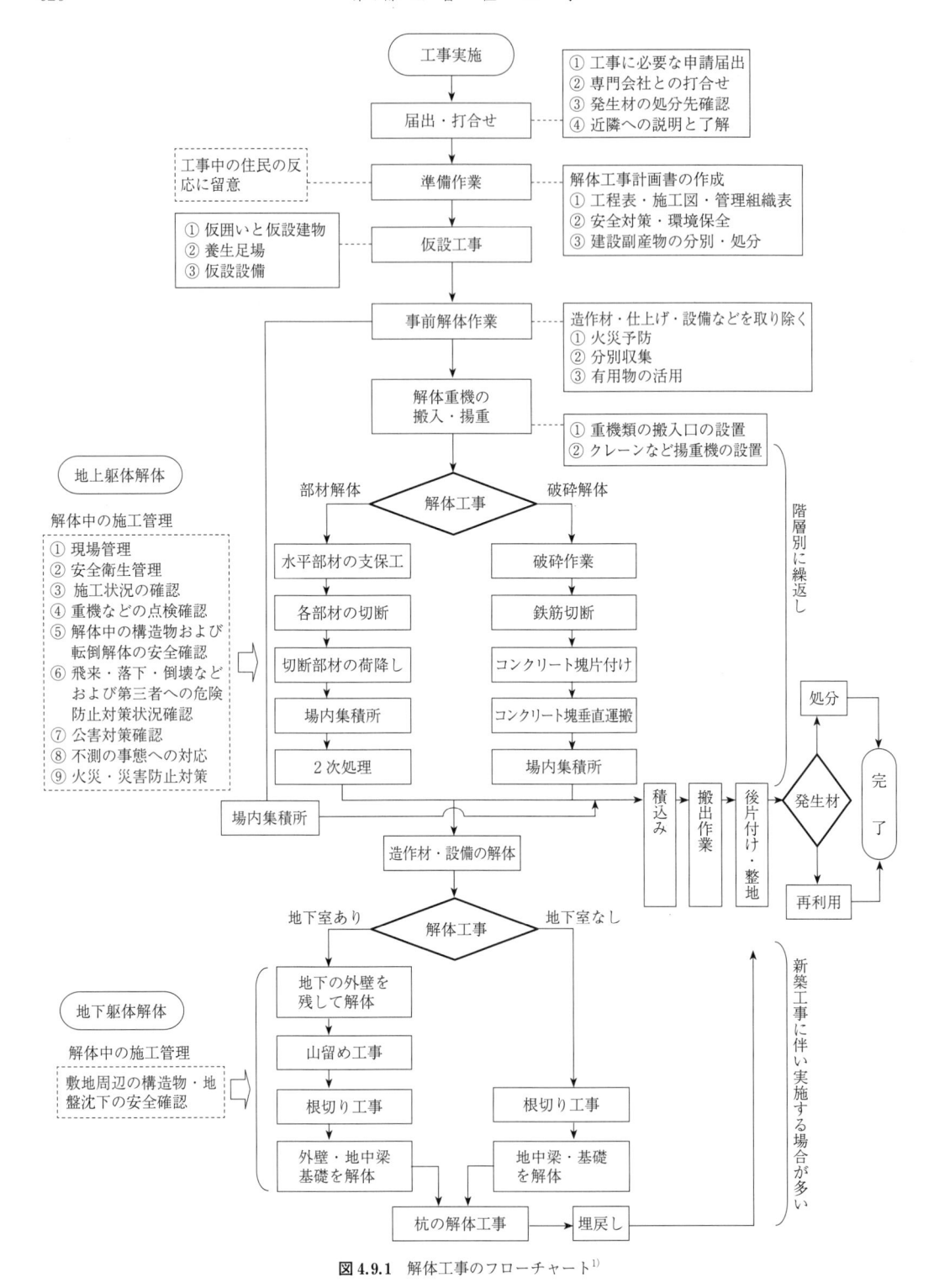

図 4.9.1 解体工事のフローチャート[1]

工事実施

届出・打合せ
① 工事に必要な申請届出
② 専門会社との打合せ
③ 発生材の処分先確認
④ 近隣への説明と了解

準備作業 — 工事中の住民の反応に留意

仮設工事
① 仮囲いと仮設建物
② 養生足場
③ 仮設設備

解体工事計画書の作成
① 工程表・施工図・管理組織表
② 安全対策・環境保全
③ 建設副産物の分別・処分

事前解体作業
造作材・仕上げ・設備などを取り除く
① 火災予防
② 分別収集
③ 有用物の活用

解体重機の搬入・揚重
① 重機類の搬入口の設置
② クレーンなど揚重機の設置

地上躯体解体

解体中の施工管理
① 現場管理
② 安全衛生管理
③ 施工状況の確認
④ 重機などの点検確認
⑤ 解体中の構造物および転倒解体の安全確認
⑥ 飛来・落下・倒壊などおよび第三者への危険防止対策状況確認
⑦ 公害対策確認
⑧ 不測の事態への対応
⑨ 火災・災害防止対策

解体工事（部材解体／破砕解体） — 階層別に繰返し

部材解体:
水平部材の支保工 → 各部材の切断 → 切断部材の荷降し → 場内集積所 → 2次処理

破砕解体:
破砕作業 → 鉄筋切断 → コンクリート塊片付け → コンクリート塊垂直運搬 → 場内集積所

場内集積所 → 積込み → 搬出作業 → 後片付け・整地 → 発生材 → 処分／再利用 → 完了

造作材・設備の解体

解体工事（地下室あり／地下室なし）

地下躯体解体

解体中の施工管理
敷地周辺の構造物・地盤沈下の安全確認

地下室あり:
地下の外壁を残して解体 → 山留め工事 → 根切り工事 → 外壁・地中梁基礎を解体

地下室なし:
根切り工事 → 地中梁・基礎を解体

→ 杭の解体工事 → 埋戻し

新築工事に伴い実施する場合が多い

騒音，振動が大きいため法規制も厳しく，市街地における使用には注意をしなければならない．

b. 油圧式圧砕・せん断による工法

油圧によって発生させた大きな力によって刃型な

どを通じて部材を挟み込み，圧砕またはせん断する工法である．圧砕機，鉄骨切断機などがある．騒音，振動は比較的小さいが，粉塵の発生防止には留意する．

c. 機械的研削による工法
ダイヤモンド砥粒を含んだ金属焼結体を溶着した切刃（ブレード，ビーズ，ビット）により，円運動や周回運動によって鉄筋コンクリート部材を研削して切断する工法である．カッター，ワイヤーソー，コアドリルなどがある．切断面は平坦で，整然と切断解体できる．振動，粉塵の発生はほとんどなく低騒音である．切刃には冷却用の給排水が必要である．

d. 火炎による切断工法
鉄やアルミニウムの合金線に酸素を噴射させて得る燃焼炎，あるいは灯油と酸素の混合ジェット炎などによる高温で，コンクリート部材を溶断する工法である．テルミットと火炎ジェットがある．鉄筋や鉄骨を溶断する工法としては，ガス切断機がある．騒音の大きい工法もあり，工法の特性を把握した上で用いる．特に火災発生の予防，発生ガス・排煙には注意する．

e. 膨張圧力・孔の拡大による工法
コンクリートに設けた孔内に，水和により膨張する物質を充填し，あるいは膨張力を作用させる機械を挿入し，それらの膨張圧力により部材を破砕する工法である．膨張物質として静的破砕剤，機械として油圧孔拡大機などがある．コンクリート削孔時には削孔機による騒音，振動，粉塵が発生するが，静的破砕剤，油圧孔拡大機による破砕時にはほとんど発生しない．多くの場合，コンクリートにひび割れを発生させるのみであるため，2次破砕が必要である．特に無筋コンクリートの破砕に有効である．

f. 火薬類による工法
孔内に充填した火薬類の爆発により，コンクリート構造物を壊す工法である．爆薬を使用する発破工法と，コンクリート破砕機を使用する破砕工法がある．削孔時には騒音と粉塵があるが，発破時や破砕時の騒音と振動は瞬時である．火薬類の消費に際して近隣住民の承諾，地方自治体の許認可が必要である．

g. その他の工法
その他の工法として，ウォータージェットによる工法，アブレッシブジェットによる工法，鉄筋の直接通電加熱による工法などがある．

h. 既存杭の解体・撤去工法
既存杭の解体・撤去には，杭工事用機器およびその改良機器が用いられる．その工法としては，地上引抜き工法と，地上破砕工法，既存杭を露出させて破壊する露出破砕工法に大別される．

4.9.2 解体計画

a. 基本事項
① 施工者は，解体工事の実施に際して，事前に解体建物の立地条件や周辺状況を調査し，工事条件に適した解体工法を選定するとともに，作業員および周辺の安全確保，周辺の環境保全，建設副産物の再利用促進，建設廃棄物の減量化および適正処理に努める．

② 発注者は，解体工事の発注に際し，周辺の環境保全，建設副産物の再利用促進，建設廃棄物の減量化および適正処理のために必要な費用を計上する．

③ 解体工事の実施にあたっては，建築基準法，労働安全衛生法，騒音規制法，振動規制法大気汚染防止法，再資源の利用促進に関する法律，廃棄物の処理および清掃に関する法律，その他の解体工事に関係する法律を遵守する．

④ 解体工事の施工に先立ち，解体工事を適切に遂行するための具体的手段と方法を明示した解体工事計画書を作成する．解体工事計画書には，一般事項，準備作業，仮設計画，解体作業計画，建設副産物処理計画，終結作業，安全衛生管理計画などについて記載する．

⑤ 解体工事の施工に際しては，不測の事故に備えて保険に加入することが望ましい．

b. 事前調査と届出
① 施工者は，解体工事の計画・施工に先立ち，事前調査を行う．

② 事前調査は，解体対象物と石綿の使用状況，敷地状況，敷地周辺環境，建設副産物再利用，建設廃棄物処理などについて行う．

③ 発注者および施工者は，解体工事の施工に際し，法令に定められた各種許可申請や届出を行う．

c. 解体工法の選定
解体対象物の構造や規模，立地条件，健全度，解体工法の特性などを考慮した上で，以下の事項に留意して適切な工法を選定する．

① 作業者の安全および第三者の安全を確保する．

② 解体工事中の騒音・振動・粉塵を低減し，環

境を保全する．
③ 建設副産物の再利用を促進し，廃棄物の発生を抑制する．

d. 解体工事の安全確保
① 工事現場内には適切な安全施設を設置し，解体作業に伴う作業員の危険を防止する．
② 解体片などの飛来落下物を工事現場の外に出さないよう必要な危険防止対策を行い，解体作業に伴う第三者の安全を確保する．
③ 解体作業に伴う重機作業の安全を確保する．
④ 解体途中の構造物や構造部材が不安定な状態になると予想される場合には，あらかじめ構造的な検討を行い，安定であることを確認する．
⑤ 転倒解体の計画に際しては，必要に応じてあらかじめ構造的な検討を行い，転倒支点の縁切り作業終了時に転倒体が安定していること，および加力時に転倒が確実に開始することを確認する．

e. 解体工事の環境安全
① 施工者は，解体工事に際して，騒音・振動・粉塵，その他を考慮して周辺環境の保全に努める．
② 解体工事に伴って発生する騒音は，騒音規制法や自治体条例などの規制基準以下とし，かつ周辺状況に応じた目標値以下とする．騒音が周辺環境に影響を与えると予測される場合には，あらかじめ発生騒音の予測を行い，予測値が目標値を超える場合には，解体工法の変更，解体作業手順の変更，低騒音型機械への変更，受音点での遮音などの騒音低減対策を講じる．
③ 解体工事に伴って発生する振動は，振動規制法や自治体条例などの規制基準以下とし，かつ周辺状況に応じた目標値以下とする．振動が周辺環境に影響を与えると予測される場合には，あらかじめ発生振動の予測を行い，予測値が目標値を超える場合には，作業床での防振，低振動型機械への変更，解体作業手順の変更などの振動低減対策を講じる．
④ 解体工事に伴って発生する粉塵が，周辺環境に影響を与えると予測される場合には，散水，防塵のための仮設養生材の使用，解体作業手順の変更，解体工法の変更，粉塵を受ける対象物の養生などの粉塵低減対策を講じる．
⑤ 解体工事に伴って発生する石綿粉塵は，大気汚染防止法，労働安全衛生法，廃棄物の処理および清掃に関する法律による作業基準を遵守して，周辺環境への飛散を防止する．
⑥ 基礎や地下構造物の解体に際しては，あらかじめ周辺地盤，地下埋設物，近接構造物などに障害を発生させないための措置を講じる．

f. 建設副産物の搬出
① 搬出工程は，建設副産物の荷降し，場内の運送および処理場までの輸送時間を十分に検討して決める．
② 荷降し方法は，部材解体の場合，クレーンなどを用いて積込み場所へ搬送する．破砕解体の場合，荷降し用設備を設けて場内集積所へ搬送する．
③ 搬出する運搬車は，建設副産物の重量，形状，安定性を考慮して決める．必要に応じて塊状のコンクリートは2次処理を行う．

g. 建設副産物の処理
① 解体工事により発生した建設副産物は，再利用の促進に努める．
② 建設副産物を処理する場合は，建設廃棄物の減量化および処理先の受入れ体制を調査し，現場内あるいは場外において適切な処理を行う．
③ 建設廃棄物を委託処理する場合には，収集運搬業者と中間処理業者または最終処分業者の許可証を確かめ，法令に従い適正に対処する．

4.9.3 解体工事の施工

a. 基本事項
① 解体工事の施工は，工事計画書に基づいて実施する．
② 工事計画書と現場の状況が異なる場合には，速やかに是正処置を行う．

b. 安全衛生管理
① 解体工事の施工に際しては，安全な作業ができる適切な安全衛生管理計画に基づき組織を構成して，安全衛生管理を行う．
② 工事に従事する全作業員の安全衛生意識の周知徹底を図るため，安全衛生教育を実施する．

c. 仮設工事
① 解体工事に伴って発生する飛来落下物の防止や騒音・粉塵などの抑制のため，適切な足場や養生設備を設ける．
② 地下構造物の解体においては，解体後の周囲の地盤の崩壊を防ぐため適切な山留めを行う．
③ 工事現場周辺のガス，水道，電気，道路など

の公共施設に対し，工事による影響を防ぐため適切な養生を行う．

d. 事前解体作業

① 内外装，建具類，設備機器などは分別解体し，搬出・処理を行う．

② 可燃物は，環境保全の観点から現場内では焼却しない．

③ 解体作業に先立ち，部分的な解体によって開口部を設置する場合，作業の安全確保に十分注意を払う．

④ 解体作業時に落下・倒壊のおそれのある建物の付属物は事前に撤去する．

⑤ 火災・爆発の危険性のある物質および有害ガスを発生するおそれのある物質は，事前に撤去する．

⑥ 石綿・PCB などの特別管理産業廃棄物が存在する場合には，躯体解体に先立ち適正に処理する．

e. 地上躯体解体工事

① 地上躯体の解体作業は，「コンクリート造の工作物の解体等作業主任者」を選任し，その直接の指揮のもとに行う．

② 地上躯体解体に際しては，あらかじめ決められた解体工事計画書に従って，整然と作業を行う．解体作業は，原則として上方から下方へ，水平部材から鉛直部材へ，2次部材から主要部材へと進める．また，躯体の解体作業中は，常に解体途中の躯体や部材の安定度を監視し，必要に応じて解体手順の変更を行うなど，残存躯体の安定を図る．

③ 躯体解体作業中は，コンクリート塊や鉄筋・鉄骨の切断片など解体物の飛散により，ほかの作業員に危害を加えないよう，解体作業区域を立入禁止区域とし，必要に応じて見張りを置くなどの措置を講じる．

④ 躯体解体作業中は，破砕片が養生足場や仮囲いを越えて外部に飛散しないよう注意する．

f. 地下躯体解体工

① 地下躯体の解体に際しては，山留め工事と解体工事の関連を十分把握して，あらかじめ決められた解体工事計画に従って，整然と作業を行う．山留め壁に接した躯体など側圧を負担している部材の解体に際しては，切梁などの山留め架構が設置されていることを確認した上で作業を行う．

② 地下躯体の解体は，切梁や支持杭など山留めのための仮設材が存在し，限定された空間での作業となるので，常に周囲の状況に注意を払って安全を確認しながら作業を行う．

③ 地下躯体は大断面で土に接している部材が多く，振動低減に配慮しながら解体作業を行う．

④ 地下躯体の解体は，山留め工事に伴う地盤沈下や地盤変位による周辺への影響を少なくするよう注意しながら作業を行う．

g. 杭解体工事

① 既存杭を解体する際には，杭種，地盤状況などの調査結果に基づき，適切な躯体・撤去工事を行う．

② 既存杭を地上作業により引き抜く場合には，杭と地盤の摩擦を減ずるなど，適切な方法で引抜き作業を行う．引抜き作業により地盤を緩めるおそれがある場合には，引抜き跡には充填材を充填して，地盤の安定を維持する．

③ 既存杭を地上作業により破砕する場合には，振動に注意して作業を行う．破砕跡には後工程を考慮した充填材を充填して，地盤の安定を維持する．

④ 既存杭を露出させて解体する場合には，杭の不測の転倒を起こさないように注意して作業を行う．

h. 建設副産物の搬出・処理

① 建設副産物は，荷降し・積込みなどの搬出作業中，落下のおそれがないように養生し，周辺建物・仮設足場に接触しないよう注意する．

② 建設副産物の積みみは，重機の安全を確保し，車両の制限範囲内とし，運搬中の荷崩れ・落下のおそれのないよう注意する．

③ 搬出作業においては，作業場所の安全と車両および通行人の安全を確保する．

④ 建設廃棄物を委託処理する場合には，法令に従い，適正に処理する．

i. 工事の後片付け

躯体解体の終了後には，仮設物の撤去や移設物の現状回復を行い，必要に応じて埋戻しや整地などを行う．

4.9.4 環境と解体工事

20世紀後半の目覚ましい高度成長のなか，我々は大量生産と消費を繰り返してきた．その結果として，天然資源の枯渇と環境の悪化を招き，人々の健

康に悪影響を与える有害物質などを生み出し，次世代への大きな課題として世界的に考えなければならない問題となった．やがて先進諸国を中心に，環境や産業活動について見直していこうという様々な検討がされるようになり，環境改善についての取組みや環境に関する法的な整備が実施されてきている．

a. 建設リサイクル法（建設工事に係る資材の再資源化等に関する法律）

平成12年5月に公布されたこの法律は，特定の建設資材について，その分別解体等および再資源化等を促進するための措置を講ずるとともに，解体工事業者について登録制度を実施することなどにより，再生資源の十分な利用および廃棄物の減量などを通じて，資源の有効な利用の確保および廃棄物の適正な処理を図り，もって生活環境の保全および国民経済の健全な発展に寄与することを目的とする．

建設リサイクル法の概要について下記に示す．

1) 対象建設工事と特定建設資材

一定規模以上の建設工事（対象建設工事）について（表4.9.1）は，一定の技術基準に従って，その建築物や工作物などに使用されている ① コンクリート，② コンクリートおよび鉄筋からなる建設資材，③ 木材，④ アスファルト・コンクリート（アスコン）の4品目（特定建設資材）を，現場で分別することが義務づけられる．

2) 発注者・受注者間の契約の手続きの整備

発注者による工事の事前届出，元請業者から発注者への事後報告，現場における標識の掲示などが義務づけられた．また，受注者への適正なコストの支払いを確保するため，発注者・受注者間の契約手続きが整備された．

3) 解体工事業者の登録制度の創設

適正な解体工事の実施を確保するために，解体工事業者の登録制度および解体工事現場への技術管理者の配置などが義務づけられる．

4) 基本方針の策定

再生資材の利用促進等基本方針における目標の設定や，都道府県知事による指針の策定，対象建設工事の発注者に対する協力を要請することなどにより，リサイクルを推進する．

5) 罰則規定

分別解体等および再資源化等に対する命令違反や，届出，登録などの手続の不備に対して，発注者や受注者に所要の罰則が適用される．

b. 循環型社会形成推進基本法

平成12年6月，環境庁より循環型社会形成推進基本法が公布され，形成すべき「循環型社会」の姿を明確に提示された．もともと廃棄物・リサイクル対策については，廃棄物処理法の改正，各種リサイクル法の制定などにより拡充・整備が図られてきているが，近年廃棄物の発生量が高水準で推移していること，リサイクル率向上の推進を要請されていること，廃棄物処理施設の立地の困難性があり最終処分地の残余年数が少なくなってきていること，それに伴って不法投棄が増大してきていることなどにより，循環型社会の形成を総合的・計画的に進めることが急務となり，今回の策定となった．

なお，本法律と一体的に整備された法律は，廃棄物処理関係においては廃棄物処理法などの改正と，リサイクル関係においては再生資源利用促進法の改正，建設リサイクル法，グリーン購入法が制定された（図4.9.2）．

循環型社会形成推進基本法の概要について以下に示す．

1) 形成すべき「循環型社会」の姿を明確に提示

「循環型社会」とは，① 廃棄物などの発生抑制，② 循環資源の循環的な利用，③ 適正な処分が確保されることによって，天然資源の消費を抑制し，環境への負荷ができる限り低減される社会のことをいう．

表4.9.1 対象建設工事の種類と規模

工事の種類	規模の基準
建築の解体	床面積 80 m² 以上
建築の新築，増築	床面積 500 m² 以上
建築の修繕，リフォーム	金額 1 億円以上
その他の工作物（土木工事）	金額 500 万円以上

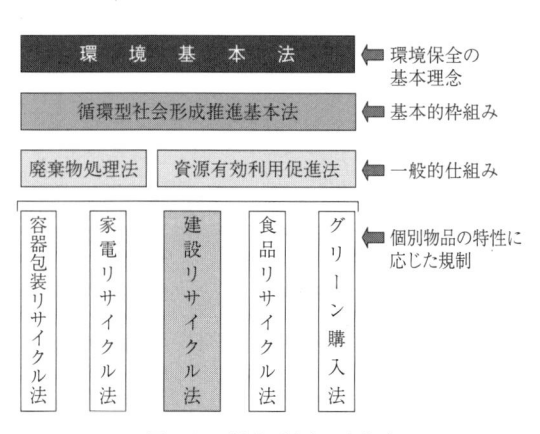

図4.9.2 循環型社会の法体系

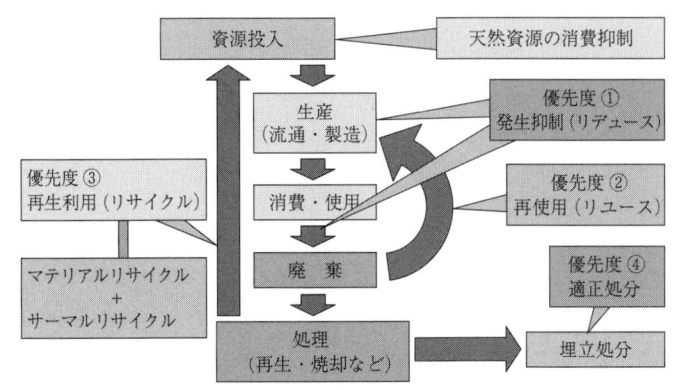

(注) 優先度は循環型社会形成推進基本法第7条による．

図4.9.3 循環型社会の概念

2) 法の対象となる廃棄物などのうち有用なものを「循環資源」と定義

法の対象となるものを有価・無価を問わず「廃棄物等」とし，そのうちの有用なものを「循環資源」と位置づけ，その循環的な利用を促進させる．

3) 処理の「優先順位」を初めて法定化

① 発生抑制，② 再使用，③ 再生利用（熱回収含む），④ 適正処分との優先順位を付けた（図4.9.3）．

4) 国，地方公共団体，事業者および国民の役割分担を明確化

循環型社会の形成に向け，国，地方公共団体，事業者および国民が全体で取り組んでいくため，これらの主体の責務を明確にする．特に，事業者・国民の「排出者責任」を明確化した．また生産者が，自ら生産する製品などについて使用され廃棄物となった後まで一定の責任を負う「拡大生産者責任」の一般原則を確立した．

5) 政府が「循環型社会形成推進基本計画」を策定

循環型社会の形成を総合的・計画的に進めるため，政府は「循環型社会形成推進基本計画」を次のような仕組みで策定した．

① 原案は，中央環境審議会が意見を述べる指針に即して，環境大臣が策定
② 計画の策定にあたっては，中央環境審議会の意見を聴取
③ 計画は，政府一丸となった取組みを確保するため，関係大臣と協議し閣議決定により策定
④ 計画の閣議決定があったときは，これを国会に報告
⑤ 計画の策定期限，5年ごとの見直しを明記
⑥ 国の他の計画は，循環型社会形成推進基本計

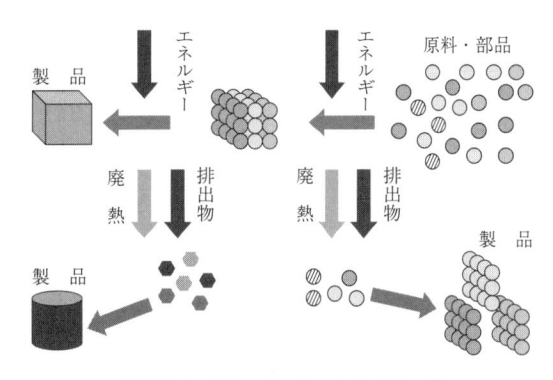

図4.9.4 ゼロエミッションのイメージ

画を基本とする．

6) 循環型社会の形成のための国の施策を明示

① 廃棄物などの発生抑制のための措置
② 「排出者責任」徹底のための規制などの措置
③ 「拡大生産者責任」を踏まえた措置（製品などの引取り・循環的な利用の実施，製品などに関する事前評価）
④ 再生品の使用の促進
⑤ 環境の保全上の支障が生じる場合，原因事業者にその原状回復などの費用を負担させる措置

c. ゼロエミッション

ゼロエミッションとは，国際連合大学学長顧問を務めたギュンター・パウリ氏により1994年に提唱された構想で，産業界における生産活動の結果，排出される廃棄物をゼロにして，完全循環型の生産システム（循環型社会）を目指し，全産業の製造過程を再編成することにより，新しい産業集団を構築しようとするものである（図4.9.4）．簡単にいえば，生産工場や事業場から出るすべての廃棄物を，新たにほかの分野の原料として活用し，あらゆる廃棄物

を「ゼロ」にすることをいう．

　建設業におけるゼロエミッションとは，環境負荷の小さな材料の採用，リサイクルの促進，建設現場からの廃棄物の削減，建物の長寿命化などに努めるとともに，既存建物の再使用，再利用による廃棄物発生の抑制などにより，限りある資源を大切にすることである．

　特に既存建設物を解体する際に発生する混合廃棄物（木屑，鉄屑，コンクリートガラなど）の多くは，リサイクルができず，大半が廃棄物処分場で処理されているのが現状であった．今後，高度経済成長期に造られた多くの建設物が寿命を迎え，解体が増えることが予想され，関連の法的整備とともにゼロエミッションへの動きが一層活発化するものと思われる．

　ゼロエミッションの推進にあたっては，発注者と建設業者の環境対策への取組みはもちろん，地域社会や地方自治体との連携が必要である．地域の人々の環境問題への関心の高まりが環境保全のチェック機能となり，発注者や建設業者の環境に対する姿勢が様々なところで評価されるようになってきている．しかし，ゼロエミッションに対する取組みは一過性のものではなく，社会として継続して取り組んでいかなければならない大事な問題である．

4.9.5　既存再利用

　建築物に求められる機能が高度化していく一方，いろいろなニーズに対応すべく新技術も多様化していくなかで，社会の流れは確実に「使い捨て」から「再利用」へと移行している．そのような中，高度成長期であれば事業計画で，顧みることさえなく解体されてきた既存建物が見直され，再利用が図られている．内外装の仕上げリニューアルに始まり，構造体の補強，設備の改修などのニーズが急増してきている．

　建物の再生・再利用にあたっては，老朽化および耐震診断など，構造体を的確・迅速に調査診断することから始まる．そして，この調査診断結果に基づいて再利用計画を立て，既存の構造体を生かして様々なリニューアル技術を駆使し，建物の再生を図ろうとするものである．　　　　　　　[平田幸光]

文　献

1) (社)日本建築学会：鉄筋コンクリート造建築物等の解体工事施工指針(案)・同解説, p.15, (社)日本建築学会 (1998)

5

特 殊 構 工 法

5.1 超高層建築工事

5.1.1 構法概要

1963年建築基準法が改正され，容積地区制の導入と高度制限の廃止が行われた．これによりわが国は，本格的な超高層建築の時代を迎えることとなった．構造躯体には鉄骨造，鉄骨鉄筋コンクリート造，鉄筋コンクリート造が採用されているが，事務所・ホテルなどの場合の鉄骨造と，集合住宅などの鉄筋コンクリート造が一般的である．

鉄骨造は高い靭性を有することから，耐震性に優れた性能を発揮する．骨組はラーメン構造やチューブ構造などを基本とし，耐震壁やベルト・ハット梁などを組み合わせた構造形式である．近年，この鉄骨造に後述の鋼管コンクリート（Concrete Filled steel Tube：CFT）構造と呼ぶ混合構造の柱が採用されるようになった．これは，剛性・耐力・変形特性などで高い性能を有し，特に高軸力が加わる超高層建築の柱には，設計面のみならず生産面においても優位性が高いことから，多く採用されている．これらの構造形式に加え，地震や風による水平力を吸収する機能として，様々な技術が組み込まれている．極低降伏点鋼を用いた間柱やブレースの採用，アンボンドブレースの採用，ダンパーや駆動装置などを利用した制振機構の採用等々である．これらの技術を複合的に組み合わせ，構造計画におけるより合理性を追求するとともに，安全性および居住性の向上を図っている．

一方，鉄筋コンクリート造超高層建築は，
① 高強度鉄筋・高強度コンクリートの実用化
② 建築生産における経済性・施工性でメリットが大きい
③ 高い剛性を有する構造躯体は，防振・遮音性など高い居住性能が得やすい

などの理由で集合住宅において急速に発展した．これらの構造形式は，多くの場合，純ラーメン構造である．これは構造計画面で明快な上，構造フレームを柱・梁および床のみの構成とし，壁を構造躯体と分離することができる．このような形は，住戸・住空間計画面で設計の自由度が高く，使用中の変更にもフレキシビリティに富むことから，多様な需要にこたえるものとして多く採用される理由となっている．さらに，純ラーメン構造は，生産面における工業化工法の新しい展開を可能とした．また，これらの多くは耐震構造として設計されているが，高軸力・引張力に対応する免震装置の実用化により，免震構法との併用で計画される例も増えている．

5.1.2 工　　　法

a. 鉄　骨　造

鉄骨造超高層建築の代表的な構築法は，鉄骨先行型工法および積層工法である．これらは，建設機械の飛躍的性能向上とともに，システム化，大型化・プレハブ化を進め，建築生産における品質向上，短工期，安全性・生産性向上など多くの成果を上げている．また，各種工事が同時並行的に進められる超高層建築生産においては，工程・労務および資機材搬送，および鉄骨建方時の精度確保のための計測・調整等々の施工・品質管理には，コンピュータを駆使した対応がとられている．以下に，これらの工法について概要を述べる．

1) 鉄骨先行型工法

鉄骨先行型工法は，通常の鉄骨造の施工で行われるごとく，骨組みである柱・梁などの鉄骨建方工事を先行し，後続の床工事，外壁取付工事・仕上工事などをそれぞれ5～7階程度遅れながら施工する．躯体工事から仕上工事までの各工事を細分して管理し，全体的に繰り返しながら流れ作業により構築する（図5.1.1）．鉄骨工事以降の後工程作業の効率化

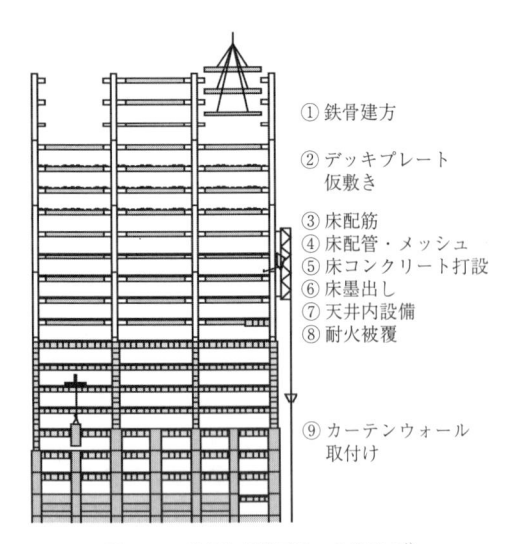

① 鉄骨建方
② デッキプレート仮敷き
③ 床配筋
④ 床配管・メッシュ
⑤ 床コンクリート打設
⑥ 床墨出し
⑦ 天井内設備
⑧ 耐火被覆
⑨ カーテンウォール取付け

図 5.1.1 鉄骨先行型工法の作業順序[1]

図 5.1.2 積層工法の工事状況写真

図 5.1.3 RC造PCa化工法の工事状況写真

と安全確保のため，早期の床デッキプレート敷きに注力している．また，鉄骨工事における部材の大型化による部材数・接合個所数の低減および部材の共通化などを図り，品質の維持・工期短縮・生産性向上などの成果を上げている．後工程の外壁取付けに使用する機械を鉄骨建方と分けるなど，常に同時並行的に各階各工事が進められるよう，多様な揚重，搬送施設計画を行うなどの特徴がある．

2) 積層工法

積層工法は，躯体工事における鉄骨工事，床工事および外周壁取付工事までをセットとし，1層ずつ完成させながら構築するシステム工法である（図5.1.2）．鉄骨建方から外壁取付工事までをサイクル工程として繰り返す．システムを効率的に進めるため，部材の大型化とプレハブ化を最大限取り入れ，現場における生産性・品質向上を追求するとともに工期短縮を図っている．床部は，梁鉄骨・床デッキプレート・設備配管などで構成される複合的ユニットフロアとし，あらかじめ地上で地組したものを組み立てる．床が鉄骨フレーム組立の中で敷設されることで，早期の外壁取付けや，仕上材および設備機器などの先行揚重を可能とし，後工程の仕上工事など各作業をさらに効率的に進められるとともに，高い安全性や作業量の平準化と工期短縮を図っている．

b. 鉄筋コンクリート造

鉄筋コンクリート造超高層建築の躯体生産における特徴は，非常に高い作業位置で，熟練した技能と多大な労務を要する型枠・鉄筋・コンクリート工事が必要なこと，およびほぼ同じ構造部材構成が繰り返されていることである．このような特徴は，高品質を安定して確保し，生産性の向上を図るうえで，工業化工法の採用には最もかなった条件である．また純ラーメン構造は，比較的単純な形状と骨組みによる柱，梁，床部材で構成されているため，部材製造・組立・接合など，工業化工法に適している．通常行われる工業化工法は以下のとおりである．

柱部材は，パネルゾーンを除く部分をプレキャスト鉄筋コンクリート（PCa）化し，コンクリートに打ち込まれている柱主筋の脚部には，鉄筋継手用機械式金物（スリーブジョイント）が取り付けられている（図5.1.3）．梁部材は床厚部分の鉄筋を露出したハーフPCa梁で，下端主筋およびせん断補強筋が打ち込まれている．また，パネルゾーンを露出し，相互のPCa梁を下端主筋で連結し，1部材を2～2.5スパン分とする連梁形式としている．このようにして部材数を低減し，組立作業の効率化を図っている．PCa梁相互の鉄筋接合は，スパン中央部またはパネルゾーン内で行い，エンクローズ溶接または機械式継手を使用する．床部材は下筋およびトラス筋が

■コラム5　連結超高層の立体都市——ホメオスタシス建築

　古来より，高い建物を造ることは，人類の夢であった．「世界七不思議」のうちの1つである「バベルの塔」は，新バビロニアの王ネブカドネザル2世が造ったといわれる神殿で，推定される塔は縦・横・高さともに90mの大きさの四角錐であったと言われている．

　近代になり，19世紀末にアメリカのシカゴで鉄骨による近代的な高層ビル（10階建のホーム・インシュアランスビル）が建設され，それ以後，様々な高層建築が建てられてきた．1989年にSKY CITY 1000（グループV1000—建築家原田鎮郎と竹中工務店有志編）により，1,000mの「縦型都市構想」が提案され，その後建設各社からも同様な超々高層建物の構想が提示されるに至った．

　これまでの建築の歴史は，材料・構造の革新による高層化であったといえる．今日，都市のスプロール化・生活環境の悪化，都心部での人口減少・社会活力の低下など，さらに車の渋滞，通勤ラッシュなどの交通問題，地価高騰による経済活力の低下などの問題が生じている．このことから科学技術不信が渦巻き，今後，人類が目指すべき方向として自然回帰が叫ばれている．例えば，低層建物を田園や森林の中に低密度に分散させ，自然と共存できる居住地域を作るといった都市提案がある．

　しかし，実際には広大なライフライン敷設が必要なこと，移動や物流のため過度のエネルギー浪費につながること，生態系が広範に分断されることなどの課題が残されている．一般に，自然は永久不変で，人工的に作った建物などは短命だと思われがちであるが，世界各地の神殿やピラミッド，奈良斑鳩の法隆寺など宗教建築においては，永い時の試練に耐え，現在に至っているものもある．

　重要なことは，長期ビジョンを持ち，周到に計画し，丹念に作られ，かつ適正に建物を維持管理し続けることではないか．私たちが目指すものは，個々の敷地ごとに独立して建てられる建物ではなく，多面的利用が可能な連結超高層からなる立体都市であると考える．その実現性に関しては，既に日本建築学会やハイパービルディング研究会によって，計画・構造・設備および運用管理に至るまで，様々な検討・提案がなされている．その成果を踏まえ，今回，以下に示すホメオスタシス建築（ホメオスタシス：恒常性維持機能）を提案したい．

　気候や災害はもちろん，居住者の家族構成や土地利用などの変化にも対応させるため，健全性を維持する機能を組み込むことによって，二酸化炭素発生量を30%削減し，寿命3倍増を達成する建物である．建物全体を覆う外壁は，センサーで通風や熱収支をコントロールし，エネルギー消費を低減させる．構造部材に埋め込まれたマイクロチップは力学的ひずみや変形を自己診断し，即座に修復の要否が判断できる．間取りや内装は都合に応じて変更できるスケルトン＆インフィル方式（構造材と内装が分離された方式）で，所有者の変更や周辺環境の変化によって住宅やオフィス，商業施設へと，部分的に変更できる．建物の物理的な寿命より切実な社会的・経済的寿命を伸ばすことができ，変化の早い企業やユーザーのニーズにも対応しやすい空間となる．

　この建物を実現・維持するためには，立体搬送物流システムが必要となってくる．膨大な量の郵便物・宅配便・食品類などの生活必需品の輸送には自動物流搬送システムが活躍し，また建設，引越し荷物，建物の維持管理に伴う大型・重量物品，資材などのための立体都市独自の物流搬送システムも必要となる．この立体都市には，最先端の情報技術（IT）によって多様化するワークスタイルに対応した情報環境を提供するとともに，職・住・遊・学など，様々な機能の融合により，ビジネスマン，外国人，高齢者，身体障害者，主婦および子供といった多種多様な人々の新たな出会いを生み，豊かなライフスタイルが享受できるようになるのである．

　2001年，内閣府に設置された都市再生本部によって，日本国内に多くの都市再生プロジェクトが動き出している今こそ，絶好の機会と言えるのではないか．山積する課題を解決する連結超高層の立体都市は，遠い夢物語に過ぎないとはいえない．

［森田真弘］

図 5.1.4 サイクル工程状況写真

打ち込まれたハーフPCa板を使用する．現場ではこれらの部材を組み立て，主筋を接合し，現場打ちコンクリートで一体化する．これらの部材を使用して構築する階を基準階と称し，図5.1.4に示す施工手順に従って1フロアごとに組み立て，構築する．このように繰り返し行われる工程をサイクル工程と呼ぶ．1フロアの面積が大きい場合は工区分割を行い，同じサイクル工程で数日ずらしながら進め，建設機械のダウンサイズ，作業員の平準化，および工期短縮など生産性の向上を図っている．

[瀬口健夫]

文　献

1) 二階　盛：建築工事工法事典，p.669，産業調査会事典出版センター（1989）

5.2　ドーム建築

わが国の大規模ドームは，1988年日本で初めて屋根付き球場としてオープンした東京ドームに始まる．その後，野球やサッカーを主用途としたスパン200m級のドームをはじめ，市民利用の中規模多目的ドームが自治体により数多く建設された．

5.2.1　ドームの構造

ドームの構造を剛性の大小で分類すると，スペースフレームやシェルに代表される「剛」なシステムと，吊り構造や空気膜構造のような「柔」なシステムに分かれる．最も多く利用されているスペースフレームでは，放射材と円周材を幾何学的に配したパラレル，ネットワーク，ラメラなどと呼ばれる形式のものや，均質なユニットを組み合わせた2方向格子，3方向格子，ジオデジックなどの形式が多く用いられている．

ドームは一般に，放射方向への圧縮力と円周方向への引張力で自重と外力に抵抗し，閉じられた系が最も合理的なシステムとされる．しかし，開閉式ドームやドームの一部を切断した形態など，ドームとして構造の合理性を失う場合には，キートラスなどメガストラクチャーをこれらの架構に組み合わせるなど工夫し，斬新な空間構成を実現している．

5.2.2　ドームの施工

ドーム構造は通常の建築物と比較し，架構形式そのものが施工法の選択に大きく影響する．架構形式以外の施工法の選定要素・制約条件は，①境界および支持構造，②施工期間，③敷地内作業スペース，④屋根スパン・高さ，⑤揚重機の制限，⑥2次部材・

屋根仕上材，⑦架構の接合方式，⑧温度変化に伴う変形や応力，⑨ベント（仮支柱）の集中力に対する耐力などである．

さらに，スパン200m級のドーム屋根施工は，半年から1年の長期間にわたるため，総合仮設計画や工程計画立案時においては，他工事への影響を十分配慮し，安全性，経済性などを含めた総合的な検討が必要である．

a. エアドーム（空気膜構造）の事例（東京ドーム/竹中工務店，1988年）

エアドームの施工は，ケーブルが懸下された状態で膜の工事が行われるため，この段階では雨，雪，風対策が重要となる．膜の施工完了後に加圧送風機

図5.2.2 インフレート過程

図5.2.1 東京ドームのインフレート開始

図5.2.3 インフレート完了

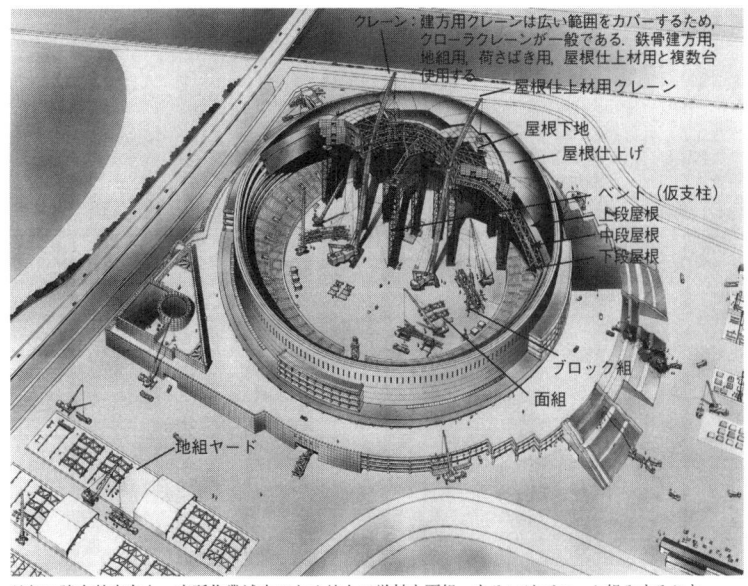

地組：建方効率向上，高所作業減少のため地上で単材を面組，あるいはブロック組みすること．
ベント（仮支柱）：屋根建方期間中の屋根を一時的に支持する仮設の柱．パイプ，アングルなどのトラスで構成された鉄塔である．

図5.2.4 福岡ドーム施工状況パース

により空気を送り込み，膜屋根を膨らませる．このインフレート時，自重と空気圧がほぼつり合った状態にあるため，膜屋根は非常に不安定な状況になる．このため，この挙動を正確に分析し，インフレートの制御・管理に反映させることが施工計画上最も重要である．

b. ベント（仮支柱）工法の事例（福岡ドーム／竹中工務店，1993年）

福岡ドームの屋根は，開閉式でラメラシステムを分割した架構である．このため，屋根3枚が重なる全開状態の位置でベントを用いて支えつつ，各屋根を組み立てていく方法を採用している．屋根架構の組立完了後，荷重制御またはたわみ制御方式でジャッキダウンを行い，屋根架構とベントとの縁を切り，屋根を完成させている．

c. プッシュアップ工法の事例（なみはやドーム／竹中工務店，1996年）

プッシュアップ工法は，地上で組み立てた大屋根を油圧ジャッキなどで押し上げる工法である．なみはやドームは，架構（立体トラス）にヒンジを設け，構造を折り畳んだ状態で組み立て，ドームの完成形状まで押し上げるパンタドーム構法を採用して

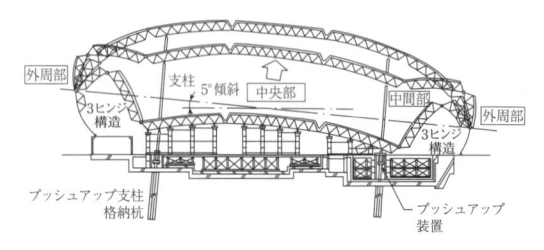

図5.2.5 なみはやドームの断面図

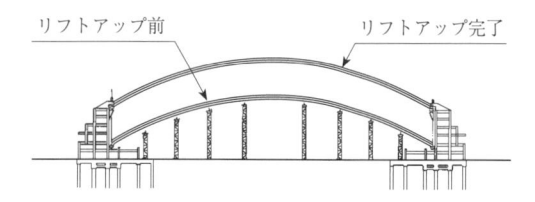

図5.2.8 ナゴヤドームの断面図

図5.2.6 プッシュアップ前

図5.2.9 リフトアップ前

図5.2.7 プッシュアップ完了

図5.2.10 リフトアップ後

d. リフトアップ工法の事例（ナゴヤドーム/竹中工務店，1997年）

ナゴヤドームの屋根架構形式は，単層の3方向格子である．地上付近で架構を組み立て，完成形の閉じた系としてリフトアップしている．リフトアップ工法を採用すると，下部躯体工事と屋根工事の同時作業が可能となり，工期上大きなメリットがある．また，地上付近で仕上工事まで行うことが可能であり，大幅に高所作業が減少し，安全性と施工精度の向上が図れる．吊上げ装置として油圧ジャッキ，ウインチなどが用いられ，吊り荷重や部材応力，水平状況の監視などにかかわる高度な計測・制御管理技術が要求される．

e. 横移動工法の事例（大分総合競技場/竹中工務店，2001年）

横移動工法は，大架構をいくつかのブロックに分割して組み立て，順次横移動させながら全体を構築する．横移動装置としては，ウインチ，油圧ジャッキ，台車（または滑りシュー）などが用いられる．大分総合競技場の屋根は開閉式で，固定屋根と可動屋根

図 5.2.13 可動屋根鉄骨完了

図 5.2.14 可動屋根膜完了

図 5.2.11 大分総合競技場の横移動前（可動屋根）

図 5.2.12 横移動完了（可動屋根）

があり，前者はベント工法，可動屋根の一部は本設の開閉装置を用い，横移動工法で施工されている．

f. 組合せ工法の事例（札幌ドーム/竹中工務店，2001年）

札幌ドームは，天然芝サッカーフィールドが屋内外を出入りするため，スパン90mにわたり屋根を直接支持するものは存在しない．したがって，屋根架構（2方向格子）はその上空部分で切断された形となり，それだけでは構造安定性が損なわれる．そこで，スパン90mのブリッジを渡し，屋根開口部両端の支持点からこのブリッジをケーブルで吊り，切断された屋根開口端に生じるスラストをブリッジの自重から生じる力とバランスさせ，構造的に閉じ

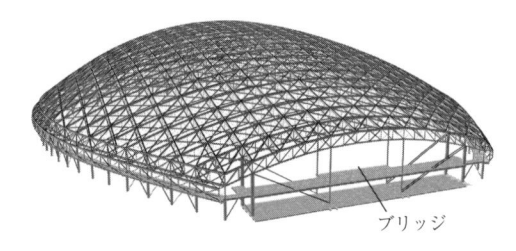

図 5.2.15 札幌ドームの屋根架構パース

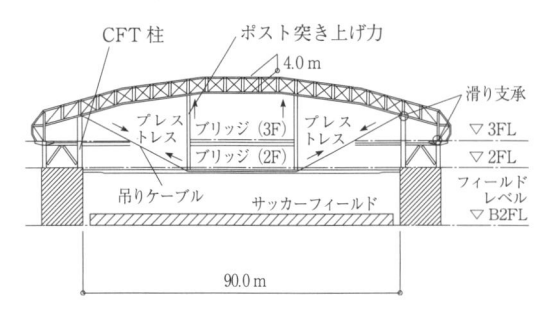

図 5.2.16 ブリッジ立面図

図 5.2.17 ブリッジ内観

た架構として成立させている．施工の最大のポイントは，ベントに支えられた屋根と吊り構造のブリッジ部を，スラストとケーブル張力の均衡を図りつつ，ジャッキダウン＋プレストレス導入することにあった．
［深尾康三］

5.3 鋼管コンクリート構造

5.3.1 概　要
a. 構造と特徴
鋼管内にコンクリートを充填した構造部材を鋼管コンクリート構造，または CFT（Concrete Filled steel Tube）構造と呼ぶ．（図 5.3.1）．一体化された鋼管とコンクリート，それぞれの長所を生かした構造で，耐震性能・耐火性能に優れた特性を発揮する．CFT 構造を柱に採用することにより，建築物においては計画の自由度が高く，柱断面がコンパクトな建物が可能である．

b. 鉄とコンクリートの相乗効果
鋼管内部の充填コンクリートが鋼管の局部座屈を抑制すると同時に，鋼管が充填コンクリートを拘束し，コンクリートの見かけの強度を大幅に増大させ

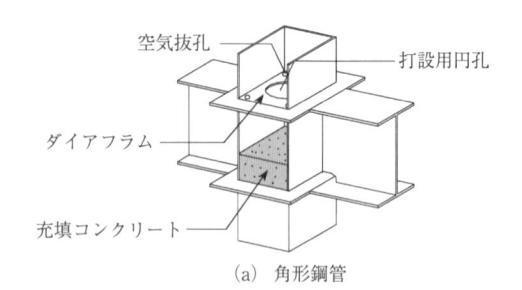

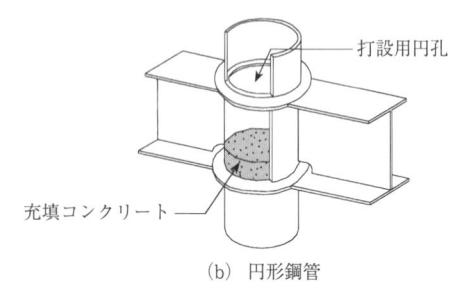

図 5.3.1 CFT 構造概念図
(a) 角形鋼管
(b) 円形鋼管

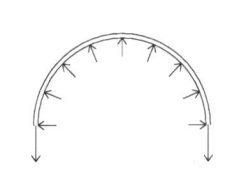

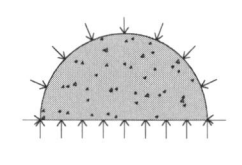

図 5.3.2 鋼管とコンクリートのコンファインド効果
・充填コンクリートが鋼管の局部座屈を抑制
・鋼管がコンクリートを拘束 コンクリート強度増大 コンクリート靭性増大

る．鋼管とコンクリートの性能を単純に足し合わせたものより，大きく構造性能が向上する．これらを鋼管とコンクリートの相互拘束効果（コンファインド効果）という（図 5.3.2）．

c. 接合部の特徴
鋼管の中にコンクリートを充填するため，柱梁の接合部（パネルゾーン）には工夫が必要となる．密実なコンクリート充填，鉄骨梁から CFT コンクリートへの確実な応力伝達などが可能なディテールとする．接合部の一例を図 5.3.1 に示した．

5.3.2 構造性能
a. 耐震性能
地震時に水平力を受けた CFT 柱は，エネルギー吸収能力の大きい紡錘形の安定した復元力特性を示し，繰返し載荷による耐力低下も少ないことが確認されている（図 5.3.3）．部材耐力（曲げ，せん断，軸方向），部材剛性，変形性能などの耐震性能に優

れた構造部材である（図5.3.4）．

b. 耐火性能

CFT柱は内部に熱容量の大きいコンクリートが充填されているため，鉄骨造の柱と比較して耐火性能に優れている（図5.3.5）．一定の条件下では耐火被覆を取り止めること（無被覆耐火），または耐火被覆の仕様軽減が可能である（図5.3.6）．

5.3.3 施　工

a. 特　徴

鋼管の内部にコンクリートを確実に充填する必要があり，下記の充填施工法があげられる．CFT構造の性能は，充填コンクリートの品質に大きく左右される．柱梁接合部ダイアフラム下部に空隙を生じさせないような，密実で均質な充填と確実な強度発現を保証できるコンクリート調合，および打設工法を採用する必要がある．

b. コンクリートの充填施工法

鋼管内へのコンクリートの充填方法は，①落とし込み方式，②圧入方式，③流入方式などがある．落とし込み方式は鉄骨建方後，上階柱頭部よりトレミー管またはフレキシブルホースなどを用いて充填する方法である．圧入方式はコンクリートポンプを使って，建方後の鉄骨柱脚部の圧入孔よりコンク

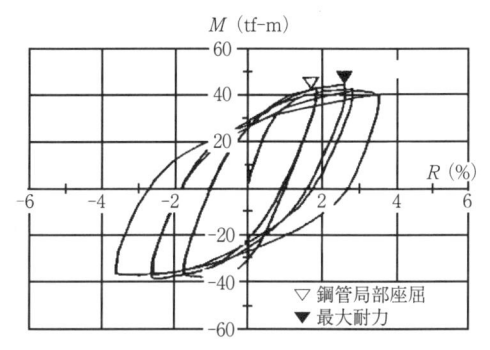

図 5.3.3 CFT柱の荷重－変形関係（実験結果）

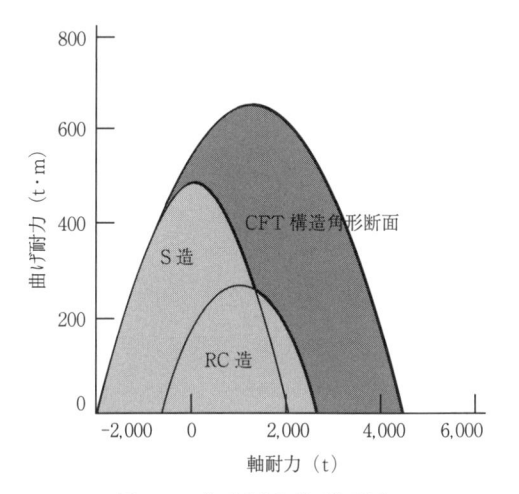

図 5.3.4 曲げ耐力比較（検討例）

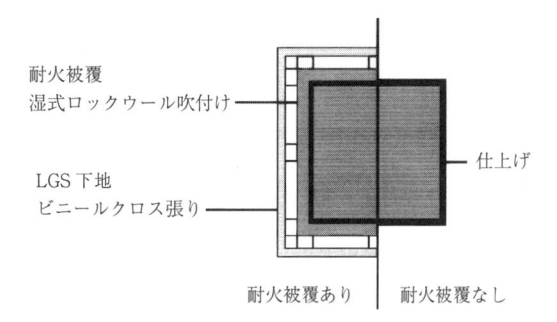

図 5.3.6 耐火被覆の有無比較例

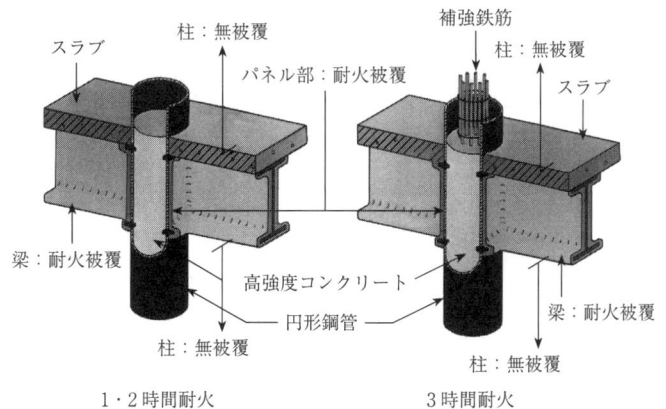

図 5.3.5 無被覆耐火工法概念図

(a) 圧入方式　　(b) 落とし込み方式

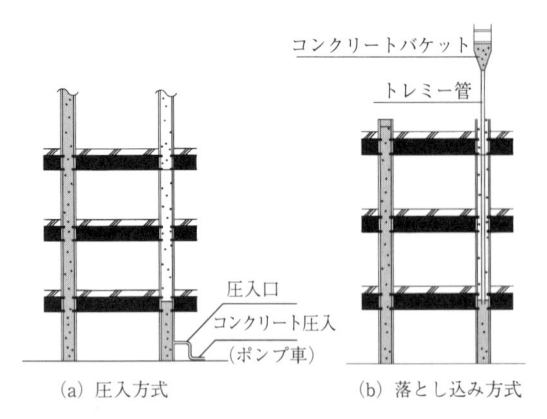

図 5.3.7 コンクリートの充填施工法

リートを連続的に圧入する方法である（図5.3.7）．流入方式は建方の前に，ヤードなどにねかされた鋼管にミキサー車からコンクリートを流し込み充填する方法である．通常は落とし込み方式か，圧入方式が採用される．

c. 留 意 点

充填コンクリートはブリーディングおよび沈降が極度に小さく，かつ流動性が高く分離の少ない調合とする必要がある．フレッシュコンクリートおよび硬化コンクリートの品質管理は，入念に行わなければならない．1回のコンクリート打設高さが高く，連続的に充填打設される場合が多いが，コンクリートの側圧（圧入方式の場合は圧送圧）が鋼管に作用するため，特に角形鋼管の場合では鋼管が面外に膨らんだり，鋼管に過度の応力が作用する可能性がある．また，コンクリートの打設速度（通常1m/分以下）が速いと鋼管の内部に空気だまりが発生しやすく，鋼管を膨らませたり鋼管内にコンクリートを閉塞させる可能性がある．コンクリートの充填方法，打設高さ，打設速度などを総合的に検討する必要がある．

[中山光男]

文　　献

1) (社) 新都市ハウジング協会：CFT構造技術指針・同解説，(社) 新都市ハウジング協会 (2001)

5.4　プレストレストコンクリート構造

5.4.1　プレストレストコンクリート

プレストレストコンクリート（Prestressed Concrete：PC）とは，PC鋼材の緊張力により事前にコンクリートに圧縮力を与えておき，部材や架構に発生する引張応力を打ち消す工法である．諸条件の常時荷重に対し，ひび割れ発生の防止，またはひび割れ幅やたわみの制御ができる設計が可能である．コンクリートの引張応力を認めないフルプレストレス（FPC），許容引張応力を許すパーシャルプレストレス（PPC），RC造でひび割れ幅を制御する構造をプレストレス鉄筋コンクリート造（PRC）と呼んでいる．PC構造は，主に長大スパンを飛ばす目的に使われ，使用される建物用途としては競技場，体育館，倉庫，卸売市場，駐車場，最近では学校建築にも多く採用されている．

5.4.2　プレストレスの導入方法

プレストレスの導入方法には，プレテンション方式とポストテンション方式がある．

プレテンション方式は，反力台（アバット）にPC鋼材を緊張しておき，コンクリートを打設，コンクリート硬化（所定強度確認）後PC鋼材の緊張を解除して，PC鋼材とコンクリートとの付着によりコンクリートにプレストレスを与える方法である．この方式は，アバットなどの設備が必要となるため工場で施工されることが多く，工場製品として建築では競技場観覧席の段床，合成床板，壁板などに，土木では桁，PC床板などの製作に用いられる．

プレテンション方式	ポストテンション方式
(a) PC鋼材緊張	(a) コンクリート打込み
(b) コンクリート打込み	(b) PC鋼材緊張，端部定着
(c) 緊張解除	(c) グラウト

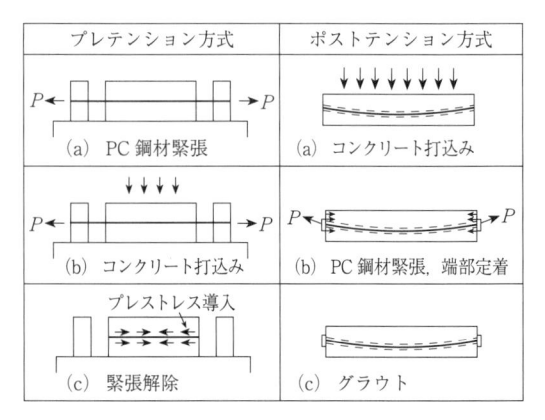

図 5.4.1 プレテンション方式とポストテンション方式の施工手順[5]

ポストテンション方式は，コンクリート硬化後にジャッキで PC 鋼材を緊張し，部材端部に埋め込まれた定着具を介してコンクリートにプレストレスを与える方法である．場所打ちの部材（サイト PC 含む）にはほとんどこの方式が用いられ，また工場製品としても，大型部材や PC 組立工法の柱・梁の接合に用いられている．図 5.4.1 にプレテンション方式とポストテンション方式の施工手順を示す．

5.4.3 プレストレストコンクリートの材料

a. コンクリート

コンクリートの設計基準強度は，プレテンション方式の場合で $35\,\mathrm{N/mm^2}$ 以上，ポストテンション方式の場合で $30\,\mathrm{N/mm^2}$ 以上の高強度コンクリートが使用される．また，プレストレスト鉄筋コンクリート造の基準強度は $24\,\mathrm{N/mm^2}$ 以上である．

プレストレス導入時のコンクリート強度は，導入直後の最大圧縮応力度の 1.7 倍以上，かつ，プレテンション方式の場合は $30\,\mathrm{N/mm^2}$，ポストテンション方式の場合は $20\,\mathrm{N/mm^2}$ 以上とされている．

b. PC 鋼材

PC 鋼材には PC 鋼棒，PC 鋼線，PC 鋼より線の 3 種類があり，PC 鋼棒は主に柱や短スパンの柱・梁の接合に使用される．これまで一般的には丸形 PC 鋼棒が使用されているが，最近では付着をよくするために異形 PC 鋼棒も使用されることがある．PC 鋼線は細径のため，薄肉板のプレテンション部材に使用される場合が多い．PC 鋼より線は 2 から 19 本のより線があり，2 から 7 本よりはプレテンション部材に使用されているが，近年では 7 本より線が主流となっている．また，7 本よりはシングルストランドから 7・12・19 と最大 60 本程度までの組合せも可能で，現場緊張のポストテンション梁やプレキャストコンクリートの組立接合に数多く利用されている．

c. 定着具（支圧板）

各種工法があるが，ねじ定着とくさび定着に分けられる．

ねじ定着は PC 鋼棒の端部にねじを切り，ナットで定着するものである．1 本または束ねたより線を鋼製マンションと圧着し，外周に設けたねじで定着する工法もある．代表的な工法として，PC 鋼棒工法，SEEE 工法などがあり，定着時のセットロス（鋼材の食い込み）がないため，短スパンの緊張も可能で再緊張もしやすい特徴もある．

くさび定着はモルタル製や鋼製のくさびで定着する工法で，PC 鋼線や PC 鋼より線の定着に用いられる．代表的な工法として，アンダーソン，FKK フレシネー，VSL 工法などがある．また，ボタンヘッドとねじ，くさびとねじを複合した定着方式として BBR，OSPA 工法などがある．

d. シース

ポストテンション方式の PC 鋼材は，シース内に配置される．シースの材質は一般的には厚さ 0.3 mm 程度の帯鋼板を円筒形に巻いたものを使用する．耐食用として亜鉛鉄板やステンレス製，最近では土木の桁などの塩害対策用としてポリエチレン製シースも使用されている．

e. グラウト

グラウトの目的は PC 鋼材を腐食から保護し，部材本体のコンクリートとの一体性を確保することである．グラウト材はセメント・水・混和剤から構成され，水セメント比は 45 % 以下，ブリーディング率は 3 % 以下となっているが，最近ではノンブリーディング型の混和剤が開発され，利用されるようになってきた．また，圧縮強度は $20\,\mathrm{N/mm^2}$ 以上と規定されている．従来，グラウトは PC 鋼材緊張後に行うものと決まっていたが，近年プレグラウト PC 鋼材が開発され利用されている．この鋼材は，未硬化の樹脂を充填したポリエチレンシース内に PC 鋼材を収納したもので，硬化時期の調整が可能である．また，アンボンド PC 鋼材はポリエチレンシース内にグリースなどを充填したもので，PC 鋼材とコンクリートとの間には付着がない構造で建築物のスラブに実績が多い．

5.4.4 施工時の留意点

a. シースおよび PC 鋼材の配置

コンクリートの打込み時に，シースとシースの接続部，シースと定着具との接合部からセメントペーストが流入しないよう注意する．また，コンクリートの締固めやバイブレーターによる振動でシースが動かないように堅固に保持する．

PC 鋼材の配置の許容誤差は，部材最小寸法が 20 cm 未満の部分は ±0.7 cm，20 cm 以上 60 cm 未満の部分は ±1.0 cm，60 cm 以上の部分は ±1.5 cm を標準として管理するとよい．

b. プレストレッシング

プレストレス導入前には，必ずコンクリートの圧縮強度を確認し，設計図に記載されている緊張順

序，緊張方向に従い緊張作業に入る必要がある．

緊張管理は事前に作成した緊張管理図をもとに行う．緊張管理手法には，摩擦係数をパラメーターとした管理手法と荷重計示度と伸びによる管理手法があるが，建築工事では荷重計示度と伸びによる管理手法を採用することが多い．緊張作業中管理表から著しく外れた場合は直ちに作業を中断し，異常原因を調査することが必要である．

5.4.5 プレキャストプレストレストコンクリート構法

プレキャストプレストレストコンクリート構法は，工場製作されたプレキャストコンクリート部材を現場で組み立てるため工期短縮が図れ，かつ，高品質，高強度，高耐久性のある建築物が構築できる構法である．また，在来工法であれば合板型枠を使用することが一般的で，プレキャストで工場生産することにより作業所での型枠が不要となり，環境に配慮した工法であるといえる．

柱・梁・床板が部品として現場搬入されるが，重量物かつ，長尺であることが多く，事前に搬入計画，揚重計画が非常に重要となる．また，工場製作の部材は建方時期の約2カ月前より開始されるため，施工図を早く確定する必要がある．

工場選定にあたっては工場の生産能力を十分に調査し，作業所規模によっては複数工場へ発注依頼する必要が生じるが，工場間の調整もさることながら，コンクリートの色の違いなども配慮して部位ごと，工区ごとなど使い分けを検討する必要がある．

［清水健司］

文　献

1) (財)日本建築センター：プレストレストコンクリート造設計施工指針 (1983)
2) 日本建築学会：プレストレストコンクリート設計施工規準・同解説 (1998)
3) 日本建築学会：プレストレスト鉄筋コンクリート (III種PC) 構造設計・施工指針・同解説 (2003)
4) 日本建築学会：建築工事標準仕様書・同解説，JASS 5 (鉄筋コンクリート工事) (2003)
5) 日本建築学会関東支部：プレストレストコンクリート構造の設計 (1988)
6) 関西PC研究会：魅力あるコンクリート建物のデザイン，技報堂出版 (2000)

5.5 スライディングフォーム工法

スライディングフォーム工法 (sliding form construction method) は，型枠をコンクリート面の上部方向にスライドさせながら，そのスライド高さ分に相当する鉄筋とコンクリートを供給しつつ，RC造の筒状構造物を構築する工法である．特徴は，地上から最上部まで短期間に昼夜連続で一気に構築すること，コンクリートの打継ぎ部がないため気密性の高い構造物を構築できること，短期間に一気に構築するため一度に多くの作業員が必要なことなどである．

穀物用のサイロとしてコンクリートの筒体の構築に適用されることが多い．害虫駆除のための燻蒸ガスが漏れないよう，高い気密性が要求されるからである．そこで，サイロの工事を例に説明する．

型枠は，1,200～1,500 mmの高さでハの字形にややテーパーを付けたものを用いる．支保工はヨークと呼ばれる門形の鉄骨フレームに固定され，地上から構造物内部に埋め込んだ鋼管（図5.5.1中のロッド：多くは直径34 mm）を反力として押し上げられる．スライドさせる速度は毎時30～50 cm程度である．全体のスライド工事時間の計画をもとに，コンクリート強度発現時間と型枠高さとスライド速度などを計画し，実施工ではコンクリートの若齢強度を計測しながらスライドさせていく．

作業床は，コンクリート打設作業，配筋作業のた

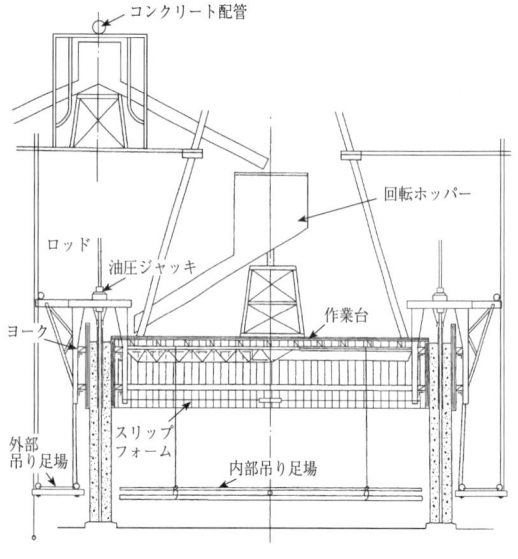

図5.5.1 サイロ施工仮設断面図

図 5.5.2 コンクリートサイロ施工状況

図 5.5.4 センターホールジャッキ

図 5.5.3 コンクリートサイロ夜間施工状況

図 5.5.5 クライミングフォーム工法による煙突施工状況

めの作業床を型枠の天端高さに設ける．その上に作業床を設け，コンクリート供給のためのコンクリート配管および切替え器を設置する．また，左官がコンクリート表面をこて仕上げするための吊り足場を内外部に設ける．

コンクリートは地上からポンプ圧送する．最上段の作業床に設置したコンクリート配管から切替え器によりいったん回転ホッパーにコンクリートを受ける．回転ホッパーを回しながら型枠が上昇してできた空間分だけコンクリートを供給し，電動式棒状バイブレーターで締め固める．

鉄筋はクレーンで地上から吊り上げる．縦筋は比較的短い長さで継ぎ足し，補助金具により自立できるようにする．横筋はあらかじめR曲げ加工したものを作業床に仮置きし，スライドにつれてヨークと型枠の間にできる空間に配筋をする．

コンクリート躯体内部に地上から建てた鋼管を反力として，型枠，作業床など仮設装置すべてを押し上げるため，各ヨークにセンターホールジャッキを設置する（図 5.5.4）．このジャッキは油圧式で，上下の楔式のチャックで鋼管を交互に把持しながら尺取虫的に全体を押し上げる．鋼管は保護管によりコンクリートと一体化させず，スライド工事終了後引

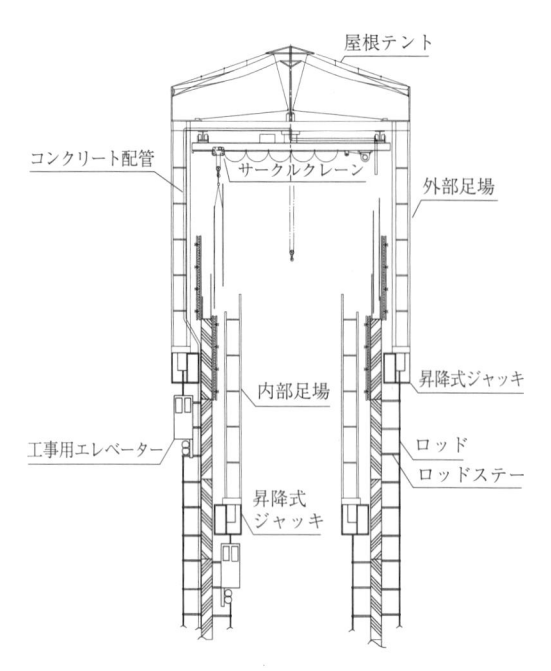

図5.5.6 クライミングフォーム工法による煙突施工仮設断面図

き抜き,その引き抜いた跡の孔にモルタルを注入する.

スライドするときの水平保持制御は,水盛り管を利用して行うことが多い.水平方向の位置計測は,レーザー計測器や下げ振りの利用などによる.全体に水平方向の変位は小さいが,場合によっては油圧ジャッキの作動順序を変えることで修正することもある.

サイロ以外に,最近では変形断面を持つ煙突などにも適用され,コンピュータ制御など機械化が高度化している.

スライディングフォーム工法は滑動型枠工法またはスリップフォーム工法（slip form construction method）とも呼ばれている.

一方,スライディングフォーム工法から派生した工法でクライミングフォーム工法がある.これは大型パネル型枠を用いて,1回のコンクリート打設高さを3.0～6.0m程度とし,型枠,作業足場ほか仮設装置全体を構造物の周囲に地上から建て,鋼管を反力として上昇させ,躯体を構築するものである.最上部を構築後は内部の仮設を取り除いた後,下降して地上で解体するものもある.この工法は橋脚や煙突に適用されることが多い.　　　[磯村　渉]

5.6 リフトアップ工法

5.6.1 工法概要

リフトアップ工法とは,"大屋根などの構造物を地上で組み立て,先行して構築した躯体あるいは仮設柱上に設けた吊上げ装置で,所定の高さまで吊り上げて架設する方法"である.大屋根の建方工事では,全面に必要としていた足場・仮設柱などの仮設材の削減によるコストの低減と工期の短縮,高所作業の低減による作業性・安全性の向上と建方クレーンの小型化などのメリットが期待できる.

リフトアップ工法は,1978年,大阪万国博覧会のお祭り広場の立体トラス屋根（規模100m×300m,高さ36m,重量約4,500t）やパビリオンなどの建設に本格的に使われ始め,その後の成田空港の旅客ターミナルビル,ジャンボジェットの格納庫の屋根工事に採用されるなど,吊上げ装置の進歩とともに施工法として定着してきた.現在では,野球場のドーム屋根（直径187m,重量約1万t）をはじめとするスポーツ施設,展示場の屋根,橋桁の架設や火力発電所における上昇・下降操作による機器の据付けなど,建築・土木・プラント工事の多方面で使われている.

5.6.2 工法の選定

工法の選定は,対象となる構造物の構造形式,形状,規模,現場条件,工期,コストなどを在来工法と比較して総合的に判断して決定する.

省仮設化工法には,「吊り上げる」リフトアップ工法のほかに,「押し上げる」プッシュアップ工法,「横に引き出す」横引き工法,「足場・仮設柱を盛り替える」移動構台工法がある.

5.6.3 吊上げ方法

大屋根などの構造物を吊り上げるには,吊上げ装置の反力となる構造体が必要となる.利用できる構造体には,①あらかじめ施工した柱,壁などの本設躯体に反力をとり,リフトアップ完了後接合する方法,②仮設柱を設けて反力をとり,リフトアップ後,本設柱を建て込み,仮設柱を撤去する方法,③本設躯体と仮設柱の併用,がある（図5.6.1）.

5.6.4 吊上げ装置

吊上げ装置には,主として油圧ジャッキ方式が

5.6 リフトアップ工法

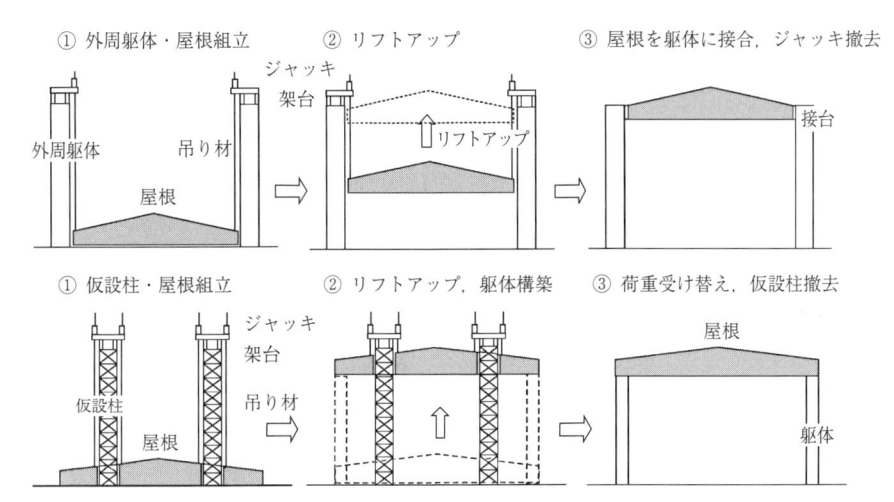

図 5.6.1 本設躯体または仮設柱による吊上げ方法
(出典:*Bulletin of I.A.S.S.*, Vol. XXV-1/2, p. 76 (1984))

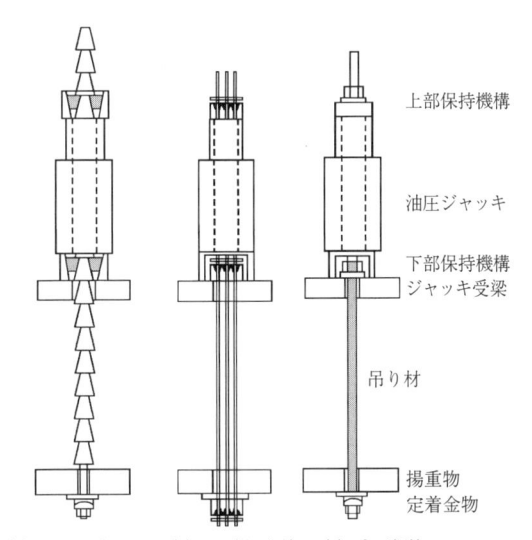

(a) ステップロッド　(b) PC鋼より線　(c) ネジ鋼棒
図 5.6.2 リフトアップ用ジャッキ

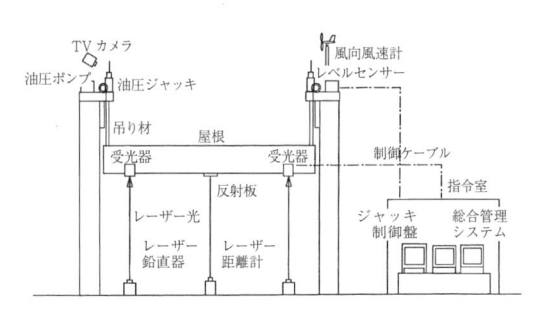

図 5.6.3 リフトアップ制御システム図

使われる．能力が30～400t/台と大きく，多数台の同調運転が容易である．上昇スピードは，一般的には2～5m/h程度である．特殊仕様のジャッキでは，30m/h以上を実現している．

ジャッキには，ピストン側とシリンダー側に吊り材を固定する保持機構があり，ピストンの往復運動に連動させて保持機構を開閉することで，構造物の上昇・下降操作ができる装置となっている．

ジャッキを吊り材別に分類すると，ステップロッド，PC鋼より線，ネジ鋼棒，ワイヤーロープ，リンクプレート方式がある．図5.6.2に代表的なリフトアップ用ジャッキを示す．

ジャッキの制御装置は，コンピュータ化されており，各吊り点のジャッキを個別または一斉に遠隔操作する機能，各吊り点の荷重，レベル（上昇量）状況を表示する機能，各吊り点のレベルを自動的に揃える機能，荷重異常や監視員からの非常停止機能がある．リフトアップ中，屋根架構の各吊り点のレベルを水平に保ち，吊上げ荷重が設定値以内となるよう，ジャッキを自動制御している（図5.6.3）．

5.6.5 計画時の検討事項

a. 吊り点位置により架構に生ずる応力の確認

ジャッキ吊り点は，柱などの接合位置に設ける場合が多い．吊上げ時の屋根架構は両端自由の単純梁構造となるため，構造形式によっては原設計の応力状態とは異なり，補強が必要な場合もある．

b. リフトアップ中の架構に作用する力

リフトアップ中，架構の剛性や重心位置の違いにより吊り点に偏荷重を生ずる場合がある．一般的には分担荷重の1.2倍以上を設計吊り荷重として，架

構全体の部材応力および変形量の確認と仮設材の設計を行う．また，地震風などの水平力により，架構全体が安全であることを確認する．

c. 接合方法

接合部には，接合端の回転，建方・温度差による X, Y, Z 方向の寸法誤差を生ずる．計画時においては，接合部の回転角，建方・温度差による誤差を吸収できる納まり詳細を検討する．

d. 仕上材の取付け時期

屋根の変形量が仕上材に与える影響が大きく，地切り後に仕上材を取り付けるのが一般的である．地切り前に取り付ける場合には，屋根変形量に対する仕上材の追従性や納まり，取付け方法を検討する．

5.6.6 施工時の留意点

a. 地切り

各吊り点のジャッキを設計荷重をもとに段階的に加力して，屋根を地組架台より浮かし，すべての荷重をジャッキへ移し替える作業である．このとき，加力段階ごとに屋根各部の上昇量，ジャッキ架台などの沈下量の実測，吊り点部の局部変形，ジャッキ装置の点検などを行い，屋根架構，仮設材に異常のないことを確認する．

b. リフトアップ中

屋根を平行に吊り上げるため，ジャッキ制御装置で表示される上昇量の管理だけでなく，別の3次元測量器やレベルで吊り点レベル値を実測し，照合調整する必要がある．

c. 接合時

接合レベル手前でいったん停止し，接合部のクリアランスの確認，残り上昇量を実測し，レベル調整を行う．接合部の誤差を修正するため，ジャッキによる修正治具が使われることがある．

5.6.7 リフトアップ工法のコスト

リフトアップ工事費は以下の項目で構成される．

① 吊上げ装置費：ジャッキ専門業者が担当するもので，ジャッキおよび吊り材の使用料・整備費・運搬費，装置の組払いとリフトアップに伴う指導員の人件費，計画費

② 仮設費：ゼネコンが担当するもので，仮設柱・足場，ジャッキ受け梁・吊り点部の鉄骨変更，鉄骨補強費，装置の組払いとリフトアップに伴う鳶工・鍛冶工などの人件費

③ 技術管理費：ゼネコンの施工計画，工事管

図 5.6.4 地下タンクRC屋根リフトアップ工事

理，構造解析費

吊上げ装置費は，ジャッキ台数，吊り点個所数，使用期間に左右される．仮設費は，構造形式や吊上げ方法により大きく変わる．トータルコストの低減，工期短縮を図るため，設計段階から施工法を取り入れた構造計画を行う必要がある．

5.6.8 安全管理

リフトアップ工法では，規模の大小に関係なく高所で重量物を扱っているという意識が重要である．作業員の作業内容の周知徹底，作業環境の整備などの作業の安全確保と，第三者の安全確保に十分配慮した安全管理計画を行うこと．平成11年10月1日に労働安全衛生規則の一部が改正され，「ジャッキ式吊上げ機械」を使用する工事の労働災害防止について強化された．これら内容を十分熟知して安全の向上に努める必要がある．

[蓑輪達男]

5.7 建築用ロボット

5.7.1 研究開発の経緯

自動車産業などにおける産業用ロボットの輝かしい成果が契機となって，建築生産へのロボット導入に関する研究が着手されたのは1978年からであった．「建築工事に係わる自動化システム策定研究委員会」（委員長：長谷川幸男早大教授，日本ロボット工業会）において，内外装工事や鉄筋・型枠組立の自動化について調査研究が行われ，その後ゼネコン11社，メーカー2社からなる共同研究プロジェクト（WASCOR：Waseda Construction Robot Project）が発足し，本格的なロボットの研究開発が開始された．

大手ゼネコンも独自に技術開発へ取り組み，1982年には建築現場に第1号のロボット（耐火被覆吹付けロボット：清水建設）が登場し，10年間で100を超える機種が開発された．

日本建築学会では，1985年に「建築生産におけるロボット技術に関する小委員会」（主査：田村恭早大教授）が設置され，建築施工ロボットシンポジウムを開催するとともに，要素技術や適用技術などに関する詳細な調査結果を報告書にまとめ公表した．建築業協会や先端建設技術センター・日本建設機械化協会においても，委員会活動を通してロボット化・自動化・省力化への取組みを進めた．建設省（現国土交通省）は1990年度より総合技術開発プロジェクト「建設事業における施工新技術の開発」を立ち上げるとともに，パイロット事業や優遇税制などの活用を図って，行政的立場から積極的な支援を行った．また，通産省（現経済産業省）は1983年度から極限作業ロボットプロジェクトを，1990年度から知的生産システムの国際共同研究プロジェクトを開始した．さらに，1998年度からは「人間協調・共存型ロボットシステム」の研究開発を実施中であり，「産業車両などの代行運転」や「屋外共同作業」への応用では，建築工事を対象とした二足歩行ロボットの開発が含まれている[1]．

一方，海外においても1984年にカーネギーメロン大学で国際建設ロボットシンポジウム（ISARC）の前身となるワークショップが開催され，同シンポジウムも2006年10月に第23回（日本）を迎えた．

図5.7.1 外壁タイル診断ロボット（大林組）

図5.7.2 建材ハンドリングロボット（鹿島，コマツ）

5.7.2 開発の目的

対象作業の内容や適用現場の条件などによって，開発のコンセプトや性能・仕様は個々に異なるが，目的とするところはおおむね以下の項目である．

① 省人化・省力化など作業人員の削減
② 工期や作業時間の短縮
③ 危険からの作業者の解放など安全性の向上
④ 作業者の疲労や生体負担の軽減
⑤ 品質の確保・向上
⑥ コストの低減
⑦ 人間にできない作業の実施
⑧ 工事公害の防止や環境負荷の抑制

5.7.3 開発事例と建築用ロボットの特徴
a. 開発事例

多岐にわたる建築工事を対象に，約170機種のロボットが開発されている．鉄筋の加工・配筋・組立，コンクリートの分配・締固め・均し・床仕上げ，鉄骨部材の玉掛け外し・建方精度管理・溶接・耐火被覆吹付けなど，躯体工事に関連したロボットの事例が最も多い．外壁の塗装やPCa部材・ガラス・ボード・石材・ALC板などのハンドリング・取付けなど，仕上工事に関連した事例も目立つ．また，タイル・モルタルの剥離検査や窓・床の清掃，設備配管の劣化診断など維持保全工事を対象としたものや，資材搬送・解体工事に関連したロボットも開発されている．

図5.7.1～図5.7.6に，建築現場へ導入された建築用ロボットの事例を紹介する．

b. 建築用ロボットの特徴

建築用ロボットの定義は規定されていないが，開発事例の中には自動化の進んだ建設機械や道具・治具の延長線上に位置するものなども含まれる．建築用ロボットは特定のプロジェクトに限定した仕様で，他工事への適用が困難なものが多い．広範囲の建築工事を対象に様々な機種が開発されているが，多目的に使えるマニピュレーターやバランサーな

図5.7.3 コンクリートディストリビューター(竹中工務店)

図5.7.6 コンクリート床仕上げロボット(鹿島,トキメック)

図5.7.4 玉掛け外し装置(清水建設)

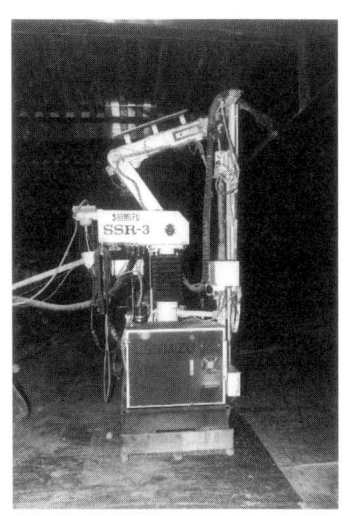

図5.7.5 耐火被覆吹付けロボット(清水建設)

ど,作業者の補助を目的としたものが増えている.技術的な特徴としては,無線遠隔操作による操縦型のロボットが多く,何らかの移動機構を有するとともに,作業者との共同作業となるため重層的な安全対策が施されている.

5.7.4 普及状況と今後の課題
a. 普及状況

試作機として開発され特定の現場で試験的に使用されたものから,2号機あるいは3号機と改良を重ねたもの,メーカーから製品として販売されたり,リース・レンタル会社の商品となったものまで,普及のレベルは様々である.1996年に実施した調査によれば,自動玉掛け外し装置や各種の建材ハンドリングロボット,コンクリート床仕上げロボットなど商品化(市販)の段階に至ったロボットは21機種(534台),資材搬送システムや鉄骨建方精度管理システム,溶接ロボット,外壁タイル調査機など現在活用中のロボットは42機種(115台)となっている[2].

b. 今後の課題

環境への配慮,少子・高齢化の増進,品質の確保,経済性の追求,リニューアル市場の増大,情報化の進展などといった環境条件の変貌に伴い,建築生産には大きな変革が求められている.建築用ロボットの開発・普及活動は90年代後半から低迷しているが,ここ20年間に培われてきた研究開発の成果は,これからの建築生産にとって不可欠かつ有力な武器として役に立つと考えられる.ロボットの開発・普及を阻害している要因を1つ1つ克服する継続的か

つ組織的な努力が必要である．建築業協会の委員会は，以下に示すロボット導入の5原則別に，開発者，使用者，保有者，建築業界，行政，発注者・設計者に対して検討すべき課題を提言している[3]．

① 建築用ロボットは性能が良く，使いやすくなければならない．
② 建築用ロボットは費用対効果を満足しなければならない．
③ 建築設計の自由度を大幅に損なってはならない．
④ 建築生産システムのトータルな合理化に寄与しなければならない．
⑤ 労働環境の快適化や作業内容の魅力化につながらなければならない．

[三浦延恭]

文　献

1) 井上博允，比留川博久：人間協調・共存型ロボットシステム研究開発プロジェクト．日本ロボット学会誌，**19**, 1, pp. 2-7（2001）
2) 新井一彦ほか：建築施工ロボットの現在－開発体制ならびに適用の実態．施工，379, pp. 164-167（1997）
3) ロボット専門部会：建築作業のロボット化に関する調査研究報告書（その8），p. 44，建築業協会（2001）
4) 建築生産自動化小委員会：コンストラクションオートメーション－建築施工自動化の現状と将来展望，p. 138，日本建築学会（2001）
5) 特集：建設ロボット全研究．施工，271, pp. 19-157（1988）

5.8　自動化工法

建築産業における自動化・ロボット化技術の研究開発は，1980年初期ごろから建設における危険，汚い，きついという作業環境（いわゆる3K）から作業者を解放すること，飛躍的な生産性向上を実現し，魅力ある産業にすることを目指して取組みが始められた．当初，自動化の対象は従来作業者が行っていた作業をそのままロボットや自動機械に置き換えていく開発事例が多かった．しかし，熟練作業者に取って代わる優れたロボットや自動機械の開発には，多額の費用がかかることや技術的に困難な課題が多く，期待する成果を得るものは少なかった．このため，自動化に適した構・工法の研究開発も併せて，自動化を核に1つの工事システムとして研究開発する取組みが1985年ごろから進められた．とりわけ，建築物の躯体工事および外壁・屋根工事などを対象にしたビル自動化施工システムの開発に多くの大手ゼネコンが取り組んだ．

ここでは，自動化工法の一例であるビル自動化施工システムについて，その開発の経緯，システム構成，効果と課題などについて述べる．

5.8.1　ビル自動化施工システムの開発と経緯

ビル自動化施工システムとは，自動化技術や情報化技術，工業化技術を駆使して，製造業のFA（ファクトリー・オートメーション）のような自動化された建築現場（CA：コンストラクション・オートメーション）の実現を目指したものである．

全天候型の施工工場を構築し，この中に自動化装置やロボットを設置して，これらの自動化装置で建物の部材や部品を搬送し，組み立てる施工システムである．1階分の躯体を構築した後，工場部分を移動させるか，構築した躯体を移動させて次の施工空間を確保する．これを繰り返してビルを構築する（図5.8.1）．

このシステムの主なねらいは，以下のとおりである．

① 作業環境の改善：安全，快適，清潔，苦渋作業からの解放，魅力ある職場
② 品質，工程，コストなどの安定：全天候型，労務平準化，多能工化
③ 生産性の向上：工期短縮，省人化など
④ 環境問題の改善：省資源化，建設廃材の削減，建設公害の低下，周辺景観との調和

ビル自動化施工システムの開発の時期は，各社で多少の前後はあるが，1985年ごろからシステムの構想作りや基本的な技術の実現性検証などに取り組み，1990年にプロトタイプ的システムによる実現場での実証施工，1991年ごろからは本格的な高層建築物への適用が始まった．1996年ごろまでに

図 5.8.1　ビル自動化施工システムの事例（ABCS内部）

表 5.8.1 ビル自動化施工システム開発事例

システム名称	開発会社	適用件数	大屋根架構	上昇装置	揚重・搬送
スマートシステム	清水建設	2件	仮設ハットトラス	仮設マスト＋油圧	トロリーホイスト＋ワイヤーガイド揚重
T-UP工法	大成建設	1件	コア部全天候ルーフ＋外周ハット梁	ガイド柱（油圧ジャッキ内蔵）＋コア梁	走行ジブクレーン＋天井クレーン
ABCS工法	大林組	5件	最上階躯体鉄骨	仮設支柱＋油圧ジャッキ＋本設柱	天井クレーン＋貨物リフト
MCCS工法	前田建設工業	2件	最上階躯体鉄骨	本設クライミング柱＋油圧ジャッキ	アクティブクレーン
ルーフプッシュアップ工法	竹中工務店	2件	最上階本設スラブ	プッシュアップ装置＋本設柱	走行ジブクレーン＋天井スライドクレーン
AMURAD工法	鹿島	2件	1F固定プラント	プッシュアップ装置	躯体取付装置＋資材搬送装置
BIG CANOPY	大林組	5件	仮設屋根	タワークレーンクライミング装置＋仮設支柱	走行ジブクレーン＋天井クレーン＋貨物リフト
FACES工法	五洋建設	2件	最上階躯体鉄骨	支柱フレーム＋リフトアップ装置	シャトルクレーン
あかつき21	フジタ	2件	最上階躯体鉄骨	本体鉄骨反力＋コンビネーションジャッキ	トロリーバス＋トラバーサ＋自動リフト

は，8社9つのシステムの開発と現場適用実績が報告された．各社で開発されたシステムの概要および2005年までの適用件数を表5.8.1に示す．

5.8.2 システム構成と要素技術

システム構成の考え方は，大きく二分することができる．1つは，工場部分を上部に移動させながら工場の下に建物を構築していく方法．もう1つは，建物の上部から組み立て，その建物を持ち上げながら下部に部材組立の作業空間を作る方法（工場部分は移動しない）である．前者のシステムは7社8システム，後者は1社1システムだけである．現在，開発されているビル自動化施工システムの基本構成要素を整理し，図5.8.2に示すように6つの要素にまとめた．以下，その主な内容を示す．

a. 全天候型屋根設備（大屋根架構設備）

最上階の鉄骨フレームを大屋根架構設備として利用し，これに揚重・搬送設備およびクライミング装置を設置して施工工場を構成する．屋根および外壁部分を覆い，雨天，強風時に影響されない作業環境を確保する．大屋根架構設備をワンフロア全体で構成するもの，コア部分とそれ以外で分けて構成するものなどがある．

b. クライミング装置

クライミング装置については，①タワークレーンのポストクライミング方式と同様に仮設支柱を利用して上昇するもの，②組立階の本体柱に直接反力をとるもの，③先行させたコア部分のフレームに反力をとり上昇するもの，④AMURAD工法の地上に設置したプッシュアップ装置が建物の基礎に反力をとりながら建物を持ち上げるものなどがある．また，駆動方式では，油圧ジャッキ方式とラックピニオンによる電動モーター方式，油圧と電動モーターを組み合わせたハイブリッド方式などがある．

c. 揚重・搬送設備

揚重・搬送設備には，全天候型の屋根架構を保有するため，ほとんどは天井クレーン型やブーム付き天井クレーン型あるいはホイストクレーン型が採用されている．資材の揚重・搬送をこれらの天井走行タイプのクレーンのみで行う場合と，垂直揚重と搬送を別の設備（貨物リフトなど）で分担する方式とに分けられる．後者の分離方式は，揚重作業と搬送取付作業の並列処理化により，高層建築の施工になればメリットを発揮することができる．

d. 計測・制御・監視設備

現場施工の大部分が自動化・機械化されてくると，従来に比べて作業の安全確認や作業内容の確認が難しくなり，その専用機能が必要になる．自動化・機械化設備自身が安全や品質を確認しながら駆動することも必要になるが，現状の多くはスタンドアロンの計測システムを利用し，管理者が判断をするものが多い．例えば，施工工場部分の位置・姿勢の計測システム，上昇作業時の荷重や移動量のバランスなどの安全確認システム，主要設備の稼働状況

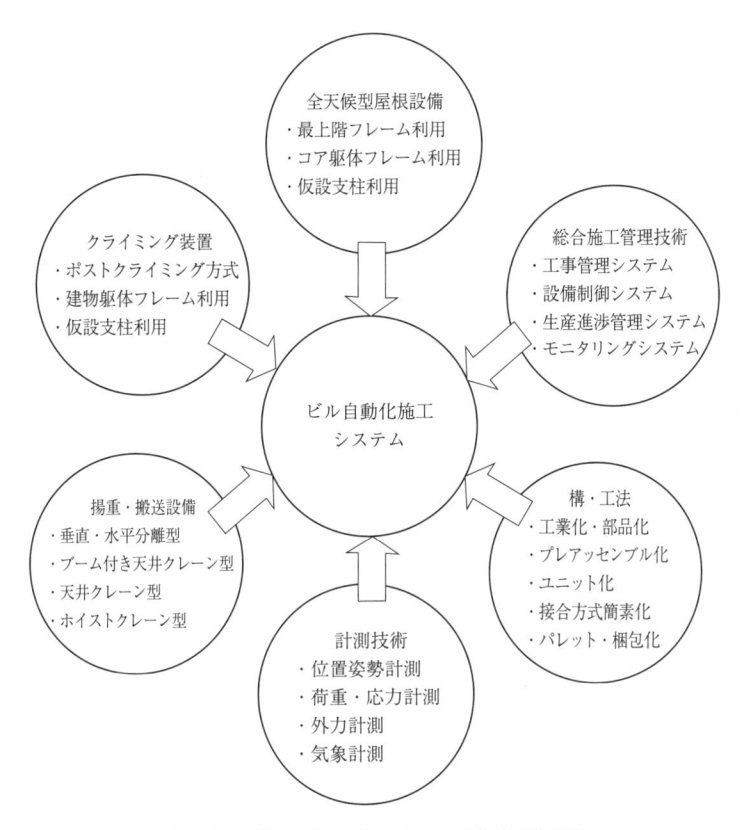

図5.8.2 ビル自動化施工システムの構成要素技術

（構成要素）
- 全天候型屋根設備
  ・最上階フレーム利用
  ・コア躯体フレーム利用
  ・仮設支柱利用
- クライミング装置
  ・ポストクライミング方式
  ・建物躯体フレーム利用
  ・仮設支柱利用
- 総合施工管理技術
  ・工事管理システム
  ・設備制御システム
  ・生産進捗管理システム
  ・モニタリングシステム
- 揚重・搬送設備
  ・垂直・水平分離型
  ・ブーム付き天井クレーン型
  ・天井クレーン型
  ・ホイストクレーン型
- 構・工法
  ・工業化・部品化
  ・プレアッセンブル化
  ・ユニット化
  ・接合方式簡素化
  ・パレット・梱包化
- 計測技術
  ・位置姿勢計測
  ・荷重・応力計測
  ・外力計測
  ・気象計測

の監視システム，作業現場のカメラによる監視，複数の設備の群管理制御などのシステムが適用されている．

e. 総合施工計画・管理システム

ビル自動化施工では，現場に自動化工場を仮設的に構築し，建物を作り終わると解体する．この工場の組立・解体の計画やその運用管理が重要になる．3次元動画による手順の確認や動作干渉のチェックなどの情報システムや現場LANを構築し，部材に貼られたバーコードから資材の製造，搬送，取付け，自動化装置の運転，作業実績情報収集を一元的に管理する情報システムが開発されている．

f. 自動化適合の構・工法

自動化施工に適した構・工法として，床のPCa工法の採用，外壁のパネル化，仕上げ・設備のユニット化，パッケージ化，そして仮固定の必要がなく，位置決めのガイドを有した接合形式の採用などが行われている．現場作業を組立作業中心に変更し，その接合の簡素化，部材搬送時の効率化，部材のサイトプラントでの製造などに適した工法や手段が採用されている．

5.8.3 ビル自動化施工システムの効果と課題

ビル自動化施工システムによる効果として，大幅な省力化，工期短縮，そして品質の向上，作業環境の向上などがあげられている．特に躯体工事では，在来工法に比較して50～60％もの省力化が報告されている．また，部品化や全天候型の工法により，建設廃棄物が大幅に削減され，環境保全への貢献も大きい．

今後の課題として，① システムの自動化レベルの向上を図り，汎用化を高めること，② 施工工場の組立・解体の効率化と地下工事の段階からシステム適用を図ること，③ 最適な施工計画手法の開発，④ 自動化施工に適した建築設計の実施などの課題があげられている．　　　　　　　　　　　　［汐川　孝］

文　献

1) 長谷川幸男編著：建設作業のロボット化，pp.364-372，工業調査会（1999）
2) 建築生産自動化小委員会：コンストラクション オートメーション，pp.101-118，日本建築学会（2001）

■コラム6　全天候全自動でビルを建てる

　全天候養生を設け，雨風に左右されない現場を実現して，工期の短縮，品質や作業安全の向上を図り，施工中の近隣や第三者への安全を確保して，町並みの景観にも配慮する．また，自動化，工業化の技術を大幅に導入して，労務工数の削減や工期の短縮を図るとともに，いわゆる3K作業をなくして，現場を魅力ある職場とし，若年労働者の参入を促進する．このようなねらいを持った，いわゆる「全天候全自動ビル施工法」への取組みは，大手の建設会社を中心に，1980年代の後半からシステムの構想案作りと技術的実現性の検討が開始された．1990年には，早くもプロトタイプともいうべきシステムが登場して，実際の現場への導入と実証施工が行われ，1991年には，その結果を踏まえて本格的な高層ビル工事への適用が行われた．その後，次々に特徴あるシステムが開発され，実際の工事への適用が行われてきた．現在，8社からおよそ10種類のシステムが発表され，それぞれ施工実績を持っている．

　適用建物としては鉄骨造の高層ビルを対象とするものがほとんどであるが，鉄骨鉄筋コンクリート造や，鉄筋コンクリート造の高層集合住宅を対象とするシステムも提案されている．また，システムの形態としては，搬送や接合などの装置を組み込み，全天候養生を施した，いわゆる「施工プラント」と称するものをせり上げつつ工事を進めるタイプと，地上に「施工プラント」を固定し，最上階から順に構築して，完成した部分を上にせり上げていくタイプとに分けることができる．前者では，資材の搬送・組立を行う「施工プラント」の屋根や側面を全面養生することにより，作業場を雨風や暑さ寒さから保護する全天候化を実現している．また，後者の「施工プラント」を地上に設けるタイプのシステムでは，屋根養生なしでも全天候作業が可能になっている．

　前者の「施工プラント」は，基本的に1フロアずつせり上げ，積層工法の採用と相まって1フロアを越える高所作業をなくしている．また，工業化，自動化技術の採用により，作業員の工数および労働負荷は大幅に低減するとともに，作業の内容も熟練を要しない簡易なものになった．現場に搬入された資材は，垂直および水平搬送装置によってコンピュータ制御で自動的に取付位置に運ばれ，組み立てられる．鉄骨柱は建入れ精度計測システムで調整された後，溶接ロボットで接合される．また，「施工プラント」のせり上げもコンピュータで自動制御されている．システムの効果を高めるため，外壁，スラブ，内装材，設備材にプレハブ化やユニット化などの工業化の手法を大幅に取り入れた．工程，搬送スケジューリング，施工図作成，資材手配，原価，品質など現場情報の管理もコンピュータを導入して統合化を図っている．いずれにしても，「施工プラント」の名が示すように，作業場を製造業の工場を思わせるような環境にした点が共通した特徴となっている．

　工事（プロジェクト）の企画段階から本システムの適用を前提とした建築設計を行うことで，本システム導入による効果を一層高めることができる．プラントのレイアウトと建築設計の整合性，部材のジョイント部形状の設計や，床や外壁，設備材，内装材のプレハブ化，ユニット化を前提としたデザインなど，本システム導入に適した建築設計の考え方を確立することが必要である．本システムでは設計と施工のコンカレントエンジニアリングの考え方が基本となっているが，「プラント」組立時には，従来と異なり，設計の大部分が決まっていることも必要で，設計の進め方にも新しい考え方が求められる．

　「全天候全自動でビルを建てる」，そのねらいのいくつかは実際の工事への適用を通して実現されてきた．天候に左右されない建築現場，作業者の作業安全性，快適性，清潔性の大幅な改善，現場周辺の環境保全などである．作業労務工数の削減や施工工期の短縮など生産性の向上についてもかなりの成果が報告されている．ただし，コスト面では在来工法に対して必ずしも優位に立っているとは言い難い．この課題を克服するためには，建物の構造種別や用途，規模によっては，全自動ではなく人間の判断による部分を増やし，機械や仮設装置を簡略化したシステムを準備して，コストパフォーマンスを改善して普及を図ることも必要である．あらゆる現場の条件に適したオールマイティなシステムはあり得ない．今後，システムの品ぞろえと現場に適したシステムを選択する技術，さらに情報化技術による統合化レベルの高いシステムを目指すことも必要となろう．

［前田純一郎］

5.9 耐震・免震・制振

5.9.1 耐震・免震・制振の分類

耐震，免震，制振の分類は，対象とする外乱により分類される場合と，技術要素として分類される場合がある．外乱として地震を想定する場合は耐震，免震が用いられ，地震だけでなく，交通振動や風による振動などに対する場合は制振が用いられる．技術要素で考えると，地震動に対して制振の技術を用いると耐震の中の1つの技術となる．

耐震の技術の分類は多くの人が行っているが，考え方により異なった表現となっている．地震により建物に入ってくるエネルギーに対して，どのような技術で対処するかで分類したものを図5.9.1に示す．①で示した強度型構造は，地震によるエネルギーを弾性エネルギーとして一時的に蓄えるように設計した構造である．②のエネルギー分散型制振構造は，構造物の多くの場所で分散してエネルギーを吸収できるように，エネルギー吸収装置を組み込んだ構造である．③の履歴減衰型構造は，地震により塑性化を生じ，その部分でエネルギーを吸収する日本で一般的な構造である．この構造では多くの場所で塑性化を生じ，そこでエネルギー吸収をできるように計画されるが，実際は特定の部分に損傷が集中することが多い．④のエネルギー集中型制振構造は，エネルギーの集中する部分を作り，例えば大きな重量を用いて建物の固有周期とほぼ同じ周期としたマスダンパーを作り，その部分でエネルギーを吸収する構造である．⑤のエネルギー集中層構造は，③の履歴減衰型構造の欠点を逆手にとった方法で，意識的にエネルギーの集中する場所を作り，効率良くエネルギーを吸収できるようにした構造である．⑥の免震構造も⑤のエネルギー集中層構造の中に含まれるもので，免震層の固有周期を長くし，地震による入力を低減した構造である．これらの構造物はエネルギー分散型とエネルギー集中型に分類でき，③の履歴減衰型構造はエネルギー分散型を志向し，結果的にエネルギーが特定の部分に集中する構造になる場合が多くなっている．

制振構造の分類を図5.9.2に示す．制振構造は，振動を制御するための外力を必要としないパッシブ制振構造と，外力を必要とするアクティブ制振構造がある．パッシブ制振構造は図5.9.1に示した分類に示すように，エネルギー吸収型とエネルギー集中型に分類される．アクティブ制振には外力のみで振動を制御するアクティブ型と，振動を制御する外力

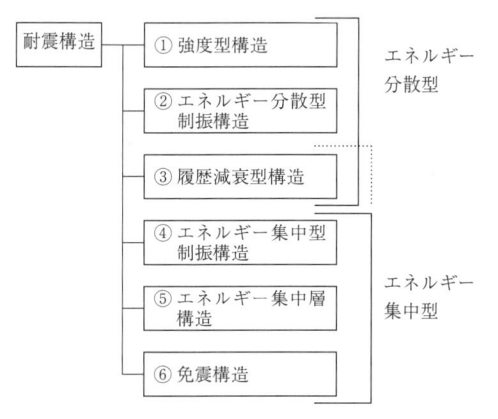

図 5.9.1 耐震構造のエネルギー吸収による分類

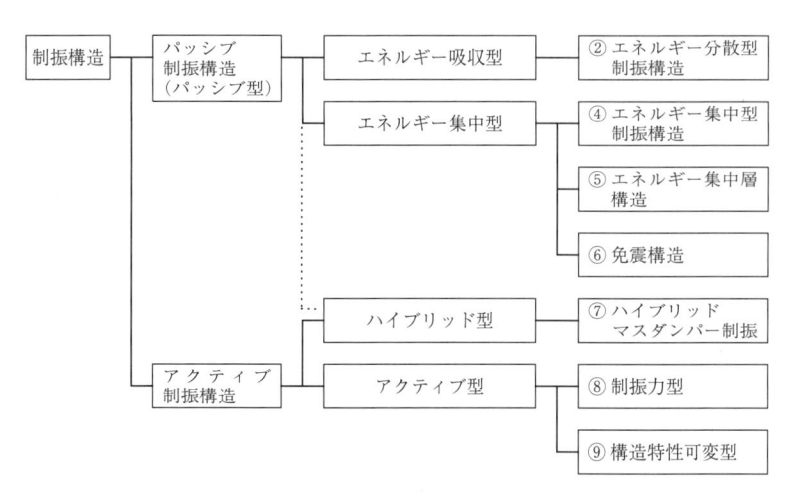

図 5.9.2 制振構造の分類

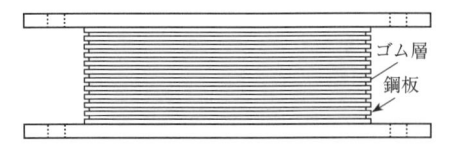

図 5.9.3 積層ゴム

を有効に働かせるためにパッシブの性能も持たせたハイブリッド型に分類される．アクティブ型には力で制御する制振力型と，振動状態により剛性や減衰を変化させる構造特性可変型がある．

5.9.2 免　震

　免震構造は，固有周期を長くして地震による加速度応答を低減し，免震層の変位を大きくすることにより免震層に地震による振動エネルギーを集中させる構造である．そのため，免震層には荷重支持機能（大きな水平変位を生じても鉛直荷重を支持する機能），復元力（建物を元に戻す機能），エネルギー吸収機能（振動のエネルギーを吸収する機能）の3点が必要となる．このような能力を免震層に設置する免震装置に持たせている．免震装置には免震支承とダンパーがある．免震支承には天然ゴム系積層ゴム，鉛入り積層ゴム，高減衰積層ゴム，滑り免震支承，転がり免震支承などがある．これらは鉛直荷重支持機能を持つもので，支承によっては復元力やエネルギー吸収機能を持っている．ダンパーには鋼材ダンパー，鉛ダンパー，摩擦ダンパー，オイルダンパー，粘性体ダンパーなどがあり，エネルギー吸収機能を持っている．これらの装置を組み合わせて上記の3つの機能を満たすようにする．

　従来，建物に適用されている免震は比較的高さの低い重い建物の基礎部分を対象としていたが，最近は高層の建物や建物の中間階に用いられるようになっている．また，滑り免震支承，転がり免震支承の開発により，戸建住宅のように軽い建物にも免震が適用されるようになってきている．建物以外にも，コンピュータなどを設置する床のための床免震，機器を対象とする機器免震などが実用化されている．

　免震に用いられる積層ゴムの例は，図5.9.3に示すように鋼板とゴム板を交互に重ね合わせたもので，鉛直方向に剛性が高く，水平方向に低い剛性で大変形可能となっている．滑り免震支承の例を図5.9.4に示す．主にPTFEを用いたものが多く，摩擦係数は製品により異なり，1～10%程度となっている．摩擦係数の高いものはダンパーとしての機能

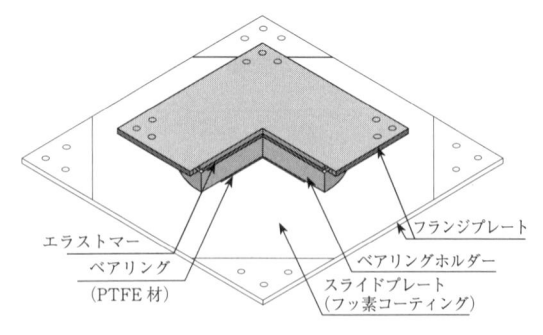

図 5.9.4　滑り免震支承[1]

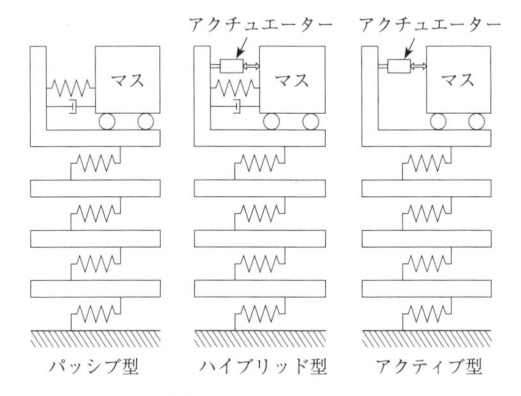

図 5.9.5　マスダンパー

も持っている．転がり免震支承は様々な形状のものが開発されており，ボールベアリングが平面上を自由に移動できるものと，レールの上を移動できるものがある．

5.9.3 制　振

　制振構造の分類は図5.9.2で示した．アクティブ型（⑧制振力型）とパッシブ制振構造（④エネルギー集中型制振構造），さらにハイブリッド型（⑦ハイブリッドマスダンパー制振）の比較をマスダンパーを例にして図5.9.5に示す．アクティブ型ではアクチュエーターによりマスを動かし，その反力を制振に使っている．パッシブ制振構造では，建物の固有周期にほぼ一致させたばねマス系を作り，建物の振動に合わせて制振力が得られるようにしている．ハイブリッド型はその中間で，ばねマス系にばねの反力とアクチュエーターの反力を用いて制振力としている．そのため，アクティブ型より少ない力で制振ができるようになっている．　　　　［三山剛史］

文　献

1) 日本建築学会：免震構造設計指針，第3版（2001）

5.10 免震レトロフィット

5.10.1 概　要

レトロフィット（retrofit）は，建築の分野では一般的に補強・修繕などを意味する語句として用いられている．なかでも，耐震改修において，補強壁の新設・増設や補強ブレースの設置など，いわゆる在来型の補強方法に対する工法の1つとして，「免震レトロフィット」のように表現することが多い．

免震レトロフィットとは，既存建物に積層ゴムアイソレーターなどの免震装置を設置して建物の長周期化を図り，入力される地震力を低減させて耐震性能を大幅に向上させる工法であり，以下のような場合に最適である．

① 歴史的価値の高い建物をそのままの状態で耐震補強したい場合
② 工事中の一時的な立ち退きが不可能な場合
③ 地震発生後の建物機能保持を重要視する場合
④ 建物の使い勝手上，通常の補強工法を採用できない場合

5.10.2 免震レトロフィットの種類と特徴

免震レトロフィットは，免震装置を設置する位置により，中間階免震と基礎下免震に分類される．表5.10.1にそれぞれの特徴を示す．

5.10.3 施工計画

a. 計画時の留意点

免震レトロフィットの施工は，既存建物の支持機構が変更されるという点で，免震建物の新築工事と大きく異なる．すなわち，免震装置を設置するフロア（免震層）に，上部構造を仮受けする設備を設けてから上部と下部を切り離し，免震装置の設置後，上部荷重を仮受け設備から免震装置に移行させるという一連の作業に特徴がある．そのため，工事期間中，免震層上部構造物を健全に維持することが，施工計画上の重要なポイントとなる．

そのほか，施工計画を立案するにあたっての留意点をまとめると表5.10.2のようになる．

b. 施工手順
1) 中間階免震の場合

中間階免震の施工手順例を図5.10.1に示す．

表5.10.1 免震レトロフィットの種類と特徴

	基礎下免震	中間階免震（地下階）	中間階免震（地上階）
免震効果	・建物全体として免震効果が得られる	・免震層より上部で免震効果が得られる	・免震層より上部で免震効果が得られる
敷地クリアランス（外壁〜敷地境界線の必要寸法）	・免震層の変形量＋擁壁厚さ＋山留め壁厚さ＋施工幅	・免震層の変形量＋擁壁厚さ＋山留め壁厚さ＋施工幅	・免震層の変形量
仕　上	・特に処理をする必要はない	・免震装置設置階の壁にエキスパンション処理が必要 ・天井は免震側からの吊り天井となる ・地下階の柱断面が大きくなる	・免震装置設置階の壁にエキスパンション処理が必要 ・天井は免震側からの吊り天井となる ・柱断面が大きくなる
設備配管・昇降設備	・建物への導入部の配管・配線のフレキシブル化が必要	・免震層の階段，設備配管・配線のフレキシブル化が必要 ・エレベーターシャフトなどの盛替えが必要	・免震層の階段，設備配管・配線のフレキシブル化が必要 ・エレベーターシャフトなどの盛替えが必要
施工性	・建物外部より施工可能	・建物内の既存機能との調整が必要	・建物内の既存機能との調整が必要
施工中の居住性	・主として建物外部での施工のため，騒音が比較的小さい	・建物内部での施工のため，騒音が大きくなる可能性がある ・地下階の一時利用停止が発生するが，地上階の居ながら施工が可能	・建物内部での施工のため，騒音が大きくなる可能性がある ・免震階の一時利用停止が発生

表 5.10.2　計画上の留意点

	基礎下免震	中間階免震（地下階）	中間階免震（地上階）
調　査		・既存建物に関する図面・書類の収集（竣工図・工事記録・地盤調査報告書など） ・建物使用状況・配管状況調査	
	・周辺埋設物調査		
準　備		・施工必要スペースの検討 ・工事事務所・資材置き場・事両待機場所などの検討 ・第三者動線（日常動線・非常時動線）の検討 ・第三者に対する安全設備（仮囲・防護設備など）の検討	
掘　削	・掘削深さ・地盤状況・地下水位を考慮した山留めの検討 ・掘削土量・深さ・スペースを考慮した掘削および搬出方法の検討 ・第三者動線を考慮した残土搬出用開口・ルートの検討		
仮受け		・免震層上部構造物の全荷重を支持する仮受け機構・部材の検討 ・仮受け時の上部構造物に対する安全性の検討 ・施工中の地震による水平力に対する検討 ・施工中の計測管理方法の検討	
荷重移行		・荷重移行時の上部構造物に対する安全性の検討	
その他		・騒音・振動を極力発生させない解体方法の検討 ・各種設備配管の機能維持に対する検討	
		・階段・エレベーター・エスカレーターの機能維持に対する検討 ・防火区画に対する検討	

STEP-1
① 既存柱・梁の補強
② 柱取合い壁一部撤去

STEP-2
① 仮受け材設置
② 柱切断

STEP-3
① 免震装置取付け
② 免震装置上下部躯体打設

STEP-4
① 仮受け材撤去
② 免震装置耐火被覆
③ 壁エキスパンション処理

図 5.10.1　中間階免震化施工手順の例

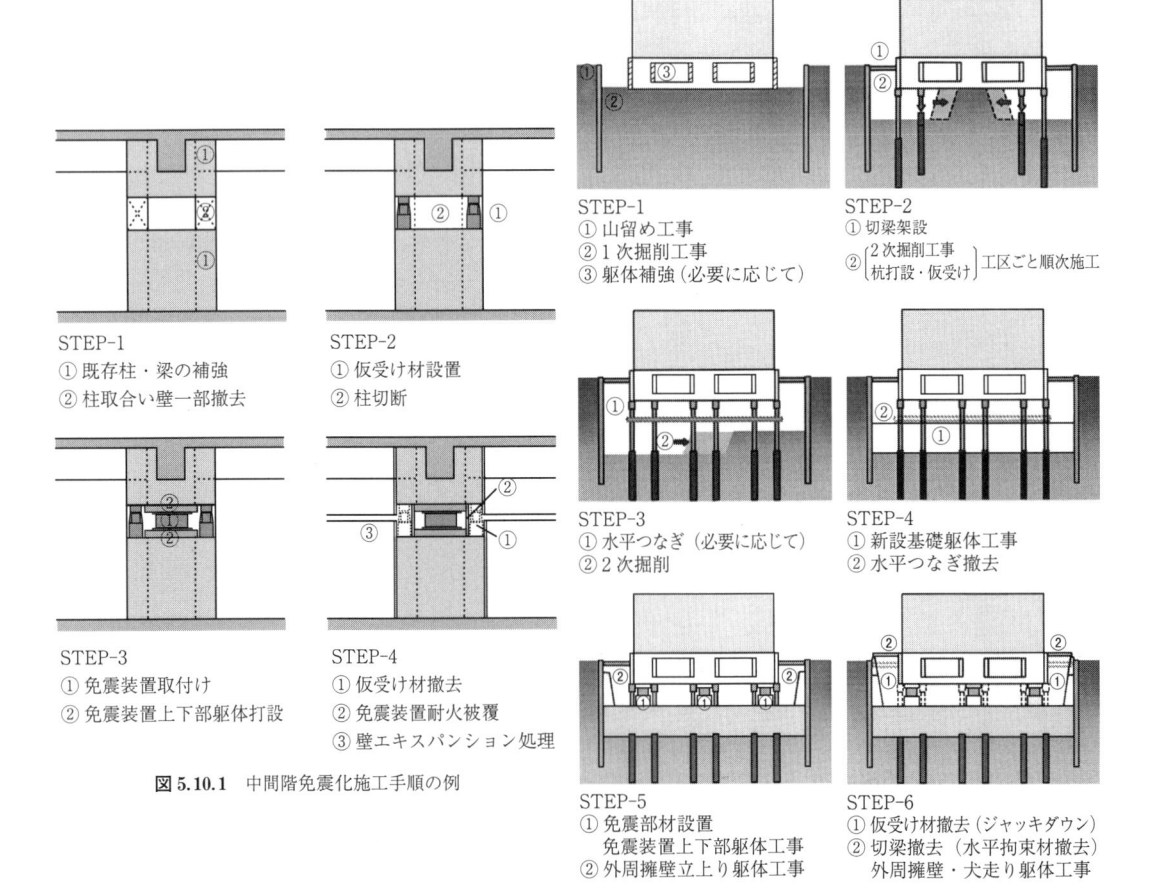

STEP-1
① 山留め工事
② 1次掘削工事
③ 躯体補強（必要に応じて）

STEP-2
① 切梁架設
② 2次掘削工事／杭打設・仮受け｝工区ごと順次施工

STEP-3
① 水平つなぎ（必要に応じて）
② 2次掘削

STEP-4
① 新設基礎躯体工事
② 水平つなぎ撤去

STEP-5
① 免震部材設置
　免震装置上下部躯体工事
② 外周擁壁立上り躯体工事

STEP-6
① 仮受け材撤去（ジャッキダウン）
② 切梁撤去（水平拘束材撤去）
　外周擁壁・犬走り躯体工事

図 5.10.2　基礎下免震化施工手順の例

2) 基礎下免震の場合

基礎下免震の施工手順例を図5.10.2に示す．

c. 上部構造の仮受け

上部構造の仮受けは，中間階免震では柱切断の前に，基礎下免震の場合は，既存基礎撤去に先立って行われる．中間階免震では，図5.10.1のSTEP-2のように切断される柱の上下をジャッキを組み込んだ鋼材で支持する方法など，基礎下免震では，図5.10.2のSTEP-2のように仮設鋼管杭を利用して上部構造を支持する方法などがある．いずれにおいても，上部構造に損傷を与えないようレベル管理を行うことが重要である．

d. 施工中の地震対策

万が一，施工期間中に地震が発生した場合に備え，施工時各段階において地震による水平力を上回る水平耐力を確保する．もともと水平力を負担していた壁などの部材が，工事の進捗に従って免震層で撤去または切断されるため，水平耐力の低下分を補う必要がある．図5.10.2のSTEP-2のように，切梁を利用して周辺地盤に水平力を負担させる方法や，図5.10.3のような水平拘束材を必要に応じて設置し，水平耐力の不足を補う方法などがある．

図5.10.3 水平拘束材の例

e. 荷重の移行

免震装置の取付けが完了し，上部構造と下部構造が免震装置を介してつながった段階で，それまで上部構造を支持していた仮受材を撤去して免震装置へ荷重を移行させる．

積層ゴムアイソレーターの沈み込みによる建物の不同沈下を小さく抑える工夫が必要となる．

[藤本悦生]

5.11 復元・修復

伝統的日本建築物の復元・修復工事について，「日光田母沢御用邸本邸改修工事」の施工例を紹介し，その進め方と要点を述べることとする．

5.11.1 建物および工事概要

旧日光田母沢御用邸は，皇太子嘉仁親王（大正天皇）の御静養地として，明治32年（1899）に造営された．本邸は，江戸期の大名屋敷の一部と，明治期の財界人の別荘をもとに建てられた和風宮殿建築である．大正天皇御即位の後，1918年から1921年にかけて大規模な増改築が行われ，現在のような姿となった．規模は，延床面積4,471 m^2（1,352坪）で純木造平屋建て一部2階建て，および3階建てである．

戦後，日光田母沢御用邸は廃止となり，一時研修宿泊所・博物館として改造し使われた．しかしその後放置され，雨漏りなどにより腐朽が進んでいた．1996年栃木県は，建物の滅失を憂慮し，御用邸として最大規模となった1921年当時の状態に，復元・修復する英断を行った．改修工事は1998年10月より延べ21カ月をかけて行われ，2000年8月末から装いも新たに一般公開された．

5.11.2 復元・修復工事の基本方針

まず建物の歴史的価値や重要度を，設計図書の精読あるいは現地調査などにより見極める．今回の工事では，1921年の状態に復元・修復することであった．そこで，当時の状態はどうであったか，創建当初やその後の増改築時も含めて，すべての図面を解読した．建物の間取りや外観形状がどうだったか，構造材や造作材，それに内部仕上材はどうであったかなどを把握した．江戸・明治・大正の伝統建築の復元・修復であり，御用邸公的部分は原材料・原工

法を可能な限り復元することになっていた．そのため，高い復元・修復の技術を有する各工事専門職の伝統技術者（工事職人）を確保することが第一の作業であった．

5.11.3 工事工程

実際の復元工事は，戻すべき1921年当時にはなかった増築部分や，大幅な改修部分の解体撤去から始めた．以下，構造体部分，屋根・造作部分，内部仕上工事の順に述べる．

a. 構造体部分の復元・修復工事

今市地震（1949年，M6.4）を経験しているものの，基礎石が外れたり大きく破損しているところはなかった．不同沈下が何カ所か見られ，特に状態が悪かったのは戦後の改修で欠損した部分であった．不同沈下があった個所は，地山まで再掘削して地業工事をした後，基礎石積みを最下段より正確に積み直した．欠損部分は同種の石で孔埋め補修した．

軸組みは，土台・柱などの足元回りが大部分腐朽していた．土台や柱の足元は，もともとの材料を確認すると同時に，木目や使い勝手・仕口や継手の細工なども入念に調査記録した上で腐朽した個所の木材を取り替えた．土台を取り替えるには，土台に差し込まれている柱のほぞの分だけ，建物の全域にわたって持ち上げる．それを揚家（あげや）工事というが，今回の工事では建物の全部の個所が一度は揚げられた．渡り廊下で調整しながら建物全体を順次各ブロックごとに揚家を行い，構造材の腐朽部分を取り替えた．足元回りの構造材を取り替えた後，建入れを確認しながら建物を降ろした．建物の傾きが大きい部分は，天井裏や小屋裏でワイヤーを張って矯正した．

土台・柱・足固めの取替えが終わると，工事は小屋組みに移る．古い銅板葺をはがしながら，野地板・垂木・母屋・小屋梁などの腐朽状況を確認し，必要があれば順次取替え・補強をした．屋根の谷部分，軒先や棟の役物回りおよび天窓回りの下地が，特に腐朽していた．棟木の下地は大半を取り替え，鬼板は新規に作って修復した．

b. 屋根の復元・修復工事

軸組みの修復を終えたところから，逐次屋根の銅板を葺き替えた．屋根の納まりで銅板屋根に適さない部分は，改良を加えて全面を葺き直した．6,281 m²がひとつながりの屋根なので，軒先の2～4枚の葺足を変えたり，隣り合う屋根の下り棟や谷部分を蛤（はまぐり：扇形の銅板）で葺くなどして異なる勾配や流れの長さを調整した．

c. 造作部分の復元・修復工事

外部造作材のうち，特に腐朽していた下見板・雨押え・庇・戸袋などは，在来の材料に合わせて取り替え，修復した．内部内法材は，水平・垂直の建入れを調整し，敷居には埋め樫という堅材を溝に埋めながら修復した．張付け壁の下地組みの木摺りは，建設の年代により各種が存在していたが，それにならって修復した．天井下地組みも在来にならい，組み直した．

d. 仕上げ部分の復元・修復工事

1) 洗い工事

木工事の進行を見ながら，建物内外の木材の見えがかり部分を順次洗った．外壁は水洗い，内部の内法材・天井板は灰汁洗いである．今回のような純木造建物の復元・修復工事で建物をよみがえらせる大きな効果があったのは，建物全体の木部洗い工事である．

2) 建具工事

木製建具類の復元・修復は，板戸・ガラス戸・紙貼障子・襖類で，使用場所によりいろいろな形や仕様があった．散逸したり移動されたりしていたので，その確認作業を着工と同時に進めて，膨大な量の修復を間に合わせた．外部雨戸は，大半を作り直した．

3) 左官工事

江戸期の部分の建物に唐土砂壁（もろこしすなかべ）があり，変色・剥落が著しいので塗り替えた．また，外部・内法上部の壁に漆喰（しっくい）が塗られていたが，これも剥落個所が多く塗り替えた．

4) 張付け壁

張付け壁は，紙をはがすときに，張ってある和紙の種類や接着方法などを確認した．ベタ張り・蓑張り・袋張りなどの下地張りを繰り返し，12層めに鳥の子和紙を張って仕上げた．最上等の壁に使用した「越前和紙」や天井に使用した「間に合い紙」（名塩和紙）は，当時の製法をそのまま続けている工場の製品を採用した．

5) 漆工事

漆の復元は，純粋な国産漆のみを扱う技術者に依頼し，塗り・研ぎ・磨きの工程を最高で32回行って仕上げた．養生テープも錫箔を使い，昔どおりのやり方で仕上げた．

6) 絨毯工事

絨毯（カーペット）の復元では，現物をクリーニングした上で糸をほぐし，色・柄などをコンピュータで分析してアキスミンスター織り12色で当時のものに近づけた．

7) 錺金物工事

釘隠し・引手類の錺金物は大半が紛失していたが，調べた結果，創建当初の業者で復元できた．使用される場所によって仕様が異なり，確認を慎重にした．大半は銅製で鋤彫り・蹴彫り後，魚々子模様を施し，純金鍍金をして作り直した．

8) 畳工事

畳も創建時の仕様になるよう十分検討分析を重ね，剣璽の間の厚畳は手織りの備後表で京都御所と同じ繧繝縁を使って作り上げた．使用する各室により表や縁の材料が異なり，それぞれの確認を慎重にした．

［田丸紘夫］

5.12 クリーンルーム

5.12.1 クリーンルームの特徴

一口にクリーンルームといっても分野は広く，グレード差も大きい．それらは，身近なケータリングセンターでも設置される部分クリーン（空調機に特殊高性能フィルターを追加設置レベル）から，最新半導体工場のようにクリーンルームだけでも1～2万m^2に達するものまで，裾野も広く，頂も高い（最近の7世代液晶用工場ではクリーンルーム面積が30万m^2以上のものもある）．

分類としては大きく2種類，インダストリアルクリーンルーム（ICR）とバイオロジカルクリーンルーム（BCR）に分かれる．前者は主に浮遊塵埃，最先端ではガス状汚染物質のコントロールも含む不純物を極限まで少なくする手法をとるのに対し，後者は微生物が制御主対象となるため，浮遊微生物のみならず，仕上材やホルマリン薫蒸などの殺菌対応が併せて重要な技術要素となる．

また検査・検収の工程において，BCRでは，設計から運用までのステップごとの確認手順であるバリデーションや，食品施設でのHACCPなど各ステップ作業を成文化し，それに準拠した管理が要求され，管理技術としての複雑さは残るが，規模的にもグレード的にも最新半導体工場ほど高性能で大規模ではない．ハード的技術，構工法的には最先端の300mmウェハーなどを扱う大型半導体製造施設，特に前工程といわれるウェハープロセスは高精度な巨大施設建設であり，超短工期の中で設計・建設する要求が特に厳しいため，難易度が高い．

ここでは，先端半導体工場の例を中心に述べる．

この施設は，前述のようにクリーンルームで1～2万m^2，エネルギー棟や超純水を製造する造排水施設などの付属施設を含めると，全施設延床面積で10万m^2を超える巨大な施設となっている．この巨大施設を，構工法の工夫と綿密な施工管理で，施工完了時性能測定（as built検収ともいわれ，1カ月程度の時間が必要）を含み，7～10カ月程度の超短工期で完了させるのが常である．また，土地の制約の多い日本で事例が多いが，この施設を重層（2セットまたは3セット重ねて設置）で計画・建設するケースもある．

大規模な半導体工場の特徴としては以下の事項があげられる．

(1) 高機能先端性：新計画ごとに要求スペックの高度化を伴う施設，ナノレベルの回路を製造する高機能製造のための環境．クリーンルーム空間は，高清浄スーパークリーンで，かつ微振動や電磁ほかのノイズもミニマムな空間．

・ごみ状物質スペックは低減方向
・ガス状不純物（アンモニア，金属類，炭化化合物，高沸点有機物，リン，ボロンなど）の制御が大変．

(2) 超短工期：ドッグイヤー（時間が通常の7倍の早さといわれる）でのビジネス変化に対応したプロジェクト進行（大規模な増築，中止や変更などが期中においても多発する）となっている．

・超短工期（通常建設の半分くらいの工期．延床面積8～15万m^2クラスの施設を7～10カ月で施工）での設計・施工対応，また期中での設計変更が多い．
・短工期と相まって，工期中よりのクリーン汚染防止対応や段階的クリーン度向上など，クリーン施工，クリーンアップ施工管理といわれるクリーン対応特殊施工管理が必要となる．

(3) 製造機器ライン対応の自由度：極力，製造機器のレイアウト制約がないような，理想的には無柱の，平面的には，60～80m×120～250mくらいの大空間で，中央に1列または2列（このケースではこの間が中央通路エリア）の柱列を持つ製造空間として構成される．通常は梁行きスパン30～40mの2スパン×桁行き方向×6～9m程度のスパンで

構成されるが，まれには 50～60 m×120～150 m くらいの全くの無柱の事例もある．両サイドの機械（空調，電気や製造で使う各種ユーティリティ）を入れると，その平面的広がりは100～120 m×250 m 程度，建築面積3万 m^2 を超えるケースも多い．また垂直的にも製造のメインクリーンルーム（通常天井高4.0～5.2 m 程度）をサポートするための空間として，上部に大スパンを支持する梁高空間も兼ね，5 m くらいの空気循環装置の空間（プレナムチャンバー），また床下には製造機器へのユーティリティと称する電力供給や各種のガス，薬品，冷却水，洗浄のための純水，またその排水を再利用するため数種類に分類された回収排水配管など，100種類に近いユーティリティを供給するための配管・配線・排気ダクトのスペースと製造機器の電源盤や装置排気の真空ポンプユニットなどの補機類の設置空間となっている．階高としては5～10 m（1層方式で6 m 前後，2層方式合計で7～10 m）程度の空間となり，垂直方向合計で床下1層（1セット）の工場として14～18 m 程度の吹抜けに近い垂直空間となる．また重層では，この2倍，28～35 m 程度となる．

・区画のほとんどない1万 m^2 以上の大空間クリーンルームで，メインクリーンルーム床（製造階）を挟んで上部階高9～10 m，下部5～10 m 程度の吹抜け高天井空間となる．

（4）メイン製造エリア床は，耐荷重的にも平均荷重で1 t/m^2 程度，部分的には3 t/m^2 くらいにも達する重量があり，かつ高度の微振動特性（高剛性構造で交通ノイズなどの暗振動源や，人の歩行やAGVの走行での加振力に対しても床の動きが0.3～0.8 μm 程度の変位，0.5～0.8 gal 程度の加速度内）を要求されるため，RC系の2.4～3.0 m の格子床で構成される例が多い．また，高性能クリーンルームとして天井より吹き出た100～300回/hr にもなる大量の空調空気を床下空間に導くため，この格子状の梁構造の上に通常60 cm 角のパンチング開口を持つアクセスパネルを床仕上材として使用するのが通常である．また超短工期の要請で，このRC系格子をPC大梁・小梁工法や柱のCFT工法を採用するケースが多い．これらの乾式工法を採用しても，ジョイント部は剛性を確保するため湿式工法，現場打ちコンクリートが残り，短工期の中，工程のネックとなりやすい．

・高剛性を要求される梁高1～1.2 m×2.4 m 格子のクリーンルーム床構造が構工法上のネックとなりやすい．

5.12.2 クリーンルームの工法

上記の特徴を持つ大型半導体工場の構工法を主要要素ごとに記すが，大規模なプロジェクトでは発注形態も多種多様となっており，発注者・業者間の早期での情報一本化が技術と併せて重要となることは当然である．

a. 全天候工法とシェル工事（躯体と外装）の早期完了

全天候工法のベースとなる構工法としては，躯体と外装・屋根工事の早期完了が基本となる．この躯体，外装の完了のもと，天候に左右されない工事進

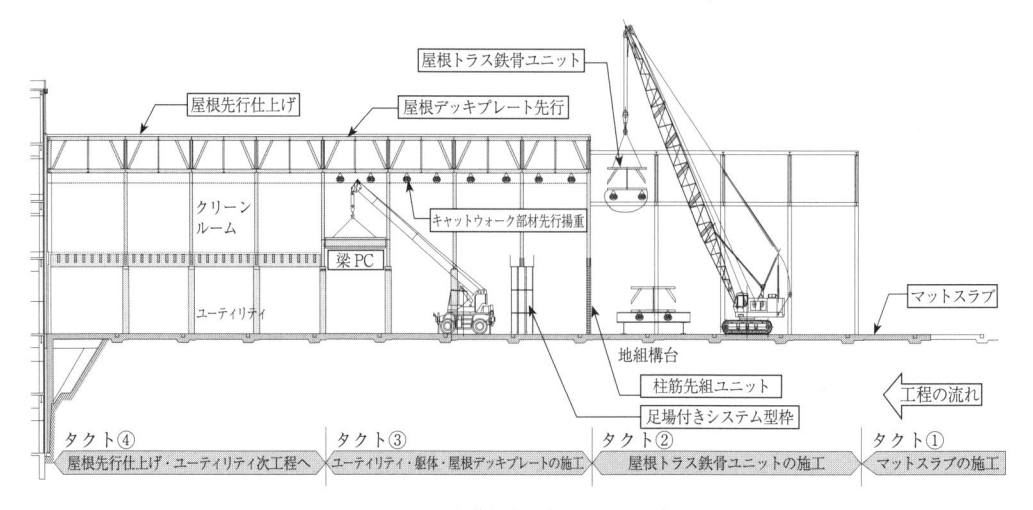

図 5.12.1　半導体施設水平タクト工法

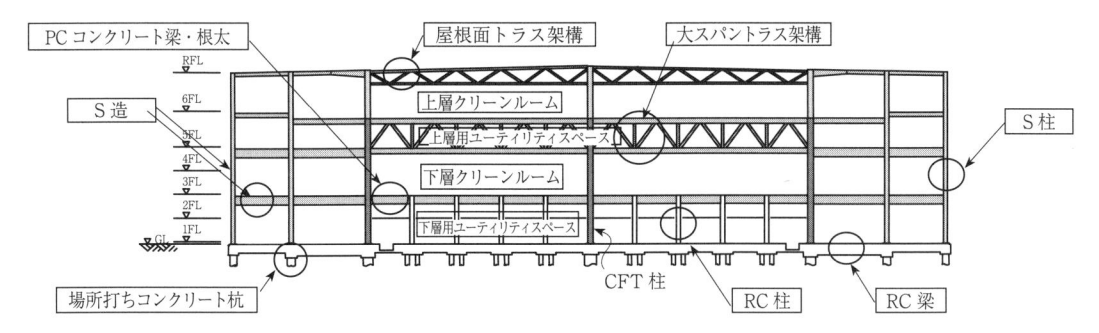

図 5.12.2 重層半導体施設の例

行が全天候工法と称される.

躯体の短工期対応としては,鉄骨系が主体となるが,その建方技術としては,半導体工場として特に際立つ工法は少ない.高さよりは,水平的に大きな平面を水平タクトの分割で必要重機投入での建方となる.それらに加え,複合化工法と称される工場プレハブ化や,複合ブロックのプレ加工での揚重・取付けなどの極限までの活用となる.それらは鉄骨トラス先行地組み後の大ブロック揚重,2次部材・デッキ一体化揚重,床根太・小梁ユニット化・PC化や外壁無足場工法などが一般的となる.また,単層クリーンルームで20m程度,重層で35m程度と高さ的にはそれほどでないが,平面的には120m×250m程度の広がりのある面の鉄骨揚重を2カ月(重層で3カ月)前後で完成させるため,中央より長手方向2方向に向かい建方を行うケースが多い.さらには,両サイドより中央に向かい建方を行い,最後に中央部で重機を逃げながら鉄骨のジョイントを行う工法が採用される.後者は鉄骨工事としての施工難易度は高くなるが,両妻の外壁が早期に完了できる面でのメリットが大きいため採用されるケースもある(図5.12.1,5.12.2).

また,大スパンの重層クリーンルームでは上層クリーンルーム部の床構造が高剛性で大スパンのため,大掛りなトラス構造となり,工期上もネックとなる.そのため,通常は鉄道軌道上の構造物や,大型アリーナの屋根構造の施工で採用されるトラベリング工法(片方に仮設置した架台上でトラス鉄骨などの組立を行い,小梁や根太の構造系部材に加え,メインダクト配管などに関連する工事もこの架台上で一体で組み立て,その後この躯体をジャッキでスライドさせて正規の柱上に順次送り出し施工していく工法)を重層構造工場の上層階床構造(中間階トラス構造)に対し適用した事例もある(竹中工務店特許出願中の工法).

また近年は,地震時の短期間での事業復旧を主目的に建物免震構造を採用する工場もある.この構造では半地下の免震層と免震階が増え,工期的には苦しくなる.

屋根工事では,最上階がプレナムチャンバーを兼ねている場合は,従来の屋根工事の先行完了,その後工程として内装パネル工事としてのチャンバー工事に変え,屋根一体のプレナムチャンバーの事例も増えてきたが,空調空気のリーク→冬季結露発生などの事故もあり,採用にあたってはディテール設計の詳細な検討が必要である.

b. 内部大型移動足場工法と設備工事の機械化工法(内装・設備関連工事)

格子状に抜けている製造床上に天井受けの下地を組み,アルミ材のシステム天井,その上部の超高性能フィルターとファンユニット(FFU:ファンフィルターユニット)を精度高く組み立てるため,内部大型移動足場を仮設レール上に設置し,下部の床工事と同時並行的に天井回りの工事を行うケースもある.

床工事としては,高剛性の床を構成するため1方向のPC小梁・根太をハーフPCや鉄骨と型枠と一体となった大梁にレベル調整装置でセットし,現場でコンクリート打設してジョイント部の剛性を確保する工法も用いられる.またPC根太やCFT(コンクリート充填鉄骨チューブ)構造の250×500程度の小梁兼根太材をボルトなどで鉄骨大梁に固定するなどの工数を要する工事を,大型移動足場下部で上部と平行して施工し,時間を稼ぐ.

機械系設備の工事では,前提として,クリーン循環系では極力構成をシンプルにし,FFUと建築空間(床下ユーティリティ空間)に置かれた冷却コイルユニットでシステムを構成し,むだなダクトや空

調機ユニットの採用は極力控える．単純で現地工事の少ないシステム構成が原則となる．また，施工においては極限までのユニット化（空調機と回りの制御バルブ一体化），メイン配管と配管架台一体化での躯体化時期での先行取付けなどの採用，大口径配管などの機械化施工（配管専用揚重機）などにより，施工の短縮を図る．

床構造によっては床の先行施工，この床上での天井FFUユニットをシステムフレームと吊り鋼材一体のブロックで地組みし，そのブロックごとの揚重の工法事例もある．

c. 特殊管理技術（クリーン施工，クリーンアップ施工工程）

通常の外部空間（$0.1\,\mu m$の塵埃が1フィート立方，約30 cm立方の中に1千万〜1億個）の清浄レベルから，クリーンルームとしての$0.1\,\mu m$の塵埃が1〜1,000個ぐらいのレベルまで短期間で低下させるため，工事途中においてもクリーン度向上のため特別の管理活動を行う．それらはクリーンアップ管理とか，クリーン施工といわれる．その原則は以下のとおりである．

① ごみ・埃をクリーンルームに持ち込まない．
② ごみ・埃をクリーンルームで発生させない．
③ 発生したごみ・埃はクリーンルームから早急に除去する
④ ごみ・埃をクリーンルームに堆積させない．

この原則のもと，作業員の教育，入場ルートや資材搬入ルートの制限，また搬入物の事前清掃した上での搬入，さらに作業員の靴に付着したごみの持込み防止のための履き替え徹底，クリーンスーツでの作業をクリーン度のステップアップに準じて強化させる．最終段階では，下加工はクリーンルーム外で，クリーンルーム内では発生させたごみをすぐにクリーン掃除機で除去しつつ作業などを実施していく．また，この最終工程では，精密清掃と最終高性能フィルターの取付けとなる．

一般の清掃が完了した後，空調運転とともにごみの発生のミニマムな特別のワイパーによる超純水による水ぶき清掃をクリーンルーム6面の仕上げのみならず，清浄空気が循環する床下，天井内プレナムチャンバー全域にわたり行い，この後ULPAフィルターといわれる超高性能フィルターを設置し，工事完了となる．工程はその後，検収と称される各種性能試験を行い，建設工事完了，製造機器搬入前の状態となる．

また，最近の最新工場ではケミカル汚染防止あるいは分子レベル汚染防止などといわれる，ごく微量の重金属や有機物質までが制御対象になり，通常のクリーン施工に加え，さらにそれらに的を絞った管理を行うケースもある．この管理の主体は発注形態で異なるが，建築工事を施工するゼネコンが中心になって行うケースや，空調業者がリード，まれではあるがオーナーサイドが主体となって施工者とともに選任チームを選抜して行うケースもある．

いずれにしても高精度・大規模の施設を超短工期で施工するには，設計フェーズでの短工期工法を盛り込んだ緻密な検討・設計，多業種にわたる施工段階での情報一元化をベースとするリーダーシップにあふれる確実・緻密な管理が必須となる．

［柿崎治郎］

6 施工事例

6.1 集合住宅の例

6.1.1 工事概要

工事名称：(仮称) クレストフォルム南砂III新築工事
建物名称：Crest Forme Tokyo Avancer（クレストフォルム東京アヴァンセ）
建物用途：共同住宅（分譲）
発　　注：(株) ゴールドクレスト
設計監理：(株) 一級建築士事務所アルテ・ワン
施　　工：(株) 鴻池組 東京本店
工　　期：2001年9月20日〜2003年3月31日
主体構造：鉄筋コンクリート造
規　　模：住棟…地上15階2棟・11階1棟
　　　　　駐車場棟…1棟（自走式3層4段）
住戸数：368戸

建築面積：5,047 m^2
延床面積：37,697 m^2
最高高さ：44.22 m

　当工事が行われた21世紀初頭は，地価の変動に伴い首都圏における集合住宅建設に変化が見られた時期であった．特に，都心型集合住宅や都心に近い工場地帯の再開発による集合住宅が多く分譲されるようになった．敷地周辺も土地区画整理事業により工場などが立ち並ぶ地域から総合病院や福祉施設，オフィス街，商業施設，公園，住居地区などからなる新たな街へと変わりつつあった．当建物は，その中に総戸数370戸の大規模集合住宅として建設された．住棟は15階建2棟，11階建1棟がコの字型に配置され，中央の囲まれたスペースに3層4段式立体駐車場が配置されている．建物構造は高強度材料を用いた鉄筋コンクリート造である．

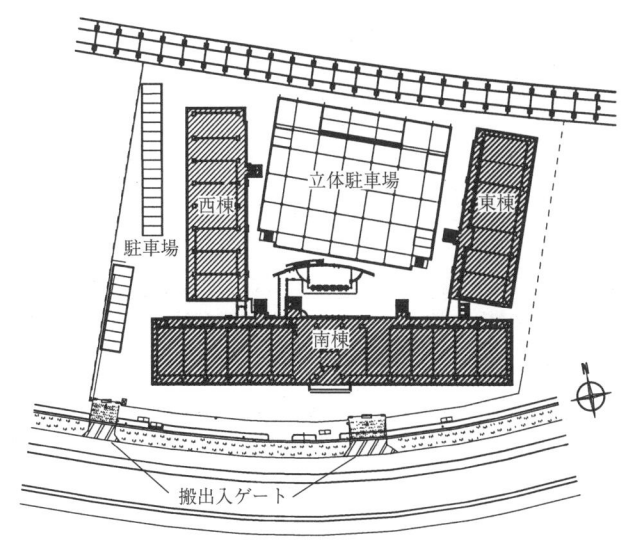

図 6.1.1　住棟配置

図6.1.2 建物外観（夜景．撮影：エスエス東京）

6.1.2 施 工 計 画
a. 基 本 方 針

施工計画に限らず，工事運営全般にわたって必要とされる基本方針は，母店の管理部門から出され，それを受けて現場所長が方針立案を行う．その内容はQ（品質），C（原価），D（工程），S（安全），E（環境）の管理対象すべてにわたっている．当工事における主な基本方針を以下に示す．

① 鉄道に対し近接工事を行うため，事業者との連絡・協議を密にし，クレーンなどの重機倒壊や足場からの材料飛散などの事故防止に努める．

② 工程の見直し，手戻り防止対策の立案やチェックをISO基準に合致した管理方法により行う．

③ 類似工事からフィードバックされた施工計画・管理方法を参考に計画を進め，さらなる改善提案と工期短縮に努める．

④ ゴミの分別など環境問題や職場環境改善への取組みを図る．

b. 総合仮設計画

住棟に囲まれた中央部の立体駐車場敷地をいかに活用するかが，仮設計画上のポイントであった．検討の結果，駐車場は基礎工事のみを先行し，上屋を後施工とすることにより，このスペースを鉄筋先組みヤードとすることができた．これにより，ヤードでユニット化した鉄筋（柱・梁・壁）をクレーンにて所定の位置に取り付ける工法が可能となった．

主な揚重機は，図6.1.3の総合仮設計画図に示すとおり，クローラークレーン2機およびロングスパ

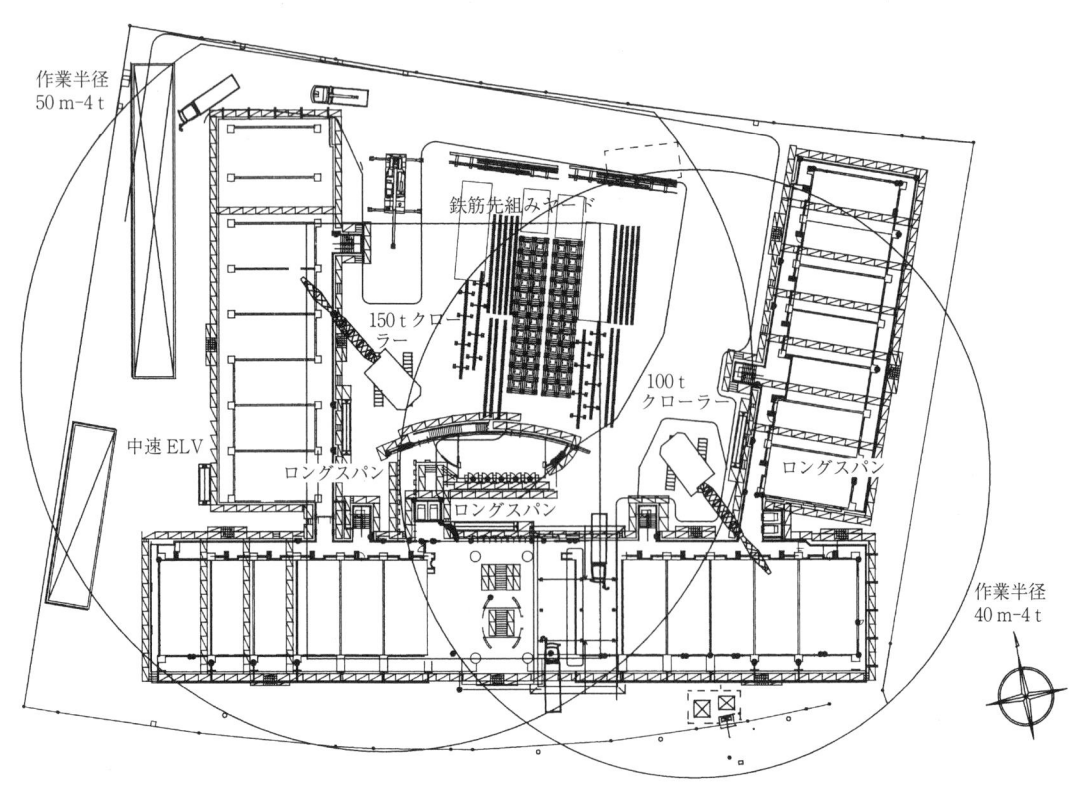

図6.1.3 総合仮設計画図

ンエレベーター 2 台,人荷用中速エレベーター 1 台となっている．また，在来工法を主体とした施工法を採用している関係上，建物全周に枠組み足場を配置している．なお，搬出入車両用のゲートは敷地南側に 2 カ所設けている．

c. 総合工程計画

着工時点での総合工程表を図 6.1.4 に示す．全体工期は約 18 カ月で，杭・基礎工事に約 5 カ月，地上躯体工事に約 7 カ月，残り 5 カ月で仕上工事，駐車場上屋工事，諸検査などを実施する計画となっている．地上躯体工事の実働日数（休日，雨天休業などを除いた日数）は 170 日程度と予想され，1 フロア当たりでは平均 11～12 日での施工速度が求められる．通常の在来工法を採用した場合 15 日程度を要するため，工期短縮の工夫が求められていた．杭工事に関しても杭長が 50 m 前後，本数が 71 本と工事量が多く，工程計画上重要な検討対象であった．また，検査工程に関しては，事務所ビルなどで行われている通常の検査主体に加え，購入者による検査がある点を加味する必要がある．

d. 基準階工程計画

ほぼ同一形状のフロア（基準階）が積み上げられている高層集合住宅の施工においては，基準階の工程計画が工期に大きな影響を及ぼす．15 階建の当建物を例に考えると，1 フロア当たり 2 日の短縮が 1 カ月の工期短縮につながることになる．

基準階工程は一般にサイクル工程などと呼ばれ，各階・各工区で繰り返し実施される作業を示した工程である．当工事では前述のとおり，この工程に対して 11 日以内での計画が求められていた．計画にあたっての基本方針を以下に示すが，いずれも施工速度の向上（工期短縮）や労務の平準化（山崩し）を目指しているとともに，同一作業を繰り返し実施することによる品質の安定化を狙っている．

① 3 つの住棟を 5 工区に分割して施工する．
② 鉄筋（柱・梁・壁）を地上ヤードにおいて先組みし，クレーンにて取り付ける．
③ 鉄筋の主筋継手は機械式とし，天候による作業中止の影響を排除する．

11 日型の基準階サイクル工程を図 6.1.5 に示す．この工程が 5 つの工区（東棟，西棟，南棟 3 分割）において繰り返し実施され，結果として 1 フロアの作業が 11 日単位で進められる．工区分割を伴うサイクル工程の検討は，労務やクレーン作業の山崩しを十分考慮して行う必要がある．なお，西棟が 11 階建であること，他の棟も上階でセットバックし住戸数が減少することなどにより，12 階以降は 1 日短縮し，10 日型サイクル工程で作業を実施する．

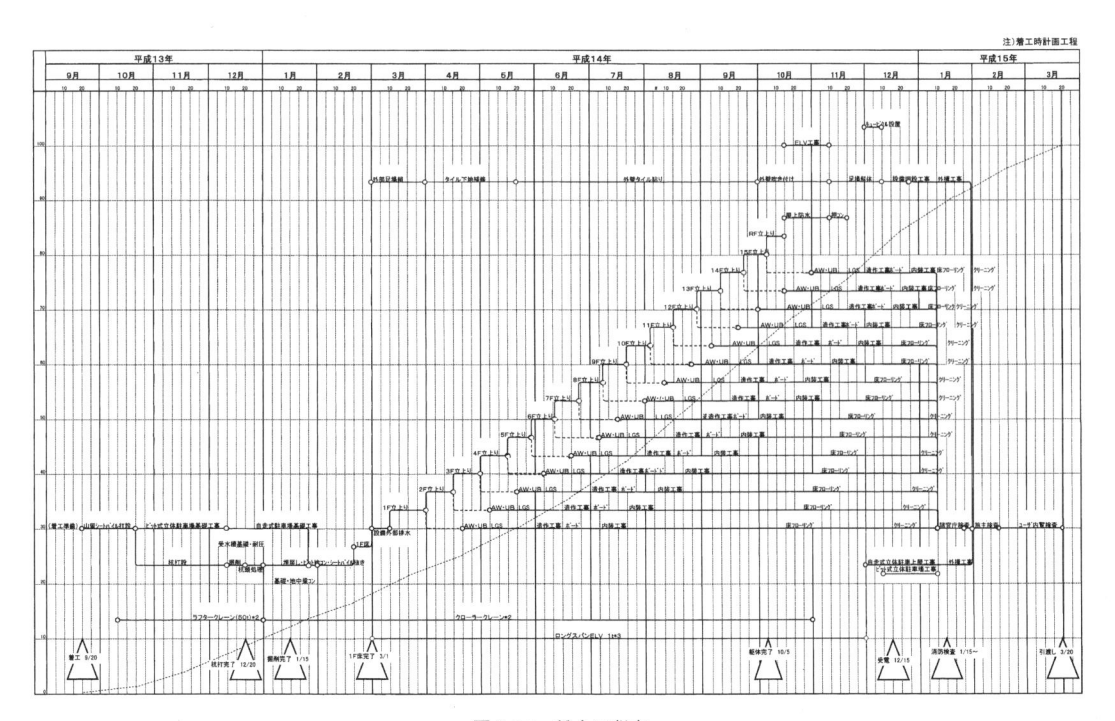

図 6.1.4　総合工程表

	1日		2日		3日		4日		5日		6日		7日		8日		9日		10日		11日	
	am	pm	am	pm	am	pm	am	pm	am	pm	am	pm	am	pm	am	pm	am	pm	am	pm	am	pm
仮設工事 足場材揚重																			足場繋ぎ入れ		コンクリート打設	
仮設工事 足場組立			メッシュシート・ネット貼り																コン打設養生			
型枠工事 墨出し	敷バタ		柱・内壁型枠建込み				梁型枠建込み		スラブ型枠建込み		階段型枠建込み						手摺型枠返し		精度チェック			
型枠工事 止型枠外し		内壁型枠外し			外壁型枠外し												スラブ止枠建込み					
鉄筋工事 柱フープ筋仕舞		壁配筋								大梁・小梁配筋			スラブ配筋		手摺配筋		配筋チェック				
														階段配筋				柱筋取付				
	壁筋地組み						梁筋地組み								柱筋地組み				壁筋地組み			

図6.1.5 基準階サイクル工程

全 景 　　　壁ユニット筋の吊り込み

鉄筋の地組みヤード 　　　梁ユニット筋の吊り込み

図6.1.6 地上躯体施工状況

6.1.3 施 工 管 理

当工事における施工管理は，品質マネジメントシステムの建築施工管理規定に基づいて実施された．具体的には，工事品質計画書に記載された「施工サイクル」，「識別およびトレーサビリティ」，「品質重点管理表」などに基づいて日々の管理が行われる．施工管理のサイクルとしては，「朝礼」，「ツールボックスミーティング」，「定時打合せ会」，「安全パトロール」などがあり，これらの実行により日常管理が行われる．また，品質重点管理表には工種別の重点管理事項が記載されており，追跡時にチェックシートとして用いている．

a. 地上躯体工事の状況

地上ヤードを活用した鉄筋地組み工法を中心とした地上躯体工事の実施状況を図6.1.6に示す．

b. 仕上工事の管理システム

大規模集合住宅では，仕上げにメニュー方式が採用されるケースが増え，間取りや内装材の色調，オプション設備など様々な選択が可能となっている．当建物においてもこの方式が採用され，すべての住

戸でどこかが異なるという状況となり，施工管理が煩雑になることが予想された．これに対処するために，鴻池組技術研究所が開発したPDA（Personal Digital Assistants）を用いた仕上工事の進捗管理システムおよび検査システムを導入した（図6.1.7, 図6.1.8）．

その結果，管理業務時間が大幅に削減されるとともに，業者への指示伝達が明確になった．特に，検査後に実施していたデータ集計や是正指示個所へのマーキング作業がなくなったことにより，集計結果を速やかに印刷して該当業者へ伝達することが可能となった．

システムの概要を以下に示す．

① 進捗管理システム：多数の専門工事業者がかかわる仕上工事の進捗状況を，素早く的確に把握するための支援システムであり，各住戸の工事状況を設定した管理項目に応じて表示，印刷することができる．

② 検査システム：工事の各段階で行う検査業務を効率的に行うための支援システムで，不具合などの指摘位置を図面に入力することができる．指摘事項の入力は事前登録項目から選択できるとともに，自由入力が可能なメモ機能も持っている．

6.1.4 引渡し・アフターサービス

a. 引渡し関係書類

建物竣工後，建築主に引き渡された書類は以下のとおりである．書類によっては，管理会社または管理事務室に写しまたは原本が保管される．

① 引渡し関係（工事完了引渡し証明書，建物引

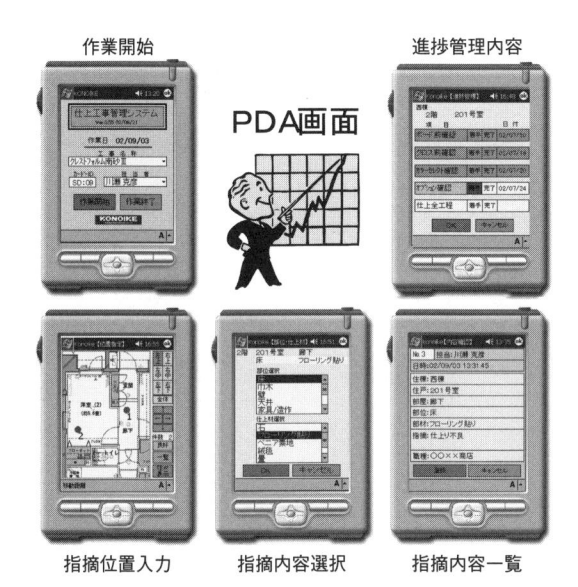

図 6.1.7 PDA の画面展開例

図 6.1.8 検査指摘事項の出力例

渡書，鍵引渡書など）
② 許認可関係（確認通知書，中間検査済証，建築検査済証，防火対象物使用届書など）
③ 試験関係（電気設備試験成績書，電話配線試験結果，給水管水圧試験書など）
④ 近隣関係（その他）
⑤ 保証書関係（防水工事補修保証書，枯木保証書，その他）
⑥ 検査関係（竣工検査チェックリスト，機器取扱い説明書・仕様書（専用・共用）など）
⑦ 自家用電気関係（自家用電気工作物保安管理業務，自家用電気使用（廃止）申込書など）
⑧ 鍵ほか（専用部分の鍵，共用部分の鍵，工具一式など）
⑨ 図面（竣工図書（製本））
⑩ 写真・工事管理用書類（竣工写真（アルバム・ポジフィルム），境界写真など）

検査関係の引渡し書類である機器取扱い説明書・仕様書は，共用部機器と専用部機器に分かれているが，専用部機器に関するものは入居者に引き渡される．

b. 長期維持保全計画・アフターサービス

建物をより永く，経済的に維持していくためには，建物のライフサイクルを考慮した日々のメンテナンスや中期的なリニューアルが必要とされる．長期維持保全計画書は，そのための運用計画立案や資金準備などに役立つものといえる．分譲住宅の場合は，工場や事務所ビルなどと異なり，建築主と所有者が別人であるため，建物引渡し時に計画書が作成されることは少なく，引渡し後，所有者によって設立される管理組合からの依頼により，計画書が作成されるケースが多い．計画書の項目は，① 維持保全体制と連絡先，② 修繕・更新費用（部位・部材別項目一覧表），③ 修繕・更新タイムテーブル，④ 建物概要・基本図面などとなっている．

また，アフターサービスとして，竣工建物の定期点検・巡察およびアフタークレームの受付・処理を行っている．サービスの窓口には，原則として建築営業部，工事担当所長，建築部営繕担当があたり，不具合が発生した場合の原因究明や処置方法など技術的な検討には，専門部署の技術者があたる．

［岩下　智］

6.2 オフィスビルの例

6.2.1 工事概要

工事名称：ピアスタワー新築工事
用　　途：事務所・駐車場（128台）
敷地面積：3,505.72 m^2
建築面積：1,610.62 m^2
延床面積：36,400.16 m^2
構　　造：鉄骨造（3F～28F）
　　　　　鉄骨鉄筋コンクリート造（B2F～2F）
規　　模：地上28階，地下2階，PH1階
軒　　高：SGL＋128.90 m
最高高さ：SGL＋130.50 m
工　　期：1993年12月22日～1996年9月30日

図6.2.1　外観写真

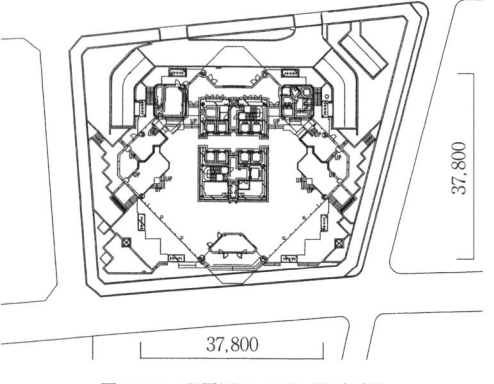

図6.2.2　配置図および1階平面図

図 6.2.3 高層基準階平面図

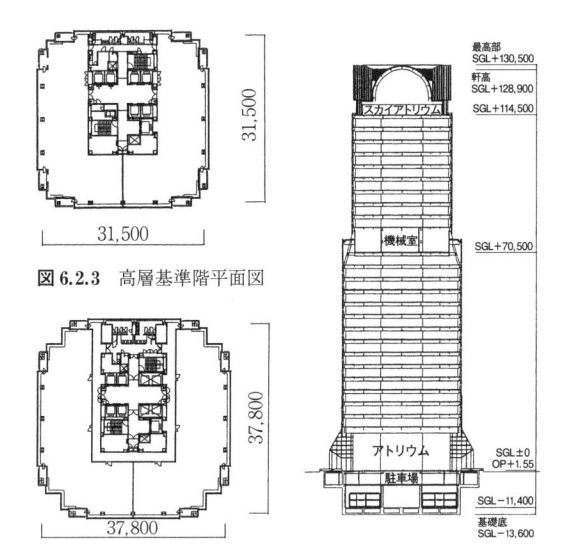

図 6.2.4 低層基準階平面図

図 6.2.5 断面図

を隠蔽するプレキャストカーテンウォール（PCaCW）があり，特に低層部分はプレキャスト版裏の鉄骨鉄筋コンクリート（SRC）構造となる柱と壁の取合いに検討を要する．また，最上部のスカイアトリウムはヘリポートを有し，複雑な形状をしている．

⑤ 契約工期は33カ月で，やや余裕のある工期であるが，特殊階の工程が全体工期を決定する上でキーポイントとなる．

b. 施 工 方 針

① 最新施工技術の導入
② フェイルセーフを基本に徹底した安全管理
③ アフター工事をなくす品質管理
④ OA・AV機器の活用による管理業務
⑤ 働きやすい環境の整備

6.2.2 基本施工計画

a. 施 工 条 件

① 本建物は特定街区制度を採用したため，敷地面積が約3,500 m^{2}と狭い敷地でも建築面積が約1,600 m^{2}の超高層建築が可能となったが，反面ストックヤードなどの施工スペースが少ない．

② 基準階面積が約1,365 m^2（低層部），約1,017 m^2（高層部）と狭い．

③ 1, 16, 17, M17, 27, 28階が特殊階であり，特に17階に中間機械室が設けられている．

④ 外装は主にアルミカーテンウォール（CW）であるが，コーナーに半外部の室外機置場

6.2.3 着 工 準 備

a. 工 程 計 画

設計図書や与条件に基づき各工種の工法検討を行い実働日数を割り出し，作業不能日を考慮して各工種別の工程を組み合わせ，関連する項目を付加していった（図6.2.6）．

鉄骨完了後竣工まで	10～12カ月
外装完了後竣工まで	6～8カ月
検査日程	1～2カ月
仕上タクト開始時期	鉄骨建工事より2～3節下
受電時期	竣工より4～5カ月前
防災センター建築確認	受電の2～3カ月前

以上のような項目に留意しながら全体のバランスを調整した．また，特殊階の作業も考慮していった．

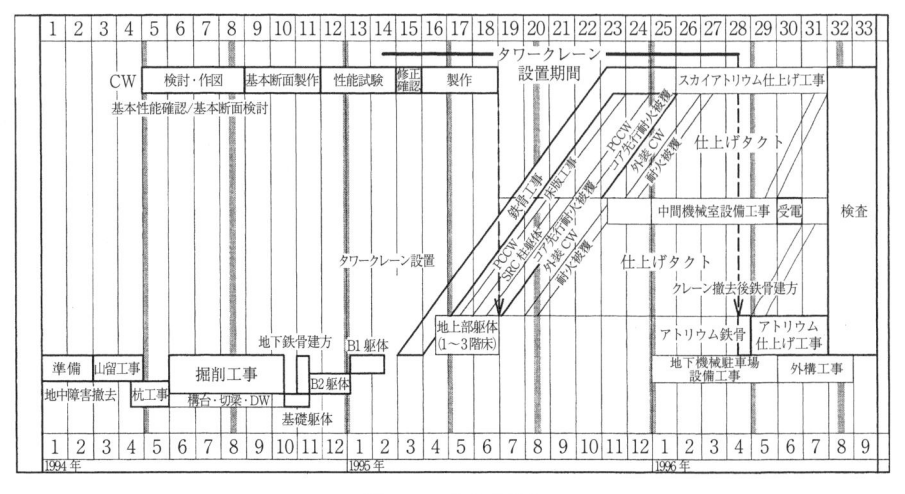

図 6.2.6 基本工程表

カーテンウォール取付け時期から試験期間を逆算したり，タワークレーンの解体が1階アトリウム跳ね出し鉄骨建方のクリティカルパスであるため，解体リミットを想定し，工事全体の流れの中から施工手順の調整を行った．

b. OA・CADの導入

本建物では，当時の一般的建築現場に先駆けてパソコンを積極的に導入し（1人1台の環境を確立），各社のパソコンをLANでつなぎデータの共有化を図った．作業所で作成する書類，図面は電子データとすることを基本とし，共有データはサーバーにデータベースとして保管されているため，各自がそれぞれ必要なデータを迅速に提供したり，入手したりすることが可能となった．

総合図の作成方法

本建物では，建築，設備などの工事ごとの施工図をCADで作成した．まずゼネコン（共同企業体）が，設計図のCADデータを利用してベースとなる平面詳細図，展開図，天井伏図をCADで作成する．このデータに各設備会社が，それぞれの設備情報（器具，配線，配管，ダクト経路など）を，指定したレイヤー上に実際の納まりを検討しながら書き足していく．各社，使用しているCADソフトが統一化されているわけではないので，事前にCADデータ作成上のルールを決めておく必要がある．各情報を階層（レイヤー）化して表現し，それらのデータを重ね合わせて1枚の図面として全体の検討調整を進めていく．このルールに従って作成されたCADデータは，各社のソフトの差異により表現が変わらないよう必要に応じてデータ変換され，1枚の総合図として完成する．この後，総合図の情報は，再び各社それぞれの詳細な施工図に反映されて実際の建物が出来上がる．

6.2.4 仮設計画

a. 揚重機

1) タワークレーン

本建物は狭隘な敷地でありながら超高層建築であるため，揚重機の選定・配置計画は工程上重要であった．

揚重物の最大重量は鉄骨柱の16 t/ピース，基準階・敷地面積が小さいなどを考慮して，主揚重機をタワークレーン（JCC-400H）1基とし，フロアクライミング方式を採用した．また，2層分の梁をトラスでつなぎメガストラクチャーとしたコア内部にクレーンベースを設置して荷重を受けた．

タワークレーンの主業務を鉄骨建方に限定し，鉄骨建方後の本締め，溶接作業時にPCa版，カーテンウォール取付け，仮設エレベータークライミング，外部吊り足場揚重などの工程を組み入れた鉄骨工事サイクルの策定を行い，1基のタワークレーンによるサイクル工程を計画した．これによりクレーン稼働率の向上と，工期短縮を目指した（なお，資材搬入時の相番機として55 tクローラークレーンを使用）．

当作業所では，フロアクライミング方式（クレーンのポストを自力で持ち上げるクライミング法）を採用した．この方式の利点としては，ベース架台を鉄骨工場で事前に製作して鉄骨建方時に設置できるため，クライミングの準備作業の工期が省略できること，最小限の仮設材と人工数で作業が可能なこと，さらにポスト本体は架台とボルトで連結される単純な構造であるため，細かな部材の使用がないこと，などである．また，折りたたみ架台の採用でクレーン用の開口部は最小限に抑えることが可能となり，クライミング後のダメ工事が低減できている．クライミングは鉄骨工事サイクルに合わせて行われた．

2) 仮設エレベーター

i) 資材運搬用　他の超高層施工実績データより本建物の全揚重回数を9,600回と想定し，機種選定を検討した結果，3 tエレベーター（HCE 3000BS）1台を設置することにした．

ii) 人員輸送用　最大作業員250名/日，朝・昼のラッシュ時には資材運搬用3 tエレベーターとの併用を考慮し，1 tエレベーター（HCE 1000B）1台を設置することにした．

3) 本設エレベーターの仮使用

本設エレベーターを竣工の6カ月前から仮使用ができるようにして，資材運搬を行った．

4) 資材揚重装置

建物の中間階に荷取り用のステージを設けず，資材を直接搬入するために，建物内に挿入可能な先端の長いフォークと反対側に，この資材重量とバランスをとることができる移動可能なカウンターウェイトを有する資材揚重装置を採用した．

b. 揚重管理システム

工事用エレベーターの使用予約や稼働状況の記録をとるために，パソコンを使用して揚重管理システムを構築した．このシステムにより，データの蓄積

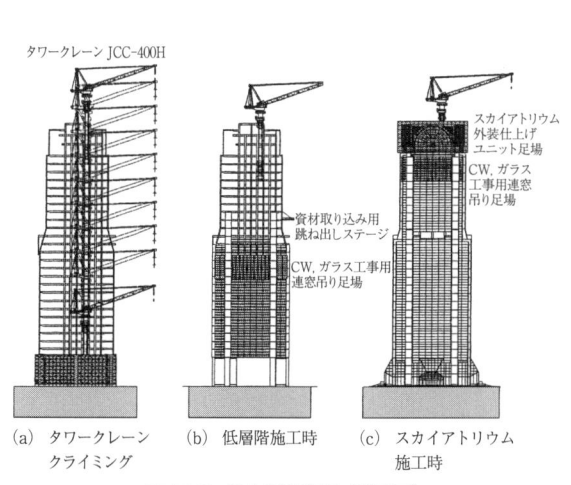

(a) タワークレーン クライミング
(b) 低層階施工時
(c) スカイアトリウム 施工時

図6.2.7 総合仮設計画(断面図)

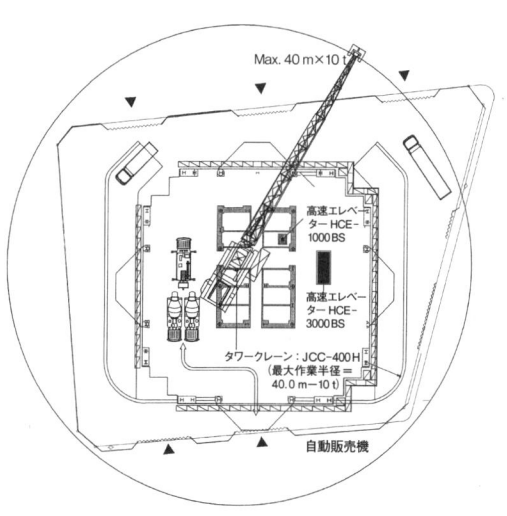

図6.2.8 総合仮設計画(平面図)

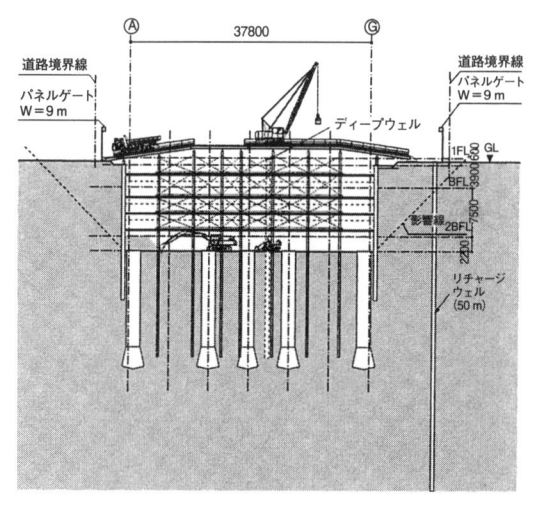

図6.2.9 地下断面図

だけでなく揚重予定管理が確実に行え,円滑な揚重作業・管理が可能となった.

6.2.5 施工計画・施工管理
a. 地下工事
1) 概 要

敷地周辺の地盤は軟弱で地下水位も高いため,山留め壁はソイルセメント柱列壁工法を用いた.切梁を4段架設するほか,クリープ変形を防止するために掘削面の内部にソイルセメント柱列による中間壁を南北に2列,東西に1列配置した.地下水の処理は,ディープウェルで排水減圧し,GL-50 m付近の砂礫層にリチャージすることにより場外への放流を少なくした.

2) 計測管理計画

施工中の①山留め壁の変形,②山留め芯材の応力,③切梁支保工の軸力,④被圧水位の変動,⑤周辺地盤の沈下などの計測を行い,山留めの設計上の諸条件を検討し,山留めの崩壊,掘削面内の盤ぶくれ,周辺地盤の沈下障害などの危険な兆候を事前に把握し,これに速やかに対応することとした.

計測データの一部を図6.2.10に示す.

3) 工程管理

山留め変形を最小限に抑える上で掘削工事を短期間で完了することが重要であった.粘性土の掘削面を雨にぬらすと,水が引くまでの数日間工事ができなくなるため,地下工事のドライワーク化を図り,掘削土を安定して搬出することを心がけた.このために,全天候型仮設屋根工法(図6.2.11)を採用し,雨,雪,夏の直射日光を防ぎ,作業中止日の削減および作業環境の改善を図った.

b. 鉄骨建方
1) 概 要

超高層建築において,鉄骨工事は後続の工程をリードし,全体工期に与える影響が大きい.本建物では基準節の部位別鉄骨数量を拾い,揚重・取付け時間,建方順序,ブロック割りを検討し,サイクル工程を決定した(図6.2.12).

2) 建方精度

建方精度に関しては,柱鉄骨建方直後にレーザー鉛直器を用いて建入精度を測定し,油圧ジャッキにて建入調整を行う鉄骨建方精度管理システムを採用

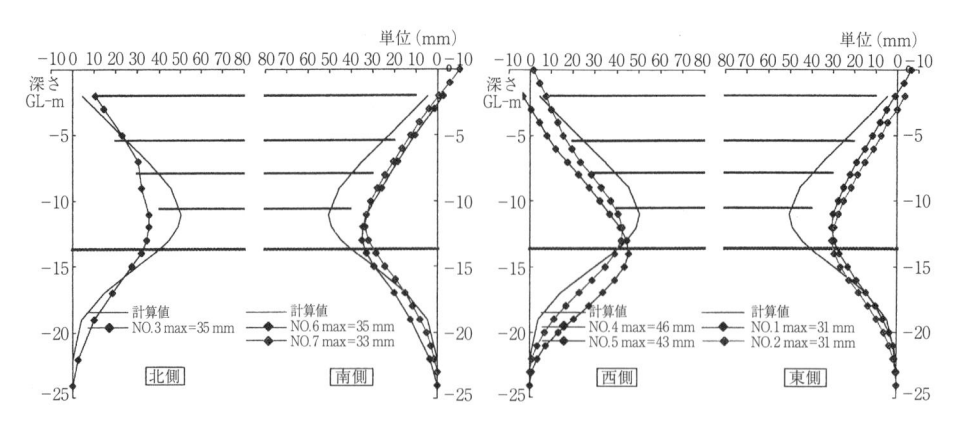

図 6.2.10 山留め計測データ

図 6.2.11 全天候型仮設屋根工法

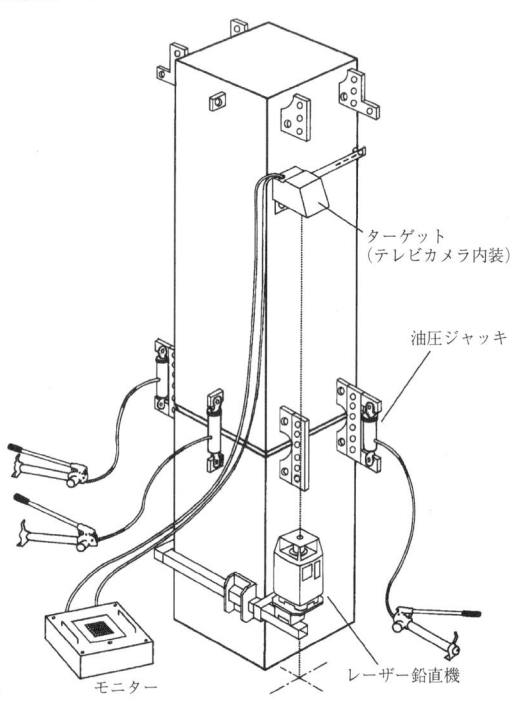

図 6.2.13 鉄骨建方精度管理システム

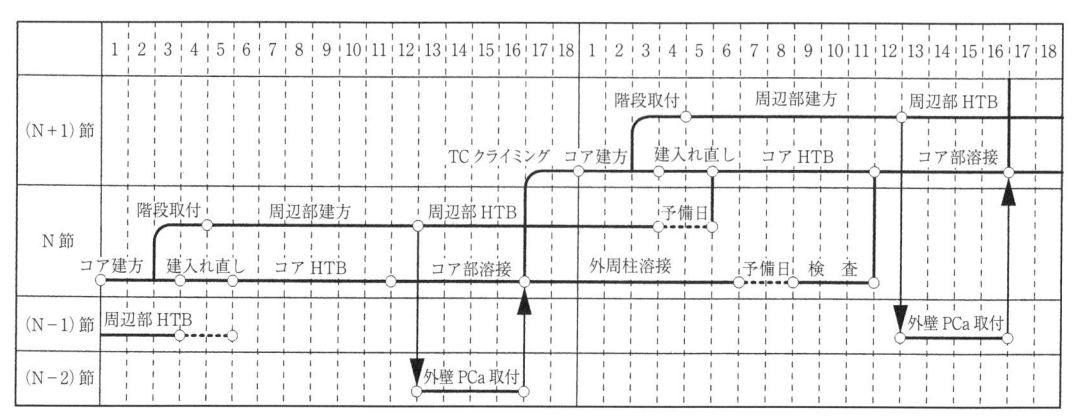

図 6.2.12 鉄骨工事サイクル工程表

した(図6.2.13).その結果,高精度の建入れが短時間で可能になった.また,ワイヤーやレバーブロックなどが不要なため,建方時の作業障害も削減することができた.

3) 安全管理

一般的な鉄骨建方では,1節3層の柱鉄骨を建て,その柱鉄骨に梁鉄骨を取り付け,最後に建物の外周部の梁に養生ネットを取り付けている.しかし,これでは鉄骨建方時に養生ネットがないため,建築資材などの落下の危険性がある.

本建物は,あらかじめ柱鉄骨に自動開閉養生ネットを取り付け,鉄骨建方時にはそのネットを遠隔操作により開いて外部養生を行い,建築資材などが落下しないようにした.鉄骨建方開始当初は一部での試用だったが,作業員の要望により建物全周で採用し,作業員の心理的疲労の緩和につながった.

c. 外装

1) アルミカーテンウォール

本建物の主な外装は,特注色の高性能熱線反射ガラスを用いたフッ素樹脂焼付け横連装窓等圧アルミカーテンウォールである.無目材にポイントローラーを組み込みゴンドラガイドとするため,取付け精度基準は面外方向±1.5 mm,面内方向±2 mmという厳しい基準を設けた.結果的に,カーテンウォール自体に映像調整機構がないのに比較的良好な映像が得られた.高所作業のため,生産設計段階から溶接作業不要となるディテールを採用した.

i) **外装用吊り足場** アルミ部材を多用した折りたたみ式軽量連層吊り足場を併用することで,安定した作業床を提供し,安全性を高めた.また,この吊り足場は電動チェーンブロックによりセルフクライミングが可能である(図6.2.15).

ii) **実大性能試験** 大規模カーテンウォール採用時には,水密性,耐風性,耐震性(層間変位追従性)などを確認する実大性能試験を行う.カーテンウォール工事が遅延すると鉄骨工事同様に他の工事に与える影響が大きいため,実大性能試験を考慮した製作工程の検討が不可欠である.カーテンウォールの基本性能検討から現場取付けまで,実大性能試験を含め14カ月を要した.

2) プレキャストコンクリートカーテンウォール

建物コーナーの空調屋外機置場の外装は,花崗岩打込みプレキャストコンクリートカーテンウォールであった.階高分の長さとなるL字型のコーナーパネルで,重量は8t近くあり,また天然石を用いているため,取付けには慎重を期した.タワークレーン1基のため,鉄骨建方の本締め,溶接作業中を利用してPCa板を取り付ける積層工法を採用した.ファスナーなどは工場にて鉄骨に取り付け,高所作業を低減した.1日の取付けピースは平均16枚,最大24枚をこなした.

3) 屋上

屋上は半円形ガラスカーテンウォール,チタンクロスヴォールト屋根およびヘリポート(緊急離着陸場)を有するスカイアトリウムとなっている.スカイアトリウムは地上130 mにあるため,高所作業,外部での取扱い部材数,揚重回数の低減を基本方針として計画した.

外部足場はアルミ部材を多用したユニット式を採用した.部材の揚重時は強風の影響に悩まされたが,足場の組立・解体は朝凪を利用して早朝作業で対応した.

半円形のアルミカーテンウォールは,ノックダウン方式からガラス先付けのユニット方式に変更することにより,高所作業の削減,工期短縮,作業性の改善が可能となった.

図6.2.14 自動開閉養生ネット

図6.2.15 外装用吊り足場

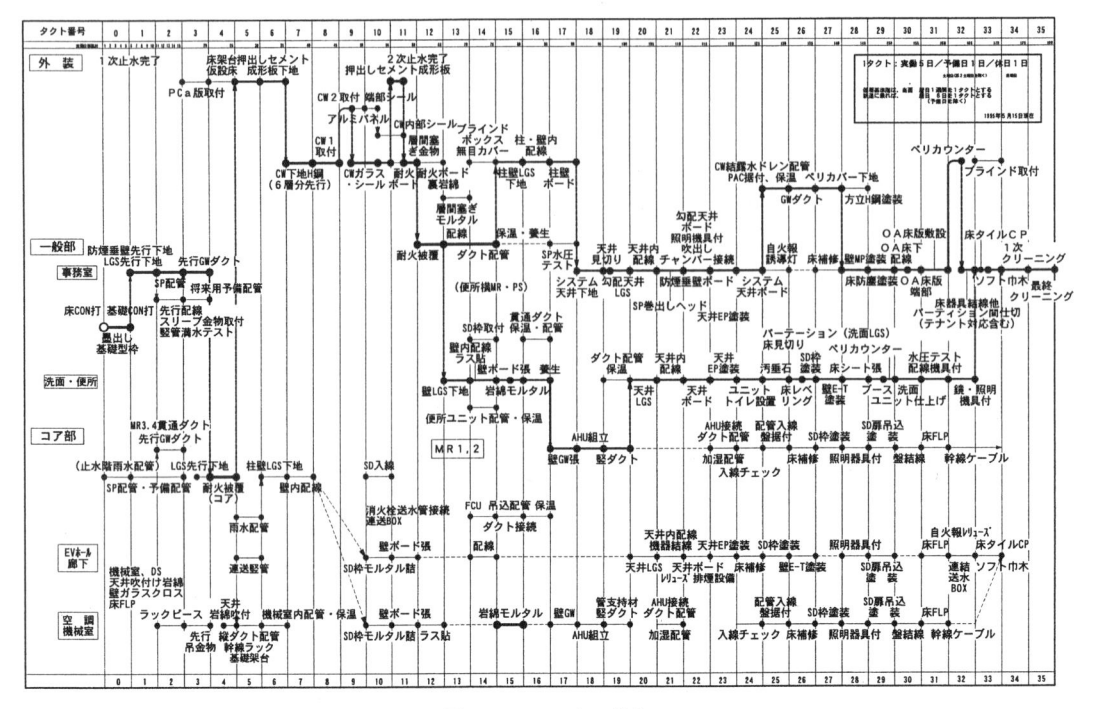

図 6.2.16 タクト工程表

スラブは在来工法からプレキャスト（以下 PCa）板に，パラペットも半 PCa 板に変更し，現場施工を軽減した．

d. 内 装

超高層建築において，基準階の施工手順をパターン化し，工事をフロアごとに一定の期間で仕上げていくタクト工程を採用した（図 6.2.16）．各工種が同一期間で規則正しく上階へ進んでいき，工程・労務管理業務を低減し，品質向上と省力化を図った．

本建物では，1 節（3 フロア）の鉄骨建方サイクルが 18 日（1 フロア当たり 6 日）であるため，仕上タクトも 6 日とした(高層基準階では 5 日とした)．コア・外周部・一般部（事務室・北側コア）の 3 ブロックに分けて作業手順を組み立て，基準階仕上工事開始後，3 フロア程度の進捗状況により，タクトの見直しを図った．

e. 設 備

超高層建築物の設備上の大きな特色は，中間階にメイン機械室が配置されることが多いことである．そのため上下階に対する騒音・振動対策が必要となる．各設備の試運転調整期間から逆算して本受電時期を決定するが，デマンド電力契約の場合，一斉に機器の試運転を行うと基本電力料金に影響するため，電力負荷を考慮した試運転調整工程計画を立てた上で本受電時期を決定した．

6.2.6 引渡し・アフターサービス

建物引渡し後は，本建物の場合，竣工 1 年後および 2 年後に定期点検が行われ，使用上の不具合があれば一般の製造物と同じように品質保証の対象となる．その後もアフターサービス専門部署が窓口となり，建物の破損などの事故連絡を受けた場合，速やかな対応に努め，長期的な関係を継続している．

また，部材更新周期，更新方法，概算費用などを網羅した長期修繕計画を提案し，経済的かつ効果的な建物保全のための更新スケジュールや予算組の支援を行っている．

本建物は，設計当初より維持管理費用低減のため，耐久性の高い仕上材料を用いている．具体的には，チタン屋根，ガラス，天然石，フッ素樹脂塗装金属板などを使用し，外壁カーテンウォールに等圧機構を採用することでガラス面以外にシーリング材を使用していない．また，オフィスビルとして OA 化への対応などの機器の更新やレイアウト変更が，建物を傷つけることなく容易に行えるよう，OA フロアやシステム天井が採用されている．これらの配慮は，建物全体のライフサイクルコスト低減に寄与している．

［植野修一］

6.3 特殊事例

ホール棟とガラス棟を持った複合施設－東京国際フォーラムの施工プロジェクトは，20世紀の建設技術の集大成であったとともに，設計のあり方，ゼネコンやサブコンの役割，プロジェクトマネジメントの方策等々，課題や将来の建築生産のあり方を随所に予見させるものでもあった．

6.3.1 工事概要

建物名称：東京国際フォーラム
建築主：東京都
設計監理：東京都財務局営繕部国際施設建設室
　　　　　ラファエルヴィニオリ建築事務所
設　　計：建築…ラファエルヴィニオリ建築事務所
　　　　　構造…構造設計集団SDG他
　　　　　設備…森村設計
施工者：ホール棟JV…大成建設，戸田建設，清水建設，間組，鉄建建設，日産建設，三菱建設，小田急建設，古久根建設
　　　　ガラス棟JV…大林組，鹿島建設，安藤建設，銭高組，五洋建設，藤木工務店，森本組，地崎工業，勝村建設
主用途：劇場，集会所，展示場，管理棟を含む複合施設
地域地区：商業地域，防火地域
敷地面積：27,409 m^2
建築面積：20,960 m^2
延床面積：144,405 m^2
建ぺい率：76％（制限なし）
容積率：527％（許容1000％）
階　　数：地上11階，地下3階，搭屋1階
高　　さ：軒高57.1 m，最高高さ59.8 m，建物深さ20.8 m．
構　　造：基礎…直接基礎，地下…RC造，地上…鉄骨造
外　　装：屋根…アルミパネル，網入りガラス
　　　　　外壁…花崗岩打込みPCa板，アルミパネル，透明ガラス
工　　期：1992年10月～1996年5月
別途工事：舞台機構工事，サイン工事，外構工事，電気設備工事，空調設備工事，昇降機設備工事，情報ネットワーク工事，舞台など音響設備工事，給水・衛生・ガスその他設備工事，映像情報設備工事，その他

東京国際フォーラムは，延床面積144,405 m^{2}という巨大複合建築であり，設計は，日本初の国際設計コンペで入賞した外国人建築家によるものである．巨大なガラスアトリウムや5,012人収容の大ホールを実現するために，建設工事には，この時代の新技術が惜しみなく投入された．

一方，この工事には，都心のど真ん中での大規模工事，舞台設備・音響設備などの多様な関連工事との調整，一体の大空間を2つのJVで協調的に施工する必要性，設計変更への対応，等々の条件が数多く伴うものであった．特に，44カ月という工期は厳しい与条件である．

工事は，ガラスアトリウムを中心としたガラス棟建設共同企業体9社，ホールを中心としたホール棟建設共同企業体10社により実施された．44カ月間に投入された労務は，ホール棟1,017,150人，ガラス棟524,548人という，正に20世紀末の大プロジェクトであった（図6.3.1）．

a. ホール棟の工事概要

ホール棟は，4つのホールを中心にレセプションホール，展示ホール，会議室，事務室などの諸室から構成されている．この工事は延床面積約105,000 m^2，鉄骨重量約18,000 t，延べ溶接長375,000 m，40階以上の超高層ビル1棟分に匹敵する規模である．

ホール棟の特徴は，①音響性能に不利な鉄骨造のホール建築であり，さらには，4つのホールが耐震構造のコアを挟んで連続した構造であること，②大きな空間を確保するために長大スパンが多用されていること，③またホールという性格上，大空間

図6.3.1 工事中の様子（1994年9月26日）

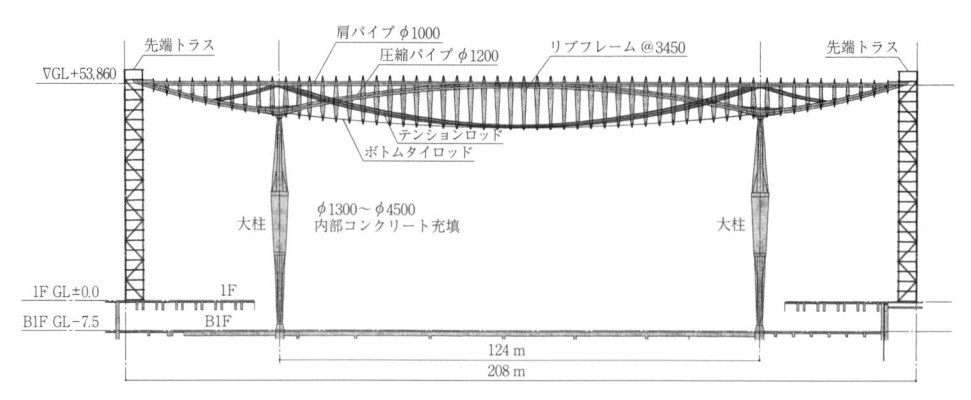

図 6.3.2 ガラスアトリウムの主構造

の吹抜け部分が多いこと，④ 基本的形状が箱型で大きな跳ね出し構造が多いこと，⑤ ホール内の音響性能を確保するため様々な防振・防音対策が施されており，躯体と仕上げの取合いが複雑であること，などである．

b. ガラス棟の工事概要

ガラス棟は，レンズ型平面の巨大なガラスアトリウムであるガラスホールと会議棟で構成され，延床面積は約 40,000 m² の規模である．ガラスアトリウムは，全長 207 m，最大幅 32 m，最高高さ 57.5 m，その気積は 215,000 m³ という大空間建築である．この構造体は，大柱，ガラス壁，大屋根の大きくは3つの要素で構成されている．以下に，それぞれの概要を示す（図 6.3.2）．

1) 大 柱

大柱は，ガラスホール大屋根の鉛直荷重を一手に引き受ける大黒柱であり，デザイン上のシンボルでもある．全長約 52 m，最大径 4.5 m，最大部材厚 230 mm という，建築が通常扱うスケールをはるかに超越し，SM570，520 といった高張力鋼，極厚部材，鋳鋼といった様々な特殊鋼材を組み合わせることによって実現され，耐火鋼仕様で鉄骨素地そのままに仕上げられている（図 6.3.3）．

2) ガラス壁

ガラス壁は，構造的に2本の大柱で支持された大屋根の短辺方向の回転を拘束する機能を有している．高さ 60 m × 全長 210 m，屋根のローリングや壁自身の自重で生じる圧縮力は約 400 t，1/60 というビル建築の約2倍の壁面変位量で設計された．こうした条件がある一方で，意匠上，極限まで部材をスリム化するために採用されたのが，ケーブルトラスという新しい構造システムである．これは，1つのトラスに2本ずつ2組のケーブルが対称に配置さ

図 6.3.3 完成した大柱

れ，左右の横力に対してそれぞれのケーブルが抵抗する仕組みである．方立には肉厚 70 mm という部材が用いられ，横胴縁との取合い部は完全な無垢材となっている（図 6.3.4）．

3) 大 屋 根

全長 208 m，最大幅 31.7 m，鉄骨総重量は約 2,500 t という建築の世界を超越したスケールを有する．上面がフラットで下面が船底状の形態をした大屋根は，圧縮材と引張材の絶妙なコンビネーションで，大きくは2つの構造要素から成り立っている．1つは厚肉 G コラム（φ1,200）のアーチパイプと大柱間を結ぶタイロッド，もう1つは，カテナリー状に配されたテンションロッドと，これらが定着する肩パイプ（φ1,000）である．そして，両者を一体とする 56 枚のリブフレームは，3.45 m ピッチで船底型を形成する．大柱との接合部は，総重量 150 t の巨大な部材であり，その形状から「鞍型」

図 6.3.4 ケーブルトラスの詳細

と呼ばれている.

6.3.2 基本施工計画

特殊な設計条件に加え,通常の建築物とは異なる別途工事が多数あること,特殊な構造を施工するために大量の仮設工事が必要であること,建物の地下にDHCプラントが設置され竣工と同時に周辺地域への熱供給を開始するため,特に地下3階部分の躯体工事が工期の制約を受けることなど,工期・工程に関する制約条件も多い.さらに,設計の性格上,仕上げのグレードが高く,密度も濃いため,仕上工事には十分な工期を割り当てる必要がある.

つまり,地上・地下ともに躯体工事を早期に完了し,仕上工事の工期を可能な限り確保することが工程計画,構工法計画の最大のポイントとなる.そこで,2つの工区共通の地下工事については,地上と地下工事の工程を同期化させる方法,すなわち「逆打ち工法」が採用された.

a. 敷地条件と地下工事の概要

敷地条件は大変厳しい.敷地周囲4面すべてを地上・地下とも道路・鉄道で囲まれた長辺方向約220 m,短辺130 mの敷地を,深さ21 mまで掘削する(図6.3.5).掘削土量は約48万m^3になる.施工計画・管理上のポイントは,大きくは次の3つである.

① 数十 cm から数 m という極めて近接した鉄道の脇を掘削するための近接施工協議の成立・着工合意
② 地下中央部にある約5,000 m^2の2層吹抜け空間やガラス棟1階部分などの吹抜け空間に対する山留め支保工計画(図6.3.6)
③ 一体の大空間を建築物の性質,工程のポイントともに全く異なる2つのJVが協調的に施工するための調整

b. 逆打ち工法の概要

通常の逆打ち工法は,本設の躯体を切梁として利用し,側圧を常にバランスさせながら施工することが前提となる.しかし,上記のような条件が検討された結果,中央部が順打ちで,一部にアースアンカーを併用した変則的な逆打ち工法となった.地下工事

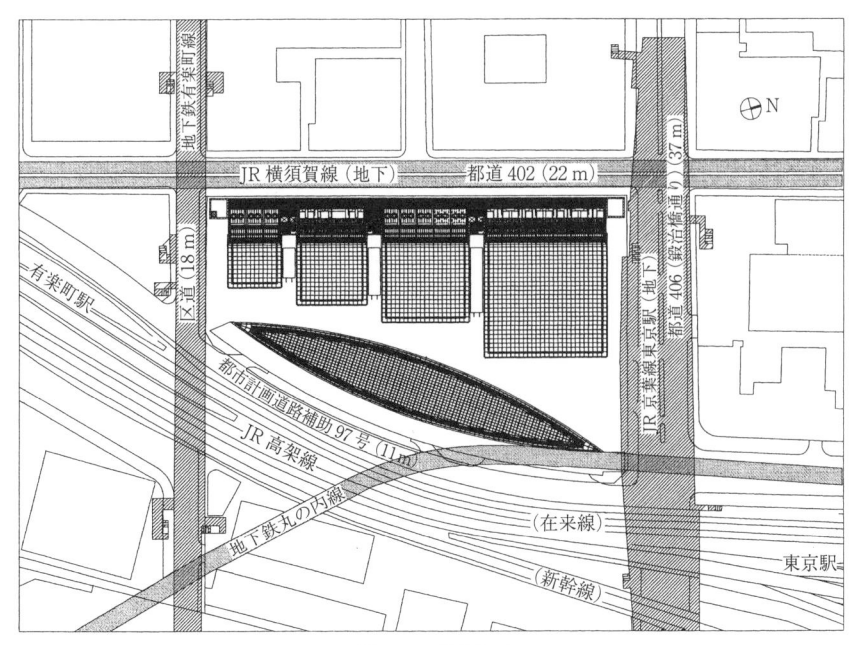

図 6.3.5 敷地概要

図 6.3.6 中央部吹抜け空間

の概要を図 6.3.7 に示す.これは,2 つの JV が協調的かつ安全に地下を掘削し,躯体を構築していくために,ステップを追った地下フレーム全体の安定性を解析しながら対策を練り,立案された施工手順である.施工中には,両 JV 間の調整を図るための定例会議も開催された.

c. ホール棟の工程計画

ホール棟は,ホールという性格上,設備工事,舞台機構工事,音響工事など様々な関連工事があり,建築工事工程のクリティカルパスの中に複雑に組み込まれてくるため,一般建築物のように建築主導の工程にはなりにくい.しかも,建築工事とこれらすべての関連工事が同時竣工という条件がある.地上部に割り当てられる工期は約 2 年である.

ホール棟工程計画のポイントは,PCa 部材,地組み・先組み部材を可能な限り採用することにより躯体工程の短縮を図り,ボックス・イン・ボックスなどの施工難易度の高い工事,仕上工事に十分な工期を割り当てることである.

鉄骨建方は第 6 節まであり,第 1 節が 3 層,2～5 節が 2 層 1 節,最後の第 6 節は屋根レベルの上に 1 層ある PH 階である.工程的には,最も大きなホール A と 1 つ間隔をおいたホール C(ともに劇場形式)を先行させることで,残りの空間を作業ヤード,ストックヤードとして活用する.残った 2 つのホールは 3 カ月遅れで着工するが,平土間形式で進捗が速いため,同時期に上棟する.

最大のホール A は,最もクリティカルな工程となるため,長大スパンの屋根工事に横引き工法を採用し,下部の劇場空間の仕上工事を並行して進められるよう計画された.大屋根は 1 辺の長さが 63 m,屋根架構のトラス高さは 4.5 m,総重量が 1,000 t を超える構造物であるが,この横引き工事がこれまでの実績と異なるのは,通常とは比較にならない精度が要求される防振構造の屋根が対象であること,さらには,設備配管や照明が組み込まれ,仕上げまでを含めた一連のプロセスを対象としているところにある(図 6.3.8).

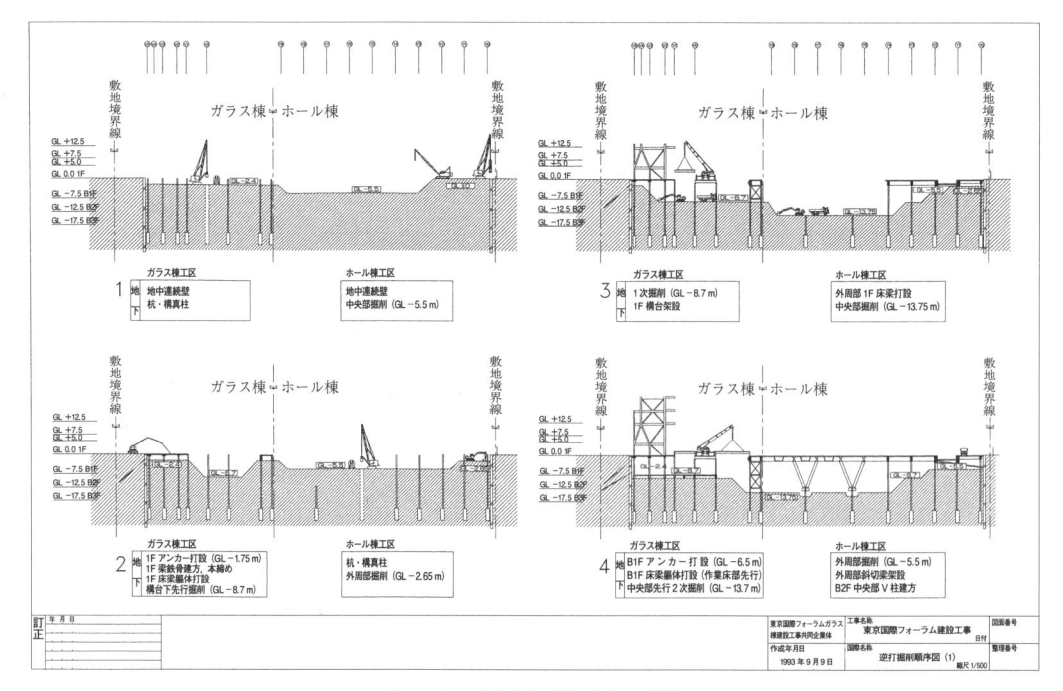

図 6.3.7 地下工事(逆打ち)の概要

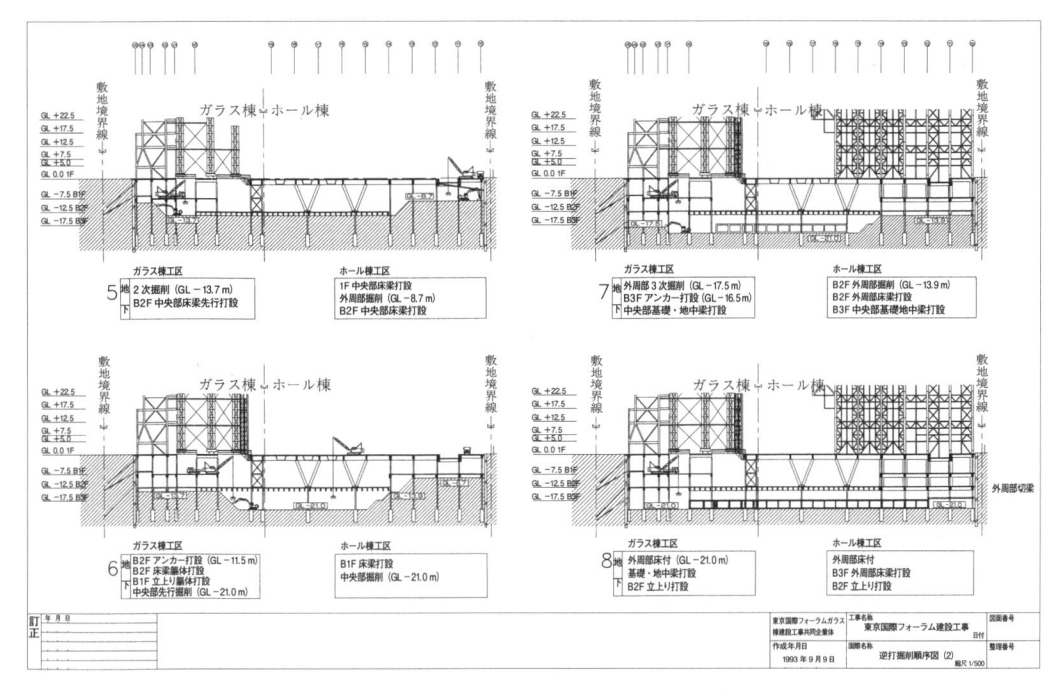

図 6.3.7 地下工事（逆打ち）の概要（つづき）

(a) 左側で組み立てられた屋根が順次右側に送られる
(b) 看板が取り付けられ，特殊工法を外部にもアピール

図 6.3.8 横引き施工中の様子

d. ガラス棟の工程計画

ガラス棟の工程上の最大のポイントは大屋根のジャッキダウンである．膨大な仮設の組立，本設並みの補強鉄骨，後続する広大なガラス壁面の施工，仕上工程等々はすべてジャッキダウンに支配される．これに対して意外にもクリティカルな工程は地下工事である．地下1階床が構築された後，仮設スロープを構築し，根伐り作業床を地下に移行するまで地上躯体に着手できないこと，ジャッキダウンによって大屋根の全荷重が大柱に移行されるまでに基礎工事を完了させる必要があることが，その理由である．ガラス棟の工程は，根伐り作業床レベルが地下に移行されてからジャッキダウンまでの期間，すなわち地上と地下が分割され，工程が同期化される約10カ月間に躯体関連の大部分の工事を完了しなければならないことになる．

地上部は，1階床が構築された後，地下部分に制約を受けないガラスアトリウム外周の会議棟の建方が先行して開始される．これは，施工期間中は仮設の支持体となり，タワークレーンが設置される施工上の要所になる．そして，会議棟の上に，大屋根を工事中サポートする仮設フレームが立ち上がると，膨大なベント支柱の組立が開始される．

地上約41mに設置される仮設ステージは，延べ

5カ月に及ぶ大工程となる．ステージが構築されると，この上で約6カ月かけて大屋根が組み立てられ，ジャッキダウンとなる．

ジャッキダウン終了後は，ガラス壁の工程が本格化する．なかでもクリティカルなのがケーブルトラスの緊張である．緊張が終了するまでは構造体として成立しないため，膨大な仮設の解体やカーテンウォール，トップライトなどの仕上工程に移行できないからである．そしてケーブルの緊張後，約3カ月で壁サッシの本付けが終わり，ガラス棟の構造は完成となる．

6.3.3 着工準備
a. 取り壊し作業

東京国際フォーラムが建設された敷地は旧都庁舎の跡地である．敷地内には大小11もの建築物があり，解体する対象は地上と地下の一部を含め，約50,000 m²であった．解体には1991年3月から約6カ月を要している．

取り壊しに際しては，東京都が発注者ということもあり，廃棄物の処理方法や再生利用による減量化が大きな問題となった．建設廃材の処理方針としては，大量に発生するコンクリート廃材の再利用を図ることを柱とした，以下のような方針が打ち出された．最終的な建設廃棄物の処理・再生に関する数量は表6.3.1のとおりである[1]．

① コンクリートと金属類は全面的に再利用を図ることとし，特にコンクリートは，現場内に破砕プラントを設置して骨材を再生し，公共工事の路盤材などとして活用する．

② 木材，ガラス，レンガは再利用困難材とするが，できる限り再利用を図るよう心がけて，量的に再利用が図れないものは，都内の中間処理施設において破砕などを行い，最終処分する．

③ 再利用の不可能材はプラスチックボード類で，中間処理施設において可燃物は焼却し，不燃物は埋め立てる．

そのほか，什器・備品，設備機器などは，財政支出監理団体，社会福祉法人などへ譲渡するなどの活用がなされた．

b. 埋蔵文化財調査

建設工事は当初，1991年5月に実施設計が完了し，10月に工事着手の予定であった．しかし，1991年2月と6月に東京都教育庁が試掘調査を行った結果，江戸時代の遺跡が確認され，1992年1月から9月まで発掘調査が実施されることとなり，着工が1年間延期されることが決定された．工期が大変厳しく設定されたのは，この埋蔵文化財の調査の影響が大きい．

なぜならば，当時，青島幸男東京都知事が中止を決定したことで，大きな話題になった世界都市博覧会は1996年3月に開会する予定であったため，そのメイン会場の1つとされていた東京国際フォーラムの竣工時期を延長することはできなかったからである（注：1995年5月31日に青島都知事は世界都市博覧会の中止を決断．これに伴い，仕上工事，外構工事などの工期の厳しさが勘案され，工期が2カ月延長された）．

表6.3.1 廃棄物の内訳[1]

発生材		内訳			
コンクリート廃材	40,730 m³ (72,600 t)	クラッシャープラント 26,700 m³	覆土材 10,520 m³	地下充填 3,510 m³	
金属類	5,612 t	鉄くず 5,609 t	アルミニウム，銅など 3.4 t		
木くず	432 t	チップ加工工場，燃料			
有効利用量計		地下充填を除くコンクリート材 37,220 m³ (66,400 t)，再利用金属類，木材 計 72,455 t			
廃棄物	木くず，ハードボード ブースなど 石膏ボード プラスチックシート類 カーペットクロス類	437 t	産業廃棄物として埋立処分 574 t (0.8%)		
	アスベストタイル アスベストボード 吹付けアスベスト	137 t			
合計		73,018 t			

c. 近接施工協議

鉄道との近接工事協議は，工期の設定にも影響を及ぼす重要な事項である．近接工事の具体的協議には詳細な施工計画を加味した検討が必要であり，施工者決定後が協議の山場である．建築主である東京都は，施工者確定以前からコンサルタントを介して検討を開始し，JR・営団地下鉄側でも特別なプロジェクトチームが結成されるなどの体制が整えられた．しかし，前例のない案件ゆえ協議には時間を要し，地中連壁工事は4.5カ月遅れで着工した．

また列車軌道内には，沈下計，傾斜計に加えてSCM自動計測器（センサーを取り付けたワイヤーの変位を自動的に計測するもの），亀裂変位計が配され，電話回線を経て現場事務所内のパソコンに転送された．また，連壁内にも土圧計，水圧計，鉄筋計，傾斜計が据え付けられ，常時監視体制が敷かれることとなった．

6.3.4 工事管理の留意点

東京国際フォーラムの建築工事において，第一に大きな検討課題となったのは，やはり設計条件であろう．この斬新なデザインは，数々の特殊な構造によって成立しているからである．構造設計を主に担当したのは，渡辺邦夫氏をはじめとする日本の構造設計者である．構造設計者らは，コンペ段階では明確に提示されていなかった構造計画について，意匠設計者のデザインコンセプトを継承しながら，よりダイナミックな構造美として表現しようとした．結果，あのような複雑で特殊な構造体が計画されることになった．

しかし，当然のことながら施工の条件は厳しい．完成時に安定した性能を発揮する構造体は，その過程，すなわち施工時には非常に不安定な状態になる．これを安全に施工するための仮設，建方手順の計画には，施工中の各段階における構造解析を含めた入念なシミュレーションが必要であった．当時は，こうした解析にはスーパーコンピュータを要することも多かった．

また，特殊な構造を実現するために用いられた超高強度材・無垢材・鋳物などは，全く新しく開発されたものも多い．これらに関しては，製造過程を含めた品質管理，実大模型（モックアップ）による構造実験，施工性の検証なども数多く実施された．主なものだけでも，ケーブルトラスの組立・緊張，肉厚鋳鋼の溶接，清掃ロボット，サッシの耐風雨・振動気密・変位実験というようになる．

このような特殊事情により，工事管理上の留意点は多く，また複雑である．ここでは，大屋根の工事（ジャッキダウン）を事例に，工事管理の要点を検証することにする．

a. 大屋根の建方

巨大特殊構造物である大屋根の建方には様々な工法が比較検討された．結果，採用されたのがジャッキダウン工法である．これは，大屋根を仮設支柱上部で組み立てた後に，ジャッキを徐々に解放し，2本の大柱に荷重を移行させると同時に自重により張力や圧縮力を導入する方法である．

ジャッキダウンが実施されると，大屋根中央部は36 cmたわみ，逆に先端部は約14 cmはね上がる．建方計画上の要点は，このような動的な要素を勘

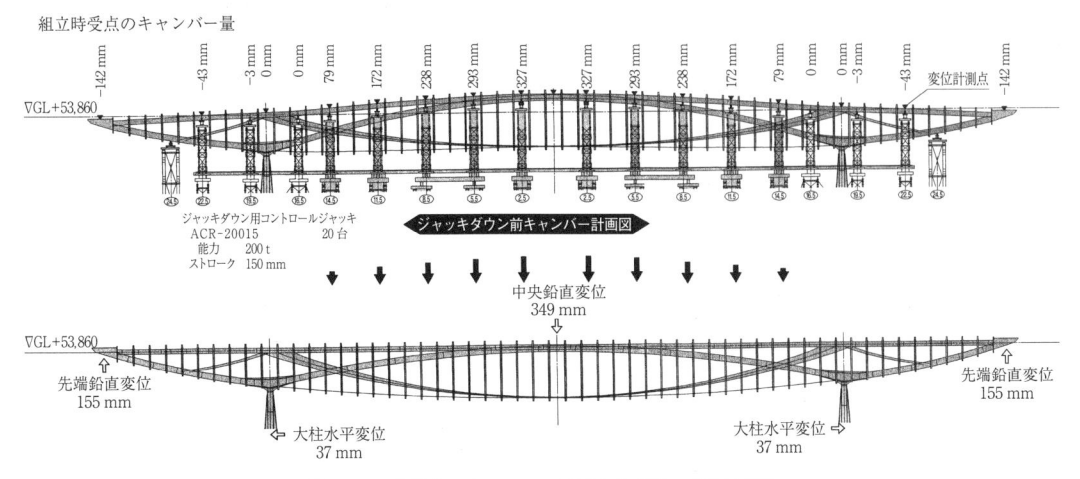

図 6.3.9 大屋根のキャンバー計画と各部位の変位予測値

図 6.3.10 ステージ上部の様子

図 6.3.11 建方中の大屋根

案した上での精度確保の方法と部品の分割方法である．大屋根の建方は，基本的には2つのリブフレーム間を1単位とし，すべての部材はこの単位で分割されることになった．これが結合され，ジャッキダウンで最終的な張力や圧縮力が導入されたときに設計どおりの性能が発揮されるよう，仮設の配置，キャンバー計画，初期張力の導入方法などが立案された（図6.3.9）．

b. 仮設計画

2,000 t を超える荷重を支持するために用いられたのは，ベントと呼ばれる土木用の支保工である．直接大屋根を支える部分が外側に張り出した2段構造になっているところが特徴であり，ステージ下方のベントがセットバックされた部分には，壁専用の足場が組み込まれる．作業ヤードとなるのは地上42 mレベルに設置されたステージである（図6.3.10）．このステージの一方は，会議棟上部の仮設フレームに支持され，また，長大な長辺方向の横力に対してはブレース構造に加え，本設の大柱に油圧ジャッキを取り付け，地震計と連動して変位を吸収する仕組みが用意された．

c. 建方方法と手順

建方は大柱との接合部である「鞍型」から開始される．建方のメインになるのは橋梁工事などで用いられる650 t・mのトラベラークレーン2機である．これらが進捗に合わせて移動しながら，まずは建物中央部に向かって進捗する（図6.3.11）．南北に分かれていた大屋根が中央部で連結され，最後にテンションロッドに張力が導入されると，ジャッキダウンの準備は完了する．

d. ジャッキダウンの留意点

ジャッキダウンの管理には，大きくは2つの留意点がある．1つは，安定したベントによる44カ所の多点支持状態から，たった2点の大柱で支持する不安定な方向に向かうことである．第2は，それにもかかわらず，後から施工されるケーブルトラスをはじめとする壁システムや機械類（清掃ユニット）を納めるために，非常に高い精度，変形管理が要求されることである．

e. ジャッキダウンの基本概念

解析降下量を均等に分割した10ステップで，キャンバー形状を保ちながら徐々にジャッキを解放していくのがジャッキダウンの基本的考え方である．1ステップの変位は中央部が約35 mm，大柱部が約8 mmとなる．これを，大柱間に仕込まれた20ポイントのジャッキを1 mm単位で同調させながら変位制御により荷重を解放していくことにより実施する（図6.3.12）．

ジャッキには，ストロークが150 mmの200 tジャッキが用いられた（図6.3.13）．4つのジャッキを1つのグループ（ユニット）としてコントロールし，降下量が所定の値に達すれば自動的に停止する．変位の計測は，荷重解放の影響を受けない壁の方立を基準にし，絶対レベルからの変位データをもとに，油圧システムが自動制御される仕組みである．

f. 計測・管理方法の概要

ジャッキダウンを実施するにあたっての最大の懸念材料は，大屋根の短辺方向の傾き，すなわちローリングの発生と大柱との取合い部の強度である．前者は管理上の限界値が1/500（θ=6.9分）であるが，これは意匠上の理由から，大屋根外周のルーバー部分にぎりぎりに納まる（クリアランス約50 mm）

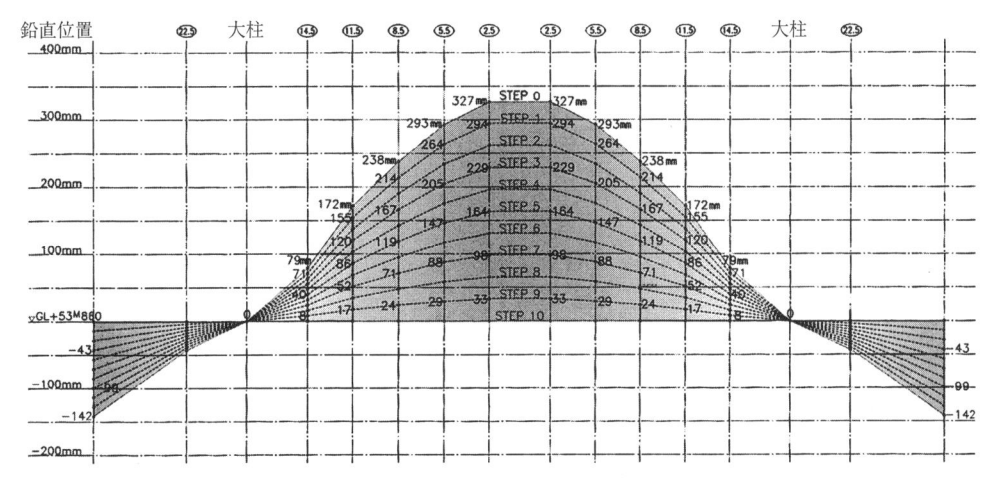

図 6.3.12 ジャッキダウンステップ図

図 6.3.13 大柱肩パイプに仕込まれたジャッキ

表 6.3.2 ジャッキダウンの解析値に対する実施結果

①	屋根主要点変位の解析値に対する割合	
	中央変位	98%
	先端変位	112%
	大柱水平変位	102%
②	屋根各部材応力の解析値に対する割合	
	サスペンションロッド	109%
	タイロッド	93%
	屋根パイプ（A材）	97%
	屋根パイプ（R材）	130%
③	大柱に発生した応力の解析値に対する割合	
	軸　力	99%
	柱頭部曲げモーメント	68%
	7F部曲げモーメント	124%

壁面ガラス清掃ロボットの精度により決定された．後者の大柱との取合いはSM 570（外管）・SCW 520（内管）極厚鋼材と鋳鋼の「皿型」の溶接部であり，大柱の径が最も細くなる部分である．ジャッキダウンに伴う大柱の水平変位は約37 mmという解析結果が得られており，微小な変動があっても柱頭部の崩壊など大きな影響が及ぶ危惧があるため，変異量の測定は重点管理項目となった．

計測のポイントは，ジャッキ反力をはじめとして，大屋根の鉛直・水平変位，ジャッキの支持点の水平変位，ジャッキのストロークの残量，大柱の水平変位などである．大屋根の水平変位に関しては，3次元の光波測量が用いられた．

g. ジャッキダウン実施結果

解析値と実施値の対比を一覧したのが表6.3.2である．数値はすべて基準値内に納まり，最終的に大柱2点で全荷重を支持した状態でもバランスがとれ，大屋根が（補助的なサポートなしで）自立する

ことが確認された（図6.3.14）．この時代の解析技術，そして施工技術が高いレベルにあったことの証明である．

6.3.5 施設開設準備・引渡し

建物完成後の事業運営に関しては，実施設計と並行して1990年11月から「東京国際フォーラム管理運営検討委員会」が設置され，学識経験者らにより国内類似施設の調査などが行われ，1992年6月に「管理運営のあり方について」，「会館準備のあり方について」の報告書が提出された．

1992年11月には，「東京国際フォーラム開設準備委員会」が設置され，1993年8月に「事業のあり方について」，「運営体のあり方について」の大きくは2つの部分からなる報告書が提出された．

翌1994年7月には，開設後の運営主体となる㈶

図 6.3.14 ジャッキダウン直後の現場の様子

東京国際交流財団の発起人会が開催された．建設工事で大屋根のジャッキダウンが完了した直後のことである．そして，同年9月に財団が設立され，12月からは施設利用予約業務が開始されている．

1996年5月31日に建物は竣工し，6月30日に引渡しとなった．引渡し後は，主にホールの音響測定とその調整に時間が割かれ，12月にテストコンサートが行われた．そして，1997年1月に施設は開館し，開館記念事業を経て3月1日からは施設の一般利用が開始された．

6.3.6 20世紀終盤の日本的生産システム

短期間にこれだけのプロジェクトを完成させるためには，施主，設計者，ゼネコン，専門工事業のすべてが相当にハードな作業を全工程にわたって続けてきたであろうし，製作精度や施工精度に関する無理難題ともいえる要求も少なからずあったはずである．そして，新しい材料や技術の開発および現場管理に関しては，個別主体の技術水準の高さもさることながら，協調的・統合的なプロジェクト運営が寄与していた．

請負という契約の中に，このような全く新しい技術開発に伴う手間やコスト，能力評価が包含されているか否かは微妙な問題である．開発された技術は開発主体に蓄積され，先々の競争力となることも確かではある．ともあれ，このプロジェクトが個々の利害を超えたところで協調的に取り組む「日本的システム」に支えられていたのは，このプロジェクトの関係者すべてが認めるところである．こうしたシステムは，パートナーリングとも称され，諸外国からも注目されるものであった．

設計・建物をつくり込むという行為が，現状のシステムでは設計変更というネガティブなイメージを伴って表出するわけであるが，様々な専門家が検討を重ねていく過程で原設計が変化していくことはある意味で当然のことであり，このようなプロジェクトにおいては生産設計が現場レベルでは自ずと機能していたとみることもできる．

東京国際フォーラムの建築プロジェクトは，この時代の建築生産のあり方やその後の方向性について示唆に富むプロジェクトであったといえよう．

［蟹澤宏剛］

文　献

1) 東京都生活文化局総務部国際フォーラム事業調整室：東京国際フォーラム　構想から開館まで（1997）
2) 蟹澤宏剛：東京国際フォーラム建設工事記録．建築の技術「施工」，No. 379（1997）

■コラム7 宇宙建築

　国際宇宙ステーション（ISS）の建設が1998年11月に始まり，いよいよ宇宙建築時代が到来したといえる．この宇宙ステーションは，長辺方向の長さが約110 m あり，常時数人の専門家が居住する実験・観測施設である（図1）．今後もこのような大型宇宙構造物が次々に建設されるようになるであろう．本格的に研究が進められているものとしては，宇宙太陽発電所がある．宇宙観光を目的とした宇宙ホテルも夢ではない．また，月や火星に基地を建設する構想も検討されている．

　宇宙建築における最大の問題点はコストである．宇宙へ建築資材を運搬するための輸送費が非常に高いからである．そのために，できるだけ軽い材料を用いる必要がある．宇宙に人を運ぶのは，高い信頼性が要求されるので，特に大きな費用がかかる．したがって，宇宙における建設はできるだけ無人化したい．

　そのようなことから，展開式構造（折りたたんだ構造体を持っていき宇宙で展開する）や膨張式構造（膜構造物を宇宙で膨張させる）を用いて，軽量化と無人化を実現しようとしている．完全な無人化は無理かもしれないが，建設ロボットの有効活用は不可欠である．

　月面基地の建築構造は，必ずしも軽量でなくてもよい．月面上の資源を用いることができれば，地球から運搬する必要がないからである．そのような考え方に基づいた月面基地用の建築材料として，コンクリートも1つの候補となっている．セメントは月面上の資源から生産でき，骨材は月面に豊富にある．水はないが，酸素は月面の岩石中に豊富にあるので，水素だけを地球から運搬すれば，水を月面で生産することができる（図2）．

　長期居住用の宇宙建築の場合，空気と水のリサイクルシステムを含む閉鎖系の生命維持システムを構築する必要がある．このようなシステムの構築には，物理化学的な方法とバイオテクノロジーを利用した方法が考えられるが，両者を併用した効率の良い方法を設計しなければならない．

　宇宙での居住を考えた場合，無重力（月面の場合は6分の1G）環境であり，狭い閉鎖空間での生活ということになるので，人間の生理的・心理的な問題も重要である．しかし，潜水艦内での生活経験や南極基地での生活経験がよい参考となる．将来的には，色彩計画や照明計画を含む室内デザインも，このような問題に大きく貢献することになるであろう．　　　　　　　　　　　　　　　　　　［松本信二］

図1 国際宇宙ステーション（NASA）　　　　**図2** コンクリート製月面基地（清水建設）

索　引

和文索引

ア

曖昧性への対応　285
アイランド工法　525
アーキテクト資格　31
灰汁洗い　660
アクティブ制振　655
アクリルゴム　596
朝顔　509
足場　506
アースドリル工法　517
アスファルト防水　595
アセットマネジメント　335, 339
アトリエ事務所　351
アバット　642
アフターサービス　670
アプリケーションサービスプロバイダ　303
雨水浸入機構　566
アメリカCM協会(CMAA)　220
ありよう(設計意図)　55, 348
アルミサッシ　95, 97
アロー形ネットワーク工程表　418
アロー型ネットワーク図　452
アンカーピンニング注入工法　621
アンカーボルト　551
安山岩　586
安全衛生管理　454
安全衛生管理体制　456
安全衛生責任者　457
安全衛生統括責任者　228
安全衛生マネジメント　268
安全施工サイクル　456
安全帯　509
安全養生設備　551

イ

イージーオーダー型設計　397
維持管理　70, 364
意思決定　285
石工事　586
石先付けプレキャストコンクリート工法　588

維持・修繕工事　10
維持保全工事　614
意匠設計　57
いすか　491
板ガラス　578
板ガラス加工　578
板図　310
1軸圧縮強度　529
一輪車　511
一括発注方式　105, 107
一貫構造計算プログラム　374
一級建築士　28
一式請負　105
一式請負方式　44
一般競争入札　20, 39, 113
一般競争入札方式　60
一品生産　66, 404
1本構リフト　511
移動足場　508
移動式クレーン　495, 497, 560
イニシャルコスト　48
医療機器工事　193
医療施設生産システム　189
インセンティブ付き実費精算契約　111
インダストリアルクリーンルーム　185, 661
インターネット　477
インターネット調達　477
インテリアプランナー資格　31
イントラネット　478
インフラ整備　157

ウ

ウェットジョイント方式　554
ウェルポイント工法　532
ウォータージェット　587, 627
請負　16
請負契約　319
打込み工法　516
宇宙建築　687
埋込み工法　516
裏あし　591

ウレタンゴム　596
運用準備分担表　273
運用のマネジメント　270

エ

エアドーム　637
影響圏　533
営繕部　54
エージェンシーCM　220
エスカレーション　260
エスクロー口座　344
エレベーター　502
エンジニアリングレポート　330
沿道掘削範囲　524

オ

大型移動足場　663
大型ブレーカー　625
大手住宅メーカー　169
大屋根架構設備　652
大屋根の建方工事　646
屋上防水の改修工事　619
オーダーメイド　96
帯とろ工法　587
オフィスビル生産システム　178
オフィスビルの例　670
オープンシステム　45, 95
オープンジョイント　566
オープンタイム　594
親杭横矢板工法　527
親墨　491
オールケーシング工法　517
温暖化問題　460

カ

海外における調達方式　114
海外における発注方式　51
外構工事　89
外国の建築生産システム　119
概算見積　261
改質アスファルトシート防水　596
改修工事　617
　屋上防水の――　619

外装工事 88
解体 77
　機械的衝撃による── 625
　油圧式圧砕・せん断による── 626
解体機械 513, 625
解体工事 625
解体工事計画書 627
解体工法 625
解体材料 77
回転埋設工法 516
開閉式ドーム 208
外壁改修工事 621
外壁乾式工法 588
外壁湿式工法 588
改変への対応性 74
概略工程表 432
火炎による切断工法 627
価格決定 469
隠れた再資源化施設 82
花崗岩 586
鹿児島建築市場 301
錺金物 660
瑕疵担保責任 320
瑕疵担保保証 38
ガスケット 583
仮設ゲート 492
仮設工事 492
仮設資材 86
架設通路 506, 508
仮設道路 492
課題発見のプロセス 285
型枠組立図 542
型枠工事 539
型枠の転用 542
学校 194
カッター 513
滑動型枠工法 646
カーテンウォール 92
　──の構成方式 562
可搬ダクト 509
かぶり厚さ 543
壁タイル張りの工法 592
釜場排水工法 531
ガラスアトリウム 678
ガラス工事 577
ガラス支持構法 579
ガラススクリーン構法 581, 582
仮囲い 119, 492
仮支柱(ベント)工法 638
仮建物 492
換気設備 509
換気設備工事 613
観客席 207
環境影響評価 463
環境影響評価表 466
環境管理 459

環境関連法規 462
環境自主配慮事項 462
環境側面抽出表 465
環境マネジメントシステム 462
環境問題別環境法規 461
幹線動力設備工事 609
乾燥処理 598
官庁などへの届出書類 483-488
関東間 94
管理運営会社 338
監理技術者 420
監理業務 55
管理項目別管理 414
管理標準 440
監理方針書 372
監理方針説明書 395

キ

機械的研削による工法 627
機械的衝撃による解体 625
規格品証明書 544, 548
規矩術 310
技術基準 21
技術研究所 304
技術的規範 45
技術の多様化 311
技術標準 27
技術マネジメント 46
既製杭 515
規制的法令 21
擬石 586
基礎 514
基礎下免震化 658
基礎スラブ 514, 521
既存再利用 632
技能依存型生産システム 310
技能のマネジメント 309
規範 34
基本工程表 418
基本設計 56, 361
気密等級線 574
逆クライミング 500
キャッシュデフィシェンシーサポート 344
キャッシュフロー 343
キャリアパス 424
給水設備工事 611
給湯設備工事 612
給排水衛生設備工事 611
キュービクル 494, 608
教育施設生産システム 194
競争入札方式 113
協調型設計 381
共通費 260
共同企業体請負 420
共同企業体発注方式 111
共同施工方式 112

共同調達 470
強度率 457
京間 94
業務委託契約書 26
業務・資格 24
共有統合データベース 473
局所探索法 291
居住用途 83
切刃 627
金額操作 385
金額調整 385
緊急事態対応事例 467
近接工事事前協議 524
金属カーテンウォール工事 569
近傍探索法 291
近隣状況調査 417
近隣対応 482

ク

杭解体工事 629
杭基礎 514
杭工事 87
杭頭処理 516
空気調和設備工事 612, 613
空気膜構造 208, 637
空気量 536
区画の形成 192
くさび定着 643
躯体工事 87, 535
躯体図 540
掘削 519
掘削工事 87
組合せ工法 639
組立精度 561
クライミングジブクレーン 495
クライミングフォーム工法 646
グラウト 643
クランプ 506
クリーン施工 663
クリーンルーム 660
グレイジングガスケット 579
クレストフォルム東京アヴァンセ 665
クレーン 495
　──の解体方法 500
クローズドシステム 46, 95
グローバル建設企業 4
クローラークレーン 498, 511

ケ

経営管理 212
経営資源の選択と集中 49
ケイ酸質系塗布防水 595
経時的カスタマイゼーション 74
継続職能教育(CPD) 30, 43
契約 316
契約違反 317

索引

契約関係　25
契約工程表　432
契約後VE方式　62
契約処理　470
契約方式　61
下水道法　355
月間工程表　418, 432
ケーブルトラス　678
原価低減活動　446
研究開発　304
建設CALS/EC　472
建設EDI　470
建設共同企業体　112
建設業の環境保全自主行動計画　460
建設業法　18, 25, 355
建設経済モデル　5
建設工事共同企業体　112
建設コスト　306
建設サプライチェーン　301
建設産業　412
建設産業再生プログラム　39
建設産業史　16
建設住宅性能評価書　321
建設需要　67
建設投資　5
建設投資見通し　5
建設廃棄物　628
建設副産物　628
建設副産物管理　463
建設用リフト　506
建設リサイクル法　24, 77, 172, 321, 355, 630
建築基準法　21, 353
建築教育　30
建築業協会　37
建築業有志協会　17
建築構成要素　45
建築構造士　31
建築構造用圧延鋼材　547
建築材料　86
建築士資格　28
建築士受験資格　30
建築士法　24, 355
建築士を取り巻く法的規制　355
建築生産
　——の工業化　90
　——のシステム化　554
　——のプロセス　348
建築生産システム　44, 215
　——の形態　45
　外国の——　119
建築生産情報統合システム　407
建築生産プロセス　213
建築積算資格者　31
建築設計　57
建築設計者の職能団体　353

建築設備士　30
建築チームの臨時的編成　214
建築主　13
建築の品質情報伝達　348
建築の用途分類　83
建築費の想定　246
建築物における用途　83
建築物の日常管理　71
建築プロジェクト　48, 213
　——におけるマネジメント　213
建築防水　595
建築保全　70
建築用ロボット　648
現地調査　331
現場施工　66, 412
現場溶接　552

コ

高圧受電　494
高圧水洗　594
高圧洗浄機　512
広域地域開発プロジェクト　157
合意形成　285
公営住宅の標準設計　406
鋼管コンクリート構造　640
工業化構法　89
工業化された在来構法　94
工業化住宅　397
公共建築におけるVE　390
公共事業支援統合情報システム　472
工業生産　62
高強度コンクリート　538
公共発注者　233
工業標準　27
工区分割　59, 556
構工法　98, 99
構工法計画　99
工事請負契約　425
工事科目別管理　415
工事環境管理計画　463
工事監理　14
工事監理業務　229
工事監理契約　318
工事希望型指名競争　39
工事希望型指名競争入札　60
工事契約　106, 319
　——の特徴　106
工事契約請負方法　106
工事契約款　69
工事写真　513
工事段階　363
工事発注　363
工事発注区分　59
工事発注体制　107
工事発注範囲　107
工事費決定方法　107

工事標準仕様書　28
工事分割　59
工事別工程表　418
工事用エレベーター　502, 511
工事用機械　86
工事用給排水工事　494
工事用ゴンドラ　512
工事用電気設備　494
高所作業車　511
工事予算　442
合成ゴムシート　596
鋼製支保工　528
合成樹脂系シート　596
構造設計　57, 374
高層・超高層建築　84
工程　448
工程管理　448
工程計画　450
工程表　264, 431
　用途別による——　432
高度経済成長時代　19
公認競技場　202
工法　98, 99
　機械的研削による——　627
　床タイル張りの——　593
構法　98, 99
工法計画　99
構法計画　99
公募型指名競争入札　39
公募型指名競争入札方式　60
工務店　169
鋼矢板（シートパイル）工法　527
広葉樹　597
高流動コンクリート　538
高力ボルト　551
高力ボルト接合　562
固化工法　520
国際宇宙ステーション　687
国際建築家連合（UIA）　32, 33, 42
国際標準　27
国際標準化機構（ISO）　28
国際ファシリティマネジメント協会（IFMA）　327
国際プロジェクト　2
国際PM協会（IPMA）　224
国土交通省　229, 233
コスト　385
コストエンジニアリング　385
コストオン方式　61, 108, 138
コストコントロール　261
コストプラン　307
コスト分類書式　307
コスト変動要因　307
コストマネジメント　259, 267, 305
子墨　491
戸建住宅生産システム　166
戸建プレハブ住宅　91

骨材　536
個別設計の自動生産　63
コーポラティブハウス　177
コーポレートファイナンス　342, 344
コミッショニング　70, 73
コミュニケーション　253
　　――の促進　286
コミュニケーションマネジメント　277
雇用形態　119
　　専門工事業の――　312
御用邸　659
コラボレーションワーク　298
コラボレーションワークシステム　47
コンカレントエンジニアリング　299, 381
コンカレントワーク　298
コンカレントワークシステム　47
コンクリート　643
コンクリート工事　535
コンクリート材料　535
コンクリート打設　519
コンクリート調合　536
コンクリートブロック帳壁　599
コンクリートポンプ　537
コンクリート床仕上げロボット　650
コンサルタントエンジニア　15
コンストラクションマネジメント（CM）　218, 366
コンストラクションマネジメント（CM）契約　322
コンストラクションマネジメント（CM）分離分割発注方式　138
コンストラクションマネジャー（CMR, CMr）　218, 227, 233-236, 322
コンストラクタビリティ　280, 380
コンセプト　57
コンティンジェンシー　260, 263
コンファインド効果　640
コンプレッサー　513
混流連続生産　66
混和材料　536

サ

災害事例データベース　459
載荷試験　515
サイクル工程シミュレーション　556
在庫管理　561
細骨材率　537
再資源化　630
最終処分場　76
再生可能資源　76

再生骨材　536
財団法人　35
再調達価格　333
最適設計　375
サイトPC工法　554
在来構法　92, 93
　　工業化された――　94
在来工法　166, 309
　　――の独立性　176
サイン計画　193
逆打ち工法　180, 525, 528, 679
砂岩　586
左官工事　601
左官材料　602
作業員のチーム編成　424
作業所運営　422
作業手順書　459
作業標準　27
作業標準書　459
さしがね　491, 510
サッカー場　205
サッシ　572, 573
サブコン　413, 420
サプライチェーンマネジメント　171, 290, 301
サーベイヤー　31
三角形分布　529
産業廃棄物排出量　459
酸欠空気　509
3次元CAD　382, 391
3次元CADシステム　47, 406
3次元測量システム　510
サンドコンパクション工法　521
サンドブラスト　587

シ

仕上げ工事　562
地足場　506
支圧板　643
ジェットバーナー　587
シェル工事　662
市街地再開発プロジェクト　152
四会連合協定　26
資格の相互認証　31
私学への補助金　195
敷地状況調査　417
地業　514
事業化の手法　50
事業経営管理業務　385
事業計画　247
地業工事　514
事業投資効果の最大化　306
事業評価　343
資金調達　341
時系列的管理　414
資源生産性　76
資源選別化施設構想　81

資源の再利用　79
資源の配分　271
資源配分計画手法　453
資源利用効率　76
資源利用量　75
事後保全　71
資産運用スキーム　337
地山自立掘削工法　525
資質評価方式　358
自主管理確認型監理　426
シース　643
システムズビルディング　96
施設の維持・運営　326
事前調査項目例　246
下請　13, 413
　　――の位置づけ　312
　　――の機能　421
　　――の重層構造　13
下請負契約　421
下請型生産システム　310
地鎮祭　514
シックハウス症候群　606
実施工程表　433
実施設計　56, 362
湿潤単位体積重量　529
室内空気環境　606
実費精算契約　110
実費精算定額報酬加算契約　110
実費精算比率報酬加算契約　110
実費精算方式　61
指定建築材料　547
指定講習　30
自動化技術　654
自動化工法　651
自動機械　64
シートパイル（鋼矢板）工法　527
シート防水　596
地肌地業　521
地盤アンカー工法　528
地盤改良　515
地盤改良工事　520
地盤調査　417, 522
ジブクレーン　495, 511
支保工　526
指名競争入札　113
指名競争入札方式　61
ジャイアントブレーカー　513
遮音等級線　567, 574
社会的規範　45
遮水工法　533
ジャストインタイム方式　559
社団法人　35
ジャッキダウン　684
ジャッキダウン工法　683
ジャッキ吊り点　647
砂利地業　521
週間工程表　418, 432

臭気対策　618
集合住宅　665
集合住宅生産システム　172
集合住宅部品　133
集成材　597
修繕　616
修繕管理台帳　72
修繕・機能回復工事　72
重層クリーンルーム　663
重層下請構造　314
住宅市場　7, 9
住宅需要　9
住宅ストック　8
住宅生産団体連合会　36
住宅生産の工業化　19
住宅性能表示制度　26
住宅投資　7
住宅品確法　25, 172
集中購買　469
充填コンクリート　641
樹脂注入工法　621
受注生産　62
主任技術者　420
受変電設備工事　608
準委任契約　317
循環型社会形成推進基本法　77, 630
竣工式　514
竣工図書　372
竣工引渡し　70, 423
準備工事　86, 490
ジョイントベンチャー　111, 420
ジョイントベンチャー作業所におけるネットワーク利用　481
省エネルギー法　355
省仮設化工法　646
浄化槽　612
浄化槽法　355
蒸気養生方式　558
詳細設計　56
仕様書　370, 426
仕様書規定　22
商品化住宅　398
情報技術(IT)　391, 472
　　──によるマネジメント　303
　　──の活用　46
情報共有化　393
情報共有サーバー　475
情報ネットワーク　47
消防法　23, 354
情報マネジメント　268
照明器具設備工事　610
諸官庁対応　489
職長　421
職人の技能　424
書類作成システム　480
資料調査　331

シーリング材　584
シーリング防水　583
信義誠実義務　35
シングルシール　584
申請　418
新設工事　10
深礎工法　519
診断　616
診断精度　72
振動規制法　628
針葉樹　597

ス

随意契約方式　113
水泳場　207
垂直コンカレント作業　392
水平コンカレント作業　392
水平積上げ　550
水密性能グレード　565
スケジューリング　290, 386
スケジュール表　387
スケジュールマネジメント　264
スケルトン・インフィル住宅　605
スケルトン＆インフィル方式　635
スケルトン住宅　177
スコープマネジメント　256, 274
捨てコンクリート　521
ステップイン・ライト　342, 344
ステンレスシート防水　595
ストック　10
ストックヤード　492
砂地業　521
スーパークリーンルーム　186
スパンドレルパネル方式　562
スペーサー　543
スポーツ施設生産システム　199
スポーツ施設の屋根　208
スポーツレギュレーション　201
墨出し　491
墨つぼ　491, 510
スライディングフォーム工法　644
スライム処理　519
スランプ　536
スリップフォーム工法　646
スリーブ接合　561
スレート　587

セ

製作　62
製作図　433
生産管理表　561
生産機能の垂直統合　46
生産施設生産システム　183
生産情報確定プロセス　100
生産情報管理　471
生産情報の伝達と共有　471
生産設計　55, 279, 379

生産組織　45
生産プロセス　45
制振　656
清掃　616
製造　62
製造物責任法　323
性能規定　22
性能検証責任者　73
性能発注方式　133
性能表示　426
性能保証　38, 48
世界の建設市場　2
石材の分類　586
積算　385
積層工法　634
積層ゴム　656
セキュリティ　481
施工　66, 412
施工安全衛生計画書　422
施工管理　69, 414
施工管理体制　420
施工計画　69, 414, 416
施工計画書　434
施工計画図　430
施工契約の分類　68
施工者　413
施工者選定　62
施工者選定方法　113
施工図　429, 540
施工組織　68, 413
施工体制台帳　489
施工体制の適正　40
施工チーム　381
施工品質管理表　440
施工品質計画書　438
施工プラント　654
施工方針　416
施工方法（やりよう）　55, 349
施工要領書　434, 561
石灰岩　586
設計　54, 56, 348
　　──を取り巻く法的規制　354
　　地下構造物の──　524
設計VE　308
設計意図（ありよう）　55, 348
設計規準　27
設計競技方式　357
設計契約　317, 352
設計検図　384
設計者　14, 349
設計者選定　250, 356
設計住宅性能評価書　318, 321
設計情報伝達プロセス　367
設計資料　58
設計審査　383
設計図　370, 425
設計施工一括発注方式　102

設計施工一括方式 127
設計施工一貫型 68
設計施工分離型 68
設計施工分離発注方式 102
設計施工分離方式 121
設計説明書 371
設計チーム 381
設計図書 14, 56, 367, 368, 416, 425
　　──の把握 69
設計図書総合検討会 395
設計入札方式 358
設計品質 367
設計品質伝達書 371
設計ブリーフ 404
設計プロセス 359
設計報酬 352
設計予算見積 261
接合部処理 571
石膏プラスター塗り 601
設備機器 86
設備工事 89, 607
設備項目 376
設備設計 58, 375
説明義務 318
ゼネコン 13, 413, 420
ゼネコン元請型 68
ゼネラル・データベース 471
セメント 536
セルフクライミング足場 508
ゼロエミッション 79, 631
ゼロエミッション活動 510
潜函工法 525
善管注意義務 317
専攻建築士 42, 350
専攻建築士制度 33
全国建設業協会 37
全国中小建設業協会 37
浅層混合改良 520
全体工程表 431
全天候仮設屋根 510
全天候全自動ビル施工法 654
専門家 33
専門家責任保険 37
専門工事業者 16, 420
専門工事業の雇用形態 312

ソ

ソイルセメント柱列壁工法 527
騒音規制法 628
騒音・振動対策 617
総価請負方式 61
総額請負契約 109
層間ふさぎ 566
層間変位追従機構 570
層間変位追従性能 563
総合仮設計画図 417
総合工事業者 13, 15, 420

総合工程表 418
総合図 396, 427, 476
総合的品質管理 292
総合マネジメント 264
測量機器 510
組織間の水平統合 46
組織設計事務所 351
組織マネジメント 47, 276
訴訟 325
損益予想表 445

タ

ダイオキシン 76
大規模複合建築 85
耐久性能 614
耐震 655
耐震改修工事 622
耐震改修促進法 24, 354
大スパン建築 85
耐風圧性能グレード 565
タイムマネジメント 258, 274, 386
耐用年数 12
大理石 586
大量生産品 406
タイル打込み PC 568
タイル工事 590
抱き足場 507
竹足場 119
ダストシュート 509
たたき 587
多段階 VM 282, 388
脱型時所要強度 559
建入れ直し 551
建方計画 550
建方手順 550
建具工事 572
建物維持管理のガイドライン 295
建物耐震診断 333
建物有害物含有調査 334
棚足場 508
多能工化 556
ダブルシール 584
玉掛け外し装置 650
タワークレーン 495, 511
単位セメント量 537
段階施工方式 219
単価請負契約 109
単価契約方式 61
単管本足場 507
ターン・キー契約 344
単層クリーンルーム 663
単層シェル 405
断熱性能グレード 568
ダンパー 656

チ

地域の静脈 SCM 79

チェアーゴンドラ 512
チェンジマネジメント 251
チェーンブロック 511
地下工事 522, 679
地下構造物の設計 524
地下水処理工法 531
地切り 648
地上躯体解体工事 629
地中梁工事 521
着工準備 422
着工床面積 6, 84
注意義務違反 351
中間階免震化 658
厨房設備 612
柱梁カバー方式 562
長期維持保全計画 670
調合強度 537
超高層建築工事 633
調査診断項目 331
調整 215
調達 59
　　──についての検討項目例 248
調達管理 468
調達計画 419
調達ビジョン 468
調達方式 102
　　──の選択 103
　　海外における── 114
調達マネジメント 256, 277
調停 325
朝礼 119
直営 16
直接基礎 514
直用 312
著作権 324
著作者人格権 324
著作物 324

ツ

墜落防止施設 509
通気緩衝シート 597
継手 516
ツーステージ 131
ツーステージテンダー方式 116
ツーバイフォー構法 93
吊上げ装置 646
吊り足場 507
吊具 497

テ

低圧受電 494
定額請負契約 109
テイク・オア・ペイ条項 344
低層・中層建築 84
定置式クレーン 495
停電・通信トラブル対策 618
ディープウェル工法 531

索引

デザインビルダー　128
デザインビルド　127
デザインプロセスマネジメント　251
デザインマネジメント　249
デザインマネジャー　250
デザインレビュー　251, 383
鉄筋かご　519
鉄筋工事　542
鉄筋コンクリート造超高層建築　634
鉄筋相互の空き　543
鉄筋継手　543
鉄骨工事　546
鉄骨製作要領書　546
鉄骨先行型工法　633
鉄骨造超高層建築　633
鉄骨建方　551
手続的規範　45
テニスコート　206
デューディリジェンス　329
テラゾ　586
展開式構造　687
電気設備工事　607
点検　616
電子契約　471
電子墨つけ大工　65
電子調達　302
電子データ交換　302
電子入札　40, 473
電子納品　474

ト

ドア　575
統括安全衛生責任者　457
道義的責任　34
東京国際フォーラム　677
統合データベース　382
統合マネジメント　272
倒産対応　325
投資信託　337
棟梁　44, 54
道路占用許可申請書　419
特定元方事業者　456
特命随意契約方式　61
特命方式　114, 357
都市計画法　354
都市再開発法　354
都市と建築の協調　162
土壌環境調査　333
度数率　457
塗装欠陥　604
塗装工事　603
塗装材料　604
トータルコスト管理　309
トータルコストマネジメント　468
トータルシステム　97

土地開発　157
土地区画整理法　354
特記仕様書　371
届出　418
土木建築請負業　17
塗膜防水　596
土間コンクリート　522
ドーム　636
ドーム建築　636
ドーム屋根　646
ドライアウト　593
ドライジョイント方式　554
トラッククレーン　497, 511
トランシット　491, 510
トランチング　344
取引先の選定　468
トルシア形高力ボルト　551
トレンチカット工法　525

ナ

内装工事　89, 605
内装制限　605
内部摩擦角　529
内壁乾式工法　590
内壁空積工法　590
中掘り工法　516
なにわの海の時空館　405
ナレッジマネジメント　47, 296
縄張り　490

ニ

二級建築士　28
二重サッシ　576
荷取りステージ　508
日本CM協会（CMAJ）　225, 232
日本科学未来館　399
日本技術者教育認定機構（JABEE）　30
日本建設業団体連合会　19, 37
日本建築家協会（JIA）　36, 231, 353
日本建築学会　36, 230
日本建築士会連合会　36, 353
日本建築士事務所協会連合会　36, 353
日本工業規格（JIS）　27
2本構リフト　506, 511
日本の建設市場　3
日本ファシリティマネジメント推進協会（JFMA）　327
日本プロジェクトマネジメント協会（PMAJ）　225
入札契約適正化法　40
入札・契約方式　39
入札時VE方式　62
入札方式　60
入熱　552
認定ファシリティマネジャー資格　335

ネ

ねじ定着　643
ネット調達　469
ネットワーク　481
ネットワーク活用　298
ネットワーク手法　452
練混ぜ水　536
年間工程表　432
粘着力　529

ノ

納期調整　469
登り桟橋　508
のみきり　587
乗入れ構台　492
法切りオープンカット工法　525
ノン・リコース　341, 343
ノンリコースローン　49
ノンワーキングジョイント　584

ハ

排煙設備工事　614
バイオロジカルクリーンルーム　185, 661
廃棄物　75
　　──の処理　489
　　不法投棄された──　75
廃棄物処理対策　618
廃棄物処理法　77, 355
排出者責任　631
排水　531
排水工　533
排水設備工事　612
バイブロフローテーション工法　521
破砕工法　627
バーサポート　543
橋型クレーン　560
パーシャルプレストレス　642
場所打ちRC連続壁工法　527
場所打ち鋼管コンクリート工法　517
場所打ちコンクリート杭　517
パス間温度　552
バーチャート　418
バーチャート手法　451
バーチャルデザインスタジオ　382
パッケージ化　263
パッシブ制振　655
発注　59
発注者の意向　285
発注者の責務　216
発注方式　104
　　──の多様化　51
　　海外における──　51

発電機　512
発破工法　627
パーティクルボード　598
パートナーリング　13
パートナーリング方式　116
ハートビル法　24, 354
パネル化　94
パネル方式　562
パネル割付図　540
ハーフPC床板　553
バブル経済　20
はめ込み構法　579
バリアフリー　192
張出し足場　507
張付け壁　660
バリューエンジニアリング(VE)　281, 388
バリューフォーマネー　390
バリューマネジメント(VM)　281, 388
バルーン・フレーム構法　93
パレートの法則　306
搬送取付作業　652
ハンドブレーカー　625
盤ぶくれ　530

ヒ

ピアスタワー新築工事　670
引込み設備工事　607
非居住用途　84
一人親方　314
避難安全検証法　605
ヒービング　530
ピュアCM　220
標準　26
標準請負契約約款　27
標準化　303
　　部品コードの——　301
標準契約約款　26
標準工程表　432
標準仕様書　371
飛来落下防止施設　509
ビル管理設備工事　614
ビル経営　335
ビル経営管理士　336
ビル経営代行業務　339
ビル自動化施工システム　651
ビルダビリティ　279, 379
ビルディングシステム　94
ビルディングチーム　12
ビルディングドクター　72
ビルブーム　19
ビルメンテナンス業務　339
ピロット　117
品確法　41
備後表　661
品質管理　436

品質管理教育　438
品質向上シート　437
品質情報伝達　395, 426
　　建築の——　348
品質保証　48
品質マネジメント　261, 268
ピンテール　552

フ

ファイナンススキーム　49
ファクターフォー　76
ファシリティ　335
ファシリティマネジメント　326
ファシリティマネジャー　326
ファスナー　568, 570
フィービジネス　49
フィーベースサービス　221
風管　509
フォークリフト　511
ブーカムの提案式　574
葺足　660
復元・修復工事　659
複合都市開発プロジェクト　162
部材接合　561
覆工板　493
プッシュアップ工法　638
物理的劣化対策　70, 71
不定形シーリング材構法　580
不動産管理　335
不動産取得の目的　337
不動産投資顧問業　335
不動産の鑑定評価　337
部品コードの標準化　301
不法行為　322
不法投棄　460
　　——された廃棄物　75
プライベート・ファイナンス・イニシアティブ　52
ブラケット一側足場　507
プラットフォーム構法　93
プランフィックス　363
ブリッジング　130
ブリーフィング　285, 365
プール　207
フルプレストレス　642
ブレーカー　513
プレカット構法　94
プレカット自動生産　63
プレキャストコンクリート　91, 95
プレキャストコンクリート工事　553
プレキャスト鉄筋コンクリート　634
プレキャストプレストレストコンクリート構法　644
プレストレス　642
プレストレス鉄筋コンクリート造　642

プレストレストコンクリート　642
プレストレッシング　643
プレテンション方式　642
プレハブ工法　166
プレハブ住宅　19, 397, 406
プレファブリケーション　90
プレボーリング工法　516
フロー　10
プロキュアメントマネジメント　256
プログラミング　285, 365
プログラムマネジメント　222
プログラムマネジメント・オーバーサイト　222
プロジェクトコスト　252
プロジェクト・データベース　471
プロジェクトの多様性　214
プロジェクト発注方式　217
プロジェクトファイナンス　255, 341
プロジェクト&プログラムマネジメント(P2M)　225
プロジェクトプロセス　244
プロジェクトマネジメント(PM)　48, 219, 366
プロジェクトマネジメント研究会　229
プロジェクトマネジメント資格認定センター　225, 233
プロジェクトマネジメント小委員会　231
プロジェクトマネジメント特別研究委員会　230
プロジェクトマネジャー(PMr)　218, 227, 256
プロジェクト要求条件書　250
プロセスマネジメント　46
プロセスモデル　300
プロダクトモデル　300
ブロック工事　599
ブロードバンド　303
プロパティマネジメント　276, 335, 338
プロフェッショナルサービス　365
プロポーザルコンペ　41
プロポーザル方式　357
分割請負　105
分割発注方式　105
分業請負方式　44
分散購買　469
粉塵対策　618
粉塵低減対策　628
紛争解決手段　324
分担施工方式　112
分別解体　630
分離発注方式　108

索引

分離分割発注方式　138

ヘ

平均単価　6
米国 PM 協会(PMI)　231
閉鎖系の生命維持システム　687
ベースモルタル　551
ベルトコンベアー　511
ベンチマーク　490
ベント(仮支柱)工法　638

ホ

ボイリング　530
ホイールクレーン　498
防汚タイル　594
防火設備　509
防蟻処理　598
防護棚　509
防水　595
防水工事　595
法制度　21
防虫処理　599
膨張圧力　627
膨張式構造　687
法的マネジメント　316
防腐剤　598
補強筋　568
保守　617
保証証券　38
ポストテンション方式　643
ホメオスタシス建築　635
ボーリング調査　522
ホール棟　677
ホルムアルデヒド　606
ボンド　38

マ

埋蔵文化財調査　682
マイルストーンスケジュール　251
マーキング　552
マスタースケジュール　246
マスタープラン　163
マスプロダクション　90
マネジメント　212
　運用の――　270
　技能の――　309
　建築プロジェクトにおける――
　　213
　情報技術による――　303
マネジメント技術活用方式試行評価
　検討会　230
マネジメント業務提供者　239
マネジメントツール　50
マネジメント方式　102
マリオン方式　569

ミ

磨き　587
未決事項リスト　252, 253
見込み生産　63
水糸　491
水替　531
水セメント比　537
見積合せ方式　114
見積りの自動生成　302
ミルシート　544, 548
民間建築における VE　389
民間発注者　236
ミンチ解体　75
民法　25, 356

ム

ムーブメント追従性　584

メ

目地　583
目地設計　583
目地深さ　594
メッシュシート　509
メール　481
免震　656
免震支承　656
免震レトロフィット　657
メンテナンスコスト　255

モ

木材　597
　――の腐朽　598
　――のプレカット自動加工　65
木材プレカット自動加工機　66
木造建築士　28
木造軸組構法　92, 94
目標予算　443
モジュール設計　179
モックアップ　513
木工事　597
元請　13, 413
　――の機能　421
元方安全衛生管理者　457
モバイルコンピューティング　480
唐土砂壁　660
門型クレーン　511

ヤ

野球場　203
約款　318
屋根保護防水絶縁工法　619
屋根露出防水絶縁工法　620
山留め工事　87, 522
山留め工法　524, 525
山留め支保工　526, 528
山留め設計　529

山留め壁　524
山留め壁オープンカット工法　525
山留め壁工法　527
遣方　490
やりよう(施工方法)　55, 349

ユ

油圧式圧砕・せん断による解体
　626
油圧ジャッキ　646
油圧破砕機　513
誘導的法制度　24
床タイル張りの工法　593
ユニバーサルデザイン　179

ヨ

要求条件へのすり合せ　70, 74
揚重機械　495, 511
揚重計画　550
揚重作業　652
養生　510
養生ネット　509
溶接機　512
溶接技能者　547
溶接接合　561
用途別による工程表　432
横移動工法　639
予算管理　442
予想最大損失率　333
予備費　260, 263
予防保全　71

ラ

ライフサイクルコスト　48, 294
ライフサイクルマネジメント　74,
　293
ラック式エレベーター　504
ラック式ロングスパン建設用リフト
　506
ラフタークレーン　511
ラフテレーンクレーン　498
ラミナ　597
ランキン-レザール式　529
ランプ・サム契約　344

リ

陸上競技場　203
履行保証　38
リサイクルコンクリート　538
リーシングエージェント　335
リスク管理　343
リスクコントロールの手段　343
リスクへの対応　288
リスクマネジメント　262, 287
リスク要因　287
リチャージウェル工法　532
立体トラス屋根　646

立体搬送物流システム　635
リニューアル市場　6
リバース工法　518
リフトアップ工法　638, 646
リフトアップ用ジャッキ　647
リミティッド・リコース　341, 343
略設計　57
流通の合理化　302
量産工法　134
両罰規定　456
隣接物移設　491
倫理　34
倫理違反と懲戒　34

レ

劣化現象　615

劣化調査　332
レディメイド　96
レトロフィット　657
レベル　491, 510

ロ

漏水対策　618
労働安全衛生法　454
労働安全衛生マネジメントシステム　457
労働環境　67
労働基準法　454
労働災害　67
労働者災害補償保険法　456
ロープ式エレベーター　502
ロープ式ロングスパン建設用リフト　506
ロボット　649
ロボット化技術　651
ローリングタワー　508
ロングスパン工事用エレベーター　502

ワ

ワイヤーソー　513
ワーキングジョイント　584
枠組足場　507
枠組壁構法　93

欧文索引

3R 77
4R 活動 510

A

adaptability 74
ALC 599
ALC 工事 599
ALC パネル 95, 97
APEC アーキテクト 42
APEC エンジニア 32
Application Service Provider(ASP) 303, 391, 475
ASP 303, 391, 475
Autoclaved Lightweight aerated Concrete(ALC) 599

B

BH 杭工法 520
BOT 方式 52
Bridging 130
BTO 方式 52

C

CA 73
CAD 化 428
CAD 情報の共有 298
CAD 製図 413
CAD センター 171
CAD/CAM システム 64
CALS 472
CCM 226
Certified Construction Manager(CCM) 226
CFT 633
CFT 構造 640
CLASP 91, 96
CM 218
CM アットリスク 221
CM 業務 219
CM 業務委託 227
CM 契約約款 227
CM サービス 220
CM 資格 226
CM 分離分割発注方式 138
CM 方式 233
CM 方式活用ガイドライン 230, 233
CM 方式研究会 41, 229
CMAA 220
CMAJ 225, 232
CMR 233-236
CMr 218, 227, 233, 236

Commissioning Authority(CA) 73
Concrete Filled steel Tube(CFT) 633
Construction Management(CM) 218
Construction Manager(CMr, CMR) 218, 227, 233-236
Construction of Local Authoritie's Special Programme(CLASP) 91, 96
Continuous Acquisition and Lifecycle Support(CALS) 472
cost control 385
cost engineering 385
cost estimate 385
cost management 385
CPD 30, 43

D

DCF 法 338
DPG 構法 581
DSCR 344
Due Diligence 329

E

Earned Value(EV) 223
EBITDA 344
EC 473
EDI 302
EHS 248
Electric Data Interchange(EDI) 302
Electronic Commerce(EC) 473
Environment Health Safety(EHS) 248
EV 223
Extensible Markup Language(XML) 303

F

Facility Management(FM) 326
Factor four 76
FM 326
FPC 642

G

GC 413
GDB 471
General Contractor(GC) 413
GMP(Good Manufacturing Practice) 184
GMP(Guaranteed Maximum Price) 219, 220
GMP 付き実費精算契約 111
Good Manufacturing Practice(GMP) 184
Guaranteed Maximum Price(GMP) 219, 220

H

HACCP 185
Hazard Analysis Critical Control Point(HACCP) 185
HPC 工法 553

I

ICB 224
IFMA 327
Information Technology(IT) 391
International Facility Management Association(IFMA) 327
International Project Management Association(IPMA) 224
IPMA 224
IPMA Competence Baseline(ICB) 224
IRR 345
ISO 28
　　——の認証取得 40
ISO 9000 シリーズ 271
ISO 9000s 413
ISO 9001 437
ISO 14001 462
IT 391

J

JABEE 30
JFMA 327
JIA 231
JIA 建築家制度 350
JIA-CM ガイドライン 231
JIS 27
JIT 配送 302

L

LCC 294
LCM 293
Life Cycle Cost(LCC) 294
Life Cycle Management(LCM) 293
Loan-To-Value(LTV) 344
LTV 344

M

MCR 594
Mortar Concrete Rivetback(MCR) 594

N

National Competence Baseline (NCB) 224
NC加工プログラム 64
NCプログラミング 65
NCB 224
Novation 116, 131
NPO法人 35

O

Occupational Health & Safety Management System(OHSMS) 457
OHSMS 457

P

P2M(プロジェクト&プログラムマネジメント) 225, 232
PCカーテンウォール工事 562
PC鋼材 643
PC板の製作 567
PC部材品質認定制度 556
PDB 471
PDCA 448
PDT 300
Pending Issues List(PIL) 253
PFI 50, 52, 103
PIL 253
PL法 323
Plan-Do-Check-Action(PDCA) 448
PM 219
PM業務 219
PMサービス 220
PM資格 226
PM資格制度 232
PM標準 223, 243
PMAJ 225
PMBOK 223, 231, 243
PMCC 225, 233
PM/CM契約 227
PMI 223, 231, 243
PMO 222
PMP(Project Management Process) 243
PMP(Project Management Professional) 223, 226, 231
PMr 218, 227, 256
PMr資格制度 232
PMS 226
POP(Product Oriented Process) 243
PPC 642
PRC 642
Private Finance Initiative(PFI) 50, 52, 103
Problem Seeking 286
Product Development Team(PDT) 300
Product Oriented Process(POP) 243
professional 33
professional liability insurance 37
Project Finance 341
Project Management(PM) 219
Project Management Body of Knowledge(PMBOK) 223, 231, 243
Project Management Institute (PMI) 223, 231, 243
Project Management Process (PMP) 243
Project Management Professional (PMP) 223, 226, 231
Project Management Professionals Certification Center(PMCC) 225, 233
Project Management Specialist (PMS) 226
Project Manager(PMr) 218, 227, 256

Q

QBS 41, 358
QC工程表 441
QCDSE 414
Quality Based Selection(QBS) 41, 358

R

R&D 304
RC造支保工 528
Recycle 77
Reduce 77
Research and Development(R&D) 304
Reuse 77

S

SC 413
Scadec data eXchange Format (SXF) 475
SCM 301
SCSD 92, 96
Single point of responsibility 128
SPC 342, 344
Special Purpose Company(SPC) 342, 344
SSG構法 582
Sub Contractor(SC) 413
Supply Chain Management(SCM) 301
SXF 475

T

The School Construction System Development(SCSD) 92, 96
Total Quality Management(TQM) 292
TQC 437
TQM 292
Two Stage 131

U

UIA 32, 33, 42
UIAアコード 33
UIA建築教育憲章 43
Union Internationale de Architectes (UIA) 32, 33, 42

V

Value Engineering(VE) 281, 388
Value For Money(VFM) 255
Value Management(VM) 281, 388
VE 281, 388
VE効果曲線 284
VFM 255
VM 281, 388
——の各段階 282

W

WBS 188, 223, 244
Webカメラ 302
Work Breakdown Structure(WBS) 188, 223, 244
WPC工法 553

X

XML 303

資 料 編

―掲載会社索引―
（五十音順）

鹿島建設株式会社 …………………………………………………… 1
株式会社錢高組 ……………………………………………………… 2
東光電気工事株式会社 ……………………………………………… 3
株式会社日建設計 …………………………………………………… 4
三井不動産株式会社 ………………………………………………… 5

作画：平田秀一 (Production I.G., Inc.)

NEED KAJIMA

「スミヨイ ミライへ。」

100年をつくる会社
鹿島
KAJIMA CORPORATION

Zenitaka

それは人が集まる場所。

存在感、魅力あるスペース、独創……
いい建造物には、そんな表現が当てはまります。
でも、人が何故集まってくるのかと言えば、
そこにある優しさや信頼感からではないでしょうか。
我々は人に優しい空間を目指し、
これからも期待に応えて行きます。

◇ 銭 高 組
URL http://www.zenitaka.co.jp/

幸せや楽しみを演出できる…
そんな明かりを考えています。

人と文化を結ぶ絆、電気。私達は確実に結びます。

ⓩ 東光電気工事株式会社

〒101-8350
東京都千代田区西神田1-4-5　TEL.(03)3292-2111

http://www.tokodenko.co.jp/

兵庫県立芸術文化センター

日建設計はまちづくりや建築計画の初歩段階から建物の完成、さらに運営段階にいたるあらゆる局面のご要望に豊富な経験と技術でお応えします。

NIKKEN SEKKEI

株式会社 日建設計

東　　京	東京都千代田区飯田橋2－18－3	Tel. (03)5226-3030
大　　阪	大阪市中央区高麗橋4－6－2	Tel. (06)6203-2361
名 古 屋	名古屋市中区栄4－15－32	Tel. (052)261-6131
九　　州	福岡市中央区天神1－12－14	Tel. (092)751-6533
東　　北	仙台市青葉区中央4－10－3	Tel. (022)221-4466

日建設計グループ
（株）日建設計総合研究所、（株）日建設計シビル、（株）日建ハウジングシステム、（株）北海道日建設計、
（株）日建スペースデザイン、日建設計マネジメントソリューションズ（株）、
日建設計コンストラクション・マネジメント（株）、ブロードバンド・エンジニアリング（株）、
ビルディング・パフォーマンス・コンサルティング（株）

http://www.nikken.co.jp/

WORKERS FIRST
三井のオフィス

あなたを想うことから。

その場所は、毎朝あなたが気持ちよく
向かうことのできる場所ですか。
働くことを生き生きと楽しめる場所ですか。
ほっと安らげる好きなスペースはありますか。
そこから見える風景にどんな明日を描いていますか。

あなたが、人生の大切な時間を過ごす場所。
その場所が、豊かさと潤いに満ちあふれるために。

私たちは想像する。あなたの想いを、想う。
そして具体的なカタチで応えていく。

COREDO日本橋、日本橋三井タワー、
東京ミッドタウン。

あなたを想うこと。
それが私たちの仕事の出発点。

都市に豊かさと潤いを
三井不動産

www.mitsuifudosan.co.jp

建築生産ハンドブック	定価は外函に表示

2007年7月10日　初版第1刷

総編集者	古　阪　秀　三
発 行 者	朝　倉　邦　造
発 行 所	株式会社 朝倉書店

東京都新宿区新小川町6-29
郵便番号　162-8707
電　話　03(3260)0141
ＦＡＸ　03(3260)0180
http://www.asakura.co.jp

〈検印省略〉

© 2007〈無断複写・転載を禁ず〉　　　　　　　中央印刷・牧製本

ISBN 978-4-254-26628-3　C 3052　　　　　　Printed in Japan

前工学院大 中島康孝・都市管理総合研 太田昌孝編著
地球環境時代の 建築マネジメント
26624-5 C3052　　　　A5判 160頁 本体3400円

建築・設備のマネジメント手法を解説した，学生・実務者むけのテキスト。〔内容〕経営と建築マネジメント／ライフサイクルマネジメント／ファシリティマネジメント／ライフサイクルアセスメント／建築・設備の維持保全と診断／他

東大 西村幸夫編著
まちづくり学
―アイディアから実現までのプロセス―
26632-0 C3052　　　　B5判 128頁 本体2900円

単なる概念・事例の紹介ではなく，住民の視点に立ったモデルやプロセスを提示。〔内容〕まちづくりとは何か／枠組みと技法／まちづくり諸活動／まちづくり支援／公平性と透明性／行政・住民・専門家／マネジメント技法／サポートシステム

前東大 村井俊治総編集
測量工学ハンドブック
26148-6 C3051　　　　B5判 544頁 本体25000円

測量学は大きな変革を迎えている。現実の土木工事・建設工事でも多用されているのは，レーザ技術・写真測量技術・GPS技術などリアルタイム化の工学的手法である。本書は従来の"静止測量"から"動的測量"への橋渡しとなる総合HBである。〔内容〕測量学から測量工学へ／関連技術の変遷／地上測量／デジタル地上写真測量／海洋測量／GPS／デジタル航空カメラ／レーザスキャナ／高分解能衛星画像／レーダ技術／熱画像システム／主なデータ処理技術／計測データの表現方法

日本風工学会編
風工学ハンドブック
―構造・防災・環境・エネルギー―
26014-4 C3051　　　　B5判 440頁 本体19000円

建築物や土木構造物の耐風安全性や強風災害から，日常的な風によるビル風の問題，給排気，換気，汚染物拡散，風力エネルギー，さらにはスポーツにおける風の影響まで，風にまつわる様々な問題について総合的かつ体系的に解説した。強風による災害の資料も掲載。〔内容〕自然風の構造／構造物周りの流れ／構造物に作用する風圧力／風による構造物の挙動／構造物の耐風設計／強風災害／風環境／風力エネルギー／実測／風洞実験／数値解析

京大 嘉門雅史・東工大 日下部治・岡山大 西垣　誠編
地盤環境工学ハンドブック
26152-3 C3051　　　　B5判 568頁 本体23000円

「安全」「防災」がこれからの時代のキーワードである。本書は前半で基礎的知識を説明したあと，緑地・生態系・景観・耐震・耐振・道路・インフラ・水環境・土壌汚染・液状化・廃棄物など，地盤と環境との関連を体系的に解説。〔内容〕地盤を巡る環境問題／地球環境の保全／地盤の基礎知識／地盤情報の調査／地下空間環境の活用／地盤環境災害／建設工事に伴う地盤環境問題／地盤の汚染と対策／建設発生土と廃棄物／廃棄物の最終処分と埋め立て地盤／水域の地盤環境／付録

前千葉大 丸田頼一編
環境都市計画事典
18018-3 C3540　　　　A5判 536頁 本体18000円

様々な都市環境問題が存在する現在においては，都市活動を支える水や物質を循環的に利用し，エネルギーを効率的に利用するためのシステムを導入するとともに，都市の中に自然を保全・創出し生態系に準じたシステムを構築することにより，自立的・安定的な生態系循環を取り戻した都市，すなわち「環境都市」の構築が模索されている。本書は環境都市計画に関連する約250の重要事項について解説。〔項目例〕環境都市構築の意義／市街地整備／道路緑化／老人福祉／環境税／他

愛知大 吉野正敏・学芸大 山下脩二編
都市環境学事典
18001-5 C3540　　　　A5判 448頁 本体16000円

現在，先進国では70％以上の人が都市に住み，発展途上国においても都市への人口集中が進んでいる。今後ますます重要性を増す都市環境について地球科学・気候学・気象学・水文学・地理学・生物学・建築学・環境工学・都市計画学・衛生学・緑地学・造園学など，多様広範な分野からアプローチ。〔内容〕都市の気候環境／都市の大気質環境／都市と水環境／建築と気候／都市の生態／都市活動と環境問題／都市気候の制御／都市と地球環境問題／アメニティ都市の創造／都市気候の歴史

上記価格（税別）は 2007 年 6 月現在